U0929745

中国房地产市场年鉴

陈慕华 

2003～2004

（总第七卷）

中国城市出版社

图书在版编目（CIP）数据

中国房地产市场年鉴.2003～2004/《中国房地产市场年鉴》编委会编.—北京：中国城市出版社，2004.4

ISBN 7-5074-1550-3

Ⅰ.中... Ⅱ.中... Ⅲ.房地产业－中国－2003～2004－年鉴 Ⅳ.F299.233-54

中国版本图书馆CIP数据核字（2004）第034099号

责任编辑	李 辉
责任技术编辑	张建军
封面设计	北京沟通文化发展有限责任公司
出版发行	中国城市出版社
地址	北京市朝阳区和平里西街21号(邮编 100013)
电话	(010)84275833 84272149
传真	(010)84278264
总编室信箱	citypress@sina.com
发行部信箱	citypress_fx@tom.com
经销	新华书店
印刷	香河县闻泰印刷包装有限公司
字数	千字1461 插页192 印张30
开本	889 × 1194（毫米）1/16
版次	2004年5月第1版
印次	2004年5月第1次印刷
定价	358.00元

广告经营许可证：京工商广临字朝2003 － 25号

热烈庆祝裕汇集团2003年北京棕榈泉国际公寓成功售罄

热烈庆祝首创集团2003年海外上市成功

《中国房地产市场年鉴》主办单位

中国房地产业协会

《中国房地产市场年鉴》编辑指导单位

建设部政策研究中心

清华大学房地产研究所

中国房地产及住宅研究会

北京大学不动产研究鉴定中心

《中国房地产市场年鉴》(2003～2004)协办单位

裕汇集团有限公司

北京金源鸿大房地产有限公司

首创置业股份有限公司

北京富力城房地产开发有限公司

上海中凯置业有限公司

北京科技园置业股份有限公司

棕 榈 泉 国 际 公 寓

投资商：裕汇集团有限公司

开发商：北京世纪朝阳房地产开发有限公司

建筑商：中建一局集团五公司

北京住六开发建设公司

监理：北京双圆监理公司

工程顾问：香港利比建筑工料测量师行

建筑设计：新加坡DP建筑师事务所

园林规划：贝尔高林香港有限公司

会所设计："G.I.L."艺术设计顾问公司

金源集团

北京金源鸿大房地产有限公司

金源的成功，是人格的成功，是金源人追求人格高尚天道酬勤的结果。

——黄如论

董事长 黄如论

黄如论先生，男，汉族，1951年9月18日出生，籍贯中国福建省连江县马鼻镇，旅菲华侨。现任世纪金源集团董事局主席、总裁，福建金源集团董事局主席。身兼中国侨联常委、中国侨联华商联谊会名誉副会长、福建省工商联常委、福建省慈善总会高级顾问、福建省金凤经济发展促进会第一副会长、福州市外商投资企业联谊会副会长、北京市房地产协会副会长、北京市商业银行董事局董事、中国人民大学客座教授等社会职务。

1966年起，在国内工作、经商。

1986年1月，赴菲律宾投资置业。创办了菲律宾友福投资有限公司、菲律宾辉鸿实业有限公司，任执行副董事长，总裁。

1987年，在香港创办了香港远岸发展有限公司、香港至昌发展有限公司。旋即以香港为中心，陆续将投资触角伸向新加坡、马来西亚、西班牙等。

1991年3月，应政府号召，回家乡福州投资建设，先后成立了“福州金源房地产有限公司”等十家独资(合资)企业，致力于福州的旧城改造和房地产开发，并以此形成产业链。

1999年，金源集团进京拓展事业。先后成立北京天润金源置业有限公司、金源鸿大房地产有限公司、五星级世纪金源大饭店等十二家企业，建立了以房地产开发、星级大饭店、大型购物中心、资本运营为四大支柱产业的跨国集团。

2002年，金源集团进军重庆，投资22亿元创办了重庆金源时代购物广场。投资6.8亿元创办重庆世纪金源时代大饭店，该饭店具备超五星涉外饭店标准，于2004年7月1日正式对外营业。

2003年，金源集团进军上海，投下巨资创办了上海旺商金源投资发展有限公司。

地址：北京市海淀区板井路79号
邮编：100089
电话：010-88508669

黄如论捐款帮助政府抗击“非典”

黄如论捐款扶助孤寡老人捐赠仪式

黄如论捐资办学

从1986年开始，黄如论先生总共创办了30多家企业，投资遍及海内外各地，其中拥有四家五星级大饭店、五家大型房地产公司等，并涉及资本运营、高新技术开发。金源集团已在中国大陆投资100多亿元，向国家缴纳了各类税费15亿余元，并计划在未来三年内继续在国内投资150亿元左右。他直接安排了就业人员4800多名，其中安置京闽两地下岗工人1000多名，并间接解决数万人的生计问题。

数年来，黄如论先生先后为公益事业捐赠了人民币11976多万元，在北京、福建、江西等地多处捐资兴建了中小学教学楼、博物馆、医疗中心、修桥铺路，设立各类助学金、奖学金、孤寡老人赡养基金、扶养孤儿基金、特别是在“非典”肆虐国内期间，他毅然捐资捐款1400万元帮助政府抗击“非典”，堪称爱国、爱乡的社会楷模，受到了各级政府、社会各界及家乡人民的充分肯定和高度评价。福建省委、省政府、福州市委、市政府分别授予他“乐育英才”的荣誉匾额和金质奖章，其事迹被海内外媒体广泛报道。

1999年10月1日，黄如论先生作为华侨代表应邀登上天安门参加国庆50周年庆典活动；同年12月31日，他荣幸地被选为首都各届十三位精英之一，在中华世纪坛上，为象征中华民族觉醒的醒狮点睛。

13年来，在国内政治稳定、改革开放深入发展的大好形势下，他团结带领金源集团的广大干部员工，通过奋力拼搏，为首都北京、福建、江西、重庆的经济建设和经济发展做出了突出贡献，充分体现了他作为一个爱国华侨与党和人民肝胆相照、荣辱与共的高尚情操和爱国、爱乡的赤子情怀。

与商行合作签约仪式

首创置业股份有限公司

领秀——

■ 2000年北京市政府50项重点工程中惟一住宅项目
■ 2001年首规委评选的住宅规划优秀奖
■ 中关村大道、轻轨、京昌高速路三线归一
■ 120万平米用地/68万平米建筑/40万平米绿野公园/177栋TOWNHOUSE/324户花园洋房/300套景观公寓/6万平米9年制北外附校
■ 亚洲最大的SHOPPING MALL，30万平米，与领秀硅谷相隔千米。
■ 软件广场，5.8万平米，五星级酒店、酒店式公寓、会展中心和高档写字楼
■ 低密度、低容积率、高绿化率、奥地利建筑、维也纳风情...
■ 透天别墅、阳光书房、大面积落地窗、前后花园、宽敞露台...

设计目标

领秀硅谷的规划方案由中国建设部设计研究院与奥地利“卡尔-法赛尔-陈”建筑设计事务所联合设计，并于2000年8月通过北京市规划委员会审批；“清华同方”全面负责居住区高速宽带网及社区智能化的规划、建设。

建造一个低层、低密度、高绿化率城市花园社区是设计工作的基本目标。小区建筑形式多样化，追求现代、简约的设计风格，讲求建筑与环境的完美结合。家家有绿地，户户有庭院，每个窗口都有景观，透天别墅，阳光书房，立面采用大面积的落地窗，通透强，采光好，并注重室内外的自然过渡与融合。

为满足不同层次的需要，户型和规划设计采用以低层及多层住宅为主，充分体现其结构布局的均好性；小区内二横四纵格局的道路设计，不仅实现了人车分流，更为区内交通提供了便利。景观大道串连各个景区，使业主在散步之余感受到步随景移的喜悦。

设计理念

这个项目是为高级白领阶层、硅谷的成功人士设计的。他们中有国家首席科学家、大学教授和科技产业的精英；他们有很高的文化修养，有国外留学和生活的经历，崇尚科学和自然，生活品位高。在设计中，我们着重吸取了奥地利住宅建筑成功的设计理念，小区建筑基本体现了欧洲现代建筑的风格和水平：外立面简洁明快、线条流畅，凸显现代与时尚；居住空间通透舒适、层次丰富，阳光清风，如影随形；内部空间布局合理，功能齐全，便捷、私密、实用，充分体现了人本主义，符合现代人的审美情趣和生活观念。

建筑规划特点

领秀硅谷居住人群的共同特征是他们有良好的教育背景，受东西方文化的熏陶，追求高品位的生活；他们的差异性表现在资历的深浅和对居住产品需求的不同。为了满足多样化的需求，我们在做产品规划时，将领秀硅谷分为A、B、C三个区：A区为小高层风景公寓，最高为12层；B区为4~5层的花园洋房；C区为当前市场上最为流行的TOWNHOUSE-联排别墅。这种规划受到了来自各方面的好评。

二横四纵格局的道路设计在为区内交通提供便利的同时，实现人车分流；景观轴线贯穿区内的分散绿地，将各个景区自然地连接起来；整个小区的规划设计具备了低密度、低容积率、高绿化率的高尚住宅特点。　此外，在配套方面，领袖硅谷有两个十分赢人的亮点：一是在她的北侧，规划有41公顷休闲绿化带作为绿野公园，园内有3000平米的湖景及高尔夫球场等运动设施，规模如此之大，景观如此之好，在北京是首屈一指的。二是区内规划了一所由北京外国语大学加盟建设的6万平米国际化学校。无论是硬件还是软件，都将是一流的。

而不群

楼盘简介：

阳光·丽景是由著名的首创集团麾下的上市公司“阳光股份”开发的20万平米的纯居住社区。该公司曾成功地开发过位于CBD的“盛世嘉园”、和万柳地区的“阳春光华家园”等优秀项目。

阳光·丽景地处北三环马甸桥东南角，宜家家居广场对面，邻近被称为“京城龙脉”的中轴路和黄寺大街，其周边发达的立体交通网，成熟的生活圈和浓郁的人文气息构筑了未来都市超值生活。 小区闹中取静，南侧是著名的黄寺大街，附近公园、绿地星罗棋布，周边多为军队大院和中直　钨厮奚幔沙频蒙鲜歉还笥肭遨殴泊妗?

阳光·丽景由香港华艺建筑设计公司怡景规划设计，小区园林环境带有明显的国际气息，现代大气，与建筑风格高度统一。户外空间错落有致，并有高档会所和步行商业街等配套设施，是三环内最适合居住的大型生活社区之一。

小区共有七栋楼，A B C三栋楼均已入住，销售率超过98%，D栋自2002年底开盘销售率超过60%，EFG三栋即将推出。

物业管理费：2.5~3元/建筑平方米

焦点网提供的销售电话

62032288/29/28/92

地址：北京市西城区复兴门内大街158号远洋大厦5层

邮编：100031

电话：010-664118811

北京阳光百校房地产开发公司

百校软件研发中心

2003年6月19日，首创置业（2868）在香港联交所正式挂牌交易，这是中国第一家内地房地产公司在全球公开发行的股票，也是今年全球发行的股票中第六支上市股票。

首创置业汇聚首创集团旗下最优质的房地产板块，始终致力于中、高档住宅、甲级写字楼以及高档商业项目的投资、开发和销售，并有计划地将部分酒店、商场等作为投资型物业长期持有。凭借公司强大的综合实力、规模经营优势、专业化项目管理以及独到的项目选择和运作理念，始终坚持以市场为核心、以客户需求为导向的经营宗旨，成功地运营了多个优质项目，其中包括雪梨澳乡、阳光丽景、北京国际金融中心、盛世嘉园等一批精品建筑，其市场业绩骄人。首创置业的成熟策略就是保证“在优质地块，向客户提供适销对路的优质物业，也因为如此，”首创置业"成为北京极具实力的综合地产营运商。

中关村中关村软件园位于海淀区东北旺乡。处于全国最大的信息产业基地“上地信息产业基地”的西侧，毗邻中国的“硅谷”中关村。园区占地119公顷，距中关村约7公里。距西直门约14公里，距天安门约21公里，园区东临上地信息产业基地，南靠规划绿化带及北大生物城，西接东北旺苗圃，北至东北旺北路。软件园临近北京西山风景区、北京大学、清华大学、科学院科学城，具有独特的人文、历史、科教环境和优越的地理位置。总建筑面积约40万平方米，软件研发用房30万平方米，服务用房10万平方米。

根据中关村软件园的功能定位，中关村软件园功能可分为两大区域：一为软件研发区，二为企业孵化和综合管理服务区。在总体布局方面，将企业孵化和综合管理服务部分设置于园区边缘东南两侧呈带状分布；而将软件研发区形成组团化的自摊形态，围绕中心绿地和水面呈自由状分布。

园区将以生态、浮岛为主题，注重生态环境，绿地总面积超过60%多种绿化有机组合，形成系统化森林式绿色生态园区。2.5多公顷的自然水面布置让园区的环境景观更加流光溢彩。

软件园建设将贯彻高标准、有特色、具有超前性和可持续发展的思想，充分重视高速宽带多媒体通讯网络和其他市政设施的配套设计，着重解决好功能分区、道路交通、停车和园区内的各种服务设施的配备，做好园区广场、绿地等公共空间的规划设计，突出园区生产、生活和管理的智能化设计，并作好环保、节能和采用最新技术等的规划设计。

入主中关村软件园可尽享高科技领域各项优惠政策　国家重点工程国家软件产业基地——中关村软件园，政府对软件园的建设给予了高度重视，入园企业将在多方面享受各项优惠政策，充分领略园区为入园企业提供的全过程、全方位的周到服务。

世界500强企业毗邻，与赢家共赢

与甲股文（oracle），中科大洋、汉王科技、首钢高新、中国高新、港湾网络、银联卡、北京大学软件学院、东软、中芯微、鲁天慧讯、红钻科技等众多国内外重量级著名企业为邻，与赢家共赢，联手缔造世界品牌形象。

建筑规模及主要经济指标

- 总建筑面积：21500
- 总占地面积：3.92公顷
- 容积率：0.49
- 建筑密度：13%
- 绿化率：64.10%
- 地上停车位：机动车位152个；大客车临时停车位4个；自行车位495个；
- 地下室总面积1646　主要为设备用房及管理用房共974.3；
- 层高：一层标高：4.5m、二层标高：4.2m、三层标高：3.2m；
- 各层面积：一层建筑面积：5000
  二层建筑面积：7415
  三层建筑面积：7439
  地下室建筑面积：1700

项目位置

项目位于中关村软件园区核心位置，与中央湖区相邻，为软件园黄金视点。毗邻联想技术研发中心、西临园区人工湖、南临园区小花园、东邻园区商务中心、珍贵地段，绝无仅有的个案。

投资商：首创置业股份有限公司
　　　　中关村百校信息园
发展商：北京阳光百校房地产开发公司
设计单位：加拿大Engent International Inc.和中机一院
监理单位：华兴监理公司

建筑标准建筑

- 外墙：双层玻璃幕墙、铝板幕墙。
- 屋面：采用扣盖式中波双层彩色镀锌复合钢板，玻璃丝棉保温；
- 天窗：采用独特的下沉天窗式设计，中空钢化夹胶玻璃，可自动开启；
- 按照钢结构防火隔热二级要求进行钢结构的防火喷涂；
- 楼内设置特级防火卷帘；
- 装修：除管道井、设备间安设计要求进行装修外，其余均为初装标准，预留面层，不做吊顶；勒脚、台阶均采用石材；
- 主入口采用优质铝复合板吊顶；
- 室外车库采用优质彩钢板吊顶、硬质铺装；
- 配备四部合资品牌电梯；

商务配套

先进齐全的配套商务环境，凸显卓越办公品质

- 四星级酒店，提供住宿及特色餐饮服务
- 会展中心，提供展览展示、召开大中型会议及举办各种培训的场所
- 高品位俱乐部，集商务、交流、会议、娱乐、休闲于一体
- 高级公寓，提供舒适的家居环境
- 温馨、幽雅的水体公园，提供新时代充满生机和活力的公共空间网络
- 综合康体中心，提供运动、休闲、交往的场所

设计理念

夜幕下中关村软件园中的一颗璀璨的明珠

建筑形态的标志性产物，彰显企业国际化形象

加拿大Engent International Inc.担纲首创空间的首席设计，为了更好的表现现代、科技、人文、绿色理念，设计师突破传统建筑的教条式模式，采用难得一见的全钢架结构和大面积玻璃幕墙，配以金属剪力缆索，整个结构仅由空间、几何体和光组成，墙壁、地面和和顶棚几乎都是裸露着的，无论从何时、从何角度看总是尽显一种精致的晶莹剔透，是现代建筑美学的巅峰之作。

艺术是建筑永恒的生命，普通的建筑，会随时间的流逝而使自身的价值不断贬值，而作为时代象征、地区标志的建筑由于其本身注入了艺术生命，而使得建筑本身成为一件艺术品。百校软件研发中心正如“鸟巢”、“悉尼歌剧院”等建筑一样将无限的艺术灵感融入建筑之中。她将成为中国IT行业发展至今的标志，成为中关村软件园的标志，成为上地乃至中关村地区的标志。

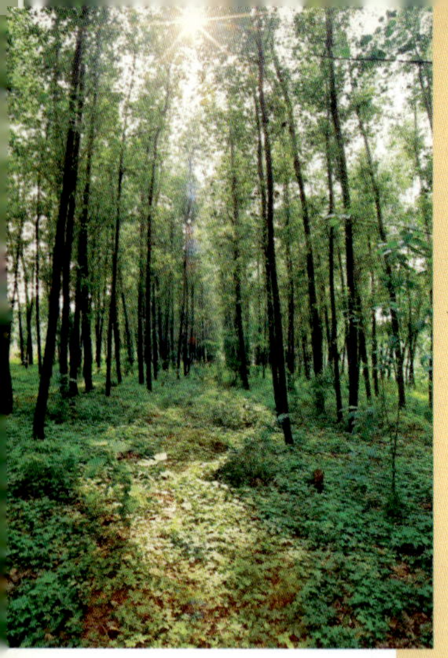

28年大树下·新一代别墅生活

温哥华森林

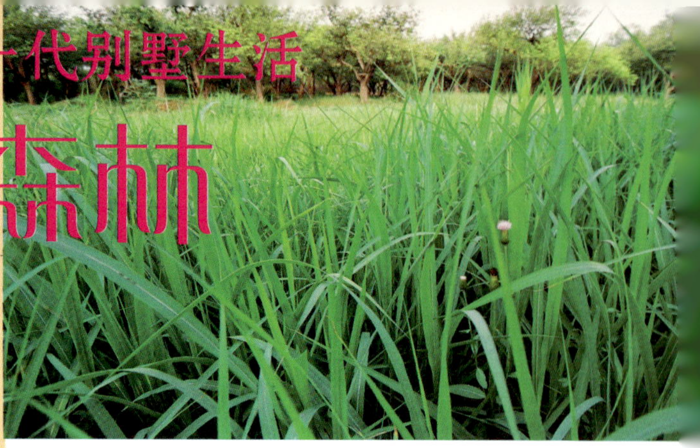

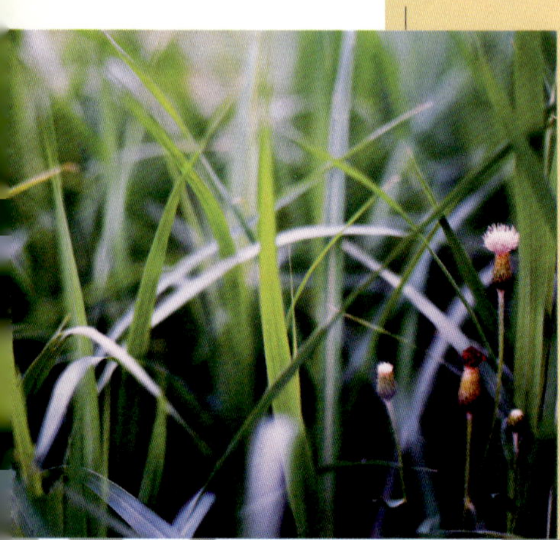

1、地位位置与交通

温哥华森林，是首创置业推出的新一代别墅——森林别墅。它位于北京昌平区北七家镇东沙各庄，西临立汤路主干道，北距温榆河2公里，北依小汤山温泉度假区，距小汤山环岛5公里，距北四环约12公里。从地理位置上看，温哥华森林正好处在了温榆河、亚北、小汤山三大著名别墅板块的核心交汇区。

从温哥华森林往返市区，有三条快速便捷的线路，分别是：京承高速路、八达岭高速路和立汤路（规划拓宽中），一根烟两小曲，只需20余分钟即可高速往返市区。

2、场地现状及总规划

丰富的原生自然景观，将是新一代别墅的追求。温哥华森林整个地块现场约有10001棵、生长了28年的大树，优美的森林自然环境，婉如一块天生别墅地。现场地下拥有丰富的地热温泉资源，含有多种对人体有用的矿物质并且水温可达到60℃。

为打造纯正北美风情的大型别墅区，首创置业十余次派团考察了北美著名别墅区，并特聘了加拿大EKISTICS规划大师，担纲整个社区的规划设计，包含建筑概念、建筑风格及园林景观。规划中，设计大师充分尊重、并最大限度保留了土地上现有的森林生态系统——上万棵原生高大树木与上百种珍贵树种。

温哥华森林总用地面积约71.07公顷，总建筑用地54.9公顷，总建筑面积约31万平方米，其中地上面积仅22万平方米，包括1.2万平方米会所、商业街；地下面积约9万平方米，容积率仅为0.4。

场地西侧预留了140米宽绿化带及规划轻轨，开发商代征绿地约9.8公顷，这就把整个别墅区很好的与立汤路隔离，又享受到了立汤路及轻轨的交通便利。

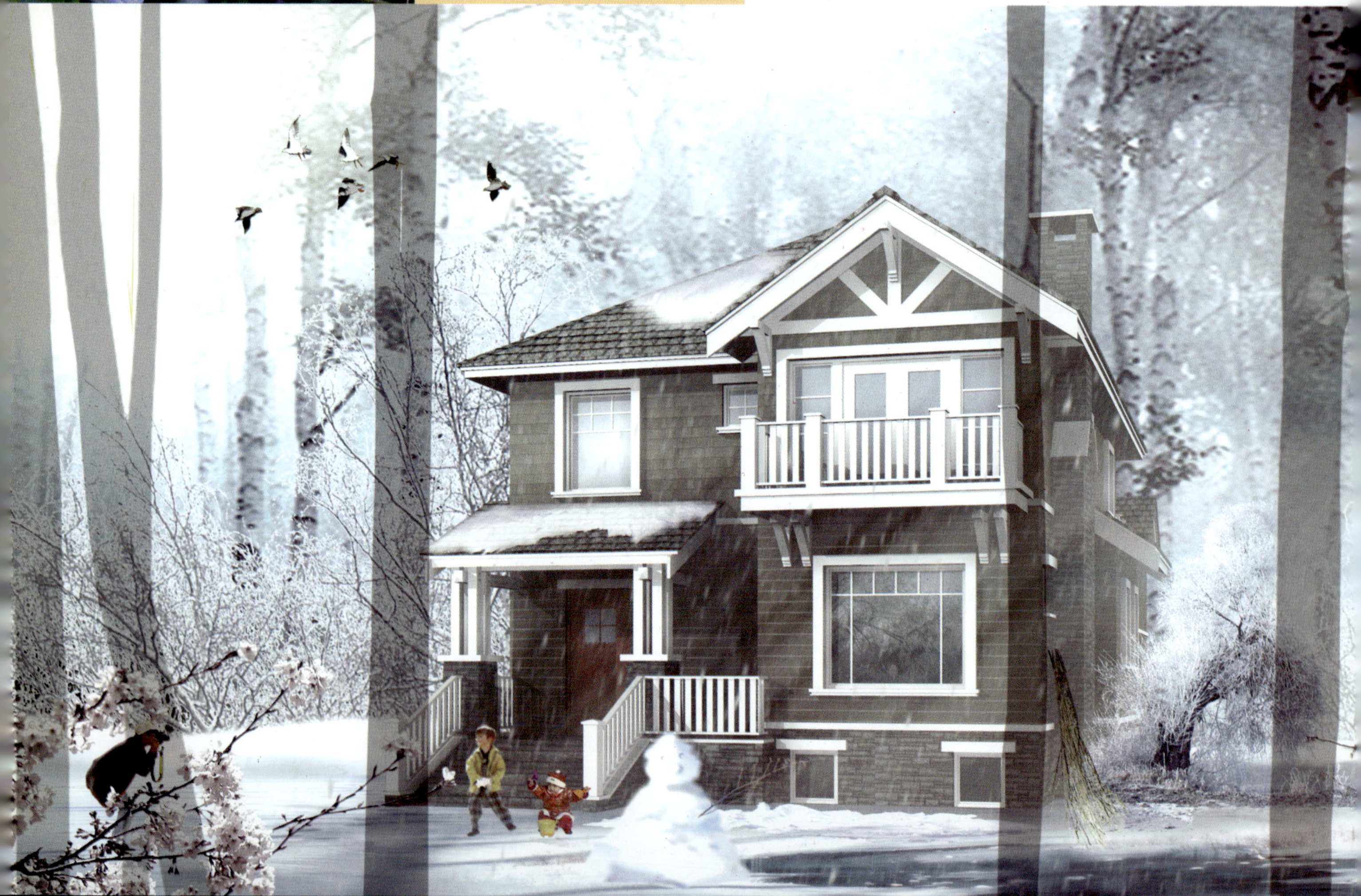

投资商：首创置业　　发展商：枫树置业　　建

贵宾专线：（010）84971558　　市内接待地址：北

3、工程与开发进度

整个建设用地划分为A、B、C、D、E、F六个别墅分区，及一个公建配套区（G区），共计七个区。预计开盘时完成样板区3栋建筑及样板组团，第一期工程开发A、B两个区。

6、生活配套

别墅区规划有户外运动场、会所及温哥华风情商业街，充分考虑主人的高尚生活便利与需求。

稀缺森林、尊崇空间、显赫身份。新一代财富主人，新一代别墅生活，仅在温哥华森林。

4、建筑风格与户型

个性与艺术，将是新一代别墅的显要特征之一。温哥华森林特别采用了具有悠久历史文化与居住艺术的四种北美建筑风格，以木、砖、石等自然元素为主建筑材料，它们极具个性，却同样充满着无限异域风情，它们是：流行于1700—1780年的乔治亚风格（Georgian）；流行于1890—1940年的都铎风格（Tudor）；流行于1900—1920年的草原风格（Meadow）；流行于1905—1930年的工匠风格（Craftsman）。

温哥华森林均为独幢别墅，共有23种立面形式，19种户型平面，充分尊重和满足高端客户的个性化和专属感。每幢均为地上二层，地下一层，地上面积从220—400平方米，地下面积从120—200平方米，地下一层均有下沉式庭院带来自然采光，增添了无限的舒适感与透气感。

每套别墅均有5大奢华功能分区：礼仪区、交往区、私密区、功能区、室外区，演绎出了休闲、娱乐、社交和居住四大主题。前后双门廊、下沉式庭院、两级入户过渡空间、双层挑空贵宾厅、中西式双厨房、独立家庭室、豪华主卧区，功能齐备的私家会所，双通入户车库，隐性独立的佣人区。一切只为满足安全、私密、舒适、尊崇。

5、园林设计理念

有森林的别墅园林，是另一种奇妙的感觉。它为别墅主人带来了私密、健康与尊贵三重高尚享受，这是其它任何园林也无法带来的。

温哥华森林的总体园林设计，以山、水、森林为主要素，突出表现加拿大温哥华的原生自然景观特点。

整个别墅区包括东、南、西、北四大森林大道，四大主题园林（主入口水景公园、中央公园、和平山公园、艺廊之墙），独创花园走廊与宅间绿化带。四大森林大道汇合于中央公园，环路则巧妙串起森林大道与主题园林，让人惊叹园林规划的神妙与流畅。

东润枫景项目介绍

东润枫景，位于燕莎以东2500米、朝阳公园东门对面的南十里居，十余栋板式小高层建筑围合而成一个北美式生活社区，社区占地15万平方米，建筑面积35万平方米。

东润枫景由天鸿房地产开发有限责任公司和三元集团开发建设，建筑设计延请加拿大B+H国际建筑师事物所和马建国际建筑设计顾问有限公司担纲。

一、规划及环境设计

楼体主色调为象牙白配搭浅绿线条，跃式屋顶一层层升高，弧形通透阳台如流动的五线谱。内部设计更注重细节处理：半球形透明屋檐，利用空间消除人的压抑感；玻璃大堂墙面，将自然光线纳入室内；流线型走廊与橘黄的壁灯配搭；不锈钢的消防栓，给人安全感；把报箱和牛奶箱合二为一的分层箱；楼前的无阻碍通道，为老人和盲人设计；加铁条的楼梯棱，避免楼梯台阶破损可能带来的不方便……每一个设计细节，将实用性和艺术性结合起来。

二、项目户型特点

东润枫景的大户型，更加关注建筑与居住者的关系，采用正南正北的建筑形式，规划设计近100米超大楼间距，视野自然开阔，采风、纳光、通景自然通透。最为难得的是，整个社区的容积率不到2，其密度之低在CBD及其周边地区凤毛麟角。尤其在SARS之后，人们更加关注住宅的楼距、密度、通风采光的情况，东润枫景基本一梯两户的私密格局，所有卧室全部朝南，加之超短进深，使阳光可以尽情直射到房间里的每一个角落。东润枫景的3居、4居，是专为3、4个人的家庭成员结构设计的，既不会浪费空间，又使人与空间之间保持着适当的比例。主客卧方位区隔设计，起居室的窗与餐厅的窗相对，清风在屋子里自由自在地穿行。180度阳光室，一个与阳光亲密接触的地方。由于户型面积的一致性，保证这里的人群结构比较单纯，人文素质比较整齐。

三、提高健康舒适度措施

1.采用地板采暖系统，提高了舒适度。
2.屋内无立管及暖气片，增加了使用面积。
3.设置空调室外机位，有力保证了建筑外立面的美观。

四、卫生、环保及节能措施

1.采用断桥铝合金窗加中空玻璃，做到保温隔热降噪，效果明显得到改造。
2.尽量减少冬季施工，若有冬施采用国家文件许可的外加剂。
3.小区供水采用变频给水，取消水箱，无二次污染。
4.采用外墙内保温。
5.物业统一回收垃圾，不设垃圾道，减少了污染。

北京富力城房地产开发有限公司
富力（北京）地产开发有限公司

富力半岛花园

富力地产集团于1993年创立，主要业务分为地产开发、建筑施工以及物业管理，由多间附属公司经营。开发的项目包括：富力广场、富力半岛花园、富力环市西苑、天朗明居、盈泽苑及天力居等高质量楼盘。是广州率先推出分期付款售楼方式的房地产公司。

在广州，富力地产集团一直关注市民居住条件的改善、将老城区改造和新城区建设视为己任，投入巨资迁走一批老企业、棚户区，先后协助完成了嘉邦化工厂、同济化工厂、广州铜材厂以及硫酸厂的搬迁工作，并以实在的开发作风和过硬的开发质量，营建出一个又一个环境优美的写意居住空间，为美化广州环境、提高市民生活质素付出努力。

同时，富力地产集团也一直坚持“以民为本，让利于民”的方针。多年来，集团积极参与慈善事业，比如向慈善医院捐赠，兴建富力小学等等，获得了极高的社会美誉度。

富力地产集团一直视质量、品质、信誉为生命，以全心全意为客户服务为宗旨，不断进取，全力建立及维护自身品牌，赢得较高的社会声誉。正是由于这种务实求进的开发理念，所以集团开发的楼盘一直倍受追捧，连年来销售业绩稳步上升。

2001年富力地产集团商品房销售比2000年增长两成多，总销售面积超过32万平方米，位列2001年广州市原八区商品房成交首位；富力地产集团公司更被评选为2001年“中国房地产品牌企业”，企业的社会声誉得到了进一步提高。富力地产集团旗下的富力广场和富力半岛花园更是双双荣膺"2000年度十大明星楼盘"，产品业绩同样令人瞩目。继在广州取得骄人业绩之后，富力地产集团大踏步地开始了北上的步伐。

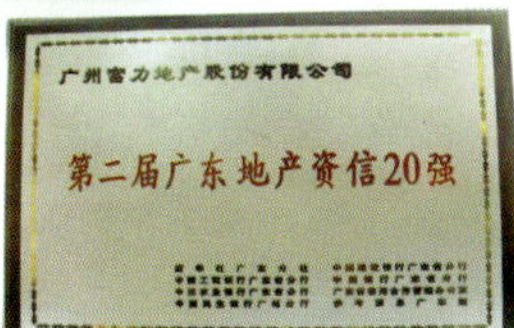

富力地产集团历年荣获奖项：

2000～2002年　蝉联广州市房地产企业综合实力30强企业第一名

2003年2月　荣获“广东省优秀民营企业”

1999～2001年　连续三年荣获广州市房地产销售冠军

2001～2003年　连续三年荣获中国房地产品牌企业称号

2000～2001年　广州民营企业纳税冠军

1999～2001年　连续三年被评为最受广州市民喜爱的开发商之一

2002～2003年　连续两年荣获“广东地产资信20强”称号

2002年7月　广州市先进私营企业

舒适就是少数人分享。

简约　自然　LESS IS MORE　LESS IS MORE　LESS IS MORE

英业主享有更多私密空间。
以最经济的手段，最高效的空间，多变的功能布局，让居住成为每天的享受。

60518767/68/69

广告最终解释权归开发商 YOUNGDRAGON 洋正广告 85800615

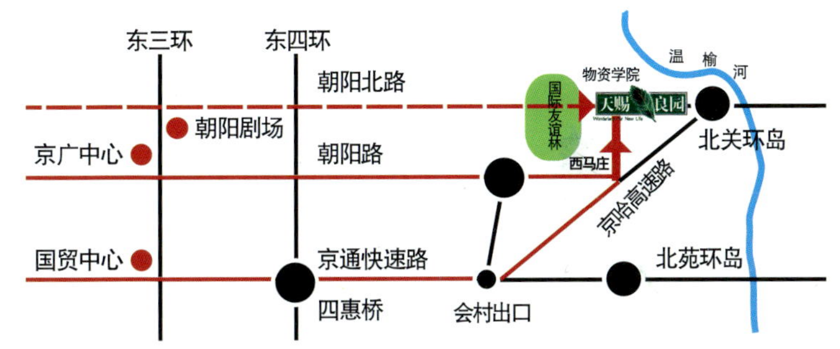

富河房地产开发有限公司简介

北京富河房地产开发有限公司成立于1999年8月，公司注册资本为人民币3000万元，主营地产开发及商品房销售。

公司拥有一支专业化、知识化的领导队伍，拥有一批富有丰富实践经验、精通房地产开发经营与管理的专业技术人才，拥有雄厚的工程技术力量，技术人员中有三人拥有高级职称，七人拥有中级技术职称。

在近五年的房地产开发中，本着"诚信为本"的宗旨，坚持"信赖永远，托付一生"的企业理念，脚踏实地，以良好的服务态度，创企业知名品牌。

北京青年报2001年第二届
北京十大明星楼盘入围楼盘

税收特殊贡献奖

天赐良园-金牌居住区

首都绿化美化花园式单位

北京富河房地产开发有限公司已成功开发过众多房地产项目，天赐良园是公司正开发的大型项目之一。**天赐良园**位于朝阳区和通州区的交汇地段，北靠北京物资学院、东临温榆河、西望百万平米的三八国际友谊林。三条城市主干线——朝阳路、京通高速路、朝阳北路将社区与繁华的CBD紧密相连，10分钟一站直达京城的商务核心区。

33万平米经典社区天赐良园推出的典雅一期、时尚二期已全面入住的，现推出升级版三期。“北京金牌居住区”、“首都绿化美化花园式单位”、“户型设计大奖”，诸多荣誉印证建筑非凡品质。天赐良园以其得天独厚的自然环境，卓越的口碑，激情典雅的社区文化，成为白领一族阅尽繁华后，沉淀心灵的天赐福地。

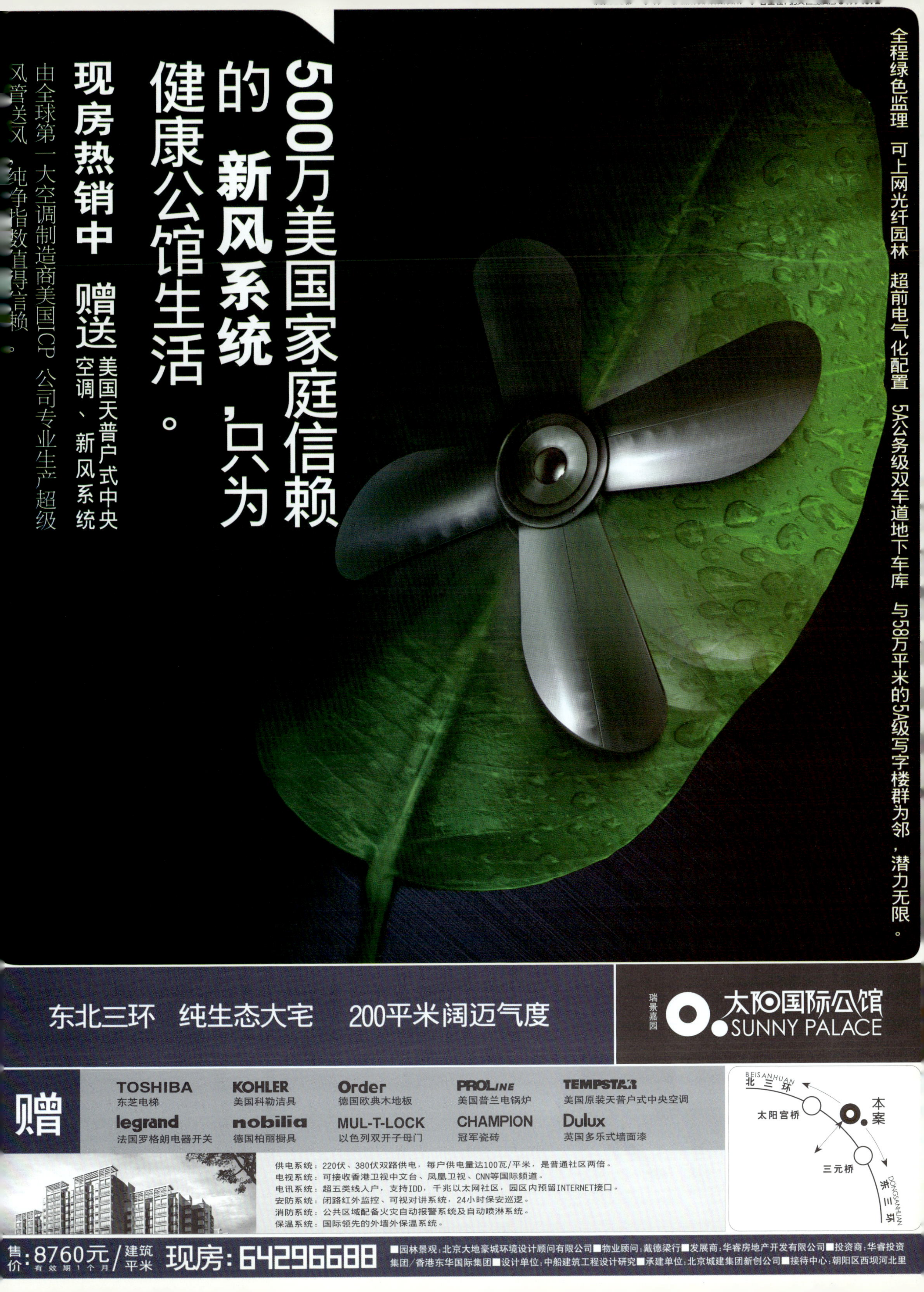

全程绿色监理 可上网光纤园林 超前电气化配置 5A公务级双车道地下车库 与58万平米的5A级写字楼群为邻，潜力无限。

500万美国家庭信赖的新风系统，只为健康公馆生活。

现房热销中

赠送 美国天普户式中央空调、新风系统

由全球第一大空调制造商美国ICP公司专业生产超级风管送风，纯净指数值得信赖。

东北三环 纯生态大宅 200平米阔迈气度

赠

TOSHIBA 东芝电梯	KOHLER 美国科勒洁具	Order 德国欧典木地板	PROLINE 美国普兰电锅炉	TEMPSTAR 美国原装天普户式中央空调
legrand 法国罗格朗电器开关	nobilia 德国柏丽橱具	MUL-T-LOCK 以色列双开子母门	CHAMPION 冠军瓷砖	Dulux 英国多乐式墙面漆

BEISANHUAN 北三环
太阳宫桥
本案
三元桥
DONGSANHUAN 东三环

供电系统：220伏、380伏双路供电，每户供电量达100瓦/平米，是普通社区两倍。
电视系统：可接收香港卫视中文台、凤凰卫视、CNN等国际频道。
电讯系统：超五类线入户，支持IDD，千兆以太网社区，园区内预留INTERNET接口。
安防系统：闭路红外监控、可视对讲系统，24小时保安巡逻。
消防系统：公共区域配备火灾自动报警系统及自动喷淋系统。
保温系统：国际领先的外墙外保温系统。

售价：8760元/建筑平米 有效期1个月 现房：64296688

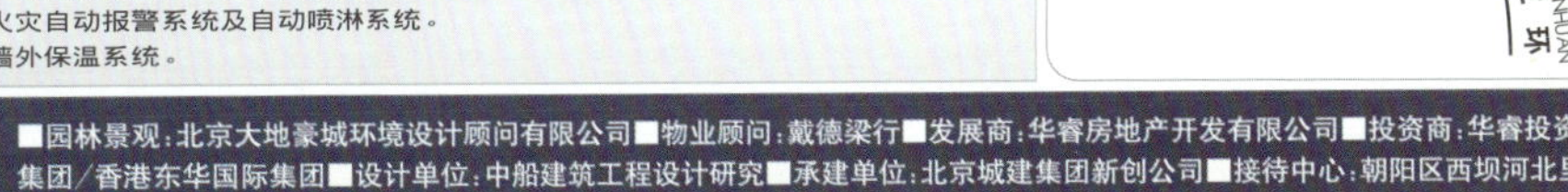

北京东兴联房产开发有限责任公司

总经理 刘 广

北京东兴联房产开发有限责任公司是经北京市建委批准设立、具有二级开发企业资质的大型开发公司。目前，在全市3300家房地产开发企业中，开发面积排名第22位。自1997年成立以来，公司以“发展创新、服务社会”为经营理念，秉承“把握市场、敬业开拓、守约诚信、高质高效”的经营方针，在房地产经营开发方面各界了雄厚的运作实力和丰富的驾奴市场的经验。公司重点开发的北京市丽泽路两侧地区，目标是将其塑造成为北京城南商业、商务中心区和形象标志性区域。公司目前已完成丽泽路建设、丰益城市花园42.5万平方米开发建设、开发区境内60余公顷绿化和三环路西侧200米绿化带建设现在进入丽泽城市花园建设阶段。

丽泽路城市设计的区段地处西南二、三环之间，其范围东起西二环菜户营桥，西至西三环丽泽桥，南北各以金中都遗址公园和三路居路为界，总用地约202.08公顷。地理位置得天独厚，交通十分便捷，西接京石高速公路（107国道）、东连京开公路(106国道)，东经南二环、京津塘高速公路、京通快速路、机场快速路，是东南沿海、中原地区各省市进京办公、经商、旅游的必经之地，是物流、人流、信息流集散的黄金地区。北面紧邻亚洲最大的铁路客站北京西客站，南接南苑机场，共同形成了立体交通网。是连接北京市区与丰台核心区的纽带，同时也是西南方向商家进京的门户，双重门户形成新的北京城市空间意向。本区交通便利、通畅。主干道丽泽路已建成，丽泽城市开发区内的次干道正在紧张建设中。丽泽大道两侧的人行系统通过地面、地上、地下立体方式做到人车分流。

丽泽商务区简介

丽泽商务区是丰台区“一五五”发展战略中的五区之一，也是卢沟桥乡重点发展的“二区”中的核心。

丽泽商务区位于卢沟桥乡东部的古金中都城址内，距离天安门8公里，西客站1公里。其范围东起京城西二环菜户营立交桥，西连西三环丽泽桥，北抵北京西客站，南至京广铁路丰草河，总面积5.25平方公里。规划总建筑面积397.89万平方米，其中住宅187.5万平方米，配套37.16万平方米，公建85.01万平方米，企业用地42.31万平方米，市政4.91万平方米，商住41万平方米。是京城三环路内最大一块商务、住宅连体开发的黄金之地。

该区北有西客站，南有丰台编组站，是联系全国各地的陆路交通冲枢纽；且有三环路、四环路与首都机场相通，交通十分便捷。方圆6公里内有前门、西单商业中心，复兴门金融街，利于形成商贸批发与零售互补优势；邻近的中关村丰台科技园区，大红门商业街，绿色生态居住区和特色文

地址：北京市丰台区东管头1号
邮编：100073
电话：010-63264030　63817566

化旅游等丰台重点建设的几大功能区已初规模；周边的汽车、建材、家居装饰、服装、花卉、蔬菜等专业市场、商贸区和仓储物流配送区已经形成，并具有发展成为北京最大物流中心的潜力。根据丽泽商务区的区位优势及首都整体功能结构和北京未来发展的需要，规划开发中的丽泽商务区以现代商贸展销业、物流服务业为基础，将是集展示、销售、签约和售后服务于一体的商贸中心区和商务办公区。

区内由一条宽阔笔直的2.9公里长的丽泽大道将西二环和西三环路连接起来。大道两侧有六大主题公园、五条景观轴线，四种性质广场，大型的会展中心、金融中心；丽泽大厦城市花园居住区、三路居、菜户营小区；西南侧有温馨的丰益城市花园。这些作为商业中心的精品，具有极高的品位，显示出无穷的魅力。其中占地4平方公里的丽泽大厦城市花园居住区，根据以人为本的理念精心设计。使文教娱乐、医疗保健、体育健身与社区相结合，能容纳总人口12～15万人，在3年到5年内将建成北京市最大的居住区。42万平方米的丰益花园经济适用房工程今年年底将全部竣工交付使用，一个占地29万平方米，被誉为三环路绿色项链的丰益公园已将投入使用，明年国庆前夕一个入住居民1.5万人的新型社区将呈现在人们面前。

目前已有东方家园、丽泽建材城、美克家居、亿客隆超市、江苏红星集团、北京汽车销售中心、永同昌汽配成等商家云集；有中国戏曲学院、北京市重点中学——第十二中学及河北、湖南、福建、新疆、河南、山东、云南等省市的50余家驻京办事处入住。

为了开发，打造京城三环路内最大的城市建设用地——丽泽商务区这一精品工程。1997年7月，卢沟桥乡东管头、三路居、菜户营、马连道四个行政村共同出资成立了具有独立法人资格的大型开发公司——北京东兴联房地产开发有限公司。该公司衽董事会领导下的总经理负责制的运管机制，拥有一批中、高级技术骨干和房地产专业管理人员，具有运作大、中型房地产开发的综合实力。经过几年来的开发，丰益城市花园经济适用房已发售完毕，丰益公园29万平方米的绿化建设已初具规模，先后招商引进的美克家具城、红星家具建材城、永同昌汽配城市等商业项目已相继启动；2002年底，丽泽生态花园合作建设项目正式签字。短短4年多时间，在首都房地产界异军突起的卢沟桥乡东兴联房地产开发有限责任公司吸引投资35亿元人民币，为丽泽商务区的开发建设注入了活力。

目前,丽泽商务区的各项工程正在相继启动之中：菜户营住宅小区工程8.9万平方米已开工建设。丽泽大厦住宅一期10万平方米主体已完工；社保中心工程2万平方米。今年8月20日正式开工，丽泽大厦住宅二期10万平方米已完成各项规划手续，预计今年9月份即可开工建设；丽泽生态园42万平方米的规划手续正在办理之中。菜户营住宅小区二期工程10万平方米正在申报立项。市水利局业务综合楼工程9万平方米已办完立项；市政配套工程，西客站南广场站前路正在筹备开工；丽泽路中、西段电力方沟工程6月份即将施工丽泽电话局工程3万平方米已申请立项，东管头110千伏安变电站工程计划6月底施工。北京东兴联房产开发有限责任公司是经北京市建委批准设立、具有二级开发企业资质的大型开发公司。目前，在全市3300家房地产开发企业中，开发面积排名第22位。自1997年成立以来，公司以〝发展创新、服务社会〞为经营理念，秉承〝把握市场、敬业开拓、守约诚信、高质高效〞的经营方针，在房地产经营开发方面各界了雄厚的运作实力和丰富的驾奴市场的经验。

北京金泰房地产开发有限责任公司

北京金泰房地产开发有限责任公司成立于1998年12月，注册资金1亿元。在激烈的市场竞争中，金泰地产联手众多业内顶级高手，整合市场优势资源，先后成功开发了有口皆碑的建筑精品“新天第公寓”、“金泰大厦”等项目，已逐步发展成为一家拥有较高声誉的专业地产公司。

金泰地产以强烈的社会责任感积极参与到首都的建设和发展的宏大事业之来。金泰地产土地储备丰富，西南二环“金泰城”和南三环外“新新天第”均在规划建设中，预计未来五年开发总建筑面积达80万平方米以上。

金泰地产放眼全国，积极开拓二线城市地产市场，公司已陆续启动部分省会城市的开发项目，形成跨区域发展的战略格局。

金泰地产在形成较强核心竞争力的基础上，迈出相关多元化的步伐，公司所从事的产业覆盖地产开发、物业管理和建筑科技等领域，迅速实现了资本扩张。公司投资控股了北京金泰兴业房地产开发有限责任公司、北京金泰物业管理有限责任公司，通过产业链的延伸，为客户提供更高品质的建筑产品与更专业的服务。

项目介绍

金泰大厦总建筑面积近5万平方米，位于东北二环外，柳芳北街与西坝河的聚焦点，东临西坝河及绿化公园，西南面为城铁柳芳站，南面与新天第公寓隔街相望。大厦外立面为时尚现代“比利时绿”全玻璃幕墙，大开间、大窗户、全阳光设计，挥洒自如的灵性商务空间为入住企业提供完美的发展平台。

金泰大厦由戴德梁行担任物业管理顾问，其优异的品质吸引了国际爱护动物基金会、新西兰羊毛局、北京中伦文德律师事物所、韩国好丽友食品公司，以及中国银行、香港馥苑海鲜酒家、日本吉野家等国内外知名企业及服务业品牌进驻。

地址：北京市朝阳区西坝河南路1号金泰大厦6层
邮编：100028
电话：010-64402228

温情的新都市主义典范——新天第

项目介绍

"新天第"公寓位于东北二三环之间和平里黄金地段，总建筑面积80750平方米。2000年7月开工建设，2002年5月全面入住。

新天第注重细节深处的完美，在每一个细节做足功夫，倾力打造完美温馨的居住空间。挑高7.8米轩阔大堂，阳光健身房、花仙子儿童乐园充满生活情趣。先进的外墙外保温，不仅具有良好的保温效果，保温年限长，更有效提高使用面积；韩式地板采暖系统亦为每个家庭带来全新的居家生活体验。

在"新天第"公寓开发过程中，金泰地产整合市场力量，组合以戴德梁行、北京建筑设计院、中建一局、国贸物业为主要力量的强大品牌阵容，最终成就了"新天第"公寓的卓著品质,并被《中国消费者报》授予"承诺销售放心房展示单位"的称号。

温馨舒适的生活小区——新新天第

项目介绍

"新新天第"建筑面积为4.3万平方米。位于南三环外马家堡成熟大社区内，北距三环洋桥2.5公里，南距四环公益桥仅300米，周围有十多条公交线路以及规划中的地铁四号线，交通极为便利。社区周边配套齐备，医院、银行、超市、农贸市场、中小学校、邮局应有尽有。

"新新天第"以板楼为主，外立面檐口运用中式坡屋顶的元素，令建筑别致而美观。专为小康之家的温馨生活精心打造的户型精巧实用，铝合金喷塑平开窗、中空玻璃，充分满足居住者对空间品质的要求。

"新新天第"倡导"小生活,大乐趣"。低容积率，高使用率，外围沿外环道路及停车场布置绿化带，院内为小区园林景观，极具吸引力的中庭花园设计艺术柱廊、小区园林、游戏廊、健身廊为住户带来无穷乐趣。实现人车分流，保证小区的宁静和住户的安全。

碧水庄园由北京碧水庄园房地产开发有限公司开发建设，地处京城上风上水，雄距“龙脉”正北方。有春华秋实，文化底蕴浓厚的西山，北连国家森林公园和历史文物保护区，东南是精英云集的亚奥商圈，西为著名的中关村科技园区，南沙河依北而过，沙河水库遥遥相对。八达岭高速公路横卧庄园西侧，将天安门、西单、德胜门、奥运村、中关材、上地科技园、碧水庄园串缀一线，二环、三环、四环、五环，畅通无阻。美的地域环境得天地之厚待，而便利的交通使碧水庄园业主居家出入自如，享受与市区相隔不远，却绝对纯的悠闲生活。远山近水，雍容典雅，闲适安逸，时刻感受的是世外桃源般的惬意。

碧水庄园一期建于1995年，占地400亩，绿化率在70%以上，每户私家占地为400～1000平方米；二建于2000年，占地513亩，106栋别墅环50000平方米湖面而建，绿化率高达80％以上，每户私家占地1600～4500平方米，其和谐优美的自然环境与周边花园别墅精心的布局，可谓巧夺天工。并创京城别墅社高绿化率，低容积率之新高。目前一、二期已售罄，入住率90%以上，已成为京城成熟别墅项目典范，更谱京城高端项目热销传奇。

2003年8月30日隆重推出的碧水庄园三期别墅，占地面积2300亩，建筑面积220000平方米，规划建设15种房型343栋别墅。独栋建筑面积从320平方米到1100平方米，私家占地从1200平方米到5200平方米不等开发商为进一步提升业主的居住品质，不惜重金又投资兴建240000平方米湖面，使碧水庄园成为京城罕有近350000平方米私家湖景高尚别墅小区。三期别墅70%的户型都建有私家游泳池,在京城别墅区亦属罕有。

碧水庄园一期、二期、三期从西到东推开，各自独立，又连成一体，井然有序，完整中见差异，个性见统一，3000亩687栋别墅，成为京城大规模的别墅项目之一。

碧水庄园别墅外观选用北美乡村别墅造型，园林设计中倡导建筑与自然的和谐共生。在碧水庄园中闲信步，或垂钓一湖碧水，不但会陶醉于其绿荫铺地，松柏争翠，奇葩竞艳，更被她50000平方米湖光倩影，鸟相还，远山如黛，深深陶醉。一幢幢北美风格花园别墅，童话般散落在庄园湖边绿荫繁花草坪间，凝造出容典雅的旋律和恬静。每一幢别墅每一处角落都凝聚着迷人的神韵，大面积多重坡屋顶设计，双层挑空客厅

畐外凸落地观景窗，令室内居住与室外美景融为一体，一切无一不散发着高尚生活与自然完善的结合，无
是低低的栅栏，还是浅浅的草坪，是曲曲折折的湖边小径，还是依依杨柳，都相互融合，宛若优美诗篇，
口精彩乐章。

碧水庄园内物业配套齐全。已经投入使用的7000平方米豪华会所设有各类休闲娱乐设施，游泳馆、健
房、桑拿按摩房、咖啡馆、诊所、餐厅、大型购物中心、格调优雅的酒吧、洗衣房……充分体现至尊服
。4000平方米专业球馆独具魅力，内设两个标准网球场、乒乓球室、台球厅、保龄球、壁球，可令您尽情
军球技、舒展身姿，尽享远离烦嚣的闲情逸致。

三期同步建设的碧水大厦，是四星级标准的16000平方米大型娱乐休闲中心。90套客房，设有50米标
泳道的游泳池、桑拿浴室、中西餐厅、歌舞厅、茶艺室、展厅、会议室等设施。三期同时将兴建网球馆、
下夫练习场、天然温泉浴馆、果园和农艺园。使业主不仅居住在大自然的环抱之中，其生活方式也具有浓
约自然风情。

三期天然气入户，每户提供供暖和制冷设备，双电源供电，公共卫生系统自成体系，五条电话线入户
其中一部内线电话），提供全频有线电视及国际卫星电视接收系统，足不出户，便可通达天下。

碧水庄园由通过ISO9001：2000版国际质量体系认证的北京碧水物业管理有限责任公司承担物业管
，为业主提供全面周到的物业服务。2000年，碧水庄园荣获“北京市优秀管理居住小区”称号，2001年碧
主园获“全国物业管理示范住宅小区”称号。碧水庄园以其先进的设施，在园区内形成独具特色的立体交
安防系统。园区实行封闭式管理，24小时保安巡逻及摩托车机动岗的基础上，业主的可视对讲系统与园区
安监控中心联网，可实现应急报警。庄园周界设4束红外线及监控防护系统，使整个园区的防护措施高效、
动、安全、可靠，确保生活高枕无忧。2002年，碧水庄园获“北京市先进治保会”称号。

凭借不同凡响的才华、实力及原创精神，碧水庄园房地产开发有限公司打造了真正的高品质、高层次
社区文化以及高品味全休闲生活的京城理想豪宅。

北京中冶世纪房地产开发有限责任公司

北京中冶世纪房地产开发有限公司成立于2000年，注册资本金3500万元，是一家具有房地产综合开发资质、商品房销售、房地产信息咨询、物业管理、建筑材料销售和家居装饰装修业务的有限责任公司。公司下设五部一室，正式工作人员50余人，全部具有大专以上学历，其中，高级工程师6名，高级经济师5名，工程师、会计师、经济师等共17名，其他均具有初级职称，国家一级项目经理3人，二级项目经理16人。

公司目前开发建设洽谈的房地产开发项目10个，建筑面积约50万平方米。其中：工程接近尾声、正在内外装修和销售的项目1个（盈地大厦，建筑面积4.8万平方米）；项目前期工作已经完成、即将开工的项目1个（小马厂“久居名园”是合作项目，建筑面积共30万平方米，我公司开发10万平方米）；正在进行项目前期工作的项目4个（密云“中金美隆度假村”，建筑面积6.5万方米，鼓楼大街综合楼，建筑面积6000平方米；威尼斯花园别墅，建筑面积7万平方米，国际艺术家村，建筑面积6.5万平方米）；属于项目恢复建设、完善后即可投入使用的项目3个（北京百乐酒店、安徽合肥银沱金贸区、通县绿洲生产基地）；改变功能、重新办理前期手续、寻找投资商的项目1个（同仁国际医院）。

地址：北京市东城区东四西大街46号主楼6层
邮编：100010
电话：010-65138817
65135517

“盈地大厦”是一座智能化5A级高档综合性大厦，它巍峨耸立在北京王府井国际商业中心区黄金地段，三面临街，已成为了东四地区标志性建筑。大厦总建筑面积48002万平方米，其中商业面积约2万平方米，由北京中关村开发建设股份有限公司施工建设。大厦地上9层，地下3层，从功能上分为三大部分：地下2～3层为车库，地下1层至地上4层为商场，地上5层至9层为写字楼。大厦正面宽80米，写字楼和商场分开设置出入口，商场出入口及门前广场直接面向朝内大街，写字楼单独的出入口位于楼的东面。地下车库出入口分设在西、东两侧，与两条交通干道相接。扼守着王府井国际商业中心区的东北大门，坐落在东城区中心地带——东四路口东南角，两条交通主干线东四南北大街与朝内大街交汇于此，与东长安街、东二环相毗邻，是东城区最重要的交通枢纽之一。大厦独享地铁五号线与城市轻轨的捷运之便，交通网络纵横贯通，直通东西、畅达南北。王府井商圈、CBD商圈，一西一东，左右逢源，着实是东成西就的商务和投资要道。

真可谓地杰人灵、路畅高效，占尽天时地利人和之势，充分享受时间与效率的超值回报。

北京金隅嘉业房地产开发公司

总经理 李祯祥

北京金隅嘉业房地产开发公司成立于1987年12月，是在原北京建材局基建处的基础上组建起来的。公司按照集团的统一部署，依据市场需求，坚持"开发一方、调整一方、富裕一方"的总目标，经过十几年的艰苦奋斗，迅速发展壮大到年开发规模150万平方米以上，竣工40多万平方米的集房地产开发与经营、物业管理及服务业为一体的大型开发企业。公司注册资金5000万元，资产总额15亿元。1994年被建设部评为城市房地产综合开发二级企业，企业资信等级为AA级，2002年通过ISO9000国际质量管理体系认证。公司总计开发建设项目26个，其中多个项目获得"长城杯"工程、市优工程和安全生产文明工地称号。同时公司还完成商业、文教、卫生等配套设施建设几十万平方米，完成绿化面积200多万平方米。公司现有职工123人，平均年龄36岁，其中各类专业技术人员87人，35岁以下大专以上学历的职工71人。自1998年以来公司销售总收进入全国500强房地产企业前50位，主营收入名列北京市房地产企业前10名，并被列入北京市朝阳区40家税收贡献突出企业之一。2002年在中国房地产信誉创建论坛活动中，被推展为中国房地产行业信誉百佳企业创建单位。2003年被北京市消费者协会等三家单位联合评选为北京市"重承诺、守信用"单位。

崇尚的经营理念：决策求实惠 经营求实效 管理求实际 作风求实践 服务求实干

金隅科技发展研究中心 B座 C座

北京华茂中天建筑设计有限公司

金隅世纪城

金隅世纪城位于北三环安贞桥东南侧，是以写字楼及配套商业、餐饮、娱乐及公寓为主体的大型综合性建筑群。规划总占地8.4公顷，总建筑面积85万平方米。多幢建筑的有机组合，简洁现代感的外立面造型，体现出21世纪的建筑风采，通畅便利的交通组织，大面积的园林绿地构成良好组群——金隅世纪城将成为京北城区独具特色及影响力的商业中心。

金隅科技创业中心

金隅科技创业中心位于北京上地信息产业基地中心环岛西北角，为高科技智能化综合性办公大厦，是由四栋高为39米的12层板式高层办公楼组成的群体建筑，该中心采用5A级标准设置，总建筑面积约14.45万平方米。

公寓、写字楼

随着我国经济改革进入新的发展时期，面对新机遇，公司及时把重点转移到大型公建项目开发建设上，同时在内资紧张的情况下，积极吸引外资，进行合资、合作开发，先后成立了北京建宏房地产开发有限公司、北京高岭房地产开发有限公司、北京富民股份有限公司。合作开发建设了规划总建筑面积约8.7万平方米的锦湖园公寓；总建筑面积8.8万平方米的腾达大厦；利用世界银行贷款开发建设了总建筑面积30万平方米的晋元庄小区等。通过这些成功开发的项目不仅带来了一定的经济效益，更主要的是为公司进行合资、合作开发积累了经验，同时也因与合资方的圆满合作进一步扩大了公司的知名度。

嘉业大厦

嘉业大厦位于南三环刘家窑环岛东侧，与方庄大型社区一路之隔，西侧紧临地铁五号线宋家庄站，总建筑面积约5万平方米，是集商场、餐饮、客房、公寓为一体的综合性建筑，2002年5月入住。

CBD总部公寓

地址：北京市南三环宋庄路3号
邮编：100078
电话：010-67642920

北京科技园置业股份有限公司简介

北京科技园置业股份有限公司（以下简称“科技园置业”）成立于1999年12月，注册资金2亿元人民币，是一家以资产为纽带，跨行业、跨地区、跨所有制的股份制企业。科技园置业具备优良的资本、资质和资信，拥有优质、丰富的股东资源，以中关村科技园区的开发建设为历史发展契机，以房地产开发为产业基石，充分整合丰富的内外部资源，拓展相关产业。

科技园置业的股东分别是北京科技园建设股份有限公司、香港香江国际发展有限公司、国土资源部北京中地土地整理公司、中国市长协会北京中坤科工贸集团、中国建设银行北京银帝科技发展有限公司、国家科学技术部北京高国科技术有限公司和北京海开房地产集团公司，这种构成充分体现了“三大优势有机组合”的特点，即房地产开发、高新技术产业和金融产业的优势组合；政府行为和企业行为的优势组合；国有资产和外资的优势组合。

科技园置业以“发展知识经济，建设中国硅谷”为己任，积极投身于中关村科技园区的开发建设，于2000年10月，在中关村西区国有土地使用权出让招标中，成功地取得了中关村西区公建Ⅳ区近40万平方米的建设项目的开发权，并欲将其整体开发建设成为集国际甲级写字楼、五星级酒店、会展中心、酒店式公寓、商业、餐饮、娱乐为一体的中关村科技广场。科技园置业必将为二十一世纪的北京中关村科技园创造具有世纪品质、世界先进科技水准和浓郁科技氛围的智能化标志性建筑群。

科技园置业在进军房地产市场的同时，积极投身于资本市场、高科技等相关产业，2001年，科技园置业成功控股上市公司重庆万里电池，并先后投资成立北京众星联合科技有限公司和北京城市网络股份有限公司两个高科技企业。

科技园置业奉行“忠诚、合作、职业、平和、卓越”的管理理念，立志于2005年发展成为中关村科技园区的一流企业；到2010年，发展成为国内知名的跨国投资集团。

合作伙伴

建筑设计：· 美国KPF建筑师事务所
· 中国建筑设计研究院
结构设计：· 美国迈进工程咨询顾问公司（MEINHARDT）
幕墙顾问：· ALT工程顾问股份有限公司
空调系统：· 瑷玛斯公司（Imux）
照明设计：· 美国KTA照明设计顾问

建设施工：· 北京中铁建设有限公司
工程监理：· 北京帕克国际工程咨询有限公司
物业顾问：· 高纬宏腾（Cushman & Wakefield Premas）
世邦魏理仕公司

项目介绍

北京科技园置业股份有限公司积极投身于中关村科技园区的开发建设，在2000年10月中关村西区国有土地使用权出让招标中，成功地取得了中关村中央商务区Ⅳ区中近40万平方米建设项目的开发权，并将整体开发建设成为集办公、酒店、公寓、商业及会展中心为一体的综合建筑群。

——北京科技园置业股份有限公司所开发的中关村金融中心二期及三期包括中关村金融中心、中关村科技会展中心和利德大厦，位于中关村中央商务区的黄金地段-中关村中央商务区的东南角，项目规划总用地面积6.69公顷，建筑面积41.7万平方米。构成了中关村中央商务区的公共建筑区，造就了中关村中央商务区的核心区域。

其中，中关村金融中心位于中关村中央商务区中的21#地，地处中关村中心商务区的黄金地带，北邻海淀镇北街，东南接规划彩和坊路，西靠海淀镇中路。地块外形呈环形，圆心指向中关村中央商务区的中央绿化广场，整个地块展开长度约320米，宽度约62米。中关村金融中心占地面积17，600平方米，总规划面积11.2万平方米。中关村金融中心的A座为35层、B座为9层，圆弧形的连廊将A座和B座连成一个整体。

中关村金融中心项目是为了适应国家推进高新技术产业发展的战略而开发建设的。为了全面推进21世纪中国的高新技术产业发展，党中央、国务院于1999年6月5日批复了北京市和科技部联合提出的关于建设中关村科技园区的报告，将位于原海淀镇区域范围之内的中关村西区定位为中关村科技园区的中央商务区。中关村中央商务区的建设是继开放深圳特区、开发浦东新区之后，中国又一个具有全局意义的跨世纪重大战略决策。尤其是为解决商务环境困扰所设立的商务中心区定位，决定了它在北京科技园区中占据的主导地位。中关村金融中心位于中关村中央商务区的核心位置，定位于国际甲级写字楼，将为对中关村科技园区的发展建设具有关键作用的金融机构、国外大型科技类公司、国内高科技企业以及有实力的中介服务公司提供优质、舒适、方便和人性化的高品位办公用房。

中关村金融中心由在世界各地完成过200多座高层和超高层建筑设计的美国KPF建筑设计事务所担纲总体设计。在项目的设计延续了KPF细部精湛、造型优美及尊重人文环境的建筑设计风格。

中关村金融中心A座地上35层，地下4层，建筑面积7.9万平方米，建筑的外部应用了优美的曲线造型，外立面运用了在水平和垂直两上方向弯曲的玻璃幕墙，独特的双曲面结构呈现出强大的视觉冲击力，外墙以玻璃和金属表面构成，使整个建筑的造型极具时代感和吸引力。中关村金融中心高150米，是中关村地区目前已经规划的最高建筑，也是目前北京市中轴线以西规划中最高的建筑。

中关村金融中心B座地上9层，地下3层，建筑面积2.8万平方米。B座的外部造型运用与A座相似的曲面形态，连廊的屋面曲线一直延伸到B座的西南侧底部。

A座与B座由架空的巨大虹拱形连廊连接，由玻璃幕墙和梯形钢架构成的连廊长逾百米。该连廊由四组矩形核心筒托起，由一系列变高度梯形钢架组成连廊空间，连廊内吊顶最低点为2.37米，最高点为11.8米，建筑面积为4400m²。

中关村金融中心在设计上追求高新技术的广泛应用，并充分考虑最终使用者的需要。在建筑结构、电梯选配、空调系统、自动控制系统、新风量、车流、人流设计等方面，采用了先进的设计和设备。由于采用了先进的钢结构技术，净使用空间将大大提高。采用进口名牌客梯，设计候梯时间小于30秒。中央空调系统采用世界先进的超低温送风和冰蓄冷技术，保证了舒适和节能。这种种设计体现了对效率的追求、对人的关怀。

项目应用了在北京甚至中国都是绝无仅有的先进技术，包括地下管廊系统、超低温供冷系统、中水集中处理系统等。本项目所在中关村中心商务区内，公共设施和市政设施的建设水平达到世界先进水平。这些先进技术的应用，进一步保证了本项目的优越品质。

独特的定位、优越的地段与极具特色的设计使中关村金融中心成为中关村地区的的标志性建筑，中关村金融中心在为客户提供高档、优质、人性化办公空间的同时，也成为都市中美丽的风景。

地址：北京8798信箱海淀区海淀镇南街1号
邮编：100080
电话：8610-82626622　8610-82628822
网址：www.sciencepark.com.cn

北京珠江房地产开发有限公司

国际城简介

珠江国际城是北京珠江房地产开发有限公司在京推出的第五大项目，也是珠江地产在京推出的第一个郊区化住宅项目。是一个最亲近CBD的百万平米大型国际化闲适生活社区。珠江国际城位于通州区永顺镇东北部，紧临京哈高速，处于未来长安街延长线的东端，距五环、六环、城市轻轨和首都机场都很近。目前，从国贸出发、经京通快速路直奔通州北关环岛、上京哈高速路，仅需20分钟的车程。通州自古就是出名人的地方，项目所在地周围有潞河中学、中加学校等名校，距二外、广播学院、物质学院等高等学府也很近。社区总占地2000亩，总建筑面积100万平米，1：1的容积率，以纯正的花园洋房为主力产品。目前，一期预售面积约10万平米，有10多种户型可供选择，户型面积在160平米左右，价位在4000元-5000元之间，每户赠送全套精装修、带花园和车位。现在，实体样板楼已经出来，一期会所早已建设完毕，总体投资已近2个亿。社区未来规划有：商业休闲主街、多功能会所、欧式风情主题公园（每期都有）、生态水景等。国际著名的美国EDSA主笔园林设计，澳洲五合国际负责建筑设计，充分体现生命与自然的灵动、健康与和谐之美。

"珠江国际城"是北京珠江房地产开发有限公司开发建设的超大规模房地产项目，位于北京CBD后花园--通州区东北部永顺镇，紧邻京哈高速公路，距国贸仅20分钟车程，与规划中的六环近在咫尺。项目规划总占地面积约2000亩，总建筑面积近100万平方米。社区内计划建有运动会所、餐饮、医疗、娱乐、商业、金融、学校、托幼、社区巴士等完备的生活娱乐设施。规划建有多层复式洋房、单体别墅、联排别墅（TOWNHOUSE）、板式多层等多种住宅形式，是北京高品质的大型运动、休闲、居住社区。

秉承"好生活，在珠江"的品牌理念，珠江国际城项目一期规划15万平方米，主力户型150-200平方米，将大树成林的自然地貌融入到整体规划中，结合环保理念的园林景观设计，使自然地貌、花木景观与道路、水流、住宅、商业街连成一体。开放式运动会所、完美物业管理等，真正让居者感受到无所不在的人性关爱和尊重。在不远的将来，一座充满活力的美丽新城将成为京城地产中最令人心动的焦点。

珠江国际城设计思想

由澳大利亚五合国际建筑设计集团的设计重点强调了以下设计理念：

1. 近人的空间尺度

建筑的外部构件尽量以精细的划分和小尺度构件的应用达到亲切近人的效果。各种花盆、吊兰、灯具、木构架形成与人亲密对话的界面。

以牌楼为起点，钟楼为终点的骑楼式商业街则构成游人驻足和休憩的空间。同时通过景观的设计融合，形成以室外咖啡座为主题的步行空间，颇有西方小镇风情。

2. 独特的个性

一个优秀的设计需要具有自己独创的个性，商业街为整个国际城创造了一个标志。

建筑的尖顶与坡顶使人远观时有很强的可识别性。而中观的拱券与柱廊标志出这一商业街的欧陆情结。建筑的色彩，特别是深褐色的木质与黄白两色的涂料形成的高反差，突出了活跃、开放的个性。

3. 多元的文化元素

国际城以东西方多元文化的风格为特点，整个建筑外观既有欧式的轮廓，又不乏东方的细节。以主入口的牌楼为例，乍看是中式的牌坊，但以欧式传统拱券为主题，辅以中东式的繁复的铁艺装饰，而木装的外表又令人想到日本的鸟居。

4. 现代与古朴的统一

作为21世纪全新的设计，并以中青年消费阶层为主，所以大方亮丽的现代风格是必要的。但为避免简单与乏味，本设计大量采用欧式传统建筑中的经典符号作为细部。与现代的大型购物中心相比，这样精巧细腻的建筑手法更具有浓厚的文化气氛。经历史积淀的传统而凝重的美感与现代材料和加工工艺的结合，使这条商业街呈现出既清新又古朴的美。

广东珠江投资有限公司

开发项目介绍

北京珠江房地产开发有限公司是广东珠江投资有限公司的全资子公司，于1999年在京注册成立。1999年，珠江地产带着成熟的生活方式，务实的产品经验，也带着南方特有的“以人为本”的细腻服务，凭借其敏锐的直觉和多年来丰富的地产经验，挥师进京。经过几年的磨合与发展，珠江地产联合合生创展已陆续开发了六大名盘：珠江骏景、珠江国际城、珠江帝景、珠江绿洲、珠江罗马嘉园、珠江温泉花园，总开发面积达280公顷，总建筑面积逾340万平方米。

珠江骏景地处北京南三环木樨园桥西南角，占地20公顷，总建筑面积超过42万平方米。作为地处第五大商业区的南城著名楼盘，珠江骏景在仅仅一年的时间里，就以其卓尔不群的品质迅速跃升为引导南城地产项目的典范，跻身北京十大热销项目之列。现在，作为珠江地产进京的开山之作--南区南国风情社区已全面入住，北区北欧风情社区正在热销。

珠江国际城，位于通州区永顺镇，占地2000亩，总建筑面积100万平米，以极具创新性的花园洋房为主力产品。该项目引进西方先进的居住理念，注重人与自然的交流，环保、健康、以及以网络信息化为代表的科技应用是小区规划必不可少的主题。社区内多功能会所、欧洲风情商业休闲街、自然主题公园、学校、托幼、社区巴士等生活配套完备，是北京高品质的大型运动、休闲、居住社区。

地址：北京市朝阳区西大望路甲23号
邮编：100022
电话：010-67757523

广东珠江投资有限公司，成立于1993年，是多元化经营的综合性大型企业集团，涉及多个行业，拥有28家全资、控股二级公司。截至2000年，集团的运营资产已达40亿元人民币，净资产12亿元人民币。在房地产开发方面，珠江企业集团是全国目前唯一开发社区面积达500万平方米，并且集土地开发、设计、施工、装潢、物业管理于一体的房地产商，也是国内地产商中集约化程度最高、服务最好的企业之一。

广州珠江房地产开发有限公司是广东珠江投资有限公司1995年组建的大型房地产开发企业，2000年11月完成改制规范注册登记，公司创建定位为广州市房地产行业内建造高品质适中价格楼盘的大型发展商，树立"面向普通人、设计优良、注重环保、科技含量高、价格适中"的珠江大众住宅形象。99年度房地产综合实力30强企业中排名第八；完成投资20强排名第十；销售收入20强排名第四；完成税利20强排名第四。

回首珠江地产漫长而辉煌的发展历程，我们可以发现，珠江人关于诚信品牌的承诺是以实力强大的后盾和深厚的历史积淀为基础的。在过去的十多年中，珠江地产与合生创展联手，在广州住宅市场化的进程中，留下了一连串辉煌的脚印：

1999年，珠江地产被评为广州房地产开发综合实力评比30强企业；珠江、合生联袂开发的骏景家园、华景新城分别荣获广州十大最受欢迎楼盘；愉景雅苑荣获1999年广州市十大明星楼盘最佳规划设计、建筑风格奖；2001年在羊城连续打造7个明星楼盘，孜孜不倦的创造着中国住宅业的传奇神话。

从1993年至今，珠江地产走过了风雨兼程的十年。十年前，珠江畔改革开放大潮中生长出的一个生机勃勃的民营企业，凭借着中国房地产大发展的契机，以其天生的坚韧、诚实与好学，逐渐枝繁叶茂，今天发展足迹遍及广州、深圳、上海、北京、西安、天津、沈阳……正在形成以广州、上海、北京为龙头，面向全国发展的强大势头。

董事长 武绍忠

北京新建房地产开发有限公司简介

北京新建房地产开发有限公司创建前身是通州区经委所属的北京市通州区轻工业品工业总公司；该公司所辖企业有通州福光建筑工程公司、北京通州皓月电器厂、北京新宇服装总公司、北京市新华制鞋厂、通州先明日化厂、北京通州旭光吸气剂材料厂等六家企业。通州区作为北京最大的卫星城，被市委、市政府确定为城市建设的重点开发区域，随着建设步伐的加快，北京新建房地产开发有限公司于1999年11月19日应运而生，隶属于通州区经委。公司注册资金3000万元。

北京新建房地产开发有限公司紧紧抓住发展这个中心，坚持稳步经营、科学决策、拓展优势、深化内涵”为核心的经营理念，在团结、拼搏、进取、创新的精神指导下，锐意进取，取得了骄人的业绩。

北京新建房地产开发有限公司从无到有再到资本运作，已成为一家集房地产开发、建筑施工、物业管理为一体的综合型开发企业，同时承担着区属工业企业资产管理的部分职能，主要肩负着通州区国有企业“退二进三”置换出土地的开发任务。尤其是随着公司开发的轻丁公司住宅楼、潞邑花阆、永顺两街住宅楼、皓月苑、果园西小区工程项目的开盘上市、使“新建房地产”走进了千家万户，确定了新建房地产开发公司在行业中的地位和形象，撑起了通州一方艳阳天。

北京新建房地产开发有限公司在开发中，坚持以人为本、客户第一、质量第一、信誉第一的原则，在社会各界人士的大力支持下，两年累计开发建设15万平方米，完成投资3亿元，目前楼房销售火热。三年多来，北京新建房地产开发有限公司把吸收和培养人才做为一个重点，北京新建房地产开发有限公司通过各种渠道聚集一些有经验、有知识、有专业、有朝气的人才，通过两年的磨练都能在各自的岗位上发挥各自的积极性和潜能，公司共有员工95名，各类专业技术人员50名。承担着公司生产、开发、合同、预算、统计、财务、技术、质量、安全等方面的管理。

为了实施品牌战略，打造自己的品牌。2000年，北

京新建房地产开发有限公司通过IS09002国际质量体系认证。并在工程建设中严格按质量标准施工，北京新建房地产开发有限公司不惜加大成本，降低利润，确保工程质量百年大计。为了让新建的品牌和知名度在百姓中得到认可，北京新建房地产开发有限公司在开发果园西小区中，不但设计风格新颖别致，还首先采用铝合金彩色喷塑，率先安装了连有些高级精品公寓都不具备的中空玻璃，得到业主的认可。

充满魅力的通州，周边绿化隔离带成了天然的绿色风光，古老而富有神韵的大运河从这里发源，即将开通的八通轻轨以及连通北京心脏地带的百里长街，加快了通州区现代化的步伐。

在新的世纪中，北京新建房地产开发有限公司将以高品质的住宅质量、优美的生活环境、完善的物业管理，愿与广大居民共创温馨家园，本着“重信誉、守合同、保质量、创优良”的宗旨，北京新建房地产开发有限公司愿与社会各界同仁携手共进，同奏企业发展的新乐章。

地址：北京市通州区云景东路79号　　邮编：101101
电话：010-81518572

北京广厦京都置业有限公司

北京广厦京都置业有限公司是一个新成立的房地产开发公司，投资商是上海的一家投资公司。公司的组织结构很简单，采用董事会领导下的总经理负责制，这样使产权和经营权完全分离，办事效率大大加快。主要合作伙伴有美国ＶＢＮ设计公司、美国易道景观设计公司、江苏省第一建筑工程公司、北京日日豪工程监理有限公司。

炫特区

国际青年社区

地址：北京市朝阳区东四环十里堡1号
开发商：北京广厦京都置业有限公司
社区规模：300000 ㎡
绿化率：32.4%
现售房均价：每平方米5960元
现售房规模：近300000 ㎡
现售房主要户型：40～80 ㎡
现售房入住时间：2004年5月
物业管理费：每月每平方米2.52元

泛亚易道设计青年经典专署景观

美国VBN倾力巨献40-80M2极炫户型

便利的交通8条公交线路，精装修，赠送宜家家具、TCL电器

首付3.8万月供880元…… 售楼电话：85841818（中继线）

楼盘简介：

社区规模：炫特区共占地8公顷，总开发面积30万平方米。

产品定位：炫特区是北京第一个国际青年社区，是目前北京市场最纯粹的为青年人打造的高品质精品公寓。由于邻近使馆区及CBD、燕莎、丽都等外商云集的大商务区，国际化氛围非常浓厚。产品的低单价、低总价以及商品质、高附加值，使炫特区成为性价比最高的产品，特别适合在三大商圈及周边工作生活的年轻人购买。

位置交通：炫特区位于朝阳公园东侧东四环外的石佛营，交通极为便捷，周边交通主干道有东四环、朝阳路、姚家园路等，四通八达，主要公交线路611路、705路、712路、859路、831路、829路、808路、608路等直达小区。由炫特区出发，驱车5分钟到达燕莎，10分到达国贸，距离三大商圈咫尺之遥。在以上商圈内工作上下班不用花太多的时间。

周边环境：石佛营周边景色优美怡人，往西紧靠红领巾公园和朝阳公园。周边有华联、太平洋百货和华堂等大型超市，购物极为方便，去往三里屯、秀水、工体、滚石体验激情浪漫的都市生活，非常方便。尤其毗邻国贸、燕莎、丽都三大商圈、商务环境较为浓厚，周边向商务人士提供的小户型出租房非常稀缺。炫特区特殊的区位环境，极具投资价值。

户型设计：针对北京市场上目前很多小户型产品存在的缺陷：比如功能不完善、采光不充分，布局合理、使用率过低等问题，京都置业有限公司经过详细的市场调查和产品分析后决定推出小户型公寓升级版，全面规避上述小户型设计中存在的问题，使炫特区在产品设计上达到功能完善、布局科学、富于人性化的标准。炫特区特邀美国VBN设计公司精心设计，设计理念前卫、时尚，实现了产品共性与居住个性完美统一。特别设计82种户型，一居室35～50平方米，二居室66～80平方米，全部户型方正实用，起居厨卫一应俱全，全部赠送国际标准的精装修。户户有落地大玻璃窗或者风格各异的个性阳台，充光非常充分。户型设计中最特别之处在于首次在京城推出墙体自由伸缩的WINZIP厨房，DIY家居移动空间，自由组合并随意分隔空间，充分显示生活个性，这一富于前卫性的设计，体现了炫特区在产品上充分挖掘小户型居住空间所做的努力。

园林景观：为了满足年青业主们户外活动的需要，炫特区委托美国著名的泛亚易道公司设计了面积20000平方米的园林，有中心水景广场、小溪步道、棋艺广场、园柱塑廊、烧烤园、诗韵墙、攀岩石壁、演艺圈、莲花水景等二十余处景观，特别适于休闲娱乐、健身运动，充分体现了青年社区的特点。

配套设施：炫待区600平方米的青鸟健身会所，是北京著名的青鸟健身中心第三分店，面积超过青鸟北龙、面盛两店的总和。会所地下一层至三层设有泳池、大型健身房、壁球、沙壶球、阅览室、多功能运动馆等运动项目，还设有文化餐厅、特色酒吧咖啡厅、水疗、红酒、雪茄坊等休闲娱乐场所。会所顶层为京城首屈一指的“云顶SPA浴疗室”，内设多达10余种的SPA项目。此外社区内还设有5个主题会所，可以方便业主组织私人聚会等活动。大型自助餐厅与大型自助洗衣房，完全按国际化标准设置。

定位为国际青年社区的楼盘项目应运而生。由于这一项目从产品户型设计，到社区配套设施，全部以22岁至35岁人群为定位方向，客户层面向在北京工作的包括世界各国的青年在内的青年职业白领人群，因此其面市，对于青年人为主的北京城市来说，将是市场的一大完善。

被称为国际青年社区的炫特区则是目前北京市东区第一个堪称首创的具备了相当规模（近30万平方米）、专为都市青年量身打造的更为纯化的新型国际化社区，同时，9月1日起内外销商品房的正式并轨，使这个临近燕莎、使馆区等外事区域的社区更具新潮的社区文化氛围，国际村色彩更为浓郁。从交通、配套、人文文化各方面看来这个 国际青年社区 也都具有非常鲜明的特性，首先是交通便捷、位于东四环黄金商务地段与优秀生活社区之间、不同文化交汇的国际村的区位优势，特别是区域内对外文化艺术交流机构林立，各类高素质高层次的外来人口聚集于此，毗邻三里屯酒吧街、滚石迪斯科、朝阳公园酒吧街、燕莎、太平洋百货、华堂商场，可谓时尚感十足、配套成熟的居住区。尤其是社区为青年白领特别设立的近7000平米超大型的青鸟会所（相当于青鸟百盛会所面积的两倍），相比现有青鸟各店，功能更完善，内容更丰富，更体现了现代都市青年 健康、动感、时尚的鲜明特色，业主在此可轻松享受更时尚的健康服务）。另外，社区内还专门设立了都市青年心仪的咖啡吧、西餐吧、自助洗衣店和各种主题的休闲会所及网吧、俱乐部、中西餐厅、快餐店、茶艺馆，特别提供适合青年人、更为便利和随意的交流空间。

在国际青年社区，独特的户型设计更是为这些年轻的初次置业者量身订做，这使居住人群的特征更加鲜明，居住品质更为纯粹，一居为42～60平米，二居为60～80平米，厅、卧、厨、卫等功能配套齐全，且布局完善，充分保障起居、私密部分，零居室为40平米以下30平米以上（备厨房，其设计采用win-zip 可压缩空间设计），户型设计更为合理和人性化。

最后是针对青年白领的低总价：以其50平米的一居室而言，总价20多万元（含精装修），首付和月还款压力小，无论对于自住还是投资型买家都具备了相当的吸引力。

在国际青年社区，更为纯粹的品质和更为突出的实用和审美功能充分满足了都市青年对居住品质的基本需求，更为重要的是，在这里，人们的居住更多地代表着一种生活方式–简洁而又丰富、张扬个性而又有着强烈归属感，这里汇聚的更像是一个更为多元化、高效率的信息平台、一个有着更多共同语言交流、更多同质化情感共振、品质更为精粹的精神乐园。

招商局航华科贸中心有限公司

北京招商局中心全景

位于北京的CBD的核心地带，总建筑面积33万平方米，于2001年7月竣工。

由4栋智能型写字楼和两栋公寓组成，设计充满现代感。造型典雅宏伟，目前已有摩托罗拉、惠普、三星、赫司特等世界知名公司入驻。

招商地产，是香港招商局集团旗下的核心企业之一。

招商局创立于1872年中国晚清洋务运动时期，是中国近代民族工商业的先驱，

在中国近现代化进程中起到过重要推动作用。经过几代人的努力，已成长为一个实力雄厚的多元化综合性企业集团，拥有总资产500亿港元，管理资产总额近1200亿港元。

招商局集团总部设在香港，为香港[四大中资企业]之一，在国际工商界有着广泛影响。同时，招商局在中国大型国有企业500强中排名第26位。

招商局的发展历史上有着无数的辉煌和创举。

1873年，招商局开辟了中国第一条近海商业航线和远洋商业航线。

1877年，招商局收购了财力雄厚的美资旗昌轮船公司，打破了外资洋行垄断中国航运的格局。

招商局创办了中国第一批民族工商企业。其中包括：

中国第一家大型煤矿，中国第一家大型钢铁煤炭联合企业，

中国第一家大型纺织企业，中国第一家银行，

中国第一家保险公司，铺设了中国第一条电话线，中国第一条铁路等等。

1979年，招商局在深圳蛇口创办了中国第一个对外开放的出口加工区；蛇口工业区。

1987年，招商局创办了中国自1949年以来的第一家股份制商业银行——招商银行；

1988年，招商局投资成立了中国大陆第一家由企业合股兴办的保险公司——中国平安保险公司

上海招商局广场

位于上海市成都北路，雄距离商业繁华的中心地带，
紧邻市政文化中心人民广场、上海电视台、交通便利，气势恢弘。
总建筑面积7.07万平方米，于1998年10月竣工。

地址：北京市朝阳区建国路118号招商局大厦
邮编：100022
电话：010-85669885

REAL ESTATE 新华联地产

当代城市家园

当代城市家园由新华联集团与北京当代投资集团合资开发，东望奥运主题公园，西临上地高科技园区，南守中关村，北接西二旗居住大社区，占地面积约21公顷，总建筑面积34万平方米，低密度，高绿化率，配套齐全，是成就未来精英的理想小区。

第二届“理想家园”精品楼盘评选
精品楼盘特别大奖
2002年中国住宅创新夺标活动
景观环境示范楼盘
北京市建筑结构长城杯
中国北京首届新新人家户型设计精品推介活动复式住宅专家推荐奖

北京新华联家园

北京新华联家园是由新华联集团北京新世界房地产公司开发的大型绿色环保居住区。小区坐落于北京通州区北苑环岛南侧800米，紧邻地铁果园站和京津公路，交通十分便捷。新华联家园规模宏大，占地面积530亩，南北两区总建筑面积近60万平米，南区已建成设施完善、功能齐全的7200平米会所和3200平米幼儿园。小区环境幽雅，色彩明丽，如闪烁的明珠镶嵌京城，是未来经理人理想的家园。

北京新华联家园

北京市金牌居住区
首都绿化美化花园式单位
北京市建筑结构长城杯
北京轻轨特色楼盘
通州文明居民区
中国房地产业100强企业形象奖
中国房地产业100强品牌形象奖

北京青年城

绿是最时尚的色彩，它被赋予了更多的生命给一个美丽的家园——北京青年城。作为新华联集团进驻亚奥核心区域的一个重点项目，弘扬奥运精神，建设青年精品社区，是开发商最初的努力目标。无垠的绿色，便利的交通，新颖的立面造型，别具一格的景观规划，完善的配套设施，独具特色的家政服务，为现代青年打造充满活力、引领时尚的生活。

北京青年城

2002年北京理想家园优秀规划设计奖
2002年全国人居经典建筑方案大赛规划.环境双金奖
2002年中国住宅创新夺标
社区规划示范楼盘
建设部销售放心房活动履行承诺企业
全国优秀消费者信得过单位
全国城市物业管理优秀大厦

新华联锦园

北京新华联锦园由新华联集团北京新华联房地产公司鼎力开发，是继“华兴园”、“新华联家园”之后推出的又一绿色、环保、欧式智能化小区，地处通州京通快速路出口公交北苑站西南200米，北临百里长安街东端——新华大街，距轻轨地铁北苑站仅百米之遥，自小区走京通快速路驱车十余公里即可到达国贸。30万平米的庞大社区，良好的社区规划，卓越的建筑品质，上佳的地理位置，却以低价位让业主轻松享有八通轻轨旁优质生活。选择锦园，是生活的智慧，更是生活的财富。

北京新华联锦园

北京市用户满意建筑工程
《北京青年报》第二届北京市优秀楼盘奖
中房指数系统北京市住宅典型指数样本项目
首都绿化美化花园式单位
首都十大诚信地产企业
北京消协、质协用户满意企业
中国建设系统信誉等级评定“AAA”企业

地址：北京市通州区靶场路29号
邮编：101100
电话：010-89558899

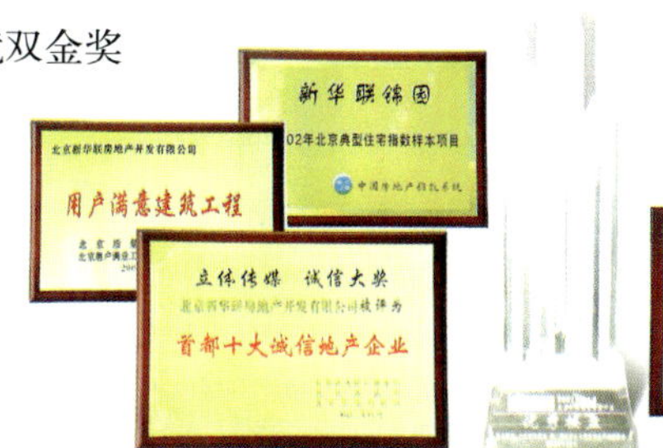

石家庄市安居房地产经营开发有限责任公司

石家庄市安居房地产经营开发有限责任公司成立于2000年9月，其前身是石家庄市经济适用住房发展中心，是具有独立法人资格的经济实体，经营范围为房地产开发与经营以及钢材、木材、建筑材料和装饰材料的批发零售，公司下设物业管理公司。

公司始终坚持“用真诚铸精品，讲信誉传美名”的经营理念和“高起点规划、高水平设计、高质量施工、高标准管理”的管理目标，先后建设了石门小区、安康花园和联强、银龙、富强等小区的安居组团，总建筑面积达200多万平方米，交付使用的住宅合格率、出售率和资金回收率均达到100％，取得了明显的社会效益和经济效益。其中，石门小区以其规模大、环境好、品质高、建设速度快，成为石家庄市样板小区和示范工程，受到建设部、省、市领导的多次肯定和赞扬，并荣获“中国房地产成功经营模式典范”和“省科技进步一等奖”等荣誉称号，江泽民等中央领导曾多次到石门小区参观视察；安康花园在2003年被中国房地产协会评为“健康住区”。

石家庄市安居房地产经营开发有限责任公司推崇“以人为本”的企业文化，形成了“团结、创新、开拓、进取”的企业精神，在房地产开发理念和技术创新上与时俱进，用真诚打造住区精品名片，为向社会奉献精品住宅小区而殚精竭诚，随着她的不断发展壮大，必将成为房地产业一颗璀璨的明珠。

地址：河北省石家庄市和平西路58号
邮编：050000
电话：0311－7046131

董事长 徐风英女士

总经理 沈忠斌

董事(副总经理)周兴沛

昊宇房地产开发有限公司

昊宇房地产开发有限公司是经国家工商总局核准，在北京注册的大型房地产开发公司，注册资本为5000万人民币。公司主要从事房地产开发、投资、经营；房地产咨询、策划；室内外装饰装潢等工程。公司拥有丰富的开发、经营与管理经验，并拥有多名房地产业高、中级专业技术人员。

董事长徐风英女士与总经理沈忠斌、董事(副总经理)周兴沛先生以“开拓进取、以仁取才、以才聚才、在竞争中求发展”、以“经济效益与社会效益相结合”的经营理念，并以其独有的人格魅力汇聚一批有识之士，本着“建一处房产，塑一世品牌”作为“21世纪房产先锋”的企业发展目标来打造旗舰·凯旋的地产品牌。

企业理念：诚信、求实、奉献。

企业精神：高效、立新、创地区名牌。

企业使命：土地不可再生，珍惜资源，造健康靓宅。

企业目标：铸就一流地产，弘扬民族产业文化。

公司始终以造就生态环境，人性化的服务，科学化的管理为宗旨，以客户就是上帝为指导思想，本着实事求是、以诚为本的企业理念，以信誉求发展，以质量求生存，做到人无我有，人有我精的产品回报社会。

项目简介

昊宇房地产开发有限公司现开发建设的“旗舰·凯旋”(海通·梧桐苑)住宅小区位于北京市通州区梨园经济开发区，交通便捷畅达，紧邻通环南路、通马路、与城铁八通线九棵树站仅一站之遥，京沈高速路、京通快速路近在咫尺，多条公共线路环绕其间，938路公共汽车专设“旗舰·凯旋”站，出行畅通便捷。

“旗舰·凯旋”(海通·梧桐苑)秉承绿色健康的自然主义观点，主张建筑与自然相结合，占地25余公顷，总建筑面积约30万平方米；项目分两期开发，一期首批业主已于2003年9月份顺利入住。公司从“以人为本”、“尊重自然”、和“塑造唯美健康生活居住区”为开发理念，对住宅的各项指标均有很高的要求；社区内的诸项规划均采用最人性化的设计，前后错位式和高低错落相结合的空间组合，以超低密度、低容积率、高绿化率形成了疏密有致，视野开阔和优美环境的均好性，实现充分采光和良好通风的舒适生活，真正的、实实在在的做到了回归自然，亲和自然的社区氛围。网络化的物业管理系统，不仅便于科学管理，同时保证在日常管理中不影响居民的生活。正在完善的小区配套在不久的将来让您的生活高枕无忧。

项目在楼体、园林、户型、设计等各方面处处渗透着追求健康居住的舒适度、健康度。60~240平方米不等的多种户型设计，以温馨二居、实用三居、激情四居为主，户户朝阳、南北通透、典雅的外窗、精美的侧窗，强化阳光效果，风景与阳光交融，流动于空间每一处。明厅、明厨、明卫、明卧的“全明式”革命性细节设计，阳光通透居室每个角落，心情无限阳光。

小区四道园林景观体系：凯旋式大门雕塑、中心花园广场(圣米歇尔广场)、水景大道(苏吉尔街)、楼间花园、浓缩了纯法国TOW NHOUSE独创设计，给您的生活增添了一道靓丽的风景，增强了居住区域感和可识别性。

小区专设法国风情的咖啡文化商业街，为客户营造出恰如其分的商业氛围。未来齐全的配套更能满足业主生活必需，2500平方米多功能会所，融汇超市、健身房、咖啡厅等；为了方便业主孩子的教育问题，社区二期专设幼儿园，为渴望拥有自己个性天地的中产阶级白领人士倾力打造舒适生活乐园。

通过我们的精心打造，“旗舰·凯旋”必然成为铸就永恒、屹立昂然的经典建筑群，成为京东一流的健康生活特区。

《中国房地产市场年鉴》(2003～2004)
编辑委员会名单

《中国房地产市场年鉴》(2003～2004)
编撰人员名单

编辑说明

《中国房地产市场年鉴》(以下简称《年鉴》)是一部综合性的史料年刊，创刊于1996年，是由建设部、国家土地管理局、全国人大法工委、中国建设银行、中国人民大学、清华大学等单位领导与专家、教授联合编纂的一部全面、系统、客观地向全国内外发布我国房地产市场政策、法规、统计信息及房地产市场动态、走势的大型资料性工具书。

《年鉴》(2003～2004)共分为8篇，23章。全面记载了2003年全年及2002年下半年房地产的投资、开发、交易、中介、物业、金融等方面的基本情况，同时收录了一批反映本年度工作重点进展的法律法规、统计数据、政策性文件和领导同志有关房地产方面的重要讲话，具有重要的史料价值和实用价值。

《年鉴》(2003～2004)按部类分篇、章、节、段四个层次的结构形式，不同层次的标题在字体、字号、版式方面都有所区别。

《中国房地产市场年鉴》自出版以来，我们对其结构不断进行探索和调整，力求栏目设置合理，符合年鉴要求。《年鉴》(2003～2004)基本保持了上一期的内容和体例的连续性，增加了物业管理、住宅产业化、住宅空置率、经济适用房等方面的情况。在突破其史料性的基础上，注意提高其使用性，其中本书中的政策法规和统计资料部分收录和反映了截止2003年底最新动态和内容，保证了资料的权威性和准确性。

《年鉴》(2003～2004)卷由中国房地产协会主办，并由中国房地产市场年鉴编辑委员会编辑，在编辑过程中得到了党和国家有关领导人与建设部、国家土地管理局等有关部门领导以及许多地方房地产行政主管部门与房地产企业的热情支持，在此一并致谢。存在问题和不足之处，敬请指正。

中国房地产市场年鉴编辑委员会

目　录

第一篇　房地产市场综述

第一章　国民经济形势分析与展望

第二章　中国房地产市场发展

第三章　中国房地产市场形势分析与展望

第二篇　房地产市场经营

第四章　房地产投资

第五章　房地产开发

第六章　房地产交易

第七章　房地产中介

第八章　物业管理

第九章　房地产金融

第十章　住宅产业化

第十一章　住宅空置状况

第十二章　经济适用房的建设与开发

第三篇　房地产地区市场

第十三章　房地产的地区市场

北京房地产市场发展状况

上海房地产市场发展状况

天津房地产市场发展状况

广州房地产市场发展状况

深圳房地产市场发展状况

中西部地区房地产市场发展状况

第四篇　房地产市场管理

第十四章　房地产市场的行政管理

第十五章 房地产市场的法制管理

第五篇 房地产市场统计数据

第十六章 全国房地产开发投资统计

第十七章 各地区房地产投资与销售统计

第十八章 各地区房地产施工、竣工与销售面积统计

第六篇 重要文献

第十九章 国家领导重要讲话

第二十章 专家观点

第七篇　理论研究

第二十一章　专题研究

第二十二章　调研报告

第八篇　房地产市场政策法规

第二十三章　国家法律法规

附录

第一篇

房地产市场综述

第一章　国民经济形势分析与展望

房地产与国民经济

中国房地产协会会长　杨　慎

房地产中有不断提供与社会消费水平相适应的产品，才有广阔的前景。

1月20日本报头版刊发了中国房协杨慎会长的《发展的信念 理性的思维》一文，对房地产界认清当前我国房地产发展的形势作出了理性精辟的分析，在全国业界产生了积极的影响。

基于为中国房地产业健康发展献策献智，本期我们再刊发杨慎会长的又一长篇研究文章，以从全国业界认清发展形势，理性进行投资决策。

经地建国40余年的不懈努力，我国经济建设取得了历史性的成就，已经形成门类比较齐全的工业体系和国民经济体系，正朝着工业化、现代化的前程迈进。1979年以来，在改革开放政策的推动下，经济持续高速增长，从1979年至1993年，国内生产总值增长2.8倍，平均增长率为9.3%。1994年又比上年增长11.8%，不仅大大高于世界经济3%的增长速度，也高于亚洲8%的增长速度。中国已以成为全球范围经济发展最具活力的国家之一。

据有关部门预测，从现在至2010年是中国经济增长的黄金时期。20世纪90年代国内生产总值可保持9%的增长率，21世纪初增长率也不会低于7%，到那时中国的经济总量将位居世界前列。

国民经济的高速增长促进了住房建设发展，而大规模的住房建设又拉动着经济的增长，两者互为条件，互为前程。20世纪80年代以来，在邓小平《关于建筑业和住宅问题的谈话》精神指引下，中国的房地产业摆脱传统体制的束缚，以新兴产业的姿态迅速发展。“七五”期间，全国完成的商品房投资为1072亿元，平均每年递增39.3%；从1986年至1992年7年间，新建城镇住宅14.8亿平方米，投资4078亿元，其中通过房地产开发方式完成的商品房投资占51%，平均每年施工面积超过1亿平方米以上。

1992年是中国房地产业高速发展的一年。当年房地产开发投资额732亿元，比上年增长117%；商品房施工面积1.9亿平方米，增长57%；竣工面积7145万平方米，增长36%；开发公司数量从上年的3700家猛增到12，400家，企业实现的利润和纳税额分别较上年增长140%和102.4%。存在的问题是，这个时期局部地区出现了过热的现象，土地供应及金融信贷失控，市场交易混乱，对经济发展带平了一些负面影响。

1993年下半年，在国家宏观调控政策引导下，一度超常的发展速度有所回落，与上年同期相比，投资增长率下降14.9%，商品房施工面积和新开工面积分别下降了26.7%和67.2%。从1994年起，随着相关政策法规的逐步完善，房地产业开始开始进入持结续稳定发展的新时期。

在国外，房地产业通常被视为一个国家经济发展的晴雨表。按照联合国统一的行业分类标准，房地产业是为居民提供住房服务的非物质生产部门，属于第三产业。1992年11月4日我国政府发布的《关于发展房地产业若干问题的通知》中，也把房地产列为第三产业，并指出：随着城镇国有土地有偿使用和住房商品化的推进，房地产业将成为国民经济发展的支柱产业之一。

1980年4月，邓小平同志根据国际经验把建筑业确定为支住产业，他讲的建筑业是包括住房生产、流通、分配、消费在内的住宅建筑业，也就是我们现在据说的房地产业。房地产业在国民经济中的作用，主要是通过土地和房屋的开发经营，向社会提供各类房屋，以满足我们居住和生产经营活动的需要，并通过市场运作回笼货币、调节消费，为国家增加财政收入。由于房屋在建造过程中能吸纳大批劳动力和消耗大量生产资料，可带动关联产业发展，增加就业机会，所以在市场经济体制下房地产业的兴衰直接关系国民经济全局。但是，房地产业的这种带动作用必须回建筑业结合并以建筑业为载体，才能充分发挥出来，同时还要与我特定历史条件下形成的住房制度改革相结合，根基才会牢固。

实践需要理性思考。探讨在我国生产力水平和体制现状下发展房地产业的途径和规律，有助于克服盲目性，提高自觉性，促进这个产业的健康发展，然而系统的理论概括不是短时间能够完成的，需要在实践中不断总结。

一、围绕发展生产力，改革管理体制，完善政策法规

建国以来，由于长期实行住房实物分配和土地无偿找拨，我国的房地产业一直处于停滞状态。十一届三中全会后，随着住房制度改革、住房商品化和土地有偿使用制度的逐步推行，中国的房地产业才真正开始起步。

1988年4月12日，七届全国人大一次会议通过的宪法修正案，将《宪法》第十条第四款“任何组织或者个人不得侵占、买卖、出租或者以其他形式非法转让土地”，修改为“任何组织或者个人不得侵占、买卖或者以其他形式非法转让土地。土地的使用权可能依照法律的规定转让。”这就为我国实行土地使用权有偿出让或转让提供了法律依据。1998年12月29日，七届人大常委会第五次会议据此对《土地管理》作了相应修改；1990年5月19日，国务院发布《城镇国有土地使用权出让和转让暂行条件》，具体规定了各类土地的使用年限和审批权限。上述改革以及在此前后出台的《土地管理法》、《城市规划法》、《城市房地产管理法》三大法规，为中国房地产业的制度建设奠立了必要的法律基础。

上世纪90年代初，邓小平同志南巡讲话和十四大关于

建立社会主义市场经济体制的决策，进一步解除了传统体制对生产力的束缚，使房地产业进入一个新的发展时期，投资大幅度增长，产业结构和运行机制进一步完善，并为后来持续快发展打下了良好的开端。

回顾这段历史，最重要的启示就是，作为新兴产业，要实现其超前发展，必须有一个宽松的体制环境、法律环境和政策环境；对产业发展初期的经济活动要加强引导，规范行为，着眼于建立健康发展的基础。

二、房地产业的发展规模与国民经济整体发展速度直协调

房地产业的发展既要考虑住房消费要求，又要考虑产业基础和有效供给能力，建筑业和房地产业其同构成国民经济的支柱产业，其增加值通常要占国内生产总值的10%以上，我国房地产业创造的啬值1993年仅占国内生产总值的1.8%，说明发展潜力很大。

房地产业有巨大的后向带动作用。据国外测算，房地产业每增加1个单位的最终产品，可带动关联产品增加1.5～2个单位。在我国建立发达的房地产业，主要通过对住房的有效需求和产业自身的内涵扩张力，推动建材、轻工、钢铁、机械、电气、家具、化工等基础工业部门发展，提高国民经济发展水平和友观经济效益，促进产业结构优化。

发达国家的经验和我们自已的实践还证明，贸易、商业、金融业、交通运输业、服务业、旅游业以及社会公共事业的发展，都要求房地产业有一个较快的发展。据第一次全国城镇房屋普查资料，住宅建设与相关配套设施的比例，大体是1：0.8，也就是说，每开发100万平方米的住宅，约需80万平方米的社会服务设施下配套，才能实现社会的有效运转。由此可见，房地产业的适度发展，可以为国民经济协调发展开辟一条新径，并能以多角度的拉动效应，为城乡经济和社会发展创造良好的条件，但对“度”的掌握至关重要，不能危及全局稳定和金融的安全。

三、以市场为导向，以普通住宅为重点，与社会消费水平相适应

房地产业只有不断提供与社会消费水平相适应的产品，才有广阔的前景。新产品定位和市场定位，都应依据多数群众的支付能力为前提，建造不同档次的商品房以满足社会需求。在现阶段，应当把建造适时随着居民收入的提高和市场需求变化，及时调整经营方针和经营战略，做到以人为本，市场为上。

通过住房制度改革创立新的住宅消费方式，是催生房地产业实现最终消费的原动力。中国长期实行的住房实物分配体制使巨额资产陷入僵滞并成为国家的沉重负担，改革必须立足于体制创新。但单纯出售公房档能塑造新的经营机制，不能从根本上促进房地产业发展。新的住宅供给方式应当是按照市场机制由开发部商向社会出售或出租住房，实现住宅生产、分配的良行循环。对住房商品化要全面理解，个人出资买房是商品化，按市场价格租房也是商品化，在现阶段，从我国购买力现状出发，要提倡租售并重，以租为主。当前的关键是结合房改进行工资制度改革，增加初次分配中的住房消费含量，提高个人购房租房能力。中有使广大职工有能力以货币形式购买或租赁自已需要的住房，住房商品化的目标才能实现。

四、建立完善的产业体系，实现高水平运转

房地产业是智力型、资金密集型行业，必须着眼于建立完善的产业体系，实现高水平运转。

完善的房地产业体系包括开发经营、经纪代理和房地产管理三个领域。房地产开发经营的重点是投资决策，主要通过征购土地、规划设计和可行性分析，组织项目开发，向社会提供商品质的价格合理的住房，满足群众居住需要。通常情况下，房地产开发企业不直接参与建筑生产活动，共决策功能和营销、租赁职责通过相应的社会服务体系实现。

房地产经纪代理是为市场交易活动提供服务的中介组织，包括咨询、策划、营销、评估等业务，它以网络化和高素质人才为载体，借助熟练的专业技能和中立地位，为消费者和产权交易各方提供周到高效的服务，对促进房地产流通起着十分重要的作用。在房地产业发展的初始阶段，因为住房需求量大，房地产开发经营是产业活动的重点，随着住房的逐渐饱和及存量交易的扩大，房地产中介将成为主体业务。

房地产管理包括对住宅发展管理、土地批租经营管理、产权产籍管理等行政管理和直接为居住提供服务的经营性管理两部分。物业管理的职责是对出售或出租的房屋提供管理服务，由于不动产的使用寿命长，物业管理不应当仅仅被看作是售后服务，更重要的是通过企业化、社会化的物业管理体系，使房屋保持良好的状态，以利于房地产的保值增值。

五、面向市场，背靠金融，是持续发展的关键

国内外的经验表明，房地产业的发展与金融业关系十分密切，无论是居民个人购房还是开发商投资建房，都必须借助向银行贷款或发行俩卷或股票融通筹集资金。可以说，没有发达的金融业，就不可能有兴旺的房产业。

房地产业与金融业的发展具有互补性，房地产业大量和持续的资金需求，能有效地扩大金融业的放货业务，促进金融业的发展，而房地产本身的高附加值及其保值增值的特点，又利于使这个产业成为抵押货款的可信对象。国外金融业参与房地产的途径主要有投资、货款和抵押三种形式，我国主要是货款和抵押两种，一般不直接参与投资。

目前，我国房地产业的融资能力虽然较以前有了很大提高，担其融资量远远满足不了房地产发展的需要，1992年全国开发企业的流动资金中，仅有24%来自银行货款。个人住房抵押货款发展更是缓慢，利息高，期限短，手续繁琐，且仅限于少数大城市。今后，一方面要积极利用国外境外资金，更重的是立足于完善国内商业银行的融资功能，降低货款门槛，拓宽金融品种，为产业发展提供足够的资金支持，这是房地产业持续发展的关键。

六、以增强企业活力为中心，重建产业微观基础

房地产业是实现国家宏观战略目标的重要部门，需要以强大的产业体系为支撑，大手笔运转，规模化经营。然而我国房地产开发企业大部分由统建办转化而来，存大着浓厚的行政色彩和计划经济烙印，盈利能力低，企业活力差，必须以深化改革为动力，重建产业微观基础。当务之急是加快企业组织体制转变，尽快将政企不分和事业单位企业化经营的单位，改为独立核算自负盈亏的经济实体。为此，必须补充企业资本金，降低企业负债率，凡企业开办初期未拨付资本金或注资不够的国有企业，由主管部门按注册资本的30%限期补足；要允许企业通过发行债卷、股票和股份制改造等多种途径融通资金，增强企业实力。再次是按照管住一级市场、规范二级市场、放开三级市场的原则，强化市场管理，建立规范化的市场交易秩序。总之，只有立足于把企业做

活、做大、做强，形成坚实的产业基础，行业发展才有后劲。

（本文原载《中国房地产报》）

对房地产市场形势和宏观调控的几点看法

中国房地产及住宅研究会副会长兼秘书长　张元端

一、关于房地产市场形势

（一）房地产投资增长处于经济发展可容许的范围以内

所谓房地产过热，主要是指房地产开发投资超越宏观经济的发展水平，增长速度大大高于国民经济的增长。例如，1992年国民经济增长14.2%，同期房地产开发增长则高达117.6%，是经济增长速度的8.3倍；1993年国民经济增长13.5%，同期房地产开发增长则高达165%，是经济增长速度的12.2倍。从而表明，当时的房地产开发已超出了经济发展可容许的范围，因此认为出现了过热现象。

而从1997～2002年的近六年来，国民经济增长分别为8.8，9.2，7.1，8，7.3，8；而同期房地产开发投资则分别增长－3.4，6.1，11，19.5，25.3，21.9，与经济增长速度之比均在3.5倍以下。虽然房地产开发的增长速度高于经济增长速度，但由于我国房地产业正处于加速发展的阶段等原因，除个别年份增长速度稍高以外，总的看仍处于正常范围之内。

但是，从防止过热的角度来看，仍要进一步研究房地产投资增长与国内生产总值增长的良好对应关系的量化值。

（二）社会资源过多流向房地产开发的现象已得到控制

1992年～1993年出现的房地产热，还表现为各行各业都搞房地产开发，过多的社会资源流向房地产。

这几年情况不同了：一是有了股市等新投资对象；二是有了信息产业等投资容量很大的新兴产业；三是各行各业都有自已的发展天地；四是资金流向的监控大大加强。因此，尽管房地产业仍具有很大的魅力，但社会资源过多流向房地产开发的现象已得到了控制。

（三）商品房销售额增长率高于房地产投资增长率，呈现了一种需求拉动增长的好态势

这与1992、1993两年房地产投资增长率大大高于商品房销售额增长率的情况也是不同的。

但是，投资增长率与销售额增长率也在逐年拉平，提醒我们要防止出现投资增长率远超过销售额增长率的不良态势。

（四）2003年1～5月份房地产态势良好

1. 商品房竣工面积为5791万平方米，同比增长41.4%，增幅同比提高22.7个百分点。其中，商品住宅竣工面积为4801万平方米，同比增长40.9%；商业营业用房和办公楼竣工面积分别同比增长了46.2%和10.9%；

2. 商品房销售面积为6333.16万平方米，同比增长37.5%；

3. 房地产开发到位资金为4433亿元，同比增长42.5%，增幅比去年同期高7.5个百分点。从构成情况看：国内贷款1197亿元，同比增长51.3%；定金及预收款1528亿元，同比增长43%；

4. 完成房地产开发投资额为2801亿元，比去年同期增长32.9%，增幅比去年同期回落3.8个百分点。其中，东部地区完成投资2074亿元，同比增长27.3%；中部地区完成投资342亿元，同比增长55.6%，是增长最快的地区；西部地区投资增幅也达到48.5%；

5. 商品房销售额为1549.95亿元，比去年同期增长47.2%。其中销售给个人1396.85亿元，比去年同期增长49.1%。

由上述可见：（1）商品房销售面积大于商品房竣工面积；（2）商品房销售额增长率高于房地产开发投资增长率。这个态势也是好的。

二、关于空置房

虽然可以认为，到目前为止还没有出现全国性的房地产过热现象，但存在的一些问题也不容忽视。其中最大的问题是空置房持续增加。

近六年来，每年的竣工面积都大于销售面积，而且产销差距拉得较大。今年1～5月份，尽管有统计数据显示，商品房销售面积大于商品房竣工面积；同时，又有统计数据显示，商品房空置面积增长幅度为9.2%，略高于去年同期水平。其中，空置商品住宅同比增长10%；中西部地区商品房空置面积增速有加快的趋势。

如果把历年竣工和销售面积之差相加，未销出的商品房就达四亿多平方米。即使扣除掉不是用于出售、出租的商品房，空置面积也会是很大的。而目前看到的几个空置房统计数字，又远远没有这么多。例如，有统计数据说2002年1～7月全国商品房空置面积为1.2亿平方米。这说明，统计数据还亟待核实和衔接。但不管怎么样，空置房是在继续增加。

当然，光凭空置房的多少，并不足以得出过热还是不过热的结论。这是因为：

首先，必须区分出正常空置和非正常空置两种情况。为了调节商品房开发的丰歉、抑制房地产价格的不正常上涨、为商品房消费者提供选择余地、以及应对"或有需求（可能会产生的需求）"等等，市场上需要有一定比例的空置房，这是正常的。关键是什么样的比例为适当。

其次，非正常空置也不都是由于过热造成的，要具体分析其成因：行业外部原因，如国内和世界经济宏观经济的变化，出现突发事件，如战争、流行病等。行业内部原因：如①整体过热造成的空置，即行业经济发展不适度地超越了国民经济发展水平；②由于市场预测不够、市场定位不准、盲目跟风逐流，导致结构性过热造成的空置积压；③不适销对路造成的空置，例如地段不好、户型不好或陈旧、品质低劣、配套不全等；④由于价位不当造成的空置。

目前，空置商品房的多少，已成为我们分析和调控楼市的最重要和最直观的指标之一。因此，应加紧研究解决以下问题：

（一）空置商品房的定义

国家建设部、国家发改委、国家统计局已发出通知，从

2003年统计年报开始，将以商品房空置时间作为标准进行划分。空置时间在1年以内的为待销商品房；空置时间在1年以上3年以内的为滞销商品房；空置时间在3年以上的为积压商品房。这个分类比以前是进了一步。但对市场调控来说，空置房的生成原因是最关紧要的。因此，还应研究如何从这方面来定义空置房，以便准确地对症下药。

（二）空置率的计算方法

目前是以报告期末商品房或商品住宅的空置量与近三年商品房或商品住宅的竣工量进行比较，其比值即为空置率。对此，经常看到有不同争论。例如，是应该“以近3年商品房的竣工量为分母来计算空置率”还是应该“以全社会存量房屋为分母来计算空置率”，就有不同意见。

我的看法是，这两种空置率指标对房市调控都是很有用的，应同时存在。

以近3年商品房的竣工量为分母计算出的商品房空置率，是一种“增量空置率”。它反映了报告期（某年）商品房的空置状态。它的用处是为调控房地产投资量和开发节奏提供科学依据。有专家建议：按年度计算商品房空置率。其计算方法是：以报告期（当年）的商品房空置量（包括过去累积的和当期新增的空置房）为分子，以报告期竣工的可供出租、出售的商品房，加上过去累积的空置商品房为分母。这个算法与“以近3年商品住宅的竣工量为分母”的算法相比，更能及时地确切地反映空置房的实际状况，因而更便于进行年度开发、竣工量的控制。我以为这种算法较为合宜。

以全社会存量房屋为分母计算出的空置率，是一种“存量空置率”。它反映的是全社会存量房屋的空置状况。它的用处是为判断正常空置和非正常空置、是否需要新建房屋和新建多少房屋提供科学依据。其计算方法是：以社会全部空置房（含用于出租、出售和自用的空置房）为分子，以社会全部房屋存量为分母。

还应该分别统计出住宅和非住宅房屋的空置率。当前比较关注的是住宅的空置率，而非住宅用房的空置状况也应同样加以重视。

（三）空置率警戒线的划定

目前见到三种说法：

（1）与“以近3年商品房的竣工量为分母来计算空置率”相配套的说法是：5%～14%为空置合理区；低于5%为空置不足区；14%～20%之间为空置危险区；20%以上为空置积压区。

（2）国外有关机构的研究结果认为，商品住宅空置率的合理区间一般为3%～10%。如果商品住宅空置率小于3%，则表明可供选择的商品住宅较少，购房者难以买到满意的房子，不利于住宅市场的发展；如果商品住宅空置率大于10%，则表明空置严重，住宅市场将会出现一系列的问题，乃至影响国民经济的正常运行。

（3）商品房空置率在5%～10%之间为合理区；10%～20%之间为空置危险区；20%以上为商品房严重积压区。

这三种说法大同小异，要加以规范，合理确定上述的“增量空置率”和“存量空置率”的两类警戒线。

三、关于房地产市场的宏观调控

（一）当前房地产市场波动的特征

我国房地产业第一轮经济周期的波峰是出现在1993年。当时，在全国商品房销售额增长率达到102.5%；与之同时，全国房地产投资额增长率达到165.4%。一方面是投资额增长率远高于销售额增长率，另一方面是投资额连续两年暴涨（1992年投资额增长率为117.6%）。

这种短期内的急剧暴涨，凸现了房地产市场的非理性因素，致使局部地区出现了过热现象，投资扩张大大超前了当地经济发展和国民收入的水平，炒作盛行，价格飚升。因此，国家在1993年下半年对房地产进行宏观调控。

经过5年时间的消化盘整，到1998年，出现了第二轮房地产业经济周期的波峰，全国商品房销售额增长率达到39.7%，房地产投资额也由1997年的负增长（－3.4%）上升到1998年的＋13.7%。

在以往25年房地产业发展历程中，我们已取得了正、反两个方面的调控经验，既有1993年那样的大规模的对局部地区“过热”的宏观调控，也有在此后房地产业进入低谷时对促进其复苏的宏观调控。

房地产波动与国民经济波动之间有着良好的拟合性。改革开放以来，我国经济已经历了四次增长循环模式的景气循环，目前正处于第五次循环之中。其中，1978年底到1991年的三次景气循环，平均长度为50个月，平均扩张期为21个月，平均收缩期为29个月。政府对于经济的调控方式主要以直接调控为主，多采取的是行政手段。1991年中到1998年底，中国经济经历了第四次景气循环，循环的长度为88个月，扩张期为40个月，收缩期为48个月。

据有关专家分析，循环周期明显延长的原因：

1. 中国经济已经告别了短缺经济，买方市场格局已基本形成，各个方面的供给变得相对宽松。

2. 市场化程度明显提高。在计划经济体制下的经济波动主要受政府计划所左右，是一种“计划周期”。而计划周期中经济扩张和经济收缩往往是行政性强启动，导致经济波动大起大落，呈现出总体经济水平绝对量下降的古典型经济周期波动。经济体制改革以后，经济波动逐渐地增大了市场机制的影响，从计划周期向商业周期转变。

3. 宏观调控日臻成熟，经济运行趋于平稳。

这三条原因，同样也适用于房地产波动。

（二）加紧建立调控体系

研究房地产周期波动的目的，完全是为了防范波动，适时地采取反周期波动的调控措施，以消除或减轻波动，不仅要保持房地产总供给和总需求在总量上的基本平衡，而且还要求两者内部结构的平衡和相互适应。为此，应加紧建立调控体系：

1. 要建立准确实用的统计系统、信息系统和预警系统。

目前，我们判断市场是否“过热”，投资是否过度扩张，一般是看空置房的多少。但是，正如前述，在统计方面还亟待完善。一是要求统计口径统一规范，统计数据翔实准确；二是统计科目要尽量细分。

美国对空置住宅的统计就比较细。其“存量住房空置率”的统计科目有：全部住宅存量、空置1年以上（其中又分为出租住房、出售住房、其他等三类）、季节性空置、空置1年以上比率、季节性空置率；同时还对不同户型（如1家1户住宅、2户至4户住宅、5户至5户以上住宅）的可出售住房的空置率作出了分类统计。

鉴于我国发展房地产市场经济的历史还很短，市场还不够规范，开发经营还不够理性，以及还缺乏足够的调控经验，因而需要更加细密的统计数据来支撑有关的调控决策行动。

例如，空置房的成因是多方面的，投资过度扩张只是其中的一个重要成因。此外，还有因开发不当造成的结构性空置（某类产品过剩）、品质性空置（质次价高、地段不好、配套不全等）、价位性空置等等。因此，对不同类型的物业，对不同的成因，应该有尽量细分的统计分析资料，以便更有针对性地进行调控。

又如，价格统计，也不能只是公布一个笼统的商品房均价和涨落幅度，而要对不同类型的物业作细分统计。否则很难说明问题。

这些都是调控决策的至关重要的根本性的基础工作。

2. 调控的政策措施要得当。

应尽力防止因调控不当而引起大的楼市波动。为此，至少应注意以下四条原则：

(1) 利弊得失，慎重权衡。主要是考虑两个关系：一是供求关系；二是行业经济发展与整个国民经济发展的关系。

如果是供大于求，会造成产品过剩、资金沉淀；如果是供小于求，又会造成炒作盛行、价格飚升。如别墅，固然目前在数量和质量两个方面都存在问题。而在用地和融资方面对其加以控制以后，又要防止由于出现供小于求而产生的各种弊端。

房地产投资适度增长，会拉动国民经济增长；房地产投资过度扩张，会造成供大于求，影响国民经济的正常发展；反之，房地产投资过分紧缩，又会产生供小于求，同样会影响国民经济的正常发展。

因此，必须通过反复权衡，找出利弊得失的临界点。既要防止局部过热，又要保持一定的房地产开发规模和增长速度，使其最大限度地为拉动国民经济作贡献。

(2) 调控的着眼点始终要盯着搞活流通。党的十六大指出："扩大内需是我国经济发展长期的、基本的立足点。坚持扩大国内需求的方针，根据形势需要实施相立的宏观经济政策。"

在过去的长时间里，往往是将抑制总需求的过快增长，作为调控经济过热、克服通货膨胀、保持经济稳定增长的主要措施。现在的宏观调控，应该进一步地转到"扩大内需"的战略方针上来。

"扩大国内需求"，就要求我们进一步搞活流通环节。房地产业的生命力在于搞活流通。房地产业能够为国民经济和各相关行业的发展作贡献，其基础也在于搞活流通。

例如，上海市激活房地产市场的成功举措之一，就是搞活存量房交易，以二手房交易促进增量房交易，实现房地产二、三级市场联动，从而推动房地产业的发展，又从而为拉动国民经济作贡献。

又如，一部分居民购买第二套住宅，有的用于自住，有的是属于投资。不管是哪一种用途，也都有利于促进流通。

为此，我们一方面要控制好投资增长的"度"和"节奏"，防止投资过度扩张；另一方面更要发挥住房信贷等支持系统的作用，鼓励消费，搞活流通，以销定产，以销促产，继续保持以消费增长拉动（引致）投资增长的良好态势。房贷是一种安全性比较高的贷款，少数违规贷款应该通过强化监控和风险评估机制来解决，而不宜靠紧缩贷款来解决。

(3) 要加紧拓展多元化的房地产开发投资结构和融资渠道。多元化的投资结构和融资渠道，既有利于资金的筹集，又有助于风险的分散。

国家统计局公布的2002年房地产开发资金来源的结构是：国家预算内资金占0.12%；国内贷款占22.5%；债券为0.025%；利用外资占1.6%，其中外商直接投资为1.2%；自筹资金占28.5%，其中企、事业单位自有资金为15.7%；其他资金占47.2%，其中定金及预付款为38.6%。国内贷款增长幅度比上年上升3.9个百分点；国家预算内资金比上年负增长26.9%；其他来源所占比重变化不大。

由此可见，开发资金在多元化方面已迈开了步伐，但还大有拓宽的余地。例如，现有渠道中的债券的比重就非常小。同时，还可以在资本市场开拓其它的融资渠道，例如上市、房地产信托、类基金的房地产投资公司、房地产私募基金等多种方式，打造坚实的资金链。

据资料介绍，美国房地产资金构成中银行贷款只占15%，而企业自有资金占70%。企业股东多元化，如保险公司、养老基金等福利基金、房地产产业投资基金等各类长期投资基金、社会公众的资金等等，形成了实力雄厚、广有资产的企业群。

(4) 要因地制宜，充分考虑我国东、中、西部和各个城市房地产业发展的不平衡性，调控政策应有区别。2002年全国商品房销售额当中，东部地区占76%；其余的24%中部地区和西部地区各占一半。因此，应针对各地区、特别是城市的情况，过热的加以抑制，欠发达的加以扶持，即中医辨证施治的"虚则补之，实则泻之"。

（本文原载《中国房地产报》）

房地产业已成为国民经济的支柱产业

建设部副部长　刘志峰

过去5年，我国房地产开发投资增长直接和间接拉动GDP增长每年保持在2个百分点左右，以住宅为主的房地产业已经成为我国国民经济的支柱产业。

随着城镇住房制度改革的深入推进，我国房地产市场体系逐步建立，目前住房实物分配已在全国范围内停止，公有住房改革稳步推进，经济适用住房建设取得重要进展，住房二级市场逐步开放，房地产中介和物业管理迅速发展。

同时，居民住房消费持续扩大，住房水平不断提高。过去5年，全国个人购买商品住房占商品住房销售额的比重由54.5%提高到95.3%。2002年，个人购买新旧住房和建房支出总额约8000亿元，居民住房支出已成为房地产市场需求的主体，成为房地产业发展的根本动力。城镇住宅建设5年中累计竣工面积34亿平方米。2002年，城镇人均住宅建筑面积达到22.8平方米。

过去5年，全国房地产开发投资年均增长19.5%。房地产开发投资占固定资产投资的比重由12.7%提高到17.9%。商品房竣工面积、销售面积年均分别增长15.5%和22.6%。房地产业的发展，对于改善居民居住条件、拉动经济增长、扩大就业以及加快城市建设都发挥了重要作用。

（本文摘自　住宅与房地产信息网）

2003年中国房地产行业展望

在国家鼓励个人住房消费政策的引导下，到2002年，中国房地产行业已经连续六年保持了远高于GDP增长的增长态势，为整体经济的增长提供了强大动力。预计在2003年，全国商品房销售总额的增长势头还将保持在25%左右的水平。

一、强大的需求继续刺激投资增长

从我国人民改善居住水平的实际需求增长、发达国家城市化进程对住宅产业带动的经验以及世界范围内经济发展水平与住宅产业的相关性来看，我国房地产都还有着较大的成长空间，只要完善房地产开发过程的规范管理，处理好高中低档商品房产品结构之间的关系，那么现阶段出现“房地产泡沫”的可能性就不大。随着中心城市房地产更多地向城市周边地区发展和中小城市的房地产逐步兴起，各地城市房地产平均销售价格将在平稳基础上略有下调。考虑到商品房的价格弹性水平，中国2003年商品房销售总金额增长的幅度将在25%左右的水平。

我国房地产市场正从对居住数量面积的追求向数量质量并举转变。“十五”期间，预计全国城乡将竣工住房57亿，其中城镇27亿，届时，城镇人均住房建筑面积将达到23%，农村人均住房面积将达到25%，砖混结构的住房比重将达到80%以上；基本实现平均每户有一套功能相对齐全、综合质量较高的住房。根据世界各国房地产行业数据，在人均住房面积达到30.5%之前，住房需求会持续旺盛，而我国预计2015年实现城镇居民人均住房建筑面积30，按照目前我国城镇人口3.89亿，就需增加住房近40亿。

在户均面积达到80　后，按照发达国家的经验，房地产进入以品质提高为主的平稳增长阶段。从我国居民现有居住条件看，存在着每户套面积较小、住房设施不齐全（配备卫生设施的仅占50%、有煤气天然气配套的占20%）、房屋结构较差（框架结构仅占14%）、居住环境不理想（绿化率仅为5%）等问题，和经济发达国家的居住质量相比还有很大的差距，这都需要在未来新商品房的开发中不断改善，另外随着生活水平的提高和人口流动性的加快，城郊和异地“二次购房”的普及，也会扩大对住宅消费需求，以实现人居生活的舒适性、健康性和文化性。

城市化进程与房地产业互相推动发展。从世界各国经济发展的总体状况所得到的资料分析，根据人均GDP增长水平，“十五”期间我国将进入城市化水平达到40%到60%的加速扩张阶段。

根据世界银行研究报告，住宅需求与人均GDP水平有着非常紧密的相关性。一国住宅产业在人均GDP在300美元时开始起步；至1300美元时，进入稳定的快速增长期。2002年，我国人均GDP约为963美元，“十五”经济发展战略目标完成后，届时我国人均GDP将达到1500美元，同时按照世界银行提供的住宅建设增长的峰值也是1500美元，因此我国住房总体需求在一定时期内还处于增长阶段。

同时，目前低利率政策环境有利于地产消费增长和企业经营业绩的提高，从2002年2月21日起，人民银行开始降低金融机构人民币存、贷款利率。这极大地促进了普通居民的住宅消费，同时也为负债率普遍达到60%的房地产企业改善了经营环境，实现财务费用和开发成本的降低，实现销售收入的提高，并推动开发商对不同住宅产品的结构比例作出调整。

房地产业作为中国国民经济的先导性和基础性产业，该行业的增长对整体经济增长的拉动作用已经为各界所公认，随着房地产增加值在GDP中的比重稳步上升，整体房地产投资规模短期出现波动就有可能对宏观经济产生重要影响，与需求增长不相匹配的投资增长过快或者过慢都会引起相关产业的连锁反应。2002年上半年房地产投资同比增长32.1%，马上使土地开发面积同比增长89.9%，商品房空置率提高14.1%，由此立刻引发了各方对房地产“是否出现泡沫”的强烈关注。因此只有严格按照国家在“十五计划”中对房地产制定的总体发展规划，房地产企业才能抓住城市化加速、生活质量改善、绿色科技潮流、多层次与个性化追求、综合服务等一系列市场机遇，在学习和借鉴国外经验的基础上，使城市规划设计、建材生产供应及建筑施工工艺走向标准化、系列化和机械化，基本实现房地产开发建设的产业化与工业化，生产高质量的商品住宅，实现人民居住水平的根本改善。才能保证房地产业的健康发展。

二、房地产与金融紧密结合

目前房地产开发资金来源主要是国内商业银行贷款、开发商自筹资金、销售定金及预收款和利用外资等四个途径。2002年资金来源累计7378亿元，较上年增长29.8%，资金到位率良好，资金来源增长速度维持在25%以上的水平，为房地产开发的快速增长奠定了坚实的基矗

房地产业在这六年的高速发展直接受益于银行业提供的系统支持。如货币政策方面，自1996年以来，央行7次降息，持续扩大对房地产企业贷款和个人住房按揭贷款规模，2002年各商业银行房地产贷款规模在3100亿以上，个人贷款总额已达到了6600多亿元，是1997年的35倍。推动了商品房的开发和销售增长，全国个人购房比重达到93.6%；信贷政策方面，通过严格管理贷款流向、控制不良贷款风险、引导产品结构调整和大力扶持优势企业，2002年商品住宅已经占到开发总量的86%，各地在银行扶持下已产生一批具有市场份额和品牌优势的大开发商。

随着房地产高速发展时间的延续，目前住房抵押贷款金额和对发展商开发贷款合计已经占总开发金额的60%以上，因此中国人民银行在2002年第三季度提出“房地产业快速发展，房地产价格上涨、空置面积增加的潜在风险值得关注”才倍受关注。从目前的贷款结构看，真正危及商业银行贷款风险的主要是来自对房地产企业的贷款，随着对房地产贷款总金额控制规模，房地产开发与金融服务的结合也要求有更多的形式。

住宅抵押贷款证券化将是今后房地产金融的重要内容，在中国加入WTO之后，境外机构抢滩抵押贷款证券市场是必然的事情，而我国商业银行能否有所作为取决于有关政策及管理办法的尽快出台。2002年深圳已经开始试行土地按揭基金的运行，而第一个房地产产业基金预计将会在2003

年出现，产业基金的出现将会凸现房地产投资管理的特点，改变传统房地产业的竞争方式和市场运做方式，为商业银行提供了国内与国外结算、基金与信托产品销售、管理资产的托管等大量非贷款业务机会。重组后的国内信托公司也已经将眼光转移到房地产项目的开发上，从爱建信托发行新上海大厦的专向信托资金产品，深圳国信发行“水榭花都”资金信托产品等可以判断出未来房地产与金融之间的结合将日益频繁。同时，各商业银行适时为房地产的投资和消费提供房地产价值评估、房屋买卖和贷款咨询、个人信用评定、房地产保险等多种金融中介服务也显得极为重要和迫切。

现有房地产上市公司普遍面临的土地合理储备和项目开发规模之间的资源配置矛盾、利润结算与工程进度之间的业绩波动矛盾、拥有优质收租物业与新项目开发之间的利润结构矛盾等，这些问题的解决都直接取决于优秀的开发商能否获得商业银行的政策倾斜扶持，国内各商业银行已经开始在这方面做积极的尝试，如提供高数额授信额度、优惠贷款利率、制订开放式按揭等措施，为优秀的开发商扩大开发规模、加快开发进度、改善自有资产的结构和盈利结构创造了有利条件。

三、地产开发与区域经济水平密切相关

房地产市场具有很强的区域性，其发展必须建立在区域经济持续发展这个基础之上，当前国内房地产业存在大城市与中小城市之间、东南部与西北部之间的不均衡，明显与经济发展水平有很大的相关性。

根据国家统计局 2001 年的相关数据，对国内 35 个主要城市的套房销售价格（按每套房屋 100 平方米计算）与户均年可支配收入（按户均 3.4 人计算）进行比较之后发现，全国平均价格收入比值为 7.8。低于全国平均水平的有 16 个城市，而高于全国平均水平的 19 个城市，基本上都是经济发达城市，并且集中呈现为四个热点地区：华北的京津地区、华东的沪杭地区、华南的广深地区和西南的成渝地区。这些地区在未来 5 到 10 年内都有非常明确的经济增长因素。如北京在 2008 年将举办北京奥运会，并辐射到环渤海经济圈的天津、大连、青岛等城市；上海将在 2010 年举办世界博览会，长江三角洲经济带的南京、杭州、宁波等城市的房地产也迅速兴起；珠江三角洲经济带的广州、深圳等城市，正在与香港、澳门形成一个华南经济增长圈；另外还有在国家西部开发战略中受益的城市如西安、兰州、成都、重庆、贵阳等，在这些城市群实现区域经济目标的过程中，房地产作为支柱产业发挥了发动机的重要作用，同时各个行业的增长也为房地产消费创造了物质条件。

分析目前房地产热点地区的房价水平，尽管目前商品房价格保持了较高水平，销售额的增长速度依然较高，因此对于是否进入“泡沫化”阶段还是要参考这些城市未来经济增长的后劲如何，但是对于已经出现的开发资金过度集中、普遍面临土地资源短缺、商品房结构性失衡、空置率高居不下等问题还是要保持高度警惕，一方面防止出现需求增长低于总投资额增长的“孤岛效应”，另外要尽快走出聚焦经济中心城市的传统模式，使整个房地产业向纵深发展，只有这样才能保证房地产行业的增长既是高速同时又是健康的。

四、地产上市公司背离大势数量在 2002 年迅速增加

2002 年，我国上市公司从事房地产业务的企业数量达到一个高潮，既有专营房地产开发业务的，也有大量企业转型从事或参与投资房地产开发的；既有采用房地产开发资产直接上市的，也有以买壳或资产重组形式将房地产资产放入上市公司的。这种现象一方面反映出房地产行业欣欣向荣，同时也暴露了现有房地产上市企业急需通过规范经营，提高开发盈利水平的问题。

目前深沪两市有房地产上市公司 72 家，其中专营商品房开发建设的公司有 55 家，开发区企业有 17 家，占全部上市公司总数的 6.47 %。除此以外，还有 32 家其它行业的上市公司，其房地产开发利润占到公司总利润的 25% 以上；房地产利润贡献在 25% 以下或以非经常性收益出现的上市公司更是则是不胜枚举。仅前两者合计，就已占上市公司总数的 9.35%，是全部上市行业中所占比例最高的，这也从一个角度反映出房地产行业在中国经济建设的重要地位。

一个显而易见的事实是，每年新增加从事房地产业务的上市公司数量也是与房地产业的增长速度密切相关的，1997 年和 1998 年处于房地产发展的低谷，则分别仅有 3 家和 1 家。而 1993～1994 年和 2001～2002 年是两个房地产高潮时期，每年都有 14 家房地产公司直接或间接实现上市，体现了上市公司在利润最大化下对热点行业追逐的特点。

五、经营业绩与整个行业的快速增长相背离

在 2002 年房地产业总体发展水平十分喜人的市场环境中，房地产上市公司的经营业绩却不容乐观。72 家房地产上市公司所公布的 2001 年报和 2002 年中期报告，显示出总体盈利水平下降，盈利公司的净利润增长有限，亏损公司增加，与房地产行业整体繁荣状况背道而驰。造成这种状况的主要原因是早期上市的公司由于经营上的失误，已经普遍老化；同时资产规模有限，已经不能适应全新的市场环境进行持续经营；乱担保以及被大股东占用资金的不规范经营，已经将某些公司拖陷入无法正常经营的状态。

目前各上市公司的 2002 年报尚未全面披露，根据国泰君安对 2002 年上市公司的业绩预测分析，预计上市公司业绩水平与行业相背离的状况还将持续，但已经开始有所好转，亏损公司的数量将有所减少，整体的盈利水平将开始增加，平均净利润和每股收益增加大约在 12% 左右的水平。

随着业绩的改善，预计国内房地产企业将进入一个大幅度提高集约化经营水平的新阶段。目前 72 家房地产上市企业，平均总资产规模为 22.02 亿元，净资产为 9.71 亿元，年营业额平均仅 5 亿元，而全部上市公司的平均总资产规模为 33.28 亿元，净资产为 11.96 亿元，上市家电企业的平均营业收入却达到 40 亿元，是前者的 8 倍。与境外公司比则差距更大，新鸿基地产资产规模 1800 亿港币，净资产为 1300 亿港币，资产负债比率约 27.7 %，而国内最大的发展商万科，2002 年 3 季度的总资产为 82 亿元人民币，净资产为 33 亿元，资产负债比率约 59.51%，前者总资产和净资产规模是后者的 22 倍和 39 倍。从优势发展商的市场占有率来看，香港前九家的市场份额为 80%；在市场化程度相对较高的上海，市场前十位发展商的市场占有率加起来为 23%，深圳还不到 20%，万科集团 2001 年 34.5 亿的业绩也只占国内房地产销售总金额的 0.008%。资产规模的偏低直接导致了目前开发商整体水平不高，由于开发楼盘少，经营业绩在年度间很难达到平衡，有楼盘结算的年度业绩会较好，而遇到没有楼盘结算的年份就会发生青黄不接的现象；同时由于投资过于集中，一旦在开发上有失误就会对业绩造成很大影响。随着优势企业将开始脱颖而出，在资产规模扩大、开发规模扩张、盈利总额提高等方面有令人耳目一新的举动。因此只有通过迅速扩大规模结合业态创新才能提高房地产整个行业的经营水平。

房地产上市公司业绩与房地产行业高速增长相背离的现象说明，目前的房地产上市公司中尽管也有万科、深长城等长期稳定增长的大公司，但整体看并不具有行业代表性。未来房地产行业的广阔发展空间将吸引更多具有资源和资金优势的企业进入到房地产开发中来，由于上市公司所具有的融资功能和房地产的资金密集型特点将更加深入地结合，因此房地产公司上市的进程将会加快。预计未来两年，房地产上市公司的数量将占到上市公司总数的15%，而对房地产业务进行一般性涉足或投资的上市公司有可能达到20%左右的水平，住宅开发类上市公司的业绩会普遍提升，并成为整个上市公司队伍中市场化程度最高、资产重组最具有吸引力、利润增长水平最具有保障的部分。

六、投资、开发、销售齐头并进

尽管市场议论纷纭，但是依据公布的权威数据，房地产依然是2002年保持高速增长的热点行业之一。即使在“泡沫论”质疑盛行的下半年，也依然连续4个月保持稳定的态势。

截止2002年10月份，全国商品房竣工面积13464万平方米，同比增长27.5%，比去年同期提高8.8个百分点。其中，商品住宅竣工面积达到11362万平方米，同比增长28.4%。

销售方面，年初商品房销售比较平缓，下半年以后增速明显加快，商品房销售价格稳中趋升。1～10月份，全国累计销售商品房12976万平方米，同比增长27.6%。商品房平均销售价格为2357元/平方米，增长6.1%。其中，商品住宅销售价格为2216元/平方米，同比增长6.1%，个人购房达到了创记录的93%。今年前10个月，土地开发面积仍然保持较快增长。1～10月份，全国完成土地开发面积8847万平方米，同比增长4.8%。其中，东部地区土地开发面积达到5672万平方米，同比增长36.3%。

1～10月份，全国新开工面积30958万平方米，同比增长19.6%，增幅比去年同期减少15.3个百分点。

总体来看，今年以来，由于商品房竣工面积增势明显快于去年同期，商品房销售面积增速趋缓，商品房空置面积进一步加大。10月份，全国商品房空置面积同比增长10.8%，明显高于去年同期增长2.8%的水平。

在房地产开发投资方面，1～10月份，全国完成房地产投资5588亿元，同比增长29.8%，增幅比去年同期减少1.4个百分点。其中，商品住宅投资为3972亿元，同比增长32.5%，增幅比去年同期增加0.6个百分点。

在重大政策方面，2002年国土资源部出台的《招标拍卖挂牌出让国有土地使用权规定》在土地、产权制度的确定和相关法律法规的制定及制度建设方面带来新的变革，加大了国土资源部门对土地市场的调控力度，促进建设用地集约利用，同时活跃了二级市场与一级市场交易与竞争，避免了为获取临时和短期的土地收益而擅自占用和交易土地和低效率使用土地的情况，实现与城市化进程的相协调，有利于从源头上防止土地批租领域中的不正之风和腐败行为。同时这一政策的实施对保证土地使用权转让收益成为各地政府重要财政收入和推进房地产企业集约化经营进程上将产生重大影响。

随着我国经济体制向市场经济转型过程的深化和房地产业的发展，土地使用权转让收益已经成为地方政府财政收入新的来源，尽管目前在总收入中所占的比例一般不超过3%（目前香港每年新卖土地收益和已卖土地使用费已经占香港政府当年收入的10%～15%），但随着对土地需求大幅攀升和政府对土地价值更深入的理解，预计这一比例将逐步提高。

事实证明，宝贵的土地资源只有利用市场化的方式才能向少数有资金实力进行大规模土地储备、有专业能力实施大规模开发和管理、有品牌保持市场销售份额的企业集中。

七、重点关注公司

光彩建设（000046）：该公司在完成重组之后通过几年的调整，房地产主营业务已经恢复正常，在北京的光彩国际公寓项目地理位置优越，市场反映强烈，预计销售收入和利润较为理想，青岛项目已经竣工，深圳的新项目也在积极准备之中，土地储备和新项目储备情况较好，今明两年公司利润有保障。大股东中国泛海集团实力雄厚，产业结构相对合理、经营风格稳健，是新成立的民生证券的控股股东，预计未来二级市场上将会有较好的表现。

（本文原载《证券时报》2003年1月）

2002年房地产行业分析及2003年展望

一、2002年中国房地产行业景气特点分析

（一）区域性房地产泡沫已经出现

1．对近几年房地产景气持续高涨的三点基本看法。

我们曾在上一期《中国房地产景气报告》（样刊）中对近几年房地产景气持续高涨提出三点基本看法：

（1）推动此轮房地产景气的原因主要不是周期性因素，主要是靠体制变化和政策的刺激。

（2）由于城市化及城镇居民生活水平改善等内在需求的推动，我国房地产行业长期看好，持续20～30年10%以上高增长将是肯定的，其与汽车高消费及电子通讯消费一起将成为推动下一轮宏观经济景气繁荣的支柱性力量，但这不是现在，现在仍处于大力培育这一市场的过程之中，而不是借势炒作这一市场的时候，忙于“摘果子”（肯定是‘青苹果’），而不是多栽树并加以培植，反而会破坏其长期发展潜力，因此，我们说真正源于需求持续高速增长的房地产繁荣时期还未到来，要靠各方面精心培育才能得“正果”。

（3）我们对本轮房地产热的总体看法是，借政策之力和消费者的良好预期，房地产商对未来房地产大发展预期的一次“过度”预演，房地产泡沫现象已经出现。本期报告将重点对房地产泡沫问题做更深入的分析。主要就什么是房地产泡沫？判断房地产泡沫的标准或表现，以及对房地产业本身和宏观经济的影响等，做进一步探讨。

2．房地产泡沫的定义。

（1）理论化的房地产泡沫定义。一个最理论化关于房地

产泡沫的定义大概是这样的："指由房地产投机等因素所引起的房地产价格脱离市场基础的持续上涨，也就是土地和房屋价格极高，与其使用价值（市场基础价值不符），虽然账面上价值增长很高，但实际上很难得到实现，形成一种表面上的虚假繁荣。"

也有专家指出，房地产泡沫，主要就是指"房价比较高，空置率比较高"，房价高得远离市场和个人需求，空置率高得远离经济和社会支撑。实际上不是房价比较高，而且房价过高，远远超出了它的价值和普通人购买力。房价的确是房地产泡沫的主要表现，就像股价和整体物价水平一样，所以我在回答一些人的质疑时非常简单，房地产泡沫就是房价过高，不仅是绝对价位高，而且是相对价位高，高得整个社会无法承受，也许一两年可以承受，但长期无法承受。投资过热所造成的持续性恶性通货膨胀可以理解为泡沫经济，而一个行业的过快增长特别是伴随着价格的过度虚高就是一种行业增长的泡沫，但一些特别重要行业的泡沫（像房地产、汽车和高科技产业）却能演化为整体经济的泡沫。

有些产业的泡沫并不是直接通过这个行业的产品价格上涨来表现，如汽车和高科技产业，在出现泡沫时，其自身的价格（产品的价格可以是持续下跌的）并不上涨，但却必然伴随着投资和消费需求的膨胀，尽管如此，间接的持续价格上涨却总是必然出现的，如通过股票价格来显现。房地产泡沫的特殊性在于它的泡沫表现一般是房价与股价同时得到反映，如日本80年代的房地产泡沫和香港的房地产泡沫，我国现阶段房地产股的价格没有表现主要有两个原因：一是整个股市低迷，抑制了房地产股的炒作，二是尽管房地产繁荣，但我国上市的房地产公司业绩普遍都不好。

（2）我们对房地产泡沫的定义。因此，我们可以这样来定义房地产泡沫：伴随了房地产投资和消费的持续高增长，房价持续大幅攀升，并越来越远离它的实际价值和大大超过消费者的承受能力。也可以把房地产价格的非理性上涨看成是房地产行业的恶性通货膨胀。

有一种在房地产业内非常流行的关于泡沫的观点值得提及，即今天中国房地产有泡沫也是土地泡沫，其上的房产不存在泡沫（甚至被认为永远都不存在泡沫，所谓的理论说法是房屋建筑物是人类劳动产品，其价格上由成本、利润、税金来确定，这相对比较稳定，较易判断），这是一种奇怪的理论，房地产泡沫地价起了重要作用，但除去地价的房价同样存在泡沫，汽车没有地价吧？高科技没有地价吧？泡沫不是照样有吗？过度的投资和消费都会产生泡沫，地价只是一个因素而已。

3．房地产泡沫的判断标准。

我把判断房地产泡沫的标准归纳为"五高"，即投资的持续超高增长，消费的持续超高增长，房价持续大幅攀高或持续居高不下，房地产投资所占比重高及房价收入比明显偏高。

这"五高"之间一般是有很强的关联性的，不仅是高，而且是持续性的"高"。我们所定义的持续标准是连续2年以上。而高或超高的界限大致为：所谓投资和消费超高增长是指房地产投资和消费的年增长率超过GDP增长率的2倍以上；而房价高一是绝对价位高，二是短期内房价增长过快，房价年均增长达到或接近2位数；房地产投资所占比重高指超过25%以上；房价收入比高是指超过6：1甚至是超过8：1。按以上标准，我国房地产的确出现了泡沫现象，而且在一些地区还比较严重。

（1）投资的持续超高增长。房地产投资已连续三年保持接近或超过20%的增长，且呈现逐年加快的趋势，据此，可以认为当前房地产投资已出现了较明显的过热倾向。2000年我国房地产投资增长19.5%，2001年上升到27.3%（另据国家统计局景气月度数据为25.3%），2002年1～11月增长28.3%。其中住宅投资增长更快，2000年增长25.8%，2001年上升为28.9%，2002年1～11月为29.5%。从区域上，东部地区投资过热则更为明显，3年分别增长21.7%、25.2%和28.2%，这一持续三年高达20%的投资增长是在基数较高的状况下实现的；中西部地区尽管也连续3年保持了高增长，但因为基数低，处于房地产发展的初期，其过高的标准可定为35%～40%以上。

（2）消费的持续超高增长。商品房销售额增长持续4年保持20%的高增长，其中2000～2002年连续3年增幅达到30%左右，这表明，全国总体住房消费已出现过热倾向。1999年商品房销售额增长23.9%，2000～2001年则分别增长30.1%、29.4%，2002年前11个月增长则继续加快，达37.4%。

（3）房价持续大幅攀高或持续居高不下。本轮房地产景气增长中，各地房价普遍上了一个大台阶，在一些投资和消费过热的地方（多数为沿海地区），房价暴涨，已明显超出了多数消费者的承受能力。房价增长在地区间有较大差异，总体是东部省市持续大幅增长，中西部地区中少数地区增长过快，但多数中部地区房价增幅明显小于全国平均水平。

1997～2002年，商品住宅销售价格涨幅最快（且均超过30%）的地区有广西（54.43%）、云南（53.13%）、辽宁（46.23%）、宁夏（41.68%）湖南（40.38%）、江苏（37.95%）、山东（37.90%）、上海（37.64%）、河南（32.12%）、陕西（30.67%）和浙江（30.41%）。在这11个房价涨幅超过30%的地区中，东部有5个、西部有4个、中部仅为2个。中部地区房价绝对价位和增幅均明显小于全国，且两个房价上涨最快的地区都是过去房价过低（特别是河南省）。

价格上涨最多的地区是东部地区和西部地区，东部地区房价涨幅最高的地区集中在华东地区，实际上广东、北京住房投资和消费过热在近几年的价格上升中无法得到真实的反映，这是因为一是房价统计不是按加权平均计算的，存在统计上的平均价格偏低的问题，二是北京、广东房价绝对价格很高，其大幅涨价在这之前，如北京仅1997年商品住宅的价格便上升了41.59%。西部地区房价上升最快的地区为陕西、云南，云南既是受西部大开发的影响，也是受世界园艺博览会举办的影响。实际上重庆及四川房价涨幅在这期间并不显著，但平均值掩盖了局部地区的房价过快增长，重庆市区和四川成都市房价上涨十分迅猛。总体而言，从房价上涨过快反映的房地产热主要集中在北京、华东沿海地区、广东、辽宁以及西部的重庆、四川成都、陕西西安、云南等。

（4）房地产投资所占比重高。从房地产投资比重来看，最近几年来，全国总体上房地产投资占全部投资（不包括集体和个体，下同）的比重不断上升，已显示出投资过度倾向。2002年1～11月房地产投资占全部投资的比重达23.85%，而1998年为17.12%，四年时间提高了6.73个百分点。投资过度依赖于房地产，对经济的进一步增长是一大隐患，在一些地区这一问题变得越来越突出。投资和经济过度依赖于房地产的地区多数集中在沿海发达地区和少数西部地区。

整个东部地区2002年前11个月房地产投资占全部投资的比重已超过了30.78%，因此当前东部地区整体上存在房地产投资过度问题。以北京最高，房地产投资占全部投资的比重高达60.89%，其次是上海（38.5%）、广东

(38.38%)、重庆(33.0%)和辽宁(31.19%)等。另外，福建(28.08%)、江苏(23.72%)、天津(23.64%)和四川(23.55%)均超过了20%。像北京房地产投资占总投资的比重已超过了60%，比上年提高了3.24个百分点，如果住房消费增长明显回落，将会带动房地产投资增长大幅回落，从而对经济增长产生较大影响，其他的如上海、广东、辽宁和重庆也存在这样的问题。

这一指标是衡量一个地区房地产投资是不是过高的重要尺度，房地产投资和消费的高增长，如果是与投资比重过高相结合的，那么就可以肯定其存在投资过热或过度的问题，相反，如果投资所占比重仍然不高，不超过20%，在一段时间出现投资和消费的高增长，同时价格上升也不是很快，那么，仍然不能讲是过热，但有可能出现的情况是这些地区内局部地区可能出现过热，像四川的成都市、陕西的西安市等。按这一指标分析，北京、上海、广东、重庆和辽宁等地房地产投资已明显出现了过热的倾向；其他地区过热出现在局部地区，主要是省会或其他大城市。

(5) 房价收入比明显偏高。目前我国总体上房价收入比明显偏高，短期内购买力不足问题将越来越突出。不少学者用房价收入比来衡量是否存在泡沫，实际上不完全正确，或者不够全面。房价收入比高有两层意义，一是指由于价格上升比居民收入增长快，导致房价收入比逐年上升，并上升到一个前所未有的高度；二是指静态的高，只是表明购买力不足而已，如一些经济不发达的地区，一套中档商品房的价格假定为20万元，但这一地区人均收入却相当低，如为3000元，三口之家家庭收入为9000元，那么此时的房价收入比便高达20倍以上，如果用这一静态的房价收入比来衡量这个地区是否存在房地产泡沫，那么结论是相当的肯定，但实际上在这种情况下不一定形成泡沫，因为这一地区可以没有什么人来购买这些商品房，只有当在房价收入比高的情况下，人们在投资或投机的驱动下冒风险大量购置这样的商品房时，才可能认定是泡沫，即房价收入比必须与高的需求增长率同时发生时，才可能判断存在泡沫。也正是没有看到这一点，才造成了如一些人研究得出西部地区泡沫大于东部的结论。

我们认为，目前统计上的房价是一个不太准确的数据，在许多地方大(相关，行情)家都感觉到房价大幅攀升，但统计结果却增长不多，例如，北京地区这几年房价仍然是上涨的，但统计结果显示是下降的，正因为如此，在对房价收入比做纵向比较时要特别小心，如1998年我国绝大多数地区房价收入比都高于目前数据，也许在一些地区真的如此，但实际情况可能有很大差距。尽管存在这样的问题，但做静态的横向比较是可以说明问题的。

2002年房价收入比最高的是辽宁省(11.5)，其次为北京(11.0)、云南(10.6)、上海(9.9)、天津(8.9)和海南(8.9)，在8倍以上的地区有吉林(8.1)、黑龙江(8.1)、广东(8.0)、陕西(8.7)和宁夏(8.6)。大致可以认为这些地区或它们的一些城市房地产呈现过热的问题。但这一指标还要与其他指标结合着看，如统计上的房价是否真正地反映实际房价，而且要与投资和消费增长的情况相结合分析。

综合以上"五高"标准，目前中国房地产的确存在区域性泡沫现象，这些地区主要集中在东部地区，其中以北京、上海、辽宁、广东和浙江最为突出。少数西部地区如重庆、四川、陕西等省市的一些中心城市也存在一定的泡沫现象。

二、2003年房地产景气趋势预测

(一) 对2003年我国房地产景气趋势预测

2002年房地产景气将会继续回落，理想的情况是"软着陆"，即逐步降温，房地产投资增长最好回落到15%的水平，2004年再回落到增长12%左右(不低于10%)；如果降幅过大，将会对宏观经济增长造成一定的短期压力，而宏观经济增长压力增大又会对房地产发展产生更大的压力。

1. 影响2003年房地产景气走势的因素。

(1) 短期内房地产投资比重偏高，存在内在的调整要求。2001年房地产投资占固定资产投资(不包括集体和个体)的比重已上升22.44%，到2002年11月则上升到23.85%，其中1～2月比重最高达到29.59%。显然，短期看，这一比重已过高，是难以持续的。住宅建设投资占GDP的比重短期也存在偏大和提高过快问题。2000年我国城乡住宅投资占GDP的比重为8.49%，其中城镇住宅投资占城镇GDP为9.92%，而据有关资料介绍，住宅建设投资与人均GDP存在着内在关系，人均GDP在500美元以下时，住宅建设投资占GDP的比例在2%以下；人均GDP达到1000美元时，这一比例为5%；人均GDP达到1500美元时，这一比例达到最高值6%～7%。此后，住宅建设随着人均GDP的增加，绝对值增加，但占GDP的比例呈下降趋势。

最近两年城乡住宅投资占GDP的比重和城镇住宅投资占城镇GDP的比重仍在继续提高，已明显超过了当前经济增长所能支撑的水平。随着房地产需求的逐步降温，房地产投资面临巨大的调整压力。相应地，房地产消费的短期透支问题也同样比较严重。

(2) 当前的宏观经济增长不足以支撑房地产继续保持超过20%的高增长。尽管2002年宏观经济形势出现了明显好转，但这主要是靠国债投资和出口增长的强劲带来的，除非有新的外部强大推动力加入，否则，2003年的宏观经济增长不会脱离过去多年形成的调整型增长态势(增长7～8%)而出现转折，相反受投资和出口增长均将有所回落及消费增长仍然不足的影响，2003年经济增长很可能将重演2001年的情况而出现小幅回落，这会对房地产消费和投资产生一定的压力。就中长期而言，不存在独立于宏观景气周期的房地产周期。

(3) 短期购买力的压力将增大。过去三年短期购买力消耗过大，我们可以看出，1999～2000年我国城乡居民储蓄新增加额是明显减少的，这与连续降息、股市相对活跃有相当的关系，但更与住房货币化改革和房地产热完全一致，即有很大一部分储蓄是因为房改和房地产消费增长而分流的。这一阶段，储蓄新增量减少既来自于高收入阶层，也来自于占人数众多的工薪阶层。而2001年开始，城乡居民储蓄再次显著增加，2001年新增9430亿元，2002年前三季度则增加了10374.7亿元(不是同比，而是与年初比)，全年新增储蓄额已达1.3万亿元，创历史最高记录。

这显示两个重要信息：一是储蓄猛增，部分与资本市场不景气和总体消费增长偏弱有关，也与房地产正趋于降温有相当的关系，这一点在2002年表现得最为明显，储蓄新增量比上年增长接近40%，我们有理由相信，股市不景气影响储蓄主要在第一季度和第二季度初，而后几个月储蓄继续上升则主要是受房地产开始降温的影响。二是2001年以来新增储蓄增多的来源与1999～2000年新增储蓄减少的原因明显不同，且对房地产市场产生的影响也完全不同。新增储蓄无疑主要源于高收入阶层，曾有资料显示，我国居民总储蓄中，占10%的高收入阶层占储蓄总额的80%。储蓄代表着潜在购买力，一般而言，储蓄增加尽管可能是由于短期消费降温，但其强大的潜在购买力却能在不长的时间内（周期性的）再次释放而支撑住房等方面的消费。

但对2002年储蓄大量增加对房地产需求的影响却不能这么看，因为：一方面，新增储蓄主要来自于高收入阶层，而高收入阶层的住房可以说已基本饱和，这一潜在购买力却难以在短期甚至中期转化为住房实际购买力。储蓄与住房的关系明显没有其与股市的关系那样富有弹性。另一方面，工薪阶层的储蓄前期被大量消耗，近期增加也不会很多，因此，这部分潜在购买力的释放将会受到很大的限制，限制主要是潜在购买力不足。因此，住房消费增长的调整已在储蓄或潜在购买力上得到了反映。

另外，还有两个因素促进房地产降温。一是房改以及相关的政策效应经过前几年的相对充分释放后，正趋于明显递减。二是房价过高对住房新增需求的压力正在明显加大。如2002中期以来在北京等地流行起设计精巧的小户型住房实际就是住房价格过高对住房消费需求的压力增大的一种反映。

2. 对2003年房地产景气趋势的预测。

以上五大因素都是将导致房地产投资和消费将降温的因素，但却没有什么因素支撑房地产继续升温或继续保持高速平稳增长（年增长20%以上）。基于此，我们对2003年房地产景气趋势做以下预测：

（1）房地产投资增长将明显放慢。2003年房地产投资增长可能回落到15%左右，而住宅投资增长放慢将更为明显，估计增长16～18%。

（2）从地区房地产投资增长格局看，东部地区增幅回落总体将大于中西部。2002年1～11月东部地区房地产投资增长率为28.2%，2003年东部可能降一半左右，中西部地房地产投资增长可能略高于东部，估计增长20%左右。

（3）房产地产消费增长将明显减缓。2002总体商品房消费形势不错，但区域增长形势的变化，正在预示明显住房消费将明显降温。三大龙头只有上海仍继续保持景气高涨，1～11月份上海商品房销售额增长80.4%，这与房价的上升较快有一定的关系，而北京、广东商品房销售在明显降温，北京2002年初达到高峰，随后趋于下降，1～4月份，北京商品房消费增长54.3%，而1～9月仅增长19.6%，广东1～4月份增长6.2%，尽管以后月份有明显回升，但1～9月份增长26.5%，比全年平均值低5.8个百分点。特别是前期热度极高的浙江省，商品房销售降温十分明显，1～11月份仅增长17.2%，比同期全国平均值低近20个百分点。在东部地区中河北则出现了负增长，为－8.0%，辽宁也仅增长5.3%。2003年房地产消费增长总体将继续呈逐步回落态势，估计商品房消费的增幅将降到16～18%。其中2002年开始加速的地区如山东、上海及部分中西部省区降幅可能更大。

（4）商品房结构不合理的矛盾将突出。即高档商品房购买力将明显不足，商品住宅积压加重；中低档商品房购买力相对较强，但供给却相对不足，而且价格却明显偏高。这一点在住房消费明显降温的情况下，将反映得更为明显。

（5）房价将小幅回落，2004年降幅可能更大。北京房价已早于其他地区开始有一定下降，估计其他后进入高峰期的地区2003年将会出现房价回落态势。估计今后两三年内，房价将呈温和回落态势，这是挤房地产泡沫所必须的过程。

（6）与投资和消费增长回落不同，房地产企业效益降幅可能较小，或不一定下降。但企业间的差异将很大，老的有实力的企业效益反而可能稳中有升，而一些新加入房地产业的企业则因炒作和经验不足可能面临相当大的业绩风险，在房地产进入中期调整过程中将有不少新企业和一些老企业会破产。因此，加大重组力度，整合房地产行业，已成为房地产行业的一个十分迫切的课题。

（7）机会存在于住房郊区化中。许多大城市住房郊区化将会有所加快，继续成为新的亮点，并与汽车消费继续保持较快增长相呼应。

三、以间接调控促进房地产“软着陆”

（一）房地产调控宏观调控的意义及原则

1. 加强对房地产发展的宏观调控的意义。

房地产发展特别是住房消费的不断增加对我国近阶段经济增长起了十分重要的作用，今后房地产发展的潜力还很大，但这并不意味着房地产可以持续地保持20%以上的高增长。特别是近两年来，不少房地产商急功近利地炒作房地产，不仅不利于房地产业的健康稳定发展，如果房地产泡沫吹得越来越大，一旦破灭将会对宏观经济产生严重的影响；同时，世界经济史表明，房地产是最容易产生泡沫的一个行业。因此，加强对房地产发展的宏观调控，具有十分重要的意义。但房地产商最忌讳的就是说“房地产有泡沫”，最不想面对的就是“调控”二字。实际上，现在我们讲的宏观调控，早就不是计划经济时代的治理整顿，是对市场的引导和规范，而不是禁止和随意干预。市场经济中房地产调控的目标是防止房地产泡沫的产生，或对已形成的房地产泡沫采取降温措施，使其不再继续膨胀，促使其软着陆。对此，房地产商不必惧怕，反而应该采取冷静的态度，主动地给房地产降降温。

2. 当前房地产宏观调控应遵循的原则。

（1）不搞急刹车。扩大住房消费、鼓励房地产发展是扩大内需政策的重要内容。但在一定的阶段，房地产行业的发展不能脱离整个经济的发展而过度膨胀，对当前局部地区的房地产过热问题要逐步降温，促进其理性发展，而不是搞急刹车。

（2）不搞一刀切。我国房地产发展在各地区间存在相当的不均衡性，一些地区过热，一些地区却还比较冷，对此，千万不能采取一刀切式的降温措施，而是哪里热，调控哪里。调控不是抑制，是促进房地产行业健康快速发展。

（3）在调控方式上主要是采取间接调控方式。其重点是：依法规范市场主体行为，完善相关制度；发布景气预警信心，引导消费者和投资者行为。

为了解决新一轮房地产泡沫问题，要促使其实现“软着陆”，而不能仍顺其发展让其自然破灭或采取过猛的措施使其“硬着陆”。有关宏观调控部门已经意识到这一点，并陆续采取了一些措施。

除上述促使房地产实现“软着陆”政策建议以外，综合其他专家和本人的意见，要促进房地产“软着陆”，还应采取以下措施：

第一，建立目标监控体系，要努力做到五个适度，以保证房地产业快速稳定协调发展。投资和消费增长速度要适度。要分地区和依发展阶段不同而采取不同的控制目标。房地产投资和消费增长要控制在可持续的水平，大致将其控制在高于GDP增长1倍左右，超出这一范围要调控。未来5年内我国房地产发展速度要努力稳定在10～15%之间；5～10年内可能会加快，可提高到15%～20%。

居住水平的提高速度要适度。“十五”计划前一年的2000年，全国城镇人均住房面积（建筑面积）为19.8平方米（也有资料显示为20.4平方米），发展水平较高的广东省达到22平方米。到“十五”期末2005年计划分别增至22平方米，但仍比英、法、德等国的37～38平方米（上世纪90年代水平）低很多，大约相当于10年前中等收入国家的水平。可以认为，在本世纪头一二十年，住房建设保持10%至20%的增长幅度使居住水平持续合理地提高仍是比较合适的。

各类住房建设的比重适度。各类住房建设的比重也有一个是否适度的问题，与不同收入群体相适应的高档商品房、普通商品房、经济适用房、廉租房的建设比重应有一个合适的度，普通商品房和经济适用房应占绝对多数，而不是片面追求高档化，高档商品房和别墅的需求量十分有限。可提高高档商品房的有关税率，相反，要鼓励发展中低档商品房，在税收上实行优惠政策。

住区规模要适度。不应大量无限制地兴建占地几百万平方米的超大型住宅“斜区。

房价及房价收入比更要适度。政府特别是物价主管部门应该对房价的过快过度增长采取一定的限制措施，降低房价收入比。

第二，进一步加强和完善土地政策。如适当提高进入土地市场的门槛，获取土地的开发商必须达到一定的实力，从而使土地的后期开发有一定的保证。

第三，加强价格的监管和调节，有效抑制住房价格的暴涨。要采取多种措施，降低住房生产和消费中的成本，如规范土地市场秩序、提高效率减少交易费用。

第四，限制以短期投机获取暴利的炒楼行为，引导居民理性购房。有的购房者办完了产权证，立即进行转让。此类操作，易推动房价上涨，久而久之，会造成泡沫增长。因此，在鼓励投资购房的同时，应采有效措施制投机炒楼。如可借鉴韩国的做法，消费者或投资者购置的新房，只有在自己住够一年后才能享受有关房屋出售时的税收优惠，在一年内转让不仅能享受优惠，还应增加一定比例的税收，以此抑制炒楼行为。

同时，要引导居民理性购房消费和投资。部分房地产开发商急功近利，他们采取种种手段钻现行政策的空子，如对正在建设中的楼盘，因不能合法预售而通过预订进行事实上的售卖；在预订过程中又故意营造紧俏气氛，人为地造成卖方市场，短期内获得高额利润。消费者应当理性购房，力克浮躁攀比的心态。

第五，调整住房供给结构。一是鼓励建造中低档住宅，对建造这类住房的房地产商可采取一定的税收优惠。同时，鼓励消费者购买中低档住宅，对首次购买者可允许其进行最近两年的所得税减免。二是为满足城市低收入阶层的住房需求，政府应多建廉租房，严格使用廉租房的条件，对住满5年以上的住户可能按经济实用房价格将其转让给承租房。

第六，加快培育二级市场。住房二级市场发展潜力极大，要采取各种措施如缩短房改房的上市期限限制、降低交易费用、规范完善交易市尝大力培育住房中介机构等。只要巨大的住房存量不能自由、合理的流动，商品房的价格便会居高不小，当然造成商品房价格过高的原因是多方面的，还有很多其他原因，但极重要原因是存量住房的市场化进度过慢。加快住房二级市场的发育，从长期看将可平抑过高的房价。

（本文摘自 搜狐财经 2003年5月）

中国房地产正值高增长期

过去10年，是中国房地产大发展的十年，也是中国房地产形势争论不休的十年。争论如此之大，已深刻影响到国家对房地产的产业政策调整，关系到房地产业的长远发展。产业发展有长短期之分，有所处不同阶段之分，也有不同区域之分。倘若用同一比例尺去衡量不同时期、阶段、区域的速度和结构，很容易出现偏颇。中国房地产的根本大势、长期趋势，应该在大背景下，即经济长波（公认的“康德拉耶夫周期”=54年左右）区间观察，才能从总体上、全局上、本质上把握房地产业形势。

一、经济“起飞”时期房地产投资比重大是普遍现象

1.工业化国家经济起飞期房地产投资普居高位。

英国：19世纪初经济起飞时期，全国投资大约55%注入土地，14%～15%注入于建筑，约2%注入于公共工程，房地产和其相关的投资占全国投资的72%。德国：19世纪40年代进入经济起飞阶段，1851～1855年，按1913年不变价格统计，在总投资中非农房屋投资占31.1%，公共建筑5.1%，地下建筑6.4%，房地产及相关投资占总投资构成的42.6%。法国：约在1830年开始经济起飞，按现行价格计算，房地产业中的住房净资本形成占全社会净资本形成额的30%，加上地产和非住宅投资后，房地产及相关投资占社会总投资的比重与英、德接近。日本：战后经济恢复（再起飞）的几十年中，房地产业中的住宅建筑投资占社会固定资产形成价值总额的20.7%～26.7%，相当于GNP的6%～8%。（W.罗斯托，1963：陈光庭，1991）尽管时代有别，仍可不失为我借鉴。

2.中国正处于经济起飞期，房地产投资理应偏大。

诺贝尔经济学奖得主W.罗斯托讲：“净投资率持续达到10%，等于换一个方式给起飞下定义”，2002年中国全社会固定资产投资43，202亿元，增长16.1%，占当年GDP的42.19%，已经连续十余年保持了净投资率两位数以上的增长。中国无疑正处在经济起飞时期。2003年，全国房地产开发投资可达到8，500亿元左右，约占当年GDP预测值（110，590亿元）的7.69%。1998～2002年中国房地产环比增长速度分别为13.7%、13.5%、21.5%、27.3%和21.9%，平均在20%左右（杨慎，2003），与上述国际上经济起飞同一时期的工业国家比较并不高，中国即使保持30%左右的阶段性房地产增长，也不算高。

二、中国城市化所处>30%的阶段正是房地产发展高峰时期

1.从形态上讲，城市化就是房地产化。

城市化即农业资源（投资）、农业生产活动（载体）和农村人口（居住）向城市的转化。中国城市化现为38%，每年以约一个百分点的速度推进。据建设部和民政部的远景

规划，到2010年或更长的一些时间，全国大陆地区设市城市达1000个左右，建制镇2万～2.5万个，城镇人口年均增长4%～5%，年增约1，600万～1，700万人。届时，城镇人口将达到6亿多，城镇化水平约45%。也就是说，今后15年内将有2.7亿人口进入各类城市与建制镇。即使以联合国低收入国家城市人均住房面积6.1平方米/人计，也要新形成16.47亿平方米住房需求。同时，大城市中60%来自农村的流动人口，(姚士谋，2001)也产生了不容忽视的大量住房需要。

2. 旧区二次城市化重新启动房地产业。

大中城市旧区的改造中，房屋拆迁会引起投资和需求的双重效应，城市有机更新与保护性开发需追加大量投资。我国城市数十亿平方米的住房存量，即使按低于国际住房折旧通用标准1.5%计算，每年就是约一亿平方米的投资需求。1990年代，北京市城区共拆除危旧房屋约500万平方米，仅此一项，按小于实际3:1的拆建比例，会形成约1500万平方米的投资引力。“七五”至今，天津城区共拆除危陋房屋1500余万平方米，形成约4500万平方米的投资和需求规模。

三、现代生活方式的普及需要物业和公共设施的急剧增长

1. 消费时间比例的变化要求宅居面积扩大。

据原国家发展计划委专家的测算，我国小康社会目标城镇人均住房建筑面积，2010年将达到25平方米/人(曹玉书，2002)，年均以0.5平方米/人递增。经济发展迅速降低恩格尔系数(2010年约为30%)，使消费结构发生根本的变革。工作与闲暇比例此消彼长，相应住宅功能，由农耕—工业社会时期单纯的日落而息的“巢”，愈来愈成为休闲活动的场所，住宅面积要求扩充。新经济的发展，数字网络下“生活+工作(SOHO)”方式的流行，也要求人均居室面积的增加。

2. 消费空间结构的调整需要公共设施增加。

现代化的推进意味着我国将跨入上中等收入(3，031～9，360美元/人)国家的行列，预计2010年城镇居民人均可支配收入将达到12，000元/人。人均收入的明显提高会引起消费空间结构的调整，这就是流动性消费大大增加。以往可望不可及的观光、旅游、访问、出国、带薪休假、休闲娱乐进入百姓千家万户，相应需要季节性、度假性、公共性物业设施的增加。流动性消费的扩展要求现代服务业(第三产)大的载体，CBD、SHOPPINVG MALL(摩尔)、度假中心等应运而生。据资料，在伦敦中心区，1938年用于办公面积是880万平方米，1993年已经达到1，670万平方米，全英企业办公所提供的工作岗位占总数的百分比由1960年的24%，提高到1990年的38%，办公室的就业量增长率是平均就业量增长率的5倍([英]保罗·贝尔琴，2001)，这仅仅是现代服务业发展中房屋增长中的写字楼一项。

综上所述，从长波观察，中国房地产正值高增长期。在此面前，任何犹豫、徘徊和停滞不前，都是不必要的，都可能会失去发展的大好时机。

(本文原载《中国房地产报》2003年9月)

第二章　中国房地产市场发展

房地产市场发展状况、发展前景和当前工作

建设部住宅与房地产业司司长　谢家瑾

一、上半年住宅与房地产业的发展概况

上半年，在住房分配货币化、住房二级市场、住房税收、住房金融等政策的综合作用下，住宅与房地产业继续保持良好的发展态势。不仅有效地调动了住宅建设投资的积极性，进一步启动了个人住房消费，改善了居民的居住条件，还对带动相关产业发展、拉动经济增长起到了重要的作用。

（一）房地产开发保持较强劲的发展势头

1. 开发投资持续增长。

2003年1～6月，全国房地产开发完成投资2123亿元，比去年同期增长28.2%。比同期固定资产投资、基本建设和更新改造投资的增幅分别高出13.1、6.4和1.3个百分点。高于去年同期的增幅（22.4%）。其中，商品住宅完成投资占68.7%，同比增幅29.5%；办公楼开发投资占5.3%，同比下降0.9个百分点；商业营业用房开发投资占10.6%，同比增长35.7%；其它投资占15.4%。投资持续增长主要源于：商品房销售额和销售面积的全面增长给开发商带来的投资信心。

2. 新开工面积增幅攀升。

商品房施工面积4.95亿平方米，其中，商品房新开工面积1.55亿平方米，比去年同期增长33.2%，商品住宅新开工面积1.28亿平方米，增长31.21%。新开面积持续增长，表明开发商对市场形势继续看好。但因房地产市场的信号一般因为生产的周期要滞后一年左右，因此新开工的增势要引起警惕和重视。要慎重分析市场现状、走向和发展趋势，加强宏观调控和引导，既要防止出现空置量的加大和新的过热，也要避免出现因对市场发展估计不足而产生的供不应求。

3. 开发资金来源三分天下。

在上半年房地产开发投资中，国内贷款占24.6%，同比增长36%；企业自筹资金占30.1%，同比增长34.7%；利用外资占1.8%，同比下降26%。其他资金占43.4%（主要是定金和预售收入）。定金和预收款，比例的提高，标明商品房预售还占一定的份额，市场仍有较大潜力。

4. 销售总量增长，办公楼、商业营业用房销售势头看好。

2003年1～6月，商品房销售面积5126万平方米，同比增长25.9%。其中，办公楼、商业营业用房销售面积增幅达35%和29.2%，高于商品住宅的增幅（25.32%）。可见，在前两年个人住房消费的带动下，随着经济形势的好转，房地产市场在整体启动。

5. 商品房空置量得到有效控制。

上半年全国商品房销售面积5126万平方米，大于同期竣工面积（同期竣工面积4840万平方米）。说明市场除了可有效地吸纳近期上市的商品住房外，还能消化一部分以前积压下来的空置房。商品房空置面积与去年同比增长0.9%，比一季度减少1.1个百分点，是近几年的最小增幅。其中，商品住宅的空置面积出现负增长，与去年同比下降3.9个百分点，比一季度的降幅高出2.6个百分点。

（二）新建住宅的供应量、需求量继续保持稳定增长

2003年1～6月，城镇住宅完成投资1805.49亿元，比去年同期增长21.6%，比同期固定资产投资增幅高6.5个百分点，占全社会固定资产投资的比重为15.17%；其中商品住宅完成投资1458.75亿元，比去年同期增长29.2%，比同期固定资产投资增幅高14.1个百分点。

商品住宅竣工面积4052.41万平方米，比去年同期增长16.5%；销售面积4620.39万平方米，比去年同期增长25.32%。销售面积比同期竣工面积多568万平方米。商品住宅销售面积中，个人购房比重已达93.43%。商品住宅销售额987.41亿元，比去年同期增长38.7%。

（三）住房二级市场和租赁市场的发展，进一步活跃了房地产市场

目前，绝大多数大中城市已经开放了住房二级市场。上海市上半年存量住房交易已超过7万套，比去年同期增长85.9%；成交面积619万平方米（今年有望突破1000万平方米），同比增长97%；成交金额129.6亿元，同比增长107.8%。7万个家庭出售了原住房，其中90%换购了新房，户均增加住房面积约40平方米，增加支出约17万元。江苏南通市上半年存量住房交易面积达39.42万平方米，比去年同期增长53.62%，已经超过了同期新建商品房的销售面积。其中，已购公房上市面积15.62万平方米，约有91%的出售已购公房家庭换购了住房，在换购住房的家庭中约有80%买了新房。平均每户增加住房面积25平方米，增加买房支出8～10万元。存量房上市，不仅增加了住房市场的供给总量，给买房人更多的选择，而且创造了更大的住房需求，让更多的居民成为增量房的消费者。广东、浙江、贵州、上海的住房租赁市场十分活跃。近两年，一些家庭将已购公房出租，抵押贷款买新房，将租金收入还银行贷款。出租住房有了合理回报，为居民和社会投资开辟了新的渠道，会吸引部分储蓄和社会散资分流到住宅建设领域，从而带动住房投资的持续增长。

（四）住房分配货币化工作的推进，促进了居民住房消费

目前，35个大中城市中，已有32个城市出台了住房分配货币化方案。房价收入比在4倍以上的城市，大多已开始发放住房补贴。住房分配货币化方案的实施，提高了职工买

房的支付能力，促进了居民住房消费，带动了大量的民间资本进入消费领域，促进了经济的发展。天津市今年上半年发放个人住房补贴1.46亿元，4156名无房和住房未达标职工在得到9900万元住房补贴后（其余4700万支付离退休职工），带动个人出资2.7亿元购买住房24.7万平方米。加上买房后装修和购买家具、电器等消费，按保守的估计，实际调动职工出资应超过4亿元。天津市已把发展住宅产业作为该市“十五”期间的支柱产业之一。

（五）住房金融的发展，不仅促进了住房消费的增长，而且改善了信贷资产的质量

近年来，随着住房消费的增长，个人住房贷款也成倍增长。商业银行2000年新增自营性个人住房贷款1952亿元，公积金个人贷款231亿元。建设银行2000年末个人住房贷款余额达1390亿元，占该行全部贷款余额的10.6%，当年新增个人住房贷款占该行当年全部贷款新增额的40%。截止到今年6月底，商业银行个人住房贷款余额已经达到4454亿元，相当于1997年底的23倍。今年1－6月，商业银行发放自营性个人住房贷款1137.89亿元，仅工商银行新增个人住房贷款382亿元，比去年同期增长76%。住房金融的发展，极大地提高了居民购房的支付能力，已经成为居民提前实现住房消费的重要手段。据宁波市统计，今年上半年预售商品房中，有85%的购房者向银行和公积金中心贷了款。此外，从统计数据看，个人住房贷款的不良率工商银行、建设银行平均不到0.5%，远远低于其他品种贷款的不良率。因此，个人住房贷款的发展，对于改善银行信贷资产质量也起到了十分重要的作用。

（六）住房消费的增长，增加了政府税收收入

近几年来，国家两次调整了住房消费税收政策，降低了税率，促进了房地产市场的繁荣，带动了地方财政收入的增长。天津市1998年房地产交易契税收入仅1，600万元，近两年随着市场搞活，契税收入大幅度上升，1999年为1.3亿元，2000年达2.7亿元。南通市1997年契税收入1000多万，1998年2000多万，1999年4000多万，2000年达到9000多万。北京市昌平区去年房地产交易契税收入就超过8000万。今年上半年各地的契税收入仍有较大幅度的增长。

（七）住房消费市场的逐步规范，进一步调动了居民买房的积极性

去年以来，建设部会同有关部门，采取了一系列措施整顿规范房地产市场。一是发布了新的《房地产开发企业资质管理规定》，并对所有从事房地产开发的企业进行清理换证，依法淘汰了一大批实力弱、信誉差、经营不规范的企业，规范了销售主体行为；二是会同国家工商行政管理局发布了《商品房买卖合同示范文本》；三是发布了《商品房销售管理办法》，规范了开发商的销售行为；四是发布了《简化房地产交易与房屋权属登记程序的指导意见》。这一系列政策的实施，保护了消费者合法权益，在社会上引起了较大反响，受到广大消费者的欢迎。

二、房地产市场发展前景分析

尽管近几年住宅建设一直保持较高的增长速度，城镇人均住房面积有了较快提高，但与发达国家人均住房面积相比、与人民群众日益增长的住房需求相比尚有较大差距。在90年代初，发达国家的人均住房建筑面积为：美国60平方米，英国38平方米，德国38平方米，法国37平方米，日本31平方米。据一份资料对不同收入国家居住水平的分析，低收入国家人均住房建筑面积8平方米（居住面积减半）；中低收入国家人均住房建筑面积17.6平方米；中等收入国家人均住房建筑面积20.1平方米；中高收入国家人均住房建筑面积29.3平方米，高收入国家人均住房建筑面积46.6平方米。2000年底我国人均住房建筑面积20.4平方米，正好处在中等收入国家人均住房水平上。世界各国的经验表明，在人均住房面积达到30～35平方米之前，会保持较旺盛的住房需求。随着城市化进程的加快，城市人口数量的增加，大量危旧房屋改造及房地产二级市场、租赁市场的加快发育，住房市场还存在较大的发展空间。最近一些机构对多个城市调查结果显示，居民对现住房的满意率尚不到20%，约有48%的居民提出在两、三年内愿意换购住房；已购公房户中有67%希望通过换购住房改善居住条件和环境（上海市已购公房上市总量不到已售公房的10%，南通市不到16%，其他城市更低），再加上还有不少的居民愿意投资住房，因此，住房潜在需求量还相当大。99年底，我国城镇人口3.89亿，人均增长10平方米，就需增加住房近40亿平方米。加之城市化进程加快使住房需求的增加和住房的自然淘汰（每年在1亿平方米左右），今后10年，我国的住房建设会有持续的发展。具体表现在：投资和消费会同步增长（投资增速有可能减缓），个人买房的比例还会提高，住房质量会有进一步改善，销售环节会加快规范，住房消费服务领域会有更大的拓展，住房个人贷款的总量还会上升，物业管理的覆盖面还将扩大，住宅与房地产法制建设将得到加强。

三、当前要研究和解决的主要问题

为了进一步启动住房消费、拉动经济增长，实现“十五”计划提出的住宅发展目标，要针对存在的问题，从以下几个方面采取措施：

（一）加快立法，依法明晰产权，切实保障购房人的权益

个人成为住房消费主体之后，人们对住房的产权意识不断增强。尽管我国已确立了房屋权属登记发证的法律制度，但由于住房确权体系不完善和物权基本制度的缺位，很多住宅小区房屋的共用部位、共用的设施设备、及小区配套的房屋、设施设备、道路、场地等产权界定尚未明确，权、责、利难以界定，致使住房产权纠纷不断增多，深层次的矛盾日益显现。这是部分商品房销售纠纷产生的源头，也为物业管理的规范和全面推行留下了潜在矛盾。当前，要加快立法，依法明晰产权，切实保障购房人的权益。个人购房之后，最关心的是住房的财产权。要加快制定《物权法》、《住宅法》及《物业管理条例》。

（二）加大推进住房分配货币化工作的力度，支持职工买房

要采取有力措施，将以前财政和单位买房和建房的资金尽快转换为住房补贴；同时要对出售公有住房回收的资金进行清理，在留足房屋共用部位和共用设施、设备维修基金及房管所转制资金后，将剩余的资金在今后两年集中用于发放住房补贴；要加强对企事业单位住房分配货币化工作的分类指导，确保补贴资金尽快发到职工手上，提高职工买房的支付能力，调动起更多的职工买房和换购住房。

（三）加快开放住房二级市场，积极培育住房租赁市场

解决部分城市目前存在的上市程序烦琐，入市门槛过高，中介服务跟不上、产权证发放不及时、已购公房上市需经原产权单位审查等问题，妥善处理好上市后的收益分配，把更多的有房职工拉入市场，创造新的市场需求，把市场规模做大。同时，要以财政部和税务总局下发的住房租赁税收政策调整为契机，加快启动和规范住房租赁市场。

（四）进一步改善住房供应，让百姓放心买房

近两年，居民的住房消费观念发生了根本性变化，对住房的需求已经从单纯数量型需求向数量、质量并重型需求转化；住宅的竞争也已从区位竞争、价格竞争转向环境竞争、品牌竞争。尤其是随着住房二级市场的进一步开放，居民换购住房的积极性主要靠新建住宅的产品创新来调动。科学的规划方案，合理的平面布局，周密的配套条件，舒适的住区环境，节能的设施设备，高科技含量的物业管理等越来越为买房人重视。十五届五中全会提出以创新作为动力，对于住宅建设也有很强的指导意义。要加大技术创新、产品创新力度，加快提升住宅的总体质量，加快推进住宅产业现代化工作的步伐。要贯彻落实“商品房销售管理办法”，推广使用“商品房买卖合同示范文本”，规范商品房销售环节，深入开展“放心房”承诺活动，解除购房者的后顾之忧。去年全国搞的“放心房”、“放心中介”活动，收到了较好的效果，三季度，我们要按照原定方案对达到承诺活动要求的企业授牌表彰，以推动承诺活动的深入开展，为居民提供更多的放心房。要完善经济适用住房政策，促进经济适用住房建设的持续发展；加快廉租住房制度的建设，行使各级政府的住房社会保障职能。

（五）全方位拓展住房消费服务，加快市场的运作

从各地近几年的实践看，成熟的市场离不开规范的中介，必须要有讲信誉、重服务、能让老百姓信得过的中介从中牵线搭桥，市场才会进一步活跃。要加快建立适合中国国情的房地产经纪人执业制度，规范房地产中介业，取缔坑蒙拐骗非法中介，树立优秀中介品牌。通过房屋置换、房屋租赁代理、贷款置业担保、电子商务等，为房屋买卖、房屋租赁提供方便快捷的服务。今年将在全国建立房地产经纪人执业资格考试注册制度，推动中介的规范发展。

（六）大力发展住房金融，适应居民住房消费的需求

最近，央行房地产信贷门槛，对开发企业和开发项目会有一些影响，但对于减少信贷风险，提高金融资产的质量是必要的。而且，从发展看，对房地产行业未必不是好事。目前全国房地产开发企业两万七千多家，真正有实力的企业大概也就占10%。提高信贷门槛，也就是提高入行的门槛，可以把一些投机商挡在门外。还会挤掉业内一些实力差、信誉差、运作不规范的中小企业，带来项目的转让，甚至企业的兼并，这是一个优胜劣汰的过程，对开发行业的结构调整，形成规模，规范发展总体上会有积极的意义。当然当前会有一些影响，要做好政策的衔接，争取把弯转好。还要鼓励一些有实力的企业抓住时机，把其它企业的继续运作困难，但前景看好的项目接过来，求得企业的进一步发展，提高企业的经济效益。

个人住房贷款的进一步发展，关系房地产市场持续发展。尽管近几年个人住房贷款有了很大发展，但与发达国家个人住房贷款余额占整个贷款余额的比重相比，与目前个人住房消费的增长速度相比都有较大差距。因此，加速推进住房抵押贷款证券化的工作应尽快提到议程上，一方面弥补住房贷款资金的不足，另一方面解决商业银行住房贷款流动性差的问题，进一步提高金融对住房市场的支持力度。

（七）规范发展物业管理业

进一步推行竞争机制，通过优胜劣汰，改变目前行业中存在的管理工作不到位，服务质量差、收费不规范等问题，切实提高管理及服务质量，改善居住环境。同时要研究和争取出台职工工资中增加物业管理消费支出的政策，提高物业管理消费的支付能力。同时抓紧做好房管所转制工作。

（八）切实改进房地产行政管理工作

落实“简化房地产交易与房屋权属登记程序的指导性意见”，加快房地产行政主管部门与下属的中介机构的脱钩，切实解决目前房地产交易和权属管理中审批环节多，提供要件繁杂，办件时间长，收费过高加以及利用行政权搭车创收等问题，为购房人提供方便快捷的服务和产权保障。

四、采取有效措施，控制商品房价格的非正常上涨

（一）关于当前住房价格的总体情况

2003年1～6月，商品房平均价格比去年同期增长11.1%，其中，商品住房平均价格比去年同期增长10.6%，办公用房增长38%，商业营业用房增长2.3%；从地域上看，东部地区商品房价格增长13.8%、商品住宅价格增长13%，中部地区商品房价格下降2.8 %、商品住宅价格下降5.7%，西部地区商品房价格增长8.5%，商品住宅价格增长8.7%。山西、甘肃、内蒙、云南、北京增幅超过了25%。

（二）住房价格上涨的主要原因

住房价格上涨的主要原因可以归纳为以下几个方面：一是住房市场启动情况较好，个人买房的积极性得到调动，需求比较旺盛，一定程度上拉动了房价的上涨；二是部分城市对个人买房需求估计不足，新建商品住宅供不应求，带来了住房价格的攀升；三是部分城市担心经济适用住房供应量加大，影响城市土地出让的收入，影响城市建设资金的来源，相应减少甚至取消经济适用住房的建设，使国家批准的经济适用住房开发建设计划没有真正落实。低价位住房供应量的减少，使得商品住房的总体价格上升；四是不少城市推行土地公开拍卖、招标制度。这一制度的推行对于规范土地市场、防止土地收益流失起到了积极作用，但由于实行市场竞价，在一定程度上提高了住房用地的价格，从而也带动了住房价格的上涨。有的城市减少土地供应，人为带来地价上涨；五是居民收入水平的提高，对住宅质量、环境、科技含量等有了更高的要求，使得住宅建设成本增加，带来了房价的上涨；六是个别发展商为了追求更大的利润，进行市场炒作，炒入关、炒申奥，各种炒作概念层出不穷，误导消费者进行不合理的住房投资，在一定程度上也拉动了房价的上涨。

（三）如何看待当前房价的上升

尽管房价上升有许多客观方面的因素，但总体上讲，房价上升是过快的，特别是部分省市出现了不合理、不正常的上涨，应当引起重视。商品房特别是商品住宅价格增长过快，其直接后果一是可能会挫伤居民购房的积极性，影响个人住房消费的进一步启动；二是受价格上涨、利润增加的刺激，大规模建设的高挡住宅可能会因为缺少市场而滞销，导致刚刚下降的商品房空置量再度上升，甚至会引发新一轮“房地产热”，进而影响国民经济的正常运行。

（四）拟采取的措施

针对目前部分地区房价不合理、不正常上涨的情况，一是要分析原因，尤其是价格涨幅较大的城市；二是要针对存在的问题采取必要的措施，主要有以下几个方面：

1.坚定不移地加大经济适用住房的建设。

经济适用住房的作用一是通过免收土地出让金和减免配套费等，降低了售价，确保中低收入家庭有房可买，二是平抑过高的商品房价格。最近国家下达了2001年经济适用住房计划，年内施工面积2.25亿平方米，年度投资规模1700亿。只要各级政府进一步提高对经济适用住房重要性的认

识，落实和完善经济适用住房的各项政策，坚持以发展城乡居民适用住房为主，供应更多的低价位的住房，并加强对经济适用住房建设和销售的管理，部分城市出现的商品房价格不合理上涨的趋势会得到有效遏制。

2.强化土地资源管理，通过土地资源供应量的调整，控制商品房价格的不合理上涨。

要根据住房市场的需求，保持土地的合理供应量和各类用地的供应比例，控制一些城市过高的地价。要坚决制止高挡住宅的盲目开发和大规模建设，防止出现新的积压。

3.加强和完善宏观监测体系。

近年来，我国房地产业持续以较快的速度增长，吸引了大量的企业进行房地产投资，应当引起注意。要加快建立和完善房地产业的宏观监测体系，通过土地供应、税收、金融和改善预售管理等手段及时进行必要的干预和调控，有效地防止房地产业"泡沫"的产生。

4.全面研究住房税、费政策，通过税收杠杆促进低价位住房的建设和消费。

近年来，国家出台了一系列鼓励住房消费的税收政策，清理了一批住宅建设和消费环节的不合理收费，有效地减轻了居民购买、换购住宅的负担。下一步一是要贯彻落实已经出台的各项优惠政策；二是进一步研究和调整鼓励住房消费的税收政策；三是继续加大清理住宅建设和消费环节的不合理收费的力度，理顺商品住宅的价格构成，鼓励普通住房消费。

5.加强舆论宣传的引导。

房地产属于特殊产品，一定的宣传是需要的，但要防止不负责任的非正常炒作。申奥和入世对于我国房地产市场会有一定的影响，但也不要过份夸大，因为中国的房地产市场主要还是靠内需，靠百姓买房，老百姓的购买能力不会因申奥成功、入世成功大幅度提高。

让老百姓买得起房、买放心房一直是政府制订住房政策、调控房地产市场的根本出发点，也是住房领域落实江总书记"三个代表"中代表广大人民群众根本利益的重要举措。房价主要靠市场供求关系决定，但并不等于政府对房价的非正常上涨可以坐视不理。对于房价的不合理、不正常的上涨，政府可以通过增加经济适用住房的供给量，改进土地资源的供应、税收、金融等调控手段进行必要的调节，使房价的涨幅与居民可支配收入的涨幅保持合适的比例。此外，政府还会通过对房价收入比较高的地区发放住房补贴、推行住房公积金制度等措施提高居民购房能力等政策，使得最广大的中低收入家庭有房可买。

五、房地产市场规范与发展难离有效激励

2003年9月18日，建设部副部长刘志峰就房地产市场状况在国务院新闻办举行记者招待会。此前房地产政策经历了一轮戏剧性起伏：央行6月5日发布的121号文件以"规范"为基调，而8月31日国务院出台的18号文件以"发展"为主线；在9月1日召开的全国房地产工作会议上，建设部部长汪光焘称18号文件为"指导当前和今后一段时期我国房地产市场发展的纲领性文件"，国务院副总理曾培炎则强调要认真贯彻18号文件，为保持当前经济发展的好势头做出贡献。

基于上述背景，我们可以认为，刘志峰的发言不仅代表了房地产行业主管部门的意见，也传递了其他"发展派"——房地产开发商，地方政府，以及商业银行——的声音。在回答"18号文件与121号文件是否矛盾"时，刘志峰称"就防范房地产金融风险而言"，二者"在总体上是一致的"，紧接着又阐述18号文件精神，"对符合条件的房地产开发企业和开发项目也要继续加大支持力度，我们鼓励好的房地产企业做大做强。——"发展派"与"规范派"话语权之争已见分晓。

对比以建设部为代表的"发展派"与以央行为代表的"规范派"的各自表态，我们发现话语权之争在信息选取与形势判断层面即已展开。"规范派"认为目前房地产市场整体过热，投机性过强，依据是投资增长过快、商品房空置率高；"发展派"则认为其中有统计口径的原因，如果将房地产业视为"居民生活消费产业"而非"固定资产投资部类"，也就不存在"投资增长过快"的问题，而若将未售出商品房按竣工年限分为"待销商品房"、"滞销商品房"、"空置积压商品房"等类别，那么商品房空置率并不高。"发展派"认为房地产信贷形势正常，发达国家房地产贷款占贷款总量的30%，而我国目前只有15%，且个人住房贷款的不良率只有0.5%左右；"规范派"则指出房地产贷款违规比率很高，且我国个人住房贷款近5年来才高速增长，而国际经验表明，个人住房贷款的不良率一般在3～5年后才会有较大增长。

"发展派"与"规范派"也有共识：第一，商业银行与房地产开发商利益高度相关，如房地产业能够持续健康发展，银行也一并获益，而一旦房地产业出现泡沫，开发商固然可能破产，银行也难免陷入困境；第二，某些城市2003年1～7月房地产投资增幅即超过70%，更有若干城市连续数年房价每年上涨20%甚至30%，这种现象无论如何应属异常，其间潜含的风险不容忽视。

不过即使对问题的认识取得一致意见，"规范派"与"发展派"对解决之道分歧依然："规范派"主张严格信贷政策，遏止泡沫于始萌，"发展派"则认为在银行与开发商紧密依赖的情况下，骤然紧缩对谁也没有好处；"规范派"主张全面收缩，并直接调控高档房地产项目，"发展派"则认为结构问题不能搞"一刀切"，也不宜直接干预企业经营方向，而应与过热地区政府协调，积极调控土地供给，同时由地方政府主推中低档商品房和经济适用房以平抑房价。

由于许多数据（如商品房空置量、投资类购房者所占比重、房地产贷款违规率）的真实性与准确性难以把握，我们很难对房地产市场形势作出全面判断，自然也难以对"发展派"与"规范派"之争作出清晰判断，这里我们只对各方均认可的"局部过热，潜含风险"提出应对之道：激励商业银行，督责地方政府。今年信贷规模超常增长的主要动力来自四大国有商业银行，由于主管部门将"降低不良贷款率"和"增加利润"作为考核标准，商业银行普遍多放贷、早放贷，一方面积极扩大贷款总量这个分母，一方面争取早日收息增利（若下半年才放贷，不仅难以增加当年收益，而且会由于按贷款基数进行呆帐计提而影响利润水平，故而各家银行均抢在上半年尽力放贷）。为风险控制与金融安全计，主管部门宜变更考核标准，引入"不良贷款数额"指标以激励商业银行自觉维护信贷资产安全。

出于政绩考虑，部分由于换届因素，今年许多地方政府选择了刺激房地产业超常发展的政策，期待一石二鸟，既取得土地收益以增强政府财力，又可以房地产业为龙头带动地方经济增长，惟独对其间蕴涵的巨大风险缺少责任观念。房地产市场结构调整不能离开地方政府，只有优化公共选择、强化问责制度，才能使地方政府由泡沫的制造者转为泡沫的制止者。

（本文摘自 建设部网站）

2003年我国房地产市场如何发展

一、培育住房消费，发展住宅建设

培育住房消费，发展住宅建设，将是今年和今后相当长一段时间我国住宅与房地产业的中心工作。

13日在此间召开的全国住宅与房地产工作会议提出，2003年住宅与房地产业工作的基本思路是：深化改革，立足发展，加强房地产市场的宏观调控，整顿和规范市场秩序，促进房地产业健康、协调发展；开放搞活二级市场，推进住房分配货币化，全面落实住房公积金制度，改进物业管理，进一步培育住房消费；发展经济适用住房，健全廉租住房制度，加大面向中低收入家庭的住房供应，妥善解决最低收入家庭住房问题。

建设部总经济师、住宅与房地产业司司长谢家瑾说，扩大内需是中央确定的我国经济发展的立足点和长期战略方针，我国城镇住房市场潜力大，产业关联度高，对促进结构调整、拉动经济增长具有重要作用。当前，尽管从全国看，房地产市场保持了健康、快速的发展态势，但局部存在的问题不容忽视，如不及时采取措施，极有可能导致房地产市场的进一步"过热"，进而危及社会经济健康发展。为此，必须增强大局意识，切实加强房地产市场宏观调控。

谢家瑾说，要注意到，经过近几年的改革与发展，我国住宅与房地产业的发展机制发生了根本性转变，个人已成为市场消费主体，规范市场行为、改善住房消费环境已成为广大居民的迫切要求，为了从根本上有效遏制违规行为，必须进一步加大整顿和规范房地产市场秩序的力度。同时，在全面落实住房公积金管理的各项制度、推进住房分配货币化、完善最低收入家庭住房保障制度、规范物业管理等方面，任务很重，要进一步加大工作力度。

二、目标住宅建设面向中低收入家庭

2003年，我国住宅建设将发展以经济适用住房为重点的住房供应体系，多渠道解决中低收入家庭的住房问题。

建设部有关负责人要求，各地要尽快制订和完善中低收入家庭的收入标准，经济适用住房购房对象的条件、购房面积标准及超面积的处理办法。人均住房面积低于全国平均水平的城市，在审批城市总体规划时要增加居住用地的比例，确保中低收入家庭住房用地的供应。对房价收入比较高、对取消或减少经济适用住房的城市，要控制新增土地的供应规模。对未制订经济适用住房监督管理办法或未按规定进行审核的城市，不得以划拨方式提供建设用地。

要进一步加快危旧房屋改造。危旧房屋较多、面积较大的城市，争取建立危旧房屋改造基金；对列入政府计划的危旧房改造项目要在土地供应、税费方面给予优惠；鼓励通过房改带危改、成立住宅合作社等方式推进危旧房屋的改造。要加强城镇最低收入家庭廉租住房建设。各地要不断完善申请、审批、公示、轮候、退出机制，使有关政策真正落到最低收入者身上。同时，规范发展集资合作建房。继续鼓励有自用土地的困难企业、独立工矿区在符合土地利用总体规划和单位发展计划的前提下，组织职工集资合作建房，所建住房按建造成本价向本单位职工出售。

制度建立。房地产市场预警预报和信息披露制度将建立我国房地产市场保持健康、快速的发展态势的同时，局部地区出现了房地产开发过热的苗头，针对这种情况，建设部将加大对房地产市场的宏观调控，促进房地产市场健康、协调发展。建设部总经济师、住宅与房地产业司司长谢家瑾说，对房地产市场的宏观调控将是今年的重要任务之一。其主要措施是，建立房地产市场预警预报和信息披露制度，2003年上半年，建设部将完成房地产预警系统体系研究，并在5至6个城市试运行；年底前，在35个大中城市和部分有代表性的城市推广使用。各地要以预警体系建设为契机，建立健全房地产市场信息披露制度，将当地房地产市场信息及时向社会公示，引导房地产开发企业理性投资，引导住房消费者理性消费。

建立部际联席会议制度，定期分析全国房地产市场形势。建设部已会同国土资源部、财政部、中国人民银行、国家经贸委、国家税务总局、国家统计局建立了全国房地产市场宏观调控部际联席会议制度，加强对重点地区市场运行状况的监测和调控工作的指导。

提高商品房预售条件。近年来，广东、上海、浙江等地陆续提高了商品房预售条件，对于限制资金实力不强的房地产开发企业新开项目，防止投机、炒作等产生了积极的作用。今年建设部将修改《商品房预售管理办法》，提高商品房预售条件，规范商品房预售款监管制度。

谢家瑾强调，要加强房地产开发项目管理。各地要认真分析市场需求，合理控制新开工项目。空置量较大和上升过快的地区，要从严控制增量土地供应和存量土地开发，控制新建高级公寓、别墅、高档娱乐设施等项目。建设部将会同国家统计局修订空置统计指标，完善空置统计制度，以更好地反映市场态势，为各级政府宏观决策提供科学依据。

三、整顿和规范：突出重点

建设部将在今年重点整顿房地产市场秩序，其主要内容是查处房地产开发建设和交易活动各个环节的违法违规行为。

建设部有关负责人介绍，房地产市场秩序整顿和规范是国务院确定的今年重点工作。建设部将深入开展房地产市场专项整治工作，突出查处投诉集中、老百姓反映强烈的违法违规开发、合同欺诈、面积缺斤短两、虚假广告、违法中介等方面的典型案例。

加快房地产市场信用体系建设。在去年建设部已开通全国房地产企业和房地产估价师信用档案系统的基础上，2003年6月底以前全面开通部、省、市三级联通的房地产企业和执业人员信用档案系统，便于消费者投诉和查询。

出台相应部门规章，规范住宅小区竣工综合验收和交付使用行为，完善房地产经纪管理制度。推行按套内或套内建筑面积计价销售商品房。

防范房地产抵押登记风险。各地必须严格按照法定程序，加强抵押登记管理。国家有关部门将重点防范和打击"假按揭"、重复抵押、超值抵押等不法行为。

严格控制自有资金不足、行为不规范的房地产开发企业新开项目。强化房地产开发项目资本金制度和项目手册制度，实行对房地产开发建设全过程的监控。对资本金达不到规定标准、违反合同约定拖欠工程款的房地产开发企业，有关部门不得审批或同意其新开工项目。

（本文原载《中国经济时报》2003年1月）

2003年建立中国房地产业发展新秩序

2002年，中国房地产市场秩序格外引人关注，人们对房地产“泡沫”的担忧与议论此起彼伏。日前，中国建设行业高层人士指出，今年中国将进一步深化改革，完善市场机制，建立住宅与房地产业新秩序。

中国从1998年开始在全国范围内推行住房分配货币化。几年来，随着住房分配制度改革的逐步实现，旧的住房体制已经打破，居民住房观念发生根本变化，社会化、专业化、市场化的物业管理体制初步建立。住房市场体系、住房供应体系和住房金融体系取得重要进展。

当前，住宅与房地产业处于进一步发展成熟的关键时期。商品住宅处于总量增长时期，城镇化加速将带动住宅需求持续增加，城镇居民改善居住条件的需求将持续增长，住宅市场化进程仍在进一步发展；住宅需求处于转型时期，随着住房短缺问题基本解决，居民住房需求开始从生存型向舒适型转变；住宅生产方式处于变革时期，当前中国的住宅建设仍然处于粗放型发展阶段，必须加快技术创新和技术进步，提高住宅建设的工业化水平和信息化水平；今后一段时期，改革处于深化过程中，住房政策体系也将处于不断完善过程中。

房地产业在以增量为主的发展阶段，金融支持集中在房地产开发与销售环节，房地产开发对金融和经济增长都有较大影响。2002年以来，房地产是否过热成为行业的焦点问题，人们对房地产“泡沫”的担忧与议论此起彼伏。也是2002年，建设部在北京、上海、重庆、广州、杭州、沈阳、大连、银川等地先后进行调研，结果表明，中国房地产市场总体上保持健康、快速发展的态势。

但中国房地产市场区域性强，不同地区的市场情况差异较大。建设部副部长刘志峰日前指出，应高度重视房地产市场存在的问题，目前部分地区投资增幅过大、土地供应过量、价格上涨过快，出现了不同程度的“过热”、“虚热”和结构性问题，存在较严重的市场风险。

刘志峰指出，为此，必须进一步深化改革，推进体制创新，强化宏观调控，加强市场监管，规范市场秩序，完善市场机制，发展住房保障事业，建立住宅与房地产业发展新秩序。

根据当前的形势，今年中国要加强房地产市场的宏观调控，整顿和规范市场秩序，促进房地产业健康、协调发展；同时，要开放搞活住房二级市场，推进住房分配货币化，全面落实住房公积金制度，改进物业管理，进一步培育住房消费；第三，发展经济适用房，健全廉租房制度，加大面向中低收入家庭的住房供应，妥善解决最低收入家庭住房问题。

建设部住宅与房地产业司司长谢家瑾表示，经过近几年的改革发展，中国住宅与房地产业的发展机制发生了根本性转变，个人已经成为市场消费主体，规范市场行为、改善住房消费环境已成为广大居民的迫切要求。

谢家瑾说，为了从根本上有效遏制违法违规行为，必须进一步加大整顿规范房地产市场秩序工作力度。共同创造住宅与房地产业改革和发展的新局面，满足百姓的住房需求，为社会经济发展作出新贡献。

（本文摘自　中国新闻社网站　2003年2月）

我国房地产业发展的新形势与新策略

广西师范大学商学院　刘楠

2003年4月2日，在经济全球化日益加剧的今天，在日益开放的经济体系中，每一个经济体的发展不仅与本国经济状况及政策有关，而且备受国际经济大环境的影响。加入世贸组织后，我国的房地产业将会直接面对国外强大对手带来的巨大竞争压力，这将极大地促进我国房地产业的发展。

1．将会促进房地产有效需求的增加。

加入世贸组织以后，由于关税的总体下降，我国许多的社会产品要同国外产品竞争。这样各行业在竞争压力下，会更加积极地采用新技术，新工艺，改变产品结构，提高产品质量，降低产品成本，从而引致消费品价格的下降，居民的消费结构也会随之发生变化，使其用于住房等耐用品的消费增加。同时，随着关税的下调，用于房地产的建筑、安装、装修等进口材料的价格也将会大幅度下降。这样，一方面可以直接降低用进口材料的造价，另一方面迫使国内厂商改进技术和工艺，加强管理，降低成本，提高竞争力。建筑安装材料价格的下降必然使房地产成本下降，从而房地产价格也会下调。因此，房地产的有效需求会不断增加。

2．将会促进房地产业投资的增加和投资主体的变化。

房地产业发展状况是房地产投资的直接结果，它与社会经济的发展状况密切相关。现有的房地产是房地产投资存量的结果，而现在房地产投资又决定着房地产业的发展趋势。据统计，2001年1～11月份，房地产投资比上年同期增长了31.4%，全国商品房销售为8977.3万平方米，比上年同期增长26.6%，按“十五”计划，2005年我国城镇居民的人均住宅面积增加到22平方米，那么在“十五”期间要增加住房建筑面积2770万平方米，这是一个巨大的商机。

我们从国内房地产投资的资金来源分析，国内房地产开发中，自有资金投入比例符合国际标准，但银行信贷比例较低，预售收入所占比例过高，而且资金来源渠道较少。从房地产市场环境的发展趋势来看，未来预售收入的获得越来越难，这就要求增加银行信贷的额度。但银行从风险管理的角度出发，又不可能将大量的资金投向房地产开发这一环节。这就为外资金融机构向房地产开发商提供短期信贷支持留下了空间。外国金融机构的进入将使我国房地产传统融资方式发生根本性的改变，企业债券、公司股票等众多金融工具将进入房地产市场，中外房地产开发商将有更大的选择空间。还有，外国金融机构成熟而规范的个人住房贷款和住房保险业务的理念，将影响和改变国内居民的购房方式及金融观念，从而引致居民消费和投资的增加。

3．将会促进法律法规的健全和完善。

我国房地产业虽说经历了20多年的发展，但仍然处于发展的初期阶段，全国性的法律法规尚未健全和完善，房地产二级市场的建立和完善严重滞后，加入世贸组织以后，我国的法律法规（包括房地产业的法律法规）要与世界接轨。国际性的房地产开发、经营实体将享受国民待遇，这必将促使我国的房地产制度早日规范化。我国房地产业的法律法规将尽快与国际接轨。

物业管理是房地产业链条上的关键一环，是保证房地产保值、增值的必要手段，其服务质量的好坏将直接影响房地产销售情况。跨国公司一般有着雄厚的经济实力、良好的技术设备和丰富的房地产开发管理经验。他们进入我国市场后，我们可以直接学习和借鉴其优点，将其高水准的专业化服务与我国实际相结合，规范和发展物业管理，提升我们的管理水平。同时，政府管理部门应及时制定物业管理方面的法律法规，引入竞争机制，要采取优胜劣汰的方法，改变目前物业管理方面服务质量差、收费不合理、管理不规范等状况，增强我们物业管理领域乃至整个房地产业的竞争能力。

4．我国房地产业应采取的对策。

与房地产业发达的国家相比，我国的房地产业显得相对弱小。我们应该冷静面对现实，借鉴和依据国际惯例，寻找较高的起点，早日规范我国的房地产市场，努力学习国外的管理经验，充分发挥自身优势，使我们的房地产业更快地发展。

相对于发达国家的房地产开发商，我国房地产企业在资金、技术、人员素质和管理等方面还有很大的差距。在竞争压力下，除了企业不断挖掘自身的潜力、努力学习国内外先进经验提高自身水平外，政府应鼓励和引导房地产企业的兼并和联合，特别是房地产企业的强强联合。

目前，我国房地产开发企业众多，水平参差不齐。开发企业间资质差距过大，造成开发行为及市场的混乱。政府应进一步规范企业行为，引导市场进行有序竞争，使企业优胜劣汰，鼓励和引导企业步入兼并联合之路，促使房地产企业不断发展壮大。

经济的发展离不开人力资源、自然资源、资本构成、技术变革和创新四大要素，并且，随着时代进步，人力资源的贡献将越来越大。同样，我国房地产业的发展，参与国际竞争也离不开人力资源的开发和投资。故而，我们一定要在人才培养、人才争夺上加大投入，建立和拥有一支由高级管理人员、高级施工建设人员组成的人才队伍。只有这样，才能保证我国房地产业持久地发展、繁荣和昌盛。

（本文摘自《经济日报》2003年4月）

制约住房二级市场发展的宏观因素

在开放二级市场的过去几年里，从国家到地方陆续推出了一系列的二手房发展政策和措施。这些政策措施从内容来讲主要是围绕着以下三个方面展开的：降低市场准入门槛、降低交易过程税费以及提升配套服务水平。在开放市场初期，几乎每一项政策措施的出台都会带来二手房市场的台阶式向上发展，有时甚至是翻倍以上的交易量增长。随着二手房市场的纵深发展，政策因素对二手房市场发展的能量释放已越来越小，目前已不太可能通过某一新政策的出台来实现推动二手房市场台阶式向上发展的目标。就市场表现来看，尽管说市场仍在向前发展，但发展速度已明显下降。可以说，我国二手房市场已从开放初年的快速发展期进入了相对稳定的发展期。二手房市场的再进一步发展，受到长时间尺度的宏观层面因素制约。

一、经济发展和收入水平因素

根据2002年福州市开展的一次住房专项调查表明，福州市有房族（占全部家庭的70%）中，83%属于福利分房、集资建房、拆迁安置房以及自建民房，只有17%的比例属于市场购买性质，其中15%为商品房、2%为二手房。因此说，买房族，不论商品房、二手房，在现今为止的我国绝大部分城市仍然属于少数派，属于中档以上收入阶层。毫无疑问，随着经济的发展和人民收入水平的提高，购房族将会越来越多。但对于许多有卖旧买新愿望的人来说，支付能力因素是其实现愿望的主要限制因素。以福州市普通地段来说，卖70买100（平方米），不管新买的是一手房还是二手房，需加10～20万元以上的购房款和装修款。在开放住房二级市场的5年时间里，福州市房改房上市数量不足5000宗，只占房改售房总量的3%，其原因主要就是目前没有卖旧买新改善住房的经济实力。同一手房一样，购买力是决定二手房有效需求的根本因素。

二、房屋供给品质因素

二手房市场要想获得大发展，房屋品质是其中不可或缺的保证。“百年老屋”之所以值钱，就是因为其品质仍不差，甚至说比新盖的房子还好。如果说房屋供给品质跟不上，没住几年就一副老朽样，这样的房屋作为二手房，有多少人想买可想而知。

目前我国各地普遍存在这样的情形：一、二手房价对比悬殊。使用2～3年的房子转手，通常要让价20%左右。相邻地块上的新建房和存量旧房，价差之大甚至可达一倍以上。以福州市为例，1990年前后建设的第一批商品房，目前其二手房市场价格只相当于相邻地块新建商品房的50%～60%。这说明新旧房品质差别很大。有趣的是，那些“新房”没过几年，又和“更新房”有很大的品质和价格差别。

这样的房子，恐怕连教科书上规定的“耐用年限”使用期都难以保证，更甭说百年老房了。因此，如果房地产开发停留在以前这种粗制滥造的水平，房屋品质跟不上去，住房二级市场就不可能获得很好的发展。试想，有谁去买“即买即降(价)”的东西呢？

三、城市化发展阶段因素

我们知道，许多欧美发达国家，目前城市化已达到了70%～80%甚至更高的水平，它们已进入了城市化发展道路的成熟化阶段。在这个阶段，城市拓展以内涵式的更新改造为主，房屋新建量较小，表现在房地产市场上即商品房交易量较小、存量房交易量较大。与之对比，我国城市化目前尚处在刚刚超过30%水平的快速发展时期，城市扩张发展以外延式的新区建设为主，新建房较多，这样，在总交易结构中商品房占据较大地位，二手房占据较小地位，也是顺理成章的事。因此，在现阶段，对全国绝大多数城市而言，将存量房迅速发展到房地产市场中的主导地位阶段是不现实的。

四、房地产市场发展进程因素

从上世纪80年代末期建造第一批商品房算起，我国在商品房地产市场中至今才走过十多年的发展进程，完全意义的商品房地产发展则是在1998年以后，伴随着福利分房的取消以及住房二级市场的全面开放后才开始的。毫无疑问，二手房市场大小与这一进程紧密相关。在停止福利分房之前，我国房地产市场可以说是一个以单位购房为主的商品房市场，此间，占城市住房主要比例的单位分房、集资建房以及拆迁安置房，因其属于国家分配或带有国家补贴色彩，只能住、不许卖，或需有条件买卖，这就使市场上的二手房交易量很少。随着住房商品化的发展，各类房屋获得了自由进入市场买卖的条件，至此才开始了真正意义上的二手房市场发展。和国外相比，我国的房地产市场还非常“年青”，二手房的发展壮大有待于整个房地产市场的“成熟”。因此，不能希望我们的二手房市场在短时间“赶超英美”，在全国大范围内迅速实现国外成熟市场之存量房主导地位水平。

五、住宅消费理念因素

我国目前这种对住房装修的情况肯定是全世界独一无二的。小至家庭住宅、大至单位办公楼，一定要装饰一番才使用。有的人没钱也要借钱装修；还有的人，买人家装修使用不久的二手房，一定得重新装修。如果这种消费习惯、消费理念没有改变，将影响我国的二手房市场发展。因为二手房之大发展有赖于存量房的“不停倒腾”，短时间（例如说二三年）就倒腾一次，如果说每一次倒腾都要花上数月时间装修，无论时间还是金钱，都倒腾不起。

（本文原载《中国房地产报》2003年9月）

央行支持房地产市场健康发展

中国人民银行27日发布的2003年第三季度货币政策执行报告认为，我国宏观经济发展中目前存在的不均衡突出表现在四个方面：投资与消费不均衡、城乡发展不均衡、地区发展不均衡和行业发展不均衡。

投资增长远远高于消费增长。我国的投资率长期处于较高水平，近两年又有进一步上升趋势。2002年，我国消费率为58.2%，远远低于发达国家78%和发展中国家74%的平均消费率；今年前三季度，我国社会消费品零售总额增长8.6%，固定资产投资增长却高达30.5%，投资和消费增长差距进一步加大。

城市发展远快于农村发展，城市居民收入远高于农民收入。2002年，全社会总劳动力中的50%从事农业生产，但仅创造了15.4%的国内生产总值；全社会劳动生产率为每人14211元，而第一产业的劳动生产率仅为每人4371元；城乡居民的人均收入差距达到3.2倍。

东部发展远远快于中部和西部。2002年，东、中和西部地区国内生产总值总量分别为70744亿元、31385亿元和15891亿元，东部地区与中部地区的差距较1999年有所扩大，中部地区与西部地区的差距也在扩大。2002年，东部地区人均国内生产总值达每人16490元，高出全国水平一倍多，而中部和西部地区则分别较全国平均水平低12%和30%。

行业发展中新一轮重复建设有所抬头。一些生产能力明显过剩的传统行业仍大上项目，全国目前在建的钢铁项目增长70%，完成投资增长1.4倍；在建水泥项目增长46%，完成投资增长1.3倍；在建汽车项目增长75%，完成投资增长84%；在建房地产项目增长1倍，完成投资增长1.4倍。一些新兴行业，特别是电子信息、软件开发、新材料、生物医药等项目遍地开花。各种开发区过多过滥，大量土地被圈占荒废，部分城市房地产价格过高，房地产开发结构不合理。

报告认为，要特别关注宏观经济中出现的这些不均衡现象并及时加以消除。

一、央行报告认为：货币信贷增长偏快趋势得到控制

中国人民银行27日发布的2003年第三季度货币政策执行报告认为，货币信贷增长偏快的趋势开始得到控制。

货币信贷今年以来快速增长。从5月份开始，广义货币增长速度保持在20%以上，上半年贷款接近去年全年的水平。货币信贷快速增长有力地支持了国民经济的发展。但是，如不采取必要措施调控货币信贷增长偏快的趋势，将会助长全社会低水平重复建设，增大潜在的系统性金融风险。

人民银行从年初以来主要依靠经济手段对货币信贷过快增长进行了一系列调控：加大公开市场业务对冲操作力度，从4月22日至9月30日，共发行42期央行票据，发行总量为5450亿元；从9月21日起，提高法定存款准备金率一个百分点；适时对金融机构进行“窗口指导”，大部分股份制商业银行对贷款增速进行了必要调整；加强房地产信贷管理，对房地产信贷进行了风险提示；积极支持农村信用社体制改革，制定了《农村信用社改革试点专项票据操作办法》《农村信用社改革试点专项借款管理办法》；适当下调境内外币小额存款利率，积极推进邮政储蓄转存款改革；保持人民币汇率基本稳定，促进国际收支平衡。

报告显示，9月末，广义货币余额21.4万亿元，同比增长20.7%；狭义货币余额7.9万亿元，同比增长18.5%；金融机构本外币贷款余额16.7万亿元，比年初增加2.7万亿元，同比多增加1.3万亿元。其中，三季度金融机构人民币贷款增加6905亿元，比二季度少增2823亿元。

二、人民银行将开辟多种融资方式支持房地产开发

中国人民银行27日发布的2003年第三季度货币政策执行报告说，在规范房地产信贷的同时，人民银行将配合有关部门为房地产开发商开辟多种融资方式，特别是通过股权融资、项目融资等方式支持房地产市场健康发展。

房地产业是国民经济的支柱产业之一，保持房地产业持续、稳定、健康发展，对国民经济健康发展至关重要。去年以来，部分地区房地产信贷投放过快，隐含潜在风险；房地产贷款在新增中长期贷款中的比重过高，尤其是风险较高的开发贷款增加偏多。今年前三季度，各类房地产贷款（包括住房开发贷款和个人住房贷款）增加4264亿元，占全部中长期贷款增加额的37%。其中，房地产开发贷款增加1350亿元，同比多增1006亿元。

近年来我国房地产信贷业务一直呈快速发展态势。1998年至2002年，个人住房贷款年均增长率为112.8%，对房地产开发企业和建筑施工企业贷款年均增长率达到25.3%，房地产贷款余额从1998年末的3106亿元上升到2003年9月末的21327亿元。房地产信贷业务在这么短的时间内、以这么快的速度持续发展在世界各国发展历史中都是少有的。

为防止因房地产业波动导致国民经济发展的大起大落、维护金融稳定，人民银行在今年6月5日发出通知，对房地产信贷进行风险提示，提出了比较原则性的审慎性调控措施，进一步规范房地产信贷市场发展。8月12日，国务院下发通知，明确指出当前我国房地产市场发展还不平衡，一些地区住房供求的结构性矛盾较为突出，房地产价格和投资增长过快，房地产市场的监管和调控有待完善，并要求有关部门加强房地产贷款监管，严禁违规发放房地产贷款，控制和化解房地产信贷风险，维护金融稳定。

报告说，人民银行今后将密切关注房地产等资产价格的变动，及时防止房地产领域不良贷款的增加和新的金融风险的产生，并采取多种措施支持房地产市场健康发展。

三、我国贷款新增2.5万亿元贷款结构逐步优化

中国人民银行27日公布的今年前三季度货币政策执行报告显示，截至9月末，我国含外资在内全部金融机构人民币贷款比年初增加2.5万亿元，这个数字比去年全年贷款增加量还多6240亿元，同比多增加1.1万亿元。

在这2.5万亿元新增人民币贷款中，国有独资商业银行贷款占51.1%，仍居主导地位；政策性银行占5.6%，股份制商业银行、农村信用社新增贷款份额逐渐扩大，分别占到22.7%和12.7%。

新增贷款主要集中在票据贴现贷款、基建和技改贷款、个人消费贷款、农业贷款、短期工业贷款。这五方面新增贷款投向总体上符合国家宏观政策导向，占同期金融机构全部贷款增加额的70%。从贷款的地区结构看，新增贷款向经济发达地区集中比较明显。

2003年以来，我国金融机构贷款结构逐步优化，信贷资金使用效率进一步提高。主要表现在：一是向中小企业贷款投放增多，尤其是票据融资迅猛增长，已成为中小企业重要的资金来源。据统计，前三季度票据贴现增加4579亿元，同比多增2916亿元；二是对农业的贷款明显多增，前三季度农业贷款累计发放6515亿元，同比多发放1493亿元，增长30%；三是贷款周转速度加快。三季度银行及信用社贷款周转天数比去年同期缩短77天。特别是私营企业和个体贷款累计发放量增长高达82%，周转天数缩短54天。

目前在贷款结构上还存在一些值得关注的问题。首先，金融机构资产负债期限结构失配加剧，潜在流动性风险更加突出。2003年9月末，基建、个人住房等中长期贷款占全部金融机构贷款的比重为39%，比1997年末提高18个百分点；在存款来源中，定期存款占到43%，比1997年下降10个百分点。从增量看，金融机构资金来源短期化而资产运用长期化的问题更为明显，前三季度中长期贷款占各项贷款的比重为46%，定期存款占存款来源的比重为43%。如果考虑到定期存款中相当部分的期限在一年以下，资产负债期限结构的不对称就更为突出。

其次，房地产贷款在新增中长期贷款中的比重过高，尤其是风险较高的开发贷款增加偏多。前三季度，各类房地产贷款（包括住房开发贷款和个人住房贷款）增加4264亿元，占全部中长期贷款增加额的37%。其中，房地产开发贷款增加1350亿元，同比多增1006亿元。对房地产贷款尤其是房地产开发贷款高速增长中可能存在的系统性信贷风险应当予以警惕。

再次，不良贷款余额下降缓慢，不良贷款损失额仍在增加。降低不良贷款，消化历史包袱，化解金融风险的任务仍然十分艰巨。

（本文摘自　新华社网站　2003年10月）

房产市场规模持续扩大，房产代理业如何发展

从宏观层面的分析，上海城市规模的扩张，经济的飞速发展，独特的文化魅力，强大的科技实力，吸引来源源不断的资金与外来新增人口，从供给与需求两方面保证了房地产市场规模的持续扩大与发展。房地产代理业当然与房地产整体市场同发展共进退，那么在房地产市场规模的持续扩大的情况下，房产代理业将如何发展。

目前，房地产代理业的发展受到几个困扰：市场持续热销，开发商与代理商不愿分杯羹；代理市场运作尚不成熟，存在很多不规范的操作行为，导致代理商位处被动；大牌开发商在市场摔打多年，已经成熟，且着意于长期发展，纷纷自建营销公司；代理行入行门槛低，山门林立，鱼龙混杂，影响整个行业公众形象；从业人员职业素质参差不齐。但从

长期发展来看，随着房地产市场的整体前行趋势，代理业定会有一些新的发展，可能表现在以下几个方面：

1. 市场容量会扩大，但代理利润空间减少。

2. 市场极有可能形成垄断竞争局面。

专业化程度提高，资源将向有品牌优势、有传统沉淀的大型公司集中，尤其是那些具备一、二手市场联动资源与能力的大公司。

3. 代理业是人才汇集之地，单兵作战能力依然重要，但市场更看重的将是能够整合各项资源，从研展到推广销售各环节都能形成强大合力的团队与公司。

因此，开发全程的引导、辅助能力将是必须的，在建筑、产品、法规、市场、策划、行销推广，还有物业管理、客户关系维护等各方面，代理公司必须做到“通才”。

4. 开发经验丰富的大型开发公司大都形成完整的产业链组合，因此，代理公司将主要为中小型开发公司或新入行者服务。

在一个规范的房地产市场环境里，开发商的预期利润与其准备承担的风险是正相关关系，开方商需承受的压力更大。因此，必然会有一部分开发商要求代理商帮他分担更多。诸如保证金、包销等经营方式生存空间更大，甚至会有一部分代理商的角色发生变化，由代理、顾问转变为完全共担风险共享收益的股东、合伙人。

（本文原载《中国房地产时报》2003 年 11 月）

第三章 中国房地产市场形势分析与展望

中国房地产发展新格局

一、中国房地产竞争格局

中国房地产业的竞争发展到今天，不仅是产品卖点的竞争、营销手段的竞争、品牌的竞争，不仅是一时一地的某个项目的竞争，更是企业的竞争，但归根到底是经营模式的竞争。

今天的房地产竞争格局到了一个异常残酷的阶段，将来能在中国生存下来的房地产企业是哪些呢？一类是已经形成品牌、形成规模的企业；一类是具有市场营造能力并有创新能力，具有灵活快速反应能力的企业。

现在，在中国房地产市场，有一些企业已经形成了非常大的规模。但是，别以为自己现在是个“航空母舰”，就没有风险。“船大难调头、船小好调头”的老话告诉我们，大船有大船的不好，小船也有自己的优势。今天，中国的整个经济结构和企业都将要面临重新洗牌的局面。

二、中国房地产经营模式演变

按功能价值（有形的、实物的，如建筑产品、建材应用、规划设计等）和文化价值（无形的、心理的、理念的、品牌的、附加的价值）两个指标，以及高、中、低三个水平层次，可以将房地产开发模式划分为不同的类型，即高功能价值低文化价值；中高功能价值低文化价值；中高功能价值中高文化价值；高功能价值高文化价值；中功能价值高文化价值；低功能价值高文化价值。这也充分说明，不同的房地产开发商对房地产有不同的开发理念和竞争策略。这也形成了不同的发展形式和竞争层面。

在房地产开发的早期（上世纪90年代初），中国房地产开发商多为“双低”模式，即“房地产＝钢筋＋水泥”的盖房子阶段；其后（90年代中期），随着市场竞争的加剧，逐步向中、高功能价值低文化价值的模式过渡；再后（90年代中后期），随着同质化竞争的日益加剧，开发商走向中、高功能价值中文化价值的开发模式，在提高功能价值的同时，文化价值日益成为制造产品差异化、超越市场的有力武器；再后来（90年代末21世纪初），也就是最近一两年，奥园模式、另类模式浮出水面，把主题、概念、理念、文化与生活方式演绎到了极致。

当然，明显不同的是，在超越传统房地产开发模式的过程中，在功能价值方面，三者还是选择了不同的路径，反映到其文化价值上，则表现为有的生动充实，有的比较虚福

应该说，“双高”经营模式，必定是最艰巨、最高难度、最富于挑战性的房地产开发模式。

三、房地产开发十大心法

根据我几年来房地产开发的经验，现总结出“房地产开发十大心法”，与大家探讨：

1．把握趋势，适度超前。

中国房地产目前最大的特点是房地产成为大众消费品，另一个特点是金融资源迅速往房地产集中，房地产产品更新换代周期由以往的“两年换一面”到“八个月换一面”。

几年前锦城花园、翠湖山庄的出现引发了一轮“更新换代”，一批过时的房子成了空置房。今天，华南板块的崛起，又把广州楼市推到了新一轮更新换代的门槛上。

2．理念先行。

从1999年开发广州奥园开始，我们就非常重视“软开发系统”的研究。我们的“软开发系统”，指的是楼盘的开发理念、项目定位、开发模式、策略设计、社区文化、社区生活方式的营造和引导等一套完善的“软开发系统”。这个系统决定了项目从灵魂、神韵、个性到品牌形象的每一个组成部分。有了这个系统，项目就有了生命。

3．快半步营造市场。

由于中国的房地产业起步时间比较短，目前阶段创新的空间非常大，从理念创新，到策略创新、开发模式创新、企业机制创新、营理创新，到技术创新各个层面，我们都做了有益的探索，而且这些探索在广州奥园、番禺奥园、上海奥园、南国奥园取得很大成功，目前正往北京、天津、成都等城市连锁开发。

南国奥园创出了多个第一：第一个社区高尔夫；第一个以“学村”概念整合教育资源；第一个“撒野公园”；第一个没有样板房，但“家家都是样板房”。所谓“非创新无以知整合，非整合无以出创新”。

今天我们在澳洲开办了一个新技术研发中心，就是想进一步“贴身紧靠”地与国际居住水平接轨。

4．大盘运动，创造房地产新寡头。

大盘开发能瞬间聚集资源，它是一曲交响乐，需要有一流的乐谱、一流的乐队和一流的指挥。

5．发展商要做整合大师。

发展商既不自己搞规划设计，也不自己盖房子，也不一定自己做物业管理或自己卖楼，他做的是什么？他应该做行业资源和生活资源的整合大师。

建房子并不难，难的是造家园。如果发展商给予自己的定位是“造家的人”，那么他整合的空间就非常大，业主生活的一切资源都是整合的对象。整合是一个选择、调整、嫁接、控制和监理的过程，要求发展商既要了解专业，又要超越专业。

6．产业化是竞争力。

南国奥园从签定购地合同到开盘销售，只用了8个月的时间。这个速度不是赶出来的，而是通过对房地产开发1600多个“工序”的科学组合，模索出了一套保质保量高效率的产业化程序。南国奥园40％是现场施工，60％是工

厂加工，使很多环节可以齐头并进，可以互动互补。目前市场竞争这么激烈，有速度就有市场，就能降低成本，就能灵活反应，就能摆脱追击者和狙击者，就能立于不败之地。

7. 力争上游，做产业化的火车头。

中国入世以后，金融市场将不断丰富。房地产开发最根本的竞争能力不再是拥有土地资源的多少，而是看谁更具备市场整合能力、产品研发能力。未来的竞争中，谁具备这些能力，资源就会向谁集中。千万不能大而全，要发挥专业公司的作用。

从1996年到今天，我们从起步到一个大型综合开发商；从一个项目公司，走向一个专业公司；从一个“地头蛇”，成为“过江龙”，并得到国际资本的大力支持，实现了出效益、出机制、出人才、出品牌、出网络的“五出”效益，特别是有了一支有统一的理念和价值观、有专业水准、有突破能力的职业经理人队伍。奥林匹克花园已成为房地产开发的“战争机器”。

8. 市场是做出来的。

我一向认为市场不是等出来的，也不是调查出来的，市场是做出来的。“做市潮，就是要在竞争中以原创性的“自选动作”追求独家优势，引导消费潮流。有了做市场的观念，才会从策略到技术多下功夫。奥园每一次销售成功，都是“做市潮的结果。

9. 银房整合，帮助买家建立信心。

房地产业和金融业的人千万不要忘记：要让买家拿出多年的积蓄来买七十年的生活空间，就一定要帮助买家建立他对未来生活的信心，否则你一个平方也卖不出去。我们必须与买家建立互动的社区文化和金融服务，新世纪的房地产与银行合作，必须具有“经营业主”的意识。

10. 要打造品牌，必须成为市场领跑者。

当开发商有了原创性的理念创新，并且建立起对这种理念从硬件到软件的支撑体系，就会成为市场领先者，就有了自己的唯一性。在这个基础上，就有了话事权，就有了权威性。这种自选动作就会成为新的标准，而这些标准是建立自己品牌的基矗。

四、中国房地产发展预测

根据目前国内经济形势和我个人的理解，对中国房地产发展的未来格局，作如下预测：

1. 房地产将进入新的洗牌阶段。

今后能生存下来的是：有品牌的大象和灵活创新的小猴。

2. 今、明两年，是房地产企业兼并重组年。

有品牌、有良好经营模式的企业将成为“火车头”，没有品牌的企业成为“火车厢”。

3. 银房整合，开创地产业金融新资本。

20世纪80年代初，香港金融业与房地产业密切结合，形成了由银行金融业支配地产集团运作、银行和地产商实力重新排名的局面，对银行业务质量和房地产业发展产生了巨大的推动，扩大了房地产市场容量，并使银行业务多元化。

目前中国的房地产市场已经迎来大众消费时代，如果银行与房地产企业都有此共识，将会拥有市场竞争的权威性和排他性。

“奥龙计划”是最终目标是要使“奥林匹克花园”成为中国房地产连锁经营的第一品牌，成为中国社区健康产业的市场领导者和第一品牌。当然，要做到这一点难度是特别大的。每当有顾虑和信心不足的时候，我就记起萨马兰奇先生勉励我们的话：“我向奥林匹克花园住宅区的开发建设者表示祝贺，你们的概念和大众体育所倡导的方式是一致的。”

（本文摘自《南方日报》2002年7月）

中国房地产市场趋势分析

2002年以来，我国的房地产开发一直呈现快速增长势头。国家统计局的统计数据表明，一季度房地产投资同期增长36.2%，4～6月份，增长虽有所回落，但仍保持在32.9%的高位增幅，创下了近几年来的同期最高记录。专家认为，不论是从房地产本身的发展周期看，还是从外部环境好转的情况看，中国房地产业正进入发展的春天。

但在良好的发展形势下，我们仍然听到一些不和谐的声音2001年底，重庆新东富花园老总携款潜逃；2002年1月，北京一批项目接连发生物管打人事件；2月，深圳万科遭业主投诉；3月25日，北京京华时报记者采访时被物业公司殴打……一时间，房地产业受到了社会各方的关注。今年年初，建设部、国家计委等七部委联合发文要求整顿市场秩序。近期，建设部部长汪光焘也特别点名批评四宗违规违法案例，包括未取得预售许可证即开始销售的深圳“山水居”、面积缩水的福州“东煌花园”等，由此传达出政府治理市场秩序的决心，政府对房地产业的这些宏观措施必将推动中国的房地产业走向成熟、有序。

另外，最近有媒体报道个人所得税政府正在修改之中，最高税率有望从目前的45%下调至40%。个人所得税的调节作用表面上仅仅是为了调节收入差别，但是它更多的是要影响经济发展的进程和社会的进步，尤其是在国家经济发展的特殊阶段，税收政策的导向作用将更为突出。而目前我国现行的个税制度社保部分与个税无关，其缴纳完全为强制性义务，纳税者没有积极性，而且存在一旦失业或破产后面临的社保之忧。

个税减免在中国已不仅仅面对富人或少数人的事了，住房、医疗、下岗，使许多人不能也不敢预期消费，只能用有钱的方式来防止下可预期因素，于是尽管政府已经多次降息、增加利息所得税，但都是“大棒措施”，仍然没有使现在巨大的个人储蓄转化为消费，而现在世界上各发达国家多采用冲减个税缴纳基数政策，定额个税冲抵等方式鼓励居民自建或自购住房。这种个税二次分配的重返是以纳税者人头计算的方式，将减免税补贴落实到个人购房或家庭购房者身上，这样既扩大了消费、拉动了经济，增加了社会稳定因素，而且还使房产有投资、转换为经营资本的作用，因此我国若采用个税的二次调整的“胡罗卜政策”必将刺激消费，推动房地产业的进一步兴盛。

以上海为例，其实行购房冲抵个税缴纳基数政策后，出现房地产一级市场连续三年高速增长，二、三级住房市场分配进入良性运转，既改善了居民的住房条件，也使超过千万平方米的存量住宅得以消化，加速了城市改造进程，其相关消费带动经济高速增长，已经使人们看到了个税调整所启动的巨额消费对房地产业乃至经济的巨大拉动作用。可以肯定，政府对房地产业的整顿、对个人所得税的调节等等都有利于房地产业的持续发展。

乐观的房地产业形势继续鼓励著房地产公司扩大规模的信心。但是，今年以来，国内房地产运行态势发生了微妙的变化，一方面各类资金还在流入房地产开发行业，房产供应量继续上升，另一方面销售增长速度已回落，个别地区甚至出现负增长，楼盘空置率开始上升，房地产行业的调整压力已经显现出来。在这样的背景下，房地产上市公司的经营压力增大，部分开发实力弱、项目定位下当、风险控制能力不强的公司业绩也就在所难免下滑。值得一提的是居民消费结构转换、城市化和“入世”将会推动房地产业的发展，而这三大动力源所创造出来的对房地产的需求量是巨大的，从事房地产业的人士对此信心指数下断上升。例如说加入 WTO，开放步伐加快，外资无论是以合资或者独资企业的形式进入中国市场，都会增加对房地产产品的需术。就拿北京来说，现有 139 个外国驻华使馆和 7000 余家外国代表处的 5 万多常驻外国人和 30 多万的流动外国客商，这正是北京高档住宅，商务楼投资规模大、租售两旺的重要原因。

另外，在对待房地产业的重要组成部分居民住宅这一块，地产商如果还抱“我是上帝”这种思想，其结果是非常可怕的，如今消费者对服务质量的要求已经越来越挑剔了，对于地产商的消费承诺都很清醒，而且自我保护能力也在不断加强，这就要求房地产业人士一定要注重职业道德，否则只可能是搬石头砸自己的脚，到头来害了自己。

我国还属于发展中国家，就目前而言，房价与居民的经济承受能力尚有较大差距，中国的老百姓对房地产业的实际关注度往往超过他们表现出来的程度。然而在我国住宅供应方面，却存在著高档商品房供过于求，面向中低收入家庭的经济适用房不能满足需求，一些城市为低收入家庭解决住房困难的廉租房制度还没有启动，甚至在许多城市里，住房三级市场和租赁市场还是没有得到很好的发展。所以中国老百姓不是不想把手中的钱用在房地产方面，而是不敢去这样想罢了，想想那些违规开发，广告虚假、面积缩水、中介虚假信息、合同欺诈、物业管理不规范等等房地产市场存在的严重问题，就让老百姓望而却步了。不过不管怎么样，目前我国人均住房建筑面积不过 20 平方米，世界各国的经验表明，在人均住房达到 30 至 35 平方米之前，会保持较旺盛的住房需求。按照“十五”规划，到 2005 年，我国城市人均住宅面积将达到 22 平方米，到 2010 年可望达到 25 平方米。因此，今后几年仍是住宅的快速发展期，也就是说，即使老百姓顾虑重重，然而还是会把自己攒下的钱很小心的投资到房地产业。

令人欣慰的是，8 月 12 日上午，建设部副部长刘志峰在此期间举行的“中低收入住房发展国际会议”上，就我国政府如何解决中低收入家庭住房问题作出承诺，声明我国将出台多项政策措施。鼓励中低收入家庭购房。其中包括建立各级政府解决中低收入家庭住房问题的目标责任制，对人均住房面积低于全国平均水平的城市，在编制和审批城市总体规划时，增加居住用地比例，并尽可能在规划中预留中低收入家庭住房的建设用地。可以说，就老百姓这方看，中国的房地产业还是会得到进一步发展。

我们知道，在发达国家房地产业和住宅产业已经成为传统经济或者又叫夕阳产业，但对中国来说，它绝对是新的经济增长点。针对去年房地产过热，房价呈现两位数增长的情况，有人担心我国的房地产泡沫已不可避免会出现，这种担心可以理解，但也是没有必要的，最近的一次国务院新闻发布会上，建设部住宅兴房地产业司司长谢家瑾否认了这个观点，她在会后接受记者采访时说，去年的房价涨得比较快，是因为个别地区的过热趋向所带动的，不能说全国的房产都过热。

亚洲开发银行驻中国代表处首席经济学家敏最近表示，总体而言，目前中国房地产市场处于健康发展状态，到目前还看不出中国的房地产业有太大的风险；敏认为，目前中国的房地产业大多与老百姓的个人住房有关，是靠居民的真实购买力支撑起来的。国家统计局的贾海处长经过严谨的数据分析后，得出这样的结论：中国现在的房地产市场应该是正在升温，但还没有达到过热程度。

总的来说，受世界经济复苏和国内经济环境进一步趋好等因素影响，中国房地产业逐步走向成熟，中国的房地产市场总体是乐观的。

（本文摘自　中国房地产信息网　2002 年 9 月）

房地产形势分析与市场前景展望

中国房地产协会副会长兼秘书长　顾云昌

一、房地产热不是泡沫

房地产业对社会经济的发展产生巨大的影响，目前中国房地产业仍处于一个好的发展阶段，不可否认其存在着一种热潮，有人认为当前房地产热就是泡沫，其实这是两个不同的概念。当前的房地产热并不是泡沫，投资热、销售热是正常现象。

从 1999 年开始推行新的房地产体制情况来看，房地产开发投资、竣工面积、销售额都保持两位数的增长。1999 年、2000 年、2001 年房地产投资分别为 13.8%、19.5%，25.3%的增长，今年上半年又比去年同期增长了 32.9%；竣工面积分别保持 28%、16%、18.6%的增长，今年上半年又保持了 20%的增长；销售面积分别保持了 25%、27%、22.3%、22.4%的增长。今天的房地产市场不是由开发商主宰，而是由销售来拉动的，这种投资和竣工面积的增长正是由销售来带动的。而这种销售热是正常的，之所以有这样的销售热主要是政策体制的改变，是制度创新来带动的。不可否认房地产热对中国经济的影响很大，中国房地产热是否正常，会不会出现问题，会不会再热下去，还能热多久，这些都是所大家关注的问题。

目前，我国房地产业总体情况是良好的，但各地的房地产市场起落情况有明显区别，可分为两种情况：一是福州、重庆、天津、广州等地的房地产销售额、销售面积、销售增长率大部分都比去年有所下降；二是上海、浙江、北京的销售额、投资额、竣工面积持续增长，而且增长势头很大。虽然目前中国房地产市场是健康、理性的，但是也不能小看了一些城市所出现的房地产过热及回落的现象。

凡在市场经济下，各行业都逃离不了复苏、高涨、危机、萧条的周期变化，只不过周期的长短、周期的起伏不同，房地产业恐怕也逃不出这样的发展规律，因此我们应该认真研究房地产的冷暖变化，正确把握市场形势，及时调整市场策略，使市场继续保持可持续发展。

目前中国房地产市场发展面临着两大任务一是调整结构，开拓和扩大市场容量。当前重要的任务就是改善产品的供应，供应者必须满足消费者的需求，继续加快提高百姓的住房水平。二是整顿和规范市场秩序，防止出现房地产过热和泡沫，使行业继续朝着健康、向上的方向发展。

二、关注住宅产品结构变化

调整结构是房地产行业发展的永恒主线。房地产行业要保持现在的温度和发展的热度，首先要调整产品结构，以满足各层次消费者的需求。只有动员更多的消费者投入到住房消费中去，推动房地产行业更快地发展，才能更好地促进国民经济增长。所以应该密切关注当前住宅产品结构的变化方向：

（一）中高档房与中低档房

随着社会经济的增长，人们的生活水平得到了不同层次的提高，消费者的支付能力也产生了很大的差异。1999 年住房体制改革后，首先进入市场购房的是高收入、中高收入者，开发商都针对这类消费者开发了许多楼盘，但是经过三、四年住宅消费能量释放后，大部分需求已得到满足。而要扩大市场容量就必须满足不同消费水平、不同支付能力的消费者的需求，不能只把目标放在中高收入的消费者上。

现在各地市房价普遍偏高，房价最高的城市一是深圳，平均房价是 6921 元；第二是广州，平均房价 4957 元；第三是北京，平均房价 4883 元；第四是上海，平均房价 3820 元；第五是南京，平均房价 3579 元。北京与上海平均房价就相差 1000 元，有人在上海做过调查，结果表明有 80％的人认为房价过高，北京就更不用说了。为什么大家会普遍认为房价太高了，究其原因就是住房价位结构不合理。就现在百姓生活水平来看，其中高收入家庭只占 5％，中高收入家庭占 15％～20％，而中等及中低收入家庭是一个庞大的消费群体。现在的市场是消费者的市场，谁拥有消费者，谁就拥有市场，要满足市场需求，就必须多建造中低价位住房。现在各地市都存在着中高价位房供大于求，而中低价位房供不应求的现象，所以现在很重要的一项任务就是高度重视普通百姓住房市场，将中低收入家庭引导到住房消费市场上来。即要调整中高价位与中低价位住房的比例。

因此要扩大住房消费就要调整产品结构，不仅要建高尚住宅、中高档住宅，也要建经济适用房，使产品结构满足各层次家庭的需求。

（二）期房与现房

进入买方市场后，现房取代期房是市场发展的必然趋势，开发商应该有这种思想和准备。由于期房是看不见的，存在着面积不实、质量不高、环境不好、配套不全等问题，由此引发了许多纠纷。而现房可以看得一清二楚，消费者愿者就买，不需担心开发商会不会存在虚假、欺骗的行为，大可减少房地产纠纷。当然要做到现房销售，开发商必须要有实力，首先资金要到位，否则根本就不可能造现房，更不可能给消费者提供一站到位的成品房。随着市场的深入发展，未来发展的方向必然是建造现房，要调整期房与现房的结构，积极培育现房市场，这是房地产业成熟的另一个标志。

（三）增量房与存量房

判断市场容量是否大，不能只看增量房，也就是不能只看一手房的交易量，还要看二手房的交易量。即不仅要搞好一级土地批租市场，搞活二级增量市场，还要规范三级租赁市常市场结构调整尤其要高度重视发展二手房市场，这是关键。以北京和上海为例，上海去年二手房交易量达 1400 万平方米，按每套 70 平方米计算，一共是 20 万套，而北京前两年一共仅交易 5400 套左右，发展空间很大。如何使得更多的人进入市场，不仅需要产品结构调整，还要进行市场结构调整。实践证明，只有搞活二手房市场，才能把增量房市场继续做大。中低收入家庭也许买不起增量房，但可能买得起二手房，他们需要通过二手房来改善居住条件，这也是一个很大的市常我们现在推行的是住房自由化，目前 80％的家庭已经有了房子，20％的家庭还是租房住，在城市化的进程中，将有更多的人需要通过租赁这个过程来解决临时的居住问题，而这些人也都是潜在的购房者。

福州的增量房增长不大，但存量房增长很快，大约占市场总量的四分之一。二手房市场很有发展前景，如果把二手房市场发展起来，将会促进一手房市场容量的进一步发展，所以应该大力发展二手房市常

（四）毛坯房与精装房

毛坯房存在着许多问题，商品房投诉与装修投诉已上升为消费者投诉的主体，市场上取消毛坯房的呼声渐高，引起了社会各界的普遍关注。而推行装修一次到位的根本目的在于：规范装修市场，促使住宅装修生产从无序走向有序，坚持住宅产业现代化的技术路线，积极推行住宅装修工业化生产，提高现场装配化程度，减少手工作业，开发和推广新技术。因此，我们要加速推进精装房市场，实现住宅产品产业化。可以说，从毛坯房到成品房的发展是一种潮流，更是住宅产业的革命，随着操作细则的出台，全面取消毛坯房，倡导住宅一次装修到位已是大势所趋。

（五）合理调整物质产品与服务产品

产业结构调整分三个层次，即开发业、经纪服务业和物业管理业。我国长期只重点发展开发业，而忽略了经纪服务业和物业管理业的发展。开发业是为消费者提供物质产品；而经纪业、物业管理业是为消费者提供服务产品。我国需要大力发展房地产经纪服务业，随着市场的细分、专业的细分，开发商也不必要亲自执行所有的开发流程，前期定位调查等可以通过虚拟经营，也就是通过经纪服务业的服务来实现。这就要求咨询服务业要了解市场，熟悉建筑文化，我国经纪服务业发展已经势在必行。因此，要进一步发展房地产业不但要发展房地产物质产品，还要开拓房地产服务业市场。

（本文摘自　青岛新闻网　2002 年 10 月）

2003年中国房地产形势前瞻

早些时候，房地产还是形势一片大好，没想到，新年刚过，面临的却是一种不知何去何从的徘徊。

一、2003是“理性之年”

2003年1月6日，建设部部长汪光焘在全国建设工作会议上说，2003年要加快建立房地产预警体系和信息披露制度，引导房地产开发企业理性投资、住房消费者理性消费，迎来中国房地产市场的“理性年”。

2002年快要过去的时候，从北京传出消息说，2003年全国市场经济秩序整顿的重点是房地产市场秩序。在过去的2002年，房地产市场秩序只是整顿规范市场经济秩序的三个重点之一。这一次有关部门好像只是强调房地产市场秩序是整顿的重点，并未提及其他行业。看来，针对房地产市场明年还可能出台一些治理整顿措施。

汪光焘也表示，今年要继续深入整顿和规范房地产市场秩序，主要查处房地产开发建设和交易活动各个环节的违法违规行为。同时要采取有力措施，积极培育和鼓励住房消费。要进一步放开和搞活住房二级市场，全面清理影响已购公房和经济适用住房上市交易的不合理限制，积极引导商品房开发向普通商品住宅尤其是面向中低收入家庭的经济适用住房建设。

过去的一年，我国房地产投资继续高速增长，2002年1～11月，全国房地产开发完成投资6228亿元，同比增长了28.2%。中国人民银行2002年二季度货币执行情况报告指出，2001年房地产开发投资对中国GDP增长的直接和间接贡献率共计1.9%～2.5%。专家估计2002年房地产对国民经济也可能保持这种贡献率。但房地产在固定资产投资中所占的权重是如此之高，以至于专家担心这种“一股独大”的结构，会对经济发展构成潜在的风险。如2002年北京市房地产开发投资占到全社会投资的比例超过57%，其投资规模偏大、占固定资产投资比例过大的状况，就引起了北京市有关部门的警惕，他们提出2003年要对房地产投资结构进行宏观调控，实行总量控制。

一个显见的事实是，商品房空置数量几年来与日俱增。据国家统计局的数字，2002年10月，全国商品房空置量又增长了8.8%，早在8月底，空置总量已超过1.25亿平方米。为此，建设部提出今年将加大空置商品房的处置力度，严格控制新建高级公寓、别墅、高档娱乐设施等项目。加强对房地产项目的审批管理，严格控制自有资金不足、行为不规范的房地产开发企业新开项目。

主管部门希望，通过整顿和规范房地产市场秩序，使房地产继续保持健康稳定的增长，而不至于激发更深层的矛盾。

二、市场过热令人忧

来自建设部的消息说，至2002年底，中国城镇居民的人均住宅建筑面积已超过21.5平方米，80%的城镇家庭拥有了自有住房。到2005年，我国城市人均住宅建筑面积将达到22平方米，到2010年，达到人均25平方米。从理论上说，未来若干年乃至20年内，我国房地产仍将有较大的发展空间。但这并不表明房地产会以直线上升的形式增长。

2002年12月5日，中国人民银行透过其官方网站宣布，将对2001年6月以来商业银行房地产信贷业务办理情况进行检查。这实际上表明了银行对房地产贷款的一种担忧。而这种担忧在此前的2002年二季度和三季度货币执行情况报告中已经透露，即对“防止在房地产业高速发展的过程中滋长经济泡沫”、“警惕房地产泡沫”的再三强调。

目前我国房地产是否存在泡沫，这是一个严重的问题。央行提出的大检查即与此有关。

“什么房地产泡沫？全是你们媒体炒出来的。”一位政府官员如是说。这与北京某著名开发商的说法惊人的一致。

开发商也不愿意看到房地产出现泡沫，也不愿意听到有泡沫的说法。如果大家都说有泡沫，中央岂不是非要对房地产用重典？即使有泡沫，宁愿让它自生自灭，也不要上面来踩灭，否则波及面就大了。可是，有没有泡沫岂是开发商说了算的？

2002年房地产泡沫的争论，从年初到年尾，仍然莫衷一是。看来2003年还会“吵吵”下去。不过，吵一吵还是有好处的，至少可以让某些政府部门和开发商多一份警惕。

2002年底传来消息说，杭州、宁波的房地产泡沫愈吹愈大了。在最近的一次杭州冬季房展会上，房价还在涨，甚至是有价无市，有的开发商又重演了10年前卖图纸的一幕，据说还是有很多人抢购。杭甬的“倒房一族”开始活跃起来，据说有人两年间最高每平方米赚了2000元。外埠来杭州买房（投资性购房）的越来越多，有的楼号被温州、丽水等地人“全包”了。这种非同寻常的热闹却让有的本地开发商害怕，声称要赶紧清完盘逃出杭州去。

上海房价已是连续两年以接近10%的速度上涨。一位刚从上海出差回来的同行告诉笔者，上海的商品房租售价格还在一个劲地涨。与此相关的还有酒店，“你要是当天去订房，根本就住不上。”这位同行不无忧虑地说，“不知道上海的行情能持续多久，如果真要是崩盘的话，谁会接下那最后一棒？”

无独有偶。2002年底，由国家计委经济研究所与北京新华在线联合推出的《中国行业景气分析报告》明确指出，对于刚过去的2002年的房地产业，可以用三个特点来概括，总体景气冲高回落，地区冷热不均，真实的房地产泡沫已经出现。

三、行业调整即将到来

国家计委经济研究所经济运行与发展室主任王小广认为，近5年来房地产景气的原因不是周期性因素，主要是靠体制变化和政策的刺激。由于城市化及城镇居民生活水平改善等内在需求的推动，我国房地产行业长期看好，将成为推动下一轮宏观经济繁荣发展的三大支柱性力量之一。但真正源于需求持续高速增长的房地产繁荣时期还未到来。房地产泡沫的结果是房价虚高，由于实际购买力没有随房价而增长，因此很快就将形成明显的消费断层。2003年房价将小幅回落，2004年降幅将更大。估计今后两三年内，房价将呈温和回落态势，这是挤泡沫所必须的过程。同时，今年房地产投资增长将明显放慢。2002年前三季度房地产投资增长29.4%，今年房地产投资增长可能回落到15%左右，而住宅投资增长放慢将更为明显，可能回落12%以上。与投资相对的是，房地产消费增长将明显减缓。明年房地产消费增长总体将继续呈逐步回落态势，估计商品房消费的增幅将降到16%～18%。其中今年开始加速的地区如山东、上海及部分中西部省区降幅可能更大。2003年房价将小幅回落，而2004年降幅将更大。

2003年会是怎么样？王小广认为，2002年可能是一个转折点，持续繁荣了近5年的房地产业将进入中期调整过程。2002年初及此前一再鼓吹房地产正处于上升期、还有8～10年的繁荣期的孟晓苏先生（全国带“国”字头的最大开发商老总），最近居然也改口说，房地产有可能提前步入调整期。

但笔者认为，担心归担心，2003年房地产市场总体不会有大的问题。即使冒出了一些炒房炒地的投资（投机）者，想让中国房地产重蹈1992、1993年的旧辙，是不可能的了。极少数城市的房地产市场刚出现所谓“热”（可能还不是“过热”）的苗头，媒体和专家们在一边大喊“注意”了，开发商一害怕，也许有问题也被吓回去了也未可知。

对开发商来说，最要紧的是银行政策。北京一位著名房地产商告诉笔者，如果银行严格执行央行2001年“6.26”规定，如开发项目必须是在“多层住宅主体结构封顶、高层住宅完成总投资的2/3”之后才给予贷款，房地产是不会出现太大的问题的。当然，另一位专家也据此表示，如果央行的房地产金融规定切实得到了执行，那么，不出三年，70%的开发企业被淘汰是完全可能的。但谁能说这种淘汰就一定不是好事呢？

（本文摘自《中国证券报》2003年1月）

房地产市场三个热点问题分析

近年来，我国房地产业发展旺盛，在房改政策效应不断释放和城镇居民住房水平不断提高的基础上，住宅建设连续4年投资和销售保持较快增长，处于高位运行阶段，但同时房地产市场又尚未充分发育成熟，较易产生问题。最近一年多，社会各界对房地产业发展状况作出各种评价，有些人认为房地产市场有“圈地”现象，产生了“地产泡沫”，存在商品房空置量大、高档房建设过度等问题。现就三个热点问题谈谈自己的看法。

一、房地产项目大规模占地问题

（一）有关情况

大型房地产项目与规模占地问题主要发生在东部地区，一些城市出现了一批占地1000亩以上的房地产开发项目，局部地区土地供应量过大。从2002年对广州、北京及上海几次调研情况看，大型开发项目即所谓的“大盘”，多是置换、整合的存量土地，已缴纳或开始按期缴纳土地出让金，正进行大规模开发运作。

比如广州“华南板块”8大开发项目总面积约800公顷，曾引起有关方面高度关注。据调查，它们基本上占用的是存量土地，原来的工业用地改变用途，通过收购、整合，形成“大盘”。其产生的原因主要是行政管理体制上的，例如2000年番禺县改区，为平稳过渡，规定其3年内继续行使土地审批权，使得珠江南岸土地未进到广州城市规划区及土地管理制度范围内。

大规模占地即所谓的“圈地”，主要是2002年国土资源部实施招标拍卖的文件出台后，一些大型开发企业为避免土地成本上升，抢在土地招标、拍卖普遍实施之前，通过不同渠道储备开发用地，造成局部地区土地过量供应，主要发生在京津、上海及广州周边地区等经济发展前景好、房地产投资回报高、存在较大外来需求的城市。我国大部分地区目前尚不具备规模占地的经济环境和吸引力。

这些城市的“圈地”问题引起国家有关主管部门重视后，已经采取措施加强土地监管。

（二）成因分析

1．市场需求原因。

随着我国住房新制度建立和住房商品化、社会化的发展，个人成为住房市场的主体。大型房地产开发项目一般综合配套好，居住环境优良，更易得到市场的认同。

2．利益驱动原因。

大型房地产项目有利于开发商的规模经营，自行组织材料、配件生产及供应，高水平设计，突出品牌优势，增强企业及产品的市场竞争力。

3．政府引导原因。

一些城市政府为发展本地社会经济，扩大城市规模，大规模出让成片土地，引入有实力的开发商，引入资金。另外，在经济结构、产业结构调整中，部分企业被兼并或破产，一些城市财政无力承担下岗职工工龄买断或失业、养老、医疗保险等保障资金，给予部分企业以协议出让自用土地、解决职工安置资金的政策，也是原因之一。

4．土地管理制度原因。

2002年8月国土资源部下发265号文件，规定经营性房地产用地要实行招标拍卖挂牌出让，再通过协议方式取得土地将十分困难。一些有实力的大型开发企业和房地产投资者，纷纷通过各种渠道购占土地，以取得低成本扩张发展的先机。

（三）影响分析

积极影响：促进了产业结构调整；促进了房地产业规模化经营；促进了部分闲置土地消化。

消极影响：导致政府调控房地产市场的能力下降；导致对城市规划难以落实，增大开发的盲目性；在市场环境中难以避免炒卖土地现象发生。

（四）对土地市场加强宏观调控的政策建议

1．政府应尽快通过控制土地一级市场，调控土地供应量。落实土地招标拍卖政策，积极探索建设用地管理模式。完善土地开发储备制度，新增经营性用地实行熟地出让。

2．对于已批开发用地，如果超过规定期限没有实际投入，予以注销收回，防止炒卖红线现象出现。

3．培育土地二级市场，建立房地产开发用地的合法退出和承接机制。

4．大型开发项目的土地供应应在规划指导下进行，改变目前开发商先与土地方洽谈，然后再申报审批的状况。

5．大型项目应确立最终竣工期限，一般不应超过5年。

因为开发周期过长对已入住居民造成长期干扰，会引发社会矛盾。

二、空置商品房问题

（一）分析判断空置量，必须明确、统一有关空置房的概念

1. 空置概念。

处于正常销售期内的商品房（例如空置在 1 年之内），属于正常的市场储备，不能计入空置量。1—3 年属于空置，3 年以后属于积压，较为符合我们国家的实际情况。

2. 空置率概念。

国际上，空置率分子是增量和存量空置，分母是全社会的住房增量的和存量。我国目前社会上现流行的所谓的空置率，有的将上市空置房作分子，把 3 年的上市总量做分母；还有的将最近 1 年的上市总量作为分母，由此得来的空置率与国际通行的空置率没有可比性。对不同经济社会条件中内涵不同的空置数据进行比较，不可能正确地对我国住房供需状况作出科学客观的判断。

（二）空置量分析

我国 1 亿多平方米空置商品房，主要集中于经济发达地区。广东省的空置商品房约 2000 万平方米，占全国总量的 20%左右。北京市达 700 万平方米。

1. 现在所谓的 1 亿多平方米空置房中有一半左右空置在一年之内，处于正常销售期内，是合理库存，不应算作空置房。以商品房空置量较大的北京、广州为例，在全部“空置房”中，北京有 45%，广州有 46%空置时间在 1 年以下，它们应作为待售房屋。

2. 空置 1 年以上的房屋，全国以 6000 万～7000 万平方米计，又分为销售尾房、开发商自用和真正意义上的积压房两大部分。尽管尾房在单个楼盘中所占比例可能不大，但几乎所有楼盘都存在。在实际销售中，一般出售率达到 80～90%时，开发商即已获取较高利润，所余尾房被看作正常损耗，不再急于出售；再就是约 10%的开发商自用房。

3. 根据上面对比分析，真正属于销售困难、难于消化的问题楼盘与市场存量相比并不多。空置 1 年之内、销售尾房及开发商自用房、空置 1 年以上的住宅，三者比例约为 5：1：4，即现存的 1 亿多平方米“空置房”中，真正属销售困难的积压商品房应该在 5000 万平方米以下。

（三）对消化空置商品房的政策建议

1. 对空置商品房的不同部分，采取不同的盘活政策。积压房，由于规划、设计、结构不合理，消化难度很大，其处理需要金融机构、地方政府配合。处理原则是，政府让费，银行让息，企业让利。具体操作上，对空置房分类，分别采取不同政策：对烂尾楼盘（主要是写字楼）予以拍卖；对价格临近盈亏平衡点仍出售困难的住宅项目减免税费，可考虑先免滞纳金，再减免税和地价，否则，开发商负担越滚越大，更难于消化；对设计、结构陈旧的积压楼盘，可考虑政府收购用作廉租房。

2. 尽快采取措施，推动二手房市场的建设，形成二三级市场联动局面，卖旧买新，释放需求，消化部分空置房。

3. 控制空置面积继续增加。调整供应结构，加大中低价位房屋的供应比例，避免供应结构不合理导致的空置量增加。

三、住房供应结构问题

目前房地产市场供给问题突出，主要表现为结构性问题，适合高、中、低不同收入阶层消费者购买的房屋比例不够合理，中低价位房屋供应量偏校

目前，一方面经济适用房供不应求，另一方面房屋空置量增加。2001 年北京市经济适用房供不应求，出现消费者为领号购买经济适用房排队几天几夜的现象。

住房二级市场状况也影响着住房供应结构。“二手房”与经济适用房价格相近，二者有相互替代作用。如住房一二级市场缺乏联动，既造成商品房空置，又不能形成合理的供应结构，还引起房价上涨。

为此，建议调整市场的供应结构。今后几年，随着旧城改造的力度加大，在房价高的大城市，住房供应应实行商品房和经济适用房双轨制，使中低收入家庭都能享受到经济适用房的优惠政策。

（本文摘自《长江建设》2003 年 5 月）

我国房地产市场供求关系分析

一、市场供给基本平衡

从房地产业的投资增长速度来看，我国房地产业的开发投资规模与全行业的发展步调是一致的。1992 年～1993 年是房地产开发投资的高峰时期，1994 年以后随着全行业步入调整时期，房地产业的开发投资呈现出增速减缓的态势，1998 年房地产逐步走向复苏后，房地产业的开发投资增长率也走向回升，2001 年，全国房地产开发完成额 6245.5 亿元，同比增长 25.3%，至 2002 年前 11 月，全国房地产业开发投资同比增长达到 28.2%。

从房地产业的投资结构来看，1996 年开始，我国房地产业投资结构开始向住宅转移，住宅投资占房地产业的投资比重逐渐上升，2001 年住宅投资占房地产业的投资比例为 68.5%，2002 年 1～11 月，这一比例已上升为 70.7%，办公楼投资稍有上升，商业用房投资的比重则呈现出下降的趋势。投资结构的这种变化基本符合房地产业的发展规律。

二、房地产开发建筑面积分析

2002 年，全国房地产新开工面积、施工面积、竣工面积都出现了快速增长的势头：2001 年施工面积和新开工面积都有较快增长，新开工面积比去年同期增长 27.2%，施工面积增速 21.5%。今年 1～11 月份，全国商品房施工面积 80730 万平方米，增长 22.6%，本年新开工面积 3676 万平方米，增长 19.1%。考虑到新开工面积的较高增速，可以预见，今后几年内施工面积还会出现较快的增长。从竣工面积来看，1998 年以来，房地产业投资的增长速度开始回升，受工程建设工期较长的影响，商品房的竣工面积一直呈现增长的趋势，2002 年 1～11 月，全国房地产竣工面积

16271万平方米，比去年同期增长28.3%。

三、房地产市场的供给结构分析

住宅、办公楼、商业用房是房地产市场供给的主要构成部分，其中住宅市场在房地产市场中所占的比重最大，商业用房市场次之，办公楼市场所占的比重最校近几年来，我国房地产市场的供给结构存在着以下特点：

住宅供给平稳增长，住宅供给的内部结构发生变化，其中别墅和高档公寓所占的比例有所下降，安居工程所占的比例有所上升。根据国际经验，发展中国家高档物业在房地产业中所占的比例在5%～10%比较合适，因此近几年我国政府严格控制高档物业的投资，高档物业在房地产业中所占的比例已降低到10%以下，普通住宅的投资比例开始上升，2002年1～11月，住宅投资占房地产行业总投资的比例已达70.7%以上，比去年同期增长29.6%。

四、办公楼市场供给有所增加

2000年，办公楼投资完成额仅为293万平方米，与1999年同期相比增速下降12.9%。2001年投资额较上年有所增长，但增幅较小，自今年以来，办公楼开发投资额呈现较快增长，可以预见，今年办公楼市场供给将出现较大增长。

五、商业用房的供求矛盾比较突出

在前几年经济发展过热时，商业用房比较畅销，各地商尝商铺纷纷涌现，出现了严重的供过于求的现象。随着宏观调控政策的实施，商业用房的销售率迅速下降，近两年消费疲软困扰着我国国民经济的发展，从而导致了与消费水平和消费能力直接相关的商业用房的需求下降，但每年商业用房的竣工面积却不断增加，这就加剧了商业用房的供求矛盾。

市场需求高速增长

六、近几年市场需求呈上升趋势

近两年来，在扩大内需和全面推进住房制度改革等宏观经济政策引导下，我国房地产销售摆脱了前几年徘徊不前的局面，出现高速增长态势。2002年1～11月，全国商品房销售额达3536亿，同比增长37.1%。

七、个人消费成为市场需求的主体

20世纪90年代以来，个人购买商品房的绝对额高速增长，1987年，个人购买的商品房只有426.66万平方米，占当年商品房销售的17.9%；而到了1997年，个人购买的商品房达5233.72万平方米，占当年商品房销售的66.6%；1998年，虽然受住房制度改革的影响，集团突击购房的现象比较严重，但个人购房也增长很快，1998年个人购房的比例比1997年上升了7个百分点，达到73.6%，市场消费主体的这种变化对开发商提出了更高的要求。2000年，随着房改的结束，个人购房的比例已达80%，2001年这一比例已达到87%，2002年1～11月，个人购买商品房的比例为90%。1～3季度，北京市个人购买商品住宅的比重达到95.3%，显示出北京市住宅市场的即期需求旺盛。

二级市场和租赁市场活跃了房地产市常一年来，各地以培育市场为核心，积极贯彻落实国家出台的一系列政策措施，降低存量住房入市“门槛”，使二手房交易逐步活跃，丰富了市场供应，并有效地带动了商品房销售，房地产二三级市场联动的效果日益明显。

2001年，上海市存量住房交易15.6万套，1031.48万平方米，成交金额274.78亿元，分别比上年增长86%、59%、99%；经登记备案的出租住房8.52万套，1036万平方米。到去年底，上海市已购公房累计上市14.4万套，占已出售公房总量的9.7%。

此外，随着国家对住房租赁税率的调整，各地租赁市场日趋活跃。南京市去年房屋出租登记备案面积145万平方米，较上年增长77%，租赁税收达1.1亿元。上海、广东、江苏、浙江、贵州等省市，越来越多的居民采取通过将自有住房出租，同时购置新房自住来改善家庭居住条件，以投资为目的的购房出租也在部分城市逐步兴起。

八、住房分配货币化促进了住房消费

大部分城市已在出台货币化方案的基础上，制定了补贴资金筹集和管理、补贴标准、补贴方式、补贴申请、现住房认定、超标和未达标住房处理、补贴发放程序等相关配套政策，不少省市已陆续发放住房补贴，补贴的发放带动了大量个人存款和银行贷款进入住房市场，促进了居民住房消费。

九、住房金融进一步发展，住房公积金管理逐步规范

截至2001年底,全国商业性和公积金个人住房贷款余额合计已达6398亿元,是1997年底的33倍,首次超过房地产开发贷款余额,占消费贷款余额的86%,基本实现了房地产信贷结构的调整。2001年住房公积金新增个人住房贷款395亿元,比上年增长71%。住房金融的发展,极大地提高了居民购房的支付能力,已经成为居民提前实现住房消费的重要手段。从统计数据看,商业性个人住房贷款的不良率不到0.5%,住房公积金个人住房贷款的不良率仅为0.24%,对于改善银行信贷资产质量也起到了十分重要的作用。

十、房地产市场空置总量仍然很大

据统计，到2002年7月底，中国商品房空置总量在1.2亿平方米左右，其中空置一年以上的超过50%，占压资金超过2500亿元，居中国各行业不良资产之首。由于我国房地产开发商多以中小型规模企业为主，其抗风险能力相对较差，较大的空置面积使得开发商积极性受到严重的挫伤。难以收回的预期收益，使得开发商难以进行新一轮的房地产开发投资。这会使房地产的有效供给不易实现，出现恶性循环。

十一、与居民收入相比，房地产价格仍然偏高

世界银行的研究资料表明，当一个国家一套住房售价与家庭年收入之比为3:1至6:1时，居民才能负担得起。也就是说，一个家庭年收入的3～6倍能买下一个中等水平住宅时，这个家庭便具备购房能力。2001年，我国商品房平均每平方米售价达到2226元，按此计算，一套70平方米的住宅大约需要15.6万元，而去年我国城镇人均可支配收入为6800元，按一家三口计算，房价与家庭年收入比达到7.6:1。而在房地产市场发达的北京，这个比例高达12.4:1，因此，房价过高是制约房地产业发展的一个桎梏。

十二、市场供求结构失衡

楼市供应与购房人需求之间的差异造成供求失衡，主要表现在以下两方面：

一方面是供需价格差异：低价位房供应不足，中高价位房供应过量。以北京市为例，调查显示，北京居民的购房需求主要集中在5000元/平方米以下的房子。87.3%调查者期望值处于3000～5000元/平方米。但是，市场上的房地产开

发项目在价位分布上呈现中间大、两头小的趋势。价位在3000～4000元、4000～5000元、5000～6000元、6000～8000元/平方米的比例基本都在20%左右，而价位在3000元/平方米以下和高于8000元/平方米以上比例都相对较少。即市场上楼盘的供给，有一半左右的供需结构的矛盾。

与商品房空置量日益增加的状况截然相反的是，经济适用房出现供不应求的局面，这充分暴露出我国房地产业存在着严重的供求错位。从目前看，政府干预房地产市场的主要手段是大规模建设和推出经济适用房，国家计委和建设部前不久宣布，今年将投资1700亿，计划建设2.25亿平方米的经济适用房。这将更有效的满足普通市民的住房需求。

另一方面是供给与需求的区域差异：尽管当前房地产形势总体上是好的，但也有一些地区不同程度地出现了投资增幅过大、投资结构不合理、价格上涨过快、土地供应过量等有可能过热的“苗头”。投资的增幅与销售的增幅相比，应该要保证能够在发展中不断消化同期上市的商品房。今年1～9月份，天津、河北、江西、浙江、海南、吉林、江苏、河南、云南、陕西、山东和宁夏等地区，都出现了投资增幅高于销售增幅超过了20%的情况。

十三、住房市场体系不完整

完整的住房体系包括住房一级市场和住房二级市场，二者是相互促进、相互制约的，没有一级市场，当然不可能有二级市场，但二级市场又制约着一级市场，二级市场不发达，一级市场就低迷，只有在存在发达的二级市场的条件下，居民的住房资产才具有流动性，居民才能转让和卖掉旧房，购买新房。就全国范围来看，我国住房二级市场的发达程度存在很大差异。

以北京和上海为例，2001年，上海二手房交易量（成交登记）达到1031万平方米，新房销售（成交登记）突破2020万平方米，可见存量市场兴旺对增量市场的巨大促进作用。与上海相比，北京的住房市场体系完善度较差，住房一二级市场之间过大的价差，导致居民“以旧换新、以小换大”的难度较大。2001年北京的二手房交易量仅5400套。随着快速推进的危改拆迁释放的巨大需求，二手房的需求将有增无减。

十四、旺盛需求将继续保持

潜在的市场需求成为住宅业持续发展的巨大动力。从市场潜力来看，到2001年底，我国城镇居民住房人均建筑面积20.8平方米，虽然比改革开放前提高了许多，但与一些发达国家和中等发达国家相比，还相差几倍。国际经验表明，在人均住房建筑面积达到33～35平方米之前，会保持旺盛的住房需求。这主要是因为：

（一）城市化进程加快对住宅的巨大需求

根据国际经验，当一国经济进入持续稳步增长的时期，城市化也将进入一个快速发展的时期。世界银行对世界133个国家的统计资料表明，人均GDP低于300美元的低收入国家，城市化水平仅为20%；当人均GDP从700美元提高到1500美元、经济步入中等发达国家行列时，城市化进程加快，城市人口占总人口比重将达到40～60%，而当经济高度发展，城市化水平达到70%以后，城市化发展的速度将趋缓；1980年，我国城镇人口占总人口比重为19.4%，1995年上升至29%，2001年进一步提高到36.2%，城镇人口达到4.5亿。如果在未来十几年中，我国人口自然增长率仍保持在9.6‰左右，城市化平均以每年1%的速度增长，到2010年达到46%，城市人口将达到6.4亿，净增加1.9亿人，每年新增人口1852万。新增城市人口的迅速增长无疑会对住房建设带来更多需求。

（二）流动人口增长对住宅的巨大需求

城市化过程的另一个特点是出现大量的流动人口。大量流动人口的存在对租赁房屋产生了巨大需求。以广州、上海和北京三大城市为例，各城市的外来人口多达300万到400万，其流动人口与常住人口之比分别是21:100、10:100和6:100。如此大量的流动人口，成为这些城市房屋租赁市场的消费主体，为房屋租赁市场的发展奠定了基础；据有关部门统计表明，到2010年，我国流动人口将从目前的8000万人增加到1.5亿人，按人均居住最低标准（人均居住面积2平方米，建筑面积4平方米）计算，需要为新增的流动人口建造约3亿平方米的租赁房屋，每年需开发建设3000万平方米以上的租赁房屋。

（三）居民消费结构调整带动住房消费的发展

中国社科院经济所研究员汪丽娜指出，“居民消费结构的调整带动住房消费的升级换代，是今后5至10年房地产业发展势头强劲的首要原因”。1978～2001年，我国GDP年均增长率为9.6%，人均GDP增长也高达8.2%。城镇居民人均可支配收入从343元上升至6860元。城镇居民作为二元经济中的消费主体，其收入的增长无疑为消费水平的提高和生活质量的改善奠定了坚实的基础；调查显示，居民对现在住房的满意率不到20%，约有48%的居民提出在几年内愿意换购住房，已购公房中有67%希望通过换购住房改善条件和环境。正是居民潜在的住房需求，给房地产市场以强有力的支撑。

一系列住宅发展利好政策的出台将对住宅需求产生持续影响。今年1月31日，国家计委与建设部下发《关于规范住房交易手续费有关问题的通知》，规定从3月1日起住房转让手续费，按住房建筑面积收取，新建商品住房每平方米3元，存量住房每平方米6元。新建商品房转让手续费用由转让方承担，存量住房转让手续费由转让双方各承担50%；经济适用房减半收鿍

此次交易手续费的明令降低，对沪、穗、深等房地产前沿城市几乎没有起到作用，原因是上述地区的楼市交易税费早已远远低于国家标准。但是对其他各地楼市的影响力却颇为直接。据测算，与各地制定的现行住房交易手续费收费标准相比，新出台的收费水平平均降低幅度约60%，部分城市降幅达80%以上。因此这项政策的出台，对整顿和规范住房交易市场收费秩序，减轻购房者和房地产开发企业负担，活跃住房市场，将起到积极作用。住房按揭利率全面降低的积极作用，2月21日起，央行决定降低人民币的存贷利率，商业性个人购房按揭利率下调0.54个百分点，金融机构各项存款年利率平均下调0.25个百分点。其中，五年以内与五年以上的贷款年利率分别降为4.77%和5.04%。利率下降，将使购房人直接受益，减轻还贷压力。据估算，2月21日后，办理10万元、30年期的商业性房贷，总共可以减少利息支出12060元。低利率大额度的按揭买房使居民购买力提高，需求量增大。

加入世界贸易组织对住宅业的积极影响。加入世界贸易组织将对全国范围内的房地产业产生重要影响。从住宅业来看，一方面，入世将促进住房价格的下降。这是因为入世后关税的降低会引发进口建材和设备价格下降，同时竞争的加剧会促使国产建材的价格相应降低。另一方面，加入世界贸易组织将增大我国城市居民住房消费空间。

（本文摘自《中国经济信息》2003年5月）

当前房地产市场状况的简要分析

一、房地产市场的基本状况

自1998年实行住房货币化分配改革以来，中国房地产市场快速发展，并出现房地产市场上的四大变化。

1. 住房购买以集团和公款购买为主，转入个人购买。

个人购房比例大幅上升，从1998年全国平均占房地产市场销售总量的不足60%，上升到2002年的90%以上。这是由于个人住房消费的配套机制逐步完善，主要表现在住房金融对个人住房消费的支持力度加大；一方面表现在公积金累计总额增加贷款幅度加大；另一方面表现在商业性住房贷款，尤其是按揭贷款在开发企业的拉动下，贷款额猛增，推动了个人住房消费逐年增加，集团购买明显下降。

2. 住房金融得到较快发展。

个人住房贷款从1998年的不足890亿元，发展到2002年的近7000亿元（含公积金贷款），增长7.8倍。个人住房信贷的发展，不仅拉动了房地产金融的快速发展，也大大推动了商品房一级市场的发展，并进一步带动了二手房市场的建立与发展，为完善住房市场体系（一级市尝二级市尝租赁市场）奠定了基矗。

3. 土地储备制度普遍建立。

房地产市场是以土地为核心的市场，只有土地（供地）市场的完善，才有房地产市场的健康运行。由于住房制度货币化改革之后，推动了住房产业的快速发展，产生土地的协议出让和“人情地”的大量出现，导致国有土地资产的大量流失，并助长了不正之风的腐败现象的蔓延，因此，2001年4月30日，国务院发出了《关于加强国有土地资产管理的通知》，本通知指出：“为增强政府对土地市场的调控能力，有条件的地方政府要对建设用地试行收购储备制度”。依据国务院的通知精神，土地储备制度得到快速实施，目前已有近1000多个市县建立了土地储备机构。土地储备制度的建立有力地制约了土地的炒作。2002年7月国土资源部又发文件出台“经营性土地必须挂牌拍卖”政策，这个政策的出台使土地市场得到进一步完善，也抑制了“人情地”和不正之风的发展。

4. 市场机制得到完善。

房地产市场是伴随着住房制度改革的逐步深入尤其是实行货币化分配之后，而逐步建立和完善的，从原来的福利分配制逐步过渡到运用市场机制。这个过程在中国经历了20多年的时间。现在可以说，房地产市场除了“经济适用房”部分运用市场机制和廉租房是一种政府行为外，已基本实现了市场机制运作。

以上四个方面，是近几年来，房地产市场的突出变化，这种变化不仅促进了房地产市场的发展，也带动了房地产金融业的发展，在住房抵押贷款拉动的同时，也推动了住房二级市场（二手房）的发展，住房二级市场发展较好的城市是：上海、天津、青岛等沿海城市。目前上海二手房市场的交易量占到房地产市场交易总量的49%，天津也达到40%的份额，青岛二手房的起步也较早，其份额也达45%左右。

从全国31个省市、自治区房地产投资和销售情况看，近几年来的增长率都达30%以上。2002年全国房地产投资总额6228亿元，比上年同期增长28.2%。增长超过50%（住宅）以上的有4个省份，他们是：宁夏73.9%，江西54.4%，浙江52.6%，湖南51.6%。只有内蒙古、黑龙江和新疆是负增长。房地产商品房销售额，2002年为3536亿元，比上年同期增长37.1%，增长率在50%以上的省市是：黑龙江95.3%，湖南87.5%，上海87.0%，内蒙古79.6%，贵州64.4%，安徽53.0%。房地产销售增长最慢的是河南8.8%，吉林1.1%，河北0.3%。其他省市自治区都超过10%。由此可见，全国房地产市场形势是乐观的。但是，也应该看到在房地产市场一片繁荣的背后还隐藏着一些值得关注的问题。

二、房地产市场存在的问题与前景

随着我国的申奥成功和加入WTO，我国整体经济出现快速发展的态势，在这种背景下，房地产业也得到快速发展，市场也呈现繁荣景象，无论从房地产投资，还是商品房销售，其增长速度都是可观的。但是我们也应看到在一片繁荣景象的背后，确实也隐藏着一些值得关注的问题。

1. 房价提升脱离居民收入的增长，少数城市出现房地产过热现象。

近两年房地产过热表现在两个方面:一方面是“圈地运动”的出现,北京首创集团储备的土地达到6200亩;华远启动的“新城镇计划”,在京城东、南、西、北各拿下不小于120万平方米的项目;天鸿集团与朝阳区长营乡运作240万平方米的土地协议;李嘉诚投资100亿开发东坝河约5200亩土地……。这些圈地不仅拉动了地价的上升,也为土地炒作埋下极深隐患。另一方面,是由于土地的炒作,进一步推动了房价的攀升。如杭州市的房价从1998年的平均价格2700元/平方米,上升到2002年的5000多元/平方米,几乎翻了一番;北京的房价是全国最高的,二环以内一般商品房的价格都在7000～13000元/平方米,2002年下半年虽有微弱的下调(平均下降249元),但是,这个价格中高收入水平的家庭也难以承受,更不用说普通百姓和工薪阶层了。

2. 由于炒作，一些城市出现了房地产过热现象。

导致过热现象的因素有两个：

(1) 在经济快速发展时期，有些开发商为了获取巨额利润，违规进行“圈地”，取得土地资本的垄断，不是为了直接开发，而是在取得土地使用权之后对土地进行炒卖，有意抬高地价，导致市场非理性运作，使地价快速上涨，从中获利。这是目前一些城市出现房地产过热的根源。这种现象在各个城市建立土地储备制度之后，单纯的土地炒卖受到一定程度的制约。

(2) 炒卖楼花。由于土地炒作受制约，目前炒作者（也可称投机者）转入炒卖楼花。如温州有一个人在杭州购买2700元/平方米的商品房28套，放了不到两年时间，就以4500元/平方米全部卖出，净赚504万元。更有甚者利用信贷资金购买整栋商品房进行炒作。所谓“投资”购房在一些城市是非常突出的，有的达到商品房交易总量的40%以上，应该看到非居住者（购买不是为居住而是炒卖）购买商品房数量过多，就把“房市”变成了“股市”，这给整个经济发展埋下隐患。这也是当前一些城市出现房地产过热的重要因素。克服房地产过热，抑制房地产炒作是政府部门不可忽视的职责。

3．经济适用房的运作有待研究。

经济适用房的出现，是国家为解决中低收入家庭住房问题的一项重要的政策措施。经济适用房不仅得到国家的政策优惠，各项税费的减免，还以划拨（无地价）的方式提供给土地的利用，实质上是经国家补贴的“准商品房”。由于国家把运作权交给开发商，并以市场机制运作（起步阶段是政府行为（强迫农民卖地），销售阶段是市场行为），这就产生了很多问题。

（1）经济适用房是市场运作，销售对象难以控制，家庭收入难以界定，而把这种权利交给公司就更无法控制，因此，导致经济适用房成了富人“投资”炒作的天堂。以北京为例，经济适用房有40%以上被富人买走，这违背了国家出台政策的初衷，导致“杀贫济富”的效果。

（2）这种经济适用房的市场运作方式，客观上形成了住房价格的双轨制，为有权有势、有财人员提供了滋生腐败的土壤，助长了不良风气的蔓延。也给房屋炒作者提供了温床。为此，笔者认为，

经济适用房的市场运作必须改革。可考虑两条出路：

（1）由暗补改为明补，也就是说，土地照市场价进行挂牌拍卖，其地价款作为中低收入者购房的补贴，并在报刊上公布，接受社会群众监督，这样有些富人和不应享受者就不敢轻易购买，否则就会暴光，起到控制作用。

（2）取消经济适用房的政策，政府只抓廉租房（非市场运作）帮助最困难者，因为现在的“经济适用房”，从设计户型、建筑材料，到面积都不是为中低收入阶层考虑的。例如：天津经政府批准的6个经济适用房居住区（“华苑”、“万松”、“梅江”、“西横堤”、“太阳城”等），都超过中低收入的承受能力。“梅江”YS园除两座框轻住宅外，有11座四层半联体花园洋房，47座别墅。一般户型单元面积为147平方米，别墅369平方米；北京有的经济适用房面积也达150平方米，价位一般也在3000～4500元/平方米，请问中低收入能购得起吗？政府提供的优惠又面向谁？如果取消经济适用房的优惠，不仅可以抑制住房价格双轨制产生的不良影响，依据市场运作规律（供求关系），逐步降低商品房的价格，而且还可以起到树立正气，克服腐败的作用。

4．房地产市场发展不平衡。

房地产市场上的发展不平衡，一方面表现为东中西部地区的不平衡，东部沿海地区比较发达，西部地区比较落后，市场机制也不健全，东西部差距较大；另一方面，表现在住宅市场的住房结构的不合理。开发商以获取最大利润为目标，建设大户型和高档的较多。面向中低收入者的小户型经济适用的住房较少，因此，商品房的空置率逐步增加，2002年达1.3亿平方米以上，商品房空置率这样高，为什么还未看到一家房地产公司破产？这就是中国经济发展的怪胎。

以上问题，是当前房地产市场上存在的比较突出的问题，应当引起相关部门的关注和研究。房地产市场的发展，也应贯彻“三个代表”精神，有些房地产的老总不能把眼睛只盯着富人。我们究竟还是“社会主义国家嘛”！

从近几年的实践看，房地产已成为国民经济发展中新的经济增长点，是国民经济的支柱产业，已显示出对国民经济发展的拉动作用。如果将上述存在问题加以妥善解决，中国房地产市场就可能延着健康的道路持续发展，在拉动国民经济增长中起更大的作用，其前景也是美好的、广阔的。

（本文摘自《中国房地产金融》2003年6月）

国务院通知成为房地产新里程碑

1998年，国务院出台了23号文件，结束了我国福利分房的历史。日前出台的“国务院关于促进房地产市场持续健康发展的通知”（简称18号文件）被成为中国房地产业发展的新里程碑。

有人评价说，新的18号文件进一步将23号文件中残存的非市场化因素进行深化改革，中国最昂贵的住房商品消费行为将加速市场化发展。

一、关于总体——房地产业基本成为国民经济支柱产业

中国房地产业在经历了近两年“泡沫”与“过热”的争论以及如何进行有效的宏观调控与管理的讨论之后，终于画上了一个阶段性的句号。

清华大学房地产研究所近期在国家自然科学基金资助下完成的一项研究表明，中国房地产业和住宅产业增加值占GDP的比重，在1997～2000年平均分别达到了6.6%和6.7%，而且呈现逐年提高的趋势。同期住房投资与住房消费对GDP增长的平均贡献分别为1%和0.2%。

这一方面说明，我国房地产业已经基本成为国民经济的支柱产业，同时也说明，启动住房消费、发展房地产服务业，是令房地产业持续促进经济增长、强化房地产业之产业地位的重要方面。从这种意义上来说，《通知》中提出的“坚持住房市场化基本方向”、“坚持以需求为导向”、通过深化改革来消除影响住房消费的体制性和政策性障碍、区分市场供给和住房保障制度下供给的功能、努力实现房地产市场价格基本稳定、“统一政策、因地制宜、分别决策”、促进房地产业与社会经济协调发展等指导思想，确实是高屋建瓴，是对过去10多年来经验教训的高度总结，具有里程碑性质的作用。

刘洪玉（清华大学房地产研究所所长）

二、关于供应——市场化是趋势

“国务院关于促进房地产市场持续健康发展的通知”，对今后房地产业发展具有很强的指导性，也很及时。通知中说，增加普通商品住房供应，要根据市场需求，采取有效措施加快普通商品住房发展，提高其在市场供应中的比例。这是非常好的政策，以前有是否以经济适用房为市场主导的争论，其实市场化的要求，还是需要并应该以商品房为主导。

我认为对于完善个人住房贷款担保机制的规定，方向是对的，如要加强对住房置业担保机构的监管，规范担保行为，建立健全风险准备金制度，鼓励其为中低收入家庭住房贷款提供担保。对无担保能力和担保行为不规范的担保机

构，要加快清理，限期整改。加快完善住房置业担保管理办法，研究建立全国个人住房贷款担保体系。但由于目前商业银行对于个人住房抵押贷款的信息尚未公开、透明，担保公司很难获知抵押率、不良贷款率、提前还贷等数据，无法在准备金和风险等问题上进行判断，要等待信用体系的完备才能够进行。

高广垣（中华全国工商业联合会住宅产业商会香港分会有限公司主席）

18号文件很有创造性地提出了“普通商品房”的概念。作为商品房，在房屋质量上不会存在很大差异，所以很难界定高档住房和低档住房，普通房概念的提出是对房地产市场结构的科学划分，这对于指导房地产行业的健康发展起到了良好的作用，并且克服和改变了以前在概念上的混乱和模糊，将促使房地产新一轮开发更加有序、房地产市场发展进一步深化。

北京市场的主流产品是普通住房，其需求量非常大，空置率比较低，而高档住房的空置率较高。北京市场仍应该以满足中等收入者这一主流消费群体为主，18号文件所倡导的因地制宜的做法是符合市场规律的。

张宝全（今典集团董事长）

三、关于经济适用房——不再承担平衡市场房价作用

当23号文件出台时，我们就在呼吁经济适用住房应列入城镇低收入家庭的社会保障体系之中。5年实践，经济适用住房合理承担了货币化分配向市场化发展的过渡性任务之后，终于被国务院明确为不是让富人占纳税人的便宜发财，而是真正为应列入社会保障体系的低收入家庭安居乐业的政策性住房了。政府将不再是利用经济适用住房平衡市场的房价，不再是利用经济适用住房调控市场，而是真正承担了政府应用二次分配调节、公平、合理补贴、切实保障的工作任务，在提供保证社会稳定的公共产品了。

从23号文件中多数人购买经济适用住房过渡到只对享受社会保障的家庭提供经济适用住房，实际是对低收入人群的一种保护，限制了不该享受政府优惠的购买人群与应受保护的人群之间的竞争，同时使国有资产和财富的转移支付合理地补贴到应受补贴的人，同时也是对房地产市场化的一种保护与推动。不是在与市场争食，而是努力实现社会公平。

这次的文件则明确了市场化的条件下政府只干政府应干的事，市场的事交给市场去做，而市场要做的是“满足不同收入家庭的住房需求”，有什么样的需求，就应提供什么样的产品，不应采用对不同消费需求的歧视而设置体制性的和政策性的障碍。在根据各地经济和社会发展相适应的情况下确定消费的条件，对局部发展结构不相适应的地区合理调控不同产品的结构比例。

任志强（北京华远房地产股份公司董事长）

四、关于融资监管——更贴近市场实际

经济适用房是我国由福利分房向商品房过渡的过程中为解决中低收入者住房问题的一种过渡性政策。随着房地产市场的发展，商品房供应的日趋合理，经济适用房所具备的价格优势也将慢慢弱化，逐渐被取代，控制好经济适用房的套型和购买人群是解决经济适用房现存问题的根本所在。

房地产要真正走入市场，就需要大规模的资金支配，如果不通过规范的手段来解决，势必会产生问题，这就需要通过证券化的资本平台来解决，同时也可以有效降低金融机构的风险。相比较而言，18号文件更贴近市场实际情况，来解决规避金融风险的问题。

张宝全（今典集团董事长）

“通知”中规定，加强房地产贷款监管。对符合条件的房地产开发企业和房地产项目，要继续加大信贷支持力度。同时要加强房地产开发项目贷款审核管理，严禁违规发放房地产贷款；加强对预售款和信贷资金使用方向的监督管理，防止挪作他用。对于房地产预售款和信贷资金的监管，这次是首次提出，我认为非常好，因为在市场中有些公司把一个项目的预售款用于土地储备，使得这个项目的风险增加。

高广垣（中华全国工商业联合会住宅产业商会香港分会有限公司主席）

曾经引起众多争论的银行信贷政策变化问题，在文件中也给出了结论，一是肯定了央行防范金融风险的重要性；二是强调了防范风险不能影响发展住房信贷，尤其不能因信贷政策的变化而影响了全国的房地产业发展的大局。对符合条件的企业和项目要加大信贷支持力度。对即使是已经出现违规的项目和行为也要妥善处理，化解风险而不能一刀切的简单处理并造成银行更大的金融风险。

任志强（北京华远房地产股份公司董事长）

五、关于二级市场——人不再像蜗牛

现在中国的城市的房子中已购公房占相当大的比重，但目前最大的问题就是因为各种限制而无法流通。将近5年了，各方呼吁，就是突破不了层层设置的限制。公房上市就卡在一个图章上，把中国人变成了蜗牛，人和房子连在了一起，不让你分开。我没有用的东西经过流通成为你有用的东西，这就是市场，是利人利己，又有利于国家的事情，房子不能卖，造成很大的浪费。18号文件中，把人和房子分开了，中国人从今天开始将不再当蜗牛了。

“任何单位不得擅自对已购公房上市交易设置限定条件”人自由了，房子也自由了。房子流通得越快越好，房子可以充分地利用，国家还多收一些税金和土地的收益金。

我们面对的是千变万化市场，不同城市的市场不一样，同一城市不同类型房子的市场也不一样，同一类型房子，不同的发展商的情况也有好有坏，怎么能统一到几个具体的数字上来管理和控制呢？18号文件中明确写上了：“对符合条件的房地产开发企业和房地产项目，要继续加大信贷支持的力度。”这就是市场经济的做法，而不是一刀切。有些房地产企业，用假售房合同骗取银行的按揭贷款，也有些房地产企业行贿从银行骗取贷款，这些都是犯罪，要限制。

潘石屹（SOHO中国有限公司董事长）

六、关于风险——面临艰巨任务

《通知》的内容很好地体现了“疏导”而不是“围堵”的管理思路。分析过去10多年来房地产市场发展的经验，我们发现，土地供应的失控和无序，规划管理的滞后和缺位，导致房地产市场“进口”的大门失去了调节流量的作用；缺乏效率和透明度的市场，加上管理制度的缺陷和低水平的市场服务，降低了市场参与者的决策质量，加大了市场交易成本，减缓了“流量”通过“渠道”的速度；而二手房市场不发达、忽视租赁市场的培育和发展，使房地产市场主要依赖“新建商品房出售”这样一个非常单一的出口，制约了房地产市场的发展，尤其是制约了住房消费及消费形态的多元化。

当然，我们也不要盲目乐观，毕竟中国房地产市场上还面临着许多问题需要我们去研究解决。房地产金融风险过分集中在商业银行体系，是一个不争的事实，从促进房地产业

长期稳定发展、持续促进国民经济增长的角度出发，必须要认真探讨降低和分散房地产金融风险的制度、手段和措施。在土地供应制度转变后，带有强烈行政色彩、同时又采用了最市场化的招标拍卖方式的集中统一的土地供应，能否很好地满足市场的客观需求，能否从保持地区长期竞争力和持续发展能力的角度，有效地控制土地价格，是对政府能力的一个严峻挑战。

刘洪玉（清华大学房地产研究所所长）

（本文摘自《北京晨报》2003年9月）

西方国家的住房保障体制及其启示

一、西方各国住房保障体制的构成

住房保障体制的内容可从不同的角度分析，本文将西方国家的住房保障体制划分成两个层次：住房保障的法律体系和住房保障的实施机构体系。住房保障的法律体系提供住房保障的制度保障，住房保障的实施机构体系提供住房保障的实施保障，两者共同作为西方国家住房保障的工具。

（一）西方国家住房保障的法律体系

西方国家涉及住房问题的法律较多，各国基本上都已经形成了相互补充的比较完整和完善的住房保障法律体系，有关住房保障的法律既包括在宪法、民法等一般性综合性法律中的诸多有关住房保障的法律条文，也包括综合性的社会保障法律中的诸多有关住房保障的法律条文，同时几乎所有国家都颁行了有关住房保障的专门性法律。这些法律在住房保障体制中发挥着重要的作用：

1．提供建立住房保障体制的依据。

住房保障的相关法律和专门法律通过较高位阶的法律对居民拥有适当住房的这一权利加以规定和保护，明确规定居住权是公民权利的重要组成部分，保障居民的基本居住条件是政府职能的基本体现，从而不仅为建立住房保障体制以及相关政策措施的采用提供了法律依据，而且也对居民享受有关住房保障待遇以及由此形成的其它财产权利与非财产权利给予了法律保障和支持。例如，从1946年起，瑞典就明确规定“享有良好的居住环境和宽敞的住房条件是国民的社会权利”，是政府的社会责任，政府要为保障国民的这一权利而不断努力。1948年2月23日，杜鲁门总统在《关于房租控制与长期的住房致国会的咨文》中强调“国家有责任保证向我国全体人民提供像样的住房。我们应以低收入家庭支付得起的租金提供简单适宜的住房。”

2．明确住房保障体制的目标。

依据法律对公民居住权的规定，西方国家根据不同历史阶段的各自国情，有针对性地通过法律明确了住房保障体制的目标，并随社会经济的发展和宏观政策的变更而适时调整，从而逐步实现全体居民的居住权。美国1949年住房法正式承认“为全美的每一个家庭提供舒适的家和适宜的居住环境”是国家的目标。1961年3月9日，肯尼迪总统发表致国会的住房和城镇发展计划咨文中提出了三个基本国家目标，其中之一仍是给全国人民提供体面的住房。瑞典政府于1967年的法案中提出“使全体人民能够以合理的价格住进宽敞、舒适和设备齐全的高质量的房屋”，在1974年又补充了“良好的居住环境、住房租户的参与权、各种住房阶层共处的整合居住社区”等内容。新加坡在独立之初，以住房绝对短缺问题的解决为目标，而当住房数量问题基本解决后，则于1964年将“居者有其屋”作为目标，推行住房自有化。

3．规定住房保障的实现方式。

为保证住房保障目标的实现，通过制定相应的政策法规，从微观上详细地规定住房保障的对象、保障标准、保障水平、保障资金的来源、专门管理机构的建立和权限的划分，以及对骗取保障行为的惩罚等，从而明确中央和地方、各种专门机构之间的权责划分，既能使政策法令更具可操作性，还可以避免其出现互相推诿等现象，以达到权责分明、各负其责、措施有力、提高效率、落实得当的目的。

例如，自1832年《乔利拉法案》之后，英国不断充实和制定有关法规。1890年工人阶级住房法首次授权地方政府建设住房来满足社会需要。1946年住房法鼓励地方政府建造住房，规定对低收入家庭提供的住房实行控租政策。1962年为规范当时民间兴起的建房社团的活动，颁布了建房社团法，规定建房社团的宗旨是为社团成员筹集资金，并以完全所有或租赁保有房地产证券形式贷给社员等。1980、1984、1985年住房法和1993年租赁改革、住房和城市发展法则体现了政府力图实现住宅私有化的指导思想，对鼓励公房出售等问题做出了明确的规定。

《加拿大联邦住宅法》最初制定于1938年，后经不断修订完善，现已成为联邦政府住房政策的总纲领。以此为依据，联邦政府制定“社会住房计划”以资助低收入和最穷的加拿大国民，使之也有体面的栖身之处。为此，联邦政府根据《加拿大抵押和住宅公司法》专门成立“加拿大抵押和住宅公司”，授权该公司代表政府行使贷款职能，执行社会住房计划，改善现有住房和居住区环境。

（二）住房保障的实施机构体系

由于中低收入阶层住房问题是实现全社会住房目标所面临的主要问题，因此西方国家一方面以法律为依据成立专门的机构来实施法律规定的各项保障措施；另一方面通过法律来引导和规范其它经济主体的行为，鼓励其服务于住房保障的整体目标，从而保证住房保障体制落到实处。从其组成结构上看，可以分为决策协调机构、具体执行机构和金融中介机构三个层次。

1．决策协调机构。

住房保障体制的落实是一个极其复杂的系统工程，涉及计划、财政、金融、税务、土地、规划、司法等许多部门。为了能有效地协调各部门的工作，保证有关政策法令的正确执行，一些国家先后设立了高层次的决策协调机构，负责制定解决住房问题的政策和计划，运筹物资、资金、劳动力等资源的分配，协调住房保障体制的运行。如瑞典的住房委员会下设国家住房管理局和23个省级住房管理局，284个区设有国家贷款和补贴的委托办事机构。住房委员会的职责包括：负责协调各政党在住房问题上的意见，审定政府的住房财政报告；批准有关住房的立法；处理各种住房抵押贷款；负责编制住房建设计划、质量控制指标和技术规范方法；确定补贴标准等。

美国1965年颁布《住房和城市发展法》，将联邦住宅局、联邦全国抵押协会、城市改建处、小区设施管理处合并，成立一个内阁级的住房和都市发展部，全面负责实施住房发展计划。该部下设公众住房局专门负责解决低收入家庭的住房问题。

2. 具体执行机构。

由于政府决策协调机构负责制定政策和计划、分配资源，若其直接参与住房市场，容易造成“政企不分”，影响市场机制的运作和自身职能的发挥。因此除少数国家外，政府决策协调机构一般不直接参与住房市场，而是由专门的机构来具体执行有关政策和计划，以解决中低收入阶层的住房问题。具体执行机构主要包括国有住房公司和民间非盈利组织两大类，其中，国有住房公司以地方政府所有为主；民间非盈利组织则包括居民自发组织、私有企业和宗教或慈善机构的住房组织等。

新加坡于1960年根据《建房与发展法令》成立国家住房发展局，由其全权负责建造和分配向中低收入阶层出售（出租）的公共组屋。住房发展局按商品经营原则自主经营、自负盈亏，其资金来源是国家贷款和政府给予的住房差价补贴。截止到1993年，共建成住房66万套。

瑞典的住房供应以国有公司和住房合作社为实施主体，前者是以瑞典自治体住宅公司协会为代表，后者则以瑞典全国住房合作社联盟为代表。1947年立法规定地方政府在实施国家住房计划（尤其是在住房贷款和补贴申请）方面需与中央政府共同决定，允许城市政府成立非营利住宅公司。此后，全国284个地方基层自治体除了4个以外，都成立了自己的住宅公司，而这些公司中的绝大部分加人了瑞典自治体住宅公司协会。成立于20世纪20年代末的瑞典全国住房合作社联盟是一个以住房资金融通、储蓄和建设一体化为特征的互助合作组织。20世纪90年代初期，该组织共有63个省、市级住房合作协会，下辖3405个基层住房合作社，会员约46万人。

3. 住房金融机构。

住房是价格高昂的生活必需品，西方国家的住房价格一般相当于家庭年收入的3～6倍。中低收入阶层很难在短时间内完全用自有资金来购置住房，于是开展住房信贷的住房金融机构便成为解决居民购置住房资金缺口的重要条件。一方面，多数国家采取税收、利率优惠政策鼓励个人储蓄和利用抵押贷款建、购房，由金融机构将量小分散、期限短暂的资金转化为数量较大、期限较长的资金；另一方面，政府给予中低收入家庭建、购房的预算拨款与经济补助等资助性资金，也需要金融机构进行营运管理。

住房金融机构可以分为政策性住房金融机构和商业性住房金融机构，而前者主要是针对中低收入阶层住房问题而设立的。美国联邦抵押贷款协会、英国住房协会、加拿大住房抵押贷款金融公司、日本住宅金融公库、瑞典城市抵押银行、挪威国家储蓄银行、意大利国家房地产信贷银行等都属于政策性住房金融机构或者具有很强的政策性功能的住房金融机构。这些机构通常是国家的法定机构，其领导体制归属于政府有关部门。政策性住房金融机构一般由政府批准的董事会直接领导，董事会成员由政府、专家和有关利益集团的代表等组成。由董事会聘任总经理，依法自由经营，自负盈亏，任何政府部门都不能直接干预其业务。

政策性住房金融机构的资金来源是政府财政拨款、中央银行贷款、专项住房基金、法定强制储蓄和社会居民存款等。其中，政府财政拨款主要用于创办这些机构和充实营运资金，。政策性住房金融机构一般不直接吸收普通储蓄，而是依赖于其它金融机构的转借，或者是吸收与住房贷款相联系的强制储蓄和居民住房存款等，尤其是储蓄银行更是如此。在资金运用上，政策性住房金融机构主要是以优惠的条件对中低收入阶层的住房建设给予金融资助，包括为中低收入阶层提供购、建房贷款，对向其出售、出租住房而建房的机构提供建房贷款，以及为贷款提供担保。

二、西方国家住房保障体制的启示

回顾西方国家住房保障体制的演进历程，尽管各国住房保障体制各有特色，利弊并存，甚至在发展道路上有反复，但就总体而言，其对这些国家的社会进步与经济发展起到了不可替代的、巨大的促进和保障作用，而其在这一发展过程中所表现出来的成败得失与经验教训，无疑对于中国住房保障体制的改革和建设具有重要的启示意义。

1. 住房保障体制的产生根源是工业化和城市化所造成的住房短缺问题。

正如恩格斯在其《论住宅问题》中所提出的“住宅缺乏现象”，住房问题是工业化与城市化加速发展的产物。由于城市聚集效应和规模经济的影响，现代工业化的过程同时也是城市化的进程。工业和人口在城市的高度集中，形成对城市土地和住房供应的巨大需求，从而产生了住房供应的绝对短缺，进而导致土地价格以致住房价格的上涨，于是广大中低收入居民家庭的住房支付能力与具有适宜的住房标准的住房价格之间出现巨大的落差。事实上，作为18世纪产业革命和全球性城市化产物的住房问题，在西方国家工业化加速时期主要表现为城市尤其是人口密集的大中城市的住房供应绝对短缺问题。而且，几乎每个西方国家在完成工业化和城市化的过程中都饱经城市住房供应短缺的痛苦折磨。另一方面，西方国家的实践也表明，如果解决了城市的住房问题，也就基本上解决了全社会的住房问题。因此从这个意义上说，城市住房问题是住房问题的焦点和主体。因此，为提高民众福利，缓解住房与社会矛盾，保持社会安定，各国政府都针对城市的住房问题进行了积极的干预，从而促成了住房保障体制的萌生。所以，作为住房问题特别是城市住房问题的对应面，住房保障体制的产生与工业化和城市化尤其是现代城市的发展密切相关。对于正在进行大规模工业化和城市化的我国而言，建立住房保障体制是一项势在必行的重要任务。

2. 住房保障体制的运作方式应该是政府在维护市场机制的基础上干预住房市场。

随着人类文明的进步，“住房作为人类生存不可替代的必需晶，人人都应享有合适的居住设施”的观点已经得到普遍的认可。1981年4月在伦敦召开的“城市住宅问题国际研讨会”上通过的“住宅人权宣言”指出，一个环境良好、适宜于人的住所是所有居民的基本人权。而1996年6月召开的联合国第二次人类住区大会通过的伊斯坦布尔宣言更是承诺：“人人有适当的住宅”。然而由于住房所具有的特性及住房市场所存在的缺陷，以低收入者为主体的特殊阶层难以仅仅只依赖市场机制来解决自身的住房问题。因此，政府作为一国经济的宏观调控者和管理者，担负着促进社会全面发展和保障全体居民基本权利实现的职责，理应成为构建住房保障体制的主体。尤其是因城市化快速发展而居民收入水平普遍不高等原因从而出现全社会性的住房紧张的情况下，没有政府的干预，就不可能有效地缓解以至解决尖锐的住房矛盾。

但是，政府成为构建住房保障体制的主体，并不意味着政府要完全取代市场机制，更不是破坏市场机制。市场机制仍然是供应与配置住房资源的最有效率的经济制度，理论上可以达到住房生产可能性边缘。并且，社会经济制度的基本设计也决定了市场要对住房资源配置起基础性的作用。所以，政府对住房市场的干预不是破坏或取代市场机制的运行，而是在市场机制无法发挥作用或无法充分发挥作用的情况下引导市场，是对市场机制的补充和修正。西方国家在进行住房保障体制的设计时，政府一般是以双重身份干预住房市场：其一，以管理监督者的身份代表全社会管理和监督住宅市场，从而成为影响住宅市场的外在因素；其二，政府与直接参与者的身份，作为住宅市场的内在因素直接参与交易，影响住宅市场的供求关系、供求价格和资金循环，调节市场内部的诸种关系以及市场内外之间的关系。近些年来，许多西方国家对原有住房保障体制进行了较大改革，目的也是在于通过减少对市场机制本身作用的过多影响以消除市场信息扭曲的现象。因此，对于正在建立社会主义市场经济体制的中国来说，在住房保障体制构建过程中，一定要正确认识政府与市场的关系，注意处理好两者的关系。

3. 住房发展阶段是影响住房保障体制运行方式的决定性因素。

不同的住房发展阶段，住房的供求关系状况有很大的差别，住房保障的需求程度和发生作用的范围也会相应产生很大的差别。一般来说，住房严重短缺时期，住房供应不能满足住房需求，住房价格与城镇居民家庭平均的住房支付能力差距较大，居民的住房保障需求相对强烈，需要政府保障的范围相对较大，需要保障的程度也较高。而在住房供求关系相对缓和时期，需要政府保障的范围较小、保障程度的要求较低，保障压力相对较轻。另一方面，不同的住房发展阶段也会深刻影响住房保障具体方式的选择。例如，在住房严重短缺时期，应当适用最有利于刺激住宅的供给、加快住房建设的政府直接建房方式；而当住房供求关系比较缓和时期，采取房租补贴的方式，则更具有选择性，更有利于减少保障资金支出。相反，如果在住房短缺时期简单地实行房租补贴的方式，则会由于房价较高、申请住房补贴的居民较多、补贴数额较大，难以达到减少政府保障支出的目的。但如果住房供求矛盾较小，房价比较稳定，继续实行建房政策，则不利于市场作用的发展，甚至干扰市场机制的正常运行。所以，住房发展阶段决定了住房保障体制的覆盖范围和程度，影响了住房保障方式的选择以及各种具体方式之间的关系。因此，应当根据住房发展阶段来决定住房保障体制的运行方式，并随其演进而及时地对住房保障体制的运行方式进行相应调整。

4. 在住房保障体制中，应当形成保障水平的层次性和手段的多元化。

住房保障的实质，是政府承担住房市场价格与居民支付能力的差距，以解决部分居民对住房支付能力不足的问题。由于保障对象的住房支付能力是千差万别的，因此住房保险的水平也须有层次性，以体现对每一个居民的公平；保障水平的层次性使不同收入水平的居民享受不同程度的保障，是一种经济、合理的保障制度，同时也有利于节约财政支出，减轻政府住房保障负担或保障成本，从而使更多的居民按照其所应享受的待遇，享受到政府相应程度的保障。与之相适应，为灵活地适应不同保障对象的具体需求和保障待遇，就提供不同的保障手段，换言之，保障水平的层次性决定了手段的多元化。这些保障手段对政府财力的要求、对市场机制的影响、对保障公平性的体现都是各不相同的，分别适应于不同的经济政策安排、不同的住房发展阶段和不同的居民保障需求。

为保证这种层次性的实现，就必须建立严格的收入划分标准和资格审查制度，规定不同收入标准所能享受到的保障待遇，从而控制不同保障手段和水平的适用对象与范围。当居民家庭收入改变后，待遇也要随之改变，以避免其过度享受福利待遇。例如日本规定，享受公营住宅租金优惠的租户，当收入超过基准时，若连续居住三年以上，则要累进计租；若连续居住五年以上，就须买下该住宅。新加坡政府在住房短缺时期规定，只有月收入不超过800新元的家庭才有资格租用公共组屋。

5. 财政支付能力是保持住房保障体制运行具有可持续性的基础性因素。

住房保障体制实际上是政府向居民提供的一种公共产品，其效用就是通过支付转移的方式实现社会收入的再分配，使广大中低收入和最低收入居民家庭也能够享受经济发展的利益，从而保持分配公平和社会稳定。若要使政府持续地提供这种公共产品，或者说使住房保障体制的运行具有可持续性，那么就必须考虑政府的财政支付能力能否有足够的支持能力。这是因为，无论各国住房保障体制中的何种模式、何种手段，都毫无例外地需要政府的财政支持作为后盾，尤其是需要财政资金的投入，否则就无法实施。因此，不同住房保障模式所采取的不同措施只有在财政支付能力的可承受范围之内实施，才能保证住房保障体制能够长期稳定地持续运行。所以说，财政支付能力是保持住房保障体制运行可持续性的基础性因素，在很大的程度上决定了住房保障体制运行的效果。这对于我国住房保障体制的运行而言，意味着住房保障手段措施的选择要恰当。达到的保障水平要适度，避免陷入西方福利国家曾经出现或正在出现的“福利的困境”。

（本文摘自　中国房地产信息网站　2003年9月）

中国房协召开会议分析当前房地产市场形势

7月23～24日，中国房地产业协会在广州召开当前房地产市场分析会。会议由中国房协副会长兼秘书长顾云昌主持。来自北京、上海、天津、广东、广州、浙江、杭州、大连、重庆、成都、湖南、武汉等省市房协负责人和专家参加了会议，并对各地当前房地产市场态势作了交流、讨论。顾云昌及来自各地的同志均认为目前全国房地产形势总体上是持续健康发展的，但几个大地区态势各异，部分地区存在商品房空置量过大，或房价上涨偏快，或土地供应未得到合理控制等问题，应引起有关方面重视。

一、全国房地产市场：总体上健康，地区各有差异

顾云昌在会议发言中和作会议小结时认为，全国房地产市场总的形势是持续健康发展的，但各地区的情况又各有特点，所以分析市场态势既要根据各地实际如实反映情况，也要如实说出存在问题。分析房地产市场要强调几个“协调”：1.供求总量的协调；2.供求结构的协调；3.一二手房的协调；4.土地供求的协调；5.城乡协调，也就是城市中心区开发与郊区楼盘开发的协调。还要以市场需求为导向；以促进消费拉动经济增长为出发点。上半年全国房地产市场态势从地区划分有三大类：一是以上海、杭州等城市为代表的长江三角洲地区，市场需求特别旺盛，房价上升快，土地供应紧张。杭州地价提高，造成房价的过快上涨，老百姓买不起房，对市场不利。上海、杭州等地购买力增长也很快，房价再高些也能消化，但会造成土地供应和商品房供应紧张，买的比盖的还快。虽然政府的土地税费是增加了，开发商利润高了，但实际上对楼盘品质的提升好处不大。应否考虑适度放开土地供应，调控房价。第二类是广东珠三角地区，住房供应比较充分，房价是稳中有降，开发商微利经营，市场比较成熟。第三类是中西部地区，开发量、销售量都在逐渐上升，但总量不很大，对全国房地产市场的影响也不太大。

二、长江三角洲地区：供销两旺，房价上扬偏快

上海市房地产业协会秘书长王述正指出，2003年上半年上海房地产发展势头好，主要特点是高位运行，供销两旺。上半年完成房地产开发投资417.43亿元，同比增长17.5%。商品房竣工面积637.23万平方米，同比增长36.0%。商品房实际销售面积746.75万平方米，同比增长15.5%；其中商品住宅销售面积691.18万平方米，同比增长25.1%。商品房实际销售面积比竣工面积高出109.52万平方米，空置面积下降。上半年商品房成交均价4509元/平方米，上升14.1%；商品住宅成交均价4309元/平方米，上升12.7%。王述正指出，当前上海房地产市场存在的问题：一是土地供应量大了一点；二是旧城改造的进程快了一点；三是商品房供应结构偏了一点；四是房价涨幅高了一点。对这些存在问题要高度重视，未雨绸缪，早作应对。

浙江省房地产业协会理事长唐世定说，浙江省今年上半年房地产市场形势依然保持快速发展势头完成房地产开发投资357.73亿元，同比增长41.4%；其中住宅开发投资258.02亿元，增长33.6%。竣工商品房面积767.98万平方米，销售商品房面积674.84万平方米，增长幅度都比较大，而且，销售增长率大于竣工增长率。全省商品房空置面积下降二成多。唐世定接着说，浙江房地产市场存在问题主要是：房价上扬偏快。从2000年开始，浙江房价涨幅逐年加大，2002年商品房均价比2001年上升13.58%。土地供应不合理，房源紧缺，住宅处于供不应求，老百姓购房难。存在“即产即（预）销”现象，新开楼盘未竣工就销售一空，市场基本上买不到现房。这种状况可能影响开发商对楼盘品质的提升。相应的措施是：及时调控市场供求，实现房地产市场供需平衡，防止过热。杭州市房地产业协会秘书长朱孟观介绍说，该市房地产业已持续9年呈高速增长势头，商品房价格涨幅连续3年居全国前列。2003年上半年完成房地产投资额78.1亿元，同比增长35.7%；商品房竣工面积140万平方米，增长68.3%；商品房销售面积101.4万平方米，增长58.7%。商品房销售均价为5397元/平方米，同比上涨4.85%。朱孟观指出，杭州房地产业在保持快速发展的同时，也存在一些问题供需矛盾突出；经济适用房和中低价位商品住宅供应远远不能满足市场需求；楼盘中大户型设计较多，小户型较少；土地价格偏高。

三、广东：房地产开发投资增幅减缓，竣工量大增，房价平稳，空置量增加

广东省房地产业协会副会长兼秘书长蔡穗声在会上介绍说，上半年广东房地产开发投资完成506.88亿元，增长7.58%，但比去年30%以上的增幅明显回落。其中住宅投资占71.7%，比2002年同期增长6.6%。土地购置面积1063.06万平方米，较去年同期有27.96%的增幅；土地开发面积只有973.02万平方米，同比增长15.22%，购置面积大于开发面积。商品房新开工面积2189.8万平方米，同比减少2.25%；竣工面积1424.04万平方米，同比增长59.51%；实际销售面积1004万平方米，同比增长27%。商品房售价平稳，均价为3339元/平方米，同比上涨0.21%。商品房空置面积2215.08万平方米，同比增加15.55%。

广东省房地产业协会副会长许绍基指出，广东房地产市场整体上是持续健康发展的，但也有以下几方面问题值得注意：一是空置量偏大，供大于求的压力较大。去年全省施工面积是12000万平方米，实际销售面积2531万平方米，施工面积是销售面积的4.75倍。二是对土地的规范化控制还远远没有达到要求，特别是在土地的招标拍卖挂牌出让等方面还做得不够，相对协议出让仅占较小比重。三是广东房地产开发从高利转向微利，开发商亏损面不小。广州房价连续几年下降，多层住宅从1999年的3800元/平方米降到2002年的3100元/平方米，高层住宅从1999年的5500元/平方米降到2002年的4700元/平方米。近年广州楼市也出现了住区品位提高，老百姓购房选优机会多的现象。由于市场竞争十分激烈，促使开发商招聘高手进行住区的规划设计，精心打造精品，一些均价为三四千元的住宅，功能和环境都相当好。老百姓选房空间大，以普通价格就可买到漂亮的住房，得益不少。一些大型有实力的房地产开发企业近年向京、沪、津、川等地发展，且势头逐步加大，也开发了不少精品楼盘，经济效益相当可观。

广州市国土资源和房屋管理局副局长谢晓丹在会上介绍了上半年广州市房地产市场的情况：商品房成交畅旺，供应量略减。上半年广州市区商品房成交量446.7万平方米，成交金额199.2亿元，分别比去年同期增长3.3%和2.5%；批准预售面积467万平方米，同比减少8.3%；二手房交易量继续增长，成交267万平方米，成交金额75亿元，同比增长9.9%和20.9%，二手房占同期房屋交易总量的37.4%；房价稳中略降，商品住宅均价为4279元，同比下降5.1%。谢晓丹接着谈了广州房地产市场持续健康稳定发展的主要原因和采取的措施：广州经济发达，增长速度快，为房地产市场发展提供了强力支持。金融对市场消费的支持力度进一步加强。政府及时制定相应政策，促进房地产业持续发展，包括严格控制土地供应总量，从源头上调控房地产市场；不断清理闲置土地，盘活存量土地；规范土地转让行为，完善土地有形市场。谢晓丹指出，当前广州市房地产市场存在的主要问题有：存量土地仍然过多，导致以招标、拍卖、挂牌出让的土地比例依然较低，在未来一段时期内，商品房的供应量仍将增加，供求矛盾将会加大；房地产信息资源尚未共享，信息公开有待加强房地产登记发证环节仍需加快；商品房销售、中介服务、物业管理有待进一步规范。广

州市将继续采取有力措施，规范房地产市场行为，进一步促进房地产市场健康发展。

广州市房地产业协会会长陈敦林认为，广州房地产市场有几个方面问题值得研究。一是经济适用房与商品房的供应量如何定出一个合理的比例。经济适用房供应量太大，对商品房市场冲击就大。二是广州的房价为何不涨，原因之一是65万套房子搞房改，200万人享受了房改政策，还有大量的侨房、私房，一、二手房供量都大。三是要进一步放开市场，让企业优胜劣汰，才能成长一批实力强大的企业。四是“非典”过后，住宅开发设计要注意通风、排污等，多建生态健康住宅。

四、北京、湖南、重庆、成都等地：开发投资持续增长，供销两旺，房价有降有升

北京市房地产业协会副会长温洪璋说，上半年北京市房地产开发投资完成394.7亿元，同比增长16.5%；商品房施工面积6163万平方米，同比增长20.5%；竣工面积428万平方米，同比增长53.3%；其中住宅竣工289.4万平方米，同比增长94.2%。商品房销售旺势不减，上半年全市商品房销售面积516.6万平方米，同比增长82.3%；其中商品住宅销售490.6万平方米，同比增长80.7%。空置率基本稳定。商品住宅均价4386元/平方米，同比有所下降，主要是受经济适用住房供应量大的影响。北京房地产开发结构性问题仍然存在，住房消费对市场的拉动作用还没有充分显示出来，要加强调整力度。

湖南省房地产业协会副秘书长魏薇介绍说，湖南省上半年房地产市场主要特征是：

1. 开发投资持续高速增长。

全省完成房地产开发投资97.94亿元，同比增长97.2%。

2. 土地供应急增。

房地产开发企业购置土地投资22.2亿元，同比增长202%；新购土地面积835万平方米，同比增长313%。

3. 开发规模稳步扩大。

商品房施工面积1954万平方米，同比增长68%；其中新开工面积707万平方米，同比增长80.3%。商品房竣工面积281万平方米，同比增长78%。

4. 购销两旺。

商品房销售面积231万平方米，同比增长77.5%；商品房平均售价1546元/平方米，同比上涨25.6%。商品房空置面积104万平方米，同比增长29.3%。存在的主要问题是土地供应量过大，政府部门应加强调控。

重庆市房地产业协会秘书长黄元金说，上半年重庆市房地产开发、销售均保持快速、均衡的发展态势。1～6月份，房地产开发完成投资112.75亿元，同比增长37.2%；施工面积3781.2万平方米，增长19.9%；房屋竣工面积345.3万平方米，增长67.4%；商品房销售面积532.86万平方米，同比增长104.04%。商品房均价1987元/平方米，同比上涨4.34%。存在的问题是开发企业拖欠资金严重，要尽快解决。

成都市建委房地产业处处长曾进说，上半年成都市房地产业发展有如下特点：开发投资呈高位运行态势，新开工商品房面积566.77万平方米，同比增长33.3%。销售势头良好，销售商品房260.77万平方米，同比增长16.8%。商品住宅价格稳中有升，均价2035元/平方米。存在的问题是商品房空置面积增幅较大，住宅小区配套设施跟不上，目前正采取措施加以完善。

（本文摘自 无锡房地产网站 2003年9月）

从“三个基本”看当前房市形势

中国房地产业协会副会长兼秘书长 顾云昌

国务院《关于促进房地产市场持续健康发展的通知》（18号文件）的发布，使近两年来围绕房地产市场形势的争论有了比较明确的答复，18号文件标题是“持续健康发展”，其语意是说：现在是健康发展的，今后要持续健康发展。

18号文件提出了“努力实现房地产市场总量基本平衡，结构基本合理，价格基本稳定”的“三个基本”的要求，这是判断当前和今后中国房地产市场和各地区市场是否健康的一个主要标志。纲举目张，国务院文件是纲，各部委文件是目；国务院18号文件是指导当前和未来一个时期中国房地产市场持续健康发展的纲领性文件。在1998年发布《关于进一步深化住房制度改革，加快住宅建设的通知》（23号文件），使中国房改取得了突破性进展、中国房地产业发展进入快速发展轨道的基础上，18号文件必将有力地促进房地产市场的持续健康发展，使房地产业的发展为改善居民住房条件、促进国民经济快速发展做出更大贡献。

一、当前房地产市场形势评估

国务院18号文件对我国房地产业的地位和作用做了充分的肯定，也对我们当前的房地产市场的形势做了明确的评估——中国房地产业是国民经济的支柱产业，房地产市场发展是健康的。

最近5年，我国GDP每年保持7%～8%的增长，称之为快速增长；那么房地产业连续5年保持20%左右的增长率应该叫作高速增长——从1998～2002年房地产投资增长、竣工增长、销售增长都是两成左右。2003年1～8月，这种增长势头没有减弱，投资的增长达到了33.1%，竣工面积的增长达到了32.8%，销售面积和销售额的增长分别达到了35%和41.1%，而且销售面积还多于同期竣工面积。

如果说当今世界上有房地产王国的话，中国就是房地产王国；而且现在正是中国有史以来房地产发展最好的时期：北京、上海等1个特大城市1年的房地产开发量都超过整个欧洲1年的数量。当然，中国的市场也理应成为世界上最大的市场，因为中国具有最多的人口，特别是中国的城镇人口已经达到5亿（城市化率现在是39.1%），相当于世界上所有发达国家的人口，钢产量、彩电、冰箱、汽车，还有房地产，理应是世界上最大的需求国家。

中国的房地产市场为什么会得到如此大的发展？有如此好的发展势头？

我把房地产业的高速发展比做是一架巨型飞机上天。飞

机起飞，首先要有一个万里晴空、蓝天白云的好环境。这个好环境就是我国国民经济的持续快速增长。近5年经济平均增长7.7%的速度，世界上哪个国家能比得上？经济发展了，老百姓有钱了，物质丰富了，环境更好了。

房地产这架飞机的高速飞行还依靠两架发动机。第一架发动机是住房制度改革，也就是23号文件显示出的强大的推动力量：如果不停止住房实物分配，中国房地产业就不可能有高速的发展。23号文把人们从过去对国家和单位的依赖中解放出来，变成主要靠自己的努力发展住房：其魅力在于，把老百姓口袋里的钱动员出来买房子。实践已证明，23号文件出台了一个好方案，大家卖旧房买新房，纷纷掏钱没有怨言；这与住房福利分配时分房常闹矛盾，甚至还骂街、打架形成了鲜明对照。住房改革，在过去中国历史上没有过，以后也不会搞第二次，千载难逢，空前绝后。把公房变成私房，将住房福利制顺利转轨到住房商品化、市场化，这场改革带来的动力犹如原子弹裂变一样，威力无比。现在房改的“能量”还在不断释放。

第二架发动机就是土地使用制度改革。从上世纪90年代初启动的土地改革，使国有土地使用权进入市场进行交易，促进了土地使用权的商品化；现又推行经营性土地使用权的招标、拍卖和挂牌，促进其市场化。如果没有土地使用制度的改革，没有土地使用权的交易、流通，也就不可能有今天房地产市场的繁荣。

有好的环境，有大功率的发动机，还必须有燃料供应。燃料就是金融的支持。在23号文件颁发前的1997年，全国个贷余额仅为190亿元，而2002年就达到了8 258亿元，房贷和个贷余额占到全社会贷款余额的17.6%。这是何等快的发展速度。广大居民的消费理念已发生了根本变化，“用未来的钱圆今天的住房梦”已成为现实。

如果我们用歌曲来描述中国房地产市场的话，第一首歌就是“千年等一回”。因为中国的房改和地改一千年（甚至更长时间）只有这“一回”，这“一回”让我们“等”到了。

房地产市场形势如此之好，是不是可以高枕无忧？当然不是。因为一个国家经济的高速发展，一个行业的高速成长没有问题是不可能的。针对房地产市场高速发展出现的各种问题，近两年社会上时常出现不同的声音，归纳起来有“五论”：第一是“冬天论”，说2002年是中国房地产的冬天，七八月份崩盘；第二是“过热论”，说房地产发展过热了，投资增长过快，规模过大，空置房太多；第三是“泡沫论”，说房价涨得太快了，已形成泡沫，十分危险；第四是“周期论”，认为房地产市场已经过了5年的高速发展，根据房地产发展周期，发展速度要调整了；第五是“风险论”，认为房地产风险很大，违规贷款比例不小，要收紧。

应当看到，这“五论”都是出于对中国房地产市场的关注和关心，但同时也让人们对房地产市场未来的发展产生许多困惑。所以，当我们在唱“千年等一回”的时候，也同时唱起了“让人欢喜让人忧”。

中国的房地产市场是不是健康和理性？如何判断？回答这个问题，首先要搞明白，市场是供求关系的总和。看市场是不是健康，应该看供求总量是不是平衡，供求结构是不是合理，供求价格是不是平稳，各市场主体的行为是不是规范、诚信……我想着重从两个方面谈点看法。

（一）看发展速度是否过热

有人说这几年中国房地产市场投资量太大了，发展速度太快了一些媒体说中国的空置房数量已经超过了警戒线，甚至有人说中国商品房空置率达到百分之二十几。我认为房地产市场是不是过热，可从两个方面进行判断：

1. 从房地产市场发展与全国总体市场的关系判断——看房地产市场是否占用了过多的人、财、物，影响了其他行业的发展，造成了整个国民经济的结构失衡。

1992年、1993年时，房地产市场资金占用量很大，银行贷款违规、拆借过量的资金涌到房地产市场上，造成全社会货币供应紧张和通货膨胀，也造成了市场物资供应的紧张，房地产市场是过热了。

而近5年，房地产市场占用资金量是不少，但是没有使其他行业没钱用，市场上货币供应量还很充分；房地产业用了很多物资、材料，也没有造成全国物资供应紧张。相反，房地产发展有力地拉动了内需，还解决了许多人就业问题。因此，从宏观经济总体上看，目前的房地产市场发展并没有过热。

2. 从房地产市场自身去判断——看投资增速和开发规模是不是太快、太大，空置量是不是太多。

2000年～2002年3年中，开发投资年增长速度分别是19.5%、25.3%和21.9%，今年上半年是34%，去年上半年是32%，到年末时统计也就是21.9%。我估计今年年末，增速在百分之二十几的可能性很大。另据我分析，近几年房地产开发投资和规模扩大，有住房市场化率提高的因素。据统计，最近二三年，全国每年竣工城镇住宅约5.4亿～5.7亿平方米，其中通过房地产开发供应的商品住宅为4至5成，另一多半是通过个人建房、集资建房等非市场化途径供应的。另据统计，市场化供应（商品住宅）的比例在逐年提高，比如2000年为42%，2001年为45%。可见这几年房地产开发投资和竣工量增加中，包括了由非市场化供应变成市场化供应的成分，还包括了城镇化加速、城镇人口增加所产生的住房需求。再据建设部最新统计数字，全国城镇人均住宅建筑面积22.8平方米，以此计算，全国5亿人口的城镇共有住宅114亿平方米。现每年新建住宅5亿多平方米，占总量的5%左右：这样的增量，应当认为也是合适的。

总之，从全国房地产市场的供求关系看，投资、规模和竣工增长速度虽快，但相对十分旺盛的市场需求来说，互相是匹配的。

（二）从商品房空置率看

第一个问题是国际通行的空置率与我们现用的空置率不是一个概念。国际上的空置率是指市场上现有卖不出去的房子（包括开发公司和业主卖不出去两部分）的数量，与全社会所有存量房的数量之比。我们现用的空置率计算方法是——开发商没有卖出去的商品房数量，与前3年商品房竣工数量之比。按照国际空置率计算，欧美国家一般在10%上下属于正常范围。我们如按国际口径算：全国城镇存量住房114亿平方米，现在开发商手里的空置商品住房约1亿平方米，加上业主手里想卖没卖出去的房子，也算1亿平方米（目前无此统计数字，按我估计的最高值），以此计算的空置率也低于2%。由此可以理直气壮地说，中国目前商品房空置率不高。再按我们现用的办法算，一般认为5%～14%的空置率是合适的。根据统计计算，全国空置率2000年为16.7%，2001年为15.4%，2002年14%。现在正好14%，空置率在警戒线以内。

另外，我们计算的空置房中包含了空置1年以内的待销房，这部分数量又占到空置房的50%左右。如按新的统计口径，1年内未出售的属于待销、不属于空置，则现在的空置率只有7%。何况，中国房地产市场还处于总量不足阶段，以后每年还需要有大的增量，消化这点空置房不是太大的问题。

第二个问题是房价问题。房价问题分两个方面：一个是价格态势，一个是价位高低。也就是说，既要看房价升了还是降了，速度如何，也要看它的价位是不是合理、房价与居民购买力之间的关系是不是协调。

关于价格态势。从1999年～2002年，全国商品房价格基本处在3%～4%的增长速度，今年上半年房价增长速度是4.3%，房价表现稳中有升。我认为，房价指数虽高于全国物价指数，但房价的涨幅一直低于GDP 7%～8%增长速度，更远低于城镇居民收入的增长速度（城镇居民收入的增长速度，2001年是8.5%，2002年是13.4%）。

我认为泡沫和过热是有所区别的。泡沫就是房价涨得太快，市场销售价格远远超过实际价值。按照这种认定，中国房价总体上没有泡沫；而且这几年房屋质量和环境有很大提升，实际发生的成本远远高于过去。当然也有个别地方土地价格升得很高，房价也随之攀升，有泡沫产生，但只是局部。我还想指出，这几年全国房价涨幅均低于居民收入增长，导致房价收入比不仅没有提高，而且还有所下降。

关于价位高低。衡量商品房价位高或低的主要指标是房价收入比。国际上的房价收入比讲的是一个中等收入家庭的年收入和一套中等水平住房的价格之比。在市场经济国家，房价收入比一般为3倍～6倍，因此，人们认为在6倍以内是合适的。2002年我国商品住宅平均价格（难以找出中等价位，故且用均价）是每平方米2130元，一套中等水平的住宅建筑面积，如按一套100平方米计，每套房价是21.3万元；如按80平方米计，每套房价为17.04万元（注：按建设部公布的数字，目前城镇居民人均住房为22.8平方米，平均每户不足73平方米）。2002年全国城镇居民人均可支配收入为7703元。

需要说明，这里的可支配和实际收入是两个概念。我国的可支配收入与国外的全部收入也不是一个概念。我用保守的计算办法，将可支配收入乘以1.2的系数作为实际上的全部收入，将每人的年收入再乘上3.2（户均人数），户均年收入为2.96万元。按每套100平方米计算，全国的平均房价收入比是7.2倍；按每套80平方米计算，平均房价收入比为5.76倍。但这里有一笔账必须算：中国的城镇七八成的老百姓都有一套房改房，房改房可能是二三万元买进来，而公房上市时可以十来万元卖出去。在卖小房买大房、卖旧房买新房改善住房条件之时，是会产生一笔实实在在的家庭收入的。房改房买下后卖出去，一套60平方米的房子价差（按每平方米1000元计）如按6万元计收入，则全国的平均房价收入比可降到5.17倍（按每套100平方米计）或者3.73倍（按每套80平方米计）。

以此方法再算算目前房价收入比最高的北京。2002年北京均价为每平方米4386元，100平方米一套是43.86万元，80平方米一套是35.09万元。2002年北京人均收入12 462元，按上述方法计算家庭年实际收入是47 550元。这样算北京的房价收入比为9.16倍（按每套100平方米计）或7.38倍（按每套80平方米计）。如算上房改房卖旧买新，每户可增加的房屋差价按每平方米2500元计，则北京的房价收入比是6.07倍（按100平方米计）或4.23倍（按80平方米计）。由此可见，中国目前的房价收入比也是基本合理的。否则，就无法解释这样的社会现象：一方面说中国的房价太高，另一方面房地产市场又有如此旺盛的购买力。

中国房价基本合理，中国房价走势基本平稳，这是中国房地产市场健康发展的关键。当然，说中国房地产市场是健康的并不是说市场中没有问题。比如一些城市住宅供应结构不合理、中低价位住宅供应紧张，有些城市近几年房价攀升过快、让人担忧等。在国务院18号文件做出当前中国房地产市场属于健康发展的结论后，我们应当居安思危，更要看到房地产市场中存在的问题，采取积极克服和防范风险的措施。

二、房地产市场的地区差异性分析

由于房地产是不动产，使房地产市场存在着明显甚至极大的差异性，有的是刚刚扬帆起航的舟（扬州），有的是进入航程的舟（杭州），快的船已上了海（上海），也有的地方刚刚“开封”（开封）。各地的社会、经济发展差异大，加上房地产政策措施不一，是导致各地房地产市场差异的主要原因。

房价是市场状况的显示器，也是市场发展中的灵魂。因此，我试从房价入手分析各地市场（以三个典型城市：北京、上海、广州为对比对象）。

北京房价：商品房平均售价2000年为4925元/平方米，2001年为5051元，2002年为4765元，2003年上半年是4639元。2001年最高，2002年降一点，2003年又降一点。最注目的是2001年上半年的房价比上年同期上升了25%，可到了2002年底反而比上年同期每平方米降了近300元。当然，平均房价变化与商品房供应结构变化有关，但从总体上看，近两年北京房价比较稳定，没有太大变化。

上海房价：在2000年以后的3年年年上升，分别上升3.4%、7.8%、13.1%，今年一季度攀升16%，7月份又比6月份涨了4%。上海市2002年房地产市场在投资、竣工、销售的数量以及房价等方面都创了历史最高记录。

4年前，北京平均房价要比上海高50%，当时上海商品住宅的均价为每平方米约3000元，而北京约4500元。现在上海的普通商品住宅价格与北京的经济适用住房价格差不多，这可能是上海没有建经济适用住房的一个原因。现在，上海的商品住宅价格已经跟北京拉齐了。

广州房价不同于上海、北京，已连续四五年出现稳中有降的局面，今年上半年与去年同期相比又下降5.1%。高层住宅均价从1999年5525元/平方米下降到2002年4727元，多层住宅从每平方米3800元下降到3100元。上个月，我在广州看到有一个开发商搞对折销售！有的开发商楼盘已经竣工了，还不卖，问他为什么，他说我等隔壁楼盘开盘以后我再开盘，他开盘每平方米3000元，我就卖2900元，他开盘2900元我就卖2800元。价格反应了市场情况：广州市场的竞争非常激烈，开发商利润也越来越薄。因此有许多广州开发商北上西进，到别的城市寻找新的利润点。

上海（还有浙江）这两年房子特别好卖，供不应求，利润空间相对较大；北京房地产市场处于上海、广州的中间状态，竞争没有广州激烈，价格也不像上海那样快速上升。可以说，三个大城市完全是三种市场状况，市场激烈的竞争会有力地促进房地产品质的提升。在广东，开发商如果不动足脑筋，想方设法提高规划设计水平和产品质量性能，不努力搞生态的、绿色的、健康的，或者是文化的产品，就卖不出去。所以最好的楼盘出在广州等地是必然的。相反，这几年房子好卖、房价涨得快的地方，往往缺乏创新和做精品的动力，这不利于产品品质的提升。

在市场经济条件下，房价及其升降主要是由供求关系决定的。从三个城市的房价变化可印证这一市场经济“铁律”。城市房屋的供求状况又最终反映在商品房空置量上，我们不妨再对三城市空置房数量做一比较。为便于对比，这里采用了人均空置面积的指标，我试按城市常住人口计算：2002年底上海人均空置商品房是0.66平方米，北京1.16平方米，广州1.68平方米。根据市场经济理论，当一种产品供大于求时，价格是上不去的；相反，出现供不应求时，想要降价也是不可能的。房地产市场也不例外。广州人均空置面积最多，供大于求明显，所以价格往下降；上海人均空置面积最少，产品供不应求，所以价格往上涨。上海在1999年以前的几年中，房价也是稳中有降的，而当时的人均空置房面积是现在的2倍以上。北京处在中间状态，供求相对平稳，房价相对稳定。

这三个城市是经济较发达的特大城市，流动人口很多，有不少异地买房者，可比性强。因此，我认为比较三城市的房价和空置面积，可以较好地说明房地产市场发展变化的客观规律。

衡量一个城市的市场是否活跃健康，关键看两个方面：第一看交易量，第二看市场是否规范诚信。

交易量用什么计算？我采用了人均交易量（也试按城市常住人口计算）：以2002年为例，上海人均交易量一手房为1.96平方米，二手房为1.80平方米；北京人均交易量一手房为2.16平方米，二手房为0.39平方米；广州人均交易量一手房为1.65平方米，二手房为0.87平方米。上海人均交易量远多于北京和广州（完整的比较应包括租赁市场，因缺乏租赁房交易量统计，故现尚难以做比较）。

再看看一手房交易量和二手房交易量之间的比例。上海为1:0.9，北京1:0.18，广州1:0.53，可见三个城市之间的差异不仅表现在空置上，还表现在交易量上。相比之下，上海房地产市场发育较好，关键是二手房市场十分活跃；而北京市场的二手房市场发育相对滞后。

综上所述，在房价走势、人均空置量和人均交易量3项主要指标上，三市存在很大差异；但有一项指标“平均房价”比较接近——目前三市均约在每平方米4200元～4300元左右。由于三市的居民收入也比较接近，因而三市的房价收入比也相差不大。

城市的房价走势直接反映了商品房的供应与变化；而商品房的供应又直接与土地供应有关。例如北京，长期以来有几个渠道供应土地，去年开始搞统一的土地储备，但是在开发商手中的存量土地也还不少，因此有不少外来开发商买的都是二手地、三手地。而历年来广州土地供应量更大些，1992年、1993年的大量批地，加上后来“拆市建区”时批出去的土地，现有11.58平方公里的土地在市场上尚待开发消化。如果每年消化2.3～2.5平方公里的话，还要消化5年。所以广东房协秘书长分析说，土地和商品房供应量很大，房价上升动力不足。现在广州搞土地拍卖，也不可能拍出大价钱；相反，还有土地流拍的现象。广州的经济适用住房和普通商品住房之间价格界线也不明显，说明普通商品房房价的利润空间不大。

而上海的情况不同于北京和广州，相对旺盛需求量而言，商品房供应和土地供应显得比较紧张。尽管上海采取许多措施来控制土地价格上升，如不采用土地拍卖、只搞土地招标的办法，以防越拍越高；然而近两年地价还是升得比较快。因为地价是由房价来决定的，反过来土地供应量决定了房屋的供应量，决定了房屋的供求关系，从而影响了房价的升与降。因此，土地供应量对地价和房价起到关键作用。

综上所述，土地供应决定着房屋市场的供应总量，而居民的购房需求决定着房屋市场的需求总量。三大城市的房屋需求都较旺盛：第一是改善住房条件的购房需求；第二是拆迁旧房带来的购房需求；第三是城市加速，外来人口到大都市买房以及部分农民进城的购房需求；第四是一部分人的投资需求。

目前，上海的拆迁需求特别大，据反映要占全部需求量的50%；再加上投资购房需求凸现，反映为市场供不应求，导致房价上升快。我听说，黄菊同志在上海时讲“房地产市场要小人穿大衣”，我很赞成。供应量适当放大，才能使价格平稳下来。为此，我认为对土地供应不宜提“控制”，应该叫“调控”。“调控”是有紧也有松的。还有，土地供应的调控既需要通过增量去“调控”，也需要通过盘活存量去“调控”。

供求总量和供求结构的平衡，无非是放大供应量或者缩小供应量，启动有效需求量或者“压缩”有效需求量两个方面的问题。

据了解，广州的调控，一方面是通过清理空置土地控制供应量，另一方面是在千方百计进一步启动有效需求。1997年以来，已经收回了十几块土地；同时，取消了土地用地通知书，改用土地批准书等来控制供应量。另外正进一步开放搞活二手房市场，让更多的人进入市场买房。

上海的调控，一方面将供应量适度放大，调整土地供应用量和土地供应结构，特别是加大中低价位住宅用地供应量。另一方面，将适当放慢旧房拆迁的速度，“压缩”拆迁户的购房需求，提出拆、改、留并举，尽量多改多留，促使供需关系和供求结构趋于平衡。另据了解，今年上海已将蓝印户口制度改成居住证的制度，以适当减少进沪购房人数；提高契税税率，从0.75%返升到1.5%；买房款可以抵扣个人所得税税基的优惠政策5年到期就取消。

我很赞赏上海房地产政策的与时俱进的变化。前几年需要启动住房需求时，通过大力发展二手房市场，把契税降到0.75%，实行蓝印户口制度和买房可抵扣个人所得税等措施，使房地产市场很快热起来。而现在火热了，就及时调整回来。在调整中又注意保护中低收入家庭的买房积极性，将由政府实施对购房者贷款贴息的政策。

北京这几年房地产市场相对平稳，空置房适度，房价较平稳，但人均交易量明显低于上海，市场活跃和规范也还不够。北京房地产市场的持续健康发展，重点是搞活二手房市场，规范租赁房市场。上海市场人均交易量之所以多于北京，关键是存量房市场活起来了；北京的市场就落后在二手房上，落后在有体制性和政策性的障碍上。比如，卖房收益要分成，土地出让金和契税率较高等。从2003年年初起这方面障碍已消除，从10月1日起，中央国家机关的二手房市场也将开放（现在北京的二手房市场是供不应求，年供应量只有300多万平方米，而上海为2000万平方米）。我相信不要太多时间，北京的人均交易量也会很快上升。

通过以上对三市房地产市场的差异性分析，可以总结出以下三点看法：

1. 三市的房地产市场表现形态虽不一样，但都是健康发展的。

市场发展中的供求总量、结构调整、房价升降，主要靠市场本身的力量，靠市场这一“无形的手”，这是市场经济自身的魅力，因此，要坚持住房市场化的方向。

2. 由于房地产市场的特殊性，其健康发展离不开宏观调控这一“有形的手”，政府调控的主要手段是土地供应量的调控和金融政策的调控。

3. 当前，全面搞活二手房市场是促进房地产市场持续健康发展的关键所在。

调整住宅产品结构，健全市场体系，使更多的居民入市交易，让更多的家庭特别是中低收入家庭买得起、买得上他们满意的住房，这是工作的重点。

三、当前房地产市场任务的分析

18号文提出了“五个坚持”和五大任务。

“五个坚持”是：第一，坚持住房市场化方向，更大程度地发挥市场在资源配置中的基础性作用；第二，坚持以需求为导向，满足各种不同收入家庭的住房需求；第三，坚持深化改革，消除影响居民住房消费的体制性和政策性障碍；第四，坚持加强宏观调控，达到“三个基本”；第五，坚持统一政策下，因地制宜，分别决策。

五大任务是：第一是完善供应政策，调整供应结构；第二是改革住房制度，健全市场体系；第三是发展住房信贷，强化管理服务；第四是改进规划管理，调控土地供应；第五是加强市场监督，整顿市场秩序。

上面我们已经“唱”了两首歌，随着18号文件的出台，我们要再“唱”第三首歌——“明天会更好”。因为未来5年、10年甚至20年，我国经济发展的“基本面”不变，追求“居者优其屋”激发的主动性住房需求、旧城改造产生的被动性住房需求，城镇化加速、农民进城带来的自动性住房需求，再加上住房市场化率提高和存量房交易活跃增加的需求，未来的中国房地产业和房地产市场必将是“明天会更好”。

“唱”了三首歌之后，现在还要唱“同一首歌”，主题是：中国房地产市场持续健康发展。如何持续健康发展，以我之见：

第一，重视两个有效：既要增加有效供应，又要增加有效需求。

发展是中国房地产市场主题，这是十六大精神、也是18号文件的要求。有效供应就是房地产产品的供应要满足各种不同收入家庭需求。18号文件提出“通过调整供应结构，逐步实现多数家庭购买或承租普通商品房”。请注意，原来（23号文件）提出：“建立和完善以经济适用住房为主的住房供应体系”，这意味着经济适用住房要面向占人口大多数的中低收入家庭供应。现在18号文件提法有变化，占大头的是普通商品房，而不再是经济适用住房。经济适用住房属于具有保障性质的政策性商品住房，对它的套型面积、销售价格和购买对象要进行严格控制和审定。更多地发展普通商品住房，并使更多的人买得起，这体现了18号文件坚持住房市场化的方向。

进一步启动住房有效需求，关键要通过深化改革，不断消除影响居民住房消费的体制性和政策性障碍，其中包括继续推进现有公房出售、完善住房补贴制度、搞活住房二级市场等创新措施，也就是要使更多的人买得起房子，更多的人进入市场交易。这就需要通过公积金制度健全和个人住房抵押贷款的发展，以及健全市场体系，发展中介服务，搞活房产交易，把居民的有效需求进一步调动起来。

第二，突出两项任务：调整结构，规范市场。

要使中国房地产市场持续健康发展，必须紧紧抓住调整结构这个主线。结构调整包括四个方面：

一是产品结构调整。要根据各城市房地产市场的实际情况，不断调整产品结构，比如，在许多大中城市普遍存在着中、低价位住房供应不足的问题，那么应加大这方面的发展力度；又比如，有的大城市高档、大户型商品住宅和高档写字楼、商业性用房积压较多，那么就应控制其开发量，从而使供应结构与需求结构相对应，使产品更加适应各种人的购买能力。

二是市场结构调整。调整一手房市场、二手房市场和租赁房市场的结构比例。现在我们研究市场，往往只看一手房市场，对二手房市场缺少分析。现在全国二手房市场交易量还只占房屋交易总量的2～3成。18号文件又一次提出“搞活住房二级市场”，目的是加快市场结构的调整，促使一二手房市场协调发展。我认为大力发展二手房市场和租赁房市场，既是不断扩大房地产市场容量的需要，也是促进房屋建筑品质、加快城市现代化的需要。

如何使更多的中低收入家庭买得起房子，前几年的主要办法是多建经济适用住房。但长期这样做就会产生这样的矛盾：现代化城市需要兴建具有现代化水平的“百年建筑”，而经济适用住房往往档次和品位上不去，过一二十年甚至几年就会显得落伍。不大量发展，不能满足广大中低收入家庭的迫切买房需求；而大规模发展，又会影响城市现代化建设。解决这一矛盾的一个有效途径，就是大力发展二手房市场。因为二手房市场活跃了，就可以让许多中低收入家庭去购置令他们满意的二手房，而不只是盯在经济适用住房上。二手房虽是旧房，套型滞后些，但是地段好，社区成熟，交通便利，价位又比较便宜，有其“相对优势”，完全可以吸引相当多的购房者。最近，我看到一个中等城市的政府为民办好事，在新区集中盖了100万平方米的经济适用住房小区，小区规划不错，外型也还新颖。但发现，业主入住后物业管理费难以收齐，有些居民舍不得用自家的自来水洗墩布，跑到小区花园内的小桥流水中刷。经济适用住房以怎样的速度发展，要不要太集中，值得认真研究。可不可以一方面通过高起点的规划和高水平的设计，建造一定数量的经济适用住房，另一方面通过大力发展二手房市场来满足更多的中低收入家庭住房的需求，是一个值得我们高度重视的房地产市场发展之路。

三是产业结构调整。要大力发展房地产服务业。房地产业属于流通服务的行业，它包括了开发经营、中介服务和物业管理三个子行业。开发公司提供房地产物质产品，中介公司和物业管理公司提供房地产服务产品。大力发展房地产服务业就是要提供更多更好的房地产服务产品。从目前的中国房地产市场体系看，服务产品数量不多，质量不高，经纪业、咨询业、策划业、评估业、物业管理业以及金融中介、法律服务等远远不能满足市场需求。要促进房地产市场体系加快建立，应该把发展房地产服务业放在很重要的位置。

四是布局结构调整。在加速城镇化的进程中，人口迅速向城市集中、房地产发展的布局要不断调整。旧城改造拆旧建新不能越建越密，容积率越来越高。现代化的城市必须交通是不堵塞的，环境是良好的。要提倡“新都市主义”的开发理念。住房郊区化怎么进行？不能把城市的“大饼”越摊越大，大城市要采用组团式的布局和发展卫星城镇。

第二项任务是规范市场，整顿秩序。加强市场监督，整顿和规范市场秩序，重点解决好工程质量差、经营不诚信、承诺不兑现、行为不规范等问题，以及遏制房地产交易中的各种腐败行为。同时要通过建立健全房地产信息系统和房地产预警体系，调控供求关系，促进房地产市场持续健康发展。

第三，抓好两个关键：一是土地供应，二是资金融通。

房地产开发一靠土地，二靠资金。在土地供应方面，18号文件强调区别对待：供应量过多、闲置建设用地过多的地方，要限制新的土地供应；而房价上升太快、供不应求的地方，可以按规定适当调剂增加土地供应。现在，国家规定凡经营性的房地产开发项目的土地一律实行招标、拍卖和挂牌。招、拍、挂是三种方式，但现在不少地方只注重拍卖。2002年全国35个大中城市房价涨幅为3.5%，而土地价涨幅为7.8%。土地涨得比房价快得多的原因之一是只采取土地拍卖办法，其结果往往是土地价位越拍越高。要防止房地产泡沫的产生，除了要使房地产开发用地的供应满足市场需求，供应不能“过紧”以外，供应方式的选择也相当重要。国外房地产市场发展的经验教训证明，高地价政策不是好政策，日本是个明证，台湾、香港也有很深刻的教训。因此，各地开发商、政府部门应该有清醒的认识，不要以为地价拍得越高越好，土地收入越多越好。地价攀升会全面提高城市的商务成本，降低城市的竞争能力，还会促使房价加快攀升，给普通百姓买房增加困难。

在资金融通方面，18号文件强调发展住房信贷，提出要发展个人住房贷款担保机制。既提出要继续加大信贷力度，又提出加大项目的贷款管理，不能违规发贷。特别提到预售款和信贷资金使用方向的监督管理，以防范金融风险。

18号文件也给我们打开了一个思路，我们不能把所有的房地产资金来源都集中在银行一个渠道上，应该加快开辟另外的资金渠道——就是直接融资的渠道。60%以上的钱都来自银行，银行风险太大，要设法分散风险。为什么美国、英国、整个欧美国家房子涨价没有像我们和亚洲一些国家那样出现惊慌？因为他们的资金来源不限于银行，还大量从股票市场、债券市场、基金中来，一旦有房地产风险可以由社会来消化，而不是银行一家承担。开辟直接融资渠道，通过证券、基金、信托投资等向社会融资，是我们努力的方向。

房地产金融改革，还需要加快建立两个系统：一个是资信系统，即个人资信系统和企业资信系统，对资信好的企业和好的个人，银行可以大胆放贷；另一个是担保系统，要加快研究建立个人住房贷款担保体系和房地产贷款、融资的担保系统，以分散金融风险。

第四，着力两个“品”字：一是提升品质，二是培育品牌。

18号文件提出要促进住宅产业现代化，推广先进适用技术、产品、材料，开展性能认定和住宅部品认定，通过高起点规划、高水平设计，注重小区环境建设和住区功能设计等问题。其核心之一就是要提高产品品质。

提升品质，一要靠精心规划设计，二要靠提高部品质量。开发商是整合商，把成千上万种部品整合在一起，成为房屋这一最终产品。房地产品质提升，需要优化整合。“千年等一回”的房地产发展时机，不能盖的都是“十年建筑”，一定要盖“百年建筑”，要给老百姓创造良好的居住和生活空间；给后代留下一份“遗产”，给城市增加亮丽风景线。

提升产品品质还必须要靠科技进步，通过增加科技含量，降低资源消耗和成本，提高性能价格比，从而获得市场青睐。

培育品牌，这是房地产市场发展的需要，也是企业提高市场竞争能力的需要。中国房地产市场呼唤品牌时代正在到来，但是成为品牌企业谈何容易。品牌的培育，首先必须有好的产品品质，第二要有准确的产品市场定位，要有好的文化内涵的产品品位。此外，作为品牌企业应该还有好的品行。品质、品位、品行都好，才能形成品牌企业。

（本文载自《经济参考报》，2003年12月）

京、沪、穗房地产市场的地区差异性分析

中国房地产协会副会长兼秘书长　顾云昌

由于房地产是不动产的缘故，使房地产市场存在着明显甚至极大的差异性，有的是刚刚扬帆起航的舟（扬州），有的是进入航程的舟（杭州），快的船已上了海（上海），也有的地方刚刚“开封”（开封）。各地的社会、经济发展差异大，加上房地产政策措施不一，是导致各地房地产市场差异的主要原因。

一、房价的比较

房价是市场状况的显示器，也是市场发展中的灵魂。因此，我试从房价入手分析各地市场（以三个典型城市：北京、上海、广州为对比对象）。

北京房价：商品房平均售价2000年为4925元/平方米，2001年为5051元，2002年为4765元，2003年上半年是4639元。2001年最高，2002年降一点，2003年又降一点。最注目的是2001年上半年的房价比上年同期上升了25%，可到了2002年底反而比上年同期每平方米降了近300元。当然，平均房价变化与商品房供应结构变化有关，但从总体上看，近两年北京房价比较稳定，没有太大变化。

上海房价：在2000年以后的3年年年上升，分别上升3.4%、7.8%、13.1%，今年一季度攀升16%，7月份又比6月份涨了4%。上海市2002年房地产市场在投资、竣工、销售的数量以及房价等方面都创了历史最高记录。

4年前，北京平均房价要比上海高50%，当时上海商品住宅的均价为每平方米约3000元，而北京约4500元。现在上海的普通商品住宅价格与北京的经济适用住房价格差不多，这可能是上海没有建经济适用住房的一个原因。现在，上海的商品住宅价格已经跟北京拉齐了。

广州房价不同于上海、北京，已连续四五年出现稳中有降的局面，今年上半年与去年同期相比又下降5.1%。高层住宅均价从1999年5525元/平方米下降到2002年4727元，多层住宅从每平方米3800元下降到3100元。上个月，我在广州看到有一个开发商搞对折销售！有的开发商楼盘已经竣工了，还不卖，问他为什么，他说我等隔壁楼盘开盘以后我再开盘，他开盘每平方米3000元，我就卖2900元，他开盘2900元我就卖2800元。价格反应了市场情况：广州市场的竞争非常激烈，开发商利润也越来越薄。因此有许多广州开发商北上西进，到别的城市寻找新的利润点。

上海（还有浙江）这两年房子特别好卖，供不应求，利润空间相对较大；北京房地产市场处于上海、广州的中间状态，竞争没有广州激烈，价格也不像上海那样快速上升。可以说，三个大城市完全是三种市场状况，市场激烈的竞争会有力地促进房地产品质的提升。在广东，开发商如果不动足脑筋，想方设法提高规划设计水平和产品质量性能，不努力搞生态的、绿色的、健康的，或者是文化的产品，就卖不出去。所以最好的楼盘出在广州等地是必然的。相反，这几年房子好卖、房价涨得快的地方，往往缺乏创新和做精品的动力，这不利于产品品质的提升。

二、空置房数量的比较

在市场经济条件下，房价及其升降主要是由供求关系决

定的。从三个城市的房价变化可印证这一市场经济“铁律”。城市房屋的供求状况又最终反映在商品房空置量上，我们不妨再对三城市空置房数量做一比较。为便于对比，这里采用了人均空置面积的指标，我试按城市常住人口计算：2002年底上海人均空置商品房是0.66平方米，北京1.16平方米，广州1.68平方米。根据市场经济理论，当一种产品供大于求时，价格是上不去的；相反，出现供不应求时，想要降价也是不可能的。房地产市场也不例外。广州人均空置面积最多，供大于求明显，所以价格往下降；上海人均空置面积最少，产品供不应求，所以价格往上涨。上海在1999年以前的几年中，房价也是稳中有降的，而当时的人均空置房面积是现在的2倍以上。北京处在中间状态，供求相对平稳，房价相对稳定。

这三个城市是经济较发达的特大城市，流动人口很多，有不少异地买房者，可比性强。因此，我认为比较三城市的房价和空置面积，可以较好地说明房地产市场发展变化的客观规律。

三、交易量的比较

衡量一个城市的市场是否活跃健康，关键看两个方面：第一看交易量，第二看市场是否规范诚信。

交易量用什么计算？我采用了人均交易量（也试按城市常住人口计算）：以2002年为例，上海人均交易量一手房为1.96平方米，二手房为1.80平方米；北京人均交易量一手房为2.16平方米，二手房为0.39平方米；广州人均交易量一手房为1.65平方米，二手房为0.87平方米。上海人均交易量远多于北京和广州（完整的比较应包括租赁市场，因缺乏租赁房交易量统计，故现尚难以做比较）。

再看看一手房交易量和二手房交易量之间的比例。上海为1:0.9，北京1:0.18，广州1:0.53，可见三个城市之间的差异不仅表现在空置上，还表现在交易量上。相比之下，上海房地产市场发育较好，关键是二手房市场十分活跃；而北京市场的二手房市场发育相对滞后。

综上所述，在房价走势、人均空置量和人均交易量3项主要指标上，三市存在很大差异；但有一项指标“平均房价”比较接近——目前三市均约在每平方米4200元～4300元左右。由于三市的居民收入也比较接近，因而三市的房价收入比也相差不大。

四、土地供应量的比较

城市的房价走势直接反映了商品房的供应与变化；而商品房的供应又直接与土地供应有关。比如北京，长期以来有几个渠道供应土地，去年开始搞统一的土地储备，但是在开发商手中的存量土地也还不少，因此有不少外来开发商买的都是二手地、三手地。而历年来广州土地供应量更大些，1992年、1993年的大量批地，加上后来“拆市建区”时批出去的土地，现有11.58平方公里的土地在市场上尚待开发消化。如果每年消化2.3～2.5平方公里的话，还要消化5年。所以广东房协秘书长分析说，土地和商品房供应量很大，房价上升动力不足。现在广州搞土地拍卖，也不可能拍出大价钱；相反，还有土地流拍的现象。广州的经济适用住房和普通商品住房之间价格界线也不明显，说明普通商品房房价的利润空间不大。

而上海的情况不同于北京和广州，相对旺盛需求量而言，商品房供应和土地供应显得比较紧张。尽管上海采取许多措施来控制土地价格上升，如不采用土地拍卖、只搞土地招标的办法，以防越拍越高；然而近两年地价还是升得比较快。因为地价是由房价来决定的，反过来土地供应量决定了房屋的供应量，决定了房屋的供求关系，从而影响了房价的升与降。因此，土地供应量对地价和房价起到关键作用。

综上所述，土地供应决定着房屋市场的供应总量，而居民的购房需求决定着房屋市场的需求总量。

五、市场需求比较

三大城市的房屋需求都较旺盛：第一是改善住房条件的购房需求；第二是拆迁旧房带来的购房需求；第三是城市加速，外来人口到大都市买房以及部分农民进城的购房需求；第四是一部分人的投资需求。

目前，上海的拆迁需求特别大，据反映要占全部需求量的50%；再加上投资购房需求凸现，反映为市场供不应求，导致房价上升快。我听说，黄菊同志在上海时讲“房地产市场要小人穿大衣”，我很赞成。供应量适当放大，才能使价格平稳下来。为此，我认为对土地供应不宜提“控制”，应该叫“调控”。“调控”是有紧也有松的。还有，土地供应的调控既需要通过增量去“调控”，也需要通过盘活存量去“调控”。

供求总量和供求结构的平衡，无非是放大供应量或者缩小供应量，启动有效需求量或者“压缩”有效需求量两个方面的问题。

据了解，广州的调控，一方面是通过清理空置土地控制供应量，另一方面是在千方百计进一步启动有效需求。1997年以来，已经收回了十几块土地；同时，取消了土地用地通知书，改用土地批准书等来控制供应量。另外正进一步开放搞活二手房市场，让更多的人进入市场买房。

上海的调控，一方面将供应量适度放大，调整土地供应用量和土地供应结构，特别是加大中低价位住宅用地供应量。另一方面，将适当放慢旧房拆迁的速度，“压缩”拆迁户的购房需求，提出拆、改、留并举，尽量多改多留，促使供需关系和供求结构趋于平衡。另据了解，今年上海已将蓝印户口制度改成居住证的制度，以适当减少进沪购房人数；提高契税税率，从0.75%返升到1.5%；买房款可以抵扣个人所得税税基的优惠政策5年到期就取消。

我很赞赏上海房地产政策的与时俱进的变化。前几年需要启动住房需求时，通过大力发展二手房市场，把契税降到0.75%，实行蓝印户口制度和买房可抵扣个人所得税等措施，使房地产市场很快热起来。而现在火热了，就及时调整回来。在调整中又注意保护中低收入家庭的买房积极性，将由政府实施对购房者贷款贴息的政策。

北京这几年房地产市场相对平稳，空置房适度，房价较平稳，但人均交易量明显低于上海，市场活跃和规范也还不够。北京房地产市场的持续健康发展，重点是搞活二手房市场，规范租赁房市场。上海市场人均交易量之所以多于北京，关键是存量房市场活起来了；北京的市场就落后在二手房上，落后在有体制性和政策性的障碍上。比如，卖房收益要分成，土地出让金和契税率较高等。从今年年初起这方面障碍已消除，从10月1日起，中央国家机关的二手房市场也将开放（现在北京的二手房市场是供不应求，年供应量只有300多万平方米，而上海为2000万平方米）。我相信不要太多时间，北京的人均交易量也会很快上升。

通过以上对三市房地产市场的差异性分析，可以总结出以下三点看法：

1. 三市的房地产市场表现形态虽不一样，但都是健康发展的。市场发展中的供求总量、结构调整、房价升降，主要靠市场本身的力量，靠市场这一“无形的手”，这是市场经济自身的魅力，因此，要坚持住房市场化的方向。

2. 由于房地产市场的特殊性，其健康发展离不开宏观调控这一“有形的手”，政府调控的主要手段是土地供应量的调控和金融政策的调控。

3. 当前，全面搞活二手房市场是促进房地产市场持续健康发展的关键所在。调整住宅产品结构，健全市场体系，使更多的居民入市交易，让更多的家庭特别是中低收入家庭买得起、买得上他们满意的住房，这是工作的重点。

（本文摘自　中国房地产信息网　2003年12月）

我国的住房积压率是否过高

——有关房地产形势分析不同意见的辨析之一

包宗华

作者注： 最近一个时期，在报刊上和有关会议上，议论房地产形势的意见很多，而且有许多不同意见。议论多和不同意见多，有利于“兼听则明”和有针对性地深入研讨。现将有关房地产形势几个主要问题的不同意见（本文为第一个问题）和有关辩析意见简述于后，供同志们研究形势时参考。

有些人士著文或发表意见认为，近些年来，我国空置商品房逐年增加，2002年全国空置商品房1.2亿平方米，其中积压一年以上未售出的积压房近6千万平方米。如以每平方米2000元计算，空置商品房积压资金高达2400亿元，比建一个三峡工程还多600亿元。如此巨大资金的积压，应定性为住房空置率过高。

此外，据《经济日报》今年8月25日报导，近6年来全国住房竣工面积和销售面积之差相加，全国未销售的商品房已达4亿多平方米，说明积压更严重。

辨析的意见有以下几点：

1. 目前国际上通用的指标，不是上面讲的空置率或积压率，而是空房率。

即以一个国家或城市的空房总数（一般指空置一年以上）为分子，以住房总数为分母，计算出空房率。这些年，美国的空房率为10%左右，英国的空房率曾达到13%。西方国家的专家认为，维持10%～13%的空房率，是这些国家经济发达和住房富裕的表现。有了10%～13%的空房率（空房率不是越高越好），人们到任何一个城市去都能很容易地租房或买房，有利于在经济发展中不断地调整产业结构和加速人才流动。由于我国的空房甚少，如与西方国家的空房较多相比，差距过大。在这个问题上，不能采用“国际惯例”和与“国际接轨”。

2. 我国过去的计划经济阶段，住房属于单位所有。

虽然每个单位都会留出一小部分住房作为周转房，但不叫空房，因而空房率为零。随着房改的深入和住房商品化的发展，商品房逐步增加，才在20世纪90年代中期，出台了空置商品房指标。这个指标规定，统计年度12月31日建成而未售出的商品房，即为空置商品房。后来发现，年底建成而未售出的住房，主要是待销房，相当大的部分会在第二年内售出。由于这个空置商品房指标把许多待销房视为空置，不能准确地说明住房真实的积压情况。于是，又增加了一个积压一年尚未售出的积压住房指标。最初，曾经用当年建成商品房总数为分母来计算空置率和积压率，后来又改为用当年建成住房总数为分母来计算。再后，人们又发现，空置或积压的住房，都累计了多年来的积压住房数，与当年建成住房总数相比不对口径，因而建议用连续三年建房总数为分母来计算（最近有的专家发表文章就用了此法）。最近3年我国城镇每年建成住房平均为6.8亿平方米，如果分别用一年和三年建房总数为分母，以2002年底积压一年以上的住房为分子计算，则我国的住房积压率分别为8%和2.7%。这个比率看起来不算高。

3. 最近有关主管部门规定，为了使统计指标能准确地反映商品住房的销售和积压状况，决定将相关指标改为住房建成1年以内尚未销出的为待销商品房，1～3年内未销出的为滞销商品房，3年以上未销出的为积压房，并在2004年进行2003年统计时使用。

今年6月，按老指标统计，空置商品房为9700万平方米，积压一年以上的商品房为4200万平米。如果将今年6月的统计数，改用新规定的口径来统计，则空置商品房这个不准确的数字将不复存在，而代之为待销商品房5500万平方米，滞销和积压商品房相加为4200万平方米（其中滞销商品房应占大多数）。如按这个新规定统计的数字来计算，我国商品房的滞销率和积压率也是不高的。

本文为了回答有人对2002年空置房的提问，故仍用老的空置和积压指标，但为了避开不准确的空置指标，在第2段中只计算了积压1年以上的积压率。

4. 在市场经济中的商品，都应保持适当的库存量和周转量（不包括不能销售的废品）。

例如，我国商业系统经常拥有尚未卖出的衬衫（即主要用于周转和库存的衬衫）超过70亿件。如果有人以每件50元，计算出我国尚未售出的衬衫积压资金3500亿元，几乎可以建两个三峡工程而加以口诛笔伐，只能证明他不了解市场经济。因为没有70亿件衬衫的商品周转量和储存量，就不能满足市场需要而出现供应紧张。由此可见，这些年我国住房积压数从无到有，并逐年增加，是符合我国住房商品化逐年发展的必然结果。

虽然我国积压商品房逐年增加是正常的，但决不是增加得越多越好，也不宜生搬硬套衬衫的周转储备量。各地应该保持多高的滞销率和积压率，由于我国没有先例可循，套用外国的空房率又距离太远。因此，还需由各城市在制定房地产警戒线时，从各城市的实际出发，做出定量的规定，并据以适度调控各城市积压商品房的增长。

5. 衡量商品是否积压过多的一条重要标准，是有没有造成价格下跌甚至大幅度下跌。

事实是，这些年我国的房价一直稳中有升。从这一角度可以说明，我国这些年积压商品房的逐年增加，属于正常增加的范围。

6. 我国人民长期生活在“零空房”的条件下，而且过去有人曾认为“零空房”是社会制度优越的表现。所以，20

世纪中期第一次统计空置商品房就有3千多万平方米，与“零空房”差得太多，当时许多人士因而大吃一惊。后来随着住房商品化的发展，空置商品房又以每年大于500万平方米的速度逐年递增（其中含有这个空置指标包括大量待销房的虚假反映），人们更认为“问题十分严重”。不仅舆论界载文予以抨击，而且各级主管部门在布置工作时，也要求予以严格调控。也正是由于这些年逐年增加的住房积压，是经过调控的，也可以从一定角度来说明这些年积压商品房的逐年增长是正常的。

7. 好几年前曾有人提出，西方国家住房空置率的警戒线是10%，因而建议用10%来作为我国的住房空置率警戒线。看来，他很可能是把美国要求保持10%左右的空房率，直接套过来用于我国的空置率。由于西方国家的空房率和我国的空置率从指标内涵到具体比例都相差甚大，因而犯了不同口径“混用”的错误。例如美国纽约市是个拥有近千万人口的大城市，由于住房供应已经相对饱和，近些年每年新建住房都低于200万平方米。如果有人按我国一年或三年新建住房总量中空置10%计算，得出纽约市空置住房超过20万平方米或60万平方米就超过了警戒线的结论，人们肯定是不会认同的。

8. 这里需要回答的一个问题，就是我国的空房率为什么如此之低。

如果要实行“国际接轨”，采用各国通用的方法来计算我国的空房率。即以我国城镇住房总数100亿平方米（此数是以我国城镇人口每人22平方米推算出来的）为分母，再把2002年底的积压房作为“空房”（因为我国没有另外的空房统计），计算出的空房率为0.6%，与西方国家10%的空房率相比，差距确实太大。这不是计算有误，而是事实如此。除了我国长期实行计划经济时期没有空房的延续影响外，主要是我国刚刚走过住房严重短缺的阶段，目前住房仍然比较短缺，因而不可能有多少空房。

随着住房商品化的发展，每个城市都应拥有一定数量的用于周转和储备的住房。例如，我国现有县城2000个，如果住房比较富裕，每个县城至少应拥有周转和储备的“空房”2～3万平方米，全国县城“空房”之和就会达到4000～6000万平方米。而现实情况是，我国全国城镇的积压房总和才达到4000～6000万平方米。这一计算也能说明，我国空房率实在很低。

9. 我们应该清醒地认识到，我国目前空房率很低，是经济还不够发达和居住水平比较低的如实反映。决不能盲目地与西方国家攀比，要求不切实际地去提高空房率。因为要与美国的空房率看齐，我国城镇就会拥有10亿平方米的空房，那是我国现实的经济能力远远不能承担的。为此，特别郑重地建议各级主管部门，从我国经济水平不高的实际出发，仍要继续重视和调控住房积压，减缓其上升的速度。

当然，从长远来看，随着经济的不断发展和人民居住水平的不断提高，我国也会逐步达到住房富裕、空房率较高的水平。但那是遥远将来的事情。

10. 有位从事统计工作的朋友指出，《经济日报》报导的空置住房数，纯属不了解统计指标的内涵而出现的计算错误。因为住房竣工面积指标包括商品住房和不用于销售的非商品住房两部分（例如，2002年非商品住房投资占住房总投资的19%），而销售住房面积指标只包括用于销售的商品房。《经济日报》的报导，采用的是两个不同内容指标之差等于空置房的错误计算方法，从而通过计算把非商品房“混入”了空置房，然后又进行6年累计相加，当然会得出一个惊人的、却是错误的空置4亿平方米住房的数字。这位朋友希望，各有关单位和媒体不要再使用和传播这一错误数字。

怎样看待我国的住房价格

——有关房地产形势分析不同意见的辨析之二

包宗华

前一段时期，不少人士著文或发表意见指出，我国房价太高，应该降价。以北京市一套80平方米的新房售价与户均收入相比，房价收入比达到11倍，比当年世界银行驻华专家提供的3～6倍的“国际惯例”高得太多了。还有人以一个近几年房价上涨最快的城市（其中有两年增幅超过10%）为例，认为房价的上涨速度太快了。

辨析的意见有以下几点：

1. 世界银行提供的房价收入比以3～6倍为宜的资料，主要反映美国等发达国家的水平，不能称之为国际惯例。据联合国公布的资料计算，多数国家，特别是多数发展中国家，房价收入比多为8～10倍，有的还超过10倍。它如实地表明，包括我国在内的发展中国家，居民买房的难度要比发达国家高。如果要求发展中国家与发达国家达到同等的房价收入比标准，是不合适的。

2. 房价的高低是与居民收入相对而言的。我国长期实行低工资制，人民平均收入很低。改革开放后，人民收入虽然逐年增长，但由于人口多和下岗职工多等原因，增长不可能很快。目前，我国仍然是一个平均收入比较低的国家。收入低应是居民购房难这个矛盾的主要方面。因而，只看到房价相对地高而看不到居民收入相对地低，是不全面的，也是不公平的。

3. 针对我国的实际，准确地评价我国房价，可以概括为以下两点：第一，从绝对数看，我国的房价比西方国家低得多。例如，我国房价最高的北京市与日本国房价最高的东京市的中等收入住宅价格相比，要差十几倍到二十倍。所以，从世界各国的水平来衡量，我国还属于低房价国家；第二，因为我国居民的收入比西方国家低得更多，我国的房价收入比反而高于西方国家。从世界各国水平来衡量，属于居民买房相对较为困难的国家。

4. 北京市的房价远高于全国的平均房价，不能用它的房价，特别是用它的一套80平方米的新房价计算出的房价收入比，来评价全国的房价水平。这里还要举东京的例子。东京是日本国房价最高的城市，为了解决居民的“购房难”，他们至今仍在大力推行小户型住宅。据日本专家提供的资料，东京市近3年建成的几个供中等收入者居住的住宅小区，最大的户型为69平方米，最小的户型为45平方米。日本国人均国内生产总值为3.3万美元，我国只有1千美元。相比之下，我国住房的平均户型似应稍小一些。但前一段时间，却有人在鼓吹建设大户型住宅，建设每套一百多平方米的经济适用住房，或者使用平均每套80平方米的新建住房来计算房价收入比。人们不禁要问，为何不把我国中低收入者的户均住宅面积定得稍小一些。

5. 随着经济发展，住房水平会不断提高，土地和建筑材料价格以及人工成本也会不断提高。在正常情况下，相同地段同类型的住房，不仅不会降价，而且会不断地提高价格。

6. 目前我国城镇已有72%以上的居民拥有自己的住房，如果住房降价，首先是广大有房居民因“住房资产缩水”而受到伤害。特别是用抵押贷款买房还处于还款期的居民，房价降多了，就会产生一种特殊的“住房资产负债”。因此，对是否降低房价，要审慎地考虑广大居民的利益，不能认为只要降房价就是好事。我国正在抓的降低房价，是降低城市的平均房价，主要措施是逐步增加低价位住房的供给比重。这种结构性的降价，不会伤害有房的居民。

经济常识告诉我们，价格持续稳步上升是市场繁荣的表现，价格持续下降是市场萧条的表现。最近，美国联邦准备理事会主席格林斯潘提出了一个“房屋净值利用带动经济增长”的论点。他认为，美国这些年经济复苏的最重要原因，是房价的逐年攀升。在房贷利率低下和预期房价会持续上涨的情况下，居民利用新住房抵押贷款金额高于原有住房抵押贷款的差额，掀起了重新贷款或利用房屋净值向银行贷款用于住房消费的热潮，从而刺激了国民经济的增长。这一论点，可供研究房价的同仁参考。

7. 解决居民购房难的根本措施，是把不断地增加居民收入和抑止房价的上涨速度结合起来，这样才能解决主要矛盾。主要办法是，通过适度地以经济手段为主的宏观调控，使每年房价的提高速度低于居民收入的增长速度，从而保证居民购房能力的逐年增长。

从1980～1998年，由于缺乏经验，我们没有对房价进行有力的调控，致使这18年房价上涨与居民收入增长基本持平，没有收到明显成效。从1998年至今，每年居民收入增长平均超过10%，而房价平约增长为3.8%，就取得了初步成效。

还要指出，最近5年来，全国房价平均每年上涨3.8%，属于稳中有升的正常涨幅以内。决不能用个别涨价过快的城市来代替整体，得出全国房价都涨得过快的结论。

8. 解决居民购房难的另一重要措施，是推行住房梯度消费。我国通过房改，用很低的价格将房改房卖给广大职工。直接的意义，是对广大职工长期实行低工资制、住房消费含量太少的补偿。而深远的意义则是，奠定了居民住房梯度消费的基础。这是我国政府在房改中施行的一项“德政”。例如，居民卖掉60平方米的房改房再去买80平方米一套的住房，难度就小得多了。即使房价高的北京市，按梯度消费增加20平方米来计算房价收入比，还不到3倍。为此，应该把实情告诉广大群众，按照梯度消费的原则去提高居住水平，我国72%以上的有房居民，已经走过了买房难的阶段。如果有人按照全体居民都“白手起家”新买一套房来计算，并得出了广大居民普遍都买房难的结论，那就是一个忘掉了房改的功绩，夸大了买房难的结论。

大力推行住房梯度消费，是让不同收入水平的居民“各尽所能，各得其所”，去解决与自己经济条件相适应住房的一条最有效的办法。我国有一种具有习惯性的老思想：买房要管一辈子，要买就得买一套大而新的住房。这种思想必须改变。因为我国广大职工中相当大的一部分，特别是参加工作不久的青年职工，他们原来与父母亲住在一起，没有梯度消费的物质基础。他们中的绝大多数，收入比较低，没有“一步登天”买大房、新房的能力。因此，从广大居民来说，只能走梯度消费的“正道”。例如，一个新参加工作的青年职工，先租住集体宿舍；结婚时购买或租住旧的36～40平方米一套的一室户；等孩子长到五、六岁时再买一套五、六十平方米的上市旧房；以后再随着自己的收入增长而分步提高居住水平。采用这种循序渐进而不是“好高骛远”的办法，购房的难度就小了。

9. 解决居民购房难的又一重要措施，是大力发展住房二级市场。西方国家每年上市销售的住房，旧房占80%多，新房不到20%，由于旧房价格低（包括旧住房平均面积小的因素），就降低了上市的平均房价。而我国上市的旧房少，旧房价和平均价格都下不来。因此，采取各种积极措施，大力开放“二手房”市场和租房市场，将是降低旧房价和住房平均价格的一条重要措施。“二手房”上市多了，一方面会增大住房供给和降低住房价格低；另一方面，购房居民有了更多的选择余地去买到自己比较满意的住房，将会激活住房消费。特别是一些购房能力低的职工，只有大量面积小一些的旧房上市，他们才能买得起房。我们可以算一笔账，如果二级市场大力发展，每年有10%的居民进入市场换房，并按每户换房投入10万元计算，每年就可增加住房资金1.4万亿元，比近5年平均每年的住房投资多1倍多。对于加快住房建设、繁荣住房市场、扩大内需、促进国民经济发展，都将具有重要的意义。

10. 为了解决居民的购房难，我国在不断提高居民收入、倡导住房梯度消费和发展住房二级市场的同时，还采取了一系列有效的措施，包括建设经济适用住房和低价位商品房、实行购房抵押贷款、推行住房公积金、发展合作建房和减轻购买住房税费等措施。综合地实施上述各项措施，已经并将会在今后不断地产生提高中低收入居民购房能力的作用。对于没有购房能力的最低收入者，则供应廉租屋，这是许多国家都在实行的办法。绝不能以最低收入者买不起房来说明“买房难”。

11. 要平抑房价，还必须控制出让土地的价格。随着国民经济和城市建设的发展，相关土地会因“级差地租”变化的影响，造成出让价格的正常上涨。需要控制的，是不正常的过高上涨。这些年来，有些城市采取了拍卖出让土地的办法。此法对于增加出让土地的透明度，避免许多弊端大有好处。但拍卖也有一个明显的缺点，就是容易过高地抬升地价，这就提出了一个在拍卖时如何控制出让价的高限问题。同时，有些城市管理不力，出现了一些不合理的圈地和反复生炒地皮的问题，引起了地价的过高上涨。地价高了，就会抬高房价，最后转嫁给买房居民来承担。

12. 推行以住房商品化为主要内容的房改，归根结底地说，是个经济问题。只有随着我国经济大发展和人民收入的大提高，这个问题才能较为圆满地解决。我们没有坐等，而是在经济条件不够成熟的情况下坚持改革，力争有较大的作为。二十几年来，我们以深化改革、加快发展为基础，实行适合国情的“综合治理”措施，已经取得了较大的成效，居民的买房难正在逐步减轻，并一直保持着住房销售的旺盛局面。目前，我国房价低的小城市，房价收入比多在6倍以下，中等以上城市的新房房价收入比，多为6至8倍。它说明我国目前的房价收入比，正在向“良好”的状态发展。只要继续坚持下去，成效将会日益明显。

我国房地产企业的利润是高是低

——关于房地产形势不同意见辨析之三

包宗华

有位作者著文指出，企业的合理利润应为5%，而房地产企业的利润远远高于5%，因而利润过高。还有人认为，房地产是首当其冲的暴利行业，许多亿万富翁就是搞房地产发家“暴富”的。而利润过高，必然会提高房价，而且有可能产生“高额利润驱动”的严重后果。

辨析的意见有以下几点：

1.如果对一年经济活动的利润进行统计，可以统计出这一年全国的年社会平均利润率、各行业的年平均利润率和各企业的年利润率。这些利润率有高有低，而且每年都会有变化。例如，在一个国家的经济繁荣发达时期，社会平均利润率就比较高，有时会高出10%甚至20%；而在经济萧条时期，社会平均利润率就会比较低，不仅会低于5%，有时还会出现许多亏损行业。在同一年内，各个行业的平均利润，也不会相同，例如，有些正在采用高新科技的“朝阳”行业或产品紧俏行业的利润会高于社会平均利润，而一些“夕阳”行业或产品滞销行业则与之相反。在一个行业中的各个企业，由于管理水平、科技水平和经营能力的差别，企业利润也会有很大差别。此外，企业的产品在市场上是畅销还是滞销，也会影响其价格和企业利润。因此，把各行各业以及各个企业的合理利润定为5%，不符合市场经济的运行规律。而且，努力提高社会和行业的平均利润水平，还是增加社会积累、加快经济发展速度之必需。

2.在市场经济条件下，水平（含管理、科技和经营水平）高的企业会获得较高的利润，水平低的企业只能获得低利润甚至亏损。这种差别就会推动广大企业不间断地去努力提高水平。而一些停滞不前、长期亏损的落后企业，则会在竞争中被淘汰。市场经济的这种优胜劣汰作用，是加快社会经济、社会生产力和科技发展的强大动力。如果把5%的利润作为合理利润来锁定所有企业，就会把充满前进活力的市场经济变成“一潭死水”。

3.在西方国家，房地产属于风险性产业。当国民经济走向繁荣发展时，房地产业会率先发展，而且会取得高于社会平均水平的利润。在西方国家市场机制相当健全的条件下，其平均利润一般会达到20%以上，高的会达到40%。而当国民经济走向萧条时，房地产企业又会率先滑坡，平均利润极低甚至全行业亏损，并导致一批企业停业或倒闭。因此，在西方国家市场经济充分发育的正常情况下，房地产企业的全行业利润，将随着国民经济的衰荣更迭而更迭。明白了房地产企业利润这个高低更迭的特点，就不会片面地去抨击其繁荣时期的高利润，也不会片面地去“怜悯”其衰退时期的低利润或全行业亏损。

4.十几年来，我国的国民经济持续地高速发展。按理，我国房地产企业应该连续地出现行业高利润，而事实却与之相反。据中国统计年鉴的统计，1996年全国房地产企业的平均利润为盈利0.91%，1997年为亏损4.66%，1998年为亏损3.61%，1999年为亏损1.16%，2000年为盈利1.62%，2001年为盈利2.29%，2002年为盈利3.6%。以上统计数字说明，这些年来我国房地产企业的整体利润水平，属于低利润行业。在报上发表文章的作者，没有去查统计年鉴，而是按国外的常规，或者几个高利企业的例子推论，作出了不符合我国房地产企业实际的结论。

5.我国房地产企业这些年平均利润低，主要原因是：全国房地产企业统计数为3.2万个（2001年进行一次性统计，包括了有执照而无经营活动的企业，共51901个），每年建成住房6.8亿平方米，平均每个企业只摊上2万多平方米。“僧多粥少”，造成占总数2/3的企业因任务不足而处于低利和亏损状态。由于这些企业总认为房地产企业是高利企业，因而宁愿承担低利和亏损的风险而“赖着”不停业，仍然在那里“等待”着获取高利机会的到来。更主要的原因是我国的市场经济还不够发达，企业适时进退市场的自觉性低，使得许多低利和亏损企业不能及时淘汰。以上，就是这些年来全国房地产企业平均利润低，而且有3年出现全行业亏损的主要原因。也是我国房地产企业平均素质不高、问题甚多的主要原因。解决这个问题的前提条件是，大力发展市场经济，充分发挥其优胜劣汰的作用。主要办法是，推行房地产企业集约化、规模化的结构调整，加快产业现代化的步伐，减少企业数量，提高企业素质。

6.有人说，房地产全行业利润低或亏损，恐系统计有误。因为它不符西方国家经济繁荣时期房地产企业应获得高利的常规。何况，全行业出现低利也不符合房地产“支柱产业”的“身份”。

对于统计数字有怀疑，可以拿出真凭实据来，请统计部门去核查修改。如果没有真凭实据，统计部门也没有修改，则只能以统计数字为准。

由于国情不同，西方国家有的常规并不一定全都适合于我国，本文第5节的分析就说明了我国的特殊情况。因此，决不能生搬硬套西方国家房地产企业利润的“常规”，来否定我国实际的统计数。

据了解，我国尚无统一的支柱产业标准。专家们写论文使用的标准有多有少，概括起来主要有以下6条：增加值或投资额占国内生产总值和总投资额的比重大；就业人数多；行业关联度和带动力强；较高的产业集中度和骨干企业市场占有率；上交税费多；持续发展的贡献率大。近十多年来，我国的房地产业在以上6条标准方面表现都很突出，因而成了名副其实的支柱产业。至于这些年出现的全行业低利润或亏损，主要是有2/3的企业任务不足造成的，但它并不影响全行业上交税费。据世界各国的资料表明，房地产税占城市收入的比重，发达国家高，可以达到10～15%；发展中国家低，只有1～6%。我国目前为3%左右，但近几年每年的平均增幅都超过20%。如果房地产税加上土地出让金，则成为城市财政的主要来源。这里还要指出，占房地产企业总数1/3任务饱满的企业，数量近1万个，主要是房地产的骨干企业。它们不仅企业利润比较高，而且产业集中度和市场占有率高。而骨干企业能否发挥产业集中度和市场占有率高的重要作用，正是支柱产业的一个重要条件。

7. 在市场经济的年度运行中，各个行业都可能出现一些获得高利甚至暴利的企业，房地产业也不会例外。但不能因为出现了一些暴利企业或项目，就“以点代面”把整个行业说成是暴利行业。

这里要着重指出，由于我国的房地产业属于“新兴”产业，许多调控企业利润的法制还没有跟上，加上其风险性产业和资金量大的特点，出现高利特别是暴利的“机率”，一般会大于其他非风险性行业；一个国家的大富翁中，搞房地产的就占有较大的比重。在1992～1993年我国房地产发展过热时期，由于管理失控，当时出现的高利和暴利企业或项目的事例更多。直至今日，这一问题仍然存在。因此，必须十分重视房地产企业出现高利特别是暴利的问题，决不能因为这些年行业平均利润低而加以忽视。房地产企业出现高利或暴利，各有其不同原因。应当通过具体分析，采取区别对待的政策和措施。

8. 有的房地产企业，在实行科学管理、采用先进技术、提高经营决策能力和企业信誉等整体水平方面，都优于其他企业，并因而获得了高利。对此，应采取鼓励政策，并通过市场经济优胜劣汰的作用，推动广大房地产企业努力提高水平，讲究诚信，加快前进步伐。

9. 有的房地产企业获得了高利甚至暴利，属于管理工作没有跟上。例如，一个中等城市开始开发某一片郊区时，每亩土地的出让金为10万元。过5年后，这一片郊区各方面的条件初具规模，每亩土地的转让金就涨到了200万元。如果有一个企业在郊区开发之初取得了较多的土地，按照开发量超过总量25%即可转让土地的规定，把拥有而尚未开发的土地转让出去，就可能获得20倍的“暴利”，而且不“违法”。对于这种情况，有的国家采取征收“受益税”（含土地和房地产受益增值）或“土地增值税”、“财产税”（因财产定期评估，就包含了增值的内容）的法制来抑制其获取暴利。而我国的土地增值税还起不到抑制暴利的作用，其他方面的法制还没有跟上。这也是近几年一些城市出现“圈地热”的主要原因之一。此外，西方国家主要是通过调控占住房总量大多数的“社会住宅”（相当于我国的经济适用住房）价格来平抑房价，而我国目前建设的经济适用住房占总建房量的比重还不大，调控房价的力度也不够大，也就会给某些企业因定价偏高而多获利留下可钻的“空子”。

因此，对于因为管理没有跟上而出现的企业多获利或暴利的问题，还得狠下功夫，通过有针对性的制定法规和采取有效措施来解决。

10. 最近报刊上有篇文章通过一些案例指出，有些通过房地产获得企业暴利和某些人“暴富”，来源是违法活动。一种情况是官商勾结。例如，有的“官”把低价土地或“油水”大的项目，出让给某些有“关系”的企业或有来头的“商”，让他们赚大钱；有的“商”在取得土地后，凭借自己的“关系”，向银行贷得巨额资金来开发，从而获得暴利。如果勾结的“商”可以把钱放进自己的腰包，就成了“暴富”。另有一种情况是违法不究。例如，有些企业或“商”，违法地圈地和炒地而获取暴利，主管的“官”没有制止和追究。

应该看到，因违法而获取暴利，特别是与腐败结合起来的违法活动，在各地确实时有发生。虽然为数不多，但对于房地产行业直至整个社会，却具有极强的腐蚀力和破坏力。对此，必须引起高度重视。除了继续加强相关的法制建设外，特别要加大查处和打击腐败的力度，一定要做到违法必究。还要看到，有些房地产企业的偷税漏税和欺诈等违法行为，不仅也在那里起着腐蚀作用，而且严重地影响行业形象。在今后规范房地产市场工作中，要作为重点，认真抓好。

怎样全面地分析我国的房地产形势

——有关房地产形势分析不同意见辨析之四

包宗华

近几年，不少人士著文或发表意见分析房地产形势。2001年底有人指出，我国当年的房地产已经与1993年一样“过热”，并预计2002年就要出现房地产的“冬天”。2002年至2003年7月，又有许多人分析房地产泡沫和风险，认为问题严重。有人著文认定，我国的房地产业已经到了泡沫经济的“悬崖”边沿。这些分析意见的根据是：这些年我国房地产每年投资增幅过大，空置商品房不断增加，房价不断上涨，房地产企业利润过高。因此，我国的房地产已经发展过热。

辨析的意见是：

1. 持房地产已经发展过热或到了泡沫经济“悬崖”边缘论点者，所引用的数据，主要是挑某一时间段、某些城市、某些突出问题的数据，有的还是作者主观臆测的“数据”。

如果把这样的数据加以推论和扩大，用以论定房地产的整体形势，就会犯以偏概全、严重失实的错误。而要全面、准确地分析全国的房地产业形势，第一个也是最基本的要求，必须用连续几年时间全国性的有关房地产业的主要统计数据来分析。这也是坚持实事求是思想路线的基本要求。

2. 分析全国房地产业发展是否过热的第一个主要数据，是每年全国房地产的投资增长率。

从1998～2002年每年投资增长的环比，分别为13.7%、13.5%、21.5%、27.3%和21.9%，平均年增幅为19.5%。如果使用不变价格，以上环比数还会小一些。许多专家分析认为，在国内生产总值每年保持7～10个百分点的持续增长时期，房地产作为需要率先发展的先导性、基础性产业，每年增长以保持15～20个百分点为宜，而且允许个别年代稍高一些。可见，从1998年以来，我国的房地产投资虽然一直快速增长。而其增长速度，仍属于健康发展的范围之内。

3. 衡量房地产发展是否过热，还需要同时对以下几个主要的全国性统计数据进行分析：一是，供需是否基本平衡。

从1998～2002年，每年全国商品房销售的增长率分别为39.7%、28.1%、30.1%、29.4%和23.7%，均高于前面列出的住房投资的增长率。这一“比较”说明，我国已经开始出现以消费带动供给的正常态势。二是，房价是否狂涨狂跌。这些年来，全国房价平均年增长3.8%，处于稳中有升的局面。特别是这几年房价的上升速度低于居民收入的增长速度，有利于逐步地提高居民的购房能力，是我们期望的一种增长速度。三是，住房积压是否过多。由于我国经济实力不强，应该着力控制积压住房数量的增长。但也要看到，随着住房商品化的发展和住房数量的增加，“空房”将正常地逐年增加。近几年我国每年的滞销房（即建成一年尚未卖出的住房）为4000～6000万平方米。以3年新建住房为分母计算，滞销率为2%～3%。按国际惯例以全部存量房为分母计算空房率，只有0.4%～0.6%，没有达到积压住房过多的程度。四是，房地产企业的利润是否过高。近6年来，房地产企业的行业平均利润，最高的为3.2%，并有3年亏损，属于低利润的范围。

从上述几个主要指标的全国数据分析也可以说明，从整体上看，过去5年来我国房地产业的发展，属于健康发展的范围。

4. 全面分析房地产业形势的第二个要求，是要认真分析房地产业的发展在国民经济中产生的作用。

十几年来，我国房地产业快速发展，年投资额和房屋竣工面积都翻了两番多。它为扩大内需，防止通货膨胀，改善人民的居住和生活条件，拉动相关产业，扩大就业面，促进国民经济发展，都做出了重大的贡献。十几年来，全国每年国内生产总值增长7%～10%，其中有1%～2%是房地产业做的贡献。房地产业已经名副其实地成为我国国民经济的一个重要的支柱产业。房地产业持续地为发展国民经济做出的重大贡献，也有力地证明这些年房地产业的发展是健康的。

5. 全面分析房地产业形势的第三个要求，是要坚持“两分法”。

我国房地产业是在改革开放以后重新复苏和发展起来的“新兴”产业，它还有很多不够“成熟”的地方。特别是房地产业作为风险性产业，又处于“风险”和“问题”的高发区。为此，我们在分析房地产业的形势时，一定要保持清醒的头脑。既要看到房地产业整体上的健康发展，又要看到发展中存在的各种问题；既要看到房地产快速发展产生的积极作用，又要看到发展不平衡产生的副作用。例如，有的城市住房供求的结构性矛盾比较突出，有的城市投资增长过快而出现了发展过热的苗头，有的城市房价上升过快，房地产市场行为不规范，有些房地产企业的偷税漏税和欺诈活动正在损害着行业形象，个别房地产企业或项目违法获取暴利以及涉及房地产的腐败问题也屡有发生。这些目前虽属局部性质的问题，如果任其蔓延发展，也会酿成大祸。因而，要继续努力健全和规范房地产市场，不断提高市场监管和调控水平，加大查处和打击违法和腐败问题的力度。并针对不同的问题，采取市场调节和宏观调控相结合的办法和各种有效的措施，努力解决已经存在以及发展中新发生的问题，以保证房地产业持续健康发展。

6. 我们还要清醒地看到，这些年许多城市房地产投资额的增长，一直处于高位运行的态势。

高位运行虽然有利于加快发展，但也潜藏着比较容易滑向过热发展的危险。特别要指出，2003年我国遭遇了意料不到的困难，但却取得了意料不到的快速发展。全国固定资产投资额，预计要比2002年增长30%左右；在固定资产投资中占有较大比重的房地产投资额，也预计要增长30%左右。专家们指出，这一增长率已经达到高位运行的“高限”，如不加以调控而任其按此比率继续增长下去，就会真正形成全国性的“过热”。

可以这样说，今后影响房地产业健康发展的“头号”敌人，就是发展过热。为此，建议各城市政府把防止房地产过热发展，作为一项重要的、具有长期性质的工作来抓。首先是通过改进控制土地供应数量和开工面积数量等措施，抓好房地产发展规模的总量控制。同时，积极研究和逐步建立防止房地产发展过热的“警戒线”，并研究制定防止越过“警戒线”的有效措施。

7. 全面分析房地产业形势的第四个要求，是要分析未来的发展形势，特别是要认真考虑国民经济发展对房地产业提出的要求。

党的十六大提出的全面建设小康社会的奋斗目标，要求2020年的国内生产总值比2000年翻两翻，即每年平均增长7%以上。按此要求，房地产业为发挥先导性作用，在这20年里，必须持续地以高于国民经济的发展速度向前发展。而房地产业现在的水平，又留有较大的持续发展的空间。我们要看到，由于房地产业现有的基数已经比较高了，在高基数的基础上再持续以较快速度增长20年，是一项十分艰巨的任务。面对新的形势，绝不能因任务艰巨而冲昏头脑，而要更加理性地分析需要和可能，安排好今后持续发展的速度和规模。据此，我们对2004年房地产业发展的理性要求是，不要大起大落，而要持续发展，以维持20%左右的增长速度为宜。

8. 2003年8月份，国务院在作了大量调查研究工作以后，颁发了《国务院关于促进房地产市场持续健康发展的通知》。

该《通知》充分肯定了近五年来我国房地产业持续健康发展的主流，明确了房地产业已经成为国民经济支柱产业的重要地位，分析了当前房地产业存在的种种问题，提出了解决问题、保证房地产业持续健康地发展的政策和措施。这样全面的分析，也是对近几年关于房地产业是否健康发展的争论作了最好的总结。

9. 由于房地产业能否顺利发展，已经成为关系国民经济全局的大事，意义重大。

为此，我们分析房地产业形势，包括肯定其成绩和指出其存在的问题和错误，都只能是一个共同目标，就是为了解决问题，保证房地产业的持续健康发展。

希望广大的社会人士，继续关心和爱护房地产业。并与业内人士一起，参与分析和研究房地产形势。既为充分发挥房地产业的积极作用、保证其持续健康发展提出合理化建议；又为发现和解决房地产业发展中出现的各种问题、防止其可能产生的副作用提出有效的对策。

也希望广大房地产企业的经营者，努力提高企业素质和产品质量，严以自律，讲究诚信，不发不义之财，不做违法之事，共同维护行业形象。

总之，要通过群策群力，集思广益，制订正确的政策措施并予以积极施行，把房地产业的事情办好。

第二篇

房地产市场经营

第四章 房地产投资

中国房地产业投资发展前景分析

一、房地产投资在我国经济发展中的作用

90年代以来房地产投资在我国经济和投资增长中起到了重要作用，在1990年之后，房地产业一直是我国经济发展的热点，对我国经济保持快速增长起到了重要的支撑作用。特别是在1992～1994年和1998～2001年这两个时间段内，房地产的发展具有举足轻重的作用。邓小平同志南巡讲话之后，我国经济摆脱了1989和1990年的低潮，在1992～1994年获得快速发展，这3年的GDP增长速度达到两位数，投资增长都在30%以上，而在这快速发展中，房地产投资起到了急先锋的作用，在1992和1993年都是成倍增长，占总投资的比重迅速上升。从1997年开始我国经济发展进入新阶段，基本告别了长期以来的“短缺经济”，进入了基本平衡，大部分产品供大于求。在亚洲金融危机的1998年和1999年，在世界经济不景气的2001年，消费疲软，出口低增长的情况下，投资对经济发展的促进作用明显增强，而房地产投资又是投资增长的主力，1999年以来，每年的投资增长都高于总投资的增长，占总投资的比重在2001年达到16.9%，是前所未有的高比重。另外，房地产业投资在吸纳劳动力和就业方面也起到了很大的作用，直接从事房地产开发的公司在10年中增长了5.2倍，从业人员从14.7万人增加到97.2万人。同时由于房地产业的开发，为从业人员总数达2740万的建筑施工队伍提供了近1/5的工作机会。再有一个方面是对改善城市居民住房和办公条件发挥了重要的作用，到2000年，房地产开发的房屋竣工面积占全国城镇房屋竣工面积的24.9%，而住宅竣工面积则占41.3%（见表3）；1991～2000年国内共出售商品住宅14.0万平方米，按2000年城镇4.58亿人口计算，平均每人1.73平方米。

二、21世纪初期房地产业展望

目前，人类已进入的21世纪初期将是人类经济和社会文明迅速发展的时期，也是机遇和挑战并存的时期。我们要在这10年中实现现代化的第二阶段的目标，经济总量要翻一番。为了实现经济的健康发展，将对经济结构进行战略性调整，大力发展第三产业。而房地产业是第三产业的重要组成部分。

（一）当前房地产业发展的特点

1．处于重要的转变时期。

一是配合国民经济增长从粗放型向集约型转变，房地产业的增长方式也正在由速度规模型向总量效益型转变。二是随着国家把住房消费作为扩大消费的重点，房地产业对经济的贡献已从投资推动转变为投资与消费双推动。三是在社会主义市场经济体制逐步确立的过程中，房地产业也将从主要靠政府政策调控向依靠市场和自身调节转变。四是我国在去年已加入WTO，随着WTO各项有关条款的实施，包括房地产业在内的我国经济各方面都将发生新的变化，主要表现是我们必须把着眼点从国内市场竞争扩大到国际市场竞争，竞争对手从国内的企业扩大到国外的企业，竞争规则从国内规则变为国际规则。

2．住房制度改革仍是房地产业发展的重要推动力。

房地产业的发展和繁荣一直有赖于住房制度的改革，从1998年开始的停止住房实物分配，集团购买退出市场和实行货币化分配的改革已在全国逐步推开，经济适用房的建设计划等等，都将在21世纪初期为房地产业的发展提供广阔的市场。

3．房地产市场已具雏形。

近几年为扩大内需，拉动经济的发展，国家对住房市场给予特别关注。不断规范和促进房地产交易市场的发展，优化市场环境，制定鼓励住宅消费的税费政策，积极开展住房二级市场和租赁登记备案制的试点，并将在全国推开。这些措施对进一步发展和完善房地产交易市场都有重要的推动作用。

4．商品住宅发展的新时期。

人们消费观念的转变和国家对住房实行货币化分配，把商品住宅的发展推向了新时期。其特点：一是住宅总量高速增加，预计从1998年开始的高速增长还将持续一个较长的时期。二是住房分配体制仍处于变革期，住房体制改革的办法虽然已经确定，但要在全国实现，还要有一个过程。在这个过程中，还可能制定更合适的新方案。三是各项促进住房消费政策的启动期，近几年国家把住房消费作为推动经济增长的重要手段，为此制定了一些鼓励住房消费的政策。这些政策的效果有些已经显现，有些将在今后逐渐显现。四是住房质量的提升期，人们消费意识和消费商品的提高，已促使开发商在房屋的设计和施工中更加关注房屋的质量、适用性、环境和外观等等。

（二）发展房地产业的有利因素

1．国家的重视。

在国家制定的《国民经济和社会发展第十个五年计划纲要》中，对住房建设和房地产业的发展都提出了明确的要求。指出：“2005年城镇居民人均住宅面积增加到22平方米”（这是指建筑面积，按1.33平方米建筑面积折合1平方米使用面积计算，为16.54平方米使用面积），要“深化城镇住房制度改革，落实住房分配货币化政策，扩大住房消费信贷，进一步发展以居民住宅为重点的房地产业和装修装饰业，规范发展物业管理业”。

2．房地产业与经济和社会发展目标一致。

国家在今后相当长的时期内都将把城市化和西部大开发

作为经济和社会发展的战略目标。而要实现这两个战略目标，特别是城市化目标，必然伴随有房地产业的大发展。

3. 国家政策的支持。

改革开放以来，特别是1998年以来，国家和有关部门制定的一系列鼓励发展房地产业的有关政策。在今后仍将发挥重要作用。国家和有关部门还将根据国家经济和社会发展需要，以及房地产业发展的具体情况和需要，制定相应的支持政策。

4. 人们住房观念上的认可。

经过前几年的住房改革和房地产市场的发展，特别是在把福利性实物分房改为住房货币补贴之后，彻底打破了广大职工住房靠国家和单位的计划经济观念，自已攒钱和利用贷款买房已成为广大居民解决住房问题的主要途径。

5. 房地产业已逐步走向规范。

经过国家和有关部门近几年的努力和市场规律的作用，加上消费者权益意识的提高，都使房地产商的不规范行为受到遏制，房地产业已逐渐摆脱混乱的状态，在行为规范方面有了很大的进步。

6. 房地产开发的调整已基本到位。

目前，以经济适用房为主的普通住宅的供应量不断加大，国家从税收方面，开发商在造价方面都在设法降低商品住宅的成本，使商品住宅的数量和价格都逐渐向符合工薪阶层需要方面发展。

7. 社会配套条件基本具备。

近几年与房地产业发展有关的房地产交易市场、房屋租赁制度、中介组织和中介服务市场、住房信贷制度、住房公积金和补贴制度都已建立并逐渐走向规范。

8. 我国已加入WTO，各种条款的逐步实施，将促使房地产业按国际准则运作和发展，税收等方面国民待遇实施之后，将会有更多的境外资金进入我国的房地产业。

9. 可能是最重要的，就是我国即将进入住房消费为热点的消费阶段。

随着进入WTO，汽车进口关税的降低和国产汽车的降低，汽车在今年将初步进入消费热点阶段。据最新统计，北京市170万辆汽车中，有一半是私车，有车的家庭占全市家庭总数的12%，而且随着公路，特别是高速公路网的完善，富裕阶层住宅郊区化的趋势已有所显现。估计这个趋势将很快在其他大城市出现。

（三）制约房地产业发展的几个方面

由于发展的历史短，经验不足，以及体制等方面的原因，我国的房地产业发展将受到一定的制约。

1. 人才的缺乏。

虽然目前从事房地产业的人数很多，但受过专业教育和训练，经验丰富的房地产专家很少。大多数房地产企业的领导人都是半路出家，其中不少是乱世英雄。在房地产业发展初期不规范、缺少竞争力的条件下，他们很容易获得成功。随着房地产业向规范方面发展和竞争的加剧，特别是我们加入WTO之后，许多在过去有效的方法不再适用的新形势下，一些人不得不退出，人才缺乏将更加明显。

2. 缺乏合格的物业管理队伍。

物业管理是与房地产业发展密切相关的行业，房地产业必须有物业管理的配合，才能有效的发展。但目前我们很缺乏合格的物业管理专家和队伍，很多住宅的物业管理与消费者的要求有很大的差距。随着住户消费意识的提高，差距将会更大。另外，物业管理的收费与工薪阶层的经济承受能力之间的矛盾也是目前难以解决的问题。

3. 与房地产业发展配套的交易市场、中介机构等还远没有达到健全和令人满意的程度。

目前房地产一级市场在很多地区还不规范，交易秩序混乱的现象，坑害消费者的事例时有发生；二级市场在许多地区尚没有建立，就是一些已有二级市场的地区，也缺乏合理的交易规则；与房地产开发和交易有关的土地和资产评估机构、房地产经纪人事务所、会计师事务所、律师事务所，贷款担保机构等等，不但数量不足，而且许多中介机构对房地产业务不熟悉，难以承担房地产业务。另外，许多地区对中介机构缺乏严格的资质评估和规范的行业管理。

4. 缺少房屋租赁市场。

租赁业务是房地产业的重要组成部分。过去我们的房屋租赁关系是在单位和职工之间，在全面实行货币化补贴住房，将住房卖给职工之后，单位不再承担出租房屋的业务，必须有专业的房屋租赁公司承担这项业务。任何地区都不应该只有房屋买卖市场而没有房屋租赁市场。但目前许多地区还没有建立房屋租赁市场，而在一些建立了房屋租赁市场的地区，在行业规范、价格、税收、服务范围等一系列问题上都缺乏相应的管理政策。

5. 法制建设滞后。

虽然近几年在房地产业的管理方面制定不少的法律和规定，但这些法规对房地产业发展的现实需要仍然是很不够的。除了法规不健全之外，有法不依和无人执法的现象也大量存在。法制的落后使房地产领域社会信用缺乏监督和保证，影响房地产经营的效率和效益。

6. 房屋建设的科技含量低。

近几年虽然房地产业发展很快，但由于一直忽视房屋科技的作用，房地产开发在采用新技术、新材料、新工艺、新设计思想，提高房屋内在和外观质量方面都比较落后，很难满足消费者不断增长的对房屋建设的工程质量以及房屋和设施功能、环境、服务等方面质量的要求。

三、房地产业在“十五”时期的发展前景

“十五”时期将是我国房地产业蓬勃发展的时期。按此计划，到2005年，我国城镇居民的人均住房的建筑面积将达到22平方米。

2000年我国城镇居民为4.58亿人，人均住房建筑面积19.8平方米（按2001年《中国统计年鉴》数据推算而得），预计到2005年，我国的城镇人口将达到5.4亿人，按平均每人22平方米建筑面积推算，在“十五”期间要增加住房建筑面积28.12亿平方米；如果原有旧住宅每年按4%的比例拆迁重建，5年合计20%，总面积为18.14亿平方米；两者合计，“十五”时期需要新建住宅46.26亿平方米。按2000年城镇商品住宅平均每平方米造价1000元计算，“十五”计划时期的5年中，仅城镇商品住宅的建设投资就将达到46260亿元。如果按商品住宅占商品房面积的85%（1996～2000年平均数）推算，5年中城镇需要竣工商品房54.42亿平方米；按2000年商品房平均每平方米造价1139元计算，5年中商品房建设投资总额将达到61984亿元。按国家计划，“十五”时期全社会固定资产投资总额大约为221064亿元，商品房投资占其28.0%，表明房地产业在第10个五年计划的经济和社会发展中将占据显著的地位。

（本文摘自　国研网　2002年6月）

房地产投资隐藏巨大投机风险

市场的疲软使得赢利率较高的房地产业成为人们关注的焦点。去年以来，房地产业出现了外行搞房地产、外来人搞房地产、外来资金搞房地产的“三外”现象。然而在这股淘金的潮流背后，却使房地产业面临“过度投机”的尴尬命运。

据了解，自2001年以来，众多房地产企业开始跨区域行动，出现了“粤商北上、沪商浙商西进、京商辽商南下”的现象。以北京房地产市场为例，福建金源集团开发世纪城、深圳万科开发万科星园、珠江房地产开发珠江骏景、上海金马集团开发清芷园、湖南电广传媒获得西红门经济适用房项目。而在上海市中心地段，当地房地产商一般不敢轻举妄动的黄金楼盘，大部分被苏浙等外地房产商拿下，且动辄就是大手笔。杭州中凯置业投资10多亿元，围出10万平方米土地，甚至不惜挖万米人工湖以打造精品楼盘。

与此相应，业外的众多龙头企业也纷纷进入。被称为国内饲料大王的新希望集团进入房地产市场后，预计今年房地产的盈利可超出主业。与此同时，海尔、TCL、美的、三九、联想等一大批“挟”强势品牌而来的企业也纷纷逐鹿地产。尤其值得关注的是，上市公司中转型搞房地产的已经达到300余家。这些企业的传统主业有医药、IT、家电、机械制造、纺织服装、农业等。种种迹象表明，业外企业对房地产开发热情空前增长，大有超过传统房地产企业之势。

随着我国加入世贸组织，外来资金也逐步向房地产业渗透。据上海市工商局统计，在今年上半年新注册的外资企业中，注册资金超过1000万美元的有59家，其中21家具备了房地产开发资质。东南亚最大的上市房地产公司新加坡嘉德置地集团在中国投资额达50亿元人民币，其中七成投在上海。香港四大地产商之一的新世界发展集团也宣布，在未来3年内，其下属的新世界中国地产有限公司将对上海累计投资达80多亿元人民币。

然而，房地产业的现实并未契合人们的良好预期。在房地产业投资急剧增长的同时，一些异常现象已向介入房地产的业外企业不断发出预警：一是楼建得多而卖得少。国家统计局统计显示，2002年上半年，房地产投资增幅达32.9%，远远高出销售增幅，其中十余个省份高出20%以上，这导致了商品房空置率继续上升。二是高价位的房子多，中低价位的房子少。以北京为例，每平方米7000元以上的房产已经出现了供大于求的现象，不少高档住宅项目的销售陷入停滞状况，中低价位住宅缺位，成为楼市产品供应不均衡的一个突出表现。

专家提出，在“三外”过多涌入的情形下，要谨防投资变投机。现在房地产开发商60%以上的资金来自银行贷款，极易导致金融机构对单一产业发展的贷款集中度过大的风险，要防止银行贷款被用作投机。一项调查显示，目前大部分房地产开发商自有资金不足，平均资产负债率是72%，最高达94%。与此同时，个人购房也大多依赖按揭贷款。一旦房市发生较大波动，资金链出现问题，就会十分危险。

专家提醒想要介入房地产业“淘金”的业外人士，切忌盲目跟风，“摊子”过大，否则吃亏的必将是开发商自己。

（本文摘自　新华网　2003年1月）

投资房产存在三大误区

在我们的日常生活中，存在着一些理财误区，它们会使我们在理财时盲目乐观，而这种乐观情绪有时会影响到我们的判断。

一、误区之一是不提折旧

按照企业的会计准则，固定资产是要提折旧的。这一点看起来是很简单的，可真正想到这一点的人并不多。譬如说，我们买了一台彩电，价格是3000元，预期的使用寿命是10年，那么它每年的折旧就是300元，而这300元要算成主营业务成本。换句话说，我们所说的家庭主营业务成本除了日常开销外，还要包括折旧。

实际上，家庭固定资产包括的东西相当多，除了家具、家电外，还包括房产（必须有所有权）和装修。我们知道，一套房屋装修的成本也是很高的，刚装修好时，样子很不错，可随着时间的流逝，房屋的装修也会变得陈旧起来。通常，宾馆的装修是按照10年折旧的，作为家庭，我们也可以此做参考。如果一套房屋的装修费用是10万元的话，每年的折旧费就是1万元，这笔开销虽然不牵扯到现金流出，可也不是一笔小开支。同样的道理，房产本身也是要提折旧的，只不过折旧的年限长一点，通常是50年，一套50万元的产权房一年的折旧费也是1万元。对于自住房，提不提折旧似乎影响并不大，反正是自己住。但如果是投资性房产，靠出租赚钱，情况就不同了，不提折旧会使账面的利润很高，实际的收益却很低，许多开发商就是利用大家不注意折旧这一点，在广告上算出年收益率接近20%，吸引投资者购房。如果不具备一定的财务知识，是很容易上当受骗的。真有这么高的利润率，开发商就不会卖房了。

二、误区之二是月还款当成本

对于多数购房者来说，还需要银行贷款作支持，这样每月就会有一笔按揭还款。通常这笔钱被记入了成本，每月的收入中很大一块都是还按揭的钱。但这样处理是不够科学的，我们可以这样来分析，开发商在收到首付款和银行贷款后，已经全额收到了房款，这和我们一次性付款没有什么区别。房产到手后，就变成了固定资产，而固定资产是要提取折旧的，上面已经说过了。在我们的按揭还款中，包含两部分，一部分是本金，另一部分是利息。本金已经体现在固定资产中了，因此，不能再作为成本了。而利息则应该算作财务费用。由于利息是按月递减的，折旧是每个月相同的，因此，在开始几年，费用和成本是比较高的，到后期会相对减少。

三、误区之三是房价上涨不入账

我们经常听到周围的人在说，去年买了一套房，今年升值了多少多少。实际上，只要房子没出手，升得再多也是不能入账的。既然房屋要提折旧，为什么升值的部分不考虑呢？难到买了房子就只有贬值的份？这也是人们最容易产生误解的地方。近两年房价涨势喜人，给人的一种感觉是房价只会升，不会降。其实，得出这样的结论是不正确的，根据会计学审慎性原则，我们是不能把房价的上涨算到收益里面去的。相反，如果遇到房价下跌，市价低于我们的成本价，我们还必须提取固定资产减值准备金。

我们再换一个角度来看这个问题，如果房产升值了，绝不会只是一套、两套升值了，肯定是周边的房产都升值了。如果将手里的房产变现，是可以取得一定的利润的，但如果要在同样的地区再买一套房，同样要付出更多的资金，房产即使升值1倍，也不可能让你的一套房变成两套房，除非是搬到更偏远的地方去。

当然，在有一种情况下，房价上涨的部分是可以入账的。那就是用房产作为公司出资，这时候可以将房产的评估值作为出资额，房产增值的部分就可以计算进去了。这样做的好处是固定资产价值提高了，折旧也跟着提高了，公司实现的利润相应减少，可以少缴所得税。

（本文摘自《春城晚报》2003年2月）

房地产投资的理念与层面

一、投资理念的层面

彼得·林奇从小就玩股票，但上大学不念经济学却专攻社会学和心理学，学成后发表高论称：“凡是股价超越历史新高的股票就是好股票”，并一路买高一路暴发，从此成为投资奇才。今天的投资者来看，就像中学生理解牛顿定律一样，这太容易了，而且有了更丰富的语言，多头排列、KDJ金叉等，标准的技术面分析。但为什么不管用了？巴菲特回答了这个问题，有永远跳动不停的神仙，但没有永远涨个不停的股票，股票上涨的根本动力是其内部价值决定的。所以，他永远买进被市场低估的股票，一直拿到它被市场高估为止，这就是大家熟悉的基本面分析。而这一招在美国也有不灵的时候，在中国就更不灵了，按巴菲特理论，中国所有股票都被高估，基本上没有可以买的股票，但股市依然涨涨跌跌很厉害，原来还有一个层面，即政策面分析。所以，中国股市根本上既不是牛市，也不是熊市，而是政策调控下的猴市。这一点，索罗斯看得很清楚，如果中国搞做空机制或者人民币对外开放，索罗斯肯定会冲进来玩一把政策。换句话说，如果索罗斯基于一个更高层面，玩起美元和美国政策来，巴菲特之类的基本面分析大师就只好失业了。结论是政策分析第一，基本分析第二，然后才是技术分析。

二、房地产投资的层面

地产投资，也可以用此三大方面分析。李嘉诚就是政策面人士，所以“九七”之前，进京最早，投资最好最大的项目如东方广场，坚持不售，搏的就是政策。所以，政策不根本好转，十几年也不再投。而李兆基则属技术面，香港投资内地形成多头排列时便跟一把，但技术心态强，追高就跑，跑得也快，恒基中心不仅率先开卖获利，而且也卖得不错。郑裕彤则有基本面分析，来得较晚一些，投资高档综合楼不利，便立刻考虑北京市场的供求关系，率先投资崇文区的住宅开发，坚持如今，也算有了收获。

今天来看，技术派的李兆基，获利最先，损失最少，但前途也最黯淡，除了被套的地块，基本上没有土地储备，今天依然在做技术处理，还是在投资需要快进快出的CBD高档公寓；而基本面的郑裕彤，因定位于住宅项目开发时有大量土地储备，所以，回报正在全面展开；而表面上看损失最惨的李嘉诚，因为政策牌好，一方面东方广场早通过中国银行巨额贷款解套；另一方面如要继续投资民宅定会获得巨大优惠。所以，我们容易根据此三大层面来判定长期胜负。

对于广大中小投资者而言，应该从高到低进行三个层面的分析：首先是政策面分析，我们今天要不要投资房产，不能投还不如把钱放在银行里；基本面分析，我们应该投资什么样的物业，是商铺、写字楼或是公寓住宅，具体投资哪个区域，投资哪家开发的产品等；技术面分析，是投资商玩的投资回报法，什么出租回报、现金流、空置率、税费管理费等。

但我们发现，尽管所有地产公司都喜欢在广告中强调投资回报，但投资者为什么算来算去总是找不到感觉，而且频频失手？为什么短期收益还行，一旦放长线来看，投资回报的算法很容易变成了泡沫？为什么投资商还在没完没了地谈论投资回报，而工商管理却明文规定，不许出现投资回报的广告？难怪有的投资者会感叹：傻瓜都会算，投资无回报，要投即被套。

原来，所谓投资回报的广告很容易被投资商做成骗人的把戏，因为在房产销售中，发展商本质就是庄家，他们完全可以通过做庄的方式，将图形做成金叉和多头排列，甚至包你三五年投资回报，然后出完手中的货，转身就消失了。中小散户以此技术面分析投资，自然损失惨重。

所以，我们在物业投资中，切记，千万不要被一时投资回报的算法而昏了头。如果没有政策面投资的良好分析，也一定要做好基本面的分析，争取在物业投资中跑赢发展商。

三、编后

提到投资，我们容易想到彼得·林奇、沃沦·巴菲特、乔治·索罗斯等名震天下的投资大师。但从另一个角度看，作为华人地产界的前辈，李嘉诚、李兆基、郑裕彤等，更可谓房地产投资大师。

我们在佩服甚至崇拜这些大师的同时，不妨设想一下，如果把他们放在一起来举行一个投资竞赛，究竟谁更牛？首先，我们不能简单看他们的财富榜排名；其次，他们分布在各行各业，即便是同行，这些大师似乎商量好一样，从来都不会在同一时间做同一产品；第三，他们的操盘风格和手法也大不一样。

正是因为投资手法上的差异，我们可以看出这些投资大师其实也存在投资理念与层面的差别。对这种差别的理解，十分有助于我们做好任何投资行为，包括房地产投资。

（本文摘自《中国房地产报》2003 年 4 月）

房地产投资的注意事项

如果您想投资一座房屋，那么需要考虑的因素有很多，如：房产类别，所在地区，贷款，抵押财产，税收问题，与代理打交道以及房屋维修等。

一、家庭投资多于单身投资

据有关统计数据显示，随着年龄的增加，投资于房产的人也越多，投资者的年龄段主要在 35～64 岁，他们中的许多人都是有家室的。参与投资的夫妻，其收入比没有房产的夫妻要高，前者的平均月收入远高于后者平均收入。近 85％的夫妻投资者是二人都有月薪或年薪。

虽然现在房地产投资是个较好的选择，但如果是都有收入的家庭成员一起投资，则压力要小得多。

二、根据投资前景来投资

购买房产，是您一生中最重要的决定。但是，在您投资房地产时，您应该意识到这是出于商业的目的，因此，您不是根据自己的喜好来买，而是根据投资前景来买。您投资的目的是为了让房地产给您带来利润，许多人在投资时通常犯的错误是，他们总是购买居家型的房产或是本地的房产，以便可以随时在自己的看管之中。

1. 当您投资居住型房产时，有三点十分重要：街道外观要简单，过于复杂的结构会降低其吸引力；房子离购物中心、公共交通近；有发展前途。

2. 估计自己的财政实力。

估计自己现有的经济能力对于决定投资的时机十分重要。看看您有多少现金以及您家里有什么可以抵押的东西。着眼于您的长期目标，比如，您要投资的房产是否会是您退休后的经济来源？

另外，预计将来会出现的情况，比如家里有小孩子出生或失业。找一个投资顾问或注册的金融理财师，会对您有很大的帮助。

3. 确定投资策略。

有些房产易于出租，但是不会有太大的升值潜力，而另外一些房产恰好相反。因此，在您决定投资以前，必须确定您的投资策略。

4. 需估计所投房产的潜力。

您应该估计所投资的房产将会为您带来何种收入，为此，您可以研究一下房产过去的升值情况和潜在的出租前景。

5. 争取最优价格。

专业的谈判员能保证不让您支付过多的钱来买房产，谈判还可以使双方达成协议。

6. 确定贷款。

找到合适的贷款提供者与选择房产一样重要。随着国家贷款利率的逐步放开，有些贷款公司的投资利息比较高，而有些公司的投资利息与别的利息一样。有的公司让贷款人把整个贷款作为大的抵押。在竞争激烈的今天，您必须货比三家才能减少损失。

7. 寻求律师帮助。

有律师的帮助能保证合同的完整性以及一切可以接受的变动。律师的参与也是您投资策略中不可缺少的一部分。

8. 需获得专业性的管理服务。

专业的房地产管理可以让您不必为租客问题烦恼而集中精力于房产资料。您的房地产管理员对最新的条例了如指掌，也更适合去与别人谈判。如果您不想和房客打交道，那么找代理就是最好的选择。在作出商业或投资决定时，遵循一定的方法是明智的选择：估计自己的财政实力；确定投资策略；估计所投房产的潜力；争取最优价格；确定贷款；寻求律师帮助；获得专业性的管理服务。

三、业主有义务提供安全条件

作为房产主，向租客提供安全的住宿条件是您的法律义务。房产主不应认为签了租约后租客居住时发生的任何事情都与自己无关。

住房合同增加了房产主保证向房客提供安全居住环境的责任。随时保持警觉，了解您的物业有何变化；定期检查您的物业状况，如房屋结构，水管，门窗等；参加保险，因为这是挽回经济损失的惟一途径。购买之前，请专业人士写一份房屋状况的书面报告，以避免今后房客要求维修时，您不得不支付昂贵的费用。

四、租客问题需重视

据介绍，通常，租客与房东的关系总是不太和睦，即使双方开始都有最好的态度。常见的矛盾有：屋内设备的收费问题；电话的使用约定；水电交费约定；电视天线和电话线的连接；住房原有设备维护问题；租金和支付问题；抵押金的问题。

五、投资房产的另外六种方式

住房投资是不少人目前正在采用的一个理财方式，除了直接购房方式外，人们还可以选择另外 6 种形式：

1. 合建分成。

合建分成就是寻找旧房，拆旧建新，共售分成。这种操作手法要求投资者对房地产整套业务须相当精通。目前不少房地产开发公司都采用这种方式开发房地产。

2. 以旧翻新。

把旧楼买来或租来，投入一笔钱进行装修，以提高该楼的附加值，然后将装修一新的楼宇出售或转租，从中赚取利润。

3. 以租养租。

即长期租赁低价楼宇，然后以不断提升租金标准的方式转租，从中赚取租金养租。如果投资者刚开始做房地产生意，资金严重不足，这种投资方式比较合适。

4．以房换房。

以洞察先机为前提，看准一处极具升值潜力的房产，在别人尚未意识到之前，以优厚条件采取以房换房的方式获取房产，待时机成熟再予以转售或出租从中牟利。

5．以租代购。

开发商将空置待售的商品房出租并与租户签订购租合同。若租户在合同约定的期限内购买该房，开发商即以出租时所定的房价将该房出售给租住户，所付租金可充抵部分购房款，待租住户交足余额后，即可获得该房的完全产权。

6．到拍卖会上淘房。

目前，许多拍卖公司都拍卖各类房产。这类房产一般由法院、资产公司或银行等委托拍卖，基于变现的需要，其价格往往只有市场价格的70％左右，且权属一般都比较清晰。

六、以租养房投资收益分析

随着人们投资意识的增强，许多人出于保值、增值的良好愿望，将目光瞄准了房产这一新兴的投资领域，涌现了不少以租养房的“精明人”。这些“精明人”归纳起来主要分为两大类：一类是他们原来有一套住房，通过按揭贷款购买新房，再将原有住房出租，用租金偿还贷款；另一类则是直接购买新房或二手房后用于出租，用所得租金偿还贷款，甚至以投资房产生财。然而以租养房并不是一个简单的过程，它需要当事人积累一定的资本，掌握一定的购房知识和技巧，最大限度地发挥以租养房的优势。

计算以租养房投资收益的方法有以下三种投资分析工具：

1．投资回报率分析。

公式为：（税后月均租金—物业管理费）×12/购买房屋单价

此方法考虑了租金、房价及两者的相对关系，套用在股市投资上可类比为市盈率。是选择“绩优房产”的简捷方法，但它又有弊端：没有考虑全部的投入与产出，没有考虑资金的时间价值，并且对按揭付款方式不能提供具体的投资分析。

2．投资回收时间分析。

公式：投资回收年数＝（首期房款＋期房时间内的按揭款）/（税后月租金－按揭月供款）×12

这种方法考虑了租金、价格、前期的主要投入因素，但未考虑前期的其它投入、资金的时间价值因素，可用于简略估算资金回收期的长短，但不能解决多套投资的收益分析。这种方法比租金回报法更深入一步，适用范围也更广，但有其片面性，并不是最理想的投资分析工具。

3．现值指数法分析。

公式：现值指数＝累计总流入现值/累计总流出现值＝投资期内月租金现值之和/按揭首期房款、保险费、契税、大修基金、家具等投入、投资期内按揭款、投资期内物业管理费等现值之和

现值指数法不仅解决了多套投资的收益分析，还考虑了资金的时间价值，可以比较全面地反映一个物业的各方面因素，是较理想的投资分析工具，因此，多被一些机构投资者所采用，但由于计算比较复杂，个人投资者使用起来较麻烦。

（本文摘自　新华网　2003年5月）

第五章 房地产开发

对当前房地产开发市场的评析

2002年以来，我国房地产开发继续保持快速增长的态势，成为带动固定资产投资增长的重要力量，但房地产开发中也存在着一些值得关注的问题，应该引起有关部门的重视。

一、2002年房地产开发的基本态势

1. 房地产投资快速增长，商品房屋供应量明显加大。

2002年1～11月，房地产开发投资完成6228亿元，增长28.2%，新开工面积33676万平方米，增长19.1%，施工面积达80730万平方米，增长22.6%，商品房屋竣工面积16271万平方米，增长28.3%，其中商品住宅竣工面积达13724万平方米，增长29.1%。

2. 商品房销售增速加快，销售价格明显上扬。

1～11月，商品房销售面积15079万平方米，比去年同期增长29.8%，增幅高于上年同期8.2%。商品房销售价格明显上扬。全国商品房屋平均销售价格为2345元/平方米，比上年同期上涨5.7%，其中，商品住宅平均销售价格为2211元/平方米，也上涨5.7%。

3. 房屋空置面积继续增加，一年以下空置面积比重加大。

11月末，全国商品房空置面积比去年同期增长12.6%。其中，商品住宅空置面积增长12.2%。一年以下空置面积5719万平方米，增长18.8%。所占比重为58.1%，同比增加3%。

4. 土地购置继续快速增长，土地价格上升。

1～11月，购置土地面积20245万平方米，增长45.3%；同期，完成土地开发面积9731万平方米，增长35.2%；三季度全国35个城市的土地交易价格上涨6.3%。

5. 房地产资金到位增势强劲。

1～11月房地产开发到位资金7566亿元，比去年同期增长36.7%。其中，国内贷款1671亿元，增长39.2%；利用外资127亿元，增长35.396；企业自筹资金2235亿元，增长36.3%；定金及预收款2930亿元，增长38.1%；均高于去年同期的增长水平。在各种资金来源中，国内贷款占22.1%，自筹资金占29.5%，其他资金占46.6%，其中，定金及预收款占38.7%。

二、当前房地产开发市场存在的主要问题

1. 地区发展不平衡，部分地区出现过热的苗头。

我国房地产开发存在着极不平衡的现象，东部地区发展较快，中西部地区发展则较慢。2001年，东部地区房地产开发投资占全国房地产开发投资的比重为71.1%，施工面积为63.3%，竣工面积为59.2%，销售面积为61.3%，均超过东部地区GDP在全国占57.5%的比重，更高于人口占37.5%的比重；中部地区房地产开发投资占全国的比重仅为13%，远低于该地区GDP占全国的25.4%、人口占33.2%的比重，西部地区房地产开发投资的比重为15.9%，低于GDP占17.1%，人口占28.6%的比重。这说明东部地区房地产开发已超出当地经济发展的水平，存在着某种程度的过热现象。

从房地产开发投资占全社会投资的比重来看，2001年全国房地产开发投资占全社会投资的比重为1796，东部地区达到21.2%，中部地区为10.4%，西部地区为14.8%，说明东部地区固定资产投资对房地产开发的依赖程度较高。其中，北京高达51.8%。上海31.5%、广东27.9%，天津22.9%、辽宁22.7%，浙江19.2%，重庆28.2%，福建19.2%，均高于全国平均水平。

从土地和商品房价格增长情况来看，部分地区也存在着过热的现象。2002年第三季度，南昌、杭州、上海、南宁和南京土地交易价格涨幅分别达到45.3%，16.9%，10.0%，8.2%和7.5%。同期，宁波、南昌、青岛、杭州、上海、济南、南京、南宁等市房屋销售价格分别上涨了19.2%、9.5%、8.7%、8.4%、7.9%、4.4%、3.5%和2.3%。

2. 房地产市场中投机性因素增加。

房地产开发的高速发展是由对商品房屋的需求所支持的。对房地产的需求由三部分组成，一是居住需求，购买的目的是为了自身的居住；二是投资需求，购买的目的是为了出租；三是投机需求，购买的目的是为了在价格上涨时再出售以获取涨价收益。在这三种需求中，第一种需求是真实的需求，对房地产开发的发展具有积极的作用，后两种需求属于虚拟需求，尤其是第三种需求，具有较强的投机性质，价格越高，需求越虚。对房地产开发的正常发展具有一定的破坏作用。多年来，我国房地产开发主要的需求来自居住需求，投资需求和投机需求不大。但近年来投资和投机需求出现快速增长的态势。尤其是近两年我国的股市比较低迷，部分游资从股市撤出进入房地产市场，更增加了房地产市场中的投机性成份。据典型调查，个别城市商品房投机需求已不低于15%。投机需求的过度增加，导致房地产市场繁荣的假象，引起市场地价和房价上升，最终会形成房地产泡沫。一旦遇到经济波动，房地产市场出现供过于求的局面，房地产中的泡沫就将迅速破裂，对整个经济发展造成重大影响。

3. 土地供应增长过快，个别地区出现圈地热。

近几年来：全国房地产开发土地购置呈高速增长的趋势。1998年全国房地产开发企业土地购置面积增长52.2%，1999年增长18.3%，2000年增长41.4%，2001年增长38.5%。2002年1～11月份，全国土地购置面积增长45.3%，均远远高于同期房地产开发投资的增长速度。部分

地区从短期利益出发，热衷于出售土地，有的地区已将几年以后的用地指标用完。一些企业以增加土地储备为名，大量圈占土地。据了解，个别企业一次圈地上万亩；有些企业将土地购买到手以后，并不进行开发活动，而是待价而沽，等土地增值以后再以各种方式出售，以获取收益。土地交易中的投机因素，引发了土地价格上涨，加大了房地产开发的成本，导致房价上升。一般来讲地价只应占房价的20%，但有的地方占到40%，甚至超过50%。

4. 商品房空置面积增速加快，住宅空置的增量最大。

由于房地产投资规模扩大，商品房供应量增加，销售面积又小于竣工面积，空置面积增多。2002年1～11月商品房空置面积增长12.6%，其中，商品住宅空置面积增长12.2%，商业营业用房增长21.6%，均高于去年同期增速。1～11月份，全国新增加空置面积1102万平方米，其中，新增加商品住宅的空置面积703万平方米，占全部新增加空置面积的比重达63.8%，商业营业用房新增加346万平方米，占31.4%。在全部空置面积中，东部地区占67.6%，中部地区占17.5%，西部地区占14.9%。其中，广东、北京、上海、辽宁、江苏5盛市的空置面积占全国的50.8%。

5. 房地产开发对银行资金的依赖较大，金融风险增加。

在房地产开发资金来源中，银行资金有两部分组成。一是银行对开发企业的直接贷款，二是银行对个人购房贷款转化为开发企业的自有资金。据统计，银行对企业的直接贷款占房地产开发企业资金来源的比重约为23%左右，是第三大资金来源。但是，作为第二大资金来源的自筹资金，主要由商品房销售收入转变而来，其中有很大部分来自购房者的银行按揭贷款。按首付30%计算，企业收入中有70%来自银行贷款。按此计算，房地产开发中实际使用银行资金的比重应在50%以上。到2002年9月底，各商业银行的住房贷款余额已达到7422亿元，比1999年增长4倍多。虽然由于住房贷款开展的时间不长，不良资产比率较低，但一旦房地产市场发生逆转，开发商和个人发生还款困难，金融机构的风险就会加大。尤其是出于投资和投机需求的商品房购买，如果也运用大量的银行资金，更易对银行带来风险。

6. 拖欠款继续增加，企业自有资金不足。

2001年，开发企业的拖欠款达1358亿元，比上年增长22.7%，拖欠款占完成投资的比重达21.4%。2002年1～11月，拖欠款为987亿元，比上年同期增长26.2%。其中，拖欠工程款689亿元，增长36.2%拖欠款占房地产投资的比重达15.8%。拖欠款的大量增加，扰乱了房地产开发市场的经济秩序，造成了房地产开发的虚拟繁荣，是房地产发展的一大隐患。

企业占有大量银行资金和拖欠款的存在，反映了房地产开发企业自有资金的不足。如按银行资金占50%、拖欠款约占20%计算，企业自有资金只有30%左右。目前，不少房地产开发企业以少量资金注册企业，通过各种方式获得土地，由建筑企业垫资开发，待做到一定部位以后开盘销售，取得收入再用于滚动开发。房地产开发商本身并不承担过大的风险，而将多数风险转嫁给了银行、消费者和建筑业企业。这也是各行各业争相涉足房地产开发的根本原因。

三、促进房地产开发健康发展的政策建议

1. 应当对房地产开发中的过热现象及时进行微调。

当前，房地产开发在我国经济发展中的作用越来越大，未来几年，扩大内需仍是我国的一项基本国策，如果没有房地产市场的活跃，扩大内需就会缺少活力，经济发展也将缺少动力。因此，宏观调控政策首先要立足于保持房地产开发的健康发展。政府有关部门对部分地区存在的过热现象既不能视而不见，任其发展，也不宜过分渲染，采取过激措施，应当按照市场经济的规律，及时采取微调措施，实行“软着陆”，让过热的势头逐渐降下来，使房地产开发进入健康发展的轨道。

2. 严格控制城市土地供应，完善土地招标拍卖制度。

土地资源对房地产开发的发展具有决定性的影响。要根据城市发展规划确定土地供应的长期计划，并严格执行，严禁多批和提前占用土地，以稳定房地产开发市常对空置面积存量和增量较大的地区，要严格控制新增开发建设用地的供应量。有关部门要加强对土地供应的监管，防止土地的炒卖和囤积。取得土地使用权的房地产开发企业，必须按规定使用土地，长期未动工开发的，必须坚决收回土地使用权。要采取有效措施，规范土地交易市场的行为，打击土地炒卖行为，限制以转手套利为目的的土地买卖。要逐步完善土地招标拍卖的制度，使土地价格保持在比较合理的水平上。

3. 改革土地出让金收取办法，开征土地财产税。

目前土地出让金采取一次交清的办法，是将今后50～70年的收益提前收取，是导致地方政府在出售土地上的短期行为，引发土地投机活动的重要原因，也是商品房价格居高不下的主要因素。为了保持房地产业的长期健康发展，建议改革目前土地出让金的收取办法，由一次性交清改为逐年征收土地财产税。这样做，一方面有利于房地产业的可持续发展，避免土地供应中的短期行为，为后届政府创造稳定的财源；另一方面，也可平抑商品房屋价格，减少土地交易中的投机行为，防止房地产开发中的过热现象。

4. 加强金融监管，抑制投机需求。

为了加强对金融风险的防范，当前要加大银行对房地产开发贷款和消费信贷的监管力度。一是要严格执行房地产企业资本金制度，提高企业自有资金的比重。土地购置和商品房开发数量必须同企业的资本金数量相联系。原则上，银行贷款不能用于土地购买活动，开发活动也应有一定的自有资金保证，以降低银行资金的比重；二是要严格控制对投资和投机购房者的住房消费贷款，建议对购买第二套以上住房者或成批购买房屋者，不再发放住房贷款，或提高贷款利率，以加大投机购房者的成本。

5. 整顿市场经营秩序，维护消费者权益。

针对当前房地产市场中存在的各种违规和欺诈行为，有关部门要加强监管，坚决杜绝违规开发、面积缩水、合同欺诈、虚假广告、物业管理不规范等问题，努力营造公开、公平、公正的竞争环境，保护消费者的合法权益，维护开发商的正当权利；同时，要适当加大社会和新闻媒体的监督力度，促进我国房地产市场的持续、稳定，健康发展。

（本文摘自《国房景气》2003年2月）

中国房地产开发企业现存问题及发展趋势

作为现代经济的基本单位和资源配置基本手段的企业，必须具备一系列的条件，如：企业的产权界定要清晰，企业必须有充分的自主权，企业要以个人财产或法人财产对企业债务负完全责任或有限责任。这些条件其实也就是我们常说的现代企业制度的基本要求。从这些条件和要求来看，中国的房地产开发企业还存在着很多问题，总体来说还不能很好地满足这些要求。然而，中国房地产开发企业的未来发展态势将在很大程度上决定中国房地产市场和房地产业的未来走势和发展方向，不论是开发商还是政府管理部门都需要对这些问题及其未来发展趋势有一定的把握。

一、中国房地产开发企业的现状和问题

房地产开发企业是中国房地产企业的主体，目前官方统计的数字是全国近3万家，占中国房地产企业总数的80%多。中国城镇住房制度改革的不断深化，个人购房取代集团购买成为市场交易的主流，以及中国加入世贸组织，对外开放步伐大大迈进等内外因素，给中国房地产开发企业的未来发展带来前所未有的机遇和挑战。宏观总体来看，目前中国房地产开发企业的现状不容乐观，其中许多问题都亟待解决，集中表现在所有制、规模、效益等三个方面。

（一）所有制问题，也就是企业性质问题

尽管国内学者对于国有企业问题的研究如火如荼并日益深化，但却少有人对国有房地产企业问题进行系统深入的研究。实际上，工业国企中的问题和弊端房地产国企中都有，如预算软约束。代理人内部控制，激励机制不合理、普遍存在着人才浪费和企业效率低下等。并且，由于房地产业本身的特点以及它在国民经济中越来越重要的地位而对宏观经济的增长和波动造成的影响更大，如在经济增长中房地产业的重大贡献及其对宏观经济的拉动作用，以及在历次大的经济波动中房地产业所起的推波助澜的作用甚至是决定性的破坏作用，都正在为越来越多的经济学家所重视。

房地产国企退出房地产业的速度较之工业国企也许更快一些。上个世纪80年代末90年代初是中国房地产企业发展的初期，国有房地产公司占了绝大多数；随着改革的深入和市场的发展，国有房地产企业的比例逐渐缩小，90年代中期下降至不到50%；到90年代末本世纪初，房地产国企的比例已然降至20%多。然而，即使是只占总数的20%，由于其占有的土地、人才、资本等社会稀缺资源的数量巨大，国有房地产企业对市场的影响仍然举足轻重。此外，如果加上大部分的集体企业、一部分并不规范的股份制企业——这些企业在性质上其实与房地产国有企业类似，即产权不清晰，企业与政府的边界模糊，此外，其数量在统计资料中无法明确显示——那么由于所有制问题给中国房地产企业发展带来的不利影响从而对中国房地产业的发展的制约效果就更加显著了。

（二）规模问题

目前中国房地产开发企业“散、孝差”的特点已是有目共睹。据有关的统计资料显示，全国房地产开发企业平均净资产不足1000万元，具有一级资质的1%多一点，二级资质的不到10%，大多数是小公司或者项目公司。缺少大型房地产企业集团，即使是规模较大的开发公司也是资本少、市场份额小，如上海最大的房地产开发公司——陆家嘴金融贸易区开发股份有限公司，也只有不到15亿美元的资本市值。据统计，全国房地产开发企业平均每家年开发量只有1.6万平方米，即使最大的房地产开发企业所占的市场份额也不足0.5%。

然而，从理论上讲，房地产业所需资金量大、高投入、高回报、高风险的特性，以及房地产开发企业属于资金密集型。管理技术密集型、人才密集型企业等特点，决定了房地产开发行业的进入门槛应该较高。从国际经验看，一般大型房地产开发企业或房企集团是市场舞台的主角，占据市场的绝大份额，如香港“五大”地产商，企业资产市值都在百亿美元以上，占据了香港楼市的半壁江山。与国际经验相比，大陆房地产业进入门槛过低、房地产开发企业规模过小等问题亟待改进。

（三）效益问题

从《中国统计年鉴》中的数据看，与“经营总收入”、“商品房屋销售收入”等指标的稳步增长相比，我国房地产开发行业的“营业利润”以及“平均利润率”等指标波动剧烈，不容乐观。我们简单地用“营业利润”除以“经营总收入”得到房地产“行业平均利润率”，可以明显地看出，1992、1993、1994年是中国房地产业发展的高峰，表现在行业利润率上是12%左右；而从1994年开始房地产企业经营利润和行业平均利润率都迅速下降，1996年行业平均利润率仅为0.91%、1997、1998、1999三年更是出现“全行业亏损”，1999年我国房地产行业平均利润率为－1.16%；2000年才开始“扭亏”为1.62%。

二、中国房地产开发企业的未来发展趋势

通过对上述问题的综合分析，我们认为，未来中国房地产开发企业的发展至少有以下八大趋势，即规模化、民营化，制度化、差别化、品牌化，战略化、上市化以及网络化。

（一）规模化

未来中国房地产业竞争加剧，将导致房地产开发企业向规模化。集团化方向发展，逐渐出现一批执市场之牛耳的“房地产航母”，“房地产大鳄”。其实，目前中国房地产开发行业中大鱼吃小鱼的态势已然显现，快鱼吃慢鱼也是早晚的事。例如，我国房地产市场发育早也较成熟的广州市，目前已有约1/3的房地产开发企业被淘汰出局，从最“辉煌”时期的1600多家，减少至目前的1000多家。诸如万科这样的企业，也正努力从其他开发企业特别房地产国企中吸引人才，为企业的扩张做好人才储备。房地产开发“大盘时代”的来临以及国内资本市场的逐步成熟，将大大加快中国房地产开发企业规模化，集团化的步伐。

（二）民营化

现在看来，不谈“产权”的“市场取向”改革已然不能取得全部改革绩效，产权的明晰是下一阶段城镇住房制度改革的重心。此外，房地产本身所具有的“私人物品”特点以及房地产行业高赢利性的特点也是政府退出该行业的一个重要理由，因为政府的职能是经营“公共物品”，在住房问题上主要活跃于住房的“社会保障”领域。政府在这一问题上

应态度鲜明，下定决心，所谓“有进有退”的措辞并不能阻止国企将全面淡出中国房地产市场的趋势，房地产开发行业中的重新“洗牌”将是大势所趋。事实上，目前民营房地产开发商已经在市场基础好、发育快的地区如广州、深圳等地迅速崛起，“后发而先至”，并逐步从市场的“少壮派”向“实力派”转变。例如，在广州市新近评出的房地产综合实力30强中，民营房企占了近一半，而在前10名中，只有广州城建集团一家房地产国企榜上有名。

（三）制度化

制度化是企业发展规模化，民营化的制度基础和保障，加强企业内外制度的建设是中国房地产开发企业下一步的重点，加入世贸则加速了这一进程。改革以来，我们在制度建设、市场规范和企业发展等方方面面都取得了长足进步，然而如果套用国际游戏规则的要求则又在各方面都存在着不规范，远未能与之“接轨”。一言以蔽之，中国房地产业的各方面仍然显得“乱”，典型的不合理制度如房地产定价制度、土地征用制度，企业内部激励机制等。未来中国房地产开发企业将按照现代企业制度的基本原则，加强房地产企业内部管理制度、激励制度、用人制度、财务制度等的规范化，企业的内部运行和组织以及企业的外部环境和房地产行业管理都将进一步向制度化方向发展。

（四）差别化

由于我们长期处于“卖方市潮，房地产市场竞争同质化现象严重，产品同质化、价格同质化，推广方式同质化……。然而如果认真研究中国房地产市场的发展趋势就会发现，目前中国城镇居民已处在一个从追求“量”向追求“质”转化的时期，这是宏观大势；从市场的微观层面看，市场需求和消费者偏好又是多变的、善变的，有时还变得很快，开发商如果事先不充分考虑到这些变化将会尽失先机。所谓“得客户者得天下”，研究消费者行为偏好，开发适销对路的产品，研究细分市场，形成自己独特的他人无法模仿复制的产品特征和竞争优势，将是未来中国房地产开发企业必须认真思考的一个主题。

（五）品牌化

品牌化是产品差别化的进一步深化。品牌是一个企业的实力、产品质量、管理水平等指标的综合体现，是核心竞争力和综合素质的外部表现。长久以来中国的消费者买房子需要全面考虑有关住房的所有因素，而且各因素的权重相差不多，于是只好一个项目一个项目去“踩盘”，交易费用很高。未来中国房地产市场的竞争将是品牌的竞争，目前靠“概念”吃饭，全面采劝跟随策略”就能“全赢”的局面将被逐步打破，房地产业界将会崛起一批行业精品楼盘和明星企业，它们在竞争中占据优势并获得巨大的超额利润。

（六）战略化

目前大多数房地产企业还未意识到公司发展战略的重要性，对企业战略的研究也仅限于学院派，而未能与实践很好地结合。而未来中国房地产开发企业发展的一个显著趋势是，一个房地产项目的开发将不再是一个独立的事件，再也不能仅核算这一单生意的成本和收益，而要将之放入企业的长远发展战略中去考虑，考察这一项目对今后的项目开发以及企业长远发展的影响。因此，未来开发商所进行的将不仅仅是产品的竞争、企业的竞争，而更重要的是企业家战略眼光的竞争。并且，未来的中国房地产企业将不可能只依靠老总一人的经验决策就能“赢”，而必须充分发挥企业管理层以及企业外脑的集体智慧，形成明确而合乎实际的公司发展战略。

总的看来，上述6个趋势的变化目前已比较清晰。此外，房地产企业的上市以及网络化趋势对于中国房地产开发企业的未来发展也很重要，尽管从目前来看还不很明显。简单地分析，前者对于房地产开发企业而言不仅具有融资意义，更重要的是有利于房地产企业的资本经营和规模化。集团化的实现；后者则将大大降低市场交易费用从而提高整个经济的效率。

（本文摘自《国房景气》2003年2月）

中国房地产开发重现快速增长趋势

据国家统计局最新测算结果，全国房地产开发景气指数在持续3个月小幅回落之后，7月份“国房景气指数”再次回升到107点。这表明全国房地产开发已恢复了原有的快速发展势头。

这是中国房地产及住宅研究会副会长张元端8月24日在博鳌21世纪房地产论坛2003届年会上透露的。

据张元端介绍，上半年房地产开发投资累积完成3816.81亿元，比去年同期增长34%，其中商品住宅开发完成投资2856.79亿元，比去年同期增长28%；经济适用房完成投资227.66亿元，比去年同期增长22.6%。

从商品房资金来源看，全国房地产开发到位资金达到5723亿元，比去年同期增长48.4%。从资金来源的构成情况看，国内贷款和企业自筹资金是拉动资金来源快速增长的两个主要因素。其中国内贷款1488亿元，比去年同期增长58.4%；企业自筹资金1718亿元，比去年同期增长42.8%。

商品房新开工面积为2.43亿平方米，比去年同期增长31%。其中商品住宅新开工面积为1.99亿平方米，比去年同期增长29.7%。商品房竣工面积为8187万平方米，比去年同期增长40.4%。商品房销售面积8672.35万平方米，比去年同期增长37.4%。

商品房平均销售价格为2424元/平方米，比去年同期增长5.4%。其中商品住宅平均销售价格2266元/平方米，比去年同期增长5.9%。

商品房的空置面积比去年同期增长8.6%。完成土地开发面积7144万平方米，比去年同期增长40%，增幅比去年同期回落12.7%。

张元端认为，上半年全国商品房销售面积增加速度高于房地产投资增长速度，销售面积大于竣工面积。但存在的一些问题也不容忽视，其中最大的问题是空置房持续增加。如果把近6年来的竣工面积和销售面积之差相加，全国未销售的商品房已达4亿多平方米。

（本文摘自　央视国际　2003年8月）

实行最严格的土地管理制度

2003年7月31日，国务院召开全国进一步治理整顿土地市场秩序电视电话会议，就清理整顿各类开发区用地，加强土地管理做出部署。中共中央政治局常委、国务院总理温家宝对会议作了重要批示。中共中央政治局委员、国务院副总理曾培炎出席会议并讲话。

温家宝指出，土地是民生之本。保护土地是一项基本国策。实行最严格的土地管理制度，一是要完善土地产权与征地制度，健全土地管理法律体系；二要加强土地审批管理，杜绝乱批滥占耕地现象；三要清理整顿各类开发用地，强化对土地使用的监督；四要加强宏观调控和政策引导，防止盲目投资和低水平重复建设。各级领导干部一定要放眼长远，认真贯彻“三个代表”重要思想，从真正保护最广大人民群众的根本利益出发，珍惜和保护每一寸土地。

曾培炎指出，党中央、国务院在分析当前经济运行情况和部署下半年经济工作时，从保证经济持续快速健康发展和社会稳定的高度，要求实行最严格的土地保护制度。各地区、各部门要坚决贯彻中央部署，严格执行土地管理法规，重点解决各类开发区违法、违规占地等突出问题。

曾培炎说，改革开放以来，特别是近五年来，我国土地市场建设和管理取得了积极成效。国有土地有偿使用制度全面实施，经营性土地使用权招标、拍卖、挂牌出让制度初步建立，市场配置土地资源的基础性作用不断增强，土地管理的法律法规相继出台，政府调控土地市场的能力不断提高。

曾培炎指出，近年来，国家不断加大整顿土地市场秩序力度，严肃查处土地违法案件，促进了土地市场规范运行。但目前全国土地市场仍存在不少问题。违规设立开发区，非法占地、入市现象有所抬头。一些地方任意出台土地优惠政策，滥用土地管理权限，乱批滥占耕地，严重损害了农民利益和国家利益。

曾培炎强调，保护土地是关系中华民族生存与发展，关系广大人民群众根本利益的大事。进一步治理整顿土地市场秩序，是贯彻“三个代表”重要思想，立党为公、执政为民的重要举措，务必抓紧抓好，抓出成效。

曾培炎要求，第一，加强领导，狠抓落实。各级政府要把整顿土地市场秩序作为当前的一项重要任务，主要领导要亲自抓，负总责。有关领导干部要带头纠正存在的问题。对执法犯法，以权谋私，影响恶劣的，必须依法从严处理。

第二，突出重点，集中解决开发区违法违规占地问题。新设立和扩建的各级各类开发区一律暂停审批，国家级开发区确需扩建的，须报国务院审批。对突击审批和突击设立开发区的行为，要严肃追究有关行政领导和当事人的责任。对违规设立的开发区，该撤销的要坚决撤销；该核减面积的要坚决核减；该缩小范围的要坚决缩小；该扣回用地指标的要坚决扣回。

第三，加强督查指导，加大执法力度。国务院有关部门和各地方要集中力量开展专项督查。要通过严格执法，真正使违法者得到惩处，违法行为得到纠正。

第四，进一步采取措施，全面加强土地管理工作。加强土地集中统一管理和土地审批管理。改革和完善征地制度。严格土地利用规划、计划管理，严格实施土地用途管制制度，加强耕地特别是基本农田保护。对不符合土地利用规划、计划的项目，不得批准立项、不得批准用地、不得批准贷款。坚决执行经营性用地招标、拍卖、挂牌出让制度，规范协议出让，严格限制划拨用地范围。同时，继续加强国土资源管理队伍建设，提高依法行政水平。

会议传达了温家宝总理今年以来关于土地问题的有关批示，以及《国务院办公厅关于清理整顿各类开发区加强建设用地管理的通知》。四川、安徽、福建省负责同志在会上发了言。

（本文摘自　新华网站　2003年8月）

从严控制土地供应——房地产政策的新基调

对于中国房地产开发存在的主要问题，例如高档房地产开发过多、房价与居民收入相比过高等，大家看得很清楚，各方分歧不是很大。但对于如何对所存在的问题定性，以及应该采取什么样的治理措施，分歧却大得惊人。这从央行新政6月推出后各界激烈的反应中可见一斑。

不过到了7月底，事情又有了微妙的转变。温总理在国务院常务会议上，对当前的房地产政策问题定了调。重点所在，与央行房贷新政有着明显的不同。考虑到央行新政推出后实施细则的迟迟难产，以及房地产界和商业银行对房贷新政的消极反应，分析师判断，中央对于房地产业的宏观调控政策，已从重点控制信贷转向了重点控制土地供应。这个转变，对于中国房地产业的未来发展将有着深远的影响。

央行新政的“杀手锏”从手段上看，央行新政的目的是要收紧房地产信贷的“口子”。从央行121号文件的具体条款来看，其杀伤力主要集中在以下几点：一是商品房封顶才能做按揭。这对实力不济的小地产商，或自有资金不多的开发项目会有很大的影响。那些指望着楼还没盖好就能回笼现金的地产商将发现，他们的现金流很可能会断掉。结果自然是烂尾楼的出现；二是购买第二套房的按揭比例最高只能到7成。相对于现在动辄8成以上的按揭比例，这条规定的实质是提高了买第二套房进行投资的门槛。而央行的期望是，这可以对房地产投机行为有所抑制；三是商业用房——指写字楼、商铺等要竣工验收才能卖。这一点跟上面的第一点类似，都是对开发商的自有资金提出了更高的要求。

如果央行121号文件能够得到较为彻底的贯彻的话，大致会带来以下几个结果：一是短期内房价上涨。因为消费者预期买房成本将会上升，而这种预期将推高即期需求；二是一些小地产商可能会出局，则房地产巨头们更可以大肆扩张；三是高档住房以及商用物业的开发将可以在一定程度上受到遏制。

但央行新政的负面影响也不容忽视。除了收紧贷款限制对开发商非常不利之外，对商业银行来说，如果产生大量烂尾楼也会在短期内增加坏账风险。此外，对卖地收入依赖性较高的地方政府也对央行新政缺乏积极性。正是因为有这些负面影响的存在，才使得央行新政刚一公布就引来非议无数，以致到现在一月有余，依然没有实施细则出台，许多地方都在等待和观望。

一、房地产泡沫的真实现状

自去年以来，关于房地产泡沫的警告之声就不绝于耳，上届政府如是，本届政府亦如是。正是在这个大背景下，央行推出了它的房贷新政。据央行自己的调查结果，目前国内房地产开发投资额中约45%来自于银行贷款。而建设部等部委的调查则显示，目前房地产项目中61%的资金来自于银行，其中房地产开发企业的项目投资中20%～30%来自银行贷款，30%～40%来自建筑施工企业的垫付资金，而这部分垫付资金也是源于银行贷款，此外至少一半以上预付购房者申请了个人住房贷款。

从宏观经济层面看，我国固定资产投资占GDP的比重已经达到42%——远远超过韩国和泰国在亚洲金融危机前的水平。而在固定资产投资中占到了20%以上份额的房地产投资，今年上半年增长率更达到了34%。这些数据说明，房地产投资不仅有增长过快之虞，而且对商业银行的间接融资存在着过高的依赖性。换句话说，一旦房地产泡沫破灭，最终兜底的将是商业银行。

这种风险，是央行不能不注意的。实际上，央行新政的着眼点正是商业银行的信贷风险。而如果央行还有更多一重考虑的话，那就是今年以来货币供应量一直增长较快，M2的增长率高达20.2%，上半年贷款增加额更接近了去年全年增加额的水平。信贷增长的井喷之势，使得通货膨胀的威胁急剧加大。而如果控制住了房地产信贷的增长势头，对化解通胀风险自然也有所帮助。

不过对于央行的判断，地产商们显然并不认同。具有代表性的看法是，滥放贷款是银行的错，不是地产商的错；房地产业的高速发展，是有真实需求作为基础的，不能算是泡沫；对房地产投资和消费实施双紧缩，与中央拉动内需的政策方针不符。

综合来看，分析师认为，去年下半年以来房地产开发的确有过快之虞，但主要的问题，恐怕还不是速度太快，而是结构失调。在普通商品房和经济适用房方面，开发严重滞后于需求；而在高档别墅和商用楼宇等建设方面，开发又严重超前于需求。这使得一方面房地产开发越来越红火，另一方面迫切需要住房的老百姓又只能面对高昂的房价叹气。高档房地产空置和普通房地产紧缺同时存在，是当前房地产结构失调的主要表现。而究其原因，政府的土地政策，以及土地批租中普遍存在的黑箱操作，是造成地价水涨船高，促使地产商为追求高利润，盲目发展高档房地产项目的根源所在。

二、温总理讲话重在土地

7月30日，温家宝总理主持召开了国务院常务会议，听取了建设部关于房地产市场发展情况的汇报。会议要求重点做好以下工作：一是完善供应政策，调整供应结构。要加强经济适用住房的建设和管理，增加普通商品住房供应，控制高档商品住房建设；二是改革住房制度，健全市场体系；三是发展住房信贷，强化管理服务；四是改进规划管理，调控土地供应；五是加强市场监管，整顿市场秩序。

显而易见，温总理的讲话重点已不在“资金”，而是在“土地”。也就是说，如果要对房地产政策作出调整的话，着眼点将不是控制房地产信贷——至少主要不是房地产信贷——而是土地供应。事实上，以中国目前的土地制度，政府最容易调控的就是土地供应这一环。首先，土地供应为政府权责所在。政府对此进行调控，名正而言顺，不像干预贷款那么容易遭到非议；其次，对土地供应进行调控，能够获得比较高的调控效率。原因在于房地产开发对土地的需要是单一的，不像资金，银行收紧了贷款，还可以通过其他渠道融资；第三，调整土地供应比较容易设定具体的政策目标。政府可以在批出土地的同时，在开发项目的类别上对发展商有所限制。例如北京今年出现的经济适用房开发热潮，就是土地供应政策导向的结果。

三、结论

在政府将全面调整土地供应政策的前提下，我们可以得出以下几个结论：

1.“以民为本”作为本届政府的执政思路，将在房地产政策上有具体的体现，落实的主要方式将是大量增加经济适用房的建设。显然，这将导致政府批租土地的收入有所减少。不过值得注意的是，目前许多地方财政对土地批租的依赖性相当高，有些甚至达到了60%以上，调整有相当难度。所以，这一政策的推行可能会有较强的地方性。某些地方——主要是大城市——经济适用房会建得比较多，而另外一些地方会建得比较少；

2.温总理“珍惜每一寸土地”的讲话精神显示，中央对土地开发将有较强的政策约束，会更强调统一规划、统筹安排，近几年以“经营城市”为名一哄而上搞开发的情形将大大收敛；

3.土地市场得到规范后，开发商的行为也将相应地规范化。专以倒地为生的“地耗子”的生存空间将被大大压缩，而土地储备较多、资金实力较强的开发商将占据发展的制高点。

（本文摘自《经济观察报》2003年8月）

房地产开发需理性，高度重视土地资源稀缺问题

在日前北京晚报主办的2003年北京房地产前沿论坛上，国民经济研究所所长樊纲作为宏观经济的研究者，谈到

对房地产业长期发展可能面临的问题时，指出中国严重的土地资源稀缺和房地产企业急需整合等，应该引起政府有关部门和开发商高度重视。这对当前本市房地产市场也有着迫切的现实意义，特将其相关讲话编录如下：

首先，要认真看待中国特殊的、高度紧张的人和土地的关系。无论如何这是我们房地产开发的前提条件。土地永远是稀缺资源，在中国这块土地上，相对于我们的人口可居住的土地更是稀缺资源。因此从长远来看，一定有一个土地供给紧张的问题。在这样一个有限的稀缺的土地上，各种用途之间一定会发生冲突，最大的冲突首先是吃饭和居住的冲突。现在即使全球化了，中国恐怕还得考虑粮食安全问题，这在一定意义上是政治问题，不是经济问题，经济上我们可以非常轻松地谈，我们可以进口粮食，但是要考虑万一不能进口怎么办？

其次，要考虑公共用地和可开发的私人用地之间的关系。中国的人口众多，本身需要很多公共活动场所，还有道路、城市基础设施等，相对来讲，可供居住的土地又少一块，因为人们要活动，要占去很大一部分，因此从政府方面来说要考虑公共设施和住房供给的关系。

第三，要考虑到高档住宅和低档住宅的关系。如果占地面积很大、容积率很低的高档房子多了，恐怕将来可以用于建设比较低成本住房的面积就会减少，土地价格就会上升。从现在来看，如果从几十年以后各种房子的价格观念来看，从这方面思考问题的话，就会发现有很多矛盾存在。这是我们要面临的一个严重问题。非典以后，大家都讲，现在人们对住宅的要求更高了，如低密度、通风等等。但还要考虑我们的现实情况，我们十几亿人口生活在耕地面积不到7%，大部分是山区的这种国土上，不能用美国的标准来要求，不可能成天跟美国住宅比，多么宽敞、多么通风等等，恐怕我们要住在拥挤的地方，当然要思考通风、环境和卫生的问题，但不能用美国模式思考我们住宅空间的问题，这是资源配置、资源特点决定的。中国房地产面临内部的调整和改革的问题。我想我们现在有这么多家小的房地产企业，这在最初阶段是正常的，但下一阶段一定要进行整合，但愿这种整合不是通过破产、倒闭，经济大波大动、大衰退这种方式来解决，应该通过兼并、联合、整合的方式提高集中度，提高资源效率，来实现产业的内部结构调整问题。如果宏观上不去搞这个调控，放任自流，就会出现一些小企业破产，倒闭，然后小企业大淘汰，通过去清盘、收垃圾的办法整合，这是大家都不愿意看到的。大家都希望通过更理性的兼并、重组、联合的办法加快整合的形式，提高企业的效益，提高集中度，提高经营的规模，从规模中取得效益，这恐怕是我们房地产业下一步急需考虑的问题，从长远的发展角度去考虑。

（本文摘自《北京日报》2003年8月）

土地市场态势的变化及其策略

一、市场态势的变化

1.国土资源部的11号令、国务院的45号文以及一系列包括银行121号文出来以后，土地的实际供应者从村、乡、县、区、市这么多级这么多个供应土地的主体，实际上变成了只有市或者县单一主体的状况。

2.土地部门或者是国土资源部门不再是手续办理者，而是一个实际的土地供应主体。找地首先到国土资源部，看有什么土地要拍卖、要招标、要挂牌的，从中进行选择。有不少朋友向我们询问，原来我们和村里谈的那些算不算数？可以这么说，大多数已经不算数了。

3.政府对土地的调控作用的能力得到提升，土地市场的供应、供求关系更加稳定，波动会更小。

4.总的土地成本获得的价格应该是持平或者是稍有上升。按照挂牌形式，只要自己对多大的土地有所意向，再看每年的土地供应量是多少，就基本上可以确定自己的投资方向了，在获得土地的时候，或者增加拍卖、或者参加投标、或者参加挂牌的竞价就可以获得，整个过程比较简单。进行房地产开发的时候，工期和时间都可以控制，有利于在比较短的时间，或者在可预期的时间里面，完成我们整个投资的安排。这样的结果，使获得土地的成本有两个变化：一个变化是获得土地的直接成本可能要有所增加，但是，获得土地的间接成本可能要减少，包括时间成本、包括各种花费、包括各种协调所用的费用、包括公关费等等，以及各种看不见的费用都要大大减少。

5.土地供应的市场化程度会有比较大的提高，其他行业的基本就比较容易进入。应该看到其他行业的资本或者是社会的资本进入房地产都比现在要容易得多。进入市场的资金比较容易，竞争的压力也比较大。同时，偶然性的暴利机会减少。现在比较明确，凡是经营型的土地，必须是公开招标、挂牌、拍卖，最后落在谁家并不知道，也可能做了半天，你是替他人做衣裳，所以由于认识人或者和哪个区域的关系好、或者是由于长期建立的关系可以获得廉价土地所获得的优势就没有了。

二、对开发商的影响

1.公平的市场竞争环境已经形成。

国务院下了文件之后以市场化的方式获得土地比较明了，大家就比较容易地站在同一条起跑线上，也就是外来的强龙和本地的地头蛇不会存在比较悬殊的差异，将来就靠创意、靠人才来吃饭。

2.低价或者是用定金方式获得土地，然后再用高价方式获得银行抵押贷款，实际上用银行的资金和预售资金来进行开发经营的模式就比较难以实施了。你要获得土地，或者全价或者是大部分价都要支付。

3.小的开发商可能要退出这个行业，或者撤出热点地区。因为，这个时候大的开发商或者资金比较雄厚的开发商处于一种比较有利的地位。由于过去很多因素都可以使大家在竞争中有多种选择，现在起码是熟人经济，靠土地获得一些竞争上的优势，这种情况已经大大减少了。

4.原有土地储备不复存在。

已经支付的前期的一些圈占土地的费用或者大部分上市，或者可能要进入长期的纠纷阶段，应该说这是一个比较严峻的事实。按照过去的方式，首先和乡里、村里、镇里谈好，把这块土地圈下来就是你的了，实际上法律上这块土地并不是开发商的，但是由于你先入为主和他签了这个协议，事实上你拥有了优先开发权，然后再去规划报批、立项，最后通过土地部门办土地手续，实际上就是土地储备，过去是行得通的。现在你可以和乡镇继续谈，还可以继续定你的协议，但是只要你经营型土地最后的一道手续到土地部门的时候，就要招、拍、挂，这是很严厉的，如果谁不这么做，谁就是违反纪律，这是作为一个公务员的守则必须做的，谁也不愿意再为这个付出代价。

5. 已经办完手续的土地，因为其它同类土地的供应量的减少，而在短期内出现增值，项目比较好操作、比较好开发。同样，对没有办理好土地手续正在进行中的这些土地，因为新的规矩、新的程序已经进入实际的运行，我们在获取这些土地的时候，获取土地的成本可能要增加，或者风险增加。

三、策略

开发商要练好内功，做好自己开发的产品。在同等竞争的情况下，在获得土地大家几乎平等的情况下，只有练内功做精品、提高品位、做新概念，才能在竞争中胜出。

1. 要做新的形态、新的种类。

2. 要做大规模，薄利多销。

3. 要以快取胜。

通过拍卖招标得到的土地，手续很干净，这样就可以合理地安排工期，尽快地完成整个工程建设，缩短整个资金占用期，以快取胜。

理性的竞争，避免在土地问题上过度竞争或者是非理性竞争。在投标的时候或者是拍卖的时候，上得很快，投得很高，实际上不利于房地产的长期稳定发展。

要合理地利用区域和政府间的竞争，来减少企业间的竞争。在土地上的平等竞争是不可避免的。但是，我们在竞争的时候，也可以合理地利用一些政府之间和区域之间的竞争，来达到我们降低成本的目的。

要大力挖掘土地改变用途的潜力，也就是要找可以改变用途的地块来进行项目策划。我们主动去寻找一些可以改变用途的地块，然后制定一些开发的计划或者意向，主动纳入政府的出让计划中。这里介绍一下加码的挂牌交易：某些地块由于公司在前期介入，进行了很多投入，现在要进行挂牌交易是国家规定的，必须这么做。这时候有些地方就把前期费用加在挂牌里面一起挂，原有公司在这种过程里面，就处于一种竞争上的优势，就是说它这个费用已经先付出了，在竞争的时候，可以比别的公司多出一点价。谁要是得到了这块土地，如果不是原有这家公司，要把前期费用交给这家公司。小项目不会采取这种方式，一般都是大项目采取这种方式。

积极考虑一些大型的综合性项目里面的经营型用地。现在规定经营型用地一律要走招标、拍卖、挂牌投资，这是作为一个主体，这个地块整个就是经营型用地，这个时候，要走挂牌招标的路子。但是，如果作为一个大型的综合开发项目，这里面出现一些部分的或者是少量的经营型用地，是不是要把它都挖出来招标、拍卖、挂牌呢？我想这个是可以探讨的。

同时，在进行策划大型发展项目的时候，减少竞争还有两个可以考虑的东西，一个就是要尽量奠定一些竞争的优势，但必须事先要得到政府的支持；第二，要尽量争取一些特许权、专营权的许可。因为，以后其它的一些招、拍、挂的用地，如果在有专营权和特许权的前提下，再进行土地招、拍、挂的时候，竞争性就特别弱了。

开辟新的投资领域。我个人认为目前存在的领域有两个方面：第一个方面，小城镇镇域的整体建造和改造。去年的农村工作会议上，中央明确提出要城乡协调发展，小城镇大战略，这是国家一直倡导的，以后也不会变，在这里隐含着无限的商机。

要积极参与城市建设用地的拓展和全面整理。现在，各个城市已经出现一些苗头。但是，这个工作作为一个整体的推动，还需要大家共同努力，应该说这是一个很好的投资机会。不知道大家注意过没有，前一段时间，南京出现一件事情，吸引市民投资基础设施，上海浦东的磁悬浮铁路是市民投资参与，这个基础设施的市民参与，社会资源的进入已经开始出现苗头，我想这个苗头在土地开发、土地拓展、土地整理，在地产业上面是一个非常值得探索的领域。

防止一些浮躁的概念。不提供别墅用地，实际上说穿了是防止浪费土地。在低密度地区进行低密度利用是符合建筑发展和土地利用的趋势的。

另外，过去开发商为了适应中国人迫切需要提高居住水平的要求，提出了别墅的概念。但现在我们所说的别墅，相当大部分可能还不是真正的别墅，宣传上可以做适当的调整。否则，你说是别墅用地，就不能批出来了。

防止在高密度利用的区域——城市周边地区、城市中心区域，这些高密度利用的区域里面进行低密度的利用土地，这是不合理的。但是，并不等于不容许出现低密度形态的建筑，只要能高效利用土地都是容许的。

在中密度的一些建设或者地块上，是不是可以考虑进行高密度和低密度的分割调整？国家的用意就是防止低效利用土地，那么高效利用土地就达到了合理利用土地的密度，这个时候是不是可以进行一些适当的建筑风格的调整？

在一些低密度地区、山路地带、丘陵地区、绿化隔离带、生态区里面，低密度建筑群的安排和建设有什么更好的建议和对策可以提出来，这也是一种对策。在这些地方是不容许进行高密度建设的，因为只有进行绿带的建设、进行生态地区的建设才是最有效的途径，在这里边容不容许出现低密度住宅和其它一些东西呢？

对于一些政策变动，如果从正面去理解形势的变化，就会开辟一个新的领域、新的天地。

（本文摘自《经济观察报》2003年9月）

第六章　房地产交易

土地出让金缴交新规定

市国土资源和房屋管理局在本月出台了新的土地出让金缴交规定。土地出让金应从分期缴交逐步过渡到2003年12月31日后一次性缴交。具体的分期缴纳办法规定如下：

1. 土地出让金按以下数额分期缴纳：总额在500万元以下的，一次性缴交；总额在500万～2000万元的，在一年内缴清；总额在2000万元以上的，在二年内缴清。

2. 由企业自行负责土地开发的用地（即“生地”），首期缴纳的土地出让金不少于该用地土地出让金总额的40%；由市政府负责开发后出让的开发用地（即“熟地”），首期缴纳的土地出让金不少于该用地土地出让金总额的50%。但土地出让金超过500万元以上，分期缴纳的，其首期土地出让金缴交数额应不少于500万元。

3. 土地出让金缴交首期后的余款，以每期平均的数额按每隔6个月为一期，在规定年限内分期缴交。

4. 土地出让金必须严格按照《国有土地使用权出让合同》所规定的期限缴交。除因政府因素如城市规划、城市基础设施项目建设、文物保护等导致未能按期缴交出让金的，经市计委、财政局、国土资源和房屋管理局组成的联合审批小组批准后可给予延期外，一律不允许延期。未经批准逾期缴交的，按每天1‰的比例计罚滞纳金。

5. 用地分期开发的，在核发《商品房预售许可证》时，应根据已交纳土地出让金的比例核发相应比例的商品房预售面积，其已缴纳的土地出让金占出让金总额的比例，必须高于预售商品房面积占总建筑面积的比例。关于追收国有土地使用权出让金的五大处罚办法

（1）逾期不交每天罚款千分一。根据广州市政府的最新规定，今后即使是因政府因素如城市规划、城市基础设施项目建设、文物保护等原因导致未能按期缴交土地出让金的，也要经市计委、市财政局与市国土房管局3个部门联合审批方可给予延期，其余的必须严格依照《国有土地使用权出让合同》所规定的期限缴付。对未经批准逾期交纳的，按每天1‰比例计罚滞纳金。

（2）陈年旧账也交滞纳金。对于于2001年7月1日前签订土地使用权出让合同的地块，政府按以下原则追缴地价款与滞纳金。于2001年12月31日前一次性缴清拖欠地价的，对在2000年4月1日前到期的欠款，按缴款时银行贷款利率×1+10%标准计罚滞纳金；对在2000年4月1日后到期的欠款滞纳金，逾期3个月内的按银行同期贷款利率计罚；逾期4～6个月内的，按银行同期贷款利率的两倍计罚；逾期7～12个月内的，按每天0.5‰的标准计罚；逾期超过1年的，按每天1‰计罚；对在2001年12月31日后依然未缴交的，按每天1‰计罚。

（3）抵押物业还债。开发商以尚欠地价款的已建成物业向银行抵押贷款用作缴交土地出让金的，在作出以此还债承诺并提供银行的同意证明后，国土资源和房屋管理局可以同意办理手续，但贷款款项出帐时，要直接应缴交的数额划入土地出让金帐户。对于拖欠出让金与滞纳金数额较大的，将根据开发商资金状况，允许先行缴清出让本金，并可按已缴出让金的比例，核准商品房预售面积。但要求必须同时建立监控帐号制度，由开发商具结，按一定比例从监控款中扣缴滞纳金额。

（4）无钱可还收地清盘 对超过开发时间且拖欠地价款并还未开工建设的，将解除土地出让合同，按“闲置 土地”无偿回收土地使用权。即使是楼盘已经封顶，但开发商不缴付地价款的，同样要解除土地出让合同，并知照市内各有关职能部门停办这些开发商相关手续。如开发商仍不配合，将在媒体上曝光。对于严重拖欠而又无力缴付地价款的开发商，可以同意其将未缴清地价部分物业招标拍卖变现，所得款项首先用于清偿拖欠的土地出让金和滞纳金。

（5）申请强制拍卖财产。这部分开发商若不愿清盘而政府催收地价款无效的，交向法院申请强制执行，将其现有的其他财产拍卖、变卖后所得款项首先用于清偿欠款与滞纳金。对于逾期不交地价款的开发商，不再审批其新的开发用地或以项目公司名义开发新的用地。

（本文摘自　美联网站　2002年7月）

二手房交易出现新纠纷

各大城市近两年的二手房交易量不断攀升，可与此同时，二手房的买卖出现了不少新型纠纷。由于新商品房流向二手市场，带有车库的中高档房屋因为买主往往单购房但不购买车位，使得过户出现难题。法律专家们认为，这一矛盾实质上暴露了目前法律法规上的一个盲点，即对车位到底算是房产的附属物还是单独产权物并没有作出明确规定，从而导致了交易中的纠纷。

从海外归来的姚先生2003年6月初经朋友介绍，看中

了一套高档物业。很快，他与房东何小姐达成了购买该房的意向，双方签下了合同。

资金实力雄厚的姚先生选择了自筹全额房价款，也就是非银行贷款，分期支付的付款方式。但就在姚先生根据买卖约定向何小姐支付了40%的首付款，二人向上海房地产交易中心申请产权过户的时候，意想不到的事情发生了。

原来房东何小姐所拥有的该物业的房地产权证上，除记载了其所有的房屋外，还附有一个所有权车位，而姚先生和何小姐签订的购房合同上只表示购买房屋，并没有提及车位的问题。交易中心以车位的所有权不明为由拒绝了两位的申请。中心认为，如果让此种类型的房屋转让便会导致车位的所有权无所归依，在法律上处于悬空状态，所以，交易中心只能拒绝受理何、姚两人的产权过户申请。

法律界人士认为，本案实质上揭示了房地产法律的一个盲点。即目前的相关法规并未对房屋与车位的关系作出明确界定，法学界对此也存在不同的认识。

第一种认识是：车位是房屋的附属物，车位必须随房屋的售出而售出；第二种认识是：车位是独立于房屋之外的物件，房屋出售并不意味车位也要出售。在仅涉及房屋转让，而车位并不转让的情况下，车位的主人可以保留对车位完整的所有权，且车位可以单独转让。业内人士认为，车位具有相当的价值，且毕竟不同于房屋的门、窗等显而易见的从属物，应该尽快在法律上对车位的法律性质有个明确的定性，以便问题良好解决。

（本文摘自《扬子晚报》2003年7月）

全面建立国有土地租赁制

全面建立国有土地租赁制。除国家规定无偿使用的国有土地之外，使用国有土地都应该是有偿的，用地要付钱是天经地义的，是社会主义市场经济的原则，要公开、公平、公正。

土地租赁制包括两种形式。一种是若干年土地使用权一次性租赁。现在的国有土地使用权出让就是这种形式，出让金是若干地租总和的现值。我国已经建立起国有土地使用权出让的制度，今后要加强管理，严肃执法，使其规范运作。

另一种是使用国有土地，使用者每年缴纳租金，就是年租制。我国有些城市存在极少数量土地收地租的情况，这是以前遗留下来的，租金极低，总体上没有形成制度。应该把国有土地年租制建立起来，树立起“用地要付钱”的观念。实行国有土地年租制要妥善处理租金标准。租金标准要与使用权出让的出让金水平相平衡，对于刚从无偿使用变为有偿使用的地租水平，应当适当低一点，或者制定一个减、缓、免的规定，使用地的企业、单位和个人能够适应，随着经济发展逐步调整，使地租水平与出让金水平相对应，就是说这要有一个过程。实行国有土地年租制有不少好处：一是可以使国有土地市场扩大和完善，土地市场健康发展，促进社会经济发展；二是保障城市财政的良性循环。在城市建设和改造资金不足时，城市政府就会考虑多拿几块土地出来出让，这就是现任政府用了后任甚至用了后一二代人的钱，而年租制则可以改变无偿使用为有偿使用，改变土地使用权上的不平等，同时政府可以每年有一笔从土地上来的收入，细水长流，使政府财政逐步达到良性循环。

集体土地也可以考虑建立租赁市场。

1. 现在农户承包经营集体土地，已经确立了制度。

农户承包经营土地，实质上是租赁制，农户向集体土地所有者承包经营土地，30年不变，承包权可转让或出租，并获得收益，这比承租国有土地者还灵活，因为国有土地的承租者是不能转租国有土地使用权的（根据合同规定在不改变土地使用性质、完成项目建设土地使用权可以转让，但新的承让人要与政府重新签订合同，原来的承租人就与土地无关）。实行农户承包经营制，稳定了农村，促进了农业生产，是我国农村的一项根本制度。

2. 农村集体土地的所有权需要确定。

农户承包经营土地是从集体土地所有者那里来的。现在就全国范围来说，集体土地所有权问题没有解决，集体土地所有权证还没有颁发，所有权的权能不能发挥，所以迫切需要解决所有权问题。在解决了所有权问题以后，所有权者可以在国家政策的范围内自己决定土地使用的方式，如集体土地者可以将土地出租给农业企业每年收取租金，或者将土地投入企业作为股份参加分红等，这对繁荣农村经济是非常有利的。同时，明确了集体土地所有权以后，可以得到法律保护，在一定程度上限制一些乡镇干部的胡乱作为，对稳定农村也有好处。

8月11日，中共中央政治局召集会议，决定今年10月召开党的十六届三中全会，会议将主要讨论研究完善社会主义市场经济体制问题和修改宪法部分内容。

我们相信，完善社会主义市场体制，其精神当然指导土地市场的完善，必将更进一步健全法制，加强土地管理，繁荣土地市场，促进经济发展。

（本文摘自《中国地产》2003年9月）

二手房安全交易四步走

卖房不是容易的事，如何在短期内安全、方便成交是业主最关心的。

第一阶段是心理准备。针对目前尚不规范的房地产中介市场，是自己成交还是找有资质、信誉好的房产中介公司？如果自己找客户，首先，您要有闲暇的时间；您要有比较专业的房产及法律知识；第三，要有较好的心态及耐性。因为讨价还价的过程可能漫长而艰难。

不如找一家代理公司试一试。但是找中介公司要注意：有无资质、信誉是否良好、操作是否规范，可打电话咨询一下，看看报价及公司的服务态度，也可亲自上公司实地考察，或问问周围已卖房人对中介公司的评价，最后您再选一家公司代理。

想卖多少钱？这是业主最关心的问题。如何确定房屋价格，应给自己的房做个评估。

第二阶段是市场考察。看看您的房产所在的区域，周边环境（包括文化、体育、医院）及生活配套设施是否完善，道路交通状况是否良好。

房屋建成年代、小区环境、房屋结构、朝向、楼层，都是影响房价的原因。业主应了解自己房屋优劣势，才可达到自己理想的预期价值。

第三阶段是房屋交易。卖房者均希望尽快将房子卖掉。故而往往找多家公司，各家公司都带客户看房，其间，有各公司业务员，有想甩掉中介的买房人，同时不乏别有用心的不法之徒。房主是天天陪同看房，讨价还价，电话不断，精神高度紧张。信一天公司建议卖房人先考察一下公司的声誉，与中介公司签订好代理协议，然后中介公司会派专人负责，有针对性地向客户推荐此房，组织看房，尽快地寻找买方，同时帮助办理过户的相关手续，省去了卖房人大量的时间和精力，安全可靠又快捷。

第四阶段是物业交割。正常情况下，房子交接完毕，房产登记过户后当日，您就应该拿到全部售房款，如果您不能按时交房，则根据情况，暂扣部分房款，待交房时付清，付款时间在合同中有明确规定。很多卖房人可能想卖房子拿到房款就完事了，其他与我无关。殊不知，如果买方故意不交供暖费、物业费，也不与对方签订相关合同，这时收费部门往往找原房主，尤其是原产权单位，弄得不好，还会影响您的声誉。如果寻找一家中介公司，则会省去这些麻烦。

（本文摘自《北京晨报》2003 年 10 月）

房地产转让条件及程序规定

房地产转让最主要的特征是发生权属变化，即房屋所有权与房屋所占用的土地使用权发生转移。《城市房地产管理法》及《转让管理规定》都明确规定了房地产转让应当符合的条件。

一、房地产转让应符合的条件

对以出让方式取得土地使用权用于投资开发的，按照土地使用权出让合同约定进行投资开发，属于房屋建设工程的，应完成开发投资总额的 25% 以上；属于成片开发的，形成工业用地或者其他建设用地条件。同时规定应按照出让合同约定已经支付全部土地使用权出让金，并取得土地使用权证书。

司法机关和行政机关依法裁定、决定查封或以其他形式限制房地产权利的。司法机关和行政机关可以根据合法请求人的申请或社会公共利益的需要，依法裁定、决定限制房地产权利，例如查封、限制转移等，在权利受到限制期间，房地产权利人不得转让该项房地产。

依法收回土地使用权的。根据国家利益或社会公共利益的需要，国家有权决定收回出让或划拨给他人使用的土地，任何单位和个人应当服从国家的决定，在国家依法做出收回土地使用权决定之后，原土地使用权人不得再行转让土地使用权。

共有房地产，未经其他共有人书面同意的。共有房地产，是指房屋的所有权、土地使用权为两个或两个以上权利人所共同拥有。共有房地产权利的行使需经全体共有人同意，不能因某一个或部分权利人的请求而转让。

权属有争议的。权属有争议的房地产，是指有关当事人对房屋所有权和土地使用权的归属发生争议，致使该项房地产权属难以确定。转让该类房地产，可能影响交易的合法性，因此在权属争议解决之前，该项房地产不得转让。

未依法登记领取权属证书的。产权登记是国家依法确认房地产权属的法定手续，未履行该项法律手续，房地产权利人的权利不具有法律效力，因此也不得转让该项房地产。

二、房地产转让的程序

房地产转让应当按照一定的程序，经房地产管理部门办理有关手续后，方可成交。《转让管理规定》对房地产转让的程序作了如下规定：

房地产转让当事人签订书面转让合同；房地产转让当事人在房地产转让合同签订后 90 日内持房地产权属证书、当事人的合法证明、转让合同等有关文件向房地产所在地的房地产管理部门提出申请，并申报成交价格；房地产管理部门对提供的有关文件进行审查，并在 7 日内做出是否受理申请的书面答复，7 日内未作书面答复的，视为同意受理；房地产管理部门核实申报的成交价格，并根据需要对转让的房地产进行现场查勘和评估；房地产转让当事人按照规定缴纳有关税费；房地产管理部门办理房屋权属登记手续，核发房地产权属证书。

此外，凡房地产转让或变更的，必须按照规定的程序先到房地产管理部门办理交易手续和申请转移、变更登记，然后凭变更后的房屋所有权证书向同级人民政府土地管理部门申请土地使用权变更登记。不按上述法定程序办理的，其房地产转让或变更一律无效。

三、房地产转让的方式

（一）出让方式取得土地使用权的转让

以出让方式取得土地使用权的房地产转让时，受让人所取得的土地使用权的权利、义务范围应当与转让人所享有的权利和承担的义务范围相一致。转让人的权利、义务是由土地使用权出让合同载明的，因此，该出让合同载明的权利、义务随土地使用权的转让而转移给新的受让人。

以出让方式取得土地使用权的，转让房地产后，受让人改变原土地使用权出让合同约定的土地用途的，必须取得原土地出让方和市、县人民政府城市规划行政主管部门的同意，签订土地使用权出让合同变更协议或者重新签订土地使用权出让合同，相应调整土地使用权出让金。

（二）划拨方式取得使用权的房地产转让

以划拨方式取得土地使用权的房地产，在转让的价格或其他形式收益中，包含着土地使用权转让收益，这部分收益不应完全由转让人获得，国家应参与分配。由于所转让土地的开发投入情况比较复杂，转让主体、受让主体和转让用途情况也不相同，因此处理土地使用权收益不能简单化和“一刀切”。

对此，《城市房地产管理法》做了明确规定，对划拨土地使用权的转让管理规定了两种不同的处理方式，一种是需办理出让手续，变划拨土地使用权为出让土地使用权，由受让方缴纳土地出让金；另一种是不改变原有土地的划拨性质，对转让方征收土地收益金。

四、不办出让手续的几种情况

《转让管理规定》规定以下几种情况可以不办出让手续：一是经城市规划行政主管部门批准，转让的土地用于《城市房地产管理法》第二十三条规定的项目，即：（1）国家机关用地和军事用地；（2）城市基础设施用地和公益事业用地；（3）国家重点扶持的能源、交通、水利等项目用地；（4）法律、行政法规规定的其他用地。这四种情况可不办理出让手续。

二是私有住宅转让后仍用于居住的；三是按照国务院住房制度改革有关规定出售公有住宅的；四是同一宗土地上部分房屋转让而土地使用权不可分割转让的；五是转让的房地产暂时难以确定土地使用权出让用途、年限和其他条件的；六是根据城市规划，土地使用权不宜出让的；七是县级以上地方人民政府规定暂时无法或不需要采取土地使用权出让方式的其他情形。

对于暂不办理土地使用权出让手续的，应当将土地收益上缴国家或作其他处理，并在合同中注明。土地收益的征收办法，在国务院未作出新的规定之前，应当按照财政部《关于国有土地使用权有偿使用收入征收管理的暂行办法》和《关于国有土地使用权有偿使用收入若干财政问题的暂行规定》的规定，由房地产市场管理部门在办理房地产交易手续时收取土地收益金上缴国家。对于转让的房地产再转让，需要办理出让手续、补交土地出让金的，应当扣除已缴纳的土地收益。

（本文摘自《中国建设报》2003年12月）

土地使用权转让的法律规定

土地使用权转让是指土地使用者将土地使用权再转移的行为，包括出售、交换和赠与。如何使土地使用权转让合法和有效，笔者从土地使用权性质、用途、位置、转让年限及土地出让合同包括附属所记载的权利和义务等方面加以探讨。

1．应实际了解土地使用权的性质。

使用权分国有土地使用权和集体土地使用权。只有国有土地使用权才能进入市场，即出售、交换和赠与。但也应了解属国有出让土地使用权还是国有划拨土地使用权。国有划拨土地使用权转让时须经县级以上人民政府土地行政主管部门审核，报有批准权的省人民政府批准，并补交地价款。出让土地并非一定能够转让，未经开发的出让土地不得转让。出让土地使用权在转让时应分清是否改变了转让方土地使用权性质。集体土地使用权不得转让；除《土地管理法》规定的“符合土地利用总体规划并依法取得建设用地的企业，因破产兼并等情形致土地使用权依法转移”以及这类企业的用土地房产抵押后被依法处分的情形。但是在实际工作中往往对土地使用权的性质未弄清就进行转让。特别是土地使用权赠与和交换。如农村居民或原属农村居民现因某种原因弃农进城的，往往把自己属集体土地使用权的宅基地作为个人私有财产，随意出售或赠与他人。有的未经政府批准擅自将集体土地使用权与他人调换。这样都会给土地管理特别是集体土地的管理带来混乱。

2．应了解土地使用权的用途。

《城镇国有土地使用权出让和转让暂行条例》以下简称《条例》规定“未按土地使用权出让合同规定的期限和条件投资开发、利用的，土地使用权不得转让”。如土地使用者取得土地使用权时属工业用地，实际开发为商品房，那么该商品房不得出售，必须重新办理土地出让手续。再有受让人和转让人使用土地的用途不能擅自改变，因为不同用途的土地地价差别很大，可以是十倍以上，如工业用地每亩几十万元，综合用地可以通过竞标拍卖至每亩几百万元，而且绝大多数的土地已按城市建设规划或集镇规划确定了用途。一般不许改变。如有的单位或个人要小聪明，明明实际用地为商业，但在转让时说是住宅用地，这样就可以少交几倍的出让金。这样土地资产就流入了单位和个人的腰包，国家和政府资产流失。

3．应了解土地使用权的位置。

影响土地价格的因素一般分为一般因素、区域因素和个别因素。一般因素只是决定土地价格的基础，而区域因素对土地的价格产生决定性的影响，主要是指土地所处地区的繁华程度、交通条件、基础和公共设施条件、环境质量等等，不同位置的土地价格可以相差几倍到几十倍。因此，转让土地使用权时应根据不同的位置确定不同的土地出让金，这样才能充分显示土地的价值。

4．应了解原土地出让合同及其附属记载的权利和义务，尤其要注意带限制性、制约性的内容。

因为即使最后的土地受让人是否愿意或有无约定，原土地出让合同及其附件所载原土地受让人的权利和义务，在土地经过多次转让后仍完完全全地转移其最后的受让人。《条例》规定：”土地使用权转让时，土地使用权出让合同和登记文件中所载明的权利、义务随之转移”。因此，最后的土地受让人应了解原土地出让合同中及其附件记载的权利和义务。

5．应了解土地的建设规划和设计的要点。

包括土地的用途、建筑密度、容积率及公共配套设施的要求。因为根据城市建设规划，各地块的用地功能、建筑密度、容积率及公共配套设施的要求有所不同而且是确定的，不能随便改动。不同标准的建设规划和设计要点决定了土地的利用率、开发建设成本及利润的大小。因此，转让土地使用权时，受让人应当综合考虑和评估上述因素，才能衡量土地价格高低和房地产开发项目的成本风险和投资回报。

6. 应了解土地的转让年限。

《条例》规定“土地使用权通过转让方式取得的土地使用权，其使用年限为土地使用权出让合同规定的使用年限减去原土地使用者已使用年限后的剩余年限”。因此，受让人应当明确转让人原出让土地的使用年限，不能以土地法规定的最高年限来确定给其受让人，如果原出让合同的年限已届满，则应重新签订出让合同，根据实际土地使用情况确定其土地使用权的使用年限。因为土地使用年限不同、土地的价格亦不同。土地总收益是房屋收益和土地纯收益的综合：房屋使用年限愈长、年折旧就愈大，这样土地价格相对较低。

7. 应弄清土地使用权是否有禁止性和限制性。

《中华人民共和国城市房地产管理法》第三十七条规定：下列房地产不得转让：“（1）以出让方式取得土地使用权的不符合本法第三十八条规定条件的；（2）司法机关和行政机关依法裁定决定查封或者以其他形式限制房地产权利的；（3）依法收回土地使用权的；（4）共有房地产未经其他共有人书面同意的；（5）权属有争议的；（6）未依法登记领取权属证书的；（7）法律、法规规定了禁止转让的其他情形。”因国家的公共建设需要或进行旧城改造时对原土地使用者的使用权证书，政府应及时将其收回，以防已被政府收回的土地，而原土地使用者仍持其原土地使用权证书作为土地拥有者的合法凭证进行转让。对于有共有使用权，在办理土地转让变更登记过程中，土管人员应深入现场调查，征得共有权人的同意并出具书面证件，不能随意给其办理转让手续。

土地使用权转让在了解以上几个问题的同时，还应当办理过户登记手续。转让土地使用权转让方与受让方协商一致并签字盖章确认后，只能说明转让行为的完成。而转让协议或合同经有权机关审查符合转让条件并依法履行审批手续只是说明转让行为生效。只有转让双方办理土地权属登记，才说明转让的财产的权利已经发生转移并合法有效。

（本文摘自《中国房地产报》2003 年 12 月）

第七章　房地产中介

谈房地产中介企业的发展前景

近几年，房地产中介企业发展迅速，据媒体报道，目前全国从业人员已达几十万人，已逐步深入到社会生活的方方面面，特别是随着房地产市场运行机制日趋完善以及市场细分的日益加剧，房地产中介行业逐步凸显，对于盘活存量，联动消化增量，促进房地产投资与消费的双向拉动，完善房地产市场流通体系等方面发挥了越来越重要的作用。

据统计，2001年，福州市二手房交易数量达7047起、面积为96.92万平方米、交易金额为9.17亿元，分别比2000年比增9.92%、18.6%和20.03%，今2002年1～2月全市实现二手房交易金额1.34亿元，显示了存量市场的巨大潜力。

房地产中介是房地产市场细分和集约化经营的结果，是房地产市场活动的重要组成部分，其发达程度已经成为房地产市场是否成熟的重要标志。

我国房地产中介行业起步较晚，基础弱，所沉淀的各类社会资源较少（特别是人才资源），而且一定程度上存在着不规范、人员素质良势不齐、资金实力不足和品牌力度不够等劣势，但中介行业已表现出良好的发展势头，有以下几个方面的因素：

1. 消费者的消费偏好存在差异性，给中介企业提供了较大的发展空间。

我国房地产市场已进入个体消费者占主导的市场，个人购房占九成，但每年的住宅增量市场中新增商品房毕竟有限，由于房子本身存在的不可移动性和单一不可挑剔性，已显出不能满足消费者多样性的需求特征。中介企业所掌握的房源量多、差异化明显且层次梯度较强，易满足消费者的多样化需求。

2. 房子价位的优势。

一般二手房的价格与同地段同档次的一手房相比一般会低10%～20%，这样就推动了价格影响因素占主导的住房需求与有效供给的对接，形成了住房的梯级消费，房产中介将更多人选择。

3. 城市化进程因素。

随着城市旧城改造的深入以及城市规模的扩大，城市中心区的房地产资源供给会更多地呈现写字楼、商场和店面等非住宅形式，而且从长远来看，作为居住之用的住宅的开发势头会逐渐减缓，今后存量市场将成为房地产市场的主导市场。

4. 市场化的必然要求。

开发企业专门致力于开发市场，将房子的销售流通环节交由中介企业来运作是必然趋势，也是市场细分的结果，中介企业利用雄厚的客户资源和网络系统加速房子的流通，这种“双赢”促进中介企业规模的扩大，促进房地产市场的良性循环，最终促进房地产市场的繁荣。

5. 中国入世，国际房地产市场接轨，发展房地产中介业是关键。

国际经验表明，一个成熟的房地产市场应该是一个交易便捷和频繁的房地产市场。因此加强房地产服务体系建设是市场发展所必须的，发展房地产中介行业是首当其冲的。

房地产中介企业要在行业竞争中求得发展，必须加强以下几个方面：

1. 房源的竞争。

房源是中介企业的命根子，所有的中介经营活动都围绕着这个核心运转。要构建服务网络，收集不同地段、不同层次的各类房源信息，如较为出名的上房置换公司下设分支机构就超过200家，按街道进行布点，在全市范围内形成了较为完善的中介服务“连锁”网络。要加强房源信息的整合，让更多的质优价廉的二手房呈现出来，提高消费者的购房速成率。

2. 技术产品的竞争。

中介企业要发展，必须提高科技含量，要加大硬件设施投入和办公软件的开发，要加强网络技术与中介经纪技术的结合，依托网络提高市场化运作效率。要加强人员的培训，优化队伍业务素质，更好地实现房子与消费者的对接。

3. 服务产品的竞争。

中介服务本身就是一个产品，要做到诚信服务，实现“阳光操作”，以公平、公正、公开的服务赢得消费者的信赖。要实行贴心服务和特色服务，要扩大服务的外延，以满足消费者和开发商不同层次的需求，如将中介服务向前延伸，开展房地产顾问、咨询服务（为开发商作策划营销、提供信息等），也可向后延伸，开展居家服务（如提供按揭代理、家装顾问等后期服务）。

4. 品牌的竞争。

塑造品牌是企业经营的中心环节，品牌分为产品品牌和企业品牌，要从产品品牌做起，打好基础，然后上升为企业品牌，实现社会对其的信誉认同。

作为行为主管部门要创造一个利于房地产中介企业良性竞争和良性发展的环境。

1. 加强法规建设。

对房地产中介机构的资质条件、房地产中介人员执业资格、房地产中介的业务范围、操作规程、法律责任等作出明确规定。可尝试像美国建立房地产复原基金制度，目的是在社会大众因某一房地产中介人员的不良行为而导致财产受损时，予以赔偿。该基金在中介企业申请注册时所交纳的特别规定费累积而成的。美国的每个州的房地产委员会一般有设立调查机构，可以在任何时候到经纪人办公室检查业务记录，发现问题向房地产委员会报告，由该委员会讨论议定是会向法院控告。同时，美国各地都有专门的检察机构处理此类案件。经纪人员只要有一次违反职业道德的行为发生并被暂停或吊销执照，就会被刊登在经纪人的广告刊物上，从此很难再从事这一职业。

2. 规范中介行为。

要制定规范的服务标准，启用居间合同、代理合同示范文本。随着经济的发展，要逐步尝试建立房地产中介机构资信等级和执业人员信用评定标准，建立包括执业城信监督、责任理赔等在内的信用制度。要积极地扶持信誉佐、实力强的优秀中介企业，形成品牌效应；对无经营资质的中介企业要坚决清出市场，对市场投诉多的中介机构和人员，应予以查处，情节严重的，要取消机构的经营资质和人员的执业资格。

3. 加强行业内的交流与培训工作，提高行业素质。

当前，我国的房地产中介协会没有很好的发挥行业管理的重要作用，行业内部交流较少，没有专门的培训基地，人员素质不高，以致于许多房地产中介企业所做的工作大多停留在信息传输的水平上。要切实发挥出行业协会的作用，通过行业统一的自律性和监督性的市场行为规则来促进中介企业实现内部管理的科学化，形成一个公平的中介企业竞争环境。

（本文摘自《八闽房地》2002 年 4 月）

我国房地产中介代理业的发展方向

一、我国房地产中介代理业的现状

1. 我国房地产中介代理业存在的问题。

房地产中介（也称房地产中介服务）是指在房地产市场中专门提供信息咨询、投资策划、价格评估、经纪代理、抵押担保等业务，为交易双方服务，从而收取佣金的行为。其中我国房地产中介代理业作为第三产业的服务业，相对于西方发达国家房地产中介业上百年的成熟发展才刚刚起步，还存在许多问题。

首先是相关法规不配套、不健全。其次是行业管理不完善：从注册登记到审查备案，从业人员从培训考证到资格认证、服务范围，从注册地到行为地的管理制度都存在问题，而且相关管理部门职能与职责不清，缺乏行为自律和法人自律。再者由于行业门槛低、市场准入不严，造成我国房地产中介代理企业规模孝资金实力弱。同时还存在从业人员素质差，良莠不齐；专业人员匾乏；行业人员流动频繁；信息化建设落后；缺乏规范的操作程序和操作思路；行业内部信息封锁增加了重复成本等等问题。

2. 新形势下我国房地产中介代理业面临的挑战。

除了自身的不成熟外，我国房地产中介代理业在这日益国际化、信息化、网络化的“新经济”时代还将面临严峻的挑战。当前中介代理商因与开发商的地位仍不平等，常常处于被动；许多大型房地产开发企业都组建了自己的销售公司，这也抬高了中介代理的门槛。另外加入 WTO 后，我国承诺，房地产中介服务方面（包括房地产中介代理）允许外商成立合资、合作企业，5 年后允许外商成立独资企业。不仅如此，境外大型中介机构早已开始抢滩中国：香港的中原、美联、永利行，美国的 COLL、BANK、ERA 等品牌公司开始采取连锁经营模式进入我国市场；美国“21 世纪不动产”已在北京、上海、郑州、厦门、温州等地开发业务。他们凭借先进的技术和管理，必然会给我国房地产中介代理业带来不小的冲击。

二、我国房地产中介代理业的对策

面对严峻的挑战，我国房地产中介代理业只有转变观念，抓住机遇，制定合理的发展战略，充分发挥自己的优势，扬长避短，才能立于不败之地。除了进一步建立健全相关法规、规范市场运作外，还应利用网络信息技术和先进的管理经验优化操作程序、强化数据信息管理和深化人力资源的开发利用。沿海、大城市的市场饱和了，就应向内地、中小城市开拓市场；针对大多数开发商不懂商业的现实，就有必要更进一步完善商业的代理机制；随着房地产的大盘化、社区化和综合化，应不断创新代理模式以满足新的需要；为开拓业务范围、满足更多的需求则应该推行全程代理等等。同时还应加强与国外知名中介代理公司的合作，吸取先进的管理经验和管理模式，掌握本行业的发展规律和发展方向，逐步构建自身的核心竞争力并不断完善自己，才能在激烈的市场竞争中应对自如。

三、我国房地产中介代理业的发展方向

我国房地产中介代理业经过近 20 年的摸索、学习和发展完善，前进的方向越来越明朗，经笔者的调查研究以及综合众多学者的观点，将之归纳为如下几点：

1. 行业的规范化。

随着政府的有效管理、中介法规的不断完善，我国房地产中介代理业将逐步走向规范化，并形成具有中国特色的房地产中介管理制度和运作手段。行业将逐步完善个人资格准入和机构准入市场化制度。在房地产估价师、房地产经纪人资格考试的基础上，可能还会采用房地产策划师、房地产销售员等资格考试。全国房地产协会和房地产经纪人协会都将走向成熟。而且在职业道德要求上也会采取暂停或吊销执照等措施。

2. 市场的规模化、垄断化。

在全国房地产开发走向规模扩张和垄断、不断产生超大型楼盘的同时，我国的房地产中介代理市场也凸现了规模、垄断的趋势，并且正从区域性垄断走向全国性垄断。以深圳为例，近两年来二级代理市场均被中原、世联所垄断。

3. 中介代理全程化。

全程中介代理又称全程代理，是指中介代理商为房地产开发商提供全程服务，除了后期销售策划代理外还包括前期调研及策划、楼盘总体规划设计建议、总成本测算、资本运营、物业管理，以及将开发商企业品牌们融入到代理过程中等等。据推测，房地产中介代理将越来越偏重于前期策划、品牌策划、区域策划等领域。

4. 代理模式多样化。

依据自身的核心竞争力或优势以及针对不同的项目、开发商，众多代理商将采取灵活多变的代理模式，有包销、分销和与开发商共同承担风险（如承担广告费用或交风险抵押

金）等。近来出现的代理商以股东的形式介入开发领域也是一种更新型、更有效的代理商与开发商共担风险的好方式。

5. 行业内合并、合作，取长补短。

中原、伟业联手触网共同演绎"我爱我家"；星彦、德思勤联合结成星彦·德思勤地产顾问同盟；以及安佳置业、建银房地产咨询公司加盟香港永利行国际物业集团等等，这些都无不预示着风雨欲来的行业大整合。

6. 经营连锁化。

麦当劳、肯德基式的连锁经营模式已在我国房地产中介代理业中得到肯定和发展，并将继续深化。不少房地产中介公司已经或正在全国不同的区域、城市成立分公司，各分公司又根据具体情况设立多个分销点，从而不断扩展业务范围。

7. 数据资料信息化、操作平台网络化。

在当今数字化、信息化、网络化的社会，我国的房地产中介代理业作为信息密集型行业正逐步走向信息化、网络化。房地产中介公司除了收集各种与房地产相关的资料外，还需将之信息化，并建立和完善自己的资源数据库（可自己编制、也可购买中介管理软件），从而加强信息的分类分级管理，既有利于信息的查询，又有利于对信息进行科学而及时有效的处理，也加快了决策的速度。

我国房地产中介代理业还将通过网络信息平台实现经营观念、管理模式等方面的创新和向现代企业的转变。这既便于公司内部的信息传递，又是总公司与各分公司、分销点互传信息的客观要求，更利于与开发商、顾客达到快捷而有效的沟通。

总之，面对机遇与挑战并存的新形势，我国房地产中介代理业如何利用信息技术整合资源、汇集专业力量和人才、建立适合自己的操作流程和控制手段至关重要。而兼并与重组作为我国房地产中介代理公司整合资源、培养企业的核心竞争力的重要手段则是值得大家进一步研究探讨的课题。

（本文摘自《中外房地产导报》2002 年第 22 期）

房市健康发展须规范中介行为

房地产中介服务是房地产咨询、房地产价格评估、房地产经纪等活动的总称。它是市场经济体系和房地产业发展到一定程度出现的一种特殊行业。房地产市场要不断发展壮大，仅靠政府行为难以实现，需要一定数量的专门机构及相关专业技术人员加入到该行列为其助威呐喊，共同实现房地产市场的繁荣。房地产中介就是在这种情况下应运而生，并对房地产市场的发展起到了积极作用，主要表现在如下几个方面：

规范的中介行为有助于房地产市场活跃，有助于资源的合理配置，同时能促进国民经济发展。房地产业的发展离不开中介行业。诚然，中介行业对房地产市场所起的作用举足轻重，但必须规范运作，否则会带来负面影响。

当前房地产中介行业存在如下实际问题：

1. 中介从业人员素质参差不齐；

2. 蒙骗现象严重；

3. 虚假广告，不兑现承诺较多；

4. 合同不规范。

中介人员与委托方签订合同时，中介人员钻委托人对房地产相关知识、政策不甚了解的空子，签订一些与中介服务费不相对应的服务条款，减少服务内容，降低服务标准；或唆使房地产当事人签订假合同。

这些现象严重地影响了房地产中介服务的信誉，影响了其自身的发展，而且也不利于房地产市场的健康发展。因此，保持房地产市场健康有序发展，加强对房地产中介行为的规范管理，已成当务之急。

为此，笔者认为应从以下几个方面着手解决：

一、加强对中介人员的法制教育，全面提高人员素质

首先应加强对中介服务人员的法律、法规的教育，提高法律意识，在政策规定范围内规范从业。

再者，加强对中介服务人员的职业道德教育，倡导"守法经营，诚信为本"。

二、整顿房地产中介机构，加强对从业人员行为的管理

房地产中介服务机构应是具有独立法人资格的经济实体，中介机构包括房地产咨询机构、房地产评估机构、房地产经纪机构等。

要改变目前房地产中介服务中存在的混乱现象，整顿房地产中介服务机构是有效途径之一。如何整顿，笔者认为：一是政府要下决心关闭没有营业执照的营业机构；二是吊销不合法经营的中介服务机构的营业执照。对严重违反职业道德和行业规定的，应取消对房地产中介服务机构的资格认证，吊销营业执照，把好市场准入关；三是加强对从业人员的管理。执业房地产价格评估师必须是通过国家统一考试取得房地产估价执业资格证书并经注册登记的人员、房地产经纪人员，应是取得房地产经纪人员执业资格证书并经注册的人员，从事房地产咨询业务的人员必须是具有房地产及相关专业、中等以上学历，有与房地产咨询业务相关的初级以上专业技术职称，并取得考试合格证书的专业技术人员。对索要收受委托合同以外的酬金或其他财物，或者利用工作之便牟取其他不正当的利益，与一方当事人串通损害另一方当事人利益，同时在两个或两个以上中介机构执行业务的，应收回其资格证书或公告其资格证书作废，并给予一定数目的罚款。在整顿规范房地产市场秩序的基础上，要大力发展包括房地产咨询、房地产经纪、房地产价格评估及房地产金融中介机构等房地产中介服务体系。不断拓展房地产中介服务领域，为房地产投资开发、销售、交易等各环节提供全方位的服务，促进房地产市场的繁荣。

三、加强对房地产中介合同的管理，规范合同内容

在房地产中介服务中所涉及的合同多为房地产经纪合同。而房地产经纪合同有两种最基本的形式，即房地产代理合同与房地产居间合向。在这两个合同中应明确合同当事人

的有关约定、权利与义务、违约责任、争议解决的方式等等。合同是当事人共同遵守的行为规则，加强对房地产中介合同的管理能有效保障合同当事人的合法权益，避免和减少纠纷，维护房地产市场的正常秩序。

四、加强对房地产市场中的广告管理

房地产广告必须遵守“真实、合法、科学、准确，符合社会主义精神文明建设要求，不得欺骗和误导公众”。加大对下列广告的查处力度：1. 在未依法取得国有土地使用权或未经国家征用的集体所有土地上建设的；2. 司法机关或行政机关依法规定查封或其他形式限制房地产权利的；3. 预售房地产，但未取得该项目预售许可证的；4. 权属有争议的，违章违规建设的；5. 工程质量不符合标准，经验收不合格的；6. 不符合法律、法规规定的其他情形。

五、加强对中介服务收费的管理

房地产中介服务实行有偿服务。《房地产中介服务收费标准》明确规定，中介服务收费实行明码标价制度。应严肃查处中介服务中乱收费行为，切实保护房地产当事人的合法经济利益。

总之，只有加强对房地产市场中介服务机构资质和从业人员资格管理，把好房地产中介市场准入关，加大对房地产中介服务中违章违规的查处力度，提高房地产中介人员依法经营、诚实信用的意识，才能保证房地产中介的规范运作，有效地保护房地产当事人的合法权益，使房地产中介服务健康发展，使中介更好地服务于房地产市常

（本文摘自《中国房地产报》2002 年 9 月）

互动培育城信中介

中国房地产业协会副秘书长　王瑞生

有人说，20 世纪 80 年代有产品就有客户，20 世纪 90 年代有广告就有销路，进入 21 世纪是有信誉的企业才有市场，从产品经营，到资本经营，到信誉经营，是经济发展规律的客观要求，更是企业经营境界不断提升的必然结果，未来的竞争是信誉的竞争、品牌的竞争。产品是有生命周期的，品牌的生命力和信誉的感召力是无限的。

一、诚信危机起因

近几年房地产行业投诉增多，居高不下，房地产中介行业尤为严重，在某种程度上可以说已出现了信任危机，究其原因主要有以下四个方面：

1. 我国经济正处于由计划经济向社会主义市场经济转轨时期，也是与国际对接的过渡期，但与国际接轨的适应市场经济的法律法规还不够健全，市场管理不够严格也不规范，给一些见利忘义的不法中介商有机可乘，弄虚作假、恶意欺诈的事件屡屡发生。

2. 由于多头管理，相互缺少沟通，企业和个人信用档案及社会信用体系还没建立，或者说很不完善，缺乏社会监督和奖惩制度，有些企业打一枪换一个地方，或改头换面继续执业，成了害群之马。

3. 由于入市门槛低，房地产中介企业普遍存在规模小，人员素质低，信息资源少，经营手段落后，履约能力差等状况，就是想把事情办好也力不从心，而且上规模的品牌企业太少，不能左右或引导市场。

4. 行业协会的法律地位还不够明确，职能不到位，所以还没能真正发挥行业自律管理的作用。

二、各方互动培育房地产诚信中介

房地产中介是房地产市场的重要环节，是市场的“催化剂”，对活跃房地产市场，尤其是二手房市场，最终实现房屋的价值起到至关重要的作用，是一个很有前景很有发展空间的朝阳行业。保持房地产中介行业的持续发展，最重要的一是规范市场，二是重塑诚信。如何培育房地产诚信中介，只有政府主管部门、行业协会和中介企业各司其职，各尽其责，并借助社会监督机构共同努力，才能营造一个优化的社会经济环境。

对政策来说，要加强房地产中介立法，健全和完善与国际接轨的、适应市场经济的、符合我国国情的房地产中介的地律法规体系，为国内外房地产中介企业提供一个公开、公正、公平的外部竞争环境，同时要加强执法、监管力度，这是一个前提。

行业协会要发挥行业组织作用，自觉履行代表、服务、协调、自律的职能，制定行业自律公约，开展行业内部资信评估，建立企业信用档案，推广先进的经营理念和经营模式促进全行业整体素质的提高。

重塑诚信必须从每个单位做起，要依靠舆论宣传和社会监督，提高全成诚信意只，造就从业人员诚信观念，创造一个诚信为荣，失信为耻的舆论氛围。

不能忽视的一点是，建立社会信用体系、企业信用档案，政府主管部门或行业资信评估，开展鼓励守信行为，培育信用资产等活动，诚诚信企业得到实惠，使失信企业付出高昂代价。

（本文原载《中国房地产报》）

房地产中介任重而道远

武延方

企业要适应市场，首先它的制度、它的财产权必须是纯粹经济性的，不受其他因素的制约，才能够贯彻经济规则。其次，只有产权清晰的企业，才可能接受市场规则的约束，在行使权力的同时承担责任。

应该看到，产业发展的趋势，将不再仅仅是某种产品、某种品牌、某种营销手段的竞争，而是企业经营模式的竞争。

仅就房地产中介企业而言，在国外房地产二三级市场培育较好的地区，房地产中介是一个完整的服务体系，包括提供信息、咨询、评估、签约、产权、贷款、税费、拍卖、典当等一条龙的综合服务。

而在中国，大多数的中介机构显然还不具备这样的规模和能力。普遍的状况是：缺乏创新意识，缺乏不断提高专业素质的危机感，不能面对来自市场的挑战；急功近利，不愿意做深入的市场调研，没有对市场、产品和客户的准确定位；抱着投机的心理进入中介行业，缺乏对消费者、对社会负责任的态度……

房地产市场的繁荣与中介机构的工作密切相关，只有规范化的房屋中介才能保护消费者权益、增强消费者信心。有数字显示，全国存量房与增量房的交易比例平均约为1:9，而国外的这一比例是5:1甚至10:1。去年上海达到了4:6的水平，这与上海房屋中介的活跃有很大关系。可以说，只要按照现代企业标准规范自己，制度创新、勤政为民，具备足够的实力和信誉，自会有广阔的天地任由中介企业纵情发展。

（本文原载《中国房地产报》）

社会信用体系建立过程中中介机构的作用

朱镕基总理在九届人大第五次会议的《政府工作报告》中指出，要”切实加强社会信用建设，逐步在全社会形成诚信为本、操守为重的良好风尚。加快建立企业、中介机构和个人的信用档案，使有不良行为记录者付出代价，名誉扫地，直至绳之以法。”可见，中央政府已经将切实加强社会信用建设列入重要议事日程。

目前，”诚信”在我国的法律层面仅仅体现为一种法律原则，还没有制度化、规范化，没有形成欧美、日本等国家那样的成熟的社会信用体系。因此，在中国建立社会信用体系还需要付出大量的艰辛的努力，构筑社会信用体系，必须多管齐下，综合治理。

首先，政府是建立现代社会信用体系的牵引力。在我国，作为政策和制度的决策者，政府掌握了绝大部分的信息资源，因此当然的成为社会信用体系建设的主导考。政府根据市场经济规律，合法合理地行使行政职能，颁布实施有关规章制度，引导企业依法经营办事，树立良好的社会信誉。实践证明，政府行为发挥的作用是巨大的：一方面，政府是各项信用数据的提供者，信用中介机构在得到政府提供的基础数据后，才能将数据加工成信用信息产品并最终为信用消费者提供服务；另一方面，政府通过制定规章政策，引导信用消费、培育信用市场，最终在全社会形成信用消费意识。

企业是社会信用体系中的直接受益者。企业是现代社会发展的主体，一个企业如果有良好的社会信用，无疑将是市场竞争中一个强有力的砝码；反之，不讲信用，践踏信用，必将遭到社会的制裁。企业发展的好坏，直接影响到一个地方乃至整个国家的经济发展进程。建设社会信用体系，应从企业立信开始，并逐渐在全社会形成诚信交易、公平竞争的良好氛围，从啊提升整个地区、整个国家的综合竞争力。

信用中介机构是体系中专业化服务的提供者。信用中介机构作为介于政府部门和其他信用主体之间从事资信评级、信用调查、信用信息加工、信用风险评价及控制、信用知识培训等工作的第三方机构。一般来讲，信用中介机构都是进行市场化商业运作的独立法人，拥有专业的信用管理团队、熟知各种信用管理知识，在信用管理建设方面有着丰富的经验，因此在建立社会信用体系的过程中也应该积极地与政府合作，尽其所能为

政府提供高质量的咨询服务，协助政府共建一个具有广泛社会基础、法制化、商业化的社会信用体系。

以下，将具体阐述信用中介机构在构筑社会信用体系过程中的重要作用。

一、信用中介机构在社会信用体系中的地位

在社会信用体系建设初期，信用中介机构是重要的参与者和经验提供者。信用中介机构积极参与社会信用体系建设，在体系建立的初期帮助政策主导者订立独立、科学、客观的体系搭建方案，把自身在市场化运营中遇到的问题和总结的经验及时地反馈到决策层，能够使我们的制度建设尽量少走弯路，并尽早的进入市场化运作。

信用中介机构是完善的资本市场中不可或缺的重要主体。一般地，按具体的业务及服务对象的个同，信用中介机构大致可分为资信评级机构和商业信用调查机构。

资信评级是对债务人的特定债务在其有效期限内偿还能力和意愿的鉴定，是对债务人提供的财务数据通过有关指标体系，来描述公司的信用现状，进而预测公司的发展趋势。在现代市场经济条件下，资信评级机构已经发展成为一种独立于银行、保险公司、证券公司等金融机构、以专门经营信用风险分析为主的金融中介服务组织。资信评级机构承担了对包括保险公司和银行在内的各种类型的企业、各类证券的信用评级，其评级结果的应用几乎涵盖了所有直接或间接的资金流通领域，大大降低了资本市场的运行风险，是资本运

作的重要的参考工具。因此，资信评级机构是完善的资本市场中不可或缺的重要主体。

商业信用调查也就是我们一般所说的”征信”，是指在对企业、债券发行者、金融机构或个人等市场参与主体的信用记录、经营水平、财务状况，所处外部环境等诸因素进行分析研究的基础上，对就其信用能力（主要是偿债能力及其可偿债程度）所作的综合评价。征信在形式上表现为一种对履约历史记录及其可信程度所进行的一种综合统计与分析，它是市场经济体系不可缺少的中介服务。此外，商业信用调查还有一些衍生业务，如商帐管理、信用管理培训与咨询等，这些都为市场交易主体提供了有效的信用风险控制，从而维护了市场交易秩序。在美国，该类企业的年营业额超过100亿美元，为数以万亿计的交易提供信用保障。因此说，商业信用调查机构是商品流通领域中的重要主体之一。

二、由信用中介机构介入社会信用体系建设的意义

由于信用中介机构本身所具有的主体地位独立、知识结构专业化和服务模式商业化的特点，政府选择中介机构做顾问为建设社会信用体系提供咨询服务，具有以下意义：

1．信用体系的建设将更具专业性、权威性。

信用中介机构都是专门提供信用风险管理服务的，拥有具备专业知识技能的工作团队，熟悉国内外各种模式的信用体系，并在以往的案例中总结出了大量的经验，有能力为社会信用体系的建设提供更加专业化的高质量的咨询服务。

2．设计构筑的信用体系将更具独立性、公正性。

一个完善的体系，必须具有公正性。由于中介机构是介入政府和被征集对象之间的第三方，对任何一方都不具有利益趋向性，加之公正与自律本身就是此类机构的生存之本，因此，中介机构在设计体系结构时，会相对公平的考虑权衡位于该体系内部各方主体的权益，从而将更好的体现整个信用体系的公正性原则。

3．能够加强信用市场竞争的规范性，提高体系建设效率。

建设社会信用体系是一项复杂工程、一种长期行为，控制质量、提高效率也就具有相对难度。引入中介机构，由中介机构公平”竞争上岗”，与政府（或相关部门）签订协议，按照协议的规定设计方案、完成任务，如果政府对方案的质量、完成的效率不满意，即可按照法律和双方约定依照法定程序解决问题。同时，由于中介机构是完全的市场化、商业化运作，也会重视自身的立信，更加珍惜每一分竞争得来的商业机会，付出自己最大的努力以求不被市场所淘汰。

4．能够较大程度的减小政策风险。

由于专业的中介机构具有完备的信用风险管理知识体系，在设计、草拟相关的体系构架和制度条文的时候，能够充分的考虑信用风险管理理念与其他成熟经验，并将这些理念、经验与我国现行的各项法律法规很好的融合，以避免新出台的信用制度与现行法律政策相悖，引发政策风险，从而影响投资环境。

二、信用中介机构在建设社会信用体系过程中的作用

在建设社会信用体系的过程中，信用中介机构的主要作用就是用自己所掌握的专业知识为决策者提供咨询服务。具体工作可包括如下几方面：

1．开展理论探讨，普及信用理念，使诚信成为一种道德习惯深入民心。

中介机构可以利用自身优势，深入地方进行调查，提取个案加以研究分析，将经验与教训理论化，通过教研培训、开办座谈会、研讨会等方式广泛开展理论探讨、强化信用意识、专业意识，并借此为我国的信用体制建设提供强大的道德与杜会舆论支持。

2．帮助政府选择信用体系模式、协助政府设计信用体系构架。

主要包括体系内容的分类、体系内各相关主体及其在体系内的作用和地位、各主体间的相互关系等。

3．协助政府制定信用制度。

主要包括草拟各项法律法规及政策，通过法律法规的形式明确征信数据取得、使用、开放的范围和方式；处理好个人隐私权、商家企业的商业秘密与消费者知情权与选择权的关系；确立征信机构的设立、经营、监督和管理的规范；明确失信企业或个人及征信机构相关的民事、行政责任等。

4．为政府提供信息网络搭建方案，设计开发信用管理软件。

完善、高效的信息网络系统是社会信用体系的重要组成部分，信用信息的数据来源部门众多，数据整合过程复杂，中介机构可以凭借自身的专业知识为政府有关部门设计一套合理、文全的信息网络系统，使信用信息的采集、汇总、加工、储存、传输，都能依法在网上披露、查询。中介公司还可以根据各个地方政府的不同要求和特点，为其设计开发信用管理软件，简化信用管理程序，提高信用管理质量。

5．为社会各界提供信用专业化服务。

作为信用体系不可缺少的一部分，信用中介机构能够为社会各界提供专业化的信用调查、信用信息整理、信用风险控制等服务，这些服务都是信用中介机构最基础的职能，也是在信用产业较发达的国家中信用事业的最直接的表象。

（中国诚信证券评估有限公司信用管理事业部　洛芳）

第八章　物业管理

我国物业管理发展趋势研究

我国物业管理经过20年的探索和实践，从无到有，从小到大，其巨大的社会效益、环境效益、经济效益、强大的生命力和广阔的发展前景，已充分显示出来，在城市管理和两个文明建设中的作用也日益显著。随着我国物业管理的发展和走向成熟，笔者认为，我国的物业管理应当走区域化管理、市场化经营、集团化发展、法制化运作的道路，这将成为21世纪我国物业管理的发展趋势，本文试图就这种发展趋势作些探讨。

一、研究我国物业管理发展趋势的意义

物业管理作为涉及到千家万户、与人民群众生活、生产和工作密切相关的行业，要使这一行业得到健康、快速发展，使其尽早成为朝阳产业，探讨和研究物业管理的发展趋势，有其重要的意义。

1. 研究物业管理发展趋势是物业管理行业发展的需要。

应当肯定的说，对物业管理发展趋势的研究，不是理论的假设，而是基于物业管理行业的发展，特别是物业管理的实践，我国的物业管理经过20年的探索和实践，已取得了长足的发展。要使这一行业得到更快的发展，必须研究物业管理的发展趋势，只有确定了物业管理的发展方向，才能使物业管理行业沿着既定的目标去探索、去努力、去实践、去发展。另外，我国即将加入世贸组织，入世将给我国物业管理的发展带来新的机遇和挑战，物业管理也应当在管理模式等方面有新的突破和新的发展。所以研究物业管理的发展趋势，对于我国物业管理以何种形象跨入新世纪，以及在城市管理和两个文明建设中怎样发挥更大的作用至关重要。

2. 研究物业管理发展趋势是物业管理行业担负起社会责任的需要。

物业管理的任务是通过对物的管理，对人的服务，为产权人、使用人创造优美整洁、文明安全、舒适方便的生活、生产和工作环境，使物业发挥最大的经济效益和使用价值。因为，物业管理搞好了，不仅可以提高城市管理专业化、社会化、现代化水平，确保物业功能的正常发挥并延长物业的使用年限，使物业保值、增值，而且有得于城市管理，具有其他行业所不可替代的作用。

3. 研究物业管理发展趋势是加快城市化进程的需要。

城市化的目的是通过加强城市基础设施建设，发挥城市多种功能，为人民群众创造一个快捷、方便、舒适的工作和生活环境，满足人们物质和精神生活的需要。实现城市化不仅涉及城市的规划和基础设施建设，而且包括城市管理。城市房屋是城市的重要标志和组成部分，城市房屋管理是城市管理的重要内容，城市房屋管理的好差直接反映城市的整体面貌和管理水平。城市房屋及附属设备设施、环境、场地管理好了，必然加速城市化的进程。

4. 研究物业管理发展趋势是加快城市管理体制改革的需要。

城市管理体制是政府对城市经济活动领导组织和管理方法的总称，包括城市领导管理制度的确立；管理权限和责任的；管理方式和方法的选择以及管理机构的设置等。科学、合理、先进的城市管理体制，是保证城市社会正常体制改革的重要内容。物业管理搞好了，不仅可以改善人们的生活、生产和工作环境，而且可以促进城市管理体制的改革。

5. 研究物业管理发展趋势是保护消费者合法权益的需要。

随着生活水平的不断提高，人们对居住质量的要求正在从住房面积的简单追求，转向对居住环境、物业管理服务水平和社会社区综合服务质量的追求。随着物业市场的逐步形成，消费者将不受任何上级主管部门和主管单位委派或指派物业管理企业的局限，而要通过招投标来选择自己信得过的物业管理企业管理自己的家园。谁的物业管理水平高，服务质量好，企业知名度高，社会信誉好，收费合理就选聘谁。只有这样，消费者的利益才能得到真正的保证。

二、我国物业管理的发展趋势

（一）区域化管理将逐步取代分割管理的模式，成为物业管理的发展方向

1. 实行区域化物业管理的必要性和可行性。

（1）实行区域化物业管理的必要性。所谓区域化物业管理，是指按照城市现行行政区域设定物业区实行物业管理。换言之，就是以城市的街、段、路、里、号为前提条件，以城市规划的自然区域为基础，以有利生产、工作、方便生活和便于管理为原则，以提高城市整体管理水平为目的设定若干个物业区。从目前来看，各地的物业管理仍局限于只对成片开发并达到一定规模的住宅区、工业区和单体规模较大的办公楼、酒店等实行了物业管理，而对于建筑面积偏小的住宅区、组团、单体楼或建筑面积达不到规模的写字楼、商店、医院等仍处于被物业管理遗忘的角落。随着物业管理的发展，现行物业管理一些不尽完善的地方开始暴露出来，实行物业管理与未实行物业管理的区域形成了鲜明的反差，出现了两极分化，即实行物业管理的住宅区、大厦、工业区等物业的卫生环境、治安环境、绿化环境等明显好于未实行物业管理的。据安徽房地产今年第二期陆长德撰写的“两个住宅小区，两个园中湖，两种管理模式，两样不同结果”关于西园新村和南园新村两种管理体制和管理模式的调查一文中披露，1987年中房合肥公司建成的总建筑面积23万平方米的西园新村，为当时安徽省最大规模的住宅小区。由于规划和建设省的独巨匠心，充分利用西园新村中央占地10余亩的天然池塘，凿池成湖，并在湖修建假山、曲桥、水榭、亭

台、楼阁、雕塑等。岸畔垂柳依依，湖中碧波荡漾，好一派迷人的景象。西园新村曾经作为安徽省的窗口和亮点，接待过几十个国家的国际友人和华人华侨，并荣获联合国人居中心颁发的利古里亚“国际特别奖”。但由于西园新村建成时，安徽省尚没有推行物业管理，交给住宅小区所在地的区、街管理，实行了传统的管理模式，由于建管脱节，疏于管理，湖水受到污染，产权人、使用人意见很大。目前西园湖面干涸，杂草从生，成为小区创建的一处死角。其当年的风光早已黯然失色，不复存在。

而同是中房合肥公司1994年建成的建筑面积16万平方米的南园新村，吸取了西园新村的教训，早在1993年5月南园新村竣工之前，就组建了物业管理公司实行了物业管理。南园新村内也有一处占地10余亩的水面，由于管理到位，南园新村虽已经过7年的风雨洗礼，于今仍风姿绰约，风韵犹存。该小区在建设方面荣获了建设部综合银牌奖，在管理方面被建设部授予全国城市物业管理优秀住宅小区。此外一些地方的住宅小区、大厦等，其规划建设的都很好，只因规模偏小，没有实行物业管理，而出现的“一年新、两年旧、三年乱”的情况在全国甚多。

由此看来，要打破这种分割管理的局面，使所有的物业都能实行有效管理，最好的途径就是改变目前物业管理企业仅对达到一定规模的住宅区、大厦、工业区等物业实行物业管理的模式，按照城市行政区域的街、段、路、里、号设定物业区实行物业管理。可以断言，按照城市行政区域设定物业区实行物业管理，是物业管理的新尝试，同现行物业管理模式相比有诸多方面的好处。

①实行区域化物业管理，可以提高城市的整体管理水平。城市的各类物业是城市的重要组成部分，这就决定了各类物业的管理的好差，不仅直接反映出城市的管理水平，而且直接影响城市对处开放和招商引资的环境。因此，只有城市的各类物业搞好了，城市的管理才有了基矗如果按照现行物业分割管理的模式，势必有一些物业得不到有效的管理，这些管理不到的地方，必然影响城市的整体环境和形象。要从根本上改变这种分割管理的局面，全面提高城市的整体环境质量，推行区域化的物业管理是提高城市管理水平的最佳切入点。

②实行区域化物业管理，可以使物业管理企业实现规模效益。目前多数物业管理企业普遍存在着管理规模偏小，经济效益差的问题。如果按照行政区域设定物业区实行物业管理，其管理规模相对按单独管理一个住宅区、大厦、工业区的规模，要大出若干倍、上百倍，甚至更大，而管理人员相对增加的数量比率远低于物业管理面积增加的数量比率，这样就会降低管理成本，减少支出，提高企业的规模效益。物业管理企业只有实现了规模效益，才能走上良性循环发展的轨道。

③实行区域化物业管理，可以减轻产权人、使用人的经济负担。按照行政区域设定物业区实行物业管理，由于规模大，物业管理的收费同单独一个住宅区、一座大厦或一个工业区的管理成本相比会大幅度下降，其收费标准也将随之降低，这样可以减轻产权人、使用人的物业管理费用的支出，自然会受到产权人、使用人的赞同。

④实行区域化物业管理，可以加速创建文明城市、文明城区活动的开展。物业管理是同城市的生产、工作和人民群众生活密切相关的行业，也是创建文明城市、文明城区，推动社会进步的重要内容。按照行政区域设定物业区实行物业管理，同现行按单独住宅区、大厦等实行物业管理相比，更有得于整个区域的治安环境、卫生环境、绿化环境、生产、工作和生活环境的改善，更有利于创建文明城市、文明城区活动的开展。如果按现行以一个住宅区或大厦实行物业管理，必然会有若干不能实行物业管理的死角，这样势必影响创建活动的实际效果。

（2）实行区域化物业管理的可行性

①深圳广业物业管理公司为推进物业管理行业不断创新发展，积极探索区域化物业管理发展的新路子，从1994年就开始对占地面积80万平方米，建筑面积150多万平方米的新州片区内的空置土地、市政设施、道路交通、园林绿化、环境卫生、水电设施、二次排放、建筑施工以及片区内的各类公共物业进行管理和综合配套服务，大胆地进行了区域化物业管理的尝试，并取得了积极的进展，为推行区域化物业管理起到带头和示范作用。

②可以将开发区作为区域化物业管理的突破口。眼下，全面推行区域化物业管理的条件并不十分成熟，因为，目前在城市行政区域内仍有一定数量的物业，暂不具备实行物业管理的条件，需要有一个治理改造的过程。笔者认为，在现阶段可以先从开发区按行政区域设定物业区，实行物业管理的试点。因为，开发区是按照统一规划、分步建设、开发一片、建成一片的原则，有计划、有步骤地进行开发建设的。因此，在开发区按行政区域设定物业区实行物业管理有诸多的有利条件。一是规划布局的合理性和超前性。从目前来看，无论是经国务院批准设立的国家级开发区，还是经盛市人民政府批准设立的盛市级开发区，都是按照全面规划、合理布局、因地制宜、综合开发、配套建设的方针建设的。尤其是许多开发区不仅规划布局合理，而且具有一定的超前性，这些都为开发区按行政区域设定物业区推行物业管理奠定了良好基矗二是配套设施的完善性。我国的开发区大都建设在远离市区或在市区的边缘，不仅地理位置优越，环境优美，交通便捷，而且基础设施配套设施完善，相对独立。无论是以高新技术为主的高新技术开发区，以工业为主的工业开发区，或以金融商贸为主的金融商贸开发区等，其基础设施、配套设施都比较完善，其中供电、供暖、供水、排水、道路、学校、医院、商店、酒店、宾馆、托儿所等应有尽有，这些都为开发区按行政区域设定物业区推行物业管理创造了有利的条件。三是区域规划的鲜明性。开发区不仅规划布局合理，基础设施、配套设施完善，而且一些开发区区域划分特点鲜明，如在一些开发区内又在规划上分为生产区、生活区、商业区、机关办公区、娱乐区、金融区、教学区、旅游区等，这样就为按行政机关区域设定物业区推行物业管理提供诸多的方便和先天的条件。

③区域化物业管理的大体形成周期。经过积极的探索和实践，预计有5～10年的时间，区域化物业管理在物业管理比较发达的地区，可以取得较为成型的经验，到本世纪20年代，区域化物业管理模式将在大部分地区得到普遍推广，到本世纪30年代，区域化物业管理模式将有望取代分割管理的模式，成为我国物业管理发展方向。

2．区域化物业管理区域的划分。

现阶段，在城市中特别是在旧城区中，住宅区与商店、学校、办公楼、医院及浴池、旅店等服务设施、文化设施是交织在一起，少数还有生产企业与住宅区等交叉在一起。而像近些年来新建成的较大规模的住宅区，如北京的望京居住宅、回龙观文化居住区等并不多见。因此，从总体上讲，实行区域化物业管理，应当从我国城市各类房屋的分布现状和实际情况出发，既要考虑以城市行政区的划分、城市规划的自然区为前提条件和基础，又要注重方便生活、有利生产、便于管理，也可以参照城市社区管理范围的划分。对于那些相对集中的住宅区、商业区、工业区、教学区、办公区、商业一条街、餐饮一条街、电子一条街、汽车配件一条街等，具体讲可以按房屋的使用性质和建筑面积等情况进行划分：

(1) 按房屋的用途和使用性质划分。按照房屋的用途和使用性质大体可以划分为住宅区、办公区、商业服务区、工业区、仓储区、教学区、医疗区等。①住宅区就是以城市居民居住生活的用房，如居住区、住宅小区、住宅组团和单位住宅楼为主的物业区域。②办公区就是以机关、团体、事业等单位的办公及附属用房为主的物业区域。③商业服务区就是以商店、商尝购物中心、购物广尝酒店、旅馆等商业、饮食业、服务业等为主的区域。④工业区就是以直接用于工矿企业生产经营活动，邮电、交通部门生产经营活动为主的物业区域。⑤仓储区就是以工业、交通运输、商业、供销、外贸、物资及其各种物品储存的仓库用房（含冷藏库）等为主的物业区域。⑥教学区就是以大专院校、中小学校为主的物业区域。⑦医疗区就是以医院、门诊部、住院处等为主的物业区域。

(2) 按占地面积、建筑面积及居住人口户数分。按照占地面积、建筑面积，及居住人口户数大体可以按如下比例划分。

住宅区：以 10000～30000 户为一个物业管理区域。

商业区：以形成的自然区域为基础，大城市房屋建筑面积在 30 万～50 万平方米，中小城市房屋建筑面积在 20 万～30 万平方米为一个物业管理区域。

办公区：以街区建设为基础，大城市房屋建筑面积在 20 万～30 万平方米，中小城市房屋建筑面积在 10 万～20 万平方米为一个物业管理区域。

工业区：以占地面积 100 万～200 万平方米或以房屋建筑面积 30 万～50 万平方米为一个物业管理区域。

仓储区：以占地面积 150 万～200 万平方米或房屋建筑面积以 50 万～80 万平方米为一个物业管理区域。

教学区：以占地面积 150 万～200 万平方米或房屋建设面积 50 万～100 万平方米为一个物业管理区域。

医疗区：以占地面积 80 万～150 万平方米或房屋建筑面积 20 万～30 万平方米为一个物业管理区域。

上述各类区域的划分，主要是以某一类物业为主，以周边其它物业为辅，而不是只管理某一类物业，而放弃周边的其它物业的管理。能否较为合理地划分物业区域，对物业管理是基础条件。

3. 实行区域化物业管理应遵循的原则。

按行政区域设定管理区实行物业管理是一种新的管理模式，也是物业管理的新尝试，为了使这一管理模式能达到预期的效果，应遵循以下原则：

(1) 总结成功经验、大胆探索的原则。深圳新州片区为全国物业实行区域化管理开了先河，尽管目前并不十分完善，但为推行区域化物业管理创造和积累了一些可以借鉴的地方，有关部门应认真总结，完善提高，使这一典型尽快完善起来，并及时得到推广。

(2) 统一管理的原则。统一管理就是在城市行政区域设定的物业区内，无论是房产部门的直管产、单位的自管产，也无论是住宅区、大厦或医院、商店、学校等物业，都应当由一个物业管理公司实行统一管理。同时，统一管理不仅包括房屋，还包括物业区域内的所有供电、供水、排水、煤气、道路、绿化、环卫、治安和北方供暖等等。就是说在一个物业区域内不能选聘两个或更多的物业管理公司进行管理，更不可将一部分物业内容委托一个物业管理公司进行管理，将另一部分物业内容交由其他物业公司进行管理。如果确因某些情况，需要将某项物业内容委托专业公司进行管理时，也应当由一个物业管理公司实行统一接管后，再由接管的物业公司同专业公司签订委托管理某项物业的管理合同，如区域内的绿化委托给绿化公司；治安保卫委托给保安公司；清扫保洁委托给保洁公司等。

(3) 通过招投标选聘物业管理公司的原则。按城市行政区域设定物业区实行物业管理，应当在当地物业管理行政主管部门的组织指导下，通过向社会公开招标的方式选聘物业管理公司。因为，区域化物业管理，与一个住宅区、一座大厦或一个工业区的管理相比不仅面积大，而且难度大，情况复杂，必须要通过招投标选聘物业管理公司。招标的范围既可是本地区行政区域内或本省行政区域内的物业管理公司，也可以面向全国招投标。通过招投标可以将管理水平高，服务质量好，收费标准合理的物业管理公司选为经营者。只有这样，中标的物业管理公司才有责任感和紧迫感，并变压力为动力，切实搞好物业的管理和服务。否则，难以承担起区域物业管理的责任，更谈不上提高物业管理的质量和水平。

(4) 合理确定物业管理服务收费标准的原则。按照行政区域设定物业区实行物业管理，其管理服务费标准的确定和测算是一个比较复杂的问题。这是因为，往往一个物业区内既有住宅区，又有工业区、大厦、商店、学校等，既涉及房屋维修管理、设备设施管理、绿化管理、环卫管理、治安保卫管理、消防管理，又涉及道路、路灯、停车场等管理。由于各类物业的类型不同，其管理服务的项目有所差异，需要管理服务的内容和管理服务的深度及细度也不尽相同。同时，不同物业的收费标准不应当搞一刀切，而应当根据不同类型的物业，不同管理服务项目，不同物业管理服务标准，按照国家计委、建设部联合下发的《城市住宅小区物业管理服务收费暂行办法》规定的管理、服务人员的工资和按规定提取的福利费，公共设施、设备日常运行、维修及保养费，绿化管理费，清洁卫生费，保安费，办公费，物业管理单位固定资产折旧费，法定税费等八项构成，分别测定出不同类型物业管理服务费的收费标准，并报当地物价行政主管部门审批后施行。

(5) 抓好试点的原则。按城市行政区域设定物业区实行物业管理是物业管理的重大突破。不仅管理面大、工作量大，而且设备、设施多，要想达到预期的目的，应本着先行试点的原则。各地可先选择一些基础条件好，具备实行区域化物业管理条件，相对集中的住宅区、商业区、工业区、办公区等进行试点，在试点的基础上，总结经验，摸清路子，然后扩大试点范围，取得成功经验后逐步推开。

(6) 注重发挥管理委员会作用的原则。由于按行政区域设定物业区实行物业管理，管理的规模大、物业类型多、产权关系复杂，注重发挥管委会的作用尤为重要。当地物业管理行政主管部门在组织召开第一次产权人、使用人代表大会时，要严格按照产权人、使用人大会或代表大会的程序进行。管委会成员的产生要通过民主推荐，管委会成员的数额，应当从管委会工作实际需要出发，既要考虑产权面积比例，又要注重代表面，其委员数额可以略多一些，特别是要把那些具有一定参事议事能力，有工作热情，办事公道的产权人、使用人代表选进管委会。只有这样，管委会才能充分行使自己的权利，并认真履行其义务，并配合物业管理公司一道共同做好区域内的物业管理工作。同时，物业管理公司也应当遇事多同管委会商量，重大事项经管委会讨论同意，切实发挥管委会的作用。

4. 影响区域化物业管理的制约因素。

从目前来看，推行区域化物业管理仍存在许多制约因素，主要表现在：

（1）由于我国的物业管理一开始就是从一个住宅区、一座大厦或一个工业区起步的，因此，按单一住宅区、大厦、工业区等实行物业管理已成为约定俗成的管理模式，要打破这种管理模式需要有一个过程。

（2）区域化物业管理只能选聘一个物业管理公司进行管理。但是，现行住宅区、大厦、工业区等物业分割管理的模式以得到人们的普遍认同，况且物业管理公司同物业管理委员会（或业主委员会，下同）签订的物业委托管理合同，是具有法律效力的，如果因实行区域化物业管理的需要，物业管理公司按照法定程序同管委会协商可以提前解除合同。但如果现行的物业管理公司或物业管理委员会不同意提前解除合同，那么只能等到合同期满，这样就会推迟区域化物业管理的时间，影响区域化物业管理的进程。

（3）由于一些物业管理公司在单一住宅区、大厦、工业区等物业管理中，管理服务到位，收费标准合理，产权人、使用人满意，他们有权继续选聘原物业管理公司进行管理。即使合同期满后，产权人、使用人担心区域化物业管理面积大，担心物业管理服务不到位，仍然愿意选聘原物业管理公司进行管理，不接受区域化物业管理，也将给推行区域化物业管理进程带来影响。

5．实行区域化物业管理应当抓好的几项工作。

按行政区域设定物业区实行物业管理是我国物业管理的发展趋势，同现行的物业管理模式相比有许多优点，同时，在治安保卫、设备设施管理、环境卫生管理、绿化管理等方面也啬了物业管理的难度。因此，要搞好区域化物业管理，使其达到预期的目的和效果，要突出做好以下工作：

（1）提高认识、转变观念，充分认识实行区域化物业管理的意义。从传统房产管理到物业管理是房产管理体制改革的一场革命，需要人们提高认识，转变观念，从单一住宅区、大厦、工业区的物业管理到区域化物业管理是物业管理的一大进步，仍然要人们提高认识，转变观念，特别是产权单位和产权人要顾大局、识大体，克服本位主义，从提高城市整体管理水平，促进物业管理行业发展出发，积极配合作好区域化物业管理工作。

（2）物业管理公司经过辛勤的工作，要充分展示区域化物业管理的优越性。中标的物业管理公司，要认真作好各项物业管理工作，使产权人、使用人看到区域化物业管理的益处，特别是在减轻产权人、使用人的负担方面，要及时调整物业管理收费标准，使产权人、使用人尽早认同并接受区域化物业管理。

6．在产权人、使用人接受区域化物业管理基础上，中标的物业管理公司对区域化物业管理的区域要突出抓好以下工作。

（1）治安保卫管理。由于按城市区域设定物业区的规模较大，在一般情况下，无法实行封闭式管理，这样就给物业管理增加了许多难度。特别是有的物业区域内有公交线路，这将给治安保卫管理带来更大的难度。物业管理公司应根据物业区的规模和治安保卫工作量的大小，配备相应的治安保卫人员，并应采取专职保安人员与兼职保安人员相结合、重点保安部位与一般保安相区别的方式，对重点部门和相对集中的住宅区、大厦及财务、仓库、商场等重点部位要安装报警装置和监控装置，并实行24小时巡逻。同时，要抓好物业区域内的防火工作，实行物业区域内的所有单位一把手防火责任制，同物业管理公司签订责任状。物业管理公司要定期对防火工作进行检查，发现问题及时处理，确保消防和治安保卫工作万无一失。

（2）设备、设施管理。物业区域内的设备、设施能否正常运转，直接关系到生产、工作和居民生活的正常进行，特别是供水、供电、煤气、道路、路灯、排水、电梯、北方供暖等能否保持良好的运作状态，与生产、工作和居民的生活息息相关。物业管理公司应当组成技术好、业务精的专业管修队伍，对设备、设施经常进行维修养护，接到报修及时赶赴现场进行处理，管修部门要24小时有人值班，急修要不过夜，小修要不过三天，确保生产、工作和居民的生活质量。

（3）环境卫生管理。由于按行政区域设定物业区的面积大、战线长、人员多，清扫保洁的任务十分繁重。物业管理公司要配齐清扫保洁人员，对物业区域实行全天保洁。住宅区要实行垃圾袋装化，做到日产日清。清扫保洁人员要实行按分担区分片包干，责任到人，使物业区域内始终保持清洁卫生的环境。

（4）绿化管理。绿化管理是物业管理一项重要的工作，物业区域内绿化工作的好与差，直接影响环境质量。物业管理公司要把绿化工作摆在重要位置来抓，对物业区域内的绿化工作实行全面规划、统一管理，努力为人们创造舒适优美的绿化、美化环境。

（5）车辆管理。由于物业区域内单位多、人员多，车辆必然多。物业管理公司要在物业区域内按照统一规划、统筹安排、方便使用、便于管理、确保安全和有偿使用的原则，将机动车和非机动车分成若干个停车场，并设专人进行管理，确保车辆完好无损。

（6）社区文化活动。按行政区域设定物业区实行物业管理，单位多、人员多、各方面的人才也多。物业管理公司要根据所管物业的特点，定期组织物业区域内的单位和居民开展积极向上的文化体育活动，如篮球、排球、乒乓球、象棋、羽毛球比赛等，也可以通过组织开展摄影、绘画、书法展等活动，陶冶人们的情操，增强人们热爱物业区域的自觉性，同物业管理公司一道共创美好家园。

（二）市场化经营将打破地方保护主义、本位主义的垄断，成为承揽物业管理项目的主流

1．实行市场化经营的必要性和必然性。

（1）实行市场化经营的必要性。市场化经营就是随着物业管理招投标市场的形成，物业管理公司要通过招投标来取得物业管理项目的经营管理权。因为，物业管理是市场经济的产物，市场经济的本质是竞争，竞争是市场经济生机和活力的源泉，也是不断提升物业管理水平，把物业管理推向一个更新境地的重要途径。物业管理行业实行市场化经营，具有以下的好处：

①市场化经营是市场经济发展的客观要求。我国的物业管理是伴随着市场经济应运而生的，竞争是市场经济活力所在，市场经济的运行和发展时刻离不开竞争。把竞争机制引进物业管理行业，把物业管理企业推向市场，是市场经济发展的客观要求。深圳、广州、上海、北京、武汉、南京、沈阳、大连等城市推行物业管理招投标的实践证明，物业管理只有引进竞争机制，通过市场上激烈的较量和角逐，将企业追求自身经济利益的内在要求转化为外部压力，并将这种压力变成动力，才能激励物业管理企业提高管理服务的水平和自身的素质，并在竞争的风风雨雨中经受锻炼和考验。

②市场化经营是提升物业管理企业整体水平的重要途径。在市场经济条件下，企业作为市场经济的主体，不仅要追求社会效益、环境效益，而且要实现最大的经济效益。在激烈的市场竞争中，企业面临着优胜劣汰的抉择，若不成功，就被淘汰，企业管理人员的素质，决定着企业的命运和

前途。优胜劣汰的竞争驱使着每一个管理人员永不停息的奋进，谁也不愿被淘汰。企业内有追求经济效益的动力，外有管理服务不好被解聘的压力，形成了一种强大的动力，迫使企业每个管理者欲想在竞争中站稳脚跟，必须不断提高自身的思想、文化素质和专业知识，努力提高管理水平和服务质量。

③市场化经营是推动物业管理行业发展的加速器。物业管理作为新兴行业，要想得到健康快速的发展，必须把物业管理企业推向市场，充分引进竞争机制，将管理的委任制、终身制变为由产权人、使用人对物业管理企业的聘任制，使产权人、使用人通过招投标选聘物业管理企业。只有通过物业管理企业在市场上的公开、公平的竞争，才能促进物业管理行业整体水平的提高；也只有物业管理行业整体水平提高了，物业管理行业才能得到健康快速的发展。

④市场化经营是维护产权人、使用人合法权益的有效保证。建立物业管理竞争机制，产权人、使用人可以不受任何行政部门的委托或指派物业管理企业的约束，他们可以从众多的投标企业中筛选自己认为最为合适的物业管理企业。这样不仅可以摆正服务与被服务的关系，而且有利于鞭策物业管理企业以良好的管理、优质的服务、合理的收费赢得产权人、使用人的信任，并能促进物业管理企业从根本上提高管理水平和改善服务质量，从而保证物业保值增值，使产权人、使用人的利益得到保障。

(2) 实行市场化经营的必然性。①市场化经营是同国际物业管理市场接轨的突破口。参与国际物业管理市场竞争是物业管理发展的客观要求，也是物业管理发展的必然趋势。市场经济的本质是竞争，对内竞争与对外竞争相结合，国内市场与国际市场相对接。随着我国物业管理行业的发展，同国际物业管理市场一定会越来越密切。因此，把物业管理企业打进国际市场，通过竞争管理国外的物业已是为期不远的事情。要使我国物业管理企业尽快冲出国门，参与国际市场竞争，必须形成国内物业管理竞争市常国内竞争机制的形成，一方面可以促使物业管理企业提高管理服务水平，增强企业开拓能力和应变能力，从而增强其市场竞争力；另一方面可以使企业经受锻炼，积累经验，为在国际市场竞争中战胜对手积蓄力量，创造条件。

②市场化经营是物业管理发展到一定阶段的必然结果。随着物业管理企业增多，僧多粥少的现象将越来越突出。市场如战场，在未来的物业管理中，只能靠企业的优质服务、靠企业的信誉、靠企业的品牌去占领市常而要占领市场离不开竞争，要提高物业管理水平离不开竞争，竞争是物业管理发展到一定阶段的必然产物，也是物业管理的必然发展趋势。只有竞争才能使品牌企业的优势得到展示，也只有竞争才能使那些信誉不好、经营不善、管理服务不到位的企业被淘汰出市常

2. 建立物业管理竞争机制的依据、指导思想和原则。

建立物业管理竞争机制，理论前提在于正确把握物业管理竞争的内涵。竞争作为一种经济现象有其产生的内外条件，物业管理企业在共同追求的社会效益、环境效益之外，还有各自的特殊利益经济效益，是产生竞争的内因，市场的存在是产生竞争的外因。企业自负盈亏是企业特殊利益的最高表现，企业的自主经营则是形成市场竞争的必要前提。因此，只要物业管理企业真正实现自主经营、独立核算、自负盈亏、自我约束、自我发展、竞争就会不呼而至。

竞争是指商品生产者取得有利的产销条件而进行的相互斗争。市场竞争具有利益性、排他性、风险性、自发性、强制性等特征。笔者认为，物业管理竞争是指物业管理企业在强烈的市场竞争中所表现出的生存和发展能力，生存能力是发展能力的基础，发展能力则是生存能力的延伸。

基于上述认识，建立物业管理竞争机制的指导思想应以邓小平理论、江泽民三个代表思想、《中共中内关于制定国民经济和社会发展第十个五年计划的建议》为指导，按照社会主义市场经济的要求，逐步将物业管理企业推向市场，通过公开、公平、合理的竞争，由产权人、使用人直接选聘物业管理企业，加速培育和发展物业管理市场，使物业管理在城市管理中发挥更大的作用。为此，建立物业管理竞争机制应遵循以下原则：

(1) 从国情出发的原则。从国情出发就是从我国物业管理的实际情况出发。只有从我国物业管理的现状出发，充分考虑我国物业管理仅有20年的历史，物业管理市场尚处于培育之中的实际，同时又要考虑到我国物业管理方兴未艾，具有广阔的发展前景和同国际物业管理接轨等因素，既要不脱离现阶段我国物业管理的国情，又要着想按照国际惯例具有一定的超前性。只有这样，建立起来的物业管理竞争机制，才有利于物业管理行业的发展，有利于物业管理市场的培育和发展。

(2) 公开的原则。公开就是在物业管理项目的招投标中，将招标领导机构及人员、标的（所招物业规划建设的基本情况、物业管理的内容、物业管理的标准及奖罚、物业管理的期限）、招标对象、投标、开标的有关事宜（投标报名始止时间、标书的主要内容、评委会的组成、开标定标形式及时间、评标计分方法、违约处理、招投标监督及投诉电话），招标的要求及有关说明（如中标单位应采取的管理形式、收费标准、利润标准、风险抵押金等）张榜公布。公开是招投标的前提，只有公开，物业管理企业才能了解招标的条件及有关情况，并根据自身的实力情况，决定是否投标，确定管理服务措施，收费标准，也只有公开才能接受社会的监督。

(3) 平等的原则。平等就是在物业管理招投标过程中，投标者的地位和机会都是平等的，所有投标者均站在同一个起跑线上。凡资质条件合格，具备物业管理能力的物业管理企业，均可以参加招标物业项目的招标。谁的管理、服务承诺措施好，企业社会信誉高，收费标准确定的合理，现场答辩突出，就可能中标。只有经过平等竞争，才能使价值规律的要求成为一种社会的强制力量加以贯彻，也只有在完全平等条件下的竞争，才能使竞争所造成的外部压力变成企业改善管理服务质量，提高企业素质的动力。没有平等竞争，一切都无从谈起。

(4) 公平的原则。所谓公平就是在物业管理招投标竞争中，要始终将公平有效的竞争贯穿于招投标的全过程。打破任何形式的垄断、封锁和地方保护主义、部门保护主义，按照统一的竞争市尝竞争规则进行，任何行政部门、任何人都不得进行干涉或通过拉关系、“走后门”等进行干扰。只有公平的竞争，才能有效地刺激物业管理企业提高管理服务水平，改善经营管理，增强企业活动。

(5) 合理的原则。合理就是在牧业管理中要逐步形成凡符合招投标条件的物业项目，均应按规定进行招投标。招标委员会和评标小组必须依法办事，各级招投标管理部门要会同工商、公证等部门对招投标工作秉公办事，严格按照招标程序进行，领导干部和主管部门不得强行安排物业管理企业。只有保证物业管理竞争合理的进行，才能使物业管理企业的合法权益得到保护。

(6) 稳步推进的原则。鉴于我国物业管理正处于大发展阶段，物业竞争市场正在培育发展之中，竞争规则、法制建

设尚不健全的实际情况。各地应把基础条件好、配套设施齐全、功能比较完善的物业项目进行招投标试点。在试点的基础上，总结经验，完善规则，循序渐进，逐步扩大。

从各地物业管理招投标的发展势头看，预计在一两年内，在物业管理发达地区，物业管理招投标将形成大的气候，在五年左右的时间内，全国物业管理的招投标市场将形成，在10年左右的时间，各地的物业管理项目有望全部通过招投标选聘物业管理企业。

3. 物业管理招投标存在的问题。

自建设部1995年5月在深圳市召开了全国物业管理工作会议之后，各地实行物业招投标的物业项目日渐增多，如：北京市回龙观文化居住区、南京市百家湖花园、深圳市中医院、沈阳市科学家花园、天津市嘉海花园、广州市城市丽水庭苑、大庆市建设大厦、南宁市华侨大厦、武汉市中央花园、南京市国际展览中心、长沙市市委市政府机关新大院、江苏省会议中心等等，其中，多数招投标项目竞争激烈、名家角逐，充分体现了公开、公平、公正的原则。对培育物业管理市场，加速建立物业管理竞争机制起到了推波助澜的作用。应当肯定的说，物业管理招投标工作已出现了良好的发展势头，但目前仍存在一些亟待解决的问题。

(1) 立法滞后。市场经济需要完备的"游戏规则"，目前，国家尚未制定出台《物业项目招标投标管理办法》，对于实行物业管理招投标的原则、招标、投标、开标、评标、定标、违约责任等均没有明确的规定，使物业管理招投标工作无所遵循。眼下，全国除江苏省等个别省市出台了物业项目招标投标管理办法外，绝大多数省市都没有出台物业项目招投标管理方面的地方性法规或规章。由于没有竞争规划，直接影响了物业管理招标投标工作的开展和实际效果。

(2) 竞相压价、恶性竞争。眼下，由于没有出台《物业项目招标投标管理办法》和《物业管理反对不正当竞争规定》。因此，在招投标中出现了一些物业管理公司，不按实际测算出的管理成本和收费标准参与竞争，而是违反价值规律和竞争规则，竟以明显低于管理成本和收费标准亮出标价，其目的是通过不正当竞争，千方百计拿到物业管理项目。一些物业项目被非正当竞争夺走后带来了不良的后果，一是由于盲目报价，以低价格抢到物业管理项目，造成收不抵支，使企业背上了沉重包袱。二是为了不使企业亏损，对不正当竞争到的物业管理项目，随意减少和降低管理服务内容和标准，损害产权人、使用人的利益。三是严重扰乱了物业管理竞争市场的秩序，由于不是靠物业管理公司的信誉、管理服务水平和实力竞争得物业项目，其项目到手后，管理服务质量难以到位，产权人、使用人意见很大。

(3) 地方保护主义、本位主义严重。从目前来看，在一些物业管理项目招投标中，地方保护主义、本位主义仍较严重，如一些大的物业管理招标项目本应面向全省乃至全国招标，但行业主管部门或产权单位，从地方保护主义、本位主义出发，仅在本系统或本地区进行招标。有的也虽然面向全省或全国招标，但对于外来投标的单位，不是采取公平、公正的态度，而是要求十分苛刻，或以外地管理模式不适应本地管理、情况不熟悉等理由，想方设法将符合条件的外地物业管理企业拒之门外。

(4) 违反竞争原则，实行"先定后招"。一些地方的评标实行暗箱操作，不是当场公布得分，有的"先定后招"，走形式、走过场，使真正业绩突出，管理服务好的名牌企业难以中标。

(5) 产权人、使用人的利益得不到体现。物业管理项目招投标，应当充分体现产权人、使用人的意志，由物业管理委员会代表产权人、使用人选聘物业管理企业。但从一些地方的招标实践看，除了在建尚未竣工的项目，由于没有组建物业管理委员会，无法由产权人、使用人代表参加评委会外，即使是已组建了物业管理委员会的项目，其产权人、使用人代表在评委会中的比例也偏小，往往只有一两名代表作为评委，这显然是有失公平的，也难以体现产权人、使用人的意志。笔者认为，产权人、使用人代表名额在评委会中的比例应不少于50%。如果按照现在评委会的比例，物业项目招投标成了由物业管理主管部门和专家招聘物业管理公司，而不是由物业管理委员会代表产权人、使用人选聘物业管理公司。

4. 建立物业管理竞争机制需要加强的几项工作。

建立物业管理竞争机制是一个系统工程，它涉及到管理方式、经营战略、竞争规则、法制规范等等，要求从诸多方面进行一系列的根本转变。特别是在我国的物业管理法制不健全，行为不规范，管理服务水平不高情况下，建立物业管理竞争机制，应加强以下工作：

(1) 积极探索和确立具有中国特色的物业管理竞争机制。我国所要建立的物业管理竞争机制是社会主义市场经济条件下的竞争机制。因此，我国物业管理竞争机制的建立，一方面要学习借鉴其他行业建立的竞争机制、竞争规则、运行机制、操作方式上所具有共性和成功经验；另一方面在学习借鉴时，又不能照抄照搬，而必须从我国物业管理的实际出发，按照物业管理自身规律和我国物业管理的发展方向，认真总结深圳等城市实行物业管理招投标的做法，并逐步确立起具有中国特色的物业管理竞争机制。

(2) 认真总结我国物业管理引进竞争机制的成功经验，加以完善提高。我国物业管理的发源地深圳市，为提高物业管理的水平和质量，探索市场经济条件下的物业管理，从1993年开始就率先将竞争机制引进物业管理行业，对莲花北村采取公开招投标的方式选聘物业管理企业。经过招标、投标、专家评审，万厦物业管理公司以其优秀的物业管理方案和保本微利的管理收费，在激烈的竞争中取胜。3年之后，莲花北村在全国城市优秀物业管理住宅小区、大厦、工业区考评中一举夺魁。1996年11月深圳市为了将物业管理的竞争机制引向深入，又对建成投资入使用7年的鹿丹村住宅小区公开进行招投标。深圳市大胆将竞争机制引进物业管理行业，为全国建立物业管理竞争机制开了先河，创造和积累了较为成功的经验。特别是近年来，深圳、广州、北京、天津、上海、南京、沈阳、大连等城市都成功地进行了物业管理项目公开招投标，为培育物业管理市场，建立物业管理竞争起到了积极的推动作用。我们要认真进行总结，不断提高和完善，积极进行推广，尽快建立起符合我国物业管理行业实际的竞争机制。

(3) 提高认识，更新观念，为建立物业管理竞争机制奠定基础。从传统的计划经济条件下住宅小区管理模式到实行物业管理，是城市管理体制的重大改革，需要人们在思想观念上进行更新。从实行物业管理到引进竞争机制，同样需要人们在思想观念上进行更新。市场竞争不仅是市场经济的本质特征，而且是市场机制作用的本质要求和反映。物业管理竞争虽然具有风险性，会导致优胜劣汰，但只有经过激烈竞争，才能使企业将市场竞争的压力变为动力，求生存、求发展，促进企业加强管理，提高管理质量和服务水平，当这种动力与管理者的利益结合时，就形成企业积极进取，拼搏向上的活力，从而推动我国的物业管理向深层次、高水平发展。建立物业管理竞争机制，必须树立开拓进娶刻意求新的观念。可以说各级领导对建立物业管理竞争机制认识提高之日，就是全国物业管理竞争机制形成之时。

（4）破除行业保护主义，本位主义，为建立物业管理竞争机制创造条件。建立物业管理竞争机制，必须破除行业保护主义和本位主义，要勇于把符合招投标条件的物业管理项目拿出来，推向市场进行竞争，打破地区间、行业间、部门间的界线。对于符合招投标条件项目，要勇于向全国、包括国外招标。只有这样，才有利于物业管理竞争机制的形成，才有利于物业管理市场的培育和发展，才有利于同国际物业管理市场的接轨。目前，多数单位不愿将自己建设的物业项目实行招投标，存在着肥水不流外人田或担心自己建设的物业项目被别人拿走，职工没活干。如果行业保护主义、本位主义不破除，不仅物业管理竞争机制难以形成，而且物业管理行业也难以提高管理和服务水平，更难以把物业管理推向一个新的更高境地。

（5）多种渠道、多种形式培养人才，为建立物业管理竞争机制作好人才储备。建立物业管理竞争机制，培育和发展物业管理市场，智力的开发，人才的培养是关键。物业管理的竞争，人才竞争是第一位的。在激烈的物业管理竞争中，企业必须面向市场，认真研究市场变化，才能做出正确的决策。物业管理企业要想在竞争中取胜，并在竞争中站稳脚跟，除了加强管理，提高管理服务水平，做到科学管理，优质服务，取信于民外，必须加强人才的培养，要通过多种形式下大力气提高管理者的素质。企业如果没有一支技术精、业务好、懂专业、善管理、爱岗敬业、吃苦耐劳、勇于奉献的职工队伍，难以在竞争中取胜。因此，物业管理行业主管部门和企业领导人，必须以战略的眼光加速物业管理人才的培养，使之适应现代化物业管理的需要。

（6）加速立法，为建立物业管理竞争机制提供法律保证。物业管理的竞争，客观上要求它的运行活动应是有序的、规范的和法制化的，这不仅是社会主义市场经济的客观要求，也是建立物业管理竞争机制的实践要求。目前，国家在物业管理竞争方面既没有立法，也未出台竞争规则。因此，要保证物业管理竞争机制的正常运行和有序发展，实现物业管理竞争的规范化、法制化，有关部门必须未雨绸缪，加快物业管理竞争立法，使我国物业管理的竞争有法可依，有章可循。只有法律作保证，物业管理竞争才能走上规范有序的轨道。

（本文摘自 中国住宅与房地产信息网 2003年3月）

我国物管不是狭义性的

中国房地产及住宅研究会常务副会长 包宗华

《中外房地产导报》今年第二期刊登了一篇《国内外物业管理基本特征对比》（以下简称“物文”）的文章。“物文”依据部分国外专家的议论和意见论证认为，西方国家的物业管理（“物文”简称为PM）已经由传统的“狭义性”转为“广义性”，而我国的物业管理与西方国家传统物业管理基本相同，所以是“狭义性”的。

“物文”论点涉及到物业管理的基本性质和理论问题，其正确与否要结合国内外物业管理的情况进行研讨。

一、PM，研究的主要内容

物业使用期长，需要长期的维护、维修、服务、管理，因此，一些专门的物业管理机构应运而生。西方国家以社会化的物业管理机构为主，也有少量由单位自办的机构。

以美国为例，社会化的物业管理机构大体上分为两类：第一类是各种专业型的物业管理机构，主要有各种专业或者比较综合的维修公司、清洁公司、绿化公司、保安公司和服务公司。由于美国人分散居住，独门独户的居民很多，因此不宜施行综合管理，而是由居民根据自己的需要，分别与上述有关的专业公司签订长期合同或临时委托，进行物业的专业管理。还有一种是综合型的物业管理机构，主要承担住宅小区和公寓楼的物业管理，即按合同规定的期限和内容，综合地承担以上物业的维护维修、清洁绿化和保安等业务。对于这种综合型的物业管理机构，美国叫做 Property Management，即“物文”中讲的PM。而对于其他各种专业型物业管理机构，则各有各的专门名称，不叫PM。

以上是西方国家传统的物业管理情况，“物文”认为它已经转为“广义性”的，因而是本文研讨要涉及的主要问题。

二、我国的物业管理机构及其改革

解放后，我国推行了一套公房低租金的住房政策，与之相适应的物业管理，是公家设立一个房管所，下设维修队，负责公房的产权管理和维护维修，维修免费，居民只出少量卫生费和治安费。由于这些机构大多属于事业单位性质，也可以称为非社会化的物业管理。

随着我国住房制度改革的深化，特别是1998年决定截断住房实物福利分配，实行住房分配供应商品化以后，原有的物业管理已不适应房改发展的需要，必须进行改革。

当前，我国政府主管部门把工作重点放在发展为住宅小区服务的综合型物业管理机构上，其目的是为了尽快建立起我国物业管理机构的主体框架。突出地抓重点，属于工作方法和领导艺术的范畴，并不意味着抓了重点而否定了其他专业的物业管理机构的存在和发展。

以上情况说明，我国当前推行的物业管理，与西方国家传统的物业管理大同小异。

三、物业管理走专业化社会化道的理论根据

社会经济越发展，社会分工越细，各产业之间的协作越密切，从而形成了先进的生产关系，即专业化、社会化、大协作。这是不以人们意志为转移的客观规律。

新中国的建立初期，由于历史的局限，曾经建设了一批“大而全”、“小而全”的企业。改革开放以后，人们逐步认识到，这种企业是“小农经济思想”影响下的产物，反映的是一种落后的生产关系。我国在大力发展物业管理之时，要求物业管理企业走专业化、社会化的道路，并争取在时机成熟时，逐步形成一个独立的新兴产业。这个要求，走的是符合社会经济发展客观规律、有利于加快发展速度的正道，绝

不是在走什么“狭义性”的物为管理道路。

这里还要回答一个问题，就是在社会经济发展中，总会产生一些庞大的实业集团。有的集团横跨几十个行业，拥有雄厚的资本，因而在竞争中占据了优势地位。这些庞大实业集团的产生，来源于激烈的市场竞争。当年马克思曾经预言，这处趋势的发展结果，会走向垄断。后来，许多资本主义国家制定了《反垄断法》，抑制了严重的垄断，但在《反垄断法》允许的范围内，仍会产生一些庞大的实业集团。需要指出的是，这些集团所拥有的成百上升个企业仍然属于各自的产业，而不会通过集团的组合而形成一种“广义”的产业。特别是这些企业必须按照专业化、社会化、大协作的原则来设置，不走“大而全”的道路，才能在市场竞争中立于不败之地。

四、正确的论点建立在严格的逻辑推理上

“物文”作者很注意吸收西方专家的意见，这种精神应该得到肯定，但“物文”在逻辑推理上，却有值得商榷之处。

1. 论证的依据。

“物文”在论证西方国家的物业管理已经由传统的“狭义性”转为“广义性”时，主要引用了两条依据：一是有两个外国专家认为“传统的 PM 忙于已建房屋的管理，而忽视了它的潜在特征。因此，PM 的内容既应涉及房屋的开发建设，也应涉及房屋及其附属设施的重新改造”。二是 20 世纪 80 年代以来，西方国家出现了一些名为设施管理（简称 FM）的专业管理机构或公司，论述 FM 与 PM 之间的关系时主要有三种意见，其中第三种意见认为：“FM 是一种在企业发展战略指导下的 PM，它不同于传统的 PM（即已建房屋财产的管理），FM 是针对企事业机构的生产经营目标而提供的 PM 服务。在实践中 FM 将贯穿到物业和设施的可行性研究、设计、建造、维修及运行管理的全过程中”。“物文”仅依据两个专家的议论和部分专家对 FM（还不是直接的 PM）的第三种意见，以及自己的认同，在没有充足数据证明西方国家传统物业管理的产业范围已经发生重大转变的情况下，就断定西方国家的 PM 已由传统的“狭义性”转为“广义性”。这种论证推理是不合逻辑的，因而不能成立。

2. 对西方专家的意见要进行分析。

上述西方专家的主要意见是 PM 应该发展到包括“房屋的开发建设”、“更新改造”，FM 应该发展到包括“物业和设施的可行性研究、设计、建造、维修及运行管理的全过程中”。如果有人提意见，认为有的物业管理企业可以兼营设计、建筑和房地产业等其他行业的业务，因属于企业行为，那是允许的；但不能说这个企业是广义的物业管理企业。

应该说明，对于产业分类，应允许人们有发表议论和提意见的权利，但所提意见是否正确和得到采纳，则应以这个国家正式公布的产业分类文件为准。据了解，西方国家近几年来，对设计、建筑、房地产业的业务范围并没有在产业分类文件中做出改动。因此，上述专家提出的业管理的业务要发展到包括其他行业业务的意见，仅仅属于议论或提意见的范畴。更要注意的是，这些意见既与西方国家现行的产业分类不相吻合，也不符合专业化的发展方向。

3. 目前我国的物业管理是一个子产业。

包括我国在内的许多国家，在解释房地产业的含义时，都指出房地产业的业务贯穿了组织房地产开发、开展房地产经营、中介和和物业管理的全过程。也就是说，物业管理是房地产业的一个子产业。前面讲到的争取物业管理逐步形成一个独立的新兴产业，是根据社会经济不断发展、产业分工越来越细的前景下做出的预测，而不是当今的现实。要实现这个预测，需要很长的时间，而且要分两步走：第一步是建立起完善而比较兴旺的子产业，第二步是物业管理更加兴旺发达，在条件和时机成熟时，有可能上升为独立的母产业。物业管理虽然可能由子产业逐步形成一个独立的新兴产业，但决不能进而包括房产业这个母产业。

4. 发展物管任重道远。

在我国，虽然有些城市成立物业管理企业早一些，但从全国范围来说，通过改革普通地建立社会化、专业化的物业管理企业还是近几年的事。可以说，现代物业管理在我国的发展，还处于方兴未艾的阶段。对于一个新兴的行业来说，发展的初期总是问题最多、困难最大的时期。除了新兴行业普遍存在的企业素质不高、机制不顾、法制不健全、市场行为不规范等问题外，我国发展物业管理还存在三个特殊的困难：一是要由原来的公家包下来的简易的物业管理，转向社会化、专业化、现代化的物业管理；二是要由原来广大居民只承担极少的物业管理费用，转向承担主要的物业管理费用；三是物业管理发展的一个重要基础，是经济问题。我国在国家经济实力管理，必然会遇到很多的困难。因此，解决上述诸多问题和困难，保证物业管理的兴旺发达，确实是任重而道远。当前，我们必须把主要精力放在物业管理的专业化、社会化发展上，特别是突出地抓好综合型物业管理机构的发展，以促进物业管理能够发展得快一点，好一些。

物管实现责权利统一

2003 年 6 月 8 日，国务院颁布了《物业管理条例》（国务院令第 379 号，以下简称《条例》）。《条例》的颁布，是我国物业管理发展史上一件具有里程碑意义的大事，标志着我国物业管理进入了法制化、规范化发展的新时期。

6 月 20 日，建设部在北京召开了即将于 9 月 1 日正式实施的《条例》新闻发布会，会上，建设部总经济师、住宅与房地产业司司长谢家瑾就物业管理发展现状和《条例》的立法过程、遵循原则及其主要内容作了介绍。她说，《条例》的颁布将从根本上解决物业管理法制建设滞后、相关主体之间的法律责任不清的问题，对规范物业管理活动，维护业主和物业管理企业的合法权益，起到关键作用。

改革开放以来，深圳、青岛、大连等地先后引入国外和香港的经验，对住宅区和其他物业实施社会化、专业化、市场化的物业管理，取得了较好的效果。随着城镇住房制度改革的不断深化、住房产权多元化格局的逐渐形成和住宅建设总量的持续增长，物业管理体制在全国范围内逐步推开。据不完全统计，截至 2002 年底，全国物业管理的覆盖面已占物业总量的 38%，经济发达的城市已达 50% 以上，深圳等城市已超过 95%；物业管理企业总数超过 2 万家，从业人员超过 230 万人。

谢家瑾说，《条例》的立法原则：一是物业管理权利和财产权利相对应的原则，二是维护全体业主合法权益的原则，三是现实性与前瞻性有机结合的原则，四是从实际出发，实事求是的原则。

《条例》在前期物业管理上有很大突破。条例明确规定，前期物业管理是业主、业主大会选聘物业管理企业之前，由建设单位选聘物业管理企业实施的物业管理。条例要求住宅物业的建设单位，应当通过招投标方式选聘具有相应资质的物业管理企业；对于其他物业的建设单位，提倡按照房地产开发与物业管理相分离的原则，通过招投标方式选聘具有相应资质的物业管理企业。

按照《条例》规定，个别业主“搭车消费”、拖欠物业服务费用的行为，将受到业主委员会和法律的监督。

根据《条例》确立的基本制度，建设部已经制定了《物业管理招标投标管理暂行办法》、《业主大会规则指导意见》，下一步，建设部还将会同或配合有关部门制定《住房维修资金管理办法》、《物业管理收费管理办法》，建立健全物业管理专业人员职业资格制度，制定《物业服务合同》、《业主公约》等示范文本；并于今年9月1日《条例》实施之前，完成《物业管理企业资质管理办法》的修订工作，指导中国物业管理协会制定《物业管理服务标准》。

（本文摘自《人民日报》2003年6月）

规范物业管理的法律保障

《物业管理条例》已由国务院公布，将于2003年9月1日起施行。它的公布和施行，对维护房屋所有人的合法权益，改善人民群众的生活和工作环境，规范物业管理行为，具有十分重要的意义。

物业管理与人民群众的日常生活息息相关，涉及人民群众的切身利益，为了使条例充分反映民意，体现群众意愿，真正解决当前人民群众关心的物业管理中存在的突出问题，经国务院领导同意，国务院法制办公室曾于2002年10月在新闻媒体上公布了条例草案全文，公开向社会征求意见，在社会上引起了强烈的反响。在征求意见期间，国务院法制办公室共收到直接寄送的意见386份和19个省、自治区、直辖市人民政府法制机构汇总的地方意见，共计近4000条。一些主要的新闻媒体、网站还组织了专题讨论。这些意见使政府更加全面地了解物业管理中存在的主要问题和广大业主的要求，通过研究和吸收其中的一些意见，不仅增强了条例的针对性和可操作性，提高了立法质量，而且增强了人民群众对行政法规的认同感，为行政法规的实施营造了更加有利的社会条件。

我们的政府是人民的政府，定政策、作决策都应当而且必须反映多数人的意愿，符合广大人民群众的根本利益。长期以来，政府在制定政策、法规时，一直把充分体现党的方针政策，广泛反映人民群众的要求，切实维护人民群众的根本利益，准确反映客观实际和客观规律，作为一项基本要求。这次公开征求意见，对确保我们的立法更加贴近实际、广泛集中民智、符合客观规律，对推进政府决策的科学化、民主化，发挥了重要作用。

条例草案公开征求意见的过程，实际上是动员人民群众更加广泛地参与国家和社会事务管理、行使当家作主权力的过程。广大人民群众以饱满的政治热情、高度的社会责任感参与这一过程，是社会主义民主的生动体现，也是建设社会主义政治文明的一次有益实践。这对进一步培养公民的主人翁精神和民主意识、法制意识，促进社会主义民主和法制建设，产生了积极影响。

在广泛听取群众意见基础上制定的《物业管理条例》，充分反映了广大人民群众的意愿。条例体现了发展为重、平衡利益、保护弱者的原则；通过保护公民财产权利，尊重公民行使其财产权利和实现自身利益的形式，来促进社会财富的积累；妥善处理了政府和市场、政府管理和社会自律的关系；对业主的权利和义务，业主大会的组成、职责、运作等作了规定，规范了前期物业管理，调整了业主与物业管理企业之间的法律关系，为建立良好的物业管理秩序提供了有力的法律保障。

条例的公布施行，标志着我国物业管理的发展纳入了法制化的轨道。条例的制定过程，表明我国政府在推进物质文明、精神文明建设的同时，认真实践“三个代表”重要思想，坚定不移地推进政治文明的决心和信心。各部门、各地方要认真学习、宣传和贯彻实施条例，保护人民群众的住房消费权益，促进住宅建设的发展，为有效地扩大内需，保证国民经济持续快速稳定增长创造有利条件。

（本文摘自　人民网　2003年6月）

推行招投标制度，加快物业管理市场化

——二论学习贯彻《物业管理条例》

物业管理这一行业是市场经济发展的产物。而为了适应市场经济改革不断深化、城市建设和房地产业不断发展、居民生活和居住条件不断改善的需要，必须将竞争机制引入物业管理行业。

推行招标投标制度，是促进物业管理行业建立竞争机制的重要内容，也是加快物业管理市场化的重要举措。

当前，在相当一些城市，由开发商指定物业管理企业管理它所开发的物业，是一种较为普遍的现象，而且这些物业

管理企业大多为开发商自己下属的公司，这样就会带来很大的弊端。据不完全调查，近几年来，老百姓反映强烈的住房质量缺陷、配套设施不完善、基础资料不齐等热点问题，多数是在开发建设阶段遗留下来的。实践表明，如果物业管理企业是隶属于房地产开发企业的，或者是由开发企业直接指定的，往往无法进行严格的物业承接验收，或者是对物业承接验收敷衍了事。这样，在物业交付使用后，发生物业产品质量、施工安装质量、管理维护质量等问题，因为责任不清，业主投诉后，房地产开发企业和物业管理企业就会相互推诿，并给政府部门协调解决带来很大的困难。此外，开发企业自建自管、建设单位后勤部门或所属企业包揽物业管理的现象，也束缚了物业管理的活力，不利于物业管理行业的正常发展。

因此，《条例》在规定建立物业承接制度的同时，着手推行建立物业管理招标投标制度。根据《条例》的规定，住宅物业的建设单位，应当通过招投标的方式选聘具有相应资质的物业管理企业，属强制性规定；对于其他物业的建设单位，国家提倡通过招投标的方式选聘具有相应资质的物业管理企业。《条例》虽然没有对业主大会选聘物业管理企业的方式作出具体规定，但根据各地的成功经验，小区业主大会（或业主委员会）往往也是采用公开招标或协议招标的方式来选择物业管理企业。另据了解，为贯彻《条例》推行的招标投标制度，规范物业管理招投标活动，保护招标投标人的合法权益，推进物业管理市场的公平竞争，建设部即将颁布《物业管理招标投标管理暂行办法》。

各地要加强政策引导，完善对物业管理招投标制度的监督指导，努力创造公平竞争的市场环境，彻底打破谁建设、谁管理的垄断经营局面，积权推行和规范物业管理招投标活动，建立业主和物业管理企业的双向选择机制，造就一批守信誉、重质量的品牌企业。对达到一定规模的住宅物业应当通过招投标的方式选聘具有相应资质等级的物业管理企业，其他类型的物业鼓励通过招投标方式选聘物业管理企业。

要逐步推进房地产开发、销售和物业管理的分业经营，使物业管理企业真正成为自主经营、自负盈亏、自我约束、自我发展的市场主体，独立承担民事责任，实施专业化管理。要加强建设与物业管理的有效衔接，完善物业管理前期介入和接管验收制度，通过制度的建立和合同的规范，明晰建管双方及业主三方的责、权、利，保障物业管理的健康推进。

（本文摘自《中国建设报》2003年7月）

物业管理行业的新乐章

清华大学房地产研究所副所长　季如进

清华大学房地产研究所副所长季如进教授是较早涉足物业管理研究的专家。日前，季如进教授接受了本报记者采访。“一座里程碑、两个基本理论、三个层次、四个另行规定、五点新意”这是季教授对条例的概括，他认为这些特色宛若一串动听的音符，将奏出物业管理行业的新乐章。

“《条例》建立在两个基本理论的基础上。”季如进教授说，即“物权和人权”理论。《条例》对业主进行了界定，。“房屋的所有权人为业主”。这是基于对物权——不动产的认识得出的结论。在物业服务中，人权——业主的投票权利则是从物权延伸而来。《条例》的第十条规定，“业主在首次业主大会上的投票权，根据业主所拥有物业的建筑面积、住宅套数等因素确定。”季教授指出，业主所拥有的投票权与平时公民进行选举时的投票权有着本质的区别，前者的权力大小是由其拥有的物权多少决定的，后者的权力是由平等主体的数量决定的。在第二章业主和业主大会中，对业主所拥有的权利也规范得较好。

季如进教授认为，《条例》对“业主、业主大会、业主委员会”三个层次定位界定清楚。《条例》的第二章第六条对业主的权利进行了明确的界定，这里的业主是指单个的业主。并用十项内容对业主的权利进行了相应的说明。如业主所享有的参与权、知情权、监督权。季教授指出，在这里，单个业主的权利与义务是相对应的，他们对物业服务中的某些方面只享有参与权而不是决定权。《条例》的第二章第八条规定“业主大会应当代表和维护物业管理区域内全体业主在物业管理活动中的合法权益”。指出权力在业主大会而非业主委员会。《条例》规定了业主大会的六项职责，季教授认为其中最重要的职责就是，业主大会具有选聘、解聘物业管理企业的职责。《条例》将业主委员会界定为“业主大会的执行机构”，权力的行使最终在业主大会而非业主委员会。

季如进教授认为，在这三个层次中，从法律的角度对两个问题进行了强调，即“权在业主大会”和“业主公约对全体业主有约束力”，这有利于解决当前物业管理行业中存在的各类矛盾。

季如进教授指出，《条例》中有四个地方出现的“另行规定”，给各地及相关的政府行政主管部门留下了制定细则的空间。如第二章第九条规定，“一个物业管理区域成立一个业主大会，物业管理区域划分应当考虑物业的共用设施设备、建筑物规模、社区建设等因素。具体办法由省、自治区、直辖市制定”。季教授指出，将划分的权力交给了各地，这是可行且切合实际的。其他条例中也体现了这种精神。

此次出台的《条例》具有五点新意。季教授认为，《条例》提出了在物业管理实践，尤其是业主共同决定相关事宜时少数服从多数原则及其运用。如业主公约的制定和修改，业主大会议事规则，选聘、解聘物业管理企业，专项维修资金的使用、续筹方案的决定，必须经物业管理区域内全体业主所持投票权三分之二以上通过，业主公约对所有业主具有约束力。季教授认为《条例》的第二点新意在于对前期物业管理的规定，《条例》将这一特殊时段单独作一章列出来十分得当。在这一章，将建设单位的责任作了界定。这有利于解决目前在入住前期中存在的较多建设单位与物业公司、业主之间错综复杂的矛盾。第三，是物业管理企业所承担的治安管理责任问题。第四十六条和第四十七条规定，物业管理企业应当配合公安机关、居委会做好安全防范工作。这对物业管理企业在维护治安方面的职责定位很准确。第四是物业管理中的费用收取问题。《条例》第四十一条提出了物业管理费用的收取以原则是质价相符。第四十二条对已竣工但尚未出售或尚未交给物业买受人的物业服务费规定由建设单位交纳，业主与物业使用人在交纳服务费用方面的责任规定，以及物业管理公司代收、代缴的费用等，将费用的交纳问题界定得十分清楚、到位。第五点则是对于法律责任的规定也十分合理。目前，在物业服务中，前期出现的大多数矛盾都是因为建设单位在许多方面做得不到位而导致的，针功对这种状况，法律责任这一章对建设单位未履行职责作了相应的较多的惩处规定。

季如进教授也指出《条例》也有个别不足之处，如对第一次召开业主大会的时间未作具体规定等问题。

（本文摘自《中国建设报》2003 年 7 月）

物业管理条例

中华人民共和国国务院令（第 379 号）

《物业管理条例》已经 2003 年 5 月 28 日国务院第 9 次常务会议通过，现予公布，自 2003 年 9 月 1 日起施行。

总理 温家宝

2003 年 6 月 8 日

第一章 总 则

第一条 为了规范物业管理活动，维护业主和物业管理企业的合法权益，改善人民群众的生活和工作环境，制定本条例。

第二条 本条例所称物业管理，是指业主通过选聘物业管理企业，由业主和物业管理企业按照物业服务合同约定，对房屋及配套的设施设备和相关场地进行维修、养护、管理，维护相关区域内的环境卫生和秩序的活动。

第三条 国家提倡业主通过公开、公平、公正的市场竞争机制选择物业管理企业。

第四条 国家鼓励物业管理采用新技术、新方法，依靠科技进步提高管理和服务水平。

第五条 国务院建设行政主管部门负责全国物业管理活动的监督管理工作。

县级以上地方人民政府房地产行政主管部门负责本行政区域内物业管理活动的监督管理工作。

第二章 业主及业主大会

第六条 房屋的所有权人为业主。

业主在物业管理活动中，享有下列权利：

（一）按照物业服务合同的约定，接受物业管理企业提供的服务；

（二）提议召开业主大会会议，并就物业管理的有关事项提出建议；

（三）提出制定和修改业主公约、业主大会议事规则的建议；

（四）参加业主大会会议，行使投票权；

（五）选举业主委员会委员，并享有被选举权；

（六）监督业主委员会的工作；

（七）监督物业管理企业履行物业服务合同；

（八）对物业共用部位、共用设施设备和相关场地使用情况享有知情权和监督权；

（九）监督物业共用部位、共用设施设备专项维修资金（以下简称专项维修资金）的管理和使用；

（十）法律、法规规定的其他权利。

第七条 业主在物业管理活动中，履行下列义务：

（一）遵守业主公约、业主大会议事规则；

（二）遵守物业管理区域内物业共用部位和共用设施设备的使用、公共秩序和环境卫生的维护等方面的规章制度；

（三）执行业主大会的决定和业主大会授权业主委员会作出的决定；

（四）按照国家有关规定交纳专项维修资金；

（五）按时交纳物业服务费用；

（六）法律、法规规定的其他义务。

第八条 物业管理区域内全体业主组成业主大会。

业主大会应当代表和维护物业管理区域内全体业主在物业管理活动中的合法权益。

第九条 一个物业管理区域成立一个业主大会。

物业管理区域的划分应当考虑物业的共用设施设备、建筑物规模、社区建设等因素。具体办法由省、自治区、直辖市制定。

第十条 同一个物业管理区域内的业主，应当在物业所在地的区、县人民政府房地产行政主管部门的指导下成立业主大会，并选举产生业主委员会。但是，只有一个业主的，或者业主人数较少且经全体业主一致同意，决定不成立业主大会的，由业主共同履行业主大会、业主委员会职责。

业主在首次业主大会会议上的投票权，根据业主拥有物业的建筑面积、住宅套数等因素确定。具体办法由省、自治区、直辖市制定。

第十一条 业主大会履行下列职责：

（一）制定、修改业主公约和业主大会议事规则；

（二）选举、更换业主委员会委员，监督业主委员会的工作；

（三）选聘、解聘物业管理企业；

（四）决定专项维修资金使用、续筹方案，并监督实施；

（五）制定、修改物业管理区域内物业共用部位和共用设施设备的使用、公共秩序和环境卫生的维护等方面的规章制度；

（六）法律、法规或者业主大会议事规则规定的其他有关物业管理的职责。

第十二条 业主大会会议可以采用集体讨论的形式，也可以采用书面征求意见的形式；但应当有物业管理区域内持有 1/2 以上投票权的业主参加。

业主可以委托代理人参加业主大会会议。

业主大会作出决定，必须经与会业主所持投票权 1/2 以上通过。业主大会作出制定和修改业主公约、业主大会议事规则，选聘和解聘物业管理企业，专项维修资金使用和续筹方案的决定，必须经物业管理区域内全体业主所持投票权2/3以上通过。

业主大会的决定对物业管理区域内的全体业主具有约束力。

第十三条 业主大会会议分为定期会议和临时会议。

业主大会定期会议应当按照业主大会议事规则的规定召开。经20%以上的业主提议，业主委员会应当组织召开业主大会临时会议。

第十四条 召开业主大会会议，应当于会议召开15日以前通知全体业主。

住宅小区的业主大会会议，应当同时告知相关的居民委员会。

业主委员会应当做好业主大会会议记录。

第十五条 业主委员会是业主大会的执行机构，履行下列职责：

（一）召集业主大会会议，报告物业管理的实施情况；

（二）代表业主与业主大会选聘的物业管理企业签订物业服务合同；

（三）及时了解业主、物业使用人的意见和建议，监督和协助物业管理企业履行物业服务合同；

（四）监督业主公约的实施；

（五）业主大会赋予的其他职责。

第十六条 业主委员会应当自选举产生之日起30日内，向物业所在地的区、县人民政府房地产行政主管部门备案。

业主委员会委员应当由热心公益事业、责任心强、具有一定组织能力的业主担任。

业主委员会主任、副主任在业主委员会委员中推选产生。

第十七条 业主公约应当对有关物业的使用、维护、管理，业主的共同利益，业主应当履行的义务，违反公约应当承担的责任等事项依法作出约定。

业主公约对全体业主具有约束力。

第十八条 业主大会议事规则应当就业主大会的议事方式、表决程序、业主投票权确定办法、业主委员会的组成和委员任期等事项作出约定。

第十九条 业主大会、业主委员会应当依法履行职责，不得作出与物业管理无关的决定，不得从事与物业管理无关的活动。

业主大会、业主委员会作出的决定违反法律、法规的，物业所在地的区、县人民政府房地产行政主管部门，应当责令限期改正或者撤销其决定，并通告全体业主。

第二十条 业主大会、业主委员会应当配合公安机关，与居民委员会相互协作，共同做好维护物业管理区域内的社会治安等相关工作。

在物业管理区域内，业主大会、业主委员会应当积极配合相关居民委员会依法履行自治管理职责，支持居民委员会开展工作，并接受其指导和监督。

住宅小区的业主大会、业主委员会作出的决定，应当告知相关的居民委员会，并认真听取居民委员会的建议。

第三章 前期物业管理

第二十一条 在业主、业主大会选聘物业管理企业之前，建设单位选聘物业管理企业的，应当签订书面的前期物业服务合同。

第二十二条 建设单位应当在销售物业之前，制定业主临时公约，对有关物业的使用、维护、管理，业主的共同利益，业主应当履行的义务，违反公约应当承担的责任等事项依法作出约定。

建设单位制定的业主临时公约，不得侵害物业买受人的合法权益。

第二十三条 建设单位应当在物业销售前将业主临时公约向物业买受人明示，并予以说明。

物业买受人在与建设单位签订物业买卖合同时，应当对遵守业主临时公约予以书面承诺。

第二十四条 国家提倡建设单位按照房地产开发与物业管理相分离的原则，通过招投标的方式选聘具有相应资质的物业管理企业。

住宅物业的建设单位，应当通过招投标的方式选聘具有相应资质的物业管理企业；投标人少于3个或者住宅规模较小的，经物业所在地的区、县人民政府房地产行政主管部门批准，可以采用协议方式选聘具有相应资质的物业管理企业。

第二十五条 建设单位与物业买受人签订的买卖合同应当包含前期物业服务合同约定的内容。

第二十六条 前期物业服务合同可以约定期限；但是，期限未满、业主委员会与物业管理企业签订的物业服务合同生效的，前期物业服务合同终止。

第二十七条 业主依法享有的物业共用部位、共用设施设备的所有权或者使用权，建设单位不得擅自处分。

第二十八条 物业管理企业承接物业时，应当对物业共用部位、共用设施设备进行查验。

第二十九条 在办理物业承接验收手续时，建设单位应当向物业管理企业移交下列资料：

（一）竣工总平面图，单体建筑、结构、设备竣工图，配套设施、地下管网工程竣工图等竣工验收资料；

（二）设施设备的安装、使用和维护保养等技术资料；

（三）物业质量保修文件和物业使用说明文件；

（四）物业管理所必需的其他资料。

物业管理企业应当在前期物业服务合同终止时将上述资料移交给业主委员会。

第三十条 建设单位应当按照规定在物业管理区域内配置必要的物业管理用房。

第三十一条 建设单位应当按照国家规定的保修期限和保修范围，承担物业的保修责任。

第四章 物业管理服务

第三十二条 从事物业管理活动的企业应当具有独立的法人资格。

国家对从事物业管理活动的企业实行资质管理制度。具体办法由国务院建设行政主管部门制定。

第三十三条 从事物业管理的人员应当按照国家有关规定，取得职业资格证书。

第三十四条 一个物业管理区域由一个物业管理企业实施物业管理。

第三十五条 业主委员会应当与业主大会选聘的物业管理企业订立书面的物业服务合同。

物业服务合同应当对物业管理事项、服务质量、服务费用、双方的权利义务、专项维修资金的管理与使用、物业管理用房、合同期限、违约责任等内容进行约定。

第三十六条 物业管理企业应当按照物业服务合同的约定，提供相应的服务。

物业管理企业未能履行物业服务合同的约定，导致业主人身、财产安全受到损害的，应当依法承担相应的法律责任。

第三十七条 物业管理企业承接物业时，应当与业主委员会办理物业验收手续。

业主委员会应当向物业管理企业移交本条例第二十九条第一款规定的资料。

第三十八条 物业管理用房的所有权依法属于业主。未经业主大会同意，物业管理企业不得改变物业管理用房的用途。

第三十九条 物业服务合同终止时，物业管理企业应当将物业管理用房和本条例第二十九条第一款规定的资料交还给业主委员会。

物业服务合同终止时，业主大会选聘了新的物业管理企业的，物业管理企业之间应当做好交接工作。

第四十条 物业管理企业可以将物业管理区域内的专项服务业务委托给专业性服务企业，但不得将该区域内的全部物业管理一并委托给他人。

第四十一条 物业服务收费应当遵循合理、公开以及费用与服务水平相适应的原则，区别不同物业的性质和特点，由业主和物业管理企业按照国务院价格主管部门会同国务院建设行政主管部门制定的物业服务收费办法，在物业服务合同中约定。

第四十二条 业主应当根据物业服务合同的约定交纳物业服务费用。业主与物业使用人约定由物业使用人交纳物业服务费用的，从其约定，业主负连带交纳责任。

已竣工但尚未出售或者尚未交给物业买受人的物业，物业服务费用由建设单位交纳。

第四十三条 县级以上人民政府价格主管部门会同同级房地产行政主管部门，应当加强对物业服务收费的监督。

第四十四条 物业管理企业可以根据业主的委托提供物业服务合同约定以外的服务项目，服务报酬由双方约定。

第四十五条 物业管理区域内，供水、供电、供气、供热、通讯、有线电视等单位应当向最终用户收取有关费用。

物业管理企业接受委托代收前款费用的，不得向业主收取手续费等额外费用。

第四十六条 对物业管理区域内违反有关治安、环保、物业装饰装修和使用等方面法律、法规规定的行为，物业管理企业应当制止，并及时向有关行政管理部门报告。

有关行政管理部门在接到物业管理企业的报告后，应当依法对违法行为予以制止或者依法处理。

第四十七条 物业管理企业应当协助做好物业管理区域内的安全防范工作。发生安全事故时，物业管理企业在采取应急措施的同时，应当及时向有关行政管理部门报告，协助做好救助工作。

物业管理企业雇请保安人员的，应当遵守国家有关规定。保安人员在维护物业管理区域内的公共秩序时，应当履行职责，不得侵害公民的合法权益。

第四十八条 物业使用人在物业管理活动中的权利义务由业主和物业使用人约定，但不得违反法律、法规和业主公约的有关规定。

物业使用人违反本条例和业主公约的规定，有关业主应当承担连带责任。

第四十九条 县级以上地方人民政府房地产行政主管部门应当及时处理业主、业主委员会、物业使用人和物业管理企业在物业管理活动中的投诉。

第五章 物业的使用与维护

第五十条 物业管理区域内按照规划建设的公共建筑和共用设施，不得改变用途。

业主依法确需改变公共建筑和共用设施用途的，应当在依法办理有关手续后告知物业管理企业；物业管理企业确需改变公共建筑和共用设施用途的，应当提请业主大会讨论决定同意后，由业主依法办理有关手续。

第五十一条 业主、物业管理企业不得擅自占用、挖掘物业管理区域内的道路、场地，损害业主的共同利益。

因维修物业或者公共利益，业主确需临时占用、挖掘道路、场地的，应当征得业主委员会和物业管理企业的同意；物业管理企业确需临时占用、挖掘道路、场地的，应当征得业主委员会的同意。

业主、物业管理企业应当将临时占用、挖掘的道路、场地，在约定期限内恢复原状。

第五十二条 供水、供电、供气、供热、通讯、有线电视等单位，应当依法承担物业管理区域内相关管线和设施设备维修、养护的责任。

前款规定的单位因维修、养护等需要，临时占用、挖掘道路、场地的，应当及时恢复原状。

第五十三条 业主需要装饰装修房屋的，应当事先告知物业管理企业。

物业管理企业应当将房屋装饰装修中的禁止行为和注意事项告知业主。

第五十四条 住宅物业、住宅小区内的非住宅物业或者与单幢住宅楼结构相连的非住宅物业的业主，应当按照国家有关规定交纳专项维修资金。

专项维修资金属业主所有，专项用于物业保修期满后物业共用部位、共用设施设备的维修和更新、改造，不得挪作他用。

专项维修资金收取、使用、管理的办法由国务院建设行政主管部门会同国务院财政部门制定。

第五十五条 利用物业共用部位、共用设施设备进行经营的，应当在征得相关业主、业主大会、物业管理企业的同意后，按照规定办理有关手续。业主所得收益应当主要用于补充专项维修资金，也可以按照业主大会的决定使用。

第五十六条 物业存在安全隐患，危及公共利益及他人合法权益时，责任人应当及时维修养护，有关业主应当给予配合。

责任人不履行维修养护义务的，经业主大会同意，可以由物业管理企业维修养护，费用由责任人承担。

第六章 法律责任

第五十七条 违反本条例的规定，住宅物业的建设单位未通过招投标的方式选聘物业管理企业或者未经批准，擅自采用协议方式选聘物业管理企业的，由县级以上地方人民政府房地产行政主管部门责令限期改正，给予警告，可以并处10万元以下的罚款。

第五十八条 违反本条例的规定，建设单位擅自处分属于业主的物业共用部位、共用设施设备的所有权或者使用权的，由县级以上地方人民政府房地产行政主管部门处5万元以上20万元以下的罚款；给业主造成损失的，依法承担赔偿责任。

第五十九条 违反本条例的规定，不移交有关资料的，由县级以上地方人民政府房地产行政主管部门责令限期改正；逾期仍不移交有关资料的，对建设单位、物业管理企业予以通报，处1万元以上10万元以下的罚款。

第六十条 违反本条例的规定，未取得资质证书从事物业管理的，由县级以上地方人民政府房地产行政主管部门没收违法所得，并处5万元以上20万元以下的罚款；给业主造成损失的，依法承担赔偿责任。

以欺骗手段取得资质证书的，依照本条第一款规定处罚，并由颁发资质证书的部门吊销资质证书。

第六十一条 违反本条例的规定，物业管理企业聘用未取得物业管理职业资格证书的人员从事物业管理活动的，由县级以上地方人民政府房地产行政主管部门责令停止违法行为，处5万元以上20万元以下的罚款；给业主造成损失的，依法承担赔偿责任。

第六十二条 违反本条例的规定，物业管理企业将一个物业管理区域内的全部物业管理一并委托给他人的，由县级以上地方人民政府房地产行政主管部门责令限期改正，处委托合同价款30%以上50%以下的罚款；情节严重的，由颁发资质证书的部门吊销资质证书。委托所得收益，用于物业管理区域内物业共用部位、共用设施设备的维修、养护，剩余部分按照业主大会的决定使用；给业主造成损失的，依法承担赔偿责任。

第六十三条 违反本条例的规定，挪用专项维修资金的，由县级以上地方人民政府房地产行政主管部门追回挪用的专项维修资金，给予警告，没收违法所得，可以并处挪用数额2倍以下的罚款；物业管理企业挪用专项维修资金，情节严重的，并由颁发资质证书的部门吊销资质证书；构成犯罪的，依法追究直接负责的主管人员和其他直接责任人员的刑事责任。

第六十四条 违反本条例的规定，建设单位在物业管理区域内不按照规定配置必要的物业管理用房的，由县级以上地方人民政府房地产行政主管部门责令限期改正，给予警告，没收违法所得，并处10万元以上50万元以下的罚款。

第六十五条 违反本条例的规定，未经业主大会同意，物业管理企业擅自改变物业管理用房的用途的，由县级以上地方人民政府房地产行政主管部门责令限期改正，给予警告，并处1万元以上10万元以下的罚款；有收益的，所得收益用于物业管理区域内物业共用部位、共用设施设备的维修、养护，剩余部分按照业主大会的决定使用。

第六十六条 违反本条例的规定，有下列行为之一的，由县级以上地方人民政府房地产行政主管部门责令限期改正，给予警告，并按照本条第二款的规定处以罚款；所得收益，用于物业管理区域内物业共用部位、共用设施设备的维修、养护，剩余部分按照业主大会的决定使用：

（一）擅自改变物业管理区域内按照规划建设的公共建筑和共用设施用途的；

（二）擅自占用、挖掘物业管理区域内道路、场地，损害业主共同利益的；

（三）擅自利用物业共用部位、共用设施设备进行经营的。

个人有前款规定行为之一的，处1000元以上1万元以下的罚款；单位有前款规定行为之一的，处5万元以上20万元以下的罚款。

第六十七条 违反物业服务合同约定，业主逾期不交纳物业服务费用的，业主委员会应当督促其限期交纳；逾期仍不交纳的，物业管理企业可以向人民法院起诉。

第六十八条 业主以业主大会或者业主委员会的名义，从事违反法律、法规的活动，构成犯罪的，依法追究刑事责任；尚不构成犯罪的，依法给予治安管理处罚。

第六十九条 违反本条例的规定，国务院建设行政主管部门、县级以上地方人民政府房地产行政主管部门或者其他有关行政管理部门的工作人员利用职务上的便利，收受他人财物或者其他好处，不依法履行监督管理职责，或者发现违法行为不予查处，构成犯罪的，依法追究刑事责任；尚不构成犯罪的，依法给予行政处分。

第七章 附 则

第七十条 本条例自2003年9月1日起施行。

推进物业管理需要解决六大问题

陈新政

对住宅小区实行物业管理是住宅产业发展的必然结果，是人民群众生活水平和居住质量提高后的必然要求。由于受计划经济模式的影响，人们对物业管理的认识还存在偏差，物业管理工作中许多深层次问题并没有解决，要推进物业管理工作，必须首先解决好以下六个问题。

第一，对住宅小区实行分类集中建设和等级评定，是推进物业管理工作的基础。

目前，我国住宅小区的规划和建设也是小而全，大而全，同一小区内有不同标准、不同档次，既有高档商住楼，也有普通的住宅，有的甚至有还建房和安居房，面积大的一套高达180平方米左右，小的仅60平方米，对这样的住宅小区实施物业管理，往往是高收入的住户不满意小区内的环境及服务，而中低收入也无法承担较高的物业管理收费。因此，我们建议，要根据居民消费水平的差异，规划和建设不同档次的住宅小区，使同一消费水平的居民相对集中在某一个住宅小区内，各住宅小区按不同的消费水平和支付能力配备相应的配套设施、绿地和娱乐场所，同时根据小区居民的收入情况和享受小区服务水平的差异制定不同的物业管理收费标准，在售房之前就向社会公开，使购房者做到心中有“数”，在购买住房时，不仅要看自己是否买得起该处住房，同时还要算算自己能否“住”得起那套房子。

第二，对物业公司实行资质评定和竞争上岗是规范物业管理公司行为的重要措施。

为了确保广大消费者的权益，政府部门对物业管理公司要实行资质评定工作，根据物业管理公司的资金状况、人员结构、服务水平和管理业绩，实行等级评定，不同等级的物业管理公司只能对应管理相应档次的住宅小区或楼宇，不能承接高于自己服务水平和管理能力的小区或楼宇的管理业务。某一住宅小区建成时，政府有关部门应责成开发商提前做好小区管理的招投标工作，根据建成小区（楼宇）的档次和等级评定，规范物业管理公司服务的范围和水平，并明确提出让具有某一资质的物业公司来投标揭榜。业主管理委员会根据各物业公司投标的情况，择优选聘。若物业公司不履行合同，业主管理委员会或业主有权提出履约要求，对拒不执行的，业主委员会可以解聘该物业公司，重新招标。

第三，物业公司拥有独立的经营自主权是物业管理公司赖以生存和发展的必要条件。

物业管理公司作为服务性的企业，它应该具有自主经营、自负盈亏的权利。政府职能部门主要核查物业公司是否具有资质，是否按照物价部门核准的标准收费，业主委员会和业主主要是检查物业公司所承诺的服务是否到位，小区的环境卫生是否清扫，园林绿化是否给予了必要的养护，小区的安全是否有保障等等。物业公司具体的财务活动、来往账目、经营状况应由公司自己决定，自负盈亏，政府行业管理部门和业主委员会不宜干涉，否则，物业公司难以生存和发展，也难以真正为业主做好服务。

第四，实现房地产开发商与物业管理公司的分离是切实保护业主利益的根本举措。

目前我们绝大多数物业管理公司是从房地产开发企业中分离出来的，有的是开发企业内的一个部门或子公司，但随着社会的发展，人们生活水平和需求水平的提高，这种开发与管理合一模式的弊端将日益暴露出来：它不利于房地产开发和物业管理向专业化和社会化的方向发展，与住宅产业现代化也是不相符的；特别是它不利于切实保护购房者（业主）的利益。只有当物业公司与房地产商是各自独立的，在物业的移交过程中，物业管理公司才会尽全力向开发商和施工单位为业主争得利益，确保业主所购买的住房在质量上有保证，有问题也尽快修复解决，物业公司会自觉不自觉地为房屋的质量把了一个关，以免物业正式移交后，留下的隐患由物业公司处理。如果二者是合一的，不难想象，作为开发公司一个部门的物业公司的“甲方思维定势”将继续存在，业主应得的利益是难以通过二者之间的约束机制而尽情享有的。

第五，建立和完善物业管理法规体系是推进物业管理工作的法律保障。

物业管理是一个新兴的行业，法规建设十分滞后。随着住房制度改革的深化，住房自有化和住区社会化已成为不可抗拒的历史潮流，同一住区内的人员来自不同的单位，怎样保护公众利益，这给物业管理提出了许多新的课题。显然，在小区由开发商移交给物业管理公司的过程中，开发商、施工单位、物业公司、业主四方是种什么样的关系，他们各自对物业的质量、养护、使用负有什么样的责任，这些都需要在法律上给予明确。并且，规范和约束小区内的业主与业主之间、管理公司与业主之间的关系仅靠小区公约也是远远不够的，必须要有一个具有强制性、权威性更强的物业管理的法规体系，通过法律的形式将各自的责、权、利明确下来，确保小区内的公共利益不受侵害。

第六，把房屋的维修基金参与保险可使房屋终身保修变成现实。

随着住房逐渐私有化，广大市民购房置业就存在一个风险问题。一般而言，住房的使用寿命可达 50 年左右，但因不可抗力的因素（如地震、地陷、雷击、洪水等）致使某些物业受损，仅靠业主缴交的维修基金去修复住房是远远不够的，物业公司也既无义务也无能力修复，那么，怎样才能保证住房能够终身得到保修呢？我们建议应将房屋的维修基金集中起来向保险公司投保，并且房屋的维修基金无论是放在开发商和物业公司手上，还是放在政府有关职能部门手里都没有放在保险公司手里可靠。因此，政府应根据不同级别的住宅小区，在售楼前制定一个房屋终身保修费用标准，保修费用的来源可以采用“四个一点”的方法：业主个人拿一点，开发商让一点，施工单位在保修款中挤一点，国家在营业税中免征一点（国家税务部门对开发企业和施工企业让出来的保险款免征营业税）。只有通过对房屋实行终身保险维修，广大业主才能真正做到买得放心、住得开心！

（本文摘自　华商网站　2003 年 10 月）

物业管理的五大误区

马寿成

随着房屋建成和业主入住的增加，物业管理的纠纷逐渐代替交房纠纷而成为社会关注的焦点，要从根本上解决物业管理问题，首先要走出思想上的误区——

误区 1：强调业主自治，并不是说这个小区里业主说了算。对此说法，笔者想问一下：在小区里究竟谁说了算呢？

开发商说了算？如果开发商已把房屋的产权转给了业主，他们在小区内连“说”的权利都没有了，何来“算”呢！

物业公司说了算？物业公司不是政府派出部门，在小区内没有任何产权，只是业主共同聘请来的“管家”，显然他们也没有说了算的本钱！政府本身就是人民意志的代表，在商品房小区里就是业主意志的代表，在不影响其他小区合法权益时，政府对具体小区的任何指导和监督都应以该小区业主的共同利益为依归。

因此，在小区里，只能业主说了算（这里的业主是指业主的群体，而不是业主的个体）。物业公司可以不接受某个小区业主委员会的委托，但接受委托后，物业公司的管理只能是按业主委托中“说”的执行。物业公司和业主的平等关系反映在双方选择权上，而非“说了算”上，任何地方只能有一个中心，只能一方说了算。

目前，物业管理问题的根源就在于一些人的观念不对，摆不正自己的位置，引发了和业主的冲突。

误区 2：业主不缴物业管理费，是因为业主的消费观念没有转变。

任何新生事物，人们都有一个认识过程，从住公房到住私房确实也有消费观念转变的过程。但人们对物业管理消费观念的转变有赖于对物业管理重要性的认识。而目前一些物业公司只收费不服务或多收费少服务却恰恰影响了人们在这方面的思想转变。

物业公司虽然到处诉苦，说自己亏损严重，但却又不肯按政府要求定期向业主公布账目，在业主委员会决定更换物业公司后赖着不走，致使业主怀疑物业公司的诚信和缴纳的管理费是否真正用于自己物业的管理。

误区3：物业公司冤枉，大部分问题是代开发商受过。

如果物业公司和开发商有着裙带关系，在物业管理的开始利用和开发商的特殊关系（比如拿着本应开发商直接交给业主的钥匙），代开发商承担保修工作，房子出了问题，业主找物业公司，就不能说物业公司是代开发商受过。物业公司接受了开发商的委托，事先就有责任验收自己要管理的房屋和设备，也就有保证这些房屋和设备正常使用和运转的责任。如果物业公司是受业主委员会委托接管小区物业管理的，难道出了问题，业主找物业公司，能说物业公司是代业主委员会受过？

要想解决这个问题，物业公司要自己和开发商划清界线，不要在和业主打交道的开始，先给业主一个开发商代言人的形象，同时对接受开发商委托管理的项目先做好验收。

误区4：买房人在买房时只重视房屋本身的价格，对物业管理的问题往往觉得等到入住以后再说，这为物业管理纠纷埋下了隐患。

这是一种颠倒是非的说法。目前绝大多数买房人对入住后的物业管理和要缴纳的费用都非常重视，而是开发商不肯在签合同时向业主出示《物业管理使用、管理、维修公约》（以下简称"公约"）。

北京市房地局早在1998年就已要求房地产商领取预售许可证前先要通过"公约"的审查，并在签购房合同时与购房人对"公约"进行约定，可这个规定至今还没有被完全执行。

物业公司在接受房地产商委托物业管理时，不要求开发商提供业主签署的"公约"才接手管理，而是用开发商直接交给业主的钥匙，要求业主接受自己的管理、缴纳房地产商和自己私下约定的物业管理收费标准。

试想在这种情况下签订的协议，物业公司又如何利用它来要求买房人履行呢？物业管理的隐患不是买房人种下的，而是开发商种下的，是物业公司自己种下的。

误区5：物业管理行业是一个低技术、劳动密集型产业，需要企业的培训，逐步提高，业主不应对物业公司要求过高。

这种论点的前提虽然正确，但决不意味着因此可以原谅一些物业公司的服务不到位。物业公司只有具备与收费相应的水平时才能承担物业管理工作，正如人们常说的"没有金刚钻，别揽瓷器活儿"。

目前物业管理的纠纷和业主的不缴费，其中一个直接原因就是有为数不少的物业公司既无自有资金，又缺少有素质的物业管理人员而临时拼凑的。目前，社会上靠别人给启动资金、完全靠服务对象预缴费运营的公司恐怕除物业管理行业再难找到第二个行业。

由于目前商品房的数量在社会上所占的比例有限，商品房的业主对承担物业管理费和停车费的横向比较，不可避免地认为自己缴纳的费用过高。因此，商品房小区的服务收费虽理论上不能称做公共服务收费，属于私人性质，但这个观念不是一朝一夕能够转变的，有待社会大环境的转变。在这个转变完成之前，政府有关部门也应该对住宅小区的各种收费进行指导和监管。

（本文摘自《中国房地信息》2003年10月）

物业管理中的法律关系

要想把物业管理工作搞好，首先应当理顺物业管理中心的法律关系。只有理顺了关系，才能够知道臬直辖市各方面的关系。物业管理工作中几个主要方面有：房屋产权所有人或使用人、发展商、物业管理公司和其他与物业管理相关连的行业以及政府有关部门。

（一）发展商早期在物业管理中的作用

发展商将物业建成，并经政府有关部门综合验收合格后，经过房产交易将产权转移给新的房屋产权所有人。这里的法律关系的变化是发展商由原来拥有土地使用权和房屋所有权到转移给了新的产权所有人。对于一处新的住宅区，包括公寓或别墅，发展商在竣工前，一般是先期委托物业管理公司介入新建物业的管理工作。有时发展商也自己充当物业管理的角色。不论发展商是自己来管理物业或是委托其他管理公司来管理新建的物业，都是在为新的房屋产权所有人或使用人提供服务。对于新建物业来说，由于发生了产权交易行为，发展商的角色变了，位置也变了。发展商由原先对物业的拥有，变为部分对物业的拥有或完全不拥有。发展商先期委托物业管理公司管理新建物业或自己自行管理物业的行为只能是一种临时的安排，因为在新建物业初期，广大新的产权所有人或是没有到位，或是即使到位，由于各种各样的原因，尚无能力选择物业管理公司。发展商只是临时代理已有的新的房屋产权所有人委托物业管理公司进行管理。这一时期物业管理公司的费用一般由发展商支付或预先垫付，因为这一时期物业管理公司在这一新的物业管理中尚无收益。由于交易行为和物业管理公司的介入，发展商对新建物业的作用逐渐退居二线。如发展商直接聘请管理公司，发展商应当与物业管理公司签订临时委托管理合同，合同期限一般订为一年较为合适。因为业主管理委员会成立后，有可能在一年后重新选聘物业管理公司。

（二）房屋产权所有人（业主）

由于购买了物业，购房人成了新建物业的产权所有人，合法地拥有所购物业。房屋产权所有人对物业拥有所有权与使用权。由于发展商在销售物业之前，已临时安排物业管理公司对所购物业进行管理，购房人在此时只能暂时放弃自己选择物业管理公司的权利，认同发展商的安排。当新建物业入住率达到50%或50%以上时，发展商应会同物业管理公司召开房屋产权所有人大会（或称业主大会）。

（三）房屋产权所有人大会（业主大会）

房屋产权所有人大会是一个非常重要的会议，由发展商、物业管理公司和房地产管理部门负责召集此会议。因为产权所有人来自不同蝗地方，互不相识，不可能有效地组织起来召开此大会，所以召集、组织业主大会的责任就落在发展商或物业管理公司户上。发展商在与物业管理公司的委托管理合同中就应明确规定，当入住率达到50%时，物业管理公司有责任牵头组织召开业主大会。

业主大会最重的使命之一便是选举出自己的代表机构——物业业管理委员会。物业管理委员会是新建物业或物业群中常设的最高权力机构。业主大会每年至少召开一次。住宅区业主大会对议题进行表决时，每一户为一票。业主可将自己的权利让渡给选出的代表，由他们代表自己去行使权利，维护自己的合法权益。

业主大会主要行使以下职权：

1. 选举、罢免物业管理委员会的组成人员；

2. 监督管委会的日常工作；

3. 听取和审查管委会的工作报告；

4. 对住宅区或物业（写字楼、商厦）内有关业主重大利益的事项做出决策；

5. 修改业主公约；

6. 改变或撤销物业管理委员会的有关决定。

7. 批准管委会章程。

（四）物业管理委员会的性质及法律地位

物业管理委员会是住宅区、写字楼或商厦等物业管理中的常设最高权力机构，管理委员会的成员景要由房屋产权所有人选出的代表构居，代表广大业主的权益。同时管理委员会也应当吸收当地居民委员会和派出所的代表参加。既然物业管理委员会是帅业主大会选举出的代表组成，代表广大业主的权益，是物业管理中常设的最高权力机构，那么管理委员会就应该是一个长期的、稳定的组织，一个松散、虚设的管理委会不可能起到应该起到的作用。所以建议管理委员会成立后应该到房屋管理机构备案，并到民政部门社团法人机构办理登记，以确定其性质与法律地位。物业管理委员会的主要职责如下：

1. 管理委员会负责制定管委会章程；

2. 负责今后召集并主持业主大会；

3. 负责考察、选择、招聘物业管理公司；

4. 与新的或原来的物业管理公司重签订委托管理合同；

5. 管委会有权审议住宅区物业管理服务费的收费标准；

6. 保管、监督和决定物业维修基金和公用设施专用基金（启动基金）的使用；

7. 审议管理公司上年的财务收支善和来年的财务预算；

8. 审议管理公司制订的年度管理计划、配套工程和重大维修工程项目（锅炉、配电设备、电梯、中央空调、供暖等）；

9. 监督物业管理公司的管理工作；

10. 审议新的物业管理公约及各种管理规章制度等等。

物业管理委员会与物业管理公司之间是聘用关系。物业管理委员会是物业的主人、所有人，物业管理公司是为之提供服务的。物业管理委员会一般应设常务工作人员一至两名，费用一般应从管理启动基金里拨付。

（五）物业管理公司

物业管理公司是一种信托代理机构，属中介组织。它是执行信托职能的服务性企业。物业管理这个行业在房地产领域里有着非常重要的位置。开发和拆迁都是一时性的工作，几个月或几年就可以完成，而物业管理却是延续性的，可延续几十年。搞物业管理应眼光放远，急功近利是不会搞好的。

物业管理公司是依据委托管理合同在新建住宅区或物业中履行管理职责的。一般情况下，委托管理合同首先是由发展商代表广大业主与物业管理公司签订。等召开业主大会，业主物业管理委员会成立后，再由物业管理委员会代表全体业主正式与物业管理公司续签委托管理合同。

有的情况下，发展商并没有选聘物业管理公司，而由自己本身来承担起管理者的重任。如果是发展商自己充当管理者的话，也要经过房地局的批准，并持《物业管理资质合格证书》。即使是发展商作为管理者，当管理委员会成立后，也需要由管理委员会与其签订委托管理合同。

（六）承租人（房屋租用人）

承租人有的是与业主直接联系，并与业主直接签订租赁契约从而使用物业的某一部分，有的情况是显主委托管理公司将其拥有的物业的某一部分出租给承租人的。承租人与业主的关系是租赁关系。承租人在与业主的租赁契约里应当保证遵守管理公约，接受物业管理公司的管理和物业管理委员会的监督。承租人不但要与出租人签订租赁合同，而且也要与物业管理公司签订管理公约。

（七）其他相关机构

管理公司依据委托管理合同在物业区内开展管理工作，需要和其他管理工作有关的公司发生联系，如保安公司、煤气公司、电梯公司、环卫机构，建筑维修部门等。管理公司要与他们签订有关新时期委托合同，由他们就物业内新时期业务提供服务。这里产生的直接法律关系是管理公司与这些公司签约，但其结果却直接影响业主，所以重大的协议、合同、管理公司应请管委会审议。

（本文摘自　中国物业管理网　2003 年 12 月）

住宅小区物业管理矛盾纠纷的症结及其对策

中国人民大学财金学院　毕宝德

一、近年来我国物业管理的快速发展

这里所说的“物业管理”是指业主通过选聘物业管理企业，由业主和物业管理企业按照物业服务合同的约定，对房屋及配套的设施设备和相关场地进行维修、养护、管理，维护相关区域的环境卫生和秩序的活动，是适应我国市场经济要求的社会化、专业化、市场化的全新的物业管理模式（体制）。

改革开放以后，深圳市借鉴香港及国外其他国家的经验，于 1981 年在本市东湖丽苑小区率先进行了物业管理的试点，取得了很好效果；到 1994 年建设部要求在城市新建小区全面推行物业管理；1997 年，辽宁，江苏、北京、天津、重庆、广州等一批省市在旧小区推行物业管理取得突破；1998年，国务院在《关于进一步深化城镇住房制度改革加快住房建设的通知》中明确提出，要加快改革现行的住房维修、管理体制，建立业主自治与物业管理企业专业管理相结合的社会化、专业化、市场化的物业管理体制。

20多年来，特别是1998年以后，随着我国城镇住房建设的加快，物业管理取得快速的发展。

（一）物业管理的覆盖面逐年扩大

到2003年我国城市物业管理的覆盖面占物业总量的38%。其中，北京市2.2亿平方米居民住房中，有1.5亿平方米实行了物业管理，物业管理覆盖面已达68%。

（二）物业管理作为一个新兴行业迅速发展起来

截止2000年底，全国物业管理企业总数达2万家，从业人数超过230万人。其中北京已有物业管理企业1700多家，从业人数15万人。

（三）国家对物业服务企业的管理逐年加强，已初步构筑起管理规范物业管理活动的法律框架

为了规范物业管理市场，加强对物业管理企业的管理与监督，2003年6月国务院制定并发布了《物业管理条例》，随之，又陆续出台了一系列相关规定。同时为了提高物业管理人员的素质和服务水平，实行了物业管理人员的上岗培训制度，凡是从事物业管理的人员，必须通过专业上岗培训。

（四）加强了对住宅维修基金的归集与管理

为了保障住宅小区维修资金的来源，全国各个城市都根据国家财政部和建设部的规定，从2002年开始，加强了住宅小区商品房公共维修基金的归集与管理，并取得显著效果。

（五）大力推进住宅小区业主大会的召开和业主委员会的组建

同时为了保证广大业主自觉维护住宅小区物业管理的秩序，爱护小区的公共设施设备，普遍开展了《房屋使用、管理、维修公约》的宣传和制订工作。

（六）大部分城市都增强了城市基础设施建设的力度，加强了老旧小区的整治改造工作，同时开展了小区的评比选优活动

这些工作的加强大大地改变了住宅小区的面貌，改善了居民的居住环境与条件，受到居民的普遍欢迎。

二、物业管理矛盾纠纷的诱因

近年来，随着物业管理的快速发展，物业管理中矛盾纠纷也日益增多，成为社区居民（业主）投诉的热点。物业管理中频发的矛盾纠纷，轻者影响物业管理活动的正常开展，难以给业主创造一个良好的居住与工作的环境；重者引发激烈的冲突，甚至出现殴斗，造成人员伤害和财产损失，破坏小区的安定团结局面，已成为城市政府和广大居民关注的一个焦点。

一般说，物业管理矛盾纠纷的诱因是多方面的，从近年来各地物业管理中发生的矛盾纠纷看，其诱因多数集中在如下几个方面：

1. 开发遗留问题。

由于有些房地产开发企业建设的房屋质量低劣，房屋漏雨漏水，墙体塌陷裂缝；小区规划不合理，公用设施不配套；开发商不向物业公司及时全面提供建筑图纸和资料；等等，这些都给物业公司及时维修房屋，保证居民（业主）的正常生活带来困难和隐患，必然引发物业公司与开发商及广大业主之间的矛盾纠纷。

2. 物业公司服务质量不到位，服务态度不好。

随着物业管理的快速发展，物业公司数量迅猛增加，难免良莠不齐。有些物业公司经营思想不端正，不按国家规定标准收取物业费，而是欺诈业主，巧立名目乱收费、多收费，而服务质量又很差，服务态度不好；有些物业公司不经业主同意，任意改变属于业主的公用房屋、设备的用途，挪用小区的公共维修基金；等等，物业公司这些不良表现，必然引发物业公司与广大业主之间的矛盾纠纷。

3. 物业公司与社区居委会之间关系不协调。

物业公司与居委会同在一个小区之中。居委会是社区居民的自治组织，在街道办事处的指导下，负责本小区居民的治安、就业、社会保障、保洁、绿化、卫生、健身、计划生育、社会教育等多项活动的开展。物业公司是专项从事物业管理服务的企业，接受小区业主的委托，依照合同的约定，为本小区业主进行房屋维修、养护及治安、保洁、绿化等多项服务活动。可见，这两个主体工作的目标是一致的，服务对象也是基本相同的，服务内容也有很多关联与交叉。因此，物业公司与社区居委会要想搞好各自的工作，必须互相谅解，相互支持，协同一致。如果两个主体之间关系协调不好，不仅物业管理工作很难搞好，必然会引发物业公司与社区居委会及广大业主（居民）之间的矛盾纠纷。

4. 业主大会的召开与业主委员会的组建不规范，群众基础不好，没有权威。

物业管理条例规定，一个新的住宅小区业主入住50%以上即应召开业主大会，组建业主委员会。业主委员会在业主大会的授权下，负责小区日常的物业管理工作，选聘物业公司并与其签订物业服务合同，监督物业公司的物业服务工作等。这件事情看似简单，操作起来十分困难。一个新建小区的业主，来自四面八方，互相很不熟悉；多数业主工作都很忙，一般都无暇顾及并参与此事；由于我国推行物业管理时间还不长，很多业主对由业主共同民主管理物业的新体制还不很熟悉，没有深刻的认识和实践的经验，因此不少业主会对此事采取事不关已、漠然处之的态度，开会不参加，选举不投票。如果在业主大会的召开、业主委员会的组建中，工作不规范、不细致，各种复杂关系处理不妥当，就会使业主大会的召开和业主委员会的组建没有广泛的群众基础，没有权威，从而给日后的物业管理带来极大的后患和无穷的矛盾纠纷。如北京市有一个住宅小区，由于业主不团结，召开业主大会与组建业主委员会的工作做得不规范、不细致，结果在一个小区之内组建起两个业主委员会，聘请了两个物业公司。这两个物业公司在一个小区之内长期对峙，最后酿成武力械斗造成巨大人身和财产损失。可想而知，在这种状态下，正常的物业管理就无从谈起了。

5. 一些业主的公德意识和环保观念还有待提高。

在一些小区的物业管理中，常有少数业主，不能自觉遵守物业管理的规定和小区物业管理公约，长期拖欠物业管理费，任意在公共场地乱停车，堆放自家杂物，踩踏公共绿地，从窗口向楼下抛撒垃圾，制造噪音干扰邻居等。这是缺乏公共道德和环保意识的种种表现。一般说这是少数业主的个别行为。但它对小区物业管理的破坏作用却不能低估。少数业主的这些不良行为，不仅给搞好物业管理带来很多困难和麻烦，更重要的是这种不良行为，毒化了小区居民和睦相处的氛围，破坏了小区居民团结一致共同努力搞好物业管理的群众思想基础。

6. 城市基础设施比较差。

不少城市长期由于建设资金不足，基础设施欠账很多。改革开放以后，又没有随着城市住宅建设的快速发展，加大城市基础设施建设投资力度。因而近年来形成交通拥堵、住宅小区供排水、供电、供暖、供气、通迅等没有保障。这是造成小区物业管理矛盾纠纷的外部基础性原因。

7. 住房制度改革还有待进一步深化。

我国城镇住房制度改革，自上世纪80年代初起步以来，经过20多年的发展历程，已取得巨大的成功，原有的福利性实物分配住房制度，已基本上由社会化、商品化的住房制度所代替，广大居民的住房条件获得巨大改善。但直到目前住房使用上的福利制仍留有一个较大的尾巴。这个尾巴主要表现在，原国有单位或集体单位的职工通过房改获得私有住房后，在住房使用中个人应支付的房屋维修、养护及管理等费用，仍基本上由原国有单位或集体单位支付。而且各个单位对这部分费用的支付标准和办法差异又很大。这就给实行物业管理的住宅小区，在收取物业管理费中带来很大的不便和困难。由此也往往引发物业公司与业主的原单位之间、物业公司与业主之间、以至业主与业主之间的矛盾纠纷。

三、消除物业管理中的矛盾纠纷，促进物业管理健康发展近期应采取的对策

从上述分析可以看到，近来来物业管理中发生的矛盾纠纷，尽管诱因表现在多个方面，但从总体上看，主要的和直接的诱因是参与小区物业管理的三个基本主体，即物业公司、业主（及业主委员会）、社区居委会之间关系不协调。这就是当前物业管理矛盾纠纷的症结。因此，要想减少以至最终完全消除物业管理中的矛盾纠纷，必须重点把这三个主体之间的关系协调好。

同时我们还可以看到，城市住宅小区的物业管理十分复杂，涉及到城市管理体制与机制的彻底改革，涉及到社会政治与经济关系的调整与转换。因此，全面实现社会化、专业化、市场化的物业管理新体制这是我们较长时期的奋斗目标。就近期来说，要尽快遏制物业管理矛盾纠纷的多发势头，促进物业管理逐步走上健康发展的道路，综合起来应采取以下对策。

（一）加快立法，提高立法质量，使其具有可操作性

物业公司应聘进入住宅小区从事物业管理服务，首先要与服务对象——社区的业主及业主委员会发生服务与被服务的关系，同时还要与社区居委会发生频繁的工作关系。此外，还要与进入社区工作的街道办事处、房管、公安、政法、工商、财税、环保、城管、消防、交通、商业、文教、体育、卫生等几十个政府职能部门和相关企事业单位发生这样或那样的错综复杂的关系。而要处理好这些关系，首先必须以法律形式规范各自的行为准则，明确各自的法律地位及权责利关系，以保证各司其职，相互配合，协同一致，共同努力把社区的物业管理搞好。

2003年9月国务院《物业管理条例》的发布实施及随之一系列规定的出台，为规范全国的物业管理提供了基本的法律依据。当前的任务是，各省市区应结合本地具体条件在广泛征求群众意见的基础上，尽快制定具体的实施条例和办法，使其具有可操作性。

（二）严格执法，强化对物业公司的管理与监督

要搞好住宅小区的物业管理，物业公司的经营思想和人员素质起着决定性的作用。政府有关主管部门，包括房管部门、工商部门、城管部门、财税部门和公安司法部门等，要严格执行有关法律法规，加大对物业公司的管理监督力度，切实维护广大业主（居民）的合法权益。要依法规范物业管理市场，指导和帮助小区的业主及其业主委员会通过招标选聘物业公司；对物业公司的服务活动进行全程跟踪管理与监督；发现违法经营、服务低劣、欺诈业主乱收费的，要坚决予以查处，勒令其停业整顿，直至取消其经营资格。同时要帮助物业公司建立行业组织促进行业自律。此外要运用各种形式和手段，对从事物业管理的干部和职工进行上岗培训，端正其经营思想，提高管理服务技能。

（三）依据业主入住的情况，及时召开业主大会，成立业主委员会，确立和强化业主在物业管理中的法律主体地位

在物业管理中，业主处于法律主体地位，业主由于拥有房屋的财产权，因而派生出依法管理自己财产的权利，有权依法选择管理自己房屋的模式，有权选聘或解聘物业公司，有权对物业公司管理物业的全部活动进行指导和监督。但在召开业主大会并组建业主委员会之前，业主处于分散无组织状态，无法行使这些权利。因此，业主入住达50%以上时，应及时召开业主大会并组建业主委员会，经房管等有关部门登记认可之后，就可以使业主作为物业管理的法律主体，行使自己的权利，切实维护自己的合法权益。

（四）将物业管理融入社区建设，发挥社区居委会对物业管理的指导和监督作用

良好的物业管理是建设优秀住宅小区的基本目标与要求。社区居委会是我国法律规定的城市居民的基层自治组织，是经过居民民主选举产生的，有稳定的组织形式，其中都有中共党的基层组织发挥核心领导作用。社区居委会的基本任务就是在城市街道办事处（城市区县政府的派出机构）的指导下，通过居民民主自治的方式全面管理居住小区，为小区居民创造安全、卫生、方便、和谐的居住和工作环境。由于社区居委会地处基层，对广大居民（业主）的情况及要求十分了解和熟悉，具有很强的亲和力及号召力。应该说，建立社区居委会，实行民主自治管理，这是中国城市管理体制的特点及独特优势。因此，住宅小区的物业管理绝不能孤立于社区管理与建设之外单独进行，必须融入社区之内，主动接受社区居委会的指导与监督，业主（及业主委员会）同物业公司与社区居委会相互支持，协同一致，共同努力才能实现资源共享、互利双赢的目标，切实把小区的物业管理搞好。在这方面，北京，上海等不少大中城市的经验都一致证明，凡物业公司与社区居委会关系协调的社区，居委会在社区物业管理中能够发挥积极的指导和监督作用，一般说，物业管理中的矛盾纠纷就比较少，物业管理工作就能正常开展，并取得很好的成果，从而受到广大居民（业主）的欢迎与称赞。

要实现这一目标，当前的重要任务就是，一些小区尚未建立居委会或虽已成立居委会，但由于各种原因不能正常开展工作，应尽快建立居委会，或对居委会进行整顿，创造好的条件使其健全起来正常开展工作，物业公司应与社区居委会建立起经常性的协商合作机制，主动接受居委会对物业管理进行指导和监督。

（五）尽快解决开发遗留问题，加大城市基础设施建设投资力度

目前在一些城市中，老旧小区市政基础设施还比较差，即使新建小区也存在公用设施不配套不完善等诸多问题。

这方面，城市各级政府承担着不可推懈的责任。首先要督促有关开发商限期解决开发遗留问题。同时加大对城市基础设施建设投资的力度，力争在较短时间内解决这个“老大难”问题，为搞好居住小区的物业管理、减少矛盾纠纷创造一个良好的基础性的外部条件。

（六）深化住房制度改革，为普遍推行社会化、专业化、市场化物业管理，消除物业管理矛盾纠纷提供制度保证

从目前全国情况看，物业管理的覆盖面仅有1/3多一些，即使实行了物业管理新体制的，在一些城市和单位中仍然不同程度地保留着住房使用方面的福利制尾巴。

由于住房使用上的福利制是在计划经济体制下逐步形成的，广大职工已经习以为常；加之，这种福利制在各个城市和单位之间在内容、形式和发放方法上又有很大差异；因此，要消除这个“尾巴”还不能操之过急，搞“一刀切”，一要有一个提高认识、逐步实施的过程；二要因事而异，采取不同方式，逐步加以解决。有的项目，涉及金额很小，可以随职工工资提高，一次加以取消，有的项目涉及金额较大，可以采用“暗补改明补”的办法分次加以解决。

（七）不断增强广大业主（居民）的民主观念、公德修养和环保意识

在一个住宅小区内，要想搞好物业管理，除了要用法律形式规范各个主体的行为之外，还必须用道德观念来引导和约束人们的行为，广大业主（居民）作为物业管理的主体是物业管理的积极参与者，在物业管理中既有自已的权利，又有必要的责任和义务。只有每个业主都具有正确的民主观念、良好的公德修养和科学的环保意识，才能积极参加社区的物业管理活动，自觉地遵守社区物业管理公约，不会无故拖欠物业管理费，不会随意抛撒垃圾破坏公共卫生环境等。可见，广大业主（居民）的正确民主观念、良好公德修养及科学环保意识是搞好物业管理的群众思想基础。

要提高广大业主（居民）的民主观念，公德修养和环保意识，首先要依靠业主（居民）在长期的社会生活实践中不断积累提高，而整个社会的精神文明建设，各种传媒的宣传教育又是其重要杠杆。当然，这是涉及整个国民素质提高的重大任务，不能一蹴而就，要长期坚持不懈地做下去。

（八）建立矛盾纠纷的调节仲裁机制，力争把物业管理的矛盾纠纷消灭在萌芽之中

在物业管理活动中，由于种种原因参与其中的各个主体之间，难免发生这样或那样的矛盾纠纷，尤其是在物业管理新体制刚刚建立的初期就更加难以避免。在矛盾纠纷产生的初期，如能通过适当协商、调节，以至必要的仲裁，往往能够比较容易地将物业管理中的矛盾纠纷消灭在萌芽之中。这样就可以大大减少不必要的损失和各种不良后果。

要实现这一目标，就必须建立起解决物业管理矛盾纠纷的调节仲裁机制。具体说，这一机制可以分为三个层次：

第一层次，即由社区居委会牵头，有业主委员会和物业公司代表参加的联席会议（必要时可邀请街道办事处和房管部门的代表参加），通过相互磋商解决日常物业管理中产生的相对较小的矛盾纠纷。

第二层次，即由街道办事处牵头，由本街道内相关部门（如房管、民政、公安、司法等部门）的代表参加的调节小组。在物业管理中发生的较大矛盾纠纷，通过第一层次解决不了的，再通过这个调节小组来调节处理。

第三层次，即由城市区（县）的房管部门牵头，有本区（县）的城管、工商、公安、司法、财税、民政等部门的代表组成的仲裁委员会，依法对发生的重大矛盾纠纷做出裁决。

通过以上三个层次，仍然得不到解决的矛盾纠纷再由受害方向法院提起诉讼，通过法律手段由法院做出判决。

通过以上规范的程序和手段来处理物业管理中的矛盾纠纷，就可以促使当事方以冷静的态度与合理的方式来寻求矛盾纠纷解决的正确途径，而不会采取非理性、非正常的手段以致酿成各种影响社会安定团结的群体事件。

第九章 房地产金融

温家宝副总理在全国住房公积金工作会议上的讲话

这次会议的主要任务是，贯彻落实国务院修改后重新公布的《住房公积金管理条例》(以下简称《条例》)和《国务院关于进一步加强住房公积金管理的通知》(国发［2002］12号，以下简称《通知》)，研究部署进一步加强住房公积金管理工作。下面，我讲几点意见。

一、充分认识加强住房公积金管理工作的重要性

1991年，在朱镕基同志的倡导下，上海市率先创建住房公积金制度，此后在全国推行。十多年来，住房公积金制度建设取得很大成绩。住房公积金制度基本建立，公积金规模不断扩大，对推进住房制度改革，加快城镇住房建设，发挥了重要作用，推动了以居民住宅为主的房地产业发展，促进了以物业管理为主要内容的社区服务业发展。各地利用住房公积金建设了一批“安居工程”和经济适用住房，解决了一部分城镇困难居民的住房；不少城镇居民用住房公积金贷款购买了住房，居住条件得到改善。国务院公布了《条例》，把住房公积金管理纳入法制化轨道。实践证明，实行住房公积金制度，是在社会主义市场经济条件下改善城镇居民住房条件的正确途径，应当坚持下去。同时要清醒地看到，目前住房公积金管理还存在不少问题。主要是，一些地方住房委员会制度不健全，房委会决策流于形式；公积金管理机构设置不规范，管理分散；违法挤占、挪用公积金和违规贷款现象严重，公积金的风险隐患加大。据不完全统计，到去年底，全国挤占、挪用的住房公积金和项目贷款余额达140多亿元，其中逾期贷款约40多亿元，不少贷款已无法收回。对此，各级政府必须高度重视，采取有力措施，尽快予以解决。

国务院十分重视住房公积金制度的建设。去年底和今年初，国务院两次总理办公会议研究了进一步加强住房公积金管理问题。最近，国务院对《条例》作了重要修改，并下发《通知》，对这项工作作出了具体部署。我国已进入全面建设小康社会，加快现代化建设的新阶段。在新的历史条件下，城镇居民改善住房条件的需求更大，住宅建设对经济发展的拉动力更强。这对完善住房公积金制度，发挥公积金对居民购房和建房的促进作用，提出了更高要求。我们要认清形势，统一思想，充分认识加强住房公积金管理工作的重要性和紧迫性。

加强住房公积金管理，是防范公积金风险的有效措施。现在住房公积金制度已经建立起来，但还不完善。特别是在公积金决策和管理方面暴露出很多问题，严重影响公积金的安全运行。这些问题发展下去，不仅会造成巨大的经济损失，而且将失信于民，滋生腐败，影响社会稳定。加强公积金管理，最主要、最迫切的是防范公积金的风险。必须采取有效措施，加强管理，强化监督，堵塞漏洞，化解和消除潜在风险隐患，确保住房公积金安全运行。

加强住房公积金管理，是继续深化房改工作的重要基础。实行住房公积金制度，是深得民心的重大改革，是解决我国城镇居民住房问题的一个大政策。这项政策的出发点，就是解决城镇居民买房、建房资金短缺问题，让普通职工特别是中低收入家庭买得起房、住得上房。这就必须继续深化住房制度改革，切实管好用好公积金，进一步发挥公积金制度的作用，使公积金得到不断积累和充分运用。只有这样，广大职工才能更多地使用公积金购买住房，巩固和发展住房制度改革的成果。

加强住房公积金管理，是提高公积金使用效益的根本保证。公积金的使用有“低存低贷”的特点，更适合广大中低收入城镇居民贷款购房的需要。目前，由于一些地方公积金管理混乱，服务质量差，公积金使用效益不高，一方面居民得不到购房贷款，另一方面又有大量资金闲置，还使相当多的资金流失。必须尽快改变这种状况，努力提高公积金的管理和服务水平，确保资金安全，搞好资金运用。这样，才能不断提高资金使用效果，充分发挥公积金制度的作用，加快解决中低收入城镇居民的住房问题。

二、加强住房公积金管理需要着重抓好的几项工作

住房公积金管理的基本原则是：“住房公积金管理委员会决策，住房公积金管理中心运作，银行专户储存，财政监督。”这是我国住房公积金管理实践经验的科学总结。在新的形势下，完善住房公积金制度，进一步加强公积金管理，必须以这个基本原则为指导。总的要求是：健全决策体制，调整管理机构，强化监督工作，规范发展业务，努力把住房公积金管理工作提高到一个新水平。

1. 健全决策体制。

就是要建立统一的住房公积金使用和管理的决策机构，规范决策机构人员的组成，形成科学、民主的决策机制。公积金决策体制不健全，是造成许多问题的主要原因。只有建立民主、公开、高效的住房公积金决策体制，才能从根本上解决随意发放公积金贷款，挤占、挪用公积金等问题。因此，建立健全公积金决策机构，完善决策机制，是加强公积金管理的当务之急。各地要按照《通知》的要求，尽快成立住房公积金管理委员会。管委会是决策机构，统一行使公积金使用和管理的决策职能。管委会的人员组成，要严格按照《条例》中“三个三分之一”(人民政府负责人和建设、财政、人民银行等有关部门负责人以及有关专家占1/3，工会代表和职工代表占1/3，单位代表占1/3)的要求选聘，以保证管委会能够充分代表住房公积金所有人意志，切实维护群众利益，确保公积金安全运行。管委会要抓紧制定章程，建立严格的

规章制度和工作规程，在决策时贯彻少数服从多数的原则，实行表决制度和责任追究制度。对管委会依法作出的决策，城市人民政府及有关部门，要给予积极支持，决不能干预。

2. 调整管理机构。

就是要撤并、调整住房公积金管理机构，规范管理机构的设置和职能定位。目前，大多数地方的管理机构隶属于不同部门，或与隶属部门合署办公。同一城市存在多个管理机构，难以对住房公积金实施有效管理和监督。县（市）一级设置管理机构，公积金规模小，管理成本高，弊端比较多。因此，撤并、调整管理机构势在必行。各地区要在所有地级以上（含地级）城市，建立统一高效、运作规范的住房公积金管理中心。县（市）不再设立住房公积金管理中心。这里需要强调的是，每个设区城市只能有一个管理机构。现存的各个管理机构，包括上级政府机关住房公积金管理机构和行业性的住房公积金管理机构，都要在全面审计基础上，按照“统一决策、统一管理、统一制度、统一核算”的原则，进行撤并、调整。住房公积金管理中心直接隶属城市人民政府，是非营利性的独立的事业单位，不得挂靠任何部门和单位，也不得投资、参股或者兴办各类经济实体。

3. 强化监督工作。

就是要健全监督机制，明确监督责任，加大监督力度，确保住房公积金使用、管理的安全有效。各地要针对公积金管理中存在的突出问题，从多方面采取措施，切实加强监督工作。要完善同级监督，加强自上而下的监督，形成监督体系。建设部作为住房公积金监督管理的牵头部门，对加强监管负有重要责任，要定期会同财政部、人民银行等部门，对住房公积金管理工作进行检查，重大情况要及时向国务院报告。各省（自治区、直辖市）人民政府要根据国家有关规定，结合本地情况，研究制定具体的监管措施，并认真落实。要建立健全各项监督制度和责任追究制度。要改进和强化专职机构的监督手段，充分发挥社会监督的作用，加大监督力度，提高监督水平。对住房公积金使用和管理中的违法违规行为，必须依法严肃查处。对随意干预造成公积金损失的，必须依法追究有关负责人和直接责任人员的责任。

4. 规范发展业务。

就是要依法运用公积金，改进服务方式，提高服务水平，积极发展个人贷款业务。目前一些地区特别是中西部地区，住房公积金个人贷款业务发展缓慢。到去年底，全国住房公积金个人贷款余额仅为归集余额的1/3，不少省份还不到10%。大量公积金闲置，说明群众还用不上这个钱。这不仅违背公积金制度的基本宗旨，而且造成极大的浪费，甚至诱发挤占、挪用的行为。要充分发挥公积金制度的作用，就必须在保障资金安全有效的前提下，规范发展住房公积金个人贷款业务。要转变观念，改进服务，认真解决贷款条件过高、手续繁杂、审批时间长等问题。要充分考虑城镇中低收入居民的实际承受能力，完善公积金贷款的具体办法。公积金个人贷款应严格执行国务院和人民银行的有关规定，加强管理。

三、加强领导，保证《条例》和《通知》的顺利实施

贯彻落实《条例》和《通知》，做好住房公积金管理工作，必须切实加强领导。当前，要着力抓好以下几点：

1. 统一思想，做好管理机构撤并调整工作。

这项任务涉及面广，需要做大量艰苦细致的工作。地方各级政府、有关部门和单位，要把思想统一到《条例》和《通知》精神上来，明确责任，顾全大局，密切配合，共同做好这项工作。要重点抓好县（市）住房公积金管理机构的撤并调整工作。

2. 清产核资，认真做好移交工作。

对现有住房公积金管理机构的资产负债情况，要进行认真清理，登记造册，一并移交新成立的住房公积金管理中心，防止资产流失。要积极清理回收违规资金和逾期贷款，按照“谁决策、谁负责回收”的原则，加大回收力度。

3. 严肃纪律，做到四个不准。

在改革体制和调整机构过程中，必须认真执行各项政策，严格遵守纪律，做到令行禁止。特别要强调，不准任何单位和个人借机私分财物，不准突击提干，不准擅自扩充编制，不准滥发奖金和实物。对违纪违法行为，必须严肃查处。

4. 精心组织，稳步推进。

设区城市人民政府要抓紧制定工作方案。各级建设、财政、人民银行、审计、监察、房改、房地产管理等部门要加强协作。需要强调的是，机构调整不能影响公积金的运转，公积金的归集、提取和贷款发放等工作都要正常进行。在机构调整中要加强思想政治工作，及时解决出现的新问题。妥善做好富余人员的分流安置工作。

同志们，住房问题是关系千家万户城镇职工切身利益的大事。我们要按照江泽民总书记“三个代表”的要求，以高度的政治责任感，进一步完善住房公积金制度，切实加强公积金管理，为深化住房制度改革，加快城镇住房建设，促进经济社会发展，作出积极贡献。

（2002年5月）

住房公积金管理条例

中华人民共和国国务院令　第262号

第一章　总　　则

第一条　为了加强对住房公积金的管理，维护住房公积金所有者的合法权益，促进城镇住房建设，提高城镇居民的居住水平，制度本条例。

第二条　本条例适用于中华人民共和国境内住房公积金的缴存、提取、使用、管理和监督。

第三条　职工个人缴存的住房公积金和职工所在单位为职工缴存的住房公积金，属于职工个人所有。

第四条　住房公积金的管理实行住房委员会决策、住房公积金管理中心运作、银行专户存储，财政监督的原则。

第五条　住房公积金应当用于职工购买、建造、翻建、大修自住住房，任何单位和个人不得挪用他用。

第六条　住房公积金的存、贷利率由中国人民银行提出，经征求国务院建设行政主管部门的意见后，报国务院

批准。

第七条 国务院建设行政主管部门会同国务院财政部门，中国人民银行拟定住房公积金政策，并监督执行。省、自治区人民政府建设行政主管部门负责对本行政区域内住房公积金管理工作的指导。

第二章 机构及其职责

第八条 直辖市和省、自治区人民政府所在地的市以及其他设区的市，应当设立由人民政府负责人和财政、建设等有关部门和负责人以及工会代表、专家组成的住房委员会，作为住房公积金管理的决策机构。

第九条 住房委员会在住房公积金管理方面履行下列职责：

（一）依据有关法律、法规和政策，制度和调整住房公积金的具体管理措施，并监督实施；

（二）根据本条例第十八条的规定，拟订住房公积金的具体缴存比例；

（三）确定住房公积金的最高贷款额度；

（四）审批住房公积金归集、使用计划；

（五）审批住房公积金归集、使用计划执行情况的报告。

第十条 直辖市和省、自治区人民政府所在地的市以及其他设区的市应当按照精减、效能的原则，设立住房公积金管理中心，负责住房公积金的管理运作。县（市）原则上不设立住房公积金管理中心；确需设立的，应当报省、自治区、直辖市人民政府批准。住房公积金管理中心是不以营利为目的的独立的事业单位。

第十一条 住房公积金管理中心履行下列职责：

（一）编制、执行住房公积的归集、使用计划；

（二）负责记载职工住房公积金的缴存、提取、使用等情况；

（三）负责住房公积金的核算；

（四）审批住房公积金的提取、使用；

（五）负责住房公积金的保值和归还；

（六）编制住房公积金归集、使用计划执行情况的报告；

（七）承办住房委员会决定的其他事项。

第十二条 住房公积金管理中心应当按照中国人民银行的有关规定，委托住房委员会指定的银行（以下简称受委托银行）办理住房公积金贷款、结算等金融业务和住房公积金帐户的设立、缴存、归还等手续。住房公积金管理中心应当与受委托银行签订委托合同。

第三章 缴 存

第十三条 住房公积金管理中心应当在受委托银行设立住房公积金专户。单位应当到住房公积金管理中心办理住房公积金缴存登记，经住房公积金管理中心审核后，到受委托银行为本单位职工办理住房公积金帐户设立手续。每个职工只能有一个住房公积金帐户。住房公积金管理中心应当建立职工住房公积金明细帐，记载职工个人住房公积金的缴存、提取等情况。

第十四条 新设立的单位应当自设立之日起30日内到住房公积金管理中心办理住房公积金缴存登记，并自登记之日20日内持住房公积金管理中心的审核文件，到受委托银行为本单位职工办理住房公积金帐户设立手续。单位合并、分立、撤销、解散或者破产的，应当自发生上述情况之日起30日内由原单位或者清算组织到住房公积金管理中心办理变更登记或者注销登记，并自办妥变更登记或者注销登记之日起20日内持住房公积金管理中心的审核文件，到受委托银行为本单位职工办理住房公积金帐户转移或者封存手续。

第十五条 单位录用职工的，应当自录用之日起30日内到住房公积金管理中心办理缴存登记，并持住房公积金管理中心的审核文件，到受委托银行办理职工住房公积金帐户转移或者封存手续。单位与职工终止劳动关系的，单位应当自劳动关系终止之日起30日内到住房公积金管理中心办理变更登记，并持住房公积金管理中心的审核文件，到受委托银行办理职工住房公积金帐户转移或者封存手续。

第十六条 职工住房公积金的月缴存额为职工本人上一年度月平均工资乘以职工住房公积金缴存比例。单位为职工缴存的住房公积金的月缴存额为职工本人上一年度月平均工资乘以单位住房公积金缴存比例。

第十七条 新参加工作的职工从参加工作的第二个月开始缴存住房公积金，月缴存为职工本人当月工资乘以职工住房公积金缴存比例。单位新调入的职工从调入单位发放工资之日起缴存住房公积金，月缴存额为职工本人当月工资乘以职工住房公积金缴存比例。

第十八条 职工和单位住房公积金的缴存比例均不得低于职工上一年度月平均工资的百分之五；有条件的城市，可以适当提高缴存比例。具体缴存比例由住房委员会拟订，经本级人民政府审核后，报省，自治区、直辖市人民政府批准。

第十九条 职工个人缴存的住房公积金，由所在单位每月从其工资中代扣代缴。单位应当于每月发放职11资之日起5日内将单位缴存的和为职工代缴的住房公积金汇缴到住房公积金专户内，由受委托银行计入职工住房公积金帐户。

第二十条 单位应当按时、足额缴存住房公积金，不得逾期缴存或者少缴。对缴存住房公积金确有困难的单位，经本单位职工代表大会或者工会讨论通过，并经住房公积金管理中心审核，报住房委员会批准后，可以降低缴存比例或者缓缴；待单位经济效益好转后，再提高缴存比例或者补缴缓缴。

第二十一条 住房公积金自存入职工住房公积金帐户之日起按照国家规定的利率计息。

第二十二条 住房公积金管理中心应当为缴存住房公积金的职工发放缴存住房公积金的有效凭证。

第二十三条 单位为职工缴存的住房公积金，按照下列规定列支：

（一）机关在预算中列支；

（二）事业单位由财政部门核定收支后，在预算或者费用中列支；

（三）企业在成本中列支。

第四章 提取和使用

第二十四条 职工有下列情形之一的，可以提取职工住房公积金帐户内的存储余额；

（一）购买、建造、翻建、大修自住住房的；

（二）离休、退休的；

（三）完全丧夫劳动能力，并与单位终止劳动关系的；

（四）户口迁出所在的市。县或者出境定居的；

（五）偿还购房贷款本息的；

（六）房租超出家庭工资收入的规定比例的；依照前款第（二）、（三）、（四）项规定，提取职工住房公积金的，应当同时注销职工住房公积金帐户。职工死亡或者被宣告死亡，职工的继承人、受遗赠人可以提取职工住房公积金帐户内的存储额；无继承人也无受遗赠人的，职工住房公积金帐户内的存储余额纳入住房公积金的增值收益。

第二十五条 职工提取住房公积金帐户内的存储余额的所在单位应当予以核实，并出具提取证明。职工应当持提取证明向往住房公积金管理中心申请提取住房公积金。住房公积金管理中心应当自受理申请之日起3日内作出准予提取或者不准提取的决定，并通知申请人；准予提取的，由受委托银行办理支付手续。

第二十六条 缴存住房公积金的职工，在购买、建造、翻建、大修自住住房时，可以向住房公积金管理中心申请住房公积金贷款。住房公积金管理中心应当自受理申请之日起15日内作出准予货款或者不准货款的决定，并通知申请人；准予货款的，由受委托银行办理贷款手续。住房公积金贷款的风险，由住房公积金管理中心承担。

第二十七条 申请人申请住房公积金贷款的，应当提供担保。

第二十八条 住房公积金管理中心在保证住房公积金提取和贷款的前提下，经住房委员会批准，可以将住房公积金用于购买国债。住房公积金管理中心不得向他人提供担保。

第二十九条 住房公积金的增值收益应当存入住房公积金管理中心在受委托银行开立的住房公积金增值收益专户，用于建立住房公积金贷款炽（险准备金、住房公积金管理中心和管理费用和建设城市廉租住房的补充资金。

第三十条 住房公积金管理中心的管理费用，由住房公积金管理中心按照规定的标准编制全年预算支出总额，报本级人民政府财政部门批准后，从住房公积金增值收益中上交本级财政，由本级财政拨付。住房公积金管理中心的管理费用标准，由省、自治区、直辖市人民政府建设行政主管部门会同同级财政部门按照略高于国家规定的事业单位费用标准制定。

第五章 监 督

第三十一条 地方有关人民政府财政部门应当加强对本行政区域内住房公积金归集、提取牙，使用使用情况的监督，并向本级人民政府的住房委员会通报。住房公积金管理中心在编制住房公积金归集、使用计划时，应当征求财政部门的意见。住房委员会在审批住房公积金归集。使用计划和计划执行情况的报告时，必须有财政部门参加。

第三十二条 住房公积金管理中心编制的住房公积金年度预算。决算，应当经财政部门审核后，提交往房委员会审议。住房公积金管理中心应当每年定期向财政部门和住房委员会报送财务报告，并将财务报告向社会公布。

第三十三条 住房公积金管理中心应当依法接受审计部门的审计监督。

第三十四条 住房公积金管理中心和职工有权督促单位按时履行下列义务：

（一）住房公积金的缴存登记或者变更、注销登记；

（二）住房公积金帐户的设立、转移或者封存；

（三）足额缴存住房公积金。

第三十五条 住房公积金管理中心应当督促委托银行及时办理委托合同约定的业务。受委托银行应当按照委托合同的约定，定期向往住房公积金管理中心提供有关的业务资料。

第三十六条 职工、单位有权查询本人、本单位住房公积金的缴存、提取情况，住房公积金管理中心、受委托银行不得拒绝。职工、单位对住房公积金帐户内的存储余额有异议的，可以申请受委托银行复核；对复核结果有异议的，可以申请住房公积金管理中心重新复核。受委托分行、住房公积金管理中心应当自收至（申请之日起5日内给予书面答复。职工有权揭发、检举、控告挪用住房公积金的行为。

第六章 罚 则

第三十七条 违反本条例的规定，单位不办理住房公积金缴存登记或者不为本单位职工办理住房公积金帐户设立手续的，由住房公积金管理中心责令限期办理；逾期不办理的，处1万元以上5万元以下的罚款。

第三十八条 违反本条例的规定，单位逾期不缴或者少缴住房公积金的，由住房公积金管理中心责令限期缴存；逾期仍不缴存的，可以申请人民法院强制执行。

第三十九条 违反本条例规定，挪用住房公积金的，追回挪用的住房公积金；有违法所得的，没收违法所得，并入住房公积金；构成犯罪的，依法追究刑事责任；尚不构成犯罪的，对直接负责的主管人员的其他直接责任人员依法给予行政处分。

第四十条 违反本条例，住房公积金管理中心向他人提供担保的，对直接负责的主管人员和其他直接责任人员依法给予行政处分。

第四十一条 国家机关工作人员在住房公积金监督管理工作滥用职权、玩忽职守、徇私舞弊，构成犯罪的，依法追究刑事责任；尚不构成犯罪的，依法给予行政处分。

第七章 附 则

第四十二条 住房公积金财务管理和会计核算的办法，由国务院财政部门商国务院建设行政主管部门制定。

第四十三条 本条例施行前尚未办理住房公积金缴存登记和职工住房公积金账户设立手续的单位，应当自本条例施行之日起60日内到住房公积金管理中心办理缴存登记，并到受委托银行办理职工住房公积金帐户设立手续。

第四十四条 本条例自发布之日起施行。

央行制定限制房产价格政策

拟议中的政策有：房产按揭比例由现在的最高八成降至五成；取消原先购房贷款的利率优惠；参照香港地区一些银行的做法实行现房贷款。

近日，关于央行正在制定限制房地产价格政策的消息，引起了空前关注。据悉，该政策可能包含三方面内容：房产按揭比例由现在的最高八成降至五成；取消原先购房贷款的利率优惠；参照香港地区一些银行的做法实行现房贷款。

记者昨天向有关方面求证这一消息的可靠性。据悉，央行的这项政策虽然还在讨论之中，但是由于全国两会的代表委员们对房价有太多批评之声，这项房贷调整政策出台的可能性很大，但政策将以怎样的面目出现，目前还面临一些两难问题。决策层担心的是，房贷政策调整的得益者最终会是谁？如果不是购房者，而是房产商，恐怕会发生南辕北辙的效果。

据消息人士透露，为鼓励房产商开发廉价房，这项政策极有可能只针对高价房。如目前房贷利率实际上比一般的贷款利率优惠10%左右，新政策将会取消高价房的利率优惠，而对低价房的优惠保持不变。但现在的问题是，不同地区对高价房的认定都不一样，央行很难制定一个特别有说服力的高价房标准。

撇开这一难题不谈，如果取消对期房的按揭贷款政策，就意味着房产商必须要承担更大的房产开发成本，如果房产商甘愿压缩利润空间还好，一旦房产商选择将这部分成本转嫁给购房者，势必推动房价的进一步提高。与此同时，取消期房按揭贷款还会进一步恶化目前的市场供求状况，人们所能选择的只有现房，房价也会进一步上涨。鉴于这些原因，估计有关部门会对取消期房贷款的决策慎之又慎，而降低按揭成数和取消利率优惠措施的可能性极大。

可以肯定的是，目前人民银行对房产市场的态度基本已经明确——存在泡沫；不能肯定的是，用怎样的方法来抑制房价才算妥当，既要挤压泡沫，又不能让泡沫破得太快。不少房产专家认为，房价之所以高，掌握“水龙头”的人不是别人，而是各地政府，正是政府垄断的土地价格的攀升导致了房价的飞涨。既然如此，政府就有责任出面平抑供求关系失衡的房地产市场。据悉，北京市政府目前在抑制房价方面已经有了心得，北京去年一口气推出了500多万平方米的平价房，北京郊区的房价已经止涨回跌。专家认为，现在已经到了市政府出力平抑房价的时候了。

（本文摘自《解放日报》2003年3月）

房地产买卖税费

房地产买卖税费在商品房销售过程中，大致涉及到以下几种税费，包括：契税、手续费、印花税、营业税、城市维护建设税、教育费附加、土地增值税、中介服务费、房屋所有权登记费、房产税等。

1．契税。

根据国家契税条例的规定，房屋买卖要向国家交纳契税，征收的标准是按房屋买卖成交价的3%～5%收取，全部由买方负担。

2．印花税。

对房屋买卖双方要缴纳印花税，印花税要贴在房屋买卖契约正本上，按照房屋买卖成交价的0.3‰交纳。

3．营业税。

在中华人民共和国境内，转让土地使用权、销售不动产的单位和个人，为营业税的纳税义务人，应纳税额为转让土地使用权、销售不动产及其他附着物营业额的5%。

4．城市维护建设税。

缴纳增值税、营业税的单位和个人，是城市维护建设税的纳税义务人。它以纳税人实际缴纳的增值税、营业税额为计税依据，分别与增值税、营业税同时交纳。纳税人所在地在市区的，税率为营业税税额的7%；纳税人所在地在县城镇的，税率为5%；纳税人所在地不在市区、县城、镇的，税率为1%．

5．教育费附加。

这是国家为发展教育事业、筹集教育经费而征收的一种附加费，依营业税额为计费依据，税率为3%。

6．土地增值税。

转让国有土地使用权、地上建筑物及其附着物并取得收入的单位和个人，都要缴纳土地增值税，土地增值税实行四级超额累进税率。应纳税额 = 增值额×适用税率 增值额 = 转让收入－扣除项目金额 转让收入包括货币收入、实物收入和其它收入。扣除项目包括：

（1）取得土地使用权所支付的金额，指支付的地价款和交纳的有关税费。

（2）房地产开发成本，包括土地征用及拆迁补偿费、前期工程费、建安工程费、基础设施费、配套设施费、开发间接费。

（3）房地产开发费用，包括销售费用、管理费用、财务费用，其中销售费用、管理费用按1和2项金额之和的5%以内计算扣除，财务费用按1和2项金额之和的10%以内计算扣除。

（4）与转让房地产有关的税金，指营业税、城市建设维护税、印花税、教育费附加。

（5）按1和2项金额之和加计20%扣除。应纳税额的计算，采用四级超额累进税率。按增值额每次以适用的税率减去扣除项目金额乘以速算扣除系数的简便方法计算，具体公式如下：

①增值额未超过扣除项目金额50% 土地增值税税额 = 增值额×30

②增值额超过扣除项目金额50%，未超过100%的土地增值税税额 = 增值额×40%－扣除项目金额×5%

③增值额超过扣除项目金额100%，未超过200%土地增值税税额 = 增值额×50%－扣除项目金额×15%

④增值额超过扣除项目金额200% 土地增值税税额 = 增值额×60%－扣除项目金额×35% 公式中的5%、15%、35%为速算扣除系数。

7．房产税。

房产税是对坐落在城市、县城、建制镇和工矿区范围内的房产征收的一种税收。

（1）房产税的计税依据分为房产余值和租金收入两种：

① 企、事业单位的房产不论自用还是出租均以房产评估值（没有房产评估值的按房产原值）一次扣除30%后的余值计算缴纳房产税。

② 其他单位（免税单位或房产管理部门）和个人出租的房产以租金收入为房产税的计税依据。

（2）房产税实行的是比例税率：

① 以房产余值为计税依据的，税率为1.2%。

② 以租金收入为计税依据的，税率为12%。

(3) 计算公式：

① 房产税应纳税额 = 房产评估值×70%×1.2% 或：房产原值×70%×1.2%

②房产税应纳税额 = 租金收入×12%

8. 手续费。

办理了房屋买卖过户手续后，由买卖双方向房地产管理部门交纳手续费，征收的标准是按照国家房屋买卖成交价或最低保护价的1%，由买卖双方各缴纳一半。

9. 房屋产权登记费。

办理房屋所有权登记时，应交纳登记费、权证工本费、印花税。登记费的收费标准是每建筑平方米3角，管房单位自测并符合要求的每平方米减收8分，由登记人交纳。不按规定期限申请登记，又未获准缓期登记的，每逾期1个月，每建筑平方米加征罚金1角；已申请登记，但未按期办理手续的，亦按上述标准加征罚金。权证工本费，每件收费4元；共有权执照及他项权利执照，每件收费2元。印花税，每件5元。

10. 中介服务费。

中介服务费是依法设立并具备房地产中介资格的房地产咨询、房地产价格评估、房地产经纪等中介服务机构，为企事业单位、社会团体和其他社会组织、公民及外国当事人提供有关房地产开发投资、经营管理、消费等方面的中介服务，向委托单位收取合理的费用。

(1) 评估收费。房地产价格评估收费、土地价格评估收费标准实行政府定价，其收费标准按照标的总额采取差额定率分档累进制。土地宗地价格评估收费标准与房地产价格评估收费标准相同。基准地价评估收费另立标准。具体收费标准请参见“房地产中介制度”一章。此外，每宗房地产价格评估收费不足300元的，按300元收取。为土地使用权抵押而进行的土地价格评估，评估机构按一般宗地评估费标准的50%计算评估费。企业转制、资产重组过程中，涉及房地产评估的，按房地产价格评估标准的50%计收评估费。

(2) 代理收费。房屋租赁代理费，无论成交的租赁期限长短，均按半至一月成交租金额标准，由双方协商议定一次性计收。房屋买卖代理收费，按成交价格总额分档累进计收：500万元以下2.5%；501～2000万元2%；2001～5000万元1.5%；5001～100000万元1%；1001万元以上0.5%；实行独家代理最高收费标准不得超过成交价格总额的2.8%。

(3) 咨询费、书面咨询费。普通咨询报告，每份收费300元/FONT＞1000元；技术难度大、情况复杂、耗用人员和时间较多的咨询报告，可适当提高收费标准，收费标准最高不超过咨询标的额的0.5%. 口头咨询费 房地产中介服务机构对委托人的口头咨询，按照咨询服务所需时间结合咨询人员专业技术等级由双方协商议定收费标准。

(本文摘　自搜房网　2003年5月)

信托——房地产融资的另一渠道

自从央行121号文件出台以来，房地产企业特别是一些中小房地产企业，不得不考虑其他新的融资办法。目前，南京、长沙和重庆等城市的信托投资企业纷纷出台针对中小房地产企业的房地产信托项目。这些项目募集的资金将会为中小房地产企业的发展提供更多的支持。虽然在央行文件出台前，信托企业也在做房地产信托的业务，但因为银行资金的支持，房地产信贷业务一直不是解决房地产企业资金的主渠道。目前，在这样一种背景下，信托投资企业的房地产信托业务有日趋转“暖”的形势。中泰信托投资公司吴天然博士说，目前有十几家房地产企业正在通过他们的房地产信托业务募集资金。

一、什么是房地产信托

信托是指委托人基于对受托人的信任，将其财产权委托给受托人，由受托人按委托人的意愿以自己的名义，为受益人的利益或者特定目的，进行管理或者处分的行为。而房地产信托，就是以房地产项目为融资对象的一种信托产品。据悉，推出这样的信托计划，不但能为符合政策规定的那些项目好、担保可靠、急需资金的房地产开发商提供融资方便；同时，也可为居民个人投资房地产开辟新的理财渠道。

二、目前房地产公司资金的主要来源

目前，房地产开发资金主要由以下三部分资金组成，一是企业的自有资金（10%～20%）；二是定金和预售款（通过个人银行按揭支付，占10%～20%）；三是银行贷款（占房地产开发所需资金80%～70%）。考察房地产开发资金的主要来源，从开发资金到建筑企业垫付的工程资金以及消费者个人购房的资金，几乎都依赖于银行的信贷资金。

上海的一组统计数据表明，房地产开发商的资金来源中，银行贷款和预售款部分都来自商业银行，2002年第三季度该比例为69.7%，而自筹资金只占30.3%，我们不难看出房地产开发对于银行资金的依赖程度相当之高。

三、“121文件”对房地产融资的影响

中泰信托的吴天然博士认为，为防范银行信贷风险、维护金融体系稳定、促进房地产业长期可持续发展，也为避免重蹈日本、泰国等国及地区房地产泡沫破灭后，形成银行巨额坏帐的覆辙，中国人民银行2003年6月13日下达了《关于进一步加强房地产信贷业务管理的通知》。该通知无疑可促进房地产业动作规范和抑制虚热倾向，有利于满足最广大人民群众的根本利益和住房需要，防范银行的信贷风险。

我们知道，信贷政策是中央银行货币政策的重要组成部分。中央银行“通知”的政策意图和政策取向，如对高档住房和购买第二套以上住房的适当限制，就是向社会传达其明确的信号——政府以政策的方式调整房地产行业的利益结构，通过新规则让产品的结构满足广大人民的需要，这既是市场的要求也是社会的需要。

央行的房贷政策可理解为结构性调整，一方面压缩高档住房贷款，另一方面扩大经济适用房的有效供给。这项政策的最大影响在于从根本上改变了传统房地产企业利用高负值的杠杆作用获取高盈利水平的商业动作模式，房地产行业进入门槛显著提高。从目前房地产市场的需求来看，促进行业

的良性发展最根本的问题并不在于强制性管理风险，而在于开发多元化的融资渠道，发展多种冲抵风险的工具，保证房地产开发的资金供给并分散资金供给双方的风险，从而降低风险系数。

四、房地产信托的优势

在目前我国金融业实行分业经营，银行参股企业受到严格限制的情况下，信托投资公司相对于银行，不仅可以募集负债性资金，还可以募集资本性资金；信托公司相对于证券公司，不仅可以为上市公司提供服务，还可以为各种非上市公司提供投融资服务；信托投资公司除了可以做贷款、证券投资等业务之外，还可以进行实业投资、股权投资。从这个意义上看，信托投资公司是产业资本和金融资本的理想结合点。

五、信托在房地产发展中的作用

我们在抱怨“通知”是政府出台最严厉的政策的同时，如果能建立新的融资渠道，房地产业的资金还是有来源的。根据国外经验，企业上市、基金、信托都是企业获取资金的重要方式。据央行最新的统计数据，截至今年5月底，居民本外币储蓄余额为10.38万亿元，大量闲散资金还未找到合适的投资渠道。而根据中国目前的国情，目前房地产企业上市已被政策所限，基金融资相关法律尚未成熟。在这种条件下，信托可以在房地产业发展中起到重要作用。

吴博士说，2003年7月份推出一个信托项目——五洲大厦，信托资金达到2000万，不过是买方信托。现在有十几个房地产信托项目都在谈判中，但并不是所有的项目都可以做，这就要求房地产开发商必须符合央行和银监会的相关规定。相对于银行贷款业务来说，房地产信托有更多的选择余地，有土地信托、房产信托、租赁信托、建设银行和投资信托等。

事实上，目前上海近4000多家房地产开发企业中，面临资金链断裂危险的开发企业不在少数，许多项目因为贷款变故而迟迟未能上马。业内人士分析认为，房贷新政的出台，将导致房地产供需关系的急剧变化，整个行业面临重新洗牌，开发企业加速优胜劣汰。特别是中小型开发企业由于资金、实力、规模的欠缺，将遭遇淘汰出局的危险。而信托资金的介入为这些中小企业的发展提供了资金保障，使这些企业有进一步发展壮大的机会。

而相较银行贷款而言，房地产信托计划的融资方式可以降低地产公司整体融资成本，节约财务费用，而且期限弹性较大，有利于地产公司持续发展，在不提高公司资产负债率的情况下可以优化公司结构。同时，信托产品灵活的设计能满足不同地产项目对资金的需求。

（本文摘自《名牌时报——上海楼市周刊》2003年9月）

国情不适，房贷证券化时机未成熟

房贷证券化在中国的推开，远不是美国模式或德国模式那样非此即彼般简单的问题，恰恰相反，它面临的正是国情相适问题

近日，随着按揭贷款问世十周年期满，房贷证券化话题不甘沉寂，再度兴起：建行房地产金融业务部副总经理徐迪不久前在北京的一次会议上透露，该行新一轮房地产抵押贷款证券化方案经修订后已提交至有关部门。

如果笔者记忆无误，这已是建行第三次上报相关方案，这期间，用“好事多磨”一词以形容房贷证券化之路，想来不会有人表示异议。这样，一方面是商业银行“路漫漫其修远兮，吾将上下而求索”，另一方面是监管部门“如临深渊、如履薄冰”，个中意味可谓深矣。

作为21世纪全球金融结构调整及金融工具创新的最重要内容之一，房贷证券化在中国的逐步推开乃大势所趋。更何况，除去通常意义上的诸多优点外，房贷证券化对于时时面临流动性陷阱并亟待提高资本充足率的国有银行来说，其现实意义更是极具针对性。

然而，正如徐迪先生在论及房贷证券化之焦点所在——表内、表外模式时所强调，“哪国的模式并不重要，而是要看哪种模式更适合中国的实际情况”。事实上，房贷证券化在中国的推开，远不是美国模式或德国模式那样非此即彼般简单的问题，恰恰相反，它面临的正是国情相适问题。

即便抛开老生常谈中的法规滞后、人才匮乏、信用缺失等障碍不谈，单以当前形势而言，房贷证券化便有以下难题尚待解决：

首先，统计显示，国内房地产市场已持续5年高速增长，平均增速高达25%左右。住房抵押贷款余额在1993年时是19亿，在1998年达到426亿，1999年为1358亿，2000年为3377亿，2001年为5598亿，2002年为8253亿。截至2003年4月，各商业银行房地产贷款余额更是达18357亿元，占商业银行各项贷款余额的17.6%，其中个人住房贷款余额为9246亿元，占商业银行各项贷款余额的8.9%。

针对该种近乎超常规的增长，6月13日，央行发布《关于进一步加强房地产信贷业务管理的通知》（银发［2003］121号文），旨在平抑一定程度上已然隐现的泡沫，以此而论，急推房贷证券化岂非与此背道而驰？

其次，由于近期并未完全消除的人民币升值压力，当前央行正处于“追二兔”困境：一方面，因外汇占款快速增加而导致货币投放不断放大，另一方面，又因准备金率上调等紧缩政策而导致市场利率上扬从而诱使游资加速入境。在此情况下，已有专业人士对可转债扩容表示疑义，指其可为“资金洼地”，为此，一之为甚，岂可再乎，因利率管制而形成的按揭贷款高回报，怎能避免火上浇油？

再次，随着入世承诺全面开放金融市场期限的临近，各中资银行，尤其是国有银行正以前所未有的紧迫感加紧压缩不良贷款。在此过程中，通过自身利润的提升，加大坏账核销，显然已是当务之急。因此，如果按照监管层的要求，对房贷证券化实行表外模式，那么，切去按揭贷款这样一块低风险、高回报的优质业务，反去追求因国家信用垫付而并未呈现燃眉之急的流动性，是不是有剜肉补疮的味道？

此外，房贷证券化横跨银行、证券两大部门，结合沪深股市持续低迷之现状，尽管我们一再反对政策救市的做法，但从实情出发，以此疲弱行情，又怎能承受反为银行注资之

重任？而从债市的情况来说，一者收益率已然高企，再者规模着实有限，以此“鸡蛋”，如何“击石”？

所以说，但凡一件事情要成功，所仰仗者无非天时、地利、人和，通过上面的分析，可以清楚地看到，房贷证券化既然“时不利兮”，那就难免“骓不逝”了。

（本文摘自《国际今日》2003年9月）

外资银行将分食房贷市场

“根据中国加入WTO承诺，外资银行原则上将在今年年底之前有希望进入非外商投资企业的人民币业务。到2005年的年底将全面进入针对内地居民的个人人民币业务。”东亚银行上海分行近日接受记者采访时说到。这也就意味着到今年年底，内资的房地产企业有可能向包括花旗银行、汇丰银行以及港资东亚银行在内的所有银行申请房地产项目贷款。而再三年后，到2005年的年底，内地居民也有希望向外资银行申请住宅按揭贷款。

一、房产企业新增贷款途径

东亚银行表示，按照中国入世的承诺，按照理论上来说，所有的银行在5年内（至2005年）将可以全面开展内地居民的人民币业务。

目前，外资银行主要服务对象为经中国人民银行批准之地域范围内注册的外商投资企业，港澳台及其他境外公司及个人。人民币业务目前许多港资和外资银行都在做，东亚银行只是其中一家，此外还包括汇丰银行、渣打银行等，但他们只能做境外人士的人民币业务，包括存贷款。目前东亚银行对内地人士的业务仅限于外币的存款。而汇丰银行现在可以操作内资企业的外币贷款业务。

二、外资房贷业务在增长

东亚银行表示：因为上海目前房地产市场的火热，房价一直在攀升，很多境外买家都抱着追涨的心态。我们作为一个服务行业，为他们购买上海以及华东地区的房产做贷款服务。具体的规模和数据属于商业机密，但我可以向你透露，我们的按揭业务量在不断地增长，其中包括金额的增长和数量的增长。

东亚银行的个人房地产贷款分以下几种：第一，一手房按揭；第二，二手房按揭；第三就是抵押套现贷款等。房地产项目贷款有建筑贷款、流动资金贷款、商业按揭贷款、现楼/楼花按揭贷款以及备用信用证等几种。这几种贷款的利息根据银行承担的风险不同而有所不同，抵押套现贷款对于银行的风险来说是最大的，其利息也是最高的。选取这种贷款方式完全是由投资行为造成的。目前，美元最优惠贷款利率可以到4%，港币最优惠贷款利率可以到5%。三种贷款的利率都是在这个基础上浮动。同时银行会为一些资信好、社会地位高的人提供专门的服务，其可以得到更低的利率。个人按揭贷款最长的贷款期限可以达到30年，贷款按揭比例最高可达8成。

三、其他银行态度不明朗

以房地产公司的名义致电汇丰银行。他们表示，暂时他们只做港澳台企业和外资企业的房地产项目贷款。同时，可以做中资企业的外币房地产项目贷款，至于对中资企业的人民币贷款业务，大概到今年年底才能拿到进入的“牌照”。对内地居民的人民币按揭业务，日前还没有排上日程。

各家外资银行都把房地产相关贷款业务，作为银行业务重要的部分。前一段时间汇丰银行与戴德梁行合作以便更好地为外籍及港澳台人士服务。东亚银行日前在接受记者采访时一直强调在他们的努力下，房地产按揭数量和金额都有较快增长。

背景链接

对于本币业务，加入（WTO）后两年内，允许外国金融机构向中国企业提供服务。加入后5年内，允许外国金融机构向所有中国客户提供服务。获得在中国一地区从事本币业务营业许可的外国金融机构可向位于已开放此类业务的任何其他地区的客户提供服务。

（本文摘自《名牌时报——上海楼市周刊》2003年9月）

房贷险面临四大整改

距离保监会南京办“叫停”无锡地区房贷险已经过去整整一个月。昨天，记者自南京保监办了解到，停止房贷险的保险机构目前正在进行整改，而南京保监办也在准备再度进行深入调研，以决定对这些机构的业务是否提前恢复。

按照保监办的规定，2003年8月5日起，无锡市4家产险公司被停止接受汽车、住房消费贷款保证保险业务3个月。在无锡地区的5家财险公司中，除了大众保险股份有限公司无锡中心支公司因为一直没有开展过房贷保险险种没被波及，其余4家未能幸免。这4家是中国人民保险公司无锡分公司、中国太平洋财产保险股份有限公司无锡中心支公司、中国平安财产保险股份有限公司无锡中心支公司、天安保险股份有限公司无锡中心支公司。

一、南京保监办痛下杀手

早在今年年初，南京保监办在调研时，发现无锡市在消费信贷，尤其是车贷、房贷存在大量问题，一些保险机构的经营极不规范。8月5日，南京办下发通知，决定对4家产险公司停止接受汽车、住房消费贷款保证保险业务。通知下发的次日，南京保监办即召开全省保险机构会议，要求江苏省其他12个地市的保险机构停止一切违法、违规经营行为，严格执行其总公司制订的并经中国保监会备案的住房消费贷款保证保险条款和费率，不得与银行签订合作协议代替报备的保险条款，不得擅自扩大保险责任、降低费率、取消免赔率、免保证手续、修改赔偿处理程序或增加逾期利息的赔偿责任等。

据称，南京保监办对无锡痛下杀手的原因，主要是一些保险公司未严格执行总公司制订、并经保监会备案的保险条款和费率；保险公司一股脑承担整个消费市场风险；投保人与销售商的恶意行为风险；高手续费或退费等等。

据有关统计，到2003年6月底，无锡地区住房消费贷款保证保险业务累计保费收入7962万元，占全省的39.21%，但保险金额达96亿元。

二、房贷险病在何处

中央财经大学保险系主任郝演苏教授说，在发达的市场环境中，消费信贷是必不可少的一个过程，有消费信贷险，就必然会有消费信贷的过程。在目前社会上其他担保形式尚且不完善、不到位的情况下，消费信贷险这一险种，如果保险公司风险控制能够做得比较好的话，能够起到很大作用，使个人消费市场良性循环。

郝演苏介绍，消费信贷险涉及到的物资提供商（车商、地产商）、银行、保险公司三方，获得的信息（债务人即消费者的信息）应该是对等的。但在实际操作中，由于三方从各自的利益出发，对于债务人的信息并没有达到充分共享。物资提供商的目的在于把货（房产、车）卖出去，银行的目的在于把款贷出去，因此对于消费者的资料，以及资料的真实性缺乏分析、把关。在这一链条中最为薄弱的一方保险公司，成为风险的最终承担者。

郝演苏认为，要最终解决目前消费信贷市场的问题，除了保险公司建立牢固的风险防火墙之外，还要解决的是保险机构的经营机制。比如，一些保险公司上级公司对于下属公司的要求，口头上要效益，实际上仍然要规模。市场就那么大，因此一些公司很容易产生博弈心态，造成市场上的恶性竞争。而最根本的，在于整个社会信用体系的建立。

三、房贷险是改是废

尽管在无锡遭遇尴尬，同属于信贷消费险种的车贷险几乎在全国各地走上穷途末路，然而房贷险在北京似乎并未掀起多大波澜。对于早已涉足房贷险，目前已经江山稳固的保险公司来说，房贷依然是其稳定的利润来源。

北京工商大学保险系主任王绪瑾认为，房贷险不能搞一刀切，而是要完善。从目前的经济发展趋势、消费信贷的势头来看，市场的需求是存在的。房贷险面临的问题不在“停”，而在于改，而且是大改。

对于消费者而言，这一险种则至少存在四大问题：变相强制超额保险、变相重复保险、保费不合理、业务不规范。比如不投房贷险就没有办法拿到贷款；比如，一些房贷险要求按照房屋的销售额来投保，但大部分按揭买房都是20%甚至更高的首付，已付款没有任何风险可言；此外按揭买房本身就有其他资产作担保，再行投保属于重复保险；从公平的角度计算保费应该以贷款额的平均数来计算，而非房屋的销售金额来计算等等。王绪瑾教授称，目前市场上，按照房屋销售价格承保的险种应该清盘，而原有的按照房屋售价投保的消费者，有权要求保险公司赔偿损失。

（本文摘自《北京青年报》2003年9月）

对房地产金融市场的分析

近年来，房地产金融业务快速发展，对经济增长发挥了积极作用；但是房地产信贷工作中也存在一些问题值得各家商业银行注意，并需要采取进一步的措施，促进房地产金融业务的健康发展。

近年来，在国家一系列鼓励住房消费政策的推动下，房地产投资持续保持较快的增长速度，居民住房消费得到有效启动，呈现供需两旺的发展势头。房地产金融业务快速发展，在房地产投资与消费两个领域给予了必要的资金支持，为改善居民居住条件、带动房地产业及相关产业的发展，拉动经济增长作出了重要贡献。

一、房地产金融对经济增长发挥了积极作用

我国房地产金融业是在国家投资建设住房向个人住房消费投资的转变过程中逐步建立和发展起来的。

1998～2002年，全国完成房地产开发投资分别为3614亿元、4103亿元、4902亿元、6245亿元和7736亿元，同比增长16.36%、13.53%、19.47%、27.4%和23.88%，增速逐年提高。房地产开发投资的增长，有效地刺激了内需，促进了国民经济的快速发展。1998至2002年，房地产开发投资占固定资产的比重分别为12.72%、13.74%、14.89%、16.78%和17.91%；占GDP的比重分别为4.61%、5%、5.48%、6.51%和7.55%，房地产投资占固定资产投资的比重逐年上升，其对GDP增长的贡献率也逐年提高。同时，商品房销售形势良好，占社会消费品零售总额也保持逐年平稳增长的势头，带动了市场消费需求的增长。

住房体制改革和金融体制改革的逐步深化使房地产金融进入了一个快速发展的新阶段。1998～2002年，商业银行房地产开发贷款（含房地产流动资金贷款）余额分别为2680亿元、2972亿元、3281亿元、4203亿元和6616亿元，1999至2002年同比增长10.90%、10.40%、28.11%和57.41%，占商业银行各项贷款余额之比分别为4.67%、4.92%、5.21%和6.89%。1999年至2002年个人住房贷款余额分别为1357.71亿元、3376.92亿元、5597：95亿元和8253亿元，同比增长218.60%、148.72%、65.77%和47.43%，占商业银行各项贷款余额之比分别为2.14%、5.07%、6.94%和8.59%。从房地产开发贷款与个人住房

贷款历年快速增长情况看，商业银行在支持房地产开发、增加市场供给的同时，也积极支持了住房消费，刺激了居民住房消费需求。另一方面，自2000年以来，个人住房贷款余额一直高于开发贷款余额，且个人住房贷款余额占金融机构各项贷款余额之比增速较快，这表明商业银行房地产贷款重心逐步向个人住房贷款倾斜，信贷结构得到有效改善和优化。

党的“十六大”提出全面建设小康社会，具体目标：一是城镇人均住房由2000年的19平方米增加到2020年的30平方米，二是城镇化率由2000年的36.2%增加到2020年的50%。实现这两个目标，如果按每平方米投资2000元计算，到2020年现有的城镇居民将增加住宅面积50亿平方米，增加住房投资10万亿元；城镇化新增城镇居民1.74亿人，按人均住宅面积三十平米，将增加住房面积52亿平方米，增加住房投资10.4万亿元，两者相加相当于我国现有国民生产总值的两倍。新的住房体制下，住房投资需要金融支持，我国房地产金融发展的市场潜力不可估量。从世界金融业的发展潮流来看，日本个人住房信贷业务在商业银行的业务比重中已经超过20%，美国更是超过40%。从这个角度来说，我国房地产金融的发展潜力也是非常巨大的。

二、房地产信贷政策的适时调整，确保了房地产金融业的健康发展

根据国家经济和产业政策要求，近几年，中国人民银行适时调整房地产信贷政策，积极鼓励和支持房地产市场和房地产金融的发展。

1. 金融体制改革的进展和宏观金融政策的调整，为房地产金融的发展奠定了基础。

从1998年开始，中国人民银行取消商业银行贷款指令性计划管理，实行“计划指导，自求平衡，比例管理，间接调控”的信贷资金管理体制。同时采取了下调中央银行和金融机构存贷款利率，改革存款准备金制度等一系列货币政策措施，促使商业银行在经营体制上发生了根本性的转变，开始积极主动调整信贷结构，逐步将房地产信贷确立为新的利润增长点，相继建立和完善了房地产信贷的制度与办法，不断创新业务品种、提高服务水平。

2. 通过信贷政策引导商业银行信贷投向，是房地产金融业务快速发展的保证。

几年来，人民银行先后下发了《关于加大住房信贷投入支持住房建设与消费的通知》、《关于改进金融服务、支持国民经济发展的指导意见》等一系列文件，要求各商业银行调整贷款结构，积极支持住房建设和消费，只要借款人符合贷款条件，商业银行均可在资产负债比例管理规定范围内发放住房贷款；扩大住房信贷业务范围，允许所有商业银行在所有城镇对所有普通商品住宅办理自营性个人购房贷款；大力促进住房消费，逐年扩大个人消费贷款在住房贷款中的比例。

3. 切实落实“三个代表”的重要思想，引导、鼓励、支持个人购房，改善居民住房条件。近年来，人民银行发布了一系列旨在促进个人住房贷款业务发展的管理办法。从实践看，这些个人住房贷款的优惠政策极大地刺激了住房信贷需求。

与此同时，中国人民银行从促进国民经济持续、快速、健康发展的大局出发，对房地产市场和房地产金融中出现的新问题一直予以密切关注和高度重视，适时采取措施加以调控和管理。

(1) 针对房地产金融中存在的问题，2001年6月印发了《中国人民银行关于规范住房金融业务的通知》（银发[2002] 195号文），规定房地产开发企业申请贷款，其自有资金不得低于开发项目总投资的30%，且需“四证”齐全(《国有土地使用证》、《建设用地规划许可证》、《建设工程规划许可证》和《建设工程施工许可证》)。同时，强化个人住房贷款管理，规定贷款额与抵押物实际价值的比例最高不得超过80%，严禁发放“零首付”个人住房贷款。

(2) 发挥房地产金融对房地产市场的调控作用，2002年8月人民银行会同建设部、国家计委、财政部、国土资源部、国家税务总局联合下发了《关于加强房地产市场宏观调控促进房地产市场健康发展的若干意见》，提出要充分发挥金融对房地产市场的调控作用，防范金融风险，进一步完善个人住房贷款管理办法，切实加强对房地产开发贷款使用的监管，同时要做好相关配套工作，即：完善住房保险政策，健全个人住房贷款担保制度，逐步建立和完善个人征信系统等。

(3) 加大监督检查力度，开展房地产信贷大检查。为了进一步加强对房地产信贷的管理，2002年11月，中国人民银行对各国有商业银行、股份制商业银行在直辖市、省会(首府)城市和大连市、青岛市、宁波市、厦门市、深圳市的房地产信贷业务进行了一次检查，检查内容是各商业银行2001年7月1日至2002年9月30日发放的房地产贷款情况，主要是商业银行是否执行《中国人民银行关于规范住房金融业务的通知》、《个人住房贷款管理办法》等有关房地产贷款管理规定。

三、当前房地产信贷工作面临的形势及存在的突出问题

从当前全国房地产市场总体情况看，供求基本均衡，但局部地区出现了投资增幅过大、空置房（尤其是高档商品房空置）面积增加过多、房价上涨过快、土地供应量过大的现象，显现了过热的苗头，主要表现为：

1. 部分地区房地产开发投资增幅较大，销售增幅下降。

2002年头8个月，房地产投资增幅一路攀升，一度达到增长36.7%的水平，六部委宏观调控措施出台后，投资增幅虽有所回落，但当年房地产开发完成投资同比增长21.9%，高于同期固定资产投资增长速度4.5个百分点。有10个地区的增幅超过30%，分别是：江西73.7%、山西48.6%、湖南41.9%、宁夏38.9%、河南35.6%、浙江35.1%、山东33.9%、广西33.9%、江苏32.3%、安徽32%。

有30个地区商品房竣工面积大于同期销售面积，其中竣工面积大于销售面积超过40%以上的分别是：青海132.9%、宁夏85.6%、山西63.12%、辽宁56.5%、云南47.3%、内蒙古43.3%、福建41.4%、河南40.1%，商品房空置面积增长呈加剧的趋势。

2. 部分地区商品房供应结构性矛盾较为突出。

近一段时期，各地房地产开发企业普遍出现争上大户型，建高档商品房的现象，一些地区甚至在经济适用住房建设用地上建高档商品房。这种现象，一方面造成当地房价的上涨；另一方面造成适合广大中低收入家庭住房的供应不足。以杭州为例，由于商品房价格不断上涨，经济适用住房十分紧缺，出现6000户资格审查合格者以摇号的方式竞购500套经济适用住房的局面。

3. 部分地区的商业银行，为了抢市场，占份额，违反有关规定，放松信贷条件，相应扩张了局部地区的房地产投资，一定程度上助长了房地产“过热”的行为。

根据《中国人民银行关于对房地产贷款进行检查的通知》要求，人民银行分支行共检查商业银行房地产贷款20901笔，金额1468亿元，其中房地产开发贷款3654笔，金额1380.5亿元；个人住房贷款12158笔，金额44.1亿元；个人商业用房贷款5089笔，金额43.4亿元。发现违规贷款2059笔、违规金额366.68亿元，分别占总检查笔数和金额的9.8%和24.9%。从贷款的种类看，违规贷款主要集中在房地产开发贷款和个人商业用房贷款；从行别看，股份制商业银行和城市商业银行违规现象比国有独资商业银行相对严重。

另外，各地相继成立土地储备中心，在目前没有较为规范的管理办法的情况下，各级人民政府已将拍卖土地的收益作为地方财政收入的重要来源渠道之一，相应带动了房地产价格的增长。政府的短期效应，创造所谓的"形象工程"、"政绩工程"，土地部门放松土地使用证的管理，以大量的"国有土地临时使用证"或其他方式替代国有土地使用证等，造成土地管理偏松，一定程度上助长了土地的囤积，部分地区甚至出现了所谓的"圈地运动"，形成潜在的市场风险。2002年，有11个地区的购置土地面积同比增长大于50%，分别是：青海283.8%、江西168.8%、福建145.5%、湖北114.9%、湖南98.7%、黑龙江85.7%、河北72.3%、山东64.5%、云南63.1%、安徽58.9%、浙江54.7%。

四、落实房地产信贷政策，促进房地产业健康发展

扩大内需是中央确定的我国经济发展的长期战略方针。我国城镇住房市场潜力大，产业关联度高，对促进结构调整，拉动经济增长具有重要作用。培育住房消费、发展房地产金融，是当前乃至今后相当长的一段时期的中心工作，房地产市场运行健康与否，不仅关系房地产业自身的持续发展，而且关系整个国民经济的运行质量，尤其关系到国家金融资产的安全，这也是党中央、国务院高度关注房地产市场运行状况的关键所在。

商业银行在加快处置历史遗留的不良贷款问题的同时，要特别注意防止出现新的金融风险。从国内外历史经验看，房地产泡沫对经济发展具有极大的破坏力，不仅会抬升整个经济运行的成本，使城市或地区经济逐渐丧失竞争力，而且最终会导致银行不良贷款的产生。与1992年、1993年房地产热主要发生在海南省、广东汕头、惠州和广西北海等边远地区不同，此次表现出的房地产过热现象主要出现在部分中心城市，因此，如果不高度重视，一旦出现房地产泡沫，对经济运行的危害将更为严重。当前，要重点督促商业银行密切关注房地产信贷业务可能隐含的风险，加强房地产信贷管理，设计合理的房地产金融监控指标和调控手段，从总量上防止房地产泡沫的产生。

为落实房地产信贷政策，促进房地产业健康发展，进一步扩大个人住房贷款的覆盖面，防范金融风险，有必要对已有的房地产信贷政策进行适度调整和适时推出新的房地产信贷工具。

1. 加强房地产开发贷款管理，积极引导贷款投向。

一是商业银行发放房地产开发贷款必须坚持三个基本条件，即房地产开发项目必须具备"四证"；房地产开发企业必须有不少于项目总投资30%的自有资金；房地产开发企业应有较高资质等级且信用良好。二是房地产开发贷款支持的重点是符合中低收入家庭购买能力的住宅项目，对大户型、大面积、高档商品房、别墅及非住宅类等项目应适当限制。三是各商业银行必须建立房地产开发贷款的会计科目与统计科目。

2. 规范房地产流动资金贷款管理。

鉴于目前房地产开发企业流动资金贷款使用的最终目的是用于房地产项目开发，且该项贷款已成为一些商业银行和房地产开发企业规避"四证"管理的手段，为规范管理，有必要取消房地产开发企业流动资金贷款科目。严格承建房地产项目的建筑施工企业流动资金贷款管理，该项贷款只能用于施工企业的生产性资金需求，严禁房地产建筑施工企业使用该项贷款垫资房地产项目用于开发行为的发生。

3. 加强个人住房贷款管理。

一方面，个人住房贷款的重点是支持中低收入家庭购买住房的需要，进一步扩大个人住房贷款的覆盖面，扩大住房贷款的受益群体；另一方面，对购买高档商品房、别墅或购买多套住房用于投资或投机的，要相应提高个人住房贷款的贷款利率和贷款成数水平，缩短贷款期限。同时，要严厉打击"假个贷"、"零首付"等违法违规行为。

4. 加快推进个人住房抵押贷款资产证券化进程。

实施个人住房抵押贷款资产证券化，可有效提高商业银行资本充足率，降低中长期贷款比例，提高资产流动性，规避期限错配风险，拓宽各项贷款业务的发展空间。而资本充足率的提高，金融资产结构的优化，无疑将提高金融机构的整体抗风险能力，从而有助于我国金融体系的稳定。

（本文摘自《中国房地产金融》2003年10月）

房地产泡沫，金融业风险最大

2003年8月31日，随着国务院正式下发首次明确房地产已经为国民经济支柱产业的文件，《国务院关于促进房地产市场持续健康发展的通知》（以下简称"18号文件"），国内房地产业一片欣然，更有人称之18号文件是房地产业的冬去春又来。有房地产商就认为，18号文件终于让他们两年来绷得紧紧神经放松了，而随着国家对房地产业的肯定，现在也该是国内房地产大干快上的时候了。

其实，国内房地产业真的是冬去春来了吗？国内房地产以往积累的泡沫能就因为18号文件的颁布就消失了吗？还有，国内房地产市场仅仅是出现几个烂苹果吗？看看平常所见到一些现象，房地产市场如何，人们早就应该心知肚明了吧！近几年来，国内房地产业造就了一批又一批的百万富翁，成为了国内最为暴利的行业之一；也是国内许多的大案要案发生最为频繁的行业，也可能是造成国内银行系统性风险最大威胁的地方等等。这一切，并非几个"烂苹果"就可以兴风作浪的，而应该是整个房地产业所造成的结果。特别是从近年信贷超常增长来看，房地产信贷的增长可以说是到了疯狂之地步。截止2003年4月，房地产贷款余额达到18357亿元，占商业银行各项贷款余额的17.6%（但房地产业占GDP的总额5%左右）。2003年上半年，固定资产投资

1.9万亿元，同比增长31%，房地产开发投资3817亿元，增长34%。房地产投资明显高于其他固定资产投资3个百分点。还有，从2002年下半年以来，国内多数地区出现了房地产投资增长迅猛、商品房空置面积增加、房价上涨过快及商品房结构严重失衡的局面。而且一些商业银行为了抢占市场份额，违反有关规定，放松信贷条件，住房投资过热无以复加。今年1～7月，全国有11个省份房地产投资增速超过50%，35个大中城市有10个房地产投资增速超过70%，有些城市连续两年房价每年上涨20%，有的甚至上涨30%。房地产业如此疯狂增长，民众的消费跟得上吗？而且与这几年来民众的收益增长水平来看，民众的消费也是无法跟上的。从土地圈占的情况来看，各地的房地产公司圈占土地早已成了房地产市场一个顽疾。据报道，目前全国以开发区圈占的土地面积达36000平方公里，超过了全国城镇建设用地总量。全国几十年才建设了这么多城镇，而开发区只用几年时间就超过了所有城镇建成区的总面积。可见国内房地产公司"圈地"之疯狂。而这些土地圈占，往往都会借产业开发之名，行开发房地产之实。而这种大规模无序圈地使得国有资产流失十分严重。据专家估计，从20世纪80年代以来，违规土地出让、转让所造成的国有资产流失最保守的估计每年达百亿元以上，而且这种情况近几年来越来越恶化。国内土地市场如此混乱，一方面造就了大批的不法商人、大批一夜暴富者，使得许多社会资源涌入房地产市场。另一方面也使得与土地相关的权力滥用，贪污腐败盛行。可以说，在许多地方，土地的转让基本上是在政府权力主导下的"暗箱操作"，表面上是市场拍卖，但实际上往往是拍买下的台底交易。这也就为有权者或靠近权力的人有机会攫取巨额地价差额及操纵土地价格，从而也为炒买土地提供了便利的条件。最近温总理在一个报告中就指出，一些地方土地市场秩序混乱，非法占地、非法入市的问题相当严重，利用土地牟取暴利已经成一些单位和个人寻租的手段。最近审计署有调查报告显示，仅鞍山、济南、深圳三地，2000年和2001年在审批、流转和国土专项资金使用方面就存在高达70亿元违规资金。很简单，土地是房地产开发最为核心的要素，但是在这个市场，政府权力从一开始就没有在有效监管下运作。国内土地市场会如此之混乱，"圈地运动"在房地产市场如此大行其道，完全是政府的权力没有受到监督与约束而无限扩张之使然。在这样的条件下，两方面的力量驱使"土地圈占"，一是政府的GDP业绩，通过土地圈占扩张大力发展房地产，在短期内出成绩出效益；二是有权力者或靠近权力者希望圈占土地攫取更社会财富，否则一旦市场规范，这样的机会也会消失。正是这两股合力，驱动着国内土地市场的无序与疯狂，也催生了国内土地市场的泡沫。土地市场泡沫泛起，房地产市场岂能够独善其身？还有从房地产的广告来看，就像网络泡沫烧钱一样，房地产广告每天都扑面而来。在北京许多大的媒体，哪一媒体不是铺天盖地的广告。而且有些房地产项目就像轰炸机样地在各家报纸连番轰炸，让人看来十分窒息。但是这疯狂的房地产广告，除了烧钱之外，还是烧钱。而这种烧钱如果没有消费者来承担，哪最后烧到只能是开发商自身。而房地产开发商的钱又是谁的呢？除了银行的还是银行的，就目前的情况来看，房地产商的银行信贷在70%以上，大量的广告烧钱，烧掉的是银行的钱。可是，谁不会记忆犹新呢？近几来年，中央电视台几个广告标王（白酒、DVD、保健品等），其结果不正是对房地产泡沫最好的注释吗？有人认为，国内房地产之所以如此兴旺就在于目前市场存在巨大的需求。例如，如果按人口计算，国内房地产市场还应该扩大十几倍，房地产市场按照现在这样发展还有几十年的时间。真的是这样吗？其实，并非如此。据有关数据显示，目前上海房地产市场的商品房消费结构中外来人士占25%，其中高档住房又占50%。2002年外来购房占24.3%，而单价7000元以上的高价位商品房中，外来购房占52.6%。大多数外来人士购房并非自住，而在于市场上频繁流动。这些商品房低进高出，转手很快，有的已转手多次。可以说，这种虚拟需求、过渡交易盛行，房地产市场最后结果不是早已自明了吗？国内股市发展十多年，为什么业界现在大喊国内股市开始边缘化了，何也？不也是当年大炒特炒之结果吗？在北京，有媒体也在大肆鼓吹这种虚假需求。如有人说，18文件给北京房地产市场如沐浴春风，特别中档房地产市场。报道说，位于小汤山有两个别墅社区，一个是200万到上千万的不同价位的别墅，仅上周日一天就订出7套，不到一个月就销售40%；二是相去不远总价在400万元独栋别墅项目也在短时间内销售了90%以上。是真的如此吗？国人的需求水平真的有如此之高吗？一则这些房子是真的卖了没有，人们不知道，二则这些房子是真的卖了，又卖给了谁呢？是个人买了居住吗？还是单位购买另有他用？民众只要到北京周边看看，到处都是空置的住房与别墅，你就会一目了然了！可以说，就目前北京的房价来说，所谓的中产阶级是无法承担得起的价格，更何况大多数一般民众呢？别看现在不少年青人对住房按揭贷款情有独钟，但是如果房地产泡沫一旦吹破，其负资产也会随之而来，香港目前有近十万人负资产，不仅让个人的生活压力十分巨大，而且也使银行面临着巨大的风险。

总之，别看18号文件下达，房地产商欢天喜地，但是房地产市场发展如何他们早已了然于心，光在北京，多少房地产商都知道北京的房地产泡沫有多大，但是就是没有人敢面对，大家都希望把这个泡沫越吹越大，这样就有人来接他们的棒，但是更希望接到最后一棒者是他人而不是自己，是银行而不是企业。如果是这样，银行业的巨大风险随时都发生了。在此，对于国内房地产市场存在的泡沫，国人特别是高层的决策者没有理由不十分不加以警觉，中国与世界的历史经验都表明，一国的经济一旦如果造成巨大的房地产泡沫，而这种泡沫一旦吹破，最后受到伤害的一定是银行。正是这意义上说，房地产泡沫是仍然国内金融业的最大风险，国人不得不十分警惕之。

（本文摘自《中国经济时报》2003年10月）

实施住房公积金制度的问题及对策

朱镕基总理签发的中华人民共和国国务院第350号令经修改后，《住房公积金管理条例》重新颁发。住房公积金制度的实行是住房制度改革的转折点，是住房 分配从福利实物分配走向商品货币分配的关键，建立和推行住房公积金制度势在必行，但是，住房公积金制度在实施过程中还存在一些问题亟待解决。

一、住房公积金制度实施中存在的问题

1. 归集手段软弱。

《住房公积金管理条例》中规定，不仅国有企业、事业单位和行政机关要实行住房公积金制度。而且城镇集体企业、外商投资企业和私营企业也要实行住房公积金制度。但在实际执行过程中，乡镇企业和私营企业、外商投资企业大多没有实行住房公积金制度。有些企业领导在执行住房公积金制度方面采取消极的态度，一是单位既不代扣职工应负担的住房公积金，更不缴纳单位应负担的住房公积金，提出千条理由摆出万般困难，推卸自己的社会责任；二是单位打着执行住房公积金制度的名义，从职工工资中扣取住房公积金后却不上缴住房公积金，留在单位周转使用，这种行为实际上侵犯了职工的财产权；三是迟延缴纳，使职工个人的住房公积金存款利息收入受到损失；四是转嫁负担，有些私营企业法人置国家政策法规于不顾，认为多支付职工一部分，自己就少得一部分，认为为职工支付工资以后便无需再尽其他义务。

2. 住房公积金缴存率不灵活，实施面受到限制。

根据目前住房公积金制度的实施情况看，公积金缴存率在一个时期是固定不变的，一个地方所有单位执行同一个缴存率，这与职工收入水平有差距的现状不相适应，因而导致住房公积金制度实施面不广，有不少职工没有享受这一制度。特别是经济效益差的企业更难以推行，由于住房公积金缴存率不够灵活，在一定程度上限制了住房公积金制度的实施，有的企业尽管效益不好，职工工资还能发放，如果适当降低缴存率，有些企业和单位还是能够起步运行的，但由于受统一缴存率的限制，这部分企业和单位只能望而却步。相反，有一些效益很好的企业想提高缴交比例，为职工多筹集住房公积金却因而受到限制。

二、深化实施住房公积金制度的对策

1. 强化资金归集手段，确保资金稳定增长。

搞好住房公积金的管理，不仅关系到职工合法权益，更关系到国家加快住房建设和扩大内需战略决策的实施，因此要依照《住房公积金管理条例》加强依法征管。一是加大《住房公积金管理条例》的宣传力度，大力宣传建立住房公积金制度的优越性，在舆论上广造声势，使国家这一房改政策深入千家万户，让人人明白，调动起广大职工缴交住房公积金的自觉性和积极性；二是财政、审计等部门要加强配合，加大监管检查力度，重点解决住房公积金实施面不大和缴交率不高的问题，强化归集手段，使各企业单位的领导认识到缴交住房公积金和缴纳职工养老保险金同样重要。同时依照《条例》规定，对拒不执行国家房改政策，擅自不实行住房公积金制度，拖欠、挪用公积金的单位，特别是只重个人政绩不为职工履行义务的单位负责人，要追究行政责任，并实施相应的经济处罚，以维护职工应享有的合法权益。

2. 在规定的缴交率范围内，不搞一刀切。

让企业和单位根据不同时期的经济发展状况和承受能力自行确定公积金缴交率，由于企业和单位之间的职工工资水平存在差别，因而应对公积金的缴存率在一定时期规定一个幅度，使企业能够根据自身经营状况有一定的选择余地，效益不好时缴存率可调低一些，效益好时可调高一些，这既贴近企业实际，也符合市场经济条件下经济发展的一般规律。对住房公积金而言，有时高，有时低，从总体上避免了优惠政策贯彻不平衡状况。同时，住房公积金管理机构要树立为参加房改职工服务的意识，积极发放公积金贷款，为购房的职工尽快办理贷款和抵押手续，管好用活住房公积金。

（本文摘自《中国建材报》2003年11月）

汪光焘部长在全国住房公积金工作电视电话会议上的讲话

同志们：

2003年9～12月份，住房公积金工作联席会议有关部门联合对18个省（区、市）和新疆生产建设兵团贯彻落实《住房公积金管理条例》（以下简称《条例》）和《国务院关于进一步加强住房公积金管理的通知》（以下简称《通知》）情况进行了执法检查，并于近日向国务院报告了有关情况。这次会议是在执法检查基础上，由联席会议成员单位共同召开的。会议的主要任务是，总结和通报各地贯彻落实《条例》和《通知》情况，交流经验，部署今后一段时期住房公积金管理工作。下面，我代表联席会议成员单位，讲两点意见。

（一）关于贯彻落实《条例》和《通知》基本情况

去年3月，国务院修订发布了《条例》，印发了《通知》；5月召开了全国住房公积金工作会议，温家宝同志到会做了重要讲话。根据《条例》和《通知》精神，建设部会同财政部、中国人民银行等有关部门，联合下发了《关于严禁在住房公积金管理机构调整工作中发生违纪违法行为的通知》、《关于完善住房公积金决策制度的意见》、《关于住房公积金管理机构调整工作的实施意见》等配套文件。中国人民银行、铁道部和全国总工会召开专题会议或者下发文件对贯彻落实工作提出具体要求。一年多来，各地紧紧围绕温家宝同志提出的“健全决策体制、调整管理机构、强化监督工作、规范发展业务”四个关键环节，认真贯彻落实《条例》和《通知》精神。各省（区）和设区城市政府重视并加强对住房公积金管理工作的领导；地方各级建设、财政、人民银行、审计、监察、编制管理等部门密切配合，加大指导和监督力度，协调解决《条例》和《通知》贯彻执行中的有关问题。总体看，贯彻落实《条例》和《通知》，建立住房公积金管理新体制工作取得阶段性成果，有力保证了住房公积金制度的持续健康发展，有效发挥了这项制度在促进职工住房消费、解决职工住房问题中的作用。

1.“管委会决策”体制基本确立。

截止今年11月底，全国344个应设立管委会的设区城市（含地、州、盟以及新疆生产建设兵团，以下简称设区城市）中，已有327个城市成立了管委会，占总数的95%。其中，北京、天津、重庆、新疆生产建设兵团以及吉林、黑

龙江、安徽、江苏等16个省（区）的所有设区城市均设立了管委会，并开始履行决策职能。管委会委员组成基本体现了“三个三分之一”原则，反映了住房公积金管理各方面的权益，具有广泛性和代表性。各地按照《条例》规定和国务院有关部门的原则要求，拟订了管委会章程，健全了议事规则和决策程序，完善了“管委会决策”体制，初步形成了民主决策、科学决策和自主决策的机制。目前，管委会主任委员一般由市政府市长或分管副市长担任，管委会日常会议的筹办和决策事项的督办工作大多由房改办（房管局）承担。

2.“管理机构”调整取得较大进展。

各地按照“冻结、清理、审计、移交”程序，稳步进行住房公积金管理机构调整。全国原有2444个管理中心，这次计划调整为344个，设立分支机构169个，经办网点1781个。目前，已有324个设区城市机构调整方案已经实施；304个设区城市已按《条例》规定成立了新的管理中心；290个设区城市完成了资产清理和审计工作，住房公积金资产基本做到账账相符、账表相符、账实相符，对审计决定和审计建议提出的问题，有关管理机构都作出了相应处理；129个设区城市完成了资产移交工作，新的管理中心开始履行统一管理职责。福建、吉林、辽宁、黑龙江、云南、江苏、湖南、新疆等省（区）一半以上的城市，以及北京、天津等城市完成了资产移交工作，进展较快。总体看，新组建的管理机构体现了精简、效能原则，安徽、湖南、广西、江苏、山西等省（区）缩编或者人员分流比例超过25%，其中安徽、湖南达到41%。对未留用人员，县（区）政府、原挂靠部门（单位）进行了妥善的分流安置，反映平稳。在机构调整中，不少部门和单位表现出较强的大局意识，起到了示范作用。原北京市、国管局、中直管理局、北京铁路局分别管理的住房公积金资产，安全完整地移交到新设立的北京住房公积金管理中心，编制和管理费用纳入管理中心统一管理。广东、山东、贵州省直机关以及上海铁路局、大庆石油管理局等单位，不设立分中心，资产全部移交当地管理中心管理。新疆区直管理中心原下属建设厅，这次将所属人员、资产全部移交乌鲁木齐管理中心管理，建设厅会同有关部门集中精力加强监管职能。大连市行动迅速，去年9月已基本完成机构调整工作。

3.资金清收力度进一步加大。

各地结合机构调整，采取经济、行政和法律等多种手段，加快回收挤占挪用资金和项目贷款，缓解了住房公积金管理风险。全国住房公积金工作会议以来，全国共收回资金89亿元。全国有97个设区城市的项目贷款已全部收回。浙江、西藏以及新疆生产建设兵团的项目贷款全部收回。未回收的贷款中，1830笔共54.1亿元已签订还款协议，对332笔共9.3亿元提起了法律诉讼，对167笔共4.9亿元申请法院扣押了资产。上海市管理中心专门成立资产管理办公室负责清收工作，目前资金回收率达到95%。江苏省共清理回收15.48亿元，占应回收总额的75%，余额5亿元办理了资产保全手续。南京市政府与区县政府负责人和财政局负责人分别签订《还款责任书》，落实还款渠道。吉林省政府与所有设区城市政府，部分设区城市政府与区、县政府签订《还款责任书》。一些城市还积极采取拍卖房产等措施，归还政府项目贷款。

4.“监督体系”逐步健全。

建立健全了省级监管机构，初步建立了自上而下的监管体制。全国有20个省（区）在建设厅房地产处（房改办）加挂住房公积金监督管理处（办公室）牌子，新疆、江西、吉林3省（区）在建设厅新设立监管处，负责住房公积金行政监督的具体工作。完善了同级监督。财政部门认真履行财政监督职能，进一步加强了住房公积金财政财务管理和会计核算监督；人民银行分支机构加强了对受委托银行承办公积金业务的监督；审计部门加强了审计工作，建立了年度审计报告制度。强化了社会监督。在发放缴存凭证、定期对账和建立公积金查询系统基础上，完善了社会公告制度、丰富了信息披露内容。全国住房公积金监管信息系统建设取得一定进展，监管手段进一步完善。重庆、天津、河北、河南、吉林、云南、新疆、湖北等省（区、市）以及新疆生产建设兵团监管信息系统，已经实现与全国监管信息系统的联通。

5.住房公积金业务稳步发展。

在建立决策新体制和调整管理机构的同时，住房公积金归集和贷款等项业务保持了不断、不乱。截止今年9月底，全国累计归集公积金5016亿元、归集余额3467亿元，分别比去年底增长21.4%和18.6%；职工因购建住房和退休等累计支取公积金1549亿元；累计发放个人住房委托贷款2075亿元，个人住房委托贷款余额1375亿元，占归集余额的40%，支持了276.4万户职工家庭购建住房。其中，江苏、重庆今年1～9月个人贷款同比增长110%以上。上海、北京、浙江、天津个贷余额占归集余额的比例分别达到96%、75%、63%和58%。西部地区中，青海、内蒙古个贷发放率分别达到42%和39%，发展较快。住房公积金管理规范化、法制化工作加快。南京市最快5个工作日可办结贷款，徐州市设立“贷款超市”。长春市通过处罚和申请法院强制划缴等途径，加强了执法工作，努力提高住房公积金覆盖面，切实维护职工合法权益。杭州市实行逾期个人贷款金额、笔数指标双控制度，并建立了五类分级管理，保证了信贷资产质量。

在贯彻落实《条例》和《通知》工作取得重要进展的同时，也存在不少值得高度关注的问题。从这次执法检查情况看，各地进展不平衡，与国务院要求还存在一定差距：管理机构调整工作没有完全到位。全国还有215个设区城市没有进行资产移交。个别省直机关还想单独管理，违反《条例》规定。部分省（直）和煤炭、铁路、石油、石化等行业管理机构还在等待观望，不落实资产移交工作。海南省以及浙江省相当部分的设区城市，机构调整工作迟缓。重庆市管理中心隶属市国土资源和房屋管理局，且只负责城区范围内的住房公积金管理。部分城市管理中心没有与原主管或挂靠部门脱钩，少数分中心的设立不符合国家有关规定。宁夏自治区建设厅的住房公积金直接管理职能与监管职能还未分开。此外，仍有17个设区城市还没有设立管委会，决策体制还没有建立起来，部分地方的管委会会议制度和决策制度需进一步规范。清收挤占挪用资金和项目贷款工作，任务仍很艰巨。尤其是原县（市）管理机构项目贷款清收情况不理想。目前，全国项目贷款余额约占住房公积金归集余额的2.3%。某市还有项目贷款15亿元。一些煤炭企业挪用住房公积金，用于企业生产经营或者发放工资。某省（区）未收回的违规资金占归集余额的10.6%。部分地区购买国债不规范，用于违规融资。住房公积金制度覆盖面仍然偏低。按照在岗职工计算，全国还有约40%、4430万职工没有建立住房公积金制度。部分地方执法不力，不少应建能建公积金的单位没有履行缴存义务。特别是，在非公有制经济组织建立住房公积金制度进展缓慢、工作力度不够。资金使用率低，住房公积金制度作用尚未充分发挥。目前全国住房公积金使用率只有48%，还有约1800亿元资金沉淀在商业银行。宁夏、贵州、陕西、海南、河南、新疆、山西、重庆、甘肃、河北和西藏等11个省（区、市），个贷余额不到归集余额的15%。一些地方仍然存在贷款审批手续复杂、办理时间长、贷款费用高、服务不规范以及难以办理与商业贷款衔接的组合贷款等问题。个别地方个人住房委托贷款逾期率高。全国平均逾期率为0.26%，资产质量较高。但云南、湖南、贵州3省逾期率分别达到3.64%、3.59%和2.31%；山西运城、临汾分别达8.5%和5.8%。

针对检查中发现的问题，联合执法检查组与有关省（区、市）主管领导交换了意见，建设部经商财政部、中国人民银行印发了执法检查建议书。有关省（区、市）非常重视，抓紧整改工作。新疆、四川、福建、广东、上海、北京、天津等省（区、市）积极纠正检查中发现的问题，效果明显。比如，联合执法检查期间，广西自治区政府立即召开会议通报检查组初步意见，主管副主席对全面完成机构调整提出明确要求，北海、百色等市行动迅速，加快了工作进度。检查组离开长沙市当天，长沙市机构调整领导小组就下发通知，要求在10月15日前，全面完成资产清理、审计和核实工作。湖南省政府办公厅11月17日即发出通知，要求尽快完成管理机构设立，切实做好住房公积金管理工作。我们也看到，各地整改工作还有差距，要认真研究解决执法检查意见书提出的问题。特别是整改工作尚未落实的地区，应当认真切实做好工作。明年，联席会议成员单位还将组织对部分省（区、市）进行执法检查，各地贯彻落实工作要有新的突破。

（二）关于今后一段时期的住房公积金管理工作

温家宝同志曾深刻指出，加强住房公积金管理是深化房改的基础。今年8月印发的《国务院关于促进房地产市场持续健康发展的通知》，明确了今后一段时期促进房地产市场持续健康发展的指导思想和主要政策措施，把住房公积金制度的建设作为深化住房分配制度改革、促进房地产市场持续健康发展的重要内容。从实践看，住房公积金制度要求加大住房公积金归集和个人贷款发放力度，是扩大住房消费，促进房地产市场持续健康发展的重要举措；是健全城镇住房供应体系和保障体系、加快解决职工住房问题的有效手段。在全面建设小康社会的伟大历史进程中，住房公积金制度的建立和完善，有利于增强职工的住房支付能力，促进住房消费，推动国民经济的持续快速健康发展；有利于解决城镇化过程中广大中低收入居民家庭住房问题，保持社会稳定和长治久安；有利于不断提高广大居民的居住水平，实现向全面建设小康目标的新的跨越。搞好住房公积金管理工作，事关经济体制改革、国民经济发展和社会稳定工作的许多方面。各地要从贯彻落实"三个代表"重要思想、切实维护群众利益高度，树立大局意识，增强使命感和责任感，把住房公积金管理工作与贯彻落实中央经济工作会议精神结合起来，与扩大内需、促进国民经济持续健康发展结合起来，与认真解决好关系人民群众切身利益的问题结合起来，扎实做好各项工作。

1．继续做好管理机构调整工作。

切实推进住房公积金管理机构调整，是进一步加强住房公积金管理的基础。要坚决执行一个设区城市设立一个管理中心原则，按规定做好新机构的设立和资产移交，加快完成机构调整工作。当前，还没有设立新管理中心的设区城市，要按照《条例》规定抓紧设立，落实编制和职能；管委会要抓紧管理中心负责人的推荐工作，按照干部管理权限报有关部门尽快任命，保证新管理中心正常运转；在完成审计和新管理中心设立的基础上，要抓紧进行资产移交工作，实现住房公积金的统一管理。分中心的设立要严格把关。不符合条件的，不能设立分中心；符合条件设立分中心的，也要防止简单的"翻牌"，更不能成为独立法人，按规定实行内部核算。已经进行资产移交的新的住房公积金管理机构，要对照"统一决策，统一管理，统一制度，统一核算"的原则，切实履行管理职责，完善法人管理体制，规范内部授权，加快实行统一的政策措施和操作规程，执行统一的规章制度，确保机构调整工作全面到位。

2．进一步加大违规资金和项目贷款清收力度。

要从防范风险、保持稳定、维护住房公积金缴存人权益出发，高度重视违规资金和项目贷款清收工作。地方各级人民政府要加强领导，建立督办制度，坚决贯彻"谁决策贷款，谁负责回收"原则，切实采取经济、行政和法律手段，加大资金清收力度，确保追收工作取得实效。加强经济合同约束。借款单位要制订还款计划，明确还款渠道；管理中心和有关责任人要加强督促落实。没有担保或者担保无效的，应当重新签订担保协议，提供担保单位或者担保财产，保证还款计划的执行。加强责任追究。政府和政府有关部门挪用或者批准挪用住房公积金和发放项目贷款的，有关负责人要切实负起追收责任。对住房公积金管理中的违纪违法行为，纪检监察部门要加大查处力度，构成犯罪的，要移送司法机关追究刑事责任。加强法律手段的运用。对恶意拖欠住房公积金贷款的债务人，要向法院依法起诉或申请强制执行。要及时申请法院冻结或者扣押债务人的财产，做好资产保全。

3．强化归集工作，努力扩大覆盖面。

归集工作是搞好住房公积金管理的首要环节。各地要对建立住房公积金制度情况进行一次全面清理，对没有办理缴存登记手续和不正常缴存住房公积金的单位要详细摸底，分析具体原因，有针对性地做好工作。加强协调配合。管理中心要积极与工商、税务、劳动保障、编制管理和社团管理等部门联系，及时掌握企事业单位和社会团体等组织的设立、登记、分立、重组和解散等情况，督促缴存住房公积金。要充分发挥工会监督作用，建立住房公积金缴存情况向职工代表大会报告制度，提高透明度。上级监督部门和管委会要加强对管理中心归集业务考核，强化其归集责任。加强执法。管理中心要依《条例》关于督促单位按时足额缴存住房公积金的规定，切实行使行政执法权。对拒不建立住房公积金和无故欠缴、少缴住房公积金的单位，要依照《条例》规定进行处罚，或者申请人民法院强制执行。要重点做好非公有制经济组织建立住房公积金制度工作，按照《通知》规定范围，做到应建尽建、应缴尽缴。妥善处理困难单位的缴存问题。对效益状况不佳、缴存住房公积金确有困难的单位，要按程序办理降低住房公积金缴存比例或者缓缴手续，经济效益好转后要补缴。

4．大力发展个人住房委托贷款业务。

大力发放个人住房委托贷款，切实发挥住房公积金的使用效益，改善中低收入居民家庭住房条件，既是建立住房公积金制度的根本宗旨，也是这个制度健康发展的重要保证。各地要结合本地实际，认真分析个人住房委托贷款发放情况，针对存在的问题，抓紧清理影响职工贷款的制度性和政策性障碍，有针对性地提出解决措施。要拓展贷款范围，积极发展职工购买商品房、经济适用住房、"二手房"、"危改房"、"房改房"及职工建造住房贷款。要积极推行"一站式"、"一条龙"服务，建立有关部门（单位）联合办公制度，切实简化贷款手续，缩短办事时间，增强服务意识，提高服务质量，为职工提供便利。要清理贷款各环节的收费项目，取消不合理收费，按照市场化、社会化原则由借款人自主选择贷款代理、评估、担保、保险、公证、律师服务等收费性中介服务，不得强制或者以任何形式指定中介服务机构。要加强与银行的合作与协调，建立良好的委托关系，积极推行组合贷款，满足职工的不同贷款需求。中国人民银行正在商建设部等有关部门，研究更有利于发展个人住房委托贷款业务的措施。同时，要加强贷款风险管理，建立健全风险控制制度，明确风险控制责任，建立风险防范机制，确保资金安全。要健全内部管理，加强贷前审查和还款情况跟踪制度，建立对逾期贷款的预警和催收机制，完善个人贷款档案管理。

5. 推进管理工作制度化、规范化和信息化。

加强住房公积金管理，要推进管理工作的制度化、规范化和科学化，大力提高管理水平。建立健全管理制度，加强内部管理。要建立包括财务制度、统计制度、岗位责任制度、档案制度、审计制度以及考核奖惩制度等在内的内部规章，加强内部管理，提高管理服务水平。规范业务政策。随着住房公积金管理新体制的确立，实现了设区城市住房公积金的统一管理。由于历史原因，设区城市内原有管理机构实行的具体管理办法不完全统一，单位和职工办理公积金缴存、支取和贷款等业务，存在诸多不便。从全国看，各地实施的具体办法和业务流程也存在较大差异，不利于统一规范管理。建设部已经将住房公积金管理规范纳入国家标准，正在组织力量编制，争取2005年下发实施。各地要结合实际，加强规范化管理。大力推进住房公积金管理信息化。管理科学化和信息化是提升管理水平的重要手段。要加强信息化建设，把公积金管理的各项工作纳入信息化管理轨道。当前的重点是，要逐步统一业务管理信息系统，规范业务流程，提升系统质量，保证安全运行，为全面实现统一管理和核算奠定基础。加强人员管理，提高人员素质。加强管理，推进制度化、规范化和信息化建设，关键在人。要积极推行全员聘用、竞争上岗、公开招聘等用人制度，形成优胜劣汰的人事管理制度，优化人员结构，提高人员素质。

6. 加强调查研究，推进住房公积金制度创新。

住房公积金制度是城镇住房制度改革的产物，是解决我国城镇居民住房问题制度创新的结果。在全面建设小康社会的新的历史进程中，要继续保持强烈的创新意识，加强调查研究，不断适应新的形势要求，及时研究新的情况，努力解决新的问题，用创新的思维，创造性地开展工作，这是保持住房公积金制度持续健康发展的根本出路。当前，住房公积金制度发展过程中，存在一些涉及长远发展的问题，要积极研究予以解决，在解决问题中取得新的发展。比如，在城乡一体化发展的新形势下，要积极研究进城务工人员的住房问题，针对其流动性较大的特点，探索将他们纳入住房公积金制度、提高其住房支付能力的具体对策。比如，目前全国有个人住房公积金委托贷款资产1300多亿元，今后还将不断增加，如何加强管理、保证资产质量，如何增强资产的流动性，必须深入进行研究。再比如，“低存低贷”是公积金制度的政策优势，但目前商业银行自营性个人贷款发放总额远远高于公积金贷款总额，管理中心应当正视差距，积极拟订措施，力争凡是缴存职工购房首先使用公积金贷款，并带动商业贷款。要全面认识住房公积金制度面临的形势，研究对策，创新制度，促进住房公积金制度持续健康发展。

此外，要加强住房公积金制度的宣传，为住房公积金制度发展创造良好的舆论和群众基础。一项好的制度，如果群众不了解或者不清楚，就不能发挥作用，失去了存在的意义。要加大宣传力度，采取多种宣传形式，宣传住房公积金制度的重大意义、住房公积金的作用和“低存低贷”的政策优势，住房公积金的缴存权利和义务，全面介绍个人住房委托贷款有关政策和办理程序，努力使住房公积金制度真正深入人心、家喻户晓，培育职工维权意识，提高缴存积极性，引导居民使用住房公积金贷款购房，改善居住条件。

同志们，全面贯彻落实《条例》和《通知》，进一步加强住房公积金管理，充分发挥住房公积金制度的作用，意义重大，任务繁重。我们要从实践“三个代表”重要思想的高度，紧紧把握发展这个主题，按照国务院的统一部署，扎实工作，狠抓落实，开拓创新，努力开创住房公积金管理工作的新局面，为解决广大中低收入居民家庭住房问题，促进国民经济持续快速健康协调发展发挥积极作用。

(2003年12月)

第十章　住宅产业化

科技进步促进住宅业的发展

建设部住宅产业化促进中心高级建筑师　孙克放

1999年8月，国务院办公厅转发建设部等部门“关于推进住宅产业现代化提高住宅质量的若干意见”（国办发72号）的文件，明确指出：“加快科技进步、鼓励技术创新、重视技术推广。积极开发和大力推广先进、成熟的新材料、新技术、新设备、新工艺，提高科技成果的转化率，以住宅建设的整体技术进步带动相关产业的发展。”并确定：“到2005年，科技进步对住宅产业发展的贡献率要达到30%，到2010年提高到35%。”

统计显示，到2000年底，科技进步对住宅产业的贡献率比“九五”末期提高了6.4个百分点，达到31.8%。这与一些发达国家仍存在着不小的差距，美国和日本的科技贡献率均在50%以上。要从根本上改变传统产业，实现产业现代化目标，纵观中国住宅建设的发展历程和国外住宅建设现状，不抓科技进步这个根本，就不会提升整个产业的水平，就不会提高住宅的内在功能质量。

早在1997年，建设部发布了《1996～2010年建筑技术政策》，13项建筑技术政策几乎全都涉及住宅建设。如果说国务院72号文中所提出的住宅产业现代化实施的框架（即，住宅技术保障体系、住宅建筑体系、住宅部品体系、住宅质量控制和住宅性能认定体系）是“纲”，那么，建筑技术政策中有关住宅的技术政策和措施就是“目”。“纲举目张”，现在“纲”已提起，关键是“目”的拓展。

一、住宅技术推广

目前，住宅建设中主要应推广先进成熟的成套技术和产品。企业采用先进的技术和产品，并在市场竞争中形成新的卖点，获得良好的效益；反之，他们的反馈信息，会促进研发单位的创新。企业已成为技术推广的主体。住宅产品需要采用部品部件去组装，应用技术去建造，这个过程购房者并不需要了解，而开发建设企业非常清楚。显然，住宅技术的推广对象主要是开发建设企业，只有企业在实际工程中应用了，消费者才能得到科技带来的生活创新。应用——这个技术推广的重要环节，却长期被忽略。

钢筋混凝土预应力技术是一项成熟而先进的技术，在美国钢筋混凝土工程中普遍得以应用。国内提出“在住宅中形成大空间，便于灵活分隔”已有多年，预应力技术就是实现这一目标的最佳途径。许多开发建设企业对此了解甚少，更谈不到使用。但有勇于探索者，一旦了解这一技术的优势就立即用于工程上，迅即取得明显效果，比如北京今日家园、深圳万科俊园等。

铜制管材是具有耐热、耐寒、耐压、耐腐蚀、耐火、寿命长的环保型产品，美国、英国、澳大利亚等国在住宅中使用的上水管、热水管和燃气管中约70%都采用用铜管，在这方面，我们推广力度不够，开发商对铜管的性价比不了解。然而从1998年开始，国际铜业协会在中国开展大规模的推广宣传工作。据科学技术咨询中心调查，2001年铜水管的用量比2000年增加了50%，并且还将持续上升。住宅管材的新一轮的更新换代一定会从铜管的推广普及开始。

住宅技术推广工作是伴随着关键技术的突破、技术创新和技术引进而深入开展的，离开这个基点，推广工作就失去了活力或半途而废。

近几年来，太阳能热水器在住宅建设中得到广泛的应用，到2000年度，全国太阳能热水器拥有量达2600万平方米，居世界第一位。发展如此迅速，是因为太阳能热水器的管线系统、控制系统和电补热系统等关键技术上有了突破，性能更稳定，寿命更长。还应该指出的是：在当今的住宅建设中，有不少住宅技术产品是直接由企业开发或引进的。开发建设企业从原来被动式的“接受技术”，转变为主动积极地引入技术。引进与应用、研发与应用为同一主体，科技成果向现实生产转化变得更为直接、更为有效。

二、住宅技术集成

随着消费者生活水平的提高，人们对住宅的品质要求也越来越高。住宅的设计内容也随之复杂化，比如北方地区的冬季采暖技术，原来只有集中采暖一种形式，现在则出现了天棚电热膜辐射采暖、地板辐射采暖、地源热泵采暖、独立壁挂炉采暖和电热风采暖等多种方式。这些技术都有各自的特点，不深入了解就会发生使用上的错误。各种新技术层出不穷，促使许多技术成为独立的专业，如住宅的智能化设计、室内装修设计和室外的景观环境设计都已完全专业化。专业化的细分，反映出住宅“精密程度”的提高，是现代设计突出的表现。与此同时，住宅设计的专业化又促进了住宅技术向集成化方向发展。也就是说，把所有的专业集成到一个住宅中来才能组合成一个好的产品。住宅的品质最终取决于先进技术的集成程度。这种技术的集成，首先是通过住宅开发建造商的策划和设计单位的设计完成的。

（一）结构技术的集成

香港海明轩（236m）是世界第三高的住宅，其结构技术能给每一个建筑师留下深刻印象。3幢超高层建筑组成的住宅，未采用钢结构，而是钢筋混凝土剪力墙结构。用C60高强混凝土的这种结构比钢结构节约投资，而且抗震、抗风能力强。与之相匹配的，底部结构是30米的钢筋混凝土桩基。顶部结构是调节高层摆幅的（起阻尼作用）巨大水槽。香港设计师请加拿大专业人员做了模拟风洞试验，采用设水槽的方法，有效地解决了结构抗风和摆动的关键技术难点，使整个设计更为完美。但是，超高层住宅设计的技术集成远不止这些，如防火避难层的设置问题（香港规定超过40层设一个避难层，每户距避难层的层数不应超过25层）、转换层的设置问题、管道井的设置问题、门窗、幕墙抗风载等问题，都会集中反映在结构设计上，而这些问题会涉及到其他技术系统。从这里我们得到一个重要的启发：住宅技术的整合过程中，必须首先确定关键技术点所在，然后针对这些点，去捕捉相关信息，寻求出最先进、最可靠的解决方案，并使之系统化。系统化才是技术集成的内涵。

（二）设备技术集成

居住者对设备的技术集成认知度比对结构技术集成的认知度要高的多，因为设备技术的集成更为直观，更易体会。但在以往很长的时间里，由于经济实力所限，住宅设备的更新缓慢，质量提高不明显。近五年间，人们开始关注设备的档次和技术的优劣，实际是关注"居住舒适度"是否得到了改善。"居住舒适度"的提高一靠户型的合理，二靠设备技术的先进。设备技术的集成度越高，就越先进，"居住舒适度"也越高。

北京"锋尚国际公寓"项目中采用了9个子系统：天棚辐射采暖制冷系统、健康新风系统、外墙保温隔热系统、外窗节能、防噪系统、地面和管道防噪声系统、中央吸尘系统、卫生设备后排水系统、垃圾处理系统、中水处理系统。其中前3个系统属国内住宅中首次应用。天棚辐射采暖制冷系统是将聚丁烯（PB）盘管预埋在钢筋混凝土中，夏季向管中送20℃水，冬季送28℃的水，能使室内温度保持在20℃～26℃的舒适范围内。健康新风系统则在此基础上改变室内空气的质量，经过统一空气净化和冷热处理后的新风经"下送上回"进入室内，无须开窗即可保持新鲜空气的不断更换。能够应用上述技术的前提是建筑本身是一个节能型住宅。因此，外墙保温隔热系统采用外保温板，空气隔离层外挂陶瓷砖幕墙的做法，使墙体保温性能高于北京现行节能标准3倍，屋顶保温性能高于北京标准4倍。可见9个系统所形成的体系，恰恰反映设备技术集成的关联性。只有综合的集成才能匹配，才能更有效地发挥各子系统的优势。

（三）装修与部品的集成

用建造装修一体化取代离散化的装修是一种变革。其本质是用科技密集型的规模化工业生产取代劳动密集型的粗放的手工业生产，从而全面提升住宅的品质和品位。所谓"科技密集"不是单纯指装修施工的手段方法，更主要的是反映在部品的制作加工和组装工艺上。做了装修，但仍卖不出去的住宅，其主要原因是没有进行统一设计，没有统一进货，没进行部品的细化集成，仍旧采用分包的办法进行大面积装修，根本体现不出现代装修所具有的产业化特征。2002年5月，建设部住宅产业化促进中心发布了《商品住宅一次装修到位的实施细则》，提出技术集成和工业化装修的具体途径，在全国反响强烈，受到开发商和装修工程企业的关注。

最近新出台的《建筑模数协调标准》和《住宅厨房卫生间产品（设备）的设置及接口设计细则》，为装修技术和部品的集成奠定了基础，只有遵循标准和细则，才能促进真正意义上的工业化装修体系的形成，实现住宅部品的通用化。

三、住宅技术的配套

技术集成是要解决系统与系统之间的整合问题，是采用多种技术去优化一个体系，会涉及到多学科多专业。技术配套则是要解决某项技术、某一部品的，甚至某一道工序的配套问题。技术不配套是住宅质量通病不能得以克服的主要原因之一。

混凝土空心砌块是代替粘土砖的主要砌体材料，江苏、浙江一带早在90年代初就使用过这种墙材。但出现了许多砌块渗水、漏水的现象，群众反映大，开发企业不敢使用混凝土空心砌块。其中，问题的关键就出现在我们的产品不配套上。生产混凝土砌块的厂家只生产砌块，而不生产配套的砌筑砂浆和外饰面材料。施工工人用砌砖头的砂浆和方法去砌混凝土空心砌块，这怎么能不出问题？

住宅内部分隔墙产品是能在工厂成批制作的板材。在国内已发展多年，品种早已形成多样化，但仍有许多墙板之间的接缝出现开裂现象。这是因为许多厂家对板间接缝技术缺乏了解，不能选择出有效的粘接胶和网格布克服温度所引发的变形问题。从澳大利亚引进的"水泥聚苯板"，生产工艺先进，板缝的粘接胶也先进，用他的样板就只能用他的粘接胶。又如最新引进德国技术生产的"星泽墙体"，除材料配套外，连墙板的支撑调节架、轻骨料浇注机、板材切割工具、手工打胶工具，都配套生产出来，达到了产品的系列化开发。

在建设部实施的"国家康居示范工程"中，把选择应用先进适用的成套技术作为重要的申报条件和考核标准。通过示范工程，将成套技术在更广的范围领域里推广，带动各地住宅建造技术的发展。

上述针对住宅建设提到的技术推广、技术集成、技术配套，归结到一点就是：科技要创新，科技要进步。科技进步是实现住宅产业现代化的灵魂和动力。

（本文摘自　中国住宅网　2002年7月）

21世纪中国城市住宅发展特色与趋势

国际经验认为，和平与发展的大环境，是住宅业健康成长的前提。在当代中国，还要加上制度创新的作用。制度创新营造了良好的市场环境。中国在20世纪80年代后成功地启动了城市住房市场和土地市常目前全国城市私房占有率已达78%，年交易的商品住宅达到5亿平方米。严格来说，我们的住宅市场不够规范，产权关系不清，贷款投放不足，租售价格比、房价收人比均不合理；住宅空置量以每年1000万平方米的速率递增，大大超过国际公认"预警"线。但是，我们的市场仍奇迹般地保持了动态均衡，房市带来的"经济泡沫"并未出现。中国住宅市场体现出转轨经济特征，是国情所至。因此，我们不能照搬发达国家的指标和经验判断，因噎废食。

受到市场建制的直接影响，中国的社会转型进程在加快。城市家庭的人口规模变小，社会分层细化、人口城市化加速等原因，导致计划经济条件下形成住区社会管理结构和人际关系发生质变。住宅标准的拉开、房屋私有化、物业管理企业和业主委员会的介入，使得追求同质生活方式和社会认同感的城市商业化居住社区出现，居委会作用在削弱。同时，以倡导社会主义精神文明的社区建设也在推进。中国传统的邻里关系中的互敬互爱、守望相助的道德风尚得到传承和发展。

对外开放和外商进入住宅建设开发领域，一定程度打破了中国规划师和建筑师的常规思维方式，严酷市场竞争必然使开发商不断寻求新卖，故在住宅设计和住区规划上，“欧风”劲吹，洋概念炒作、洋设计领衔也愈演愈烈。但效果如何，还是要市场说话。一些粗糙、雅俗不赏的“仿洋住宅”在大城市开始受到冷遇。因此，一些开发商发起“新住宅运动”，旨在探讨中国21世纪的住宅民族化发展之路。需要指出的是，政府官员、社会大众和对“新住宅运动”目前的反映较为迟钝，并不是我们缺乏民族意识，而是“居者优其屋”的理念，只锁定在少数社会精英阶层，缺乏广泛的社会认同。但新住宅运动的积极意义在于，“完全西化”在中国再次被否定。

中国城市人口众多、自然禀赋不足以及环境意识淡漠，使得大多数城市都存在资源不足的生态危机。中国的城市人均用地仅相当于美国的1/5，城市水资源只相当于世界平均水平的1/10，而我们对住宅节地、节能、节水等现代技术应用，仅刚刚起步。因此，尽管我们已充分意识到环境对住区可持续发展的重要意义，但必须承认，高人口密度和高建筑密度的城市人居环境，是中国城市居民长期接受而不是被迫“忍受”的现实。以西方经验提高人居环境质量，似乎只有走郊区化或“逆城市化”的道路，但能否走通，既需要经济的长足发展和各种资源的整合，也要服从国情可能提供的条件。

21世纪的全球经济发展，具有区域化、一体化的发展趋势。在全球住宅发展领域表现出一些共性矛盾；也不可避免出现在中国，譬如住宅文化保护与开发性破坏的矛盾；保证住宅供给数量与提高消费质量的矛盾；购房有效需求不足与国民储蓄率过高的矛盾；住宅需求个性化与生产工业化的矛盾；住宅风格的民族化与国际化的矛盾；住宅规划缺乏弹性与市场机制相斥的矛盾等等。

诸多矛盾的存在与激化，需要寻找化解的主线。近年国内外房地产业的发展证明，由于住宅产业的特殊性，不仅表现为经济波动的晴雨表，要对经济社会的方方面面产生广域性影响。在新经济时代，住宅产业焕发出新的活力。

笔者所主张的逾越传统、发扬特色，其实也是各国处理矛盾的普遍原则。住宅产业要与经济协调发展，必须破除我们在封建时代、建国之前乃至计划经济时代形成各种传统认识和痼疾，因为只有市场经济建制，才极大提升了城市住宅的供给能力，释放了巨大的社会居住需求。发扬特色，则要求我们正视国情现实，善于总结成功经验，不走和少走弯路。

根据中国21世纪基本实现现代化的发展目标，可以认为，城市住宅产业至少保持10～15年的良性发展期，对其总体变化趋势可以预测的是：

1. 城市住宅产业的增加值可占到当年城市GDP的8%～10%，成为名副其实的支柱产业。城市人均居住水平到2015年可达到20～25平方米。低收入群体的居住问题，通过建立社会保障制度得到妥善解决。

2. 城市旧居住区得到普遍改造，旧城区居住用地比重在缩减，取而代之是商业、办公物业和环境绿化用地。

3. 具有国际地位的大城市和特大城市，出现中心区住宅公寓化与居住郊区化并行推进。随着高速路、城市铁路（轻轨）的延展和轿车进入家庭，交通干道沿线具有“卧城”性质大型住区在距市中心10～20公里内郊区出现。

4. 随着城市建成区土地的升值，高层住宅在土地资源匮乏的城市得到认同，居住性差的点式住宅退出市场，板式高层和联排住宅大行其道。以自建为主的个性化别墅会在远郊出现。

5. 城市规划对居住环境、配套设施、交通道路等控制性指标会愈加严格，但对单体建筑的布局、造型、立面等具体设计条件会逐步放宽，建筑师可有更为宽松的创造发挥空间。

6. 市场体系愈趋完善，住宅存量市场的交易规模预计在5～8年内超过增量市场，随着市民投资意识的形成和休闲度假需求的增长，中高收入阶层拥有第二套住宅不再是梦想。

7. 越来越多的高科技手段和新型建材进入住宅和住区，集中于结构、建材、节水、节能、园艺、信息服务等方面，人们开始真正享受工业化、信息化社会发展带来的便利。

（本文摘自《建筑时报》2002年9月）

中国推进住宅产业现代化的努力

建设部住宅产业化促进中心副主任 童悦仲

推进住宅产业现代化，实现住宅建设从粗放型向集约型的转变，以便有效地提高住宅性能和行业综合效益，满足人民不断改善居住质量的需求，是当前和今后相当长的时间内中国住宅建设领域的一项重要任务。

一、历史的回顾

两千年前中国人就掌握了烧制砖瓦的技术，故中国有“秦砖汉瓦”一说。世人皆知的万里长城就是用砖砌成的。1949年中华人民共和国成立以来，中国城市住宅大多仍采用砖混结构，最初以2～4层的集合式住宅为主，随着人口的增加，60～70年代则成为5或6层砖混住宅的一统天下。受当时平均主义思想的影响，国家对住宅建设的面积标准和装修标准有严格的限制。至今中国仍有大量住宅采用烧结粘土砖建造。为了烧砖，近几年中国平均每年要损毁8000公顷耕地。同样因为砌砖，中国的建筑工人至今仍要从事笨重的体力劳动，住宅产业属于落后的劳动密集型产业。

1972年中日两国实现了邦交正常化，在同一时期中国陆续与许多西方国家建立了正式外交关系，中国的对外经济技术交流开始活跃起来。为了改变建筑业依赖粘土砖的状况，中国参照其它国家的经验，曾于70年代中期发动了一场全国范围的建筑工业化运动，提出了“三化一改”的方针，即“设计标准化、构配件生产工厂化、施工机械化”和“墙体改革”。用装配式大板、框架轻板、大型砌块、大模板现浇4种体系代替砖混结构建造住宅。可是由于当时中国实行的是严格的计划经济模式，建筑工业化是政府依靠行政命令推行的，没有顾及客观经济规律，而当时这些新建筑体系的造价普遍高于砖混结构，国家又没有出台限制使用烧结粘土砖的强制性措施，于是这场运动的成果没能坚持下来。只有从大模板现浇体系派生出来的“内涝外砌”体系因为适应当时唐山地震灾后重建的需要而延续使用了多年，可是这种体系的外墙仍然采用的是红砖。在中国曾经轰轰烈烈一时的建筑工业化运动，到80年代初期就基本上无声无息了。在这一时期，中国出现了最早的钢筋混凝土高层住宅，例如北京建国门外外交官公寓（1973年）、前三门大街高层住宅（1976年）等。

1978年12月召开的中共中央十一届三中全会确定了对内改革、对外开放的发展国民经济的总方针，从此中国经济进入了快速发展阶段，住宅建造量连年增长。从80年代起，中国强调居住区建设要“统一规划，合理布局，综合开发，配套建设”，房地产开发作为一个新兴行业在中国出现，开始成片开发新区，改造旧区。为了引导住宅建设不断提高水平，建设部从80年代中期起开展了城市住宅小区实验和试点工作；90年代又与国务院其它部委联合启动了“小康型城乡住宅科技产业工程”项目，大力推广住宅建造新技术。1996年颁布了《住宅产业现代化试点工作大纲》，选择部分城市进行住宅产业基地的建设。值得一提的是，1990年3月至1993年2月开展的中日合作第一期JICA项目“中国城市小康住宅研究”，1995年9月至2000年8月开展的中日合作第二期JICA项目“中国住宅新技术培训与研究”，使中国在住宅研究的方法和手段方面取得了明显的改进。在这一时期，中国住宅的建造量逐年增加，城市居民的居住状况明显改善。各地为了推动建筑节能和墙体改革，开始对仍采用砖混结构或达不到节能设计标准的新建住宅项目征收墙改基金。随着住宅逐步实现商品化，住宅建设的面积标准开始松动。由于，逐渐富裕起来的居民对简陋的室内设施越来越不满意，分到房子后纷纷进行内部改造和装修，建设部于1994年发布文件，同意新建住宅可以建设成“毛坯房”，于是家庭装修业和装修材料市场迅速发展起来。在住宅建筑体系方面，因为城市人口的迅速增加和上地价格的不断上涨，钢筋混凝土结构的高层住宅在大中城市越建越多，例如90年代中后期北京每年新建高层住宅已占全部新建住宅的70%以上。

二、1998年至今中国住宅产业现代化工作的进展情况

1998年3月朱镕基出任中国政府总理，正是亚洲全融危机非常严重的时期。为了扩大内需和深化经济体制改革，新一届政府一成立便果断停止了沿用多年的住房福利分配制度。这一措施强有力地推动了中国的住房市场，住宅成了中国国民经济新的增长点和居民消费的热点。为了引导住宅产业技术进步，同年7月组建了建设部住宅产业化促进中心，具体负责推进中国住宅的技术进步和住宅产业现代化工作。

1999年中国国务院下发了《关于推进住宅产业现代化提高住宅质量的若干意见》（国办发［1999］72号），明确了推进住宅产业现代化的指导思想、主要目标、工作重点和实施要求。这个文件成为推进中国住宅产业现代化的纲领。在这个文件指导下，几年来中国建设部作了以下工作：

1. 为了完善住宅技术保障体系，开展了基础技术和关键技术的研究，制定和修订了一些相关的技术标准、技术规范，发布了一些指南类的技术导则，如《城市居住区规划设计规范》、《夏热冬冷地区居住建筑节能设计标准》、《住宅模数协调标准》、《老年人建筑设计规范》、《室内装修污染物控制标准》、《居住小区智能化系统建设要点与设计导则》等。

2. 加大了住宅建筑体系和部品体系的开发、研究和推广工作。新型建筑体系在各地住宅建设中逐步推广应用，1999年12月建设部发布了《关于在住宅建设中淘汰落后产品的通知》，对技术落后、不符合产业政策的产品和部品，如螺旋升降式铸铁水龙头、9升以上冲水量座便器、部分规格的实腹和空腹钢窗等开展了强制淘汰与替代工作，明确要求沿海地区和土地资源稀缺地区的大中城市，截止到2003年6月底停止使用实心粘土砖。同时，并正在逐步推行住宅部品的集成化和通用化。

3. 在全国范围开始试行住宅性能认定制度，颁布了《商品住宅性能认定管理办法》、《住宅性能评价方法与指标体系》等配套文件，引导各地不断提高新建住宅的性能。同时与中国工商银行和中国人民保险公司合作，利用市场机制和金融信贷杠杆推进住宅性能认定工作。

4. 启动了国家康居住宅示范工程，目前列入示范计划的小区已有60个，分布在19个省、自治区和直辖市。这些小区规划设计水平和科技含量普遍较高，在采用新型建筑结构体系，贯彻“节能、节地、节水、治污”方针和可持续发展理念，实行住宅一次装修到位等方面可对全国的住宅建设发挥示范作用。

5. 继续开展住宅领域的国际技术交流与合作，如与美国住房部的合作项目，与加拿大CIDA、CMHC的合作项目，从2001年12月起正式开始为期3年的中日合作第三期JICA项目“住宅性能与部品认定的合作研究”等。

三、下一步要做的主要工作

中国今后几年推进住宅产业现代化工作的思路：围绕建立和完善住宅技术保障体系、建筑体系、部品体系、质量控制体系和住宅性能认定体系，加强住宅产业基础技术和关键技术的研究，大力推广和应用新材料、新技术，依靠技术进步提高劳动生产率，推动住宅建设整体水平提高。

1. 继续进行基础技术和关键技术的研究，完善住宅建设配套技术法规。

近期要以建筑节能技术、节水技术、节约用地技术、居住区环境质量保障技术、居住区智能化技术、住宅厨房卫生间整体设计技术、住宅一次装修技术等做为重点，进行研究与技术开发，编制和完善相关的技术标准、技术规范，出版相关的标准图集，以加大推广先进适用技术的力度。

2. 加快完善适合不同地区特点的新型住宅建筑体系。

用新型住宅建筑体系取代中国传统的砖混结构住宅体系，是推进中国住宅产业现代化的必由之路。中国各地在新型住宅建筑体系的研究和实践方面，已经具有相当的基础和经验，如混凝土空心砌块建筑体系、现浇钢筋混凝上异型柱框架结构体系、短肢剪力墙体系、轻板框架体系、内浇外砌体系等。中国国土疆域辽阔，各地的地理、气候、风俗文化、资源状况，以及社会、经济、技术发展水平都很不相同，各地传统的建筑形式原本就存在差别，选择新型住宅建筑体系也需要因地制宜。此外，对于钢结构住宅建筑体系、木结构住宅建筑体系、老年人住宅等，也要加强研究和开发，以满足市场需求。

3. 建立住宅技术和部品的评估、认定制度，完善住宅部品体系。

为了推动住宅产业化和发展住宅部品通用体系，将由政府出面逐步强制淘汰落后的住宅部品；对确认先进的新技术、新部品予以认定，发布标识，进行推广。要完善住宅部

品技术分类，编制《住宅部品体系目录》，为住宅部品的系列化开发、标准化设计、规模化生产、社会化供应提供依据。

4．加强住宅性能认定工作。

中国的住宅性能认定是全面考察住宅功能、环境、结构可靠性以及性能价格比等要素后，对住宅作出的综合评价。实行性能认定制度，是促进住宅技术进步，推进住宅产业现代化，提高住宅质量的有效手段和途径，必须认真坚持下去。

5．继续抓好国家康居示范工程建设。

全国60个被列入国家康居示范工程实施计划的小区：目前已有3个建成并通过了验收。要继续抓好其余康居示范小区的建设，使它们在提高规划设计水平、采用先进适用技术、推广应用新产品新设备、贯彻节能、环保、可持续发展方针等方面发挥导向和示范作用。

需要指出的是，中国现在作为一个实行市场经济的社会主义国家，推进住宅产业现代化的方式已经与计划经济时代有了本质的不同。在中国，推进住宅产业现代化的主体只能是企业，政府的主要职能是制定方针政策，加强宏观调控，用政策引导产业发展。中国政府鼓励房地产开发企业按照国家产业政策和市场需要进行技术创新、技术开发、技术推广；鼓励企业之间以最终产品——住宅为纽带，实现优势互补、强强联合，形成一批关系紧密的产业联合体，成为推进中国住宅产业现代化的骨干力量。同时，政府要建立推进住宅产业现代化的鼓励和激励机制，对长期生产优良住宅部品和建设出具有良好性能的居住小区的企业，及时予以表彰和奖励。加入WTO为中国经济和科技的发展创造了比以往更为有利的环境，我们相信，经过不懈的努力，中国将在住宅建设以及其它领域里缩小与发达国家的差距，逐步赶上世界进步的潮流。

（本文摘自《住宅产业》2002年12月）

关于我国住宅产业化发展的探讨

孙克放

要搞好中国的住宅，必须明确房地产里面有一个效应，叫做混合效应。

住宅里面这个混合效应可能有3个，一个就是住宅是不战而胜的，比如潘石屹开发北京的现代城。现代城的位置在长安街上，这个地方就应该能卖出去，这个就是不战而胜的地方，潘石屹厉害的地方就是把4000块钱的地卖到8000元，这个就是他的本事。

还有一个就是以进取胜。这个是开发里面的学问，就是人家不做的事我来做。科技进步就是以进取胜的内容，即个别楼盘采用了其他楼盘没有的设备，这些都是以进取胜。那么这种方式在任何的开发公司里面都必须要研究。

第三个就是以退取胜，就是别人在做的事情我不做了。市场就是这样的，大家都在做的时候你不要做，你做最小的一部分，突破了它就可以胜利。尤其在今天，大家知道，我们中国的住宅已经进入了“量”的增长时代，一个国家在供需关系比较平稳的时候，他的户型面积会减少，在这个时候把户型做精就非常重要了，例如在120平米的房子里面，做两室两厅的房子就是错误的。

在中国，170平方米的房子我们并没有好好研究它，我们只顾做大，但是大毫无用处。大家知道，中国住宅在近10年的范围内，尤其是高层住宅绝对是走在世界前列的，发达国家对高层住宅研究的非常少的，那么中国的住宅里面，今后最关键的，就是要研究100多平方米的住宅。我今天讲的科技进步，对住宅产业是很重要的一块东西，甚至讲科技进步是住宅产业的灵魂。

1999年8月，国务院发了一个72号文。这个文件里面讲到了科技进步，就是在2005年科技进步对住宅产业的贡献率要达到30%，到2010年要达到35%。那么我们实际上我们到2000年底，科技进步对住宅产业化的贡献率已经达到了31.8%，但是我们和美国、日本相比，我们的科技贡献率还是偏低的，如果你的贡献率不能达到50%还不能说是发达国家或者是工业化国家，所以中国就是一个半发达国家。我们看一下中国和国外建设的历史，从根本上改变传统产业，实现产业进步的目标，那么科技化进步是根本。在1996年建设部曾经发布了一个技术政策，这个技术政策一共13项，里面包括了住宅技术。我们现在把两个文件对照起来，我们认为72号文件是一个纲，这个里面提了一个框架，这个就是保障体系、建筑体系、部品体系、质量控制体系还有认定体系，那么1997年的技术政策文件就是“目”的问题。对于开发商来说，“目”是最重要的一个问题。

今天我们给大家从3个方面分析一下，“目”的扩展问题即技术的扩展问题。目前住宅中主要是推广先进的成套技术，因此有竞争力的技术还是由生产企业提供给开发企业，技术成了卖点，所获得良好的效益就会让开发商主动的去吸纳这个技术。现在重要的观点就是，企业吸纳技术会成为科技转化的主体，这个我们原来没有意识到这个问题，住宅是一个产品，这个产品是需要组装的，这个消费者是不清楚的，但是开发商很清楚，你知道用什么手段，用什么方式来建造它，那么只有企业在施工中采纳这些技术，消费者才能从科技里面得到实惠。报纸上说，过渡地区做了实验，就是14平方米的房子，一间双层玻璃，外面不保温，另一间就是双层玻璃外面保温，两个屋子同时开空调，但是这两个房子的温度差了6度，这个就是技术的问题，所以说，应用这个最重要的技术环节我们忽略了，因为我们没有制定政策让推广和应用技术的人都有好处，所以说我们现在应该制定政策。比如我们现在的国家经贸委搞了一个节能基金，这里我讲一下美国，美国有一个节能之星，这种节能之星，政府优先给贷款，这个就是政策，所以这个应用问题是一个很重要的问题，原来我们把钱都投在研发方面了，研发出来了之后这个成果用不用我不管了。

这里我还讲两个例子，一个就是钢筋混凝土预应力技术，这个技术是一项成熟而先进的技术，在美国几乎钢筋混凝土工程中普遍得以应用。我们中国从20年前就学会了这个技术，但是我们的住宅里面没有应用。美国包括日本住宅里面，原来我们不了解，我们只了解他们的外形，实际上他们在铺地面的时候都采用了保温技术，但是我们就没有做。

这个是国内两年前做的最高的楼盘，万科做的，这个进去里面没有梁，装修很方便，这种技术给老百姓带来的最大的好处就是我们节约了材料，还有就是老百姓可以把空间发挥的非常好。

还有就是铜制管材的问题，这个铜制管材是具有耐热、耐寒、耐压、耐腐蚀、耐火、寿命长的环保型产品，美国、英国、澳大利亚等国在住宅中使用的上水管和燃气管中约70%都采用铜管，在这方面，我们推广力度不够，开发商对铜管的性价比不了解。铜管的焊接他都是用铜本身来焊的。这些铜管我们在上海都实验过了。

住宅技术的推广关键是伴随着技术突破、技术创新和技术引进的问题，我们的推广就失去了活力或者半途而废了。给大家举一个例子，就是太阳能，太阳能实际上中国很厉害，中国是世界第一，咱们中国有5个太阳能的年产值是超过1个亿。我们一些开发公司平均开发不了1万平方米，但是我们太阳能热水器在世界上都是领先的，因为他的关键技术我们突破了，一个就是他的管件系统，还有一个就是控制系统，还有一个就是补热问题，这个原因就是关键技术被突破了，如果你不突破老百姓不认你，所以现在我们可以大力的推广。

大家看这个图片上的房子根本看不见太阳能板，但是楼上都是太阳能，每家都有。大家看除了太阳能以外他还有绿化，这个绿化是无土栽培的，所以当今住宅建设中，不少的住宅产业是直接由企业开发引进的，开发建设企业从原来被动的“接受技术”，转变为主动积极地引入技术。引进与应用、研发与应用为同一主体，科技成果向现实生产变得更为直接、更为有效。

第二个就是技术集成。随着消费者生活水平的提高，人们对住宅的品质要求也越来越高。住宅的设计内容也随之复杂化，技术的纷杂和层出不穷，促使许多技术成为独立的专业，专业化要细分，反映出住宅“精密程度”的提高，是现代设计突出的表现。与此同时，住宅设计的专业化又促进了住宅技术向集成化方向发展。也就是说，把所有的专业集成到一个住宅中来才能组合成一个好的产品，住宅的品质最终取决于先进技术的集成程度。

我们现在看世界第三高的住宅，叫海明轩。它是混凝土结构的，它的技术结构集成很重要。比如说象25层的避难层，这个是敞开的；还有空调，他不是集中空调，他做了一个空气室，所有的空调都在这抽风；这么高的房子他的混凝土就是C60的，这个就是技术问题。这种就是结构上的突破，但是他集成了很多的科技，还有就是摆动问题，这个问题他还没有解决，最后他找美国和加拿大的人出主意，最后解决了。所以这些都是靠技术集成的。

第三是设备集成。居住者对设备的集成认识度要比结构技术集成的认识度要高的多，因为设备技术的集成更为直观，更易体会。但在以往很长的时间里，由于经济实力所限，住宅设备的更新缓慢，质量提高不明显。近五年间，人们开始关注设备的档次和技术的优劣，实际上关注居住舒适度是否得到了改善。这个居住舒适度的提高一是靠户型的合理，第二就是靠设备技术的先进。设备技术的集成度越高就越先进。

像北京的锋尚国际公寓，它的外墙使用了保温隔热系统。它的房子外面挂的陶瓷板，这个保温层做多了下面-1.5的位置上才停止；还有这个管子打到混凝土里面了。这个就是质量保证非常高的地方，因为你打了就不能改了，还有每户都有一个集中空调和新风系统。这个外面有卷帘，防风沙和防盗窃的。这个是悬挂成的卫生器具，他的卫生间全部装修是奉送的，这个家具价值36万，全部是德国的。

我们说的集成是非常重要的。锋尚它现在卖1万仍然是抢购，这个装修也是集成，装修里面科技密集型最本质的就是规模化工业生产取代劳动密集型的粗放的手工业生产。这个就是我们搞产业化最关键的部分，所谓科技密集型不是我们搞施工的手段变了，这个主要就是指制作加工和组装工艺，现场只完成装备，手工劳动放到最小。

武汉的开发公司你可以“南看星河湾，北看锋尚”，这个技术配套问题很重要。我们技术不配套，会带来我们的质量不好，不能克服。空心砌块我们搞了很多年了，还是漏水，我们引进了美国同样的流水线，但是我们犯了很大的错误，就是我们出砌块的厂家不出砂浆和外饰面材料。施工工人用砌砖头的砂浆和方法去砌混凝土空心切块，这个就造成了我们的问题。

美国“专威特”外墙外保温技术，这个质量非常好，但是你买我的砌块，你就必须买我的砂浆，否则我不保证质量。他这个专威特一共分6层，我们换了其中的两层，这个质量肯定就不行。

所以我们建设部说国家康居示范工程，把选择应用先进实用的成套技术作为重要的申报条件和考核标准。通过示范工程，将成套技术在更广的范围领域里推广，带动各地住宅建造技术的发展。

大家请看幻灯，这个小区里的中水处理系统值得推广，污水从化粪池直接抽上来，经过5个罐子，处理后大致看来和自来水一样清亮，但是不能喝，可以浇花，洗车等。还有这个生化垃圾处理系统。

深圳万科这个大塔和武汉万科钟塔外形有点相近，但是它这个塔里面是雨水收集系统，它用的是法国的设备，然后用雨水做喷泉。大家知道世界上只有一个国家用法律规定每个家庭必须用太阳能，就是以色列，他们完全是科技兴国，没有文盲。

这个图例是新疆的一个比较好的项目，整个小区楼顶的板子是太阳能的。这个就是由光转化成电的实例，可以供应小区内的130盏灯，这个可以用30年，所以这种技术已经非常的普通了，我们一定要把生态环境这个问题重视起来。

最后用江泽民总书记的话结束“我国是发展中国家，应该更加重视运用最新科技成果，实现技术发展的跨越”。

（本文摘自　武汉房地产网　2003年2月）

我国房地产和住宅发展形势分析

中国房地产协会及住宅研究会副会长兼秘书长　张元端

前不久，建设部召开了2003年全国住宅与房地产工作会议。兹根据会议的精神，分析一下房地产和住宅发展的形势。

一、过去几年我国房地产和住宅发展的形势

（一）房地产市场稳步上升

1. 在需求的拉动下，房地产开发投资高速增长。

1998年到2001年这四年，我国商品房完成投资平均每年增长20.6%、竣工面积平均每年增长19.35%、销售面积平均每年增长22.5%。从这三组数字的对比来看，基本上是同步增长，而且销售面积的增长要高于完成投资和竣工面积的增长。这表明我国商品房市场供求两旺，是一种需求拉动增长的好势头。

2. 商品房销售价格有升有降，从总体上看，没有出现大起大落。

1998年全国商品房销售价格比上年上涨3.27%；1999年下跌0.48%；2000年上涨2.88%；2001年上涨2.76%。低于1997年之前的上涨幅度，也低于同期城镇居民可支配收入和GDP增长幅度。

3. 产品结构逐步向合理的方向调整。

在房地产开发中，需求量最大的商品住宅占商品房的比例逐年上升：1997年为78%，2001年上升到84%。

以上是就全国的总体态势而言的。但是，由于房地产市场的地域性很强，各地的市场情况是不相同的。目前，部分地区也出现了值得注意的问题。例如，投资增幅过大、土地供应过量、价格上涨过快等等。一些结构失衡问题也仍未得到很好的解决。例如，高档住宅和中低档住宅的生产供给比例，住房一级市场和二级市场的比例等等。2002年有少数省市房地产开发投资增幅超过40%，新开工面积增幅超过40%，是否与有效需求相匹配，值得研究。有的城市土地价格和商品房平均销售价格连续几年大幅上涨，远远高于同期人均可支配收入增幅，致使中低收入家庭难以买房。有的城市大量建造高档、高价的所谓“豪宅”，造成大户型、高档公寓严重积压，住房供求结构失衡，空置量增加。个别地区甚至单栋住宅占地几十亩、几百亩，浪费了土地资源。这些问题，有的属于“过热”或“虚热”现象（如投资、土地供应过度扩张），有的属于经济泡沫现象（如个别地价、房价的大幅上涨），这些，都有待通过加强宏观调控来加以解决。

那么，什么是“过热”或“虚热”现象呢？房地产热，本来是件好事。但我们判断某个城市的房地产市场是否“热”，首要的根据应该是看销售是否活跃、旺盛（热卖），其次才是由此所带动的投资和开发量的增长。而不能脱离销售状况去单纯地看投资和开发量是否增长。销售活跃、旺盛并带动了投资和开发量的增长，是实实在在的“热”。而如果超过当地国民经济发展的总体水平，以及过度超过由当地国民经济发展水平所决定的社会有效需求能力，则是“过热”。换句话说，“过热”或“虚热”是指房地产投资和开发量的过度扩张，大大超前于当地国民经济发展的水平和社会有效需求的能力。国民经济的发展水平通常可以通过社会的有效需求能力而直观地表现出来。

“过热”或“虚热”会导致“供大于求”、“商品积压”等严重后果。而空置房过多，资金沉淀过多，则会对金融市场，进而对整个经济造成危害。所以，我们既要警惕恶性泡沫现象的发生，又要努力防止“过热”或“虚热”现象的发生。

（二）住宅建设规模巨大，住宅品质不断提高

过去5年，全国城镇住宅竣工面积约34亿平方米（其中2002年按竣工面积7亿平方米估算），年均城镇住宅竣工面积达到6.8亿平方米。同时，改造了5亿平方米左右的危旧住房。城镇人均住宅建筑面积由1997年的17.6平方米，提高到2002年的22平方米左右，户均住宅建筑面积达到70平方米左右。国家住宅产业“十五”发展计划纲要提出的目标是，“到2005年城镇人均建筑面积达到22平方米”，现已提前三年实现。同时，农村新建住宅每年也达到6亿平方米左右。

不仅建设规模很大，而且住宅的品质也在不断提高。总的来看，住宅建设已开始从生存型向功能舒适型发展。住宅已不再单纯是一种生存资料，而同时也是一种享受资料。

住宅品质提高主要表现在：

1. 住宅的功能空间设计更加合理。

功能分区趋向细化（如增加了操作室、书房、电脑间、储藏室等），平面布局趋向合理（如将动区、静区分开，增强私密性等），面积控制更加理性化，超大客厅风光不再，超大户型也已不是发展的主流，而是力求在较小的空间内创造较大的舒适度，并出现了一些大开间、灵活隔断的住宅，更能适应消费者的需要。

2. 住宅的室内环境和物理性能得到改善。

住宅结构、消防安全、保温、隔热、隔声、通风、采光与日照等物理环境不断优化。

3. 住宅的设施与设备水平不断提高。

厨房、卫生间设施、采暖与制冷系统、智能化技术系统等的水平都有了较大提高。

4. 居住小区的环境与配套设施进一步改善，向着生态健全、生活方便、环境优美、天人合一的方向发展。

5. 住宅新体系（如钢结构节能住宅体系、木结构节能住宅体系等）、新技术、新材料进一步得到广泛应用，住宅建筑的整体水平有了较大提高。

（三）住宅生产方式开始发生变革

目前，我国住宅产业正由粗放型向集约型转变。其主要标志是科技进步对产业的贡献率逐步有所提高。1995年为25.4%，2001年提高到31.8%。但是，我们之所以说“开始发生变革”，是因为住宅生产方式与发达国家的差距仍然很大。按国际通行标准，科技进步对产业的贡献率超过50%，才能算是集约型发展的产业。我们还差得很远，可以说还是一种典型的粗放型发展方式。主要表现在：

1. 住宅建设的工业化程度低，施工仍以现场手工操作为主，生产效率低。

发达国家建筑工人的劳动生产率可达到150平方米/人·年左右，我国才30平方米/人·年。

2. 建筑材料、设备及住宅部品还没有形成技术先进、规模生产、系列化配套的社会化生产和供应体系，导致住宅质量不高、设备通用性差、性能成本比不合理。

我国的住宅建筑材料和部品的生产企业很多，但大多数都是以单项产品为主，缺乏技术、部品集成和配套能力。

3. 资源、能源浪费严重。

例如，目前因烧制实心粘土砖，每年要毁掉12万亩农田。这对人均耕地量少（只及世界人均耕地3.73亩的一半）的我国来说，是绝对不能容许这种现象再继续下去的。又如，由于建筑物的保温隔热性能差，我国采暖地区的能耗为相同条件下发达国家的3倍左右，供暖效率很低。

为了缩短差距，我国正在加快推进住宅产业现代化进程，就是要以提高劳动生产率和工程质量为目标，以建立新型建筑体系和部晶体系为基础，实现标准化设计、工业化生产、装配化施工、规范化管理的社会化大生产。

这个发展趋势，也将引起建材行业生产和供应方式的深刻变化。一是要求建材的标准化、系列化；二是要求建筑部

品和材料的集成化；三是要求开发新型建材，例如随着“钢结构节能住宅体系”、“木结构节能住宅体系”等住宅新体系的出现，新型保温材料将会进一步在住宅建筑的墙体及围护结构、屋顶结构、防止空气渗透技术、地面结构中得到广泛应用。

二、“全面建设小康社会”的宏伟目标，为房地产和住宅发展指明了广阔的发展前景

胡锦涛总书记在2002年12月召开的中央经济工作会议上指出：“住房、汽车、电信、旅游、环保等行业发展很快，与提高人民生活水平和质量密切相关。这些领域市场潜力大、产业关联度大，对促进结构调整、拉动经济增长有重要作用。要完善政策，促进其健康发展。”

总体来看，进一步发展房地产和住宅产业主要是以下几个方面的需要：

1. 国内生产总值翻两番的需要。

按照“全面建设小康社会”宏伟目标的要求，到2020年，GDP要比2000年翻两番。住宅产业必须也能够为此作出应有的贡献。

1997年，城镇住宅与房地产投资占GDP的比重将近6%。1998年以来，提高到7%到7.8%之间。每年拉动GDP增长1个百分点以上。2001年，城镇居民个人购买商品住宅的比例，比1997年提高了28.2个百分点，比1990年提高了66.5个百分点。个人购买新建商品住宅的交易额达到3675亿元，是1997年的4.54倍。同时，据对35个大中城市的调查，居民购买存量住房的交易额也已达到786亿元。再加上其他形式建房中的个人投入。2001年全国城镇个人住房支出的总额达到7500亿元以上，可带动相关消费近万亿元。

而在今后一个相当长的时期，国内市场对住宅消费将保持旺盛的需求。每年新建十几亿平方米的城乡住宅，必将为拉动国民经济的增长作出新的贡献。

2. “城镇人口比重大幅度提高”的需要。

1980年，我国城镇人口占总人口的比重为19.4%。2001年，市镇总人口占全国总人口比重又提高到37.7%，达到4.7亿人左右。同时，据公安部统计，2001年全国城市还吸纳了暂住人口4744.3万人，占城市总人口的8.5%。

据专家预测，到2010年我国城市化率将达到46%，城市人口将达到6.4亿人，比目前净增1.9亿人，平均每年要新增人口1852万。按照城市化水平与人均GDP的正相关性的规律，如果到2020年中国人均GDP增至2800多美元，那么届时城市化水平可达到60%左右。

城市化进程的加快，必然要求房地产和住宅产业与之相适应。单单拿住宅这一项来说，按现在的城市人口计算，每增加1平方米人均住宅建筑面积，就要新建5亿平方米左右的住宅。而如果按预测的到2010年城市人口达到6.4亿人，人均住宅建筑面积按目前的22平方米计算，那么仅满足新增加的1.9亿城市人口，就需要建设41.8亿平方米住宅。

3. “家庭财产普遍增加”的需要。

江泽民同志在十六大报告中把“家庭财产普遍增加”作为全面建设小康社会的重要奋斗目标之一。

根据国家统计局对房屋及附带装修现有价值评估测算结果，截至2002年6月，城市家庭现有房产价值（含装修）为每户10.94万元。其中：私房及部分产权的私房现值为9.89万元，公房现值为0.7万元，家庭装修现净值为0.35万元。

大城市家庭现有房产价值最高，户均达13.69万元；中等城市户均为8.95万元；小城市户均7.46万元。

房产在家庭总资产中所占比重已接近一半，达到了47.9%。其中大城市为49.3%、中等城市为45.1%、小城市为48.1%。

由此可见，房产已经成为城市居民家庭财产中最重要的组成部分，成为居民家庭中价值量最大的财产。

为了实现“家庭财产普遍增加”的目标，不仅需要我们“多建房”，为增加家庭财产的数量作贡献，而且更需要我们“建好房”，为提高家庭财产的质量作贡献。

4. “人民生活更加富足”的需要。

温饱之后的需求重点，必然转向注行、教育等方面。这是全面建设小康社会时期提高人民群众物质生活水平的重要内容。2001年，我国城镇居民消费的恩格尔系数已经下降到37.9%，农村居民消费的恩格尔系数也下降到47.7%。恩格尔系数下降以后，必然会把可支配收入转向住房消费。从这个意义上说，我国住房消费已经启动。

人们常说：“小康不小康，关键看住房”。全面建设小康社会，要求住房基本做到“户均一套房、人均一间房、功能配套、设备齐全”。

目前，我国居民住房水平虽然有了很大提高，但距离这个要求还相差很远。据2000年全国人口普查统计，我国城乡人均住房为0.78间；有3间或3间以上住房（接近人均1间）的家庭占45%（其中城市仅为31%）。人均住房建筑面积8平方米以下的家庭仍占9.1%，约3091万户（其中城市和镇约1520万户、涉及城镇人口近5千万）。另外，城乡住房成套率还较低，约为67%（其中城市71%、镇62%）。有15%的家庭住房中还没有独立厨房或者是与其他家庭合用厨房；有30%的家庭住房还没有厕所或与其他家庭共用厕所；约13%的家庭还没有自来水装置。为此，就需要我们加快危旧住房的更新改造步伐。

通过以上分析，可见我国房地产和住宅发展在今后一个相当长时期内的光辉前景。尽管每年的发展态势会有潮起潮落的现象发生，但总体上是螺旋式上升。

（本文原载《中国房地产》2003年第4期）

住宅产业化与住宅品牌战略

一、住宅产业化与住宅品牌的概念

住宅产业化“住宅产业化”就是住宅产业的市场化、规模化、专业化、现代化、标准化、科技化、国际化，是住宅产业全面走向市场，依据市场规律，增加科技含量，进行规模结合、专业分工、集约经营，从而达到与国际接轨的发展过程。

1. 住宅产业化首先表现为住宅商品化、市场化。

2. 住宅产业化离不开住宅规模经营、专业分工。

3. 科技的发展与运用推动住宅产业化进程。

4. 住宅产业化的根本标志为标准化、工业化和集约化。

住宅品牌 住宅品牌是住宅发展商向住房消费者长期提供的一组特定的特点、利益 和服务。良好的品牌传达了质量的保证，因住宅行业特殊性，其品牌具有别于一般商品品牌的特殊含义。

1. 住宅商品不可复制性和构成要素的复杂性决定了不能以单个住宅商品 为品牌单位，而应该以整个楼盘，整个小区，或小区中的一个组团为品牌单位。每一个住宅商品，每一套住房，都由其特定的地域、环境、结构、质量等诸多因素组成，其中任何一因素的差异都足以影响该住宅商品的品质和特性。

2. 企业声誉是住宅品牌的核心，良好的企业声誉是塑造品牌形象的保证。一方面住宅商品具有浓厚的区域特色，企业声誉的好坏直接影响项目形 象的塑造和推广；另一方面，住宅商品投资大，周期长，企业发展商实力在很大程度上影响着购房者对其所开发项目的判断。与此同时，我们也不可忽 视在住宅品牌发展中出现的几大误区：

(1)“泡沫型”。品牌依赖于广告宣传、包装来完成，而缺乏优秀内 在品质的有力支撑；

(2)“单一型”。绝对理想化的，靠户型或其他单一 优势（或称卖点）达到畅销；

(3)“一手包办型”。即在住宅开发过程中 热衷于自我表现（形象、实力、声誉）而忽视住宅部品或部品供应商、设计单位、建筑企业的形象宣传；

(4)“扭曲型”。盲目迷信环境、绿化等外延因素对品牌的推动作用，反而弱化了住宅原始需求特征；

(5)“短视型”。品牌只是促销过程中的工具，到后期则置之不顾，不加维护；

(6)“理想 主义型”。认为住宅品牌实施就是追求住宅的高档性，从而在选址、设计、建材、园林等环节中不懈追求高品质、高档次、高价位，反而导致滞销，不得其所；

(7)“盲目型”。住宅建设一味照搬欧美等国而不屑于本土风情和国内特色。

二、住宅产业化与住宅品牌战略关系

1. 从宏观上来讲，住宅产业作为国民经济新的增长点，占全社会固定资 产总投资26.6%，住宅产业化发展具有特别重要的意义；从微观上来讲，推动住宅产业现代化，则有利于促进住宅品牌战略的部署和实施。

(1) 住宅产业化发展，有利于建立一套完整的住宅建设体系，促进建材、机械、仪表、装饰等全过程关联住宅部品供应增加，促使其各配套部品质量提高，为名牌住宅商品的诞生创造必须前提条件。

(2) 住宅产业化发展，有利于引进竞争机制，促进住宅市场各主体自我加压、自我完善，为住宅品牌战略实施创造内部条件。

(3) 住宅产业发展，促进住宅市场活跃，并直接促进市场需求总量上升和需求特征的升级变化，创造极为有利的市场条件。

(4) 住宅产业化的提高，促进了住宅领域科学技术的发展，为住宅品牌战略的实施创造了技术条件。

(5) 随着住宅市场的发展和传播技术的进步，住宅品牌已从传统的店招、字号发展成为现代系统的品牌战略。

2. 品牌战略的实施，也具有非常重要的意义：一方面，通过品牌竞争优胜劣汰，培育住宅名牌、名企，具有样板效应带领整个住宅产业健康发展；另一方面，名牌、名企具有强有力的吸附效应，运用市场整合原理，促进合作与兼并，形成强势品牌，形成住宅产业折规模效应，推动住宅产业规范化、集约化、市场化、有序化发展。同时，实施住宅品牌战略有利于充实住宅商品的内涵，增加住宅商品的高附加值。目前住宅概念已发展成为“砖瓦＋智 能化＋信息化＋服务＋休闲娱乐等”的综合体。

三、全程参与住宅品牌战略实施

1. 住宅品牌战略是一项系统工程，是从规划设计开始贯穿整个开发过程中品牌的积累创新工程。

在住宅产业化中，住宅部品供应商占据尤为重要的地位，住宅部品的品质和信誉构成了住宅品牌的主要内涵，新材料、新产品、新技术将共同构筑住宅成品品牌的新的生命力，建材商和建筑商要全程参与住宅品牌的塑造和维护。

(1) 住宅部品作为住宅实体的原始构成，其质量与否直接影响住宅成品质量与否。

(2) 住宅部品品牌的聚积完成了住宅品牌的前期塑造。

(3) 建材商等全程参与住宅品牌的塑造，有利于增加住宅品牌的价值含量，维护住宅品牌的可靠性。

(4) 建材商等可以建立住宅品牌产生机制，从而创造更多的更广泛的住宅品牌。

2. 据有关购房敏感系数的调查分析表明：

在住宅功能发生根本转变的同时，作为住宅原始功能并未消逝，相反，住宅的质量有旧成为购房者最关注的问题，住宅的安全性能及人们对舒适的追求构成住宅成品整体形象中一个不可磨灭的内容。

3. 全程参与住宅品牌战略实施应采取的措施：

(1) 建立住宅产业网络。纳所有住宅产业关联产品于一网，便于住宅开发建设过程中的信息交流、材料订购。

(2) 实行强强联合，先扶持后发展。住宅部品供应商、设计单位等加强各区域重点开发企业，一则发展住宅品牌，同时有利于自已形象传播或围绕住宅产业形成多种产品的加盟集成，建立主导企业集团，形成住宅产业化生产基地。

(3) 建立监督机制和等级评审制度。住宅评审中具体界定所有影响因素的量化比度，品牌具体化，作到有章可依，增强权威性和可信度。

(4) 建立品牌导入和维护制度。设计过程中充分利用各部品性能，使用过程中强化维护保养职责。

四、住宅产业化和住宅品牌战略实施面临的挑战

1. 居民购买力有限，社会住宅商品化率还比较低。

2. 住宅资本市场结构缺陷与功能障碍。

主要表现为住宅金融工具单一，交易规模小，住宅证券化程度低；住宅资本市场体系不完整，缺乏风险防范机制；住宅金融体制不完善，住宅资本市场运行的中介组织不发达以及住宅资本市场发展的政策、法规不健全。

3. 住宅区域发展不平衡，目前尚未完全形成社会平均利润，致使住宅产业发展具有浓厚的投机色彩和不可确定性。

4. 住宅产业链各配套产品和技术发展不平衡，迫使住宅品牌战略实施难以形成一定的发展规则。

5. 住宅产业理论研究领域较为苍白，使得住宅产业发展和品牌战略实施缺乏足够的理论支持和外脑借鉴。

（本文摘自 8169网络直通车 2003年6月）

小康社会住宅产业趋势报告

“小康不小康，关键看住房”。1993年的“世界住房日”，中国国家建设部前部长侯捷精辟地对小康社会作了这样的总结。后来，这句话引为小康话题的经典。

中共十六大报告提出的“全面建设小康社会”的宏伟发展目标，是实现我国发展战略的第三步跨越，也标志着当代中国社会发展进入了重要的现代化阶段。

一、小康不小康 关键看住房

变局：中国住宅十年变局，其发展速度之快，令世界经济学家们叹为观止。可以毫不夸张地比喻成“一场高度浓缩的大变革”。十六大提出的发展战略，关键性地将中国住宅业又一次推入了发展的“快车道”。中国住宅即将面临的“第三次浪潮”，将加快推动中国经济和社会结构的调整，最终实现我国必须经历的由农业大国向现代化国家转变的过程。

二、浓缩的变革

比起中国改革开放的整个历程来说，中国住宅产业发展只有短短的十几年时间，其过程历经了“两次浪潮”。

“第一次浪潮”是上世纪80年代末至90年代初期在全国蔓延的“房地产热”。其结果是随房地产投资过度向“楼堂馆所”倾斜和社会购买力不足而导致“泡沫化”，迫使中国经济“软着陆”。

1998年国务院颁布《关于进一步深化城镇住房制度改革、加快住宅建设的通知》引发了住宅产业的“第二次浪潮”。这一政策决定停止沿袭约40年的住房实物分配制度，按住房分配货币化原则对住房实行商品化。这是对住宅消费的实质性启动，被众多业内人士喻为房地产的“第二个春天”。随之，集团购买转变为个人消费、公房上市、个人银行按揭贷款全面铺开，住房产权开始实现私有化，并引发新的住房消费观念，在居民生活消费中，住房、交通、教育并列为城市人口的三大主要消费之一。一系列深刻而巨大的变革在房地产领域里上演。

这两场全国范围内的“造房运动”，其成果引人注目。

从投资增长看：自1991年开始，我国房地产建设投资开始出现了惊人的增长速度，年平均增长幅度接近30%，明显高于同期GDP的增长速度。

从消费增长看：过去五年里，我国共有4000万个家庭搬进了新居。如果，以一家三口人计算，过去五年，有1/3左右的全国城镇居民的居住条件得到了改善。目前，全国房地产个人贷款已达到了6600多亿元，是1997年的35倍，到2002年8月底，全国个人购房比重达到93.6%。

从住宅标准看：10年前的房子千篇一律，使用面积普遍较小，条件也很简陋，户型设计、建筑材料、配套设施、内部环境无从谈起。自1989年开始，建设部相继推出“全国城市住宅试点小区”、“国家小康住宅示范工程”等试点，前者引领经济实用房，后者作为舒适型住宅的先导。10年后的今天，“商品房”概念被广泛接受，人们的居住条件和环境也都越来越好。房屋内部平面空间和布局更加合理，设备配置更加齐全先进，造型色彩更加丰富，建筑形态和产品更加多元化。物管、会所、娱乐、智能、就医、就学等等新概念和新功能不断呈现。

当然，除了具有国家建设部制定的小康住宅十条硬性指标外，还包括一些住宅产业的运行机制、投资主体及消费行为等的显著变化。总之，十年中国房地产变革，城市住房正由“居者有其屋”向“居者优其屋”过渡。

三、第三次浪潮

随着党的十六大提出“全面建设小康社会”的发展目标，全面改善人民居住条件，建设“后小康时代”的居住模式，成为中国住宅产业在新时期的一项重要任务。

近日国内近百名权威专家和学者通过多年研究完成的第一部《2001～2002中国城市发展报告》（以下简称《报告》）指出，作为世界上人口最多的发展中国家，中国要在未来20年实现全面建设小康社会的奋斗目标，必须加快城市化步伐，发挥城市的中心作用。

中国是个农业大国，建国以来一直执行着特殊的户籍管理制度，严格控制农村人口向城市流动，中国城市化长期欠帐。从1949年开始，经历半个世纪，中国城市化率才从10.6%上升到2000年的36%，而同期的美国和日本分别是80%和65%，大多数国家也在65%～80%之间。城市化率的不同导致了国家社会财富聚集能力的差异，因此，加快中国的城市化进程是发挥城市中心作用提高经济效率的必由之路。

中国城市化发展水平滞后，城市化率低，城市体系不协调，大城市人口规模与经济规模都偏小的现象，已成为严重制约中国经济发展、国家竞争力快速提高、知识经济时代新一轮财富集聚的三大“瓶颈”。

党和国家领导人显然已经注意到这点。十六大报告指出，将经过20年的努力，使我国城镇人口的比重有较大幅度提高，逐步扭转目前工农差别、城乡差别和地区差别扩大的趋势。具体地讲，就是在2020年中国的城市化率达到50%。这意味着在不到20年的时间内有近2亿的农民将定居在城市或城郊。中国住宅建设对城市化发展和经济的推动起着举足轻重的作用，许多政府官员和专家对未来的住宅产业充满了希望。

中国科学院中国现代化研究中心主任何传启推算，在未来一段时间内，中国城市化率提高14%（达到50%）则将有1.5～2.5亿人需要解决30多亿平方米的住房。

世界银行的统计资料表明，当一个国家人均GDP达到1500元美元以上时，其住宅建设也将达到峰值。中国建筑学会理事长宋春华分析说，如果我国人均GDP在现有基础上翻一番的话，到2010年也将达到1500～1600美元，因此，今后的10～20年内，我国住宅产业将步入“黄金期”；北京大学经济学院院长刘伟认为中国进入经济持续高速增长的阶段，也将是住宅产业发展最为迅猛的阶段。

在刚结束的全国建设工作会议上，建设部部长汪光焘指出，今后在相当长的时间内，城乡建设发展潜力巨大，前景广阔。

十六大提出的发展战略目标，关键性地将中国住宅又一次推入了一个发展的“快车道”。中国住宅产业即将迎来前所未有的“第三次浪潮”。

如果说前两次浪潮打破的是计划经济下的住房分配体制，实现中国住宅从产品到商品“惊险的一跳”，那么“第三次浪潮”将加快推动中国经济和社会结构的调整，实现我国必须经历的由农业大国向现代化国家转变的过程。

正因如此，华新国际总裁卢铿曾呼吁中国楼市进行“第三次启动”。他总结道，“第三次启动”关系到住宅产业未来的战略角色，需要全社会多方面的共同努力。

四、未来经济，住宅总动员

市场：中国城市化对中国住宅产业起着“助推器”作用。城市人口的增加，以及长期压抑下一夜间被释放出来的巨大房屋需求，对未来的住宅产业既是机遇，也是巨大的挑战。在未来的小康中国，以中等收入居民占主体的社会结构，必将对中国住宅产业产生强有力的“吸聚效应”。

五、天降大任于房地产

中国住宅建设进程是伴随着城市化发展起来的。

1949年建国初期，中国城市化水平只有10.6%，经过30年发展，1977年才达到17.6%，平均提高0.25%，低于同期世界平均0.34%的发展速度。而且城市结构和地区差异的问题十分突出，与发达国家差距很大。

在传统的计划经济和住房实物分配体制下，与城市化相比，住房建设的速度似乎比城市化速度还要缓慢。1950～1975年的25年间里，中国住宅竣工面积只有4.4亿平方米，全国折合下来，人均居住面积由建国初期的4.5平方米下降到3.6平方米。到改革开放前夕，中国住房建设累计“欠账”约10亿平方米。这个沉重负担无疑增加了改革开放后中国住宅建设的压力和住房问题矛盾的尖锐化。

我国每年大约有2000多万人从农村移居城市，城市人口每年还将以2000～4000万人的速度增长。城市人口的急剧膨胀直接刺激了建设投资和住宅消费。2002年，中国城市建设完成固定资产投资11973亿元，超过此前40年的总和。自1998年以来，5年内城乡住宅投资年增长额保持在固定资产投资增长额的30%左右，平均拉动GDP增长1个百分点以上。城镇居民的人均居住消费占消费支出的比重从1997年的7.7%提高到2001年的10.3%，农村居民的比重从12.6%提高到18.32%。

据《报告》数据显示：中国现有城市662个，小城镇20358个，城镇总人数超过4.8亿，城市化率为36%。到2010年，中国城市化率将达到45%左右，每年增加0.8%～1%，城镇人口达到6.3亿，比2000年净增1.7亿。据专家预测，到2050年中国的城市数量预计将达到800个左右，城市人口增至约11亿，城市化率提高到75%以上，并形成结构合理、功能互补、整体效益最大化的大中小城市体系。

按“十五”计划确立的目标人均住房建筑面积25平方米计算，到2010年60%的新增人口需要解决住房问题和改建住房，我国将需要新建住宅25.5亿平方米建筑面积。而目前我国每年住房的最高销售量仅为1.6亿平方米，十年算下来共计才16亿平方米。也就是说，到2010年，中国住宅的建设速度与住宅需求间相差达到9亿多平方米，这无疑为中国住宅产业发展提供了一个巨大的空间。中国科学院中国现代化研究中心主任何传启认为，空前的机遇和挑战在向我们每一个人招手，仅对房地产业而言，这是一块超过6万亿人民币的“大蛋糕”。

更值得关注的是，城市化拉动内需的增长，以及郊区化特征的越来越明显，使我国大城市之间正逐渐通过中小城市融合成片。目前比较典型的是“长三角”、“珠三角”和“环渤海”三个地区。分别以沪杭宁、广深和京津唐为中心城市，形成了区域间的经济整体效益，专家们认为城市建设正逐渐向“郊区化”（也是发达国家曾经的第二次现代化）过渡。

《报告》推断，中国未来城市发展的核心面、线、点形成后，将有一半的人口、GDP的80%、全国工业产值的90%以及全国进出口总额的95%在这些地域产生。届时，“世界经济强市”不再是纽约、芝加哥、东京的“专利”，中国特色的“国际大都会”将在国际舞台上扮演重要的角色。

在京、沪、穗三个大城市为中心的大都市经济圈所上演的郊区化进程，已经将小城镇建设推到了前台，城市与城市之间的合作也更加紧密。2002年12月29日，国家开发银行向北京市政府投放信贷100亿元用于小城镇建设，是中国银行界签署的第一份关于小城镇建设的合作协议。为保证优质贷款开发银行曾做过详细调查，结果是“在经济发达的东部大中城市周边地区，控制小城镇数量，引导过近过密的相邻镇区合并是主要潮流”。近日据央视报道，杭州市甚至与处于沪、杭之间的海宁市签订了政府间的大规模土地受让协议，并取得部分行政使用权。

十六大提出城镇化策略是“要逐步提高城镇化水平，坚持大中小城市和小城镇协调发展，走中国特色城镇化道路”。以前人们的注意力主要都被大中城市所吸引，房地产开发企业也云集中心城市，以至于如今京、沪、穗三大中心城市的房地产竞争相当激烈。随着小城镇及都市郊区进入人们的视野，房地产未来的战场必将围绕郊区和周边城市展开。

从各方面的统计数据来看，中国城市化的加速阶段实际上从90年代就开始了。对于突如其来的城市化浪潮，中国住宅建设所经受的压力远远超过其他国家。除此之外，本阶段中国城镇人口又净增了近2亿人，几乎等于美国人口的总和。如果住房建设再滞后于城市化的发展速度，极其尖锐的住房问题将成为中国城市化最大的障碍。

北京市华远新时代房地产开发有限公司董事长任志强列举了一系列数字来说明严峻挑战：我国如果城市化率每年提高1%就需新增城市人口1300万人，需要约300万套成套住宅。而目前每年我国的最高房屋销售量才约200万套。不计算旧城改造及拆迁安置因素，仅这样的速度远远不能满足城市化进程的需求。如果不计算人口总体的增长，光以我国每年1%的速度提高城市化率，尚需要40年才能达到发达国家现有水平，那么每年我国的房屋产出量将需要保持5～7亿平方米。

从1.6～5亿，市场严重的供不应求；而一夜之间的房屋商品化，也让大多数城镇居民的购买力接受严峻的挑战。虽然中国正力图建立以商品房、经济适用房和廉租房构成的多层次房屋供给体系，但迄今为止，后两者的建设无论在速度还是数量上对于庞大的消费群也只是“杯水车薪”。

城市化还不是单纯的从农村转向城市的过渡。何传启认为，中国现代化的挑战是在进行第一次现代化的同时，又要开展第二次现代化，这就是郊区化和社区化，再加上必不可少的信息化过程，因此住宅建设面临严峻的三重压力。因此，中国住宅建设在伴随世界规模最大的城市化进程中，一定要清醒理智地看到城市化过程中的复杂性，更要立足于可持续发展，而不应该盲目冒进。建设部副部长仇保兴指出，我国土地资源少，耕地更少，因此城市化不能步西方发达国家对资源破坏的后尘，必须走城市与生态、城市与农村、城镇化与新型工业化协调发展的路子。他所提到的“生态城市”，在面对全球性的资源短缺和生态危机情况下，如今已成为国际上蓬勃发展的趋势。对我国“芝麻开门”后的住宅市场和过多关注短期效益与区域利益的房地产企业来讲，也将是一种挑战。

中国房地产企业既要挑起庞大住宅市场建设的“大梁”，又要高瞻远瞩地谋求整体性的资源平衡和长远发展，这正应证了《新民周刊》的评论：“天将降大任于中国房地产业”。

六、“按捺不住”的需求

众所周知，经济的增长主要有两类，一类是投资型增长，一类是需求型增长。从中国目前经济结构来看，扩大内需刺激经济增长将是一项基本国策和可持续发展战略。中国住宅产业之所以对经济增长功不可没，就在于这个人口大国长期被压抑后释放出来的住房需求增长成为一个“巨无霸”，强有力地促进我国经济全面的繁荣。

截至 2002 年 8 月末，仅北京市的个人住房抵押贷款就突破了 1000 亿元。这不仅促进了房地产市场的繁荣，也对改善银行信贷资产质量起到了十分重要的作用。据统计，到 2001 年底，全国商业性个人住房抵押贷款的不良率低于 0.5%，住房公积金个人住房抵押贷款不良率仅为 0.24%。

尽管如此，我国的个人住房抵押贷款占社会信贷总额的比重还是非常低，至 2001 年底还不到 5%。而西方国家个人住房抵押贷款一般要占到银行贷款总额的 20%左右。国务院发展研究中心局长李泊溪分析说，未来时期内个人住房的消费将进一步释放，空间十分巨大。任志强在“2003 中国投资与商业机会”论坛上说：“住房市场现在已经成为中国最大行业，汽车、化工、烟酒行业加起来都没有房地产业的总量大。13 亿人都有要求高标准生活条件的欲望，不管政府发什么文件都按捺不住。”2002 年万科在全国十个城市共计销售了 10500 套房子，以套为单位计算在世界排名第一，但与所在城市开发总量相比也只有 2.5%，对此万科老总王石坦言“能排在第一是因为中国市场太大了”。

从社会结构来看，数据背后的动力因素是：中国家庭结构的细分化，由三世同堂、两代合住的复合成员模式，逐渐细分成三口之家的独立家庭单元。另外就是中等收入居民的逐渐增多。前者形成了对住宅增量市场的需求，后者形成了对住宅高品质市场的需求。

与发达国家“金字塔型”的结构不同，我国社会成分的结构将呈现出“啤酒桶型”的结构。在发达国家，80%的社会财富掌握在 20%的人手里，贫富差距十分巨大。而我国的市场经济是从公有制转变而来，是“中国特色的市场经济”，在很大程度上并未全面地进行社会资源私有化，国家和社会随时对社会阶层成分构成起着调节作用。十六大提出的小康社会着重点在“全面”二字，强调通过政府的努力缩小工农、城乡及地区间差距，包含着更深和更丰富的内容。因此，我国社会成分的结构将呈现出“啤酒桶型”的结构。发展到一定程度，较富裕的“中产阶级”（中等收入居民）将越来越多，他们将在消费领域里起着十分重要的主体作用。带来的相应效应是，这些住宅的最大“买单者”对房屋品质的要求不断提高。

这种以“中产阶级”占主体的社会成分结构，必将对中国住宅产业产生强有力的“吸聚效应”。当然，这里面仍然包含着政策的积极引导、金融信贷的多渠道参与。

据《经济观察报》近日调查，众多著名受访者认为，未来中国要摆脱通货紧缩困扰，“低收入阶层经济状况的改善”和“房地产汽车等新的消费热点的形成”是最主要的两个因素（比例分别是 68%和 52%）。在发达的美国，政府往往通过个人住房抵押信贷减免部分税收来刺激需求。目前我国购房的主体还是普通市民，如何在有限的条件下提高市民的房屋购买力，进一步促进房屋二级市场的繁荣，解决中低收入市民购房问题，将是政府所面对的重要课题。

七、向阳经济的嬗变

产业：步入后小康时代的中国住宅产业，成为推动社会进步的“向阳经济”，然而面对经济全球化的竞争、产业结构的调整、工业化进程的加快，以及科技的进步，中国住宅产业在经历了短短十年飞速发展后，面临着更错综复杂的挑战。在“第三次浪潮”来临之时，要克服重重困难，并及时调整心态，转变观念，面对未来，迅速融入到住宅产业的“新经济”中。

八、中国大工地

按我国加入 WTO 有关协议，在加入 WTO 后我国建筑业允许外国企业在中国成立合资、合作企业，并可享受国民待遇；5 年后开始允许外商成立独资企业。从事房地产开发的企业，除高档房地产项目（高档宾馆、高档公寓、高尔夫球场等）不允许外商独资外，其他项目没有限制；在房地产中介服务方面（包括房地产估价、物业管理、中介服务等）允许外商成立合资、合作企业，5 年内开始允许外商成立独资企业。

中国偌大的住宅消费市场向世界敞开了大门，这是个什么样的概念？颇似制造业内所称的“中国大工厂”，未来的住宅产业将使中国变成国内外多种投资渠道的“大工地”。

事实上，中国加入 WTO 前后，占有“地利”之便的香港房地产商早已“抢占”了不少内地房地产市场。“长实”及“和黄”联手发展房地产物业，单是“和黄”在内地已持有 400 多万平方米的土地储备，新世界中国（新世界发展姐妹公司）、恒基中国及新鸿基地产（恒基地产姐妹公司），在内地持有土地储备达 2200 万平方米。近年来外资金融机构也虎视眈眈，不少国际知名基金或投资银行也相继“杀入”中国市场，除麦格理银行及施罗德集团组成基金（First China Property Group，简称 FCPG）现投资上海、天津 5～6 个项目外，还有 ING Group（荷兰国际集团，全球 500 强企业第 24 名）在北京开发大型楼盘太平洋城，预计总投资约 20 亿至 30 亿元。在香港成立的精瑞基金也在 2002 年全国工商联住宅产业商会年会时浮出水面，初期启动资金为 2 亿美元。

除了开发企业和金融机构外，国外建筑材料、家居洁具及相关配套设施、辅料的生产企业早已在中国大工地上赚得“盆满钵满”。如今已经有很多中国人知道“三菱电梯”“TOTO 洁具”和“立邦漆”。世界销量第一、以伟大的科学家诺贝尔创立并命名的油漆生产商荷兰阿克苏诺贝尔公司，更雄踞其后，他们最大的遗憾就是“来得太迟，行动太慢”。

九、林家铺子时代的终结

国际范围内企业竞争的本质是企业制度与管理的竞争。目前国内房地产行业与世界发达国家的房地产企业差距除了技术外，很大一部分在于制度和管理上的差距。万通集团董事局主席冯仑在总结中国现行房地产商业模式时说：“对大多数人来说，房地产是个粗糙的工作，要讲房地产公司总是从关系、地头讲起，感觉上是不研究公司商业模式的。”

房地产庞大的消费群体和高利润回报，加之进入门槛低，导致中国房地产业“三外入房产”（即外行、外地、外来资金的加入）的现象十分普遍，行业竞争相当激烈。我国的房地产业虽然在 GDP 经济统计中单列成项，但长期以来只是个“行业”概念。形成“产业”概念只是近年来的事情。不过，从“房地产行业”到“住宅产业”，中国已经迈开了实质性的步伐，联盟之风的兴起可以看做是一个标志。从“中城房网”到“中住联”，直到今天广为接受的“全国工商联住宅产业商会”，企业的自发行为变为“机构引导、渐成规范”，并得到大范围响应。在这些组织或机构的带领下，行业自律渐渐得到加强，产业也逐渐趋于融合。据统计，目前“全国工商联住宅产业商会”的会员中，非房地产开发企业就有 50% 左右。拿某一建材生产企业老总的话说，在中国住宅产业内，我们直到现在才终于有了发言权。

以前的中国房地产企业往往是“诸侯割据、圈地为王”，规模小，零散，“打一枪换个地方”的项目公司遍地皆是，空壳公司更是不计其数，竞争也十分激烈，王石曾形象地比喻作“林家铺子时代的恶性竞争”。其实，联盟也好，商会也好，最关键的实质是要避免行业的恶性竞争，促进产业的整体性融合，以及引导产业良性发展。

事实上，随着经济实力与技术力量的发展，国际上一些房地产企业已经不再是简单地处在产业链的一个节点上，而是拥有了自己的某些核心技术，企业的产业布局开始向相对完整的产业链方向扩张。这就像专为高档物业提供中央空调的供应商融入压缩机等产业链的核心环节，或是与这些核心环节形成产业联盟。这样上下游的对接式发展，一旦进入中国，将会使国内房地产行业间竞争不单单停留在产品层面，而是整个产业链的系统竞争。

当然，我国住宅产业链也在逐步萌芽和发展，比较典型的代表是远大集团和海尔集团。远大这个以生产中央空调为主的企业，开始从产业链上向住宅业扩移，“远铃整体厨卫浴室系统”就是他们工厂化生产的结果。海尔集团则已经不是单一通过商场销售的市场拓展思路，他们开发出以家电为中心的整体性“海尔家居集成系统”，已经开始向房地产企业大抛“橄榄枝”。从这些套装产品和操作思路上可以隐隐约约地看到类似国外产品集成与产业互动的身影。

住宅产业链的形成，除了高度集约化以外，规模化将是另一个显著的特征。目前，我国的房地产业规模化程度普遍偏低。据统计，目前全国房地产企业 3 万多家，平均资产总值仅 3.2 亿元，平均资产负债率是 72%，最高达 94%。最大的房地产企业总资产不过百亿元，与国外发达国家同行数百亿美元差距甚大，产业整合逼在眉睫。未来的住宅产业链中产业的上中下游之间，只有实力相当、品牌相当、规模相当的企业才会形成互动关系，全国工商联住宅产业商会会长聂梅生称房地产企业数量“从三万到三千”将是一场大革命。

十、从工地到工厂

目前中国住宅的科技含量极低，建房水平与世界差距很大，住宅产业上下游供应体系不通畅，尚未形成完整的产业链，产品标准化程度也不够。几乎所有的房地产开发企业采取的都是半机械加手工的“现场湿法”施工方式，手工砌砖更是从两千多年前（伟大的长城之前就开始了）一直延续到现在。这种落后的作业方式，劳动强度大，能耗高，占用人力资源也多。资料表明，目前发达国家年人均竣工面积为 110～140 平方米，而我国还不到 30 平方米；我国科技进步对住宅产业的贡献率只有 30% 左右，而能源消耗却是发达国家的 3～4 倍。另外，人工作业也导致建筑质量问题频出，大量的“城市垃圾”遍布全国。

欧洲及西方发达国家经过 200 多年的工业化进程，住宅方面也高度工业化。美国由于地广人稀，低密度住宅和独立住宅为主流，多采用胶合木结构或轻钢结构，实行工厂化作业，在工厂里做好，现场施工也只需做地面处理和房屋结构的拼装。在日本，住宅部件高度标准化、通用化，只要将通用部件组合起来即可；并且具有完善的施工服务体系和机械化的施工技术体系，部品工厂化生产后现场装配，整体上属于全工业化。

与之对应的是，十六大报告指出，中国要“走新型工业化道路”。未来的小康社会呼唤中国住宅产业进行深刻的嬗变。这将是一场前所未有的新型工业革命。

总体上讲，小康社会的科技住宅将遵循“环保”“节能”“生态”“智能”“效益”及“可持续发展”的原则，技术、信息、产业高度集成化，建设企业由劳动密集型转向技术密集型，住宅产业由粗放型的传统产业转向集约型的现代产业。

中国房地产及住宅研究会副会长张元端撰文指出：我国住宅产业要实现生产的现代化，就要“以提高劳动生产率和工程质量为目标，以建立新型建筑体系（如目前正在兴起的钢结构节能住宅）和部品体系为基础，实现标准化设计、工业化生产、装配化施工、规范化管理的社会大生产”。他说，现代化的住宅产业要在理念、产品、生产、流通、消费（物管）等五个方面实现现代化。他呼吁众多的房地产企业尽快融入到全球化的“新经济”时代，实现从传统经济中嬗变。

简单地说，中国住宅产业嬗变的内容还不仅仅指“从湿法施工到工厂作业”，还将包括“从粗放生产到集约加工”、“从分散供应到产业链接”、“从行政模式到经济运作”（如建立工程保证担保制度）、“从单一信贷到多元融资”、“从直营模式到细化分工”、“从项目公司到百年老店”等等，不一而足。

这些变化将是深刻而有积极意义的。比如，除少数新品与注入大量科技含量的产品外，随着房地产业企业管理水平的提高，运营成本的下降，以及加入 WTO 后国际采购原料关税大幅度下降，流通渠道的变革带来的流通成本的降低，中外品牌的竞争等，房屋价格将逐渐降低，而购买群体也会逐渐增多。据有关方面预测算，五年后同等产品的价格将比现在平均下降 25% 左右，房地产的暴利时代一去不复返，其发展也会趋于平稳地增长。市场在整饬，价格在贴近，这无疑对住房的生产和消费都是利好。

十一、第二只无形的手

政策：作为发展中的中国，在土地公有的体制背景下，在以银行信贷为金融体系支撑下，在解决庞大的中低收入家庭居住问题的重负下，城市综合开发建设紧密地关联着住宅建设的发展方向；制定“游戏规则”的政府对其良性发展责无旁贷，它不仅关系着建设主体（企业）的参与度，也关系着消费主体（市民）的接受度，其一举一动都将举足轻重，成为除市场外的另一只“无形的手”。在这个过程中，政府、市场、企业各自扮演着十分重要的角色，每个角色的错位都会对整个产业形成重大的影响，使中国的小康住宅进程在最好的市场经济环境中错失良机。

十二、圈地复兴运动

要说 2002 年内对中国房地产业影响最大的一件事，非国土资源部下发的 11 号令莫属。

2002 年 5 月 9 日，国土资源部颁布《招标拍卖挂牌出让国有土地使用权规定》（第 11 号令），将一直以“幕后操作”的土地交易径自推向市场化运作，并直接导致一度的土地价格上扬和房价激涨，引来全国哗声一片。这个规定被媒体形容成继98年“房改”之后的“土改”。这两个改革将在相当长一段时间内对中国住宅产业影响至深。

建筑实体与土地在形态上是密不可分的。中国的土地政策，历经了从“划拨”到“出让”，再到“招标拍卖挂牌”，实现了从计划经济的指令性分配到市场化运作的逐渐过渡。其实从严格意义上讲，“招标拍卖挂牌”也仅仅是对“出让”方式的政策性界定，并不是一种新的土地流转形式，然而却掀起全国波澜，这里面跟我国现行的社会制度、经济体制和国家资源分配有很深的关系。纵然喧哗过去尘埃落定，但土地资源作为一项国家资源，它的配置构成、流转形式、政策界定将很大程度上影响着未来小康中国的住宅产业。

土地公有制原则是我国宪法的基本国策之一。但目前随着房地产物业的高度私有化，在物业与土地不可分割的情况下，政府对土地处置权界定、进入市场的流程运作、产权属关系和利益分配，跟土地公有制形成了错综复杂的关系，以至于房地产开发商开始对现行土地政策提出种种置疑。一向被业界称为“敢说真话实话”的任志强更是针锋相对，提出大胆建议，以至闹得沸沸扬扬，被人形容大有“炮轰政府”之嫌。

无可辩驳的事实是，土地作为必不可少的生产资料和不可替代、不可再生资源，任何房地产开发企业都不能脱离其中。房地产的竞争更多的集中在对土地的争夺。为了“军事扩备”众多企业纷纷大量储备土地，而具有土地出让权利的各级政府在“吸引投资”和“经营土地”诱导下驱利而动，以至于王石在论述“房地产泡沫”时，惊呼“圈地运动”已经出现“泡沫”了。

任志强以“谁在代表政府出让、既有划拨土地的权属归谁、土地收益分配权归谁、政府是否能够成为交易主体、政府如何对所拍土地进行定价”一系列问题对目前土地出让方式提出置疑。他分析说，国家从宏观整体出发用一定的计划手段来调控经济活动可以理解，但如果土地的计划出让完全由直到县一级政府控制时，就要考验政府班子对市场的分析和判断能力了，海南和北海曾经发生的泡沫地产，说明现行土地政策的“双刃剑”。

由于土地出让不仅关系着房地产开发最终的“落地”问题和“形态”问题，而且它还是社会资源高级形态的结构配置，关系着整体经济体制结构和发展趋势，所以小康社会的住宅产业发展进程中，这方面的责任政府明显大于企业。

政府积极、正确、前瞻性的土地政策，将对区域建设和住宅产业的良性发展起着重要作用。2002年的“圈地运动”波及到不少城市的著名风景名胜区（如北京的香山，南京的紫金山、钟山、玄武湖），所谓“风景区房地产”概念大炒于市，以至遭到遭至各界的批评。这边是房地产企业向名川大山的迅速挺进，那边却是都江堰市大规模的拆除人工建筑以申“双遗产”，以及世界自然遗产张家界风景区进行房屋大量拆迁并因“城市化倾向”而遭联合国教科文组织“黄牌警告”，政府在土地资源配置方面扮演着十分重要的角色，也承担着不可推卸的责任。因此，前不久国土资源部部长田凤山强调指出，我国土地政策将遵循“有序有偿、总量平衡、结构优化、集约高效”的总要求进行资源保护和合理开发，建立政府管理与市场运作相结合的资源优化配置新机制任重而道远。

这如同维护非洲大草原的生态平衡道理一样，更多地让大自然去主导各个生物链的循环演进（犹同市场的自发行为），政府只是保证禁止偷猎者的入侵和挽救因人为因素濒临绝种的动物。

除此以外，随着全国推行以土地储备机制的控制策略，以及部分城市的郊区化发展和“生态城市”的兴起，诸如增量土地的获取、农村结构的调整、原住地人口流向控制等等问题都会相继出现，土地问题已经不再简单是一种资源的流态问题，还会涉及经济体制的方方面面。其中最关键性的是土地权属归谁，是否进行私有化、产权化，如何解决长期以来涉及土地及地上物业的产权纠纷，如何既能以土地储备和供给进行宏观调控，又能避免政府过度参与垄断式“城市经营”而干扰市场经济秩序，参照别国做法还是走中国自己的路，围绕这些问题的争论和探索将会贯穿整个小康社会住宅的发展历程。

十三、博弈广厦的超级工程

“中国住房进入小康”，并不意味着全面的“居者有其屋”。我国启动住宅商品化还不到四年，如按SOHO中国董事长潘石屹的话讲实质只有一至两年时间，它向我国居民的传统工资结构、收入水平及消费习惯发出了挑战。建国初期，外国专家曾置疑中国领导人“五亿多人口你们如何解决他们吃饭”。到现在，温饱问题解决了，但要奔小康，这个问题又被改成了“十几亿人口你们如何解决他们居住”。为此，从1998年开始，国家借鉴新加坡、日本等国家的做法，开始实施旨在为中低收入家庭提供住房的制度，分经济适用房和廉租房两种方式。以前在计划经济体制下，最大的建设“投资方”和“开发商”是国家，现在向市场经济转轨，住宅商品化了，虽然从国家身上卸下了一部分商品房的担子，但中国总人口这么多，人均收入又比较低，中低收入家庭占大多数，国家作为开发投资的主体角色自然转移到经济适用房和廉租房上。按国家的构想，面对高中低收入城镇居民将建立以商品房、经济适用房和廉租房的供应体系。后两者在国外被称为“公共住宅”。

2001年我国加大了经济适用房的建设力度，国家计委和建设部曾宣布投资1700亿元建设2.25亿平方米的经济适用房。从今年1月1日起，由国家计委和建设部联合下发的文件《经济适用住房价格管理办法》将正式实施。这个文件甫一出台，立即引起大众关注，曾一度在新浪网上点击率排名第二。文件的主要宗旨就是要控制经济适用房的价格，实行政府指导性定价，只设上限不设下限。

然而经济适用房与真正的买房者产生了错位已是一个无争的事实，很多已购过公房的人又购买了经济适用住房作为投资，有人以“概念深入人心，做法不得人心”来强烈谴责这一现象。专家认为，政府在宣传经济适用住房认购资格时只强调“低收入”的条件，而实际忽略了审核条件，导致很多房产商违规销售，经济适用住房进一步短缺。另外，疏于管理，缺乏健全的监督机制和透明化的操作流程，也是诞生走关系、开后门而流失房源的原因。可以这么说，目前中国住宅供需矛盾最突出的集中在了经济适用房上，在追求小康住宅的同时，这一情况还会持续很长一段时间。

要实现小康居住，“居者有其屋”是最起码的标准。由于区域差异，上海去年几乎停建了经济适用房，而北京2002年末却出现供销两旺的现象，并创下每平方米2280元的历史最低价。北京还计划以每年300万平方米的开发量在四年内完成1200万元平方米经济适用房的开发。由北京住总房地产公司开发经济适用房翠城二期在放号时，售楼处门口提前三天就有400人排起了达140米的长龙，场景颇为壮观。针对此现象，专家分析指出，这主要是因为上海的二手房市场和廉租房工作比北京做得好（2001年上海增量商品房与二手房比为10:9），而相反北京高档住宅开发占了投资一半。

然而在商品房积压增多的今天，经济适用房却受到了众多开发商的诟病。他们称经济适用房建设带有强烈“负和博弈”色彩，不管对哪一方都没有好处。具体讲就是：高昂的监管成本让政府患得患失，不算低廉的房屋总价使真正的低收入者只能望梅止渴，享有不同于商品房的优惠条件让房地产市场丧失了公平原则。为此，清华大学房地产研究所所长刘洪玉在接受《中华工商时报》采访时特别强调：经济适用房、商品房都有各自明确的购买对象，如果政府能够制定出清晰的、可操作的建设与购买经济适用房的规则，并严格按照这个规则执行，对商品住宅市场根本不会构成显著影响，更不会侵害到开发商的利益。另外，政府可以适当调小经济适用房的单户面积，使其价格更能被中低收入家庭接受。以此可见，不是经济适用房本身有问题，而是实施过程中操作流程和方式出了问题。

“安得广厦千万间，大庇天下寒士俱欢颜”，这是中国人人都渴望实现的梦想。建设公共住宅成为我国政府一项浩大的“超级工程”。直到现在，许多发达国家和地区，由政府承担公共住宅的建设仍是重要的国策。就连 GDP 九倍于中国的美国，其居民自购房率也不到 70%，新加坡更有高达 60%以上的居民住在政府修建的公共住宅里。那种纯粹从市场获利目的出发，希望所有住房商品化是不切实际的，尤其作为人口大国的中国，更不符合国情。

总体上来说，对于高速发展中的中国，大力发展公共住宅，既可以逐步满足中低收入家庭的居住，整体性扩大住房消费，还可以改善住房供应结构，有效平抑房价，防止产生房地产“泡沫”，具有综合的社会经济效益。

事实上经济适用房对商品房也具有市场联动效应，一种相对优质低价的“经济商品房”已经悄然向人们逼近，并一路看好。其开发思路是，利用自身大量的土地储备和良好的成本控制及管理，对产品进行合理的空间布局（以小户型为主）设计，并在市场清晰定位中取得合理化的利润。冰山的一角毕竟是属于少数，让商品房低下高昂的头，明智的开发企业已经开始意识到这种做法，并与积极的心态来面对未来市场。这正如潘石屹固执地要“将 SOHO 进行到底”，并自言“这样的项目是最好的”。

十四、虚拟经济的浮现

随着房地产市场进入相对调整时期，金融机构多年积累的巨额房地产贷款风险也逐渐凸现出来。如何降低房地产贷款风险同时又促进房地产业的发展？

2002 年内住宅产业里提得最多的新鲜名词就是“资产证券化”和“住房贷款证券化”。这两个名词在国内最早出现在 2001 年 6 月的《人民日报》海外版上，那是一位美国专家介绍美国资产证券化的一篇报道。

目前房地产企业过分依赖银行信贷，银行对房地产企业来说如同“救命稻草”，而银行自己则如“装满鸡蛋的篮子”，“鸡蛋”装得越多，风险也越来越大。从数字上看，仅从 1997～2001 年 4 年间金融机构就共计发放了开发贷款 4461.01 亿元，占同期全部开发投资的 41.3%，而企业自筹资金仅占 47.2%。对空置商品房的统计表明，金融性空置因素占绝大多数（尤其是写字楼），远高于结构性空置和质量性空置。

进入到小康社会的未来一段时期里，中国的开发企业将面对超过 6 万亿投资额的住房建设量，其庞大的资金从何而来？任志强说，家电制造业在以百亿为单位计算年销售量时，中国住宅产业却在以万亿的目标制定建设计划。这是任何一个行业都无法比拟的庞大资金流向，以至于我国房地产建设投资占社会固定资产总投资 1/3 左右。

对于降低金融机构所积累的高额资产信贷风险，资产证券化是目前发达国家的流行做法。而住房贷款证券化则可将房地产业的长期积累的高风险通过证券化进行分担和化解。举例来说，将某家银行在五个住宅小区内发放的利息为 5.58%的 30 年期住房抵押贷款打包，请资产评估师对贷款的住房总值进行评估，然后对外发放一定期限的债券，使长期贷款变成短期债券在市场上流通，这样就把 30 年的贷款变成了随时可兑现的资金。当然，银行在通过发行债券等形式将债权证券化，发售转让给第三方（即投资人）的同时，也必须将其发放贷款的一部分收益转让给投资人。这样，银行和证券投资人共同承担了住房贷款的风险和收益，既满足了银行提前套现保证资本金充足的需要，也为投资者开辟了新的更多的投资渠道。这种新衍生的金融品种的出现，使投资者在选择具有避险功能的投资组合时有了更大的空间。在美国，因世界经济的整体下滑和“9·11”事件影响，许多投资人对证券市场丧失信心，转而将资金投向有形资产，也包括对资产证券的投资。

众所周知，个人住房抵押贷款是目前我国商业银行呆坏账率最低的项目，而其贷款额度增长也十分迅猛（增幅 27 倍），2002 年超过了开发贷款额度。但从另一方面，个人住房抵押贷款的风险周期一般都在 20 年以上，最长的达到 30 年，如果期间遇到经济不景气（尤其是通胀率和失业率升高），则很容易出现大面积的呆账、坏账。所以，银行积极探索住房信贷证券化，以分散风险，回笼资金，从长远来讲，是非常有利的。专家们称，我国的资产证券化选择从个人住房抵押贷款的证券化开始是一个“明智的选择”。据悉，华融资产管理公司、中国建行、中国工行都向央行和国务院上报了业务方案。虽然对于采用什么样的模式进行管理还未最终尘埃落定，但我们终于可以看到，房地产证券化已经进入了人们的视野，“虚拟经济”已经浮出水面。

房地产业由“实体经济”向“虚拟经济”的演进还只是刚刚拉开序幕。全国人大常委副委员长成思危认为，我国今后应大力发展虚拟经济，提高国际金融竞争力。据测算，2000 年全世界虚拟经济中股票和债券的资本总额达到 160 万亿美元，而相比之下，各国的 GDP 总额才 30 万亿美元。据了解，目前中国的实体经济和虚拟经济比是 1：1（甚至可能更低），整体上讲中国虚拟经济的发展空间十分巨大。

针对房地产这一资金高度密集又具有高风险特征的行业，建立健全风险规避机制更刻不容缓。日前摩根大通银行发表研究报告指出，2003 年中国最大的风险是房地产的硬着陆，因为这将影响到该领域的投资与消费。“山雨欲来风满楼”，房地产证券化的势在必行，使市场行为驱利而动早已开始，惠泽中国控股有限公司主席兼行政总裁高广垣认为，中国的房地产业目前进入了资本经营转折期，这是“住宅行业”进入“住宅产业”的一个标志。

住宅产业与金融的紧密联系，在我国现有的开发模式和运作流程下，形成了一种极其脆弱的“资金链”。一旦这个链条上的某个环节出现问题，不仅将会波及整个链条的行业，还会影响到国家的经济秩序和社会安定，甚至成为区域性的世界经济问题。因此龙永图在接受央视采访时，特别提到 2002 年由阿根廷开始最后波及大半个拉美地区的金融危机，处处令人心犹余悸，句句皆是警世之言。

另外一个悄然发生的变化是，国际资本开始关注中国，等候第一时间拿到“入场券”。近日国际著名工商杂志《福布斯》总裁史迪夫？福布斯在世界资本论坛上称，中共十六大透露的信息表明，中国的改革开放政策还要继续，金融体制和银行系统改革会深化，私营企业发展的环境将更宽松。他认为“这些中国经济前景看好的重要信号对投资者有着极大诱惑力”。当然，正如首创股份董事长、ING（荷兰国际集团）北京基金董事局主席刘晓光评价的一样：中国的资本结合方式与国外相比显得很单一，房地产业要发展需要更多样的融资渠道，但中国没有一部《基金法》，政策和市场实际还没有真正放开。可以看出，市场的不规范和缺少“游戏规则”对资本来说也同样是很大的风险，它让国际资本处于小心谨慎地观望和甄选中。

在市场经济规律下，资本的流向永远是趋于高回报高收益的。无论如何这将为住宅产业内的革命注入一剂“兴奋剂”，加速了产业的迅速整合，也将对“从三万到三千”嬗变而过来的实力企业提出了品牌、管理和运作能力的更高要求，推动他们向住宅产业的“百年老店”迈进。

在这个非常时期，作为发展中的中国，在土地公有的体制背景下，在以银行信贷为金融体系支撑下，在解决庞大的中低收入家庭居住问题的重负下，城市综合开发建设紧密地关联着住宅建设发展方向；而制定“游戏规则”的政府对其良性发展责无旁贷，它不仅关系着建设主体（企业）的参与度，也关系着消费主体（市民）的接受度，政府的一举一动都将举足轻重，成为除市场外的另一只“无形的手”。而这个过程中，政府、市场、企业各自扮演着十分重要的角色，每个角色的错位都会对整个产业形成巨大的影响，使中国的小康住宅进程在最好的市场经济环境中错失良机。

十五、结束语

“路漫漫其修远兮”，从钢筋水泥堆中成长起来的中国住宅业，或许将在21世纪上半叶经历一场最伟大的“地平线上的求索”。

纵然如此，中国的小康居家梦仍不会太久。据世界银行统计表明，人均GDP从1000～3000美元，美国人用了100年，日本人用了75年，韩国人用了25年，那么中国人呢？须知韩国的发展之路还面临着冷战背景，而今天的中国处在和平与发展的大环境，经济总量已经排名全球第六，经济增长速度和吸引外资量排名世界第一。在这个大好形势下，作为每一个有良知有责任的政府官员、企业家及学者专家们，理所当然地应为中国住宅产业的整体性腾飞多做些事，为全面建设小康社会时期的住宅产业，最终实现“康居中国”做出应有贡献。

愿小康路上的中国住宅产业一路走好！

（本文摘自　中国住宅网　2003年7月）

世界卫生组织如何定义“健康住宅”

目前，业界对健康、绿色、生态类住宅制定的标准并不完全一致。关于一些高标准住宅，我国建设部曾提出了小康住宅的标准，并在《绿色生态住宅小区建设要点及技术导则》中对绿色生态住宅的九大系统做了规定。而在国际上，由世界卫生组织（WHO）定义的“健康住宅”15条标准则具有国际认同的意义，我国国家住宅与居住环境工程中心还正式发布过《健康住宅建设技术要点》。

我国建设部公布过的小康住宅的十大标准，其定位的宗旨是“科技先导，适度超前”。小康住宅具体特征如下：

1. 住宅套型面积稍大，配置合理。有较大的起居、炊事、卫生、贮存空间。

2. 平面布局设计合理，体现食寝分离、居寝分离的原则，并为住房留有装修改造的余地。

3. 房间采光充足，通风良好，隔音效果和照明水平在现有国内基础标准上提高1～2个等级。

4. 合理配置成套厨房设备，改善排烟、排油条件，冰箱入厨。

5. 合理分隔卫生空间，减少便溺、洗浴、化妆、洗脸的相互干扰。

6. 管道集中，水、电、煤气三表出户，增加保安措施，配置电话、闭路电视、空调专用线路。

7. 设置斗门，方便更衣换鞋；展宽阳台，提供室外休息场所；合理设计过渡空间。

8. 住宅区环境舒适，便于治安防范和噪音综合治理，道路交通组织合理，社区服务设施配套。

9. 垃圾处理袋装化，自行车就近入库，预留汽车停车位。

10. 社区内绿化好，景色宜人，体现出节能、节地特点，有利于保护生态环境。

国家建设部公布的《绿色生态住宅小区建设要点及技术导则》，对绿色生态住宅的九系统做了如下规定：

能源系统：避免多条动力管道入户。对住宅的围护结构和供热、空调系统要进行节能设计，建筑节能至少要达到50%以上。

水环境系统：设立中水系统、雨水收集利用系统等；景观用水系统要专门设计并将其纳入中水系统一并考虑。小区的供水设施宜采用节水节能型。

气环境系统：室外空气质量要达到二级标准。居室内自然通风，卫生间具备通风换气设施，厨房设有烟气集中排放系统。

声环境系统：采用隔音降噪措施使室内声环境系统满足：日间噪音小于35分贝、夜间小于30分贝。

光环境系统：室内尽量采用自然光，居住区内防止光污染，提倡由新能源提供的绿色照明。

热环境系统：冬季室内适宜温度：20℃～24℃；夏季：22℃～27℃。采暖、空调应该采用清洁能源。

绿化系统：应具备三个功能：一是生态环境功能，二是休闲活动功能，三是景观文化功能。

废弃物管理与处置系统：生活垃圾的收集要全部袋装，密闭容器存放，收集率应达到100%。垃圾应实行分类收集，分为有害物、无机物、有机物三类，分类率应达到50%。

绿色建筑材料系统：提倡使用3R材料（可重复使用、可循环使用、可再生使用）；选用无毒、无害、有益人体健康的材料和产品。

根据世界卫生组织的定义，健康住宅，是指能够使居住者在身体上、精神上、社会上完全处于良好状态的住宅，健康住宅有15项标准：

1. 会引起过敏症的化学物质的浓度很低。

2. 为满足第一点的要求，尽可能不使用易散的化学物质的胶合板、墙体装修材料等。

3. 设有换气性能良好的换气设备，能将室内污染物质排至室外，特别是对高气密性、高隔热性来说，必须采用具有风管的中央换气系统，进行定时换气。

4. 在厨房灶具或吸烟处要设局部排气设备。

5. 起居室、卧室、厨房、厕所、走廊、浴室等要全年保持在17至27摄氏度之间。

6. 室内的湿度全年保持在40%～70%之间。

7. 二氧化碳要低于1000PPM。

8. 悬浮粉尘浓度要低于0.15mg每平方米。

9. 噪声要小于50分贝。

10. 一天的日照确保在3小时以上。

11. 设足够亮度的照明设备。

12. 住宅具有足够的抗自然灾害的能力。

13. 具有足够的人均建筑面积，并确保私密性。

14. 住宅要便于护理老龄者和残疾人。

15. 因建筑材料中含有有害挥发性有机物质，所有住宅竣工后要隔一段时间才能入住，在此期间要进行换气。

（本文摘自《名牌时报——上海楼市周刊》2003年7月）

坚持住房市场化方向，完善市场体系

促进房地产市场持续健康发展，必须坚持住房市场化的基本方向，不断完善房地产市场体系，更大程度地发挥市场在资源配置中的基础性作用。

1998年国务院23号文件进一步推动了住房制度改革进程，实现了住房实物分配向住房货币化分配的历史性转变，实现了房地产业发展的历史性飞跃。目前，全国城镇可售公有住房的80%已出售给了职工，居民个人住房私有率达73%，一个以市场取向的住房新体制初步建立。

这次国务院《通知》要求实现住房市场化的新的重大转变，同时也明确了政府职能。贯彻落实《通知》，最根本的是要坚持住房市场化的方向，进一步扩大市场作用的范围。在健全和完善住房一级市场的基础上，进一步深化城镇住房制度改革，落实房改各项政策措施。要继续推进现有公房出售，严格执行停止住房实物分配的有关规定，认真核定住房补贴标准，切实推动住房补贴发放工作。

要实现住房市场化，必须盘活住房二级市场。上海等城市的实践表明，开放搞活住房二级市场，实现增量市场与存量市场的联动，对于扩大住房需求（特别是增量市场的需求），增加中低价位住房供应，有着十分积极的现实意义。住房二级市场的活跃，很大程度上有赖于有关存量房上市交易政策性障碍的消除。各地应当深化房改，深刻领会启动二级市场的重要意义，研究制订促进本地区住房二级市场发展的政策措施，认真清理影响已购公有住房上市交易的政策性障碍，适当降低已购公有住房上市出售土地收益缴纳标准，鼓励居民换购住房，以二级市场的活跃，带动整个房地产市场的持续繁荣。

房地产中介服务体系是房地产市场体系的重要组成部分，活跃的房地产市场必然要求提供一个活跃的房地产中介服务，而发达的房地产中介服务体系，对促进房地产市场的持续繁荣，有着不可替代的作用。各地要积极采取措施，努力培育和规范发展市场中介服务，建立健全房地产中介服务市场规则，严格执行房地产经纪人、房地产估价师执（职）业资格制度，创造良好的住房消费环境，推动房地产市场机制的进一步完善。

各地在深化房改、推动住房市场化进程中，要从培育市场体系、完善市场规则的角度出发，把握并尊重市场规律，为市场发育创造更加有利的政策环境，并更多地发挥市场机制的作用，增强市场自我调节能力，从而促进房地产市场持续健康发展。

（本文摘自《中国建设报》2003年9月）

全面建设小康社会时期住宅建设的基本矛盾与任务

——关于住房制度改革与住宅产业现代化问题

刘志峰

尊敬的各位来宾，女士们、先生们：

很高兴参加“中国住宅产业与城市发展高层论坛”。借此机会，我就中国住宅建设的有关问题讲几点意见。

一、住宅建设是社会经济发展的重要推动力量

随着我国第一步和第二步战略目标的顺利实现，人民生活实现了解决温饱和从温饱到小康的两大历史性跨越，进入全面建设小康社会的新的历史时期。提高居民居住水平，是全面建设小康社会的重要方面。国际经验表明，人均GDP跨过800美元之后，居民住房面积持续增长、居住质量快速提高；在人均住房建筑面积达到35平方米、人均GDP达到3000美元之前的相当长一段时期，都是住房面积提高和住房质量改善的阶段。因此，全面建设小康社会时期，必然是我国住房需求高涨时期，住宅建设具有广阔的发展前景。今后若干年，房改的不断深化，将进一步完善住宅建设的发展

机制，促进住宅建设的持续快速发展。住宅建设在不断满足居民住宅需求的过程中，将进一步提高居民生活水平，也将对全面建设小康社会时期我国社会经济发展起到重要的、持续的推动作用。

（一）住房制度改革是住宅发展的根本动力

实物分配体制下，住房是国家提供给职工的福利，住房投资不能形成良性循环，投资严重不足，科技进步乏力。受住房实物分配的影响，1978年之前的相当长一段时期，我国居民住房条件日趋恶化，住宅质量低下，住宅产业萎缩。房改的深入推进，特别是90年代以来的公有住房出售，以及1998年住房分配制度改革的重大突破，居民住房消费有效启动，住宅投资和分配机制发生了重大变化。目前，住房消费已经成为城镇居民主导消费之一。2002年，城镇居民购买新旧住房和建房支出总额（不含居民租赁住房支出）达到8000亿元左右，占城镇居民最终消费支出的29.4%。个人购买商品住宅占商品住宅销售面积的95%，推动了商品住宅建设的高速增长，带动了城镇住宅建设的发展。与此同时，农村住宅建设也随着农民收入水平的提高，逐步更新换代，投资稳步增加。2002年，全国城乡住宅建设投资达到9407.1亿元，占全社会固定资产投资的21.8%，占GDP的9.2%；城乡住宅竣工面积达到13.1亿平方米。

（二）住宅建设是社会经济发展的重要推动力量

1998年以来的5年，随着商品住宅建设的快速发展，以住宅为主的房地产业保持了持续高速增长，房地产开发投资年均增长19.5%，年增长额保持在固定资产投资增长额的30%左右，直接和间接拉动GDP增长每年保持在2个百分点以上，以住宅为主的房地产业已经成为国民经济的重要的支柱产业。在国家扩大内需战略的实施中，居民住房消费和房地产投资已经起到了重要作用。居民居住条件的不断改善，还带动了居民生活需求的新发展，推动了社会全面进步的步伐。住房既是人民生活必不可少的基本消费品，又是可以保值增值的投资品，是现阶段我国社会财富和家庭财产积累的重要手段。实现全面建设小康社会时期“家庭财产普遍增加”的目标，住房仍将发挥重要作用。居民成为住房消费的主体，住房作为家庭财产，培育了居民的财产意识和财产权观念，带动了物业管理服务的发展，既促进了社区发展、扩大了就业，也培育了居民自我管理、民主管理的意识。随着居民“居住”观念从满足生存需要，向追求生活环境质量、追求生活舒适度的转变，新建住宅的功能质量、环境质量和配套水平有了较大提高，带动了社区公共设施、服务设施和水、气、暖等市政公用事业的增长，为我国城市功能的完善、城市面貌的改善做出了重要贡献。

（三）住宅建设的作用贯穿全面建设小康社会始终

目前我国居民住房条件有了较大改善。2002年，城镇人均住房建筑面积达到22.8平方米，农村人均住房面积达到26.5平方米。但目前的居住水平，仅仅是与总体小康目标相适应、满足基本居住需要的水平。在全面建设小康社会过程中，由于我国工业化、城市化和城市建设处于加速阶段，住宅科技进步贡献率不断提高，地区之间发展不平衡等因素，住宅建设特别是城镇住宅建设仍有巨大的潜力，还将长期保持持续发展，并成为贯穿我国全面建设小康社会始终的重要的推动力量。住宅建设发展的长期性和可持续性，首先表现为城镇住宅总量需求将长期保持在较高水平。按照2020年我国城镇居民人均住宅建筑面积达到32平方米估算，2003～2020年间，我国城镇新建住宅竣工面积应当达到140亿平方米左右。住宅总量需求来源于三个方面：现有城镇居民住房面积增长，年均约需要新建住宅2.8亿平方米；城镇化过程中新进城市人口住房需求，年均约需要新建住宅2.6亿平方米；现有110多亿平方米旧住宅更新改造，按照50年折旧计算，年均约需要新建住宅2.2亿平方米。在保持总量增长基础上，我国城镇住宅建设的长期持续增长，还着重表现在住宅产业现代化的不断推进方面。住宅建设的科技进步，住宅建设质量的不断提高，既可以增加住宅的有效供给，扩大消费需求；也由于单位面积住宅投资的增加，推动全社会住宅投资和消费的增长，成为促进住宅建设、拉动投资和消费增长的新的动力。

二、现阶段我国住宅建设的两大基本矛盾

提高住房面积、改善居住质量，是全面建设小康社会时期住宅建设的根本任务。与全面建设小康社会的要求相比，与住宅建设发展的潜力相比，当前我国住宅建设还存在一些突出问题，改革和发展的任务仍然十分艰巨：住房政策体系还不完善，市场体系还有待健全，市场机制的作用还没有充分发挥，城镇住宅质量还不能适应居民住房需求不断提高的要求，农村住宅建设还缺乏有效的政策引导和技术指导，等等。实现十六大提出的全面建设小康社会的宏伟目标，贯彻落实好十六届三中全会《关于完善社会主义市场经济体制的决定》要求，促进城镇住宅建设的持续健康发展，必须正确认识和把握当前我国住宅建设的基本矛盾。

（一）住房市场化进程加速和制度建设滞后的矛盾

1998年停止住房实物分配、逐步实行住房分配货币化以来，我国住房市场化进入加速推进阶段，成为这一时期我国住宅建设的最重要特点。5年来，单位建房、实物分房的旧体制基本打破，住房货币分配制度逐步完善；个人购买商品住宅占商品住宅竣工面积的比例达到95%以上，新建住宅基本进入了新体制；公有住房出售继续稳步推进，以单位所有为主体的住房产权格局发生根本变化，城镇私有住房占住房总量的85%以上，城镇居民住房自有率达到74%左右；住房投资和供应的社会化程度不断提高，商品住宅投资占城镇住宅投资的比例达到83.3%，竣工面积占城镇住宅竣工面积的比例达到43%；二级市场已经全面开放，存量住房交易日趋活跃，市场中介服务业务快速发展，统一的房地产市场体系基本建立，市场在资源配置中的基础性作用基本确立。

但是，新的住房制度建设落后于住房市场化进程，特别是政府职能转变滞后于市场发展的要求。

1.各级政府的宏观调控职能亟待加强。

宏观调节是市场经济条件下政府的重要职能。房地产市场对国民经济增长、金融稳定、相关产业发展都有重要影响，房地产市场又具有典型的市场信息不对称特点，必须进行有效的宏观调控。但是，相当一部分地区政府调控意识不强，没有建立与房地产市场发展阶段和特点相适应的调控体系，缺乏有效的调控手段。一些地方不正视房地产市场发展中存在的问题，没有树立正确的调控思想，调控措施不力。有的地方不顾市场需求，片面追求房地产开发投资的增长速度，盲目扩大建设规模，导致市场供求矛盾加剧，房价过快上涨，引发“炒楼花”、“炒认购号”等投机行为，存在潜在的市场风险。

2.政府对房地产市场的监管职能不到位。

在住宅建设领域，如何按照完善社会主义市场经济体制的要求，把政府部门的工作重点真正转移到市场规则建立和市场监管方面，需要深入研究，需要进一步转变观念，进一步转变职能。目前，住宅建设中重前期审批、轻规则建立、轻后期管理，行为不规范、不能严格依法行政等问题仍然十

分突出；商品住宅建设和销售、管理各环节存在的违法违规问题没有得到有效遏制，违规开发、广告虚假、面积“短斤缺两”、合同欺诈、中介市场混乱、房屋拆迁和物业管理服务不规范等影响市场健康发展的问题还较为严重；损害消费者合法权益的现象还不断发生，甚至引发群体性上访事件，影响社会稳定的大局。这些问题，归根结底是市场监管职能不到位、监管体系不健全造成的。

3. 住房保障制度建设进展缓慢。

住房保障是市场经济条件下政府职能的重要方面，是一个国家、一个地区住房政策的核心。目前，适合我国国情的住房保障制度还没有建立，部分城市政府还没有真正行使保障职能。一些地方不重视经济适用住房的建设和管理，经济适用住房建设优惠政策不落实，住房供应结构不能适应居民需求结构。许多地方对经济适用住房购房对象、购房面积标准和建设标准把关不严，影响了经济适用住房供应体系的建设。一些地方的有关部门和单位利用集资建房、合作建房，变相进行住房实物分配。面向最低收入家庭的廉租住房制度建设资金来源不稳定、覆盖面小、保障方式不完善，不能满足最低收入家庭的住房保障需求；部分地方不重视廉租住房制度建设，仅仅把建一批廉租住房作为短期的形象工程。

（二）居民住房需求转型与住房质量提高之间的矛盾

市场经济条件下，住宅建设的长期持续健康发展，从根本上要通过住宅供应与住宅需求的相互适应来实现。随着住房短缺问题基本解决，居民住房观念和需求发生了重大变化，整体上已经从生存型向舒适型转变。在全面建设小康社会时期，适用、舒适、经济成为住宅建设的新特征，体现人文关怀、绿色环保、科技创新是住宅建设的新主题。这种变化集中体现在：一是住宅的功能空间要更加合理。要在较小的空间内创造较大的舒适度，提高单位住宅面积使用率和功能空间的合理性。二是住宅的物理性能要有较大改善。住宅保温、隔热、隔声、通风、采光、日照等物理性能，越来越成为衡量住宅质量的重要因素。三是住宅设施设备的装备水平要进一步提高。厨房、卫生间设施，采暖与制冷系统，智能化技术系统的高效性、实用性已成为体现住宅舒适性的重要内容。四是居住区的环境和配套水平要更加完善。要创造自然和谐、朴实优美、安全环保、舒适便捷的住区环境。五是住宅的耐久性要延长。住宅具有价值量大、位置固定的特点，对耐用性有很强要求，应当在目前砖混结构 50 年的基础上，延长住宅使用寿命。因此，推动住宅建设质的飞跃和住宅的更新换代，是居民住宅需求转型和保持住宅建设持续健康发展的必然要求。

近年来，我国颁布了《居住建筑节能设计标准》、《室内空气质量标准》、《民用建筑室内环境污染控制规范》、《住宅性能评价指标体系》等法规和导则，对提高住宅的功能质量和舒适度起到了规范和指导作用。但总体看，目前我国住宅建设仍处于粗放型发展阶段，呈现出“四低两高”的特点，不能适应居民住房需求转型的要求：一是工业化水平低。建筑材料、部品尚未形成系列化、规模化的配套生产体系，部品的配套性、通用性差、生产规模小。二是成套技术集成度低。住宅产业的技术研发、推广和应用还主要以单项技术或产品为主，缺乏有效集成和整合，尚未形成配套化、系统化的成套技术体系。三是劳动生产率低。我国建筑工人的平均劳动生产率约为发达国家的 1/5，科技进步对住宅产业的贡献率，低于农业近 8 个百分点，距离集约型生产差 18 个百分点左右。四是住宅的综合质量低。特别是声、光、热、空气质量等物理性能、设施设备性能问题突出，跑、冒、滴、漏等工程质量通病还没有得到根治，以安全环保、舒适便捷、配套完善为特征的住宅装修质量亟待加快推进。一高，是资源消耗高，严重背离国情。我国人均耕地不及世界人均耕地 3.73 亩的 47%，水资源仅是世界人均占有量的 1/4。目前，实心粘土砖每年毁田 12 万亩，污水回用率是发达国家的 25%，建筑能耗占全国总能耗的 25%，建筑物运行能耗浪费严重，采暖地区能耗为相同条件下发达国家的 3 倍左右。另一高是，住宅生产造成的污染程度高。粗放型的住宅生产方式，不适应可持续发展、走新兴工业化道路的要求，不适应改善居民住宅质量的需要。

此外，现有的 110 亿平方米存量住房中，相当一部分旧宅不能满足居民新的住房需求。住房建筑工程质量，功能质量，设施设备水平和环境配套水平等方面，都需要加大整治改造工作力度。以设施设备水平为例，据 2000 年全国人口普查资料，我国城市家庭中，有 12.54% 的家庭没有自来水，28.7% 的家庭没有独立式厕所，14.6% 的家庭没有独立式厨房。小城镇和农村的问题更加突出。从住宅区的环境和配套水平方面看，相当一部分城市住宅区脏、乱、差的问题仍没有解决，推行社会化、专业化的物业管理难度很大。

三、深化改革，为住宅建设提供有力的体制保证

深化改革，不断解放和发展生产力，贯穿于社会经济发展的全过程。保持住宅建设持续健康发展，必须深化城镇住房制度改革。要根据十六大和十六届三中全会《关于完善社会主义市场经济体制的决定》的部署，进一步加快住房新体制建立的步伐，为住宅建设的发展提供有力的体制保证。今年 8 月，国务院印发了《国务院关于促进房地产市场持续健康发展的通知》，进一步明确了房地产市场发展的指导思想，从完善市场机制、明确政府职能等方面提出了今后一段时期的有关政策措施。概括起来说，就是要做到五个坚持：

（一）坚持住房市场化的基本方向，不断完善房地产市场体系

一是落实城镇住房制度改革的各项政策，完善住房货币分配制度。严禁住房实物分配或变相实物分配。建立稳定的住房补贴资金来源渠道，加大补贴资金筹集力度，完善补贴制度，加快住房补贴发放，提高职工住房支付能力。二是搞活住房二级市场。实事求是地解决公房和其他房屋产权办证等方面的历史遗留问题，进一步简化办证和住房交易的手续，除正常的税收调节外，实现住房交易“无门槛”，鼓励居民换购住房。三是健全市场服务体系，规范发展中介服务、物业管理和住房装饰装修活动，建立统一的市场体系，不断完善市场机制，充分发挥市场的自我调节能力。四是不断改善居民消费环境，完善房地产财税政策，规范发展房地产金融，简化贷款手续，增加贷款品种；健全贷款风险防范机制，加快研究建立全国个人住房贷款担保体系。

（二）坚持以需求为导向，调整供应结构

一是从各地实际出发，认真分析市场需求，合理确定当地房地产开发供应总量和供给结构，及时完善住房供应政策，健全住房供应体系，并加强宏观调控和政策引导以保证其实施，努力满足不同收入居民家庭的住房需要。二是重点发展适应居民承受能力的中低价位普通商品住房和经济适用住房。采取有效措施加快普通商品住房建设，增加其在住房供应中的比例，逐步实现多数家庭购买或租赁普通商品住房，进一步提高住房市场化程度。三是控制缺乏市场需求的高档写字楼、别墅、高档公寓和大户型项目建设。

（三）坚持面向百姓，加快建立和完善适合我国国情的住房保障制度

一是建立和完善面向城镇最低收入家庭的廉租住房制度。合理确定保障标准和保障范围；建立以公共财政为主、多渠道筹集的资金来源渠道，形成规范的住房保障资金来源，确保资金来源稳定；以租赁住房补贴为主、实物配租为辅，规范廉租住房保障方式。二是加强经济适用住房的建设和管理，加大政策支持力度，降低建设成本，提高建设质量，经济适用住房要严格控制在中小套型；建立健全管理制度，严格审定销售价格，严格审查供应对象，严格上市交易管理，实行“严进严出”政策；合理确定经济适用住房供应对象的范围和具体的收入线标准。

（四）坚持加强宏观调控，改善对房地产市场的监督管理

一是正确处理调控和发展的关系，增强调控意识。调控不是限制发展，而是因地制宜地解决市场发展中的问题，防止市场大起大落，实现房地产市场供求总量基本平衡、结构基本合理、价格基本稳定。二是完善调控手段，提高调控能力。制定房地产业发展和住宅建设规划，严格城市总体规划和近期建设规划管理，严格土地规划和计划管理，发挥金融的调控作用，发挥房地产市场信息和预警预报体系对投资和消费的引导作用。三是加强房地产开发、经纪、评估、物业管理企业的资质管理和从业人员的职业资格管理，加强对房地产开发项目的管理和监督检查。深入开展房地产市场专项整治，保障公平竞争的市场环境；坚决查处各种违法、违规和违纪行为。对房地产交易和管理中损害购房人利益的行为，对群众反映强烈、社会危害严重的典型案例，依法予以严惩。四是加强法制建设，建立较为完善的法律法规体系和制度环境。根据市场发展情况和规范市场发展的需要，及时完善各种行政和技术规范，维护住房投资人和产权人的财产权益，规范市场主体行为。

（五）坚持在统一政策指导下因地制宜，分别决策

一方面，要根据我国房地产市场发展的普遍特点，加强国家统一政策指导，严肃房改纪律，不断推进住房市场化，完善住房供应体系和市场服务体系，切实行使好政府职能。另一方面，房地产市场的地域性强，各地区经济发展水平、房地产市场发展阶段、住房的市场化程度、居民的住房消费观念和市场发展中存在的问题都有较大差异。因此，在国家统一政策指导下，必须因地制宜、分别决策。高档和普通商品住房的划分，经济适用住房和廉租住房供应对象的收入线标准等一系列具体政策，由地方政府结合实际情况制定。

四、加快住宅产业现代化，全面提高住宅质量

十六大提出，全面建设小康社会，要走新型工业化道路，大力实施科教兴国和可持续发展战略。十六届三中全会要求，坚持以人为本，树立全面、协调、可持续的发展观，促进经济社会和人的全面发展。贯彻落实这些要求，在住宅建设领域就是要大力推进住宅产业现代化。推进住宅产业现代化，坚持走科技含量高、经济效益好、资源消耗低、环境污染少、人力资源优势得到充分发挥的新型工业化道路，是世界各国共同的发展趋势，是住宅建设先进生产力的发展方向，是提高住宅产业劳动生产率的根本途径，是增加住宅有效供给、满足居民住房需求、促进住宅建设持续健康发展的重要条件，是合理利用资源和保护资源、走可持续发展战略的具体体现。

住宅产业现代化的根本标志，是标准化、工业化和生产经营的社会化。推进住宅产业现代化，要坚持以市场需求为导向，以科技进步为依托，以模数化、标准化、信息化为基础，以科学的组织和现代化的管理为手段，将建筑产品的开发、设计、施工、部品生产、管理和服务等环节联结为一个完整的现代产业系统，从而推进技术创新，全面提高住宅质量。

（一）加快建立和完善住宅产业技术政策

加快住宅产业现代化，要从加强基础技术和关键技术研究，开发、推广新材料、新技术，建立健全管理制度入手；要以构建住宅技术保障体系、建筑体系、部品体系、质量控制体系等四大体系为工作重点。一是技术保障体系。就是要建立与住宅生产有关的标准和规范体系、建筑与部品模数协调体系，开展标准化、多样化与工业化相结合的标准设计，为实现住宅生产的通用化、配套化、系统化提供技术支持。二是建筑体系。就是要加快以承重结构为主线，包括维护结构、隔断、厨卫、设备、管线等所构成的体系集成。重点解决标准化、系列化、配套化问题，使相关环节构成的体系有利于标准化、工业化生产和机械化施工，形成相互配套、符合产业现代化发展方向的完整建筑体系。三是部品体系。部品体系内部包括结构部品、外围护、内装、厨卫、设备、智能化、小区配套七大部品体系。要形成通用部品、系列开发、规模生产、配套供应的住宅部品体系。四是质量控制体系。就是要从市场准入制度、设计审批制度、质量监督制度、质量验收制度、责任赔偿制度、质量保证与保险制度、住宅部品认定制度、住宅性能评价制度等方面，为产业化提供质量保证。要高度重视住宅的规划设计问题。提高住宅规划、设计水平，是质量控制体系的重要组成部分，是增加住宅适度的重要方面。应当加快完善住宅设计规范和设计标准，提高住宅功能质量和环境质量。住宅区的规划设计，应当充分体现我国各地居住文化的地域性特点和优良传统，把现代文明与地方民俗、中国特色的建筑文化有机结合起来，坚决摒弃盲目照搬国外和贪大求洋的设计风格。

（二）加快研究推进住宅产业现代化的经济政策

企业是市场的主体，也是推进住宅产业现代化的主体。国内外实践证明，传统产业的革命和新兴产业的崛起，以及产业的快速发展，仅靠政府号召是远远不够的，必须有与之相适应的经济政策予以扶持和引导。为加快推进住宅产业现代化，对新技术、新材料以及先进适用成套技术的研发、生产和推广应用，要研究制订经济扶持政策，引导、扶持、保护和激发企业在推进住宅产业现代化方面的积极性，形成一批具有技术创新能力的骨干企业，形成一批实施住宅产业生产、技术应用和技术集成的企业群体。要借鉴农业产业现代化、高科技产业、汽车产业等行业利用产业发展基金，促进产业发展的做法和经验，研究探索建立住宅产业发展基金，为促进住宅产业现代化提供资金扶持。

（三）加快建立和完善住宅产业化的推进机制

推进住宅产业现代化，关键是要建立一套完善的组织实施体系。一是建立各级政府的领导决策机制。住宅建设关联度大，涉及行业多，推进住宅产业现代化必须建立领导、决策、协调机制，加强各级政府对住宅产业化工作的组织领导。二是统筹规划、有序推进。根据当地经济发展水平和住宅产业现状，确定推进住宅产业现代化的目标和工作步骤，统筹规划、明确重点。从住宅部品的研发、生产、推广应用等环节共同入手，从不同层面全面推进住宅产业现代化。三是切实抓好推进住宅产业现代化的切入点。积极培育住宅产业现代化基地，切实发挥基地的辐射带动作用。继续抓好康居示范工程建设，以示范工程为载体，推广应用新型住宅产业成套技术和部品，促进住宅产业现代化发展。同时要加强

舆论引导。当前，市场上住宅新概念繁多，如：健康住宅、生态住宅、百年住宅等，不仅使消费者无所适从，而且使技术研发单位为追逐市场热点，缺乏对技术、产品的系统研究和开发。必须进行正确的舆论引导，充分发挥舆论的导向作用，使政府、企业和消费者形成良性互动和合力，为住宅产业现代化形成良好的舆论环境。

（四）要高度重视旧住宅区的整治改造和村镇住宅建设问题

旧住宅区的功能和环境质量问题，是现阶段住房质量和居民需求之间矛盾的集中体现。在保证新建住宅质量的同时，要着力于完善城镇现有住房的功能和环境配套水平，重点是设施设备改造和环境治理。要有计划、有步骤地进行旧住宅区整治改造，真正做到为民办实事、代表人民群众的根本利益，不搞"形象工程"、"政绩工程"。应当进一步加快危旧住房改造，研究建立旧住宅区整治改造资金的筹措机制，加大对旧住宅区整治改造的投入；对危旧房改造项目继续予以土地、税费等方面扶持；加快推进旧住宅区的物业管理，为居民创造安定和谐的居住环境。对小城镇和农村住宅建设，要在增加居住面积的同时，把重点放在提高住宅质量方面。加大对农村地区基础设施投资力度，重点改善与居民居住环境质量相关的水、电等公用设施的供应能力，提高自来水等基本生活卫生设施水平；大力改善农村炊事燃料结构，推广使用清洁能源。加强对小城镇和农村建房的技术指导，制定和推广小城镇住区规划和住宅建筑标准，提高小城镇住宅建设水平；引导农民根据当地实际，使用先进适用的住宅建筑技术。

在全面建设小康社会的进程中，我国住宅建设有着广阔的市场空间，面临新的发展机遇，也存在诸多的严峻挑战。我相信，只要坚持面向普通百姓、面向市场需求的指导思想，坚持市场导向的改革，加快建立适应我国实际情况的住房政策体系，就能够保持住宅建设的持续健康发展，继续发挥好住宅建设对经济发展、社会进步、人民生活水平提高的综合性作用，为实现全面建设小康社会做出积极的贡献。

谢谢大家。

（2003年10月　北京）

建生态城市评估体系，建优良人居环境

建设部部长汪光焘在10月22日举行的"2002年度中国人居环境奖和国家园林城市颁奖仪式"上说，十六大提出的全面建设小康社会很重要的一个方面就是推进城镇化，要实现城乡统筹发展，以经济发展推动社会全面发展、实现共同富裕。全面建设小康社会是经济社会发展的社会，不仅要讲经济指标，还要讲资源、环境、人文指标。

汪光焘说，我国的城市化建设取得了有目共睹的成绩，但存在的若干问题也同样不可忽视，包括城市化建设资金短缺、机制落后、历史文化遗产保护不力、绿地建设不够、形象工程过多过滥等。要解决这些问题，就必须加快城市生态建设达标系统的设计开发，建立涉及环境、能源、交通、文化遗产保护等方面的评估体系，对城市规划、建设和管理进行科学评价。

另据建设部官员透露，即将出台的评估标准涉及供水、污水处理、排水系统、园林绿化、城市中心区绿化、城市绿量、生物多样性、燃气、供热、能源、公共交通、垃圾处理、城市文化遗产保护等，既解决目前存在的城市生态设施、基础设施双缺乏的状况，又防止出现"政绩工程"、"形象工程"。

汪光焘还对良好人居环境的建设做出了重要指示——应本着可持续发展的原则，改善城市环境质量和人居质量，实际上是通过经济发展推动社会等各方面协调发展。同时针对当前城市存在的问题和未来城市发展的要求，汪光焘提出了四点意见：

一是坚持以人为本，努力改善生态环境，促进人与自然和谐和经济社会协调发展。要充分认识城市绿化在城市生态建设中的重要作用。设立人居环境奖和国家园林城市的根本目的不仅仅是对居住提出要求，而是要促进经济社会全面发展。促进经济社会发展，要强调以规划为龙头，推动住房建设和社会全面发展。

二是要坚持实事求是，量力而行。要处理百姓关心的、百姓迫切需要解决的问题，在实施过程中要保护弱势群体和农民的利益；绝不能搞劳民伤财的形象工程。

三是要坚持与时俱进，积极探索改革创新，建立长效机制和体制。要充分发挥市场机制作用，市场能办的让市场去办。要转变政府职能，健全法规体系，做到依法管理城市。加快市政公用行业市场化进程，打破垄断，在放开市场的同时加强政府监管。

四是要以全面建设小康社会为目标，树立可持续发展观，促进城市持续健康发展，促进城市共同繁荣。

在此次颁奖仪式上，山东省青岛市、福建省厦门市和海南省三亚市获"中国人居环境奖"；北京市"菖蒲河改造——皇城保护"等34个项目被授予"中国人居环境范例奖"；昆明世界园艺博览园获"中国人居环境特别奖"；江门等19个城市（区）荣获国家园林城市称号。

（本文摘自《中国房地产报》2003年10月）

第十一章　住宅空置状况

我国将改进房屋空置统计方法

在国务院新闻办今天举行的记者招待会上，建设部副部长刘志峰回答了中外记者提出的当前房地产领域的热点问题。对于房屋空置率问题，他表示，我国尚未建立房屋空置率指标，目前关于中国房屋空置率达到20%甚至30%的说法是不科学不可信的。建设部正在与有关部门共同研究改进房屋空置统计方法，建立与国际接轨的房屋空置率指标，尽快建立和完善房地产预警体系。

据刘志峰介绍，国外房屋空置率的计算是将全部可用新旧房屋做分母、全部待售待租新旧房屋做分子得出的。我国结束住房实物分配、进入住房商品化的阶段还不长，房屋市场化程度还不高。以去年为例：全国城镇共建住房7.25亿平方米，其中商品房只有2.85亿平方米，商品房占全部竣工住房的比例约为40%。另据国家统计局提供的资料，到今年7月底，全国空置房面积为9700万平方米，其中5400万平方米为竣工一年以内的待售房屋。他表示，今年年底空置房的统计会有适当调整，竣工一年以内的房屋将被作为待销房；竣工一年以上、三年以内的将被作为滞销房；竣工三年以上的将作为空置积压房。

对于当前城市拆迁所带来的问题，刘志峰认为其原因是多方面的：有的城市政府不顾实力搞拆迁建设，造成了拆迁补偿标准降低，补偿资金不落实；有的部门不依法行政，工作简单粗暴；有的开发企业随便降低补偿标准；还有极少数拆迁户漫天要价。这些问题已经引起中央的高度重视，各地要充分认识其重要性，从落实“三个代表”重要思想出发做好拆迁工作。要量力而行，坚决反对为了搞形象工程而损害拆迁群众的利益。要严格按照国务院有关文件的规定，拆迁补偿不到位、拆迁方案不落实的不能拆迁。

（2003年9月）

空置房的成因和对策

杨培军

一、2003年上半年房地产业发展态势

2003年上半年，虽然遭遇非典之灾，但房地产业发展形势依然很好。国家统计局最新测算的全国房地产开发景气指数结果表明：在连续3个月的小幅回落之后，6月份“国房景气指数”再次回升到107点以上的水平。全国房地产开发市场逐渐恢复了原有的快速发展势头。

从房地产开发投资来看，1～6月份累计完成3816.81亿元，较去年同期增长34%，高于同期固定资产投资增幅1.2个百分点，占同期固定资产投资的比重为25.3%。其中，东、中、西部地区增幅分别为29.2%、55.9%、45.6%。中、西部地区增幅高于东部，其中12个地区增幅超过50%。

商品住宅开发完成投资2856.79亿元，同比增长28.0%，占商品房投资的67.8%（其中经济适用住房完成投资227.66亿元，同比增长22.6%，占商品住宅投资的比重为8.8%）；

办公楼投资完成177.21亿元，同比增长27.9%，占商品房投资比重为4.6%；

商业营业用房完成投资458.57亿元，同比增长50%，占商品房投资比重为12%。

从商品房新开工面积来看，1～6月份，全国房地产新开工面积为2.43亿平方米，同比增长31%，比去年同期增加11.2个百分点。其中，商品住宅新开工面积为1.99亿平方米，同比增长29.7%。

从商品房竣工面积来看，1～6月份，全国累计完成房屋竣工面积8187万平方米，同比增长40.4%，增幅比去年同期增加20个百分点。其中，商品住宅竣工面积达到6766万平方米，同比增长38.6%。

从商品房销售面积来看，1～6月份，全国累计商品房销售面积为8672.35万平方米，同比增长37.4%。

从商品房销售额来看，1～6月份，全国累计商品房销售额为2101.77亿元，同比增长44.8%。

总体上可以说是“两喜一忧”：

两喜是商品房销售额增长速度（44.8%）高于房地产投资增长速度（34%）；商品房销售面积（8672.35万平方米）大于竣工面积（6766万平方米）。这表明了需求拉动增长的好势头。

一忧是商品房空置面积继续增加，比去同期增长8.4%，其中商品住宅空置面积同比增长8.6%。

二、大量空置房形成的原因

造成空置房的原因是多方面的。纵观各地房市，主要有

以下四个方面的原因：

1. 产品结构不合理。

空置房较多的地区有一个共同的现象。即高档住宅过热、积压最严重，而中低档住宅则普遍供不应求。市场目标错位，高档住宅过热，是造成房地产产品结构严重不合理，市场无效供给增加、商品房空置的重要原因。老百姓对房价高的强烈反映，实际上是针对这些高档项目（也包括一部分中档项目）讲的。因为经济适用房和中低档商品房，在抵押贷款的支持下，许多中低收入者还是可以接受的。

据报道，北方某市从1999年至2001年，累计有2000余万平方米的高档商品房未售出。60～100万元一套的高档楼盘，与老百姓只有30～40万元的承受能力形成很大的反差。而对一些经济适用房项目，排队买房的达到了上万户。因而，造成高档房大量空置、经济适用房供不应求的结构性过剩的局面。

南方某市，一方面住房消费需求很大，2001年销售住宅总量达到492.51万平方米，其中个人购房占400.72万平方米。个人购房者当中，中低收入的首次置业者占66%。他们能够接受的价格为3000～5000元/平方米。而另一方面，该市仍在大量建造高档商品住宅。虽然这种6000～8000元/平方米以上档次的房价，二次置业者能够接受，但这一群体已经饱和。这种市场消费主体的变化，造成高档商品住宅的积压。

不难看出，产品结构严重不合理，高档高价房生产过剩，是空置率居高不下的主要原因。

2. 业者盲目跟风。

由于楼市对一些概念过度炒作，一部分业者则盲目跟风，导致投资开发走入误区。

以北京为例，就有以下几种被炒得很热的概念：

(1) 网络（IT）经济需求概念。导致网络经济从业人员为主要消费对象的楼盘大量开发和积压。

(2) 奥运概念。只是预期奥运项目能带动经济的发展，未深入探究它是否真能引起消费者在其周边置业的热情。造成奥运概念炒作的楼盘的空置。

(3) WTO概念。只是预期加入WTO以后外商大量涌入的购房需求，而未认真研究外商何时大量涌入，供求关系如何，因而造成高档“外”销公寓的积压。

(4) 外来人口住房消费需求概念。由于过高估计外来人口的购买能力，也造成空置房的增加。

对于概念经营而言。首创者可能成功，跟风者可能失败。这是屡见不鲜的事实。今天的短线产品，一经炒作，再加上盲目跟风，明天就会变成长线积压产品。

3. 开发项目品质低下。

例如，户型不佳或超大，周边配套设施不全，交通不便，设计陈旧，产品质量欠佳等等，成为无效供给。而随着新秀楼盘的上市，这些空置房越来越难以消化。

4. 市场方面的因素。

例如，市场中降价预期强烈，消费者观望等待；一些消费者对贷款购房还不习惯；市场行为尚不够规范，部分开发项目有不诚信行为，打击了购房者的信心等等，都使得销售周期延长，空置房增多。

三、消化空置房的对策

（一）从压减新增空置房来看，可以采取以下措施

1. 加强行政干预，大力调整产品结构。

商品房增长过快、空置量较大、空置比例过高的城市，应加强房地产项目的审批管理，严格控制新开工项目。

例如，北京市已宣布，2003年北京市商品房投资计划安排的重点是危旧房改造项目、绿化隔离带新村建设项目、经济适用住房项目以及市委、市政府确定的重大开发项目。对于北京市商品房空置率高的区域，原则上将不再安排新的开工建设项目。对于未列入2003年土地年度供应计划的建设项目，暂不安排在2003年度续建或新建；而拖欠价款、经营能力严重不足的公司，也暂不安排新开工项目。续建项目和前期准备工作充分、规划方案已经审定、已按规定缴纳有关税费、建设资金已落实的新开工项目将给予优先安排。

又如，广东省针对商品房开发过热的现象，强调从五个方面入手调控。即：①加强对房地产业发展预测的研究；②加强土地出让的计划性；③加强对房地产开发企业的控制；④适当控制项目开发规模；⑤建立健全房地产统计制度。

深圳市国土规划局为提高市场对空置房的消化能力，决定控制一级市场房地产用地供给规模。

江苏省为了消化空置商品房，对商品住宅空置面积超过该企业近3年累计竣工商品住宅面积20%的开发企业，各级计划部门停止审批其新的项目。因此，江苏省成为消化空置房最快的省市之一。

2. 加强项目开发前期的调研和论证，准确地进行市场定位。

开发商应真正树立起以消费者为中心的营销理念。空置的商品房中，有很多是因为开发商不注重研究消费者真正需求，盲目跟风，结果不被消费者认同。

（二）从加大现有空置商品房的消化力度来看，可以采取以下措施

1. 适当降低价格。

由于商品房更新换代很快，早年开发的商品房户型和装修都显得陈旧，越往后拖越难出手。因此，消化这类空置房的核心是价格。如上海采取降价销售的方略，物价局公布《空置商品住房降价备案表》，企业应明确标价开展销售，只能降低，不能以任何理由提高。并配合高校扩招提出了“盖公寓楼、购空置房、改旧校舍、建学生村”的思路和相关优惠政策，减少了空置房。

2. 减免有关税费，为降低房价创造条件。

国家有关主管部门已出台了一些促进消化空置商品房的税费优惠政策。如南京市实施的契税减免政策就有力地拉动了空置房的销售，市民在城区购买的这类商品房可以减免契税，现已售出近千套，共15万多平方米，免去购房者契税1000余万元。

3. 转化为拆迁安置用房。

如宁波市加快市政建设和旧城改造，推行自选安置、货币安置、直接安置相结合的“三安置”政策；补足市政配套。山东省出台政策，鼓励开发商参与危陋简房改造，将空置商品房转化为拆迁安置用房，原来危陋简房拆迁后的土地归开发商所有。“以房换地”后腾出的地块进行房地产开发经营时，视拆迁安置费用情况，减免部分行政事业性收费，并且腾出的地块可以转让，在转让手续费上给予优惠。

4. 转化为经济适用房。

由政府有关部门按照经济适用房的政策，例如免缴土地出让金、契税优惠等等，使空置房的价格得以降低．适合中低收入的支付能力。如海口市经确权的空置房中，约有一半符合“转化”的条件。将“转化”后的经济适用房以政府限价（低于市场价格）进行销售，取得了很好的效果。

5. 分时度假。

据报道，美国在六七十年代也积压了大量房产，旅游分时度假成了当时开发商们的救命稻草。现在，美国有近

90%的家庭按照此种方式休闲度假，每年服务两亿人次，创造了86亿美元的经济效益。目前，我国分时度假营销方式也已日渐升温。这对游旅城市及地区空置房的消化而言，无疑是一条好的出路。

6. 进行改造、提高。

在不影响建筑物安全的基础上改造房型及落后的功能设计；完善小区配套；少数质量太差。无法改造的空置房恐怕就得推倒重建。

（本文摘自《北京房地产》2003年10月）

如何看待商品房空置问题

商品房空置量一直是社会比较关注的问题。据国家统计局有关人士透露，到去年6月，全国商品房空置量约1.2亿平方米。国家统计局公布的月度统计快报显示，今年1～8月，全国城镇商品房空置面积同比增长5.6%，低于上月增长7%的水平。分地区观察，东部地区商品房空置面积保持负增长，而中、西部地区空置面积的增速有所加快。快报同时指出，由于商品房销售快于商品房竣工，全国商品房空置面积增速正在减缓。

9月18日在国务院新闻办举行的记者招待会上，建设部副部长刘志峰说，据今年7月国家统计局公布的数字，商品住宅空置量为9700多万平方米，其中竣工一年以内待销售的住房大概是5400多万平方米。也就是说，建成一年以上到目前还没有卖出去或者没有租出去的住房仅仅是4000多万平方米。这是迄今为止，官方披露的有关商品住宅空置量的最新数字。

在市场经济条件下，有商品就会有积压，有空置，商品房也不应例外。商品房空置多少才是合适的？这实际上是一个空置率的问题。

刘志峰副部长说，目前我国商品房的空置率标准体系还没有建立。按照西方一些国家的标准，商品房空置率的计算，是以全部可用住房和其他商品用房出售和出租总量多少作为分母，把待售、待租的住房作为分子，从而得出空置率。而中国推行住房商品化、市场化时间还不长，住房商品化程度还不高，无法采用这一标准来计算空置率。譬如2002年，全国城镇建成了7.25亿平方米住房，但其中商品房只有2.85亿平方米，只占当年城镇住房竣工总量的39.8%。刘志峰不同意目前全国城镇商品房空置率达20%甚至30%的说法。他问，如果以4000多万平方米作分子，新房的竣工总量或者是新房竣工总量和存量住房之和作为分母，“大家可以算一下，空置率到底是多少？”当然会很低。

还有一些国家，将目前商品住宅空置量与近3年商品住宅可租售数量之比来计算住宅空置率。有的研究机构认为，商品住宅空置率的合理区间一般为3%～10%，如果商品住宅空置率超过10%，表明商品住宅空置达到了警戒线，如不加以控制，将会引发房地产市场的一系列问题。判断商品房空置量是否严重的一个重要参照指标，应是当前的房地产市场形势，尤其是商品房销售情况。

据国家统计局统计快报，2003年1～8月，房地产开发投资达到5566亿元，同比增长33.1%，增幅比去年同期增加3.1个百分点。其中，商品住宅完成投资3814亿元，同比增长28.2%，占全部房地产开发投资的比重达到68.5%。全国累计完成房屋竣工面积1.24亿平方米，同比增长32.8%。其中，竣工商品住宅1.03亿平方米，同比增长30.6%。虽然该统计快报未披露销售面积的数字，但明确指出，当月商品房销售面积快于竣工面积，进而引发了商品房空置面积的下降。这基本代表了近年来房地产市场的发展状况。

认为适当的商品房空置量无须大惊小怪，并不意味着无视这一问题的存在。尤其是少数地区确实存在商品房空置量过大的问题，必须引起高度重视。解决商品房空置问题，还是要强调发展，通过促进房地产市场的持续健康发展，来解决市场中存在的问题，包括商品房空置问题。

据刘志峰副部长透露，建设部准备与国家统计局协商，改变目前的商品房空置率统计体系。即，将竣工1年以内未售出的商品房作为“待销商品房”，竣工1年以上3年以内未售出的商品房作为“滞销商品房”，竣工3年以上未售出的作为空置积压商品房。同时，要和有关单位合作，研究和国际接轨的住房空置指标体系，进一步加强住房信息预报系统的数据采集和预警预报系统的建立工作。政府通过掌握这些数据来加强对房地产市场的宏观调控，促使消费者、开发商进行理性投资和理性消费。

（本文摘自《中国建设报》2003年11月）

“泡沫说”与“空置率”

目前，对于国内地产空置率过高的说法，北京首创置业市场总裁张静颐指出，在国外物业要空置超过一年才计入空置面积，但内地楼面在建成后而未出售便立即算入空置面积。张静颐表示，截至年中时，北京的整体空置面积为710万平方米，当中有53%是建成不足1年的楼面，这部分楼面应可逐步消化；建成3年以上的空置楼面积则只有10%。北京市场空置700万平方米是有关部门正式公布的统计口径，但其中有多少可以为市场消化，有多少只能静等银行拍卖，有多少是因国营企业领导为保持库存营业额，而不愿把现房削价售出，大概谁也无法计量清楚。现在首创旗下的金网络销售公司，按自己一线实战积累的市场数据，划了一条线。

实际上，无论是“泡沫说”，还是“空置率”，其真实目的不过是为调低“预期”。华远任志强指出，在住房成套率未能达到1：1之前，还没有哪个国家的房地产出现过泡沫。事实上，要体味这句话，可以看看我们周围的朋友、同事，买房的人到底有多少呢？肯定不是十之八九，购房需求的空间仍是十分广阔。

现在的问题出在了“预期过高”上，本来房地产可以火十年，在十年中多数家庭渐次实现购房梦，但现在开发商恨不得一夜之间让没住过新房的人统统去买新盖的商品房。据统计数据，目前房地产业对我国GDP的贡献为1.9%到2.5%，而国外发达国家，即便是房地产最火热时，对GDP的贡献率不过0.6%，或许在统计方法上可能有出入，但GDP对房地产有如此高的依赖性肯定不能说是正常的。

这种“预期过高”从一些发展商的圈地规模上即可看出，上海置业、万科、华润置地、中华企业、中国海外、合生创展等几家上市公司的土地就超过63平方公里。按照北京1：2的平均住宅开发容积率计算，这些土地会有近1.5亿平方米的住宅产生。

经济学家樊纲一语点破，泡沫的特点就是预期过高。有人预期价格还要涨，市场还要往上走，就会有泡沫生存的空间。如果大家都预期低了，就不是泡沫了。在1992－1993年增长率达到了12%～14%。那时候还有人声称中国经济增长率可以达到20%，但那时却没人说会有泡沫。泡沫有时很难用一个客观标准表达，它包含了很多心理预期的因素。樊纲的关注点是，现在不少发展商都叫嚷“钱紧”，这个事情就值得关注了，为什么大家在现阶段都缺钱，感觉资金特别紧缺，为什么前几年这个问题并不是突出？

一位业内人士听到北京东坝的土地被炒到一亩60万时，不禁哑然失笑，他说，当时一亩20万我都嫌贵，怎么现在就60万了呢？——大家都对地产市场预期看好，认为市场的消化能力象黑洞一样，能把任何房产都消化掉，于是争相炒地，地价飙升，而开发商圈地规模越来越大，钱岂有不缺之理？或许这种一厢情愿的看涨预期，投资额的虚高，才是“泡沫”产生的原动力。

瑞安建业主席罗康瑞认为，内地楼市的泡沫现象只属个别地区问题，相信可经由市场自行调节，不能一概而论或以一刀切的方式去施行政策。罗的观点是在表明，“空置率”固然应当关心，但一棍打死，则既不是市场所望，也不是“泡沫说”提出者的本意。

（本文摘自《中国工商时报》2003年11月）

我国房屋实际空置率在7%以内

中国房地产协会副会长兼秘书长 顾云昌

有舆论表示，中国的房屋空置率已经超过了国际警戒线。12月6日，在人民大会堂召开的“2003第五届中国经济高层论坛年会”上，中国房地产协会顾云昌副会长对上述说法作出了反驳，并对什么是空置率的警戒线，如何计算空置率作出了解释。

顾云昌表示，国际上通行的空置率与我国现行的空置率并不是一个概念。国际上的空置率是指市场上现有的卖不出去的房子（包括开发公司和业主卖不出去两部分）与全社会所有存量房的数量之比。按照国际空置率计算，欧美国家一般在10%上下属于正常范围。如果我国按照国际上的通行法则来计算，全国城镇存量住房114亿平方米，现在开发商手里的空置商品住房约1亿平方米，加上业主手里想卖没卖出去的房子，也算1亿平方米，以此计算的空置率低于2%。

顾云昌说，我国现行的空置率的计算方式与国际方式有所不同，我国空置率的计算方式是，开发商没有卖出去的商品房数量，与前三年商品房竣工数量之比。按照我国这种算法，一般认为5%～14%的空置率是合适的。据统计，全国空置率2000年为16.7%，2001年为15.4%，2002年为14%，2003年到目前为止还是14%，空置率在警戒线以内，是符合正常范围的。而且，我国在计算空置房时，包括了空置一年以内的待销房屋，这部分房屋又占到空置房的50%左右。如果按照新的统计方式，一年内未出售的房屋只是属于待销房，不属于空置。现在的空置率大约只有7%。

顾云昌总结说，中国房地产市场仍处于总量不足的阶段，以后每年还需要有大的增量，空置房的消化并不是太大问题。另外，空置率也存在很大的地区差异，不可一概而论。

（本文摘自 东方新闻网 2003年12月）

第十二章　经济适用房的建设与开发

经济适用房对住房市场价格的影响

首都经济贸易大学城市经济系　邵德华

经济适用房是我国住房分类供应体系的重要组成部分。自1998年国务院发布《关于进一步深化城镇住房制度改革加快住房建设的通知》以来，各地采取了多种形式，组织经济适用房建设。随着经济适用房建设规模的扩大，其满足中低中收入家庭住房需求、平抑大中城市住房价格的作用逐渐显露。北京市是目前全国经济适用房建设规模最大的城市，其经济适用房对住房市场价格影响的分析也具有较为普遍的意义。

一、价格构成：经济适用房开发成本相应减免

经济适用房由于其所具有的不完全商品性和部分保障性，国家对其开发成本作了相应减免：免收土地出让金、减免21项税费，开发商利润率在3%以内。其开发成本构成主要包括征地和拆迁补偿费、前期工程费、建安工程费、住宅小区基础设施建设费（含小区非营业性配套公建费）、管理费贷款利息和税金等七大项。因此，从构成上来看，经济适用房开发成本要低于商品住房。

从项目实际价格的比较来看，北京市目前大多数经济适用房与相同地段、相近档次的商品住房市场价格相比，单价绝对差低的在450元/平米左右，高的可达1300元/平米，相对差大致在15%～35%之间。按北京目前地价情况推算，经济适用房地块出让金大致为350元/平米，加上其他减免费用150元/平米，品质相当、获利相近的经济适用房与商品住房价格之间合理的差异大致应在500～550元/平米左右。

二、作用机制：总量、结构综合作用机制初步形式

对于房价偏高的北京、深圳等大城市而言，政府当前价格调控的主要任务就在于优化住房供给结构，平抑住房价格。北京市经济适用房建设对住房市场价格平抑作用日趋强化，初步形成了总量、结构综合推进的作用机制。

供供总量方面，2000年北京市经济适用房开复工面积为358.7万平米，约占当年商品房开复工面积的8.1%。2002年以来，经济适用房建设步供明显提速，仅上半年开复工面积已达到405.3万平米。经济适用房入市数量的上升，推动了北京楼市住房总供量的增加，从而对住房价格初步起到了平抑的作用。

供给结构方面，北京市目前在售楼盘中，5000～8000元/平米之间的中间价位楼盘占有相当比重，低价位住房供给比重偏低。经济适用房的大规模入市，在一定程度上弥补了市场低价位住房供给的相对不足。对于价格销高的商品住房而言，经济适用房的入市对其客户形成了较大的分流，相对降低了其需求，从而在一定程度上平抑了商品住房的市场价格。

三、发展前瞻：理顺经济与商品房介格相互影响机制

（一）确定经济适用心合理供应规模

为优化住房市场结构，在平抑住房市场价格的同时，保持市场在住房资源配置中的基础性作用，政府应当掌握好经济适用房地供人总量。供给总量过低，就发挥不了经济适用房的平抑房价、满足中低收入家庭住房需求的作用；供给总量过高，就容易对商品住房市场产生冲击，影响住房市场化改革的深入进行。因此，经济适用房的供应规模应在对住房市场发展状况、中低收入家庭住房消费支付能力等因素深入研究的基础上合理确定。

（二）平衡布局扩大经济适用房的影响面

从目前北京市经济适用房区域布局来看，经济适用房主要集中于北京区域，居民就业主要集中于三环以内的市中心区域，因而居住与就业分离现象比较比较严重，交通成本较高；从居民居住习惯来看，一般来说，一旦人们在某一地域范围内生活相当一段时间之后，会对居住区格局、空间尺度产生亲切的感觉，并强化自身社区归宿感、地域留念度。布局失衡的经济适用房建设对住房市场价格的影响面，无疑将因上述各因素的存在而大大降低。南城地区翠城、西红门等大型经济适用房项目的启动，将会对本区域的住房价格产生强大的平抑作用，从而使南城居民能在相应半径内购置新的住房，也防止了居民就业与居住的过度分离。

（三）减少住房消费“搭车现象”

如果没有有效的准入机制，住房消费将会产生“搭车现象”，降低政府对经济适用房投入的保障效率，也会对商品房市场形成较大的冲击，对经济适用房周边项目的冲击尤为明显。由于区位相近，而成本差异较大，商品房客户将会大量流向同一区域经济适用房项目。北京市目前虽然出台了经济适用房的限购政策，但从总体实施情况来看，由于缺乏完善的收入统计与监管机制，加之开发商对自身利益的追求，本应购买商品房的家庭大量地进入了经济适用房市场，中低收入家庭反而遭到排挤，前述准入机制未能发挥其应有的作用。为避免经济适用房对商品房市场过大的冲击，政府有必要加快建立完善的收统计机制，高收入家庭与中低收入家庭各得其所，形成住房供给市场的良性竞争机制。

（四）鼓励经济适用房进入住房二级市场

经济适用房的供应对象为中低收入家庭，住房二级市场的购买者亦大都为中低收入家庭，因此经济适用房与住房二级市场呈现相互替代的关系。在经济适用房建设规模较小的

情况下，鼓励已购经济适用房上市交易，对降低住房一级市场价格有很大作用。从北京市已购经济适用房的上市产易情况来看，经济适用房已经开始逐渐流入市场。我爱我家、精品家园等公司的已购经济适用房的成交量都有了不同程度的上升。已购经济适用房的上市交易，相应带动了周边低价二手商品房的买卖，二手商品房入市交易量呈不断上升之势，其价格却因经济适用房供给而保持着平衡发展的态势。

（本文摘自　恒基网站　2002 年 9 月）

经济商品房挑战经济适用房的低价霸主地位

自从 1998 年经济适用房出世以来，便以其低廉的价格构成了对广大工薪阶层购房族的绝对吸引力。4 年时间里，北京先后建成或正在建设的经济适用房项目达到了 30 个。同时，经济适用房也在北京低价位楼盘销售中确立了霸主地位。其实，在低价位楼盘市场中，除了经济适用房外，还存在着大量的“经济商品房”——低价商品房。其价位及各方面品质都可与经济适用住房一争高下。

一、“经济商品房”、经济适用房共筑低价房市场

据市建委有关人士介绍，1998 年 10 月 29 日，总面积达 560 多万平方米，包括“天通苑”、“回龙观文化居住小区”等 19 个项目在内的首批经济适用房项目在北京面世。1999 年，北京的经济适用房建设全面铺开，新增面积共 80 多万平方米。4 年间，北京又先后冒出了“通惠家园”、“今日家园”、“顶秀欣园”、“瑞海新城”等 30 多个经济适用房项目。预计今年全年新开工面积将达到 200 万平方米左右。

这些经济适用房项目在满足了广大工薪阶层住房需求的同时，在北京低价房市场上也一直保持着所向披靡的热销态势，雄踞着低价楼盘市场的“霸主”地位。几乎每一个经济适用房项目开盘，必然会出现老百姓披星戴月、风餐露宿排长龙等候放号的场面。据经济适用房项目“顶秀欣园”开发商介绍，“顶秀欣园”在最近的一周内就成交了 30 多套。80％的购房者为年轻夫妇，主要购买的户型为价格在 30 万左右的两居室。最近面市的经济适用房“瑞海新城”，由于其价格创出了经济适用房的新低，认购当日就有 500 多人参加认购。由此可见，低价房在北京的需求量是非常巨大的，仅仅靠经济适用房怎能填饱这一胃口呢？用经济适用房“通惠家园”开发商刘冰先生的话说，“尽管经济适用房在逐年增加，但依然无法满足庞大的市场需求。”

其实，市场上一直以来还存在着大量的“经济商品房”项目。无论从价格、品质及区位来说均可与经济适用房项目一争高下。只是由于经济适用房的光芒太过耀眼，使经济商品房一直处于暗淡境地。如郁花园、育龙家园、西潞园和最近开盘的世外桃园等。一批经济商品房项目正在表现出为改变这一窘境的努力，引起了广大工薪阶层购房族注意。其中，世外桃园竟把“挑战经济适用房”作为其广告语。据其开发商北京君合百年房地产开发有限公司戴青副总经理介绍，该项目位于朝阳路东端，6 层板楼奉送全层精装修，均价 2980 元每建筑平方米。看来“挑战经济适用房”并非一句空穴来风。育龙家园也是一个可供普通工薪族选择的经济商品房项目。它的开发商也力求做到低价优质：主体结构为内浇外砌，楼板为全现浇。

二、经济商品房与经济适用房低价各有其道

一提起低价房，相信多数人首先会想到的是经济适用房。从最早出现的“天通苑”每平方米 2650 元，“回龙观文化居住小区”每平方米 2600 元，到最近出现的创下经济适用房价格新低的瑞海新城每平方米 2280 元，对于房价一直在全国拔头筹的北京来说，经济适用房的价格优势无疑是对买房人的一个巨大吸引力。

据“顶秀欣园”开发商介绍，经济适用房之所以能在保持高品质条件下形成目前的低价位，主要是由于建设用地实行行政划拨，享受政府优惠政策，并减免了多项税费，实行政府限定最高限价，开发商利润不超过 3％。而“经济商品房”既没有建设用地的行政划拨，又没有政府限定最高售价，缘何能做到与经济适用房同样的价位呢？据郁花园的开发商说：“我们之所以能做经济适用房的价格，是因为我们在以前储备了大量的土地，当时的价格相当低。而且，我们在销售上也不追求高额利润，所以我们可以做到低价优质。”世外桃园开发商分析其低价位的形成因素认为，一方面是由于通过严格控制经济成本、严密计算建造成本、批量采购建材降低成本、并施行招投标在强化工程质量的同时降低成本，另一方面本着让利买房人，薄利快销的营销理念，缩短销售周期，节约资金成本及运营成本。

三、经济商品房与经济适用房论短长

经济商品房与经济适用房在共同构筑北京低价房市场，为广大普遍工薪族提供了买得起的住房。尽管北京的这一买房群体数量非常庞大，但目前的情况来看，经济商品房与经济适用房已经形成了相互竞争的关系。

尤其是对经济适用房来说，随着经济适用房项目开发量的逐年增加，目前已经建成或正在建设中的经济适用房项目已经多达 33 个，经济适用房彼此之间存在着一定的竞争；再加上外部大量存在的经济商品房项目使得经济适用房项目也开始感觉到了市场压力。顶秀欣园开发商认为，经济适用房项目已不能靠单一的低价优势来独步市场了，经济适用房项目必须要继续提高品质，注重服务；必须不断创新，并注入更加人性化的理念。

对于经济商品房项目来说，经济适用房一直是最大的威协。要想在经济适用房重压下生存，经济商品房只有做到更高的性能价格比。

（本文摘自《北京青年报》2002 年 12 月）

经济适用房应推陈出新

北京金隅嘉业房地产开发公司总经理　李祯祥

自1998年10月29日，以回龙观、天通苑、建东苑等为代表的19个首批经济适用住房项目亮相京城。截至2002年底，本市正式列入经济适用住房的建设项目累计39个，建设总规模2048万平方米，其中32个对社会公开销售，7个内部定向销售，已经竣工交用的有今日家园、玉海园、望京A4区等9个项目。

一、经济适用住房开发销售两旺

北京的经济适用住房在未来3～5年内，开发总量将呈稳定攀升之态，销售仍现旺销之势，原因如下：

目前，北京市还有164片、303万平方米危旧房和严重损坏房，约需拆除房屋934万平方米，涉及居民约34.7万户。为在2005年之前，基本完成城八区现有303万平方米严重损坏和危险房屋的改造任务，北京市政府去年下发的《关于做好危旧房改造工作意见的通知》，要求每年保证不少于5亿元的住房公积金个人委托贷款，用于危改拆迁居民购买住宅。另外，对开发企业而言，开发经济适用住房项目，有政府“戴帽资金”的支持，降低了开发风险，促进了项目成功运作。

北京房地产依然保持着强劲的发展势头，但却存在着隐忧：住宅市场供给与需求存在着严重的结构性错位，即目前开发项目供给量主要集中于中高档住宅，而对于市场需求量巨大的中低档住宅，市场供给量严重不足。这种情况不可能在一两年内得到根本性改观。因此，目前经济适用住房明显的“卖方市场”局面，很难在短时间内动摇，开发、销售的两旺局面仍会继续。

二、住房分类供应政策将长期实行

经济适用住房解决的是中低收入的城镇居民住房问题，虽然在我国推行的时间还不长，但参照国外的成功经验，作为我国住房分类供应体系的主要组成部分，它的存在和发展将是长期、客观的，不是三五年的短期、主观现象。

以美国为例，20世纪20年代末由于席卷美国的经济危机，美国政府开始介入住宅产业，形成住宅供求以市场机制为主、政府参与为辅的住宅产业发展制度。对高收入者供应商品房；对中等收入者供应“社会住宅”，政府对开发建设“社会住宅”的企业给予贷款担保和贴息支持，并调控“社会住宅”的建设标准和售价；对低收入者提供标准较低的廉租屋，只租不售，房租超过户收入25%以上部分由政府补贴。70多年过去了，美国对中等收入居民供应的“社会住宅”并未取消，原因在于政府通过直接控制实现对整个房地产市场的宏观调控，避免市场的大幅震荡，促进市场稳定发展；同时，“社会住宅”作为一项深入人心的德政，不仅有利于中等收入家庭住房的改善，而且作为市场住房分类供应体系的重要组成部分，有利于整个社会住房梯度消费结构的形成和发展，促进了美国房地产市场的长期繁荣。

三、住宅分布呈现边缘化郊区化

住宅边缘化、郊区化，作为一种国际潮流，主要起源于第二次世界大战结束后的美国，这股浪潮持续多年，并带动了购物中心、娱乐中心甚至制造业郊区化的过程，导致大量城市人口外迁。这股浪潮随后扩展到英国、瑞士、挪威、德国等欧洲国家。

在我国，市民一般不愿意向郊区搬迁。北京居民则不愿去四环外、尤其是郊区购房置业。交通问题成为居民购房置业考虑的首要问题，其次考虑的才是房价和户型等问题。这种情况，近期会有很大改变。近几年，北京高速公路网、地铁、轻轨铁路的不断建设和相继使用以及私家车的日益普及，交通问题已经不再是人们关心的首要问题。目前城铁西线正式通车，六环路通顺段开通，年内五环路和八通轻轨全线将开通，便利了相关区域居民的日常出行、家居生活。另一方面，郊区住宅环境优美、宁静，城市居民在选择住宅过程中，越来越多的人考虑到价格和环境方面的优势后，将购房置业的目光锁定在通州、东坝、石景山等边缘集团的住宅项目。

四、经济适用住房也应推陈出新

北京市经济适用住房市场一直处于供求严重失衡的状态，目前经济适用住房市场呈现出卖方市场、产品导向型的特点，开发企业只要能如期开发建设就不愁销售，而且是盖什么住宅，消费者都得接受，排号买房的人多得很。目前北京市大量危改、拆迁居民的外迁，在一定程度上加剧了这种“爆棚”局面。但伴随北京市经济适用住房总体开发量的不断加大、危改拆迁量的逐渐减少，尤其2005年之后，危改、拆迁基本停止，经济适用住房市场竞争无疑会大大加剧。这种竞争不仅存在于经济适用住房项目与其周边商品房之间，而且存在于地域相近的经济适用住房项目之间。

价格牌不是经济适用住房永恒的市场通行证，品牌才是长久立足房地产市场的杀手锏。仅仅依靠价格低廉来获得市场竞争的优势是不能长久的，经济适用住房的开发企业，只有通过提升以品牌为核心的整体竞争力，提高住宅品质、提供优质服务，才能驾御市场风云，长久立足于市场。

在我国居民奔小康的历程中，中等收入人群所占比重会越来越大。作为解决中低收入居民居住问题的经济适用住房市场的长期存在，必然会赋予“经济适用住房”这一概念具有动态特质，它的建设标准、规划设计、户型面积、建材使用等，都是动态的，仅在某一阶段相对稳定。因此，经济适用住房的建设标准应该是现代的，无论是环境、绿地还是施工材料、节能技术以及装修材料等都应该是现代的、不断创新的。

五、新经济适用房的五大变化

（一）区域位置拒绝出行不便的劳顿

早期开发的经济适用住房一般距离城区较远，周围的道路、环境要通过几年的建造才逐渐成型，今年被政府批准的经济适用住房已经开始向交通主干线靠近，例如即将开盘的翠谷·玉景，在保证低廉的价格外，坐落于西长安街沿线，紧靠玉泉路和阜石路，与地铁一号线相邻，使交通、出行极为方便。

（二）项目设计拒绝未来的“贫民窟”

国外在先期推行的“经济适用住房项目”过程中，由于在规划时只片面地考虑眼前现状，不能进一步适应人们对居住品质提升的需求，导致在后来城市飞速发展的进程中，而沦为现代城市的“贫民窟”。为了使经济适用住房的住宅产品能充分适应未来城市的发展要求，北京市政府对经济适用住房的规划和设计也有了更高的要求，长安新城经济适用住房已经聘请了国外的设计师进行了设计，但是只做了概念的设计。在翠谷·玉景的规划设计中，建工地产汲取了国外设计理念精髓，聘请国际设计师，整体上提高了翠谷·玉景的项目品质。

（三）产品质量拒绝“低收入”等于“低品质”

低收入住宅区不应当是城市的败笔，从对低收入家庭的人文关怀和社会发展两方面看，低收入住宅更应当保持相当品质的要求。本着一个这样的态度，今年推出的经济适用住房项目开始从本质上提升了房屋的品质和居住的舒适度。

（四）价格问题拒绝“经济”还是买不起

前几年的经济适用房面积偏大是普遍存在的问题，单价不高，但是总价太高，工薪阶层还是买不起。在经历了过去几年的考验之后，市民的心中已经逐渐形成了比较成熟的概念。消费者不再盲目的选择，性价比合理是他们选择的关键。记者了解到，今年开盘的大多数经济适用住房在设计之前，经过前期对购买人群的调查，为控制总价，项目将主力户型的面积均控制在 100 平米以下，总价也就在 30 万元左右。

（五）户型设计——拒绝让舒适度缩水

为了控制总价设计出的经济户型，舒适度上会不会因面积的减少而受影响呢？建工地产副总经理朱军认为，居住空间的舒适，并不完全取决于面积的大小。只有合理的布局才能保证居住的舒适度。

整体市场的激烈竞争，贫富差距的拉大，百姓的住房难问题就成为影响城市发展的一件大事。

值得高兴的是，各级政府已经注意到了这个问题，并且已将经济适用房的建设作为了一项长期的不动摇政策来实施。房地产业界人士认为，通过经济适用住房的变化，可以看到经济适用住房正在“归位”，这也是市场发展的必然趋势。

六、经济适用房全面升级

从 1999 年市政府推出第一批经济适用住房开始，经济适用房就以其低廉的价格成为北京房地产市场表现最为卓越的特殊产品，受到众多购房者的青睐。

如果说，早期的经济适用房是以低价作为主要竞争手段的话，那么到了今年，则已经在产品的性价比、交通以及服务等方面有了长足的进步，由单一的价格优势发展为综合竞争优势。

2002 年是北京经济适用房开工的又一个高峰年，上半年的顶秀欣园、翠城、开阳里居住区和年中的回龙观三期都卖得火爆，6 月的西红门经济适用房招标也曾经在业内以及购房者中引起极大的反响，而位于南三环宋家庄的顶秀欣园无论是交通环境、产品的设计、销售业绩还是售后服务都十分抢眼，从而带动了北京市经济适用住房项目各方面的全面升级。交通利好公路、地铁十分便捷

作为经济适用房，除了有比较低廉的价格外，降低业主的居住成本也是开发商在开发中的重中之重。早期开发的经济适用房一般都距离城区较远，居住成本偏高。而今年的新盘顶秀欣园在这方面恰恰具有优势。项目所处的宋家庄地理位置极其优越，北距南三环路仅一公里多，交通极为便利，17 路总站紧临小区，并有 39 路、43 路、25 路、12 路等公交车组成小区便捷的公交网，可直达前门、西直门、广渠门、北京站等城市主要地区。

而最大的利好消息莫过于正在修建中的地铁 5 号线，这条贯穿北京南北的地铁北起太平庄，南至宋家庄路，其南端总站宋家庄站距顶秀欣园小区仅 500 米，其延长线到宋家庄路后将出地面途经小区开往亦庄开发区。按照规划，这条北京市的重点工程将于 3 年内全部建成通车。毗邻地铁，使得顶秀欣园的投资价值彰现，在周边同档次的项目均价已经接近 5000 元/平方米的情况下，顶秀欣园以其 3690 元/平方米的价格成为最具投资潜力的楼盘。交通的利好还不止这些。通往小区的宋家庄路和南顶路均为市政府近期将要加宽整治的重点道路。其中，宋家庄路拓宽后将达到 50 米宽，成为南城由三环通向四环的一条主要干路。减少投诉纠纷全面提升服务品质

北京房地产市场近年来纠纷不断，诸如面积缩水，物业收费不合理、规划变更等等。尽管产生的原因是多方面的，但折射出的服务态度与服务质量问题却是不容忽视的。

客观地说，北京房地产市场发展仅仅 10 年的时间，尚在起步阶段，包括服务在内的很多方面都还有待提高。为了能让崇文、宣武两区的拆迁、危改户能够在拿到拆迁补偿款后还能买到合适的户型，北京泰福恒房地产开发公司在今年上半年有意放慢了销售速度，这对于开发商而言，无疑是损失了相当的利润。泰福恒房地产开发公司负责人说：“经济适用房除了要追求自己的经济效益外，更重要的是追求社会效益，如果单纯为了经济效益，顶秀欣园完全可以将房子很快地卖出去，但今年上半年崇文、宣武两个区的危改、拆迁户的拆迁补偿款的发放比顶秀欣园的销售进度要慢，如果不将销售速度放慢，很多拆迁、危改户就无法及时购房，这样就做不到保证中低收入家庭居住环境的改善。”

北京经济适用房在销售中由于供不应求，所以户型一律由政府限定价格，经常出现一些炒房号的现象，为了避免这种现象的发生，顶秀欣园在认购、排号的过程中，始终坚持了公开、公平与公正的“三公原则”，真正将房子卖给了最需要它的客户。为了更好地与业主沟通，更好地听取业主的意见，更好地落实业主与开发商共同创建美好家园的愿望，顶秀欣园开发商还开辟了业主俱乐部，并对业主提出的问题一一作了细致的解答，对业主提出的好的建议或意见也都尽可能地一一落实。有了良好的沟通与服务态度，顶秀欣园开盘以来，至今仍没有一起投诉和纠纷。性价比合理适合工薪阶层居住

户型偏大是近期经济适用房遭到质疑较多的一个问题，某些经济适用房项目甚至做出了复式户型，面积超过 200 平方米，尽管单价在 4000 元左右，总价也接近 100 万元，很多中低收入家庭望而却步，也就失去了经济适用房解决中低收入家庭居住的意义。顶秀欣园开发商在项目开发之初就注意到了这种情况，将户型的单位面积进行了控制，主力户型的面积均在 100 平方米以下，按照 3690 元/平方米的均价计算，一套两室两厅 92 平方米的两居室总价仅 33 万元左右，一个三口之家的工薪家庭完全有能力承受这样的房价。

为了控制总价设计出的经济户型，舒适度并没有因面积的减少而受到影响，他们遵循的设计理念是：

居住空间的舒适并不完全取决于面积的大小。以顶秀欣园 A 座的二室二厅一卫的户型为例，销售建筑面积在 80～95 平方米比较适中。其中，主次卧室的面积均在 12 平方米以上，客厅及餐厅面积达 28 平方米，配合落地推拉阳台门

和大阳台，满足业主对客厅宽敞、明亮的要求。

合理的布局是居住舒适度的保证。包括动静分区、自然分区等等。顶秀欣园在户型设计上保证了两个卧室与客厅分隔开来，互不干扰；就餐区和会客区在没有浪费面积的情况下，自然分区；客厅与餐厅可分可和，留给业主更多的室内设计空间；厨房、卫生间接近门廊，使用方便。

人性化设计是提升住宅舒适度的重要因素。顶秀欣园的户型设计充分考虑到了人性化的特点，将以人为本作为设计的一个原则。生活阳台的设置便于洗衣机等生活设施的安排，既保证了使用，又考虑到居室整体的美观及家庭主妇的家务习惯，提高了生活效率；落地推拉阳台门、低窗阳台、外飘的卧室窗使居室的采光充分，视野开阔。通过建筑师的合理设计，保证了居住舒适度，减少了面积的浪费，提高了面积的利用率，从而降低了总价，使工薪阶层有了属于自己的爱巢，彻底打消了客户的顾虑。

（本文摘自《北京晚报》2003 年 3 月）

让经济适用房回归社会保障体系

由建设部起草的《国务院关于促进房地产市场健康发展的通知》于 8 月底就要出台。

这份可能被编号为“国发〔2003〕第 10 号文”的文件初稿仍在各个部委间流转审议，最终定论尚不得而知。

初稿中用了相当的笔墨用来阐述经济适用房政策。该文件将经济适用房和普通商品房并列作为重点，较之 1998 年《国务院关于进一步深化城镇住房制度改革加快住房建设的通知》（即启动房改的“国发第 23 号文”）中“以经济适用房为主的供应体系”的提法前进了一步。这一方面表明中央仍然关心普通居民的住房问题；另一方面，也表明要加快住房供应的市场化进程，会以普通商品房来替代经济适用房。

根据一参与文件讨论的人士解释，在此次发文之前的讨论中，来自房地产界及部分主管部门的意见是，在发展的同时，要对经济适用房政策作大的调整，要加强管理。核心是将其“打回原形”，即作为政策性用房，经济适用房要回到纯粹的社会保障体系中来。

这种改变体现在：要严格控制面积和购买资格，要坚持发展小户型，以招投标方式来确定开发商和价格，最终要将受惠人群限定为 20% 的家庭。甚至有人提出，应将北京市原来每个家庭 6 万元年收入的准购标准，降到 3 万元。加强管理的另一个方面，是对于违规的监察，建设部有关部门提出建立公示制度，即将经济适用房的购买者的情况向社会公示出来，“理论上说，这样会增加威慑力量，因为弄虚作假的人会面临着同事和邻居的举报。”这位人士认为。

这种改变针对的正是经济适用房启动以来凸现的种种矛盾。由于信用体系的不健全，导致无法准确界定经济适用房的定位人群，而销售经济适用房的权责又握在开发商手中，因此经济适用房与商品房之间界限模糊，而价格又比同地段商品房价格低 15%～20%。在北京，这个水平体现为约 500 元～1000 元。由于是卖方市场，有些真正中低收入的人群往往因抽不到号并未得到实惠，政府救助中低收入者的政策目标并不能彻底实现，开奔驰买豪华“经济适用房”的现象屡屡见诸报端。

针对这种情况，有关部门已做过不同程度的努力。2001 年下半年，北京市建委、计委等部门联合下发了《关于北京城镇居民购买经济适用住房程序的通知（试行）》。《通知》规定，年收入在 6 万元以内者为适用人群。审定程序是，由单位或街道办第一道审批，开发商作第二道复核，市开发办作最终批复。

2002 年初，国家计委和建设部发布了《经济适用住房价格管理办法》，规定家庭年收入在一定水平以下才具备购买经济适用房资格。但在社会信用体系尚不完备的情况，这些做法显然都收效甚微。

而在开发商来看，如果严格执行国家开发经济适用房的政策，真正面向中低收入阶层，其利润（国家规定是 3%）较之商品房又嫌太少。因为在开发中，有的优惠政策落不到实处，管理部门伸手太多，费用摊派频繁，因此“敞口销售”已然是心照不宣的行规。

正因为此，“10 号文”加强以往政策及标准执行力度的努力能否贯彻下去，目前还是一个未知数。截至目前，这份被认为是继“23 号文”之后对中国房地产市场最具指导性的文件，尤其是细则部分，仍处于国务院八大部委的会签之中，“而其中关于经济适用房的部分，尚未得到完全认可，”建设部一位官员说。

（本文摘自《财经》杂志　2003 年 8 月）

2003 年以后只有 20% 人能买经济适用房

从国务院发展研究中心近日主办的“中国房地产信贷政策论坛”上透露出一个重要信息——建设部、发改委近日有可能出台缩小经济适用房供应范围的有关政策。

虽然论坛上并没有透露更多细节，但是据国家建设部主管的媒体《中国房地产报》2003 年 8 月 13 日报道，近期，建设部、国家发改委等部门将初步拟定一个关于促进房地产市场健康发展的文件，并将以国务院的名义下发。该报还透露，新文件可能会大幅度缩小经济适用住房的供应范围，将购买对象从原来的中低收入家庭限定为低收入家庭或中等偏低收入家庭。此前，每个城市 70%～80% 的人可以购买经济适用住房，现在可能只有20%左右的人可以购买。

一、商品房售前免征房产税

国家税务总局日前就房产税、城镇土地使用税的有关政策发出通知，规定商品房在售出前免征房产税。

通知强调，商品房在出售前，对房地产开发企业而言是一种产品，因此商品房在售出前，不征收房产税；但对售出前已使用、出租或出借的商品房应按规定征收房产税。

此外，通知还对纳税义务的发生时间进行了规定：购置新建商品房的，自房屋交付使用之次月起计征房产税和城镇土地使用税；购置存量房的，自办理房屋权属转移、变更登记手续，房地产权属登记机关签发房屋权属证书之次月起计征房产税和城镇土地使用税；房地产开发企业自用、出租、出借本企业建造的商品房，自房屋使用或交付之次月起计征房产税和城镇土地使用税。

二、北京别墅用地停批未有实施细则

北京市国土资源和房屋管理局土地出让处副处长靳薇表示，北京市在别墅用地方面还没有出台详细的实施细则，还正在就一些问题和国土资源部进行沟通，也正在和包括开发商在内的业内人士积极沟通。

2003年2月28日，国土资源部发布了2003年45号文件，明确要求各地对别墅用地进行控制，停止高档住宅项目的土地审批。然而，在此后不久，北京仍有几个别墅项目先后开工。对此，靳薇说，这些项目是在通知发布前就已经批准了，而且项目的规划也已经完成，只是有些手续还未完成。这些项目立项和规划都做完了，而且是符合协议转让的项目，其前期的费用也已经投入。在这种情况下，北京市国土资源和房屋管理局经与计委、规委等部门协商，批准了这些项目的建设。

她说，政策的制定应该考虑整个房地产市场发展的实际情况，应和市场情况相吻合。从北京市的实际情况看，高档住宅的需求还是比较旺盛的，开发商都看好这一块，市场的潜力也是巨大的。在这种情况下，对北京高档住宅市场进行调研，采取一些特事特例和根据区域的实际情况进行一些调整，还是有必要的。

（本文摘自《香港信息日报》2003年8月）

重点发展经济适用房和中低价位商品房

全国房地产工作会议2003年9月1日在京召开。中共中央政治局委员、国务院副总理曾培炎出席会议并讲话。曾培炎强调，各级政府要统一思想，加强领导，认真贯彻《国务院关于促进房地产市场持续健康发展的通知》精神，为保持当前经济发展的好势头做出贡献。曾培炎说，1998年以来，我国城镇住房制度改革取得重要进展，在全国范围内，实现了住房福利制向住房商品化的历史性转变。适应社会主义市场经济体制要求的房地产市场初步建立，房地产开发投资快速增长，居民住房消费持续扩大。全国每年有1000万个城镇家庭改善住房条件，2002年城镇人均住宅建筑面积达到22.8平方米。在城镇住宅建设总量增加的同时，房地产开发结构逐步改善，商品房供求同步增长；住宅质量不断提高，配套设施日趋完善，居住环境逐步改善；房地产中介服务、物业管理、住房金融等迅速发展。曾培炎指出，在房地产业快速发展过程中也出现了一些值得关注的问题，部分地区房地产结构性矛盾突出，一些地方房地产投资出现“过热”苗头，住房制度改革亟待深化，房地产市场运行、监管和调控体系还不够完善。曾培炎强调，要贯彻“三个代表”重要思想和党的十六大精神，按照完善社会主义市场经济体制、全面建设小康社会的要求，完善房地产市场体系，进一步实现住房市场化新的重大转变。要坚持以需求为导向，调整房地产供给结构。重点发展经济适用住房和低价位普通商品住房。对高档、大户型商品房以及高档写字楼、商业用房积压较多的地区，要控制此类项目的建设用地供应量或暂停审批此类项目。要坚持深化住房改革，加快建立和完善适合我国国情的住房保障制度。继续清除阻碍市场发展和居民消费的体制性、政策性障碍。要坚持以企业为主体，推进住宅产业现代化。打破行政保护和地区封锁，创造各类房地产企业平等竞争的市场环境。加强房地产开发、中介、物业管理企业的资质管理和从业人员的职业资格管理。鼓励和支持新材料、新技术、新设备、新工艺在住宅建设中的应用。要坚持加强宏观调控，改善政府对房地产市场的监督管理，建立和完善房地产市场信息系统和预警预报体系。

（本文摘自《深圳商报》2003年9月）

国家将严定经济适用房销售价，申请公积金更方便

一、经济适用房严控在中小套型

通知说，经济适用住房是具有保障性质的政策性商品住房。要通过土地划拨、减免行政事业性收费、政府承担小区外基础设施建设、控制开发贷款利率、落实税收优惠政策等措施，切实降低经济适用住房建设成本。对经济适用住房，要严格控制在中小套型，严格审定销售价格，依法实行建设项目招投标。

另外，经济适用住房要实行申请、审批和公示制度。集资、合作建房是经济适用住房建设的组成部分，其建设标准、参加对象和优惠政策，要按照经济适用住房的有关规定执行。任何单位不得以集资、合作建房名义，变相搞实物分

房或房地产开发经营。

二、普通商品房还要更多建

在控制高档商品房建设方面，通知特别强调，各地要根据实际情况，合理确定高档商品住房和普通商品住房的划分标准。对高档、大户型商品住房，以及高档写字楼、商业性用户积压较多的地区，要控制此类项目的建设用地供应量，或暂停审批此类项目，也可以适当提高高档商品房开发项目资本金比例和预售条件。

在增加普通商品房供应方面，通知要求各地、各部门采取有效措施加快普通商品住房发展，提高其在市场供应中的比例。对普通商品住房建设，要调控土地供应，控制土地价格，清理并逐步减少建设和消费的行政事业性收费项目，多渠道降低建设成本，努力使住房价格与大多数居民家庭的住房支付能力相适应。

三、申请公积金将更方便

今后申请公积金贷款购房者将更加方便快捷了。通知中明确，公积金贷款将简化手续，取消不合理收费，改进服务，方便职工贷款。

在完善个人住房贷款担保机制方面，通知还明确了要加强对住房置业担保机构的监管，规范担保行为，建立健全风险准备金制度，鼓励为中低收入家庭住房贷款提供担保。对无担保能力和担保行为不规范的担保机构，将加快清理，限期整改。加快完善住房置业担保管理办法，研究建立全国个人住房贷款担保体系。

四、严打各种骗贷行为

通知还强调加强对房地产贷款的监管。对符合条件的房地产开发企业和房地产项目，要继续加大信贷支持力度。同时要加强房地产开发项目贷款审核管理，严禁违规发放房地产贷款；加强对预售款和信贷资金使用方向的监督管理，防止挪作他用。加快建立个人征信系统，完善房地产抵押登记制度，严厉打击各种骗贷骗资行为。妥善处理过去违规发放或取得贷款的项目，控制和化解房地产信贷风险，维护金融稳定。

五、已购公房买卖单位无权阻挠

除法律、法规另有规定和原公房出售合同另有约定外，任何单位不得擅自对已购公有住房上市交易设置限制条件。

通知中明确，各地、各部门要认真清理影响已购公有住房上市交易的政策性障碍，鼓励居民换购住房。各地可以适当降低已购公有住房上市出售土地收益缴纳标准；以房改成本价购买的公有住房上市出售时，原产权单位原则上不再参与所得收益分配。另外，各地还要依法加强房屋租赁合同登记备案管理，规范发展房屋租赁市场。

通知中还明确，继续推进现有公房的出售。对能够保证居住安全的非成套住房，可根据当地实际情况向职工出售。对权属有争议的公有住房，由目前房屋管理单位出具书面具结保证后，向职工出售。对因手续不全等历史遗留问题影响公有住房出售和权属登记发证的，由各地制定政策，明确界限，妥善处理。

六、建立健全房地产市场预警预报体系

我国今后将加强房地产市场的市场监管力度，整顿市场秩序，特别是建立健全房地产市场信息系统和预警预报体系。

根据通知要求，各地要加强房地产市场统计工作，完善全国房地产市场信息系统，建立健全房地产市场预警预报体系。各地房地产市场信息系统和预警预报体系中需要政府承担的费用，由各地财政结合当地信息化系统和电子政务建设一起落实。

此外，通知还要求各地加强房地产企业的资质管理和房地产开发项目审批管理，严格执行房地产开发项目资本金制度、项目手册制度，积极推行业主工程款支付担保制度。支持具有资信和品牌优势的房地产企业通过兼并、收购和重组，形成一批实力雄厚、竞争力强的大型企业和企业集团。严格规范房地产项目转让行为。已批准的房地产项目，确需变更用地性质和规划指标的，必须按规定程序重新报批。

（本文摘自《北京青年报》2003 年 9 月）

第三篇

房地产地区市场

第十三章　房地产的地区市场

北京房地产市场发展状况

北京市房地产开发市场现状及展望

北京市城市建设综合开发办公室

一、2001年北京市房地产开发市场的基本情况

去年，我市房地产业呈现出良好的发展势头，开发规模不断扩大，开发企业数量增加，房地产开发在完善城市功能，加快基础设施建设，改善居民的居住条件等方面发挥了显著作用。房地产市场主要呈现以下几个特点：

1．房地产开发完成各项指标大幅度增长。

2001年，我市房地产开发完成投资783.8亿元，比上年增长50.1%。房地产投资占全社会投资的比重达到51.2%。商品房开复工面积5966.7万平方米，比上年增长33.9%；其中住宅开复工4349.6万平方米，增长46.4%；商品房新开工面积2789.8万平方米，增长66.4%；其中住宅新开工2236.5万平方米，增长69.2%；商品房竣工面积1707.4万平方米，增长25%：其中住宅1393.4万平方米，增长37.5%。

从以上各项指标完成情况看，均呈上升趋势，增长最快的是投资额和新开工面积两项指标。其中新开工住宅同比增长近70%，是近年来增长速度最快的一年。

2．商品房销售稳步增长，空置房总量稳定。

在取消住房实物分配，推行住房货币化以后，我市房地产市场销售出现了较大变化。单位购房逐步淡出市场，个人购房迅速增长，市场转型后商品房销售仍然保持较好势头。商品房销售稳步增长，空置房总量稳定。全市商品房销售1205万平方米，增长25.9%；其中商品住宅销售1127.5万平方米，增长25.5%；实现销售额609.9亿元，增长29.6%；其中住宅销售额531.7亿元，增长29.9%。销售给个人的商品住宅1049.6万平方米，占销售总量的93.1%。空置一年以上的商品房336万平方米，其中商品住宅281.4万平方米，基本上与上年数量持平。从地域分布来看，三环路以外空置面积535万平方米，占空置总量的近70%。

3．商品房销售价格仍维持在较高水平。

2001年底我市商品住宅的平均售价为每平方米4716元，同比上涨3.5%。据我委对5环路以内324个开发项目的销售价格调查了解，均价6000元以上的高档商品房项目占项目总数的49.7%，均价4000元以下的中低档商品房项目占项目总个数的10%。随着个人成为市场购房主体，商品房价格将会有降低的趋势，但是短期内不会迅速下降。

二、房地产开发快速发展的主要原因

1．我市申办2008年奥运会成功和我国加入WTO两大利好因素，增强了开发商投资信心，带动了开发投资增长。

申奥成功不仅带动了奥运村周边（主要是朝阳区北部）的房地产开发建设，对全市房地产开发也是一个极大的促进。8月份以后新立项开发项目的大量增加和朝阳区开发项目的增多表明了这一趋势。入世协定签署以后，促进了以CBD中央商务区和中关村地区为龙头的高档商务项目及配套住宅的开发建设，并带动了周边地区的房地产开发。

2．有利的宏观经济政策和北京市稳步增长的市场环境为房地产开发的发展创造了良好条件。

近年来我国扩大内需、带动经济增长的宏观经济政策促进了我市城市基础设施的大力发展。而市政基础设施的不断完善也促进了房地产开发的蓬勃发展。今年，绿化隔离带的建设和四环路的全线通车，改善了海淀、朝阳、丰台等近郊区的居住环境和交通状况，同时也调动了开发企业在这些地区投资的积极性，使这些地区开发项目增加。

3．房地产开发企业数量快速增长，使开发规模不断扩大。

按照国务院《城市房地产开发经营管理条例》，我市从2000年初开始取消设立房地产开发企业的行业审批，改为备案制。近几年，我市房地产业持续、稳定发展，良好的市场环境为房地产开发企业带来了可观的经济效益，吸引了大量企业到北京进行房地产开发。仅去年新成立办理备案手续的房地产开发企业就有892家，使全市内资房地产开发企业总数达到2174家，其中大多数为民营性质的企业。同时，外埠一些有实力的开发企业和上市股份公司也纷纷在本市成立房地产开发公司，进入我市房地产开发市场，如广州的珠江投资公司、深圳的金地、福建的天润、大连的万达、浙江广厦等，目前外省市进京房地产投资商已达到131家。企业的大量增加进一步扩了北京开发投资市场，使开发规模迅速上升。

4．危旧房改造速度加快，带动了房地产开发的发展。

今年是我市危旧房改造发展最快的一年，近郊八区共拆除房屋总量263万平方米，其中危房114.2万平方米，是去

年同期的4.23倍；动迁居民9.3万户，是去年同期的3.75倍。危改的快速发展，不仅带动了东城、西城、宣武、崇文老城区的建设。同时，危改外迁居民增加了大量住房需求，带动了近郊区和通州、昌平、大兴等远郊区的房地产开发。

三、形势分析及重点工作任务

总体上看，我市房地产业仍将是带动国民经济增长的重要力量，今后几年仍将处于上行的发展空间，继续保持增长的态势。广大居民要求改善居住条件，新增外来人口（2000年迁入约14万人）对住房的需求更为迫切，预计近两、三年我市对住房的需求量将维持在800～1000万平方米左右。申奥成功和加入WTO以后，我市办公及商业用房的需求量也会不断增加，预计“十五”期间房地产开发投资年均增长10%，房地产业增加值年均增长9%。年均开复工面积保持在5000万平方米、竣工面积保持在1500万平方米左右。同时，也面临更加激烈竞争，房地产开发规模扩张速度快，市场有效需求相对不足，潜在的风险是不容忽视。房地产市场存在的一些问题，比如土地市场缺乏宏观调控，企业圈地现象比较严重，市场秩序混乱，已影响到房地产业的健康发展。

为此，下一步我们工作的着重点应放在以下几方面：

1.适度安排开发规模，保持房地产开发持续稳步增长。

“十五”期间，房地产业要建立和完善以普通住宅为主的房地产市场体系，充分发挥市场机制在房地产业中优化配置资源、促进企业提高经营管理水平等方面的基础作用。同时，加大市政府宏观调控和宏观管理的力度，坚持长期培育和近期治理相结合，保持城市的可持续发展。以启动住宅消费市场为切入点，处理好存量调整和增量推动的关系，使房地产业在带动国民经济增长中发挥更大的作用。根据《北京市房地产业发展“十五”规划》，“十五”期末，房地产业年度实现增加值达到125亿元，平均每年增长9%；年度完成投资达到840亿元，平均每年增长10%；年度开复工面积平均为4800万平方米，竣工1500万平方米；其中商品住宅年度开复工面积平均为3000万平方米，竣工1000万平方米，期末城镇居民人均住房使用面积达到18平方米。按照这一目标，要根据国民经济发展的总体要求和市场需求容量，适度安排年度开发规模，既要保持房地产投资稳步增长，又要防止出现新一轮的房地产开发热。

2.改善土地供应，规范土地市场。

一是推行土地收购储备制度，规范土地一级市场。通过实行土地收购储备制度提高政府宏观调控土地一级市场的能力，一方面保障我市土地利用及城市建设的可持续发展，使土地使用权出让公开、公平、公正，建立市场运作机制；另一方面减少土地开发的中间环节及层层加价，降低开发成本商品房价格，增加政府的土地收益。二是加强建设用地管理。严格划拨供地审批，做好年度土地利用计划，根据社会发展、经济实际增长潜力，确定年度建设用地供应量；对不按规定依法办理用地手续，非法转让、炒卖土地牟取暴利的行为要依法处理。对已批用地项目，如未能按规定期限使用的，坚决依法收回，杜绝土地炒作，加强批后检查。

3.加快危改和经济适用住房建设，改善住房供应结构。

继续按照“统一规划、市政先行、市区分工、以区为主、市场运作、精心组织”的原则，充分调动区政府的积极性，积极稳妥地推进危改。“十五”期间要完成城区303万平方米危房改造任务。同时要把加快危改与经济适用住房建设结合起来，适当增加经济适用住房建设规模，加快回龙观、天通苑、西红门、垡头等重点项目建设，缓解供需矛盾，为危改外迁创造条件。加快危改和经济适用住房建设将增加居民对低价位商品住宅的有效需求，有利于消化空置商品房，促进房地产市场销售持续稳步增长。

4.依法整顿和规范房地产开发市场，促进房地产业健康发展。

一是加强房地产开发企业资质管理，规范市场主体，依法对内、外资企业实行统一管理，建立市场准入和清出制度。对于没有开发实力，或在房地产开发经营过程中违反程序，有欺骗、欺诈行为的企业，要坚决取消资质证书，依法将其清除出房地产市场。加强对房地产开发项目的监督管理，对新立项目严格审查企业的项目资本金，清理一批没有实质进展的项目和“烂尾工程”，对违法转让房地产开发项目的依法进行处罚。加大执法力度，严肃查处商品房预（销）售环节中的违法违规行为，维护消费者合法权益，促进住房消费。

5.理顺房地产开发成本构成，合理降低商品房价格。

遵循市场经济规律，以市场实际为出发点，市场调节和政府调控为基本手段，逐步理顺和降低开发建设成本，规范政府和企业行为，完善商品住宅市场体系，建立多元化供需调节机制，促进住宅市场健康稳定发展。一是要完善拆迁政策，规范拆迁各方行为，合理确定货币补偿标准，加强货币补偿资金使用管理；二是进一步完善工程建设定额体系，建立起在政府宏观调控下由市场形成价格的机制。三是清理整顿房地产收费项目，对各种没有法律依据的收费项目和乱摊派要坚持取消。四是逐步理顺住宅小区公共配套设施投资经营管理用体制。根据实际情况，合理调整千人配套指标。对经营性配套设施原则上应不再无偿提供。

（2002年2月）

北京市房地产业从引进外资到加入WTO转变中的问题研究

一、加入WTO，把北京房地产业利用外资推进到了一个新阶段

加入WTO对我国房地产业的影响是历史性的和空前的，涉及到住宅与房地产业务，主要是两个方面。一个是从事房地产开发的企业，除高档的房地产项目不允许外商投资以外，其它的房地产项目没有限制。另外，鼓励外商投资住宅建设。在房地产中介服务方面，包括房地产估价、物业管理、中介服务等方面也是允许外商成立合资合作企业，我国加入WTO后，五年内开始允许外商成立独资企业。

入世意味着五个方面的转折：从有限领域有限范围的对外开放转向全方位宽领域多层次的对外开放；从过去试点搞

开放战略转向WTO法律框架下的可透明、可预言的对外开放的整体推进战略；由过去的行政命令、计划长官意志的对外开放转向市场资源的比较优势的对外开放；由过去一味地强调中国特殊转向按照共同世界经济发展的规律和国际通行的规范和惯例的对外开放；入世是改革开放到开放改革的重大转折。

加入WTO后，对外开放领域将进一步扩大，外商投资环境将有所改善，有利于外商投资继续保持一定的规模，从而把北京房地产业利用外资推进到了一个新的阶段。但是，我国还处于从计划经济向社会主义市场经济转型的阶段，在房地产业从引进外资到加入WTO的转变过程中，存在着转变前后两种不同的政策法规、税收制度、企业待遇、市场运行机制等方面的冲突。

由此可见，了解并掌握加入WTO中涉及房地产行业的条款，充分认识房地产业从引进外资到加入WTO转变过程中的政策、运行机制的变化，研究转变过程中存在的问题并提出相应的措施和建议，对加速北京房地产业与世界经济接轨、并促进持续发展，具有重要的现实意义。

二、北京市引进外资发展房地产业的状况

1. 外资及港澳台资金在我国房地产业发展中起着重要作用。

改革开放以来，我国房地产业虽然发展很快，但总体上我国的房地产业还没有形成规模经济。近80%的房地产开发企业是在1992年的房地产热中一哄而起成立的，基本状况是“小、散、差”。外资及港澳台在我国房地产业发展中起着重要的作用。1997年，我国房地产开发利用外资57.02亿美元，主要集中在北京、上海、福建、广东四省市，占全国房地产开发实际利用外资的76.84%。

2. 利用外资发展首都房地产业的有关政策。

为吸引外资发展首都房地产业，北京市政府相继出台了一些相关政策。在集体土地征用管理、国有土地有偿使用管理、城市房屋拆迁管理、商品房预（销）售管理、房地产权属登记管理、房地产抵押管理和房屋租赁管理等方面对外商房地产作了详细规定。

3. 在房地产领域引进外资的基本形式。

引进外资进行房地产经营的形式主要有：外商独资、合资经营、合作经营、涉外租赁、涉外房地产补偿贸易、涉外工程承包抵偿等。

4. 房地产管理机构沿革。

1985～1987年底，全市外商投资企业的核收土地使用费和签署用地合同工作由原市房地产管理局统一管理。1987年底，市土地管理局成立，该项业务划入市土地局。同时，市政府把核收土地使用费工作划归市财政局。1993年4月，原市房地产管理局恢复对外商投资企业用地管理，但核收土地使用费工作仍由市财政局负责。1995年5月，北京市房地产管理局与市土地管理局合并，成立北京市房屋土地管理局。市房地局负责上述的管理职能。2000年1月，市房屋土地管理局和市房改办、市地矿局合并，组建北京市国土资源和房屋管理局。随后，还成立了土地整理储备中心和土地利用事务中心，健全了土地管理的办事机构。

5. 利用外资开发首都房地产业的有关程序。

利用外资开发首都房地产业的有关程序可分为房地产投资与开发建设程序及外商投资企业用地管理程序两部分。

6. 利用外资发展北京房地产业的历史阶段。

第一个阶段：1979～1991年，北京市利用外资发展房地产业还处于萌芽期。有关推进房屋商品化，实行土地使用权有偿转让，确定房地产行业类别。建立房地产生产要素市场等方面的法律、行政法规相继出台，为房地产业的发展和利用外资发展房地产业，提供了法律政策依据，标志着利用外资发展房地产业经济的真正起步。

第二个阶段：1992～1994年，北京市利用外资发展房地产业处于高速发展期。邓小平同志南巡讲话的发表，解放了思想。北京市房地产业的结构体系、运行机制、市场构成和政策框架初步形成，房地产业以新兴产业的姿态出现。

第三个阶段：1995～1997年底，北京市利用外资发展房地产业处于下降徘徊状态。1995年开始对房地产业实施宏观调控，限制外销项目的审批。由于适度从紧的财政政策的实施，以及国家控制高档物业的开发，特别是1997年亚洲金融危机对北京房地产市场的冲击，使得部分已立项项目处于停滞状态。

第四个阶段：1998年初～1999年，北京市利用外资发展房地产业处于快速回升发展期。1998年，中央实施扩大国内有效需求的宏观经济政策，我国城镇住房制度改革也逐步深入，在年底停止福利分房。1999年，随着东南亚地区经济的好转及澳门回归，金融危机对我国经济的影响的逐步减弱，境外投资者，尤其是港、澳投资人的投资已有较大幅度的增长。

第五个阶段：2000年初至今，北京市利用外资发展房地产业处于下降状态，北京市房地产业处于从利用外资到加入WTO的经济转型时期。

三、引进外资促进了北京经济和房地产业的发展

1. 引进外资促进了北京房地产业本身的发展。

引进外资以弥补资金短缺不失为一个明智之举，加速了北京房地产业本身的不断发展和壮大；引进外资可强化竞争机制，打破了我国传统的所有制结构，外资的流入推动了产权的流动和重组，客观上可促进北京房地产国有企业的产权制度改革；引进外资不仅是引进货币，更重要的是引进先进的技术、管理等。一个国家经济发展的极限取决于其现有的经济资源（即生产要素）是否得到了充分而有效地利用。利用外资就是生产要素跨国界流动的方式之一；引资不忘引智。可以说引智达到了引资的最高境界。引进智力资源，就等于引进了“活件”。

2. 引进外资推动北京经济增长。

北京在国家区域经济发展中区位优势突出。由于房地产业是基础产业，它可促进工商业、金融业、旅游业等行业的繁荣和发展；它还可以开辟就业领域，增加就业机会、带动国民收入的稳步增长。房地产业在推动北京经济增长中起着重要的作用。以1998年为例，北京市外商实际投资6.77亿美元，全市房地产业实现增加值68.1亿元（可比价格），比1997年增长55.8%。因此，外资的注入，为北京市1998年实现经济增长9.7%起到了积极的作用。

3. 引进外资保证了国家的财政收入。

据统计，1998年，北京市共协议出让土地311宗，出让面积603.3万平方米，合同地价款44.5亿元人民币。其中，与外国及港澳台地区投资企业签定土地合同出让面积46.2万平方米，出让合同地价款6.1亿元人民币，为市财政获得一笔可观的收入。

4. 引进外资加快了北京国际化现代化大都市建设的步伐。

一个个别具特色的建筑群体在北京市落成，使北京向具有多功能的国际化现代化大都市迈进，引进外资发展房地产

业功不可没。

5. 引进外资为北京市危旧房改造和市政基础设施建设作出了突出贡献。

据市政府研究室的有关资料表明：1990～1997年底，北京市四个城区危改总投入170.53亿元人民币，其中外资116.18亿元人民币，占危改总投入的68%。由此可以看出外商投资北京房地产，对北京市危旧房改造起着相当重要的作用。

四、充分利用加入WTO之机，认真解决在引进外资中存在的问题

北京房地产市场尚处在计划经济向市场经济过渡的初级阶段，新、旧管理模式正处在转换过程中。在利用外资发展首都房地产业时，有以下一些问题仍应引起我们的高度重视。

1. 现行体制下往往采用的仍是单纯行政手段的干预，价值机制无法真正起作用。

一是土地批租制度实施非均衡性。在房地产投资热的巨大冲击下，土地供给总量严重失控，形成土地的买方市场；总需求又相应滞后，造成房地产市场总供给和总需求的非均衡。二是土地出让价格的不均衡。土地批租的双轨制本身已经导致房地产市场上土地来源的非均衡，有偿出让的三种方式（协议、招标和拍卖）又进一步使非均衡的市场更失衡。三是政策的不均衡。表现在某些地税法规因企业所有制性质的不同或内、外资企业的差别而有不同的规定。各种优惠政策是厚外资而薄内资，造成了市场竞争不公平。

目前，土地批租的形式仍以协议出让方式为主，残留着计划经济痕迹；政府出让的土地多为需进行拆迁安置补偿的“毛地”，不利于市场机制对土地资源配置的基础性调节作用的发挥；现行体制下对市场经济中必需的计划机制的重视也不够。从土地管理系统本身来看现行体制是一种“业务指导，以块为主”的模式，缺乏自上而下的负责机制，监督能力较差。

2. 部分外商投资企业违反有关土地管理法律法规，致使土地长期闲置。

造成土地长期闲置的主要原因有以下几个方面：

其一，外方未履行合同章程，资金不按期到位。造成建设期过长，以使大量土地闲置、荒芜。其二，项目可行性研究不充分，事后发现该项目投资回报率低，在得不到预期收益的情况下，等待观望。其三，地籍管理工作滞后。由于对土地闲置的状况不了解，从而失去了闲置土地的信息。其四，执法力度小。由于力量不足，监控不严等原因，造成对闲置土地查处力度不够，使闲置土地难以被发现。

3. 土地使用费流失比较严重。

由于我国长期实行土地无偿、无期限、无流动的使用制度，所以原计划体制下国家无偿划拨和行政授权形成的土地无偿使用观念在相当一部分人头脑中还存在，相当多的外商投资企业经营者特别是中方合营者认为，取得了某企业的经营权，也就取得了实际占有土地的使用权，致使一些外商投资企业不能及时到市房地局办理用地手续。

4. 房地产开发中存在着开发结构的失调问题。

在利用外资进行房地产开发时，过份热衷于高档房地产项目的开发，如高档写字楼、高级公寓、高级旅馆、别墅、渡假村等。这类项目一般投资大，利润也高。从每个开发项目看，似乎有较好的经济效益和高额的回报率。但过多的高档房地产项目的开发，既脱离国情，也脱离市场，影响经济效益。因此，应从计划、规划、土地、金融等方面加以严格审查，把房地产投资引导到居民住房、危旧房改造中来。

综上所述，在引进外资中存在着上述问题，产生问题的原因：从深层次上说，仍然是体制问题造成的。由于从计划经济体制向社会主义市场经济体制转变过程中出现的政策滞后，以及国内外企业所有制性质不同、企业规模大小不同而在税收政策、市场准入等方面产生不平等待遇引起了一系列矛盾和问题；制约和延缓了北京房地产业的发展。我们要以入世为契机，促进社会主义市场经济体制的建立，与国际经济及WTO规则接轨，尽快解决我们过去在引进外资中存在的问题，并对许多具有时代特征的新

情况、新矛盾和新问题进行不懈的探索和研究。

五、正确认识机遇与挑战，促进房地产业发展的政策建议

加入WTO使我国及北京房地产业面临新的机遇：

中国加入WTO，意味着市场将进一步开放，有利于增加房地产业的市场需求；能够优化房地产业的市场供给；外资房地产开发企业进入中国市场可能带来激烈的竞争，有利于清理我国房地产企业普遍存在的“小、散、差”的局面，推动企业联合与重组；有利于北京内外销商品房两个市场并轨；有利于建立公开、公平、公正的竞争机制，使土地使用权出让实行招标拍卖得以普遍实施；有利于促进与房地产业相关的金融制度创新；有利于土地资源的优化配置，促进土地市场的集约化经营；有利于房地产相关领域（如建筑设计、物业管理）的发展；有利于政府职能和行政运作方式的转变。

加入WTO对我国及北京房地产业提出了严峻的挑战：

加入WTO将会加大我国房地产企业的竞争压力，新增的市场需求及原有的市场份额都有被国外同行抢占的可能；加入WTO会增加某些领域企业的经营困难，从而导致这些行业的一些企业倒闭和破产，短期内房地产需求档次会拉开，住宅的需求结构将随之变化；加入WTO将会使国内房地产业受国际经济变化的影响越来越明显，国际经济环境的不稳定状况必然会波及我国房地产业，造成国内房地产业的波动。

由此可见，加入WTO将对我国经济产生深远的影响，对房地产业同样如此。又由于房地产业具有自身固有的特征，即房地产是一种地方性的产业，房地产属于不动产，不像其他产品或商品，可以在世界范围内任意流通。任何国家，都不可能把它们的土地和房屋，从一国输入到另一国，在第三国的土地上展开竞争。外国的企业在北京的土地上搞房地产开发，按照我国所作的承诺，高档房地产项目不允许外商独资开发，只能与国内的房地产企业合资开发，这对房地产企业的发展是有利的。受到冲击的是我国房地产企业的经营机制和房地产市场的管理。一部分中小型房地产企业，由于实力弱、管理水平低，又可能得不到外商投资的支持，可能会倒闭。所以，近期来看中国加入WTO对房地产业冲击不大，反而扩大了房地产市场，中长期影响更是利大于弊。

根据加入WTO后房地产业面临的机遇和挑战，只有采取正确的政策和措施，才能促进房地产业的发展，为此，提出以下对策和建议：

1. 要完善我国房地产业的法律法规和政策。

加入世界贸易组织对我国房地产领域的法制建设将产生重大影响。在经济全球化下，WTO管理重点将逐步从边境措施转向国内立法与政策。我们要利用WTO的非歧视原则、公平贸易原则以及对不发达国家给予更多的灵活性和特

殊权利等原则来制定和完善我们的房地产方面的法律法规和政策。在具体操作中，本着既要与WTO规则接轨，又要保护国家和企业利益的原则，进行“废、改、立”，即违背WTO规则的要废除，不完善的要修改，原来没有的要建立。将房地产领域的各种标准、规范、规程中的强制性标准纳入技术法规，建立起既适应WTO规则，又与我国法律相一致的房地产市场的行政和技术法规体系。

2．积极推进政府职能转变，强化宏观调控。

政府职能今后主要是法规和服务。入世意味着由过去的行政命令，计划长官意志的对外开放转向市场资源的比较优势的对外开放。因此，我们应分清政府的“为”与“不为”的关系；分清“行政垄断”与“行政管理”的关系；分清“政府干预”与“市场协调”的关系；分清政府的“管制”与“社租”的关系；应正确处理“效率”与“公平”的关系。

3．建立统一的房地产市场。

（1）加强土地市场的管理。土地市场的管理是政府宏观调控最主要最直接的管理，主要是要规范市场，建立规范的土地储备开发的管理制度。加速土地使用制度改革，改变有偿使用和无偿使用并存的双轨制，推行土地使用制度租赁制。

由于我国城市土地的所有权与使用权是可以分离的，地产的使用权和房产的拥有权也是多元的，可以由国家、集体占有，也可以归个人和其他联合体所有，地产的使用权可以出让、转让、出租、抵押等。因此，在房地产权的流动、优化配置过程中，在市场经济条件下，任何一个“经济人”在追求利益最大化原则下，其整体行为往往是理性而非理智的，即在利益最大化原则下，是不会自行主动地考虑社会成本与社会利益的，而总是以个体或局部的利益最大化为基本出发点。因而仅依靠市场机制的调节，房地产市场发展很容易进入无序状态。因此，应通过国家利用对地产所有权的垄断地位，加强政府的宏观调控。即政府垄断土地一级市场，建立土地收购储备制度，政府依照法定程序，运用市场机制，按照土地利用总体规划和城市规划，运用级差地租批租土地，通过评估确定合理的出让价格。房地产开发使用的土地的出让、转让方式要全部实行招标和拍卖。

（2）加强房产市场的管理。要尽快全面开放和规范公有住房和经济适用房市场。随着购房主体的变化，建设经济适用房将成为今后一段时期房地产开发的主要工作。要积极引导外资向经济适用住房、普通商品住房等住宅项目建设投资。根据WTO的国民待遇原则，应实行内外销商品住房并轨。

政府要建立房产市场预测和预警的监控系统。加快城镇住房住宅建设推进房改，建立以商品化主要发展方向，面对不同的消费层次，多层次的住房供给体系，提供市场价的商品房，中低收入经济适用房或者普通价位的商品房，低收入者的廉租房，并积极启动二级市场。

4．完善房地产金融市场，有步骤地与国际金融接轨。

（1）建立房地产政策性金融机构。目前，我国房地产金融二级市场尚未建立，商业银行房地产抵押贷款的流动性风险较大。因此应借鉴国外经验，建立房地产政策性金融机构（类似住房公积金管理中心），为中低收入阶层提供按揭担保，负责住房公积金的总体管理，待条件成熟时，开放房地产金融二级市场。

（2）调整房地产贷款结构，完善住房消费信贷机制。我国的房地产贷款规模还属于起步阶段。国外住房低押贷款一般占银行信贷总额的30%左右，而我国目前才3%多一点。因此，完全可以在拓展住房消费信贷品种，开展金融创新，实施还款方式和利率创新的同时，逐步推出等本等息还款、递增还款等方式，形成适应不同年龄和收入群体需要的贷款系列品种。

（3）推行住房抵押贷款证券化。将银行等金融机构发放的抵押贷款债权集中起来作为担保，依此发行证券，并通过二级抵押贷款市场转卖给投资者。房地产证券化就是将房地产投资直接转化为证券形态，使其投资由实物投资转变为证券形态，使其投资由长期投资转变为短期投资，投资风险由集中性转变为分散性，是促进房地产市场规范运作的重要手段。

（4）建立以住房抵押贷款保险为主的房地产保险体系。在住房抵押贷款中由于存在不可抗力风险，应该有保险的参与来防止各种灾害造成的财产损失，而且由保险费所形成的保险基金金额大，来源稳，使用周期长，有能力部分承担抵押贷款中的风险损失。我国目前除现有少量的房屋财产保险、房地产人身保险外，尤其要发展住房抵押贷款保险和房产质量保险。

5．利用高科技，加快培育发展房地产信息业。

加强科技创新，提高对土地市场的分析能力。要综合运用遥感（RS）、全球定位系统（GPS）、地理信息系统（GIS）等3S技术来作为我们必不可少的管理手段，以引导土地市场朝着健康的方向发展。

采用地理信息技术：投资者、客户、物业管理及政府管理等部门可利用地理信息技术，资源共享，形成一个比较严密、便于操作、便于实现宏观调控的房地产管理网络。

6．全面提升房地产企业的市场竞争能力。

（1）转变经营观念和意识。应尽快弄清国际市场的“游戏规则”，认真学习现代市场分析方法，掌握与国际市场接轨的基本知识，确立现代市场经营观念，牢固树立“融入世界经济潮流”的全球观念和市场竞争意识。

（2）加快（国有）房地产企业运营机制的建立和完善。必须尽快建立和完善现代企业制度。改制中要充分利用国家和市政府的有关政策，减少企业的负担，分流富裕人员，剥离社会职能，并对不良的债权债务和潜亏挂帐进行处理。要规范建立出资人制度、法人财产权制度和法人治理结构，并以法人治理结构为核心，深化企业内部改革，特别是劳动人事和分配制度改革，使企业成为真正面向市场、自主经营、独立运作、高效率的房地产市场主体。

（3）推进房地产企业资产重组，组建大型企业集团，增强竞争力。房地产业的一个重要特征是地域性，且我国经济运行近年波动幅度较大。因此，加入WTO后，外资不可能直接组建大规模房地产开发企业参加市场竞争，它们很可能通过收购国内房地产企业的股票，或与国内实力较强的企业合办房地产企业等途径介入我国房地产业。这是实行房地产业资产重组的一个良机，国内实力较强的房地产企业可以在这一过程中同时吸纳来自国内外的资源，组建大型房地产企业集团，增强竞争力，实现房地产企业的集约化经营。

（4）树立“以人为本”意识，引进和留住房地产高级人才。近年来，各跨国公司纷纷属地化，对本地人才的需求量猛增，而目前我国在房地产专业人才的培养上，主要集中在建筑设计、规划设计、建筑材料等，而急需的房地产开发经营人才却极为缺乏。这在很大程度上制约了房地产企业整体素质的提高。因此，国内房地产企业应通过树立“以人为本”意识，不仅要吸引人才，而且要提高现有人才的素质。

7．促进城市生态环境建设。

在利用外资开展房地产开发时，还要注意城市生态环境的保护，实现房地产业的可持续发展。对城市生态环境的保护，其本身就构成了社会总资源配置的合理性，只有在此基础上使用土地，才是真正的优化配置和对土地的最经济的利用。现实中任何一宗土地要具有最大价值并保持不断升值的价格水平，就必须有一个良好的生态环境。

（北京市国土房管局　2002 年 9 月）

北京市商品房空置状况的分析

一、商品房空置总量

2002 年上半年北京市房地产开发保持较高的发展速度。完成房地产开发投资 338.9 亿元，同比增长 36.2%；开复工面积 5086.8 万平方米，增长 36.5%；竣工面积 279.2 万平方米，增长 21.8%；商品现房销售面积 283.4 万平方米，增幅虽有所下降，但仍达 13.6%。截至 6 月底，全市商品房空置 710.1 万平方米，增长 20.4%；其中商品住宅 572.2 万平方米，增长 21.6%。同比增幅虽然较高，但总量比 2001 年底分别减少 63.9 万平方米和 61.8 万平方米，其原因，一是今年以来销售面积总量一直高于同期竣工面积，消化了一部分空置；二是部分空置商品房出租或进行了功能调整；三是随着房地产中介服务体系的逐步完善，通过网络和空置房超市等方式，使部分空置房价格随行就市，一定程度上调节了因地域导致的价差。

二、空置商品房的结构和分布

在上半年空置的 710.1 万平方米商品房中，空置时间在一年以内的有 376 万平方米，占全市空置面积的 53%，主要是新竣工的商品房。空置地点在三环路以内的有 205.3 万平方米，占 28.9%，空置的七成以上位于三环路以外地区。按房屋类型分，商品住宅空置 572.2 万平方米，占全市商品房空置面积的 80.6%；办公楼空置 71.6 万平方米，占 10.1%；商业营业用房空置 31 万平方米，占 4.4%；其他商品房占 4.9%。

从 2001 年商品房空置的情况看，空置时间在 3 年以内的商品房约占 9 成。空置商品房主要集中在房地产开发规模比较大的地区和新兴热点地区。从其地域分布看，主要集中于近郊区，占 76.2%；城区占 12.6%；远郊区占 11.2%。按区县分，朝阳区空置最多，达 240.6 万平方米，占全市空置面积的 31.1%；其次为丰台、海淀，分别为 100.4 万平方米和 86.7 万平方米，占 13% 和 11.2%；近几年新兴的开发热点区县昌平、顺义、通州、崇文和大兴空置面积也在 30 万平方米以上；密云、宣武、东城、西城、延庆、石景山空置面积在 20 万平方米左右；房山、怀柔、平谷、门头沟的空置较少，在 10 万平方米以下。

三、近年来空置面积与销售、竣工面积对比

商品房空置与竣工、销售的关系十分密切，从 1996 年至 2001 年三者的走向看，其趋势是一致的。1999 年空置总量受竣工影响增长较快，2000 年和 2001 年，受商品房旺销影响，商品房空置面积的增长幅度小于竣工和销售的增长，增长过快的势头得到遏制。

四、北京市商品房空置反映出的主要问题

1. 居民购房处于价位与地段难以兼顾的境地。

一方面，多数市民对商品住宅价格比较敏感，对中高价位住房承受力有限；另一方面，中低价房的地段大都位于四环路以外或远郊区县，故土难离，制约了住房消费，也造成了商品住宅的空置。从 2001 年空置商品住宅的预期售价看，预期售价在 3000 元以下的低价位房 166.9 万平方米，占全部空置商品住宅的 26.3%，几乎全部位于四环路以外地区；3000～5000 元房中低价位的 181.5 万平方米，占 28.6%，有近 2/3 位于四环路以外地区；5000～8000 元房中高价位的 153.2 万平方米，占 24.2%；8000 元以上高价位房 132.5 万平方米，占 20.9%。其价格分布呈现各档次均匀分布，但中低档次与中高档次相加，3000～8000 元中等价位的空置商品房占一半以上，达 52.8%。这一特点同销售市场反映出来的低价房供不应求，高价位房由于北京的特殊背景也有一定市场的情况是一致的。

从收入和房价水平比较，2001 年，人均可支配收入北京为 1.16 万元，上海为 1.29 万元，全国为 0.69 万元；商品住宅平均售价北京为 4716 元，上海为 3535 元，全国为 2068 元。上海的收入高于北京，而房价却低于北京；北京的收入是全国的 1.7 倍，房价却是全国的 2.3 倍。从这一角度比较，北京居民对房价的承受力不仅低于上海，也低于全国平均水平。这也造成了目前 4000 元以上中档商品房空置较多。

2. 别墅公寓、办公楼、商业营业用房消化难度大。

在上半年商品房空置总面积比上年末减少 63.9 万平方米的情况下，别墅公寓、办公楼空置面积减少量仅为 0.5 万平方米、1.9 万平方米；商业营业用房空置面积不降反升，增加 4.6 万平方米。三者价位普遍较高，从 2001 年预期售价看，空置的别墅公寓 14.8% 价位在 8000～10000 元，51.9% 价位在万元以上；空置的办公楼 15.5% 价位在 8000～10000 元，61.6% 价位在万元以上；空置的商业营业用房 31.7% 价位在 5000～8000 元，36.6% 价位在万元以上。

五、对当前商品房空置问题的判断

由于北京目前空置时间超过三年的商品房比重较低，大部分空置商品房属于合理存量，因此商品房空置对北京房地产开发的负面影响并不显著。2001 年北京商品房空置占全市年末实有房屋面积的比重为 2.1%，商品住宅空置占全市年末实有住宅面积的比重为 3.2%，比重较低。当年商品房空置率为 18.1%，商品住宅空置率为 19.2%，较上年稳中有降，处于合理范畴。

第五次人口普查资料显示，北京有 34% 的家庭购买了住房，其中购买原公有住房的家庭占全市家庭的 27.9%，购买商品房和经济适用房的占 6.1%；租房的家庭户占 31.5%，其中租用公有住房的占全市家庭的 25.1%，租住商品房的占 6.4%；自建住房的家庭户占 31.2%，主要集中在远郊区县。从这一组数据看，北京包括已购买和自建住房的居民住房自有率达 65.2%，再加上租住公有住房的部分，

全市 90.3%的家庭拥有比较稳定居所。但也应看到，目前已购商品房在居民住房总量中的比重较低，部分已购公房的居民由于户型、功能不尽完善，有进一步改善居住条件的需求，租住公房和商品房的居民也迫切要求拥有自己的住房，他们都是商品住宅的潜在购买者。"五普"资料还显示，全市尚有 14.2%的家庭户人均住宅建筑面积在 8 平方米及以下，城区人均住宅建筑面积在 8 平方米及以下的家庭户比例达四分之一强；人均住宅建筑面积低于全市人均住房水平的家庭户接近 50%；城区有 23.6%的家庭户居住在解放前的老房子里。因此，不能因为存在空置房就认为北京市的商品房供给绝对过剩，这种空置是适合居民需求的有效供给不足所造成的相对过剩。

中房信网的一项调查显示，居民对现住房的满意率不到 20%，约有 48%的居民提出在几年内愿意换购住房，已购公房户中有 67%希望通过换购住房改善条件和环境，居民潜在的住房需求无疑会对未来的房地产市场以强有力的拉动。与国际比较，2001 年末北京市居民人均住房使用面积为 17.62 平方米，换算成建筑面积相当于中等收入国家水平。国际经验表明，在人均住房建筑面积达到 33 至 35 平方米之前，会保持较旺盛的住房需求。因此，应用发展的眼光来理智地看待目前商品房空置问题，在新商品房的建设过程中逐步调整供给结构，提高居民消费能力，积极消化空置商品房，保证房地产开发的平稳、健康发展。

六、提高消化商品房能力的几个途径

1. 大力发展市区与城市边缘区和卫星城的公共交通基础设施，降低交通成本，减少在途时间。

2. 通过多种手段提高居民收入预期，发展银行信贷，提高居民对价格的承受力。

3. 对新建商品房在总量和结构上予以适当引导和控制。北京市空置面积主要是竣工形成，对房地产开发趋势的反映滞后，虽然目前空置问题对房地产的负面影响有限，但为防止今后出现大规模空置，还应在新建商品房供应总量、种类、地域、价格等方面予以适当的政策引导，增加适合居民需求的有效供给。

（北京市统计局固定资产投资处　2002 年 9 月）

2003 年北京房地产五大趋势

2003 年，京城地产将迎来成熟发展的一年，各项政策进一步规范完善，价格逐步回落，供销两旺势头不减，消费更趋理性，市场细分更加清晰。

一、整体房价向下走

就购房者最为关心的房价来讲，各种统计资料和数据走势表明，北京楼市的市场供应量将进一步放大，2002 年减缓的销售速度以及同时形成的庞大空置率，将成为房价最重要的绊脚石。记者了解到，今后 4 年里，北京经济适用房供应总量约 1200 万平方米，占到北京新增住宅总量的近一半，再加上更多的郊区低价位项目入市，就在很大程度上拉低了北京住宅的整体价位；其次，在三天两个新盘上市的今天，市场竞争上升到空前的惨烈。开发商不得不用出最无奈也最有效的方法——降价。因此，预计今年相同区域的新项目多数会低价入市。一些楼盘在销售中，为了加快销售速度，还会采取打折、送礼、抽奖等变相降价形式。

当然，降价只是总体的和相对的。在热销的地区热销的楼盘，高价和提价楼盘的出现也在所难免。例如，通州、大兴等区域的房价，今后随着道路、商业配套等设施的不断完善，预计今年这些区域房价仍会有所上升。此外，由于成本的制约和近几年高档公寓高租金的支撑，城区三四环以内的高档公寓一直是开发商投资的热点项目，已经出现了供大于求的局面。另一方面，由于竞争，高档公寓的设计、配套和用材都越来越好，建设成本越来越高，这两个市场因素决定了在 2003 年，城区高档公寓的价格平稳，变动空间不大。

中原物业认为，今年北京楼市整体房价呈现下降趋势，下降的幅度从高到低依次为：南城（由经济适用房造成的冲击）、北城、东城；西北部地区可能会平稳上升。

二、传统板块领风骚

2002 年的热点区域非 CBD、亦庄和通州等"老字号"莫属，而它们也将继续充当 2003 年楼市的热点板块。凭借规划和商务黄金地带的优势，CBD 将长时间成为京城楼市的热点；开发区凭借良好的经济产业和生态环境以及便利的交通，在 2002 年刮起近郊低密度的旋风，今年随着星岛嘉园的四期、金地集团等项目的启动，亦庄将低密度和高性价比进行到底；而伴随八通线、朝阳北路和两广路延长至通州，通州想不火都难。东四环沿线伴随着华侨城、新天国际和京棉地块的改造，加上已经上市的金港国际、后现代城等多个大盘、新盘、特色盘的兴起，将成为新的楼市热点区域。

另外，太阳宫地区、西四环沿线也将成为新的热点区域，目前已有多个项目进入规划实质性操作阶段，第三代生活圈有望初步成型。轻轨的全线通车对周边物业的提升作用将更为明显，预计包括回龙观大社区、立水桥居住组团、望京居住组团等在内的轻轨沿线项目将有较大的发展。

在上述热点区域，项目的开发规模有逐渐增大的趋势，具体表现为百万平方米以上的大盘将增多。城市边缘集团周边，万科、天鸿等几大地产集团都将推出百万平方米的大盘：首创集团在亚北温榆河投资兴建占地 2500 亩的上城国际花园；万科地产将在京通黑庄户开发占地 5000 亩的新楼盘；天鸿集团将在长营规划占地 240 万平方米中低价住宅；世纪城将在北区推出不小于 120 万平方米的二期。

三、产品瞄准"炫一族"

以往中年买家是当之无愧的楼市置业主力，但随着 2002 年小户型的异军突起以及经济适用房为代表的低总价房的大量入市，都使得年轻白领日益走向置业前台。

据相关数据显示，北京 22～35 岁之间的职业群体，占到北京市区人口总数的一半左右。他们拥有高学历、时尚、创造力强的共同特征，但由于其大部分人处于走出校门后，初始创业的阶段，工作和居所不为确定，因此，他们也被称为"炫一族"。

近几年，北京每年大约在上千万平方米的新建住宅上市

供应，但户型在80平方米以下的住宅仅占供应量的20%左右。由于北京房价高居全国之首，这使得低总价款，真正适于相对高收入、低储蓄积累的住房，长期处于供不应求局面，而SOLO、非常男女等楼盘的热销也证明了这点。

随着北京国际化进程的加快，越来越多来自各个地方、高素质的流动人口聚集于此，这一人群现在又是市场最具规模、最主要的住房消费群体，在本地购房群体中的数量约占到60%上下。他们迫切需要自立阶段初期居所，要求服务设施齐全，居住与投资功能兼备。

在房地产市场竞争已进入白热化的今天，将会有越来越多的开发商设计生产适应市场主体需求的房屋，特别是适于年轻人消费的住宅产品。

四、写字楼压价甩卖

写字楼在今年将出现刺刀见红的比拼，仅金融街、CBD和中关村三大商务板块近1000万平方米的规划量看，就着实让人担心起来。从目前统计的数据看，今年金融街将有金泽大厦、中证大厦等三个写字楼项目推出；中关村将在今年10个写字楼的推量基础上，还将有近30万平方米的写字楼推量；CBD将进入全面开花阶段，央视大厦、BTV大厦、呼家楼国际新区、金地等连同已经开发的建外SOHO、新城国际、昆泰国际、阳光100等项目，足以让每一个写字楼的开发商忧心忡忡。怎么办，是持房观望还是低价清仓？开发商中恐怕还是急于解套的多。加之传媒大道、亚奥商圈等其他区域写字楼的竞争，价格变化将成为今年写字楼市场的一个水分岭。

五、紧凑户型受追捧

2001年城区里推出的住宅有个突出的特点，就是户型走两个极端，超大户型与超小户型的同时出现。大户型方面，2002年新推出的项目出现了不少面积在300平方米以上的户型，耕天下、棕榈泉等项目都是以大户型为主打；而超小户型的火爆热销更是一景，代表项目是SOLO精舍和荣丰2008非常男女，后者最小户型仅15平方米。超小户型在功能上有欠缺，弊端逐渐显示出来；而大户型豪宅的需求市场是需求金字塔顶端的客户，市场消化量不大。

从市场的整体发展来看，户型设计正向着实用和人性化回归。住过小户型的标准间，人们还是要向更加实用和适用的套房迈进。具体地讲，随着购房者的消费心态逐渐成熟，在购房上会有更长远的考虑，预计以下两种产品将会受到市场追捧：一种是在CBD等热点地区内，迎合投资需求的功能比较齐全、服务完善的小户型，如70平方米左右的厅、卧、厨、卫等功能配套齐全的一居室，但这种产品一定要做精装修；另一种是位置相对外围，迎合普通百姓的经济型紧凑户型，如80～90平方米的二居室，90～110平方米的三居室。预计将出现更多此类以较小的居室面积与齐全的功能空间为特征的户型。

（本文摘自《京华时报》2003年1月）

北京房屋租赁市场五大新变化

2003年3月，曾在北京房屋租赁业名噪一时的新型租赁业务“房屋银行”，因一些不法中介机构的违规操作致使投诉率过高，最终被迫接受整顿。但此业务类型因极具市场价值，被业内人士普遍看好。

不久前，经过回炉再造后的“房屋银行”，以升级版形式再次登陆房屋租赁市场。其中，“我爱我家”推出的“房屋管家”就是其中较具代表性的一个。据该公司透露，“房屋管家”自推出后市场反映良好，交易量节节攀升，相信未来发展市场相当广阔。那么当前租赁市场有哪些新变化？未来的租赁市场将有哪些新特点？“房屋管家”的市场在哪儿？“我爱我家”就此做出了以下分析：

一、空置风险日益突出

对于出租房屋的房东来说，以最省心、省力、无风险的方式使房屋出租，并且实现收益最大化是租赁的理想状态。但是房屋“空置”问题使“省心省力”及“收益最大化”都成为了海市蜃楼。房屋一旦空下来，再次寻找房客，“省心省力”将无从谈起，而空置期的房租更是白白流失。目前，房屋空置风险日益突出，主要有两个方面的原因：

1．房屋供应量增大。

自90年代末至今，北京市房屋租赁价格一直呈下滑趋势，空置房屋数量则呈上涨趋势。房屋供应量的增大，导致房东对房客的选择余地愈加狭小，并且面临房屋空置的风险也明显增大。

2．人员流动速度加快。

外地打工人员、大学毕业生、年轻白领成为北京市承租房屋的主要人员构成，而这部分人较易更换工作，适应动荡生活，因此经常变更住所。

这两点原因使房东希望寻找一个稳定房客的愿望难以实现，而“房屋管家”的出现真可谓“对症下药”，除了平均每年45天的免租期外，其余时间不必再担心因房屋空置带来的租金损失，房东以协议付款方式收取固定房租即可。

二、房东构成发生变化

原先京城的房东以有闲房的老百姓居多，家中有空置的房屋便以租赁形式获取收益，贴补家用。然而，如今房东的人员构成情况发生了很大变化，投资型房东增加，手中有两套及两套以上房子的人占房东组成人员的主要部分。而这类人一般有较稳定、高收入的工作或自己经营商业，因此也没有多余时间打理手中空置房屋。另一部分人则是异地投资者，他们往往看好京城某些优秀楼盘，或者纯粹将其用来投资，或者只为以后方便时自住。而身处异地使投资者无法亲自打理房子，这就需要“房屋管家”代理房子出租的一切事宜。

三、房客要求逐渐提高

城市中的快节奏生活使人们对效率的要求更加苛刻，寻找住所时也不例外，但普通租赁形式却很难满足要求较高的房客。首先，由中介机构操作的普通租赁形式比较传统，中介机构作为中间人约好租赁双方看房。如果有任何一方不满意，中介机构都要再次寻找另一个房东或是房客约见看房。无论是房东，还是房客，既耗精力又费时间，都觉得多次看房很是麻烦。特别是工作繁忙的房客，他们往往认为将就房东的空闲时间很不方便。另外，房客在承租房屋后，如果房屋出现诸如水管漏水、地板裂缝、暖气不热等小问题，只能找房东来解决，而房东不可能随叫随到，虽说是难免遇到的小问题，却可以影响到日常工作、生活的正常运行。遇到这种情况时，“房屋管家”的另一个特点便显露出优势，那就是房子交到“房屋管家”手中，房客可以随时看房，随时签约，随时入住，不会再因房主没时间陪同看房而心急火燎。

四、中介规模不断扩大

北京市房屋中介行业因起步较晚，曾经因为管理制度不够完善，使得一些违法中介有机可乘，不惜以坑骗消费者来赚取黑心钱。近年来，政府部门对整个中介行业进行了大力整顿，并先后评选出了数十家“放心中介”。时至今日，房屋中介行业不但有了一批诚信服务的中介机构，而且服务内容也日益丰富，逐渐升级。“房屋管家”与传统的普通租赁模式比较，更需要中介公司具备很强的资金实力和抗风险能力。因此房屋租赁的代理业务只有委托给有资金实力及诚信服务的中介公司才不致使消费者自身利益受损。京城中介行业已在不断壮大中愈加完善，消费者的观念也因此而转变，“中介免谈”将成为中介行业一页翻过去的历史，“房屋管家”也将成为租赁市场上的主流业务。

五、高端物业有望吸纳

正因为京城一些大规模中介公司已具备雄厚的资金实力，“房屋管家”一类的代理服务将来极有可能将高端物业及商用物业也归入经营范围中。随着这种新业务模式的不断完善以及服务内容的不断翻新，“房屋管家”最终将成为租赁市场的主流。随着中介行业的不断发展，房屋中介不会只是房地产业的配角，而终将与房地产开发业各占半壁江山，在房地产业独领风骚。

（本文原载《北京日报》2003 年 3 月）

北京经济适用房全速建设

经济适用住房项目三环新城日前放号，再次出现了千余购房者几天几夜等待认购的排号场面。由于正值暑天，开发商为排解购房者困难，不得已将放号时间提前一天。消费者抢购经济适用住房的热潮又一次成为社会关注的焦点话题。

应该说，今年本市经济适用住房项目一个接一个地面世，不仅数量大增，而且遍布东南西北。据北京市统计局公布的统计数字显示，今年上半年，本市共销售经济适用住房 81.1 万平方米，与去年同期相比增长 6.8 倍，占同期商品住宅销售面积的 16.5%，是自 1998 年启动经济适用住房建设以来同期销售最多的一年。但是在本市市政建设加快、危改力度加大以及广大百姓渴望改善居住条件等多种因素影响下，普通居民对经济适用住房的需求热度有增无减。有关人士认为，京城众多经济适用住房项目排号认购火爆场面的出现，是经济适用住房需求旺盛的具体体现。

据业内专业人士讲，京城经济适用住房项目排号现象由来已久。1998 年，回龙观文化居住区认购时，让人们第一次领略了数百人排队购房的场景。此后每当有经济适用住房放号，就会出现长长的排号队伍。2002 年，城东的经济适用住房项目翠城放号时，数百人连夜排队；2003 年，位于石景山的翠谷玉景放号时，购房人提前 3 天排队；日前三环新城放号的消息传出，竟有数百购房者提前 5 天前去排队。一些开发商坦言，经济适用住房排号认购实属无奈之举。购房者几天几夜的排队等待不但使开发商精神高度紧张，更使得购房者身心疲惫，苦不堪言。特别是由于经济适用房需求火爆，在有的排号的队伍中竟滋生出一些炒号者，从中渔利。为广大中低收入者提供经济适用房，无疑是件大好事。如何把好事办好，让这个购房消费群体能更加便捷、轻松地购房呢？

值得关注和庆幸的是，今年以来不少经济适用住房的开发商在放号时，开始变招，力图解决认购者起早贪黑、风餐露宿之苦。

2003 年，经济适用住房朝阳新城放号，为避免人群大量聚集，开发商首创网上排号，一时间引起社会广泛关注。但是，由于每秒钟的网络点击竟超过上千人次，最终造成网络堵塞。同时也出现了客户的有效身份难以确认等新的问题。但这仍不失为一次有益的尝试。京城另一经济适用住房项目顶秀欣园的开发商则做了另一种尝试。他们将大量细致、繁杂的销售工作放到了售前，买房人可以先到项目现场做初步意向登记，由销售人员记下登记的时间，可以精确到分秒，公平地排好选房签约顺序。然后买房人可看沙盘、查资料，详细询问各种问题，如果做好订房决定，就回家等候售楼人员的电话通知，到现场签约交订金后的七天内，可再来交首付款。这种方法对购房者来说，减少了许多劳苦。

而经济适用住房项目西府景园的开发商为避免出现成百上千购房者连夜排号及一些人的炒号现象，想出高招。开发商对放号日期始终保密，直到放号前 3 小时，方采取手机短信群发的方式向 4800 余名登记客户同时发布放号信息，从而有效地规避了炒房号以及提前雇人排队等现象。由于开发商准备工作充分，组织措施得当，现场秩序井然，不到 10 个小时，近千套房子一售而空。

针对上述开发商做出的尝试，业内相关人士认为，在技术条件得到进一步完善的情况下值得借鉴。许多购房消费者也希望经济适用房的开发商们能借鉴成功的经验，取长补短，研究出能让市民不再受苦受累购房的好办法。

有关人士分析，随着本市经济适用住房的全速建设，今年的开工规模将达到 428 万平方米，项目达到 25 个，遍布全市东西南北。伴着经济适用住房市场供应量的不断增多及市场化的日趋成熟，将会从根本上解决人们没日没夜排号购房的现象。

（本文摘自《北京日报》2003 年 8 月）

央产房上市，波撼北京房地产市场

在国务院18号文件中明确要求“各地清理影响已购公房上市交易的各种行政性障碍”不久，国务院机关事务管理局和中共中央直属机关事务管理局就紧跟着发布了要求“央产房”上市的管理办法；将于明年1月1日起实施的《北京市城市房地产转让管理办法》再一次降低了外地人在京购房的门槛；北京市国土房管局又宣布今后将每半年公布一次“已购公房和经济适用房再上市指导价”，为买卖双方交易提供参考……

种种举措表明，中央和北京都已经下大决心，利用各种措施来刺激房地产市场、特别是中低端市场和二手房市场的活跃度。

一、二级市场开而不放流通领域遭遇瓶颈

其实在1998年房改以后，已购公房上市交易原则上就被允许了，但在实际操作中，南北方的差异比较明显。比如上海从1994年就开始以房屋置换为突破口，只要有房屋产权证就可以上市交易。从1994年二手房交易总量的84万平方米，到2002年1790万平方米，发展速度非常快，促进二手房市场发展的效果非常明显。而在北京地区，2000年1100套、2001年3000套、2002年8000套，把套数折成平方米算，跟上海的差距非常大。

上海的二手房或者公房上市，刺激了整个二手房市场的流通，二手房的流通对整个国民经济都很有好处。而北京现在二手房上市的流通率相当于1996年上海的流通率，换句话说，在这方面北京比上海落后了7年。

7年前房改政策出台，我国实现了从福利分房到货币购房的质变，房地产业得到了快速发展，在肯定了房地产“支柱产业”的地位后，还必将得到更快的发展；但到现在，北京仍有计划福利分房的影子，商品房市场的健康发展必然受到阻碍——如果，整个市场的流通领域不畅通，必定会成为房地产市场继续发展的难以突破的瓶颈。

二、从公房下手，楼市“额手称庆”

国务院18号文件要求“尽快清除妨碍已购公房上市交易的行政性障碍”，也就意味着大量公房将会很快上市交易——这无疑会强烈震撼二手房市场。

另外，针对北京二手房市场房源短缺的问题，《中央在京单位已购公有住房上市出售管理办法》将力促北京目前60多万套“央产房”上市（除去部级以上干部住房和因涉及保密原因不能上市的公房外，符合上市条件的央产房约有30万～40万套），这将大大改善目前二级市场供需失衡的状况（据北京数家房产中介公司对挂牌上市二手房交易数据的统计，供给与需求的比例超过1:10，个别热点地区的供需比例更高。这种失衡的供求关系导致二手房价格畸高，有的甚至接近周边普通一手商品房价格）。据估计，央产房上市后可占北京市整个二手房房源量的42%左右？更有机构估计该比例可占到一半。另据“我爱我家”房地产经纪有限公司的测算，北京二手房的存量有230万套左右，市场准入的问题解决后，北京每年的二手房交易量应该在18万套以上。

“央产房”上市除了使二手房房源大大增加外，交易量也必会增加。因为“央产房”一般都在三环以内，地段好、交通便利、社区配套成熟、物业管理完善，而且没有期房风险，所以很可能成为购房者新的追捧对象。

潘石屹曾经讲过：“纽约的房子在1910～1929年经济大危机期间就基本盖完了，现在纽约的城市格局基本还是那个时候的。”从北京的情况来看，到2006年将不允许新建开工项目，可以说目前北京的一手房市场已开始进入“收官”阶段，一手房的开发行将结束。“我爱我家”企划副总裁胡景晖称，北京未来的房地产交易主要将以二手房为主，所以说央产房上市能更好地培育北京的二手房市场，对未来北京整个房地产格局具有非常重要的意义。

三、二手房市场活跃的联动效应

随着国务院18号文件明确提出“搞活住房二级市场”和“央产房”的允许上市，二手房市场必将日趋活跃，成交量也将不断增加，同时对一手房市场的影响也将越来越明显。

业内人士认为，二手房市场对一手房市场的促进表现在三个方面：

1．提供市场支撑。

随着人们消费观念的改变，越来越少的人会一辈子只买一套房，只住一套房；更多的人具备了根据生活水平提高而提升居住品质的置业升级观念。因此，购房人在踏进新楼盘销售中心的那一刻起，就已经开始盘算未来的房子如何在二级市场里卖个好价钱。由此可见，二手房市场对投资人购买新房起着决定性的作用，二手房市场是否繁荣对一手房市场有着直接的影响。可以说，没有二手房市场，一手房市场等于是涸泽而渔。

2．为一手房市场提供了购房人群。

根据国管局和北京若干房产中介机构的联合调查统计，如获得房产上市交易许可，50%以上的二手公房业主有卖旧买新、置业升级的意愿，这部分购房者无疑丰富了一级市场单调的购房人群。通过二手房市场运作以旧房获得资金，再购买新房，将成为连接北京一、二手房市场的重要模式。“以旧换新”、“置业升级”无疑为一手房市场提供了规模可观、较具购买力的购房生力军。这将是推动一手房市场长期、持续的一股力量。

3．为一手房市场提供了市场参照。

一手房开发在什么地段、什么样的户型、卖什么样的价位，可以看一下周边的二手房市场交易的情况。根据同地段二手房价格以及新楼盘的物业档次，综合消费者可接受的心理价位，就可以定出新物业的合理价位。

有业内人士指出，只有已购公房的放开、央产房的上市、政策的放开、税费的降低、消费观念的改变、中介市场的规范壮大以及房地产金融服务的配套跟进，才会有一个发达的、繁荣的二手房市场；而同时，一个成熟、健全、理性的房地产市场，需要一二级市场的互相支持、相互促进和共同繁荣——在此基础上形成的房地产市场梯级消费格局，才是符合市场规律和百姓需求的良性模式。

尽管公房上市迎来了一片叫好声，但一些业内人士还是持谨慎态度：一方面是具体的上市交易细则还未出台，而且

二手房业主还需有一段时间观望和了解市场行情；另外还可能遭遇金融瓶颈，因为北京的二手房存量很大，但上市的很少，大量的二手房都处在按揭中，即便现在很多银行提出做转按揭业务，但基本都是"雷声大雨点小"，原因在于银行还没有找到控制此类交易风险的合适办法。

（本文摘自《中国房地产报》2003 年 9 月）

北京物业管理制定地方法规

中国首部《物业管理条例》9 月 1 日起开始实施。这部在中国物业管理史上具有重要意义的《条例》自 6 月 18 日公布以来，受到社会各界的广泛关注。北京市在《条例》公布后的 2 个多月中都做了哪些工作，下一步的工作重点是什么？在银达物业管理公司近日举办的"贯彻《物业管理条例》，规范物业服务，建设美丽社区，共享美好生活"系列活动中，记者采访了北京市国土资源和房屋管理局居住小区管理办公室的有关负责人。

一、地方物管办法草案初步形成

据介绍，本市在贯彻实施《条例》的过程分为三个阶段。

第一阶段，宣传和学习阶段。政府主管部门通过各种形式进行广泛宣传，并深入学习领会精神；各个物业管理企业也自行组织了学习，有的还请起草《条例》的相关专家进行讲解。政府主管部门在学习过程中，找出本市在制定实施细则过程中的难点、热点和重点问题，并确定了制定实施细则的基本工作方案——今后北京市将以政府规章的形式出台地方的物业管理办法，加上若干个配套文件，构建新的政策体系来贯彻《条例》，以解决 8 年来物业管理中存在的若干问题。

第二阶段，广泛征求意见阶段。7 月中旬，本市召开了两次座谈会，听取各区县房管局和物业管理企业的意见；同时，在网上发布通知，面向社会征求意见，社会反响非常强烈，共收集到 1000 多条建议，有 100 多个业主、100 多家企业和司法界人士提出了中肯的意见，对北京市即将出台的地方性管理办法寄予厚望，希望对业主大会和业主委员会的权利、义务作出明确的规定，希望物业管理企业的服务与收费更加规范。物业管理企业则希望能有效地解决困扰他们的欠费问题。

第三阶段，起草北京市物业管理办法草案的阶段。在 7 月中旬至 8 月中旬，市物业管理主管部门反复起草修改了十多次，不断征求意见，包括水、气、热和有线电视等专业管理部门和部分物业管理企业的意见，草案初稿现已形成。

二、过渡性意见即将出台

物业管理不仅涉及到国土房管局的工作，还涉及民政、市政管委和供电部门等许多有关部门的工作，因此北京市物业管理主管部门下一步将就《物业管理条例办法》中的一些具体问题与这些部门协商，还要征求司法界的意见，形成统一意见后，再上报市政府审议。

《物业管理条例》9 月 1 日实施，但地方的实施细则出台还将需要一段时间。为此，本市物业管理主管部门又起草了一个《贯彻实施〈物业管理条例〉过渡期的意见》，对一些具体问题作了明确的规定，其中包括对业主及业主大会的规定、对前期物业管理招投标的规定和业主临时公约的有关规定等，保证做好衔接工作，此《意见》也将于近期上报市政府。

物业管理涉及广大人民群众的根本利益，因此在立法中本市有关主管部门将充分听取广大业主、人民群众和社会各界的意见。物业管理作为一个新兴的行业，在发展过程中会出现各种问题，本市有关部门将对这些问题进行分析，有些可通过制定相关细则来解决，有些涉及到体制改革问题。现在正在制定的《物业管理条例实施细则》要考虑时代特点和未来的发展状况，同时也是对过去历史经验的总结。另外，《物业管理条例》也达到了正本清源作用。过去是业主委员会决定是否要更换物业公司，这样，十几个人决定了小区内几千业主的命运。现在《条例》规定：小区重大管理问题均由业主大会决定，而不是少数几个业主委员会委员说了算，大家投票对现行小区管理水平的高低进行评判，决定物业管理企业的选择问题。同时，物业管理服务内涵也靠公众的判断来决定，而每个人都有参与权和投票权，决策小区未来的发展。

三、制定办法坚持六原则

北京市在制定地方性物业管理细则过程中始终坚持了 6 个原则。一是统一性原则，以国务院颁布的《物业管理条例》为基础，与其保持一致，这既是立法的要求，也是政治要求；二是科学、公平和合理的原则。制度设计上要科学合理，在公平的市场经济环境和正常的物业管理市场秩序中维护双方的合法权益；三是公众利益优先的原则，保护业主的合法权益。当业主的个人利益和小区的公众利益发生冲突时，要优先保护全体业主的利益；四是先进性原则，对过去好的做法加以吸收和保留；五是借鉴的原则。对于国外和我国港澳台地区及兄弟省市的经验加以借鉴；六是公开的原则，制定办法中要公开听取社会各界的意见。

最后，北京市国土资源和房屋管理局居住小区管理办公室的负责人说："立法中要体现广大人民群众的意见，除我们将组织正式的征求意见外，还欢迎广大业主和社会各界以来函、来信的方式随时提出意见，合理的建议将会被吸收。"

（本文摘自《北京晚报》2003 年 9 月）

北京写字楼供应趋稳，空置率下降

在北京，SARS对北京写字楼物业市场的影响正在逐渐减退。虽然目前仍有不少写字楼在不断发出“招租”的声音，但根据相关机构的调查，近期并未有新的甲级写字楼推出。因此，就今年第三季度来说，北京的甲级写字楼供应正处于短暂的宁静，平均空置率也出现了下降。

一、空置率下降租金下调售价平稳

由于今春肆虐全国的SARS疫情在较短时间内得到有效控制，国内经济在进入今年第三季度后逐渐恢复。世界主要投资银行和国内相关研究机构纷纷乐观地预计今年中国可实现8%的经济增长率。另据统计，截至8月份，北京市实现国民生产总值2132.7亿元，同比增长9.9%，基本恢复正常；利用外资平稳增长，1～8月份新批“三资”企业890个，已经恢复到去年同期水平。经济的恢复也同样带动了写字楼市场的恢复和活跃。

从供应方面来看，自今年第二季度富凯大厦和银网中心进入市场以来，至今北京甲级写字楼市场没有新增供应量。根据戴德梁行的统计，第三季度北京地区甲级写字楼的总存量仍为301.8万平方米，这也使得北京甲级写字楼平均空置率出现微降。戴德梁行的研究表明，2003年第三季度北京甲级写字楼市场平均空置率已由第二季度的16.4%下降为15.2%，下降了1.2%。

从需求来看，北京地区甲级写字楼的吸纳量出现了大幅上升的势头，来自世邦魏理仕的研究表明，今年第三季度北京甲级写字楼的吸纳量比上季度上升了26%，达55700平方米，这意味着市场需求正在释放。从本季度各区甲级写字楼的吸纳量来看，朝阳区和海淀区的吸纳量有所增加。

国内企业仍是甲级写字楼重要的吸纳力量，国内企业尤其是与资讯服务、电信服务相关的大型企业吸纳能力较强，例如UT斯达康在东方广场租赁了7000平方米、中国电信在远洋大厦租赁了2200平方米、北京天宇朗通通信设备有限公司在腾达大厦租赁了1580平方米。

中国经济增长的强劲势头使跨国公司对华投资的信心日渐增强，作为中国首都的北京，成为众多国际企业的选址对象。从北京市新批“三资”企业的月度增长率看，6月、7月和8月的增长率分别为6.6%、4.1%和28.7%，呈明显的恢复增长势头。特别是SARS疫情得到控制后，跨国企业对甲级写字楼的需求得到一定程度的释放，市场表现活跃。例如宝马在盛世大厦租赁了4500平方米、日本电气在东方广场租赁了3000平方米、富士胶片在阳光大厦租赁了2400平方米等等。

从租售方式看，国内企业仍是甲级写字楼的主要购买力量，例如东盛制药就在国际企业大厦购买了2700平方米的面积自用。国外企业则以租赁为主。部分中资机构和企业倾向于自建办公楼，以便获得更加适合自身需要的办公空间。

就租金来看，戴德梁行的研究表明：2003年第三季度北京甲级写字楼市场平均租金为30.37美元/月/平方米（使用面积报价），租金指数为72.4，比2003年第二季度下降了2.9%。就租金下调的原因，戴德梁行和世邦魏理仕均认为，是来自乙级写字楼的竞争和未来大面积甲级写字楼入市的压力，部分发展商下调租金以加强其竞争力，从而一定程度上影响了本季度甲级写字楼租金水平。

与租金下调的幅度相比，北京甲级写字楼本季度的平均售价表现平稳，戴德梁行的统计为2032.5美元/平方米（建筑面积报价），售价指数为122，比上季度微升了0.8%。世邦魏理仕的统计则为：现存项目平均售价每平方米2756美元，跌0.8%（以建筑面积计算），预售项目为每平方米2200～2400美元（以建筑面积计算）。

二、写字楼供应未来将发力

从市场供应看，未来中关村地区将有部分甲级楼盘入伙。长远来看，中关村地区、金融街地区和CBD地区的部分甲级写字楼将在2004～2005年陆续进入市场，丰台科技园内的商务花园在未来三年内也将有约100万平方米的办公楼进入市场，所以未来几年将是北京写字楼供应较为集中的时期。

中国经济持续健康的发展，不断培育、壮大着一批国内企业，使之成为高档写字楼的主要吸纳力量。另一方面，随着对世贸条款的逐步履行，中国内地的投资环境日益改善，巨大的市场前景吸引着越来越多的境外公司。在奥运商机的带动下，首都北京成为众多大型公司抢占中国市场甚至亚太市场时理想的办公空间选址区域，因此从需求看，未来北京甲级写字楼市场仍有一定的发展空间。

（本文摘自《中国经营报》2003年10月）

2003年1～10月北京市房地产投资平稳增长

2003年以来，在房改政策和宏观经济环境、市场环境趋动下，本市房地产开发投资始终保持平稳增长的态势，1～10月全市完成房地产开发投资841亿元，增长19.5%，增幅比上月提高1.4个百分点。房地产开发投资总量仅次于广东省，居全国第二位。

从投资用途来看，增长最快的是办公楼，完成投资96.5亿元，同比增长了58.5%；而住宅投资完成462.2亿元，只增长了3.7%，其中公寓别墅完成69.7亿元，增长18.4%。

从施工面积来看，1～10月全市施工面积7723.6万平方米，同比增长 27.5%；其中住宅增长了 24.1%，低于平均增长速度；而办公楼增长 48.3%，公寓别墅增长 53.3%，远高于全市平均增长速度。

从新开工面积看，1～10 月，全市新开工面积 2370.2 万平方米，同比增长 24.4%；其中住宅增长 20.8%，低于平均增长速度；公寓别墅增长 82.7%，办公楼增长 31.3%，高于平均增长速度。

综合以上数据，可以看出，今年本市房地产投资中公寓别墅、办公楼成为主要的投资增长点。

从房地产销售的情况看，始终呈现供求两旺的局面，市场比较明显地处于景气状态。截至 10 月底，全市累计竣工各类商品房 1059.8 万平方米，增长 41.2%。销售各类商品房 993.2 万平方米，实现销售额 478.9 亿元，分别增长 49.8%和 53.5%，其中销售商品住宅 939.3 万平方米，实现销售额 428.2 亿元，分别增长 48%和 51%。供销仍保持在前几个月较高的水平上。市场攀升的强劲动力来源于个人住房消费的实质性增长，1～10 月，个人购买的商品住宅达 897 万平方米，增长 49.8%，占商品住宅销售面积的 95.5%，同比提高 1.2 个百分点。

此外，销售额和销售面积的全面增长也给开发商以继续投资的信心。前 10 个月本市累计完成土地购置费 132.3 亿元，同比增长 40%，完成土地开发面积 599.4 万平方米，增长 1.6 倍。新开各类商品房屋面积增长 24.4%。房地产先行指标的大幅增长，一方面反映了目前本市房地产发展后劲充足，市场活跃。另一方面，这一态势也应引起有关部门重视，适时加强宏观调控和引导，使之与未来市场需求及首都规划布局相一致。

平均销售价格小幅上扬。1～10 月，全市商品房平均售价为 4822 元/平方米，同比增长 2.4%。其中，商业营业用房平均销售价格达到每平方米 10394 元，增长 38.5%；办公用房为 13880 元/平方米，增长 5.4%；住宅为 4559 元/平方米，增长 2%。

综合相关信息，1～10 月，房地产市场的销售情况虽然保持了较高的增速，但“金九银十”的旺季销售特征并没有体现出来。原因：一是消费者购房心理逐渐成熟，需求层次也有细化倾向；二是消费者购房可选择范围增大、购房选择过程延长；三是国内股市缩水与网络业的萎缩使得部分消费者重新调整个人预期收入；四是受非典影响一些市民取消了“五一”长假的外出旅游，转而改在“十一”外出，从而影响了购房人数。五是“央产”房上市的新规定，将使二级市场供应量扩大，从而培育了新的消费群体，使持币观望的人群增加。

（本文摘自　北京市统计局网站　2003 年 12 月）

北京房地产中介企业的六个挑战

北京美伊房地产经纪有限公司　程鹏

品牌中介做为房地产经纪行业的中间力量，不仅起到构建桥梁及促进市场繁荣的作用。还对规范市场、建立行业自律标准、探索中介企业管理及营运模式，起到至关重要的意义。做为一名房产中介企业的老总，每天需要面对及思索的东西很多。实话讲在各行业中，中介是相对管理难度较大的行业，其中房地产中介又是难中之难。不仅市场缺乏成功企业运营模式，缺少人才更是制约该行业发展的一大因素。进入 2003 年，随着京城二级市场交易走势直线上扬，做为京城的房地产中介企业又将面临新一轮的市场盘整。并且，预言此轮盘整会比以前来的更快、更残酷。

北京美伊房地产经纪有限公司，是 2002 年初成立的一家以经营二手房为主的房地产经纪企业。企业在入市初期，曾寄托过通过吸引人才的加入，缩短新企业对市场的不适期。但在企业当时实际操作过程中发现，当时所谓的行业人才无论从自身素质、专业知识的深度、专业技能的掌握都很欠缺。但他们的特征也有雷同之处，大都拥有在二到三个中介企业的工作经历，从业时间在二年左右，对把握待交易二手房售价与市场价格的差距十分熟悉，带有丝丝“江湖气息”。这些人员很难适应现代企业对员工的基本素质要求，这也将最终导致中介企业会在员工的管理，如何减少员工做“私单”等一些本属于员工基础素质方面要求煞费苦心。为解决这一状况，美伊地产投入大量财力对员工进行培训，目前所收到的效果也不能令人完全满意。看来如何培养吻合本企业发展需要的专业型人才，是中介企业所面临的第一个挑战。

通过美伊地产对本企业各类客户的连续统计，在相同广告投放情况下，2002 年周均新增客户与 2003 年周均新增客户相比较，2002 年比 2003 年周均低 40%到 50%的客户量，新客户的增加本身也是 2003 年二级市场利好的暗号。根据 6 月京城媒体介绍，进入 2003 年以来房地产中介企业新增数量很大，非典时期过后每月新增近 60 家中介企业。市场虽说在成长，但交易量的变化远不及从业企业的增长幅度。2003 年按房地产中介管理部门预测，二手房成交量在 20000 余套左右，1000 余家从业企业年均分配不到 10 余套，月均不足一套。这其中还未包括跨经营范围的从业者，和无任何营业资格的“黑户”，也在对同一市场进行着分割，京城中介企业面临的第二个挑战“僧多粥少”随之而生。

21 世纪不动产在北京授权十七个加盟店，CB 信义在上海授权十二个加盟店，太平洋房屋在上海授权十个加盟店。目前还有一些本土企业也在通过加盟等形式，不仅输出自身品牌及营运模式，更是通过将资源做大最终提高企业的综合竞争力。相反占从业多数的中小中介企业不仅受到来自于“僧多粥少”的市场压力，还会逐渐感受到由于自身资源的严重匮乏，导致企业生命力快速下降。所以，中小中介企业如何避免即将面临的危险，通过何种方式形成“合力”补充自身资源，将成为本轮盘整后的第三个挑战。

京城房产中介的口碑一直是急需转变的问题，业内多数企业均能在经营活动中进行自律。只会有少数中介企业抱有短期收益或其它的想法，不考虑企业自身及行业的长期发展需要，做出了有损客户的行为，导致了百姓对房产中介的不信任。根据美伊地产在 2002 年不同时期对自有客户的统计，有近半数的客户对委托中介持怀疑及谨慎态度。进入 2003 年后，随着行业主管部门、工商局 315、消协等众多管理部门的介入，不仅在中介行业的整顿中已收到初期效果，客户也逐渐对分辨各类中介机构有了参考标准。提高中介行业整体口碑、塑造中介企业的良好形象，将成为中介企业的第四个挑战。

北京房产中介企业由于普遍从业时间较短，市场初期的从业者又多为小资本进入的小型企业。其企业特点为也雷同于其它服务行业企业成本较低，且入门较容易。由于每个企业由于自身资源及目标不同，应用在企业建设方面的投入也大不相同。在前两年市场中运营良好的中介企业，会有部分将要在本轮盘整中淘汰下去。在分析被淘汰的原因里，不单纯存有被市场淘汰的可能，我认为更主要的还是这些企业在以往的经营过程中，在对待不同时期、不同交易量、不同的竞争压力下的各种因素，是否可以总结及尝试各种管理以及经营模式。房产中介虽说进入门槛较低，但随着市场交易量的上扬，企业如不能跟随市场的变化对自身进行适宜的变革，只将目光一味投身到增加收益或满足现实收益上，自然就会被市场所淘汰。我们把收益想像成一块可以享用的蛋糕，但随着分食者的增加，“市场”肯定会提高分食蛋糕的“收费”来平衡。所以能紧跟市场的变化，及时对企业经营和管理模式进行调整，会成为本轮盘整后的第五个挑战。

注册一个公司，雇几个人，每月成本很低，但压一套房可赢取三到五万的利益。很多从事二手房交易的经营者，是被这一简单理念吸引到这个行业。北京二级房地产市场，在经过长期的培育及刺激下逐年相比已有很大变化，这其中做为买卖双方的客户消费经验也随之积累很多。在众多从业者中，抱有通过赢取售房差价获得高回报的机会也随之减少。做为企业的经营者必须意识到，通过短线收益很难持久在市场活动中得到稳定回报。中介企业的管理者，如何减少盲目进入市场的机率，如何降低企业经营风险，如何使企业能够得到长期发展，将是主要针对中介管理者的第六个挑战。

由于目前中介企业缺乏相互间的有效沟通和交流，表现出的问题是有，但面临的市场机遇也很多。如有机会我会再与大家进行沟通。

北京住宅产业的新亮点

北京金地世纪缘房地产开发有限公司总经理 黄象铁

伴随生活水平的不断提高，人们对住房条件与环境条件的要求将越来越高，这一方面给开发商带来了更大的创造空间，另一方面又使开发商面临更为严竣的考验与挑战。可以说，21世纪的竞争将主要表现为名牌品质、服务的竞争。为此，公司确立了以精品项目塑金地名牌的战略，并以创新、独特、自然、经典而响誉业界。

“翌景嘉园”项目先后被《人民日报》(海外版)、《中国消费者报》、《中国企业报》、《精品购物》、《北京青年报》和北京电视台等中央及北京市等诸多媒体做了深入的宣传和报道。在这里，我详细地将我们“翌景嘉园”项目介绍给大家：

一、精品的根本——超强实力超前设计

在烽火连天的京城房地产市场，只有实力雄厚的房地产公司才能够在竞争中占有一席之地，开发需要实力；在高科技时代房地产开发中，要求房地产商具有从地产笋到建筑施工，甚至到物业管理的综合实力，总体要体现时尚、高档、经典的开发思路。

在这一思路指导下，首先是选址要符合既方便又不要太喧嚣而自然环境又优美的要求。经过反复斟酌，“翌景嘉园”最终落户于东三环潘家园桥西南侧紧临80米宽的三环主干道，既使上下班高峰也不用担心堵车，让您充分感受到全程无塞车的畅快；从这里向南可直通京津塘高速路，向北距国贸中心仅3.8公里，处于CBD辐射带，是商圈内人士居住的重要区域；京广、机场高速中近在咫尺，由潘家园向东可到东西环，向西可到东二环，处在一个独特的交通枢纽位置上。同时，这里又是成熟的文化圈，中、小学及高等院校散落周边，附近有医院，近临北京古玩城，首都图书馆，背靠天坛、龙潭湖，北京游乐园、靠近永庄物业、劲松小区、榆光小区、京客降大型超市、河南大厦、广西大厦等。

在户型设计上，我们特别聘请瑞典名师担纲主理，结合东西方特点，博采现代住宅各家之长，户型从90平方米～145平方米的两居室到170平方米～212平方米的三居室，有多种选择；布局从人本理念出发，注重方正实用；采用经特殊处理的高强度钢化玻璃，在增强安全私密性的同时，有效提高了室内面积的使用率；外飘窗及弧形落地观景阳台的设计，使户内采光充足，风情无限……这些都充分体现了“翌景嘉园”以空间决定品位，阳光体现健康，优秀户型塑完善家居生活的现代住宅开发理念。在2000年搜房网组织的首届网上户型评比中，“翌景嘉园”的二居室荣获第一名，三居室位列前十名，得到了广大网民的喜爱和支持。

在质量方面，我们金地世纪缘从工程立项之初就确立了工程质量创中国建筑最高奖“鲁班奖”、建设结构创北京市建筑结构“长城杯奖”的目标。为了实现这一目标，我们推行了“样板示范，全面跟进”、“现场操作，现场评比”、“监理不离工地，技术服务到现场”等一整套行之有效的质量监督管理办法，并实施了“质量一票否决制”、“不合格工程不过夜”、“质量重奖重罚”等一系列规章制度，使质量得到有效保障。在建筑工地，“质量是金地品牌的生命”成为印刻在每一位员工心中，落实到每一个操作要领中的律条。凡来现场参观的客户，“质量过硬”几乎是他们的一致好评。

目前“翌景嘉园”一期工程已经获得建设结构“长城杯奖”，而且年底即可竣工。而二期工程也已通过了二次“精检”，也已封顶。所以说，金地精品就是这样一点一滴、踏踏实实做出来的。

二、精品的体现——高科技投入，绿色环保

21世纪是科技发展日新月异的时代，建筑行业中的新材料、新工艺层出不穷。而高科技的投入更会使人忘掉季节、超越时空；“翌景嘉园”作为我们金地公司的名牌之作，必须通过运用这些科技成果来提升品质，这一思想使“翌景嘉园”不仅成功地吸引了客户，也使身自成为经典之作。精品是经得起时间考验的，我们“翌景嘉园”提出的30年甚至50年不落伍的口号，是因为我们有别于其他楼盘的显著特点：

第一是采暖方式的革命，使用电热膜供暖的创意是建立在金地世纪缘公司强烈的“还北京一片蓝天”基础上的。考

虑到住宅建设中不能建锅炉房，必须在能源上寻找突破口来解决这一问题。通过多种方案的反复筛选。引进法国尼沃电热膜技术，将电热膜隐藏在天花板与地板间，以“类阳光”的红外线大面积低温辐射来达到供暖目的。其独特的“空中送暖”保障了暖流的均衡与无空隙，不经过空气对流，不会带走水分，因此不会产生干的感觉，人在房中像沐浴阳光般的感到温曙什么。还可以随时使用、调节温度，冬取暖、夏防潮，不但促进了环保，更实现了智能供暖，彻底解决了传统采暖方式的各种弊端。

第二是厨房里的革命。“翌景，嘉园”的厨房全部采用先进的电器灶具技术，引进台湾尚朋堂全套电磁炉设备，实现了完全无火烹调，且炉体外部及不放锅时的炉面均不带电，操作简单、使用方便。煎、炒、烹、炸，样样全行，既提高了安全性，又提高了厨房的清洁度，减轻了主妇的家务负担，并为主妇提供了健康保证。据了解，目前京城采用这种无污染、清洁、安全、经济的电气化厨房设计的楼盘并不多见，这使得“翌景嘉园”厨房革命的领先优势得到毋庸置疑的肯定。

第三是地热温泉。从地下1700米深处打出的地热温泉水，24小时供应。据科学鉴定，该温泉形成于12亿年前，出水温度保持在56℃～59℃，PH值7，48，属于中性水，富含铁离子、锶；锂、磺等多种对人体有益的元素及化合物。经国家权威部门检验，该泉水已达到天然医疗热矿水标准，具有很好的医疗和保健作用。为充分利用这二天炉资源，“翌景嘉园”还不惜成本；将其加工处理成为可饮用的矿泉水，让业主在缺水的北京享受到源源不尽的健康水质。现在，虽然许多楼盘都可提供温泉，但“翌景嘉园”所打的“京地热38井”以医疗热矿水的高品质遥遥领称。

第四是绿荫工程，地热是宝贵资源，如何充分运用这一资源，金地公司下了很多工夫。经过反复试验，他们成功地将地热资源用在绿化工程中，使“翌景嘉园”即使在冬天也芳草萋萋、绿荫长驻，蔚为奇观。这一真正意义上的四季常绿使“翌景嘉园”独具魅力。记者在其销售部了解到，真有一些客户因向往这一景色而决定入住“翌景嘉园”。

另外，从现代居住环境的潮流来看，人们越来越注重环境品质以及配套功能的完善，因此，“翌景嘉园”格外重视环境的营造，不论是组团绿地，还中心花园，都进行了独具匠心的设计与施工。每处绿地四处各异、移步易景的景观；依楼势配之以不同的人工景观、景点，形成层次丰富、主题鲜明、各具特色、动静结合的主体园林效果。中心广场则更加注重休闲娱乐性，除大面积的园林景观外，还有四季温泉、四季花房、风景长廊、地上停车场、地下停车库、儿童活动中心、老年活动中心，配之以优美的背景音乐，成为人们休闲温步的绝好场所。“翌景嘉园”的绿化面积高达46％以上，这在寸土寸金的三环沿线是不多见的。可以说，绿色、阳光是“翌景嘉园”品牌形象的标志之一。

三、精品的延伸——以人为本，智能物业

如果说“翌景嘉园”的人本设计体现在超前设计、高科技的投入上，那还不安全。“翌景嘉园”的人本设计还突出体现在超大规模的豪华会所上。该会所高16层，面积达2万平方米，规模之大创京城物业之最。会所可以为业主提供国际标准的多功能会议厅、公共秘书中心财务代理处、法律咨询代办处、证券中心等商务服务设施，以及前台接待、VIP服务、多语种翻译服务、收发邮件文件服务、24小时家政服务。在“翌景嘉园”业主可以真正享受到“既在小区办公，又不必影响居室”的便利与惬意，这比一般虽可以在家办公，但势必影响家居生活的楼盘来说又领先了一步。

另外，会所还配有温泉游泳池、网球场、健身房、医疗保健中心、图书馆、舞厅、美容美发中心、中西餐厅、咖啡厅、茶艺室、网吧、艺术长廊，形体训练室，家教室等一系列生活、娱乐服务设施。一切以人的需求为中心。

小区的物业管理是全国甲级管理企业“深圳万厦物业”公司，该公司拥有管理350万平方米物业的丰富经验，将从“以人为本”的管理理念出发，努力创造安全，舒适、温馨的社区环境，包括尝试提供酒店式服务，尽可能做到尽善尽美，无微不至。公司特别组建了如保安队、工程维修队、机电维修队、绿化队、保洁队等专业化管理队伍，全部经过严格的职业培训：实行持证上岗、竞争上岗。从生活的、环境的、工作的、休闲的每一个细节着手，为住户提供规范化、专业化的优质服务。

在小区智能化的进程中，“翌景嘉园”不仅仅满足于被现在许多开发商炒作的宽带网，而是将小区的智能化物业构建在当年21世纪信息时代的大环境下通盘考虑，发挥公司的开发优势，赋予小区物业七大智能优势，它们是：

第一，智能小区综合布线系统。设置建筑物的语音交换设施，智能化数据处理设施，实现了广义数据通讯设施的相互有效连接，能够使业主拥有更灵活、更可靠、更先进，更经济的生活。

第二，家庭智能化控制系统。通过家庭智能控制器、家庭布线：传感器等设备和小区综合管理系统连接，实现对受控设备随时、随地、随意的监控。

第三，计算机网络系统。使业主在家中就可获取各种数据、信息，实现足不出户、满足各种要求的新型生活方式。

第四，紧急广播及背景音乐系统。可以按区就地接驳话筒、CD、调谐器等多种信号，使业主能够更好，更方便、更快捷解决各种需求。

第五，停车处理系统。实现一卡管理，杜绝不必要的麻烦，在保证车辆安全的前提下，可以使业主停车更方便、更快捷。

第六，可视对讲系统和周边防范。闭路电视监控系统，为业主的生活提供了绝对的安全保障。

第七，物业管理信息系统。能够快速满足住户的需求，及时为住户提供服务。

另外，我们“翌景嘉园”的主干光纤达到1000兆，到桌面100兆，每月的费用只有150元。这将使业主可以24小时尽情上岗，充分体验住处高速路给工作和生活带来的方便与意想不到的收获。在2000年10月召开的“翌景嘉园”智能化小区应用产品鉴定会上，与会专家一致认为“翌景嘉园”的智能化技术比较先进，各大系统比较完善，符合建设部智能化三星级示范工程标准，并誉之为是“比较全面的智能化小区”。

各位来宾，各位朋友，在这充满生机和挑战的新世纪里，我们金地世纪缘房地产公司的全体员工将肩负着社会各界的重托，求实创新，努力开拓，不断建造出更多高品质、高品位的家园，为改善首都市民的居住理念、居住环境做出贡献，和朋友们携手共创灿烂的明天。

上海房地产市场发展状况

上海房地产稳定增长，空置骤减

一、空置面积骤减

上海房地产交易中心和上海市统计局获得了两组数据：

2002年前三季度商品房批准预售面积比去年同期增加80.4%，而商品房预售与去年同期比较，增加了45.1%。预售增长虽有放缓，但商品房批准预售面积和实际预售面积之比仍达到1:1.009。

据上海市房地产交易中心负责人称。上海房地产市场处于“求略大于供，供求基本平衡”的状态；房价自1999年末上海房价回暖以来，连续第9个季度上涨。说明上海房产市场正处于较繁荣的阶段。

另据基强联行投资管理（中国）有限公司的总经理陈基强介绍，到2002年上半年末，上海空置商品房已经由1999年的最高峰1297.41万平方米降到869.51万平方米，比高峰时减少了427.9万平方米；其中，住宅空置面积482.03万平方米，同比减少了15.6%，应该说情况还是比较乐观的。

二、稳定增长事出有因

上海市政府发展研究中心的陈群民博士称，北京、广州商品房的供给远远大于需求。由于北京市单位集团购房的情况较为普遍，居民住房情况一直良好，本身需求潜力不大；加上去年北京“奥运”概念的刺激使得大量资金涌入房产市场，造成商品房供应过剩。

谈到上海房产市场能保持稳定增长的原因，陈群民指出，上海连续几年GDP增长超过10%，宏观经济的利好是支撑消费者信心和购买力的主要因素；从房地产需求来看，上海人口基数大，而居民居住状况一直不理想，本市居民改善居住环境的需求较其他城市更为强烈。这几年港澳台地区人士及浙江、江苏等地的省外人士，纷纷来沪投资置业。再从市场成熟度来看，目前上海的房产商投资开发更趋于理性化，房产项目的定位更趋多元化。

三、新情况值得关注

但是，陈群民还指出，上海房地产市场虽长期整体向好，但短期内有合理调整的需求，新出现的几个情况应得到各界的关注。

陈群民说道，上海房地产价格从1999年底已经止跌回升，目前持续增长近3年，根据变动周期，1～2年后房地产价格有可能出现周期性的回调。另外，目前上海的房价与家庭收入比已达到了8.9，虽低于北京、广州的11，但已经高于世界银行合理房价的标准：3～6。而且，整个房产市场中存在着风险性因素，如房地产投资增长高于GDP和居民收入的增长水平；供给结构不合理，高价房所占比例过多；外地人士购房比例偏高，投资性购房比例偏大等。

业内专家普遍认为，在北京、广州等城市房产市场开始走向不景气的情况下，上海的房产市场应该说，虽将有小小波澜，但属合理范围之内，不会对长期良好健康的发展造成不良影响。

国家统计局最新测算的全国房地产开发业景气指数结果表明：9月份，“国房景气指数”为104.97，与去年同期相比减少0.88点，比今年8月份增加0.51点，为今年以来的最高值。尽管如此，有关商品房空置面积的分类指数却让人捏把汗。

9月份，商品房空置面积分类指数为92.90点，比去年同期上升4.32点，比8月份下降1.19点。1～9月份，全国商品房空置面积同比增长10.6%，比去年同期增加9.7个百分点，也高于一季度增长4.7%和上半年增长9.2%的水平。

另外，国家统计局公布的“8月份国房指数”显示，前8个月全国商品房空置增长14.1%，占压资金2500亿元，居各行业不良资产之首。

央行第三季度货币政策执行报告中也对房地产价格上涨和空置面积增加的潜在风险表示出了相当的关注。

近日，北京、广州楼市又报出惊人数字：北京、广州商品房空置率分别已达20%，40%，远高于国际公认的3%～10%的合理水平。

万科董事长王石日前在华盛顿接受媒体采访时说，与美、日等发达国家的房地产业相比，中国房地产业还不太成熟，生产方式的落后、房地产企业超负荷运转。

如何解决商品房空置面积问题，高空置率会不会影响产业发展，已成为业界关注的焦点。而上海、广州、北京的楼市是焦点中的焦点，解读这三地商品房高空置率无疑将对促进全国房地产业稳定发展大有裨益。

（本文摘自《国际金融报》2002年11月）

浅析上海住宅产业品牌竞争

新时期的住宅产业在我国已经历了十几年的风雨洗礼，进入了一个较理性的发展时期。政府在不断地规范、调控市场，发展商用理性的思维观察市场、解读市场，而消费者更日益重视享受“上帝”的权利。面对上海年开发量和销售量都突破1千几百万平方米的巨大市场，进入新世纪后，住宅产业的商品属性真正显现出来，但住宅产业的品牌问题却始终未能像一般消费品那样得到足够的重视。如今，有战略眼光的开发商、销售商已认识到：单纯的初级阶段的价格、质量、房型等方面的竞争，正在演变为品牌竞争。品牌营造和品牌营销，将是今后住宅产业开发及相关行业图谋发展战略的必然选择。

一、垄断住房市场的法宝是信用品牌

住宅建设的品牌，主要指的是企业品牌，而不是注重楼盘品牌。纵观目前的住宅产业，已处在群雄并起的局面，本地企业中已经初显一些产品品牌，如万科房产、绿洲花园、世茂滨江等。少数几个品牌是由于楼盘响亮而为人所知，如浦江两岸一些住宅引领高端消费时尚而冲出市场，其中有一部分原因是开发商着力打造企业品牌，另一部分原因是市民更注重企业的实力，而非楼盘本身的形象。在房产严重同质化的今天，唯有品牌是有差异的，是标新立异的。目前，上海的一些楼盘正处于名字与品牌之间。但似与不似之间这一步非常难跨。若能把名字换成品牌，不仅会带来一批重复购买者（包括忠实的炒楼者），而且会使楼盘的附加值得以充分体现。房产品牌的转换过程，实质上是企业文化、传播理论、营销公关等综合科学提升的整合过程。翻开品牌身世探其究竟，不难发现，营销学是其“生父”，经济学是其“祖父”，行为科学是其“祖母”，教学是其“曾祖父”，而哲学是其“曾祖母”。显然，品牌是一个集合概念，它的“根”是博大精深的大文化。唯有“根”深的品牌才能“叶”茂。而且，品牌是市场竞争的锐利武器，通过市场竞争取得的垄断利润才有意义。

住宅产业不仅是一个涉及面广、资金密集、风险大的行业，更是一个建设周期长的行业。这个特性决定了一个产品品牌从培育到成熟，绝非短暂的过程。有的开发商试图通过大规模的广告投入，用广告的“煽情”语言，售楼处豪华风情，加上接待小姐能说会道的激情，让客户动心掏钱：或者通过别出心裁的炒作手法，短期内创立了一个品牌，引起市场轰动。这些做法都是不切实际的。其他消费领域有这样的案例，如韩国的手机，通过借助汉城奥运会，打出“三星数字世界”品牌而一举成名。而在住宅产业，似乎鲜见这类急功近利的先例。

换一个角度看，企业的品牌建设，是企业的战略理念和价值观的建设过程。其中，包含着企业的机制和制度建设，企业的文化和人才建设等方面。比方说一个项目的运作和营销过程，实际上是一个人才与智力聚散效应的过程。从宏观经济预测、技术指标分析、客户心理分析、建筑施工监理、工程设备采购，到产品估价、营销策划、财会税务、金融保险、媒体传播、物业管理等等，无不需要知识型等专门人才。目前，在上海3000多家住房开发企业和2000多家经纪代理公司中，真正具有打造全国性品牌人才的企业，实属凤毛麟角。大多数企业所谓的创立品牌，做的是表面文章，更多关心的是品牌能给楼盘带来哪些附加值，而不是打算给客户传递什么生活方式、生活理念、投资价值。更有甚者，个别开发商一面打着品牌的旗帜，一面却干着坑蒙拐骗之能事。如一些合同补充条款上仍然写着：“开发商保留一切解释权”、“一切规划设计数据以政府最终的批文为准”等等。目的何在？还不是给自已留一条后路罢了。离开了诚信，品牌将一文不值。

二、上海楼市品牌竞争格局喜忧参半

从市场细分原则看，不同的品牌对应不同的市场，对应不同的消费观念和消费群体，也对应不同的历史渊源和文化底蕴。纵观近几年上海住房市场发展过程，剖析其中品牌拓展的脉络，可以看出品牌竞争格局已显端倪，但却发展不平衡。初略分析有如下特点：

1. 从企业所有制性质角度看，已形成各种所有制房产企业群雄逐鹿的品牌竞争态势，尤其是民营企业可谓一枝独秀，一些住宅品牌叫得非常响。如万源集团充分注重产品的人性化，每户配置了“家庭舒适系统”，汇聚了国际知名品牌产品的高档精装修，这在沪上尚不多见。而作为普陀区优秀民营科技企业的申豪房产，曾荣获上海市文明单位，其法人是上海市劳动模范，开发的“祥和”房产项目也成为上海西区的一道亮丽的风景线。这些企业的无形资产为品牌创立，注入了更大的活力。

2. 从企业主营业务及开发楼盘的档次看，已形成市场细分和瓜分市场的格局。如内外销商品住宅并轨后，外资企业同样可以在中低价房市场大有作为。而土地使用权的出让采用招标、拍卖方式后，有雄厚资金实力和品牌知名度的外资企业，就将在一级市场（土地开发市场）上，占有先机，继而开发大规模的项目，迅速提高市场占有率。因此，土地的储备量日益成为开发企业做大做强的基础。可喜的是，除万科外，上海本土的上海置业、复地集团等私营企业已积极关注这一市场。

3. 从品牌的影响面和开发楼盘区域角度看，已形成区域色彩浓厚、品牌各霸一方的争战局面。例如，深圳万科地产，从万科城市花园一期、二期，到优诗美地、华尔兹、假日风情，始终在西南地区作为。中国海外集团，则在打浦桥地区连续搞了5个楼盘，再扩张到青浦搞水景别墅。而本市开发商则跨区域移动不大，偏好独霸一方。这种虎踞龙盘式的经营模式，将面临结构和发展战略的重大凋整，或者被人调整。

4. 上海本地虽出现了象世茂房产、绿洲花园、兴盛房产等知名住宅，但总体上略显势单力薄，影响力尚未波及全国和海外。这同上海开发商大多固守本地、偏居一隅、进行品牌商标注册更少有关。历史将推动上海的开发商立足本地、胸怀世界，创立影响全国、全世界的房产品牌，与国际大都市的发展与形象相匹配。

三、转型期更应注重修炼内功

由于房地产的全面升温，对发展商来说，今后的企业职能，主要体现在决策与投资两个方面，而业务的全过程策划将由顾问公司来完成。开发商的老总不一定是技术型人才，但必须是战略经营型领导者。面对转型期的市场，企业高层决策者对市场的感悟，非一般人士所能体会，必须加强修炼，才能打造品牌。市场对企业领导提出了5方面的素养：对市场有较高的方向把握度：对实践操盘有较深的心灵感悟；对行业外的领域，尤其是哲学、艺术、经济等要有较好的综合素质：对行业发展要有独特的见地；对发展商本身力求将其融入国际大背景之下进行战略思考。

住宅产品的品牌特殊性，又要求入世后的上海开发商（包括营销商）应积极转为学习型人才。著名企业家张瑞敏有一句豪语：与狼与舞。残酷的市场竞争中要争得一席之地，首先要使自已成为“狼”。而学习型人才，正是成为“狼”的一个必要条件。鉴于目前的实际情况，开发商在修炼内功、注重学习时，应把握如下要点：1. 贵在创新。摒弃传统思维方式，突破常规的项目开发程序，创造一套具有自身特色的开发模式；2. 住房建设是一门综合科学，在定性学习的基础上，要向定量化学习转变；3. 房产本身特点决定了项目开发过程中一个系统过程，各部门人员不能再重复以往"契约"式的联合，而要通过"心灵"的综合，组成一个整体。

（本文摘自　北方网站　2002 年 12 月）

上海住宅发展关注五新趋势

最近上海市住宅发展局开展上海住宅建设发展趋势和管理思路的研讨，局党委书记认为，今天随着住宅建设的发展，上海房地产市场运作的主体、范围、规模、层次等出现许多新的变化。其中有难题和挑战，也有发展机遇，主要包括五个方面。

1. 经济全球化趋势要求上海创建适宜生活居住城市的目标定位。

2. 上海城市老龄化趋势要求城市住宅功能配套设施和结构要有新的调整。

3. 城乡一体化趋势为上海城镇住宅整体水平的联动和提升创造了有利条件。

4. 信息网络化发展趋势为上海不断提升住宅建设科技含量创造了条件。

5. 住宅健康化趋势拓宽了上海推进住宅产业现代化建设的途径。

市住宅局认为，只有看到上述正在发生的变化和趋势，把握好客观规律，思路才能更加清晰，目标才能更加明确。

市建委主要领导认为，2003 年要调整住宅投资和供应结构，确保房地产市场健康发展。

（本文摘自《解放日报》2003 年 1 月）

2003 年上海地产市场展望

随着 2003 年新年钟声敲响，新的一年又开始了。2002 年上海房地产市场供需两旺，房价涨幅亦超过 2001 年的水平。2003 年市场走势更是牵动众人的心：在舆论一片泡沫声中，房价是否继续上涨还是将要出现调整。我们认为，2003 年上海房地产市场依然将呈现稳中有升的态势，但不排除区域性、结构性的调整。其理由：

一、宏观经济持续向好，房地产业得益显著

2003 年，我国将继续实行积极的财政政策和稳健的货币政策。宏观经济将继续保持 7% 以上的增长，上海经济也仍将有二位数的增长率，在这么一个大背景下，上海房地产市场仍将继续保持稳步增长的态势。尤其是住宅市场仍将呈现供求两旺、高位运行的格局。目前，上海经济经过 10 多年的持续快速发展，上海人均 GDP 已接过 5000 美元，随着上海加快国际经济、金融、贸易和航运四大中心的建设，上海正在向国际化大都市迈进，而上海经济的高速增长和城市建设日新月异，不仅大大提升房地产业发展空间，而且使上海房地产在国民经济的地位和作用日益显现。

二、市政建设设施开始步入收获期

2003 年，上海市政建设设施一方面是陆续进入收获期，另一方面是继续加大投资力度，也是完成"十五"规划的关键年。今年，上海"十五"期间规划建设的"153060"高速公路网线路将全部投资建设，施工里程数达 300 公里。其中 A6 公路（新卫）、A7（亭枫）、A30（郊环南段）将构筑上海西南部交通的"T 型网络"。尤其是对浦东、闵行、闸北等区域市场影响较大的三条轨道交通，将分别于年内投入试运行，即浦东龙阳路至国际机场的磁悬浮快速线、莘庄至闵行的轨道交通 5 号线和上海火车站至外环线泰和路地铁一号线的北延伸段。而卢浦大桥、外环隧道和大连路隧道三座越江设施建成通车，从根本上缓解了目前上海过江交通拥堵的状况。黄浦江上市中心区过江车道将从原先的 26 条一下子增至 44 条，容量增长 2/3 以上。2003 年的三条轨道交通和三条越江设施通车，不仅极大地改善了上海交通环境，而且对上海房地产市场发展提供了新的机遇，尤其是浦东、闵行等区域，一直是上海房地产市场的领头羊和热点地区，上述交通设施的建成，进一步提升这些地区的凝聚力。

此外，"十五"规划建造的 10 条轨道交通网今年也将全部上马，施工长度达 215 公里，这是上海轨道交通发展新的纪录。"三环十射"中心城快速道路的建设，将进一步打通上海市内交通结点。中环线建设的启动，将带动周边房地产市场的发展，在中环线附近将会陆续有较多楼盘开工建设。

三、申办世博成功已成为上海房地产业发展的助推器

"我们成功了！"2002 年 12 月 3 日，上海成功取得 2010 年世界博览会的举办权，犹如为上海城市高速发展安装了强劲的助推器。世博会园区建设的 30 亿美元投资，由此带动产业结构调整、基础设施建设、旧区改造、商业旅游等衍生领域的投资则达 300 亿美元，同时对上海房地产业也将产生深远的影响。首先是世博会在推动上海经济发展的同时，会进一步拉动居民购房能力的提高，刺激住房消费需求。其次是世博会将提高上海的国际知名度，吸引更多的海外人士到上海投资、工作和置业。第三是世博园的建设将整体提升浦江两岸区域品质，形成水与绿相结合的滨江景观带和生态居住区，极大提升居住品质。同时，世博会周边地区的整体动

迁，给一些有实力的房地产企业带来新的发展机遇。从现在到举办世博会还有8年时间，它对房地产业助推作用将会逐步显现。

四、商品住宅依然将是供求两旺态势

1．中低价位商品房供不应求。

尽管今年市政府配套商品房将开工100万平方米，竣工100万平方米，这对每年商品房销售面积2000万平方米左右的房地产市场实在是杯水车薪。随着上海城市建设和旧区改造的需要，中低价位住宅需求缺口依然较大。3000元以下的商品房在750平方公里的中心城区内基本不见踪影。

2．中价位住宅成为市场主流。

3000～5000元的商品住宅是上海房地产市场的热点，在2002年一些热销楼盘中，除了少数几个高档住宅项目外，排队买房日销百套大部分都是这些楼盘。今年这些楼盘仍可继续看好，只不过去年上海预售商品房均价提升至接近5000元水平，有可能这一档次的价格也会水涨船高。

3．中高价位住宅两极分化。

这一层次的楼盘价格大多在5000～7000元，市场需求能力相对有限，地理位置处于内环附近，一部分市场定位准确，小区环境优良、房型结构较好的楼盘仍将获得市场青睐，而一些烂尾楼改建或小区环境缺乏特色的楼盘，只能是一分价钱一分货。

4．高价位住宅前途难以预料。尽管2002年上海高价位楼盘销售也非常好。销售增长率是各价位楼盘中最高的。但这一方面是由于境外购房者受内外销住宅并轨之后的能量释放，另一方面是两外人士投资所致。在2002年7000元以上价位的购房者中，两外人士占据50％以上的份额。2003年是否也是如此呢？据市有关部门统计，在未来3年中，本市7000元/平方米以上高价位住宅，每年供应量将超过300万平方米。因此，如何继续调动两外人士购房积极性和大力培育本地高档购房者，则是今年高价位住宅市场的一大课题。

综上所述，上海楼市总体房价还是会小幅走高，即使今年房价将会有所调整，那也只是局部性、区域性的调整。房地产投资依然维持高位运行，一手二手房交易量都将超过2000万平方米。

（本文摘自　北方网　2003年2月）

上海房地产市场将加速结构调整

据有关方面预测，2003年，上海房地产业在商品房预售、商品房实际销售、存量房交易三项指标方面均有望超过2000万平方米，房地产投资规模有望超过800亿元。

此间人士认为，房贷新政策的出台，不会对高位运行的上海楼市造成实质性影响，供需依然强劲，但房价上涨过快的局面有望得到抑制，市场上中低价位房源的供应量将会有所增加。

一、调控很有必要

上海市人民政府参事、上海市社会科学院房地产研究中心主任张泓铭认为，新政策的方向完全对头，很有必要。从调整力度来看，总体比较温和，现在房地产市场总体是正常和健康的，但也有不正常的发展趋势，局部地方有一些过热的特征，在上海，房价呈加速度上升，去年到今年，房价上升了16％，主要体现消费需求过热，其中有相当部分是虚拟需求，即投资性购房引起的。政府为了稳妥推进房地产市场的健康发展，在过热时“拿捏”一下十分必要。

上海市人大代表、上海房地集团董事长徐林宝认为，新政策将对防止房地产过热、防范金融风险起到积极的作用。中海发展（上海）有限责任公司总经理杨小平表示，新政策出来后，房地产开发的门槛比原来有所抬高，房地产开发商要拿到入场券的难度比原来加大了，有利于房地产企业结构调整。一些消费者也表示，不会因为房贷政策调整而影响自己的购房计划，仍然对上海房地产市场充满信心，大多数还是看好房地产市场。

二、开发商行为将得到规范

杨小平认为，此次规定要求，开发商自有资金至少达到开发项目投资的30％，四证齐全才能向银行申请贷款，这条规定较为合理。过去，不少开发商连购买土地的资本都没有，就去开发项目，完全依赖银行贷款，这种“空手套白狼”的行为，容易造成土地市场投机盛行、滋生腐败，造成金融风险，因此，从开发商自有资金这一源头来控制房地产风险非常必要。

同时，新规定将会抑制新资本进入楼市，考虑到房地产开发门坎抬高，外来资本会谨慎进入。杨小平说，上海房地产市场这几年飞速发展，造成了一窝蜂搞开发的现象，只要能拿到土地，谁都可以进场搞开发，上海房地产企业一度达到4000多家。去年上海土地价格上涨过快，大开发商都在静观市场变化，可一些投资商不管对这个行业有没有了解，就一股脑扎了进来，造成市场混乱。新政策出台，起码会对这些投资商的资金进入房市产生一种警告，对市场调控会有一定的好处。

同时，迫使已进入房地产市场的小资本退出。房地产开发属资金密集型产业，资金来源受到限制后，原来靠负债经营的小型房地产开发企业不得不退出。这样，行业会更加规范，有利于房地产行业资源整合，产业集中度提高。

但一些开发商也提出建议，央行在收缩房贷政策的同时，应拓宽房地产企业的融资渠道。徐林宝认为，新政策对房地产企业的自有资金要求非常高，但是企业一开始进入这个行业时，资金门坎太低，如800万元资本金就能评三级资质企业，5000万元就能评一级资质开发企业。在目前土地成本越来越高的情况下，资本市场又没有什么具体的支持，缺乏其他的融资渠道，企业要开发项目，除了向银行贷款，别无他途。因此，必须拓宽房地产企业的融资渠道，否则，房地产投资将会受到很大影响。

对于结构封顶才能提供按揭这一点，一些开发商认为调整力度过大，可能会对一部分资金实力不济的开发商产生重大影响，甚至会导致资金链条断裂。因此，他们呼吁，政策要分阶段实施，允许给开发商一个过渡期，让其慢慢退出。这样，才不会造成太大的风险。

大家普遍建议，各地在出台具体细则时应充分考虑地区差异性，切忌一刀切，要分地实施。

三、中低价位房将成开发热点

采访中大家普遍认为，房贷政策调整，将加速上海房地产市场的结构调整，房价涨势趋缓，中低价普通商品房将成下轮开发热点。

1. 高档房、商业房和投资性购房的市场需求会出现实质性减退，房价上涨过快的局面将得到有效抑制。

上海福纳市场咨询公司的调查显示，1/3 的投资消费者认为，上海房价总体还会上涨，但涨幅会减少，过去一段时间房价呈加速度上涨局面将会受到遏制；近四成的人认为，下一阶段上海房价趋向基本平衡，有涨有跌，但幅度不会太大，基本维持在 5%左右。

2. 对套利性投资购房影响较大。

一些投资客表示，以后购房投资要减少盲目性，会选择一些更有升值潜质、投资更安全的住房，以减少风险，也有相当一部分购房者表示，在现有条件下，要作一些技术性调整，如因担心市场风险，下调自己的购房总价；利息支出提高，增加首付比例、缩短还款期限等，可以预计，投资者会更加谨慎和理性。

但对用于自住的消费投资影响轻微。由于上海动迁力度加大，越来越多的人有改善住房条件的需要，加之外地人沪人员增加，真正用于自住的消费需求不会受太大影响。上海福纳市场咨询公司在最近的一次调查中发现，虽然部分购房者表示要延缓观望一下，但不会取消购房计划；此外，银行利率调整对个人买房抑制不大。目前房贷利率为 5.04%，购买第二套房的利率是 5.76%，考虑到商业银行有 10%的利率浮动权，这样利率水平较原来相比，没有太大的区别。

3. 中低价位房将是下一轮房产开发热点，普通老百姓有望买得起房。

中国人民银行上海分行政策研究室主任王欣欣说，房贷新政策的出台，将加速上海房地产市场的结构调整，开发商会加大中低价房的开发力度。上海市政府也表示，从今年开始，包括 100 万平方米重大工程配套房在内，上海每年将推出 300 万平方米单价在 3000～3500 元的中低价商品房，并加大中低价商品房投入力度，以每平方米单价 5000 元以下房源作为市场供应主力。由此可见，市场上中低价位房源供应量会增加，更多百姓有望买得起房。

四、上海房地产市场保持良好态势

单价 4000 元以下占预售总量的 26.8%单价 8000 元以上已下降至预售总量的 13.4%今年以来，本市房地产市场保持良好态势：供求关系基本平衡、各项指标高位运行。特别是第三季度，房地产开发投资、商品房施工面积、新开工面积、竣工面积、预售面积等指标均创新高。

房地产投资持续快速增长，预计全年将超过 800 亿元。2003 年 1～9 月，全市完成房地产开发投资 702.59 亿元，同比上升 24.4%，占同期全社会固定资产投资总额 1836.36 亿元的 38.25%，预计全年房地产开发投资同比增幅接近 20%、占同期固定资产投资的比重继续保持在三分之一强。其中，外商及港澳台投资房地产比重继续增加，同期完成开发投资 121.32 亿元，增幅达到 33%，占全市总投资的 17.3%。目前，房地产开发资金充沛，企业资金到位达 1050 亿元，同比上升 33.2%，其中，预售款及定金为主的其他资金占开发资金总量的五成。

土地供应量加大，中低价位商品住宅用地比重增加。今年以来，全市土地供应逐步放大。1～9 月，全市共出让新增经营性用地 1987.63 公顷，其中商品住宅用地 1615.85 公顷，同比分别增长 51.5%和 46.7%。今年以来，本市加大对土地供应的宏观调控力度。首先，本市加大经营性土地公开招投标的推进力度，第三季度招投标土地供应量明显增加，达到 94 幅，约 805 公顷，占同期新增经营性项目出让土地总面积的 91.6%。其次，中低价位商品住宅用地比重增加，供应结构趋于改善。今年新增土地中，在闵行、奉贤、松江、青浦、宝山、嘉定和南汇等七个区域的达 1360.6 万平方米，占总量的 68.45%。

商品住宅开发结构逐步改善，旧区改造节奏得到有效控制。1～9 月，全市新开工住宅 2066.32 万平方米，同比增长 30.4%，其中，市中心区的开发比例下降至 25%，内外环之间调整至 49%，外环线外则上升至 26%。同时，旧区改造节奏得到控制，拆迁户数和面积逐步下降，2003 年 1～9 月，共批准拆迁居民户数 64300 户，同比下降 30%；1～9 月，批准拆迁面积和实际拆迁面积同比分别下降 36.5%和 37.8%。

新建商品房供销两旺，二手房交易量大幅上升。今年以来，供应和需求同步高位增长。1～9 月，全市商品房竣工面积为 1608.24 万平方米，销售面积为 1609.33 万平方米，供求关系基本平衡。第三季度，每平方米 4000 元以下的商品房预售登记面积占总量的比例为 26.8%，与第二季度持平。这表明，自 2000 年以来，中低价商品房预售面积逐季减少的局面得到了控制。每平方米 8000 元以上高价房所占比重从二季度 15%下降为 13.4%，供需结构趋于合理。今年 1～9 月累计批准上市商品房预售面积 2331.84 万平方米，同期商品房预售登记面积 2079.6 万平方米，两者之比从上半年的 1.03:1 上升为 1.12:1。

二手房交易发展迅速，已逐步逼近新建商品住宅交易量。今年 1～9 月，上海市存量房买卖面积 1664.09 万平方米，与新建商品房预售面积之比为 0.8:1。

住房消费继续趋热，商品房后市供应充足。近年来，住房交易面积和交易金额每年均由大幅提高，今年前三季度，新建商品房预售和存量房买卖金额总量达 1849.23 亿元，已超过同期全社会消费品零售总额。前三季度，个人购房贷款累计发放 798.84 亿元，其中，公积金贷款 83.35 亿元。截至 9 月底，上海市个人购房贷款余额已达 1889.8 亿元，其中，公积金贷款余额为 334.73 亿元。

新建商品房上市节奏明显加快，2003 年三季度，上海市新批准上市预售商品房达到 1024.85 万平方米。另外，上海市新开工面积和在建商品房都达到历史新高，分别为 2431.58 万平方米和 7393.28 万平方米，预示新建商品房供应充足。

（本文摘自《房地产时报》2003 年 11 月）

上海物业管理收费将“按质论价”

物业管理对业主来说是消费行为，物管企业不再是代表国家进行产权管理，而是受业主委员会委托在合同框架内提供服务。在昨天召开的上海市政协物业管理情况通报会上，上海市房屋土地资源管理局副局长马云安指出，这种观念的变化促使政府将物业管理纳入社区管理范畴，政府的职能将从“管产权”变为“定规则”。

马云安透露说，上海将实施物业管理收费的新原则：“按质论价”。政府将根据业主的不同要求细化物业服务，并提供指导价格和意见，最终由业主大会与物管公司签合同约定。据了解，市房地局目前正和物价局协商制定上海物业服务分等级收费的指导价格表，以便为业主提供“菜单式”服务。市房地局物业管理处的忻一鸣告诉记者，他们起草的物业管理服务的示范合同上，新增标注了诸如“业主将支付多少金额用于保洁，一周扫地几次”的条款。忻说，政府希望借此提醒业主注意到他们从物管公司享受服务的质量。

马云安所指的制定规则还包含了很多内容。忻一鸣透露，政府正计划培育物业维修基金的代管中介市场。通过这个独立的中介机构，完成维修基金帐务管理的信息公开，维修工程的审价和基金使用状况审计等工作。此外，上海从今年8月1日开始实行物业管理小区经理责任制，目前为止已经淘汰了564位不能胜任小区居民委托的经理。还有6293名小区经理接受培训，5729人通过考试取得职业资格。另有564人因没有通过考试，不能继续从事工作。

（本文摘自《东方早报》2003年11月）

上海房地产市场保持良好态势

单价4000元以下占预售总量的26.8%单价8000元以上已下降至预售总量的13.4%今年以来，本市房地产市场保持良好态势：供求关系基本平衡、各项指标高位运行。特别是第三季度，房地产开发投资、商品房施工面积、新开工面积、竣工面积、预售面积等指标均创新高。

房地产投资持续快速增长，预计全年将超过800亿元。今年1~9月，全市完成房地产开发投资702.59亿元，同比上升24.4%，占同期全社会固定资产投资总额1836.36亿元的38.25%，预计全年房地产开发投资同比增幅接近20%、占同期固定资产投资的比重继续保持在三分之一强。其中，外商及港澳台投资房地产比重继续增加，同期完成开发投资121.32亿元，增幅达到33%，占全市总投资的17.3%。目前，房地产开发资金充沛，企业资金到位达1050亿元，同比上升33.2%，其中，预售款及定金为主的其他资金占开发资金总量的五成。

土地供应量加大，中低价位商品住宅用地比重增加。今年以来，全市土地供应逐步放大。1~9月，全市共出让新增经营性用地1987.63公顷，其中商品住宅用地1615.85公顷，同比分别增长51.5%和46.7%。今年以来，本市加大对土地供应的宏观调控力度。首先，本市加大经营性土地公开招投标的推进力度，第三季度招投标土地供应量明显增加，达到94幅，约805公顷，占同期新增经营性项目出让土地总面积的91.6%。其次，中低价位商品住宅用地比重增加，供应结构趋于改善。今年新增土地中，在闵行、奉贤、松江、青浦、宝山、嘉定和南汇等七个区域的达1360.6万平方米，占总量的68.45%。

商品住宅开发结构逐步改善，旧区改造节奏得到有效控制。1~9月，全市新开工住宅2066.32万平方米，同比增长30.4%，其中，市中心区的开发比例下降至25%，内外环之间调整至49%，外环线外则上升至26%。同时，旧区改造节奏得到控制，拆迁户数和面积逐步下降，今年1~9月，共批准拆迁居民户数64300户，同比下降30%；1~9月，批准拆迁面积和实际拆迁面积同比分别下降36.5%和37.8%。

新建商品房供销两旺，二手房交易量大幅上升。今年以来，供应和需求同步高位增长。1~9月，全市商品房竣工面积为1608.24万平方米，销售面积为1609.33万平方米，供求关系基本平衡。第三季度，每平方米4000元以下的商品房预售登记面积占总量的比例为26.8%，与第二季度持平。这表明，自2000年以来，中低价商品房预售面积逐季减少的局面得到了控制。每平方米8000元以上高价房所占比重从二季度15%下降为13.4%，供需结构趋于合理。今年1~9月累计批准上市商品房预售面积2331.84万平方米，同期商品房预售登记面积2079.6万平方米，两者之比从上半年的1.03:1上升为1.12:1。

二手房交易发展迅速，已逐步逼近新建商品住宅交易量。今年1至9月，全市存量房买卖面积1664.09万平方米，与新建商品房预售面积之比为0.8:1。

住房消费继续趋热，商品房后市供应充足。近年来，住房交易面积和交易金额每年均由大幅提高，今年前三季度，新建商品房预售和存量房买卖金额总量达1849.23亿元，已超过同期全社会消费品零售总额。前三季度，个人购房贷款累计发放798.84亿元，其中，公积金贷款83.35亿元。截至9月底，全市个人购房贷款余额已达1889.8亿元，其中，公积金贷款余额为334.73亿元。

新建商品房上市节奏明显加快，今年三季度，全市新批准上市预售商品房达到1024.85万平方米。另外，全市新开工面积和在建商品房都达到历史新高，分别为2431.58万平方米和7393.28万平方米，预示新建商品房供应充足。

（本文摘自《中国房地产报》2003年11月）

建立预警预报和调控机制，促进房地产市场持续健康发展

近年来，上海房地产市场同全国一样，已进入新一轮的发展阶段，市场化程度不断提高，对经济增长的贡献越来越大。2002年房地产增加值占GDP的比重达到6.9%，2003年达到7%以上。2003年1－11月完成房地产投资835亿元，同比增长21.6%，占固定资产投资的37%；商品房竣工面积2147万平方米，同比增长41.6%；销售面积2027万平方米，同比增长17.4%；存量房交易面积2058万平方米，同比增长29.4%。预计2003年商品房竣工量、销售量和存量房交易量都将超过2000万平方米。从总体上看，上海房地产市场高位运行，商品房供求相对均衡，存量房市场十分活跃，发展是健康的。随着上海综合竞争力的不断增强，以及投资和消费环境的持续改善，上海房地产市场发展的潜力还很大。

为了及时发现房地产市场运行中出现的问题，防范可能发生的风险，2003年以来，上海按照国务院18号文件（《关于促进房地产市场持续健康发展的通知》）的要求和建设部的工作部署，积极开展上海房地产市场预警预报指标体系的研究工作，已取得了初步成果，现将有关情况汇报如下：

一、房地产市场预警预报体系的建设情况

1．完善房地产市场基础信息的准备工作。

房地产市场基础信息是房地产市场预警预报指标体系的数据基础。自去年起，我局着重抓了以下两方面的准备工作：

（1）继续完善房地产权籍管理信息系统。在对权籍信息系统、交易登记系统和权籍清理数据库进行整合的基础上，建立了基于GIS（地理信息系统）上的房地产权籍管理信息系统，为强化房地产权籍和市场管理奠定了坚实的基础。

（2）努力推进房地产市场管理信息系统。根据建设部建立房地产企业及执业人员信用档案的要求，着手建立了房地产市场管理信息系统，通过该系统，对房地产企业和执业人员及其经营行为进行跟踪管理，加大对市场基础信息和动态信息的归集、整合、监测和分析力度。

2．加快编制预警预报指标体系。

在上述工作的基础上，我局按照建设部的工作要求和部署，抽调人员成立课题组，专题研究和编制《上海市房地产市场预警预报指标体系》，通过建立科学的指标体系，加强对房地产市场的动态监测，正确评价市场的运行情况，预测分析未来的市场走势，适时、适度地采取措施调控市场，促进房地产市场持续健康发展。

我局在编制指标体系过程中，根据房地产市场的区域性特点，遵循全面性、简捷性、可操作性和时效性的原则，对众多房地产市场及社会经济指标，按其市场敏感度和关联度的分析，反复筛选和指标组合，并结合上海社会经济和房地产市场发展的现状，确定指标区间和量化指标的数值范围，使预警预报指标体系能全面、及时、准确地反映上海房地产市场的实际情况。具体来说，主要有以下四个过程：

（1）筛选指标。通过对房地产基础信息库统计指标的筛选，选出10余个市场敏感度高、关联性强，或即时性好，或前瞻性明显的指标或指标组合，形成由市场即期指标、市场预期指标和价格贷款指标3个部分组成的指标体系。

（2）确定指标区间。根据上述指标和指标组合近十年的运行轨迹和比例关系，以2002年前各年度市场运行数据为基础，建立指标体系五级量化的数值范围（适用于2003年至2010年），分别显示市场的“异常↓”、“基本正常↓”、“正常运行”、“基本正常↑”和“异常↑”等五种市场状况。

（3）判读校验。对前阶段房地产市场数据分年度逐年读入，研究其指标数据在指标体系中的分布区间和集中度，校核与该年度房地产市场实际运行状况拟合度，其中，通过对市场即时指标的判读，校验市场的现时状况，修正指标和指标的区间范围，对市场预期指标的研判，校验市场的发展趋势；同时，通过对于个别离散性指标数据的分析，论证分析对房地产市场进行宏观调控的切入点。

（4）专家论证。指标体系初步方案形成后，我局将指标体系研究报告提交上海房地产市场形势分析专家组进行论证，依照专家提出的指标及指标组合的选择、区间范围的合理界定以及判读方式等意见进行修正和汇总，进一步完善了指标体系，并据此建立面向行政管理、房地产企业和社会公众的市场预报、预警机制，定期向社会公布。

目前，上海房地产市场预警预报指标体系已经基本完成。通过1998年以来上海房地产市场运行数据的验证，该预警预报的指标、指标组合及反映市场情况的量化区间的划分能切实反映上海社会经济和房地产市场的发展特点和真实状况。

二、转变管理职能，加强房地产市场调控

2003年以来，我局在抓紧研究和编制上海房地产市场预警预报指标体系的同时，不断加强对市场的动态监测。2002年第三季度房地产市场在总体上仍保持着良好的运行态势，但商品住房房价局部地区上涨过快、涨幅过大。商品住宅销售价格增幅与GDP增长率之比已大于1.8，出现了指标“异常”的预警信号。分析其主要原因：一是商品住房供应的阶段性、结构性矛盾，中低价位商品住房和小户型普通商品住房供应量较少；二是投资性购房形成一定规模，据抽样调查，投资性购房比例已达16%。

房价问题不仅是经济问题，也是涉及广大市民利益的重大社会问题。因此，一方面要珍惜上海市房地产市场来之不易的繁荣局面；另一方面要加强对房地产市场的有效调控。调控的目标是：努力实现供求总量基本平衡、结构基本合理、价格基本稳定，保持房价的平稳增长。调控的任务是：通过加强适度、稳妥的调控措施，对市场进行间接调控，努力使房价的增幅与GDP或城市家庭年可支配收入增长相协调；力争使2004年两者的增幅基本拉近，特别是要使中低价商品住房价格增幅降下来。经研究，准备报请市政府批准实施以下调控措施。

1．盘活存量土地，加强土地供应的调控力度。

土地调控的重点是“控制增量、盘活存量”，土地供应坚持以住房为主，坚持以普通商品住房为主。

一是根据按各区存量土地消化数量和消化进度，安排新

增用地供应计划，使增量供应与存量消化力度挂钩。闲置土地过多的地区，要限制新的土地供应。

二是由于建设单位原因造成长期闲置的土地，由政府指定的专门机构进行收购储备，在完成土地前期开发后，根据房地产市场的发展情况，以公开招标拍卖等方式适时向市场投放。

2. 租售并举，保持中低价商品住房适度的供应量。

继续适度控制中心城区拆迁总量，并加快中低价商品住房建设，力争使本市普通商品住房占销售总量的比例保持在70%左右。

(1) 年度建设用地计划中优先安排中低价商品住房的建设项目；项目的设计方案采取招标方式，提高建设水平，降低开发成本。

(2) 鼓励中低收入家庭通过购买或租赁的方式解决住房困难。严格控制中低价商品住房的价格，积极采取财政补贴和租金优惠等措施，优先满足中低收入拆迁居民的住房要求。

(3) 对按政策购买或租赁的中低价商品住房，实行封闭式运作。其中，享受优惠政策购买的，在规定的年限内不得转让。

3. 加强商品住房预售管理，限制投机炒作行为。

在继续鼓励自住性住房消费的同时，要加强商品住房预售管理，限制投机炒作。

(1) 经批准上市的新建商品住房项目，开发商应直接与购房者签订预售合同，禁止在预售前进行预订、预约等行为。

(2) 购房者预购的新建商品住房，在未取得房地产权证前不得转让。

4. 加快实施网上合同备案制度。

增加市场供求信息的透明度，引导房地产理性投资和消费，抑制炒房和哄抬房价等行为。

从新建商品房预（销）售起步，抓紧实施房地产交易合同网上备案制度。

(1) 批准预售和现售的新建商品房信息应全部在网上公示，房地产开发企业不得隐瞒公示信息、公布虚假信息。

(2) 网上公布的批准预售和现售的新建商品房，房地产开发企业不得以已预订、预约等为由，拒绝购房人的购房要求。

(3) 新建商品房预（销）售合同网上备案后，方可办理交易登记手续。

5. 完善法制建设，进一步强化房地产市场法治管理。

抓紧建立一个覆盖土地出让、开发建设、市场交易、物业管理和“拆、改、留”旧区改造的管理信息系统和业务数据库，增加从土地招标拍卖到商品房上市整个过程的透明度。同时，针对目前房地产市场管理的薄弱环节，抓紧修订有关政策法规，进一步完善房地产市场管理制度，加大对市场主体经营行为的执法监督力度。

同时，我们还将对2004年房地产市场和房价走势作进一步的跟踪分析和综合研究，加强宏观调控，保持上海房地产市场的持续健康发展。

三、进一步建立健全房地产市场预警预报机制

《上海市房地产预警预报指标体系》2004年起将正式投入运行。但从目前的情况来看，建立预警预报指标体系仅提供了一定的判读和分析的方法，与有效调控市场仍有很大的距离，必须在现有工作的基础上，建立健全房地产市场预警预报机制。下一阶段我们将进一步做好以下几方面的工作。

1. 目前预警预报指标体系中一些重要指标，如存量房空置、市场租值增幅等，还缺乏这方面的统计资料。下阶段要加强与有关部门协调配合，加快信息系统与指标体系整合。

2. 将房地产权籍管理信息系统、房地产市场管理信息系统与预警预报指标体系在统一的房地产市场信息平台上进行整合，形成市场决策信息系统，提高预警预报的信息化程度。

3. 加强政府调控房地产市场的措施和手段研究，分别从土地供应、开发规模、供应结构、市场准入、市场交易和价格、金融、财税政策等方面着手研究，以形成与房地产预警预报体系相适应的房地产市场调控决策机制。

（上海市房屋土地资源管理局　2003年12月）

天津房地产市场状况

天津房地产市场新走向

调整住宅公建比例，调整供给结构，顺应地域发展

作为全市发展重点的五大支柱产业之一的房地产业，近几年可谓长足发展，每年投资平均以约20%的速度增长，特别是大规模实施危改住宅建设后，天津的房地产市场今后的路将如何走，即是业内人士关心的一件大事，也是每一个普通购房消费者都关心的事。市政府一位权威人士力主今年以结构调整为主线，大力培育新的经济增长点。

这位权威人士认为，今后一段时间天津的房地产业应该注重三个调整工作：一是调整住宅与公建的比例结构；二是调整住宅市场供给结构；三是顺应房地产开发地域结构调整趋势，加快小城镇住宅建设。

他在谈到调整住宅与公建比例结构问题时说，天津要建设国际化港口大都市，必须在大力推进公建发展方面下功夫。要充分把握加入世贸组织给公建带来的机遇，制定实施鼓励公建项目开发的优惠政策，引导企业投资建设公建项目，拉动房地产投资增长，增加房地产业的附加值。

业内人士认为，如果这个调整得到实施，将会带来两方面的变化，首先，有利于盘活烂尾楼。据调查，前些年的停缓建工程大部分是公建项目。所以长时间烂尾，尽管原因很多，但大环境不利于公建项目的发展是关键。随着积极鼓励开发公建项目的优惠政策的出台，无疑给一批烂尾楼起死回生创造了有利条件。其次，鼓励发展公建，调整公建与住宅的建设比例，显然是要压缩住宅发展。住宅市场由供大于求向相反方向发展，按照市场发展规律，商品房价格继续稳步攀升将成必然。同时由于公建项目的增多，新的就业机会也会增多，对于下岗职工来讲无疑也是一条喜讯。然而，对于商业界来讲又多了一份挑战也是不可忽视的。

这位权威人士坚持，调整住宅供给结构，要根据目前改善型需求开始占主导地位的市场特点，因势利导，加快住宅建设结构调整步伐。今后新建住宅要结合推进住宅产业现代化，以建精品、创建名牌为主，拆迁居民、较低收入居民主要通过购买二手房解决居住问题。通过改善供给结构，引导形成住房梯次消费的新格局。

力主建精品、创名牌的导向，意味中高档住宅将成今后发展主流。由此透露出两个信息：中低价房将会逐渐减少，低收入群体今后解决住房问题不得不改变方向；或者，随着中低档住房的需大于求局面的形成，中低档房也会涨价。进而带来连锁反应，低收入者为了住房，不得不选择价格更低的二手房。而随着选择二手房人群的增多，长期低迷的二手房市场也势必会出现新的变化。

去年以来，小城镇建设已经成为房地产开发的热点地区，各区县对加快小城镇建设都下了很大力量。这位权威人士预见，今后几年全市农村城镇化、城市化的面貌将有一个很大的变化。一些业内人士认为，小城镇住房市场一时火爆是有其特定原因的，房屋售价相对于城市比较低；而这种售价低是用什么换来的呢？据调查，小城镇开发住房有相当一部分是没有按规矩办事，土地不交出让费，配套费不到位等。随着小城镇房地产开发规范力度的加大，要求提高规划、设计水平，提高配套设施水平和环境质量，其价格也势必随之提高。还会不会有原来的购房火爆的局面，是个值得认真思考的问题。

（本文摘自　北方网　2002 年 3 月）

贯彻实施国务院《拆迁条例》做好新旧政策衔接

天津市城市房屋拆迁管理办公室

今天，我们参加建设部在这里召开的全国房屋拆迁工作座谈会很有必要，特别是听了兄弟城市房屋拆迁工作的经验深受启发，我们要把这些宝贵经验带回去，认真学习借鉴。下面我就天津市贯彻实施国务院新《拆迁条例》情况，向与会的各位领导和同志们作简要汇报。不当之处，请批评指正。

一、天津市危改拆迁工作简要回顾

天津是具有六百年历史的老城市，由市内六个中心区、三个滨海新区、六个市郊结合区和三个县组成，总人口 1020 万，其中市内六区人口 380 万，各类存量住房 7830 万平方米，主要是由解放前遗留下来的破旧平房，解放初期兴建的职工宿舍和 1976 年地震后建造的多层单元式楼房组成。由于历史原因和地震的影响，至 1993 年底，市区仍有面积在两公顷以上，三、四、五类房占 70% 以上的危陋房屋，共 164 片、738 万平万米。1994 年，天津市委、市政府提出用了用五至七年的时间，基本完成我市成片危陋房改造的阶段性目标。随着危改的发展和房改的深化，实物安置已不能满足群众对住房的需求和住宅建设发展的需要。由于被拆房屋的结构、建筑面积、成新、级差地租等方面存在着较大的差别，因此，既使是按照同一标准进行实物安置，也存在一定程度的不平等。为解决这一矛盾，从 1995 年开始，我市探索了由实物安置改为货币安置的新作法，保证了危改的顺利进行。

实行“货币化拆迁”，主要是取消人口因素，以被拆迁户原有住房居室的建筑面积为安置依据，根据被拆迁房屋坐落地段位置不同，由各区政府确定不同的安置标准，被拆迁户得到货币安置款后，可以根据家庭的经济条件到市场自由选购自己所需要的住宅，购房款差额自负，余额归己。同时，政府大力兴建经济适用房，放开二、三级房地产市场，使拆迁居民在自行购房时有较大的选择余地，解决了危改难点大片改造中，时间紧、任务重、资金少、工作难度大的问题，在市委、市政府的正确领导下，经过全市人民的共同努力，危房改造阶段性任务提前一年圆满完成。货币安置在旧城改造中，我们体会到有以下几点好处：一是有利于转换住房机制，改善居民的居住条件；二是有利于启动房地产市场，促进经济发展；三是有利于加快拆迁速度，降低拆迁成本；四是有利于减少周转，促进社会稳定。从 1995 年有 2916 户占当年拆迁安置总户数的 6%，至 2002 年 8 月全市累计有 22 万户居民选择了货币安置，其中去年货币安置 31535 户，占当年拆迁安置总户数的 87%，货币安置户数逐年增加，既加快了拆迁速度，又从根本上杜绝了逾期还迁问题。采用货币安置方式，由被拆迁人自行解决安置住房，保证了被拆迁人的合法权益，受到广大群众欢迎。货币安置的做法已成为我市拆迁安置的主要方法之一，并取得了良好的经济效益和社会效益。从 1995 年到至今，全市共发放货币安置款近 190 亿元，拉动了房地产市场。货币安置使天津的危房改造取得了辉煌的成果。实践证明，这种安置方法使拆迁各方都可以接受，是运用市场经济规律、发挥经济杠杆作用的有益尝试。“货币化还迁”已被建设部和国务院肯定，在全国许多城市中推广，并作为法规体现于新颁布的《拆迁条例》之中。

二、抓住拆迁重点难点，保持政策的连续性

（一）以拆迁市场为标准确定补偿金额

《拆迁条例》修订的核心是拆迁补偿金额确定的方法发生了变化。即：以房地产市场评估确定货币补偿金额。我市现行安置费是按居室建筑面积“拆 1 还 2.5”计算得出的，经过五至七年危房改造的实践，已被开发商、被拆迁户认可，成为现实可行的房屋拆迁补偿标准。为使《拆迁规定》

体现以房地产市场评估确定补偿金额的立法原则，我们对市场评估价与现行补偿标准进行了对比，由于房地产市场评估是评交易价格，作为参照价双方协商议定，被拆除房屋大部分属于结构较差的3～5类危旧房屋，评估结果住宅普遍低于现行货币安置标准，评估价仅占现行货币安置费的60%～70%。

拆迁补偿安置费的确定要根据拆迁对象房地产价格确定，作为拆迁对象的房地产价值是具有特定经济含义的商品，严格说主要是土地价格，待拆迁对象的房地产商品价格具有可变性，由于建筑条件变化，在拆迁前和拆迁后具有二个不同的价值量，拆迁前土地价格与拆迁后土地价格之差是土地新增价值，过去制定的货币补偿安置标准高于房地产评估值，是考虑了土地新增价值在实际开发活动中扣除土地开发成本，剩余部分在被拆迁人、开发商、政府管理部门之间进行分割，分解成拆迁补偿费补贴部分、土地开发利润和土地出让金三部分。所以，开发商盈利，被拆迁人也应受益，开发商拿出部分受益对被拆迁人进行补偿是合理的。为了解决新老政策衔接问题，既不增加开发成本还得让拆迁人和被拆迁人接受，我市的《拆迁规定》对住宅补偿采取市场评估价加安置补贴的方法。市场评估价与现行补偿安置费之差，即为安置补贴价。

运作公式为：住宅拆迁补偿费＝房地产市场评估单价×房屋建筑面积＋安置补贴金额。安置补贴金额由区、县人民政府根据被拆迁房屋的区位、类型、用途等因素确定。政府要进行安置补贴的调控，是因为政府在城市建设中具有管理职能，城市土地归国家所有，以公有住房为主体的住房结构，公民居住权应受到保护。调控方式是制定相关政策，它既是一个经济问题，又是一个政策问题。据此，政府补贴的点位和土地增值部分的分割点位的确定具有重要意义，体现了拆迁人、被拆迁人、政府之间的经济利益关系。安置补贴标准有差别，全市不宜统一，各区、县可以用增加安置补贴的方法与现行货币补偿费找平，使大多数被拆迁户的补偿安置费用不低于现行补偿水平，保持拆迁政策的连续性，有利于社会稳定。

对非住宅房屋拆迁补偿，我市目前实行的是按建筑面积“拆1还1”的原则，给予被拆迁人一次性补偿安置费，具体标准由各区、县政府根据房屋坐落的区位和地级情况制订。我市《拆迁规定》依照国务院《条例》，采取按房地产市场评估价给予货币补偿。经过对三个典型拆迁片进行抽样调查测算，房地产市场评估价是现行一次性补偿安置费的75%。为使新老政策衔接，拆迁人还应当对被拆迁人因停产、停业造成的损失给予适当补偿。

（二）解决好租赁房屋的补偿安置

对于公有租赁房屋补偿，由于现有公有房屋价值构成中，存在着以往公有制职工工资含量劳动力再生产的住房价值，其产权带有物权成分，这一点在房改出售公房政策上已得到体现。目前公有房屋承租人实际上有终身的承租权，不可能解除租赁关系；实行产权调换的新建房屋，所有人要给开发商倒找钱，难以落实。为此，决定公有住房产权人让利群众。《拆迁规定》中规定：拆迁执行政府规定租金标准的公有住宅租赁房屋，拆迁人按房地产市场评估价的10%给予被拆迁人补偿；拆迁人按照房地产市场评估价的90%加安置补贴给予房屋承租人补偿。确定10%是根据房改售房保底价政策制定。去年的公房出售保底价1～4级地段为210～180元。这样基本不低于公房出售保底价格，既维护产权人的利益，又与房改政策保持一致。按房地产市场评估价的90%加安置补贴给予房屋承租人补偿，是按住房制度改革办法，将大部分补偿费给予公产承租户，使拆迁政策与房改政策相衔接，也与现行货币安置价格持平。

天津市公有非住宅房屋基本为国有企业承租使用，采取让利企业的思路，参照我市现行盘活公有非住宅房屋的政策规定和北京、上海的做法，《拆迁规定》中规定：拆迁公有非住宅租赁房屋，拆迁人按房地产市场评估价的20%给予被拆迁人补偿，按房地产市场评估价80%给予房屋承租人补偿。这样既利于开发商核算成本，又可以加强拆迁补偿的透明度，避免暗箱操作，抑制不正之风，减少腐败现象发生。

（三）加强房屋拆迁评估管理，制定评估办法

新制定的《国务院拆迁管理条例》中，已经将货币补偿安置作为拆迁补偿安置政策的基本形式明确下来，并提出要通过中介机构对被拆迁房屋进行价值评估，它标志着房屋拆迁市场化程度的提高。一方面反映了交换形式的进步，由过去的实物交换转向以货币为媒介的商品交换；另一方面，交换的实质内容也发生了变化，采用评估方式表明交换要遵照商品经济价值规律进行，要以被拆迁对象的房地产商品的自身价值为定价依据。它使房屋拆迁补偿标准由以“人”为主变为以“物”为主，充分体现了等价有偿这一民事法律关系，从法律制度上体现了保护被拆迁人的财产权。评估的公正性也显现出来。

为规范我市房屋拆迁评估工作，根据国务院《条例》和天津市《拆迁规定》，结合实际情况，起草了《天津市房屋拆迁评估管理暂行办法》（草案），待拆迁规定出台后立即发文。《条例》规定，房屋拆迁货币补偿的金额，根据被拆迁房屋的区位、用途、建筑面积等因素，以房地产市场评估价格确定。我市制订的《房屋拆迁评估暂行规定》，要求严格遵守《房地产估价规范》，明确了房屋拆迁评估应当以幢或独立完整的房屋为单位进行评估。房屋拆迁评估根据被拆迁房屋的用途，选用不同的方法。住宅房屋的评估一般采用市场比较法；非住宅房屋评估可采用收益还原法或重置成本法。营业用房的拆迁补偿宜采用两种以上的估价方法。

拆迁房屋评估与房地产市场交易评估不同，交易评估是交易一处，评估一处。拆迁房屋评估，涉及成百上千拆迁户，如果采取每处房屋进行市场评估，成本高、影响拆迁速度。我市规定：拆迁成片住宅房屋楼房在二幢、平房在十所以上的房屋，按建筑类型，不同结构、新旧程度等因素划分房屋类型，按一定比例采取典型抽样分别进行评估得出房屋基准价，并按照楼层、朝向因素进行调整后确定房地产市场评估单价。评估程序是：（1）进行房屋分类。被拆迁房屋按建筑类型分楼房、平房，并分别按不同的建筑结构、新旧程度等因素划分房屋类别；（2）选取典型样本。对被拆迁房屋分类后，在同一类别房屋中选取具有代表性的典型样本点，分别进行评估，并按平均法求出该典型房屋基准价格；（3）测定修正系数。对被拆迁房屋按照楼层、朝向等因素测定修正系数；（4）确定评估单价。被拆迁房屋按照典型房屋基准价，对照修正系数计算出评估单价；（5）计算评估金额。被拆迁房屋评估单价乘以房屋建筑面积，得出评估金额。

天津市评估机构刚刚转制，多为合伙性质，且拆迁评估是新事物，没有现成经验可遵循，难免发生暗箱操作不规范等现象，所以，必须加强对评估机构的管理。为了规范拆迁行为，从全市30多个具有房地产评估资格的机构中选择具备资质等级、评估技术水平高、社会信誉好的机构承担房屋拆迁评估，并向社会公布拆迁时由拆迁人与被拆迁人协商选择评估机构。通过实践，逐步放开拆迁评估市场，好中选优，对违反规定的坚决清除，形成竞争机制，确保评估的准确和公正。

（四）注意新老政策衔接，保证房屋拆迁工作顺利进行

目前，国务院新《拆迁条例》已经实施，天津市《拆迁规定》正在制订中，原《拆迁细则》还没有废止，因新老政策差异较大，在这种情况下，我市在执行国家规定和本市拆迁政策时难度较大。但是，我市各级房屋拆迁管理部门为了实现平稳过渡，保持社会稳定，在拆迁时注意新老政策的衔接。在核准各区、县房屋拆迁许可证时，有意识地让部分区、县采取新的补偿政策，但尽量与原补偿标准衔接。有的区、县在制订补偿标准时，为了与新《条例》对接，由具有评估资格的评估单位按房地产市场进行评估，有的采用评估加补贴的方法进行补偿安置。通过几个月的实践，各区、县大胆创新，开创了新的工作局面，基本被拆迁户接受。今年1～8月份，全市实际拆迁房屋1074140建筑平方米，17798户，安置18376户，其中货币安置15244户，占安置户数的83%。在新老政策交替之际，天津市房屋拆迁工作有序地进行。由于我们事先做了大量预案工作，我们预测新政策出台，不会有大的波动。

三、下一步打算

天津市《拆迁规定》即将出台，我们要做好学习、宣传、贯彻国务院《拆迁条例》和天津市《拆迁规定》准备工作。修改完善了与新《拆迁规定》相关的配套文件、运作程序及范本。编写培训教材和宣传提纲。组织拆迁办管理人员、拆迁单位动迁人员、评估单位的工作人员进行培训。编写拆迁管理手册，做到人手一册，便于学习。采取多种形式进行宣传，开展咨询活动。搞好《拆迁规定》出台后的调研工作，解决房屋拆迁在实际工作中出现的问题。加强拆迁补偿安置资金的管理。提高房屋拆迁工作人员素质，规范管理、转变工作作风，使房屋拆迁工作再上新水平。

（2002年9月）

天津市物业管理条例

天津市人民代表大会常务委员会公告
第58号

《天津市物业管理条例》已由天津市第十三届人民代表大会常务委员会第三十六次会议于2002年10月24日通过，现予公布，自2002年12月1日起施行。

天津市人民代表大会常务委员会
2002年10月24日

第一章　总　　则

第一条　为了规范物业管理服务的市场行为，保障社会公共利益，维护业主和物业管理服务企业的合法权益，根据国家有关法律、法规的规定，结合本市实际情况，制定本条例。

第二条　本条例适用于本市行政区域内所有的物业管理活动。

第三条　本条例所称物业，是指房屋和与其相配套的共用设施、设备和场地。

本条例所称物业管理，是指全体业主对物业共同利益的维护和管理，由物业管理服务企业依照与业主或者业主会合同约定，为业主提供服务，对物业及其环境、秩序进行专业养护、维修和管理。

第四条　物业管理推行业主自治与专业服务相结合的社会化、市场化管理体制。物业管理应当遵循公开公平、诚实信用、市场竞争、服务规范的原则。

第五条　新建住宅小区和有两个以上业主的新建住宅物业，应当实行物业管理；商贸、办公、医院、学校、工厂、仓储等非住宅物业，根据条件推行物业管理。

第六条　市房地产管理局是本市物业管理的行政主管部门，负责本条例的组织实施。

区、县房地产管理局是本辖区物业管理的行政主管部门，负责对本辖区内物业管理活动的监督管理。

市人民政府其他有关部门，按照各自职责，负责相关的管理、服务工作。

街道办事处、乡镇人民政府对物业管理与社区管理、社区服务的相互关系进行协调。

第二章　业主、业主会、业主委员会

第七条　业主是指物业的所有权人。业主享有下列权利：

（一）参加业主会会议，发表意见，享有表决权；

（二）推选业主代表、选举业主委员会成员，享有被选举权；

（三）监督业主会或者业主代表会（以下统称业主会）和业主委员会的工作；

（四）提议召开业主会会议；

（五）接受物业管理服务合同约定的服务；

（六）监督物业管理服务企业的管理服务活动；

（七）法律、法规规定的其他权利。

第八条　业主应当履行下列义务：

（一）遵守业主公约；

（二）遵守业主会通过的决议和物业管理制度；

（三）配合物业管理服务企业按照业主公约、物业管理服务合同和物业管理制度实施的物业管理活动；

（四）按照物业管理服务合同的约定，交纳物业管理服务费；

（五）按照规定缴存维修基金；

（六）法律、法规规定的其他义务。

第九条　业主会由同一个物业管理区域内的全体业主组成。业主会是业主集体行使权利和维护全体业主合法权益的组织。

业主会行使下列权力：

（一）制定、修改业主会章程和业主公约；

（二）选举、更换业主委员会成员，监督业主委员会的活动；

（三）审定物业管理服务合同内容，确定物业管理服务企业；

（四）审议通过物业管理服务企业提出的物业管理服务年度计划和物业管理制度；

（五）监督物业管理服务企业的管理服务活动；

（六）决定维修基金的使用方案，并监督实施；

（七）决定涉及业主利益的其他重大事项。

第十条 同一个物业管理区域内的业主不足一百人的，可以直接组成业主会；一百人以上的，由业主按照业主总数的一定比例推选业主代表，组成业主代表会。业主代表会的代表一般不得少于三十五人。

业主代表会行使业主会的权力。

第十一条 已交付使用的新建物业有下列情形之一的，应当召开首次业主会会议：

（一）出售建筑面积达50%以上；

（二）业主入住率达50%以上；

（三）首位业主实际入住达2年以上。

第十二条 首次业主会会议由进行前期物业管理服务的企业负责召集。

进行前期物业管理服务的企业不召集首次业主会会议的，业主有权要求进行前期物业管理服务的企业召集，或者要求区、县物业管理行政主管部门督促召集。进行前期物业管理服务的企业仍不召集的，在区、县物业管理行政主管部门和街道办事处的指导下，由居民委员会组织召集或者业主自行召集。

第十三条 首次业主会会议应当讨论决定下列事项：

（一）制定业主会章程；

（二）修订业主公约；

（三）选举业主委员会；

（四）确定物业管理服务企业；

（五）决定物业管理其他重大事项。

第十四条 业主会会议每年至少召开一次，由业主委员会负责召集。业主会会议可以邀请街道办事处、公安派出所、居民委员会和使用人的代表列席。

根据业主委员会或者五分之一以上业主的提议，可以随时召开业主会会议。

第十五条 业主会应当按照本条例和业主会章程开展活动。业主会作出的决议，不得与法律、法规、规章相抵触。

业主会作出的决议，必须经代表物业管理区域内二分之一以上投票权数的业主通过。投票权按照业主拥有房屋建筑面积计算。业主投票权数的具体计算方法，由业主会章程规定。

业主代表行使表决权前，应当事先征求其所代表的业主意见，并如实反映业主意见。

业主会作出的决议，对物业管理区域内的全体业主具有约束力，并应当在物业管理区域内公告。

主业会签订的物业管理服务合同，由全体业主共同承担民事责任。

第十六条 业主委员会是业主会的办事机构。业主委员会成员在业主中选举产生，每届任期三年，可以连选连任。业主委员会设主任1名、副主任1～2名、委员3～11名。主任、副主任在业主委员会成员中推举产生。

业主委员会不得从事经营活动，其成员不得在为本物业管理区域提供管理服务的物业管理服务企业中任职。

第十七条 业主委员会履行下列职责：

（一）召集业主会会议；

（二）执行业主会作出的决议，定期报告有关决议执行的情况，提出物业管理建议；

（三）根据业主会的决定，代表业主会签订、变更、解除物业管理服务合同；

（四）监督物业管理服务企业的管理服务活动，支持物业管理服务企业正当的管理活动；

（五）听取和反映业主、使用人的意见，协调与物业管理服务企业的关系；

（六）履行业主会赋予的职责；

（七）完成业主会交办的其他事项。

第十八条 业主会自成立之日起十五日内，业主委员会应当持下列文件向所在地的区、县物业管理行政主管部门办理业主会备案手续：

（一）业主会章程；

（二）业主公约；

（三）业主委员会组成人员的基本情况。

第十九条 物业使用人根据与业主的双方约定，享有业主相应的权利和履行业主相应的义务。但使用人与业主约定的内容不得违反业主公约和本条例的规定。

业主应当将与使用人的约定，书面告知业主委员会和物业管理服务企业。

本条例所称使用人，是指物业的承租人或者实际合法使用物业的人。

第二十条 业主会和业主委员会可以在物业管理服务费中按照每年不超过百分之一的比例提取活动经费，具体办法由业主会和物业管理服务企业在物业管理服务合同中约定。

第三章　物业管理服务企业

第二十一条 物业管理服务企业应当具有独立的法人资格，并按照物业管理行政主管部门核定的资质等级从事物业管理服务活动。

第二十二条 物业管理服务企业享有下列权利：

（一）依照有关规定和物业管理服务合同，对物业及其环境、秩序进行管理；

（二）依照物业管理服务合同收取物业管理服务费；

（三）对造成物业共用的部位、设施、设备损失的，代表业主要求责任人停止侵害、恢复原状、赔偿损失；

（四）法律、法规规定的其他权利。

第二十三条 物业管理服务企业应当履行下列义务：

（一）履行物业管理服务合同，提供服务；

（二）定期公布物业管理服务费和维修基金的使用情况；

（三）接受业主、业主会和业主委员会的监督；

（四）接受物业管理行政主管部门的监督管理；

（五）法律、法规规定的其他义务。

第二十四条 物业管理服务企业未经业主会同意，不得将物业项目整体转让给其他物业管理服务企业管理。

物业管理服务企业可以将专项服务委托专业公司承担。

第二十五条 物业管理服务企业应当配合街道办事处、居民委员会工作；协助公安部门维护物业管理区域内治安秩序、制止违法行为。在物业管理区域内发生治安案件或者各类灾害事故时，应当及时向公安和有关部门报告，并协助做好调查和救助工作。

政府有关部门、街道办事处和居民委员会应当支持物业管理工作，不得干预物业管理服务企业正常经营和管理服务活动，不得乱摊派。

第四章　前期物业管理

第二十六条　前期物业管理是指业主会成立前，开发建设单位委托物业管理服务企业进行物业管理服务的活动。

第二十七条　新建商品房出售前，房地产开发企业应当委托物业管理服务企业进行前期物业管理，并签订前期物业管理服务合同。

前期物业管理服务合同至首次业主会确定物业管理服务企业并签订物业管理服务合同之日终止。

第二十八条　房地产开发企业出售新建商品房时，应当向购房人明示前期物业管理服务合同及其内容。购房人购买新建商品房时，应当对前期物业管理服务合同中相关内容予以书面确认。经购房人确认的前期物业管理服务合同，对购房人具有约束力。

第二十九条　购房人购买新建商品房时，应当签署业主公约。业主公约的内容不得违反法律、法规和社会公共利益。

第三十条　规划、设计新建住宅小区时，应当统筹规划、合理布局物业管理服务的各项设施，并按照开发建设住宅总建筑面积的3‰～3‰确定物业管理服务用房，用于物业管理服务活动和业主活动。

开发建设单位应当按照规划、设计的要求建设物业管理服务用房。在物业竣工验收合格后30内，将建成的物业管理服务用房无偿移交物业管理服务企业。

第三十一条　物业管理服务用房属于全体业主所有，由物业管理服务企业负责维修、养护，不得买卖和抵押；任何单位和个人不得占用或者改作他用。

第三十二条　开发建设单位应当在新建物业竣工验收合格后60日内，向进行前期物业管理服务的企业提供下列文件和资料：

（一）竣工总平面图，单体建筑、结构、设备的竣工图，附属配套设施、地下管网工程竣工图等资料；

（二）物业竣工验收资料；

（三）共用的设施、设备安装使用和维护保养技术资料；

（四）物业质量保证文件和使用说明文件；

（五）物业管理需要的其他资料。

第五章　物业使用和维护

第三十三条　物业在国家规定的保修期限内，由房地产开发企业负责维修。保修期限届满后，自用的部位、设施、设备，由业主负责维修、养护；共用的部位、设施、设备，由物业管理服务企业负责维修、养护。

当物业出现危及安全、影响观瞻或者影响他人正常使用的情况时，业主、使用人或者物业管理服务企业应当及时维修。

物业管理服务企业对物业共用的部位、设施、设备进行维修、养护时，相关业主和使用人应当给予配合。

第三十四条　业主使用物业应当遵守法律、法规、规章的规定，在供水、排水、通风、采光、通行、维修、装饰装修、环境卫生、环境保护等方面，按照有利于物业安全使用、外观整洁以及公平合理、不损害公共利益和他人利益的原则，处理相邻关系。

第三十五条　供水、供电、供气、供热、通信、有线电视等专业经营服务部门，应当直接为业主提供服务。

物业管理住宅小区内的道路、排水设施、垃圾、绿地、树木、绿化设施、路灯照明设施的维修养护责任，以及物业管理住宅小区内的道路、排水、绿化等设施、设备的大修、更新、改造的具体办法，由市人民政府另行规定。

第三十六条　使用物业禁止下列行为：

（一）拆改住宅房屋的承重结构，在外墙上拆改、增设门窗，损坏、改变房屋外貌；

（二）占用共用部位和消防通道，损坏共用的设施、设备；

（三）在屋顶堆放物品或者在阳台、露台、楼板上超荷载铺设地面材料、堆放物品；

（四）违章搭建建筑物、构筑物；

（五）放置超过安全标准的危险物品，排放有毒、有害物质或者发出超标噪音；

（六）乱设摊点，乱悬挂、张贴、涂写、刻画；

（七）侵占、毁坏绿地、树木和绿化设施；

（八）随意倾倒或者抛弃垃圾、杂物；

（九）法律、法规、规章和业主公约禁止的其他行为。

第三十七条　业主或者使用人装饰装修房屋，应当遵守国家和本市有关规定。

物业管理服务企业应当对房屋装饰装修进行监督，对不符合安全要求和影响公共利益的，应当劝阻制止，责令改正。

第三十八条　利用物业共用的部位、设施从事经营活动的，不得影响房屋安全和正常使用，并应当征得相邻业主和业主委员会的同意。物业管理服务企业代表业主会收取的相关收益，应当用于增加维修基金和改善共用的设施、设备。

第三十九条　任何单位或者个人不得随意占用物业管理区域内的道路、场地。确需占用道路或者场地停放机动车辆的，应当征得业主会同意。

业主占用道路、场地停放机动车辆的，应当交纳场地占用费。场地占用费主要用于增加维修基金、改善共用的设施、设备等，具体使用办法由业主委员会确定。

机动车辆和非机动车辆在物业管理区域内行驶、停放，应当遵守物业管理制度。

第四十条　两个以上业主的住宅物业和与其结构相连的非住宅物业，应当建立共用的部位、设施、设备维修基金。

维修基金管理办法由市人民政府制定。

第六章　物业管理服务

第四十一条　一个住宅小区应当由一个物业管理服务企业进行物业管理服务。

第四十二条　物业管理服务企业接受委托从事物业管理服务，应当与业主会签订物业管理服务合同。

物业管理服务合同应当载明下列主要内容：

（一）业主会和物业管理服务企业的名称；

（二）物业管理服务区域范围；

（三）物业管理服务内容；

（四）物业管理服务标准；

（五）物业管理服务费用；

（六）物业管理服务合同期限；

（七）违约责任；

（八）物业管理服务合同解除条件；

（九）双方约定的其他事项。

物业管理服务企业应当自物业管理服务合同签订之日起十五日内，将物业管理服务合同报物业管理项目所在地的区、县物业管理行政主管部门备案。

第四十三条 物业管理服务合同中约定的物业管理服务，应当包括下列内容：

（一）房屋共用部位和设备的维修、养护、管理；

（二）共用设施和设备的使用、维修、养护、管理；

（三）电梯、智能系统等设备的运行服务；

（四）环境卫生清扫保洁和绿地、树木、绿化设施的养护、管理；

（五）物业装饰装修管理；

（六）车辆行驶和停放秩序的管理、服务；

（七）物业管理区域内秩序的管理、服务；

（八）物业资料的管理和查询服务。

第四十四条 物业管理服务合同期限届满三个月前，物业管理服务企业与业主会应当协商续约事宜。双方续约的，应当重新签订物业管理服务合同；不续约的，业主会确定其他物业管理服务企业。

第四十五条 物业管理服务合同期满不续约或者解除合同的，原物业管理服务企业应当在合同终止之日起十日内，向业主委员会办理下列移交事项：

（一）物业管理服务费、场地占用费、利用物业共用设施所得收益等余额和财务账册；

（二）物业档案资料；

（三）物业管理服务用房、场地和属于业主共同所有的其他财物。

新物业管理服务企业确定后，业主委员会应当将前款所列事项移交新物业管理服务企业。

第四十六条 物业管理服务企业进行物业管理服务，应当遵守下列规定：

（一）按照国家和本市规定的技术标准和服务规范、物业管理服务合同、物业管理服务年度计划，提供物业管理服务；

（二）书面告知业主、使用人对共用的部位、设施、设备的使用方法和注意事项；

（三）对物业管理服务区域进行全面巡视和检查，定期对共用的部位、设施、设备进行维修、养护；

（四）发现共用的部位、设施、设备损坏时，立即采取措施，进行维修；

（五）接到物业损坏报修时，及时进行维修和处理；

（六）做好物业维修、更新及其费用收支的各项记录，妥善保管物业管理资料；

（七）发现违反本条例或者业主公约的行为，立即进行劝阻、制止，并向业主会和有关行政管理部门报告；

（八）按照物业管理服务合同，做好其他物业管理服务事项。

第七章 物业管理费

第四十七条 物业管理实行有偿服务。物业管理费包括物业管理服务费、特约服务费和代办服务费。

第四十八条 物业管理服务费应当按照与物业管理服务内容、服务质量相适应的原则确定。

普通住宅的物业管理服务费，由业主会、房地产开发企业与物业管理服务企业在政府指导价格范围内自主协商确定；其他住宅和非住宅物业的物业管理服务费，由业主会、房地产开发企业与物业管理服务企业协商确定。

第四十九条 普通住宅物业管理服务费的政府指导价格标准由市价格主管部门会同市物业管理行政主管部门制定，并向社会公布。

确定和调整普通住宅物业管理服务费的政府指导价时，应当采取各种方式听取群众意见。

第五十条 物业管理服务费应当按照业主拥有物业的建筑面积计算，按月交纳。

第五十一条 在前期物业管理期间，物业竣工验收合格交付使用前发生的物业管理相关费用，由开发建设单位承担。物业竣工验收合格交付业主后的物业管理服务费，由业主承担；开发建设单位与业主约定由开发建设单位承担物业管理服务费的，由开发建设单位承担。

物业管理区域内未售出空置房屋的物业管理服务费，由开发建设单位交纳。

第五十二条 个别业主或者使用人可以将物业管理服务合同以外特约服务事项委托物业管理服务企业，并支付特约服务费。

第五十三条 供水、供电、供热、供气、通信、有线电视等专业服务部门，可以将服务和收费事项委托物业管理服务企业并支付代办服务费。

第八章 法律责任

第五十四条 业主、业主会、物业管理服务企业、房地产开发企业之间因物业管理发生争议的，可以自行协商解决；不能自行协商解决的，可以向物业管理行政主管部门申请调解；也可以依法申请仲裁或者向人民法院起诉。

第五十五条 业主、使用人、业主委员会和物业管理服务企业对违反本条例的行为，可以向物业管理行政主管部门投诉。

物业管理行政主管部门受理投诉后，应当及时进行调查、核实、并依法处理。

第五十六条 开发建设单位违反本条例第三十条第二款规定，未向物业管理服务企业提供物业管理服务用房的，物业管理行政主管部门责令限期改正；拒不改正的，暂扣售房许可证，并处以1万元以上10万元以下罚款。

开发建设单位违反本条例第三十二条规定，未向前期物业管理服务的企业提供文件、资料的，物业管理行政主管部门责令限期提供；逾期不提供的，处以1万元以下罚款。

第五十七条 物业管理服务企业有下列行为之一的，物业管理行政主管部门责令限期改正，予以警告，降低资质等级，并可按照以下规定处以罚款：

（一）违反本条例第二十一条规定，未按照资质等级从事物业管理服务活动的，处以1万元以上5万元以下罚款；

（二）违反本条例第二十四条第一款规定，将物业项目整体转让他人的，处以1万元以上5万元以下罚款；

（三）违反本条例第四十二条第三款规定，未办理合同备案的，处以5000元以上1万元以下罚款；

第五十八条 业主、使用人违反本条例第三十三条第三款规定，拒绝、阻碍物业管理服务企业对物业共用的部位、设施、设备进行维修养护的，物业管理服务企业可以向人民法院提起诉讼，排除妨害。造成损失的，业主或者使用人应当承担赔偿责任。

第五十九条 违反本条例第三十六条规定，有下列行为之一的，物业管理行政主管部门责令改正，并可以按照以下规定处以罚款；给他人造成损失的，应当给予赔偿：

（一）拆改住宅房屋的承重结构的，处5万元以上10万元以下罚款；

（二）占用共用部位，损坏共用的设施、设备的，处以三万元以下罚款；

（三）在屋顶堆放物品或者在阳台、露台、楼板上超荷载铺设地面材料的，处以1万元以下罚款。

当事人逾期不改正的，物业管理行政主管部门下达恢复原状的决定，并可申请人民法院强制执行。

违反本条例第三十六条规定，占用消防通道，放置超过安全标准的危险物品，违章搭建建筑物、构筑物，排放有毒、有害物质或者发出超标噪音，乱设摊点，乱悬挂、张贴、涂写、刻画，随意倾倒或者抛弃垃圾、杂物，侵占、毁坏绿地、树木、绿化设施的，公安、规划、环保、市容环卫、园林等行政部门按照国家和本市的有关规定予以处罚。

第六十条　当事人对物业管理行政主管部门的处罚决定不服的，可以依法申请行政复议或者向人民法院起诉；逾期不申请行政复议或者不起诉，又不履行行政处罚决定的，由作出处罚决定的机关申请人民法院强制执行。

第六十一条　物业管理行政主管部门工作人员滥用职权、玩忽职守、徇私舞弊的，由其所在单位或者上级机关给予行政处分；构成犯罪的，依法追究刑事责任。

第九章　附　则

第六十二条　业主公约和业主会章程的示范文本，由市物业管理行政主管部门制定；物业管理服务合同和前期物业管理服务合同的示范文本，由市物业管理行政主管部门会同市工商行政管理部门共同制定。

第六十三条　未实行物业管理的原有住宅区，参照本条例逐步实行物业管理。

第六十四条　本条例自2002年12月1日起施行。1997年12月17日天津市人民政府颁布的《天津市住宅小区物业管理办法》同时废止。

（本文摘自　北方网　2002年11月）

天津商品房空置率逐年攀升

商品住宅供应结构问题开始显现，专家提醒中户型中档房建设应加以控制

权威部门统计数字显示，天津市空置商品房呈增多之势，空置率已接近警戒高限。专家提醒，中户型、中档次商品住宅生产应加以控制。

按区域划分，市内六区南开区商品房空置率最大，和平区空置率最小。其他六区、县，津南区空置率最大，西青区空置率最小。

按时间划分，1998年以前竣工的商品住宅已基本售出，空置率仅存4%。1999年上升至9%，2000年上升至13%，2001年再升两个百分点，达到15%，2002年继续攀升。

按户型划分，60平方米以下的商品住宅空置率4%。户型在60～80平方米的商品住宅空置率为10%。80～100平方米的空置率为26%。100～120平方米的空置率为20%。120～150平方米的空置率为19%。150平方米以上的空置率为21%。

按销售价格划分，2000元/平方米的商品住宅空置率为33%。2000～3000元/平方米的空置率为36%。3000～4000元/平方米的空置率为18%。4000～5000元/平方米的空置率为7%。5000元/平方米的空置率为6%。

业内人士分析认为，天津的商品住宅市场运转基本正常、发展健康。空置率稍显过高只是商品住宅供应结构上有些问题。例如，80～100、100～120平方米的商品住宅近几年来一直销售比较好，控制不够科学，因此，投资这类商品住宅相对偏多，这是造成空置量增大的重要原因之一。其次，近几年商品住宅需求已由"温饱"型转向改善型。有关部门和部分开发企业对这一点估计不足，这是造成商品住宅空置量增大的又一原因。再有，中档商品住宅生产过多、供大于求是造成空置量增大另一因素。

业内人士预测，随着海河综合开发力度的不断加大，今年的商品住宅销势将会出现大的突破，不必为商品住宅空置量暂时偏高而担忧。

（本文摘自　北方网　2003年4月）

天津出台国有土地使用办法

日前，天津市政府召开新闻发布会宣布，从2003年6月1日起，该市土地管理纳入法制轨道，《天津市国有土地有偿使用办法》实施，今后凡经营性土地全部靠拍卖获得。

据介绍，天津市的土地经营权的获得一度是多渠道的。如某企业厂房用地使用权的转让可直接和某开发单位商定，然后到有关部门办理相关手续就可以了。还有一些作法在大面积的危旧房改造期间曾起过积极的作用，但也存在国有土地资产流失等问题。为加强国有土地资产管理，规范土地市场秩序，促进天津经济发展和城市建设，该市对国有土地的管理做出新的规定。

首先，国有土地由市政府集中统一管理，市土地行政主管部门统一负责全市行政辖区内国有土地收购、储备、出让、转让的管理。

其次，设立市土地资产管理委员会，主任由市长戴相龙担任，副主任由分管城市建设工作的副市长担任。该委员会的职责是：审议土地资产管理的重大政策、措施；审议土地收购储备计划；审议经营性土地年供应计划；审议基准地价、标定地价和地价修正体系的调整方案；审议重大出让项目的土地出让方案；审议以地融资等土地资本运作方案；审议全市土地资产管理年度工作报告和政府土地收益及资产负

债情况及其他有关事项。

第三，设立土地整理中心，负责承担全市范围内土地征用、开发整理、收购储备、委托交易和对城市有关重大基础设施的投资。

据了解，天津市在今后几年内以海河改造、地铁1～3号线，轻轨及环城公路为主要内容的基础设施建设将得到快速发展，国有土地的集中统一管理，必将更加有利于城市建设统一规划、统一布局、统一协调发展。

（本文摘自《中国建设报》2003年6月）

2003年秋季天津房地产交易会的特点

这次房交会是按照全面建设小康社会和“三步走”战略的目标，进一步推进天津住宅建设和发展，促进早日实现住房小康的交易会，是服务企业和群众，促进市场流通和住房消费，满足广大群众日益增长的住房需求，加快改善住房条件的交易会。本届房交会的主要特点：

一、房屋上会量大、房源丰富

本届房交会主会场设在天津体育馆，在四个展馆同时展开，共设展位506个，108家企业参展，其中开发企业65家，中介企业7家，金融机构1家，建材家居装饰35家，本市规模较大的开发企业基本都在交易会上登场亮相。房交会房源丰富，品种齐全，各种档次、品种和价位的房屋一应俱全。共有参展项目94个，推出各类房屋802.63万建筑平方米。商品房790.23万建筑平方米；存量房1800套，共12.4万建筑平方米；租赁房屋700套，面积4.6万建筑平方米。本届交易会是今年天津楼市的大盘点，上会展销房屋大盘多、新盘多、名盘多，大批新颖、环保、智能的新建住宅，为广大居民提供了改善型的房屋，也将推动我市住宅产业的发展。针对今年房屋拆迁量大，低价房屋和二手房需求量大的情况，本届交易会还集中了全市的中低价商品房和二手房房源，供拆迁居民选购。其中3000元/平方米以下的商品房达到187.96万建筑平方米，占上市量的23.8%。可以满足众多中低收入购房整改善住房条件的愿望。从上市房屋的情况可以看出，本届房交会是我市住宅建设最高水平和最新发展的集中展示，将为广大群众提供广阔的选择空间，也为开发、中介等房地产相关企业提供了展销产品，展示形象，了解市场、相互学习交流提供了舞台。根据群众需求，本届房交会丰富了现代家居展示馆，来自全国各地的35家建材、装饰等相关产业的企业联袂登场，推出大量绿色环保家居装饰新技术、新材料、新产品，为群众提供购房、装修、装饰一条龙服务，群众到房交会不仅可以买房、换房、租房，还可以设计装修，选购建材装饰，一步实现全面置家。本届房交会实行市、区联动，市内六区的房地产市场正常开市，方便群众购房。

二、突出诚信，确保群众买放心房

近几年来，我们下大力气整顿和规范房地产市场，采取有力措施狠抓市场诚信建设。今年先后建立了天津房地产评估、中介和开发企业的诚信档案，使本市房地产市场日趋规范。本次房交会将集中体现规范市场的成果，采取有力措施，规范交易秩序，把本届房交会办成体现企业诚信的房交会，群众放心的房交会。本届房交会将严格实行参展单位资格准入和参展项目销售许可证明示制度，房管、工商等部门严格审查售房广告，确保上会房屋销售许可证齐全，无虚假广告，不缺斤短两。所有参展单位都承诺并保证守法经营。对在房交会交易中出现的问题，房地产主管部门负责查处。对违规经营的一经发现，立即清除，并取消今后参展资格。购房群众还可以登陆天津房地产网站，查询相关企业信用等级，作为选房购房的参考，使房交会真正成为群众选房买房最安全、最放心的场所。

三、政策优惠，让利开发中介企业和群众

本届房交会继续坚持服务企业和群众的宗旨，凡在房交会期间现场成交的商品住房，可享受交易手续费由每建筑平方米3元减为2元、经济适用房交易手续费由每建筑平方米1.5元减为1元的优惠政策；现场成交的存量住房可享受交易手续费由每建筑平方米6元减为4元的优惠政策。

四、宣传政策法规，倡导科学消费

房交会时购房群众最集中的场所，也是宣传房地产政策法规的最好的真谛。所以，我们不仅把房交会作为交易会，还要利用好这一阵地，加大宣传力度，帮助群众提高住房科学消费的能力，丰富交易会的功能。交易会期间，将举办深受群众欢迎的房地产法规政策、产权市场、住房改革、物业服务、中介评估等大型宣传咨询活动，市内六区房管局有关部门现场服务，向购房群众详细介绍房地产各项政策法规，解答群众问题。同时在房交会上开设房地产交易课堂，举行房屋交易、买卖合同、公积金贷款、房屋置换、住房担保、房屋安全使用等房地产交易常识系列电视讲座，普及交易知识，介绍交易技巧，帮助群众答疑解难。还专设了房地产政策法规服务咨询台，随时解答群众的各种问题。房交会期们将举办古文化街海河开发规划方案和建设展示，让群众了解海河开发的美好前景，同时吸引各界投资海河的开发、改造、经营。

五、完善服务，满足企业群众需求

本届房交会服务更加完善，为参展企业和购房群众提供多层次，全方位的服务。本届房交会整体布展水平又有新的提高，突出了建设、发展、飞跃的房交会主题，整个展区更加统一协调，体现了以人为本的布展要求，营造出优雅的交易环境和良好的艺术氛围，提升文化品位，提高展会水平。大会印制了导购图，设置了总服务台等设施，开设了看房车，方便群众选房、看房。房管系统各部门现场办公，开设了网上售房服务区，现场办理房屋销售、房屋租赁、房屋置换、中介代理、价格评估等各项交易的登记备案过户手续，提供政策咨询等一站式办公。同时开展家居设计，建筑设计、建材装饰、模型制作、抵押按揭、置业担保、金融和法律一条龙服务。建设银行和公积金管理中。心进行现场服务，可当场查询公积金，办理贷款。在政府房地产网开设了房交会网络专题频道，可以网上查询售房许可证，实时发布

房交会信息，方便群众随时查询。本届房交会还将利用购房人流集中的条件，进行市场调查。

随着“三步走”战略的实施，海河开发的全面展开和城市建设的不断加速，今年天津房地产市场表现出空前的活跃，呈现出供需两旺的发展态势。10月份全市成交各类房屋201.64万平方米，44.51亿元，分别比去年同期增长120.44%和112.85%，又创历史新高。1～10月份，全市累计成交各类房屋1321.8万平方米，282.54亿元，分别比去年同期增长64.62%和69%；私产房成交379.65万平方米，51.3亿元，分别比去年同期增长107.23%和98.22%；公房置换147.6万平方米，11.96亿元，分别比去年同期增长44.25%和45.91%。从以上房地产市场各项指标显示出，目前我市房地产市场进入持续健康快速发展的阶段。天津的加快发展和房地产市场的不断升温，为群众加快改善住房条件创造出新的历史机遇。今年以来，已经有10多万户的居民群众得益于天津的发展，改善了住房条件，成为历史上群众住房改善最高的年份。而秋季房交会的召开，又为广大群众创造出改善住房的良好环境，相信会受到群众的欢迎，也会促进房地产市场进一步升温。

（本文摘自　新华网　2003年11月）

严格土地资产管理，规范土地市场秩序

2003年10月31日，天津市土地资产管理委员会召开会议，总结《天津市国有土地有偿使用办法》颁布五个月来的土地资产管理情况，研究部署下一阶段全市土地资产管理工作。

市长、市土地资产管理委员会主任戴相龙主持会议，他强调，要认真贯彻落实党的十六大精神，按照十六届三中全会提出的“加快发展土地、技术、劳动力等要素市场”的要求，充分发挥土地资产管理委员会的作用，切实加强国有土地资产管理，进一步完善相关法规，规范和整治土地市场秩序，为天津城市建设和经济社会可持续发展提供重要保障。

戴相龙指出，党中央、国务院对土地资产管理工作十分重视，把它作为保障人民群众利益、促进经济社会可持续发展的一项重要基础性工作来抓，先后作出一系列重要指示。为了加强和规范土地市场管理，我市成立了国有土地资产管理委员会，从6月1日起施行《天津市国有土地有偿使用办法》。《办法》颁布以来短短几个月的时间，全市土地资产管理工作取得了突破性进展，土地出让行为得到规范，土地市场的巨大潜力和活力开始释放，政府土地收益明显增加。

戴相龙强调，作为在市政府领导下实施国有土地资产管理的专门机构，天津市国有土地资产管理委员会要充分发挥作用，依法加强对国有土地资产的管理。要抓紧完善土地管理各项制度，严格执行国有土地有偿使用办法，加大规范土地市场秩序的工作力度，做好经营性土地招标、拍卖和挂牌出让；建立完善的土地收购储备和市场供应计划管理制度；做好耕地保护工作，清查各类开发区和工业园区的违规用地行为；加快郊区县土地市场建设和规范管理步伐，制定出台《区县土地市场管理细则》；大力治理整顿土地隐形市场，堵塞土地交易市场领域的各种“黑洞”，逐步建立起公平、公正、公开的市场秩序；要对《国有土地有偿使用办法》的执行情况进行全面检查和审计，对违规行为予以曝光和查处。

副市长崔津渡、陈质枫，市政府秘书长何荣林和市土地资产管理委员会成员出席会议。会上传达学习了《曾培炎副总理在听取土地市场秩序治理整顿督查情况汇报时的讲话》，听取了《天津市国有土地有偿使用办法》实施以来工作的汇报和本市国土规划有关情况，听取了关于2003年土地利用计划下达和运行情况及2004年土地利用计划有关情况的汇报。会议审议通过《天津市土地资产管理委员会议事规则》，审议了治理整顿土地市场秩序整改阶段工作方案，审议关于加强区县土地市场管理的意见并决定制定《区县土地市场管理细则》。会议对加强土地收购储备和市场供应计划管理、加强对外商投资企业用地使用费收缴、清理土地隐形市场、催缴拖欠土地出让金等工作进行了研究部署。

（本文摘自　北方网　2003年11月）

天津二手房全面旺销

天津市房地产市场空前活跃，前10个月的交易量刷新了过去全年的最高纪录。二手房增长势头更加强劲，2003年1～10月份，二手房交易527.25万平方米，比去年同期增长84.66%，比商品房增幅高出30多个百分点。二手房成为今年天津房地产市场的宠儿。

2003年的二手房之所以成交火爆，主要因为需求的大幅度增长。一是由于天津海河开发的全面启动和城市建设力度加大，房屋拆迁量迅速增长，其中相当一部分拆迁居民购买二手房。二是居民住房消费观念日益成熟，不再一味强调住房消费的一步到位，而是根据自己的经济状况和实际生活需要选择住房，使一部分居民把目光投向了二手房市场。三是部分居民购买二手房进行投资，也成为二手房需求的组成部分。

针对以上情况，天津市房地产管理局及时采取有力措施，一是加大供应，及时组建天津市二手房交易中心，筹集房源2万余套，开辟多种服务渠道，方便群众交易二手房；在各区县房地产市场设立二手房信息免费发布专栏，增加了二手房信息来源和供应渠道；同时解决了房屋产权遗留问题，补登房屋产权证373万平方米，2万多户。另外，在购买商品房的人群当中也有相当一部分是卖旧买新，从而扩大

了二手房的有效供应，满足了市场需求。

二是加快流通。今年以来，天津市各级房管局先后举办了20次不同形式不同类型的房交会，并针对拆迁居民的需要，在南开、红桥、河东、河北等四个区举办了以二手房为主题的房交会。据统计，共有20余万群众参加房交会，选购二手房近30万平方米。同时，针对特困拆迁居民的住房困难，还提供了174套房屋，以低于成本30%的价格定向解决特困群众的住房问题；该市房管局推出市内六区私产房交易指导价格，取消交易中的评估环节，降低交易成本，缩短办事时限，加快二手房流通速度。

三是规范市场。出台培育和规范天津市二手房市场的七项措施，建立了房地产评估机构、房地产经纪机构和房地产开发企业销售信用档案，并上网公布；大力开展中介机构治理整顿活动，严厉打击哄抬物价、不按规定收取服务费、欺诈交易等违法违规行为，维护消费者的合法权益，保障二手房市场健康发展。

上述措施的实施，使天津的二手房市场火而不乱，紧而不缺，供需总量基本平衡，住房消费结构更趋合理，增量与存量的比例达到1:0.66。形成了新房全面旺销，卖旧买新共同改善的梯次消费链条，使天津房地产市场更加协调发展。

（本文摘自《中国房地产报》2003年11月）

广州房地产市场状况

2003年广州地产大趋势

一、经济的持续高速发展不断地为广州房地产市场注入新的活力

在即将过去的2002年，广州房地产市场继续保持“高位运行”：房地产投资一直保持高速增长，新开工面积和竣工面积也保持较高的增长率，成交也不断创出新高，据悉，截止今年11月底，广州市仅住宅成交面积已达970万平方米之巨，保守估计今年广州市住宅成交面积将会首次超过1000万平方米！

但与此同时，商品房空置率上升，部分地区及某些产品开发投资过热，产品供给与市场需求难以有效对接，结构性矛盾凸显，产品质量差强人意，物业管理问题层出不穷，消费投诉不断上升等等也不时地困扰着广州房地产市场的发展。

在即将到来的2003年，一直领跑着中国房地产业的广州房地产市场仍将以发展为主题、结构调整与规范为主线，继续保持高位运行。同时还将以自己独特的发展特点与模式，向中国房地产市场发出庄重的宣言。

二、开发模式面临挑战

近年来，产品同质化问题一直极大地困扰着广州房地产市常2001年，以星河湾的产品创新所带来的一系列创新性市场行为，给整个广州房地产市场带来了极大的冲击与启迪，此后，以南国奥园和广州雅居乐为代表的华南板块各新推楼盘以及老盘新推物业都相继在产品上寻求创新与突破，甚至连远在广园东路的碧桂园凤凰城也大胆谋求在产品与配套上实现创新突破并取得了巨大的成功。如今，产品创新突破业已成为不少楼盘开发商最难以割舍的行为，而事实上我们也可以看到，目前广州房地产市场尤其是番禺华南板块各楼盘产品正在不断“异化”。

然而，我们在发现各楼盘产品在不断异化的同时，又很无奈地发现，目前广州房地产市场开发尤其是郊区物业开发模式正趋向高度的同质化！例如A盘建有会所兴办了学校，B盘也跟着配备；C盘开通交通车开设便利店，则D盘也会跟紧筹备。“学校（幼儿园或小学甚至中学）+会所+运动场+交通车+便利店”这一开发模式业已紧紧地囿限着甚至扼杀了诸发展商房地产开发思想的创新与突破，甚至连“生活的领跑者”的南国奥园也只不过强调了运动与健康加教育的主题，而物业开发基本模式并没有根本性变化。

在即将到来的2003年，这一问题将会凸显，广州房地产开发模式将会面临挑战。

三、品牌房企垄断市场

品牌资产是一种超越生产、商品等所在地，有有形资产的外在价值。早期广州房地产市场处于低层面竞争业态，市尝消费者甚至开发商都没有意识到房地产企业品牌的重要性。如今随着市场竞争的日益剧烈，产品同质化问题的日趋严重，富有个性化的产品开始受到追捧。而品牌是最能彰显楼盘的个性，也最能迎合市场发展的新需求。

今年来，以品牌为核心来重组企业和资源配置的重要机制在房地产市场开发中初露端倪，像合生创展、碧桂园、奥园集团、城建集团、中海、保利等等一大批营造品牌个性较为成功的企业受到市场的追捧。据悉，仅4年多来合生创展集团业主已高达12万户，占广州房地产市场分额已高达10%以上，城建集团至今共已销出商品房达600多万平方米，占广州房地产市场总体销量的比例也近10%，尤其重要的是，今年城建集团销售量与去年同比大幅增长了30%。

相信明年，广州房地产市场这些有影响的品牌将可以征服更多的消费者，占据更多的的市场份额，形成垄断性优势，并出现品牌企业占有并瓜分广州房地产市场的趋势。

四、职业经理快速成长

今年来广州房地产业界职业经理人队伍出现了极为频繁的“跳槽”行为，并且很多“跳槽”的职业经理人都曾任职知名品牌的大型房地产公司，正因为如此，其对整个广州房地产市场职业经理人心态的打击也较大。

这么多著名职业经理人放着知名品牌的大公司高职不做，却不惜“跳槽”，远走他乡甚至自立门户为自己打工，这说明很多广州房地产企业主帅合作、沟通出现了问题。其实早就有业界人士在质疑国内房地产企业职业经理人的地位与影响力，很多业界人士都认为广州房地产企业对待职业经理人应该更多地引用欧美模式——让职业经理人持股分享企业股东权力，让其与企业更好地“融合在一起”，而不要过多地沿袭香港模式——给职业经理人许以高官厚禄。

不过不管目前广州房地产市场职业经理人队伍出现了多大的“波动”，都不会阻碍到明年广州房地产职业经理人队伍的快速成长。广州房地产市场经过10多年的高速发展，职业经理人队伍开始进入了一个快速成长期。

明年广州职业经理人队伍将会随着房地产企业与房地产市场的扩张而快速成长，将会涌现出更多知名的房地产职业经理人。

五、泡沫问题不会凸显

今年，全国各地房地产市场都掀起了一股查泡沫打泡沫的热潮。不过，暂且不管其它城市房地产泡沫情况如何，仅就广州房地产市场而言，泡沫问题并不足为惧。

广州市场现有房地产投资高峰主要拉动力并不是来自政策面，而是主要来自于消费市常同时广州房地产市场消费者的消费心态消费行为相对外地很多城市来说也更为成熟更为理性。房地产开发商市场化程度也越来越高，对市场的掌控能力也更趋专业化。

虽然目前广州确实有商品房严重供过于求，但也有产品出现抢购，“过剩”与“短缺”问题都存在，虽然商品房空置量也确实很大，但广州消费潜力更大，问题只在于如何开发顺应时代潮流切合市场需要量的产品。有人说，广州房地产市场有“沫”但没有“泡”，这话很值得玩味。

六、郊区物业均衡发展

2001年，广州郊区物业是广州南部的华南板块雄霸天下，因为正是华南板块掀起了中国房地产郊区物业开发的崭新时代；2002年，是东部板块领尽风骚，凤凰城的雄起，吸引了人们极大的关注。然而2003年，广州西部与北部板块将会迅速崛起，并成为2003年广州郊区物业乃至广州房地产市场新热点。

据悉，目前西部已有多家实力雄厚的房地产品牌企业进驻，例如万科便在黄岐拿下了657亩地并将会在明年全面开发；广州五元集团在“中山九路”开发的规模达3000多亩的“绿琴花城”也会在明年推出，占地500亩的富力集团富力碧涛湾也将会在明年全面推出。

由于金碧御水庄、南航碧花园与南航花园“试水”花都获得了相当的成功，将会吸引更多的开发商前往花都进行房地产开发。同时，国际机场搬迁以及风神汽车基地发展，人财物的大量投入，也将为北部房地产的发展带来机遇。尤其重要的是，作为广州市政府发展规划的“北优”区域，花都房地产开发将会获得很多利好政策支持。

因此，广州房地产市场明年仍将是郊区物业引领风流，而西部与北部区域板块将迅速崛起，并打破原有的南部华南板块雄霸天下，东部板块尽领风骚的市场格局，促使广州市郊区物业东西南北均衡发展。

七、资本运作摆上前台

国外投资基金最看重的就是企业的资本运作能力，因此他们选拔的投资目标，就是看这些企业有否成功有效的资本运作能力与企业运营模式。

而来自规模化与连锁化拓展的需要，也促使广州房地产开发商从重视产品开发小区配套建设转向资本经营，在未来房地产市场资本运作将更为普及。

与家电IT业不同，房地产业并没有垄断性核心竞争力，房地产企业无法凭据自身的技术优势来赢取产品的优势，因此，今后一个房地产企业有否成功的运作方式，有否有效的赢利模式，将决定房地产企业的开发能否取得成功。

八、价格触底反弹

自1998年以来，广州房地产市场总体价格中枢一直在不断“下移”，时至今日，总体楼价业已跌去了近20%。今年年底，又有不少楼盘使用了灵活的价格策略，或低价促销或低价入市，致使“价格战”战云笼罩住了整个楼市上空。

然而，明年广州楼价将会“扭头向上”。这是因为，开发商开发成本控制存在很大一部分的不可预见性。由于土地全部实行拍卖或挂牌交易，致使开发商控制开发成本的能力正在不断减弱；同时，建材市场近期也发生微妙的变化，各楼盘为追逐产品的差异性而不惜选用各种新型建材，无形中增加了开发成本；而随着专业分工更趋细化，在早期开发运作成本不仅不会降低反而还会因而增加；而一次性装修要求不断提高，也会导致成本因而增加。更为重要的是，人才资源成本正在提高，并开始在整体经营成本中体现。

开发成本加大自然地会削减开发商的运营利润，一定程度抑制了楼价的下跌空间，并因此触发楼价的反弹。

九、经营能力经受考验

多年来国内房地产开发与市场竞争最重要的一点就是比拼开发商的资金实力，但现在房地产企业经营能力的重要性正日渐凸显。开发商经营能力将与经济实力并重，有实力能力建好一个优质楼盘并不意味着就能卖得好，这就要考验开发商的经营能力。

明年广州房地产市场已不会去比拼哪一个开发商的钱多实力强，而是要比拼开发商的经营能力：谁能有效控制成本，谁最能整合并优化各方资源，谁能抢先把握市场先机，谁能供应顺应潮流切合市场需要而价廉物美的产品。因此，明年广州房地产企业的操作方式经营能力将备受考验。

十、别墅市场不再风光

今年来广州别墅市场可谓势头最强风光无限。有关统计数据显示，今年1～9月，广州共成交别墅877套，成交面积达19.91万平方米，成交金额11.247亿元，而截止今年7月底，广州别墅成交量便已超越去年13.77万平方米的成交水平……有业内人士估计，今年广州别墅的销量（面积）会达到去年的2倍以上。

不过别墅市明年将风光不再。这是因为，今年别墅市场的“走红”，致使消费市场巨能释放，明年将会出现高位盘整。另一方面，新的开发商会采劝蓄势行为”不定期进行减缓成交速度，为自己产品上市做准备。因此，明年别墅市场会进入“高位盘整”，不再会成为引领市场的明星产品。

（本文摘自　南方网　2002年12月）

广州房地产业格局面临变数

一、央行查信贷市场起波澜广州房地产业格局面临变数

近日，中国人民银行宣布，为了防范贷款风险，将对2001年6月以来商业银行房地产信贷业务办理情况进行严格检查。其实，早在中国人民银行今年第二季度货币政策报告中，便已透露了房地产业在快速发展后需调整的信号，银行方面开始收缩向资质不佳开发商的信贷业务。

二、整顿"风球"悬挂已久

早在年初，业界就有关于"房地产泡沫"之说，虽说对"泡沫"的理解各有不同，但普遍承认房地产开发过程中存在一些不良现象。转向开发得好的楼盘及公司。从年中到现在，建设部等多个部门对房地产的整顿，也是这次信贷检查的前因。在今年第三季度中国人民银行经济运行情况报告中，明确提出"防止房地产泡沫经济"，朱总理在香港的讲话，既有所指，也有所准备，可以说，是整顿房地产市场金融秩序的宣言。

三、产业格局面临变数

央行决定严查房地产违规信贷资金，对于品牌企业、自有资金比例高的企业、楼卖得好的企业无疑是一个福音。

广州房地产开发企业平均自有资金比例不足30%，但也有自有资金比例高达70%以上，甚至不需贷款就可开发房地产的企业，如保利房地产开发公司和碧桂园等企业，自有资金比例都很高，他们抗金融风险的能力很强，在信贷大检查中无需过虑。

有开发商认为，此次房地产信贷大检查，也是规范整顿房地产市场的手段之一，对于在市场上做得好的品牌企业，这是一个发展机遇，今后的信贷政策将更加偏向于品牌企业，碧桂园获授信20亿元人民币，奥园获10亿元授信等，都是银行在向优秀房地产开发企业"投怀送抱"；"扶大扶强"，将加快实力弱小企业的淘汰速度，最终形成几十家房地产企业主导市场的格局。

四、九成企业日子不好过

广州现有房地产开发企业1300多家，正在开发的有400多家，有的企业有地不敢开发，怕套住；有的无钱开发。而正在开发的400多家企业中，活跃在市场上的不足百家。广州房管局每年评出的30强。基本囊括了全市最活跃的开发企业。

业内专家认为，房地产要走产业化道路，必须淘汰一大批资质不佳的开发企业。现在有很多企业自有资金不足10%，通过各种途径搞贷款，不仅滋生腐败，也扰乱了市场。如有的楼盘，在资金紧张的情况下，规划设计粗糙，建筑质量低劣，建好后卖不出去，既败坏了城市景观，浪费了土地，又使银行背负了沉重的负担。现在，都说银行是个大业主，拍卖房地产的活动一直没有停过，可见一些不负责任的开发企业为社会造成了多大的麻烦。

据专家分析，这次房地产信贷大检查，一是对新晋开发企业在进行项目开发时，提高了信贷门槛，有效地防止了不负责任的开发行为，也可能会成为减少烂尾楼的契机；二是一些假按揭楼盘可能日子会更加难过，随着银行清欠日紧，有些楼盘可能会"大放血"，降价大逃亡；三是那些自有资金不足30%的开发企业，明年日子将不好过，也有可能退出市场。

（本文摘自　北方网　2002年12月）

广州房地产市场进入理性发展轨道

在全国房地产市场逐步升温的时候，广州的楼价冷静依然。2003年，广州全年十区房屋交易总量同比增加15.83%，而楼价稳中略降，多层住宅均价下降了2.97%。专家们认为，广州房地产市场发展较早，目前商品房供应量适度增加，全年供求平衡，成交量略超供应量，二手房屋交易大幅攀升，已经进入理性发展的轨道。

一、数字显示：广州房地产市场进入良性循环

珠江恒昌房地产顾问有限公司总经理黎振伟指出，成交量增加而供应量相对减少是个好的信号，说明广州房地产市场经过近十年的发展已经渐趋成熟。商品房供应量的相对减少，有利于消化存量商品房，缓解供求压力，促进房地产市场良性循环。

广州市房管局的统计资料显示，广州房地产市场有效需求依然保持旺盛状态。2003年，广州十区房屋交易总量为1639万平方米，金额604亿元，同比增长15.83%和8.24%。

全年供应量适度增加。广州市十区批准预售的商品房项目共431个，可预售总面积为939万平方米，比2002年增加4.57%。

黎振伟指出，近几年来，二手房的交易量在广州房屋交易量中所占的比重越来越大，这也是房地产市场不断成熟的体现之一。在发达国家和地区，二手房交易量的比重一般在六成以上，二手房屋交易的活跃进一步推动了商品房市场的兴旺。

2003年，广州市十区二手房屋成交量达592万平方米，

成交金额为160亿元。其中，原八区的二手房屋成交41107宗，成交量为417万平方米，成交金额为132亿元，同比增长34.86%、36.72%和29.41%，二手房屋成交量占同期房屋交易总量比例为39.71%（2002年为34.54%）。

黎振伟说，广州房地产的价格这几年一直处于稳中趋降的状态，这是经过10多年的市场发展后出现的正常价格回落。广州房地产在全国来说也是发展的先锋，与90年初的"泡沫价格"相比，现在的房价确实是下降了；但与其他城市的价格进行横比，广州的价格还是相对较高的。

据统计，2003年，广州原八区预售商品房住宅的成交均价降幅较小，高层住宅均价仅下降了0.38%，多层住宅均价则下降了2.97%。商铺和写字楼的成交均价降幅较大，2003年商铺的成交均价为9687元/平方米，同比下降了28.49%，写字楼成交均价为7663元/平方米，下降了21.15%。

广东房地产业协会副会长兼秘书长蔡穗声等专家认为，成交量增加而楼价下降无疑使消费者得益，开发商只能获取合理的利润，也说明广州的房地产市场不断趋于理性。一方面，楼市竞争的激烈导致开发商利润降低，开发商只有不断让利于消费者，不断提升产品档次，才能立于不败之地。另一方面，按照房地产项目平均两年半的开发周期计算，前几年的8次降息使房地产总的开发成本平均下降了5%左右，成本的下降在一定程度上抵消了价格下降对房地产开发利润的影响。

二、房地产商吹风：今年广州楼价有"猴市"

2002年，各大地产集团在广州楼市中的市场表现颇为突出，业内认为广州开始步入地产"巨头"时代。2003年，广州楼市经受住非典等挑战，销售业绩取得重大突破。而在不久前举行的房地产峰会上，各大房地产开发商摩拳擦掌，一致认为广州房地产价格要在2004年来个猴年反弹；当然也有不少专家对此持不同意见。

综观2003年度销售业绩，在2002年销售总量排名前列的合生创展、富力、越秀城建等地产巨头较上一年相比均有不同幅度的突破，地产集团的市场份额与影响力进一步增大。据不完全统计，合生创展在广州地区的总销售面积创纪录地达到71万平方米，较碧桂园集团前年创下的总销售面积62.5万平方米的纪录，有13.6%的增幅。

中海发展（广州）有限公司董事总经理葛亚非认为，2004年广州楼价总的来说是稳中有升。房地产发展的周期和规律，供求关系的波动决定了楼市的回升，房地产和经济一样，存在着周期。广州市的房地产从96年开始回调，经过6－8年的调整之后，可望稳步上升。此外，城镇居民增加，房地产的均价维持不动是不太合理的。广州的房地产已经具备了上升的基础，尤其是北京、上海等大城市的房地产价格持续走高，也为广州房地产带来了机遇。

广州市宏宇集团董事长黄文仔也表示看好今年的广州楼市。他说，从广州政府对土地的供应以及政府的定位，就决定了今后的土地供应量在不断减少。过去在十年之前，广州几乎把可卖的土地都卖的差不多了。近年来，广州市的土地很少推向市场，也出台了不要拆旧建新、拆低建高的规定。可以看出来，土地的供应量越来越少了，广州市近年来开工的楼面也越来越少了，现在发展商储备的土地也越来越少了。这表明房地产开发的成本是在上升的，这会影响房地产价格走高。

城建集团董事长李飞指出，广州房地产市场的需求旺盛，广州经过20多年的高速发展，尤其是去年GDP增长了15%，人均GDP达到了6000美元，整个社会要分享经济发展的成果。另外广东与香港、澳门经贸紧密联系协议的启动，必将促进广州住宅行业的发展。广州楼价仅是香港的五分之一甚至是十分之一，价格太低，一方面是资源的浪费，另一方面也不利于产品的创新。作为广州房地产开发企业来说，怎样求变求新，是业界面临的大问题。

在房地产开发商一片看好的呼声中，也有不少业内人士持有异议。珠江恒昌房地产顾问有限公司总经理黎振伟认为，房地产价格的影响因素是多样的，房地产开发是其中的一个重要因素，但并非是全部的主导因素。广州房地产这辆火车已经度过了飞速发展时期，开始进入正常发展的轨道。在市区地段好、有独特风景、学校和交通等配套设施完善，或有其他不可替代功能的楼盘，它们由于供应量不多，价格自然会居高不下甚至会有所上升。但在外围花都、增城、番禺等地的楼盘，价格相对还是难以攀升。同时，现在的房地产数据统计并没有细分各区市场，这样的价格分析难以确切反映市场动向。

中山大学经济学教授王君认为，房地产行业明年价格可能会往下走。一是广州房地产二手市场虽然增长很快，但所占比重仍然不高。二是广州拥挤的交通也可能会影响城市居民向中间地带买房的想法。三是房地产交易的规范管理，也需要一个完善制度的过程。现在个别的房地产出现多次抵押、建筑面积缩水、随意改变建筑图等等，使消费者心有余悸。

而专家们一致认为，今年广州房地产市场将继续洗牌，优胜劣汰加剧，行业集中度不断提高，品牌发展商会加强主导市场，通过竞争提升综合素质。根据广东省企业竞争力评估分析，广州房地产的集中度已经非常高，2002年前十名的竣工面积是270多万平方米，投资额为106亿元，占25%。

三、追根溯源：房地产开发问题源头在土地

广东省房协副会长兼秘书长蔡穗声表示，目前中国房地产开发最大的问题——也是问题的"源头"在于土地而不是银行金融，一些政府部门官员认为只要"管住"银行、"管住"资金便可万无一失，这种观点是错误的，其实政府更应该"管住"土地。政府应当保障土地政策土地制度落实到位，应加强对土地买卖市场的监管，控制发展商开发投资势头，以此消除房地产市场隐患，降低房地产市场风险。

珠江恒昌房地产顾问有限公司总经理黎振伟指出，在房地产市场的发展过程中，除了成熟的市场主体外，成熟的政府也是重要的主导力量。除了金融等调控手段外，解决土地问题有利于从根本上解决房地产开发的问题。通过制定土地出让计划，严格控制土地供应量，可以从源头上缩紧房地产用地供应。从近年来控制土地用地量、土地市场透明化等系列政策来看，广州市政府宏观调控的透明度和公平性在不断增强。

广州市正逐步建立起政府控制的公开、公平、公正的土地一级市场和政府调控下逐步规范有序的土地二级市场。据了解，广州对经营性房地产用地供应情况进行了清理，分析并制定了广州市2003年的经营性土地出让计划，加强了经营性房地产用地供应计划的编制及实施。2003年4月，广州市房管局出台了《广州市国有土地使用权转让规则（试行）》，规定以公开方式和协议方式转让国有土地使用权均须到交易中心办理交易登记手续。此外，广州市国土房管局将建设房地产市场预警预报体系，提升政府部门的管理水平，为政府宏观决策提供科学依据，引导市场理性消费和投资。

（本文摘自　新华网　2003年3月）

广州物业管理市场呼唤规范专业服务

物业管理行业属于房地产开发中规划、设计、施工、销售、管理中的最后一环，作为新兴朝阳行业隶属于第三产业中的服务行业，在中国起步较晚，但发展迅速，尤其是在中国的深圳、广州、上海、北京等地区，发展的规模与速度已远超过其它地区。

但目前，物业管理存在着物业管理架构不完善、配套设施运作不理想、维修保养不得力、物业管理经费难以为继、物业管理法制不健全、物业管理公司与社会相关方面关系不顺、物业管理不到位、地区间发展不平衡等问题。这需要政府尽快出台物业管理专业性法规，规范政府、业主委员会、物业管理公司、房产开发商、居住者各自的责、权、利，以及相互之间的法律关系，为物业管理公司提供一个宽松、公开、公平的竞争环境，使物业管理向社会化、专业化、企业化经营轨道上迈进一步。

相对来说，写字楼物业管理市场化程度低，高档商品住宅物业管理市场化程度高。而由于市场竞争的日益激烈，特别是中国加入WTO后，众多外资品牌的进入，物业管理企业为了应对竞争，必然寻求规模效益和品牌效应，走企业兼并、联合、重组的道路。经过市场的洗礼，少数品牌物管企业占据大部份物管市场份额，使物管行业的竞争门槛自动加高，行业的竞争更加激烈而且层次更高。这种状况会使一般的企业不敢介入或者已经无法介入物管行业，行业间重新洗牌的可能性减少。目前，全国物业管理市场处于一种一触即发的状态。这种市场化的导火索一旦点燃，整个物管市场则会烽烟四起。高力国际预测，未来3～5年是中国物业管理市场的“战国时代”。到2005年末，全国性的物业管理品牌格局将基本形成。

而作为最早进入中国市场的外资地产服务公司，高力国际物业顾问（前身怡高物业顾问）自1991年成立以来，一直致力于拓展及巩固在亚太区的市场地位，是在中国大陆发展物业顾问服务之先驱，成功地为客户提供了全面的物业服务，广州高力国际主要负责中国华南及西南地区的物业管理工作，先后与实力雄厚、享誉盛名的集团以及上市公司合作，如粤海集团、信和集团、深华集团、光大集团、佛山东建集团、顺德美的集团、香港时富集团、侨鑫集团、珠江实业集团、香江集团、广西中恒集团等。目前提供物业管理服务共有三十多个项目，物业管理服务的物业总建筑面积逾四百万平方米，服务类型包括有大型住宅小区、别墅、写字楼、商场、展览会等。为国内的物业管理市场带来了超前的理念，先进的经验，树立了专业的形象。

（本文摘自　金羊网　2003年3月）

广州楼市“空置房”压力渐显露

高达500多万平方米的空置房对广州房地产市场的影响开始凸显。据广州市企调队最新进行的一项调查显示，广州市有近六成（占被调查者总数的59.2％）开发商认为，巨量的空置商品房业已对其企业的生产经营造成了影响；另有近四成（占总数40.8％）的房企负责人则认为本企业的商品房空置率在可接受范围内，商品房空置对其企业生产经营无影响或影响不大。

一、广州市空置房总量巨大

广州市商品房空置量多年来一直较高，据有关数据显示，1998年初商品房空置面积已达531万平方米，到1998年底上升至680万平方米，到1999年则大幅上升至785万平方米，1999年底2000年初由于取消了福利购房，商品房销售量大增，致使商品房空置量大幅缩小，到2001年底，广州市10区商品房空置面积减至560万平方米，2002年广州10区商品房成交面积大于新增供应量57.8 6万平方米，这意味着目前广州市10区商品房空置总量约为500万平方米。

有关方面统计显示，去年广州市商品房空置率下降了近10%，而同期全国商品房空置率则提高了10.9%。目前广东全省商品房空置总量约为2000万平方米，约占全国空置总量的20%；而广州市商品房空置量占广东全省比重为25%，这意味着广州市商品房空置率约占全国总数比重之5%。不过，广州商品房空置情况虽然有所“好转”，但空置率比例仍偏重，大量空置商品房的存在，对广州房地产市场造成的压力越来越大，问题也日渐凸显。

二、商品住宅空置量最大

广州市企调队调查显示，在目前广州市空置商品房中，住宅空置的比例最高，接近7成（占69.9%），这意味着目前广州市约有349.5万平方米的商品住宅空置；空置比例最低的是办公楼，其空置比重仅为5.1%，即有近25.5万平方米；商业用房及其它房屋所占比例则为25%，约有125万平方米空置。

调查显示，广州商品房空置时间在一年内的最多，占全部空置房的44.4％，即有222万平方米商品房空置时间在一年之内；空置时间在1～2年的占22.6％即113万平方米；空置时间在2年以上者占33%。即有165万平方米的商品房空置时间长达2年以上。这说明虽然近年政府不断提高商品房的销售门槛（高层建筑必须完成主体工程2/3、低层建筑必须封顶后才能销售），致使预售量大幅减少，但近一二年来广州商品房开发量及上市量均极为巨大，导致新增商品房空置量居高不下，这确实需要引起业界的警惕。

三、空置越久销售越难

调查结果显示，广州市商品房空置还呈现出如下一些特点：首先是新竣工商品房销售情况比较乐观，调查访问也说明，开发商普遍认为目前广州新竣工的商品房空置量处于合理范围。此外，大型小区楼盘俏销。调查显示，目前广州市不少大型楼盘例如祈福新村、星河湾、南国奥园等销售率均高达95%。据了解这不仅因为这些楼盘户型设计极为合理，楼盘质素较佳，小区环境园林景观极佳，因此吸引了众多的置业者。调查结果还证示，目前广州市有接近20%的空置商品房是积压了3年以上的单体楼。由于这些早期的单体楼大多周边环境不佳，尤其是缺乏小区配套，再加上户型设计大都不佳，因而不被看好；更为重要的是，广州市商品房自1998年起至今近5年来楼价业已下跌了近20%，而早期开发的楼盘开发成本普遍较高，导致其在售价上普遍不具任何优势，销售越来越难，这可以说是目前广州众多积压多年的“空置房”之通病。

广州市商品房巨大的空置量业已引起了政府有关部门与金融机构及房地产业界的严重关注，广东省建设厅及广州市建委等行业主管或权威部门多次向市场发出“警示”并多次组织有关会议探讨解决之道，这些努力与举措在很大程度上有效地防范了广州房地产泡沫危机的爆发。

（本文摘自　南方网　2003年4月）

广州土地公开出让成熟机制逐步确立

“土能生白玉，地可出黄金”，这副曾在广东农村随处可见并寄托了无数普通农民致富梦想的对联，其实更适合用来生动地描绘若干年前当地政府官员及众多房地产开发商们的心态，正是他们联手催生了国内房地产业的第一次浪潮。

在全国各大城市中，毗邻港澳因而得改革开放风气之先的广州和深圳两地，无疑最早意识到土地的特殊价值。资料显示，广州首次实行经营性土地开发招标是在1987年底，当时表现活跃的广信房产以2.808亿元高价投得芳村区花地湾107公顷土地，传为一时佳话。同年，深圳率先在全国采取公开拍卖方式试行土地有偿转让。在广、深等地的实践推动下，1989年3月，七届人大修改《宪法》时补充了“土地使用权可以依照法律规定转让”的条款，1990年5月，国务院又做出了对国有土地使用权出让和外资开发成片土地的有关规定。

但是，早期对“土地生财”的先见之明，并没有使广州的房地产开发用地出让机制顺利走向正轨。

从上世纪80年代初盛行的“广州出地港商出资，合作开发共享收益”，到80年代末90年代初发源于珠三角，继而席卷全国的“开发区热”，再到2000年前后刮起大盘之风的“华南板块”，20年来广州房地产市场每一次大跃进背后，几乎均以大规模的开发土地甚至接近失控的批租为基础。而与此相伴随的是，国有土地资源大量流失、房地产投资泡沫周期性出现、开发商财富积累速度惊人，以及手中有权的各级政府官员寻租冲动难以抑制，相关腐败案件一再发生。

感受到切肤之痛的当地政府，开始更理性地看待“土地生财”的含义。1998年，广东省政府正式颁令要求“新增的经营性房地产用地必须以招标或拍卖方式出让”，广州市随即逐步实施新的土地出让机制，2002年8月，该市又根据颁布不久的国土资源部第11号令《招标拍卖挂牌出让国有土地使用权规定》精神，首次采用挂牌方式出让国有土地使用权。

据统计，自1997年11月到今年6月止，广州市原八区（即不包括后来并入的番禺、花都两区和增城、从化两市）共招标拍卖挂牌出让地块44幅，成交地块31幅，成交用地面积90.3公顷，成交金额38.9亿元。而最近也是广州历来规模最大的一次土地使用权出让拍卖则在今年9月30日，当天成功拍出的7幅地总占地面积超过72000平方米，总成交价9.4亿元，超过底价近1500万元。

与此同时，广州市针对未实行土地公开出让政策前土地过量供应，导致大量地块闲置，部分开发商又长期拖欠土地出让金等情况，近年先后出台“闲置土地两年内不开发无条件收回”、“限期追缴土地出让金”等一系列措施，而明年1月1日起，更实行严格的土地出让金一次性缴纳政策，取代目前两年内分期付款的做法。这样一来，既提高了开发商的资金门槛，减少了房地产开发泡沫形成的可能，也使稀缺的土地资源的真实价值得以充分体现。

“表面上的繁荣往往经不起时间考验，真正成熟的市场应能实现可持续发展”，一位密切关注广州房地产业现状的学者评价道，“近年来政府从土地批租的源头上抓起，努力规范房地产市场秩序，实属明智之举。”

对一直有意进军广州房地产市场，却又受阻于不公平的竞争环境尤其是土地出让“暗箱操作”的外地发展商而言，新的游戏规则的确立，肯定有强烈的正面鼓励作用，近来万科在广州大展拳脚，就是最好的例子。而从长远来说，开放市场，直面竞争，是广州房地产业继续保持以往领先优势的一种必然选择。

（2003年10月）

2003年广州房地产分析

由于建筑原材料价格上升，众多房地产开发企业都预料今年广州的房价会上升，虽然现在对此断言为之尚早，但市国土房管局昨天公布的去年广州市房地产市场分析却显示：预售商品房总体价格基本上呈稳中有降，与前年相比，今年高层住宅均价仅下降了0.38%，多层住宅均价则下降了2.97%。

市国土房管局有关负责人指出，去年，广州市房地产市场继续保持稳定、健康、持续有序发展的良好态势，二手房屋交易的活跃将进一步推动商品房市场的兴旺，全年供求平衡，成交量略超供应量，二手房屋交易大幅攀升，楼价稳中略降。其中，住宅的成交均价降幅较小。

市建委的统计数据显示：去年1～11月份，完成房地产投资324.56亿元，同比增长9.81%。其中，完成住宅建设投资242.69亿元，同比增长14.68%；完成办公楼宇投资17.01亿元，同比下降24.72%。

投资者对广州房地产市场预期继续看好，投资结构继续向着适合市场需要的方向调整，商品住宅仍然是房地产投资的重点，对办公楼宇投资则采取谨慎的态度。

但是，商品房空置面积总量继续增长，消化存量的压力较大。1～11月份，广州商品房空置总面积708.64万平方米，比10月份空置面积增长30万平方米，同比增长7.64%。业内人士称商品房空置总量持续较高，广州商品房市场供过于求，体现出明显的买方市场特征，消化存量商品房的压力仍然较大。

虽然市场仍是供过于求，但是今年外商直接投资大幅度增长，房地产投资资金来源渠道多样化，开发建设资金充足。1～11月，房地产开发企业资金来源合计469.92亿元，同比增长1.40%。虽然还有大量的资金进入房地产市场，但是银行贷款资金高于企业自筹资金，主管部门提醒应引起重视，以防范金融风险。

另外，商品房竣工面积继续增长，新开工面积呈现下降态势。1～11月份，竣工商品房面积700.28万平方米，同比增长20.08%，其中竣工商品住宅555.79万平方米，同比增长14.24%。新开工商品房面积816.60万平方米，同比下降9.34%。

2003年广州10区房地产市场基本情况如下：

1. 房屋交易总量为1639万平方米，金额604亿元，分别比前年增加15.83%和8.24%。

2. 二手房屋成交量达592万平方米，成交金额为160亿元

3. 原8区的二手房屋成交41107宗，成交量为417万平方米，成交金额为132亿元，分别比前年增长34.86%、36.72%和29.41%

4. 房改房上市成交14054宗，成交面积为95.41万平方米，成交金额为25.12亿元。

5. 去年楼房成交均价：商铺成交均价为9687元/平方米；写字楼成交均价为7663元/平方米。

（本文摘自《信息时报》2004年2月）

深圳房地产市场发展状况

深圳推动住宅产业现代化

一、深圳将推动住宅部品通用化，完善钢结构住宅建筑体系

从深圳市住宅局了解到，深圳市将借鉴发达国家住宅产业化经验，锁定小康目标，全面推进住宅产业现代化建设。“十五”期间，将尽快完成住宅建筑与部品模数协调标准的编制，促进标准化和工业化体系的形成，实现住宅部品通用化。据悉，这一计划已经开始实施。有关专家认为，这将给相关企业带来不少商机。

二、整体厨卫技术

按照家居功能要求和人体工程学的原理，加强对住宅厨卫功能、管网、设备研究，提高厨卫性能，满足现代化家居生活需求。树立厨卫整体设计观念，在完善与提高厨卫功能基础上，推行多档次、系列化、标准化、配套化设计，提高工业化生产与安装水平，确保产品与产品、建筑与产品之间合理的协调与配合。以厨卫为重点，积极推进菜单式全装修住宅建设。

三、新型住宅结构开发研究

建立技术先进、符合深圳特点的住宅建筑结构体系。积极开展钢结构住宅试点，开发引进与钢结构配套的围护结构、楼板结构及其它配套构件、部品，逐步完善钢结构住宅建筑体系。

四、住宅区集中空调供冷

结合楼宇自动化控制技术、冰（水）蓄冷技术、太阳能和垃圾焚烧废热利用，将空调运行费用和能耗减低30%。贯彻建设部《夏热冬暖地区居住建筑节能设计标准》，结合深圳实际，制订和实施《深圳市住宅建筑节能标准》等规范性文件。在新建住宅中推广使用墙体保温技术和新型门窗，形成符合深圳气候和经济发展特点的、集新型墙体、防水技术和节能技术为一体的复合墙体的技术体系。

五、生态化小区建设

大力推进技术集成、生态化小区建设。加大技术成熟、成本合理、符合产业导向的“四新”成果的应用力度。重点推广分质供水、有机垃圾生化处理、雨水收集与中水回用技术、箱式变压器供配电等技术。

住宅区智能化在试点基础上，总结经验，积极推进智能化住宅小区建设，加大智能化技术在住宅小区安全防范系统、信息服务系统和物业管理系统中的应用。与市有关局办

共同制订和实施《深圳市智能化住宅和住宅区设计标准》和《深圳市智能化住宅和住宅区评分标准》，评选一批智能化信息化小区。实现住宅在安保、设备监控、物业管理、信息通讯等方面的智能化小区。重点做好已建成智能化小区的系统开通和验收工作，同时在住宅建设的各个环节、各产业部门普及应用信息化技术。

相关链接：

住宅产业现代化是指以住宅成品为最终产品，以市场需求为向导，以科技进步为依据，以成型的住宅建筑体系和与之相配套的住宅产品为基础，以科学组织和现代化的管理为手段，通过住宅生产全过程的开发、设计、施工、部品生产、管理和服务等环节构成完整产业系统，以提高住宅质量，提高劳动效率，优化配置资源为目的，从而实现住宅生产、供给、销售和服务一体的标准化、工业化、商品化，从粗放型到集约型的生产组织形式。

（本文摘自《深圳商报》2002 年 12 月）

深圳住宅建设与住房制度改革

深圳是中国新兴的经济特区城市，被誉为改革开放的窗口。深圳经济特区创建之初，只是中国南海边陲的一个几万人的小城镇，居民居住的是简陋、低矮的房屋，环境条件较差。深圳经济特区建立 22 年来，急剧增长的城市人口产生了巨大的住房需求。为了解决市民的住房问题，深圳市政府在改革中不断探索，大力推进住房的商品化和社会化，极大地改善了市民的居住条件，确保住房与城市经济的协调发展。由于深圳的住房建设和住房制度改革取得了显著的成效，在 1992 年，深圳市政府主管全市住宅建设与管理的机构——深圳市住宅局，荣获了联合国人居中心颁发的“人居荣誉奖”，这是中国最早获此殊荣的地方政府机构。除此之外，深圳市还被国务院房改办评为“全国房改先进城市”，深圳市住宅局被建设部授予“全国房地产管理先进单位”。2000 年，深圳市获得国际“花园城市”竞赛组（百万以上城市）第一名。

总结深圳住房建设的经验，我们认为，很重要的一点是：通过改革，摈弃了传统的计划经济体制下住房由国家和集体全包的低租金福利制度，调动了国家、单位和个人的资金，投入城市住房建设，从而较好地解决了市民的住房问题。

一、通过住房制度改革，建立了适应社会主义市场经济和深圳实际的双轨三类住房供应体系

住房问题是当今世界面临的几大难题之一，对于一个人口急剧增长的新兴城市尤其如此。从 1979 年深圳建市到 1988 年深圳实施住房制度改革前，深圳实行的是由国家和集体全包的低租金的福利住房制度，政府和单位建设的住房按照分配计划，几乎是无偿提供给职工租住。从 1979 年到 1987 年，深圳在住房建设上共投资约 22.4 亿元，占深圳经济特区基建投资的 23%，共竣工住房 596 万平方米。然而，在住房建设投资不断增加的过程中。住房短缺问题却越来越突出。据统计，1983 年，深圳经济特区缺房 5000 户：到 1987 年，缺房户增长至 22000 户。这说明，如果维持传统的福利性住房制度，即使政府不断加大住房建设投资规模，也不可能彻底解决市民的住房问题。1987 年 7 月，深圳市政府决定进行住房制度改革。

1988 年，深圳颁布实施了以卖房为核心内容的《深圳经济特区住房制度改革方案》。

深圳房改后，形成了“双轨三类”的住房供应模式。“双轨”是指住房建设分为两条轨道：一轨是政府统一建设安居房：另一轨是房地产开发企业建设市场商品房。“三类”是指根据市民经济承受能力的不同，把住房分为成本价安居房、微利价安居房和市场商品房。成本价安居房和微利价安居房是具有社会保障性质的住房，由政府的住房管理部门建设，出售给党政机关事业单位职工、企业员工以及其他社会中低收入阶层。市场商品房则是解决社会上收入较高阶层的住房问题。

从 1988 年深圳房改开始，深圳市住宅局通过出售房改前财政投资兴建的住房，建立了政府住房基金，再将政府住房基金投入安居房建设，实现了“建房——卖房——再建房——再卖房”的良性循环。房改十多年来，先后建成了 14 个安居房住宅区，共建设了 38000 套单元式住房，近 5000 间周转公寓，安居房建设的总面积达 340 万平方米。房改后，财政已不再单独为住房建设投资，大大减轻了财政负担。在安居房的开发中、由于政府统一规划、统一建设，因此，安居房住宅区设计新颖、环境优美、配套设施齐全，建筑质量得到了保证。实践证明，房改后，政府建设安居房的模式取得了良好的社会经济效益，为深圳成为国际性花园城市增添了光彩。

在有计划地建设安居房的同时，深圳的市场商品房的建设和销售也逐年增加。深圳经济特区建立以来，随着土地管理制度的改革和房地产市场的发展，房地产开发商建设的市场商品房已成为城市住房供应体系中最主要的部分。到 2001 年底，房地产企业已累计建设销售了 3862.08 万平方米的市场商品住房。市场商品房的建设和销售规模在全市的房地产中占了绝大部分的比例。

由于深圳的“双轨三类”的住房供应模式和新的住房建设体系的成功运作，在经济市场化的进程中为市民提供了必要的住房保障。十多年来，在城市人口迅速增加的同时，市民的住房条件也得取了极大的改善，1988 年，深圳人均居住面积为 10.3 平方米，2000 年，深圳人均居住面积为 17.4 平方米。在这一时期，城市常住人口由 153.14 万增加到 432.9 万。

二、通过深化住房制度改革，加大住房分配货币化力度，使市民的住房需求水平与城市住房建设的规模与标准相适应

深圳是全国最早实行住房分配货币化的城市。深圳实施房改后，明确了职工工资收入中的住房消费的含量，并把住房补贴直接纳入了职工的工资。政府在确定安居房的建设规模和标准时，都充分考虑了职工的收入状况和经济承受能力，从而保证了安居房建设规模和标准的合理性。

在深圳房改开始时候，由于缺房问题突出，职工收入水平及工资中住房消费含量较低，因此，政府主要建设小户型、低标准的安居房。集中力量解决职工的缺房问题。当时以成本价出售的安居房以多层住房为主，建筑装饰标准较低，住宅区的配套设施也不太齐全。随着城市经济的发展，市民收入的增加，安居房的建筑面积标准和住房装饰标准逐步提高，满足了职工进一步改善住房条件的需要。

深圳住房发展的二十多年中，在政府建设的安居房小区居住环境标准逐年提高的同时，房地产开发商建设的市场商品住房小区也逐步向国际上高水平的住宅区标准靠近。因此，深圳已成为人们公认的中国“最适宜居住的城市”之一。

展望未来，我们将按照商品化、社会化的原则不断深化住房制度改革，做好以下几方面的工作：

（一）加强领导，推进住宅产业现代化工作

我们已经充分认识到，要进一步提高住房建设的水平，根本出路就是住宅产业的现代化。作为深圳市住宅产业现代化的主管部门，我们将发布全市住宅产业化发展的指导性文件，拟定实施相关的近期、中期、远期发展规划，组织住宅产业的技术体系、部品体系、质量体系的推进工作，参与全市住宅区规划设计及竣工验收工作，从根本上提高深圳住房建设的质量和效益。

（二）认真试点探索，积极推进老住宅区整治改造工作

由于历史原因，我市早期建设的住宅区普遍存在着工程质量较差、配套设施不全、外观破损严重等问题，影响了深圳这个新兴的特区城市的形象。我局职责之一是主管全市住宅区改造重建工作。我们将在建立和完善相关法规的基础上，制定科学合理的计划，分阶段、有步骤地对问题突出的老住宅区进行改造重建，进一步改善市民的居住环境。

（三）制定和实施科学合理的全市住房发展规划

作为全市住房发展的宏观管理部门，我们将在充分调查研究的基础上，参考国外有关城市住房发展的经验，制定实施全市住房发展中长期规划，使城市的住房建设和城市的经济社会发展、市民收入水平的提高保持合理的比例关系，实现住房和城市的可持续发展。

深圳作为一个新兴的特区城市，通过住房制度改革，在住房建设中取得了一定的成绩。但面对市民不断提高的住房需求，面对现有体制中存在的问题，我们仍然需要不断改革探索。

（本文摘自　住宅产业网　2002 年 12 月）

2002 年深圳住宅市场回顾及 2003 年展望

一、一手住宅部分

（一）综述

2002 年深圳一手住宅市场基本保持平稳和理性，总体上仍处于平稳发展时期；但从新增供应量上看，出现了供大于求，这主要是由于越来越多的非房地产开发企业从事房地产开发，刺激了单位存量土地集中上市，对市场存量的消化增添了压力。另外，2002 年深圳出现了豪宅过剩的现象，高端市场的承接力明显低于其供应量。

（二）市场热点

1. 房地产市场大整顿。

2002 年 5 月，国家建设部等七部委联合下发了《关于整顿和规范房地产市场秩序》的通知，要求各地整顿和规范房地产市场秩序，拉开了全国房地产市场大整顿的序幕。

深圳房地产市场的发展一直处于全国领先地位，但在楼市交易体系上仍然处在一个不断完善的阶段。此次大整顿对于规范房地产市场，保障消费者的权益有积极的影响，同时也为置业者增强了信心，为交易行为增加了保障。

2. “地产泡沫”大讨论。

2002 年 6 月，境外金融机构就内地商品房空置率不断增高问题提醒内地要防止楼市过热，随后央行在第三季度货币政策执行报告中提醒中国各商业银行严格审查住房贷款、警惕房地产泡沫的出现，由此引发出一轮“地产泡沫”的大讨论。

无论讨论结果如何，已经对于投资型置业者产生了一定的心理压力，实际用家也推迟了入市的时间。楼市目前并不存在泡沫，但目前行业已经进入了又一个运行周期上升段的末段或调整期的初期，调整期约两年左右。本轮调整将带有明显的结构性特点，即区域结构和市场结构的双向调整，处于产业周期的更高层次，从长期来看，深圳房地产前景仍然看好。

3. 各区争相攀比顶级豪宅。

2002 年深圳楼市充斥着一股豪宅风，各区房地产商争先恐后打着豪宅的旗号推销自己的楼盘，如银谷别墅、翠林别墅、半山海景别墅、雅颂居、东海花园君豪阁、波托菲诺等。实际上，豪宅既要个性化，又要有人文内涵。而由开发商建造的楼盘，肯定是上规模的，很难真正做到度身定制；至于人文内涵，更需要时间的考验和文化的沉淀。

4. 异地推售兴起。

2002 年深圳传统的内销市场出现了较多的异地推售现象，例如深圳嘉宝田热销狮城，世茂集团携上海世茂滨江花园和世茂湖滨花园在五洲宾馆和阳光酒店举行深圳推介会，东莞骏景高尔夫花园以 Saterday/Sunday Home 概念在深圳推广……以及无锡、苏州、沈阳、青岛、武汉等城市看中深圳活跃的资本力量，先后到深圳进行土地推广活动，这些都引起了深圳市场的广泛关注。

楼市竞争的加剧，已使异地置业成为发展商抢夺客源、减轻空置压力的潜力所在，但主要是二三级的城市到一些一级城市去推售项目，从中原掌握的信息来看，这些异地推售的项目销售情况都不理想，究其原因，我们认为，对于任何城市，任何时候，只有内销才是真正的主流，异地置业只属“锦上添花”之物。本地楼盘异地销售只能作为企业扩大自身品牌的手段之一，发展商在采取这一手段时一定要注意和重视不同地域文化之间的差别与冲突，用品牌实力去打造新的市场才是异地销售之重点。

（三）供应分析

从供应总量来看，深圳的供应总量从 2001 年 1048 万平方米上升到今年的 1300 万平方米，同比增长 24%，供给过量成为不争的事实，国家机关以及企事业单位的存量土地在利益驱动下随机入市，造成潜在供应增长。另一方面，房地产开发投资的高额利润，吸引了大量其他行业的企业转向房地产开发，导致供给总量增加。

从供应的户型面积来看，深圳还是以2房和3房的供应占主导，基本上是以80～160平方米之间的为主。另外深圳2002年的中大面积供应量明显上升，主要是由于深圳的豪宅供应较大，豪宅的一个重要指针就是面积大，所以导致深圳大面积户型供应增加。

从供应价格来看，深圳总的均价达到了6921元/平方米，同比增长1%，2002年深圳的豪宅开发量创历史新高，各区域的TownHouse和滨海豪宅的供应量多达300万，所以住宅供应均价处于全国首位。

（四）需求分析

从需求的户型面积来看，深圳是以2房和3房的需求占主导，但由于单位价格高，所以基本上对120平方米以下的中小面积需求量都较大。

从置业者对价格的承受水平来看，深圳置业者希望承受的均价为4950元/平方米，需求价格一方面反应了市场承接力发生变化的周期较长，另一方面市场需求集中在4000～6000元/平方米这一区间，这也反映了市场对于中低价位楼盘的需求量较大。

另外，从置业者对车位需求的情况分析，深圳置业者对车位的需求占总置业者的23%之多，表明深圳的有车一族越来越多，且对楼盘所提供的车位数也要求较高，一般楼盘都应该至少有户均0.5个车位才是合理的配置，而高条件住宅的小区必须有人均1个车位以上。

（五）成交分析

从成交面积显示，深圳2002年新增供应量创历史新高，开发商运用各种营销手段积极推广楼盘，刺激消费，所以带动了深圳市场的成交量首次突破了700万的大关，达到730.28万平方米。

从成交户型来看，主力还是以传统的2房和3房为主，说明楼市对80～120平方米这一面积区间的单位承接力较强。

从成交的平均单价来分析，深圳的成交均价2002年达到了5295元/平方米，只比2001年上涨了1.7%，从价格对比供应单价来讲趋于理性。从另一角度来看，实际成交也以中低价单位为主，反映出市场实际承接力仍在4000～6000元/平方米这一区间。

（六）2003年前瞻

预计2003年在宏观调控和整顿规范楼市方面仍会采取一系列积极措施，并将发挥更加有效的作用；而2002年最受市场关注的豪宅热现象，预计2003年仍将延续，无论是买家还是卖家，相信都会更加理性成熟，豪宅市场前景仍然看好；项目异地推售，仍然不会成为市场销售的主流，但会有一批地产企业在此过程中通过不断雕塑品牌而成长起来。

预计2003年深圳一手住宅的供应量涨幅会有所回落；供应的单位面积将渐渐回归理性，但中大面积的高档住宅仍会是市场供应主流。而中小面积的平价单位则是市场的需求主体。一手住宅市场的成交总量将会有所增长，但由于市场销售压力不小，可能只会有2%小幅增长。

二、二手住宅部分

（一）综述

2002年深圳二手住宅成交量大增，在商品住宅市场中的比重也越来越大。

从成交区域来看，租赁与买卖均以福田区为多；罗湖区交投虽不及福田多，但仍十分活跃；南山区的买卖交投增长较快，租赁交投不及其它区域活跃。

从成交的单位来看，以中等价位、中小面积为主。同时一些高价楼的成交也日见增涨。

（二）市场热点

1.21世纪不动产加速竞争，带来新经营模式。

2002年11月12日，全球最大的房地产中介机构21世纪不动产登陆深圳成立分部，使得深圳二手楼交易的代理市场竞争更为激烈。近几年来，深圳三级市场成了众“兵家”的必争之地，纷纷以地铺模式进行“圈地”运动，抢占市场份额。洋中介的进入，使得优胜劣汰的洗牌进程加快，同时也带来了特许经营的新模式。目前深圳市场，存在着连锁经营模式和公司地铺经营模式。从事连锁经营的公司有新基地、中百达等，但都是直营连锁；以公司地铺经营的有中原、伟业、美联等。真正从事特许经营的仅21世纪不动产一家。

2.开发商进入三级市场，有喜有忧。

随着三级市场成交日益增多，一些开发商也纷纷进入三级市场的租售。一方面，开发商进入三级市场，可以了解更多的市场信息，为二级市场的销售做准备，传播公司形象及品牌，赢得更多的潜在客户，从而达到二三级市场联动的局面。另一方面，开发商的主要业务是开发一手市场，对三级市场的中介服务不及专业的中介公司专业和投入，而一些相应的中介部门由于背负着“政治任务”，选择业务及操作方式上存在局限。

（三）需求分析

1.需求价格区间分析。

买家对二手住宅的需求单价以3500～5000元/平方米为主，这一价格区间的需求量达45.5%，反映了深圳购房主力以青年为主，其中首次置业者较多，价格承受能力较差。其次还有一些投资客，希望以少量资金投入获得较稳定的回报。

2.需求面积区间分析。

二手住宅面积需求集中在61～100平方米这一区间，达26.5%。这种面积的二手住宅基本上属于2～3房，买家多用来自住；此外45～60平方米的小户型单位也有较大的需求量，达20%。一般投资客大多会选择此种面积的二手住宅做投资，容易出租或再转让以获取比较稳定的回报率。

（四）成交分析

2002年深圳二手住宅成交总量增长较快，同比增幅为39%。2002年深圳二手住宅成交面积为21495万平方米，成交宗数为31000宗。一方面，2002年一手住宅热卖带旺了二手住宅买卖；另一方面，来深工作的人不断增多，也使二手住宅的成交量增加。

一、二手住宅成交比例逐年下降，反映了二手楼交易的增幅较一手楼增幅快。从量化的角度比较，可以看出，深圳市三级市场的发展已经呈现出快速增长的势头，而且其势不可阻挡。大力拓展三级市场，促进二手楼的交易，已成为整个房地产市场保持快速、健康发展的关键。

2002年深圳二手住宅买卖成交单价集中在3500～4500元/平方米的区间，总价则集中在35～60万以内，说明了2002年深圳的中价位二手住宅走俏，也反映出买家倾向于投资性和实用性，价格仍是购房主要因素。高价楼成交比例虽在总成交量中所占比例较少，但仍在逐年增长中，犹以2002年增幅较快，表明买家也越来越看中二手楼的综合质素，一些高素质的二手物业受到买家青睐。

2002年二手住宅买卖成交面积集中在61～100平方米的区间，这种中小户型较为经济实惠，许多购房者都是首次置业者，一般买二手住宅满足一段时期的居住需求，多以中小户型为主，便于日后出租或出售。

买家中投资有所增长，大部分集中在口岸物业和地铁物业，如皇御苑、名仕阁等一些二手物业，相比罗湖和福田两区，南山区则较少投资客入市。另外随着来深工作的人不断增多及本土人口的增长，置业需求也随之增加，一些首次置业者多以自住为主。

（五）2003年前瞻

2003年将会有一大批楼龄新的二手住宅进入三级市场进行交易，同时人口增长也带来了较大住房需求。自中国入世后，深港两地联系更紧密，深圳外资入驻，商业繁荣，这些将会刺激对住房的需求，因而2003年深圳二手住宅市场，预计总体成交量将以38%的增幅增涨，口岸物业和地铁物业将成为投资客的主战场，售价将会因此而上升0.2%。

随着城市中心区的西移及福田区大量楼龄新的二手住宅进入三级市场，二手住宅成交将大多集中在福田区。南山区随着区域形象不断提升，较多高质素物业进入三级市场，吸引许多成功人士的青睐，其高质素楼成交将会增多，一些中小户型的租赁成交将会增加。

（本文摘自《住宅与房地产》2003年6月）

深圳物业管理行业走势

深圳物业管理行业在经历2002年政府机构改革、协会换届、企业整顿与反思后，已及时调整好了自己的步伐，2003年，整个深圳物业管理行业走势基本看好。

一、房地产市场走势

先由房地产市场来看。物业管理市场与房地产市场可谓唇齿相依。由于深圳房地产市场近年来一直供销两旺，并出现了供给过速的情况，因此，政府可能在2003年采取措施来缓和，有人担心这会对物业管理市场造成影响。但据深圳市规划与国土资源局研究室主任王锋博士介绍，政府的政策并非一经颁布便能立即奏效，与2002年批准预售面积800万平方米相比，2003年，深圳房地产市场批准预售的将超过1000万平方米，仅由此看来，深圳物业管理企业的市场蛋糕是增大了。

另据戴德梁行市场研究部的一份研究资料预测，今年内新增的供应量将在2003年上半年集中推出，5月份前后市场会出现一轮明显的推售高潮。南山、盐田、宝安三区商品住宅将继续保持较快的增势，区内竞争会越发激烈；与此相反，福田和罗湖区的份额将进一步减少。2003年写字楼市场总体应仍将平稳增加，新项目分布将主要集中在福田中心区、车公庙及罗湖区深南大道沿线。高档办公楼宇的供需则基本与2002年持平。全市商业物业将有较大量的增加，尤其是在南山商业文化中心区等局部片区。深圳物业管理企业可以依据房地产市场走势，及时调整拓展计划。

二、物管行业导向走势

2003年，对于深圳物业管理行业来说，除了全国条例的出台会对行业发展造成影响，同样不可小觑的是《深圳经济特区物业管理条例》出台的影响力。据深圳市住宅局物业监管处雷昭新副处长介绍，2003年，他们一个重要的计划是对深圳现有物业管理法规作一次重大调整。这次调整，并非是修订以前的《深圳经济特区住宅区物业管理条例》，而是要在原条例基础上，重新制定《深圳经济特区物业管理条例》，目前该条例的草案还在完善修改之中，但已确定该条例草案年内必须报审，力争尽快出台。据透露，新条例将重点解决以下两个问题：一是业主委员会法律地位问题；二是物业管理收费问题，这是基于当前深圳物业管理行业投诉、纠纷较多而必须要解决的两个热点问题。此外，在新条例中还要强化业主公约的地位。目前深圳物业管理公司虽也组织业主签订《业主公约》，但业主公约并没有发挥应有的作用。政府主管部门正在积极参考昆明与每户业主签协议的做法及香港的公契制度。随着新条例的重新制定，业主委员会运行规则、物业管理示范文本、物业招投标办法、物业管理收费标准会随之同时进行修订与调整。

另一与深圳物业管理企业息息相关的重要计划是，深圳市住宅局将修订现有的《深圳市资质证书管理规定》，对物业管理企业进行量化管理，采取科学打分的方式，为物业管理公司排序。雷昭新副处长介绍说，今后3～5月将通过网络对各物业管理公司申报的年审资料打出基准分，这其中分列了17项内容。除这17项基准分外，另将有加、减分的标准，比如通过市优、省优、国优考评的，或是通过质量认证的等等将有加分；而那些曾被有效投诉或被勒令整改的企业将被扣分。采取这种管理手段的最终目的是为了建立物业管理行业的诚信制度，促进物业管理行业水平的提高。

此外，深圳市住宅局2003年还计划要做一些政策调研工作。一是物业管理行业与房地产行业及GDP的比率关系；二是受建设部委托调研不同档次物业服务标准问题。现建设部提出要分保障型、经济型、舒适型、豪华型这四种档次来确定服务标准。三是职业经理人制度的调研。雷副处长强调，他们所理解的职业经理人与现在业内有些人的观点存在差异。职业经理人应是经政府认可，对专业资格的一种认定，而并非像外界认为的那样，职业经理人就是独立出来以个人名义接楼盘。从政府法规、政策的调整与计划中，物业管理企业应该不难看出在宏观大环境上的行业发展方向。物管企业总体走势

深业集团（深圳）物业管理有限公司副总经理刘克说，2003年深圳物业管理企业总体走势可以简要概括为三句话：一是大的更大，小的更小；二是多样性、复合性；三是专业化更强，社会化更广。

所谓大的更大，体现在物业管理企业强强联合趋势渐显。由2001年下半年始，招商局集团根据发展战略要求，对招商局物业管理系统内部的11家物业公司进行了整合。他们这种内部的强强联合，为中国物业管理的规模化、产业化发展开辟了一条新的道路，也为企业强强联合提供了一个好的范例。2002年底，大众物业与东部物业合并；2003年初南光物业正式宣布与中航物业合并，这一合并潮势必会引

起深圳业界更多企业的关注与思考。据闻，目前已有不少公司正在酝酿之中。而小的更小则可以由职业经理人的出现做出大胆预测。随着职业经理人制度的出台，很可能会有一些职业经理人以个人名誉承接一些三五千平方米的小盘。由于大公司对于这些小盘通常不会予以考虑，这给乙级、丙级及个人接盘将提供不少机会。

根据上述趋势，今后物业管理将体现多样性。除物业管理企业外，可能会有一些诸如咨询公司之类的也会介入物业管理，他们可能在技术引进、社区文化等方面介入更多，而以前的综合一体化物业管理模式很可能会慢慢消亡。可能出现的情况是，由物业公司来组织，而更多的社会化组织来参与，比如原本可能一个小区需要物业公司派 100 个人来管理，而今后，物业公司可能只需派驻五六个人。有些小区可能由业主自己来管，业主委员会也可能不再委托物业公司，而直接请电梯、消防、清洁等专业化公司来管理，甚至发展到请理财公司来理财。

多样性带来了物业管理的复合性，一个物业公司在做物业的同时，可能还会去做一些目前物业管理执照之外的事情，如产品推销、家政、心理咨询等，将会延展到业主其他方面的需求。

为满足前面所说的趋势，2003 年，物业管理企业将更专业化，更市场化，社会化大分工是一种不可逆转的趋势，惟有这样的公司才能长久生存下去。现在物业公司已经出现利润转移的端倪。由此看来，对于物业管理企业来说，恐怕到了该为企业选择一条能持续发展的道路的时候了。国有大中型物业公司走势

对于深圳占半壁江山以上的国有大中型物业公司来说，2003 年会呈现出一些新的特点：

（一）企业改制的步伐进一步加快

在新的一年里，随着多种经济成份，多种所有制物业管理企业越来越多，国有物业管理企业改制的趋势将更加明显，经营者持股，员工持股以及企业兼并、出让等将大量出现。中国物业管理协会副秘书长仇慎谦认为，出现这一特点的原因是：

1. 国家宏观政策的影响。

国家对国有企业进行调整和改制的政策，不可能不对国有物业管理企业发生作用。加上物业管理所处的服务业属一般竞争领域，国有资本逐步退出一般竞争领域的政策会使国有物业管理企业处于国企改革优先考虑的部分。

2. 经营者的需求。

面对物业管理市场日益加剧的竞争，物业管理企业的经营者需要更有效能的运作管理机制，以及充分调动员工的工作主动性和积极性，留住人才并充分发挥人才的作用，而企业改制，经营者持股和员工持股能够起到积极的作用。

3. 已改制成功企业的示范作用和积极影响。

过去的几年，国有物业管理企业的改制已经进行了很多探索和实验，其中不乏改制顺利且在改制后取得较大发展的成功案例，如龙城物业、金地物业、福田物业等。这些成功的案例使人们看到了改革的好处，且提供了经验并消除了顾虑，起到了良好的示范作用。

（二）去内地发展的势头不减

内地的物业管理将继续保持高速增长的态势，给深圳物业管理提供了巨大的市场机遇。

1. 深圳的物业管理市场虽然相对成熟，但竞争已经非常激烈，承接新项目的难度越来越大。

相比内地市场，由于物业管理的社会化和覆盖率相对较低，市场增量较大，显示出巨大的增长潜力，加上业主物业管理概念的逐步建立，物业消费观念的日益成熟，使得内地物业管理市场对物业管理企业，尤其是深圳国有大型物业管理企业的吸引力越来越大。

2. 深圳的物业管理市场容量有限，不能满足企业发展的要求，深圳的物业管理企业要做大做强，实现规模效益，拓展市场空间是必然的选择。

3. 深圳的物业管理起步较早，水平较高，拥有较丰富的经验和人才优势，创新意识较强，尤其是市场化程度较高，在内地具有很高的影响力，因而为拓展内地市场提供了良好条件。深圳的物业管理企业经过几年的拓展，吸取了经验教训，总结了内地市场的特点，在新一轮的市场拓展热潮中会有更好表现。

（三）纯物业管理模式将改变，物业管理的内容将更加丰富

面对激烈的竞争和消费者的日趋成熟，物业管理的经营管理模式、服务内涵和行业布局必然发生变化，传统的纯物业管理模式由于不能适应消费者日益增长的需求和满足竞争的需要，必然会发生变化。

竞争带来的一个必然变化是产品的异化和市场的不断细分，物业管理服务也不例外，过去那种同质性、无差异的物业管理服务将会由更适应市场的个性化服务所替代，针对不同物业的消费者，提供量身度造的物业管理服务，更能满足其需要。甚至物业管理企业也会产生分化，有些企业会将某种类型的物业（如高档写字楼、商场、学校物业等）作为自己的发展方向，以体现更强的专业化水平，使企业更具竞争力。

此外，业主不断增长的需求和房地产业的发展，要求物业管理企业提供更丰富的服务内容或涉及新的领域，仇慎谦副秘书长认为，这种趋势在诸如以下几个方面的表现已相当明显：

经营型的物业管理：在进行物业管理的同时提供物业中介代理服务和物业信息咨询服务。

专业化经营服务：如专业化清洁、电梯、工程安装、室内绿化等等。

其他方面的专项服务内容：如会所经营管理、家政服务介绍和管理、物业管理顾问咨询服务等。

（四）人员结构面临转折

由于物业管理的水平不断提高，竞争逐渐加剧，需要较高层次的物业管理人才，尤其对经营型人才和市场拓展类人才的要求更高。而传统物业管理企业的人才构成和结构已不能适应新形式的发展需要，因此，人员结构的调整是众多国有物业管理企业面临的问题，物业管理企业必须有计划的引进和培养人才，形成适应市场竞争需要，实现持续发展的人才队伍。

三、中小民营物业公司走势

“风景依稀似去年”，这是深圳市福昌物业管理有限公司总经理李皓对 2003 年深圳中小民营物业公司的一个宏观走势的预测。他认为，主要原因是物业管理行业未进入真正的市场化竞争阶段，市场的动因未起到完全的作用，所以变化相对缓慢，除非政策作很大的调整，或房地产市场发生很大的变化，否则一个年度内较难观察到其大起大落式的变化。而中小民营物业管理公司在 2003 年应该不会有太大的作为。但市场会有一些变化，一些中小民营物业管理公司可能会与知名的大品牌物业管理公司同时出现在一些物业招投标大会上，如果大公司是在比实力、比经验，那么中小民营公司可能会大胆出奇招来制胜。

李皓总经理分析，这些公司在 2003 年的变化可能出现在以下几方面：

（一）开始努力寻找自己发展的地平线

随着市场化进程的加快，物业管理整个行业将找到一个行业发展的地平线，这个地平线其实就是市场，从现在开始，行业内的各种因素开始以市场为中心进行调整，基本的市场规律开始发挥作用，如供求关系，产品质量、管理服务水平、价格等因素将发挥更大的作用。中小民营物业管理公司在 2003 年将努力往市场这个方向寻找自己发展的地平线，努力拨开几个大公司依靠其规模优势所制造的行业迷雾，不断形成自己的竞争优势，一边静观市场的变化，一边开始接触市场，寻找机会，努力探寻属于自己的芳草地。

（二）体制问题开始逐渐明朗

行业的发展和市场竞争不断在给中小民营房地产开发公司的老总们上课，其结果是中小房地产公司对其下属的中小物业公司的控制将逐渐放开，体制开始逐渐明朗，中小民营物业公司开始确立独立自主经营的主体地位，依靠市场规律寻找自己的发展空间。

（三）对管理、服务更加重视

中小民营物业公司将在 2003 年进一步加强管理，提升服务。特别是在客户的服务措施方面创造特色，这将是这些公司在 2003 年苦练的内功。与此同时，将有一批志在壮大发展的中小民营物业公司在这方面有所突破。他们将通过这种方式来让市场听到自己的声音，树立自己的形象，以获得更多的资源，赢得更大的竞争优势。

（四）横向联合可能出现

李皓总经理认为，一个行业是否成熟的一个特征，是看其有没有资本运作的出现。从物业管理行业来看，大公司与小公司都还几乎没有资本运作的出现，说明物业管理作为一个行业，其市场化程度较低，竞争还不是很激烈。但奇怪的是，物业管理公司所依靠的房地产公司的竞争已非常激烈了，这种竞争态势势必会影响到物业管理公司的竞争，2003 年竞争的加剧，促使一些中小民营物业公司可能走向联合发展，这种联合开始时是松散的联合，在体制日渐明朗的基础上，慢慢地走向紧密的联合，一些中小民营物业公司开始寻求资源共享，以便获得更多的资源与大的物业管理公司竞争。

（五）对人才的争夺战开始上演

人才竞争是市场竞争的一个非常重要的层面。那些已与其所属的房地产开发公司理清关系，产权明晰，体制明朗的中小民营物业公司，在其独立的经营意志下，将开始寻找专业的物业管理人才。其方向将瞄准一些品牌物业管理公司，物业管理行业的人才争夺战开始上演，而人才的争夺战，将进一步推行物业管理行业的发展。

我国著名经济学家吴敬琏教授认为："民营企业不在于大，而在于专，在于特，在于技术上的优，在此基础上，实施高效率。"，希望民营物业管理企业由 2003 年始，有一个好的未来。

四、部分附属行业走势

（一）专业清洁方面

第建阳光发展（深圳）有限公司李伍清总经理对 2003 年深圳专业清洁市场的前景持乐观态度。做出这样的判断，基于以下几个原因：

1. 房地产业仍是清洁行业的重大市场来源，随着深港 24 小时通关的实现，港人来深置业也会逐年增加，这些将为深圳的房地产市场带来积极的作用，而 2003 年房地产市场仍将保持较好的增长势头。现代理性住房消费对环境方面质的需求增大，其配套的清洁服务水平也需提高。

2. 城市功能的转变，为清洁服务行业提供了一个全新的市场空间。随着深圳的商品零售业的急速扩张，大型综合的消费休闲设施的相继投人、高新科技企业的迅速扩大，东部旅游经济区的开发，深圳中心区建设的逐步投入使用等所带来的清洁服务需求在服务规模和服务品质方面都有很大提高，这对 2003 年的清洁服务市场起到重大的推动作用。

3. 其他清洁配套服务项目对清洁服务市场的新需求。随着市场的不断扩大，对清洁的其它服务性要求也会增加，诸如石材翻新、内外墙翻新、外墙清洗、中央空调清洗、二次供水清洗、垃圾清运、消杀服务、家政清洁等等都将随着整体市场的扩大而得到扩大，其潜在市场空间非常巨大。

4. 市场对清洁服务的要求日趋接近，价格空间逐渐缩小。随着物业管理的正规化，物业管理公司的管理水平逐渐提高，对物业内部环境的要求和建材的维护的认识发生了变化，也认识到清洁服务对物业的整体重要性。但是目前深圳的清洁服务行业水平参差不齐，造成的价格差异较大，这种现象将在 2003 年市场变化中得到调整。

5. 外资公司的介入将导致市场新管理体制和服务内容的变化。入世后外资公司的逐渐渗透，必将为目前的清洁市场带来新的竞争因素，将对行业内部管理提高和服务新概念方面注入全新的活力，并会引进国外先进的服务模式和内容，从而实现市场的新开发力。

李伍清总经理分析认为，随着市场的日渐成熟，顾客不断提高的服务要求，以及各物业管理公司在内部管理上积极推动 ISO9002 的国际化质量体系，都将对目前的清洁行业提出更高要求，这也是市场对清洁行业的又一次调整，不符和市场要求的公司将被淘汰，各大清洁服务公司将发动一次全面的市场争夺战。

（二）楼宇智能与机电维保方面

目前，深圳物业管理市场出现了越来越多的楼宇科技公司，这些公司不少由物业公司组建，经营活动包含楼宇智能化与机电设备检修保养。深圳市中海楼宇科技有限公司总经理王刚告诉记者，2002 年，他们共签订合同额 2200 万元，完成总标价 450 万元；2003 年，他们将对外再签 1200 万元，拟创产值 500 万，由此可以看出，他对楼宇科技市场前景非常有信心。王刚总经理分析认为：在楼宇智能化方面，深圳一直处于领先地位，在产品研发、产品质量、楼宇施工等方面，都较领先。由于深圳房地产市场对智能化要求较高，2003 年，楼宇智能市场应更广阔。因为无论从安全角度，还是使用方便上来看，都有此需求。以前楼宇智能可能只是年轻人才会操作，现在随着产品的不断更新换代，已发展到老少皆可操作的程度，市场需求也随之加大。与此同时，产品研发更新换代也会加快。

对于楼宇科技公司来说，楼宇智能必须走产品、营销、设计、施工一条龙的服务形式。在市场需求不断增加的情况下，也必须要有一些有实力的公司介入，如此才可促使目前由于该市场无法可依、无章可循而造成的鱼目混珠、鱼龙混杂局面得以改观，迫使差的公司退出市场。因此，2003 年在楼宇智能这一块，应该是品牌公司分天下。

在机电设备的检修、保养方面，虽然开发商、建造商都可以提供这方面的维保，但专业公司除保障设备外，还赋予了机电设备检修、保养更多的内容，比如对设备环境的重视，为业主提供了更有实质性意义的内容。物业公司虽在维保方面也有专业服务，但由于利润较少，会将目光转移到专业化公司。同时，由于目前物业公司是分等级管理的，在行业评比中，对设备检查有严格的要求，对于那些希望有所发展的小物业公司来说，也会邀请专业化公司来做。

王刚总经理进一步分析说，目前专业化公司处于垄断地位，大公司通常是自管的居多，现在市场基本是稳定的。2003年这一市场放开的程度会大一些，而有实力的专业化公司会主动出击去接单，这会对不规范的物业公司与一些无实力的专业化公司产生影响。

（本文摘自 住宅与房地产网 2003年6月）

深圳房地产市场没有“泡沫”

日前，由深圳市规划与国土资源局、深圳市房地产研究所发布的《2002－2003深圳房地产发展报告》指出，深圳房地产市场总体趋于平衡，供求结构基本合理，房地产市场不存在“泡沫”问题。

该报告有关对2002－2003年度的深圳房地产市场总体运行情况进行了总结，并对市场的发展作了评价。业界认为，这个由官方发布的研究报告和对市场的评价是客观的、公正的，具有权威性。

一、总评：快速、平稳、理性

该报告在综论部分对2002～2003年度的市场发展状况进行了归纳总结，从总体上对市场作了如下评价：

1. 房地产市场需求持续增长，住宅、办公楼、商业用房需求增势强劲。研究表明，人口的高速机械增长，是住宅房地产市场发展的主要动力；而经济持续高速增长以及入世、CEPA协议的签署等利好因素，不仅促使与写字楼和商铺密切相关的第三产业发展迅速，也使得更多的外地、外资企业进驻深圳，增加对办公楼、商铺的需求。

2. 房地产快速增长势头得到有效控制。总体来看，2002年房地产供给出现增长过快趋势，而2003年上半年，由于政府实施了减少房地产供地、将存量土地纳入计划、取消特区外“购房入户”等宏观调控措施，商品房供给增长过快的势头得以遏制，房地产供给得到有效控制。

3. 房地产市场供求总体趋于平衡，供求结合基本合理，房地产市场不存在“泡沫”问题。2003年初，随着政府一系列调控措施的出台，批准预售商品房增速比上年明显下降，供求总量基本接近，供求关系趋于平衡；而房地产开发投资增长率与GDP增长率的比例也由上年末的1.8:1降至1.2:1的合理区间内，房地产市场并未出现泡沫现象。

4. 房地产三级市场日趋活跃，二、三级市场结构日趋合理。2002年，房地产三级市场销售量比去年增长43.78%，二、三级市场联动，满足了房地产市场梯度消费需求，促进深圳房地产市场良性循环。

5. 房地产价格持续多年保持平稳，住宅价格结构基本合理，房地产价格与居民的实际收入水平相协调，居民实际购房能力较强。近年来深圳房地产价格涨幅度甚小，住宅价格已连续5年保持在5%的波动范围之内；房价收入比为5.74倍，在国际公认的4～6倍的合理范围内；深圳当前的房价水平并未脱离当前的经济发展和居民收入水平，结合房价连续多年保持平稳，可以判断市场供给与需求都比较理性。

6. 房地产市场“外移”趋势日渐明显，众多企业加快抢摊关外市场的速度。近年来，房地产市场“外移”趋势甚为明显，随着特区内土地资源的日渐稀少，未来深圳房地产区域市场的发展重点必然转移到特区外。

总体来看，2002～2003年，深圳房地产市场运作平稳，房地产业发展与社会经济发展相协调，市场景气程度高，市场供求基本保持均衡，房地产市场继续保持快速、科稳、理性的发展局面。

二、趋势：活跃发展增量外移

该报告结合未来深圳社会经济发展形势，指出了房地产市场发展的总体趋势：

1. 房地产增量市场“外移”将进一步加速，南山、宝安及龙岗等区域在今后相当长时间内将成为房地产市场发展的热点，存量市场与增量市场在特区内外的同步发育，是未来深圳房地产市场发展的主要特征；

2. 外来人口住房需求不断增加，二次及二次以上置业逐渐上升，住宅市场需求继续保持较高增长；

3. 房地产外销市场继续活跃，港人内地置业不断增加，且呈现需求多元化趋势；

4. 非住宅物业需求将快速增长，写字楼成为未来房地产市场的需求热点；

5. 随着国家和深圳系列房地产调控政策的出台，房地产市场供给过快的现象将得到有效控制，房地产市场供给进一步趋于理性；

6. 房地产价格将继续保持平稳，房地产价格波动幅度在合理区间内，区域房地产市场价格差异将逐渐缩小，房地产价格梯度进一步趋于合理；

7. 房贷政策将影响房地产开发企业格局，而停止购房入户政策、落实CEPA协议，将加剧房地产开发企业的竞争，促进行业整合和规范；

8. 港资房地产中介服务机构将加快进入本地市场，中介服务行业竞争日益激烈，房地产中介服务行业尽快走向规范化、规模化，行业服务质量将有较大提高。

该报告在综合市场总结发展趋势分析后，提出了政策建议，其中最突出的一点是：继续控制新增建设用地的开发供应量，将存量土地纳入土地供应计划管理，严格控制原协议、划拨用地改经营性用途进入房地产市场，加强对工业用地的审批管理，严禁以“工业园”、“科技园”、“研发中心”等名义圈地变相搞房地产开发。此外，还对加强监管、完善法规、规范中介行业提出了建设性建议。

（本文摘自《深圳商报》2003年9月）

深圳房地产投资价值和前景分析

近几年，上海、北京经济发展迅速，国内外投资客均看好这两个城市房地产的升值潜力，纷纷加紧在这两个城市的投资，使得当地的楼市甚为活跃，豪宅、写字楼等的交投量较大。反观素有“全国样板房”之称的深圳，由于土地储备等自身及客观条件所限，房地产发展势头不如上海、北京旺盛。

“中国房地产 TOP10 研究组”早前公布了对国内 35 个城市房地产开发投资潜力评估的结果，深圳以其精品楼盘、先进理念和创新精神赢得了市场的肯定，仅次于上海、北京，位居第三名，由此可见深圳楼市的魅力并未退减。

一、供求结构基本合理

作为中国房地产市场最早发展起来的区域，深圳在上世纪 90 年代初期经济发展速度已居全国前列，其房地产市场一直以来都代表着国内的最高水平，同时也是竞争较为激烈、消费者相对成熟的地区。

“楼市的供应量与楼价升值能力在一定程度上成反比”，近年来深圳房地产价格涨幅甚小，住宅价格已连续 5 年保持在 5%左右的波动范围之内，房价收入比也在国际公认的 4 至 6 倍的合理范围内，这意味着深圳当前的房价水平并未脱离本地经济发展和居民收入水平，市场供给与需求都比较理性。而深圳市规划与国土资源局、深圳市房地产研究所发布的《2002～2003 深圳房地产发展报告》也指出，深圳房地产市场总体趋于平衡，供求结构基本合理，房地产市场不存在“泡沫”问题。

深圳的移民数量位居全国前列，移民的增加是深圳房地产持续走强的主要原因之一，外地人已经成为近年来深圳房地产市场的主要购买力。与前几年相比，不同的是，过去以租为主的外地人逐渐成为深圳的购房主力军。深圳 2002 年商品住宅销售面积突破 700 万平方米，与外地人大量购买分不开。

二、各类物业均衡发展

1．小户型。

作为深圳地产独具特色的小户型物业，凭着总价低、设计精巧、置业门槛低及不断创新等特点，适应了阶段性置业的要求而大受市场的欢迎，在激烈的市场中取得了骄人的业绩。如在居住市场上，公寓、小户型成为深圳最活跃的投资对象；大商场分割成小面积，投资客只购买，不经营，委托给成熟的大商家进驻经营；写字楼 150 平方米左右的标准开间最畅销。只要深圳作为最大的移民城市的特征不变，城市吸引力不减，小户型就会有它广阔的发展空间。

而被称为“城市疮疤”的烂尾楼正在深圳迅速消失，据深圳市规划与国土资源局表示，目前全市 48 个问题楼盘中，21 个已基本解决，7 个已提出初步方案，另有 3 个国土部门已经发出了解除土地使用合同的通知，政府将争取在 3 年内处理完所有问题楼盘。随着社会和经济的发展，烂尾楼的优势和投资价值凸显出来，投资烂尾楼的回报率将会特别高。

至于卫星城地产，因地价相对便宜，因而在房价、产品品质会对买房人具有一定的吸引力。

2．二手楼。

深圳现时虽然未达到成熟房地产市场的指标，从近年来的发展看，随着深圳二手楼市体系的日益完善，后来居上指日可待。

二手房的交易量是否超过新建商品房，通常标志着一个地区的房地产市场结构是否完善，发达国家二手房的交易量通常占总体交易量的 50%以上。

深圳是新兴城市，以往在房地产方面是存量少、新建多，但经过十几年的快速发展后，存量在逐年增大，特别是近两年，深圳房地产二级市场日渐饱和，给三级市场的发展提供了一个很大的空间。购房消费者的需要也是刺激二手楼市场全面高速发展的一个重要原因，早期来特区的不少人士进行二次置业，卖旧房买新房的人正逐渐增多。而对于一些目前经济实力并不雄厚的人士来说，价位相对较低的二手楼对他们当然具有相当大的吸引力。

而政府在扶持二手楼市场也不遗余力，近年来先后推出了“减免存量房屋交易税费与地价”、“红、绿房地产证合一”以及规范房地产中介市场、“公房上市”等一系列政策，促使二手楼交易量大幅上升。而银行的全面介入也促成二手楼市场的迅速发展。房地产二、三级市场将呈现良好的互动发展局面，大大增强新房市场的购买力，使置业者卖旧买新、改善居住条件的需求得以实现，从而带动一手房交易市场的繁荣。

据国土局数据，2002 年深圳市二手楼市场表现十分抢眼，全年二手楼交易面积 340.49 万平方米，同比增长 36.3%。2003 年上半年，我市二手楼销售面积达到 113 万平方米，销售量增势强劲，比去年同期增长 43.78%，达到历史最高水平。二手楼市在整个市场中的份额已经接近二级市场的 50%。

深圳现时虽然未达到成熟房地产市场的指标，从近年来的发展看，随着深圳二手楼市体系的日益完善，市场越来越规范化，越来越多的人认可二手房，加之银行的支持以及国家政策的刺激，深圳二手楼市保持活跃态势，二手楼市场将得到全面高速发展，后来居上指日可待。

三、存量增量同步发展

房地产投资的活跃程度是一个城市经济发展的晴雨表。深圳的经济发展较早，其成绩有目共睹，而近几年调整了产业结构以后，仍然是全国收入较高的城市之一。CEPA 的签署，使港人北上创业办厂及工作的环境大为改善，国际资本也会通过香港进入深圳，由此产生的物业需求非常大，深圳的房地产行业无疑是最大的收益者之一，深圳的房地产市场将被进一步激活。

深圳特区内可开发的面积有限，更大的发展空间还在关外，房地产增量市场的外移是必然的趋势。加之西部通道及皇岗—落马洲口岸 24 小时通关等利好的刺激，深圳楼市面临着前所未有的市场开拓机遇，南山、宝安等在西部通道线上有大量土地资源的公司面临着一个巨大的商机。而配合早前政府的卫星城计划，宝安、龙岗等区域将成为房地产市场发展的热点。存量市场与增量市场在特区内外的同步发展，将成为未来深圳房地产市场发展的主要特征。

从上述的各方面来看，深圳目前房地产的发展是健康、成熟的，而全日通关、CEPA、自由行等利好消息不断，也令港商、外商在深圳的投资比例在持续增长中。深圳成熟的楼市环境降低了楼市的投资风险，造就了良好的楼市发展前景。

（本文摘自 深圳新闻网 2003年11月）

深圳物业管理行业不搞价格战

深圳市物业管理协会举行了成立10周年，暨物业管理发展战略国际研讨会上获悉，深圳物业管理行业率先在国内实施由劳动密集型向知识密集型的产业转型，并在建设国际化大都市，加快龙岗、宝安两区城市化进程的推动下，继续保持行业的“领跑者”态势。

一、向知识密集型转型

深圳市住宅局副局长、市物业管理协会会长李加林说，物业管理仍然是我国服务行业的一个薄弱环节，物业管理行业仍然是一个粗放型的劳动密集型行业。目前，深圳物业管理行业共有从业人员79352人，其中经营管理人员有13247人，占16.6%，房屋及设备维护管理人员11368人，占14.3%，保安、保洁、绿化等54606人，占68.8%。

为满足人们对住房居住水平、人居环境素质不断增长和提高的需求，市住宅局从20世纪90年代初期着手进行专业化队伍的建设与管理，长期对全市物业管理队伍进行业务培训。目前，全市物业管理企业员工持证上岗率达90%以上，小区、大厦管理处主任、部门经理以上人员90%达到大专以上文化程度或中级以上技术职称。

在建设部颁发的国家一级物业管理资质证书的78家企业中，深圳有25家，所占比例在32%以上。深圳物业管理项目历年所获“全国物业管理示范项目”共162个，获“广东省物业管理示范项目”214个。加强监管不搞价格战市物业管理协会副会长张万和说，目前有的物业企业竞争靠的是拼价格，低价中标后，只好硬着头皮苦撑，最终造成服务质量下降。他认为物业管理行业竞争不能像家电业一样打价格战，出路在于实现规模经营，从劳动密集型转向知识密集型。

据了解，2003年，深圳将结合国家、广东省的物业管理条例，制订《深圳经济特区物业管理条例（送审稿）》，同时，还将出台《深圳市物业管理企业资质管理办法》、《深圳市物业管理招标投标管理办法》等规章及《业主公约》、《物业管理合同》等示范文本。

二、将赢得全国市场

据了解，目前我市有越来越多的物业管理企业到内地或准备到内地开展外拓项目，深圳物业企业在内地接手大型物业管理项目的消息也不时见报。业内人士认为，随着我国城市化进程的加快，对物业管理的需求也越来越大。由于内地大部分城市物业管理起步较晚，与深圳的物业管理水平有着较大差距，因此，深圳的物业管理行业完全可以凭着较先进经营管理理念及实践经验，利用与内地城市在时间上的“发展差”，去内地物业管理市场上打一片江山。

（本文摘自《晶报》2003年11月）

深圳中介十年风雨路程

深圳自上世纪80年代末就开始有了房地产中介，如同深圳的房地产开发一样，相对全国市场起步较早，发展也较为迅速，到1993年，房地产中介机构已实实在在成为房地产市场上的特殊行业以至市场发展的一股新生力量。据不完全统计，目前深圳有大大小小的房地产中介机构超过300家，这些地产中介机构为盘活楼市，特别是二手楼市起到了积极的推动作用。

作为为楼市发展而专业策划及销售代理的房地产中介机构，从产生到“行业”形成，至今已有10个年头。这10个年头，对于不少深圳房地产中介机构来说，是感触至深，有酸楚，也有甘甜，更多是它们得到了市场的认可，成为房地产市场的一份子，并锻炼促成了一批优秀的品牌地产中介公司。

一、充分市场化的产物

随着房地产市场从卖方市场向买方市场的转移，房地产市场的竞争也在日益加大，不少房地产开发商在项目运作上，已经很难适应市场化在软件与硬件设施方面的双重及快速发展要求，而选择为市场营销的专业策划代理公司，则在很大程度上解决了开发商的一大根本性难题，正因为如此，开发商可以以更好的精力投身于项目的开发建设中，这与这些年快速发展的房地产市场存在必然关系。

俗话说，术业有专攻。房地产中介机构之所以得到发展，是作为中介行业本身的角色定位。可以想象，不少房地产中介公司要求得生存，要获得更好的发展空间，就必须在代理销售上做出特色，在营销方式上，要争取更多适合市场需求的做法。像培训营销队伍，提高营销人员的素质，多做市场调查及时把握市场信息，做好市场策划等等。这些问题尽管开发商也在尽力而为，但由于开发商在项目开发上所涉及的问题较多，在营销上不可能像中介商那样专心和独立。

此外，从信息资源及客户关系上，中介商由于所操作的楼盘较多，所具备与客户沟通的经验显然要比开发商更为优越，在实际的操盘上，也有更为丰富的实战经验。

再次，在实际的楼盘运作上，不少中介多是主动出击去找市场，找客户，或采取相应的一些营销策略，让顾客在较短的时间就能做到对项目的了解，最终达到购买的目的。这些是房地产中介立足市场的优势之本，也是过去开发商所无可比拟的市场因素，因而，中介的出现既有它的历史渊源，更有它为市场发展的自身的不懈努力。

二、中介竞争白热化

过去的10年，是房地产中介飞速发展的10年，从10年前的几家发展到现在的几百家，房地产中介在经历从无到有，从少到多，从弱到强的过程中，市场竞争也日趋激烈。据有关资料显示，目前深圳的房地产中介机构大大小小已超过了300家，以深圳平均每年300个在售楼盘计，每个地产中介也只能分到1个楼盘，况且这其中有近一半是发展商自己在销售，而另一半由300多家中介公司来争夺，细分一下，3家公司1个盘，而且其中还不可能均分，一些品牌中介，如世联、中原、置业国际、同致、星彦等公司就要占据近大半代理市场，可见更多的中介公司就要面临生存“危机”，竞争的必然结果可见一斑。

深圳房地产在市场的不断发展中，使得不少开发商在楼盘的销售代理上更多选择了那些有品牌的中介机构合作，这样的结果使得不少中介公司一两年也接不到一个项目。在这样一种情况下，中介行业开始了“抢盘”，从过去的“包销(包广告费、包尾盘、包销售目标、包销售价位等)”，到此后的降低销售代理费，白热化竞争愈演愈烈。这种竞争机制与深圳本身市场的局限性，让不少地产中介开始把目标转向了内地市场。

内地房地产市场起步晚，但发展迅速，因各种运行规则还需完善，深圳地产中介进军内地市场，一方面给内地市场带去了新的理念、新的运作模式；另一方面提高了中介本身的市场份额，赢得了更多商机和更大空间。

三、三级市场日趋看好

在政策利好及经济持续稳定增长的态势下，这些年三级市场也表现得越来越活跃，成交量年年得到放大。

分析一下其原因有：一是伴随房地产市场的迅猛发展，居民购买力的进一步增强，二次置业、三次置业现象促生了二手楼市的形成；二是政府部门对于二手楼市的进一步规范化运作，包括银行对二手楼的按揭的实施；三是二手楼相对一手楼本身具有不少优势，如位置、价格、配套、即可入伙和成熟社区等，这些因素将吸引不少一次置业者及投资客看好二手楼市；四是随着公房上市的升温，政府对集资房的规范，以及资产处置业务的逐渐深化，二手楼交易也得到了人们的认同。

与此同时，各中介公司为扩大规模，在人流较旺的商业街、社区，开设地铺或连锁店，成为市场趋势。这种方式因方便客户，服务时间长、效果显著等优点，逐渐普及化，使三级市场日渐成熟。

可以看见，市场的白热化竞争，也迫使中介机构在专业服务上，改变了传统的拉单方式，变成专业置业顾问，为客户提供全方位服务，进一步提升了中介机构的市场竞争能力，提升了行业形象和地位，使三级市场得到更大发展。

四、品牌中介主导市场

品牌在市场中的作用已日显重要，消费者注重品牌，开发商看重品牌，品牌中介无疑成为市场热点。

在深圳，房地产市场的兴旺以及中介商自身的良好规范，成就了一批品牌中介公司，如世联、置业国际、中原、同致、戴德梁行、星彦、德思勤、英联、至祥、尊地等，它们是地产中介的中坚力量，占据销售代理市场的大半份额，在地产市场享有盛誉。

这些中介商不仅在产品定位、营销创新等方面做到别具匠心，还把这种出色的策划代理理念运用于市场，它们的运作体系，影响了相当一批开发商，使得相当一批开发商也意识到，客户的认同才是楼盘取得成功的惟一出路。因此，它们的服务不单是为开发商服务，更多还为市场服务，为消费者服务。

（本文摘自《深圳特区报》2003年12月）

深圳房地产市场2003年平稳发展续写完美终局

2003年，深圳房地产市场继续保持健康平稳的发展态势，各种利好政策为房地产市场提供了良好的发展机遇。

根据深圳规划国土局网上备案资料显示，2003年1～10月，全市商品住宅销售套数为67888套，总销售面积约624万平方米，房地产市场总体供应与需求比较均衡，供求结构基本合理。

另据政府部门的统计数据显示，今年前三季度，深圳二手楼的成交量达到337万平方米，接近去年全年的总销售面积（约340万平方米），预计全年销售面积将在460万平方米左右。三级市场的迅猛发展也带动了梯级消费，促进了房地产市场的成熟。

一、政策导向交互影响楼市

从政策面来看，影响深圳房地产市场的主要包括以下几个方面：

皇岗口岸24小时通关、CEPA协议签署以及西部通道开工——这一系列的利好政策，对于刺激消费、加快深港两地的融合具有积极意义，同时也带动了口岸片区物业的外销。

购房入户政策取消——根据深圳市的规定，2003年4月30日之后，宝安、龙岗两区未取得预售许可证的商品房，不再享受购房入户政策。这一政策的出台，使关内外房地产市场的发展处于同一平台之上。没有了优惠政策，将促使关外物业在开发过程中，在物业质素上不断创新，精益求精，以较高的性价比来吸引购房者，进而推动关内外地产协调发展。

全面清理问题楼盘——问题楼盘不仅影响了城市整体形象，也造成了大量的资金闲置。为此，深圳国土部门提出了3年内全部解决问题楼盘的目标，并采取“盘、收、拆、卖”的对策。问题楼盘的整治，有效盘活了房地产市场中的不良资产。

央行121号通知及国务院18号令——121号通知主要

是提出将对开发和购买高档商品住宅的贷款等作出限制，18号令则明确了房地产是国民经济发展的主要力量，表示政府将对符合条件的房地产开发企业和开发项目加大扶持，同时也指出要控制高档商品房开发建设，加强房地产信贷监管。这对深圳楼市的开发和销售将产生一定的影响。

二、市场供应南山居首

根据深圳规划国土部门网上公布数据，2003年1～10月，深圳商品房批准预售面积约705万平方米，其中南山区批准预售面积以255万平方米左右名列首位，其次为福田区，批准预售面积约为157万平方米。南山房地产经过近两年的发展和积累，目前已经驶入快车道。

根据泛城（中国）综合住宅服务统计，2003年1至11月，全市新开盘商品住宅数量达到121个，总供应量约644万平方米。从新开盘住宅项目的区域分布来看，南山区以新盘个数38个居首位，占全市新开盘住宅项目个数的31.4%；其次为福田区，约占22.3%；罗湖以18.2%位列第三。新增供应面积亦是南山区、福田区、罗湖区分列前三位。今年市场的供应仍以关内物业为主。盐田区虽然供应量不大，但也因东海岸、海湾皇家公馆等项目的推出而成为市场瞩目的焦点。

三、关内外销售形势并驾齐驱

2003年，一场突如其来的“非典”疫情给深圳房地产市场带来了一定的冲击，尤其是3～5月期间，楼盘的销售套数和销售面积均相对较低。而6月份之后，随着“非典”疫情得到抑制，积累的消费潜力得到充分释放，使6月份的住宅销售面积达到今年前10月的新高，此后市场一直处于较为平稳发展的态势。

从图表可以看出，除了罗湖和盐田区之外，关内的福田、南山两区与关外的宝安、龙岗两区的房地产发展出现了并驾齐驱的良好发展势头，四区商品住宅的销售套数和销售面积处于均衡的状态。而从总的销售情况来看，南山区的销售套数和销售面积均列首位，表明市场的需求热点仍然集中于该区域。

四、中价物业占据主流

从全市商品住宅的销售价格来看，各季度楼盘的销售均价呈稳步上升态势，尤其是10月份，销售均价更是上升至6216元/平方米。这主要是因为10月份售价8000～10000元/平方米的住宅的销售套数及销售面积大幅上升，从7～9月份的平均每月828套左右，上升至10月份的1595套，进而拉高了整体售价。

从统计数字可见，6000元/平方米以下的物业成为市场的主流，约占全市住宅总销售套数和总销售面积6成的比例，其中，又以4000元/平方米以下的占主导地位。根据对全市各区域商品住宅的平均售价统计，4000元/平方米以下的住宅主要分布在关外两区，可见，关外物业正在以其较高的性价比受到购房者的追捧。

五、高价物业片区各显风流

在今年的房地产市场上，8000元/平方米以上的高价位物业销售套数和销售面积均占总销售套数和总销售面积约18%的比例，与去年全年该价位物业销售面积所占的比例13.7%想比较，约增长4个百分点。而且，这一比例在10月份甚至达到25%左右，高价位物业销售趋向活跃，预计全年的销售量将较去年上升3%～5%个百分点，高价位物业未来的市场走势值得关注。

总体来看，除了东部的盐田大梅沙片区之外，特区内高价位物业主要集中在中心区、香蜜湖—农科片区、华侨城片区、红树林片区等。可以预测，南山区明年还将延续今年的热点势头，尤其是受西部通道影响，口岸物业会得到更快的发展。

宝安新中心区随着各项配套设施的加紧建设，明年片区内的项目也将开始陆续启动，例如深业、龙光等，宝安新中心区的房地产市场逐渐撩开面纱。

今年，随着万科、维时科技等项目的启动，盐田大梅沙片区的房地产市场明年将掀起较大幅度的开发热潮，其丰富优美的山海资源以及华侨城拟斥巨资打造的“东部华侨城”等等，也将会吸引购房者的目光。

随着政府加大对城区市政基础设施的建设以及旧城改造步伐的加快，罗湖区未来两三年内仍有较大的供应，罗湖房地产市场仍将大放异彩。

（本文摘自《深圳商报》2003年12月）

中西部地区房地产市场发展状况

西部房地产跨进黄金期

中国西部大开发推动了西部地区的城市化进程，而房地产业造就了城市实体，城市又是房地产最大的市场，这无疑为房地产业带来无限机遇，使西部房地产业迎来了发展的黄金期。

据此间权威媒体《瞭望》刊文称，以2000年为例，中国房地产开发投资增长19.5%，其中西部增长28.8%，远高于中部和东部的增幅，在商品房销售上西部也增长了30.4%，高于东部三个百分点。

重庆市副市长黄奇帆曾算了一笔账，按照政府规划，到2010年，重庆市的城市化率将由现在的33%提高到50%，到2010年重庆将新增加城市人口600万。这意味着，按照城镇人口人均住宅面积20平方米的规划，仅新增加的城市人口就需要住宅1.2亿平方米。加上现有城镇人口人均提高4平方米住宅面积，在未来8年的时间里，重庆住宅新增需求面积将达到1.6亿平方米。如果平均下来，重庆每年需求住宅面积将达2000万平方米，光重庆就是一块任何房地产商都很难抗拒的“大蛋糕”，更不用说整个西部。

据成都市有关部门调查显示，西部主要中心城市的房地产投资近年来都呈高速增长趋势，商品房销售也日趋火爆。仅成都市在2001年房地产开发完成投资170亿元人民币，增幅为32.2%，总投资额已接近云南、贵州、甘肃三省房地产投资的总和。房地产业去年拉动GDP增长三点一个百分点，成为国民经济的重要支柱产业。同时，随着户籍制度改革，农民和外地人员将大批变成成都市居民，城市化进程的加快，使成都房地产的有效需求得到很大扩展。

西部房地产业近年来的强劲发展势头，是历史上少有的。但也引来一些投资者的担心，害怕这种势头发展下去会出现“过热”，导致类似1992～1996年期间出现的房地产“泡沫”和“烂尾楼”现象。

对此，黄奇帆最近在重庆举行的首届中国西部重庆房地产论坛会上说，这种担心没有必要，经过十年培育和发展，中国在房地产开发的政策指导和管理方面都有了很大的提高，现在房地产发展的情况和以前相比也有很大不同，非“老皇历”所能比。

现在国家对土地一二级市场的管理能力有了质的提升，各种制度大大完善，土地市场也日渐透明；经过10年整顿，现在金融体系的管理和监控水平比过去提高很多，这对房地产开发将起到很好的促进作用；开发商的开发规模、开发能力、管理、房地产开发理念等都有很大提高。

但要使西部房地产业持续健康地发展，业内人士指出，政府还须运用多种手段实施有效的宏观调控，引导市场健康运行，防止总量失控、结构失调、行为失序、分配失衡，在住宅建设快速发展的时期，尤其要防止不按经济规律办事，盲目扩大规模、片面“以地生财”、误导价格上扬、造成大量空置的新的“泡沫”现象出现。这样才能确保西部的房地产持续、健康的发展。

（本文摘自《中国房地产报》2002年10月）

中国空置商品房增幅提高，中西部地区有加快趋势

中国国家统计局发布的月度形势报告显示，全国商品房空置面积继续增加且增幅提高，特别是中西部地区的增速有加快趋势，国家统计局认为对此应引起重视。

根据国家统计局的最新统计，2003年1～5月份，全国商品房空置面积增长幅度为9.2%，略高于去年同期增幅8.2%的水平。其中，空置商品住宅同比增长10%。

与此同时，全国商品房竣工面积的增幅亦同比显著加大。1～5月份，商品房累计峻工面积5791万平方米，同比增长41.4%，增幅同比提高了22.7%个百分点。

同比呈增势的还有商品房平均销售价格。1～5月份，全国商品房平均销售价格为每平方米2447元人民币，同比增长了7%。其中，商品住宅平均销售价格为每平方米2289元，同比增长9%。

（本文摘自　中国住宅网　2003年6月）

中西部要重视土地资源合理利用

有人认为，乱设开发园区、圈占土地、土地闲置等主要是沿海发达地区的问题，中西部欠发达地区不存在或无需重视这个问题，因为中西部欠发达地区有的是土地资源，建设用地压力不是很大，开发园区建设发展缓慢。圈地建园区，如果刹车快，会影响中西部地区的经济发展，不必要搞清查整顿开发园区。其实，这种思想是错误的，中西部地区如果再不重视土地资源的合理利用，近则危及国家土地市场秩序，远则贻害子孙后代。

在提高认识上下功夫。“土地是民生之本”、“保护耕地就是保护农民的利益，就是保护我们的生命线”，在这个问题上，不能有丝毫的含糊。我们应该深刻领会温家宝总理有关土地问题的重要批示，统一思想，加强领导，把治理整顿土地市场秩序工作作为实践“三个代表”重要思想，实施可持续发展战略的重大任务来抓。切实解决好土地市场中突出问题，对抓而不实、顶着不抓的组织和个人，一定要采取措施，追究责任，把土地问题当作惠及当代利在千秋的大事来对待。湖南省对5个责任人进行党纪政纪处分，把6位责任人移交司法机关追究刑事责任，给那些乱批乱占土地者敲响了警钟。

在整治力度上下功夫。湖南省各类开发园区达179个，经国务院及相关部门批准设立的只有10个。按规定，批准设立开发园区必须经国务院批准，省政府批准设立的开发园区也要报国务院备案，而市、县根本无权批准设立开发园区。湖南省撤销34个开发园区，为规范土地市场开了个好头。要坚决纠正和查处各类开发园区、工程指挥部、投资公司直接管地、违规供地的行为，坚持土地集中统管，依法规范土地供应。

在案件的查处上下功夫。土地市场的不规范，既有土地管理制度欠完善的问题，也有一些单位和个人执法犯法，以权谋私的问题。一些开发园区开而不发，一些本来可以用市场法则解决的土地，成了某些领导个人的自留地，想给谁就给谁，想用什么价卖就以什么价卖，几千万元的地，仅凭某些领导的一句话，几百万就成交了，某些开发园区的土地资源变成了某些个人囤积居奇的私有财产。

在制度建设上下功夫。不少地方政府和部门，以加快发展当地经济为名，要求国家下放土地审批权限，国家、省、市、县各级都搞开发园区，都可以审批土地，甚至一些乡镇也在审批土地，这种无视国家有关土地法规和政策的无序审批、滥批乱批的行为，必将造成土地资源的极大浪费。因此，必须健全土地市场建设的各项规章制度，增强政府对土地市场的调控能力，营造公开、公平、公正的市场环境，形成良好的土地市场秩序，促进经济社会的可持续发展。

（本文摘自《经济参考报》2003 年 7 月）

中国人民银行采取有效信贷政策，推动西部大开发

中国人民银行条法司司长陈小云日前在西安透露，人民银行今后将继续积极贯彻国家关于实施西部开发的战略方针，采取有效的信贷政策推动西部大开发战略目标的实现。

首先，继续加大对西部地区重大建设项目的信贷投入，支持西部地区加快基础建设的步伐，特别是经济效益和社会效益比较好的项目，如电力、水利工程等。重点支持铁路项目、天然气等能源项目的建设。对国家安排的西部国债配套项目，尽力支持。对已经批准贷款的项目，将根据建设进度保证贷款到位。

其次，加大农业信贷投入，推动农业发展。发展节水农业，以“企业＋农户”的方式促进农业发展。

第三，利用信贷杠杆支持西部产业调整。选择一批有一定规模、基础较好的小城镇，对供水、供电设备建设增加适当投入。对有市场、有效益、有信用的中小企业提供支持。人民银行在再贷款政策上将再次向西部倾斜。利用金融手段，使东部优秀的企业多向西部投资，加快西部经济调整和推动东西部合作。

第四，继续改进西部商业银行的经营机制，提高金融服务水平。推进国有独资商业银行的改革，提高国有银行西部分行的竞争力，进一步发挥国有大银行的优势。同时加快股份制银行在西部设立机构的审批，通过多种措施支持股份制银行和中小企业在西部的发展。

（本文摘自　新华网　2003 年 9 月）

第四篇

房地产市场管理

第十四章　房地产市场的行政管理

整顿和规范房地产市场秩序重点

一、依法查处开发建设中的违法违规行为

加强对房地产项目开发建设管理，是从源头上整顿和规范房地产市场的重要方面。查处的重点：一是在集体土地上的房地产开发经营行为；二是擅自变更规划设计方案、侵害购房人合法权益的行为；三是未取得开工许可擅自开工建设；四是未取得预售许可擅自预售商品房；五是一房多售；六是无证和越级开发；七是未经验收或验收不合格擅自交付使用；八是发生质量问题不认真处理，不按规定发放住宅质量保证书、住宅使用说明书以及不按保证书承诺承担保修责任的行为。

二、依法查处商品房销售面积“缺斤短两”行为

面积“缺斤短两”是目前消费者反映突出的问题之一，查处的重点：一是房地产开发企业将不应分摊的公共面积进行分摊；二是将分摊的公共面积再次出租或出售；三是预售时违规进行面积计算；四是不按《商品房销售管理办法》的规定处理面积纠纷；五是房地产开发企业与房产测绘机构勾结，在面积计算中弄虚作假；六是在合同中不按规定标明套内建筑面积和分摊的共有建筑面积。

三、查处房地产中介活动中的违法违规行为

查处的重点：一是发布不实信息，利用假信息骗取“看房费”；二是通过派人假冒房主、串通真房主以假出租、出售等方式骗取中介费；三是与上些希望非法转租或以低价租买房屋的当事人串通一气，促成地下交易；四是迎合委托方要求，出具不实的房地产估价报告；五是利用执行业务之便，索贿、受贿或者收取委托合同之外的费用；六是未取得房地产中介服务资格，擅自从事房地产中介业务或未经注册擅自以房地产估价师名义从事估价业务；七是伪造、涂改、转让房地产中介注册证、资格证。

四、依法查处虚假和不规范广告行为

虚假广告直接导致购房人上当受骗，是商品房销售中大量纠纷产生的源头。这次查处的重点：一是不具备销售条件，擅自通过媒体或展销会等形式发布房地产广告；二是盗用其他项目预售许可证进行广告宣传；三是发布虚假广告或广告中含有虚假内容；四是承诺与实际不符或无法兑现的内容；五是广告内容不规范，包括未按规定刊登预售许可证号或刊登虚假预售许可证号、使用《房地产广告管理规定》禁止的广告用语、未按规定的要求明示价格、面积等内容。

五、依法查处合同订立和履行中的违法违规行为

查处的重点：一是签订商品房买卖合同时，不按规定出示有关法规或示范文本，二是合同未包含法律法规规定内容；三是隐瞒事实真相，误导购房者，签订有损购房人合法权益的合同；四是房地产企业、中介机构不履行合同约定的义务。

六、依法查处物业管理中的违法违规行为

查处的重点：一是不按合同约定的内容和标准提供服务，二是服务与收费质价不符；三是建设单位、管理单位互相推诿，不认真解决质量和配套不完善问题；四是处理问题和矛盾态度恶劣，致使矛盾激化。

（本文摘自《中国建设报》2002 年 6 月）

加强对房地产市场监督管理

中国国家工商总局副局长杨树德今天在此间指出，由于法律法规不够健全，相应的监督管理有没有跟上，房地产市场发展过程中经营行为不规范的问题还比较突出，各级工商行政管理部门要切实加强对房地产市场监督管理。

杨树德今天在全国整顿和规范房地产市场秩序电视会议上说，房地产市场存在问题主要表现在：违规开发、广告虚假、面积缩水、质量低劣、物业管理乱收费、中介机构欺诈等方面。2000 年中国共查处房地产违法广告 1150 件；去年共查处房地产违法违章案件 1500 余件，并查处建设工程承包违法合同案件 3300 余件，涉案金额 40 亿元。通过举报服务共受理申诉 1 万多件，解决率均在 90%以上。

针对中国房地产市场发展过程中经营行为不规范的问题，杨树德指出：要坚持法定条件，严格把好房地产经营主体的市场准入关；强化房地产广告管理，严厉打击虚假广告行为；规范商品房买卖行为，查处合同欺诈违法案件；充分发挥消费者申诉举报网络的作用，积极处理房地产消费纠纷；积极推进企业信用体系建设，建立房地产经营企业的信用公示制度；加强部门协配，共同做好房地产市场整顿和规

范工作。

（本文摘自　中国新闻网　2002年6月）

加入WTO后如何管理房地产市场

加入WTO后，房地产业面对挑战的首先将是政府的管理水平。北京华远老总任志强认为，尽管目前房地产市场非常活跃，但换个角度看，现行的管理中仍有许多不能与国际接轨的法律和制度问题，中国加入WTO后，这些矛盾将更加突出。他认为，加入WTO后首先将面对挑战的是政府的管理法规，企业自身的经营倒在其次，政府对房地产市场的管理应从五方面着手改进。

一、应对私有产权给予彻底保护

改进产权证，保证政府和业主的权利、义务与责任。房契式房产证是政府批准的格式和文本，房契（商品房）一定要带有共有的土地和其他已分摊或虽然未明确分摊但仍拥有共有权利的其他建筑物或附着物的证明。在产权制度改革中，这是一种必然。政府应对私有产权给予彻底保护。

二、建立针对生活居住条件的验收标准

目前我国实行的竣工验收分为分阶段的工程结构验收、房屋的竣工验收以及小区的综合验收。前两种验收都属于质量保证方面的强制性验收，但都不是居住条件的验收（特别是非装修房交工前的验收问题），小区的综合验收则是一种检查配套情况的非强制性验收。现阶段的验收应当提高到一个较高的水平，同时建立一套新的不但包括建筑质量，还包括居住条件的验收标准。一方面，这样会避免开发商为了抢工期而让购房者在一个不具备生活条件的环境中搬家的投诉；另一方面，对生活居住条件的验收标准的审批，也应当成为政府为消费者把关的一个重要的强制性约束的环节。

三、居住区的停车问题

居住区的停车问题，已成为城市管理规划中的重要问题，但现行的政策却不利于解决城市旧区和新建区的停车问题。一是旧的建成区中道路和胡同被无偿占用或被交通管理部门占用并收费。虽然暂时是对停车进行了管理，但这实际是公共权利被私用化、部门化，不能从根本上解决问题。二是新建区的规划中不但应能保证自身所需的停车条件，也可以规划多建出解决相邻旧区的停车面积。以上两点，政府在无力投资解决时，应当考虑采取多种优惠政策换取开发商的投资。三是新建小区中的停车产权和管理问题要在规划和法律中加以明确。

四、公用和公共事业问题

目前我国的市政基础设施的能源供应和管理仍为政府的垄断性行业，这样就在城市建设和管理中特别是城市房地产的开发、建设中造成了许多矛盾，包括产权制度上的侵权和纠纷。如，现有的市政基础设施的建设仍在沿用除地方交纳了大市政配套费之外，还需建设市政管线和站点等，而这些建设常常是按城市规划而非小区用量设计的，除为小区服务之外同时为城市的其他区域服务，但成本却分摊在小区之中。

五、住房分类的定义问题

现行的市场中提供了各种分类的住房，有别墅、普通公寓、高级公寓、商住两用房、经济适用房等。按理说市场经济中所有的这些分类应是开发商的称呼问题，不应由政府文件加以约定，现状却是政府没有给出分类的文件解释，但在各种批文中却出现了上述分类的差异。此外，不管哪种住房，都应当是一类房产证，而不应在政策上有差别（经济适用房除外），现实中同样都是住房却享受着不同的待遇。

任志强认为，规范市场的管理是推动房地产市场发展的重要问题，不但要靠立法解决，同时还应在作中解决。

（本文摘自　山东省房地产专网　2002年10月）

商品房管理有法可依

从福利分房转至住房商品化，经历了短短10几年时间，对改善人们住房条件所带来了的变化是巨大的，但是，由于管理工作的相对滞后，在人们欣喜的同时，住房商品化也给人们带来了一些不必要的烦恼，如住房裂缝问题，“缺斤短两”问题等。针对这种情况，市有关管理部门在认真调查研究的基础上制定了《天津市商品房管理条例》，并于今年10月24日由市人大讨论通过，从12月1日起施行，从此新条例对开发商的规范愈加严格，而对消费者合法权益的保护则更加宽泛和具体。按照新的条例，百姓购房所涉及的几个最根本问题都拥有了明确的法律保障。

一、房屋质量

1. 首次对开发企业提出了项目工程阶段验收的要求。

《条例》第七条规定，“商品房的地基、基础、主体结构工程在各阶段完工后，房地产开发企业应当组织勘察、设计、施工、工程监理等单位进行阶段验收；未经阶段验收或者不合格的，不得进入下一阶段的施工和进行竣工验收。”过去只是要求工程竣工验收，现在把验收细化到施工各主要阶段，目的在于更大程度地控制和保证工程质量。如果开发商不按条例执行，最终工程竣工验收将无法通过审核，相应的，开发商就无法办理房屋销售许可证和商品房准许交付使用证。

2. 明确了房屋质量责任。

长期以来，房屋质量问题是最令人头痛的问题之一，原因在于开发商躲避、推卸责任，不仅对行业信誉造成了很坏的影响，而且殃及物业管理，甚至影响社会治安。新条例第七条指出："房地产开发企业应当对其开发建设的商品房项目的质量承担责任。勘察、设计、施工、工程监理等单位应当依照法律、法规的规定和合同的约定，对房地产开发单位承担相应的责任。"这样，在房屋保修期内，业主发现质量问题即可以要求开发商解决问题，而开发商则可以追究勘察、设计、施工等单位的责任，是谁的责任谁承担。如果再次出现开发商推委、躲避的行为，业主就可以依法投诉或起诉，讨回自己的权利和损失。

3. 交房时，开发企业必须向购房人明示"一证"，提供"两书"。

"一证"是指住宅商品房准许交付使用证；"两书"是指商品房质量保证书、商品房使用说明书。有了住宅商品房准许交付使用证，说明该住宅工程经过了验收，并通过了主管部门的审核；供水、供电、供气、供热、排水等各种配套已经到位。反之，如果开发商没有拿到该项目的住宅商品房准许交付使用证，那么，房屋肯定是存在质量问题或配套问题。"两书"中的质量保证书应当列明保修范围、保修期限、保修责任和保修单位等内容；使用说明书应当说明商品房的承重结构、管线部位、不得拆改部位、承重荷载和其他使用注意事项，"两书"是保证房屋安全使用和享受开发商什么样的售后服务的必要文件。

二、产权证问题

过去由于开发企业本身及管理不规范，致使房子住了好几年仍然没有拿到产权证的现象比比皆是。据市房管局今年7、8月份对该问题的调查，发现全市还有588万m2的房子没有拿到产权证。其主要原因是项目开发不规范，证照不齐；或由于质量问题，验收不合格，没有验收合格证。新条例在准许交付使用证的规定上杜绝了上述问题。最后一关是"所有权初始登记"。有的开发商证照齐全，但不愿花那笔初始登记费，故意不办初始登记，也使购房人迟迟领不到产权证。对此，条例第十四条做出了明确规定，房地产开发企业应当自商品房竣工验收合格之日起30日内……申请办理商品房所有权初始登记。并在房屋交付使用10日内书面通知购房人办理房屋所有权转移登记手续和土地使用权登记手续。如果逾期不办，主管部门将依法处罚，购房人也可以依法申诉或起诉。

三、购房安全问题

1. 新条例第十六条规定，商品房销售实行许可证制度。

未取得商品房销售许可证的，不得以任何形式销售商品房。这就是说，目前被开发商广泛使用的"内部认购"也是不允许的。

对于消费者来说，售房许可证是衡量所购商品房是否合法的最根本的依据。按照条例第十七条规定，具有销售许可证的房子，其开发企业具有合格的法人资格和相应的房地产开发资质等级；具有合法的国有土地使用权，以及经批准的商品房投资计划、建设工程规划和施工许可；已按规定交纳基础设施配套费用；有已经备案的物业管理方案或者签订的前期物业管理合同；项目开发建设达到了市政府规定的工程形象部位；有明确的工程进度和交工日期；有商品房销售方案。房屋未取得销售许可证，必定是上述某一项或者多项未达到要求，如果购房人无视销售许可证的重要性而购买了这样的房子，必定要承担某方面的风险。

2. 经纪机构代理销售商品房的，要向购房人明示其营业执照、资质证书以及开发商出具的委托书，这项规定能够使购房人避免经纪机构非法销售代理以及楼盘冒牌销售的行为。

3. 条例第二十四条规定，房地产开发企业预售商品房时向购房人提供的售楼说明书，经双方约定，可以作为合同的内容。过去房屋实情与楼书不符引起的纠纷和官司很多，但是由于楼书不具有法律效力，大多数业主输了官司，得不到赔偿。新条例把提醒工作做到了前面，并堵住了这一维权漏洞。

4. 条例第二十五条规定，商品房销售可以按套（单元）计价，也可以按建筑面积或套内建筑面积计价，预售商品房不适用于按套计价。因为，预售商品房看不见，摸不着，难以保证在建设当中房型结构不发生变化，不允许预售商品房按套卖，能减少许多矛盾。

5. 过去在购房过程中，购房人因为定金吃亏的事件屡屡发生，因为法规没有明确的规定而往往让购房人无法摆脱被动局面。新条例第二十八条规定，房地产开发企业不按期订立合同的，应当向购房人双倍返还定金；购房人不按期订立合同的，购房人交付的定金不与退还。在约定订立合同的日期内，双方就合同条款不能达成一致时，定金应返还购房人。

6. 关于面积误差，条例第二十五条规定，商品房合同载明的商品房建筑面积与房地产行政主管部门核发的房屋所有权证书载明的建筑面积不符时，以房屋所有权证书载明的建筑面积为准。第二十七条规定，当事人在商品房合同中，对面积误差处理方式未作约定的，按照以下规定处理：

(1) 面积误差比绝对值在3%之内（含3%）的，据实结算房价款。

(2) 面积误差比绝对值超出3%时，购房人有权退房。购房人退房的，房地产开发企业应当在购房人提出退房之日起30日内，将购房人已付房款退还给购房人，同时支付已付房款利息。购房人不退房的，产权登记面积大于合同约定面积时，面积误差比绝对值在3%之内（含3%）部分的房价款由购房人补足，超出3%部分的房价款由房地产开发企业承担，产权归购房人；产权登记面积小于合同约定面积时，面积误差比绝对值在3%以内（含3%）部分的房价款由房地产开发企业返还购房人，绝对值超出3%部分的房价款，由房地产开发企业双倍返还购房人。

四、争议解决

1. 曾经接到不少关于房屋结构安全质量方面的投诉，业主反映不知如何处理。条例第三十四条对此作了明确规定，购房人和开发企业对商品房结构安全质量有争议的，一方可以委托有资质的工程质量检测鉴定机构进行鉴定。经鉴定，商品房有安全使用质量问题的，鉴定费用由房地产开发商承担，没有安全使用质量问题的。鉴定费用由购房人承担。

在合理使用年限内，商品房地基基础和主体结构不能安全使用的，购房人有权退房，房地产开发企业应当承担法律责任。

2. 在保修期内，商品房有不影响安全使用的质量缺陷的，按照条例第三十五条规定，房地产开发企业也应当在五日内予以勘察、维修，给购房人造成损失的，应当承担赔偿责任。赔偿范围包括因维修造成损坏的修复费用、误工损失和其他经济损失。

五、投诉问题

买卖双方因商品房发生争议的，自行协商解决不成的，购房人可以向有关行政主管部门投诉。“行政主管部门应当自受理商品房争议之日起30日内做出处理。”房地产开发企业应当接受……行政主管部门就商品房争议问题进行的询问和调查，不得拒绝和阻挠。

（本文摘自　北方网　2002年12月）

网络时代的房地产市场管理模式

当前，面对房地产交易主体的多元化、交易信息的网络化、交易活动的市场化，如何顺应形势，在传统管理模式的基础上创新思维，建立科学、合理、规范、高效的房地产市场管理运行体系，是房地产市场管理部门应该认真考虑和解决的问题。

一、审时度势，正确定位房地产市场管理的职能

房地产市场管理（本文所指的房地产市场仅限于房地产二三级市场）是通过对市场活动的研究制定市场规则来规范市场行为。主要包括两方面的内容：一是规范市场主体的行为，既要规范房地产开发企业和中介企业及其从业人员的行为（具体指其预销售行为、广告发布、合同签订、经纪代理等一系列市场行为），又规范消费者、投资者的行为；二是向社会提供准确可靠的信息，如房源信息、价格信息等。传统的市场管理侧重于市场主体资质的审批和项目的审批、仅发布一些琐碎的市场信息、注重于有形市场的建设等。进入网络信息时代，这种传统的管理职能已无法适应产业快节奏发展的需要，必须打破本位观念，冲破重堵轻疏的思维定势，走出被动、静态、封闭的管理模式，建立起准确、快捷、完整的信息收集、分析、发布体系，让信息资源为市场主体所充分共享，并正确引导市场主体规范运作，自觉成为诚信建设的执行者，实现市场管理从原来的审批和制约的单一功能，向沟通、服务、引导、监督等多功能转化。

二、顺应形势，努力创新管理模式

（一）建立通畅的工作联系机制

1. 以连贯的纵向联系机制来调控市场供应。

房地产成为消费品一般要经历1～5年的周期，从城市规划、拆迁、土地取得、开发、进入房地产二级、三级市场，必须通过土地、规划、建设、房管等不同机构的审批或备案，在房地产业市场化程度日益提高、市场竞争日趋激烈的情况下，政府各部门紧密合作、加强沟通、统一标准就显得相当重要。通过相关职能部门之间的有机结合、密切配合，要达到最大限度地缩短审批时间，减少审批手续。同时，通过各部门有效链接，从市场成交量就可初步预测市场未来需求量，为政府把握土地投放市场的节奏、开发商调整产品的结构提供参考。因此，连续、统一、通畅的管理，既有利于提高政府办事效率，优化市场环境，更有利于政府对市场的宏观调控。

2. 以稳固的横向联系机制来完善市场管理。

进入流通市场的房地产可以买卖、租赁、抵押、赠与等，因此，房地产交易市场又可以细分为买卖市场、租赁市场、抵押市场等等，每一个分市场的繁荣与否、管理到位与否都会影响到其它分市场的健康发展，因此各分市场的协调发展是保证整个房地产市场规范运行的前提。目前，随着城市化进程的加快，城市人口急剧增加，新增人口大多来自外地和农村，而这部分人口在创业初期一般会选择租房，因此，租赁市场潜力巨大，但租赁管理又是当前房地产交易市场管理中最大的瓶颈。为此，房管、工商、公安、税务等机构必须加强横向联系，尽快消灭“地下”租赁市场，将房屋租赁管理引上正常轨道，纳入统一规范管理，促使租售市场协调、互动发展。

3. 以多级联网体系来实现城乡一体化管理。

在城市化的发展进程中，越来越多的城郊结合部地区被融入城市圈，土地开发向乡镇蔓延，加上传统户籍制度的打破，大大促进了城乡人口的双向流动。面对现实，房地产市场管理必须主动适应新的形势，尽快将市、区、乡镇房地产市场纳入同一管理系统，分级管理，联网互动，及时监督，重点加快乡镇房地产市场管理自动化、正规化管理，实现城乡管理的一体化、标准化。

（二）建立宽广的交流平台

1. 为市场主体提供高水平的服务平台。

作为市场管理部门，既承担着监控和管理的职能，也承担着为市场主体服务的功能。其发展方向为寓管理于服务中，多方位、多维度地建立信息发布宣传渠道，满足市场多层次需求。特别是目前房地产市场从卖方市场向买方市场转变的过程中，各方主体更多地信赖于政府权威部门的信息，也希望市场管理部门能为他们提供更多更有效的信息。因此，必须高度重视形式多样的服务平台的组建。此外，房地产交易大会是开发主体和中介机构宣传推介的绝好机会，也是市民购房选房的相对集中时间，营造盛大、热烈的氛围，提供全方位的服务，可以让更多的市民关注新楼盘，重新认识旧楼盘。建立权威的网站、报刊专栏，实施专业化的服务也必将受到社会的普遍欢迎。

2. 加强社会对市场主体行为监督的平台。

随着市场交易活动的日益频繁，越来越多的创业者和谋生者加入了房地产开发和中介队伍，在过于焦急的趋利心理驱动下出现了种种不规范行为，严重影响了市场的正常运行。因此，从加强管理角度考虑，必须筑起强有力的监督平台，在开放、透明的环境中加大社会对各类主体的监管，从法律、道德、社会舆论等各方面迫使各市场主体自觉加强诚信建设。所以，市场管理部门有必要充分利用公共媒体，对所有进入市场进行房地产开发和中介服务的机构进行公开监督。同时，汇聚社会焦点问题，为管理部门解决和处理群众热点、难点问题提供信息。

3. 探寻开放式的信息查询平台。

步入信息化时代，房产档案的利用率不断提高，如司法部门查封房产要查档、二手房购买者在作出购买决定前要查询房屋的权属情况等等。而房地产产权产籍档案是经过工作

人员整理后形成的有价值的信息资源，不能仅仅局限于内部人员利用，更要对外部人员开放，实现资源共享，满足社会需求。同时，还应进一步改善查询环境，有选择地对外提供查询平台，可开通网上档案查询通道，准许符合条件的人员随时查询。

（三）建立科学评估体系

1．全面客观评价市场服务主体的资信程度。

开发公司和中介公司作为市场主体的重要组成部分，其市场行为的规范与否对整个市场的健康发展产生着很大的影响，在目前急需建立诚信体系的情况下，首要的是尽快建立评价企业行为的标准，从考察企业硬件与软件两大部分着手，根据各项指标的重要性确定相应的权重，得出综合结果，实行动态管理，并适时调整。当然这要得到各相关部门的协助与配合，才能达到预期的效果。

2．完善市场预警体系，控制市场风险。

近几年来，在投资和消费的双向拉动下，各地房地产市场普遍升温，一些城市飞速上涨的房价已在房地产业界拉响了警报。过火现象要引起我们足够重视，要通过建立信息披露和预警预报机制来控制房地产开发与投资的风险，为政府、投资者、消费者作出决策提供更可靠的依据。

（四）建立殷实的数据基础

1．尽快实现商品房预（销）售合同网上联机备案。

商品房预（销）售合同网上联机备案将使商品房的买卖在更公开的平台上操作，是规范买卖行为、简化手续的重要举措，更是提高商品房买卖信息真实性的有效手段，可以改变以往销（预）售信息由开发商自报带来的差错或合同备案滞后带来的统计误差。重庆、成都等城市对此的成功试行充分说明实行网上合同联机备案是网络时代信息化建设的要求。

2．加强中介的二手房源信息管理。

我们必须依靠行政手段和信息化手段来改变目前二手房源信息发布混乱、重复、虚假的不良局面。市场管理部门要将所有具备中介资质的经纪机构以及进驻房地产交易市场的中介机构发布的房源信息进行统一管理（有资质的中介公司掌握着市场上可供房源的70%～80%以上），应要求其在市场注册入网，所要公布的房源信息应全部经过注册并提交市场管理人员审核后发送到网站、触摸屏、大屏幕及报刊上，并应每天刷新信息，及时消除已成交或租赁的房源，保证信息的惟一性、真实性。

3．强化房屋租赁信息管理。

要尽快建立二级或三级申报制，以便市场管理部门掌握全面的信息，分析租赁市场的走势。

（本文摘自《中国房地产》2003年12月）

试论部分城市房屋租赁市场管理的现状及发展对策

中国房地产及住宅研究会副会长兼秘书长　张元端

当前，随着各地房地产业快速发展，房屋租赁市场日趋活跃，呈现出前所未有的蓬勃生机和发展潜力。实践证明，发展培育房屋租赁市场，具有积极的现实意义，它是适应房地产市场有效需求，提高群众居住水平的必然选择，有利于丰富和完善房地产市场体系，促进房地产业整体推进。

一、当前房屋租赁市场存在的主要问题

近年来，各地房屋租赁市场虽然发展迅猛，但相当一部分城市的租赁市场管理工作却大大滞后，致使房屋租赁市场存在着许多不容忽视的问题，主要有以下三点。

（一）地下租赁市场活动猖獗

在许多城市，未经房地产管理部门登记备案的隐形租赁市场（或曰地下租赁黑市）大量存在，有的地方隐形租赁市场在整个租赁市场中所占的比重远远超过了经过登记备案的公开租赁市场。对此，许多城市的房地产管理部门缺乏强有力的制约和打击措施，显得力不从心，有的甚至束手无策。有的房地产管理部门在制定行业政策和管理规范时，难以通过公开的租赁市场了解整个房屋租赁市场的准确信息，难以科学分析市场行情，难以作出正确的决策。在此情况下，实施的市场管理往往会偏离市场实际情况，影响整个房屋租赁市场乃至整个房地产业的持续、快速、健康发展。

（二）国有土地收益大量流失

根据国家有关规定，以营利为目的，房屋所有权人将以划拨方式取得使用权的国有土地上建成的房屋出租，应当将租金中所含土地收益上缴国家。但在实际上，由于经济利益的驱使，房屋出租人纷纷规避管理部门的管理，大量的房屋纷纷流入地下黑市，进行私下租赁。据有关资料显示，相当一部分的大中城市的房屋租赁登记备案率不足30%。换言之，即是房屋租赁市场70%的国有土地收益白白流失。由此可见，国有土地收益流失数额之巨。

（三）各种社会问题严重

由于管理失控，在许多城市，出租房屋已成为纳污藏垢之所。资料显示，近年来发生于城市的刑事犯罪案件70%以上都与出租的房屋有关。许多流窜作案的抢劫、贩毒、赌博等“黄赌毒”违法犯罪分子都是利用出租房屋作为窝点和作案场所。一些“超生游击队”也纷纷利用出租房屋作掩护以逃避计划生育的管理。鉴于以上情况，近几年，各地公安、计生部门均把城市出租房屋列为社会治安和流动人口管理的重点场所，先后出台了一系列措施，重拳出击，但收效不大，并未从根本上解决上述问题。

二、存在问题的原因

分析上述问题存在的原因，主要有以下四个方面。

（一）依法租赁的观念难以深入

目前，在许多城市，依法进行房屋转让、抵押的意识在广大市民中深入人心，但依法进行房屋租赁的观念却十分淡薄。许多人认为，房屋租赁只是房屋出租人和承租人双方的事，用不着额外交一笔登记费用，接受房地产管理部门的监督管理和办理租赁登记，双方往往口头协定了事。发生经济纠纷后，双方无凭无据，习惯于“私了”。私下解决不了的，有的甚至闹出人命官司，给社会稳定造成隐患。有的地方极少数领导干部因法制观念淡薄，还将房屋租赁市场管理与乱收费行为等同视之，要求作为“三乱”予以取缔。

（二）违法租赁难以处理

目前，在房屋租赁市场上，有相当一部分房主为追求高额租金，不顾《中华人民共和国城市房地产管理法》等法规之规定，既不向房地产管理部门申请办理登记手续，也不与承租人签订《房屋租赁合同》。有的甚至层层转租，将违章建筑和法律规定禁止出租的房屋租给各类来历不明乃至为非作歹的不法人员，使出租房屋成为纳污藏垢之所。房地产管理部门上门宣讲政策，少数房主不但不接受管理，还对管理人员恶语相待，有的甚至还施以拳脚。对此，房地产管理部门虽能作出相应的行政处罚决定，但对于拒不执行处罚决定者，却缺乏更加强硬、有效的处理手段，非法出租行为不能及时得到处理。

（三）管理体制难以理顺

依照《中华人民共和国城市房地产管理法》等法规，县级以上人民政府房地产管理部门负责本行政区域内房地产业的行业管理。但随着各地城市建设的快速发展，房屋租赁市场日趋活跃，一些非房地产管理部门也纷纷介入了房屋市场租赁管理。主要有工商、公安、计生等部门。针对这种情况，各地房地产管理部门虽依法据理力争，做了大量协调工作，但收效甚微。原本由房地产部门统一管理的房屋租赁市场，被人为分割，多头管理，政出多门。其结果是谁都在管，谁都管不了、管不好。这种局面不仅加重了房屋租赁当事人的经济负担，而且还造成了管理体制和市场秩序的混乱，不利于房屋租赁市场持续、快速、健康发展。

（四）行业管理法规不健全

完善地方规章、强化行业管理既是依法治国的要求，也是依法行政、切实加强房屋租赁市场管理的迫切需要。为将房屋租赁市场管理纳入规范化、法制化轨道，根据《中华人民共和国城市房地产管理法》，1996年6月，国家建设部出台的《城市房屋租赁管理办法》正式实施。随后，北京、上海、浙江、深圳等地的人大、政府和房地产管理部门先后出台了地方规章和实施细则。但仍有相当一部分城市没有制定相应的地方配套实施细则，致使房地产管理部门在执法管理过程中，缺少切合各地实际的管理规范，常常出现执法“空档”，使管理工作无章可循。

三、培育规范房屋租赁市场的对策

“十五”期间，随着社会经济和房地产业的发展，各地的房屋租赁市场将继续扩大，呈现出加速发展的态势。大力加强房屋租赁市场的管理，各地房地产管理部门任重道远。针对上述问题，笔者以为，应主要采取如下几项对策。

（一）广泛宣传，提高社会各界对发展房屋租赁市场重要意义的认识

房屋租赁市场是房地产市场的重要组成部分，是促使住宅产业继续发挥其国民经济新的经济增长点作用的重要载体和支撑点。依法加强、规范房屋租赁市场管理，有利于促进城市建设和经济发展，维护社会稳定。据有关资料显示，1999年深圳市纳入政府管理的房屋租赁面积达到2700万平方米，直接创造的经济效益达到75亿元，为国家创造税收4亿元。按现在增长率计算，在两三年后，深圳市的房屋租赁市场直接创造的经济效益将超过130亿元，可为国家创造税收7亿元左右。因此，各地房地产管理部门要通过广播、电视、报纸等传媒，运用多种形式，向社会各界宣传《城市房地产管理法》、《城市房屋租赁管理办法》等法规，使广大市民和外来流动人口，了解房屋租赁知识，支持房屋租赁管理，服从租赁管理，把房屋租赁管理的有关要求转化为自己的自觉行动。特别是要向上级有关领导部门和领导多请示、多汇报、多宣传，提高各级领导对房屋租赁业的认识，向他们展示培育发展房屋租赁市场的美好前景，进而取得他们的支持。

（二）多方协调，尽快理顺城市房屋租赁市场管理体制

房屋租赁管理是一项复杂的系统工程，管理部门涉及到房产、公安、工商、计生、街办等部门，管理内容又各不相同，只有各方配合、互相协调才能抓好。因此，房地产管理部门要在各地目前正在进行的机构改革中，争取主动，尽快理顺管理关系，确立以房地产管理部门为主、其他部门为辅的管理新体制。首先，在政策上要取得主导地位。各地房地产管理部门要找足用活国家赋予自己的有关政策依据，邀请政府主管领导考察学习深圳市等地以房地产管理部门为主管理房屋租赁市场的先进经验，以为本地理顺管理关系提供政策理论依据。其次，在日常管理工作实践上要取得主导地位。房地产管理部门要充分发挥本部门熟悉房地产市场的有利优势，积极主动地牵头组织力量，开展房屋租赁市场的调查，找出问题，分析原因，寻找对策，在此基础上制定出房屋租赁业的发展规划和管理规范，向上级党委、政府勤汇报、多请示，在党委、政府领导的心目中形成先入为主的印象。其三，在专门管理机构中要确立主导地位。学习深圳等地经验，正确处理好与有关部门的关系，组建以房地产管理部门为主的房屋租赁管理办公室，负责房屋租赁的综合管理。在租赁办公室内，公安、工商、计生等部门集中办公，推行“一站式”管理、“一条龙”服务，提高行政管理效率。

（三）依法行政，尽快将房屋租赁市场纳入法制化、规范化管理轨道

首先，要健全管理规章。要按照“适度超前，易于操作，便于落实，规范管理”的原则，依据《中华人民共和国城市房地产管理法》和建设部颁布实施的《城市房屋租赁管理办法》，争取地方人大或政府尽快制定出各城市房屋租赁的地方配套规章，填补制度“空白”，健全法规制度体系。其次，要严惩违法租赁行为。根据堵疏结合、标本兼治的原则，对违法违规租赁行为坚决按照有关规章，严管重罚到位。对少数拒不服从管理的“钉子户”，房地产管理部门要争取法院等司法部门支持，实行联合办公，依法强制处理。第三，要加强执法队伍的管理。各级房地产管理部门对执法队伍要严格要求，严格管理，做到公正执法、严格执法、文明执法，不断提高其政策水平和执法能力，树立良好的文明形象。

（资料来源：中大行房地产评估有限公司）

第十五章　房地产市场的法制管理

建设部严查建筑市场房地产市场违法违规行为

国务院新闻办举行的新闻发布会上，建设部部长汪光焘向中外记者介绍了建设部整顿规范建筑市场、房地产市场秩序的有关情况。

国务院明确提出整顿规范建筑市场秩序，是“十五”期间的一项重要工作，明确把整顿规范建筑市场、房地产市场为全国整顿规范市场秩序的一个重要任务之一。目前建筑市场、房地产市场存在的问题依然很多，规避招标、假招标、招投标中的舞弊以及勘测、设计、施工等各个环节的转包、违反法定建设程序、偷工减料，忽视工程质量、规避开发、虚假广告、建筑面积的“短斤少两”，中介机构的混乱、合同的欺诈、物业管理的不规范等依然相当严重。一些政府机构监管也不力，执法不严也相当突出。

汪光焘说，2001 年，建设部会同监察部依法对违法违规的单位和个人进行了处罚，一共对 138 个单位处罚 1449 万元，对 83 个责任人给予了相应的行政处罚，对 15 个单位和 4 个责任人给予警告，对 83 个单位进行了通报批评，责令 13 个单位进行停业整顿，6 个项目停工，对 2 家单位作出年检不合格的处理，吊销了 1 家单位的资质证书。

2002 年 1～5 月份，北京、上海等 21 个省市、自治区、直辖市共查出违法违规问题项目是 1652 个，占整个工程建设总数的 3．56%，查出违法违规的行为的单位是 1281 个，共处罚勘察、设计、施工、监理、招标代理机构 788 家，责令 102 家建设单位停止施工，责令 67 家勘察、设计、施工、监理、招标代理机构停业整顿，对 518 家单位进行了处罚。

2001 年，开展市场秩序整顿以来，为进一步健全和完善建筑市场的管理规章制度，我们相继出台了一批有关建筑市场管理的部门规章和规范性文件。按照新发布的资质管理规定，从 2001 年 7 月份起，对全国的勘察、设计、施工、监理企业进行了资质的重新就位，逐步形成了合理的行业组织机构，营造了有序的市场竞争的平台。

汪光焘表示，房地产市场发展的同时，房地产市场的不规范问题在一些地方仍比较突出，消费者反映强烈。为了规范房地产市场，建设部先后制定了《商品房销售管理办法》、《关于规范房地产开发企业开发建设行为的通知》、《关于房屋建筑面积计算和房屋产权登记有关问题通知》，修订颁发了《商品房购买合同示范文本》，开展了执法检查，今年一季度组织稽查特派员对全国 19 个省 35 个城市，129 家房地产开发企业的开发情况进行了执法检查。通过制定有关法规和加强行政执法，目前建筑市场工程建设各方主体的执法意识有所加强，公正招投标、房地产开发活动中违法违规现象有所遏制，建筑市场房地产秩序有所好转。

（本文摘自《人民日报》2002 年 7 月）

预购商品房贷款抵押的法律问题

福建泾渭明律师事务所　蔡丽美

一、预购商品房贷款抵押的概念

预购商品房，也称“楼花”，是指尚未竣工交付的商品房，是一种特殊的期货。预购商品房贷款抵押是指购房人在支付首期规定的房价款后，由贷款银行代其支付其余的购房款，将所购商品房抵押给贷款银行作为偿还贷款履行担保的行为。

将预购商品房作为抵押权的标的物？对此，应区别二种不同的情况而对待。

1．购房人在支付一定房价款后，由贷绷删饿支付其余的购房款，而购房人则将其所预购的“楼花”抵抑给银行作为其偿还贷款的抵押标的物，这就是预购商品房贷款抵押。这是可行的，而且有现行的法律依据。

2．购房人以其预购的商品房为自己的其他债务（而非借贷的购房款）或为他人的债务设定抵押。这种方式不仅与传统民法抵押理论格格不入，更是没有法律依据，是一种无效的抵押。

预购的商品房一般是尚未建造或正在建造，即尚未建成的期房，最终能否顺利建成，是一个未知数，是有一定风险的。而具体的结果主要取决于开发商的履约能力。因此，法律对商品房的预售行为进行了严格的限定。我国《城市房地产管理法》规定了商品房预售的条件和预售程序。法律已将预购的商品房拟制为具有所有权形态的有体物，赋予其独立的财产地位。虽然我国《城市房地产管理法》及《担保法》均无明确规定预购的商品房可以作为贷款抵押的标的物，但在实践中，预购商品房贷款抵押早已客观存在，而且如江西、天津、山东、福建省、市制定的地方性法规作出了相应的规定。1997 年 5 月 9 日，建设部公布的《城市房地产抵押管理办法》更是明确确立了预购商品房贷款抵押制度。但现实呼唤国家行政机关尽快建立起完善的预购商品房贷款抵押法律制度。

二、预购商品房贷款抵押的法律特征

预购商品房贷款抵押具有区别于传统民法抵押理论的法律特征。

1. 预购商品房贷款抵押应订立书面合同，该合同具有从属性。

预购商品房贷款抵押合同是商品房预售合同中的买方购房者与银行缔结的借贷合同之担保合同，它是借贷合同的从合同，以借贷合同的合法有效存在为前提，如果借贷合同无效，抵押合同当然无效。

2. 主债权的专用性。

预购商品房贷款抵押所担保的主债权是具有专项用途的，主债权只能是商品房预购人向贷款银行所借的用于支付其所预购的商品房除首期付款外的其余购房款。也就是说，预购的商品房所担保的主债权是用于支付购买该商品房的款项。从某种程度上讲，主债权与抵押物具有不可分的关联性。而传统民法抵押理论中主债权却不受此限制。

3. 抵押标的物的不特定性。

由于预购商品房贷款抵押的标的物是尚未动工兴建或正在建设的商品房，抵押标的往往是不特定的不具体的无形的“物”。这也与传统民法中抵押物的特性相冲突。

4. 抵押标的物的实质是一种期权。

由于预购商品房贷款抵押的标的物是预购的商品房，而此时抵押人所预购的商品房往往是尚未建造或正在建造，故其实质是一种期待权。它是既得权的对称。期待权的本质在于对当事人获得将来利益可能性保护。这一特性突破了传统民法抵押理论中否定以期待性利益作为抵押权标的物的旧定势，是对传统民法抵押理论的发展。

5. 抵押合同当事人的特殊性。

一般民法理论中的抵押合同，只有抵押人和抵押权人。而在预购商品房贷款抵押合同中，除了作为抵押人的预购人和作为抵押权人的贷款银行外，还存在一个特殊的人物，那就是作为商品房预售人的开发商。由于其身份的特殊，法律也对其作也了一些特殊的规定。由于抵押标的物是尚未存在的商品房，只是一种期待权，而这种期待权在将来能否及时全面地变成现实的成品房，主要取决于开发商的履约行为。只有开发商全面及时地履行合同，预购的商品房才会在合同约定的时间内变成成品房。而房地产市场是有风险的，是－种较长线的投资。期待权能否变成现实的所有权，除了开发商主观努力外，还有一些诸如政策性调整等客观因素的影响。因此，开发商不能履约的风险还是不同程度存在。因此，在预购商品房贷款抵押中，首先，开发商进行商品房预售必须符合法律规定的条件。其次，在预购商品房贷款抵押合同中，开发商往往被要求承担连带保证责任，以提高购房者、银行合法权益的保护力度。

6. 抵押标的物占用、管理人的特殊性。

对于抵押期间抵押标的物由谁占用与管理，《城市房地产抵押管理办法》只在第 36 条规定：“已作抵抑的房地产，由抵押人占用与管理。抵押人在抵押房地产占用与管理期间应当维护房地产的安全与完好。抵押权人有权按照抵押合同的规定监督、检查管理情况。”该规定没有区分预购商品房贷款抵押、成品房抵押和在建工程抵押。由于预购商品房贷款抵押期间，抵押人（预购人）所预购的商品房是尚未建造或正在建造，而在整个建造过程中，建筑物都由开发商控制，抵押人根本无法介入，更谈不上履行占用与管理义务。在预购商品贷款抵押中，若一味强求由预购人来履行占用与管理的义务，则势必造成占用管理义务人无法实际控制建筑物，而实际控制、占用建筑物的人却无须承担管理义务的现象。这是权利义务不对等的不公正的体现。从法理上讲，抵押物的“占用”与“管理”主体应该是一致的，即占用人应承担管理的义务，而不能将二者分割开。在预购商品房贷款抵押中，由于实际占用人是开发商，因此抵押标的物的管理人也应是开发商，而不应是预购商品房贷款抵押中的抵押人（预购人）。这也是对传统抵押理论的重大突破。

7. 抵押期间的阶段性。

“以预购商品房或者在建工程抵押的，登记机关应当在抵押合同上记载”。抵押房地产在抵押期间竣工的，当事人应当在抵押人领取房地产权属证书后，重新办理房地产抵押登记。因此，商品房未建成时，贷款抵押适用预购商品房贷款抵押制度。一旦商品房竣工，当事人领取了房屋产权证和土地使用权证后，抵押物即成了特定物，此时适用－般的成品房房地产抵押制度。

三、预购商品房贷款抵押的取得

抵押权的取得，是指因一定的事实或行为而获得抵押权。传统民法中，抵押权的取得方式有多种，如设定取得、法定取得和时效取得等。而具体的方式主要取决于各国立法的规定。预购商品房贷款抵押权的取得方式从其原始取得上看，只能是其中的设定取得，即通过订立预购商品房贷款抵押合同而取得抵押权。

（一）预购商品房贷款抵押合同

预购商品房贷款抵押合同必须采取书面形式订立，主要条款有：“（1）抵押人、抵押权人的名称或者个人姓名、住所；（2）主债权的种类、数额；（3）抵押房地产的处所、名称、状况、建筑面积、用地面积以及四至等；（4）抵押房地产的价值；（5）抵押房地产的占用管理人、占用管理方式、占用管理责任以及意外损毁、灭失的责任；（6）抵押期限；（7）抵押权灭失的条件；（8）违约责任；（9）争议解决方式；（10）抵押合同订立的时间与地点；（11）双方约定的其他事项。由于预购商品房贷款抵押合同是从合同，以预购商品房合同的合法有效为前提。因此，“以预购商品房贷款抵押的，须提交生效的预购房屋合同”。

预购商品房贷款抵押合同，自抵押登记之日起生效。

除法律或合同另有约定外，预购商品房贷款抵押合同的变更和解除须经预售人、购房人和银行三方同意，即抵押合同对三方均有约束力，需预售人、购房人和银行三方签名或盖章。

预购商品房贷款抵押合同的订立必须遵守我国法律、行政法规，不得损害国家利益和社会公共利益。采取欺诈、胁迫手段或者乘人之危使对方在违背真实意思的情况下所签订购抵押合同无效。

（二）预购商品房贷款抵押合同的当事人

预购商品房贷款抵押合同的当事人主要有购房人、提供贷款的银行和房地产开发商（售房人）。其中银行是抵押权人，购房人是抵押人。而开发商往往又是贷款银行与购房人之间借贷合同的保证人。

在预购商品房贷款抵押中，抵押人是购房人，而不是预售房屋的开发商（售房人）。预购商品房贷款抵押中的抵押人（预购人）应具备下列条件：有相应的民事行为能力：有正当相对固定职业；有稳定的经济收入；有在规定期限内还清购房借款的能力：交足一定比例的首期购房款；同意以预购的商品房作为贷款的抵押物；有符合条件的保证人。作为抵押权人的银行必须是经中国人民银行批准设立的商业银行和住房储蓄银行。

四、预购商品房贷陇氏押的法律效力

预购商品房贷款抵押的法律效力，是指预购商品房贷款抵押合同生效后所产生的法律后果。包括预购商品房贷款抵押权所担保的债权范围、所及的标的物范围及对当事人的权利义务关系。

（一）抵押权效力所及的标的物范围

预购商品房贷款抵押权效力所及的标的物范围，是指当抵押权人（贷款银行）实现抵押权时，抵押人的哪些东西可以被拍卖或变卖用来清偿债务。因此，抵押权效力所及的标的物范围应与抵押人就抵押物的所有权范围相一致。也因此，预购商品房贷款抵押中抵押权效力所及的标的物范围就是抵押人就其所预购的商品房所享有的全部权益。包括所预购的商品房、商品房占用范围内的土地使用权、商品房附属物（包括公摊面积范围内的权益）等。

（二）抵押权所担保的债权范围

根据民法基本原理、《中华人民共和国担保法》和《城市房地产抵押管理办法》的有关规定，预购商品房贷款抵押所担保的债权范围包括主债权、利息、延迟利息、违约金债权、损害赔偿债权、处分抵押房地产实现抵押权的费用和关于抵押权保全费用等。

（三）预购商品房贷款抵押对合同当事人的效力

预购商品房贷款抵押对合同当事人的效力主要体现为抵押合同对当事人的约束力，或者说对当事人有哪些权利义务规定。其具体内容主要体现为：

作为抵押权人的银行，有按合同约定按时提供贷款的义务，有监督贷款是否专项用于购买商品房的权利，有监督抵押物建造进展情况的权利，在抵押人不履行义务时，享有对作为抵押标的物的预购商品房依法拍卖、变卖，就所得价款优先受偿的权利。

作为抵押人的购房人，有按约享受贷款的权利，有按合同约定的还款方式及计划还本付息的义务，“借款人在偿付全部贷款前，不得再行抵押，不得出卖、交换、赠与和以其他方式转让。”抵押人领取房地产权属证书后，须重新与抵押权人办理房屋登记手续，这是预购商品房贷款抵押期间阶段性的表现。

作为预售人的开发商，有按约定全面及时交付预购商品房及商品房瑕疵担保的义务，而且在抵押期间，抵押物的占用与管理突破了应由抵押人占用与管理的传统界定，抵押物即预购人所预购的商品房的占用与管理义务应由开发商也只能由开发商累坦。抵押物的安全风险责任由开发商承担，开发商在占用与管理期间，应当维护抵押物的安全与完好，如在工程竣工验收前抵押物发生意外毁坏的，由开发商承担风险责任。相应的，预购商品房贷款抵押期间，抵押物若有约定投保的，则应由开发商负责投保，并承担保险费用。预购商品房在抵押期间竣工的，开发商应按规定为预购人办理房产登记和过户手续，将《房屋所有证》和《土地使用证》交给抵押权人收执。在抵押期间，开发商不得将已作为抵押标的物的预购商品房再次出售转让或设定抵押，不得擅自提高房价以及实施其他损害预购人合法权益的行为。

五、预购商品房贷款抵押权的实现

预购商品房贷款抵押权的实现，指抵押权人（即贷款银行）在债务人（预购人）不履行到期债务时，就预购的商品房变价或与抵押人签订合同取得抵押物所有权，而使受担保的债权得以实现的行为。

（一）抵押权实现的前提条件

抵押权的实现首先应以抵押权的有效存在为前提，即预购商品房贷款抵押合同的有效存在；其次，主债权已届清偿期而未受清偿：最后，对于主债权的未受清偿抵押权人没有过错。《城市房地产抵押管理办法》第40条规定，“债务履行期满，抵押权人未受清偿的，债务人又未能与抵押权人达成延期履行协议的；抵押人死亡、或者被宣告死亡而无人代为履行到期债务的；或者抵押人的合法继承人，受遗赠人拒绝履行到期债务的；抵押人被依法宣告解散或者破产的；抵押人违法擅自处分抵押房地产的；抵押合同约定的其他情况。”

（二）抵押权实现的方式

由于预购商品房本身的特殊性，其抵押权的实现方式有别于传统抵押权实现方式，具体如下：

1. 物上代位权的行使。

当债务人享有对第三人的权利而不行使，致使其财产发生毁损、灭失时，危害到债权的实现，债权人可以代位行使属于债务人的权利，以增加债务人的财产，从而保障债权的实现。抵押期间抵押物的风险责任是由开发商承担，发生抵押物毁灭的，抵押权人为保险金的第一受益人。

2. 与抵押人协议以抵押物折价或者以拍卖、变卖抵押物价款受偿。

在债务履行期限界满面债权未受清偿时，抵押权人可以与抵押人协议将抵押人所预购的商品房折价，将商品房所有权之期待权由抵押人转移给抵押权人，从而实现抵押权。此时可以按照抵押物自身的品质、参考市场价格进行协议，或者通过有权部门的评估确定商品房的价格。在商品房竣工后，由开发商将《房屋所有权证》和《土地使用权证》直接交给抵押权人（贷款银行）收执。在折价协议不成时，可以通过法律程序拍卖、变卖抵押物，将所得价款用于清偿债权。

法学界就抵押权的实现，还有订立“流质契约”说和“回购责任”说。但此两种观点尚未得到合法支持。

（三）分配顺序

根据《城市房地产抵押管理办法》第47条的规定，依法被处分的抵押标的物预购商品房所得的价款依下列顺序分配：“（1）支付处理抵押房地产的费用；（2）扣除抵押房地产应缴纳的税款；（3）偿付抵押权人债权本息及支付违约金；（4）赔偿由于债务人违反合同而对抵押权人造成的损害；（5）剩余金额交还抵押人。”同一预购商品房设定二个以上抵押权的，以抵押权登记的先后时间顺序为受偿顺序。处分抵押物所得金额不足以支付债务和违约金、赔偿金时，抵押权人有权向债务人赔偿不足部分。

六、预购商品房贷款抵押权的消灭

预购商品房贷款抵押权的消灭，是指作为抵押权人的贷款银行对特定的标的物享有的抵押权因一定的法律原因的出现而不复存在。一般有下列几种情况：

1. 抵押权随被担保的主债权的消灭而消灭。

预购商品房贷款抵押合同到期，抵押人如期清偿债务，抵押权人与抵押人到预购商品房所在地的房管部门和土地管理部门办理抵押登记注销手续，当事人之间因抵押合同所产生的权利义务关系依法终止，抵押权消灭。这是被担保的债权已受清偿的情况。主债权除因清偿而消灭外，还可以因为抵消、混同和债务免除等原因而消灭。

2．抵押权因实现而消灭。

（1）抵押人到期不履行义务，抵钾权人依法将抵神物拍卖、变卖，就所得价款优先受偿，权利得以实现，导致抵押权消灭。（2）抵押人到期不履行义务，抵押权人通过对抵押物的折价，办理过户手续，抵押权人的债权得到实现，抵押权消灭。

（本文摘自《律师与法制》2002年12月）

商品房预售资金监管若干法律问题

西北政法学院　赖　晖

商品房预售是房地产开发公司在房屋竣工验收和交付使用之前进行房屋销售的行为。商品房预售缓解了房地产开发商资金不足的困难，很大程度上促进了房地产市场的繁荣，因此，在房地产开发中被广泛采用。然而，近年来由于开发商自有资金不足，盲目扩大追求规模效应，将预售房款挪作其他项目使用，或者欺诈消费者将已经预售的商品房进行再抵押后携款而逃，时有出现消费者交清购房款后却不能按期入住或者无法按时办理房产证，甚至买的是无法交付的“烂尾楼盘”的现象。预售楼款监管的无政府状态所带来的危害不容忽视，对商品房预售资金监管不力严重地损害了购房者的利益，严重扰乱了房地产二级市场的秩序，已经成为困扰房地产业健康发展的一个严重问题。本文从商品房预售资金监管的主体选择和资金监管内外部法律关系分析角度出发，试图探讨一条切实可行的监管之路。

一、资金监管的主体

我国《房地产管理法》第四十四条第三款规定“商品房预售所得款项，必须用于有关的工程建设。”该法律条文笼统地规定了商品房预售资金的用途，但并没有明确规定商品房预售资金监管的主体、监管范围、监管权限、法律责任等。如果开发商将预售资金挪作他用，消费者的利益将得不到保护。因此，建立商品房预售资金的监管制度对于切实保护消费者利益和维护房地产市场秩序来说意义昭然。

商品房预售资金的监管主要是针对房地产开发商违反诚实信用义务的非理性的投资行为（例如盲目追求规模效应将预售资金挪作一级市场投资或者其他项目投资使用），这些行为的后果往往会导致消费者交付了资金却不能取得期待的房产权利。这种监管对象的重点是资质信用不高的开发商，对于资质信用良好的开发商自然没有监管的必要。因此，商品房预售资金的监管应该实行有限监管豁免的原则。笔者建议对于资质信用高的发展商，通过申请并经有关部门许可，可以实行监管豁免，这样可以大大降低监管成本和效率成本。

商品房预售资金的监管的关键是监管主体的确定问题。在这里，两个因素必须考虑，一个是专业技术问题；一个是法律责任问题。从专业技术因素上讲，一方面预售资金的监管必须由具有具备建筑工程专业知识的机构进行，做到有效地防止发展商抽逃资金，以保证工程的顺利完成。另一方面，预售商品房具有一定的融资的性质，对融通的资金的监管应该有具有相应知识能力的金融商业机构参与。对此，2002年8月开始实施的重庆市《市城镇房地产交易管理条例》规定由工程监理机构和开设预售款用账户的商业银行联合对预售资金进行监管的新制度。这种做法是可以借鉴的。就监管主体而言，前者具有建筑工程专业上的权威性，能够对工程质量和工程进度进行准确的判断，避免发展商抽逃或挪用预售资金；后者是与商品房预售有直接联系的金融机构，具有金融专业知识。银行本来就通过商品房按揭贷款加入到开发商与购房者之间的房屋买卖关系，或者以其他贷款形式与开发商建立借贷合同关系。那么，银行和购房者一样非常关心着自己的资金的效率与安全，作为自身利益的最佳判断者，银行适宜作为商品房预售资金的监管主体。由以上两者主体共同监管商品房预售资金，能切实保证工程进度，保护购房者的合法权益。

从法律责任因素上讲，一旦出现了监管者由于主观故意或者过失而发生监管不当行为，给购房者造成损失，监管机构是否承担相应的责任，承担多少责任？监管者对商品房预售资金如果监管不力，可能会使预售款被开发商挪用、欺诈套取资金；如果管得过死、管得过细造成效率不高，可能影响项目开发进度和房地产开发商的正常运营，无疑对房地产业的发展将造成一定的负面影响。因此，在赋予监管者监管职权的时候，除了明确监管者的监管职权范围和监管程序外，规定其相应的法律责任是相当必要的。笔者认为，如果因监管不当给购房者造成损失的，监管者及预售人应当承担连带赔偿责任。赋予商品房购买人由于对监管单位的信赖造成损失而请求监管者承担相应的民事赔偿责任的权利，一方面可以敦促监管者认真履行监管职责，另一方面也在一定程度上划定了商品房预售购房者的风险底线，有效地保护了购房者的期待的权利。同时我们可以借鉴香港的经验，监管者即工程监理机构和开设预售款用账户的商业银行应该购买责任保险，以便在发生过错责任时作出赔偿。这样最大限度地防范了风险，保障了消费者的合法利益。对于预售资金监管主体的民事法律责任采用的过错责任原则，是缘于商品房预售资金监管的民事主体地位。

二、对资金监管主体地位的确认

商品房预售资金监管的目的是使预售资金真正地投入到在建的商品房工程建设之中，这一行为表面上看是商品房买卖双方交易行为的延续，但是实际上是政府行政权利渗透到经济生活中的表现。然而，考虑到现今我国行政权利过于庞大，适当弱化政府权利呼声高涨的形势下，将商品房预售资金的监管权交给工程监理机构和开设预售款用账户的商业银行更有利于发挥市场主体的积极性，况且它们作为监管主体与政府监管相比较更具有优势。

由政府主管部门监管商品房预售资金，比较工程监理机构和商业银行，存在几方面不足。首先，政府监管专业知识不足，与后者比较政府缺乏相关的建筑工程和融资的专业知识。其次，政府权力过大干预过多容易产生权钱交易，孳生腐败，而且政府并没有监管的直接利益驱动，监管很可能流于形式。再次，预售资金监管既然有风险，就要有责任的承担。政府加入到商品房出卖人与买受人之间的商品交换过程中进行监管，如果监管不当，不论是积极的行为，还是消极的行为，给出卖人、买受人造成损失的，都应该无一例外地给予赔偿。但是我们应该看到政府的监管给当事人造成损害，政府承担的仅是国家赔偿责任。而在目前司法实践中，由于各种原因，要获得国家完全、有效的赔偿难度比较大。同时国家赔偿在程序上也比较复杂，难以及时给予受害人及时的全面的赔偿。因此，监管的主体必须是具有特殊民事行为能力的民事主体，强调了它必须具有平等的身份以便进入市场，签订监管契约，必须有独立的财产承担相应的民事责任。与政府比较，由工程监理机构和商业银行作为预售资金的监管者更为合适。

从制度价值取向上看，商品房预售资金监管行为是在商品房预售法律关系中对消费者的弱势群体态势的补救。那么，笔者认为理应将资金监管者与消费者的关系定位为委托代理关系。购房者作为预售房款的源予人，没有任何其他主体比其更关心预售资金的运用。但是，由于购房者过于分散、组织难度大、缺乏专业技能、时间精力有限等原因，不适宜由其直接行使监管权。那么，这时候应该由购房者委托专门的机构代为监管。

三、仍需探讨的几个问题

前文虽然分析了商品房预售资金的监管主体的选定和其特殊的民事主体地位，然而对于监管权限的具体内容和监管程序仍需要进一步的研究探讨。

监管者与开发商的其他债权人关系又应该如何处理？商品房预售资金在中介机构的监管过程中，能否对抗开发商与工程无关的其他债权人的债权吗？如果其他债权人可以申请法院采取强制措施予以冻结的话，这样的监管到底还有多大的价值意义？笔者认为，正如前文所述，资金监管者的监管权实际上源自于购房者对发展商的预售房款的所有权保留，那么从法律性质上说，该权利属于物权的性质，根据“物权优于债权”的原则，理应排除开发商其他债权人从预售资金的受偿可能。

在商品房预售资金监管法律关系中，作为法律关系主体的监管主体（工程监理机构和开设预售款用账户的商业银行）、监管相对人（开发商）可以通过签订协议来明确各自的权利义务。那么协议应该如何约定？是应该由政府有关部门制定格式合同，详细规定监管的项目、期限、预售资金的使用范围、条件、方式以及双方的其他权利义务，还是应该由监管双方当事人自由协商？如果是自由协商，在讨价还价的情况下监管权如何得以体现？理应向监管者支付的监管费用应该由谁来出？是由政府支付，发展商支付还是购房者支付？这些问题仍有待我们进一步探讨解决。

（本文摘自《律师与法制》2002年12月）

房屋权属证书印制管理办法

一、为维护房地产市场秩序，保障房地产权利人的合法权益，规范房屋权属证书的印制管理，根据《中华人民共和国城市房地产管理法》、《印刷业管理条例》、《城市房屋权属登记管理办法》，制定本办法。

二、房屋权属证书是房屋权利人依法拥有房屋所有权，并对房屋行使占有、使用、收益和处分的唯一合法凭证。

三、房屋权属证书包括《房屋所有权证》、《房屋共有权证》、《房屋他项权证》或者《房地产权证》、《房地产共有权证》、《房地产他项权证》。

四、各级建设（房地产）、出版、公安、工商行政管理部门，要各司其职、相互配合，共同负责房屋权属证书的印制管理。

五、房屋权属证书由建设部监制。承印房屋权属证书的印刷企业应是已依法取得出版行政部门核发的印刷经营许可证、公安部门核发的特种行业许可证，并依法经工商行政管理部门登记注册的企业。印刷企业经建设部统一确定后，报新闻出版总署备案。

六、各省、自治区建设行政主管部门和直辖市房地产行政主管部门要严格按照属地管理原则，将辖区内的市、县房屋权属登记发证机关名称统一报建设部，由建设部统一编制注册号。

七、房屋权属证书的委托印刷单位为省、自治区建设厅及直辖市房地产行政主管部门。

八、委托印刷单位必须持建设部出具的委托印刷证明到建设部确定的印刷企业印刷房屋权属证书。

九、承印房屋权属证书的印刷企业必须验证建设部出具的委托印刷证明，以备查验。印刷企业不得将接受委托印刷的房屋权属证书再委托他人印刷。

十、承印房屋权属证书的印刷企业不得保留房屋权属证书样本、样张，确因业务参考需要保留样本、样张的，应当征得委托印刷单位同意，在所保留房屋权属证书上加盖“样本”、“样张”戳记，并妥善保管，不得丢失。

十一、印刷企业违反本办法有关规定的，由出版行政部门、公安部门、工商行政管理部门按照《印刷业管理条例》的有关规定进行处罚。

十二、各级地方房地产行政主管部门违反本办法有关规定，擅自委托非建设部确定的印刷企业印刷并发放房屋权属证书的，依法追究有关责任人的行政责任和法律责任。

十三、本办法由建设部、新闻出版总署、公安部、国家工商行政管理总局负责解释。

十四、本办法自2002年8月1日起施行。

经济适用住房价格管理办法

第一条 为规范经济适用住房价格管理，促进经济适用住房健康发展，根据《中华人民共和国价格法》和国务院关于经济适用住房建设的规定，制定本办法。

第二条 本办法适用于在城市规划区内经济适用住房的价格管理。

第三条 本办法所称经济适用住房，是指纳入政府经济适用住房建设计划，建设用地实行行政划拨，享受政府提供的优惠政策，向城镇中低收入家庭供应的普通居民住房。

第四条 县级以上政府价格主管部门是经济适用住房价格的主管部门，依法对本地区经济适用住房价格实施管理。

县级以上政府建设主管部门应协助政府价格主管部门做好经济适用住房价格的监督和管理工作。

第五条 经济适用住房价格实行政府指导价。

制定经济适用住房价格，应当与城镇中低收入家庭经济承受能力相适应，以保本微利为原则，与同一区域内的普通商品住房价格保持合理差价，切实体现政府给予的各项优惠政策。

第六条 经济适用住房基准价格由开发成本、税金和利润三部分构成。

（一）开发成本

1.按照法律、法规规定用于征用土地和拆迁补偿等所支付的征地和拆迁安置补偿费。

2.开发项目前期工作所发生的工程勘察、规划及建筑设计、施工通水、通电、通气、通路及平整场地等勘察设计和前期工程费。

3.列入施工图预（决）算项目的主体房屋建筑安装工程费，包括房屋主体部分的土建（含桩基）工程费、水暖电气安装工程费及附属工程费。

4.在小区用地规划红线以内，与住房同步配套建设的住宅小区基础设施建设费，以及按政府批准的小区规划要求建设的不能有偿转让的非营业性公共配套设施建设费。

5.管理费按照不超过本条（一）项1～4目费用之和的2%计算。

6.贷款利息按照房地产开发经营企业为住房建设筹措资金所发生的银行贷款利息计算。

7.行政事业性收费按照国家有关规定计收。

（二）税金

依照国家规定的税目和税率计算。

（三）利润

按照不超过本条（一）项1～4目费用之和的3%计算。

第七条 下列费用不得计入经济适用住房价格：

（一）住宅小区内经营性设施的建设费用；

（二）开发经营企业留用的办公用房、经营用房的建筑安装费用及应分摊的各种费用；

（三）各种与住房开发经营无关的集资、赞助、捐赠和其他费用；

（四）各种赔偿金、违约金、滞纳金和罚款；

（五）按规定已经减免及其他不应计入价格的费用。

第八条 经济适用住房价格由有定价权的政府价格主管部门会同建设（房地产）主管部门，按照本办法有关规定，在项目开工之前确定，并向社会公布。

凡不具备在开工前确定公布新建经济适用住房价格的，以及已开发建设的商品房项目经批准转为经济适用住房项目的，房地产开发经营企业应当在经济适用住房销售前，核算住房成本并提出书面定价申请，按照价格管理权限报送有定价权的政府价格主管部门确定。

第九条 按本办法第八条第二款确定价格的，房地产开发经营企业定价申请应附以下材料：

（一）经济适用住房价格申报表和价格构成项目审核表；

（二）经济适用住房建设的立项、用地批文及规划、拆迁、施工许可证复印件；

（三）建筑安装工程预（决）算书及工程设计、监理、施工合同复印件；

（四）政府价格主管部门规定的其他应当提供的材料。

第十条 政府价格主管部门在接到房地产开发经营企业的定价申请后，应会同建设（房地产）主管部门审查成本费用，核定销售（预售）价格。对申报手续、材料齐全的，应在接到定价申请报告后30个工作日内作出制定或调整价格的决定。

第十一条 按照本办法确定或审批的经济适用住房价格，为同一期工程开发住房的基准价格。分割零售单套住房，应当以基准价格为基础，计算楼层、朝向差价。楼层、朝向差价按整幢（单元）增减的代数和为零的原则确定。

第十二条 经济适用住房价格的上浮幅度，由有定价权的政府价格主管部门在核定价格时确定，下浮幅度不限。

第十三条 经济适用住房价格经政府价格主管部门确定公布或审批后，任何单位和个人不得擅自提高。

第十四条 房地产开发经营企业销售经济适用住房，不得在批准的房价外加收任何费用或强行推销及搭售商品；凡未按本办法规定确定或审批价格的，建设主管部门或房地产管理部门不予核发销售（预售）许可证。

第十五条 房地产开发经营企业应当按照政府价格主管部门的规定实行明码标价，在销售场所显著位置公布价格主管部门批准的价格及批准文号，自觉接受社会监督。

第十六条 建立房地产开发经营企业负担卡制度。凡涉及房地产开发经营企业的建设项目收费，收费的部门和单位必须按规定在企业负担卡上如实填写收费项目、标准、收费依据、执收单位等内容，并加盖单位公章。拒绝填写或不按规定要求填写的，房地产开发经营企业有权拒交，并向政府价格主管部门举报。

第十七条 政府价格主管部门要加强对涉及房地产建设项目收费的监督检查，对不按国家及地方政府规定的经济适用住房收费政策，超标准收费以及其他乱收费行为要依法处理。

第十八条 政府价格主管部门要加强对经济适用住房价格的监督检查。房地产开发经营企业违反价格法律、法规和本办法规定的价格行为的，由政府价格主管部门依据《中华人民共和国价格法》和《价格违法行为行政处罚规定》予以处罚。

第十九条 本办法由国家计委负责解释。

第二十条 各省、自治区、直辖市政府价格主管部门可根据本办法制定实施细则，并报国家计委备案。

第二十一条 本办法自 2003 年 1 月 1 日起施行。

城市房地产抵押管理办法

第一章 总 则

第一条 为了加强房地产抵押管理，维护房地产市场秩序，保障房地产抵押当事人的合法权益，根据《中华人民共和国城市房地产管理法》、《中华人民共和国担保法》，制定本办法。

第二条 凡在城市规划区国有土地范围内从事房地产抵押活动的，应当遵守本办法。

地上无房屋（包括建筑物、构筑物及在建工程）的国有土地使用权设定抵押的，不适用本办法。

第三条 本办法所称房地产抵押，是指抵押人以其合法的房地产以不转移占有的方式向抵押权人提供债务履行担保的行为。债务人不履行债务时，债权人有权依法以抵押的房地产拍卖所得的价款优先受偿。

本办法所称抵押人，是指将依法取得的房地产提供给抵押权人，作为本人或者第三人履行债务担保的公民、法人或者其他组织。

本办法所称抵押权人，是指接受房地产抵押作为债务人履行债务担保的公民、法人或者其他组织。

本办法所称预购商品房贷款抵押，是指购房人在支付首期规定的房价款后，由贷款银行代其支付其余的购房款，将所购商品房抵押给贷款银行作为偿还贷款履行担保的行为。

本办法所称在建工程抵押，是指抵押人为取得在建工程继续建造资金的贷款，以其合法方式取得的土地使用权连同在建工程的投入资产，以不转移占有的方式抵押给贷款银行作为偿还贷款履行担保的行为。

第四条 以依法取得的房屋所有权抵押的，该房屋占用范围内的土地使用权必须同时抵押。

第五条 房地产抵押，应当遵循自愿、互利、公平和诚实信用的原则。

依法设定的房地产抵押，受国家法律保护。

第六条 国家实行房地产抵押登记制度。

第七条 国务院建设行政主管部门归口管理全国城市房地产抵押管理工作。

盛自治区建设行政主管部门归口管理本行政区域内的城市房地产抵押管理工作。

直辖市、市、县人民政府房地产行政主管部门（以下简称房地产管理部门）负责管理本行政区域内的房地产抵押管理工作。

第二章 房地产抵押权的设定

第八条 下列房地产不得设定抵押：

（一）权属有争议的房地产；

（二）用于教育、医疗、市政等公共福利事业的房地产；

（三）列入文物保护的建筑物和有重要纪念意义的其他建筑物；

（四）已依法公告列人拆迁范围的房地产；

（五）被依法查封、扣押、监管或者以其他形式限制的房地产；

（六）依法不得抵押的其他房地产。

第九条 同一房地产设定两个以上抵押权的，抵押人应当将已经设定过的抵押情况告知抵押权人。

抵押人所担保的债权不得超出其抵押物的价值。

房地产抵押后，该抵押房地产的价值大于所担保债权的余额部分，可以再次抵押，但不得超出余额部分。

第十条 以两宗以上房地产设定同一抵押权的，视为同一抵押房地产。但抵押当事人另有约定的除外。

第十一条 以在建工程已完工部分抵押的，其土地使用权随之抵押。

第十二条 以享受国家优惠政策购买的房地产抵押的，其抵押额以房地产权利人可以处分和收益的份额比例为限。

第十三条国有企业、事业单位法人以国家授予其经营管理的房地产抵押的，应当符合国有资产管理的有关规定。

第十四条 以集体所有制企业的房地产抵押的，必须经集体所有制企业职工（代表）大会通过，并报其上级主管机关备案。

第十五条 以中外合资企业、合作经营企业和外商独资企业的房地产抵押的，必须经董事会通过，但企业章程另有规定的除外。

第十六条 以有限责任公司、股份有限公司的房地产抵押的，必须经董事会或者股东大会通过，但企业章程另有规定的除外。

第十七条 有经营期限的企业以其所有的房地产设定抵押的，所担保债务的履行期限不应当超过该企业的经营期限。

第十八条 以具有土地使用年限的房地产设定抵押的，所担保债务的履行期限不得超过土地使用权出让合同规定的使用年限减去已经使用年限后的剩余年限。

第十九条 以共有的房地产抵押的，抵押人应当事先征得其他共有人的书面同意。

第二十条 预购商品房贷款抵押的，商品房开发项目必须符合房地产转让条件并取得商品房预售许可证。

第二十一条 以已出租的房地产抵押的，抵押人应当将租赁情况告知抵押权人，并将抵押情况告知承租人。原租赁合同继续有效。

第二十二条 设定房地产抵押时，抵押房地产的价值可以由抵押当事人协商议定，也可以由房地产价格评估机构评估确定。

法律、法规另有规定的除外。

第二十三条 抵押当事人约定对抵押房地产保险的，由抵押人为抵押的房地产投保，保险费由抵押人负担。抵押房地产投保的，抵押人应当将保险单移送抵押权人保管。在抵押期间，抵押权人为保险赔偿的第一受益人。

第二十四条 企业、事业单位法人分立或者合并后，原抵押合同继续有效，其权利和义务由变更后的法人享有和承担。

抵押人死亡、依法被宣告死亡或者被宣告失踪时，其房地产合法继承人或者代管人应当继续履行原抵押合同。

第三章　房地产抵押合同的订立

第二十五条　房地产抵押，抵押当事人应当签订书面抵押合同。

第二十六条　房地产抵押合同应当载明下列主要内容：

（一）抵押人、抵押权人的名称或者个人姓名、住所；

（二）主债权的种类、数额；

（三）抵押房地产的处所、名称、状况、建筑面积、用地面积以及四至等；

（四）抵押房地产的价值；

（五）抵押房地产的占用管理人、占用管理方式、占用管理责任以及意外损毁、灭失的责任；

（六）债务人履行债务的期限；

（七）抵押权灭失的条件；

（八）违约责任；

（九）争议解决方式；

（十）抵押合同订立的时间与地点；

（十一）双方约定的其他事项。

第二十七条　以预购商品房贷款抵押的，须提交生效的预购房屋合同。

第二十八条　以在建工程抵押的，抵押合同还应当载明以下内容：

（一）《国有土地使用权证》、《建设用地规划许可证》和《建设工程规划许可证》编号；

（二）已交纳的土地使用权出让金或需交纳的相当于土地使用权出让金的款额；

（三）已投入在建工程的工程款；

（四）施工进度及工程竣工日期；

（五）已完成的工作量和工程量。

第二十九条　抵押权人要求抵押房地产保险的，以及要求在房地产抵押后限制抵押人出租、转让抵押房地产或者改变抵押房地产用途的，抵押当事人应当在抵押合同中载明。

第四章　房地产抵押登记

第三十条　房地产抵押合同自签订之日起30日内，抵押当事人应当到房地产所在地的房地产管理部门办理房地产抵押登记。

第三十一条　房地产抵押合同自抵押登记之日起生效。

第三十二条　办理房地产抵押登记，应当向登记机关交验下列文件：

（一）抵押当事人的身份证明或法人资格证明；

（二）抵押登记申请书；

（三）抵押合同；

（四）《国有土地使用权证》、《房屋所有权证》或《房地产权证》，共有的房屋还必须提交《房屋共有权证》和其他共有人同意抵押的证明；

（五）可以证明抵押人有权设定抵押权的文件与证明材料；

（六）可以证明抵押房地产价值的资料；

（七）登记机关认为必要的其他文件。

第三十条登记机关应当对申请人的申请进行审核。凡权属清楚、证明材料齐全的，应当在受理登记之日起7日内决定是否予以登记，对不予登记的，应当书面通知申请人。

第三十四条　以依法取得的房屋所有权证书的房地产抵押的，登记机关应当在原《房屋所有权证》上作他项权利记载后，由抵押人收执。并向抵押权人颁发《房屋他项权证》。以预售商品房或者在建工程抵押的，登记机关应当在抵押合同上作记载。抵押的房地产在抵押期间竣工的，当事人应当在抵押人领取房地产权属证书后，重新办理房地产抵押登记。

第三十五条　抵押合同发生变更或者抵押关系终止时，抵押当事人应当在变更或者终止之日起15日内，到原登记机关办理变更或者注销抵押登记。

因依法处分抵押房地产而取得土地使用权和土地建筑物、其他附着物所有权的，抵押当事人应当自处分行为生效之日起30日内，到县级以上地方人民政府房地产管理部门申请房屋所有权转移登记，并凭变更后的房屋所有权证书向同级人民政府土地管理部门申请土地使用权变更登记。

第五章　抵押房地产的占用与管理

第三十六条　已作抵押的房地产，由抵押人占用与管理。

抵押人在抵押房地产占用与管理期间应当维护抵押房地产的安全与完好。抵押权人有权按照抵押合同的规定监督、检查抵押房地产的管理情况。

第三十七条　抵押权可以随债权转让。抵押权转让时，应当签订抵押权转让合同，并办理抵押权变更登记。抵押权转让后，原抵押权人应当告知抵押人。

经抵押权人同意，抵押房地产可以转让或者出租。

抵押房地产转让或者出租所得价款，应当向抵押权人提前清偿所担保的债权。超过债权数额的部分，归抵押人所有，不足部分由债务人清偿。

第三十八条　因国家建设需要，将已设定抵押权的房地产列入拆迁范围的，抵押人应当及时书面通知抵押权人；抵押双方可以重新设定抵押房地产，也可以依法清理债权债务，解除抵押合同。

第三十九条　抵押人占用与管理的房地产发生损毁、灭失的，抵押人应当及时将情况告知抵押权人，并应当采取措施防止损失的扩大。抵押的房地产因抵押人的行为造成损失使抵押房地产价值不足以作为履行债务的担保时，抵押权人有权要求抵押人重新提供或者增加担保以弥补不足。

抵押人对抵押房地产价值减少无过错的，抵押权人只能在抵押人因损害而得到的赔偿的范围内要求提供担保。抵押房地产价值未减少的部分，仍作为债务的担保。

第六章　抵押房地产的处分

第四十条　有下列情况之一的，抵押权人有权要求处分抵押的房地产：

（一）债务履行期满，抵押权人未受清偿的，债务人又未能与抵押权人达成延期履行协议的；

（二）抵押人死亡，或者被宣告死亡而无人代为履行到期债务的；或者抵押人的合法继承人、受遗赠人拒绝履行到期债务的；

（三）抵押人被依法宣告解散或者破产的；

（四）抵押人违反本办法的有关规定，擅自处分抵押房地产的；

（五）抵押合同约定的其他情况。

第四十一条　有本办法第四十条规定情况之一的，经抵押当事人协商可以通过拍卖等合法方式处分抵押房地产。协议不成的，抵押权人可以向人民法院提起诉讼。

第四十二条 抵押权人处分抵押房地产时，应当事先书面通知抵押人；抵押房地产为共有或者出租的，还应当同时书面通知共有人或承租人；在同等条件下，共有人或承租人依法享有优先购买权。

第四十三条 同一房地产设定两个以上抵押权时，以抵押登记的先后顺序受偿。

第四十四条 处分抵押房地产时，可以依法将土地上新增的房屋与抵押财产一同处分，但对处分新增房屋所得，抵押权人无权优先受偿。

第四十五条 以划拨方式取得的土地使用权连同地上建筑物设定的房地产抵押进行处分时，应当从处分所得的价款中缴纳相当于应当缴纳的土地使用权出让金的款额后，抵押权人方可优先受偿。

法律、法规另有规定的依照其规定。

第四十六条 抵押权人对抵押房地产的处分，因下列情况而中止：

（一）抵押权人请求中止的；

（二）抵押人申请愿意并证明能够及时履行债务，并经抵押权人同意的；

（三）发现被拍卖抵押物有权属争议的；

（四）诉讼或仲裁中的抵押房地产；

（五）其他应当中止的情况。

第四十七条 处分抵押房地产所得金额，依下列顺序分配：

（一）支付处分抵押房地产的费用；

（二）扣除抵押房地产应缴纳的税款；

（三）偿还抵押权人债权本息及支付违约金；

（四）赔偿由债务人违反合同而对抵押权人造成的损害；

（五）剩余金额交还抵押人。处分抵押房地产所得金额不足以支付债务和违约金、赔偿金时，抵押权人有权向债务人追索不足部分。

第七章 法律责任

第四十八条 抵押人隐瞒抵押的房地产存在共有、产权争议或者被查封、扣押等情况的，抵押人应当承担由此产生的法律责任。

第四十九条 抵押人擅自以出售、出租、交换、赠与或者以其他方式处分抵押房地产的，其行为无效；造成第三人损失的，由抵押人予以赔偿。

第五十条 抵押当事人因履行抵押合同或者处分抵押房地产发生争议的，可以协商解决；协商不成的，抵押当事人可以根据双方达成的仲裁协议向仲裁机构申请仲裁；没有仲裁协议的，也可以直接向人民法院提起诉讼。

第五十一条 因国家建设需要，将已设定抵押权的房地产列入拆迁范围时，抵押人违反前述第三十八条的规定，不依法清理债务，也不重新设定抵押房地产的，抵押权人可以向人民法院提起诉讼。

第五十二条 登记机关工作人员玩忽职守、滥用职权，或者利用职务上的便利，索取他人财物，或者非法收受他人财物为他人谋取利益的，依法给予行政处分；构成犯罪的，依法追究刑事责任。

第八章 附 则

第五十三条 在城市规划区外国有土地上进行房地产抵押活动的，参照本办法执行。

第五十四条 本办法由国务院建设行政主管部门负责解释。

（本文摘自 江苏信息网 2003年5月）

第五篇

房地产市场统计数据

第十六章　全国房地产开发投资统计

2003年1～2月全国房地产开发投资情况

表16-1

主要指标	实际完成（亿元）	比去年同期增长	比重（以投资总额为100）	
	自年初累计	±%	自年初累计	去年同期
投资完成额	598.26	37.0	100.0	100.0
其中：国有单位投资	87.30	7.1	14.6	19.1
商品房建设投资	408.73	43.9	68.3	66.5
土地开发投资	34.99	29.8	5.8	6.3
一、按工程用途分：				
住宅	411.03	35.4	68.7	69.5
其中：经济适用房	28.56	69.6	4.8	3.9
办公楼	24.69	26.8	4.1	4.5
商业营业用房	67.01	64.2	11.2	9.3
其它	95.53	31.3	16.0	16.6
二、按构成分：				
建筑工程	363.15	36.4	60.7	62.4
安装工程	25.67	42.9	4.3	4.2
设备工器具购置	6.68	4.1	1.1	1.5
其他费用	202.75	48.8	33.9	31.9
其中：土地购置费	132.49	64.3	22.1	18.9
计划总投资	17116.51	25.8		
本年计划投资	4465.41	33.5		
新增固定投资	234.65	113.4		

注：去年同期部分数据作了调整

2003年1～2月全国房地产开发投资资金来源

表16-2

来源种类	到位资金	比去年同期	比重（%）	
	（亿元）	增长（%）	自年初累计	去年同期
一、自年初累计资金来源合计	2386.00	40.90		
1. 上年末结余资金	1032.75	28.60		
2. 本年资金来源小计	1353.26	51.90	100.0	100.0
（1）国家预算内资金	0.99	101.00	0.1	0.1
（2）国内贷款	394.49	48.40	29.2	29.8
（3）债券	0.09			
（4）利用外资	13.95	2.46	1.0	1.5
其中：外商直接投资	9.11	23.10	0.7	0.8
（5）自筹资金	438.71	52.10	32.4	32.4
其中：自有资金	260.79	67.40	19.3	17.5
（6）其他资金	505.05	58.60	37.3	35.7
其中：定金及预收款	401.38	87.00	29.7	24.1
二、各项应付合计	247.92	36.80	100.0	100.0
其中：工程款	162.92	119.50	65.7	41.0
设备器材款	13.41	83.20	5.4	4.0

2003年1～2月全国房地产开发面积、销售情况

表16-3

主要指标	实际完成		比去年同期增减	
	自年初累计	去年同期	绝对数	±%
一、土地开发与购置情况				
1. 本年购置土地面积（万平方米）	2700.26	1511.79	1188.47	78.6
2. 完成开发土地面积（万平方米）	1270.17	703.50	566.67	80.6
二、商品房建筑、销售面积				
1. 施工面积（万平方米）	37464.59	28475.23	8989.36	31.6
其中：新开工面积（万平方米）	5615.46	3750.76	1864.70	49.7
2. 竣工面积（万平方米）	1463.71	837.34	626.37	74.8
3. 销售建筑面积（万平方米）	1560.38	923.75	636.63	68.9
三、商品房竣工价值（亿元）	199.31	102.50	96.81	94.5
四、商品房销售额（亿元）	392.42	222.86	169.56	76.1
其中：销售给个人	336.02	195.51	140.51	71.9

2003年1～3月全国房地产开发投资情况

表16-4

主要指标	实际完成（亿元）	比去年同期增长	比重（以投资总额为100）	
	自年初累计	±%	自年初累计	去年同期
投资完成额	1285.10	34.9	100.0	100.0
其中：国有单位投资	184.53	3.8	14.4	19.0
商品房建设投资	887.93	34.6	69.1	70.6
土地开发投资	74.70	37.1	5.8	5.8
一、按工程用途分：				
住宅	882.36	35.7	68.7	68.6
其中：经济适用房	66.45	32.2	5.2	5.3
办公楼	55.99	14.8	4.4	5.1
商业营业用房	141.54	38.2	11.0	10.8
其它	205.20	37.8	16.0	15.6
二、按构成分：				
建筑工程	788.21	31.1	61.3	63.8
安装工程	49.67	25.1	3.9	4.1
设备工器具购置	14.37	7.0	1.1	1.3
其他费用	432.85	48.3	33.7	30.8
其中：土地购置费	263.79	65.3	20.5	17.1
计划总投资	22339.94	21.4		
本年计划投资	6378.44	29.0		
新增固定投资	486.37	76.7		

注：房地产开发投资去年同期数按可比口径进行了调整。

2003年1～3月全国房地产开发投资资金来源

表 16-5

来源种类	到位资金	比去年同期	比重（%）	
	（亿元）	增长（%）	自年初累计	去年同期
一、自年初累计资金来源合计	3754.64	37.9		
1. 上年末结余资金	1408.11	30.5		
2. 本年资金来源小计	2346.53	43.0	100.0	100.0
（1）国家预算内资金	0.79	23.3		
（2）国内贷款	669.15	51.4	28.5	26.9
（3）债券	1.60		0.1	
（4）利用外资	27.64	0.1	1.2	1.9
其中：外商直接投资	21.99	20.7	0.9	1.1
（5）自筹资金	758.74	46.8	32.3	31.4
其中：自有资金	433.67	59.5	18.5	16.5
（6）其他资金	888.30	35.9	37.9	39.8
其中：定金及预收款	725.83	36.2	30.9	32.4
二、各项应付合计	382.19	15.8	100.0	100.0
其中：工程款	254.54	27.3	66.6	60.6
设备器材款	17.00	20.2	4.4	4.3

2003年1～3月全国房地产开发面积、销售情况

表 16-6

主要指标	实际完成		比去年同期增减	
	自年初累计	去年同期	绝对数	±%
一、土地开发与购置情况				
1. 本年购置土地面积（万平方米）	5379.72	3875.82	1503.90	38.8
2. 完成开发土地面积（万平方米）	2871.25	1723.91	1147.34	66.6
二、商品房建筑、销售面积				
1. 施工面积（万平方米）	52592.31	11808.02	11808.02	29.0
其中：新开工面积（万平方米）	10528.64	2783.66	2783.66	35.9
2. 竣工面积（万平方米）	2989.68	938.78	938.78	45.8
3. 销售建筑面积（万平方米）	3125.42	972.76	972.76	45.2
三、商品房竣工价值（亿元）	445.09	177.83	177.83	66.5
四、商品房销售额（亿元）	784.69	270.66	270.66	52.7
其中：销售给个人	695.36	262.05	262.05	60.5

2003 年 1～4 月全国房地产开发投资情况

表 16-7

主　要　指　标	实际完成（亿元）	比去年同期增长	比重（以投资总额为 100）	
	自年初累　计	± %	自年初累　计	去　年同　期
投资完成额	1980.34	33.5	100.0	100.0
其中：国有单位投资	291.69	6.2	14.7	18.6
商品房建设投资	1393.30	30.0	7.04	72.7
土地开发投资	112.59	34.5	5.7	5.7
一、按工程用途分：				
住宅	1359.02	30.8	68.6	70.1
其中：经济适用房	107.15	31.4	5.4	5.5
办公楼	90.42	19.9	4.6	5.1
商业营业用房	225.04	47.8	11.4	10.3
其它	305.86	41.4	15.4	14.6
二、按构成分：				
建筑工程	1222.82	30.5	61.7	63.2
安装工程	76.34	34.0	3.9	3.8
设备工器具购置	24.37	31.1	1.2	1.2
其他费用	656.80	39.2	33.2	31.7
其中：土地购置费	386.72	55.0	19.5	16.9
计划总投资	24755.38	19.1		
本年计划投资	7514.09	28.7		
新增固定投资	649.99	64.8		

2003 年 1～4 月全国房地产开发投资资金来源

表 16-8

来　源　种　类	到位资金	比去年同期	比重（%）	
	（亿元）	增长（%）	自年初累计	去年同期
一、自年初累计资金来源合计	5056.74	41.7		
1. 上年末结余资金	1614.08	31.2		
2. 本年资金来源小计	3442.66	47.3	100.0	100.0
（1）国家预算内资金	1.51	−10.2		0.1
（2）国内贷款	949.91	60.3	27.6	25.3
（3）债券	1.58	398.6		
（4）利用外资	66.87	58.4	1.9	1.8
其中：外商直接投资	32.66	33.0	0.9	1.1
（5）自筹资金	1063.88	43.4	30.9	31.7
其中：自有资金	596.13	54.3	17.3	16.5
（6）其他资金	1358.90	41.7	39.5	41.0
其中：定金及预收款	1129.81	43.2	32.8	33.7
二、各项应付合计	536.81	26.0	100.0	100.0
其中：工程款	354.31	28.5	66.0	64.7
设备器材款	20.81	19.2	3.9	4.1

2003年1～4月全国房地产开发面积、销售情况

表 16-9

主 要 指 标	实际完成		比去年同期增减	
	自年初累计	去年同期	绝对数	± %
一、土地开发与购置情况				
1. 本年购置土地面积（万平方米）	7693.31	5974.72	1718.59	28.8
2. 完成开发土地面积（万平方米）	3963.75	2808.26	1155.49	41.1
二、商品房建筑、销售面积				
1. 施工面积（万平方米）	61320.18	48726.94	12593.24	25.8
其中：新开工面积（万平方米）	14629.87	11108.46	3521.41	31.8
2. 竣工面积（万平方米）	4280.79	3101.81	1178.98	38.0
3. 销售建筑面积（万平方米）	4632.51	3395.57	1236.94	36.4
三、商品房竣工价值（亿元）	641.89	394.72	247.18	62.6
四、商品房销售额（亿元）	1147.43	782.74	364.68	46.6
其中：销售给个人	1038.68	682.25	356.43	52.2

2003年1～5月全国房地产开发投资情况

表 16-10

主 要 指 标	实际完成（亿元）	比去年同期增长	比重（以投资总额为100）	
	自年初累计	± %	自年初累计	去年同期
投资完成额	2801.37	32.9	100.0	100.0
其中：国有单位投资	428.35	3.1	15.3	19.7
商品房建设投资	1998.12	27.8	71.3	74.1
土地开发投资	166.63	49.8	5.9	5.3
一、按工程用途分：				
住宅	1902.94	27.1	67.9	71.0
其中：经济适用房	158.92	25.0	5.7	6.0
办公楼	134.49	28.6	4.8	5.0
商业营业用房	330.24	48.5	11.8	10.5
其它	433.70	52.4	15.5	13.5
二、按构成分：				
建筑工程	1743.65	29.6	62.2	63.8
安装工程	113.46	31.5	4.1	4.1
设备工器具购置	34.57	23.4	1.2	1.3
其他费用	909.70	40.3	32.5	30.8
其中：土地购置费	548.04	54.5	19.6	16.8
计划总投资	26876.04	21.8		
本年计划投资	8488.57	30.8		
新增固定投资	880.78	47.4		

2003年1～5月全国房地产开发投资资金来源

表16-11

来　源　种　类	到位资金（亿元）	比去年同期增长（%）	比重（%）	
			自年初累计	去年同期
一、自年初累计资金来源合计	6171.03	37.4		
1.上年末结余资金	1738.37	25.9		
2.本年资金来源小计	4432.66	42.5	100.0	100.0
（1）国家预算内资金	1.74	35.3		
（2）国内贷款	1196.92	51.3	27.0	25.4
（3）债券	0.09	-75.6		
（4）利用外资	79.33	56.3	1.8	1.6
其中：外商直接投资	44.67	46.2	1.0	1.0
（5）自筹资金	1348.82	38.6	30.4	31.3
其中：自有资金	742.84	44.6	16.8	16.5
（6）其他资金	1805.77	39.6	40.7	41.6
其中：定金及预收款	1528.09	43.0	34.5	34.4
二、各项应付合计	650.78	27.4	100.0	100.0
其中：工程款	423.96	20.6	65.1	68.8
设备器材款	28.10	34.5	4.3	4.1

2003年1～5月全国房地产开发面积、销售情况

表16-12

主　要　指　标	实际完成		比去年同期增减	
	自年初累计	去年同期	绝对数	±%
一、土地开发与购置情况				
1.本年购置土地面积（万平方米）	11280.20	7199.46	4080.74	56.7
2.完成开发土地面积（万平方米）	5390.51	3799.49	1591.02	41.9
二、商品房建筑、销售面积				
1.施工面积（万平方米）	69463.31	54241.97	15221.34	28.1
其中：新开工面积（万平方米）	18948.75	14355.81	4592.94	32.0
2.竣工面积（万平方米）	5791.34	4095.51	1695.83	41.4
3.销售建筑面积（万平方米）	6333.16	4604.85	1728.31	37.5
三、商品房竣工价值（亿元）	852.59	512.81	339.78	66.3
四、商品房销售额（亿元）	1549.95	1053.15	496.80	47.2
其中：销售给个人	1396.85	937.00	459.85	49.1

2003年1～6月全国房地产开发投资情况

表 16-13

主要指标	实际完成（亿元）	比去年同期增长	比重（以投资总额为100）	
	自年初累计	±%	自年初累计	去年同期
投资完成额	3816.81	34.0	100.0	100.0
其中：国有单位投资	580.91	3.0	15.2	19.9
商品房建设投资	2714.32	28.5	71.1	74.4
土地开发投资	232.90	46.5	6.1	5.6
一、按工程用途分：				
住宅	2586.79	28.0	67.8	71.0
其中：经济适用房	227.66	22.6	6.0	6.5
办公楼	177.21	27.9	4.6	4.9
商业营业用房	458.57	50.0	12.0	10.7
其它	594.25	55.1	15.6	13.5
二、按构成分：				
建筑工程	2369.86	29.2	62.1	64.4
安装工程	151.04	29.6	4.0	4.1
设备工器具购置	47.81	25.3	1.3	1.3
其他费用	1248.10	45.2	32.7	30.2
其中：土地购置费	750.93	60.4	19.7	16.5
计划总投资	28846.62	22.5		
本年计划投资	9456.67	32.6		
新增固定投资	1196.46	44.4		

2003年1～6月全国房地产开发投资资金来源

表 16-14

来源种类	到位资金（亿元）	比去年同期增长（%）	比重（%）	
			自年初累计	去年同期
一、自年初累计资金来源合计	7543.16	42.1		
1. 上年末结余资金	1820.34	25.4		
2. 本年资金来源小计	5722.82	48.4	100.0	100.0
（1）国家预算内资金	6.36	201.7	0.1	0.1
（2）国内贷款	1487.57	58.4	26.0	24.3
（3）债券	1.24	188.6		
（4）利用外资	94.10	45.1	1.6	1.7
其中：外商直接投资	56.49	40.3	1.0	1.0
（5）自筹资金	1718.22	42.8	30.0	31.2
其中：自有资金	922.57	42.3	16.1	16.8
（6）其他资金	2415.34	46.5	42.2	42.7
其中：定金及预收款	2013.72	50.2	35.2	34.7
二、各项应付合计	798.18	34.7	100.0	100.0
其中：工程款	515.71	32.7	64.6	65.6
设备器材款	32.87	36.4	4.1	4.1

2003 年 1～6 月全国房地产开发面积、销售情况

表 16-15

主　要　指　标	实际完成		比去年同期增减	
	自年初累计	去年同期	绝对数	± %
一、土地开发与购置情况				
1. 本年购置土地面积（万平方米）	15069.38	9739.73	5329.65	54.7
2. 完成开发土地面积（万平方米）	7143.69	5101.98	2041.71	40.0
二、商品房建筑、销售面积				
1. 施工面积（万平方米）	77582.92	60655.39	16927.53	27.9
其中：新开工面积（万平方米）	24340.89	18580.84	5760.05	31.0
2. 竣工面积（万平方米）	8187.40	5829.69	2357.71	10.4
3. 销售建筑面积（万平方米）	8672.35	6311.20	2361.15	37.4
三、商品房竣工价值（亿元）	1170.32	723.73	446.59	61.7
四、商品房销售额（亿元）	2101.77	1451.32	650.45	44.8
其中：销售给个人	1916.02	1305.57	610.45	46.8

2003 年 1～7 月全国房地产开发投资情况

表 16-16

主　要　指　标	实际完成（亿元）	比去年同期增长	比重（以投资总额为 100）	
	自年初累　计	± %	自年初累　计	去　年同　期
投资完成额	4697.89	34.1	100.0	100.0
其中：国有单位投资	696.47	1.3	14.8	19.7
商品房建设投资	3355.07	29.7	71.4	74.1
土地开发投资	283.94	42.0	6.0	5.7
一、按工程用途分：				
住宅	3199.72	28.3	68.1	71.2
其中：经济适用房	274.03	13.0	5.8	6.9
办公楼	225.78	39.7	4.8	4.6
商业营业用房	563.27	49.5	12.0	10.8
其它	709.11	50.4	15.1	13.5
二、按构成分：				
建筑工程	2936.58	30.3	62.5	64.3
安装工程	184.68	29.2	3.9	4.1
设备工器具购置	57.76	22.0	1.2	1.4
其他费用	1518.86	43.5	32.3	30.2
其中：土地购置费	913.55	56.6	19.4	16.7
计划总投资	30316.03	22.9		
本年计划投资	10101.63	33.0		
新增固定投资	1517.17	38.7		

2003年1～7月全国房地产开发投资资金来源

表16-17

来源种类	到位资金（亿元）	比去年同期增长（%）	比重（%）自年初累计	比重（%）去年同期
一、自年初累计资金来源合计	8656.82	43.3		
1. 上年末结余资金	1868.56	25.2		
2. 本年资金来源小计	6788.26	49.2	100.0	100.0
（1）国家预算内资金	2.70	−19.2		0.1
（2）国内贷款	1750.55	64.0	25.8	23.5
（3）债券	0.22	−58.1		
（4）利用外资	109.18	39.9	1.6	1.7
其中：外商直接投资	66.69	33.5	1.0	1.1
（5）自筹资金	1999.18	44.0	29.5	30.5
其中：自有资金	1088.07	44.8	16.0	16.5
（6）其他资金	2926.42	45.4	43.1	44.2
其中：定金及预收款	2437.20	47.6	35.9	36.3
二、各项应付合计	904.53	36.2	100.0	100.0
其中：工程款	598.66	33.9	66.2	67.3
设备器材款	36.82	45.9	4.1	3.8

2003年1～7月全国房地产开发面积、销售情况

表16-18

主要指标	实际完成：自年初累计	实际完成：去年同期	比去年同期增减：绝对数	比去年同期增减：±%
一、土地开发与购置情况				
1. 本年购置土地面积（万平方米）	17672.50	1194.43	5729.02	48.0
2. 完成开发土地面积（万平方米）	8526.45	6088.59	2437.86	40.0
二、商品房建筑、销售面积				
1. 施工面积（万平方米）	83423.86	65205.45	18218.41	27.9
其中：新开工面积（万平方米）	28520.07	21950.19	6569.88	29.9
2. 竣工面积（万平方米）	10367.90	7530.19	2837.44	37.7
3. 销售建筑面积（万平方米）	10657.13	7724.78	2932.35	38.0
三、商品房竣工价值（亿元）	1464.85	968.13	496.72	51.3
四、商品房销售额（亿元）	2574.92	1789.89	785.03	43.9
其中：销售给个人	2344.34	1617.36	726.98	44.9

2003年1～8月全国房地产开发投资情况

表16-19

主 要 指 标	实际完成（亿元）	比去年同期增长	比重（以投资总额为100）	
	自年初累计	±%	自年初累计	去年同期
投资完成额	5566.48	33.1	100.0	100.0
其中：国有单位投资	819.49	1.2	14.7	19.4
商品房建设投资	4000.11	28.4	71.9	74.6
土地开发投资	333.90	39.3	6.0	5.7
一、按工程用途分：				
住宅	3814.27	28.2	68.5	71.2
其中：经济适用房	332.27	13.8	6.0	7.0
办公楼	267.47	42.9	4.8	4.5
商业营业用房	666.24	45.7	12.0	10.9
其它	818.50	45.7	14.7	13.4
二、按构成分：				
建筑工程	3514.16	30.6	63.1	64.3
安装工程	219.17	28.8	3.9	4.1
设备工器具购置	71.55	25.0	1.3	1.4
其他费用	1716.59	39.4	31.6	30.2
其中：土地购置费	1079.38	50.7	19.4	17.2
计划总投资	31170.01	22.2		
本年计划投资	10605.7	33.2		
新增固定投资	1800.4	29.3		

2003年1～8月全国房地产开发投资资金来源

表16-20

来 源 种 类	到位资金（亿元）	比去年同期增长（%）	比重（%）	
			自年初累计	去年同期
一、自年初累计资金来源合计	9676.26	42.0		
1. 上年末结余资金	1910.52	25.0		
2. 本年资金来源小计	7765.75	47.0	100.0	100.0
（1）国家预算内资金	3.41	-21.5		0.1
（2）国内贷款	1940.63	58.6	25.0	23.2
（3）债券	0.24	-56.4		
（4）利用外资	121.41	35.4	1.6	1.7
其中：外商直接投资	73.04	19.2	0.9	1.2
（5）自筹资金	2288.25	43.1	29.5	30.3
其中：自有资金	1249.05	45.0	16.1	16.3
（6）其他资金	3411.81	44.2	43.9	44.8
其中：定金及预收款	2851.32	44.1	36.7	37.5
二、各项应付合计	1006.60	35.7	100.0	100.0
其中：工程款	661.40	27.0	65.7	70.2
设备器材款	40.80	39.4	4.1	3.9

2003年1～8月全国房地产开发面积、销售情况

表16-21

主 要 指 标	实际完成		比去年同期增减	
	自年初累计	去年同期	绝对数	±%
一、土地开发与购置情况				
1.本年购置土地面积（万平方米）	20191.58	13717.65	6473.93	47.2
2.完成开发土地面积（万平方米）	9828.67	6924.78	2903.89	41.9
二、商品房建筑、销售面积				
1.施工面积（万平方米）	88296.57	69132.09	19164.48	27.7
其中：新开工面积（万平方米）	32472.59	24757.37	7715.22	31.2
2.竣工面积（万平方米）	12439.98	9369.18	3070.80	32.8
3.销售建筑面积（万平方米）	12628.70	9357.57	3271.13	35.8
三、商品房竣工价值（亿元）	1756.86	1206.86	550.00	45.6
四、商品房销售额（亿元）	3058.14	2167.22	890.92	41.1
其中：销售给个人	2809.19	1957.31	851.88	43.5

2003年1～9月全国房地产开发投资情况

表16-22

主 要 指 标	实际完成（亿元）	比去年同期增长	比重（以投资总额为100）	
	自年初累计	±%	自年初累计	去年同期
投资完成额	6495.01	32.8	100.0	100.0
其中：国有单位投资	926.35	-2.0	14.3	19.3
商品房建设投资	4693.92	28.2	72.3	74.3
土地开发投资	387.48	36.3	6.0	5.8
一、按工程用途分：				
住宅	4453.10	28.0	68.6	71.2
其中：经济适用房	383.23	11.3	5.9	7.0
办公楼	307.93	39.8	4.7	4.5
商业营业用房	781.11	44.6	12.0	11.0
其它	952.87	46.6	14.7	13.3
二、按构成分：				
建筑工程	4092.36	29.6	63.0	64.6
安装工程	257.85	27.3	4.0	4.1
设备工器具购置	84.04	23.3	1.3	1.4
其他费用	2060.76	41.2	31.7	29.9
其中：土地购置费	1272.17	52.6	19.6	17.1
计划总投资	32179.66	19.4		
本年计划投资	11207.91	33.4		
新增固定投资	2202.91	33.4		

2003年1～9月全国房地产开发投资资金来源

表 16-23

来　源　种　类	到位资金	比去年同期	比重（%）	
	（亿元）	增长（%）	自年初累计	去年同期
一、自年初累计资金来源合计	10700.00	40.3		
1. 上年末结余资金	1943.02	22.8		
2. 本年资金来源小计	8837.59	46.2	100.0	100.0
（1）国家预算内资金	3.37	－25.8		0.1
（2）国内贷款	2174.43	58.3	24.6	22.7
（3）债券	0.24	-55.9		
（4）利用外资	132.92	27.3	1.5	1.7
其中：外商直接投资	81.07	14.1	0.9	1.2
（5）自筹资金	2581.55	41.1	29.2	30.3
其中：自有资金	1385.94	41.5	15.7	16.2
（6）其他资金	3945.08	44.3	44.6	45.2
其中：定金及预收款	3321.76	44.6	37.6	38.0
二、各项应付合计	1099.86	32.8	100.0	100.0
其中：工程款	739.70	27.6	67.3	70.0
设备器材款	43.02	33.0	3.9	3.9

2003年1～9月全国房地产开发面积、销售情况

表 16-24

主　要　指　标	实际完成		比去年同期增减	
	自年初累计	去年同期	绝对数	±%
一、土地开发与购置情况				
1. 本年购置土地面积（万平方米）	23082.20	15954.95	7127.25	44.7
2. 完成开发土地面积（万平方米）	11368.13	8186.27	3181.86	38.9
二、商品房建筑、销售面积				
1. 施工面积（万平方米）	93615.86	73239.07	20376.79	27.8
其中：新开工面积（万平方米）	36563.13	28031.06	8532.79	30.4
2. 竣工面积（万平方米）	15325.81	11357.48	3968.33	34.9
3. 销售建筑面积（万平方米）	15189.24	11174.13	4015.11	35.9
三、商品房竣工价值（亿元）	2242.74	1478.87	736.87	51.7
四、商品房销售额（亿元）	3736.43	2642.73	1093.70	41.4
其中：销售给个人	3449.34	2392.97	1056.37	44.1

2003年1～10月全国房地产开发投资情况

表16-25

主要指标	实际完成（亿元）	比去年同期增长	比重（以投资总额为100）	
	自年初累计	±%	自年初累计	去年同期
投资完成额	7367.08	31.3	100.0	100.0
其中：国有单位投资	1044.62	-3.7	14.2	19.3
商品房建设投资	5372.80	27.3	72.9	75.2
土地开发投资	439.63	34.8	6.0	5.8
一、按工程用途分：				
住宅	5036.00	26.1	68.4	71.1
其中：经济适用房	443.39	13.9	6.0	6.9
办公楼	347.47	36.7	4.7	4.5
商业营业用房	894.70	42.3	12.1	11.2
其它	1088.92	47.6	14.8	13.1
二、按构成分：				
建筑工程	4675.40	29.5	63.5	64.3
安装工程	297.63	25.3	4.0	4.2
设备工器具购置	96.86	17.6	1.3	1.5
其他费用	2297.19	36.5	31.2	30.0
其中：土地购置费	1424.62	49.0	19.3	17.0
计划总投资	33061.22	19.5		
本年计划投资	11670.59	32.5		
新增固定投资	2556.09	30.1		

2003年1～10月全国房地产开发投资资金来源

表16-26

来源种类	到位资金（亿元）	比去年同期增长（%）	比重（%）	
			自年初累计	去年同期
一、自年初累计资金来源合计	11800.00	40.6		
1. 上年末结余资金	1968.27	28.5		
2. 本年资金来源小计	9865.83	43.8	100.0	100.0
（1）国家预算内资金	5.30	-3.3	0.1	0.1
（2）国内贷款	2387.84	54.1	24.2	22.6
（3）债券	0.24	-56.3		
（4）利用外资	152.31	28.9	1.5	1.7
其中：外商直接投资	89.24	8.6	0.9	1.2
（5）自筹资金	2858.00	39.9	29.0	29.8
其中：自有资金	1537.75	39.8	15.6	16.0
（6）其他资金	4462.14	41.9	45.2	45.8
其中：定金及预收款	3751.46	42.2	38.0	38.4
二、各项应付合计	1204.76	32.1	100.0	100.0
其中：工程款	813.52	27.7	67.5	69.8
设备器材款	44.25	29.5	3.7	3.7

2003 年 1～10 月全国房地产开发面积、销售情况

表 16-27

主　要　指　标	实际完成		比去年同期增减	
	自年初累计	去年同期	绝对数	± %
一、土地开发与购置情况				
1. 本年购置土地面积（万平方米）	25345.94	17977.43	7368.51	41.0
2. 完成开发土地面积（万平方米）	12347.74	8853.23	3464.51	39.5
二、商品房建筑、销售面积				
1. 施工面积（万平方米）	98234.15	77005.60	21228.55	27.6
其中：新开工面积（万平方米）	40226.54	31041.71	9184.83	29.6
2. 竣工面积（万平方米）	17990.74	13493.57	4497.17	33.3
3. 销售建筑面积（万平方米）	17447.89	13021.32	4426.57	34.0
三、商品房竣工价值（亿元）	2602.61	1731.27	871.35	50.3
四、商品房销售额（亿元）	4309.46	3064.15	1245.30	40.6
其中：销售给个人	3998.52	2763.47	1235.05	44.7

2003 年 1～11 月全国房地产开发投资情况

表 16-28

主　要　指　标	实际完成（亿元）	比去年同期增长	比重（以投资总额为 100）	
	自年初累　计	± %	自年初累　计	去　年同　期
投资完成额	8284.81	32.5	100.0	100.0
其中：国有单位投资	1159.83	−4.1	14.0	19.3
商品房建设投资	6022.61	28.8	72.7	74.8
土地开发投资	499.70	37.6	6.0	5.8
一、按工程用途分：				
住宅	5646.78	27.5	68.2	70.8
其中：经济适用房	501.78	14.3	6.1	7.0
办公楼	400.58	41.5	4.8	4.5
商业营业用房	1018.49	42.5	12.3	11.4
其它	1218.96	47.1	14.7	13.2
二、按构成分：				
建筑工程	5287.95	30.9	63.8	64.6
安装工程	331.62	25.8	4.0	4.2
设备工器具购置	105.84	15.6	1.3	1.5
其他费用	2559.40	37.6	30.9	29.7
其中：土地购置费	1597.56	46.7	19.3	17.4
计划总投资	34134.69	20.1		
本年计划投资	12121.07	32.9		
新增固定投资	2991.58	24.9		

2003年1～11月全国房地产开发投资资金来源

表16-29

来源种类	到位资金（亿元）	比去年同期增长（%）	比重（%）自年初累计	比重（%）去年同期
一、自年初累计资金来源合计	12800.00	40.3		
1. 上年末结余资金	1987.75	28.4		
2. 本年资金来源小计	10800.00	42.6	100.0	100.0
（1）国家预算内资金	6.43	7.7	0.1	0.1
（2）国内贷款	2586.02	54.6	23.9	22.1
（3）债券	0.75	36.7		
（4）利用外资	164.08	28.3	1.5	1.7
其中：外商直接投资	96.45	8.4	0.9	1.2
（5）自筹资金	3131.54	40.0	29.0	29.5
其中：自有资金	1673.97	38.6	15.5	15.9
（6）其他资金	4978.29	41.0	46.1	46.6
其中：定金及预收款	4168.76	42.2	38.6	38.7
二、各项应付合计	1304.48	31.9	100.0	100.0
其中：工程款	870.06	26.3	66.7	69.7
设备器材款	50.30	38.7	3.9	3.7

2003年1～11月全国房地产开发面积、销售情况

表16-30

主要指标	实际完成 自年初累计	实际完成 去年同期	比去年同期增减 绝对数	比去年同期增减 ±%
一、土地开发与购置情况				
1. 本年购置土地面积（万平方米）	27798.41	20239.73	7558.68	37.3
2. 完成开发土地面积（万平方米）	13513.35	9739.99	3775.36	38.8
二、商品房建筑、销售面积				
1. 施工面积（万平方米）	102930.02	80879.89	22050.13	27.3
其中：新开工面积（万平方米）	43836.89	33737.44	10099.45	29.9
2. 竣工面积（万平方米）	21006.93	16290.66	4716.27	29.0
3. 销售建筑面积（万平方米）	19950.20	15117.37	4832.83	32.0
三、商品房竣工价值（亿元）	3011.81	2063.35	948.46	46.0
四、商品房销售额（亿元）	4898.86	3542.35	1356.51	38.3
其中：销售给个人	4561.24	3188.15	1373.10	43.1

2003年1~12月全国房地产开发投资情况

表16-31

主要指标	实际完成（亿元）自年初累计	比去年同期增长 ±%	比重（以投资总额为100）自年初累计	比重（以投资总额为100）去年同期
投资完成额	10106.12	29.7	100.0	100.0
其中：国有单位投资	1334.04	-2.1	13.2	17.6
商品房建设投资	7303.99	22.7	72.3	73.8
土地开发投资	713.99	29.6	7.1	7.1
一、按工程用途分：				
住宅	6782.41	28.6	67.1	68.1
其中：经济适用房	616.86	8.0	6.1	7.4
办公楼	508.64	34.2	5.0	4.9
商业营业用房	1277.48	37.6	12.6	12.0
其它	1537.59	32.0	15.2	15.0
二、按构成分：				
建筑工程	6286.08	30.6	62.2	62.1
安装工程	438.13	26.1	4.3	4.5
设备工器具购置	144.04	3.8	1.4	1.8
其他费用	3237.87	32.3	32.0	31.6
其中：土地购置费	2045.59	40.2	20.2	18.8
计划总投资	38830.22	20.7		
本年计划投资	12989.93	31.6		
新增固定投资	6030.46	23.0		

注：投资完成额增长速度和2002年年报数据相比得到的，其他数字均为快报数。

2003年1~12月全国房地产开发投资资金来源

表16-32

来源种类	到位资金（亿元）	比去年同期增长（%）	比重（%）自年初累计	比重（%）去年同期
一、自年初累计资金来源合计	15251.17	36.1		
1. 上年末结余资金	2122.96	27.8		
2. 本年资金来源小计	13128.22	37.6	100.0	100.0
（1）国家预算内资金	11.14	-6.0	0.1	0.1
（2）国内贷款	3125.14	45.4	23.8	22.5
（3）债券	0.34	-86.0		
（4）利用外资	184.45	17.9	1.4	1.6
其中：外商直接投资	114.08	0.1	0.9	1.2
（5）自筹资金	3758.24	38.1	28.6	28.5
其中：自有资金	2032.76	35.8	15.5	15.7
（6）其他资金	6048.91	34.4	46.1	47.2
其中：定金及预收款	5085.22	38.1	38.7	38.6
二、各项应付合计	1610.64	23.7	100.0	100.0
其中：工程款	1057.17	22.2	65.5	66.4
设备器材款	61.91	1.5	3.8	4.7

2003年1～12月全国房地产开发面积、销售情况

表16-33

主 要 指 标	实际完成		比去年同期增减	
	自年初累计	去年同期	绝对数	±%
一、土地开发与购置情况				
1. 本年购置土地面积（万平方米）	36965.03	30412.32	6552.71	21.5
2. 完成开发土地面积（万平方米）	20853.75	17346.79	3506.96	20.2
二、商品房建筑、销售面积				
1. 施工面积（万平方米）	116907.46	92757.02	24150.44	26.0
其中：新开工面积（万平方米）	54319.10	42259.85	12059.25	28.5
2. 竣工面积（万平方米）	39509.75	32522.78	6986.97	21.5
3. 销售建筑面积（万平方米）	32247.24	24969.27	7277.97	29.1
三、商品房竣工价值（亿元）	5237.34	3902.69	1334.65	34.2
四、商品房销售额（亿元）	7670.90	5721.22	1949.68	34.1
其中：销售给个人	7092.78	5223.32	1869.46	35.8

第十七章　各地区房地产投资与销售统计

2003 年 1～2 月各地区房地产开发投资情况

表 17-1

地　　区	投资额（亿　元）	其中：住宅	比去年同期增长（%）	其中：住宅
全国总计	598.26	411.03	37.0	35.4
（一）东部地区	438.84	308.55	35.6	36.2
北　京	42.96	20.76	−0.7	−4.2
天　津	9.57	8.06	24.6	24.5
河　北	2.75	1.24	13.4	80.3
辽　宁	5.15	4.08	97.2	127.4
上　海	63.11	50.49	20.9	22.4
江　苏	61.64	48.29	113.0	105.8
浙　江	91.74	67.52	20.8	47.9
福　建	29.37	18.85	40.7	34.2
山　东	17.68	11.79	100.5	76.1
广　东	101.89	69.07	21.4	19.1
广　西	10.54	6.27	38.3	16.4
海　南	2.43	2.13	63.2	50.5
（二）中部地区	62.78	39.96	54.8	42.7
山　西	0.97	0. 75	26.1	52.7
内蒙古				
吉　林				
黑龙江	0.28	0.18	−10.7	107.6
安　徽	17.21	11.34	106.2	89.1
江　西	9.97	5.26	106.2	123.1
河　南	9.68	7.15	16.7	23.3
湖　北	7.27	5.63	18.9	42.5
湖　南	17.39	9.66	46.5	3.7
（三）西部地区	96.65	62.52	54.1	47.7
重　庆	23.82	13.11	48.9	30.0
四　川	45.75	30.90	62.5	68.3
贵　州	7.64	4.15	99.9	75.5
云　南	9.89	7.19	42.9	27.7
西　藏				
陕　西	7.77	6.13	20.2	18.1
甘　肃	35. 04	0.53	40.3	73.2
青　海				
宁　夏	35. 27	0.18	12.6	81.4
新　疆	0.47	0.33	18.8	13.3

2003 年 1～2 月各地区房地产开发投资资金来源

表 17-2

地　区	本年资金来源小计（亿元）	国内贷款（亿元）	利用外资（亿元）	自筹资金（亿元）	其他资金（亿元）
全国总计	1353.26	394.49	13.95	438.71	505.05
（一）东部地区	1029.55	302.73	11.80	312.21	402.41
北　京	148.7	0.44	1.08	53.78	56.40
天　津	12.7	2.73	0.02	4.95	5.01
河　北	6.48	1.74		3.59	2.15
辽　宁	13.48	3.99	1.21	4.75	3.54
上　海	168.91	56.73	1.99	36.98	73.22
江　苏	120.9	2.74	0.57	39.62	41.96
浙　江	210.97	74.03	0.02	41.56	95.27
福　建	76.62	17.30	3.49	22.53	33.02
山　东	43.91	11.48	0.12	21.53	10.75
广　东	201.71	52.38	2.73	74.12	72.46
广　西	22.48	6.64	0.42	7.36	8.05
海　南	2.7	3.53	0.15	1.44	0.58
（二）中部地区	123.14	32.76	1.91	46.06	41.93
山　西	0.98	3.05		0.51	0.43
内蒙古					
吉　林					
黑龙江	0.31	5.13		0.14	0.44
安　徽	38.69	9.17	0.74	14.71	13.96
江　西	15.68	3.07	0.65	5.93	6.04
河　南	21.83	7.89	0.09	6.61	7.07
湖　北	12.35	2.13	0.10	5.97	4.11
湖　南	33.30	10.32	0.32	12.21	10.29
（三）西部地区	200.58	59.01	0.24	80.44	60.72
重　庆	53.31	13.64	0.17	24.06	15.45
四　川	83.30	27.70	0.02	31.88	23.70
贵　州	24.89	7.93	0.06	11.33	5.57
云　南	18.42	3.36		5.87	9.18
西　藏					
陕　西	16.90	5.59		5.34	5.80
甘　肃	2.66	0.65		1.27	0.75
青　海					
宁　夏	0.23	0.03		0.09	0.11
新　疆	0.86	0.12		0.59	0.15

2003年1~2月各地区房地产开发投资与销售情况

表17-3

地区	投资额（亿元）	竣工价值（亿元）	销售额（亿元）	
				销售给个人
全国总计	598.26	199.31	392.42	336.02
（一）东部地区	438.84	160.03	305.67	259.29
北京	42.96	7.44	52.95	42.29
天津	9.57	4.77	8.48	8.13
河北	2.75	1.14	0.48	0.47
辽宁	5.15	3.90	5.67	5.11
上海	63.11	18.03	55.84	41.60
江苏	61.64	8.24	28.02	24.06
浙江	91.74	30.34	43.85	42.02
福建	29.37	14.94	25.68	23.64
山东	17.68	7.31	5.56	5.13
广东	101.89	61.68	73.47	61.52
广西	10.54	1.92	5.11	4.96
海南	2.43	0.32	0.56	0.56
（二）中部地区	62.78	11.68	25.61	23.44
山西	0.97		0.05	0.05
内蒙古				
吉林				
黑龙江	0.28		2.04	1.87
安徽	17.21	4.76	7.48	6.80
江西	9.97	2.29	4.28	4.24
河南	9.68	2.34	4.64	4.15
湖北	7.27	0.71	3.48	3.35
湖南	17.39	1.58	3.63	2.97
（三）西部地区	96.65	27.60	61.14	53.29
重庆	23.82	5.94	10.81	10.20
四川	45.75	16.17	26.81	26.12
贵州	7.64	1.28	5.25	5.23
云南	9.89	2.14	9.70	7.00
西藏				
陕西	7.77	1.52	5.71	2.11
甘肃	1.04	0.46	0.68	0.51
青海				
宁夏	0.27	0.09	0.89	0.88
新疆	0.47		1.30	1.25

2003年1~2月各地区住宅投资、销售情况

表 17-4

地　　区	投资额（亿　元）	竣工价值（亿　元）	销售额（亿元）	
				销售给个人
全国总计	411.03	152.57	327.39	293.56
（一）东部地区	308.55	123.37	255.65	228.75
北　京	20.76	5.32	43.65	40.66
天　津	8.06	4.04	7.97	7.89
河　北	1.24	0.33	0.17	0.17
辽　宁	4.08	1.66	4.78	4.55
上　海	50.49	16.24	52.21	39.03
江　苏	48.29	7.09	20.91	20.47
浙　江	67.52	24.07	34.87	33.87
福　建	18.85	11.77	19.10	19.06
山　东	11.79	6.94	4.93	4.55
广　东	69.07	44.19	62.55	54.05
广　西	6.27	1.40	4.08	3.92
海　南	2.13	0.32	0.53	0.53
（二）中部地区	39.96	9.24	20.74	20.12
山　西	0.75		0.05	0.05
内蒙古				
吉　林				
黑龙江	0.18		1.52	1.49
安　徽	11.34	3.75	5.96	5.64
江　西	5.26	1.82	3.33	3.31
河　南	7.15	1.89	4.04	3.95
湖　北	5.63	0.58	3.24	3.12
湖　南	9.66	1.20	2.61	2.56
（三）西部地区	62.52	19.96	50.99	44.70
重　庆	13.11	2.51	7.87	7.83
四　川	30.90	13.49	22.16	21.76
贵　州	4.15	0.98	4.68	4.66
云　南	7.19	1.90	8.48	6.44
西　藏				
陕　西	6.13	0.57	5.39	1.79
甘　肃	0.53	0.46	0.68	0.51
青　海				
宁　夏	0.18	0.05	0.63	0.63
新　疆	0.33		1.11	1.05

2003年1～2月各地区办公楼投资、销售情况

表 17-5

地　区	投资额（亿　元）	竣工价值（亿　元）	销售额（亿元）	
				销售给个人
全国总计	24.69	6.98	18.65	3.17
（一）东部地区	19.58	5.96	17.34	2.80
北　京	5.07	0.68	7.42	0.30
天　津	0.45	0.12		
河　北	0.28	0.27	0.04	0.04
辽　宁	0.15	0.01	0.27	0.13
上　海	2.88	0.15	1.47	0.73
江　苏	1.25	0.15	3.46	0.14
浙　江	3.97	0.80	0.82	0.50
福　建	1.23	0.61	1.05	0.50
山　东	0.24	0.09	0.02	
广　东	3.96	3.07	2.78	0.47
广　西	0.08			
海　南	0.02		0.01	0.01
（二）中部地区	1.35	0.23	0.40	0.05
山　西	0.04			
内蒙古				
吉　林				
黑龙江			0.06	
安　徽	0.37	0.11	0.07	0.01
江　西	0.29	0.02	0.02	0.02
河　南	0.19		0.21	0.00
湖　北	0.09	0.10	0.04	0.02
湖　南	0.37			
（三）西部地区	3.76	0.79	0.92	0.33
重　庆	0.61	0.28	0.25	0.05
四　川	1.52	0.44	0.26	0.22
贵　州	0.47	0.01	0.01	0.01
云　南	0.76	0.05	0.35	0.00
西　藏				
陕　西	0.32	0.01		
甘　肃	0.03			
青　海				
宁　夏	0.01			
新　疆	0.03		0.05	0.05

2003年1～2月各地区商业用房投资、销售情况

表 17-6

地　区	投资额（亿　元）	竣工价值（亿　元）	销售额（亿元）	
				销售给个人
全国总计	67.01	27.21	39.56	33.81
（一）东部地区	44.37	19.74	26.54	22.77
北　京	1.69	0.59	0.40	0.40
天　津	0.63	0.48	0.51	0.25
河　北	0.44	0.54	0.27	0.26
辽　宁	0.51	1.49	0.55	0.37
上　海	4.16	0.52	1.95	1.66
江　苏	5.57	0.61	3.49	3.31
浙　江	12.54	3.08	5.64	5.14
福　建	3.86	1.91	4.74	3.14
山　东	1.87	0.24	0.60	0.56
广　东	11.91	9.89	7.44	6.46
广　西	1.02	0.39	0.94	0.94
海　南	0.17		0.02	0.02
（二）中部地区	7.33	1.98	4.31	3.20
山　西	0.07		0.01	0.01
内蒙古				
吉　林				
黑龙江	0.01		0.46	0.38
安　徽	2.31	0.85	1.35	1.14
江　西	1.50	0.43	0.89	0.87
河　南	0.75	0.45	0.39	0.20
湖　北	0.57	0.03	0.20	0.20
湖　南	2.12	0.23	1.02	0.41
（三）西部地区	15.30	5.49	8.70	7.84
重　庆	3.15	2.94	2.53	2.20
四　川	8.40	1.99	4.32	4.07
贵　州	1.29	0.27	0.47	0.45
云　南	1.04	0.18	0.79	0.54
西　藏				
陕　西	0.81	0.07	0.32	0.32
甘　肃	0.09			
青　海				
宁　夏	0.05	0.03	0.13	0.12
新　疆	0.11		0.14	0.14

2003年1～3月各地区房地产开发投资情况

表 17-7

地　　区	投资额（亿　元）	其中：住宅	比去年同期增长（%）	其中：住宅
全国总计	1285.10	882.36	34.9	35.7
（一）东部地区	964.37	679.06	35.3	37.3
北　京	118.01	65.98	20.2	35.1
天　津	30.49	24.80	50.1	55.2
河　北	20.63	11.63	33.5	52.2
辽　宁	20.63	15.60	66.2	71.1
上　海	139.78	108.67	29.6	25.9
江　苏	131.23	98.73	98.9	97.3
浙　江	151.43	109.35	37.5	32.7
福　建	55.31	34.42	33.3	21.0
山　东	57.35	40.35	67.9	63.9
广　东	221.45	156.95	13.5	17.5
广　西	14.80	9.70	62.7	86.0
海　南	3.27	2.89	30.1	26.1
（二）中部地区	141.77	90.20	41.7	35.8
山　西	5.59	2.93	80.4	76.1
内蒙古	0.80	0.25	63.1	52.4
吉　林	0.12	0.12	25.4	210.8
黑龙江	1.12	0.67	－12.7	－2.2
安　徽	33.69	23.51	54.6	75.7
江　西	21.98	11.87	70.3	84.4
河　南	21.66	15.99	17.2	23.2
湖　北	22.85	16.89	17.3	8.9
湖　南	33.94	17.97	51.3	15.6
（三）西部地区	178.96	113.10	47.1	41.6
重　庆	43.73	23.29	41.3	28.6
四　川	81.70	54.73	64.0	72.6
贵　州	15.45	9.01	52.5	39.4
云　南	14.38	9.74	16.3	－5.8
西　藏				
陕　西	16.31	11.90	18.2	6.8
甘　肃	3.23	1.57	64.6	37.2
青　海	1.23	0.91	8.1	220.0
宁　夏	1.86	1.20	192.2	299.3
新　疆	1.07	0.74	74.8	110.3

2003年1~3月各地区房地产开发投资资金来源

表 17-8

地　区	本年资金来源小计（亿元）	国内贷款（亿元）	利用外资（亿元）	自筹资金（亿元）	其他资金（亿元）
全国总计	2346.53	669.15	27.94	758.74	888.30
（一）东部地区	1798.68	522.25	22.73	546.76	706.47
北　京	323.32	92.18	1.31	91.87	137.97
天　津	48.26	13.24	0.02	21.25	13.76
河　北	30.67	6.71	0.08	14.00	9.87
辽　宁	4.86	10.34	1.82	16.38	12.33
上　海	244.98	67.76	6.00	80.59	90.63
江　苏	226.02	80.49	3.54	62.36	79.63
浙　江	308.25	107.04	0.25	61.82	139.05
福　建	107	25.46	4.07	28.90	48.19
山　东	109.94	26.26	0.90	49.76	33.02
广　东	323.97	83.17	4.16	108.61	128.04
广　西	32.11	9.06	0.44	9.59	13.02
海　南	3.31	0.53	0.15	1.64	0.98
（二）中部地区	232.97	59.17	4.87	91.74	76.95
山　西	7.95	1.87		3.80	2.29
内蒙古	2.18	0.29		1.70	0.18
吉　林	1.22			1.02	0.20
黑龙江	1.27	0.18		0.80	0.28
安　徽	58.27	14.11	0.96	22.58	20.61
江　西	33.34	6.24	2.43	13.16	11.42
河　南	36.85	12.22	0.09	11.40	13.13
湖　北	31.51	4.88	0.17	15.48	10.39
湖　南	60.29	19.19	1.22	21.79	17.91
（三）西部地区	314.88	87.72	0.33	120.24	104.89
重　庆	74.32	18.59	0.17	31.13	24.43
四　川	125.10	37.82	0.02	44.53	42.72
贵　州	33.28	8.87	0.06	14.28	10.05
云　南	25.48	4.29		8.15	13.04
西　藏					
陕　西	37.61	12.82	0.09	14.20	8.84
甘　肃	9.02	2.55		4.13	2.24
青　海	1.51	0.24		0.67	0.61
宁　夏	5.08	2.22		1.12	1.74
新　疆	3.48	0.32		2.04	1.12

2003年1～3月各地区房地产开发投资与销售情况

表 17-9

地　区	投资额（亿　元）	竣工价值（亿　元）	销售额（亿元）	
				销售给个人
全国总计	1285.1	445.09	784.69	695.36
（一）东部地区	946.37	362.94	628.50	551.78
北　京	118.01	28.13	126.36	99.19
天　津	30.49	11.53	24.27	23.67
河　北	20.63	4.75	7.71	7.08
辽　宁	20.63	8.20	25.67	21.79
上　海	139.78	39.00	104.24	96.45
江　苏	131.23	24.48	63.12	56.16
浙　江	151.43	44.26	71.56	68.69
福　建	55.31	21.06	35.82	33.72
山　东	57.35	15.76	29.83	25.29
广　东	221.45	157.74	130.90	110.79
广　西	14.80	3.38	8.04	7.96
海　南	3.27	0.65	1.00	1.00
（二）中部地区	141.77	34.32	66.67	61.29
山　西	5.59	1.23	2.12	1.85
内蒙古	0.80		2.46	2.43
吉　林	0.12	0.10	1.46	1.46
黑龙江	1.12	0.08	6.36	5.76
安　徽	33.69	10.70	13.98	13.11
江　西	21.98	4.31	7.04	6.96
河　南	21.66	5.41	10.82	9.65
湖　北	22.85	4.14	8.89	8.30
湖　南	33.94	8.34	13.53	11.77
（三）西部地区	178.96	49.84	89.52	82.28
重　庆	43.73	12.69	22.41	20.02
四　川	81.7	26.05	33.56	32.41
贵　州	15.45	2.38	7.03	6.79
云　南	14.38	3.88	10.71	9.34
西　藏				
陕　西	16.31	1.58	8.56	7.18
甘　肃	3.23	0.77	1.84	1.49
青　海	1.23		0.41	
宁　夏	1.86	0.61	2.21	2.14
新　疆	1.07	1.88	2.79	2.74

2003年1～3月各地区住宅投资、销售情况

表 17-10

地　　区	投资额（亿　元）	竣工价值（亿　元）	销售额（亿元）	
				销售给个人
全国总计	882.36	350.57	650.39	604.91
（一）东部地区	679.06	287.75	526.97	487.36
北　京	65.98	22.26	108.11	95.60
天　津	24.80	10.78	23.13	22.96
河　北	11.63	2.97	6.77	6.20
辽　宁	15.60	3.83	20.99	20.23
上　海	108.67	36.24	94.71	90.28
江　苏	98.67	19.85	47.55	46.02
浙　江	109.35	34.59	55.62	54.56
福　建	34.52	15.58	26.82	26.75
山　东	40.35	13.32	25.88	21.73
广　东	156.95	124.64	109.95	95.67
广　西	9.70	2.72	6.47	6.40
海　南	2.89	0.65	0.97	0.97
（二）中部地区	90.20	27.36	51.99	49.24
山　西	2.93	0.47	1.80	1.61
内蒙古	0.25		1.29	1.29
吉　林	0.12	0.03	1.24	1.24
黑龙江	0.67	0.06	3.68	3.48
安　徽	23.51	8.36	11.02	10.60
江　西	11.87	3.30	5.35	5.29
河　南	15.99	4.36	9.51	8.75
湖　北	16.89	3.58	8.06	7.73
湖　南	17.97	7.20	10.05	9.25
（三）西部地区	113.10	35.47	71.43	68.30
重　庆	23.29	6.24	15.46	15.24
四　川	54.73	21.38	27.38	26.69
贵　州	9.01	1.76	5.95	5.93
云　南	9.74	3.10	8.96	8.30
西　藏				
陕　西	11.90	0.60	7.65	6.87
甘　肃	1.57	0.75	1.61	1.32
青　海	0.91		0.41	
宁　夏	1.20	0.41	1.54	1.53
新　疆	0.74	1.23	2.48	2.42

2003年1~3月各地区办公楼投资、销售情况

表 17-11

地　区	投资额（亿　元）	竣工价值（亿　元）	销售额（亿元）	
				销售给个人
全国总计	55.99	14.24	32.75	6.35
（一）东部地区	44.86	11.81	29.87	5.26
北　京	11.01	1.88	10.66	0.54
天　津	0.83	0.15	0.37	
河　北	0.62	0.29	0.07	0.05
辽　宁	0.50	2.02	3.03	0.18
上　海	8.18	0.28	3.41	1.31
江　苏	3.73	1.42	4.68	0.69
浙　江	8.37	1.36	1.91	0.79
福　建	1.78	0.58	1.26	0.67
山　东	1.13	0.29	0.09	0.01
广　东	8.55	3.55	4.36	1.00
广　西	0.10		0.02	0.02
海　南	0.05		0.01	0.01
（二）中部地区	3.69	1.40	0.89	0.38
山　西	0.29	0.38	0.01	0.01
内蒙古	0.07		0.04	
吉　林				
黑龙江	0.03		0.08	0.03
安　徽	0.85	0.75	0.38	0.30
江　西	0.42	0.02	0.02	0.02
河　南	0.60			
湖　北	0.40	0.21	0.14	0.02
湖　南	1.03	0.04	0.01	
（三）西部地区	7.44	1.04	1.98	0.71
重　庆	1.35	0.37	0.59	0.33
四　川	3.61	0.57	0.36	0.17
贵　州	0.76	0.07	0.05	0.04
云　南	0.47	0.01	0.33	
西　藏				
陕　西	0.98	0.01	0.42	
甘　肃	0.08		0.07	0.02
青　海	0.03			
宁　夏	0.11		0.06	0.05
新　疆	0.05		0.10	0.10

2003年1～3月各地区商业用房投资、销售情况

表17-12

地　区	投资额（亿　元）	竣工价值（亿　元）	销售额（亿元）	
				销售给个人
全国总计	141.54	60.24	89.94	74.24
（一）东部地区	95.93	43.83	61.38	50.35
北　京	3.88	1.04	5.52	1.53
天　津	1.98	0.47	0.75	0.69
河　北	4.22	1.15	0.87	0.84
辽　宁	2.44	1.61	1.49	1.22
上　海	10.36	1.04	5.12	3.92
江　苏	14.52	2.63	10.02	9.11
浙　江	22.77	5.17	11.08	10.45
福　建	5.87	3.66	6.79	5.51
山　东	8.21	1.89	3.75	3.43
广　东	20.02	24.66	14.55	12.22
广　西	1.46	0.52	1.43	1.42
海　南	0.21		0.03	0.03
（二）中部地区	18.31	5.08	13.40	11.39
山　西	1.49	0.37	0.31	0.22
内蒙古	0.08		1.06	1.06
吉　林	0.01	0.07	0.21	0.21
黑龙江	0.16	0.02	2.57	2.23
安　徽	4.81	1.49	2.44	2.18
江　西	3.14	0.96	1.62	1.60
河　南	2.23	1.05	1.09	0.89
湖　北	1.26	0.23	0.66	0.52
湖　南	5.14	0.90	3.45	2.50
（三）西部地区	27.30	11.33	15.16	12.49
重　庆	6.61	5.52	6.01	4.14
四　川	14.08	3.77	5.66	5.40
贵　州	2.62	0.54	0.91	0.89
云　南	1.47	0.62	1.33	0.98
西　藏				
陕　西	1.49	0.11	0.40	0.31
甘　肃	0.37	0.01	0.17	0.15
青　海	0.06			
宁　夏	0.39	0.12	0.48	0.43
新　疆	0.21	0.65	0.20	0.20

2003年1～4月各地区房地产开发投资情况

表 17-13

地　区	投资额（亿　元）	其中：住宅	比去年同期增长（%）	其中：住宅
全国总计	1980.34	1359.02	33.5	30.8
（一）东部地区	1481.13	1043.78	30.1	28.7
北　京	195.13	111.19	8.2	6.7
天　津	46.12	36.24	41.1	45.7
河　北	41.61	26.04	50.9	77.9
辽　宁	52.06	35.56	42.3	34.4
上　海	240.60	189.94	25.6	24.2
江　苏	191.70	144.25	88.3	86.2
浙　江	210.14	151.66	25.9	30.8
福　建	77.83	49.00	37.0	27.4
山　东	97.93	67.07	54.7	42.1
广　东	296.99	213.05	10.5	10.4
广　西	25.53	15.97	31.7	31.4
海　南	4.62	3.81	20.3	11.3
（二）中部地区	230.17	145.05	53.2	48.4
山　西	12.41	6.09	85.8	52.9
内蒙古	3.93	2.60	46.5	133.1
吉　林	3.96	2.94	32.2	44.0
黑龙江	6.44	4.03	19.1	48.4
安　徽	47.45	32.84	55.8	69.4
江　西	33.05	18.41	95.8	104.8
河　南	36.35	26.32	25.2	24.8
湖　北	33.95	24.88	19.0	11.4
湖　南	52.63	26.93	90.6	67.6
（三）西部地区	269.04	170.19	44.2	36.6
重　庆	62.52	33.34	42.0	26.4
四　川	111.32	75.44	54.2	56.4
贵　州	21.77	12.44	42.1	28.6
云　南	23.61	16.52	31.8	16.7
西　藏	0.30	0.17	11.9	400.0
陕　西	26.29	18.74	24.3	11.7
甘　肃	6.13	3.96	60.7	40.3
青　海	3.15	2.12	12.5	62.1
宁　夏	6.11	3.54	63.4	76.9
新　疆	7.48	3.92	46.4	13.3

2003年1～4月各地区房地产开发投资资金来源

表17-14

地　区	本年资金来源小计（亿元）	国内贷款（亿元）	利用外资（亿元）	自筹资金（亿元）	其他资金（亿元）
全国总计	3442.66	949.91	66.87	1063.88	1358.90
（一）东部地区	2665.14	760.85	60.28	763.12	1079.98
北　京	454	140.62	22.01	112.49	178.98
天　津	81.38	26.98	0.02	31.26	23.12
河　北	55.27	11.80	0.79	24.87	17.40
辽　宁	90.43	26.87	1.97	35.49	26.10
上　海	467.89	109.76	11.21	144.88	202.10
江　苏	301.89	101.24	6.02	78.99	115.67
浙　江	389.76	135.67	0.27	76.90	176.81
福　建	138.29	30.60	5.16	36.25	65.90
山　东	170.77	39.08	1.46	67.73	62.51
广　东	463.29	122.74	10.51	139.70	190.35
广　西	47.65	14.72	0.65	12.27	20.01
海　南	4.48	0.78	0.22	2.29	1.19
（二）中部地区	340.51	78.26	6.19	138.31	117.29
山　西	20.06	4.86		8.09	7.11
内蒙古	5.77	1.07		3.92	0.78
吉　林	7.54	0.44		3.74	3.37
黑龙江	6.08	0.55	0.01	3.84	2.40
安　徽	72.54	16.13	1.01	28.34	27.05
江　西	43.84	8.52	2.93	16.77	15.62
河　南	53.78	14.77	0.53	18.34	19.96
湖　北	45.33	7.93	0.39	20.48	16.47
湖　南	84.85	23.98	1.31	34.80	24.54
（三）西部地区	437.01	110.80	0.40	162.45	161.63
重　庆	99.71	24.48	0.23	37.69	37.31
四　川	166.63	44.14	0.03	57.72	64.74
贵　州	39.61	9.75	0.06	16.57	13.24
云　南	37.54	6.64		10.93	19.96
西　藏					
陕　西	51.98	15.00	0.09	22.00	13.22
甘　肃	15.00	3.42		6.59	4.96
青　海	4.36	0.81		2.24	1.31
宁　夏	9.28	3.76		2.45	3.06
新　疆	12.91	2.81		6.25	3.85

2003年1~4月各地区房地产开发投资与销售情况

表17-15

地区	投资额（亿元）	竣工价值（亿元）	销售额（亿元）	
				销售给个人
全国总计	1980.34	641.89	1147.43	1038.68
（一）东部地区	1481.13	508.27	895.49	805.14
北京	195.99	35.62	167.55	140.19
天津	46.12	23.63	33.12	32.38
河北	41.61	8.26	16.44	15.78
辽宁	52.06	9.88	40.68	36.71
上海	240.6	65.50	169.76	159.23
江苏	191.70	32.99	80.57	73.64
浙江	210.14	59.21	93.66	87.91
福建	77.83	26.29	42.40	39.79
山东	97.93	22.46	44.95	38.46
广东	296.99	217.07	187.68	162.55
广西	25.53	6.72	16.70	16.58
海南	4.62	0.65	1.99	1.90
（二）中部地区	230.17	56.32	111.55	102.96
山西	12.41	2.74	4.02	3.33
内蒙古	3.93	0.03	3.52	3.48
吉林	3.96	0.21	5.32	5.32
黑龙江	6.44	3.22	14.76	14.24
安徽	47.45	13.46	17.95	16.88
江西	33.05	7.63	11.69	11.58
河南	36.35	9.08	16.08	14.72
湖北	33.95	6.39	14.34	13.49
湖南	52.63	13.58	23.87	19.93
（三）西部地区	269.04	77.30	140.38	130.58
重庆	62.52	17.38	30.95	28.37
四川	111.32	41.24	51.57	49.30
贵州	21.77	2.82	10.85	10.65
云南	23.61	7.27	13.20	11.48
西藏	0.30			
陕西	26.29	2.28	15.64	13.98
甘肃	6.13	1.44	3.19	2.23
青海	3.51	.	0.49	0.49
宁夏	6.11	0.91	4.21	3.87
新疆	7.48	3.96	10.29	10.21

2003年1～4月各地区住宅投资、销售情况

表17-16

地　区	投资额（亿　元）	竣工价值（亿　元）	销售额（亿元）	
				销售给个人
全国总计	1359.02	509.18	954.04	905.94
（一）东部地区	1043.78	407.63	754.40	714.71
北　京	111.19	29.90	148.91	135.63
天　津	36.24	22.80	31.76	31.46
河　北	26.04	5.67	15.00	14.42
辽　宁	35.56	4.65	33.75	32.98
上　海	189.94	58.19	150.56	150.41
江　苏	144.25	26.57	61.62	60.43
浙　江	151.66	46.16	70.00	68.64
福　建	49.00	19.86	31.55	31.18
山　东	67.07	18.96	38.96	33.13
广　东	213.05	168.87	157.55	141.78
广　西	15.97	5.34	12.93	12.83
海　南	3.81	0.65	1.82	1.82
（二）中部地区	145.05	43.47	86.45	82.41
山　西	6.09	1.97	3.14	2.88
内蒙古	2.60		2.14	2.13
吉　林	2.94	0.14	4.63	4.63
黑龙江	4.03	3.00	10.45	10.34
安　徽	32.84	10.01	14.00	13.48
江　西	18.41	5.10	8.14	8.05
河　南	26.32	7.27	14.62	13.67
湖　北	24.88	5.66	13.27	12.71
湖　南	26.93	10.32	16.07	14.52
（三）西部地区	170.19	58.09	113.18	108.82
重　庆	33.34	9.59	21.65	21.33
四　川	75.44	34.44	41.96	40.05
贵　州	12.44	2.09	9.48	9.33
云　南	16.52	5.70	10.86	10.09
西　藏	0.17			
陕　西	18.74	1.13	13.73	12.95
甘　肃	3.96	1.41	2.78	2.00
青　海	2.12		0.44	0.44
宁　夏	3.54	0.47	2.85	2.82
新　疆	3.92	3.25	9.42	9.36

2003年1～4月各地区办公楼投资、销售情况

表 17-17

地　区	投资额（亿　元）	竣工价值（亿　元）	销售额（亿元）	
				销售给个人
全国总计	90.42	20.78	45.94	11.68
（一）东部地区	73.53	17.48	41.84	9.97
北　京	22.31	0.70	10.19	0.67
天　津	1.57	0.15	0.48	0.11
河　北	1.66	0.29	0.07	0.05
辽　宁	0.99	2.03	3.07	0.22
上　海	12.61	0.57	10.39	2.04
江　苏	5.68	1.87	5.02	1.01
浙　江	10.93	2.51	3.26	1.09
福　建	2.39	0.75	1.42	0.75
山　东	4.43	0.32	0.20	0.01
广　东	10.55	8.22	7.38	3.75
广　西	0.33	0.08	0.26	0.26
海　南	0.09		0.10	0.01
（二）中部地区	5.56	1.74	1.14	0.55
山　西	0.71	0.38	0.01	0.01
内蒙古	0.13		0.04	
吉　林	0.07			
黑龙江	0.12		0.08	0.03
安　徽	1.37	0.80	0.44	0.30
江　西	0.56	0.02	0.02	0.02
河　南	0.80	0.17	0.21	
湖　北	0.58	0.22	0.14	0.02
湖　南	1.22	0.14	0.20	0.17
（三）西部地区	11.32	1.56	2.96	1.16
重　庆	1.87	0.45	0.72	0.39
四　川	4.09	0.78	0.40	0.18
贵　州	0.97	0.08	0.06	0.04
云　南	1.10	0.02	0.40	
西　藏				
陕　西	2.00	0.03	0.93	0.32
甘　肃	0.11	0.02	0.11	0.03
青　海	0.37		0.04	0.04
宁　夏	0.27	0.18	0.19	0.05
新　疆	0.55		0.11	0.11

2003年1~4月各地区商业营业用房投资、销售情况

表 17-18

地　区	投资额（亿　元）	竣工价值（亿　元）	销售额（亿元）	
				销售给个人
全国总计	225.04	82.07	133.65	109.50
（一）东部地区	146.28	57.41	87.34	70.39
北　京	6.91	1.07	5.88	1.89
天　津	3.23	0.55	0.87	0.81
河　北	6.28	1.96	1.36	1.30
辽　宁	9.33	2.01	3.60	3.25
上　海	15.40	3.15	7.49	6.19
江　苏	20.86	3.27	12.95	11.76
浙　江	33.01	6.69	17.03	14.88
福　建	8.30	4.27	8.74	7.33
山　东	14.83	2.87	5.60	5.15
广　东	24.87	30.42	20.22	14.71
广　西	2.74	0.88	3.06	3.05
海　南	0.51		0.08	0.08
（二）中部地区	35.05	9.91	23.33	19.48
山　西	3.48	0.38	0.86	0.44
内蒙古	0.61	0.03	1.27	1.27
吉　林	0.88	0.07	0.66	0.66
黑龙江	1.49	0.12	4.06	3.70
安　徽	7.54	2.50	3.35	3.05
江　西	5.20	2.47	3.48	3.46
河　南	5.52	1.59	1.24	1.03
湖　北	2.08	0.31	0.88	0.71
湖　南	8.26	2.44	7.52	5.16
（三）西部地区	43.70	14.75	22.99	19.62
重　庆	9.38	6.66	8.20	6.32
四　川	20.11	5.29	8.94	8.34
贵　州	3.62	0.63	1.16	1.14
云　南	2.85	1.08	1.79	1.31
西　藏				
陕　西	2.58	0.18	0.80	0.71
甘　肃	0.77	0.01	0.30	0.20
青　海	0.27		0.01	0.01
宁　夏	1.84	0.18	1.04	0.86
新　疆	2.24	0.71	0.74	0.73

2003年1～5月各地区房地产开发投资情况

表 17-19

地　区	投资额（亿　元）	其中：住宅	比去年同期增长（%）	其中：住宅
全国总计	2801.37	1902.94	32.9	27.1
（一）东部地区	2074.04	1446.18	27.3	23.3
北　京	285.89	158.34	12.6	2.8
天　津	64.35	47.56	39.0	33.8
河　北	56.55	35.90	26.1	39.9
辽　宁	108.27	72.87	53.5	46.1
上　海	332.38	258.17	18.5	14.5
江　苏	252.25	188.12	67.0	62.2
浙　江	276.37	199.66	39.1	32.3
福　建	103.68	66.25	40.2	32.5
山　东	148.59	104.67	50.5	44.3
广　东	403.87	287.17	6.4	5.6
广　西	35.40	21.94	36.5	28.4
海　南	6.42	5.53	33.1	28.1
（二）中部地区	341.60	213.70	55.6	47.3
山　西	16.48	8.55	63.1	33.1
内蒙古	15.89	7.83	117.2	98.5
吉　林	15.33	10.12	21.3	13.0
黑龙江	19.11	11.25	31.8	30.4
安　徽	63.35	43.31	58.4	66.5
江　西	43.47	25.18	99.2	112.2
河　南	49.81	36.48	23.2	22.0
湖　北	47.20	33.81	26.8	15.4
湖　南	70.99	37.71	99.6	85.5
（三）西部地区	385.73	243.06	48.5	36.6
重　庆	81.22	44.71	41.8	27.8
四　川	146.32	99.74	51.3	49.5
贵　州	29.31	16.68	44.7	29.4
云　南	33.63	20.77	41.8	9.6
西　藏	0.33	0.19	−9.7	50.7
陕　西	46.56	32.56	56.3	34.7
甘　肃	12.89	8.45	60.3	49.3
青　海	5.80	3.50	28.3	42.2
宁　夏	12.23	7.36	70.5	73.1
新　疆	17.45	9.11	46.2	12.0

2003年1～5月各地区房地产开发投资资金来源

表 17-20

地　区	本年资金来源小计（亿元）	国内贷款（亿元）	利用外资（亿元）	自筹资金（亿元）	其他资金（亿元）
全国总计	4432.66	1196.92	79.33	1348.82	1805.77
（一）东部地区	3390.10	952.59	70.03	942.81	1423.83
北　京	562.41	174.06	22.86	137.08	228.41
天　津	104.7	31.06	0.02	40.49	33.13
河　北	74.4	13.39	0.79	31.83	27.99
辽　宁	154.32	48.75	2.39	60.38	42.77
上　海	575.41	141.81	13.47	171.06	249.07
江　苏	373.42	125.23	5.60	94.21	148.38
浙　江	473.45	160.52	0.72	89.65	222.46
福　建	171.03	37.36	5.80	43.00	84.57
山　东	223.14	49.05	2.46	85.83	85.78
广　东	612.23	152.34	14.91	172.19	272.78
广　西	59.41	19.83	0.79	13.63	27.15
海　南	6.2	1.19	0.22	3.46	1.33
（二）中部地区	472.39	101.26	8.30	198.47	163.62
山　西	24.43	6.27	0.05	9.87	8.24
内蒙古	18.05	3.27	0.04	11.27	3.47
吉　林	21.27	2.13	0.00	11.91	7.24
黑龙江	29.23	2.97	0.07	19.95	6.23
安　徽	90.45	19.80	1.35	34.38	34.90
江　西	53.45	10.45	3.49	19.90	19.61
河　南	67.21	16.90	0.53	22.48	27.12
湖　北	64.66	10.88	0.51	27.61	25.55
湖　南	103.64	28.59	2.25	41.10	31.26
（三）西部地区	570.17	143.08	1.00	207.54	218.32
重　庆	121.43	28.88	0.23	44.67	47.65
四　川	201.30	48.71	0.03	70.88	81.68
贵　州	48.45	10.56	0.48	19.44	17.97
云　南	54.66	14.28	0.08	13.48	26.82
西　藏	0.58	0.20	0.00	0.28	0.10
陕　西	74.34	26.63	0.18	30.59	19.75
甘　肃	20.88	4.53	0.00	8.28	8.02
青　海	6.82	1.31	0.00	3.64	1.87
宁　夏	15.10	5.18	0.00	4.67	5.25
新　疆	26.61	5.78	0.00	11.62	9.21

2003年1～5月各地区房地产开发投资与销售情况

表17-21

地　区	投资额（亿　元）	竣工价值（亿　元）	销售额（亿元）	
				销售给个人
全国总计	2801.37	852.59	1549.95	1396.85
（一）东部地区	2074.04	667.83	1206.54	1075.49
北　京	285.89	51.95	201.80	171.49
天　津	64.35	33.13	51.76	50.59
河　北	56.55	10.41	21.27	19.66
辽　宁	108.27	20.08	55.94	52.47
上　海	332.38	85.06	222.15	184.64
江　苏	252.25	45.91	117.34	110.69
浙　江	276.37	85.78	135.92	128.22
福　建	103.68	36.07	61.16	56.60
山　东	148.59	29.27	59.91	52.86
广　东	403.87	260.14	251.79	220.98
广　西	35.40	9.39	24.40	24.28
海　南	6.42	0.65	3.09	2.94
（二）中部地区	341.6	84.25	154.13	143.62
山　西	16.48	2.89	5.02	4.33
内蒙古	15.89	1.72	7.52	7.46
吉　林	15.33	0.57	8.63	8.63
黑龙江	19.11	4.15	18.52	17.71
安　徽	63.35	17.42	25.85	24.40
江　西	43.47	9.61	14.73	14.59
河　南	49.81	11.95	20.86	18.60
湖　北	47.2	12.83	24.85	23.85
湖　南	70.99	22.12	28.15	24.05
（三）西部地区	385.73	100.51	189.28	177.74
重　庆	81.22	19.31	37.90	34.98
四　川	146.32	53.64	69.68	67.26
贵　州	29.31	4.04	13.92	13.64
云　南	33.63	7.53	16.41	14.49
西　藏	0.33	0.00	0.00	0.00
陕　西	46.56	3.56	19.89	17.53
甘　肃	12.89	3.58	6.39	5.29
青　海	5.8	0.09	0.73	0.71
宁　夏	12.23	2.01	6.99	6.55
新　疆	17.45	6.75	17.37	17.29

2003年1~5月各地区住宅投资、销售情况

表 17-22

地　区	投资额（亿　元）	竣工价值（亿　元）	销售额（亿元）	
				销售给个人
全国总计	1902.94	678.98	1298.23	1217.52
（一）东部地区	1446.18	539.29	1026.13	954.78
北　京	158.34	43.61	193.05	168.00
天　津	47.56	31.18	49.72	49.41
河　北	35.90	7.54	19.10	17.57
辽　宁	72.87	14.07	46.57	46.16
上　海	258.17	72.31	196.42	170.77
江　苏	188.12	37.05	97.16	95.77
浙　江	199.66	67.05	100.62	99.01
福　建	66.25	27.34	46.55	44.95
山　东	104.67	25.05	52.27	46.20
广　东	287.17	205.65	212.66	195.03
广　西	21.94	7.79	19.31	19.22
海　南	5.53	0.65	2.70	2.70
（二）中部地区	213.70	63.33	120.95	116.19
山　西	8.55	2.06	3.61	3.35
内蒙古	7.83	1.15	5.41	5.40
吉　林	10.12	0.40	7.25	7.25
黑龙江	11.25	3.72	13.47	13.33
安　徽	43.31	14.25	19.86	19.25
江　西	25.18	6.83	10.48	10.38
河　南	36.48	9.30	18.19	16.88
湖　北	33.81	11.76	23.26	22.63
湖　南	37.17	13.85	19.41	17.72
（三）西部地区	243.06	76.36	151.15	146.55
重　庆	44.71	11.12	26.34	26.06
四　川	99.74	44.53	56.23	55.04
贵　州	16.68	2.86	12.08	11.90
云　南	20.77	6.24	13.47	12.65
西　藏	0.19	0.00	0.00	0.00
陕　西	35.56	1.84	17.66	16.43
甘　肃	8.45	2.81	5.39	4.57
青　海	3.50	0.09	0.66	0.66
宁　夏	7.36	0.98	4.24	4.22
新　疆	9.11	5.90	15.09	15.02

2003年1～5月各地区办公楼投资、销售情况

表17-23

地　区	投资额（亿　元）	竣工价值（亿　元）	销售额（亿元）	
				销售给个人
全国总计	134.49	31.37	54.75	15.19
（一）东部地区	106.50	26.79	48.34	12.41
北　京	31.56	0.70	10.84	0.83
天　津	2.94	0.25	0.94	0.16
河　北	2.32	0.33	0.09	0.07
辽　宁	2.04	2.04	3.19	0.35
上　海	21.63	4.63	11.50	2.65
江　苏	7.62	2.25	5.03	1.14
浙　江	13.82	4.40	4.58	1.40
福　建	3.25	0.84	1.81	0.92
山　东	6.71	0.32	0.30	0.02
广　东	14.07	10.97	9.57	4.53
广　西	0.40	0.08	0.33	0.32
海　南	0.15		0.17	0.01
（二）中部地区	9.77	2.69	2.14	1.19
山　西	1.07	0.38	0.23	0.23
内蒙古	0.85		0.04	
吉　林	0.33		0.04	0.04
黑龙江	0.74	0.11	0.23	0.03
安　徽	1.83	0.85	0.57	0.38
江　西	0.72	0.04	0.04	0.03
河　南	1.18	0.35	0.38	0.03
湖　北	0.91	0.25	0.27	0.14
湖　南	2.15	0.72	0.34	0.32
（三）西部地区	18.22	1.88	4.27	1.59
重　庆	2.50	0.46	0.85	0.44
四　川	6.05	1.05	0.83	0.27
贵　州	1.24	0.08	0.12	0.05
云　南	2.08	0.02	0.45	
西　藏				
陕　西	3.66	0.03	1.25	0.38
甘　肃	0.42	0.02	0.15	0.03
青　海	0.54		0.06	0.04
宁　夏	0.37	0.22	0.25	0.05
新　疆	1.37		0.32	0.32

2003年1~5月各地区商业营业用房投资、销售情况

表17-24

地　区	投资额（亿　元）	竣工价值（亿　元）	销售额（亿元）	
				销售给个人
全国总计	330.24	104.45	179.34	149.17
（一）东部地区	212.61	69.76	117.37	95.59
北　京	11.62	1.71	6.53	1.64
天　津	6.45	1.17	1.08	1.02
河　北	8.78	2.18	2.05	1.99
辽　宁	22.21	2.64	5.58	5.37
上　海	21.70	5.24	13.18	10.48
江　苏	26.00	4.85	14.03	13.17
浙　江	43.93	9.29	25.47	22.62
福　建	10.92	6.13	11.79	9.96
山　东	20.69	3.44	7.05	6.38
广　东	35.71	32.12	26.27	18.68
广　西	4.08	1.00	4.10	4.07
海　南	0.52		0.23	0.23
（二）中部地区	56.12	16.53	29.85	25.41
山　西	4.02	0.43	1.16	0.74
内蒙古	4.06	0.57	1.95	1.95
吉　林	4.25	0.11	1.23	1.23
黑龙江	3.93	0.23	4.60	4.13
安　徽	10.98	3.16	4.96	4.66
江　西	7.14	2.68	4.15	4.12
河　南	7.45	2.25	2.27	1.68
湖　北	2.83	0.56	1.25	1.00
湖　南	11.47	6.54	8.28	5.90
（三）西部地区	61.51	18.16	32.12	28.17
重　庆	11.97	6.91	10.27	8.08
四　川	26.24	6.88	12.26	11.59
贵　州	4.47	1.08	1.57	1.54
云　南	3.54	1.09	2.34	1.74
西　藏	0.1			
陕　西	4.41	0.64	0.81	0.72
甘　肃	1.75	0.03	0.55	0.43
青　海	0.60		0.01	0.01
宁　夏	2.91	0.66	2.37	2.14
新　疆	5.57	0.86	1.93	1.92

2003年1~6月各地区房地产开发投资情况

表 17-25

地 区	投资额（亿 元）	其中：住宅	比去年同期增长（%）	其中：住宅
全国总计	3816.81	2586.79	34.0	28.0
（一）东部地区	2771.88	1925.36	29.2	24.7
北 京	394.75	218.71	16.5	5.7
天 津	100.28	63.08	53.9	39.3
河 北	87.98	57.54	30.7	40.6
辽 宁	161.71	115.28	42.4	40.1
上 海	417.43	328.56	17.5	15.1
江 苏	330.51	241.02	62.0	56.4
浙 江	357.73	258.02	41.4	33.6
福 建	144.98	91.93	43.8	35.8
山 东	213.22	151.44	58.3	52.6
广 东	506.35	362.99	7.5	6.5
广 西	46.51	28.33	36.2	26.8
海 南	10.43	8.47	54.9	39.9
（二）中部地区	525.58	330.11	55.9	47.7
山 西	27.93	13.98	53.8	28.7
内蒙古	28.44	15.11	90.0	86.1
吉 林	40.64	28.13	29.9	28.3
黑龙江	38.56	22.02	25.2	17.6
安 徽	89.53	61.60	67.2	69.0
江 西	64.24	37.56	129.8	146.3
河 南	65.07	48.35	22.4	20.7
湖 北	73.21	50.31	27.2	14.0
湖 南	97.94	53.05	97.2	89.3
（三）西部地区	519.35	331.32	45.6	34.5
重 庆	112.75	63.33	37.2	27.4
四 川	185.27	127.40	46.6	43.2
贵 州	39.28	21.82	41.6	21.0
云 南	41.18	27.48	39.3	16.3
西 藏	0.80	0.62	-32.5	3.9
陕 西	65.27	44.67	64.2	39.5
甘 肃	19.68	13.70	50.0	41.8
青 海	8.93	5.64	35.2	57.0
宁 夏	17.27	11.42	61.0	71.7
新 疆	28.92	15.25	48.4	13.7

2003年1～6月各地区房地产开发投资资金来源

表17-26

地区	本年资金来源小计（亿元）	国内贷款（亿元）	利用外资（亿元）	自筹资金（亿元）	其他资金（亿元）
全国总计	5722.82	1487.57	94.10	1718.22	2415.34
（一）东部地区	4338.10	1174.87	80.21	1159.49	1917.58
北京	798.43	237.01	22.86	164.92	372.83
天津	143.61	46.15	0.30	54.02	43.14
河北	109.64	19.99	0.96	46.87	41.42
辽宁	222.64	65.99	2.59	87.47	66.56
上海	687.43	169.61	15.68	182.37	319.77
江苏	467	144.61	5.87	118.13	194.28
浙江	575.02	188.11	1.94	104.71	279.85
福建	226.5	45.71	6.70	60.28	113.33
山东	288.66	61.70	4.73	110.97	111.24
广东	740.59	175.57	17.18	206.97	340.87
广西	68.1	18.76	1.16	16.66	31.52
海南	10.49	1.35	0.24	6.13	2.76
（二）中部地区	677.22	139.71	12.61	297.44	226.47
山西	39.27	7.87	0.10	20.33	10.97
内蒙古	31.30	3.87	0.04	21.03	6.36
吉林	49.07	7.42		28.41	13.24
黑龙江	45.93	5.82	0.10	29.40	10.59
安徽	118.73	24.64	2.20	46.71	45.08
江西	74.12	14.44	4.22	29.81	25.64
河南	83.14	19.72	0.63	26.25	36.32
湖北	101.35	21.73	1.24	41.75	36.47
湖南	134.35	34.19	4.07	53.76	41.80
（三）西部地区	707.51	172.98	1.28	261.28	271.30
重庆	153.46	36.48	0.31	56.07	60.61
四川	241.47	56.78	0.03	84.89	99.77
贵州	59.81	13.75	0.48	23.43	22.15
云南	64.15	16.10	0.08	18.18	29.80
西藏	3.71	0.20		2.84	0.67
陕西	89.02	26.76	0.23	37.49	24.14
甘肃	27.06	6.11	0.03	10.36	10.30
青海	9.73	1.64		5.28	2.81
宁夏	20.63	6.99	0.12	6.34	7.19
新疆	38.47	8.17		16.43	13.88

2003年1～6月各地区房地产开发投资与销售情况

表 17-27

地　区	投资额（亿　元）	竣工价值（亿　元）	销售额（亿元）	
				销售给个人
全国总计	3816.81	1170.32	2101.77	1916.02
（一）东部地区	2771.88	907.56	1631.77	1477.67
北　京	394.75	66.76	238.33	200.87
天　津	100.28	39.28	65.58	62.21
河　北	87.98	14.66	29.58	26.86
辽　宁	161.71	31.80	89.27	80.06
上　海	417.43	151.84	336.29	306.42
江　苏	330.51	67.16	162.59	153.86
浙　江	357.73	115.54	171.96	161.95
福　建	144.73	51.06	84.04	76.46
山　东	213.22	44.18	86.83	79.26
广　东	506.35	313.09	335.20	298.31
广　西	46.51	10.85	27.69	27.22
海　南	10.43	1.36	4.42	4.20
（二）中部地区	525.58	127.45	221.40	206.14
山　西	27.93	3.51	7.41	6.31
内蒙古	28.44	2.40	11.75	11.46
吉　林	40.64	1.53	15.22	15.14
黑龙江	38.56	4.89	23.72	22.83
安　徽	89.53	27.50	42.05	39.27
江　西	64.24	16.92	20.92	20.75
河　南	65.07	18.25	27.53	25.11
湖　北	73.21	22.68	37.08	33.86
湖　南	97.94	29.76	35.71	31.41
（三）西部地区	519.35	135.31	248.60	232.21
重　庆	112.75	33.44	54.69	50.72
四　川	185.27	59.88	85.94	83.36
贵　州	39.28	6.31	17.92	17.39
云　南	41.18	10.16	22.71	20.27
西　藏	0.80			
陕　西	65.27	9.11	23.12	20.29
甘　肃	19.68	4.34	7.75	6.69
青　海	8.93	0.21	1.25	1.23
宁　夏	17.27	4.37	10.91	9.32
新　疆	28.92	7.48	24.32	22.95

2003年1~6月各地区住宅投资、销售情况

表17-28

地区	投资额（亿元）	竣工价值（亿元）	销售额（亿元）	
				销售给个人
全国总计	2586.79	927.65	1753.09	1674.46
（一）东部地区	1925.36	727.11	1381.26	1317.95
北京	218.71	53.23	211.09	196.57
天津	63.08	36.20	60.36	59.84
河北	57.54	11.20	26.64	24.07
辽宁	115.28	23.04	74.15	70.45
上海	328.56	127.55	297.75	290.88
江苏	241.02	54.17	132.64	131.25
浙江	258.02	90.62	127.98	125.20
福建	91.93	38.45	63.67	61.03
山东	151.44	36.72	75.29	69.50
广东	362.99	245.56	285.72	263.58
广西	28.33	9.16	22.17	21.73
海南	8.47	1.20	3.83	3.83
（二）中部地区	330.11	97.57	173.11	165.26
山西	13.98	2.68	5.41	5.05
内蒙古	15.11	1.62	7.85	7.83
吉林	28.13	0.93	13.39	13.39
黑龙江	22.02	4.32	17.24	17.07
安徽	61.60	20.06	32.66	31.19
江西	37.56	13.29	15.44	15.31
河南	48.35	15.17	23.33	21.97
湖北	50.31	20.03	34.68	32.14
湖南	53.05	19.48	23.12	21.31
（三）西部地区	331.32	102.97	198.72	191.25
重庆	63.33	21.33	39.24	38.88
四川	127.40	49.02	70.64	69.42
贵州	21.82	4.78	15.39	15.04
云南	27.48	8.17	18.57	17.23
西藏	0.62			
陕西	44.67	6.86	20.32	18.76
甘肃	13.70	3.54	6.59	5.82
青海	5.64	0.21	1.17	1.17
宁夏	11.42	2.52	6.41	5.83
新疆	15.25	6.53	20.40	19.11

2003年1～6月各地区办公楼投资、销售情况

表 17-29

地　　区	投资额（亿　元）	竣工价值（亿　元）	销售额（亿元）	
				销售给个人
全国总计	177.21	49.45	78.12	20.55
（一）东部地区	138.17	42.97	68.26	16.61
北　京	43.06	3.70	18.48	0.92
天　津	4.09	0.29	1.28	0.32
河　北	3.12	0.36	0.13	0.11
辽　宁	3.39	2.28	3.45	0.46
上　海	26.07	10.78	14.48	3.75
江　苏	10.97	2.72	8.17	2.60
浙　江	17.10	5.37	6.09	2.06
福　建	4.34	1.92	3.11	0.97
山　东	8.66	2.32	0.92	0.18
广　东	16.48	13.15	11.55	4.84
广　西	0.49	0.08	0.35	0.35
海　南	0.39		0.26	0.04
（二）中部地区	16.58	3.38	3.65	1.88
山　西	2.16	0.38	0.54	0.23
内蒙古	1.86	0.06	0.17	
吉　林	1.50		0.08	0.04
黑龙江	1.17	0.11	0.65	0.45
安　徽	2.42	1.35	0.89	0.62
江　西	0.88	0.05	0.07	0.05
河　南	1.58	0.37	0.41	0.03
湖　北	2.28	0.31	0.51	0.15
湖　南	2.74	0.75	0.34	0.31
（三）西部地区	22.46	3.10	6.21	2.06
重　庆	3.40	0.87	1.72	0.71
四　川	6.94	1.21	0.88	0.26
贵　州	1.98	0.08	0.17	0.05
云　南	1.28	0.02	0.45	
西　藏				
陕　西	4.78	0.25	1.56	0.56
甘　肃	0.52	0.02	0.15	0.03
青　海	0.82		0.06	0.04
宁　夏	0.55	0.65	0.90	0.14
新　疆	2.18		0.32	0.27

2003年1~6月各地区商业营业用房投资、销售情况

表17-30

地　区	投资额（亿　元）	竣工价值（亿　元）	销售额（亿元）	
				销售给个人
全国总计	458.57	141.39	239.95	202.04
（一）东部地区	289.80	93.52	155.55	127.23
北　京	16.53	2.71	7.06	2.24
天　津	13.63	1.85	3.57	2.04
河　北	12.86	2.70	2.74	2.61
辽　宁	30.15	5.06	10.71	8.19
上　海	25.10	7.79	15.03	10.99
江　苏	39.99	7.69	20.41	19.16
浙　江	56.70	13.29	31.49	28.38
福　建	14.20	7.85	15.80	13.45
山　东	27.68	4.65	10.21	9.18
广　东	46.06	38.70	33.90	26.39
广　西	5.90	1.06	4.29	4.27
海　南	1.00	0.16	0.34	0.34
（二）中部地区	87.96	23.83	42.90	37.75
山　西	6.76	0.44	1.45	1.02
内蒙古	8.46	0.72	3.59	3.49
吉　林	9.42	0.53	1.56	1.51
黑龙江	7.47	0.33	5.58	5.06
安　徽	15.32	5.88	7.89	7.29
江　西	10.85	3.43	5.29	5.26
河　南	8.81	2.64	3.76	3.08
湖　北	4.52	1.85	1.69	1.41
湖　南	16.34	8.01	12.08	9.62
（三）西部地区	80.80	24.04	41.50	37.05
重　庆	16.55	9.69	13.04	10.50
四　川	33.15	8.45	13.98	13.25
贵　州	5.82	1.41	2.17	2.13
云　南	3.33	1.69	3.15	2.91
西　藏	0.1			
陕　西	6.98	0.81	1.03	0.94
甘　肃	2.23	0.06	0.72	0.57
青　海	0.81		0.02	0.02
宁　夏	3.62	0.98	3.45	3.20
新　疆	8.23	0.96	3.57	3.53

2003年1～7月各地区房地产开发投资情况

表17-31

地　区	投资额（亿　元）	其中：住宅	比去年同期增长（%）	其中：住宅
全国总计	4697.89	3199.72	34.1	28.3
（一）东部地区	3380.58	2354.97	29.8	25.0
北　京	500.29	278.59	18.3	6.3
天　津	113.17	69.69	48.7	25.6
河　北	107.57	71.30	33.7	45.4
辽　宁	208.38	150.59	33.5	32.4
上　海	527.27	407.07	23.3	17.3
江　苏	388.88	268.59	58.9	56.6
浙　江	426.03	307.88	38.8	31.2
福　建	172.28	109.00	44.6	34.7
山　东	260.82	187.00	57.9	53.1
广　东	605.35	441.50	9.0	9.8
广　西	56.23	33.44	36.6	30.0
海　南	14.30	11.83	59.5	47.9
（二）中部地区	670.31	425.92	50.5	43.6
山　西	34.66	17.49	50.8	29.6
内蒙古	39.97	22.44	73.5	76.1
吉　林	60.28	41.68	29.4	23.7
黑龙江	55.88	33.31	21.2	18.9
安　徽	106.56	72.83	65.6	65.2
江　西	77.80	45.45	89.9	113.3
河　南	82.10	60.50	30.2	28.4
湖　北	94.03	66.95	30.2	19.7
湖　南	119.01	65.28	79.9	62.7
（三）西部地区	647.00	418.84	46.7	37.8
重　庆	142.82	78.28	41.8	28.5
四　川	220.69	155.17	44.2	43.3
贵　州	46.74	26.39	37.6	23.4
云　南	49.36	34.72	37.6	19.4
西　藏	0.99	0.83	−33.9	−2.7
陕　西	85.17	59.55	77.8	56.2
甘　肃	25.19	17.74	60.2	53.7
青　海	14.06	9.84	48.7	101.0
宁　夏	22.17	14.69	65.2	71.1
新　疆	39.82	21.63	34.7	7.0

2003年1~7月各地区房地产开发投资资金来源

表 17-32

地 区	本年资金来源小计（亿元）	国内贷款（亿元）	利用外资（亿元）	自筹资金（亿元）	其他资金（亿元）
全国总计	6788.26	1750.55	109.18	1999.18	2926.42
（一）东部地区	5131.15	1389.42	91.97	1338.56	2309.98
北 京	1008.6	310.75	25.31	215.09	457.46
天 津	166.99	55.95	1.54	56.65	52.86
河 北	126.76	21.45	1.39	54.23	49.26
辽 宁	265.1	72.51	3.46	107.84	81.26
上 海	824.3	200.95	18.24	197.86	407.24
江 苏	534.2	166.60	6.06	133.26	228.28
浙 江	668.68	216.77	1.95	117.93	331.93
福 建	265	55.30	7.06	67.74	134.35
山 东	324.19	68.98	5.27	125.82	124.11
广 东	825.17	195.30	20.27	234.44	402.05
广 西	81.24	22.86	1.17	20.21	37.00
海 南	19.31	2.00	0.25	7.47	4.19
（二）中部地区	808.79	162.33	14.65	353.88	276.88
山 西	45.40	9.26	0.10	21.64	14.40
内蒙古	42.03	4.93	0.04	29.05	8.02
吉 林	66.37	8.07	0.00	39.69	18.61
黑龙江	58.32	7.23	0.14	35.63	15.28
安 徽	133.56	26.75	2.64	51.25	52.82
江 西	89.78	18.02	5.53	35.43	30.80
河 南	100.88	23.36	0.64	32.53	44.14
湖 北	118.49	25.77	1.33	46.70	44.51
湖 南	153.96	38.95	4.24	61.95	48.31
（三）西部地区	848.32	198.80	2.57	306.74	339.55
重 庆	185.86	45.34	0.40	67.76	72.36
四 川	280.84	62.17	0.29	96.46	121.91
贵 州	67.85	15.21	0.48	25.95	26.21
云 南	75.45	18.62	0.08	20.48	36.28
西 藏	3.72	0.20	0.00	2.84	0.68
陕 西	107.99	29.35	0.95	41.60	35.69
甘 肃	36.05	8.05	0.03	15.17	12.54
青 海	16.79	2.50	0.05	7.88	6.37
宁 夏	24.81	8.01	0.12	7.52	9.16
新 疆	48.95	9.34	0.16	21.09	18.36

2003年1~7月各地区房地产开发投资与销售情况

表 17-33

地　区	投资额（亿　元）	竣工价值（亿　元）	销售额（亿元）	
				销售给个人
全国总计	4697.89	1464.85	2574.92	2344.34
（一）东部地区	3380.58	1130.66	1993.78	1803.29
北　京	500.29	92.41	282.60	239.05
天　津	113.17	43.23	81.10	77.59
河　北	107.57	20.65	37.60	34.43
辽　宁	208.38	39.15	108.53	97.83
上　海	527.27	213.91	421.54	379.77
江　苏	388.88	84.62	198.18	188.64
浙　江	426.03	138.60	212.78	201.55
福　建	172.28	61.93	109.65	100.10
山　东	260.82	59.27	111.78	101.84
广　东	605.35	360.80	390.88	344.46
广　西	56.23	12.76	32.64	32.03
海　南	14.3	3.33	6.51	5.99
（二）中部地区	670.31	164.43	276.10	258.11
山　西	34.66	9.13	12.50	10.73
内蒙古	39.97	3.11	13.85	13.70
吉　林	60.28	2.67	18.99	18.90
黑龙江	55.88	5.38	29.06	27.96
安　徽	106.56	33.77	53.57	50.44
江　西	77.8	19.82	26.19	25.86
河　南	82.1	24.49	33.36	30.69
湖　北	94.03	28.71	45.73	42.58
湖　南	199.01	37.35	42.84	37.26
（三）西部地区	647.00	169.76	305.04	282.94
重　庆	142.82	42.93	66.29	60.96
四　川	220.82	73.63	104.46	100.97
贵　州	46.74	8.06	22.90	22.04
云　南	49.36	11.58	26.95	22.96
西　藏	0.99			
陕　西	85.17	10.83	28.24	24.37
甘　肃	25.19	5.93	9.86	8.90
青　海	14.06	1.62	2.93	2.58
宁　夏	22.17	5.11	13.03	11.29
新　疆	39.82	10.09	30.40	28.87

2003年1~7月各地区住宅投资、销售情况

表17-34

地区	投资额（亿元）	竣工价值（亿元）	销售额（亿元）	
				销售给个人
全国总计	3199.72	1164.60	2143.00	2042.61
（一）东部地区	2354.97	908.88	1681.66	1600.43
北京	278.59	73.49	248.66	233.63
天津	69.69	39.95	74.37	73.85
河北	71.30	15.73	32.69	29.78
辽宁	150.59	29.11	90.63	85.83
上海	407.07	180.87	373.11	360.48
江苏	286.59	68.66	161.41	159.70
浙江	307.88	107.54	157.81	154.58
福建	109.00	45.31	81.75	77.18
山东	187.49	49.15	96.33	88.45
广东	441.50	285.46	333.21	305.77
广西	33.44	10.79	26.22	25.72
海南	11.83	2.84	5.46	5.46
（二）中部地区	425.92	125.32	217.78	208.90
山西	17.49	5.59	9.16	8.37
内蒙古	22.44	2.26	9.39	9.38
吉林	41.68	1.50	16.88	16.88
黑龙江	33.31	4.59	21.74	21.43
安徽	72.83	25.34	42.42	40.96
江西	45.45	15.38	19.24	19.14
河南	60.50	20.55	28.30	26.73
湖北	66.95	25.42	43.11	40.16
湖南	65.28	24.69	27.53	25.39
（三）西部地区	418.84	130.40	243.57	233.28
重庆	78.28	27.51	47.30	46.82
四川	155.17	61.33	86.09	84.32
贵州	26.39	5.74	19.42	19.01
云南	34.72	9.37	21.65	19.67
西藏	0.83			
陕西	59.55	8.47	24.99	22.23
甘肃	17.74	4.93	8.38	7.72
青海	9.84	1.28	2.56	2.28
宁夏	14.69	3.00	7.66	7.08
新疆	21.63	8.77	25.53	24.16

2003年1～7月各地区办公楼投资、销售情况

表17-35

地　区	投资额（亿　元）	竣工价值（亿　元）	销售额（亿元）	
				销售给个人
全国总计	225.78	58.69	92.52	24.50
（一）东部地区	175.19	48.81	79.54	19.05
北　京	53.69	4.59	20.54	0.80
天　津	4.93	0.29	1.36	0.34
河　北	3.87	0.61	0.21	0.16
辽　宁	4.86	2.28	3.59	0.46
上　海	37.90	13.81	19.37	3.94
江　苏	13.88	2.64	9.24	3.35
浙　江	20.43	6.51	7.02	2.73
福　建	5.59	2.01	3.45	1.31
山　东	9.76	2.35	1.03	0.22
广　东	19.30	12.25	12.72	5.26
广　西	0.53	0.17	0.46	0.43
海　南	0.45	0.30	0.56	0.04
（二）中部地区	21.94	6.24	5.39	2.56
山　西	2.89	2.09	1.03	0.72
内蒙古	2.48	0.06	0.18	0.03
吉　林	2.26	0.03	0.16	0.12
黑龙江	1.75	0.13	0.73	0.47
安　徽	3.29	1.49	1.13	0.67
江　西	1.20	0.21	0.23	0.06
河　南	2.14	0.50	0.42	0.03
湖　北	2.61	0.48	0.53	0.17
湖　南	3.23	1.24	0.98	0.39
（三）西部地区	28.65	3.64	7.59	2.80
重　庆	5.12	1.06	2.03	0.79
四　川	8.09	1.33	1.11	0.31
贵　州	2.26	0.16	0.36	0.20
云　南	1.39	0.03	0.74	0.00
西　藏	0.01			
陕　西	5.86	0.26	1.83	0.99
甘　肃	0.75	0.02	0.24	0.12
青　海	1.07	0.03	0.10	0.04
宁　夏	0.82	0.76	0.93	0.14
新　疆	3.29		0.26	0.21

2003年1～7月各地区商业营业用房投资、销售情况

表17-36

地　　区	投资额（亿　元）	竣工价值（亿　元）	销售额（亿元）	
				销售给个人
全国总计	563.27	173.53	305.13	254.98
（一）东部地区	351.76	114.48	202.85	165.15
北　京	22.86	3.66	11.49	3.27
天　津	17.04	1.85	4.98	3.40
河　北	14.91	3.85	4.59	4.40
辽　宁	36.24	6.14	13.15	10.45
上　海	34.92	11.02	19.30	13.80
江　苏	47.23	10.02	25.88	24.47
浙　江	66.07	17.40	40.73	37.14
福　建	17.06	9.74	22.80	20.45
山　东	32.59	7.04	13.88	12.75
广　东	54.60	42.37	40.52	29.58
广　西	6.98	1.19	5.04	4.96
海　南	1.27	0.19	0.49	0.49
（二）中部地区	113.77	29.25	51.02	45.02
山　西	9.26	1.42	2.29	1.63
内蒙古	11.37	0.79	4.14	4.14
吉　林	13.88	0.81	1.78	1.73
黑龙江	10.60	0.50	6.30	5.76
安　徽	19.01	6.61	9.41	8.55
江　西	13.36	4.03	6.57	6.50
河　南	10.36	3.12	4.57	3.87
湖　北	6.01	2.14	1.83	1.54
湖　南	19.91	9.84	14.13	11.29
（三）西部地区	97.73	29.80	51.26	44.82
重　庆	20.78	12.43	16.04	12.67
四　川	38.42	9.65	16.74	15.83
贵　州	6.96	2.04	2.87	2.62
云　南	3.86	1.88	4.34	3.14
西　藏	0.09			
陕　西	8.24	0.90	1.21	1.12
甘　肃	3.14	0.25	0.95	0.80
青　海	1.05	0.30	0.28	0.26
宁　夏	4.45	1.10	4.29	3.92
新　疆	10.74	1.24	4.54	4.45

2003年1～8月各地区房地产开发投资情况

表17-37

地　区	投资额（亿　元）	其中：住宅	比去年同期增长（%）	其中：住宅
全国总计	5566.48	3814.27	33.1	28.2
（一）东部地区	3990.93	2795.57	28.7	24.6
北　京	607.72	340.24	18.6	6.3
天　津	127.00	86.22	44.4	35.0
河　北	130.29	86.36	33.7	46.5
辽　宁	257.11	187.17	25.4	26.6
上　海	614.96	479.99	23.9	18.8
江　苏	451.73	333.15	54.9	51.4
浙　江	495.80	361.59	38.5	31.9
福　建	205.00	131.91	42.0	34.8
山　东	305.71	218.29	54.8	48.7
广　东	711.09	516.64	9.2	9.5
广　西	66.26	38.66	37.3	32.0
海　南	18.27	15.34	73.7	63.3
（二）中部地区	809.85	517.90	47.5	42.7
山　西	43.33	23.02	49.9	29.1
内蒙古	51.23	27.79	51.7	41.2
吉　林	76.19	53.39	20.0	18.1
黑龙江	71.27	42.84	13.9	16.6
安　徽	127.21	86.75	69.7	67.1
江　西	90.04	53.68	87.4	120.7
河　南	97.32	71.79	27.5	26.2
湖　北	111.84	79.58	32.1	20.5
湖　南	141.42	79.06	85.6	78.5
（三）西部地区	765.70	500.80	46.0	37.9
重　庆	167.77	94.00	46.6	34.2
四　川	259.36	183.57	43.4	42.5
贵　州	55.97	31.72	35.0	22.5
云　南	57.73	41.11	38.3	19.9
西　藏	1.00	0.84	−36.3	−8.7
陕　西	100.93	71.08	79.0	60.8
甘　肃	30.09	21.21	60.6	53.4
青　海	17.35	11.81	44.4	80.6
宁　夏	27.05	18.38	63.4	72.7
新　疆	48.44	27.09	19.2	−3.0

2003 年 1~8 月各地区房地产开发投资资金来源

表 17-38

地　区	本年资金来源小计（亿元）	国内贷款（亿元）	利用外资（亿元）	自筹资金（亿元）	其他资金（亿元）
全国总计	7765.75	1940.63	121.41	2288.25	3411.81
（一）东部地区	5838.23	1535.30	102.82	1520.87	2677.52
北　京	1138.32	346.55	25.73	241.34	524.70
天　津	190.91	62.14	1.87	61.40	65.49
河　北	151.84	24.55	1.91	66.27	58.69
辽　宁	311.63	79.11	4.19	125.45	102.82
上　海	906.64	212.18	18.64	220.82	455.00
江　苏	599.19	175.92	6.16	154.32	262.78
浙　江	751.66	232.51	1.95	131.13	385.94
福　建	304.99	63.49	7.58	77.12	156.03
山　东	370.4	76.39	5.37	145.64	142.80
广　东	994.51	234.52	28.01	259.05	472.84
广　西	100.15	25.77	1.17	28.99	44.23
海　南	17.97	2.17	0.25	9.34	6.21
（二）中部地区	951.42	183.16	15.95	424.29	326.74
山　西	54.80	10.41	0.10	25.97	18.31
内蒙古	51.65	4.71	0.04	36.07	10.83
吉　林	84.13	8.90	0.00	51.98	23.26
黑龙江	75.00	9.15	0.24	45.23	20.34
安　徽	157.87	31.67	2.97	61.28	61.85
江　西	100.82	20.28	5.59	39.72	35.22
河　南	118.29	26.65	0.66	38.21	52.55
湖　北	135.16	28.98	1.44	54.01	50.33
湖　南	173.71	42.40	4.91	71.82	54.06
（三）西部地区	976.10	222.16	2.64	343.09	407.55
重　庆	212.10	49.96	0.40	76.01	85.92
四　川	330.29	66.82	0.30	108.92	154.00
贵　州	77.27	16.47	0.49	29.19	31.12
云　南	85.70	21.35	0.09	23.42	40.83
西　藏	4.12	0.60	0.00	2.84	0.68
陕　西	120.86	34.95	0.95	44.47	40.09
甘　肃	39.32	8.97	0.03	15.98	14.08
青　海	19.55	3.34	0.09	9.03	7.10
宁　夏	29.18	8.59	0.12	9.04	11.43
新　疆	57.77	11.11	0.16	24.19	22.30

2003年1~8月各地区房地产开发投资与销售情况

表17-39

地　区	投资额（亿　元）	竣工价值（亿　元）	销售额（亿元）	
				销售给个人
全国总计	5566.48	1756.86	3058.14	2809.19
（一）东部地区	3990.93	1350.96	2371.40	2167.39
北　京	607.72	111.36	329.10	283.26
天　津	127.00	66.33	93.40	89.73
河　北	130.29	24.38	47.84	44.38
辽　宁	257.11	47.17	123.37	114.75
上　海	614.96	278.10	523.81	482.23
江　苏	451.73	98.04	235.75	224.64
浙　江	495.8	172.50	263.87	251.53
福　建	205	74.52	126.44	116.15
山　东	305.71	69.83	136.75	126.17
广　东	711.09	389.30	442.94	387.98
广　西	66.26	15.50	40.31	39.26
海　南	18.27	3.95	7.83	7.31
（二）中部地区	809.85	198.70	327.28	307.74
山　西	43.33	10.07	14.77	13.10
内蒙古	51.23	5.04	15.83	15.65
吉　林	76.19	2.94	22.45	22.34
黑龙江	71.27	6.63	35.50	34.15
安　徽	127.21	39.59	63.04	58.51
江　西	90.04	22.71	30.38	29.80
河　南	97.32	30.86	43.47	40.47
湖　北	111.84	38.98	52.47	50.12
湖　南	141.42	41.86	49.37	43.60
（三）西部地区	765.70	207.20	359.45	334.06
重　庆	167.77	51.31	77.92	72.20
四　川	259.36	88.95	126.94	123.37
贵　州	55.97	9.29	26.32	25.06
云　南	57.73	16.33	30.79	25.62
西　藏	1.00			
陕　西	100.93	12.94	32.44	27.77
甘　肃	30.09	6.66	11.01	10.14
青　海	17.35	2.07	3.29	2.71
宁　夏	27.05	7.01	15.03	13.10
新　疆	48.44	12.63	35.71	34.09

2003年1~8月各地区住宅投资、销售情况

表17-40

地　区	投资额（亿　元）	竣工价值（亿　元）	销售额（亿元）	
				销售给个人
全国总计	3814.27	1405.69	2567.23	2457.60
（一）东部地区	2795.57	1094.80	2017.42	1930.29
北　京	340.24	89.80	291.55	274.91
天　津	86.22	58.40	85.86	85.28
河　北	86.36	19.03	41.31	38.26
辽　宁	187.17	32.93	103.83	100.94
上　海	479.99	242.77	473.60	460.83
江　苏	333.15	79.18	194.48	192.26
浙　江	361.59	134.37	197.89	194.67
福　建	131.91	53.34	95.32	90.77
山　东	218.29	58.88	119.45	111.27
广　东	516.64	309.73	376.09	343.57
广　西	38.66	13.01	31.35	30.86
海　南	15.34	3.36	6.67	6.67
（二）中部地区	517.90	150.91	260.80	250.80
山　西	23.02	6.45	11.11	10.50
内蒙古	.27.79	3.50	11.01	11.01
吉　林	53.39	1.72	19.20	19.20
黑龙江	42.84	5.56	27.22	26.69
安　徽	86.75	29.01	50.09	47.35
江　西	53.68	17.32	22.38	22.09
河　南	71.79	24.87	37.54	35.84
湖　北	79.58	34.07	49.73	48.02
湖　南	79.06	28.42	32.51	30.10
（三）西部地区	500.80	159.98	289.02	276.51
重　庆	94.00	33.85	56.56	55.95
四　川	183.57	73.68	104.73	103.10
贵　州	31.72	6.81	22.29	21.63
云　南	41.11	12.75	25.02	22.13
西　藏	0.84			
陕　西	71.08	10.47	28.98	25.37
甘　肃	21.21	5.34	9.37	8.80
青　海	11.81	1.73	2.92	2.41
宁　夏	18.38	4.25	8.78	8.20
新　疆	27.09	11.11	30.36	28.91

2003年1~8月各地区办公楼投资、销售情况

表17-41

地　　区	投资额（亿　元）	竣工价值（亿　元）	销售额（亿元）	
				销售给个人
全国总计	267.47	71.02	100.95	29.08
（一）东部地区	209.41	58.60	86.35	22.12
北　京	65.47	4.74	21.20	0.86
天　津	6.25	4.07	1.43	0.40
河　北	4.34	0.54	0.39	0.29
辽　宁	6.37	2.70	3.84	0.51
上　海	44.96	14.46	19.38	4.09
江　苏	14.80	2.79	9.47	3.10
浙　江	24.10	7.85	8.71	4.38
福　建	6.97	5.13	3.82	1.43
山　东	10.80	2.36	1.16	0.35
广　东	24.10	13.34	15.39	5.69
广　西	0.81	0.34	0.99	0.96
海　南	0.44	0.30	0.56	0.04
（二）中部地区	25.25	7.02	5.92	3.45
山　西	3.22	2.13	1.07	0.76
内蒙古	2.94	0.09	0.24	0.10
吉　林	2.51	0.06	0.14	0.09
黑龙江	2.26	0.13	0.73	0.48
安　徽	3.70	1.51	1.13	0.67
江　西	1.28	0.23	0.23	0.06
河　南	2.62	0.67	0.62	0.15
湖　北	2.76	0.75	0.53	0.13
湖　南	3.98	1.46	1.22	1.01
（三）西部地区	32.80	5.39	8.68	3.51
重　庆	5.79	1.27	2.50	1.17
四　川	8.90	1.66	1.31	0.36
贵　州	2.63	0.16	0.37	0.21
云　南	1.90	0.93	0.74	
西　藏	0.01			
陕　西	6.05	0.29	1.96	1.23
甘　肃	0.92	0.17	0.25	0.12
青　海	1.57	0.03	0.10	0.04
宁　夏	0.90	0.86	1.18	0.14
新　疆	4.14	0.01	0.29	0.25

2003年1~8月各地区商业营业用房投资、销售情况

表 17-42

地　区	投资额（亿　元）	竣工价值（亿　元）	销售额（亿元）	
				销售给个人
全国总计	666.24	200.19	348.97	294.29
（一）东部地区	412.12	129.34	232.16	191.12
北　京	27.99	4.05	12.28	3.99
天　津	19.20	2.50	5.37	4.05
河　北	18.38	4.26	6.02	5.73
辽　宁	43.52	7.94	14.47	12.08
上　海	36.86	12.53	20.67	15.18
江　苏	54.74	12.36	29.92	27.94
浙　江	74.40	20.84	49.04	44.46
福　建	20.67	10.85	25.37	22.57
山　东	39.74	7.62	15.47	14.00
广　东	65.86	44.82	46.05	34.12
广　西	9.09	1.28	6.54	6.41
海　南	1.66	0.29	0.60	0.60
（二）中部地区	137.61	36.24	58.18	51.51
山　西	11.38	1.46	2.58	1.82
内蒙古	15.10	1.43	4.43	4.41
吉　林	16.82	0.86	2.65	2.58
黑龙江	13.70	0.77	7.21	6.67
安　徽	22.29	8.73	11.20	10.24
江　西	15.58	4.82	7.58	7.47
河　南	12.01	4.50	5.19	4.37
湖　北	7.32	3.35	1.92	1.69
湖　南	23.41	10.33	15.41	12.26
（三）西部地区	116.51	34.61	58.63	51.66
重　庆	24.20	13.50	17.72	14.18
四　川	45.49	12.14	20.35	19.36
贵　州	8.12	2.18	3.27	2.96
云　南	4.51	2.02	4.72	3.32
西　藏	0.09			
陕　西	10.68	0.98	1.29	1.14
甘　肃	4.04	0.42	1.11	0.96
青　海	1.56	0.31	0.28	0.26
宁　夏	5.26	1.62	4.93	4.16
新　疆	12.55	1.44	4.96	4.86

2003年1～9月各地区房地产开发投资情况

表 17-43

地　区	投资额（亿　元）	其中：住宅	比去年同期增长（%）	其中：住宅
全国总计	6495.01	4453.10	32.8	28.0
（一）东部地区	4639.59	3251.74	28.9	24.5
北　京	723.81	402.15	18.1	4.7
天　津	147.36	100.66	44.8	28.6
河　北	159.90	106.12	38.0	50.2
辽　宁	305.71	224.31	21.8	24.0
上　海	702.59	555.17	24.4	20.2
江　苏	518.00	381.06	51.8	46.3
浙　江	581.68	425.50	41.6	35.3
福　建	237.54	154.76	44.0	42.1
山　东	357.96	256.75	52.2	46.7
广　东	808.10	583.48	10.0	9.7
广　西	75.31	44.05	36.1	24.9
海　南	21.64	17.73	81.6	66.8
（二）中部地区	960.76	615.16	42.3	39.8
山　西	52.93	29.45	48.0	31.4
内蒙古	61.31	32.64	43.1	33.5
吉　林	96.27	68.02	17.4	14.5
黑龙江	88.97	50.16	12.1	9.2
安　徽	143.95	98.95	64.2	62.9
江　西	102.14	61.55	80.1	117.2
河　南	112.09	81.73	27.6	25.4
湖　北	137.59	99.26	27.7	21.8
湖　南	165.52	93.40	73.8	78.8
（三）西部地区	894.66	586.20	45.8	37.3
重　庆	195.39	109.06	48.3	34.0
四　川	299.19	213.96	42.9	42.6
贵　州	66.91	37.49	37.0	21.4
云　南	64.30	46.81	31.6	18.2
西　藏	1.02	0.85	−35.4	−8.5
陕　西	114.70	81.13	78.4	61.8
甘　肃	34.43	24.44	62.2	55.7
青　海	20.71	14.13	43.5	76.9
宁　夏	34.65	23.30	69.2	72.8
新　疆	63.36	35.03	19.6	−4.4

2003年1~9月各地区房地产开发投资资金来源

表17-44

地　　区	本年资金来源小计（亿元）	国内贷款（亿元）	利用外资（亿元）	自筹资金（亿元）	其他资金（亿元）
全国总计	8837.59	2174.43	132.92	2581.55	3945.08
（一）东部地区	6664.54	1722.72	111.91	1712.05	3116.25
北　京	1293.98	384.61	26.54	247.51	635.33
天　津	234.25	72.56	2.32	80.52	78.84
河　北	179.44	30.18	2.15	77.44	69.24
辽　宁	357	88.83	4.19	141.52	122.40
上　海	1050.05	238.46	21.74	250.80	539.04
江　苏	675.4	197.43	7.17	175.73	295.07
浙　江	867.28	266.41	2.72	152.31	445.73
福　建	337.72	68.12	8.19	85.58	174.94
山　东	420.95	86.97	5.48	165.56	162.94
广　东	1123.23	259.86	29.84	295.65	537.77
广　西	103.84	26.85	1.17	28.99	46.84
海　南	21.41	2.45	0.4	10.44	8.11
（二）中部地区	1086.01	209.92	17.49	482.26	374.99
山　西	65.07	13.28	0.10	29.72	21.90
内蒙古	59.94	6.00	0.04	41.87	12.04
吉　林	100.23	11.93	0.00	60.68	27.63
黑龙江	90.12	13.54	0.35	52.18	24.02
安　徽	173.94	34.69	3.32	65.76	70.08
江　西	112.84	22.32	6.20	44.53	39.78
河　南	133.42	28.35	0.70	44.01	60.14
湖　北	158.27	34.86	1.47	63.44	58.10
湖　南	192.18	44.97	5.32	80.07	61.30
（三）西部地区	1087.04	241.79	3.51	387.24	453.84
重　庆	238.43	54.04	1.25	84.00	99.14
四　川	361.77	73.14	0.31	123.63	164.69
贵　州	87.84	18.74	0.49	32.86	35.75
云　南	95.39	23.86	0.09	26.53	44.92
西　藏	4.20	0.60	0.00	2.84	0.76
陕　西	129.91	36.58	0.97	48.06	43.91
甘　肃	43.10	9.47	0.03	16.80	16.55
青　海	21.61	3.96	0.09	9.38	8.19
宁　夏	35.20	9.50	0.12	12.58	13.01
新　疆	69.56	11.90	0.16	30.58	26.92

2003年1~9月各地区房地产开发投资与销售情况

表17-45

地　区	投资额（亿　元）	竣工价值（亿　元）	销售额（亿元）	
				销售给个人
全国总计	6495.01	2242.74	3736.43	3449.34
（一）东部地区	4639.59	1763.41	2929.98	2689.74
北　京	723.81	155.06	419.34	365.97
天　津	147.36	75.78	112.01	106.43
河　北	159.9	40.80	59.20	55.48
辽　宁	305.71	58.71	144.21	132.34
上　海	702.59	482.89	735.30	673.07
江　苏	518.00	125.68	288.48	275.77
浙　江	581.68	200.12	313.92	229.40
福　建	237.54	79.16	135.28	124.28
山　东	357.96	79.70	153.93	143.64
广　东	808.1	440.78	511.35	457.79
广　西	75.31	18.31	45.12	44.27
海　南	21.64	6.41	11.84	11.31
（二）中部地区	960.76	239.00	389.41	367.69
山　西	52.93	11.76	16.83	15.08
内蒙古	61.31	7.60	23.33	23.17
吉　林	96.27	5.92	25.77	25.56
黑龙江	88.97	9.12	42.40	40.01
安　徽	143.95	44.46	73.51	69.22
江　西	102.14	26.15	35.19	34.69
河　南	112.09	34.77	51.35	47.81
湖　北	137.59	49.00	67.12	64.18
湖　南	165.52	50.23	53.92	47.98
（三）西部地区	894.66	240.33	417.05	391.91
重　庆	195.39	55.54	87.24	82.07
四　川	299.19	100.45	149.73	146.03
贵　州	66.91	12.28	32.77	31.34
云　南	64.3	17.46	31.84	27.33
西　藏	1.02	0.00	0.00	0.00
陕　西	114.7	16.28	36.27	31.67
甘　肃	34.43	7.40	12.83	11.78
青　海	20.71	3.48	3.90	3.25
宁　夏	34.65	10.05	19.02	16.66
新　疆	63.36	17.40	43.45	41.78

2003年1~9月各地区房地产开发投资与销售情况

表 17-46

地　区	投资额（亿　元）	竣工价值（亿　元）	销售额（亿元）	
				销售给个人
全国总计	4453.10	1831.14	3158.56	3027.24
（一）东部地区	3251.74	1460.60	2512.86	2405.21
北　京	402.15	123.86	377.42	354.15
天　津	100.66	65.99	102.22	101.11
河　北	106.12	31.01	50.56	47.16
辽　宁	224.31	43.11	119.76	116.14
上　海	555.17	440.05	669.33	642.85
江　苏	381.06	102.82	238.9	235.59
浙　江	425.50	157.30	36.36	232.83
福　建	154.76	57.34	103.24	98.24
山　东	256.75	66.72	134.24	126.16
广　东	583.48	351.15	435.12	405.06
广　西	44.05	15.60	35.80	35.40
海　南	17.73	5.66	10.52	10.52
（二）中部地区	615.16	182.60	309.45	298.33
山　西	29.45	7.65	12.90	12.25
内蒙古	32.64	5.28	15.99	15.98
吉　林	68.02	4.10	21.91	21.91
黑龙江	50.16	6.96	32.36	31.24
安　徽	98.95	32.96	58.08	55.71
江　西	61.55	19.65	24.80	24.59
河　南	81.73	28.34	44.10	42.08
湖　北	99.26	43.75	63.54	61.31
湖　南	93.40	33.90	35.78	33.27
（三）西部地区	586.20	187.95	336.25	323.70
重　庆	109.06	37.37	64.56	63.83
四　川	213.96	83.15	122.80	121.15
贵　州	37.49	9.19	27.68	26.93
云　南	46.81	13.85	25.99	23.67
西　藏	0.85	0.00	0.00	0.00
陕　西	81.13	13.80	32.67	29.05
甘　肃	24.44	6.02	11.03	10.28
青　海	14.13	3.09	3.47	2.95
宁　夏	23.30	6.78	12.01	11.25
新　疆	35.03	14.70	36.05	34.58

2003年1~9月各地区办公楼投资、销售情况

表17-47

地　区	投资额（亿　元）	竣工价值（亿　元）	销售额（亿元）	
				销售给个人
全国总计	307.93	79.16	115.00	34.12
（一）东部地区	240.63	65.72	99.29	26.64
北　京	81.62	6.09	22.43	1.23
天　津	6.96	4.82	1.83	0.42
河　北	5.16	0.59	0.44	0.35
辽　宁	7.37	2.72	5.81	0.59
上　海	46.29	15.39	25.90	6.20
江　苏	16.74	3.02	10.88	3.75
浙　江	27.97	8.41	9.33	4.86
福　建	8.47	5.22	4.02	1.57
山　东	12.54	3.04	1.44	0.79
广　东	26.08	15.75	15.52	5.81
广　西	0.92	0.37	1.13	1.04
海　南	0.50	0.30	0.56	0.04
（二）中部地区	29.27	7.68	6.84	3.87
山　西	3.50	2.19	1.08	0.77
内蒙古	3.73	0.29	0.33	0.18
吉　林	2.79	0.11	0.18	0.14
黑龙江	2.70	0.36	1.09	0.48
安　徽	4.23	1.52	1.34	0.79
江　西	1.56	0.23	0.23	0.06
河　南	3.07	0.70	0.72	0.26
湖　北	3.21	0.77	0.63	0.18
湖　南	4.47	1.51	1.25	1.02
（三）西部地区	38.03	5.76	8.87	3.61
重　庆	6.81	1.41	2.66	1.28
四　川	9.80	1.75	1.32	0.37
贵　州	3.13	0.21	0.40	0.24
云　南	2.12	0.93	0.75	0.01
西　藏	0.01			
陕　西	6.69	0.29	1.99	1.26
甘　肃	1.04	0.19	0.25	0.12
青　海	2.06	0.03	0.11	0.04
宁　夏	1.12	0.88	1.20	0.14
新　疆	5.24	0.06	0.19	0.14

2003年1~9月各地区商业营业用房投资、销售情况

表17-48

地　区	投资额（亿　元）	竣工价值（亿　元）	销售额（亿元）	
				销售给个人
全国总计	781.11	232.82	412.55	353.59
（一）东部地区	479.36	150.77	274.18	228.82
北　京	31.50	5.87	13.31	4.99
天　津	21.91	2.73	7.57	4.90
河　北	22.69	8.35	7.91	7.70
辽　宁	50.66	9.05	17.15	14.18
上　海	41.17	14.54	27.94	21.58
江　苏	64.18	14.96	36.78	34.67
浙　江	88.14	22.82	57.89	52.70
福　建	23.82	11.28	25.94	22.99
山　东	46.20	8.61	17.53	16.09
广　东	76.54	50.69	54.65	41.62
广　西	10.64	1.41	6.76	6.64
海　南	1.92	0.46	0.75	0.75
（二）中部地区	164.13	43.15	70.12	62.85
山　西	12.89	1.87	2.83	2.05
内蒙古	18.74	1.98	6.85	6.84
吉　林	20.98	1.29	3.19	3.02
黑龙江	17.86	1.30	8.53	7.90
安　徽	25.41	9.31	13.50	12.42
江　西	17.58	5.86	9.95	9.84
河　南	13.58	4.77	6.27	5.22
湖　北	9.34	3.63	2.39	2.16
湖　南	27.75	13.13	16.60	13.39
（三）西部地区	137.62	38.90	68.25	61.93
重　庆	28.04	13.99	18.67	15.95
四　川	52.46	13.72	24.90	23.85
贵　州	9.67	2.73	4.25	3.87
云　南	5.40	2.05	4.73	3.48
西　藏	0.09			
陕　西	12.98	0.99	1.41	1.32
甘　肃	4.63	0.47	1.26	1.11
青　海	1.99	0.36	0.32	0.26
宁　夏	6.12	2.05	5.60	5.11
新　疆	16.24	2.55	7.11	6.98

2003年1～9月各地区房地产开发投资情况

表 17-49

地　区	投资额（亿　元）	其中：住宅	比去年同期增长（%）	其中：住宅
全国总计	7367.08	5036.00	31.3	26.1
（一）东部地区	5255.44	3668.43	27.4	22.6
北　京	840.96	462.19	19.5	3.7
天　津	161.33	108.59	43.9	29.3
河　北	187.61	122.79	39.4	55.0
辽　宁	358.07	259.19	21.3	19.4
上　海	769.40	605.15	17.3	14.7
江　苏	588.31	434.98	46.4	40.9
浙　江	661.55	484.23	38.8	32.7
福　建	268.62	174.68	44.4	40.6
山　东	404.33	291.72	53.8	49.8
广　东	906.95	655.10	10.5	10.0
广　西	83.87	49.71	35.2	25.8
海　南	24.43	20.10	72.3	71.5
（二）中部地区	1099.59	704.75	42.3	39.8
山　西	62.14	35.43	48.3	34.8
内蒙古	70.87	38.53	39.3	36.9
吉　林	112.87	80.56	23.1	21.3
黑龙江	104.92	58.69	8.7	6.2
安　徽	163.42	113.33	64.9	62.9
江　西	114.49	69.56	77.3	114.5
河　南	126.64	92.54	29.8	28.0
湖　北	157.54	112.99	28.2	21.4
湖　南	186.70	103.11	73.8	69.7
（三）西部地区	1012.06	662.82	41.7	33.8
重　庆	223.58	126.20	48.2	34.3
四　川	333.55	239.91	40.9	41.6
贵　州	76.89	42.92	31.0	17.1
云　南	72.19	52.39	28.4	17.6
西　藏	1.41	1.06	-10.4	15.0
陕　西	128.28	88.73	72.4	53.1
甘　肃	39.16	28.01	50.1	42.4
青　海	21.28	14.54	30.9	60.5
宁　夏	40.02	27.65	63.9	68.4
新　疆	75.69	41.41	9.9	-11.4

2003年1～10月各地区房地产开发投资资金来源

表17-50

地区	本年资金来源小计（亿元）	国内贷款（亿元）	利用外资（亿元）	自筹资金（亿元）	其他资金（亿元）
全国总计	9865.83	2387.84	152.31	2858.00	4462.14
（一）东部地区	7455.87	1895.58	129.13	1902.18	3526.77
北京	1475.22	446.12	26.83	279.89	722.38
天津	253.83	74.16	2.32	87.17	90.18
河北	203.74	32.35	2.45	88.46	79.92
辽宁	400.01	94.70	4.69	161.08	139.21
上海	1159.14	256.85	30.54	277.27	594.48
江苏	756.47	214.22	8.47	198.81	334.97
浙江	956.44	283.77	2.97	169.85	499.74
福建	384.37	76.58	10.43	96.32	199.94
山东	469.23	96.42	5.58	182.16	185.07
广东	1259.97	289.45	33.09	322.19	615.14
广西	113.19	28.34	1.36	27.39	56.10
海南	24.27	2.6	0.4	11.59	9.68
（二）中部地区	1207.37	227.62	19.21	531.52	426.35
山西	73.53	14.14	0.10	34.16	25.03
内蒙古	66.94	6.34	0.04	46.26	14.30
吉林	112.12	12.04		69.54	30.54
黑龙江	104.78	17.41	0.38	59.12	27.84
安徽	192.69	36.51	3.40	70.94	81.69
江西	124.47	23.36	6.90	49.83	44.38
河南	147.60	30.30	0.80	48.01	68.23
湖北	176.61	38.75	1.53	67.87	67.75
湖南	208.63	48.77	6.06	85.79	66.59
（三）西部地区	1202.58	264.65	3.96	424.30	509.02
重庆	267.23	60.93	1.70	92.14	112.47
四川	399.23	77.97	0.31	135.22	185.73
贵州	97.94	21.46	0.49	36.38	39.61
云南	104.81	25.74	0.09	28.16	50.82
西藏	4.38	0.78		2.84	0.76
陕西	142.25	39.78	0.97	54.35	46.76
甘肃	46.58	10.29	0.03	17.78	18.22
青海	22.06	4.11	0.09	9.44	8.42
宁夏	38.25	10.00	0.12	13.39	14.73
新疆	79.85	13.60	0.16	34.59	31.50

2003年1～10月各地区房地产开发投资与销售情况

表 17-51

地　区	投资额（亿　元）	竣工价值（亿　元）	销售额（亿元）	
				销售给个人
全国总计	7367.08	2602.61	4309.46	3998.52
（一）东部地区	5255.44	2042.57	3374.15	3117.16
北　京	840.96	184.36	478.90	417.51
天　津	161.33	85.33	121.91	115.37
河　北	187.61	47.04	66.87	62.58
辽　宁	358.07	74.31	163.28	148.57
上　海	769.4	584.35	865.33	813.23
江　苏	588.31	151.32	329.38	316.11
浙　江	661.55	221.80	361.56	345.92
福　建	268.62	84.68	148.23	133.99
山　东	404.33	100.67	183.45	172.67
广　东	906.95	479.24	588.09	525.75
广　西	83.87	22.50	53.94	52.91
海　南	24.43	6.98	13.21	12.56
（二）中部地区	1099.59	277.80	450.38	426.08
山　西	62.14	14.07	19.93	17.98
内蒙古	70.87	12.17	26.32	26.14
吉　林	112.87	9.81	31.72	31.40
黑龙江	104.92	11.12	48.90	46.45
安　徽	163.42	53.07	85.58	81.21
江　西	114.49	28.02	39.26	38.72
河　南	126.64	38.89	57.94	53.82
湖　北	157.54	55.30	79.81	76.06
湖　南	186.7	55.35	60.92	54.31
（三）西部地区	1012.06	282.24	484.93	455.27
重　庆	223.58	62.35	97.67	90.63
四　川	333.55	111.48	170.30	166.29
贵　州	76.89	16.81	37.17	35.76
云　南	72.19	21.10	39.83	33.44
西　藏	1.41			
陕　西	128.28	18.25	41.59	36.93
甘　肃	39.16	10.39	15.70	14.38
青　海	21.28	6.06	4.84	4.37
宁　夏	40.02	13.19	24.51	22.03
新　疆	75.69	22.61	53.33	51.44

2003年1～10月各地区住宅投资、销售情况

表17-52

地　区	投资额（亿　元）	竣工价值（亿　元）	销售额（亿元）	
				销售给个人
全国总计	5036.00	2136.76	3653.22	3506.87
（一）东部地区	3668.43	1702.23	2902.55	2783.45
北　京	462.19	148.68	428.18	404.25
天　津	108.59	74.88	111.40	110.18
河　北	122.79	34.84	55.38	51.50
辽　宁	259.19	55.17	136.06	130.03
上　海	605.15	538.72	798.44	772.63
江　苏	434.98	125.39	270.50	267.90
浙　江	484.23	173.49	273.09	269.35
福　建	174.68	61.66	111.47	105.02
山　东	291.72	85.25	160.92	152.38
广　东	655.10	379.02	501.55	465.07
广　西	49.71	18.89	43.81	43.42
海　南	20.10	6.23	11.73	11.73
（二）中部地区	704.75	212.91	359.91	347.73
山　西	35.43	9.46	15.15	14.58
内蒙古	38.53	8.58	18.04	18.02
吉　林	80.56	6.77	26.32	26.32
黑龙江	58.69	8.77	37.83	36.68
安　徽	113.33	38.94	67.90	65.55
江　西	69.56	21.04	27.52	27.27
河　南	92.54	31.72	49.87	47.71
湖　北	112.99	49.51	75.77	72.85
湖　南	103.11	38.13	41.52	38.74
（三）西部地区	662.82	221.62	390.76	375.69
重　庆	126.20	41.00	71.05	69.89
四　川	239.91	91.31	139.28	137.42
贵　州	42.92	12.84	31.52	30.80
云　南	52.39	17.64	33.24	29.27
西　藏	1.06			
陕　西	88.73	15.72	37.26	33.62
甘　肃	28.01	8.76	13.69	12.72
青　海	14.54	5.61	4.33	4.04
宁　夏	27.65	9.47	16.39	15.63
新　疆	41.41	19.26	44.01	42.31

2003年1~10月各地区办公楼投资、销售情况

表17-53

地　区	投资额（亿　元）	竣工价值（亿　元）	销售额（亿元）	
				销售给个人
全国总计	347.47	88.78	124.14	42.31
（一）东部地区	271.25	74.04	105.77	33.12
北　京	96.55	6.93	23.15	1.39
天　津	7.54	5.13	1.88	0.41
河　北	5.63	0.73	0.48	0.39
辽　宁	9.27	3.27	6.29	0.67
上　海	47.04	16.37	25.96	9.36
江　苏	18.74	3.70	12.12	4.66
浙　江	31.16	10.10	10.18	5.45
福　建	9.35	5.24	5.45	1.69
山　东	13.25	3.35	1.51	0.86
广　东	31.28	18.51	16.85	7.11
广　西	0.94	0.41	1.22	1.09
海　南	0.52	0.30	0.69	0.04
（二）中部地区	34.23	8.65	7.77	4.27
山　西	4.49	2.41	1.08	0.77
内蒙古	3.85	0.32	0.34	0.20
吉　林	3.83	0.38	0.42	0.27
黑龙江	3.63	0.36	1.10	0.49
安　徽	4.52	1.74	1.54	0.98
江　西	1.70	0.23	0.23	0.06
河　南	3.16	0.78	1.12	0.26
湖　北	3.54	0.87	0.70	0.21
湖　南	5.52	1.55	1.25	1.03
（三）西部地区	41.98	6.10	10.60	4.92
重　庆	7.62	1.60	3.28	1.61
四　川	10.38	1.84	1.56	0.58
贵　州	3.59	0.28	0.42	0.26
云　南	2.37	0.73	0.77	0.11
西　藏	0.02			
陕　西	7.06	0.32	2.34	1.58
甘　肃	1.21	0.25	0.29	0.12
青　海	2.11	0.04	0.11	0.04
宁　夏	1.17	0.94	1.21	0.16
新　疆	6.45	0.08	0.61	0.57

2003年1～10月各地区商业营业用房投资、销售情况

表 17-54

地　区	投资额（亿　元）	竣工价值（亿　元）	销售额（亿元）	
				销售给个人
全国总计	894.70	263.37	477.20	404.86
（一）东部地区	548.64	168.58	318.62	262.10
北　京	36.26	6.61	21.33	6.20
天　津	24.86	3.05	8.25	477
河　北	28.30	10.89	10.80	10.50
辽　宁	63.29	11.52	19.00	16.00
上　海	44.89	14.94	27.97	21.61
江　苏	73.51	16.87	43.98	41.54
浙　江	100.21	25.49	67.41	61.50
福　建	26.88	11.80	29.00	25.63
山　东	50.84	10.54	20.19	18.74
广　东	85.67	54.42	62.14	47.56
广　西	11.84	1.99	7.76	7.24
海　南	2.09	0.46	0.79	0.79
（二）中部地区	187.59	49.60	79.32	71.16
山　西	14.30	2.12	3.68	2.61
内蒙古	21.22	3.20	7.76	7.74
吉　林	23.47	2.17	4.38	4.21
黑龙江	21.56	1.47	9.54	8.89
安　徽	29.42	10.99	15.50	14.32
江　西	18.93	6.33	11.31	11.19
河　南	15.86	5.39	6.70	5.58
湖　北	10.77	3.96	2.65	2.40
湖　南	32.04	13.96	17.81	14.22
（三）西部地区	158.47	45.19	79.27	71.60
重　庆	32.21	15.81	21.95	18.09
四　川	57.74	16.35	28.73	27.62
贵　州	10.93	3.52	4.77	4.38
云　南	5.95	2.01	4.93	3.68
西　藏	0.22			
陕　西	16.67	1.01	1.78	1.69
甘　肃	5.16	0.57	1.44	1.28
青　海	2.10	0.40	0.39	0.30
宁　夏	6.89	2.40	6.69	6.09
新　疆	20.60	3.11	8.58	8.47

2003年1～11月各地区房地产开发投资情况

表 17-55

地　区	投资额（亿　元）	其中：住宅	比去年同期增长（%）	其中：住宅
全国总计	8284.81	5646.78	32.5	27.5
（一）东部地区	5889.18	4094.75	28.6	24.0
北　京	952.82	516.70	20.7	4.4
天　津	178.02	127.82	40.1	34.1
河　北	219.98	142.85	45.7	60.8
辽　宁	414.25	295.90	24.6	21.3
上　海	834.78	648.72	21.6	19.3
江　苏	669.27	497.63	48.0	42.6
浙　江	746.12	543.03	38.5	31.9
福　建	301.68	198.52	40.7	40.4
山　东	449.88	324.34	50.3	45.4
广　东	1000.89	720.38	10.5	10.4
广　西	94.36	56.72	39.8	25.2
海　南	27.13	22.14	73.4	69.9
（二）中部地区	1246.42	805.22	42.9	41.6
山　西	69.82	39.60	49.7	33.7
内蒙古	78.40	43.75	30.3	32.3
吉　林	123.24	86.95	15.4	14.9
黑龙江	121.13	68.90	13.6	12.3
安　徽	189.44	131.90	67.4	66.5
江　西	130.45	79.67	78.9	118.3
河　南	146.28	109.12	34.4	33.9
湖　北	181.14	130.27	28.3	22.4
湖　南	206.52	115.07	77.7	75.8
（三）西部地区	1149.21	746.81	43.2	34.1
重　庆	257.48	143.24	51.8	36.8
四　川	374.96	269.67	41.9	41.5
贵　州	89.54	50.94	33.9	20.7
云　南	87.81	62.04	32.2	18.1
西　藏	1.43	1.08	－9.2	17.1
陕　西	140.35	96.29	68.5	47.9
甘　肃	44.95	31.46	57.4	47.6
青　海	21.60	14.79	30.0	59.3
宁　夏	45.13	30.93	59.3	62.1
新　疆	85.97	46.37	11.5	－9.7

2003年1~11月各地区房地产开发投资资金来源

表 17-56

地　　区	本年资金来源小计（亿元）	国内贷款（亿元）	利用外资（亿元）	自筹资金（亿元）	其他资金（亿元）
全国总计	10800.00	2586.02	164.08	3131.54	4978.29
（一）东部地区	8183.31	2046.71	139.65	2077.31	3916.23
北　京	1602.5	488.30	28.85	284.64	800.70
天　津	289.76	81.98	2.56	101.27	103.96
河　北	232.18	35.87	2.47	103.56	89.20
辽　宁	454.99	103.49	4.80	191.61	154.75
上　海	1245.35	266.68	32.05	299.09	647.52
江　苏	856.37	236.38	9.02	222.61	387.88
浙　江	1049.3	308.96	3.46	185.20	551.57
福　建	419.92	84.76	11.33	104.41	218.17
山　东	512.23	101.14	5.74	195.98	209.30
广　东	1367.92	306.57	37.58	343.26	680.41
广　西	126.1	29.88	1.38	32.90	61.93
海　南	26.7	2.7	0.4	12.76	10.83
（二）中部地区	1342.93	248.63	20.18	586.05	484.97
山　西	82.24	15.47	0.10	37.43	29.15
内蒙古	72.98	6.85	0.04	50.25	15.85
吉　林	121.66	13.40		74.65	33.61
黑龙江	120.42	20.09	0.43	66.07	33.79
安　徽	214.89	39.91	3.47	77.64	93.71
江　西	138.78	16.10	7.09	56.05	49.54
河　南	166.19	32.66	0.80	55.65	76.83
湖　北	201.12	43.13	1.99	76.20	78.64
湖　南	224.64	51.01	6.27	92.09	73.85
（三）西部地区	1340.87	290.69	4.25	468.19	577.09
重　庆	299.27	65.34	1.88	102.58	129.47
四　川	443.40	83.37	0.31	150.03	209.68
贵　州	109.21	23.61	0.52	40.04	45.04
云　南	120.91	32.52	0.17	31.48	56.74
西　藏	4.38	0.78		2.84	0.76
陕　西	154.30	42.60	0.97	58.83	51.51
甘　肃	54.05	12.10	0.03	20.05	21.62
青　海	22.31	4.18	0.09	9.60	8.44
宁　夏	42.64	10.29	0.12	14.60	17.63
新　疆	90.41	15.90	0.16	38.15	36.19

2003年1～11月各地区房地产开发投资与销售情况

表17-57

地　区	投资额（亿　元）	竣工价值（亿　元）	销售额（亿元）	
				销售给个人
全国总计	8284.81	3011.81	4898.86	4561.24
（一）东部地区	5889.18	2329.41	3794.19	3519.26
北　京	952.82	228.12	536.80	466.35
天　津	178.02	108.75	138.28	130.90
河　北	219.98	54.74	73.21	68.39
辽　宁	414.25	93.55	192.66	177.42
上　海	834.78	640.46	958.68	911.84
江　苏	669.27	173.94	376.99	363.07
浙　江	746.12	246.49	407.89	391.41
福　建	301.68	91.58	164.68	150.14
山　东	449.88	155.45	206.15	194.35
广　东	1000.89	544.70	666.80	595.39
广　西	94.36	24.54	57.52	56.05
海　南	27.13	7.07	14.53	13.92
（二）中部地区	1246.42	341.37	537.23	506.78
山　西	69.82	17.84	25.32	23.09
内蒙古	78.40	17.99	36.03	35.45
吉　林	123.24	18.97	36.57	35.60
黑龙江	121.13	20.42	64.97	61.38
安　徽	189.44	61.67	98.68	93.08
江　西	130.45	32.94	46.45	45.81
河　南	146.28	42.22	63.60	59.34
湖　北	181.14	66.39	94.82	89.55
湖　南	206.52	62.94	70.81	63.49
（三）西部地区	1149.21	341.02	567.44	535.20
重　庆	257.48	67.34	108.29	99.93
四　川	374.96	126.09	206.17	201.70
贵　州	89.54	21.04	42.04	40.05
云　南	87.81	29.75	47.47	41.85
西　藏	1.43			
陕　西	140.35	22.25	43.18	38.43
甘　肃	44.95	17.22	18.63	16.42
青　海	21.6	7.17	6.07	5.55
宁　夏	45.13	18.86	30.57	28.36
新　疆	85.97	31.29	65.03	62.91

2003年1～11月各地区住宅投资、销售情况

表 17-58

地　区	投资额（亿　元）	竣工价值（亿　元）	销售额（亿元）	
				销售给个人
全国总计	5646.78	2469.28	4147.43	3987.40
（一）东部地区	4094.75	1938.17	3264.58	3135.58
北　京	516.70	177.11	470.27	441.33
天　津	127.82	94.36	125.76	124.17
河　北	142.85	41.87	61.14	56.73
辽　宁	295.90	70.38	159.62	153.67
上　海	648.72	591.97	890.42	870.42
江　苏	497.63	144.55	313.16	309.73
浙　江	543.03	192.43	309.08	305.32
福　建	198.52	67.25	124.03	117.55
山　东	324.34	97.98	180.66	171.19
广　东	720.38	433.30	570.49	526.31
广　西	56.72	20.75	47.08	46.30
海　南	22.14	6.23	12.88	12.88
（二）中部地区	805.22	263.72	427.73	412.02
山　西	39.60	12.61	17.82	17.16
内蒙古	43.75	13.21	25.11	25.05
吉　林	86.95	13.81	30.24	29.75
黑龙江	68.90	15.99	51.17	49.48
安　徽	131.90	45.71	77.95	74.91
江　西	79.67	24.55	32.55	32.27
河　南	109.12	34.48	54.77	52.54
湖　北	130.27	59.47	88.94	85.06
湖　南	115.07	43.90	49.17	45.78
（三）西部地区	746.81	267.39	455.12	439.81
重　庆	143.24	44.44	77.57	75.77
四　川	269.67	101.35	168.37	166.43
贵　州	50.94	15.92	35.54	34.41
云　南	62.04	25.94	39.27	36.54
西　藏	1.08			
陕　西	96.29	19.45	38.81	35.08
甘　肃	31.46	14.15	16.01	14.43
青　海	14.79	6.29	5.49	5.20
宁　夏	30.93	13.84	20.68	20.47
新　疆	46.37	26.02	53.37	51.46

2003年1～11月各地区办公楼投资、销售情况

表17-59

地　区	投资额（亿　元）	竣工价值（亿　元）	销售额（亿元）	
				销售给个人
全国总计	400.58	101.04	135.28	46.96
（一）东部地区	315.91	83.14	113.78	36.57
北　京	115.04	11.67	27.61	2.26
天　津	8.51	6.37	2.30	0.56
河　北	6.34	0.84	0.51	0.41
辽　宁	11.38	3.68	6.69	0.80
上　海	54.23	17.16	26.10	9.40
江　苏	21.35	3.93	12.28	5.26
浙　江	35.24	10.51	11.32	6.45
福　建	10.28	5.38	5.80	1.96
山　东	14.11	3.44	1.73	0.97
广　东	37.52	19.36	17.38	7.16
广　西	1.20	0.41	1.25	1.12
海　南	0.71	0.39	0.82	0.21
（二）中部地区	37.54	9.43	9.72	5.18
山　西	4.70	2.47	1.09	0.78
内蒙古	4.09	0.44	0.72	0.21
吉　林	4.21	0.61	0.44	0.29
黑龙江	3.84	0.49	1.39	0.78
安　徽	5.35	1.92	2.66	1.55
江　西	1.79	0.25	0.23	0.06
河　南	3.79	0.75	1.18	0.26
湖　北	3.94	0.91	0.70	0.21
湖　南	5.83	1.59	1.30	1.04
（三）西部地区	47.13	8.46	11.78	5.22
重　庆	8.50	1.92	3.52	1.68
四　川	11.29	2.21	2.00	0.66
贵　州	4.32	0.32	0.45	0.27
云　南	2.88	0.95	0.94	0.03
西　藏	0.02			
陕　西	7.86	0.35	2.38	1.62
甘　肃	1.39	0.70	0.34	0.12
青　海	2.13	0.07	0.14	0.04
宁　夏	1.44	1.24	1.30	0.16
新　疆	7.31	0.71	0.72	0.64

2003年1～11月各地区商业营业用房投资、销售情况

表 17-60

地　区	投资额（亿　元）	竣工价值（亿　元）	销售额（亿元）	
				销售给个人
全国总计	1018.49	312.20	556.04	478.32
（一）东部地区	621.73	197.68	364.36	305.60
北　京	47.08	13.46	32.19	17.06
天　津	19.30	5.13	9.65	6.16
河　北	33.76	11.44	11.35	11.05
辽　宁	74.14	14.52	23.99	20.78
上　海	52.88	16.92	29.13	22.37
江　苏	82.73	19.07	48.62	45.92
浙　江	113.37	29.41	75.35	68.80
福　建	30.32	12.76	32.39	28.81
山　东	5.92	12.30	22.80	21.37
广　东	96.26	60.17	70.13	55.03
广　西	13.63	2.05	7.92	7.41
海　南	2.33	0.46	0.83	0.83
（二）中部地区	215.68	60.14	95.78	86.04
山　西	16.18	2.66	6.37	5.11
内蒙古	23.13	4.22	9.93	9.91
吉　林	26.59	3.99	5.27	4.94
黑龙江	25.88	3.33	11.92	10.68
安　徽	35.06	12.18	17.36	16.20
江　西	22.22	7.68	13.42	13.24
河　南	17.30	5.99	7.38	6.27
湖　北	12.75	4.72	4.18	3.38
湖　南	36.57	15.38	19.96	16.30
（三）西部地区	181.09	54.39	95.90	86.68
重　庆	37.10	16.90	25.77	21.45
四　川	65.05	20.15	34.97	33.84
贵　州	12.61	4.58	5.52	5.03
云　南	7.07	2.06	6.29	4.52
西　藏	0.22			
陕　西	19.55	1.10	1.78	1.69
甘　肃	6.10	1.33	1.98	1.60
青　海	2.13	0.81	0.43	0.31
宁　夏	8.14	3.17	8.34	7.55
新　疆	23.11	4.29	10.81	10.69

2003年1~12月各地区房地产开发投资情况

表 17-61

地 区	投资额（亿 元）	其中：住宅	比去年同期增长（%）	其中：住宅
全国总计	10106.12	6782.41	29.7	28.6
（一）东部地区	7142.58	4878.04	28.0	25.1
北 京	1202.48	632.97	21.5	7.9
天 津	211.39	153.29	20.2	26.9
河 北	251.98	167.86	44.0	60.1
辽 宁	486.17	343.27	25.3	24.3
上 海	901.24	676.28	25.1	21.7
江 苏	809.17	596.08	48.6	50.2
浙 江	972.39	708.67	34.2	30.0
福 建	362.07	237.27	45.4	50.4
山 东	579.57	405.80	48.4	42.0
广 东	1209.92	854.30	8.3	6.5
广 西	120.26	73.09	42.4	43.1
海 南	35.95	29.14	84.4	94.8
（二）中部地区	1557.26	1000.04	40.2	45.2
山 西	94.88	49.13	41.3	33.1
内蒙古	90.93	51.55	25.5	30.5
吉 林	139.27	95.97	20.4	17.0
黑龙江	163.12	88.59	11.9	14.9
安 徽	240.65	165.62	64.3	85.6
江 西	173.78	106.76	82.2	115.6
河 南	185.56	135.07	34.1	32.4
湖 北	239.04	171.91	33.8	29.8
湖 南	230.03	135.44	52.4	69.1
（三）西部地区	1406.28	904.33	33.0	31.6
重 庆	327.89	177.43	33.3	35.8
四 川	449.33	325.46	30.3	34.3
贵 州	104.06	58.75	34.3	22.7
云 南	112.15	79.68	21.7	18.1
西 藏	1.72	1.37	9.4	48.4
陕 西	188.56	123.69	52.6	43.7
甘 肃	50.80	34.38	34.7	39.1
青 海	22.31	15.46	32.1	62.6
宁 夏	50.91	34.76	64.9	67.7
新 疆	98.54	53.34	14.6	-6.3

2003年1～12月各地区房地产开发投资资金来源

表17-62

地　区	本年资金来源小计（亿元）	国内贷款（亿元）	利用外资（亿元）	自筹资金（亿元）	其他资金（亿元）
全国总计	13128.22	3125.14	184.45	3758.24	6048.91
（一）东部地区	9693.90	2422.92	157.71	2481.56	4628.34
北　京	1871.39	586.86	33.21	375.85	875.47
天　津	327.58	89.05	4.38	101.27	132.88
河　北	263.07	38.42	2.53	114.71	106.64
辽　宁	558.04	133.29	5.56	227.35	191.51
上　海	1294.77	282.70	34.14	313.91	664.01
江　苏	1043.7	264.93	7.66	280.72	490.40
浙　江	1354.19	385.73	4.73	242.89	720.73
福　建	514.47	99.51	12.05	125.80	275.17
山　东	674.19	134.23	7.46	245.92	286.53
广　东	1595.93	366.30	43.14	394.25	792.11
广　西	159.01	36.91	2.30	42.19	77.62
海　南	37.55	4.99	0.55	16.73	15.28
（二）中部地区	1757.73	331.69	20.25	714.44	685.04
山　西	119.10	28.21	0.10	46.36	44.23
内蒙古	84.16	8.33	0.04	55.61	20.12
吉　林	136.47	17.06	0.00	79.55	39.85
黑龙江	160.36	25.62	0.43	87.58	46.71
安　徽	300.22	56.83	1.50	98.53	142.91
江　西	180.10	32.45	8.53	73.73	65.39
河　南	215.52	39.74	1.12	76.40	98.26
湖　北	308.01	67.31	1.84	99.53	135.15
湖　南	253.77	56.14	6.69	97.15	92.42
（三）西部地区	1676.59	370.53	6.49	562.24	735.53
重　庆	422.33	94.95	4.15	137.18	185.95
四　川	538.37	101.88	0.54	179.06	256.90
贵　州	125.07	26.60	0.62	43.79	54.05
云　南	146.46	38.47	0.33	36.50	71.15
西　藏	4.59	0.78		2.84	0.98
陕　西	198.16	56.50	0.44	70.97	68.84
甘　肃	62.23	14.57	0.03	22.50	24.88
青　海	22.06	4.11	0.09	9.44	8.42
宁　夏	52.07	12.46	0.13	17.13	22.34
新　疆	105.24	20.22	0.16	42.83	42.02

2003年1～12月各地区房地产开发投资与销售情况

表17-63

地　　区	投资额（亿　元）	竣工价值（亿　元）	销售额（亿元）	
				销售给个人
全国总计	10106.12	5237.34	7670.90	7092.78
（一）东部地区	7142.58	3740.52	5730.25	5299.28
北　京	1202.48	467.63	897.96	792.70
天　津	211.39	159.17	202.30	187.82
河　北	251.95	115.96	128.19	115.85
辽　宁	486.17	225.92	338.07	314.02
上　海	901.24	745.24	1216.34	1150.79
江　苏	809.17	320.93	593.11	568.91
浙　江	972.39	443.69	713.77	683.58
福　建	362.07	156.24	290.26	267.97
山　东	579.57	260.50	346.05	321.31
广　东	1209.92	786.26	889.56	785.59
广　西	120.26	40.50	91.67	88.65
海　南	35.95	18.47	22.99	22.07
（二）中部地区	1557.26	778.93	992.93	911.11
山　西	94.88	51.81	54.99	41.46
内蒙古	90.93	53.28	70.32	69.00
吉　林	139.27	64.20	64.69	60.52
黑龙江	163.12	86.31	144.93	133.85
安　徽	240.65	109.40	165.41	156.42
江　西	173.78	68.59	92.86	83.07
河　南	185.56	85.06	118.43	111.26
湖　北	239.04	143.43	161.62	147.27
湖　南	230.03	116.86	119.68	108.25
（三）西部地区	1406.28	717.89	947.72	882.38
重　庆	327.89	157.31	210.07	188.13
四　川	449.33	220.38	330.79	321.14
贵　州	104.06	44.52	53.89	51.06
云　南	112.15	57.61	86.86	77.89
西　藏	1.72	0.00	0.00	0.00
陕　西	188.56	86.46	89.27	82.93
甘　肃	50.8	25.73	27.82	24.40
青　海	22.31	15.25	11.94	9.89
宁　夏	50.91	34.41	43.42	40.16
新　疆	98.54	76.20	93.67	86.79

2003年1～12月各地区住宅投资、销售情况

表 17-64

地　区	投资额（亿　元）	竣工价值（亿　元）	销售额（亿元）	
				销售给个人
全国总计	6782.41	4086.78	6303.85	6051.94
（一）东部地区	4878.04	2979.95	4818.22	4626.72
北　京	632.97	349.67	789.16	753.24
天　津	153.29	117.32	177.53	173.54
河　北	167.86	86.57	104.65	94.91
辽　宁	343.27	171.40	277.07	268.04
上　海	676.28	639.31	1109.86	1081.33
江　苏	596.08	260.17	474.67	470.26
浙　江	708.67	339.51	541.02	534.26
福　建	237.27	119.48	202.84	193.98
山　东	405.80	214.67	296.88	279.95
广　东	584.30	631.28	749.27	683.14
广　西	73.09	33.53	74.16	73.11
海　南	29.14	17.02	21.10	20.96
（二）中部地区	1000.04	572.40	758.13	724.45
山　西	49.13	33.17	36.17	32.27
内蒙古	51.55	39.40	47.89	47.62
吉　林	95.97	43.58	49.46	47.27
黑龙江	88.59	59.16	107.62	104.79
安　徽	165.62	79.15	121.96	119.40
江　西	106.76	47.14	60.08	58.00
河　南	135.07	70.82	101.25	97.47
湖　北	171.91	121.37	147.35	137.41
湖　南	135.44	78.61	86.36	80.23
（三）西部地区	904.33	534.43	727.50	700.77
重　庆	177.43	101.95	149.85	143.06
四　川	325.46	165.93	253.51	250.51
贵　州	58.75	31.86	44.33	43.13
云　南	79.68	49.72	74.32	69.62
西　藏	1.37	0.00	0.00	0.00
陕　西	123.69	71.16	74.22	69.89
甘　肃	34.38	21.05	23.70	21.47
青　海	15.46	12.66	9.64	9.18
宁　夏	34.76	24.92	28.45	28.39
新　疆	53.34	55.20	69.50	65.51

2003年1～12月各地区办公楼投资、销售情况

表 17-65

地　区	投资额（亿　元）	竣工价值（亿　元）	销售额（亿元）	
				销售给个人
全国总计	508.64	226.47	256.11	102.94
（一）东部地区	392.64	170.75	196.42	77.06
北　京	142.75	28.56	40.58	4.24
天　津	7.63	13.37	8.90	2.87
河　北	8.51	4.80	2.00	1.44
辽　宁	13.20	9.06	8.70	1.58
上　海	66.67	40.94	43.87	23.64
江　苏	27.64	11.35	25.09	12.54
浙　江	48.13	22.06	22.24	13.13
福　建	10.62	8.28	11.75	4.48
山　东	18.66	8.22	4.72	1.64
广　东	46.36	22.75	24.37	9.06
广　西	1.76	0.95	3.34	2.22
海　南	0.73	0.41	0.85	0.21
（二）中部地区	53.83	26.77	28.81	10.09
山　西	5.72	5.05	6.66	0.78
内蒙古	5.52	1.28	1.27	0.36
吉　林	6.01	2.10	2.40	0.77
黑龙江	6.33	3.86	4.43	1.27
安　徽	7.87	3.90	5.05	2.48
江　西	2.21	0.50	0.52	0.20
河　南	5.28	1.80	2.00	0.38
湖　北	8.11	5.21	4.07	1.92
湖　南	6.78	3.06	2.39	1.91
（三）西部地区	62.17	28.95	30.88	15.78
重　庆	11.86	7.36	7.93	2.88
四　川	13.74	5.38	4.06	1.64
贵　州	4.82	1.57	0.78	0.31
云　南	3.16	1.25	1.66	0.05
西　藏	0.02			
陕　西	14.61	5.02	6.60	4.82
甘　肃	1.67	0.80	0.61	0.19
青　海	2.16	0.92	0.88	0.11
宁　夏	2.17	1.91	1.96	0.35
新　疆	7.98	4.75	6.41	5.44

2003年1～12月各地区商业营业用房投资、销售情况

表 17-66

地　　区	投资额（亿　元）	竣工价值（亿　元）	销售额（亿元）	
				销售给个人
全国总计	1277.48	669.87	1007.76	856.75
（一）东部地区	781.63	387.01	630.03	527.29
北　京	61.35	25.77	51.78	24.02
天　津	23.62	25.05	12.09	11.22
河　北	34.27	22.34	20.98	19.02
辽　宁	86.42	34.50	47.90	40.46
上　海	67.82	40.46	50.43	35.25
江　苏	109.88	36.89	88.52	82.38
浙　江	144.53	60.30	131.52	118.89
福　建	38.28	18.50	67.85	61.74
山　东	74.62	32.03	42.24	37.72
广　东	121.77	86.63	103.07	83.76
广　西	16.03	3.48	12.63	11.94
海　南	3.05	1.05	1.02	0.89
（二）中部地区	272.11	156.46	195.58	169.01
山　西	22.11	12.75	12.09	8.34
内蒙古	25.87	11.93	20.62	20.49
吉　林	30.76	16.36	11.31	10.97
黑龙江	34.39	18.28	30.12	25.94
安　徽	43.93	22.70	36.44	33.49
江　西	29.44	19.93	31.80	24.41
河　南	23.67	10.58	14.32	12.73
湖　北	17.66	12.38	8.93	7.30
湖　南	44.29	31.56	29.94	25.34
（三）西部地区	223.74	126.40	182.14	160.46
重　庆	50.82	36.65	49.76	40.44
四　川	78.56	44.68	71.50	67.46
贵　州	15.19	9.83	8.47	7.38
云　南	9.12	4.91	9.62	7.42
西　藏	0.22			
陕　西	24.63	5.46	8.09	8.01
甘　肃	6.78	2.71	3.19	2.44
青　海	2.12	1.63	1.38	0.57
宁　夏	9.69	5.87	12.69	11.19
新　疆	26.61	14.66	17.44	15.55

第十八章　各地区房地产施工、竣工与销售面积统计

2003年1~2月各地区房地产施工、竣工、销售面积

表 18-1

地　　区	施工面积（万平方米）		竣工面积（万平方米）	销售面积（万平方米）	
		新开工面积			售给个人
全国总计	37464.59	5615.46	1463.71	1560.38	1395.05
（一）东部地区	26122.00	3409.84	1037.13	1005.01	901.91
北　京	1773.82	132.97	32.90	92.16	79.69
天　津	576.73	85.94	25.86	36.17	35.72
河　北	152.62	16.08	5.28	1.99	1.96
辽　宁	359.95	83.16	28.70	18.81	16.83
上　海	3676.68	334.40	99.65	152.61	117.44
江　苏	2607.01	467.97	86.08	125.16	115.23
浙　江	5405.20	694.35	205.61	187.05	177.27
福　建	2801.48	293.68	131.81	96.23	90.56
山　东	1221.25	263.27	44.89	32.66	31.37
广　东	6740.66	853.40	344.57	226.85	201.85
广　西	619.51	125.82	28.47	30.96	29.63
海　南	187.09	58.80	3.31	4.36	4.36
（二）中部地区	4028.86	756.53	157.10	191.28	172.83
山　西	72.16	3.43		0.41	0.41
内蒙古					
吉　林					
黑龙江	46.67			10.39	9.59
安　徽	1035.63	163.13	62.99	53.39	43.26
江　西	631.77	203.80	34.77	41.42	41.15
河　南	892.72	125.41	30.09	33.23	30.19
湖　北	552.12	111.46	10.65	27.02	25.52
湖　南	797.79	149.30	18.60	25.42	22.71
（三）西部地区	7313.73	1449.09	269.48	364.09	320.31
重　庆	2711.22	463.41	53.31	68.65	65.66
四　川	2656.81	618.57	150.82	150.88	145.80
贵　州	816.48	130.37	16.85	44.94	44.55
云　南	494.23	98.61	26.74	53.49	37.00
西　藏					
陕　西	499.62	121.91	17.95	30.86	13.38
甘　肃	88.91	10.98	2.95	4.51	3.59
青　海					
宁　夏	12.56	1.55	0.86	4.50	4.48
新　疆	33.90	3.69		6.26	5.85

2003年1~2月各地区住宅施工、竣工、销售面积

表 18-2

地　区	施工面积（万平方米）		竣工面积（万平方米）	销售面积（万平方米）	
		新开工面积			售给个人
全国总计	28938.82	4624.66	1180.96	1396.87	1282.37
（一）东部地区	20235.91	2832.78	836.34	899.64	828.54
北　京	1148.83	92.90	18.64	81.46	76.01
天　津	443.22	78.21	20.72	34.53	34.53
河　北	119.72	12.59	2.26	1.42	1.40
辽　宁	267.96	68.93	20.75	16.56	15.47
上　海	3079.36	297.77	86.06	144.98	111.20
江　苏	2095.38	403.97	75.70	106.77	104.02
浙　江	4253.66	566.96	172.35	163.66	158.09
福　建	2115.61	247.93	109.68	82.10	81.72
山　东	1030.57	230.07	41.01	29.99	28.99
广　东	5036.12	670.57	264.35	206.03	186.30
广　西	500.18	106.93	21.51	27.80	26.47
海　南	145.30	55.95	3.31	4.34	4.34
（二）中部地区	3165.91	624.28	132.33	166.60	159.03
山　西	60.55	3.43		0.38	0.38
内蒙古					
吉　林					
黑龙江	35.85			8.42	8.36
安　徽	795.00	134.06	52.44	43.05	38.30
江　西	498.59	169.98	28.49	36.83	36.64
河　南	762.56	113.41	26.33	30.42	29.56
湖　北	470.89	104.61	9.11	26.13	24.68
湖　南	542.47	98.79	15.96	21.37	21.11
（三）西部地区	5537.00	1167.60	212.29	330.63	294.80
重　庆	1912.25	355.53	31.99	58.10	57.55
四　川	2123.30	486.25	128.77	138.16	134.66
贵　州	598.74	112.59	13.80	42.56	42.32
云　南	399.37	89.83	24.58	48.01	35.28
西　藏					
陕　西	412.70	110.75	9.66	29.88	12.40
甘　肃	68.58	9.84	2.95	4.51	3.59
青　海					
宁　夏	4.68	1.35	0.54	3.56	3.56
新　疆	17.38	1.46		5.85	5.44

2003年1~2月各地区办公楼施工、竣工、销售面积

表18-3

地　区	施工面积（万平方米）		竣工面积（万平方米）	销售面积（万平方米）	
		新开工面积			售给个人
全国总计	1768.98	135.14	38.99	32.59	8.83
（一）东部地区	1349.14	88.52	29.34	26.33	7.23
北　京	256.06	18.83	4.98	5.72	0.45
天　津	43.14		0.98		
河　北	12.05	0.45	1.84	0.12	0.12
辽　宁	18.86	0.60	0.17	0.40	0.22
上　海	152.16	0.40	1.17	3.24	2.37
江　苏	102.90	11.03	1.72	6.85	0.37
浙　江	237.42	27.90	4.15	2.62	1.53
福　建	150.87	6.76	3.53	3.12	1.25
山　东	24.41	8.33	0.97	0.19	
广　东	337.89	11.06	9.78	4.06	0.91
广　西	10.38	2.16	0.05		
海　南	3.00	1.00		0.01	0.01
（二）中部地区	120.44	9.95	2.27	1.87	0.24
山　西	7.34				
内蒙古					
吉　林					
黑龙江	0.45			0.38	
安　徽	38.30	1.80	1.23	0.48	0.04
江　西	12.84	2.28	0.24	0.14	0.14
河　南	32.58	1.17		0.76	
湖　北	6.00	1.34	0.74	0.11	0.06
湖　南	22.93	3.36	0.06		
（三）西部地区	299.40	36.67	7.38	4.39	1.36
重　庆	104.41	12.75	2.35	1.08	0.24
四　川	75.26	15.41	3.87	1.20	0.95
贵　州	53.51	4.30	0.24	0.03	0.02
云　南	24.05	2.24	0.76	1.93	
西　藏					
陕　西	33.32	1.74	0.16		
甘　肃	7.46	0.23			
青　海					
宁　夏	0.48				
新　疆	0.91			0.15	0.15

2003年1~2月各地区商业营业用房施工、竣工、销售面积

表18-4

地　区	施工面积（万平方米）		竣工面积（万平方米）	销售面积（万平方米）	
		新开工面积			售给个人
全国总计	4409.99	572.61	164.81	103.50	86.05
（一）东部地区	2735.47	288.48	108.23	60.20	52.12
北　京	113.96	2.67	4.67	1.15	1.15
天　津	68.37	2.23	3.62	1.64	1.19
河　北	15.37	1.61	1.18	0.45	0.44
辽　宁	51.54	7.59	5.19	1.54	0.85
上　海	214.74	16.71	3.11	3.71	3.21
江　苏	310.11	42.48	5.10	10.10	9.52
浙　江	588.02	70.12	19.87	14.17	12.13
福　建	343.15	28.83	12.81	8.61	5.85
山　东	140.44	20.86	2.75	2.33	2.23
广　东	784.50	84.19	44.81	13.81	12.86
广　西	75.29	9.86	5.12	2.68	2.68
海　南	29.98	1.33		0.01	0.01
（二）中部地区	600.40	102.90	19.17	18.35	12.72
山　西	4.27			0.03	0.03
内蒙古					
吉　林					
黑龙江	9.96			1.58	1.22
安　徽	169.86	20.36	7.81	6.13	4.81
江　西	108.36	26.70	5.03	3.82	3.74
河　南	88.04	8.92	3.76	1.99	0.57
湖　北	45.85	2.53	0.80	0.76	0.76
湖　南	174.06	44.39	1.77	4.04	1.59
（三）西部地区	1074.12	181.23	37.41	24.95	21.21
重　庆	442.05	61.80	16.38	8.15	6.76
四　川	373.01	9.35	15.87	10.98	9.79
贵　州	136.10	11.41	2.75	1.64	1.50
云　南	51.35	5.35	1.27	2.66	1.65
西　藏					
陕　西	38.00	6.11	0.82	0.98	0.98
甘　肃	11.78	0.78			
青　海					
宁　夏	6.39	0.20	0.32	0.30	0.29
新　疆	15.44	2.23		0.24	0.24

2003年1~2月各地区土地开发与购置情况

表18-5

地　区	土地开发投资（亿元）	土地购置费（亿元）	年购置土地面积（万平方米）	完成开发土地面积（万平方米）
全国总计	34.99	132.49	2700.26	1270.17
（一）东部地区	24.38	98.37	1395.69	815.64
北　京	0.60	5.56	52.54	11.05
天　津	1.19	0.91	81.69	86.97
河　北	0.15	0.75	13.04	19.13
辽　宁	0.22	0.67	50.60	27.60
上　海	2.29	7.65	36.63	14.72
江　苏	5.03	23.48	337.42	120.38
浙　江	1.89	34.81	361.21	149.05
福　建	2.75	2.80	114.97	71.94
山　东	1.69	4.16	146.28	88.85
广　东	7.57	15.23	147.22	169.48
广　西	0.89	1.99	49.93	56.47
海　南	0.01	0.38	4.16	
（二）中部地区	4.02	11.90	640.68	151.38
山　西	0.06	0.04	3.01	0.32
内蒙古				
吉　林				
黑龙江	0.01	0.07	0.48	1.56
安　徽	0.79	3.68	123.03	46.97
江　西	0.85	2.02	116.94	36.67
河　南	0.41	1.67	149.76	21.24
湖　北	0.21	0.53	37.26	15.58
湖　南	1.68	3.91	210.20	29.04
（三）西部地区	6.60	22.21	663.89	303.15
重　庆	3.36	3.52	169.61	101.48
四　川	0.49	14.86	314.85	53.00
贵　州	0.64	0.76	76.39	44.38
云　南	1.74	1.87	64.02	87.64
西　藏				
陕　西	0.22	0.95	29.16	13.07
甘　肃	0.04	0.16	8.92	2.79
青　海				
宁　夏		0.10	0.94	0.79
新　疆	0.11			

2003年1～3月各地区房地产施工、竣工、销售面积

表18-6

地　区	施工面积（万平方米）		竣工面积（万平方米）	销售面积（万平方米）	
		新开工面积			售给个人
全国总计	52592.31	10528.64	2989.68	3125.42	2890.68
（一）东部地区	36646.24	6548.60	2123.36	2066.45	1911.33
北　京	4390.40	336.11	186.70	256.69	229.92
天　津	1005.89	212.97	75.40	95.58	94.44
河　北	817.88	255.78	35.89	48.39	43.61
辽　宁	914.77	216.64	55.52	96.29	85.39
上　海	4647.01	686.30	166.93	242.29	236.31
江　苏	3872.45	913.11	236.84	277.10	254.61
浙　江	6183.80	1079.73	313.95	300.36	288.00
福　建	3012.94	424.46	176.17	135.50	128.73
山　东	2756.52	813.64	128.32	160.70	141.58
广　东	8094.88	1345.94	690.83	386.13	351.53
广　西	748.67	200.53	51.58	51.49	51.18
海　南	201.03	63.39	5.23	6.03	6.03
（二）中部地区	6310.01	1618.09	377.94	476.68	433.72
山　西	280.21	81.26	7.94	14.60	13.37
内蒙古	56.37	21.00	0.00	16.38	15.93
吉　林	0.45		0.45	6.71	6.71
黑龙江	122.76	16.73	0.69	29.18	26.47
安　徽	1377.34	329.13	115.85	104.36	92.32
江　西	929.84	345.52	67.00	71.17	70.24
河　南	1308.72	224.45	69.72	78.44	68.17
湖　北	999.32	246.39	45.30	60.49	55.22
湖　南	1235.00	353.61	70.99	95.35	85.29
（三）西部地区	9636.06	2361.95	488.38	582.29	545.63
重　庆	3154.03	680.43	120.73	131.93	121.82
四　川	3408.32	1000.51	239.67	234.10	221.97
贵　州	1149.68	206.28	36.85	65.45	64.72
云　南	613.03	136.54	42.54	52.34	47.00
西　藏					
陕　西	741.39	171.50	18.70	54.62	49.53
甘　肃	228.34	88.47	7.56	16.31	13.75
青　海	97.73	41.89		1.86	1.86
宁　夏	145.21	23.91	6.05	10.87	10.59
新　疆	98.33	12.42	16.28	14.81	14.39

2003年1～3月各地区住宅施工、竣工、销售面积

表 18-7

地　区	施工面积（万平方米）		竣工面积（万平方米）	销售面积（万平方米）	
		新开工面积			售给个人
全国总计	40952.50	8729.64	2459.05	2791.47	2648.81
（一）东部地区	28653.67	5519.37	1758.49	1858.88	1764.41
北　京	3059.62	279.63	148.39	240.10	223.45
天　津	829.58	199.58	69.78	92.33	91.83
河　北	685.22	217.84	28.03	45.69	41.38
辽　宁	716.24	182.98	39.85	84.19	81.32
上　海	3854.49	583.46	148.63	225.22	222.72
江　苏	3174.79	775.19	202.63	235.92	228.19
浙　江	4890.96	885.04	262.64	262.13	255.60
福　建	2289.78	357.91	137.61	115.90	115.04
山　东	2282.17	700.87	106.73	146.69	129.14
广　东	6097.41	1103.74	566.14	358.38	323.68
广　西	614.84	172.59	42.83	46.32	46.05
海　南	158.57	60.54	5.23	6.01	6.01
（二）中部地区	4989.44	1299.93	321.54	412.92	386.14
山　西	233.78	68.71	4.16	12.74	11.68
内蒙古	32.79	11.19		11.47	11.47
吉　林	0.22		0.22	6.14	6.14
黑龙江	94.43	11.19	0.55	18.71	17.74
安　徽	1062.36	268.85	97.18	86.07	80.55
江　西	712.58	251.42	54.82	62.78	62.15
河　南	1115.22	199.50	61.65	73.83	65.77
湖　北	865.86	226.92	40.08	56.90	53.45
湖　南	882.20	262.15	62.88	84.28	77.19
（三）西部地区	7309.39	1910.34	379.02	519.67	498.26
重　庆	2223.05	535.77	78.15	110.11	107.20
四　川	2712.76	790.98	200.81	212.30	202.72
贵　州	847.45	172.09	30.59	60.04	59.79
云　南	503.46	124.35	35.78	46.39	43.64
西　藏					
陕　西	590.27	153.12	10.27	51.75	48.52
甘　肃	181.09	76.49	7.36	14.54	12.29
青　海	83.53	31.67		1.86	1.86
宁　夏	100.37	18.92	4.30	8.49	8.47
新　疆	67.41	6.95	11.76	14.19	13.77

2003年1～3月各地区办公楼施工、竣工、销售面积

表18-8

地　区	施工面积（万平方米）		竣工面积（万平方米）	销售面积（万平方米）	
		新开工面积			售给个人
全国总计	2468.95	195.32	77.39	60.73	17.40
（一）东部地区	1838.55	102.68	56.10	46.87	12.02
北　京	463.52	0.66	9.37	7.58	0.68
天　津	49.77		1.30	0.50	
河　北	28.01	2.34	1.98	0.20	0.14
辽　宁	45.58	3.36	7.07	7.27	0.28
上　海	209.56	5.10	1.85	4.50	2.37
江　苏	149.14	17.82	10.18	11.23	2.40
浙　江	246.89	38.49	5.95	4.65	2.32
福　建	153.97	6.37	3.32	4.06	2.01
山　东	64.97	12.40	2.60	0.48	0.07
广　东	395.70	12.83	12.43	6.36	1.71
广　西	10.44	2.31	0.05	0.03	0.03
海　南	3.00	1.00		0.01	0.01
（二）中部地区	212.16	30.8	10.27	5.82	2.49
山　西	15.42	3.83	2.21	0.07	0.07
内蒙古	4.60			0.45	
吉　林					
黑龙江	8.34			0.47	0.09
安　徽	59.86	4.67	5.60	2.74	2.09
江　西	21.47	7.60	0.29	0.17	0.17
河　南	47.16	4.06		0.76	0.01
湖　北	13.79	1.54	1.74	1.11	0.06
湖　南	41.52	9.18	0.43	0.05	
（三）西部地区	418.24	61.76	11.02	8.04	2.89
重　庆	120.83	21.62	3.48	2.27	1.06
四　川	95.49	18.62	6.18	2.56	1.06
贵　州	73.26	5.59	0.90	0.50	0.23
云　南	27.46	2.24	0.29	1.07	
西　藏					
陕　西	63.20	4.68	0.16	0.87	
甘　肃	13.88	0.37	0.01	0.23	0.12
青　海	6.33	4.73			
宁　夏	11.70	0.67		0.33	0.21
新　疆	6.09	3.24		0.21	0.21

2003年1～3月各地区商业营业用房施工、竣工、销售面积

表18-9

地　区	施工面积（万平方米）		竣工面积（万平方米）	销售面积（万平方米）	
		新开工面积			售给个人
全国总计	6010.43	1154.22	318.99	225.61	189.34
（一）东部地区	3677.79	599.77	200.08	126.13	107.51
北　京	224.94	15.88	8.99	5.01	2.79
天　津	103.97	7.49	3.78	2.64	2.50
河　北	90.72	30.85	4.41	2.40	2.09
辽　宁	114.56	20.43	6.01	4.17	3.15
上　海	287.67	57.11	5.33	9.34	8.19
江　苏	419.72	101.94	18.55	24.31	21.06
浙　江	670.53	111.23	33.54	25.43	23.11
福　建	363.89	40.60	24.76	12.05	9.21
山　东	345.17	81.71	16.33	12.48	11.33
广　东	938.89	114.50	71.87	23.7	19.61
广　西	87.34	16.70	6.51	4.50	4.46
海　南	30.39	1.33		0.01	0.01
（二）中部地区	909.07	244.04	39.14	51.40	42.65
山　西	35.58	8.00	1.48	1.74	1.57
内蒙古	17.70	8.68		3.92	3.92
吉　林	0.23		0.23	0.45	0.45
黑龙江	18.46	5.54	0.14	9.89	8.53
安　徽	217.87	45.06	10.87	10.95	9.18
江　西	174.75	76.48	10.82	7.47	7.17
河　南	130.11	17.52	7.77	3.77	2.31
湖　北	75.97	9.42	1.93	2.35	1.58
湖　南	238.40	73.34	5.90	10.86	7.94
（三）西部地区	1423.57	310.41	79.77	48.08	39.18
重　庆	522.57	82.69	32.51	17.26	11.48
四　川	495.63	163.00	30.09	17.44	16.58
贵　州	189.17	25.68	5.30	4.16	3.95
云　南	58.05	6.90	5.09	4.16	3.17
西　藏					
陕　西	68.64	10.34	0.96	1.73	1.01
甘　肃	29.20	10.47	0.14	1.54	1.34
青　海	7.46	5.08			
宁　夏	28.57	4.02	1.16	1.41	1.27
新　疆	24.28	2.23	4.52	0.38	0.38

2003 年 1～3 月各地区土地开发与购置情况

表 18-10

地　区	土地开发投资（亿元）	土地购置费（亿元）	年购置土地面积（万平方米）	完成开发土地面积（万平方米）
全国总计	74.70	263.79	5379.72	2871.25
（一）东部地区	53.37	197.67	2813.13	1867.30
北　京	1.66	19.66	108.82	77.19
天　津	3.99	3.99	216.01	210.45
河　北	0.75	4.30	146.29	76.93
辽　宁	2.50	3.16	88.09	50.46
上　海	3.72	9.09	59.76	26.46
江　苏	14.51	42.67	550.96	236.25
浙　江	3.59	56.33	517.05	228.65
福　建	4.10	8.37	236.68	133.63
山　东	4.83	11.04	404.88	229.85
广　东	12.52	35.64	366.72	518.98
广　西	1.11	3.02	113.66	78.45
海　南	0.11	0.38	4.21	
（二）中部地区	10.11	30.23	1457.01	628.12
山　西	0.33	0.79	39.00	24.62
内蒙古		0.44	14.27	
吉　林		0.04	2.47	
黑龙江	0.02	0.07	0.48	1.96
安　徽	1.60	7.72	250.38	123.88
江　西	1.56	5.40	276.45	107.92
河　南	0.84	4.50	213.37	54.73
湖　北	1.46	3.07	168.58	76.19
湖　南	4.30	8.19	492.01	238.82
（三）西部地区	11.22	35.89	1109.58	375.83
重　庆	6.59	5.88	225.71	110.83
四　川	0.64	21.94	541.70	77.51
贵　州	1.16	1.71	117.33	59.21
云　南	1.63	2.26	94.21	81.22
西　藏				
陕　西	0.46	2.42	66.10	16.65
甘　肃	0.49	0.89	36.06	16.53
青　海	0.11	0.48	15.86	11.88
宁　夏	0.00	0.21	4.87	2.00
新　疆	0.15	0.11	7.74	

2003年1～4月各地区房地产施工、竣工、销售面积

表18-11

地　区	施工面积（万平方米）		竣工面积（万平方米）	销售面积（万平方米）	
		新开工面积			售给个人
全国总计	61320.18	14629.87	4280.79	4632.51	4330.77
（一）东部地区	41885.76	8972.47	2910.41	2976.35	2783.20
北　京	4928.33	505.08	230.46	332.86	304.77
天　津	1157.71	251.90	130.99	140.50	138.92
河　北	1212.77	455.47	67.25	99.94	91.58
辽　宁	1873.82	533.67	69.33	156.49	145.22
上　海	5253.39	928.43	292.89	392.76	378.37
江　苏	4333.40	1215.53	313.01	374.43	353.32
浙　江	6553.04	1337.84	422.68	389.89	369.84
福　建	3198.52	586.81	212.53	169.89	161.02
山　东	3441.20	1106.46	192.87	255.08	230.15
广　东	8601.72	1622.81	883.21	560.23	506.94
广　西	1093.13	363.33	89.96	93.20	92.14
海　南	238.73	65.14	5.23	11.08	10.93
（二）中部地区	8042.48	2444.43	611.88	747.57	695.06
山　西	430.08	137.25	25.39	27.06	24.63
内蒙古	177.95	117.74	0.29	25.58	25.07
吉　林	220.06	56.20	1.06	27.06	27.06
黑龙江	378.09	99.23	26.04	70.59	68.09
安　徽	1559.01	457.99	147.96	130.54	115.94
江　西	1044.17	415.92	104.52	117.23	115.56
河　南	1512.73	349.83	106.51	116.97	104.18
湖　北	1257.52	328.49	74.97	92.73	85.51
湖　南	1462.87	481.78	125.14	139.81	129.02
（三）西部地区	11391.94	3212.97	758.50	908.59	852.51
重　庆	3300.05	758.97	169.00	178.35	167.91
四　川	3907.86	1329.07	391.37	366.33	348.88
贵　州	1268.33	263.75	42.92	87.89	86.43
云　南	775.09	237.35	67.54	68.08	59.40
西　藏					
陕　西	958.26	238.73	24.92	88.68	81.71
甘　肃	325.23	117.56	15.10	31.46	21.83
青　海	145.89	68.34		2.29	2.29
宁　夏	257.06	70.99	8.57	22.47	21.52
新　疆	444.17	118.21	39.08	63.04	62.54

2003年1～4月各地区住宅施工、竣工、销售面积

表 18-12

地　区	施工面积（万平方米）		竣工面积（万平方米）	销售面积（万平方米）	
		新开工面积			售给个人
全国总计	47686.32	12058.79	3546.17	4150.23	3972.36
（一）东部地区	32802.03	7553.53	2426.67	2682.68	2573.08
北　京	3450.71	395.89	189.47	315.30	296.58
天　津	974.25	234.66	124.56	136.74	135.88
河　北	1026.29	402.30	54.56	94.97	87.21
辽　宁	1461.67	454.11	46.70	138.95	135.92
上　海	4358.97	808.91	252.16	368.82	367.15
江　苏	3549.02	1024.92	267.95	319.82	314.46
浙　江	5170.21	1091.54	350.29	330.94	323.10
福　建	2445.73	497.24	168.53	145.60	143.33
山　东	2819.83	948.55	160.85	231.21	209.00
广　东	6470.69	1320.57	732.53	508.62	469.76
广　西	887.73	312.55	73.84	80.86	79.84
海　南	186.93	62.29	5.23	10.85	10.85
（二）中部地区	6359.08	1975.32	512.44	652.04	617.85
山　西	344.19	117.49	21.29	22.04	20.46
内蒙古	131.14	96.89		19.34	19.29
吉　林	158.05	44.28	0.82	25.15	25.15
黑龙江	265.90	61.97	23.88	54.90	54.30
安　徽	1198.76	372.23	120.76	108.33	100.60
江　西	801.08	304.51	84.16	100.53	99.14
河　南	1280.78	301.87	92.16	111.68	101.28
湖　北	1092.75	303.72	68.36	88.37	83.12
湖　南	1086.43	372.36	101.01	121.70	114.51
（三）西部地区	8525.21	2529.94	607.06	815.51	781.43
重　庆	2323.15	595.68	116.77	151.00	148.09
四　川	3085.16	1036.71	328.42	331.84	318.20
贵　州	927.81	212.89	35.68	81.35	80.56
云　南	597.61	210.69	57.62	58.72	55.02
西　藏					
陕　西	728.60	185.88	14.69	82.42	78.91
甘　肃	260.25	96.41	14.77	29.20	20.20
青　海	111.90	49.58		2.10	2.10
宁　夏	184.44	51.76	5.01	17.64	17.59
新　疆	296.99	81.04	34.10	61.24	60.76

2003年1～4月各地区办公楼施工、竣工、销售面积

表18-13

地　区	施工面积（万平方米）		竣工面积（万平方米）	销售面积（万平方米）	
		新开工面积			售给个人
全国总计	2939.62	295.51	102.41	79.50	24.94
（一）东部地区	2087.44	161.70	72.49	60.11	17.75
北　京	528.75	19.44	5.15	6.94	0.82
天　津	50.33		1.30	0.70	0.15
河　北	42.72	8.83	1.98	0.20	0.14
辽　宁	67.51	6.14	7.15	7.31	0.32
上　海	245.44	5.90	7.81	8.31	2.45
江　苏	170.61	26.53	12.63	12.63	3.72
浙　江	279.49	43.84	9.27	8.72	3.20
福　建	155.10	7.44	5.10	4.64	2.30
山　东	97.40	14.24	3.00	0.69	0.07
广　东	430.56	25.56	18.24	9.22	3.98
广　西	13.65	2.78	0.86	0.59	0.59
海　南	5.88	1.00		0.16	0.01
（二）中部地区	270.29	42.48	14.45	6.65	3.15
山　西	23.36	4.79	2.21	0.07	0.07
内蒙古	11.07	0.27		0.45	
吉　林	7.78	0.64			
黑龙江	14.21	0.86		0.47	0.09
安　徽	75.43	10.80	6.53	2.86	2.10
江　西	21.57	7.64	0.29	0.17	0.17
河　南	54.83	4.89	1.90	0.76	
湖　北	17.28	2.76	1.85	1.12	0.06
湖　南	44.76	9.83	1.67	0.75	0.66
（三）西部地区	581.89	91.33	15.47	12.74	4.04
重　庆	125.08	22.87	4.13	2.62	1.12
四　川	103.29	21.36	7.71	3.08	1.17
贵　州	79.87	6.30	1.06	0.60	0.24
云　南	69.23	3.76	0.70	2.66	
西　藏					
陕　西	108.10	22.10	0.40	2.28	0.79
甘　肃	15.86	0.53	0.14	0.37	0.13
青　海	18.11	6.63		0.14	0.14
宁　夏	15.52	1.46	1.33	0.77	0.23
新　疆	46.83	6.32		0.22	0.22

2003 年 1~4 月各地区商业营业用房施工、竣工、销售面积

表 18-14

地　区	施工面积（万平方米）		竣工面积（万平方米）	销售面积（万平方米）	
		新开工面积			售给个人
全国总计	7149.59	1653.23	445.20	342.13	288.32
（一）东部地区	4234.39	814.51	262.78	189.19	156.85
北　京	241.13	22.31	9.30	5.66	3.44
天　津	107.50	8.62	4.59	3.03	2.89
河　北	126.77	38.56	9.24	4.72	4.18
辽　宁	268.01	60.31	9.28	9.28	8.06
上　海	310.03	64.17	12.81	13.66	7.36
江　苏	469.65	129.24	23.55	35.51	31.35
浙　江	725.77	142.09	46.71	39.47	33.98
福　建	381.10	55.32	27.33	15.43	12.24
山　东	440.66	118.68	25.72	20.93	19.02
广　东	996.56	144.70	84.28	32.49	25.36
广　西	130.95	29.18	9.97	8.94	8.90
海　南	36.26	1.33		0.07	0.07
（二）中部地区	1168.59	358.54	70.77	81.05	70.36
山　西	56.04	14.25	1.80	4.89	4.04
内蒙古	32.78	19.19	0.29	5.24	5.23
吉　林	46.21	10.23	0.23	1.71	1.71
黑龙江	80.35	25.92	1.13	14.66	13.14
安　徽	243.48	59.43	16.97	14.42	12.43
江　西	198.04	91.39	18.99	15.68	15.40
河　南	157.84	39.13	11.74	4.43	2.80
湖　北	101.16	12.47	2.39	3.09	2.19
湖　南	252.69	86.53	17.23	16.93	13.42
（三）西部地区	1746.61	480.18	111.65	71.89	61.11
重　庆	541.19	90.88	40.54	22.30	16.51
四　川	598.95	229.76	49.17	29.31	27.59
贵　州	218.82	38.26	6.06	5.11	4.82
云　南	83.73	19.71	7.58	5.59	4.10
西　藏	0.7	0.7			
陕　西	99.60	24.09	1.54	2.73	2.01
甘　肃	44.50	19.48	0.14	1.89	1.50
青　海	14.77	11.09		0.05	0.05
宁　夏	50.68	16.22	1.64	3.40	3.04
新　疆	93.67	29.99	4.98	1.51	1.49

2003年1～4月各地区土地开发与购置情况

表 18-15

地　区	土地开发投资（亿元）	土地购置费（亿元）	年购置土地面积（万平方米）	完成开发土地面积（万平方米）
全国总计	112.59	386.72	7693.31	3963.75
（一）东部地区	80.42	286.50	4337.93	2525.12
北　京	4.52	28.61	177.75	85.07
天　津	5.24	7.28	506.04	376.44
河　北	1.76	7.84	263.38	120.59
辽　宁	4.14	8.50	196.25	111.24
上　海	5.23	22.85	230.21	79.20
江　苏	23.21	61.37	762.34	294.81
浙　江	4.28	72.75	706.53	271.76
福　建	6.55	12.71	331.69	187.61
山　东	7.46	15.49	586.07	278.38
广　东	16.55	44.45	437.67	623.66
广　西	1.32	4.23	135.29	96.36
海　南	0.17	0.42	4.71	0.00
（二）中部地区	15.90	48.16	1866.75	829.11
山　西	0.71	2.02	47.41	28.46
内蒙古	0.05	1.19	42.79	2.58
吉　林	0.22	0.28	14.70	11.54
黑龙江	0.34	0.76	17.05	27.90
安　徽	3.01	10.23	352.81	143.43
江　西	2.01	7.61	321.96	154.77
河　南	1.65	7.05	319.6	114.60
湖　北	1.95	5.50	257.49	107.01
湖　南	5.95	13.50	492.86	238.82
（三）西部地区	16.27	52.06	1488.63	609.52
重　庆	8.42	7.69	257.04	116.78
四　川	1.06	28.15	637.69	98.50
贵　州	1.64	2.39	135.47	72.80
云　南	2.96	4.94	173.09	95.20
西　藏	0.03			71.00
陕　西	0.60	4.03	80.72	52.57
甘　肃	0.85	1.19	77.59	60.73
青　海	0.22	0.92	28.85	17.00
宁　夏	0.06	1.34	29.44	6.95
新　疆	0.41	1.41	68.74	17.99

2003年1~5月各地区房地产施工、竣工、销售面积

表 18-16

地区	施工面积（万平方米）		竣工面积（万平方米）	销售面积（万平方米）	
		新开工面积			售给个人
全国总计	69463.31	18948.75	5791.34	6333.16	5925.80
（一）东部地区	46372.27	11364.02	3893.28	4048.89	3788.75
北京	5445.15	762.10	342.54	435.02	402.22
天津	1292.04	311.07	162.31	209.95	206.57
河北	1430.93	594.25	7.57	127.10	166.83
辽宁	2624.08	932.21	136.71	230.37	220.69
上海	6091.33	1119.51	370.93	497.37	450.50
江苏	4770.42	1579.26	419.51	534.70	513.83
浙江	6971.89	1630.71	594.26	540.67	516.16
福建	3396.73	723.63	298.46	244.13	225.03
山东	3823.72	1364.73	253.45	347.92	317.97
广东	9074.18	1833.49	1095.76	738.44	676.81
广西	1181.99	435.29	126.55	129.18	128.38
海南	269.81	77.77	5.23	14.04	13.76
（二）中部地区	10075.19	3447.71	900.61	1077.76	994.90
山西	529.74	174.73	30.32	35.10	32.68
内蒙古	427.05	253.65	24.29	61.54	60.86
吉林	539.21	202.73	4.47	47.87	47.87
黑龙江	750.01	282.09	36.71	94.80	91.08
安徽	1769.02	609.09	206.36	207.16	177.11
江西	1173.68	504.57	134.01	151.31	148.47
河南	1681.20	408.46	138.05	148.22	129.81
湖北	1501.63	434.93	133.57	152.44	143.44
湖南	1703.65	577.46	192.83	179.32	163.58
（三）西部地区	13015.85	4137.02	997.45	1206.51	1142.15
重庆	3444.00	865.35	197.35	220.98	208.12
四川	4261.57	1563.78	509.39	485.37	465.81
贵州	1391.86	320.19	60.47	109.30	106.69
云南	892.11	327.32	79.50	86.07	76.86
西藏					
陕西	1138.71	320.21	37.72	109.38	99.45
甘肃	609.87	214.35	26.52	49.08	41.87
青海	191.24	91.21	0.87	3.92	3.86
宁夏	351.73	141.46	18.92	34.38	33.06
新疆	723.16	281.55	66.71	108.03	106.43

2003年1～5月各地区住宅施工、竣工、销售面积

表 18-17

地　区	施工面积（万平方米）		竣工面积（万平方米）	销售面积（万平方米）	
		新开工面积			售给个人
全国总计	54049.51	15527.44	4801.27	5672.52	5418.60
（一）东部地区	36289.40	9456.38	3254.94	3656.69	3490.37
北　京	3860.32	595.11	289.44	417.39	394.49
天　津	1048.84	273.29	151.36	204.20	202.51
河　北	1218.10	525.70	73.32	119.36	109.70
辽　宁	2002.08	737.91	109.51	203.32	201.30
上　海	4995.93	963.08	312.38	466.47	430.30
江　苏	3915.31	1338.94	356.72	472.20	465.84
浙　江	5485.34	1314.90	483.81	449.51	440.20
福　建	2604.96	604.15	240.45	208.27	199.97
山　东	3127.99	1171.89	214.68	316.21	290.24
广　东	6858.74	1492.94	910.47	671.52	628.27
广　西	954.01	363.64	107.57	114.67	113.98
海　南	217.78	74.83	5.23	13.57	13.57
（二）中部地区	7910.77	2777.99	745.56	933.31	884.35
山　西	425.80	148.82	25.66	28.45	26.88
内蒙古	310.51	189.98	19.26	51.03	50.82
吉　林	401.37	171.81	3.35	43.29	43.29
黑龙江	554.02	216.28	32.51	75.45	74.76
安　徽	1358.59	484.86	167.93	164.67	152.69
江　西	902.25	381.75	110.30	130.11	127.80
河　南	1412.40	346.23	115.75	138.22	123.27
湖　北	1292.16	397.03	124.24	145.45	139.39
湖　南	1253.67	441.23	146.56	156.64	145.45
（三）西部地区	9849.34	3293.07	800.77	1082.52	1043.88
重　庆	2437.75	676.87	139.55	187.75	183.10
四　川	3388.39	1227.65	430.22	439.46	425.27
贵　州	1032.23	260.69	49.54	101.36	99.41
云　南	710.86	294.25	67.33	74.57	70.69
西　藏					
陕　西	875.28	260.77	20.19	102.50	96.48
甘　肃	492.27	183.17	22.93	44.99	38.70
青　海	139.07	68.52	0.87	3.67	3.67
宁　夏	263.85	113.44	9.42	25.40	25.33
新　疆	498.84	196.91	60.72	102.82	101.23

2003年1~5月各地区办公楼施工、竣工、销售面积

表 18-18

地　　区	施工面积（万平方米）		竣工面积（万平方米）	销售面积（万平方米）	
		新开工面积			售给个人
全国总计	3215.72	388.45	130.56	98.57	33.51
（一）东部地区	2254.13	217.14	92.70	70.84	22.70
北　京	560.31	41.14	5.15	7.44	1.03
天　津	68.65	4.22	1.87	1.87	0.36
河　北	47.36	11.84	2.38	0.31	0.25
辽　宁	87.16	13.51	7.36	7.67	0.68
上　海	288.73	6.41	7.44	9.93	3.41
江　苏	180.04	33.95	14.08	12.81	4.16
浙　江	291.33	49.68	17.34	11.21	3.84
福　建	162.09	8.02	6.20	5.80	2.88
山　东	114.21	17.32	3.00	1.09	0.09
广　东	434.24	26.86	26.94	11.56	5.16
广　西	14.13	3.19	0.94	0.84	0.81
海　南	5.88	1.00		0.31	0.03
（二）中部地区	335.02	67.73	19.55	10.96	5.34
山　西	26.98	6.11	2.21	1.00	1.00
内蒙古	20.14	6.40		0.45	
吉　林	12.41	2.88		0.14	0.14
黑龙江	29.77	3.45	0.64	1.23	0.11
安　徽	77.44	12.27	7.24	3.58	2.34
江　西	24.22	8.28	0.64	0.43	0.20
河　南	57.66	7.32	3.18	1.43	0.10
湖　北	30.03	5.00	2.11	1.59	0.43
湖　南	56.37	16.02	3.53	1.11	1.02
（三）西部地区	626.57	103.58	18.31	16.77	5.47
重　庆	130.95	23.08	4.24	3.23	1.36
四　川	107.44	24.76	10.02	4.59	1.45
贵　州	82.06	6.80	1.06	0.72	0.37
云　南	70.12	3.98	0.70	2.79	0.03
西　藏					
陕　西	111.63	22.30	0.40	2.94	0.95
甘　肃	26.51	1.75	0.14	0.46	0.13
青　海	23.28	7.46		0.20	0.14
宁　夏	16.76	1.55	1.75	1.03	0.23
新　疆	57.82	11.90		0.81	0.81

2003年1～5月各地区商业营业用房施工、竣工、销售面积

表 18-19

地　　区	施工面积（万平方米）		竣工面积（万平方米）	销售面积（万平方米）	
		新开工面积			售给个人
全国总计	8303.67	2229.64	601.24	462.63	403.37
（一）东部地区	4815.75	1123.92	341.73	253.44	219.85
北　京	284.76	44.57	15.45	6.30	3.55
天　津	147.53	24.73	7.04	3.83	3.69
河　北	147.71	50.56	10.13	7.24	6.70
辽　宁	427.50	148.92	12.32	16.87	16.23
上　海	368.78	69.31	20.90	18.32	14.79
江　苏	517.29	163.62	35.34	41.71	38.87
浙　江	781.35	185.76	62.15	56.05	49.42
福　建	403.33	74.57	37.27	21.65	17.30
山　东	492.93	147.26	31.00	27.50	24.71
广　东	1057.41	166.36	98.71	43.20	33.90
广　西	150.67	46.84	11.42	10.61	10.53
海　南	36.49	1.42		0.16	0.16
（二）中部地区	1516.45	507.44	115.92	112.27	98.46
山　西	68.05	17.87	2.27	5.58	4.73
内蒙古	90.40	53.82	5.03	9.14	9.12
吉　林	108.62	22.39	0.77	3.76	3.76
黑龙江	29.82	46.06	2.53	17.37	15.46
安　徽	288.07	94.04	26.47	22.37	19.98
江　西	222.49	101.60	21.73	19.77	19.47
河　南	188.18	50.09	18.37	8.38	6.27
湖　北	118.30	18.69	4.19	5.05	3.28
湖　南	302.52	102.88	34.56	20.85	16.39
（三）西部地区	1971.47	598.28	143.59	96.92	85.06
重　庆	562.61	103.85	43.91	26.73	20.63
四　川	645.95	261.23	60.74	38.70	36.67
贵　州	234.35	45.81	9.74	6.33	6.03
云　南	86.95	24.96	9.79	7.54	5.82
西　藏	0.8	0.8			
陕　西	126.01	27.92	6.34	2.69	2.01
甘　肃	71.70	26.68	0.43	3.32	2.75
青　海	26.77	14.18	0.00	0.05	0.05
宁　夏	59.84	21.79	6.65	7.29	6.84
新　疆	156.49	71.06	5.99	4.27	4.26

2003年1～5月各地区土地开发与购置情况

表 18-20

地　区	土地开发投资（亿元）	土地购置费（亿元）	年购置土地面积（万平方米）	完成开发土地面积（万平方米）
全国总计	166.63	548.04	11280.20	5390.51
（一）东部地区	122.17	409.58	6134.63	3517.49
北　京	10.47	49.19	335.30	177.43
天　津	6.27	7.36	539.46	448.90
河　北	2.31	10.27	340.51	129.64
辽　宁	10.10	22.95	360.36	209.89
上　海	9.59	49.93	309.32	109.21
江　苏	30.50	72.58	912.19	411.70
浙　江	5.84	91.45	963.12	379.59
福　建	8.65	17.05	425.71	220.08
山　东	13.28	21.63	844.51	476.39
广　东	23.50	60.93	886.60	837.44
广　西	1.39	5.44	198.30	116.32
海　南	0.26	0.79	19.25	0.90
（二）中部地区	23.24	67.79	2532.73	1093.00
山　西	0.79	2.31	57.92	31.66
内蒙古	0.49	4.91	189.61	30.28
吉　林	0.54	2.66	77.22	33.93
黑龙江	1.03	3.23	151.46	63.29
安　徽	4.02	12.80	428.37	202.48
江　西	2.81	9.00	374.34	174.35
河　南	2.84	8.77	364.61	150.82
湖　北	2.69	6.89	311.29	140.32
湖　南	8.01	17.22	577.91	265.87
（三）西部地区	21.23	70.67	2612.84	780.02
重　庆	9.10	9.00	357.40	125.50
四　川	0.89	33.31	731.83	99.11
贵　州	2.53	3.31	172.91	100.14
云　南	3.59	8.51	756.33	123.54
西　藏	0.03			71.00
陕　西	1.42	7.80	111.46	62.74
甘　肃	2.00	1.95	109.06	97.21
青　海	0.31	1.31	38.56	25.54
宁　夏	0.07	2.78	67.00	13.08
新　疆	1.29	2.70	268.29	62.16

2003年1~6月各地区房地产施工、竣工、销售面积

表18-21

地　区	施工面积（万平方米）		竣工面积（万平方米）	销售面积（万平方米）	
		新开工面积			售给个人
全国总计	77582.92	24340.89	817.40	8672.35	8109.56
（一）东部地区	50790.07	14396.71	5428.91	5535.88	5186.70
北　京	6131.30	1026.00	428.10	516.59	479.17
天　津	1517.49	367.52	212.77	261.13	250.67
河　北	1782.59	745.26	148.00	204.26	182.03
辽　宁	3224.42	1268.47	218.07	372.00	343.45
上　海	6304.79	1581.29	637.23	746.74	710.05
江　苏	5336.46	2068.19	640.16	744.94	716.54
浙　江	7374.54	1951.76	767.98	674.84	638.74
福　建	3572.10	878.10	394.85	329.59	301.45
山　东	4337.79	1741.35	396.97	513.10	472.75
广　东	9654.24	2189.80	1424.04	1003.99	926.75
广　西	1255.70	495.44	150.74	150.43	147.21
海　南	298.65	83.53	10.00	18.27	17.89
（二）中部地区	12216.13	4791.87	1365.97	1542.45	1422.07
山　西	650.56	237.77	36.38	52.63	48.58
内蒙古	660.57	384.40	32.21	87.86	85.36
吉　林	816.65	419.81	14.64	92.91	92.36
黑龙江	971.58	455.64	43.68	122.13	117.85
安　徽	2006.14	787.60	325.90	323.74	280.64
江　西	1448.02	686.98	198.32	201.78	199.03
河　南	1829.31	491.55	210.44	201.04	181.77
湖　北	1879.69	621.36	223.40	229.47	201.37
湖　南	1953.61	706.76	281.00	230.89	215.11
（三）西部地区	14576.72	5152.31	1392.52	1594.02	1500.79
重　庆	3781.28	1050.95	345.33	323.57	305.12
四　川	4688.63	1882.36	623.45	607.36	584.52
贵　州	1496.81	406.65	81.78	143.58	138.76
云　南	987.63	390.08	108.08	120.60	106.75
西　藏					
陕　西	1312.08	410.37	71.20	135.76	123.93
甘　肃	702.12	249.64	37.99	61.56	53.13
青　海	224.12	107.42	2.07	7.44	7.38
宁　夏	453.87	240.32	48.33	49.51	43.62
新　疆	917.96	398.30	74.29	144.64	137.58

2003年1~6月各地区住宅施工、竣工、销售面积

表18-22

地　　区	施工面积（万平方米）		竣工面积（万平方米）	销售面积（万平方米）	
		新开工面积			售给个人
全国总计	60411.15	19876.08	6766.36	7737.25	7406.76
（一）东部地区	39776.84	11909.01	4526.20	4973.75	4778.38
北　京	4351.23	782.34	359.03	490.61	470.03
天　津	1225.47	324.94	196.44	246.64	243.93
河　北	1525.30	648.30	128.38	188.37	170.35
辽　宁	2474.88	1016.11	174.06	326.62	312.55
上　海	5223.10	1356.65	548.37	691.18	685.51
江　苏	4357.12	1737.22	539.30	651.40	643.34
浙　江	5777.45	1555.03	618.81	564.31	543.98
福　建	2731.40	723.21	314.11	282.83	268.47
山　东	3569.64	1502.45	332.59	464.22	431.69
广　东	7292.03	1771.75	1175.79	916.03	860.10
广　西	1008.42	410.42	130.17	134.01	130.90
海　南	240.80	80.59	9.15	17.53	17.53
（二）中部地区	9492.72	3797.35	1115.74	1335.55	1258.24
山　西	511.78	189.01	31.66	44.13	41.80
内蒙古	433.76	277.54	24.62	71.17	70.65
吉　林	613.44	343.65	9.47	86.19	86.19
黑龙江	695.93	327.11	38.46	98.15	97.09
安　徽	1539.28	626.45	259.04	266.59	244.78
江　西	1111.20	509.77	165.59	174.12	172.02
河　南	1550.24	421.64	183.32	178.83	163.56
湖　北	1592.65	568.89	196.35	218.23	195.82
湖　南	1444.44	533.29	207.23	198.14	186.33
（三）西部地区	11141.59	4169.72	1124.42	1427.95	1370.14
重　庆	2699.56	829.54	256.02	274.19	269.18
四　川	3739.82	1501.99	527.21	552.44	536.13
贵　州	1106.38	331.02	68.20	132.64	128.85
云　南	807.50	357.01	88.54	104.84	96.46
西　藏					
陕　西	1025.65	342.21	50.82	127.06	119.79
甘　肃	570.97	213.56	34.13	57.24	49.49
青　海	165.49	82.06	2.06	7.16	7.16
宁　夏	357.39	205.48	29.85	35.88	33.30
新　疆	653.61	291.63	67.59	136.50	129.78

2003年1～6月各地区办公楼施工、竣工、销售面积

表18-23

地　区	施工面积（万平方米）		竣工面积（万平方米）	销售面积（万平方米）	
		新开工面积			售给个人
全国总计	3531.87	538.21	205.59	146.91	48.70
（一）东部地区	2455.56	307.30	149.26	105.11	34.26
北　京	612.66	50.91	15.44	13.14	1.16
天　津	77.79	4.22	2.15	3.09	0.98
河　北	47.85	12.52	2.65	0.52	0.45
辽　宁	103.75	20.51	8.95	8.90	1.11
上　海	315.55	42.51	16.14	12.58	4.87
江　苏	200.27	36.20	18.10	22.14	8.32
浙　江	309.33	59.96	22.29	14.82	5.75
福　建	173.69	13.77	11.97	9.31	3.13
山　东	125.72	24.24	16.45	4.00	1.64
广　东	462.31	36.45	34.18	15.19	5.84
广　西	17.15	5.01	0.94	0.93	0.90
海　南	9.49	1.00		0.49	0.11
（二）中部地区	410.27	109.90	26.11	16.64	7.00
山　西	34.00	13.38	2.21	1.87	1.02
内蒙古	31.52	10.75	0.97	1.42	
吉　林	26.87	12.10		0.54	0.14
黑龙江	32.37	4.32	0.64	2.24	1.12
安　徽	80.57	16.86	11.26	4.93	2.75
江　西	25.92	8.80	0.83	0.55	0.28
河　南	60.04	9.80	3.60	1.79	0.10
湖　北	52.59	8.95	2.80	2.10	0.48
湖　南	66.39	25.03	3.80	1.20	1.11
（三）西部地区	666.04	121.01	30.22	25.16	7.44
重　庆	149.42	30.47	8.73	7.30	2.74
四　川	113.38	27.14	11.68	5.19	1.49
贵　州	83.50	8.19	1.06	1.02	0.37
云　南	62.05	4.10			
西　藏					
陕　西	117.98	22.00	1.80	3.98	1.38
甘　肃	29.29	2.18	0.14	0.46	0.13
青　海	24.30	8.00		0.20	0.14
宁　夏	17.14	2.06	6.11	3.31	0.49
新　疆	68.93	16.78		0.93	0.68

2003年1～6月各地区商业营业用房施工、竣工、销售面积

表 18-24

地　区	施工面积（万平方米）		竣工面积（万平方米）	销售面积（万平方米）	
		新开工面积			售给个人
全国总计	9466.43	2909.07	858.38	646.30	564.91
（一）东部地区	5326.40	1452.29	479.65	353.82	304.10
北　京	321.48	72.79	15.57	7.39	4.64
天　津	182.97	29.40	10.94	9.55	5.75
河　北	188.26	77.29	15.04	15.04	10.90
辽　宁	524.95	189.37	26.89	32.46	25.79
上　海	381.04	93.07	29.11	22.01	17.42
江　苏	592.61	230.24	62.91	61.95	58.46
浙　江	840.92	229.91	86.54	67.57	61.11
福　建	432.38	97.85	48.32	28.50	23.64
山　东	537.72	177.15	42.11	39.97	35.78
广　东	1126.96	202.30	128.87	57.66	48.97
广　西	158.41	51.50	12.50	11.47	11.39
海　南	38.70	1.42	0.85	0.25	0.25
（二）中部地区	1961.07	760.09	184.70	164.03	147.25
山　西	91.87	29.33	2.33	6.56	5.69
内蒙古	186.08	89.80	6.62	14.18	13.63
吉　林	156.90	56.15	4.69	5.28	5.13
黑龙江	201.93	103.60	3.31	20.87	18.78
安　徽	337.26	125.54	50.27	32.62	29.90
江　西	280.02	149.76	29.24	25.48	25.16
河　南	197.67	54.81	22.56	20.17	17.88
湖　北	166.80	28.13	18.73	8.40	4.49
湖　南	342.63	122.97	46.95	30.47	26.59
（三）西部地区	2178.96	696.69	194.03	128.45	113.56
重　庆	618.61	119.54	64.48	37.73	29.32
四　川	708.51	294.60	75.62	46.55	43.92
贵　州	259.75	57.59	12.39	8.88	8.52
云　南	87.15	24.70	16.27	11.69	9.81
西　藏	0.9	0.9			
陕　西	141.11	36.99	7.18	3.35	2.63
甘　肃	80.74	30.91	0.70	3.54	3.22
青　海	32.00	16.31		0.08	0.08
宁　夏	67.63	27.67	10.69	9.58	9.10
新　疆	182.54	87.46	6.70	7.05	6.96

2003年1～6月各地区土地开发与购置情况

表18-25

地　　区	土地开发投资（亿元）	土地购置费（亿元）	年购置土地面积（万平方米）	完成开发土地面积（万平方米）
全国总计	232.90	750.93	15069.38	7143.69
（一）东部地区	161.05	555.07	8234.52	4447.51
北　京	12.77	67.66	411.23	206.59
天　津	9.45	13.20	804.45	448.90
河　北	3.55	14.61	460.65	174.43
辽　宁	15.34	33.70	485.01	325.45
上　海	15.55	63.03	499.41	154.43
江　苏	36.08	92.91	1228.23	554.06
浙　江	7.46	121.66	1219.51	501.36
福　建	11.90	28.06	536.78	276.96
山　东	16.85	34.98	1233.24	663.66
广　东	29.53	75.93	1063.06	973.02
广　西	1.61	8.03	265.00	167.75
海　南	0.95	1.29	27.95	0.90
（二）中部地区	43.01	105.22	3730.05	1756.84
山　西	1.24	3.60	76.94	54.21
内蒙古	1.00	8.02	292.28	69.50
吉　林	3.12	8.11	191.26	88.09
黑龙江	2.98	7.34	179.73	95.41
安　徽	5.31	21.28	657.77	296.21
江　西	4.42	13.49	671.76	290.11
河　南	4.93	11.67	428.07	176.70
湖　北	4.32	9.47	396.91	245.03
湖　南	15.69	22.23	835.33	441.58
（三）西部地区	28.84	90.63	3104.81	939.34
重　庆	12.96	11.14	453.03	148.81
四　川	1.58	41.39	921.33	163.60
贵　州	3.19	4.46	207.91	124.71
云　南	4.20	9.85	778.21	130.70
西　藏	0.03			
陕　西	2.16	10.94	173.13	56.76
甘　肃	2.30	2.42	123.15	99.65
青　海	0.34	1.87	55.25	32.67
宁　夏	0.08	3.70	82.51	23.39
新　疆	1.99	4.86	310.29	88.05

2003年1~7各地区房地产施工、竣工、销售面积

表18-26

地　区	施工面积（万平方米）		竣工面积（万平方米）	销售面积（万平方米）	
		新开工面积			售给个人
全国总计	83423.86	28520.07	10367.90	10657.13	9992.06
（一）东部地区	54124.93	16913.62	6822.49	6786.98	6354.05
北　京	6537.24	1324.15	558.08	602.16	559.84
天　津	1617.29	447.65	231.42	330.50	319.61
河　北	1961.53	830.06	212.29	264.27	238.72
辽　宁	3627.10	1517.82	288.35	459.54	424.64
上　海	6686.95	1903.38	889.15	934.94	869.60
江　苏	5803.54	2489.70	801.40	906.39	877.40
浙　江	7775.94	2278.44	940.95	826.42	787.55
福　建	3814.78	1048.43	504.85	436.77	398.14
山　东	4611.56	1961.62	540.65	644.27	597.07
广　东	10051.99	2482.44	1658.37	1181.47	1086.30
广　西	1307.73	531.97	175.82	173.98	170.39
海　南	329.28	97.96	21.16	26.27	24.79
（二）中部地区	13585.28	5775.50	1793.39	1906.93	1788.85
山　西	735.76	288.63	85.32	90.81	84.30
内蒙古	767.15	498.82	41.70	104.17	102.64
吉　林	954.84	547.88	23.59	117.53	116.92
黑龙江	1120.57	539.03	49.60	160.27	155.10
安　徽	2138.83	893.79	414.09	388.23	353.51
江　西	1629.89	830.37	252.94	246.18	241.41
河　南	2052.30	658.69	279.61	240.79	219.92
湖　北	2020.63	712.34	291.09	286.65	261.63
湖　南	2165.31	805.95	355.45	272.30	253.42
（三）西部地区	15713.65	5830.95	1752.02	1963.22	1849.16
重　庆	3958.14	1145.40	417.63	383.68	361.79
四　川	5015.19	2091.77	772.07	751.68	726.16
贵　州	1598.30	490.79	118.89	181.76	173.55
云　南	1026.82	418.53	121.64	142.08	122.87
西　藏	16.44	16.44			
陕　西	1480.11	424.78	91.42	167.92	152.88
甘　肃	772.22	296.02	53.74	76.67	70.26
青　海	314.50	175.61	14.89	19.54	15.85
宁　夏	518.61	304.27	57.23	58.65	52.47
新　疆	1013.32	467.34	104.51	181.24	173.33

2003年1～7月各地区住宅施工、竣工、销售面积

表18-27

地　区	施工面积（万平方米）		竣工面积（万平方米）	销售面积（万平方米）	
		新开工面积			售给个人
全国总计	65111.13	23264.82	8561.52	9512.58	9115.31
（一）东部地区	42513.44	14032.41	5675.46	6088.51	5831.08
北　京	4659.03	1009.94	464.95	573.03	549.78
天　津	1312.99	397.03	214.25	312.36	309.63
河　北	1684.78	721.22	183.95	242.94	222.11
辽　宁	2815.89	1227.83	233.69	404.98	386.22
上　海	5502.98	1619.53	775.12	865.96	838.22
江　苏	4765.86	2113.45	677.60	791.27	783.00
浙　江	6090.98	1822.13	755.78	688.27	666.82
福　建	2935.29	868.90	380.63	371.38	346.80
山　东	3795.94	1682.93	453.45	578.93	540.63
广　东	7625.99	2033.00	1366.98	1079.44	1011.26
广　西	1053.94	442.18	151.71	155.72	152.38
海　南	269.95	94.27	17.35	24.23	24.23
（二）中部地区	10578.45	4543.46	1458.52	1662.83	1591.91
山　西	564.01	224.51	61.28	77.15	72.77
内蒙古	527.78	354.57	33.14	85.28	84.91
吉　林	728.09	450.90	13.58	109.11	109.11
黑龙江	798.50	389.41	42.38	132.27	130.54
安　徽	1645.31	707.31	333.04	323.76	312.09
江　西	1239.31	602.17	210.26	212.23	209.46
河　南	1742.86	564.65	241.96	214.90	198.11
湖　北	1704.46	636.03	259.01	273.91	254.43
湖　南	1628.13	613.91	263.87	234.22	220.49
（三）西部地区	12019.44	4688.95	1427.54	1761.24	1692.32
重　庆	2834.51	888.05	310.48	325.49	319.24
四　川	4023.87	1687.64	657.58	684.45	666.90
贵　州	1188.49	406.07	97.72	167.17	161.91
云　南	843.62	382.54	100.46	123.10	112.01
西　藏	15.42	15.24			
陕　西	1149.48	348.90	70.26	158.06	147.16
甘　肃	618.91	241.88	48.45	70.47	65.62
青　海	229.64	131.83	12.04	18.43	15.09
宁　夏	403.24	250.84	35.92	42.86	40.27
新　疆	712.26	335.78	94.63	171.21	164.12

2003年1～7月各地区办公楼施工、竣工、销售面积

表 18-28

地　区	施工面积（万平方米）		竣工面积（万平方米）	销售面积（万平方米）	
		新开工面积			售给个人
全国总计	3815.52	671.07	252.61	175.21	61.38
（一）东部地区	2596.40	379.61	168.08	123.13	42.24
北　京	652.17	72.49	17.98	14.51	1.01
天　津	80.72	4.62	2.15	3.47	1.13
河　北	53.59	16.75	4.12	0.99	0.71
辽　宁	127.38	31.80	8.95	9.87	1.11
上　海	334.53	46.13	20.52	17.60	4.97
江　苏	212.08	42.80	19.30	24.77	11.27
浙　江	324.06	69.55	26.81	17.33	7.77
福　建	179.65	15.61	12.87	10.68	4.60
山　东	135.72	33.34	16.63	4.28	1.76
广　东	469.81	40.51	34.96	16.77	6.63
广　西	17.20	5.01	1.79	1.27	1.17
海　南	9.49	1.00	2.00	1.59	0.11
（二）中部地区	485.14	141.33	48.63	21.94	9.56
山　西	46.68	15.83	14.69	2.77	1.92
内蒙古	35.31	14.40	0.97	1.42	0.29
吉　林	31.19	16.55	0.23	0.55	0.14
黑龙江	55.51	8.83	0.78	2.53	1.27
安　徽	84.25	19.92	13.73	6.92	3.64
江　西	27.22	10.03	2.59	1.58	0.29
河　南	72.74	17.18	5.72	1.86	0.10
湖　北	55.41	9.76	4.46	2.20	0.58
湖　南	76.83	28.83	5.46	2.11	1.33
（三）西部地区	733.98	150.13	35.90	30.14	9.58
重　庆	158.78	31.19	10.47	8.60	3.14
四　川	116.25	28.59	13.05	6.25	1.70
贵　州	87.85	9.04	2.16	1.60	0.65
云　南	98.11	4.55	0.78	3.71	0.02
西　藏					
陕　西	136.44	25.50	1.90	4.73	2.54
甘　肃	31.36	2.48	0.20	0.65	0.27
青　海	35.24	16.28	0.26	0.34	0.14
宁　夏	23.01	8.09	7.08	3.40	0.51
新　疆	76.87	24.34		0.86	0.61

2003年1～7月各地区商业营业用房施工、竣工、销售面积

表18-29

地　区	施工面积（万平方米）		竣工面积（万平方米）	销售面积（万平方米）	
		新开工面积			售给个人
全国总计	10081.41	3371.24	1083.03	809.98	710.15
（一）东部地区	5614.24	1659.57	611.60	459.43	398.56
北　京	347.72	90.48	20.00	10.48	6.05
天　津	189.68	34.68	11.16	12.76	8.84
河　北	199.67	83.26	21.56	19.61	15.40
辽　宁	557.01	208.08	35.78	39.32	32.13
上　海	414.64	124.50	40.58	29.60	22.40
江　苏	630.87	364.71	77.38	78.83	74.64
浙　江	880.35	258.27	109.36	89.46	82.00
福　建	453.02	109.91	63.44	43.71	38.59
山　东	574.31	209.42	63.21	54.75	50.38
广　东	1164.62	220.19	153.04	67.65	55.02
广　西	162.17	54.50	14.38	12.81	12.66
海　南	40.18	1.57	1.81	0.45	0.45
（二）中部地区	2114.09	915.24	234.61	193.77	175.19
山　西	112.00	42.24	8.82	10.80	9.52
内蒙古	190.76	121.25	7.59	16.38	16.36
吉　林	170.98	68.08	6.59	6.45	6.26
黑龙江	222.14	117.88	5.05	24.42	22.24
安　徽	360.24	145.78	59.11	37.95	34.23
江　西	311.40	179.39	36.87	30.33	29.68
河　南	208.83	66.08	27.82	23.35	21.05
湖　北	179.34	38.12	20.65	9.61	5.70
湖　南	358.40	136.42	62.11	34.48	30.15
（三）西部地区	2353.08	796.43	236.82	156.78	136.40
重　庆	649.90	136.90	77.64	44.12	35.18
四　川	744.90	314.36	90.33	57.23	54.01
贵　州	272.46	65.05	17.70	116.2	9.86
云　南	90.40	26.84	17.48	13.83	10.29
西　藏	0.95	0.95			
陕　西	164.34	39.81	7.86	3.76	3.05
甘　肃	100.60	48.57	2.02	5.21	4.07
青　海	45.57	25.23	2.58	0.77	0.62
宁　夏	78.91	38.65	12.04	11.64	10.94
新　疆	205.05	100.07	9.17	8.60	8.38

2003年1~7月各地区土地开发与购置情况

表 18-30

地　　区	土地开发投资（亿元）	土地购置费（亿元）	年购置土地面积（万平方米）	完成开发土地面积（万平方米）
全国总计	283.94	913.55	17672.50	8526.45
（一）东部地区	194.03	677.34	9784.47	5255.12
北　京	14.88	79.56	535.06	234.13
天　津	10.15	15.92	836.31	485.16
河　北	4.61	16.91	528.29	208.15
辽　宁	19.93	42.26	668.71	399.99
上　海	20.45	86.90	673.81	202.65
江　苏	40.20	107.42	1371.97	671.00
浙　江	8.94	142.03	1356.50	573.07
福　建	15.18	32.98	761.33	384.95
山　东	19.30	46.93	1555.30	753.23
广　东	38.98	95.24	1161.10	1141.55
广　西	2.13	9.77	307.14	188.06
海　南	1.27	1.41	28.95	13.18
（二）中部地区	54.05	129.47	4302.08	2172.05
山　西	1.25	4.17	91.26	59.54
内蒙古	2.11	10.87	331.78	131.07
吉　林	3.80	10.77	218.17	113.21
黑龙江	3.41	10.34	219.50	121.63
安　徽	6.19	24.29	768.36	354.98
江　西	5.48	16.05	786.15	344.49
河　南	6.15	14.78	595.04	243.82
湖　北	6.41	12.40	456.47	261.58
湖　南	19.25	25.79	835.35	541.73
（三）西部地区	35.86	106.74	3585.95	1099.28
重　庆	17.15	16.21	593.48	209.60
四　川	1.54	45.32	1008.86	156.24
贵　州	4.37	5.46	250.51	157.40
云　南	4.99	10.83	825.63	145.56
西　藏	0.07			71.00
陕　西	2.32	13.69	218.83	61.17
甘　肃	2.51	3.10	179.76	112.04
青　海	0.63	2.31	67.52	48.09
宁　夏	0.09	4.03	90.53	28.46
新　疆	2.20	5.80	350.83	109.72

2003年1~8月各地区房地产施工、竣工、销售面积

表18-31

地区	施工面积（万平方米）		竣工面积（万平方米）	销售面积（万平方米）	
		新开工面积			售给个人
全国总计	88296.57	32472.59	12439.98	12628.70	11874.65
（一）东部地区	57200.97	19379.52	8146.85	8047.61	7574.98
北京	7037.02	1732.59	664.15	699.27	654.07
天津	1735.60	501.22	352.34	380.58	368.56
河北	2098.19	968.12	243.37	324.67	297.45
辽宁	3947.95	1772.63	348.79	527.61	500.85
上海	6992.51	2206.13	1159.07	1171.18	1105.33
江苏	6125.82	2753.57	921.35	1073.31	1039.51
浙江	8113.82	2572.83	1156.22	1010.94	964.32
福建	4036.55	1198.05	590.00	509.06	471.311
山东	4879.49	2176.79	641.77	766.43	707.07
广东	10447.26	2735.28	1836.32	1341.99	1231.10
广西	1418.60	637.24	206.89	209.43	204.11
海南	368.16	125.07	26.58	33.14	31.50
（二）中部地区	14572.97	6560.97	2133.11	2272.97	2120.34
山西	807.14	315.23	97.54	111.93	105.21
内蒙古	849.77	551.46	61.46	124.90	123.22
吉林	1048.06	636.58	27.42	134.33	133.68
黑龙江	1256.50	649.54	63.05	195.87	189.87
安徽	2292.23	1028.95	489.19	461.42	409.80
江西	1704.79	877.26	299.77	285.36	277.22
河南	2208.07	816.77	351.45	302.15	280.10
湖北	2109.68	780.10	339.77	331.17	302.16
湖南	2296.73	905.08	403.46	325.84	299.41
（三）西部地区	16522.63	6532.10	2160.02	2308.12	2179.33
重庆	4100.89	1254.60	498.77	457.22	432.49
四川	5352.73	2376.49	964.82	909.93	876.28
贵州	1687.35	559.99	136.52	204.49	194.47
云南	1025.65	446.07	150.38	163.43	139.77
西藏	16.44	16.44			
陕西	1583.64	509.03	111.87	188.50	170.81
甘肃	789.53	308.91	60.78	84.72	79.39
青海	325.30	186.93	21.18	21.43	16.65
宁夏	564.14	344.33	79.32	72.05	64.59
新疆	1076.76	529.31	136.38	213.35	204.88

2003年1~8月各地区住宅施工、竣工、销售面积

表 18-32

地　区	施工面积（万平方米）		竣工面积（万平方米）	销售面积（万平方米）	
		新开工面积			售给个人
全国总计	68968.60	26375.33	10307.04	11304.60	10850.68
（一）东部地区	44932.36	16006.62	6811.56	7238.23	6961.63
北　京	5024.76	1317.23	555.37	661.02	635.72
天　津	1433.86	445.85	317.74	359.74	356.60
河　北	1802.79	844.35	212.54	299.17	277.02
辽　宁	3057.92	1433.74	269.60	468.45	456.43
上　海	5752.59	1867.32	1037.40	1098.14	1069.93
江　苏	5031.94	2336.50	776.35	943.26	933.51
浙　江	6348.05	2049.75	936.03	845.12	820.40
福　建	3103.44	977.10	443.89	433.10	412.89
山　东	4002.24	1852.37	544.75	693.20	643.79
广　东	7928.71	2237.39	1517.59	1221.44	1143.18
广　西	1138.65	525.09	178.20	185.24	181.81
海　南	305.41	119.93	22.10	30.35	30.35
（二）中部地区	11332.50	5138.96	1726.17	1992.56	1893.34
山　西	627.14	246.43	72.96	96.65	92.24
内蒙古	575.18	385.68	46.60	103.90	103.51
吉　林	796.42	517.46	17.01	121.97	121.97
黑龙江	898.06	465.05	52.81	164.33	161.58
安　徽	1753.77	804.88	394.12	388.75	361.4
江　西	1302.79	641.82	240.99	246.19	240.52
河　南	1873.55	698.93	295.75	272.90	255.71
湖　北	1768.02	684.49	301.77	317.93	295.27
湖　南	1737.57	694.22	304.16	279.94	261.14
（三）西部地区	12703.74	5229.75	1769.31	2073.81	1995.71
重　庆	2944.03	973.82	373.40	391.18	383.42
四　川	4291.26	1897.40	820.75	821.98	804.06
贵　州	1260.27	461.51	113.29	188.49	181.64
云　南	884.93	407.57	123.18	142.01	128.26
西　藏	15.42	15.42			
陕　西	1239.78	420.69	90.10	177.70	164.45
甘　肃	629.84	248.95	53.67	77.81	73.95
青　海	237.81	139.48	18.14	20.31	15.88
宁　夏	438.85	281.88	51.94	52.93	50.24
新　疆	761.56	383.03	124.84	201.40	193.81

2003年1~8月各地区办公楼施工、竣工、销售面积

表18-33

地　区	施工面积（万平方米）		竣工面积（万平方米）	销售面积（万平方米）	
		新开工面积			售给个人
全国总计	3947.95	802.37	307.07	201.91	75.09
（一）东部地区	2717.14	467.19	205.79	139.38	50.90
北　京	683.12	98.96	19.04	15.30	1.10
天　津	79.70	6.41	16.53	3.85	1.32
河　北	51.37	16.11	4.12	1.93	1.31
辽　宁	139.66	41.05	12.04	10.47	1.25
上　海	349.53	57.36	21.51	18.28	5.17
江　苏	217.26	47.80	20.70	25.77	10.40
浙　江	347.94	88.90	31.66	22.28	11.84
福　建	190.60	22.50	21.67	12.42	5.22
山　东	140.55	35.48	16.78	4.79	2.26
广　东	486.95	44.73	36.13	19.43	7.91
广　西	20.97	6.89	3.61	3.10	3.00
海　南	9.49	1.00	2.00	1.76	0.12
（二）中部地区	515.00	162.61	53.89	27.44	12.19
山　西	50.85	17.59	14.92	3.06	2.21
内蒙古	36.38	15.31	1.14	2.01	0.87
吉　林	33.19	16.78	0.35	0.77	0.36
黑龙江	56.99	9.97	0.78	2.54	1.28
安　徽	86.76	21.72	13.91	7.41	3.75
江　西	28.58	10.67	2.89	1.64	0.34
河　南	82.65	27.51	7.64	3.06	0.79
湖　北	60.90	12.98	4.58	2.39	0.45
湖　南	78.70	30.08	7.68	4.56	2.14
（三）西部地区	715.81	172.57	47.39	35.09	12.00
重　庆	162.35	32.47	12.26	10.47	4.57
四　川	123.07	42.99	16.72	7.39	2.02
贵　州	92.67	10.36	2.34	1.72	0.76
云　南	27.18	5.36	4.04	3.73	0.02
西　藏	0.07	0.07			
陕　西	137.86	26.71	2.10	5.11	2.92
甘　肃	34.25	2.71	1.19	0.71	0.33
青　海	35.54	16.58	0.26	0.34	0.14
宁　夏	25.38	10.46	8.28	4.64	0.51
新　疆	77.44	24.86	0.20	0.98	0.73

2003年1~8月各地区商业营业用房施工、竣工、销售面积

表 18-34

地　区	施工面积（万平方米）		竣工面积（万平方米）	销售面积（万平方米）	
		新开工面积			售给个人
全国总计	10686.50	38440.03	1275.08	929.98	816.94
（一）东部地区	5925.38	1881.95	701.67	526.46	457.41
北　京	378.82	115.78	23.34	11.68	7.12
天　津	186.83	36.27	13.53	15.08	10.63
河　北	217.31	97.11	23.30	22.80	18.58
辽　宁	604.25	234.31	46.90	42.75	37.24
上　海	435.18	136.41	46.29	32.20	25.15
江　苏	668.70	289.85	92.48	90.81	85.26
浙　江	917.58	293.56	127.58	106.07	95.35
福　建	480.82	131.28	70.20	49.76	43.66
山　东	705.90	232.98	68.94	61.43	56.03
广　东	1208.23	242.81	171.27	78.42	63.12
广　西	178.53	68.87	15.36	14.43	14.24
海　南	43.23	2.72	2.48	1.03	1.03
（二）中部地区	2281.45	1046.89	293.42	222.33	200.39
山　西	114.82	44.10	8.97	12.13	10.67
内蒙古	212.44	129.69	13.37	17.90	17.75
吉　林	188.26	84.58	6.87	9.58	9.34
黑龙江	253.15	145.53	8.00	27.77	25.57
安　徽	298.39	176.38	71.39	45.66	40.68
江　西	318.92	185.60	51.28	35.22	34.16
河　南	220.03	76.91	41.12	25.25	22.68
湖　北	197.34	52.38	25.59	9.38	5.27
湖　南	378.10	151.72	66.83	39.44	34.27
（三）西部地区	2479.67	915.19	279.99	181.19	159.14
重　庆	677.39	153.01	87.43	48.86	39.17
四　川	802.26	368.88	113.70	69.46	66.33
贵　州	284.98	76.19	18.94	12.73	10.90
云　南	86.69	28.42	18.83	15.11	10.84
西　藏	1.0	1.0			
陕　西	173.46	48.42	8.27	4.32	3.31
甘　肃	103.82	53.92	2.81	5.86	4.81
青　海	47.70	28.39	2.77	0.78	0.63
宁　夏	85.30	44.17	16.61	13.73	13.09
新　疆	217.12	112.84	10.63	10.34	10.06

2003年1～8月各地区土地开发与购置情况

表18-35

地　区	土地开发投资（亿元）	土地购置费（亿元）	年购置土地面积（万平方米）	完成开发土地面积（万平方米）
全国总计	333.90	1079.38	20191.58	9828.67
（一）东部地区	226.09	802.70	11284.34	6020.06
北　京	18.77	94.98	642.49	368.73
天　津	12.86	18.17	870.28	503.84
河　北	5.85	20.74	640.96	253.89
辽　宁	20.82	49.10	824.63	465.64
上　海	23.97	116.23	863.23	289.42
江　苏	46.04	120.80	1573.04	735.83
浙　江	10.78	163.31	1538.86	650.98
福　建	16.24	40.89	793.78	470.85
山　东	22.02	52.82	1748.92	818.30
广　东	44.22	111.76	1290.20	1232.621
广　西	2.71	11.65	351.35	215.78
海　南	1.81	2.24	46.60	14.18
（二）中部地区	65.15	153.44	4869.72	2536.12
山　西	1.61	5.40	121.44	65.87
内蒙古	2.59	12.59	395.53	150.93
吉　林	5.03	12.54	238.72	149.47
黑龙江	4.66	11.47	237.09	145.77
安　徽	8.07	31.49	992.04	475.14
江　西	6.37	17.47	733.63	403.05
河　南	6.77	16.85	552.70	270.70
湖　北	7.92	16.19	553.38	296.46
湖　南	22.15	29.44	645.19	578.73
（三）西部地区	42.67	123.23	4037.52	1272.49
重　庆	20.12	18.57	681.53	244.73
四　川	1.83	53.92	1178.32	166.19
贵　州	5.04	7.12	351.39	188.35
云　南	6.40	12.01	868.89	166.94
西　藏	0.07			
陕　西	2.99	14.70	238.31	63.81
甘　肃	2.77	3.54	182.26	136.90
青　海	0.85	2.77	74.81	55.49
宁　夏	0.09	4.20	100.45	31.88
新　疆	2.50	6.40	361.56	147.20

2003年1~9月各地区房地产施工、竣工、销售面积

表18-36

地区	施工面积（万平方米）		竣工面积（万平方米）	销售面积（万平方米）	
		新开工面积			售给个人
全国总计	93615.86	36563.13	15325.81	15189.24	14360.00
（一）东部地区	60575.26	2202.24	10197.62	9798.68	9252.31
北　京	7419.90	2069.87	889.73	875.11	817.72
天　津	1817.87	596.84	428.08	445.19	428.08
河　北	2495.79	1279.25	466.46	406.38	379.00
辽　宁	4259.11	1959.30	467.69	617.52	579.39
上　海	7393.28	2431.58	1608.24	1609.33	1536.40
江　苏	6611.43	3142.29	1191.92	1367.02	1317.73
浙　江	8520.04	2949.47	1330.25	1185.87	1126.37
福　建	4170.68	1314.11	639.19	553.75	511.19
山　东	5218.00	2467.79	761.26	865.90	810.39
广　东	10806.12	2993.90	2133.67	1582.52	1462.29
广　西	1476.60	686.96	246.54	240.33	235.66
海　南	386.44	132.88	34.59	49.76	48.09
（二）中部地区	15692.03	7364.35	2570.37	2696.58	2548.74
山　西	888.78	353.15	117.75	130.46	123.27
内蒙古	921.37	615.32	95.59	190.77	189.15
吉　林	1105.20	694.13	56.45	148.98	147.67
黑龙江	1335.79	714.25	88.51	234.63	223.95
安　徽	2430.41	1157.83	551.12	519.18	481.26
江　西	1828.64	991.77	346.10	323.11	316.93
河　南	2487.72	931.07	408.78	366.13	338.29
湖　北	2240.70	910.01	426.38	421.68	394.81
湖　南	2453.42	996.82	479.69	361.64	333.41
（三）西部地区	17348.57	7174.54	2557.82	2693.98	2558.95
重　庆	4231.67	1346.02	547.08	521.97	495.69
四　川	5691.80	2620.24	1124.64	1066.96	1038.07
贵　州	1795.41	641.33	178.16	256.01	244.72
云　南	1050.65	471.75	158.43	172.38	151.41
西　藏	16.44	16.44	0.00	0.00	0.00
陕　西	1626.03	540.96	139.29	206.25	188.87
甘　肃	826.15	343.90	72.14	101.95	95.38
青　海	343.47	201.97	38.83	25.103	20.90
宁　夏	609.82	387.62	113.78	89.64	80.75
新　疆	1157.13	604.31	185.47	253.69	243.96

2003年1~9月各地区住宅施工、竣工、销售面积

表18-37

地　区	施工面积（万平方米）		竣工面积（万平方米）	销售面积（万平方米）	
		新开工面积			售给个人
全国总计	73157.10	2960.81	12716.56	13649.78	13141.85
（一）东部地区	47568.15	18086.39	8501.65	8847.88	8525.30
北　京	5331.03	1577.48	738.71	827.71	790.66
天　津	1460.57	511.84	384.73	420.13	414.42
河　北	2033.77	1010.43	308.62	371.56	348.65
辽　宁	3309.34	1578.00	375.97	545.87	526.47
上　海	6108.42	2066.32	1474.19	1523.53	1490.55
江　苏	5439.18	2674.63	1012.56	1212.38	1191.83
浙　江	6680.45	2359.59	1073.77	987.96	961.66
福　建	3199.05	1073.78	485.48	474.00	450.07
山　东	4289.26	2092.33	644.52	782.99	736.93
广　东	8209.00	2447.09	1758.97	1441.05	1356.38
广　西	1188.27	567.45	215.04	214.97	211.58
海　南	322.81	127.45	29.09	46.10	46.10
（二）中部地区	12237.13	5775.30	2093.89	2377.60	2274.24
山　西	701.81	278.51	90.53	114.07	109.28
内蒙古	612.41	418.67	71.39	158.49	158.08
吉　林	839.06	561.90	42.03	134.64	134.64
黑龙江	952.74	505.53	72.14	197.48	191.51
安　徽	1861.81	905.76	442.21	447.72	421.88
江　西	1402.48	734.04	276.52	275.88	272.30
河　南	2139.10	803.02	346.35	332.96	312.01
湖　北	1878.11	802.68	385.18	405.93	385.07
湖　南	1849.61	765.19	367.54	310.43	289.47
（三）西部地区	13351.82	5746.12	2121.02	2424.30	2342.31
重　庆	3044.56	1048.66	416.02	448.34	440.14
四　川	4575.38	2105.21	960.28	970.01	951.21
贵　州	1343.83	529.98	150.77	234.41	226.41
云　南	896.26	419.42	130.95	151.53	139.50
西　藏	15.42	15.42	0.00	0.00	0.00
陕　西	1278.35	449.09	117.36	195.32	182.04
甘　肃	658.10	276.64	64.61	93.88	88.76
青　海	255.51	154.06	35.46	23.77	19.29
宁　夏	475.91	316.92	80.77	68.26	64.92
新　疆	808.50	430.72	164.80	238.78	230.04

2003年1~9月各地区办公楼施工、竣工、销售面积

表18-38

地区	施工面积（万平方米）		竣工面积（万平方米）	销售面积（万平方米）	
		新开工面积			售给个人
全国总计	4143.36	931.26	345.85	223.66	88.14
（一）东部地区	2856.82	564.28	234.43	156.61	60.24
北京	732.25	144.25	25.90	16.08	1.49
天津	82.09	7.74	18.75	4.68	1.35
河北	56.09	18.42	4.62	2.00	1.38
辽宁	145.56	45.28	12.21	13.46	1.56
上海	362.78	61.59	22.29	20.09	5.84
江苏	237.84	59.52	22.57	29.96	12.83
浙江	263.23	104.33	35.64	25.09	13.50
福建	205.49	27.26	23.49	13.60	6.13
山东	145.48	39.58	21.30	6.30	4.16
广东	494.35	47.22	41.70	20.20	8.80
广西	22.17	8.09	3.96	3.36	3.08
海南	9.49	1.00	2.00	1.79	0.12
（二）中部地区	544.93	182.33	60.21	30.50	14.91
山西	53.60	20.35	15.09	3.08	2.23
内蒙古	45.43	20.31	3.10	2.41	1.28
吉林	34.28	17.86	0.71	0.74	0.43
黑龙江	61.33	13.52	1.81	3.33	1.28
安徽	91.00	26.20	15.61	8.18	4.72
江西	29.85	11.64	2.95	1.64	0.35
河南	83.07	28.35	8.17	3.29	0.84
湖北	67.01	13.75	4.77	2.64	0.55
湖南	79.36	30.35	8.00	5.09	3.23
（三）西部地区	741.61	184.65	51.21	36.55	12.99
重庆	167.63	34.61	13.40	11.43	5.22
四川	128.65	45.15	18.03	7.60	2.08
贵州	99.10	11.30	2.79	2.11	1.15
云南	27.03	5.49	4.04	3.73	0.04
西藏	0.07	0.07	0.00	0.00	0.00
陕西	139.09	27.94	2.10	5.10	3.01
甘肃	37.08	4.16	1.33	0.79	0.41
青海	35.54	16.58	0.26	0.41	0.41
宁夏	25.70	10.97	8.48	4.73	0.54
新疆	81.72	28.37	0.78	0.65	0.40

2003年1~9月各地区商业营业用房施工、竣工、销售面积

表18-39

地　区	施工面积（万平方米）		竣工面积（万平方米）	销售面积（万平方米）	
		新开工面积			售给个人
全国总计	11408.94	4410.99	1605.07	1097.28	971.53
（一）东部地区	6363.04	2223.39	942.75	618.95	539.85
北　京	369.44	102.02	30.72	14.28	9.30
天　津	216.81	45.07	14.61	18.46	12.30
河　北	365.12	235.65	148.09	30.26	26.64
辽　宁	651.75	266.99	57.14	50.93	44.23
上　海	453.38	150.19	55.92	42.56	34.38
江　苏	707.65	318.72	114.75	106.90	100.45
浙　江	954.47	328.91	143.30	121.10	109.20
福　建	497.30	141.68	74.44	51.80	45.06
山　东	651.37	274.69	79.44	69.50	64.20
广　东	1237.42	281.72	204.14	95.95	77.09
广　西	184.80	75.03	16.70	15.34	15.13
海　南	43.53	2.72	3.50	1.87	1.87
（二）中部地区	2436.15	1178.87	345.87	266.52	241.77
山　西	118.39	46.94	11.44	13.21	11.66
内蒙古	236.39	154.33	20.53	28.62	28.54
吉　林	199.20	95.15	10.02	11.44	10.55
黑龙江	271.16	163.95	11.61	32.28	29.75
安　徽	421.52	197.59	78.73	55.53	50.23
江　西	339.80	204.84	61.04	43.03	41.83
河　南	231.31	86.18	45.48	27.88	23.46
湖　北	207.70	61.23	28.17	10.65	7.24
湖　南	410.68	168.66	78.85	43.88	38.51
（三）西部地区	2609.75	1008.73	316.45	211.81	189.91
重　庆	699.87	162.83	91.11	53.69	44.47
四　川	844.45	398.83	128.49	83.95	80.37
贵　州	298.32	84.24	22.61	17.88	15.93
云　南	101.20	42.08	19.11	14.74	11.17
西　藏	1.0	1.0		0.0	
陕　西	176.04	50.72	8.43	4.46	3.69
甘　肃	107.83	58.24	3.08	6.94	5.90
青　海	47.89	28.58	3.10	0.94	0.65
宁　夏	90.51	48.82	21.46	15.60	14.51
新　疆	242.69	133.74	19.06	13.61	13.22

2003年1~9月各地区土地开发与购置情况

表 18-40

地　　区	土地开发投资（亿元）	土地购置费（亿元）	年购置土地面积（万平方米）	完成开发土地面积（万平方米）
全国总计	387.48	1272.17	23082.20	11368.13
（一）东部地区	263.95	954.18	12870.30	7109.74
北　京	22.58	114.74	821.87	522.93
天　津	14.63	20.65	937.55	532.42
河　北	6.91	25.45	711.43	300.66
辽　宁	24.21	56.72	930.92	545.28
上　海	28.37	137.55	991.53	298.03
江　苏	50.73	143.09	1798.32	900.65
浙　江	17.21	201.69	1808.66	788.19
福　建	19.48	46.20	1002.65	513.89
山　东	26.56	60.63	1929.12	971.76
广　东	48.18	131.69	1495.65	1466.80
广　西	3.08	13.41	393.60	254.95
海　南	2.01	2.37	49.00	14.18
（二）中部地区	73.29	176.35	5404.23	2783.33
山　西	2.00	5.68	138.55	74.57
内蒙古	3.01	13.09	408.10	164.06
吉　林	5.78	14.88	290.16	176.85
黑龙江	4.92	14.94	264.66	178.61
安　徽	8.14	34.37	1104.29	492.86
江　西	6.80	19.75	926.90	451.67
河　南	7.15	19.69	583.71	304.51
湖　北	9.05	20.15	640.92	330.31
湖　南	26.44	33.80	1046.94	609.89
（三）西部地区	50.24	141.64	4807.67	1475.06
重　庆	26.65	21.82	769.65	248.96
四　川	2.14	60.85	1415.57	176.44
贵　州	6.75	9.38	434.43	215.22
云　南	7.08	13.15	878.41	183.88
西　藏	0.07	0.00	0.00	71.00
陕　西	3.23	16.01	249.77	68.20
甘　肃	3.19	4.33	202.43	149.60
青　海	0.91	2.94	113.63	93.79
宁　夏	0.11	4.97	199.36	38.96
新　疆	3.11	8.20	544.42	229.01

2003年1～10月各地区房地产施工、竣工、销售面积

表18-41

地　区	施工面积（万平方米）		竣工面积（万平方米）	销售面积（万平方米）	
		新开工面积			售给个人
全国总计	98234.15	40226.54	17990.74	17447.89	16521.01
（一）东部地区	63391.03	24279.00	11988.08	11204.29	10600.44
北　京	7723.58	2370.20	1059.83	993.16	925.99
天　津	1858.76	621.35	475.91	493.69	475.27
河　北	2603.41	1381.86	510.95	467.31	437.52
辽　宁	4546.39	2161.76	607.38	711.59	663.77
上　海	7735.06	2588.13	1956.29	1876.30	1823.97
江　苏	7099.84	3621.31	1435.10	1512.52	1459.97
浙　江	8858.14	3271.96	1490.44	1354.15	1289.04
福　建	4297.40	1434.74	698.31	610.07	556.43
山　东	5465.90	2657.61	952.07	1025.99	967.11
广　东	11251.39	3282.64	2462.10	1813.56	1663.25
广　西	1546.35	748.39	300.89	288.89	283.35
海　南	404.81	136.05	38.81	57.06	54.77
（二）中部地区	16560.14	8053.41	2972.83	3106.02	2939.80
山　西	939.66	383.32	143.59	147.06	140.68
内蒙古	983.81	665.01	141.03	215.37	213.57
吉　林	1174.44	743.78	92.46	184.54	182.68
黑龙江	1408.66	779.35	112.20	273.07	262.19
安　徽	2583.21	1296.68	643.44	602.58	563.93
江　西	1898.97	1043.12	377.56	361.25	354.73
河　南	2555.39	975.26	452.60	418.77	386.85
湖　北	2478.63	1109.66	475.08	488.30	454.43
湖　南	2537.37	1057.23	534.87	415.08	380.74
（三）西部地区	18282.98	7894.13	3029.83	3137.58	2980.77
重　庆	4452.00	1547.97	616.49	578.28	545.09
四　川	5952.98	2831.88	1281.18	1212.73	1181.06
贵　州	1916.57	723.55	215.69	297.62	285.70
云　南	1106.20	502.31	218.42	219.05	189.61
西　藏	19.29	19.29			
陕　西	1683.41	573.59	159.77	241.30	223.47
甘　肃	889.11	361.32	97.86	125.56	117.34
青　海	367.48	224.18	60.85	33.63	29.49
宁　夏	656.89	432.16	143.77	118.15	108.86
新　疆	1239.05	677.88	235.80	311.26	300.15

2003年1～10月各地区住宅施工、竣工、销售面积

表18-42

地　　区	施工面积（万平方米）		竣工面积（万平方米）	销售面积（万平方米）	
		新开工面积			售给个人
全国总计	76711.62	32474.45	14982.43	15681.67	15095.55
（一）东部地区	49858.06	19972.08	10038.09	10119.24	9743.82
北　京	5583.24	1832.58	887.37	939.26	896.98
天　津	1495.89	530.11	428.39	467.09	461.11
河　北	2122.33	1096.16	339.91	423.29	398.28
辽　宁	3540.03	1759.63	486.55	630.51	602.96
上　海	6403.73	2196.71	1808.35	1786.43	1755.72
江　苏	5855.91	3098.65	1224.65	1327.30	1306.87
浙　江	6927.45	2599.96	1207.16	1136.40	1106.14
福　建	3303.47	1177.62	532.85	519.19	487.51
山　东	4493.31	2258.86	813.40	929.52	880.85
广　东	8547.57	2673.93	2015.30	1645.06	1537.09
广　西	1244.30	617.25	260.85	261.94	257.53
海　南	340.83	130.62	33.31	53.25	52.78
（二）中部地区	12835.96	6239.62	2424.38	2735.53	2621.37
山　西	736.88	297.30	111.29	128.01	124.62
内蒙古	656.74	454.30	106.82	177.29	176.74
吉　林	896.51	603.92	70.90	165.01	165.01
黑龙江	1006.80	556.11	93.11	230.84	224.85
安　徽	1982.10	1020.17	515.50	521.25	494.88
江　西	1458.03	775.34	302.37	303.19	299.49
河　南	2195.47	836.74	385.64	381.29	358.89
湖　北	1984.76	880.43	428.51	470.60	444.17
湖　南	1918.67	815.31	410.24	358.05	332.72
（三）西部地区	14017.60	6262.75	2519.96	2826.90	2730.36
重　庆	3173.75	1171.11	461.59	493.01	482.86
四　川	4780.92	2277.86	1089.59	1101.60	1080.56
贵　州	1428.56	589.63	181.00	274.56	266.08
云　南	938.96	440.81	188.01	195.44	175.17
西　藏	16.72	16.72			
陕　西	1311.36	462.58	137.04	227.97	214.62
甘　肃	707.27	291.32	88.23	116.07	109.69
青　海	278.01	175.32	56.84	32.02	28.63
宁　夏	513.91	352.41	107.68	94.07	90.72
新　疆	868.14	484.99	209.98	292.16	282.03

2003年1～10月各地区办公楼施工、竣工、销售面积

表18-43

地 区	施工面积（万平方米）		竣工面积（万平方米）	销售面积（万平方米）	
		新开工面积			售给个人
全国总计	4269.40	1003.53	400.02	253.62	106.16
（一）东部地区	2932.54	606.27	274.27	175.13	72.95
北 京	748.65	158.39	28.85	16.68	1.72
天 津	85.20	10.84	20.73	4.73	1.22
河 北	59.37	21.82	6.42	2.17	1.55
辽 宁	150.73	46.29	15.47	15.44	1.96
上 海	375.36	66.38	25.89	22.50	9.33
江 苏	244.95	66.36	28.84	33.68	15.44
浙 江	371.63	107.20	41.93	27.72	15.76
福 建	210.88	28.34	23.88	16.85	6.78
山 东	155.85	41.28	23.29	6.65	4.47
广 东	497.67	49.74	52.61	23.22	11.43
广 西	22.76	8.63	4.36	3.55	3.17
海 南	9.49	1.00	2.00	1.94	0.12
（二）中部地区	571.59	198.72	67.89	35.26	16.72
山 西	63.84	28.25	16.75	3.08	2.23
内蒙古	45.05	19.93	3.57	2.51	1.37
吉 林	37.99	19.74	2.53	2.64	1.68
黑龙江	61.66	13.85	1.81	3.37	1.31
安 徽	95.12	28.22	16.96	8.47	5.01
江 西	30.32	11.89	2.95	1.64	0.35
河 南	84.81	32.39	9.37	5.357	0.88
湖 北	71.94	13.96	5.62	2.86	0.63
湖 南	80.86	30.49	8.33	5.12	3.26
（三）西部地区	765.27	198.54	57.86	43.23	16.49
重 庆	171.49	36.74	15.92	14.75	6.40
四 川	135.15	48.68	19.91	8.33	2.65
贵 州	101.71	12.10	3.21	2.19	1.20
云 南	27.55	5.76	4.09	3.80	0.04
西 藏	0.07	0.07			
陕 西	142.34	29.35	2.49	6.24	3.77
甘 肃	38.02	4.16	1.72	1.18	0.41
青 海	35.78	16.58	0.40	0.41	0.14
宁 夏	28.52	13.81	9.12	4.79	0.59
新 疆	84.64	31.29	1.00	1.54	1.29

2003 年 1～10 月各地区商业营业用房施工、竣工、销售面积

表 18-44

地　区	施工面积（万平方米）		竣工面积（万平方米）	销售面积（万平方米）	
		新开工面积			售给个人
全国总计	12002.10	4858.84	1852.11	1270.02	1126.80
（一）东部地区	6649.77	2434.85	1081.76	716.04	626.94
北　京	383.35	112.47	35.46	20.52	11.73
天　津	219.11	48.05	16.64	19.85	12.83
河　北	383.29	250.10	160.69	39.55	35.62
辽　宁	685.15	276.12	78.17	56.80	50.14
上　海	472.24	162.85	59.72	42.64	37.33
江　苏	758.88	358.12	133.33	131.29	122.56
浙　江	1002.69	372.33	157.01	134.96	121.56
福　建	504.08	151.73	81.38	58.58	51.24
山　东	675.94	292.96	95.85	80.45	74.47
广　东	1326.81	323.32	237.79	112.16	90.97
广　西	194.36	84.08	22.22	17.37	16.62
海　南	43.87	2.72	3.50	1.87	1.87
（二）中部地区	2553.54	1266.62	400.89	310.80	282.24
山　西	123.72	50.39	14.21	15.84	13.70
内蒙古	254.81	168.62	29.87	34.24	34.12
吉　林	206.26	100.18	14.98	14.38	13.49
黑龙江	288.45	177.31	14.14	37.22	34.57
安　徽	445.74	216.07	90.38	64.47	58.97
江　西	353.61	214.37	66.65	53.83	52.42
河　南	238.79	92.51	48.08	29.84	25.03
湖　北	220.28	69.58	31.89	11.63	8.57
湖　南	421.88	177.59	90.69	49.35	42.37
（三）西部地区	2798.79	1157.37	369.46	243.18	217.62
重　庆	760.13	213.16	104.65	61.74	49.80
四　川	883.05	424.57	152.68	97.14	93.27
贵　州	323.98	105.20	29.28	19.07	16.99
云　南	111.16	51.13	20.05	15.37	11.79
西　藏	2.50	2.50			
陕　西	195.66	68.45	8.62	5.69	4.92
甘　肃	117.23	59.57	3.81	7.97	6.94
青　海	49.16	29.53	3.60	1.19	0.71
宁　夏	95.68	54.17	23.56	18.18	16.74
新　疆	260.24	149.09	23.21	16.83	16.46

2003年1～10月各地区土地开发与购置情况

表18-45

地　区	土地开发投资（亿元）	土地购置费（亿元）	年购置土地面积（万平方米）	完成开发土地面积（万平方米）
全国总计	439.63	1424.62	25345.94	12347.74
（一）东部地区	301.29	1070.19	14110.81	7547.05
北　京	24.49	132.31	917.56	599.44
天　津	17.71	23.32	987.59	542.24
河　北	7.57	29.44	768.60	309.74
辽　宁	31.59	61.44	1025.93	599.23
上　海	35.15	148.58	1126.08	319.91
江　苏	57.24	162.50	1939.12	924.41
浙　江	19.45	229.66	1963.96	865.42
福　建	22.26	52.90	1055.36	526.09
山　东	28.99	69.09	2225.03	1037.97
广　东	51.02	144.00	1628.29	1544.36
广　西	3.58	14.48	422.50	264.06
海　南	2.24	2.47	50.79	14.18
（二）中部地区	81.23	197.40	5942.14	3168.64
山　西	2.23	5.95	142.48	76.80
内蒙古	3.38	13.94	427.77	200.56
吉　林	6.61	16.75	321.13	215.61
黑龙江	6.32	18.50	283.52	201.90
安　徽	8.69	37.67	1191.56	551.48
江　西	7.15	22.49	995.92	492.99
河　南	7.77	21.51	671.18	311.87
湖　北	10.40	23.21	728.74	375.53
湖　南	28.68	37.39	1179.84	741.90
（三）西部地区	57.12	157.02	5292.99	1632.05
重　庆	26.62	24.42	852.10	259.46
四　川	2.23	66.82	1513.42	181.89
贵　州	7.80	11.06	487.70	246.06
云　南	8.23	14.81	977.94	223.98
西　藏	0.07			
陕　西	3.64	17.32	270.77	77.41
甘　肃	3.80	5.14	209.68	166.30
青　海	0.91	2.97	115.64	95.19
宁　夏	0.13	5.46	218.60	44.42
新　疆	3.69	9.04	647.14	266.34

2003年1～11月各地区房地产施工、竣工、销售面积

表 18-46

地区	施工面积（万平方米）		竣工面积（万平方米）	销售面积（万平方米）	
		新开工面积			售给个人
全国总计	102930.02	43836.89	21006.93	19950.20	18873.00
（一）东部地区	66225.29	26494.96	13638.26	12594.46	11906.62
北京	8152.28	2737.64	1276.47	1099.14	1020.47
天津	2023.04	703.91	589.14	557.54	538.38
河北	2590.87	1358.21	487.71	517.33	472.05
辽宁	4832.32	2329.10	758.80	839.75	794.28
上海	7946.15	2776.44	2146.90	2026.94	1963.58
江苏	7447.69	3960.16	1671.15	1736.10	1671.33
浙江	9270.06	3631.75	1684.49	1533.09	1465.82
福建	4515.75	1555.17	774.22	692.17	638.54
山东	5793.25	2960.22	1101.29	1165.57	1102.03
广东	11627.71	3531.29	2787.62	2056.53	1878.35
广西	1615.69	813.56	321.66	308.29	301.60
海南	410.48	137.51	38.81	62.01	60.19
（二）中部地区	17616.57	8762.95	3652.07	3696.40	3482.98
山西	980.59	411.75	175.34	173.89	161.44
内蒙古	1051.81	731.04	211.93	287.54	283.25
吉林	1224.45	802.81	182.86	217.79	209.87
黑龙江	1538.90	823.54	227.44	378.16	361.70
安徽	2735.71	1433.93	739.93	688.64	640.20
江西	2063.98	1146.78	453.43	431.75	425.32
河南	2723.98	1104.54	487.14	468.27	436.83
湖北	2652.29	1187.46	564.43	579.61	531.34
湖南	2644.86	1121.10	609.57	470.75	433.03
（三）西部地区	19088.16	8578.98	3716.60	3659.34	3483.40
重庆	4627.89	1688.33	678.99	651.57	611.77
四川	6242.98	3096.87	1503.00	1445.62	1410.57
贵州	2025.68	800.89	267.25	334.42	319.78
云南	1148.31	580.94	284.82	254.52	227.76
西藏	19.29	19.29			
陕西	1732.09	592.65	193.48	253.53	233.75
甘肃	937.80	394.25	164.97	143.19	129.08
青海	377.67	226.72	71.94	43.89	39.26
宁夏	701.85	474.14	223.93	150.13	142.37
新疆	1274.60	704.90	328.22	382.47	369.06

2003年1～11月各地区住宅施工、竣工、销售面积

表 18-47

地　区	施工面积（万平方米）		竣工面积（万平方米）	销售面积（万平方米）	
		新开工面积			售给个人
全国总计	80316.79	35240.74	17588.72	17928.25	17234.15
（一）东部地区	52056.10	21669.26	11499.99	11386.56	10648.54
北　京	5799.35	2019.29	1048.70	1038.280	987.89
天　津	1640.09	607.36	525.15	525.15	519.71
河　北	2187.86	1157.39	412.72	471.21	430.72
辽　宁	3771.60	1883.13	607.38	741.50	718.52
上　海	6542.41	2317.87	1984.76	1929.40	1893.93
江　苏	6092.23	3330.10	1426.47	1536.99	1505.22
浙　江	7241.57	2875.68	1365.98	1289.75	1259.35
福　建	3491.59	1280.76	596.20	590.21	559.73
山　东	4776.63	2516.36	941.50	1056.41	1001.78
广　东	8868.10	2879.45	2278.15	1869.50	1739.26
广　西	1299.47	669.79	279.67	280.10	274.84
海　南	345.20	132.08	33.31	58.06	57.59
（二）中部地区	13676.02	6785.52	2991.76	3248.61	3098.93
山　西	760.68	308.56	140.51	147.50	140.70
内蒙古	708.53	507.51	163.61	236.33	235.63
吉　林	926.17	636.36	138.79	193.31	187.90
黑龙江	1101.64	586.64	188.83	324.94	315.60
安　徽	2102.16	1129.74	595.85	594.39	561.38
江　西	1587.68	853.42	363.31	361.61	357.85
河　南	2352.38	958.34	417.51	426.73	405.31
湖　北	2133.91	944.55	512.12	558.47	517.81
湖　南	2002.87	860.40	471.23	405.33	376.75
（三）西部地区	14584.67	6785.96	3096.97	3293.08	3186.68
重　庆	3287.53	1264.29	512.70	556.66	541.43
四　川	4989.22	2491.19	1267.91	1308.16	1286.41
贵　州	1503.36	645.69	225.18	308.91	298.26
云　南	969.64	508.42	251.23	225.20	209.28
西　藏	16.72	16.72			
陕　西	1357.10	481.46	168.40	240.19	224.90
甘　肃	746.84	320.74	145.83	131.81	120.47
青　海	285.59	177.86	64.90	41.77	38.38
宁　夏	539.69	380.08	173.55	121.58	120.70
新　疆	888.98	499.51	287.27	358.80	346.85

2003年1~11月各地区办公楼施工、竣工、销售面积

表 18-48

地　　区	施工面积（万平方米）		竣工面积（万平方米）	销售面积（万平方米）	
		新开工面积			售给个人
全国总计	4475.44	1182.75	459.80	290.00	123.10
（一）东部地区	3081.22	750.26	305.21	196.32	84.49
北　京	822.67	229.59	40.95	19.39	2.35
天　津	89.09	13.18	22.03	5.74	1.72
河　北	61.30	23.75	7.87	2.29	1.66
辽　宁	157.04	52.70	20.60	18.33	3.93
上　海	399.22	85.23	26.04	27.85	10.55
江　苏	254.06	76.20	30.84	34.66	16.54
浙　江	384.94	119.74	44.10	31.67	19.23
福　建	206.68	24.73	24.98	18.91	7.94
山　东	156.90	42.59	24.20	7.23	4.86
广　东	513.93	70.32	57.24	24.52	11.72
广　西	25.60	11.23	4.36	3.68	3.29
海　南	9.79	1.00	2.00	2.05	0.70
（二）中部地区	595.99	217.34	78.37	44.01	20.21
山　西	64.81	28.93	17.10	3.15	2.30
内蒙古	46.08	19.68	4.72	4.99	1.52
吉　林	41.26	23.01	4.39	2.64	1.68
黑龙江	63.07	14.32	3.04	4.45	2.39
安　徽	99.06	31.05	21.66	12.91	7.14
江　西	32.37	13.95	3.34	1.64	0.35
河　南	88.99	35.76	9.45	6.05	0.88
湖　北	78.57	18.49	5.84	2.91	0.64
湖　南	81.78	32.15	8.83	5.27	3.31
（三）西部地区	798.23	215.15	76.22	49.67	18.40
重　庆	183.47	41.38	18.44	15.80	6.87
四　川	142.54	53.06	24.57	11.80	3.59
贵　州	109.72	18.68	3.89	2.34	1.25
云　南	27.31	5.65	5.55	4.24	0.13
西　藏	0.07	0.07			
陕　西	142.95	29.35	2.92	6.34	3.86
甘　肃	40.58	4.16	4.17	1.47	0.41
青　海	35.92	16.58	0.62	0.63	0.14
宁　夏	30.56	14.46	11.89	5.07	0.62
新　疆	85.11	31.76	4.17	1.98	1.53

2003年1~11月各地区商业营业用房施工、竣工、销售面积

表18-49

地　区	施工面积（万平方米）		竣工面积（万平方米）	销售面积（万平方米）	
		新开工面积			售给个人
全国总计	12610.77	5294.79	2096.53	1464.41	1302.76
（一）东部地区	6943.67	2642.55	1155.56	800.11	702.36
北　京	492.32	195.74	56.51	23.31	14.52
天　津	228.95	50.84	28.291	24.02	16.84
河　北	301.26	160.28	62.86	41.51	37.58
辽　宁	724.22	305.66	97.83	69.66	62.17
上　海	509.85	200.57	67.78	44.37	37.39
江　苏	794.40	388.687	155.02	142.81	133.10
浙　江	1054.77	417.09	181.80	150.45	135.83
福　建	529.95	169.29	90.73	66.49	58.84
山　东	705.18	322.49	113.80	91.62	86.02
广　东	1353.97	336.39	374.51	126.27	101.22
广　西	203.93	92.80	22.93	17.70	16.95
海　南	44.87	2.72	3.50	1.90	1.90
（二）中部地区	2721.05	1391.20	492.50	375.31	340.57
山　西	139.42	65.75	16.01	23.07	18.27
内蒙古	268.58	180.29	42.01	44.26	44.14
吉　林	222.49	122.73	34.99	19.23	17.69
黑龙江	320.17	188.37	31.59	46.87	42.06
安　徽	468.74	237.42	99.78	72.14	65.96
江　西	383.94	235.43	80.02	65.27	64.00
河　南	245.47	96.20	50.58	33.41	28.58
湖　北	234.63	76.69	36.14	14.42	10.24
湖　南	437.61	188.32	101.38	56.64	49.63
（三）西部地区	2946.05	1261.04	448.47	288.99	259.83
重　庆	788.19	236.03	112.54	69.73	57.28
四　川	943.51	459.61	187.67	119.21	115.29
贵　州	337.46	113.56	35.34	20.81	18.72
云　南	118.46	61.87	20.75	19.55	14.83
西　藏	2.50	2.50			
陕　西	197.17	68.62	9.62	5.60	4.83
甘　肃	122.62	62.85	9.15	9.52	7.85
青　海	51.63	29.53	6.41	1.48	0.73
宁　夏	110.86	66.18	32.96	22.20	20.07
新　疆	273.65	160.29	34.03	20.89	20.23

2003年1~11月各地区土地开发与购置情况

表 18-50

地　区	土地开发投资（亿元）	土地购置费（亿元）	年购置土地面积（万平方米）	完成开发土地面积（万平方米）
全国总计	499.70	1597.56	27798.41	13513.35
（一）东部地区	341.19	1196.34	15509.24	8346.30
北　京	29.73	148.11	934.45	754.80
天　津	22.13	25.81	1091.87	580.88
河　北	9.07	34.18	833.19	322.62
辽　宁	35.70	74.64	1161.73	648.47
上　海	38.75	163.49	1164.22	369.85
江　苏	66.54	181.64	2339.33	1042.08
浙　江	21.42	254.63	2145.39	1003.60
福　建	26.32	58.43	1122.35	542.68
山　东	30.72	75.41	2458.32	1127.48
广　东	54.27	161.43	1722.41	1630.30
广　西	4.10	15.84	484.54	309.36
海　南	2.44	2.72	51.44	14.18
（二）中部地区	90.53	223.57	6564.09	3399.08
山　西	2.70	7.12	162.25	87.68
内蒙古	3.77	14.14	456.71	214.57
吉　林	7.00	17.72	336.52	221.55
黑龙江	6.72	21.14	296.95	207.74
安　徽	9.64	44.78	1299.20	604.24
江　西	8.25	25.41	1075.71	541.29
河　南	9.09	26.98	775.08	336.66
湖　北	12.19	26.23	827.71	406.51
湖　南	31.17	40.05	1333.96	778.84
（三）西部地区	67.97	177.66	5725.08	1767.97
重　庆	31.99	29.66	914.21	265.96
四　川	2.82	72.60	1719.75	221.35
贵　州	9.08	12.84	559.88	267.90
云　南	10.61	17.61	995.68	236.83
西　藏	0.07			71.00
陕　西	3.75	18.33	284.89	84.36
甘　肃	4.60	5.78	221.28	201.06
青　海	0.91	2.98	118.07	95.19
宁　夏	0.15	6.47	238.86	53.20
新　疆	3.99	11.39	672.46	271.12

2003年1～12月地区房地产施工、竣工、销售面积

表18-51

地　　区	施工面积（万平方米）		竣工面积（万平方米）	销售面积（万平方米）	
		新开工面积			售给个人
全国总计	116907.46	54319.10	39509.75	32247.24	30369.85
（一）东部地区	74401.78	32882.27	23810.68	19391.93	18325.55
北　京	9070.66	3433.75	2593.65	1895.77	1780.38
天　津	2314.43	887.92	911.27	786.50	742.58
河　北	2988.73	1508.44	1062.56	845.03	771.77
辽　宁	5296.53	2611.83	2107.61	1476.18	1397.37
上　海	8267.51	3134.54	2491.84	2376.40	2288.17
江　苏	8834.53	5075.05	3068.11	2751.42	2675.35
浙　江	10724.90	4937.27	3052.83	2613.960	2510.75
福　建	4879.94	1901.30	1368.08	1257.31	1176.44
山　东	7102.04	3883.98	2458.81	2000.44	1850.94
广　东	12490.09	4241.85	4048.07	2789.94	2554.72
广　西	1931.75	1062.998	543.03	490.67	472.44
海　南	500.67	203.35	104.82	108.31	104.64
（二）中部地区	21006.28	11077.91	8144.26	6692.86	6224.96
山　西	1245.74	658.17	441.00	328.68	279.03
内蒙古	1177.08	791.80	618.13	555.73	543.93
吉　林	1397.45	918.96	542.71	385.44	356.57
黑龙江	1906.67	1115.75	874.47	803.22	755.04
安　徽	3140.10	1655.56	1326.21	1093.27	1039.07
江　西	2507.79	1439.06	871.21	755.07	719.79
河　南	3306.81	1489.38	991.32	851.10	787.44
湖　北	3252.16	1542.34	1332.51	1073.48	964.44
湖　南	3072.48	1466.89	1146.70	849.87	779.65
（三）西部地区	21799.40	10358.92	7554.81	6162.45	5819.34
重　庆	5297.81	2108.25	1678.44	1318.23	1216.70
四　川	6933.08	3711.62	2644.38	2303.71	2230.41
贵　州	2140.07	886.79	496.39	434.16	415.23
云　南	1306.73	697.13	529.50	457.53	422.42
西　藏	19.41	19.41	0.29		
陕　西	2279.74	947.84	713.78	581.45	536.01
甘　肃	997.85	462.45	260.67	218.63	201.39
青　海	412.38	236.64	156.99	100.34	86.10
宁　夏	754.92	532.55	407.28	232.38	221.41
新　疆	1357.41	774.24	667.09	516.02	489.67

2003年1～12月各地区住宅施工、竣工、销售面积

表 18-52

地　　区	施工面积（万平方米）		竣工面积（万平方米）	销售面积（万平方米）	
		新开工面积			售给个人
全国总计	91018.09	43676.44	32200.47	28502.47	27397.82
（一）东部地区	58371.54	26806.70	19588.79	17287.49	16671.11
北　京	6352.86	2503.46	2080.75	1771.05	1720.14
天　津	1939.35	768.34	750.72	720.89	709.07
河　北	2468.50	1284.63	882.75	751.02	688.65
辽　宁	4135.11	2111.35	1712.45	1299.16	1254.42
上　海	6782.09	2613.19	2139.99	2224.47	2181.91
江　苏	7204.98	4242.74	2572.67	2402.20	2380.80
浙　江	8373.53	3939.13	2431.91	2205.00	2157.87
福　建	3786.00	1571.39	1079.04	1072.70	1028.96
山　东	5801.92	3263.79	2068.72	1790.05	1674.02
广　东	9541.51	3438.54	3313.31	2509.43	2342.92
广　西	1568.21	879.81	461.80	438.12	430.47
海　南	417.48	190.33	94.68	103.40	101.88
（二）中部地区	1630.70	8687.77	6506.84	5746.32	5463.29
山　西	916.68	503.23	333.24	274.78	248.86
内蒙古	802.73	546.84	481.79	444.15	442.37
吉　林	1044.99	728.42	403.47	331.99	312.06
黑龙江	1316.05	765.47	651.16	661.89	644.65
安　徽	2410.06	1298.32	1039.87	906.35	884.43
江　西	1959.03	1113.94	666.50	604.43	591.13
河　南	2837.45	1287.38	874.50	784.04	737.55
湖　北	2730.70	1340.02	1178.73	1015.04	929.63
湖　南	2295.01	1104.15	877.58	726.65	672.61
（三）西部地区	16342.85	8181.97	6104.84	5468.66	5263.42
重　庆	3748.81	1581.51	1233.22	1134.04	1077.86
四　川	5501.26	2953.88	2172.07	2044.61	2004.00
贵　州	1585.91	716.87	393.50	396.17	383.53
云　南	1100.68	587.22	456.85	415.96	395.70
西　藏	19.84	16.84	0.22		
陕　西	1750.94	786.78	620.79	533.40	496.51
甘　肃	800.05	379.80	225.5	202.73	189.70
青　海	309.47	185.35	137.54	88.23	83.34
宁　夏	577.82	419.46	322.88	187.81	187.60
新　疆	851.07	554.26	542.02	465.71	445.18

2003年1～12月各地区办公楼施工、竣工、销售面积

表 18-53

地　区	施工面积（万平方米）		竣工面积（万平方米）	销售面积（万平方米）	
		新开工面积			售给个人
全国总计	5064.76	1425.06	1050.55	596.55	254.93
（一）东部地区	3373.11	883.89	660.61	374.54	166.68
北　京	901.31	259.09	93.59	38.12	4.14
天　津	92.02	17.94	41.44	15.72	6.37
河　北	77.39	24.41	25.06	8.04	5.07
辽　宁	168.95	60.44	58.03	25.83	4.69
上　海	417.83	86.10	63.15	45.18	23.93
江　苏	295.03	105.93	73.16	60.60	30.36
浙　江	436.75	158.95	103.05	64.54	41.16
福　建	202.34	22.09	46.18	39.06	18.26
山　东	199.30	54.66	58.93	19.74	7.39
广　东	532.08	75.94	84.73	39.81	17.43
广　西	33.87	17.15	11.21	15.73	7.18
海　南	16.24	1.19	2.08	2.17	0.70
（二）中部地区	729.51	268.77	192.24	113.88	40.82
山　西	79.94	28.93	26.31	15.08	2.30
内蒙古	48.94	20.82	12.38	9.72	2.72
吉　林	58.48	31.41	15.37	10.09	2.89
黑龙江	78.26	21.87	25.79	14.66	4.41
安　徽	114.06	40.59	36.17	22.83	11.04
江　西	37.90	11.27	5.97	3.59	1.19
河　南	88.42	35.93	18.20	9.63	1.44
湖　北	125.22	32.86	32.02	16.45	6.09
湖　南	98.29	45.09	20.03	11.83	8.74
（三）西部地区	962.14	272.40	197.70	108.13	47.43
重　庆	229.42	55.91	59.16	32.00	14.68
四　川	157.59	67.06	47.66	22.59	7.58
贵　州	116.01	21.37	13.06	4.09	1.66
云　南	27.00	5.05	7.57	6.43	0.21
西　藏	0.07	0.07	0.07		
陕　西	233.29	48.79	22.92	16.06	10.27
甘　肃	40.59	6.17	4.97	2.57	0.94
青　海	38.54	17.00	5.62	4.14	0.41
宁　夏	32.99	17.67	14.95	7.24	1.09
新　疆	86.64	33.31	21.72	13.01	10.59

2003年1～12月各地区商业营业用房施工、竣工、销售面积

表 18-54

地　区	施工面积（万平方米）		竣工面积（万平方米）	销售面积（万平方米）	
		新开工面积			售给个人
全国总计	14564.33	657.69	4540.83	2695.28	2376.22
（一）东部地区	7906.79	3324.21	2299.37	1389.70	1224.85
北　京	557.66	226.04	117.54	50.82	27.77
天　津	201.65	62.27	89.43	28.64	26.28
河　北	391.27	173.58	135.51	81.28	73.66
辽　宁	784.42	345.97	259.53	132.26	121.69
上　海	564.04	248.37	163.01	78.05	57.93
江　苏	963.34	529.48	308.11	254.33	236.34
浙　江	1225.86	529.47	358.87	256.41	236.77
福　建	556.07	192.49	142.45	115.77	103.53
山　东	919.33	465.18	278.78	173.11	154.32
广　东	1460.36	426.09	395.92	187.67	156.61
广　西	227.97	115.60	42.16	28.86	27.91
海　南	54.82	9.67	8.06	2.50	2.04
（二）中部地区	3321.63	1768.39	1221.00	763.54	671.83
山　西	223.04	114.15	74.17	37.36	26.48
内蒙古	294.03	197.04	116.66	97.67	94.65
吉　林	258.52	137.95	107.42	38.06	36.32
黑龙江	418.12	264.17	156.19	115.24	98.61
安　徽	542.56	271.94	214.96	148.47	134.75
江　西	445.40	268.48	184.51	141.54	122.02
河　南	337.10	147.540	81.19	51.96	44.40
湖　北	261.44	110.14	82.84	32.36	24.72
湖　南	541.42	257.02	203.06	100.88	89.88
（三）西部地区	3335.91	1505.09	1020.46	542.04	479.54
重　庆	949.24	312.31	287.05	136.25	113.78
四　川	1061.92	554.84	379.40	224.41	209.94
贵　州	359.28	121.11	76.85	32.34	29.02
云　南	132.29	70.62	49.19	28.76	22.79
西　藏	2.50	2.50			
陕　西	235.38	93.48	40.25	29.54	28.29
甘　肃	128.70	69.22	22.87	12.63	10.10
青　海	56.83	31.14	13.61	7.22	1.60
宁　夏	120.88	80.14	58.14	35.16	31.31
新　疆	288.89	169.73	93.10	35.73	32.71

2003年1～12月各地区土地开发与购置情况

表 18-55

地　区	土地开发投资（亿元）	土地购置费（亿元）	年购置土地面积（万平方米）	完成开发土地面积（万平方米）
全国总计	713.64	2045.59	36965.03	20853.75
（一）东部地区	458.15	1525.48	20728.64	12849.63
北　京	39.54	213.23	1409.63	1088.18
天　津	22.71	30.18	1091.87	745.52
河　北	15.30	38.51	1019.52	477.87
辽　宁	48.31	102.52	1650.72	1037.87
上　海	42.44	173.31	1469.10	605.51
江　苏	97.23	218.60	3202.71	1592.75
浙　江	36.04	336.26	2980.17	1598.04
福　建	33.25	72.12	1437.83	1019.30
山　东	48.50	105.18	3592.03	2024.31
广　东	66.43	209.36	2173.28	2215.05
广　西	5.75	21.43	622.62	429.96
海　南	2.66	4.79	79.17	15.27
（二）中部地区	162.04	285.41	8859.61	4928.26
山　西	8.81	13.85	373.97	156.82
内蒙古	5.06	15.60	530.90	284.30
吉　林	7.72	17.88	358.03	238.94
黑龙江	17.31	26.77	490.89	416.23
安　徽	26.11	55.85	1607.38	776.52
江　西	11.28	36.80	1327.89	735.46
河　南	19.76	38.53	1083.54	564.47
湖　北	35.93	40.48	1536.44	774.73
湖　南	30.07	39.66	1550.57	980.79
（三）西部地区	93.45	234.70	7376.78	3075.86
重　庆	32.48	49.18	1655.28	838.55
四　川	4.02	85.67	2019.20	250.92
贵　州	10.83	15.27	689.58	386.93
云　南	15.40	24.78	1003.39	357.74
西　藏	0.07			71.00
陕　西	17.83	29.81	596.31	393.86
甘　肃	5.30	7.29	262.89	219.04
青　海	1.10	2.99	118.07	108.82
宁　夏	2.24	6.47	295.15	94.80
新　疆	4.18	13.24	736.91	354.20

第六篇

重要文献

第十九章　重要文献

汪光焘在全国整顿和规范房地产市场秩序电视电话会议上的讲话

同志们：

日前，建设部、国家计委、国家经贸委、财政部、国土资源部、工商总局、监察部联合下发了经国务院同意的《关于整顿和规范房地产市场秩序的通知》（以下简称“七部委《通知》”）。今天，联合召开电视电话会议，经国务院同意，请各省、自治区、直辖市分管领导和城市主要领导，以及有关部门领导同志参加会议，就是要贯彻落实《通知》精神，部署整顿和规范房地产市场秩序工作。下面，我讲几点意见。

一、充分认识整顿和规范房地产市场秩序的紧迫性

近年来，在城镇住房制度改革及相关政策的推动下，住房消费得到有效启动，房地产市场日趋活跃，呈现供求两旺的发展态势。房地产市场的持续快速发展，对于提高城镇居民的居住水平、改善居住环境、带动相关产业发展、拉动国民经济增长发挥了重要作用。

停止住房实物分配、实行分配货币化后，居民成为住房消费的主体，实物分房、集团消费所掩盖的许多问题逐步暴露出来。为了解决这些问题，建设部会同国务院有关部门在启动住房消费的同时，认真贯彻《城市房地产开发经营管理条例》，制定并颁发了《商品房销售管理办法》等一系列政策法规；推行了房地产估价师、经纪人执业资格制度；开展了“放心房”、“放心中介”承诺活动；对房地产开发企业进行资质复查。这些政策法规和措施的实施，对于规范房地产市场秩序、促进企业诚信经营起到了一定的作用，但是房地产市场不规范的状况还没有得到根本扭转，有些地方还相当严重。主要表现在：一是违规开发。从一季度建设部对全国37个城市的129家开发企业开发建设的专项稽查情况看，未经许可擅自开工建设、销售，未经验收合格擅自交付使用等问题还不同程度地存在。其中，未取得施工许可证擅自开工的比例达到20.2%。二是广告虚假。5月28日，建设部会同国家工商总局、中国消费者协会对4月25日、26日两天27种报纸中的665条房地产广告进行了集中排查，违法违规及不规范广告的比例高达41.7%。三是面积“短斤缺两”。这是近年来投诉比例增加最快的，2001年已占到房地产投诉总量的16%。四是中介机构鱼目混珠，虚假信息充斥市场，从业人员良莠不齐。五是合同欺诈。有的企业强制使用不利于购房人的格式合同，有的企业在合同中设置免责条款，逃避责任。六是物业管理不规范，存在多收费少服务，服务态度恶劣等问题。据中消协统计，2001年全国房地产投诉案件比上年同期增长13.2%。

国务院对整顿和规范房地产市场秩序工作十分重视。朱镕基总理在今年《政府工作报告》中指出：“大力整顿和规范市场经济秩序，是扩大内需、促进经济良性发展的迫切要求，是加入世贸组织、对外开放迈出新步伐的必然选择，也是完善社会主义市场经济体制的重大举措，直接关系我国现代化事业的成败。”并提出要继续整顿和规范建筑市场、房地产市场、文化市场和财税市场。李岚清副总理在建设部《关于报请国务院印发＜关于整顿和规范房地产市场秩序的通知＞的请示》上批示：“先由部门联合发文，待在治理整顿过程中总结修改完善后，再由国办发文。”温家宝副总理两次批示“商品房市场存在的这些问题应当重视并采取措施加以解决。”，“要整顿和规范物业市场，加强物业管理。当务之急是落实招投标办法，建立和完善监管机制，集中解决群众不满意的问题。不下大力气搞好这项工作，不仅会制约房地产的发展，而且会影响社区稳定。”

为了落实国务院领导指示精神，近一段时间，建设部会同有关省建设厅和所在城市建设等行政主管部门对群众反映比较强烈的几起典型案例进行了剖析。现将有关情况简要通报如下。

1. 深圳“山水居”违规开发案例。

深圳“山水居”是今年4月10日中央电视台《焦点访谈》栏目“没准的承诺”曝光的项目，建设部组织稽查组先后三次赴深圳，会同广东省建设厅、深圳市规划国土局、深圳市建设局，对违法事实进行了核查。经查实，参与该项目的开发建设、销售、设计、施工、监理单位及质量监督部门都在不同程度违法违规，政府主管部门也负有审查不严、监管不力的责任。

开发建设单位“深圳市正瑞投资有限公司”，违反《建设工程规划许可证》的规定超面积建设，未取得《施工许可证》擅自开工建设，未取得《商品房预售许可证》擅自委托不具备销售代理资格的个人进行商品房销售，未通过备案核准和项目竣工综合验收擅自交付使用，违规发布房地产广告进行虚假宣传，施工补充合同未按规定报送备案，逃避政府规费等。

销售代理人不具备中介执业资格及销售代理资格，以个人名义与开发商签订销售承包合同，非法从事市场策划、销售代理等业务。

设计单位中国航空工业第三设计研究院（甲级院）深圳分院，在申报规划方案时，设计图纸实际建筑面积与标注面积严重不符；擅自修改经批准的规划设计方案，为违规加层出具施工图。土建施工单位深圳市越众实业股份有限公司（一级施工企业）、燃气施工单位中国化学工程深圳公司在未取得《施工许可证》的情况下，应业主的要求提前7个月进场施工。土建监理单位深圳市中信联建设监理有限公司，燃

气监理单位深圳市燃气工程监理公司，明知无施工许可证而进行监理。

广告代理商代理未取得合法手续的房地产广告业务，且销售广告含有虚假、夸大宣传等违反《房地产广告发布暂行规定》的内容。《深圳商报》违反《深圳经济特区房地产行业管理条例》，为未取得《商品房预售许可证》的房地产项目刊登房地产销售广告。

深圳市质量监督站明知该建设项目未办理施工许可证，也未办理质量监督手续，擅自进行质量监督。竣工验收中虽提出整改意见，但未及时跟踪落实整改情况，也未向建设局报告。深圳市、区建设局存在越级备案、审查不严等问题。规划国土局在规划设计报建审批中未对图纸面积进行核算，就在图纸上加盖了公章，导致超面积建设，发现问题后处罚不力。

对有些违法、违规行为，2000 年 6 月深圳市有关主管部门进行了处理。深圳市规划国土局对未取得《商品房预售许可证》，擅自委托销售的开发建设单位处以没收非法所得，并进行了罚款。深圳市建设局对未取得《施工许可证》，擅自开工建设的开发建设单位和施工单位分别进行了罚款。中国航空工业第三设计研究院于 2001 年底撤销了深圳分院，开除了“山水居”项目设计责任人。

此外，深圳市规划国土局和建设局对开发建设单位和销售代理人的其它违法规范行为还下发了行政处罚告知书；对中国化学工程深圳公司、土建监理单位和燃气监理单位分别处以罚款；对项目总监、土建部分监理工程师、燃气项目总监处以吊扣注册证书两个月的处罚；对深圳市质量监督站、建设局施工处、规划国土局福田分局建管科的有关人员，也做出了通报批评、扣发奖金、调离工作岗位等不同处罚。

对广告代理商和《深圳商报》，提请深圳市工商局、市委宣传部依法进行查处。对销售人员偷税漏税行为，提请税务部门对其进行调查。对中国航空工业第三设计研究院，建设部正在会同深圳市研究处罚意见。

2．福州东煌花园面积缩水案例。

福州市东煌花园是今年 4 月 9 日《焦点访谈》栏目“没谱的面积”曝光的项目，建设部会同福建省、福州市有关部门进行了调查。经查实，东煌公司存在以下违法违规行为：一是预售面积与产权登记面积误差过大，无法提供面积计算的依据和办法；二是未通过竣工综合验收擅自交付使用；三是销售人员假冒购房者签订购房补充协议。

投诉人与开发公司买卖合同纠纷，已经法院判决，解除原商品房预售合同，东煌公司返还购房款及利息，并一次性补偿给原告人民币 9543.25 元；

对未经竣工综合验收擅自交付使用的行为，福州市建设局按照《城市房地产开发经营管理条例》，对东煌公司处以罚款，并责令其限期整改，整改期间不得新开项目。

3．北京政通嘉业投资顾问有限公司非法从事房地产经纪业务案例。

北京政通嘉业投资顾问有限公司在房地产经纪活动中存在以下违法违规行为：一是在其资质被有关部门依法宣布作废后，仍然从事房地产经纪业务；二是通过刊登虚假广告、提供虚假信息等方式非法牟利；三是经纪广告标注的价格比正常市场成交价格低 50% 左右，而当客户要房时却找不到广告刊登的房源；四是预收租房押金，租房不成又不退还。

北京市国土房管局和北京市工商局共同调查取证后，责令其立即停止房地产经纪业务，清出房地产经纪市场，并处罚款。有关责任人终身不得取得房地产经纪人职业资格。

4．济南市槐荫区后屯村委会集体土地上违法开发案例。

济南市槐荫区后屯村委会严重违反基本建设程序，未办理建设用地规划许可证和建设工程规划许可证，擅自进行房屋建设。擅自将不具备销售条件的房屋在报刊等媒体上发布销售广告，将在集体土地上建设的旧村改造项目向社会公开出售。

建设部会同国土资源部组成调查组对此案进行了专题调查，并责成山东省建设厅、济南市建委协同有关部门进一步查实其违法、违规事实，并依据有关法律、法规，予以处理，对出具开工报告及监管不力的违法、失职人员依法追究行政责任。

通过对典型案例的剖析和面上情况的分析，我们认为产生这些问题的根源，一是房地产开发企业、物业管理企业和中介机构依法经营、诚实信用观念淡漠，有的违法经营、唯利是图，恶意侵害消费者合法权益；二是法制尚不健全，法律、法规规定的各项制度没有很好地贯彻落实；三是主管部门监管不严、查处不力，有的地方的主管部门以罚代法，使违规者受益；个别公务人员知法犯法、内外勾结，使违法者逃避法律、法规的制裁。不从根本上解决这些问题，不仅会损害住房消费者的合法权益，阻碍房地产市场的健康发展，而且将挫伤购房者的买房热情，直接影响住宅消费的进一步启动，进而影响住宅对国民经济拉动作用的发挥和社会的稳定。

二、整顿和规范房地产市场秩序的重点

整顿和规范房地产市场秩序重点应放在对各种违法违规行为的查处上。不仅要严肃查处开发、建设、经营和物业管理单位的违法违规行为，而且要查处管理部门和管理人员管理不到位、监管不力以及失察、失职和渎职行为。只有对违法违规的单位和个人依法给予处罚，才能对违法违规行为起到震慑作用，对房地产市场的各方主体起到警示作用，对守法经营者的合法权益起到保护作用；只有对失察、失职的政府管理部门和工作人员依法追究责任，才能使房地产市场管理的各项法规得到切实贯彻，购房者的权益得到保障，正常秩序得到建立。

整顿和规范房地产市场秩序，着重查处以下违法违规行为：

1．依法查处开发建设中的违法违规行为。

加强对房地产项目开发建设管理，是从源头上整顿和规范房地产市场的重要方面，查处的重点：一是在集体土地上的房地产开发经营行为；二是擅自变更规划设计方案、侵害购房人合法权益的行为；三是未取得开工许可擅自开工建设；四是未取得预售许可擅自预售商品房；五是一房多售；六是无证和越级开发；七是未经验收或验收不合格擅自交付使用；八是发生质量问题不认真处理，不按规定发放住宅质量保证书、住宅使用说明书以及不按保证书承诺承担保修责任的行为。

各地要以贯彻落实七部委《通知》和建设部《关于规范房地产开发企业开发建设行为的通知》（建住房［2002］44 号）为契机，对所有已开工建设的项目进行全面检查，对检查中发现的违法违规行为，加大打击力度；对在审批和管理中把关不严、监管不到位的管理部门和管理人员要依法追究法律责任。

2．依法查处商品房销售面积“短斤缺两”行为。

面积“短斤缺两”是目前消费者反映突出的问题，查处的重点：一是房地产开发企业将不应分摊的公共面积进行分摊；二是将分摊的公共面积再次出租或出售；三是预售时违规进行面积计算；四是不按《商品房销售管理办法》的规定

处理面积纠纷；五是房地产开发企业与房产测绘机构勾结，在面积计算中弄虚作假；六是在合同中不按规定标明套内建筑面积和分摊的共有建筑面积。

各地要按照七部委《通知》要求，积极推行按套或套内建筑面积销售商品房的计价方式，尽快建立面积纠纷调处机制，及时解决购房者面积投诉。对在房屋测绘中弄虚作假的测绘机构，情节严重的，要取消其测绘资格；构成犯罪的，要依法追究刑事责任。对在面积计算、面积分摊中弄虚作假、故意侵害购房者利益以及擅自出租、出售共用部位牟利的房地产开发企业，要依法予以严惩，并将违法行为及处理情况向社会曝光。

3. 依法查处虚假和不规范广告行为。

虚假广告直接导致购房人上当受骗，是商品房销售中大量纠纷产生的源头。这次查处的重点：一是不具备销售条件，擅自通过媒体或展销会等形式发布房地产广告；二是盗用其它项目预售许可证进行广告宣传；三是发布虚假广告或广告中含有虚假内容；四是承诺与实际不符或无法兑现的内容；五是广告内容不规范，包括未按规定刊登预售许可证号或刊登虚假预售许可证号、使用《房地产广告管理规定》禁止的广告用语、未按规定的要求明示价格、面积等内容。

各地要结合七部委《通知》和工商总局、建设部联合下发的《关于进一步加强房地产广告管理的通知》的贯彻，加大对虚假广告和不规范广告的查处力度。对违规违法发布房地产广告的房地产企业，各级房地产管理部门应当会同有关部门责令其限期改正；情节严重的，降低资质等级或注销资质证书，并在新闻媒体上曝光。对广告制作者和广告媒体，应由工商行政主管部门依据有关法律、法规进行处罚。

4. 查处房地产中介活动中的违法违规行为。

查处的重点：一是发布不实信息，利用假信息骗取“看房费”；二是通过派人假冒房主、串通真房主以假出租、出售等方式骗取中介费；三是与一些希望非法转租或以低价租买房屋的当事人串通一气，促成地下交易；四是迎合委托方要求，出具不实的房地产估价报告；五是利用执行业务之便，索贿、受贿或者收取委托合同之外的费用；六是未取得房地产中介服务资格，擅自从事房地产中介业务或未经注册擅自以房地产估价师名义从事估价业务；七是伪造、涂改、转让房地产中介注册证、资格证。

各地要结合七部委《通知》的贯彻和从业人员职业资格制度的建立，全面推行房地产中介服务人员持证上岗制度，并会同有关部门对所有从事房地产中介服务的机构和人员进行全面清理、整顿，对未取得资质证书、超范围从事中介业务以及中介行为不规范的房地产中介服务机构，要责令停止中介业务，并处相应罚款；对在房地产中介活动中收受委托合同以外财物、允许他人以自己的名义执业、发布虚假或不实信息、在两个以上机构执业、与一方当事人串通损害另一方当事人利益、不履行告知义务等违规、违法行为，房地产管理部门应当取消其职业资格，并处相应罚款；构成犯罪的，依法追究刑事责任。

5. 依法查处合同订立和履行中的违法违规行为。

查处的重点：一是签订商品房买卖合同时，不按规定出示有关法规或示范文本；二是合同未包含法律法规规定内容；三是隐瞒事实真相，误导购房者，签订有损购房人合法权益的合同；四是房地产企业、中介机构不履行合同约定的义务。

各地要积极引导开发企业使用合同示范文本，并加强对合同的监管。对不使用合同示范文本的开发企业，房地产管理部门应当要求开发企业按照《商品房销售管理办法》的规定，在销售商品房时向购房人明示合同示范文本及有关法规。对不按规定明示或故意删减保护住房消费者合法权益合同条款的房地产企业，房地产管理部门应当责令开发企业调整；拒不调整的，要依法惩处。

6. 依法查处物业管理中的违法违规行为。

查处的重点：一是不按合同约定的内容和标准提供服务；二是服务与收费质价不符；三是建设单位、管理单位互相推诿，不认真解决质量和配套不完善问题；四是处理问题和矛盾态度恶劣，致使矛盾激化。

各地要结合七部委《通知》的贯彻，一方面要完善物业管理法规，规范物业管理合同，明确业主、业主会和物业管理企业在物业管理活动中的权利和义务，完善物业管理前期介入和承接验收制度，大力推行物业管理项目招投标，规范物业管理收费。另一方面采取切实有效措施，加强对物业管理企业服务行为的监管，查处经营活动中有违法违规和违约的物业管理公司。情节严重、构成犯罪的，要移交司法机关处理。

三、加强领导，切实抓好整顿和规范房地产市场秩序工作

抓好整顿和规范房地产市场秩序工作，关键是要统一认识，加强领导。各地要从落实“三个代表”重要思想，贯彻“依法治国、依德治国”方略，树立诚实信用、依法经营的道德观念、道德规范与市场行为准则，营造良好的市场环境，让广大的住房消费者方便买房、买放心房的高度，认识整顿和规范房地产市场秩序对于扩大住房消费、拉动国民经济增长重要意义。整顿和规范工作涉及计划、财政、土地、规划、工商、物价、建设、房地产等多个部门。房地产市场违法违规行为不仅涉及市场主体的责任，有的还与政府管理部门的管理行为直接相关，查处难度大。希望各地政府高度重视，切实加强领导。各省、自治区、直辖市人民政府要认真负责，城市人民政府要具体组织实施。省建设行政主管部门要加强对整顿和规范房地产市场秩序工作的监督，各城市要将整顿和规范房地产市场的各项工作分解到具体单位，明确责任，并加强监督。房地产、规划、建设部门要主动和有关部门协调，争取各有关部门的支持与配合，齐抓共管，共同做好整顿和规范工作，务求取得实效。

去年9月20日，上海市雅士居花园物业管理企业保安打人事件发生后，上海市有关部门和司法机关在很短的时间内，对责任单位和责任人依法进行了处罚。市房屋土地资源管理局取消了雅士物业管理公司的资质证书，工商行政管理局吊销其营业执照。松江区房屋土地资源管理局协助业主重新选聘了物业管理公司。公安部门先后抓获涉案人员8人，其中逮捕3人，刑事拘留1人，劳教4人。上海市松江区人民法院以寻衅滋事罪判处开发公司经理有期徒刑1年，以寻衅滋事罪、偷税罪判处原雅士物业管理公司经理有期徒刑1年，以寻衅滋事罪判处雅士物业管理公司保安队长有期徒刑7个月。这起案例的及时查处，关键是上海市领导重视，各部门协作配合。深圳市市政府对“山水居”项目的查处十分重视，不仅认真查处了“山水居”项目开发、销售、设计、施工、监理、质量监督等部门的违法违规行为，而且对审批不严、监管不力的行政管理部门的责任人员进行了行政处分。上海、深圳市政府及主管部门敢于揭露问题、敢于依法从重从严处罚的作法，值得各地借鉴。

整顿和规范房地产市场秩序，要坚持标本兼治的原则。当前，要抓好以下几个方面的工作。

一是对整顿和规范工作进行全面部署。各地要抓紧制定

实施方案，明确工作目标，分阶段推进。要尽快设立投诉电话、信箱、网站，并向社会发布。9月底之前，对所有在建项目进行全面自查，严重扰乱房地产市场秩序的典型案例要依法惩处、严厉打击。11月中旬，建设部将会同有关部门对各地整顿和规范房地产市场情况进行执法检查。

二是转变政府职能，加快实行管理方式的根本性转变。各地要全面清理房地产开发、销售和管理环节的各种审批。对必须保留的审批事项，要明确责任、简化程序、规范操作、透明公开。要积极推行电子政务，实行政务公开，将各种办事程序、审查要件、办事时限、收费标准以及商品房预售许可、预售合同备案、产权证发放情况等内容在网上公示，便于老百姓查询，也便于社会监督。要建立行政责任追究制度，按照“谁审批、谁负责”的原则，对违反审批程序，越权、越级审批的，要追究直接责任人和主管领导的行政责任；要完善对房地产市场的监管，发现问题，及时制止，并责令限期改正。对市场监管不力以及失职和渎职行为，要依法查处。构成犯罪的，依法追究刑事责任。

三是加快建立网上公示制度，促进诚信制度的建立。朱总理在今年的《政府工作报告》中指出：“切实加强社会信用建设，逐步在全社会形成诚信为本、操守为重的良好风尚。加快建立企业、中介机构和个人信用档案，使有不良行为记录者付出代价，名誉扫地，直至绳之以法。”建设部将在今年9月底全面开通一级开发企业、中介服务机构、物业管理企业及其相关人员网上公示系统，各地也要加快这方面的工作。既要对各类企业经营业绩进行公示，也要把其经营中的违法违规劣迹进行公示，使得有劣迹的企业在扩大经营范围、新承接业务上受到限制。各省（区、市）建设行政主管部门要按照《通知》要求，每个季度末把对房地产企业、中介服务机构和有关责任人员的处理情况报建设部备案。

在整顿和规范房地产市场过程中，要加强舆论引导和监督。这次电视电话会后，各地要集中一段时间，通过召开由管理部门、消费者、新闻媒体等单位参加的座谈会，开辟专栏等形式，对整顿和规范房地产市场的意义、查处重点和拟采取的措施进行广泛宣传，营造强大的舆论攻势，对严重违法违规的典型案例予以曝光，使整顿和规范房地产市场秩序工作家喻户晓，提高消费者的维权意识。

同志们，让我们以“三个代表”重要思想为指导，认真贯彻《通知》精神，统一思想、振奋精神、与时俱进、扎实工作，力争使整顿和规范房地产市场秩序的工作有一个好的开局，以实际行动和优异成绩迎接党的十六大的召开。

谢谢大家。

（2002年6月25日　北京）

鹿心社在全国整顿和规范房地产市场秩序电视电话会议上的讲话

同志们：

建设部、国家计委、国家经贸委、财政部、国土资源部、国家工商行政管理总局、监察部联合召开这次电视电话会议，传达国务院领导关于整顿和规范房地产市场秩序的指示，贯彻《建设部、国家计委、国家经贸委、财政部、国土资源部、国家工商行政管理总局、监察部关于整顿和规范房地产市场秩序的通知》（建住房［2002］123号）精神，全面部署整顿和规范房地产市场秩序工作。刚才，建设部领导的讲话，对规范和整顿房地产市场秩序工作提出了总体要求。下面，结合国土资源系统的工作，我就贯彻落实会议精神讲几点意见。

一、高度重视，充分认识整顿和规范房地产市场秩序的重大意义

整顿和规范房地产市场秩序是整顿和规范市场经济秩序的重要组成部分，对于维护购房者的合法权益、促进房地产市场持续健康发展、营造良好的市场环境具有十分重要的意义。党中央、国务院高度重视房地产市场的健康发展，国务院继下发《关于整顿和规范市场经济秩序的决定》（国发［2001］11号）后，专门就加强国有土地资产管理、规范土地市场秩序下发了《国务院关于加强国有土地资产管理的通知》（国发［2001］15号）；近日，国务院领导又专门指示建设部等七部门联合下发了《关于整顿和规范房地产市场秩序的通知》，对整顿和规范房地产市场秩序提出了明确要求。

国土资源部十分重视土地市场秩序的整顿和规范工作。结合贯彻落实国务院11号和15号文件，去年下发了《关于整顿和规范土地市场秩序的通知》（国土资发［2001］174号），并组织对各地土地市场秩序整顿和规范工作进行了检查，此次又与建设部等部门联合下发文件，部署房地产市场秩序整顿和规范工作。各级国土资源管理部门一定要从实践“三个代表”重要思想的高度，充分认识这项工作的重要性，增强作好工作的责任感和紧迫感；一定要认真学习、深刻领会文件和此次电视电话会议精神，按照职能分工，依法履行职责，积极配合建设等有关部门作好工作，全面落实这次会议的各项部署。

二、采取措施，进一步加强房地产开发用地供应管理

（一）严格控制建设用地供应总量，优化土地利用结构。

房地产开发必须严格执行土地利用总体规划、城市规划和土地利用年度计划。各级国土资源管理部门要根据规划和建设的实际需要，制定建设用地，特别是房地产开发用地的供应计划，对建设用地供应总量实行严格控制。制订政府供地计划，要把盘活利用存量建设用地作为土地供应的重要途径，纳入当地供地总量管理。

（二）强化建设用地管理，确保政府对建设用地的集中统一供应。

在一个城市内，必须坚持土地利用统一规划、统一征用、统一供地、统一管理。同一城市范围内的新增建设用地必须由市土地行政主管部门统一征用、统一供应。市辖区及各类“园、区”的建设用地必须纳入市政府统一的供应渠道。严禁房地产开发企业与农民集体经济组织私下签订“圈地”、“用地”协议。

（三）实行政务公开，提高政府供地环节的透明度。

政府供地计划一经确定，必须向社会公开。要严格区分划拨和有偿供地界限，除《划拨用地目录》规定可以采用划拨方式供地的外，其他建设项目用地，必须实行有偿使用。认真执行《招标拍卖挂牌出让国有土地使用权规定》（国土资源部令第11号），大力推行招标、拍卖出让国有土地使用权，严格按照中纪委第七次全会和国务院第四次廉政会议要求，商业、旅游、娱乐和商品住宅等经营性房地产开发用地必须以招标、拍卖方式出让，其他土地的供应计划公布后，同一地块有两个以上意向用地者的，也要以招标、拍卖方式出让。严格限制协议出让范围，规范协议出让程序，协议出让要做到地价评估、集体决策和协议出让结果公开。

三、加强合同和登记管理，规范房地产开发用地秩序

加强国有土地使用权出让合同管理。国有土地使用权出让必须签订规范完备的国有土地使用权出让合同，房地产开发企业必须按照出让合同约定支付土地使用权出让金，并按照出让合同约定的土地用途、土地条件和动工开发期限开发利用土地。加强土地出让金征收管理，未按出让合同约定支付国有土地使用权出让金的，土地行政主管部门有权解除合同，并可请求违约赔偿。房地产开发企业要按出让合同要求的开发进度开发土地，超过出让合同约定的动工开发日期满1年未动工开发的，应当征收土地闲置费，满2年未动工开发的，应当无偿收回土地使用权，防止土地闲置和半拉子工程。房地产开发企业确实需要改变出让合同约定土地用途、容积率等条件的，必须取得市、县人民政府土地行政主管部门和城市规划行政主管部门同意，报经市、县人民政府批准，签订土地使用权出让合同变更协议或重新签订土地使用权出让合同，并按规定补交用途和容积率变化的土地差价。

严格房地产开发用地登记管理。房地产开发企业未按出让合同约定交清土地使用权出让金的，国土资源部门不得为其发放国有土地使用证。未取得国有土地使用证的土地，不得转让、出租、抵押。房地产交易，必须依法办理土地登记。

四、转变政府职能，增强服务意识

各级国土资源管理部门要主动适应转变政府职能的要求，减少行政审批事项，增强服务意识。国土资源管理部门的办事制度、审批事项、要件、标准和时限等要向社会公开，接受社会监督。涉及建设用地审批、土地划拨和协议出让底价确定、土地资产处置等土地资产管理的重大事项，必须实行内部会审，建立规范的集体决策制度。政府土地供应计划、供地结果和基准地价、土地市场交易信息等也要定期向社会发布。要建立和完善土地登记可查询制度，为房地产市场交易各方，特别是购房者提供完善的土地产权查询服务，保障购房者的合法权益。

同志们，整顿和规范房地产市场秩序是一项任务重、涉及面广的工作，各级国土资源管理部门要以此为契机，结合国土资源管理部门的职能，全面加强和改进土地管理工作，与建设、计划、经贸、财政、工商、监察等部门密切配合，共同把这项工作做好。

（2002年6月25日　北京）

刘志峰在全国住房工作会议精神经验公积金交流会上的讲话

同志们：

这次会议就要结束了。会议期间，代表们紧紧围绕贯彻落实《住房公积金管理条例》（以下简称《条例》）和《国务院关于进一步加强住房公积金管理的通知》（以下简称《通知》）精神，交流了经验和做法，对工作中存在的问题和难点进行了认真热烈的讨论，明确了今后一段时期的工作重点，增强了贯彻落实《条例》和《通知》的信心。大家普遍反映，当前正值贯彻落实《条例》和《通知》的关键时候，召开这次会议非常及时和必要，对于进一步作好《条例》和《通知》的贯彻落实工作必将起到积极的推动作用。下面，我讲两个问题。

一、贯彻落实《条例》和《通知》的总体情况

为贯彻落实《条例》和《通知》，国务院于5月16～18日召开了全国住房公积金工作会议。家宝副总理就完善住房公积金决策、管理体制和健全监督机制等问题作了重要讲话，对贯彻落实《条例》和《通知》作了统一部署。光焘部长作了《条例》和《通知》的说明及大会总结。会后，建设部会同住房公积金联席会议有关成员单位，根据会议代表意见及时修改并印发了《关于完善住房公积金决策制度的意见》（以下简称《完善决策意见》）和《关于住房公积金管理机构调整工作的实施意见》（以下简称《机构调整意见》）。各省、自治区、直辖市及设区城市按照会议部署，抓紧开展了工作。总体看，贯彻落实《条例》和《通知》工作进展较为顺利，取得了阶段性成果。主要表现在：

（一）加强领导，抓紧部署

各省、自治区、直辖市政府对进一步加强住房公积金管理工作十分重视，及时召开了政府常务会议或者办公会议，结合本地区住房公积金管理的现状和问题，研究本地区贯彻落实《条例》和《通知》的实施意见，对全省（区、市）工作进行了部署。目前，绝大部分省（区、市）专门成立了由政府主管领导任组长、有关部门负责人参加的住房公积金管理机构调整工作领导小组，负责组织协调工作；江苏、江西、广西、河北、河南、山西等6省（区）建立了省（区）有关部门参加的住房公积金联席会议制度，协调解决《条例》和《通知》贯彻执行中的有关问题。各地领导小组或联席会议在省（区）建设厅设立了办公室，部分省还抽调了财政、审计、监察、人行的同志参加办公室工作，形成强有力的工作班子，负责具体指导和督查工作。目前，27个省（区）中，有23个已经召开了全省（区）住房公积金工作会议，传达全国住房公积金工作会议精神，就本地区贯彻落实《条例》和《通知》工作进行了动员部署。湖北、福建、安徽、甘肃等10多个省（区），制定并印发了本省（区）加强住房公积金管理的政策措施。

绝大部分省（区）建设厅会同财政、人民银行分支机构、监察、审计以及编制管理等部门，切实加强工作指导。山东省建设厅专门约请原来单独审批房改方案的各大单位，统一思想，提高认识，很好地推动了这些单位所在城市的机构调整工作。各设区城市把加强住房公积金管理作为当前市委、市政府的一项重要工作来抓，按照省（区）政府的部署，召开了市政府常务会议或市长办公会议，成立了市长或主管市长挂帅，政府分管秘书长和有关部门组成的机构调整领导小组，就贯彻落实《条例》和《通知》作出具体安排，明确了部门分工，制订了机构调整方案，规定了各项工作的时间要求，有力地推进了各项工作的开展。

国务院相关行业管理部门积极部署本部门、本行业的贯彻落实工作。铁道部态度坚决、行动积极，专门召开了铁路系统住房公积金工作电视电话会议，要求本系统单位坚决执行国务院的统一部署，认真做好原有住房公积金管理机构的调整工作；对符合有关文件规定条件的，可以商当地政府，以分局为单位设立分支机构。

全国总工会专门下发文件，就工会系统参与加强住房公积金管理工作提出了指导意见，要求各级工会在推荐工会代表和职工代表参与管委会决策等项工作中充分发挥作用，认真负责地做好选拔推荐工作。

（二）建立监管机构，健全监督体系

为切实行使《条例》规定的省级建设行政主管部门在住房公积金管理中的职能，健全自上而下的行政监管体系，多数省（区）人民政府抓紧建立省级住房公积金监管机构。在编制管理部门的大力支持下，江西、湖北、甘肃、福建、河北、安徽等省已经在建设厅设立了住房公积金监督管理处，或在建设厅房地产处、省房改办加挂住房公积金监管处牌子，并相应增加了领导职数和行政编制，充实了监管力量。其他绝大多数省（区）也经当地政府同意，商当地编制管理部门，确定采取单独设立或合署办公的方式，在建设厅设立省级监管机构，正在办理有关手续。

目前，这些监管机构已开始参与本省（区）加强住房公积金管理工作，会同财政、人民银行分支机构等相关部门制订本省（区）贯彻落实《条例》和《通知》的实施意见，在指导各城市制定机构调整方案等项工作中发挥了积极作用。各省监管机构按照部里的统一安排，抓紧筹建住房公积金监督管理信息系统，山东、江西、湖南、河南、新疆、云南等省（区）已经提出了监管系统建设实施方案和技术方案，有的已商当地财政部门落实了信息系统建设资金。

（三）认真推动住房公积金管理委员会组建工作

按照《通知》要求和建设部、财政部、中国人民银行等10部门《完善决策意见》的具体规定，多数设区城市高度重视建立住房公积金管理委员会和完善管委会决策制度，以保证管委会能够及时参与住房公积金管理机构的调整工作。目前，全国有120多个设区城市已经成立了管委会。其中，黑龙江、吉林、辽宁省的大部分设区城市，四川、湖北省约一半的设区城市，已完成了管委会委员的聘任。成都、大连、昆明、厦门、青岛、漳州、黄石等部分城市已经召开了第一次管委会会议，审议了管委会章程、议事规则、会议制度等涉及管委会制度建设的有关文件，推举产生了管委会主任和副主任人选。目前，一部分进展较快的地区，管委会已经开始履行决策职能，民主推荐了管理中心的负责人，参与了机构调整方案的研究制定以及监督原管理机构资产清理、审计和移交等工作。尚未成立管委会的其他设区城市，也已经将管委会委员名额分配到相关部门和单位，正在酝酿管委会委员人选。

绝大多数城市管委会的组建体现了《完善决策意见》的要求，充分考虑了代表的广泛性。如漳州市严格按照“三个三分之一”规定，结合本城市行政区划和职工分布情况，确定原则上每个县（市、区）有一个单位或职工代表参加管委会；在各单位推荐的代表中，差额产生委员人选。昆明市分配管委会委员时，兼顾了石油、铁路、煤炭行业及住房公积金缴存量较大的单位。委员中，专家、人大代表、政协委员以及民主党派和少数民族方面的代表占到了较高比例。目前，各地已成立的管委会中，管委会主任多由市长或主管副市长担任，也有城市拟推举具有较高社会威望的老同志担任。

（四）抓紧进行住房公积金管理机构调整

全国会议结束后，绝大部分省、自治区、直辖市都抓紧进行资产清理工作，积极推进机构调整。5月底和6月初，各地通过转发国务院《通知》、单独下发文件、发布冻结令等多种形式，冻结了辖区内所有住房公积金管理机构的资产和人员编制，保证了资产安全。目前，各省（区）政府和各设区城市已经全面开展资产清理审计工作。辽宁、河南、内蒙古等省（区）专门制定了住房公积金资产清理表格，明确了清产核资内容，制订了实施细则，规定了清理程序。甘肃省实行了地市之间、县区之间交叉审计，确保资产清理质量。马鞍山等城市在机构调整工作领导小组中专设审计局为组长单位的清算小组，负责资产保全、清产核资、债权债务处理、资产移交的监督和指导工作。目前，全国有超过三分之一以上的设区城市已经完成了清产核资工作，北京、重庆、江苏等省（区、市）已进入审计认定阶段。

各省（区）和设区城市把机构调整作为加强住房公积金管理工作重点，按照《条例》、《通知》和建设部、财政部、中国人民银行等9部门《机构调整意见》的规定，抓紧制定机构调整方案。江西、辽宁、吉林、福建等部分省（区）的全部或大部分设区城市，都已完成了机构调整方案的制订工作，经省（区）政府审批同意进入实施阶段。从各地方案看，绝大多数地方严格执行了国家统一规定，坚持一个设区城市只设立一个管理中心原则，原有的行业、县（市）管理机构都进行了撤并调整，并按规定设立分支机构和业务经办网点。大连市内4区、7县（市）管理中心全部改组为市管理中心的经办网点；有的县（市）原管理中心符合可以设立分中心的条件，但也不设分中心。北京市根据合理布局和属地化原则，将原来的70多个县、区和行业分中心调整改组30个经办网点。

各省（区）加强了对机构调整工作的指导。吉林省对市、州管理机构设置，提出了统一的规范意见。新疆自治区规定，年归集额在300万元以上的县（市）原管理中心及石油、煤炭行业、铁路分局，设经办网点；300万元以下的县（市），由设区城市管理中心在国家规定的承办住房公积金金融业务的商业银行范围内，委托商业银行办理有关归集管理业务。原来直接管理了住房公积金的省建设厅和财政厅充分发挥了带头示范作用，如贵州、新疆、甘肃、江西、宁夏、青海、内蒙古、海南、陕西、湖北等省（区）原来在建设厅设立了省（区）管理中心，负责省级机关或中央驻该省单位、省属单位住房公积金的归集管理工作。目前，这些省建设厅都表示要坚决执行国务院决策，不再直接管理住房公积金，集中精力抓监管。计划采取两种方式处理原来管理的住房公积金：一是直接交给省会城市管理；二是交给省（区）直机关事务管理部门作为新设立的省会城市管理中心的分中心。广东省建设厅已在2000年将省直机关的住房公积金，全部移交广州市管理中心进行管理。山东省省直机关及直属单位住房公积金，原来由财政厅设立管理中心管理，目前也已经决定交由济南市统一管理，不设立省直分中心。

（五）采取多种方式清理回收挤占挪用资金和项目贷款

山东省政府规定了市、县政府在清理回收违规资金和项目贷款中的责任，要求各级政府对回收工作负全责，原决策机构和决策人承担回收责任。吉林省政府与所属地、州政府签订责任状，地、州政府与借款单位签订责任状，层层负责，责任到人。甘肃省建立了督查制度，从8月份开始，建设厅、财政厅组成2个督查组，分别由分管厅长带队到逾期贷款额度较多的6个地、市，检查督促回收工作。南京市政府在45个工作日内先后召开了5次催收贷款专题会议，协调解决资金回收中存在的问题，决定对今年年底前不能按时归还违规资金的区、县，由市财政局在年底安排财政转移支付资金时予以扣收；要求市公积金管理中心按日向市政府报告回收资金工作进度；市房改办、管理中心组成专门催收小组，市国土局、财政局积极配合，有力推进了回收工作。截止8月20日，南京市违规贷款已全部回收，年内能确保项目贷款全部收回。福州市等40多个设区城市已全部收回项目贷款和违规资金。

二、提高认识，抓住重点，确保各项工作贯彻落实

《通知》明确规定，各省（区、市）要在2002年10月底之前，完成本行政区域内住房公积金管理机构的调整工作。《机构调整意见》要求各省（区）在11月份对本行政区域内的机构调整工作进行检查验收，11月底前向建设部、财政部、中国人民银行等国务院有关部门报告机构调整工作完成情况。当前，各地贯彻落实《条例》和《通知》工作正在积极稳妥地向前推进，总体来看情况是好的。但我们必须清醒地看到，省与省之间、城市与城市之间进展不够平衡，部分地区还存在一些问题。一是，一些设区城市管委会至今还没有组建起来，不利于发挥管委会对机构调整工作的指导；一些拟组建的管委会，委员组成没有完全体现《条例》和《通知》精神。如有的省会城市，拟聘请省建设、财政部门和人民银行分支机构等上级监管部门负责人参加管委会，上级监管与决策职能没有分开，不符合住房公积金决策、管理运作和监管分开的原则。二是，有的地区机构调整方案违反了国家有关文件，设立管理中心分支机构的条件不符合《机构调整意见》的规定；个别地区对原有管理机构的调整简单化处理，难以达到优化管理、防范风险的目的。三是，有的地方对资产清理工作抓得不紧，清理回收工作力度不够，贯彻“谁决策，谁负责回收”原则不够坚决。四是，一些省（区）直属机关事务管理部门对机构调整工作持观望态度，影响了省会城市机构调整工作，也影响了全省（区）机构调整工作的顺利推进。

这次会议之后，各省（区）建设厅、各城市机构调整工作领导小组，要认真学习借鉴这次会议上一些地方的好做法、好经验，学习他们坚定不移地贯彻国务院决策的自觉性，以及扎实推进住房公积金管理的工作作风，进一步统一思想，提高认识，对照《条例》、《通知》和家宝副总理讲话要求，找出差距，明确重点，加大工作力度，确保各项政策贯彻落实，确保机构调整等工作按期完成。

（一）进一步提高认识，加强组织领导

国务院围绕加强住房公积金管理所采取的一系列重大举措，立足于住房公积金的性质，着眼于消除风险隐患，提高使用效益，充分发挥公积金制度的作用。家宝副总理在全国住房公积金工作会议上提出了“健全决策体制、调整管理机构、强化监督工作、规范发展业务”四个方面的工作重点。各项决策都有很强的针对性。其中，健全决策体制的本质，是建立一种住房公积金缴存人参与决策管理的民主决策机制，从制度上杜绝资金挪用现象及其潜在的风险。调整管理机构的根本目的，是改变原有的多中心分散管理体制，改变管理机构附属于某一部门或单位的状况，真正体现住房公积金个人所有性质及其社会化管理的要求，形成规模效益，减少管理成本。强化监督工作，就是在强化同级横向监督、社会监督的同时，建立自上而下的行政监督机制，充分保证监督的有效性，保证各项法规政策能够严格贯彻落实，及时纠正管理中存在的问题，切实维护职工权益。规范发展业务，就是提高住房公积金的归集率和使用率，充分发挥住房公积金制度的作用。朱总理曾经指出，“如果住房公积金管得不好，到处挪用，甚至把公积金都赔了，那么职工就不会缴公积金”。温家宝副总理在全国住房公积金工作会议上，从防范风险、深化房改、提高公积金使用效益等方面全面论述了加强住房公积金管理工作的重大意义。可以说，没有好的管理，就不能保证这项制度的健康发展；不能充分发挥作用，这项制度就失去了存在的意义。

当前贯彻落实《条例》和《通知》工作中存在的一些问题，关键是认识问题，特别是相关部门负责人的认识问题。一些地区对国务院关于加强住房公积金管理各项重大决策的意义还理解不透，对职工住房公积金性质还有模糊认识；还有同志不能深刻认识原有管理体制存在的问题以及潜在的管理风险。这些思想认识问题，在相当大的程度上影响了《条例》和《通知》的贯彻落实。各地区加强住房公积金管理工作的实践证明，凡是思想问题真正解决了，认识真正统一到了国务院的统一部署上来，领导决心就大，各项工作进展就快。希望各级建设部门和从事住房公积金管理的同志，从实践江泽民总书记“三个代表”重要思想的高度，从维护广大缴存住房公积金职工的根本利益出发，坚决执行国务院的统一政策；同时要继续认真做好宣传解释工作，争取各方面的理解和支持。

要从坚持依法行政角度，维护国家法规和国家政策的统一性和严肃性，进一步增强贯彻落实《条例》和《通知》的自觉性。《条例》是全面推行住房公积金制度，规范住房公积金决策、管理和监督行为的法律依据；相关的配套文件是保证《条例》正确贯彻落实的重要措施。能否严格执行《条例》的各项规定，实际上是一个能否依法行政、严格执行国家统一的行政法规问题。只要坚持依法行政，就不会反复强调自身的特殊性而影响法规的严肃性，各项具体措施就不会偏离《条例》和《通知》的有关规定。

要从严格组织纪律角度，进一步加强组织领导。建设系统要切实负起责任，按照国家和省（区）政府的统一部署，积极会同财政、人民银行分支机构、审计、监察、工会等有关部门，强化对各设区城市住房公积金管理工作的指导。要加强对本辖区各设区城市机构调整等工作的监督检查，总结推广好的经验和做法，对存在的问题要予以纠正。要及时向省（区）政府汇报进展情况，请省（区）政府领导同志研究协调工作中遇到的困难和问题，充分依靠省（区）政府，取得领导同志的支持，确保各项工作的顺利推进。

（二）明确重点，狠抓落实

各省（区）建设厅要从执行《条例》各项规定的准确性到各项工作的时间要求等方面入手，对本行政区域内贯彻落实《条例》和《通知》情况进行一次全面的回顾和总结，对存在的问题和差距进行认真分析，进一步完善有关措施，明确工作重点，切实抓好落实。当前，要加快推进以下几项

工作：

1. 继续抓好组建管委会工作，完善管委会决策制度。

健全决策体系是加强住房公积金管理的首要环节，机构调整和资产移交工作应当在管委会的指导和监督下进行。因此，当务之急是尽快组建管委会，完善管委会决策制度。目前还没有成立管委会的设区城市，要按照《条例》、《通知》和《完善决策意见》的规定，抓紧提出管委会的组成人员名单；已经确定委员人选的，要及时提请城市政府聘任，把管委会尽快建立起来。同时要从贯彻依法决策、自主决策和民主决策的要求出发，抓紧制定管委会章程、会议制度、议事规则，建立和完善决策制度，保证管委会正确行使和充分行使在住房公积金管理中的决策职能。

健全住房公积金决策制度，要注意把握好以下问题：一是，切实按照“三个三分之一”的要求，推荐管委会委员。从各地区的实践看，“三个三分之一”的委员组成要求符合实际情况，能够体现住房公积金缴存人为主的精神，也能够体现委员代表的广泛性，可以为管委会民主决策提供有效的组织保证，必须坚持。二是，要注意决策机构和上级监管机构的职责分工。监管要与决策分开，省（区）建设厅、财政厅负有对设区城市住房公积金的监管责任，不应参加省会城市管委会；但省会城市管委会委员中应有省（区）直机关事务管理部门的代表，可以按照参加住房公积金人数比例分配省（区）直单位和职工代表的名额。三是，民主推荐管委会委员。职工代表由职工代表大会或者工会委员会推选产生，不能采取有关部门指定的方式；管委会主任由全体委员推举产生，可以由分管市长担任，也可以由社会人士担任，但不能由城市政府直接决定。四是，管委会章程、决策事项必须符合国家有关法律、法规和相关政策，并报上级监管部门备案，接受上级监管部门的监督，保证依法决策和自主决策。管委会议事规则、会议制度要充分体现民主决策的要求。五是，管委会日常办事机构要依法履行职责。按照《完善决策意见》的规定，管委会日常的会议筹办和决策事项督办等工作，可以由房改办或建设（房地产管理）部门承担。但是，管委会办事机构仅承担管委会交办的事项，不能代替管委会行使决策职能，与住房公积金管理中心也不存在隶属关系。

2. 抓紧推进省会城市的机构调整工作。

省会城市的机构调整对全省（区）其他设区城市起着重要的范作用，是机构调整工作的重点。各省（区）机构调整工作领导小组要切实加强对省会城市机构调整工作的协调指导，通过抓省会城市，推动全省（区）机构调整，保证今年10月底之前完成本行政区域内的机构调整工作。

省会城市机构调整工作，关键是解决好分支机构设立问题。要在坚持分支机构设立条件的基础上设立分支机构，处理好管理中心与分支机构的关系。根据《机构调整意见》规定，分中心的设立必须符合两个条件，明确一个隶属关系。两个条件中，一是前提条件，即只有县（市）、上级政府机关及石油、石化、煤炭跨设区城市特大型独立工矿区和铁路分局，才可以设立分中心。二是基本条件，包括5项内容。其中，住房公积金归集余额、缴存人数、挤占挪用住房公积金和项目贷款全部收回是可量化的硬指标，原管理机构财务会计制度健全、增值收益分配和使用合规、财产账实相符是管理规范化的具体要求。设立分中心，应当同时符合前提条件和基本条件，否则不能设立。上述条件是经国务院同意的，各省（区、市）不得改变。有的地方自行规定的住房公积金归集余额标准低于2亿元，这不符合国家规定，应予纠正。一个隶属关系是指分中心对管理中心的隶属关系。《通知》和《机构调整意见》明确规定了管理中心和分中心的性质，分中心属于管理中心的分支机构，要与管理中心实行统一管理、统一规章制度，进行统一核算。分中心根据管理中心的授权，负责原有业务管理范围内的住房公积金归集、支付、使用等具体管理工作。

有同志担心分中心归集的住房公积金及增值收益被设区城市管理中心占用，造成分中心管理范围内的职工贷不到款，因而要求把分中心设立为独立的事业法人。为解决这个问题，《机构调整意见》明确规定：“住房公积金管理中心原则上暂不占用分中心归集的住房公积金；分中心可以实行内部核算，运用住房公积金产生的增值收益单独列账，由分中心按规定分配和使用，住房公积金管理中心暂不占用”。因此，上述担心是没有必要的。管理中心和分中心的关系，必须服从《条例》关于“设区城市按照精简、效能原则设立一个住房公积金管理中心”的规定，分中心不能成为独立的事业法人，不能单独登记设立。考虑到历史原因和现实情况的复杂性，为保证机构调整工作的稳步实施、按期完成，对一些规模较大的分中心，其工作人员的人事、党团关系直接转入设区城市管理中心目前困难较大的，可暂由原主管部门或原挂靠单位管理。但分中心人员编制必须纳入管理中心统一管理，由设区城市编制管理部门与原主管部门或挂靠单位充分协商后统一核定；管理费用预算纳入管理中心的管理费用预算，报设区城市财政部门统一批准；分中心主任由管理中心聘任，聘任前可征求原管理机构挂靠部门的意见或由原主管部门提名，一些较大规模分中心的主任可以兼任中心副主任。

据了解，目前有些地方对省会城市机构调整工作还在观望，想等北京地区机构调整方案确定后再动，这种观念要及时转变。北京地区也会按照国家统一规定加快机构调整工作。省级有关部门要学习广东省建设厅、山东省财政厅、四川省直机关事务管理局等单位，从大局出发，积极主动地配合省会城市作好机构调整工作。同时应注意，在机构调整过程中，公积金增值收益应当与管理机构的其他资产一并移交，不能只移交住房公积金，不移交增值收益。

3. 加快对原有住房公积金管理机构的资产清理，保证资产平稳移交，确保资产安全，提高资产质量。

机构调整不是简单的机构合并，不是原有机构资产的简单并表，也不是原有编制人员的简单相加，而是要在资产清理基础上，通过机构调整，优化资产质量和人员配置，为住房公积金管理的规范化奠定基础。家宝副总理指出，加强住房公积金管理，最主要、最迫切的是防范公积金的风险；要采取有效措施化解和消除潜在的风险隐患。资产清理的过程，也是一个风险化解的过程。通过资产清理，特别是违规资金和项目贷款的回收以及不良资产的处置，可以消除风险，提高住房公积金的资产质量。因此，资产清理是做好机构调整工作的前提，是保证资产安全、提高资产质量的重要手段，也是国务院各项决策能否落到实处的关键环节。目前，部分城市已完成资产清理工作，但相当一部分城市还处于清产核资阶段，或处于审计阶段。各省（区、市）应当加快这项工作的进度，保证及时移交资产，按时完成机构调整工作；同时，要确保资产清理工作的质量，确保住房公积金安全。

根据各地情况，资产清理要注意以下几个问题。

（1）要防止资产清理“走过场”。目前，一些地方对原有公积金管理机构的资产没有进行认真清理，简单采取“先接收后调整”，或者实行“并表不并账”的做法。这样做，达不到资产清理和机构调整的目的。

（2）要切实加强领导，严把审计关。设区城市财政、建设、审计、监察等部门要组成清产核资小组，对资产的真实性、业务管理的规范性以及违规问题进行核实，严格审核清查结果；审计机关要组织对资产清理结果的审计，并对原管理机构负责人进行经济责任审计，出具审计报告。城市人民政府和财政、审计等相关部门要对移交工作加强监督，见证移交过程，保证做到账账相符、账实相符、债权债务清楚、还款责任明确。

（3）要认真负责地做好挤占挪用资金和逾期贷款的回收工作。各地要从防范金融风险、保持社会稳定、维护住房公积金缴存人权益的高度出发，给予充分重视。要综合运用行政的、经济的、法律的多种手段，借鉴吉林省、甘肃省、南京市等地的做法，结合本地实际，抓紧做好回收工作。要坚持“谁决策借款，谁负责回收”原则，建立责任追究制度，明确责任单位和责任人的资金回收责任。机构调整移交资产以前，暂时不能回收的，有关责任部门或者单位要签订还款承诺书。各省、自治区在对贯彻落实《条例》和《通知》情况进行检查验收时，要把资金回收情况作为检查的重点。

4．高度重视原有机构人员的安置工作。

能否妥善安置原有机构工作人员，关系到机构调整工作能否顺利实施，也关系到人心安定、社会稳定。目前，一些地区机构调整工作进展缓慢，重要原因之一是没有解决好原有机构的人员安置问题。各地要把机构调整、人员精简和人员安置等问题统筹考虑。一方面，要从住房公积金制度健康发展的大局出发，坚持精简效能原则，按照新设立的管理中心的职能规定和业务需要，科学确定工作岗位，合理核定编制，防止造成新机构刚成立就出现机构臃肿问题。要根据住房公积金和增值收益规模设立经办网点，合理配备工作人员，确保人员精简，降低管理成本。另一方面，要坚持用人上的公开、公正、公平原则，引入竞争上岗、公开招聘、全员聘用等新的用人机制。要提高人员素质，特别是要充实财会、金融等方面的专业人才，切实加强资金管理。根据岗位要求、工作需要和原有机构人员的意愿、业务能力，择优、优先留用原有机构人员，坚决杜绝用人上的不正之风。对原有机构的工作人员，无论原来机构的隶属关系如何，应当一律公平对待、机会均等。既不能简单地实行“人随事走”，也不能“只要钱，不要人”。对未留用人员，原主管部门或者挂靠单位要切实负起责任，妥善安置。有的地方原来管理人员多，安置工作任务比较重。对此，既要认识到原来一些管理机构存在人员多、管理成本高等问题，部分是人为因素造成的，也不符合精简机构的要求，必然需要裁减冗员；同时，必须高度重视这项工作，制定具体办法，明确责任单位，妥善安置未留用人员的去向。要扎实细致做好未留用人员的思想工作，使他们充分理解机构调整工作的必要性和重要性，服从机构调整工作的大局需要，确保社会稳定。在这方面，黄石市政府采取主管部门（挂靠单位）安置一点、地方政府解决一点、本人自谋职业分流一点的办法；漳州市政府规定，原主管部门（挂靠部门）安置未留用人员有困难的，由县（市、区）人民政府帮助统筹解决。这些都是很好的经验，各地可以学习和借鉴。

此外，根据讨论情况，还要重申两个问题。

（1）有些同志提出，《通知》规定受委托办理住房公积金账户设立、缴存、归还等手续的银行，一个城市不得超过两家，不利于住房公积金制度的发展。《通知》作出这样的规定，目的是保证集中管理、减少管理成本、防范风险，各地必须贯彻执行。

（2）房改办是政府机构，经费应从财政供给渠道解决，不能从管理中心的管理费用中列支。

（3）我想再强调一下，各省、自治区要按照全国住房公积金工作会议提出的检查验收标准，在11月份对本行政区域内贯彻落实《条例》和《通知》情况，特别是机构调整工作完成情况进行认真的检查验收，向建设部和国务院有关部门报告。建设部将会同财政部、中国人民银行等有关部门在12月份对机构调整工作进行抽查，并向国务院报告。

同志们，贯彻落实《条例》和《通知》的各项规定，涉及面广，工作量大，时间紧迫。我们一定要努力实践江泽民同志“三个代表”重要思想，坚持实事求是，解放思想，与时俱进，以高度的政治责任感，认真落实全国住房公积金工作会议的统一部署，狠抓落实，为开创住房公积金管理工作新局面奠定基础，充分发挥住房公积金制度在深化房改、启动居民住房消费中的重要作用，以优异成绩迎接党的十六大的胜利召开。

（2002年8月29日　大连）

刘志峰在全国城市房屋拆迁工作座谈会上的讲话

同志们：

全国城市房屋拆迁工作座谈会就要结束了。会上大家共同总结了新《条例》实施以来拆迁工作的进展情况，交流了各地的经验和做法，对工作中存在的问题和难点进行了认真讨论。这次会议非常重要，通过交流与讨论，大家进一步提高了认识，转变了观念，明确了工作重点，对于进一步深入贯彻落实新《条例》，做好拆迁管理工作，具有十分重要的意义。下面我结合大家讨论提出的重点问题，讲几点意见。

一、新《条例》实施以来拆迁工作的总体情况

新《条例》实施以来，全国拆迁战线的广大干部职工认真学习、贯彻新《条例》，从加强宣传、完善制度、规范管理、改进服务等方面入手，加大拆迁管理力度，规范拆迁行为，取得了明显成效。

（一）认真宣传、贯彻新《条例》，保证了新、老《条例》的平稳过渡

新《条例》是社会关注、与群众利益密切相关的重要法规。为了做好新《条例》的贯彻实施，福建省政府召开了电视电话会议，提出了具体要求；陕西省在全省范围开展了宣传月活动；安徽、山西、青岛等省、市利用橱窗、电视专题、报刊专栏等形式进行了广泛宣传，使被拆迁人充分了解新《条例》，变被动拆迁为主动拆迁。如青岛市一个涉及800余户的拆迁项目，由于对新《条例》不了解，被拆迁人强烈要求按照老《条例》实施拆迁，并频频到市、区政府集体上访、静坐。青岛市拆迁主管部门通过及时印发宣传资料，上门讲解拆迁政策，使被拆迁居民对新《条例》的内容

有了充分的了解，由反对按新《条例》拆迁到主动配合拆迁，保证了拆迁工作的顺利进行。

为保证新、老《条例》的衔接，建设部在新《条例》出台后，下发了《关于贯彻实施〈城市房屋拆迁管理条例〉的通知》，对新《条例》实施之前拆迁许可证的发放、拆迁补偿标准的衔接等有关政策作了明确规定。陕西、浙江、江苏、广西等省根据新《条例》和《通知》的精神作了一些补充规定。这些规定保护了拆迁双方当事人的合法权益，保证了新老《条例》的平稳过渡。

为了更好地贯彻落实新《条例》，建设部组织编写了《城市房屋拆迁管理条例条文释义》，各省市都举办了不同形式的培训班。据不完全统计，全国有近5万人参加了培训。通过培训提高了拆迁人员对新《条例》的理解，增强了做好拆迁工作的自觉性。

（二）加快制定配套的地方性法规，保证新《条例》规定的各项制度落到实处

据统计，直辖市、省会城市、计划单列城市中有16个城市已按照新《条例》的原则，出台了地方性法规和政府规章，有8个城市的配套法规已报人大或政府待批；有14个城市已经出台了拆迁评估办法，有5个城市正在报批。这些法规的出台，较好地解决了新《条例》规定的原则和地方实际相结合的问题。有些地方还创造性地增加了更加有利于保护被拆迁人合法权益的条款，制定了最低保护价政策，如规定评估价高于最低保护价的，执行评估价；评估价低于最低保护价的，执行最低保护价。福建、郑州等省、市为了提高拆迁立法的可操作性，在立法中还举行了听证会，广泛征求社会各界意见。

（三）加大了拆迁力度，保证城市建设和危旧住房改造的顺利实施

各地结合推进城镇化，改善城市环境，加大了依法拆迁改造力度。据直辖市、省会城市、计划单列市拆迁统计，1～7月拆除房屋总面积1675万平方米，其中，近80%是按新《条例》进行拆迁的。北京市拆迁45万平方米，其中大约有70%是危旧房改造项目。通过房屋拆迁，实现城市土地和房产资源的优化配置，提高了居民居住水平，改善了居住环境，加快了城市基础设施建设和旧城改造步伐，完善了城市功能、促进了经济发展。

（四）积极稳妥地解决历史遗留问题，保证社会稳定

当前，在拆迁引起的上访中，有相当部分是在92、93年“房地产热”期间，由于部分地区的一些开发企业建设资金不足，中途停工造成的。由于大量被拆迁居民长期不能回迁，重复上访率很高，社会影响很大。新《条例》实施后，各地一方面按照新《条例》的规定，加大房屋拆迁资金监管力度，防止不能按期回迁现象的发生；另一方面积极稳妥地解决拆迁中的历史遗留问题。今年上半年，广州市、西安市政府多次召开市政府办公会议，专题研究拆迁中的历史遗留问题，并由有关部门组成联合工作组，对不能按期回迁的项目逐个进行清理，并采取积极有效的措施分类解决。广州市沉淀多年的拆迁历史遗留问题得到了初步解决。西安市在短短几个月时间里解决了3000多户1998年以前遗留的拆迁问题。郑州市政府主管领导亲自挂帅，责任到人，今年上半年对确无开发能力的项目进行公开拍卖，拍卖款项优先用于安置被拆迁居民。目前，长期不能回迁的2227户居民的安置问题已基本解决。

（五）初步建立起公平、公正、公开的拆迁评估机制，完善了市场评估体系

新《条例》将拆迁补偿的标准由按被拆迁房屋的重置价结合成新结算，修改为根据被拆迁房屋的区位、用途、建筑面积等因素以房地产市场评估价确定。这是房屋拆迁补偿安置的重大突破，也是保证拆迁补偿公平、公正的关键。在实践中，各地作了积极探索，形成了既符合新《条例》要求，又符合当地实际情况的拆迁补偿机制。北京市根据评估单位的资信情况，分2批向社会公布了可以参加拆迁评估的单位名单，并实行动态管理。对拆迁评估中有不良行为的，取消拆迁评估资格。在奥运场馆项目拆迁中，对拆迁单位、评估单位和房屋拆除单位实行公开招投标，保证了拆迁项目的顺利实施。

（六）采取积极有效措施，加强对弱势群体和困难群体的保护

按市场评估价补偿，体现的是等价交换的原则。但对拆迁中无法依靠市场机制解决居住困难的弱势群体，必须依靠政府的特殊政策给予适当优惠。成都市对符合“双困”条件的被拆迁人，选择产权调换的房屋不得小于45平方米，拆迁面积与45平方米之间的差额部分的房价款只需支付市场价的30%。贵阳市对符合“双困”条件的被拆迁人，被拆迁房屋按市场评估价补偿，拆迁调换房屋与45平方米之间的差额部分的房价款只付成本价；仍买不起的，经本人申请且符合廉租住房租住条件的，优先供应廉租住房。南京市对拆迁补偿款不足5万元的被拆迁人，按5万元补偿，补偿款在10万元以下的住房困难家庭，可优先购买经济适用房。为了解决依靠门面房维持生存的被拆迁人的生存问题，有的城市还专门提供部分既可以经营又可以居住的小面积房屋，供被拆迁人选择。

二、存在的主要问题

新《条例》实施以来，总体情况是好的。但也存在一些比较突出的问题，有些地方不顾当地经济实力，盲目大拆大建；有些地方不按规定擅自降低拆迁补偿标准；还有的地方违法违规强制拆迁。由此引发了大量的拆迁纠纷和群众上访，甚至在强制拆迁中发生流血事件，成为影响社会稳定的重要因素。据建设部信访办统计，1～8月份受理来信共4820件（次），其中，涉及拆迁问题的占28%。上访1730批次，其中反映拆迁问题的占70%；在集体上访的123批次中，拆迁问题占83.7%。投诉、上访暴露的问题集中反映在长官意志强，法律意识薄，形象工程多，财政能力弱等方面，主要表现在以下几个方面：

（一）城市规划调整随意，造成大量不必要的拆迁

有的城市换一届政府，调整一次规划，刚刚竣工不久的房屋被列入拆迁范围，甚至有的房屋还处于在建过程就又面临拆迁，对此被拆迁人很难接受，意见很大。有些地方甚至出现被拆迁人集体抵制的现象。还有一些城市在推进城市化进程中，不切实际地加快城市基础设施建设，超越经济承受能力建设劳民伤财的形象工程，降低补偿标准，侵害被拆迁人的合法权益，导致上访不断，甚至出现大规模的群体上访事件。

（二）拆迁评估随意性大、政府干预多

拆迁评估准确与否，直接关系到拆迁补偿是否公平、公正，关系到被拆迁人的合法权益能否得到有效保证。有些评估机构经不住利益的诱惑，按照委托人的要求或与拆迁人串通，做不实评估，评估价格与市场价格差距较大，损害被拆迁人的合法权益。有的城市两个不同的评估机构的评估结果相差甚远。有的城市拆迁评估搞独家经营，被拆迁人对评估结果有异议时，又缺乏有效的调查处理机制。有的城市由政府公布的区位价、房屋重置价、装修补偿标准调整不及时，造成补偿标准背离市场价格。

（三）房屋拆除缺乏监管，存在严重的安全隐患

一些拆迁人、房屋拆除施工单位安全意识淡薄，拆除施工不规范，特别是一些拆迁机构为追求非法利润，无视国家安全规定，把拆除房屋的任务转包给无资质的拆除机构，甚至直接委托给没有任何拆房经验的农民工进行施工，使房屋拆除施工存在严重的安全隐患。据建设部统计，今年1～7月份，全国因房屋拆除引发三级以上事故共5起，造成26人死亡，16人受伤。5起事故中有3起是由无拆除资质的私人承包的。今年7月6日，长沙市岳麓山大学城道路拓宽工程在实施房屋拆除时，一段尚未拆除的残墙发生坍塌，造成13人死亡，16人受伤。承担拆除任务的是没有资质、没有经过专业培训的农民工。该项目拆除过程中，拆除人员既没有取得工程结构图纸，制定拆除方案，也没有按规定围挡施工现场和设置安全警示标志。这是一起典型的违章施工，是一次血的教训。

（四）主管部门越俎代庖，政府职能错位、越位

要保证拆迁补偿公平合理，前提是要保证拆迁人与被拆迁人的法律地位平等。新《条例》取消了统一拆迁，并规定房屋拆迁管理部门不得作为拆迁人，不得接受委托进行拆迁，其目的就是为了防止拆迁主体不平等。但有些地区的政府职能部门法制观念淡薄，越俎代庖，直接参与拆迁，既当运动员，又当裁判员，利用手中的权力强行与被拆迁人签订不平等协议，而真正的拆迁人却躲在幕后。有的地区仍然以指挥部名义进行拆迁，这种临时性机构管理松散，一旦撤消，被拆迁人的补偿安置问题难以解决，造成新的遗留问题。有的城市政府有关部门没有建立起拆迁群体性事件预案处理机制，出事前不去了解情况，出事之后又怕承担责任。在事件处理时不果断，轻易承诺、表态，给被拆迁人一种错觉，认为越闹好处越多，胃口越吊越高，使得拆迁工作越来越难。

（五）突击发放拆迁许可证，人为造成拆迁矛盾

为了保证新旧《条例》平稳过渡，新《条例》出台后，建设部专门发文，明确要求各地在新《条例》实施前，不能完成拆迁补偿的，不应再核发拆迁许可证。但有些城市为了保证重点工程能够按照旧《条例》拆迁，赶在新《条例》实施前，突出颁发拆迁许可证，甚至有的城市在新《条例》实施前几天仍在发证，造成新《条例》实施近1年，还在用老《条例》实施拆迁。截止到今年7月底，全国省会城市、计划单列城市中尚有2个城市没有一个项目是按新《条例》实施拆迁的。由于新旧《条例》的补偿安置标准不一，被拆迁人对新《条例》实施后，仍按旧《条例》补偿安置反映强烈，引发大量的群体性上访。

（六）中低价位住房供应不足，被拆迁人望房兴叹

被拆迁居民大多数为收入不高的中低收入家庭，拆迁后选择购房的范围多为普通商品房、经济适用房或二手房。一些城市由于房地产市场结构不尽合理，中低价位的商品房、经济适用房供应不足，使得不少被拆迁居民拿着有限的拆迁补偿资金，面对面积过大、售价过高的商品房和供应不足的经济适用住房、二手房，只能望房兴叹。

（七）滥用行政裁决和强制执行手段，激化矛盾，增加社会不稳定因素

新《条例》对行政裁决和强制拆迁都做了明确规定，其目的是为了保证拆迁工作顺利进行和被拆迁人的合法权益不受损害。但有些地区不经拆迁当事人申请，拆迁管理部门就下达行政裁决。一些地方错误地认为，拆迁裁决可以不受条件和时间限制，只要拆不动就可以行政裁决。有的地区强制拆迁存在不分条件、不讲形式、不按程序而盲目强迁、粗暴强迁的现象。有的城市上午下达行政裁决，下午就实施强制拆迁，甚至有的开发企业竟然自行组织强制拆迁。

（八）房屋性质认定责任不清，引发大量纠纷

目前，拆迁中存在大量由住宅用房改为营业用房，但由于被拆迁人房屋权属登记意识不强，造成这些房屋虽然有合法营业执照、并按规定上缴各种税费，但因未变更使用性质，拆迁时只能按住宅房屋进行补偿，与营业用房市场可比价及被拆迁人的预期相差甚远，被拆迁人难以接受。有些城市在房屋所有人申请变更房屋使用性质时，相关职能部门相互推诿，致使房屋使用性质无法及时变更，拆迁引发纠纷。这一问题在许多城市都不同程度存在。

以上列举的8个方面已经说明，这些问题已经影响到老百姓的切身利益，影响到政府及其有关部门在老百姓心目中的形象，也暴露出一些政府和有关部门工作中存在的问题，如果不下决心采取切实有效的措施加以解决，势必会影响到党同人民群众的血肉联系，影响到安定团结的大好局面。

三、提高认识、规范管理，确保拆迁管理工作顺利进行

城市房屋拆迁是城市建设和发展中一项十分重要的工作，也是一项政策性、社会性、群众性很强的工作。我们一定要按照江总书记“三个代表”的要求，从讲政治的高度认识做好城市房屋拆迁管理工作的重要意义，把维护最广大人民群众的根本利益作为拆迁工作的出发点和归宿，积极慎重解决好拆迁安置历史遗留问题，坚持依法行政，加大房屋拆迁监督管理力度，坚持从源头抓起，防止新问题的产生，促进房屋拆迁向法制化、规范化的方向发展。

（一）充分认识做好拆迁工作对于促进经济发展、维护社会稳定的重要意义，增强紧迫感和责任感

再过一个多月，党的十六大就要召开了，这是我们党在新世纪召开的第一次全国代表大会，也是在我国进入全面建设小康社会，加快推进社会主义现代化新的发展阶段召开的一次十分重要的大会。党中央、国务院一再强调维护社会稳定，确保十六大安全顺利召开是一项严肃的政治任务，是压倒一切的头等大事。在今年年初召开的全国建设工作会议上，拆迁工作被列为建设系统维护社会稳定的三件大事之一，要求各地要做好思想政治工作，及时化解矛盾，防止矛盾激化演变为恶性事件或群体性事件，切实保证经济建设有一个良好稳定的社会环境。作为拆迁主管部门，必须认清稳定的重要性，明确维护稳定的责任，深入做好稳定的各项工作。我们党要实现新世纪的奋斗目标，不仅需要稳定、和平的国际环境，而且需要长期稳定的国内环境。古人云：“害莫过于乱，利莫过于治”，“治国常富，而乱国必贫”。稳定既是深化改革和加快发展的前提，没有稳定的社会局面，什么也干不成。这几年我国经济建设能够保持持续快速的发展势头，很重要的一点就在于我国一直保持比较稳定的社会环境。同时，稳定也是创造和谐良好的经济、社会秩序，实践“三个代表”的必然要求。改革、发展的根本目标是改善最广大人民群众的生活，因此，我们的一切工作都要以人民群众答不答应、满意不满意来衡量和检验。

城市房屋拆迁涉及老百姓切身利益，是影响社会稳定的重要因素。有的地方由于对房屋拆迁对于维护社会稳定的重要性认识不足，因而在指导思想上出现了偏差，片面强调加快城市建设，忽略了对被拆迁人权益的保护。有的地方对拆迁工作研究不够，思考不深，对因拆迁问题引起的上访，尤其群体上访处理不当、解决不力，导致重复上访、越级上

访，造成了极坏的社会影响。特别是有些城市对拆迁遗留问题重视不够，有畏难情绪，不敢管、不想管，使此类问题久拖不决。今年上半年，新疆公安系统的《信息快报》反映了因房屋拆迁引发群体性上访，影响社会稳定的案例。部党组对此十分重视，及时派出调查组，进行调查。从调查情况看，许多群体性上访都是由于拆迁补偿不合理，有了问题又不及时处理造成的。

房屋拆迁管理工作还影响到城市的投资环境。如世界银行投资建设的乌鲁木齐市外环路建设项目，在建设过程中涉及到房屋拆迁。乌鲁木齐市采取异地安置的办法，部分群众不能接受。世行提出房屋拆迁问题必须解决好，解决到群众没有意见，否则将不再投资。从这个例子可以看出，拆迁问题解决不好，不仅影响城市建设速度，而且还将直接影响外商对政府的信任度，影响城市的投资环境。

因此，各地房屋拆迁管理部门一定要充分认识到做好拆迁工作对于促进经济发展和维护社会稳定的重要性，增强紧迫性、责任感，认真研究拆迁当事人关心的热点和难点问题，寻求解决老百姓反映强烈、矛盾突出问题的方法，让被拆迁人理解拆迁，配合拆迁，减少拆迁矛盾。我们要十分珍惜来之不易的稳定局面，在稳定中才能推进改革、发展，在改革、发展中才能实现国家的长治久安。

（二）认真排查、及时化解拆迁纠纷和矛盾，确保社会稳定

1．要认真排查、及时化解拆迁中的不稳定因素。

各地拆迁主管部门要按照中央维护当前和十六大期间的社会稳定的要求，组织专门力量，对拆迁项目，包括有历史遗留问题的拆迁项目，正在进行和将要进行的拆迁项目，集中开展一次排查行动，对已发生群体上访和有可能发生集体进京上访、围堵党政机关、阻断交通等不稳定因素的拆迁项目，要重点排查，力争从源头上及时发现可能影响、干扰十六大期间社会稳定的突出问题和重大隐患，做到情况明、底数清。对排查出的隐患、问题，拆迁主管部门除要按规定及时报告外，还要主动与公安、信访等部门密切配合，逐一分析原因，研究提出对策，逐个解决。要区别情况，按照“属地管理”、“谁主管、谁负责”的原则，将责任落实到具体部门、具体单位和具体人。要千方百计把问题解决在基层，解决在内部，解决在萌芽状态。对被拆迁人提出的补偿安置要求，符合政策规定的要设法尽快予以解决，不符合规定的，要耐心细致地做好解释工作，缓解被拆迁人的不满情绪。在大多数被拆迁人未达成协议的情况下，要慎用强迁措施，防止激化矛盾，扩大事态。严防在十六大期间发生较大规模的拆迁群体性事件，尤其是集体进京上访事件，严防已经平息或已基本平息的拆迁群体性事件反弹。要制定应急预案，一旦发生拆迁群体性事件，要在当地党委、政府的统一领导下，积极协调有关方面，及时采取有效措施，依法妥善处理。因处理不及时，引发群体上访，造成不良社会影响和严重后果的，要依法追究当事人和领导者的责任；对少数无理取闹、公开聚众闹事或上街堵塞交通、冲击政府机关的扰乱分子，要在掌握事实的基础上，提请公安部门依法处理，决不姑息迁就。

2．要积极慎重处理拆迁中的历史遗留问题。

拆迁安置中的历史遗留问题，情况复杂，矛盾突出，群众反映强烈，处理难度大，此类问题久拖不决，是影响社会稳定的重要因素。从西安市的经验看，只要领导重视，方法得当，措施有力是能够解决的。各地要借鉴西安、贵阳等城市经验，以对人民高度负责的态度，开拓思路，知难而进。要积极争取领导重视和支持，制定解决历史遗留问题的实施方案、建立目标责任制，同时还要有相应的配套政策措施，突出重点、分期分批实施。对不认真处理历史遗留问题的开发企业，要限制其新开项目，并在资质年检中作出处理。要针对历史遗留问题的不同情况，采取多种方式解决，启动这些项目，政府必须有特殊的手段和措施。有些需要提供优惠政策，有些可以采取项目置换的办法，有些可以按照条块的分工，分解落实到有关责任单位，各个击破。有些问题突出的城市，要象西安等城市一样，成立专门的机构，力争在较短的时间内取得实质性进展。

3．要认真做好信访工作，及时化解拆迁矛盾。

信访工作是政府了解民意，沟通政府与老百姓之间、企业与老百姓之间关系，发现和解决实际工作中出现的新问题，化解社会矛盾的重要方式，是老百姓反映问题的重要渠道。在接待和处理信访中，要实行归口管理、分级负责和责任追究制度。有一些地方不重视信访工作，被拆迁人有意见，没有反映渠道，拆迁人的违法、违规行为没人查处，甚至有的拆迁办负责人还蛮横地扬言：“有本事去找国务院”，公然把问题和矛盾上推。还有的城市，被拆迁人有意见，拆迁主管部门不但不做说服教育工作，反而采取强制措施，以下岗、开除、停发工资或以断水、断电、恐吓相威胁，伤害了群众的感情。这种不负责任的态度和行为违背了“三个代表”的要求，缺乏党员干部应具备的基本素质，也是工作水平不高的表现。

针对目前拆迁居民信访量大的特点，各地要高度重视并进一步加强信访工作，完善信访接待制度。要设置专职信访接待人员，设立领导接待日，做到每访必接，每接必果；要有预警能力，对有问题的项目要了解情况，主动出击。要变老百姓上访为工作人员下访，化解矛盾，防患于未然；要选择政策水平高，业务素质好的同志负责信访接待工作。

拆迁工作人员要学会做思想工作，要耐心细致地向被拆迁人解释政策，帮助群众解决实际困难；要说实话，说真话，让被拆迁人真正理解拆迁；对待被拆迁人态度要和蔼，严禁在信访接待工作中作风粗暴、态度蛮横，甚至搞打击报复。

（三）进一步提高依法行政水平，规范拆迁管理行为

江总书记在党的十五大报告中指出，“我国经济体制改革的深入和社会主义现代化建设跨世纪的发展，要求我们在坚持四项基本原则的前提下，继续推进政治体制改革，进一步扩大社会主义民主，健全社会主义法制，依法治国，建设社会主义法治国家。”全面推进依法行政，是贯彻依法治国方略，建设社会主义法治国家的重要组成部分，也是实践江总书记“三个代表”的要求。依法行政，就是要按照法律法规办事，依法正确处理政府与人民的关系，就是要用人民赋予的权力保护人民，为人民谋利益，为人民服务。拆迁主管部门的每一位同志，都要树立人民利益高于一切的基本准则，从大局出发，把立足点调整到依法行政上来，通过模范地执行法律、法规，规范拆迁行为，全面提高拆迁管理水平。

1．要抓紧制定和完善地方性配套法规。

各地要根据新《条例》及当地拆迁工作的实际情况，加快制定和完善拆迁法规和配套政策。在拆迁立法中要把解决人们关心的、反映强烈的问题作为重点，探索解决拆迁问题的新思路。要继续做好新《条例》和地方性法规的宣传、普及工作，使广大人民群众真正知法、懂法，依法维护拆迁中的合法权益。

2．要依法行政。

房屋拆迁管理属于行政行为，必须依法办事，既不能不作为，又不能乱作为。一要严格实行拆迁许可证制度，认真审核拆迁条件，依法查处未取得拆迁许可擅自拆迁的违法违规行为。对未制定拆迁方案、手续不齐、拆迁补偿安置资金不落实的项目，一律不得发放拆迁许可证，谁发错了追究谁的责任；二要严格审核拆迁主体的合法性，对不符合拆迁主体资格的单位搞拆迁的，要坚决制止。政府项目，也必须按规定办理手续，必须按规定委托拆迁或成立项目法人实体，不得成立拆迁指挥部进行拆迁。对开发企业的项目，政府主要是监督、指导、协调，不能参与到拆迁的具体事务中去。拆迁管理权限和职能，按照《条例》规定，不得下放。委托的责任和权限必须明确，出了问题，首先是拆迁主管部门的责任；三要加强拆迁补偿安置资金的监管。拆迁补偿安置资金是为保护被拆迁人合法权益而设立的专项资金，拆迁主管部门必须严格按照新《条例》规定，一方面保证拆迁资金足额到位，专户存储；另一方面要保证专款专用。目前，多数地方实行拆迁人设立专户，主管部门监管；也有一些地方由拆迁主管部门设立统一专户管理。两种方式我们倾向于前者，但不一定统一模式，关键是要落实监管措施，确保拆迁补偿安置资金专款专用。要严厉打击抽逃拆迁补偿安置资金和不按约定支付补偿安置资金的违法违规行为；四要认真做好拆迁纠纷的调处。该行政裁决的要依法裁决，该申请强制执行的，要依法申请。既不能因怕当被告或怕麻烦不去裁决，又不能不按程序乱裁决、乱申请强制执行。

3. 加强执法检查。

各地区要结合整顿和规范房地产市场秩序的要求，加强城市房屋拆迁的执法检查，对在检查中发现的问题，要立即采取措施依法处理，保证拆迁工作依法进行。一要检查拆迁补偿是否按国务院《条例》和地方法律法规进行补偿，是否有降低补偿标准和一个拆迁项目使用两种不同的补偿标准的行为；二要检查拆迁行政审批是否符合规定，有无要件不全，安置方案不落实，补偿安置资金不到位情况；三要检查拆迁裁决程序是否符合规定，对不按规定程序裁决、错裁的要坚决予以纠正；四要检查强制拆迁是否按规定程序办理，对违反程序擅自强制拆迁的，要坚决予以纠正，并对责任人给予处罚；五要检查拆迁管理工作人员有无玩忽职守、工作懈怠、态度蛮横的情况，一经发现要严肃处理。六是要检查主管部门在价格评估中是否有违规行为；房地产评估机构是否与主管部门脱钩，有无同拆迁人互相串通损害被拆迁人利益的行为。一经查实，依据有关规定予以降级或吊销资质证书，对负有责任的估价师，依法追究其责任，情节严重的，要撤销其注册。

4. 进一步提高拆迁工作人员素质和执法水平。

拆迁工作人员不仅要熟悉拆迁方面的专业知识和法律、法规，还应当掌握《行政处罚法》、《行政复议法》、《国家赔偿法》以及民事方面的法律、法规。要建立拆迁管理人员定期法律培训、考核制度、拆迁人员持证上岗制度和行政执法责任追究制度，提高执法队伍和执法人员的素质，提高行政执法质量。

（四）切实转变职能，提高拆迁管理水平

新《条例》赋予了拆迁主管部门许多重要的职责，如拆迁许可的审批、拆迁补偿安置资金的使用监管、建设项目转让批准、接受委托拆迁单位资格认定、达不成拆迁补偿安置协议的行政裁决以及对违法违规拆迁行为的查处等，要履行好这些职责，拆迁主管部门必须切实转变职能。

1. 要转变观念，改变直接进行房屋拆迁或者代替拆迁人进行房屋拆迁的错误作法。

拆迁管理部门要与拆迁单位、拆迁评估机构分离，确保拆迁管理部门独立、公正地履行行政管理职责。即使是城市基础设施、城市公益事业建设项目，也应当成立项目法人或委托具有独立法人资格的企业去承担，主管部门决不能直接充当拆迁人或者接受委托拆迁。

2. 要转变职能，改革政府大包大揽的模式，对那些通过市场可以调节、通过社会中介服务机构可以解决以及通过民事法律关系可以调整的事项都应当从行政管理职能中剥离出来，政府及拆迁主管部门主要职责是制定评估规则、公布市场信息、调解拆迁纠纷等。

如拆迁补偿价格的确定，本属于拆迁人与被拆迁人之间的民事行为，有些地方政府从良好的主观愿望出发，用土地基准价加房屋重置价确定统一的补偿标准。但是用静态的数据很难反映变化中的市场价格，一旦补偿标准不能反映市场价格，要么拆迁人不满意，要么被拆迁人不满意，费力不讨好。特别是遇到被拆迁人不满意时，所有的责任全部变成了政府责任。

3. 推进拆迁管理工作的规范化，增加拆迁工作的透明度。

要公开拆迁许可证审批程序、拆迁投诉电话以及拆迁管理收费标准，简化办事程序，推行一站式服务，方便当事人办理手续。对拆迁项目、拆迁公司要建立动态档案，进行跟踪服务、监督，对拆迁项目也要规范管理。

4. 要注重协调配合，改变大家都管大家都不管的状况。

城市房屋拆迁是一项系统工程，不但涉及拆迁人和被拆迁人，还涉及相关部门。房屋拆迁主管部门应当加强与相关部门的配合，建立良好的合作关系，齐抓共管，共同做好拆迁工作。对既有国有土地又有集体土地的拆迁项目，应该与国土部门取得一致意见；对于房屋使用性质的认定，应该依据规划部门、产权部门的证明或证件；对于违章建筑，应当由规划部门认定；关于房屋拆除安全问题的职能分工问题，国家有关法规已有明确规定，即房屋拆除安全属于建筑施工管理内容，由建筑施工主管部门归口管理。拆迁主管部门主要是在审核拆迁方案时，审核是否选择了有拆除资质的拆除队伍，并在拆除过程中监督拆迁人选择拆迁方案中确定的拆除队伍，拆除队伍违法、违规行为的查处和拆除中的安全问题，应当由负责施工管理的部门统一管理。

（五）加快低价位住房建设，满足被拆迁居民的住房需求

各地要结合经国务院批准，建设部等六部门发布的《关于加强房地产市场宏观调控促进房地产市场健康发展的若干意见》（建住房［2002］217号）的贯彻实施，大力发展经济适用住房和中低价位的商品房，保证符合条件的被拆迁居民能够选择到不同档次、不同类型的住房。要利用中介服务机构灵活、多样、覆盖面广的优势，将各类房源的信息通过各种形式提供给被拆迁居民，方便被拆迁居民选择安置房源，使不同收入的被拆迁居民都能够选择到适宜的住房。

要加强住房保障体系建设，保护弱势群体在拆迁中的合法权益。拆迁中的弱势群体主要是那些低收入，住房面积较小的“双困”家庭，拆迁过程中完全靠市场机制难以解决他们的住房问题。妥善处理好“双困”家庭的拆迁安置补偿问题，既是“三个代表”的具体体现，同时也是保持社会稳定的基础。新《条例》确定以市场评估价作为补偿标准，体现了市场经济等价有偿的原则。在廉租住房供应体系相对完善的城市，弱势群体可以通过廉租住房解决基本的居住问题。靠廉租住房解决不了的地方，可以借鉴南京等城市的做法，政府采取有效措施，在经济适用住房供应，货币补偿标准，拆迁面积核定等方面给予适当倾斜，多渠道解决住房困难家庭的住房问题。通过这些措施，保证“双困”家庭基本的居住生活，避免因拆迁造成新的住房困难。

会议讨论中，代表们还提出了不少好的建议和意见，如拆迁中行政裁决、强制执行中如何与司法部门协调的问题，我们拟在会后与高法一起调研，提出相应的政策措施。针对政府行为不规范问题，许多同志建议要加强城市政府领导干部的拆迁法制教育，比如，在市长培训班中增加有关内容等，我们将在会后认真研究落实。

同志们，随着我国城市化进程的加快，拆迁工作任务更加艰巨，只要我们按照江总书记“三个代表”要求，以高度政治责任感和使命感，与时俱进、开拓进取，城市房屋拆迁工作一定能取得更大发展。

谢谢大家！

（2002 年 9 月　北京）

开拓进取，推动建设事业持续健康发展

——汪光焘部长在全国建设工作会议上的讲话

这次会议的主要任务是，以邓小平理论和“三个代表”重要思想为指导，认真贯彻落实党的十六大、十六届三中全会和中央经济工作会议精神，总结 2003 年工作，讨论部署 2004 年工作。国务院对这次会议很重视，培炎副总理对会议报告作了重要批示，提出了当前和今后一个时期建设工作的主要任务，并对我们的工作提出了明确的要求，具有十分重要的指导意义。下面，我讲几点意见。

一、关于 2003 年的工作

2003 年是不平凡的一年，在党中央国务院的坚强领导下，全国人民团结一心，克服了“非典”疫情和多种自然灾害带来的困难，保持了国民经济的较快增长和社会的进步，人民生活改善，社会稳定。建设系统广大干部群众紧紧围绕中央确定的中心工作，努力拼搏，开拓创新，推动建设事业不断发展，取得了可喜的成绩。

（一）积极抗击“非典”，为保障城市的正常运转发挥了重要作用

一手抓防治“非典”，一手抓经济工作不放松。及时下发了《关于认真贯彻全国非典型肺炎防治工作会议精神的紧急通知》等 8 个通知，制定了《收治传染性非典型肺炎患者医院的建筑设计要则》和《城市医院废水应急处置办法》。指导地方建设行政主管部门重点做好城市环境卫生整治、建筑工地“非典”防控工作，确保城镇公共交通、供水、供气、垃圾和污水处理系统安全运行，保障“非典”期间城市正常运转。抗击“非典”取得阶段性重大胜利之后，认真总结经验教训，围绕加强公共卫生基础设施建设和构建环境卫生体系，开展了城市生活垃圾和生活污水处理实施战略、处理对策以及城市灾害预防与管理等研究，提出了“环境卫生体系框架”的设想和完善城乡规划与建筑设计、改善建筑农民工的公共卫生条件等意见。向国务院上报了《关于城乡公共卫生基础设施建设有关情况的报告》。

（二）促进房地产业持续健康发展，有效拉动国民经济增长

明确了房地产市场持续健康发展的指导思想。我部会同有关部门对重点地区进行专题调研，组织对房地产市场形势分析，统一了对房地产市场形势的认识。《国务院关于促进房地产市场持续健康发展的通知》（国发〔2003〕18 号）确立了房地产业的支柱产业地位，提出了坚持住房市场化的基本方向，强调完善供应政策，坚持统一政策指导、分别决策调整住房供应结构，加快建立和完善住房保障制度，为当前和今后一个时期的房地产业发展指明了方向。及时召开会议传达贯彻，曾培炎副总理到会并作了重要讲话。各地积极贯彻文件精神。我部会同有关部门制定了《经济适用住房管理办法》、修订了《城镇最低收入家庭廉租住房管理办法》。

加强了房地产市场的宏观调控。建立房地产市场信息系统和预警预报体系是加强房地产市场宏观调控的重要手段，会同有关部门下发了《关于加强协作共同做好房地产市场信息系统和预警预报体系有关工作的通知》。目前，全国 35 个大中城市中，14 个城市已经初步搭建了房地产市场信息平台，为建立科学的市场监控机制奠定了基础。加强房地产企业信用管理，及时向社会公布房地产企业不良信用记录。目前，全国一级资质的房地产企业信用档案已全部上网，房地产信用体系建设初见成效。

完善了住房公积金监管体系。会同有关部门进行了贯彻落实《住房公积金管理条例》和《国务院关于进一步加强住房公积金管理的通知》的执法检查。住房公积金监管系统初步建立，归集和使用业务进一步发展，截止 2003 年 3 季度末，全国累计归集公积金 5016 亿元，归集余额 3467 亿元，职工提取 1549 亿元，发放个人贷款 2075 亿元，支持 270 多万户职工家庭购买住房。

物业管理得到加强。认真贯彻《物业管理条例》，下发了《业主大会规程》、《前期物业管理招标投标管理暂行办法》、《物业服务收费管理办法》等配套文件，规范物业管理行为，依法保障物业管理各方主体合法权益。

全国房地产市场继续保持快速发展势头。市场供销基本平衡，供应结构基本合理，商品房价格基本稳定。2003 年 1～11 月，全国房地产开发完成投资 8285 亿元，同比增长 32.5%，占同期固定资产投资的 23.9%；个人购买商品房的比重已达 96.2%。

（三）加强和改进规划的编制和监督实施，城乡规划的调控作用进一步发挥

城乡规划的编制取得较大进展。深入贯彻《国务院关于加强城乡规划监督管理的通知》（国发〔2002〕13 号），在城乡规划编制中将资源保护和合理利用列为强制性内容。进一步健全了部际联席会议审查制度，加快了规划的审批。截止 2003 年底，27 个省（自治区）中已有 25 个完成省域城镇体系规划编制，14 个经国务院批复，7 个经审核后报批；需由国务院审批城市总体规划的 86 个城市中，已有 82 个完成了经法定程序审批的城市总体规划。86 个城市的近期建设规划的备案工作基本完成。

城乡规划管理进一步加强。设区城市的区一级的规划管理权全部上收，强化了城市规划的集中统一管理。明确规定经营性土地招标拍卖挂牌出让必须符合近期建设规划，依据城市控制性详细规划确定出让土地的规划设计条件，规范了国有土地使用权出让转让规划管理程序。在10个城市开展了城市总体规划实施动态监测试点工作。参与了全国土地市场督察。对各类开发区、大学城、高尔夫球场、CBD建设情况进行了调查，经国务院同意，会同有关部门下发了《关于清理整顿现有各类开发区的具体标准和政策界限的通知》，遏制了当前盲目扩大城市规模的趋势。

开展了城市群协调发展规划研究。我部分别和广东省政府、山东省政府合作开展珠江三角洲城镇群和山东半岛城市群协调发展研究，从经济、资源、环境、人文四个方面提出了促进协调发展的对策，推进城镇密集地区协调发展机制的建立。

城乡规划管理体制改革稳步推进。会同四川省政府开展城市规划督察员制度试点，建立了城乡规划实施事前、事中监督的机制。会同贵州省政府开展规划管理体制改革试点，提出了改革和完善城市规划管理体制的目标、指导原则和主要措施，并建立了相应的工作机制。总结推广了两省的经验，强化了规划对城镇发展的调控作用。

认真做好历史文化遗产保护工作。命名了第一批全国历史文化名镇、名村。发布《城市紫线管理办法》，明确历史文化街区和历史文化建筑保护原则，规范了在历史文化街区内的建设活动。

加强对小城镇和农房建设的指导和协调。根据中央关于有重点地发展小城镇的精神，会同有关部门研究确定了首批全国重点小城镇名单，初步提出了促进重点小城镇发展的扶持政策。加强对农民房屋建设的指导和质量安全的监督，组织安徽、江西、湖北、湖南等地移民建镇工程的验收工作，提高农房建设水平。

（四）市政基础设施建设得到加强，人居环境进一步改善

深化市政公用事业改革。下发了《关于加快市政公用行业市场化进程的意见》，提出了深化改革的目标和要求。打破行业垄断，开放投资建设和经营市场，规范市场行为，建立和推行特许经营制度，保证公众利益。《中共中央关于完善社会主义市场经济体制若干问题的决定》已将城市公用事业改革作为经济体制改革的重要内容。目前山东、江苏、河北、云南、四川等省制定了推进市政公用行业市场化的实施意见。

城市环境卫生体系建设取得进展。下发了《城市生活垃圾分类标志》和《城市环境卫生设施属性数据采集表及数据库结构》标准，会同有关部门下发了《关于加强长江三峡库区船舶防污染工作的通知》、《关于实行危险废物处置收费制度促进危险废物处置产业化的通知》。继续推进城市污水、垃圾处理产业化，对重点流域和三峡库区污水处理工程项目质量和进度进行督查，城镇环境卫生状况进一步改善。

城市供水和节水工作力度加大。在完成对全国中等以上城市供水管网情况调查核实的基础上，编制了《城市供水管网近期改造规划》。会同有关部门下发了《关于加快城市供水管网改造的意见》，2003年已安排城市供水管网改造国债项目191项，国债资金14.92亿元。督促各地落实配套资金，加快实施进度，并按照《城市供水管网漏损控制及评定标准》的要求，加强考核监督。加强城市供水安全保障和应急系统建设，提出了加快城市水价改革等十项节约用水措施，推动城市节水工作。

城镇供热体制改革稳步推进。经国务院同意，会同有关部门下发了《关于城镇供热体制改革试点工作的指导意见》。目前，“三北”地区15个省（区、市）的43个试点城市（区）开展了供热体制改革，与有关部门研究制定扶持政策，积极解决热改中困难家庭的采暖问题，供热体制改革取得突破性进展。

城市公共交通工作得到加强。继续开展“畅通工程”，与公安部联合下发了《关于开展创建绿色交通示范城市活动的通知》及考核标准。组织专家对北京市交通问题进行专题调研，提出了改进北京交通建设管理的意见和建议。指导9个城市轨道交通规划建设。2003年，克服“非典”不利影响，城市公共交通客运量仍保持了增长势头，同比上升1.63%。

城市绿化工作取得成效。督促各地认真编制和实施《城市绿地系统规划》，建立城市绿线管制制度，有效保护绿地。组织了“国家园林城市”复查和创建活动，授予上海等17个城市“国家园林城市”称号。与联合国人居署举办了“可持续发展城市化战略国际会议”。威海市获得2003年联合国人居奖。对27个项目颁发了“中国人居环境范例奖”，人居环境得到改善。

（五）建筑市场秩序逐步好转，建筑业稳步发展

配合全国人大对《建筑法》贯彻情况进行了执法检查。针对检查中发现的建设单位规避招标、肢解发包、任意压缩价格和工期、拖欠工程款等突出问题，以及《建筑法》的处罚力度、适用范围等方面存在的问题，全国人大决定将修改《建筑法》列入本届人大立法计划。建筑市场秩序进一步规范。基本完成有形建筑市场与招投标监管机构脱钩，做到机构分立、人员分开、职能分离、财务分设。加大建筑市场违法违规行为查处力度，对92个案件进行了专案稽查。研究建立建筑市场信用体系，健全执业资格制度。颁发了《房屋建筑和市政基础设施工程施工分包管理办法》，印发了《关于培育发展工程总承包和工程项目管理企业的指导意见》。与国家工商总局联合颁发了《建设工程施工专业分包合同示范文本》、《建设工程施工劳务分包合同示范文本》。总结北京经验，推行劳务企业分包，规范工程分包行为。积极推进政府投资工程建设组织实施方式改革的试点工作，总结推广了湖北、上海、深圳、珠海、厦门等地的经验。落实《关于深化中央施工企业改革的意见》和《关于工程勘察设计单位体制改革的若干意见》，指导25个省（区、市）出台了勘察设计企业改革方案和实施意见，勘察设计、施工企业改革稳步推进。会同中纪委对领导干部利用职权违规干预和插手建设工程招投标等调研，研究制定规定，加强从源头上防治腐败。

工程质量管理得到加强。在建工程质量事故和投诉明显减少，依据《建设工程质量管理条例》，全年对工程质量责任主体共处罚2604起，处罚总额7705万元。组织专家对斜坡建筑问题进行了专题调研，下发了《关于加强滑坡崩塌地质灾害易发地区工程建设质量安全管理的意见》，指导滑坡崩塌地质灾害易发地区的管理工作。

强化安全生产监督。根据国务院的部署，组织建设系统安全生产大检查，全年组织了27个检查组，对建筑施工、城市燃气、风景名胜区等进行了3次安全生产检查，督促各地加强安全生产管理。对9家特级、一级施工企业给予了停业整顿和降低资质等级处罚，吊销了277名项目经理、监理工程师的执业资格证书。严肃查处了上海轨道交通4号线工程事故和厦门禾山镇“8.9”村民自建厂房施工坍塌重大伤亡事故，并处理了相关责任单位和责任人，上海轨道交通事故中有6人被移送司法机关处理，对安全管理工作起到了很好的警示作用。2003年建筑工程百亿元产值死亡率为6.42，低于2002年水平。

建筑业的发展拉动了国民经济的增长。2003年建筑业完成增加值7600亿元左右，比2002年增长约8%。2003年1～11月，对外承包工程完成营业额112.4亿美元，同比增长32%；新签合同额144.6亿美元，同比增长25.6%。建筑业吸纳农村富余劳动力近3000万人。

（六）世界遗产和风景名胜资源保护工作得到加强

世界遗产保护工作取得了新的进展。云南“三江并流”风景名胜区在联合国教科文组织第27届世界遗产大会上被列入世界自然遗产。截止2003年底，我国各类世界遗产已达到了29处，其中风景名胜区自然和文化遗产10处、古典园林文化遗产3处、历史名城（古镇）文化遗产4处。加强了世界自然和文化遗产的保护工作。国家重点风景名胜区综合整治取得阶段性成效。截止2003年底，全国151个国家重点风景名胜区中，80%以上的风景名胜区完成了标志、标牌的设置，39个风景名胜区制定了管理条例或保护条例。同时，通过对19个国家重点风景名胜区建立监管信息系统，加强了对风景名胜区规划实施情况、建设情况和生态保护情况的动态管理。整治工作中查处了1686起违法违规建设案件，有效遏制了风景名胜区内的违规开发建设活动。

风景名胜区规划工作进一步加强。截止2003年底，已有88个国家重点风景名胜区总体规划经国务院批准实施。55%的国家重点风景名胜区划定核心景区，设立界碑界桩，明确保护重点，制定核心景区保护规划，有效保护了风景名胜资源，促进了当地的经济发展。

（七）加快法规和标准建设，推动科技创新

建设法制工作取得进展。配合国务院发布了《物业管理条例》、《建设工程安全生产管理条例》，颁发了《外商投资城市规划服务企业管理规定》等5项部门规章。制定了《关于全面推进建设行政执法责任制的意见》和行政复议、行政应诉工作规程，实施了行政复议建议书制度，推进行政执法监督工作规范化、制度化。根据国务院的要求，下发了《关于落实国务院取消的有关审批项目的若干意见》，取消了18项行政审批，4项改变审批方式，对保留行政审批项目提出了进行规范的意见，行政审批改革取得初步成效。

标准化工作进一步加强。编制发布了《地铁设计规范》等31项国家标准、24项行业标准、35项产品标准，对于保证工程质量、施工安全、环保节能等方面发挥了重要作用。全面推行《建设工程工程量清单计价规范》，推动建立适应市场经济要求的新的工程造价形成机制。组织开展了公检法司、科教文卫等政府投资项目建设标准和公共文化体育设施用地指标的制定工作。在北京等12个城市开展创建“全国无障碍设施建设示范城”活动，为方便残疾人、老年人参与社会生活创造条件。

推动建设领域的科技进步。协助组织国家中长期科学和技术发展规划战略研究专题11－二《城市发展与城镇化科技问题研究》，制定了《建设事业技术政策纲要》，发布了《建设部推广应用新技术限制与禁止使用落后技术公告（第1号）》，加强了政策引导，推进了技术创新。向国务院提出了《关于加快建筑节能工作的思路》，配合有关部门制定了政府办公楼节能改造方案和实施计划。在实地调研督查的基础上，提出了禁止使用实心粘土砖的具体措施。健全专家咨询制度，调整了建设部专家委员会。加强电子政务建设，以完善建筑市场、住房公积金、城市规划和国家级风景名胜区监管信息系统为重点，进一步提高建设系统的管理信息化水平。

（八）认真解决关系群众切身利益问题，维护社会稳定

高度重视并认真解决城镇房屋拆迁问题。对浙江、江苏、贵州、重庆、天津、沈阳等拆迁上访量大、问题比较突出的省市进行了调研督查。针对拆迁上访中反映较为强烈的问题，制定了《城市房屋拆迁估价指导意见》和《城市房屋拆迁行政裁决工作规程》，并配合最高人民法院进行了房屋拆迁调研，协助研究制定有关城市房屋拆迁的司法解释。对违规拆迁的典型案例给予曝光，加大处罚力度，房屋拆迁上访量有所下降。

认真解决建设领域拖欠工程款和拖欠农民工工资问题。针对建设领域拖欠工程款和农民工工资愈演愈烈，影响社会稳定和正常经济秩序的状况，会同有关部门调研，向国务院提出了报告。国务院办公厅下发了《关于切实解决建设领域拖欠工程款问题的通知》。今年1月2日，国务院专门召开电视电话会议，曾培炎副总理作了重要讲话，要求各地加强领导，制定清欠计划，建立长效机制，从根本上解决拖欠工程款和农民工工资问题。按照国务院的要求，建立了部际工作协商制度，会同有关部门下发了《关于贯彻＜国务院办公厅关于切实解决建设领域拖欠工程款问题的通知＞的实施意见》。组成联合调查组重点对部分省市拖欠农民工工资工作进行督促检查，以实现在春节前将2003年年内拖欠的农民工工资基本解决的目标。

加强城市轨道交通安全和出租车行业管理。为汲取韩国地铁安全事故教训，会同有关部门对全国城市地铁安全工作进行检查，向国务院提出了专题报告，并联合下发了《关于进一步加强地铁安全管理工作的意见》，预防重、特大事故的发生。针对出租汽车行业群体性事件频发的状况，下发了《加强城市出租汽车行业管理确保社会稳定的通知》，促进行业发展和稳定。由出租车管理问题引发的重大群体事件由2002年的23起下降到2003年的8起。

积极指导地方灾后重建。多次深入新疆、云南等地震灾区和陕西、安徽等洪灾地区，指导地方灾后重建工作。按照国家反恐怖协调小组的要求，制定了《建设系统反恐怖工作预案》。

2003年，我们还及时分析建设系统经济形势，为国务院领导决策提供参考。认真贯彻全国宣传思想工作会议精神，进一步推动建设系统的精神文明建设和文明行业创建活动，推广了“12319服务热线”经验。积极开展各类培训，特别是针对建筑行业吸纳农村富余劳动力就业多的特点，开展了对农民工的技能培训。加强国际合作与交流，积极参与内地与香港、澳门建立更紧密经贸关系和WTO相关工作。进一步在建设系统落实党风廉政建设责任制，实行了业务工作和廉政建设同时抓，工作责任和廉政责任同时定的“两同时”工作制度。加强机关党的建设和制度建设，完善工作机制，推进机关工作进一步规范化。

2003年，各项工作取得新的进展，是部党组认真组织贯彻落实党中央、国务院的各项决策和指示，建设系统广大干部职工认真学习贯彻“三个代表”重要思想，立足于长远和大局，齐心协力，辛勤工作的结果。我们在看到成绩的同时，也要充分认识到当前城乡建设中存在的问题和不足。这些问题和不足，有的是在发展的过程中新产生的，有的是体制、机制不健全造成的，有的是由于指导思想存在偏差引起的。对此，我们要高度重视，采取切实有效的措施加以解决。

二、把握全局，解决矛盾，把思想统一到中央部署上来

党的十六届三中全会提出，坚持以人为本，树立全面、协调、可持续的科学发展观。这是改革开放20多年实践的经验总结，是战胜“非典”带给我们的重要启示，是我们党现代化建设指导思想的新发展，是我国经济社会发展必须长期坚持的指导方针。中央经济工作会议要求牢固树立科学的发展观，提出了今年经济工作要把握的六个方面和要做好的八项工作。按照中央的部署，2004年建设工作的总体要求是，以邓小平理论和“三个代表”重要思想为指导，认真贯彻十六大、十六届三中全会和中央经济工作会议精神，坚持“五个统筹”，落实全面、协调、可持续发展观，端正城乡建设指导思想，改进城乡规划编制，加强规划实施监管，强化规划对城镇发展的综合调控，推进大中小城市和小城镇协调发展。统筹城市公共设施建设，加快市政公用事业的市场化进程和环境卫生体系建设，改善人居环境。继续整顿规范建筑市场和房地产市场秩序，强化工程质量安全监管，充分发挥建筑业和房地产业对国民经济的拉动作用。正确处理改革、发展、稳定的关系，认真解决关系人民群众切身利益问题，维护社会稳定。切实转变政府职能，推动建设事业持续协调健康发展。

当前，城乡建设事业正处于快速发展时期，保持着良好的发展势头。但越是形势好，越要保持冷静的头脑，看到城乡建设事业发展中存在的困难、问题和隐忧，对当前城乡建设事业的发展形势保持清醒的认识。

（一）端正城市建设指导思想，保持城市持续健康发展

近年来城市建设迅速发展，城市功能不断完善，规模不断扩大，对于促进经济社会发展发挥了重要的作用。但在城市快速发展的过程中也出现一些不容忽视的问题：一是城市盲目扩张趋势有所加剧。一些地方忽视城镇化发展规律，超越经济发展阶段和资源承受能力，提出不切实际的城市发展目标；一些地方随意圈占农民集体土地，以牺牲农业发展、牺牲农民的权益来换取城市一时的快速扩张。二是搞不切实际的“形象工程”。一些地方对密切关系群众利益的市政公用设施建设、中低收入家庭住房问题、居住环境问题重视不够，严重超越自身的经济承受能力，不讲投资效益建设行政中心、豪华办公楼、中央商务区、会展（博览）中心、步行街、大草坪、大广场、宽马路、主题公园、高尔夫球场、“亮化美化”等“形象工程”、“政绩工程”。三是环境卫生体系建设滞后。城市垃圾无害化处理率不到20%，污水处理率不足40%，城市排水管道普及率只有60%。一些城市污染严重，影响群众健康。20%的城市人均公共绿地不足3平方米，22%的城市绿化覆盖率不足10%。四是资源浪费严重。城镇管网老化严重，一些城市供水管网漏失率高达30%，污水的再生利用率极低。单位建筑能耗是发达国家的2－3倍以上。五是小城镇和村庄建设引导不力。一些地方小城镇发展重点不突出，基础设施建设滞后，产业基础薄弱，发展动力不足。小城镇建设缺乏分类引导，盲目攀比，建设无序。农村基础设施和公共设施严重短缺，环境脏、乱、差，城乡发展不协调。六是城乡规划的综合调控作用没有得到充分发挥。一些地方随意修改经批准的规划，擅自突破规划确定的规模，“领导一换、规划重来”的现象还比较突出，有效的城乡规划监督制约机制尚未建立，缺乏明确的行政责任追究制度。对于城市建设中出现的上述问题，我们必须高度重视，认真加以解决。在城市建设中要坚持科学的发展观，树立正确的政绩观，维护和实现最广大人民的根本利益。城市建设和发展，要与经济、社会、人口、资源、环境相协调，最大限度地节约资源，走可持续发展的道路；要坚持实事求是、讲求实效、量力而行、逐步推进；要坚持城乡统筹，统一考虑城乡规划、建设，以城市繁荣带动农村繁荣，促进大中小城市和小城镇协调发展。

（二）保持房地产市场、建筑市场持续健康发展

住房制度改革不断深化，投资规模逐年增加，住房消费有效扩大，房地产市场、建筑市场不断发展，有效拉动了经济增长。保护好、发挥好、引导好各方面的积极性，保持房地产市场、建筑市场持续健康发展，对于国民经济发展至关重要。总体上看，全国房地产市场发展平稳，但一些新情况必须引起高度重视。一是部分地区住房结构性矛盾突出。一些城市普通商品住房和经济适用住房供不应求，高档商品房空置积压。部分地区商品房空置面积增长幅度过大，2003年1～11月，有22个省（区、市）商品房空置面积有不同程度的提高，西部地区因结构性矛盾，空置商品房增幅明显高于东、中部地区。二是部分地区房地产投资增长、商品住宅价格上涨过快。2003年1～11月，全国房地产投资同比增长32.5%，其中11月份增长42.9%；全国商品房价格涨幅为4.9%，但40个重点城市商品房价格涨幅为9.0%左右，部分城市商品住宅的价格上涨超过20%。三是房地产开发、交易行为不规范。一些房地产开发企业大量拖欠建筑业企业工程款，全国累计拖欠的工程款中，房地产开发企业拖欠占39.6%。房地产交易中的合同欺诈、面积“缺斤短两”、广告虚假等现象还比较严重。四是商品住宅建设中质量通病还不同程度的存在。因质量问题引起的纠纷时有发生，侵害了消费者利益。五是市场监管体系不健全。市场信息系统不完善，建筑业和房地产企业的信用惩戒机制作用有待加强。对于这些问题，我们要密切关注，尤其要居安思危，适时适度做好调控，加强市场监管，规范市场主体行为，切实防止局部存在的过热苗头演变为全局性问题，促进房地产业和建筑业持续健康发展。

（三）立足体制创新、机制创新，积极推进建设领域改革

近几年建设部门积极探索各项改革，取得一些重要成效，有力地促进了建设事业的发展。但必须清醒地认识到，我们的改革与中央提出的不断完善社会主义市场经济体制的要求还不适应。要认真贯彻十六届三中全会《决定》精神，着重加快推进以下改革：一是市政公用事业改革。当前，有些地方把加快市政公用事业市场化进程简单地理解为将市政公用设施一卖了事，价格监控和服务质量监督机制未建立；一些市政公用企业政企不分，垄断经营，缺乏激励机制，管理观念陈旧，运营效率比较低；一些地方限制非公有资本进入市政公用行业；市政公用事业缺少服务质量标准和产品质量标准。要解决上述问题，重点是开放市场，打破垄断，鼓励多元化投资，实行市场化经营，加强有效监管，努力改变城市市政公用设施建设运营管理的落后状况，尽快形成有利于加快市政公用事业发展的新机制。二是建筑业改革。当前，建筑业企业数量过多，建筑业生产能力过剩，行业整体效益低下；企业缺乏活力和竞争力；技术密集、资金密集的综合管理型大型企业和企业集团发育缓慢，专业化企业相对缺乏，没有形成合理的工程总分包体系。国有建筑业企业改革进展缓慢。建筑业从业人员整体素质较低，科技创新能力和技术、管理水平不高，还没有摆脱粗放管理状况。国际建筑市场占有率过低，参与国际竞争的实力不足。一些地方实行地方保护，某些行业进行行业封锁。建筑业改革下一步重点是强化市场机制的作用，改革政府对建筑市场准入管理方式；调整结构，促进建筑市场供求关系基本平衡；改革建设

项目组织实施方式，形成合理的工程总分包体系；建立现代企业制度，增强国有建筑业企业活力和竞争力。三是城市基础设施建设和管理方式改革。近几年加强了城市基础设施建设，城市基础设施“瓶颈”有了缓解。但总体投资仍显不足，运行管理方式落后，服务水平偏低；建设中缺少有效协调，道路反复开挖，重复施工，严重扰民，且造成投资浪费。对此，要加强统筹管理，科学规划城市路网结构和道路建设，进一步加强城市公共交通系统的统筹建设和综合管理；加强城市地下管网布设和地下空间开发利用的统筹管理，改变各类管网各自建设、反复开挖的状况；要加强城市供水、节水、排水、污水处理、污水再生利用设施建设与运营的统一管理和综合协调，提高水资源利用效率，保证城市供水安全。通过统筹城市基础设施和各种公用设施的建设、运营和管理，提高投资效益，增强城市运行的协调性和有效性。四是行政审批制度改革。目前，建设部门仍习惯于以审批代行政管理，重事前审批，轻监督管理，甚至只审批，不监督；审批程序不规范、缺少透明度，对行政审批权力缺乏有效的监督制约。对此，要按照“经济调节、市场监管、社会管理、公共服务”原则，进一步转变政府职能，规范审批程序和行为，加强有效监督。

（四）认真处理建设领域突出矛盾，珍惜和维护稳定的发展环境

建设事业关系广大人民群众的切身利益，推进建设事业的发展，必须把改革的力度、发展的速度和社会可承受的程度有机结合起来，把实现好、维护好、发展好人民群众的根本利益，作为处理改革、发展与稳定关系的结合点。但是近年来，一些群众长期关心的问题得不到解决，有些地方的矛盾还有所激化，影响了社会稳定。一是城市房屋拆迁矛盾突出。城市建设发展，不可避免要拆迁一些房屋。但一些地方在拆迁过程中安置不落实、补偿不合理、管理不到位，加之工作方法不当、态度粗暴，造成拆迁纠纷不断增多，引发集体上访，突发事件时有发生，成为当前影响社会稳定的重要因素。二是拖欠工程款和农民工工资问题严重。建设领域拖欠工程款数额居高不下，呈明显增长趋势，至 2002 年底，累计拖欠工程款达到 3366 亿元，相当于建筑业年总产值的 19.6%，其中政府投资工程拖欠工程款占 26.7%。拖欠工程款，恶化了社会信用环境，侵害了企业、职工和农民工的合法利益，损坏了政府形象，给整个社会的经济秩序及社会稳定都带来严重危害。三是城市出租车行业矛盾没有完全解决。尽管近年来对出租车行业进行清理整顿，取得了初步成效，但仍然存在经营不规范、以包代管等问题，影响了行业发展和稳定。四是城市防灾、减灾能力较弱。随着社会经济不断发展，城市安全的重要性愈加显现。城市防灾设施匮乏，应急机制不健全，应对自然灾害和突发事件的能力不强，城市安全性脆弱。五是建筑施工安全形势不容乐观，重、特大安全事故时有发生。这些问题如果处理不好，将严重损害群众利益，危害社会稳定，影响经济持续健康发展。对此，我们必须高度重视，采取措施，建立长效机制和制度，从根本上加以解决。

三、抓住机遇，改革创新，促进建设事业健康发展

按照中央决策和部署，建设系统 2004 年要着力抓好以下工作。

（一）认真解决拖欠工程款和农民工工资问题，继续做好建筑市场整顿

认真解决拖欠工程款和农民工工资问题。贯彻落实国务院领导的重要批示和《国务院办公厅关于切实解决建设领域拖欠工程款的通知》，从清欠农民工工资上着手，继续督促进展比较缓慢的地区抓紧做好清欠工作。进一步摸清拖欠底数，理清资金链条，找出问题症结，提出切实有效的解决办法，加强规范管理，实行标本兼治。加强部门协调和对各地工作的指导监督，制定和实施三年清欠计划，建立清欠情况报告制度，公开曝光有拖欠行为的房地产开发企业、建筑业企业和有关政府工程，加大对严重拖欠企业的处罚力度，严格责任追究制度。完善合同管理和工程结算制度，推行工程担保制度，切实解决黑白合同问题。指导和督促地方贯彻好建设部等 7 部委和最高人民法院《关于贯彻〈国务院办公厅关于切实解决建设领域拖欠工程款的通知〉的实施意见》，建立长效机制，综合运用经济、法律、行政等手段，从源头上防止拖欠工程款的发生。继续发挥新闻媒体的作用，形成社会舆论监督的氛围。

继续整顿和规范建筑市场秩序。加强建设领域信用体系建设，建立信用监督和失信惩戒制度。完善建筑市场监管体系，加大对市场主体特别是业主的监督力度。打破行业垄断和地方封锁，加强有形建筑市场建设，改进和完善对工程招标投标活动的监管。严格市场准入和清出制度。加强对工程监理工作的指导。加大对违法违规行为的打击力度。加快推进政府投资工程建设组织实施方式改革，建立权责明确、制约有效、科学规范的运行机制，对公益性政府投资工程和经营性政府投资工程实行不同的管理运作方式。

（二）加强城乡规划的监督，推动大中小城市和小城镇协调发展

改进城乡规划编制，提高规划的科学性。城乡规划的编制既要注重确定开发建设项目又要注重保护和合理利用各类资源、明确空间管制要求；既要注重确定城市性质、规模、功能定位又要注重控制合理的环境容量和确定科学的建设标准，以促进人居环境改善和城市可持续发展。要认真抓好规划编制内容与方法改革试点。指导城镇密集地区、区域经济增长带的规划编制工作，建立健全省域城镇体系规划和城镇密集地区规划的实施机制。按照振兴东北等老工业基地和西部大开发的战略要求，做好有关城市的规划编制指导工作。抓紧完善近期建设规划的编制与实施机制。进一步提高控制性详细规划的覆盖率和质量。加强城乡规划设计市场的监督管理，提高城乡规划编制质量和水平。继续做好由国务院审批的城市总体规划的审查工作。

加强历史文化名城的保护和管理。科学制定历史文化名城保护规划，重点做好对历史文化名城整体格局、历史文化街区、文物古迹与历史性建筑及其周边环境的保护。制定保护措施，加强对具有重要历史文化价值的名镇、名村规划建设管理的指导和命名工作。继续安排好国家历史文化名城保护专项资金，提高资金使用效益。建立和实施紫线管制制度，加强对历史文化遗产的保护，严厉查处破坏历史文化遗产的行为。

加强对小城镇建设的指导。推动小城镇建设与发展农业产业化相结合，与风景名胜区保护和发展旅游业相结合，与缓解大城市中心区人口压力相结合，发展一批工矿型、商贸型、旅游型、农业产业化型等各具特色的小城镇。以县城和区位条件优越、产业基础好、具有一定规模的建制镇为重点，发展特色产业，加快基础设施、公共设施建设，尽快完善功能，发挥对周围农村的辐射带动作用。其它小城镇的建设要因地制宜，逐步配套基础设施、公共设施，增强对农村的服务功能。抓好小城镇建设的试点，通过典型示范，分类指导。制订小城镇建设评价标准，开展全国小城镇建设示范

镇复查和命名工作。会同有关部门研究制定促进全国重点小城镇发展的政策措施。

重视对村庄建设的引导。以中心村建设为重点，搞好村庄道路、供水、供电等设施建设，引导农民相对集中建设住房，努力改善农民的生产生活条件。抓好村庄建设试点，及时总结推广试点经验。

深化城乡规划管理体制改革，健全规划管理制度。进一步明确各级政府城乡规划管理的事权，强化省、自治区建设厅对省域城镇体系规划实施的协调、监管职能，以及对经国务院和省政府批准的城市总体规划实施的监督职能。继续推进贵州省城乡规划管理体制改革试点、四川省派驻规划督察员试点、城市规划实施动态监测系统的试点，总结推广试点经验。建立健全专家咨询制度、审批制度、备案制度、协调制度、听证制度，实行城乡规划科学民主决策，推动城乡规划决策规范化。建立和完善规划的报告制度、监督制度、行政责任追究制度，主动接受人大依法监督、政协民主监督，维护规划的权威性，保障规划的有效实施。抓紧研究制定城乡规划监督与行政责任追究办法。会同有关部门监督检查国发〔2002〕13号、建规〔2002〕204号贯彻执行情况。

（三）加快市政公用事业市场化进程，推进基础设施和环境卫生体系建设

贯彻《中共中央关于完善社会主义市场经济体制若干问题的决定》精神，鼓励社会资金、外资及各种所有制企业参与城市供水、供气、供热、污水处理、垃圾处理、公共交通等经营性市政公用设施建设和运营。切实提高城市基础设施建设统筹管理水平，着力推进城市公共交通、地下管网布设与地下空间利用、水资源综合利用的统筹建设、统一管理、综合协调。推行市政公用事业特许经营制度，建立服务质量标准和评价体系，健全企业服务质量监督和价格监控机制。通过试点，及时总结推广经验。

认真研究解决城市交通问题。以缓解大城市交通拥堵为重点，完善交通政策，优先发展城市公共交通，加强城市交通网络和公共交通系统的规划建设，改善交通管理，抓紧研究提出《关于优先发展城市公共交通的意见》。开展“绿色交通示范城市”创建活动，抓好“畅通工程”工作。继续整顿出租汽车等公共客运交通秩序。

抓好城市绿化工作。加快编制城市绿地系统规划，严格城市“绿线”管制制度，加强城市建成区特别是城市中心区和居住区的绿化工作。大城市要结合公路、城市干道、河湖水系建设楔形绿地。继续抓好“园林城市、园林小区、园林单位”创建工作和“中国人居环境奖”评选工作。

加强城市环境卫生体系和设施建设。建立环境卫生管理、治理和应急体系，健全环境卫生法规和标准，制定促进环境卫生事业发展的政策措施。完善污水、垃圾收费制度，继续推进污水处理、垃圾处理的产业化，抓好重点流域和三峡库区的污染防治工作。加强城市供水安全保障体系建设，确保供水安全。指导各地做好城市供水管网改造的实施工作，加强对工程项目的监管。进一步研究建立合理的水价体系，促进节约用水和污水资源化。总结推广城镇密集地区垃圾、污水处理设施和供水设施共享工作经验。

（四）认真贯彻落实国发〔2003〕18号文件，保持房地产市场持续健康发展

坚持住房市场化的基本方向，进一步促进住房消费。加快完善住房分配货币化制度，加大住房补贴发放力度，支持职工住房消费。进一步搞活住房二级市场，积极培育和规范发展住房租赁市场，促进增量市场和存量市场的联动。加大住房公积金归集和贷款发放力度，进一步加强监督和规范化管理，提高使用率。完善个人住房贷款担保机制，研究建立全国个人住房贷款担保体系。

完善住房供应政策，调整住房供应结构。大力发展普通商品住房，加强经济适用住房的建设和管理，规范集资建房和合作建房，多渠道解决困难职工的住房问题，严格控制高档商品房建设。研究解决城镇化过程中进城务工人员住房等问题。贯彻落实《城镇最低收入家庭廉租住房管理办法》，建立健全住房保障体系。指导地方合理确定保障水平、落实住房保障资金，逐步建立稳定规范的资金来源。积极推行以发放租赁补贴为主、实物配租和租金核减为辅的住房保障方式，强化住房保障工作。

加强宏观调控，整顿规范市场秩序。加强对重点地区房地产市场运行情况的分析和监督，完善房地产市场信息系统和预警预报体系，争取2004年上半年在35个大中城市和其他重点城市全面推开。会同国家统计局等有关部门建立定期信息发布制度，引导企业理性投资，消费者理性置业。配合国务院办公厅下发《关于开展房地产市场专项整顿的通知》，全面部署整治工作。完善房地产信用档案系统，健全房地产中介服务监管机制，开展执法检查，曝光一批失信企业，切实维护购房者的合法权益。

大力推进住宅产业现代化，提高住宅科技含量和产业化水平。建立和完善住宅产业的经济政策、技术政策，健全推进机制，规范住宅性能认定和住宅部品认证、淘汰制度，鼓励研发和推广适用的建筑成套技术、产品和材料。

认真贯彻《物业管理条例》，规范发展物业管理。抓紧制定《住房专项维修资金管理办法》和《业主公约》、《物业服务合同》等示范文本。贯彻《物业管理收费管理办法》，指导各地建立“分等定级、质价相符”的物业管理收费机制，规范物业服务收费行为。

（五）加强监管，提高工程质量和安全水平

强化工程质量安全监管。深入贯彻落实《建设工程安全生产管理条例》，抓紧制定配套文件，健全安全生产规章制度和保障体系，全面落实建设主体安全责任，严格责任追究。实施安全生产许可证制度，加强安全生产培训和考核，对建筑施工企业主要负责人、项目负责人、专职安全生产管理人员实施安全考核任职制度。开展对房屋改扩建工程、房屋拆除工程的专项整治和检查，防范重、特大事故发生。做好工程抗震、城市防灾工作。继续完善工程质量监管制度，调整监管内容，改进监管方式，推进监管体制和机制创新，提高监管水平和效果。研究建立工程质量评价体系，规范工程质量检测行为。加强对村镇建设工程质量安全的监管。

增强建筑业企业的活力和竞争力。紧紧依靠科技进步，加快科技创新和管理创新，逐步实现建筑业从粗放型向集约型的转变。加快建筑业的结构调整，提高产业集中度，重点培育一批具有一定国际竞争力的大型工程公司，带动建筑业整体素质的提升。积极推进产权制度改革，完善法人治理结构，改善经营管理，建立现代企业制度。加快实施“走出去”战略，鼓励企业对外承包工程和扩大劳务输出。组织研究深化建筑业改革指导意见，商有关部门研究对建筑业改革的扶持政策。

重视建筑装饰装修业的发展。充分发挥装饰装修业对建材、轻工等相关产业的拉动和就业的促进作用。健全装饰装修产品开发、设计、施工、部品生产、管理和服务的产业系统，建立和完善生产、供给、销售和服务一体化的生产组织方式。积极推广先进适用成套技术，不断提高建筑装饰装修业的工业化水平和建筑装饰装修产品的综合品质。加强对建筑装饰装修市场的监管，规范装饰装修企业行为，严格市场准入和清出。大力推行一次性整体装修，减少因二次装修可能对房屋造成的破坏及环境污染。加强对室内环境质量检测工作，提高建筑装饰装修质量，保证人们居住和使用安全。

积极推进建筑节能工作。树立能源安全观念，加强建筑节能的宣传，提高建筑节能意识。健全建筑节能标准体系，制定建筑节能鼓励政策。加强建筑节能技术、产品的研发和推广应用，努力降低建筑能耗水平。新建建筑要全面执行建筑节能设计标准。以政府办公楼的节能改造为突破口，逐步启动建筑节能改造。继续推进城市供热体制改革，进一步扩大试点范围，总结推广试点经验。

（六）正确处理保护与开发利用的关系，严格风景名胜资源保护

切实纠正重开发、轻保护的行为。要认真贯彻“严格保护，统一管理，合理开发，永续利用”的原则，处理好开发利用与保护之间的关系。改进风景名胜区总体规划的编制，明确保护的内容、目标和措施，划定核心保护区。根据风景名胜区生态保护和环境容量要求，制定游览设施建设专项规划和经济发展引导规划，合理配置风景名胜区内各类游览设施和居民点建设用地。严格规划的实施监督，风景名胜区的建设项目要依照规划，进行充分论证，并按规定的程序审批。以召开第28届世界遗产大会为契机，进一步推动世界遗产和风景名胜区保护工作。

继续开展风景名胜区综合整治。进一步加强对国家重点风景名胜区工作的检查和监督，推动国家重点风景名胜区各项管理工作制度化、规范化，树立国家重点风景名胜区的良好形象，带动和提高风景名胜区事业整体发展质量。

强化风景名胜区管理机构的政府管理职能。在风景名胜区内的所有单位，除各自业务受上级主管部门领导外，都必须服从管理机构对风景名胜区的统一规划和管理。探索市场经济条件下的风景名胜资源保护方法，推动风景名胜区管理逐步实行政企分开。风景名胜区内交通、服务、宾馆、饭店、商店、通讯等旅游设施项目按照规划建设，可以由企业经营；基础设施维护保养、绿化、环境卫生、保安等具体管理的服务项目，可以委托相应的管理公司负责。严禁将风景名胜区规划管理和资源保护的职能交企业管理。

探索资源保护性移民、建设风景旅游小城镇。在严格保护资源的前提下，根据需要和可能，对一些重点风景名胜区的基础设施进行改建或扩建，适当开发建设一批新的风景点，逐步满足旅游发展的需要。按照“山上游、山下住”、“沟内游、沟外住”等原则，规划建设一批旅游小城镇，逐步解决核心景区内人口迁移问题，带动当地经济的发展。

（七）以实施《行政许可法》为契机，完善法规标准，创新管理机制

认真贯彻《行政许可法》。继续组织好建设系统行政许可法的学习培训工作。按照国务院的部署，认真、及时做好建设系统行政许可项目的清理，修改有关部门规章并研究提出相关法规的修改意见。加快建立和完善《行政许可法》的配套制度，保证《行政许可法》的顺利实施。抓紧修改完善并尽快发布《建设部行政许可工作规则》。

加强立法工作，提高执法水平。要依据建设部法律法规工作的中长期规划，认真做好法律法规的前期准备工作，注重加强对重要立法项目的调研和论证。配合国务院法制办做好《城乡规划法》、《风景名胜区管理条例》、《历史文化名城和历史文化街区、村镇保护条例》修订工作，确保出台《风景名胜区管理条例》，力争《城乡规划法》、《历史文化名城和历史文化街区、村镇保护条例》提交国务院审议。加紧进行《建筑法》、《城市公共交通管理条例》、和《城市节约用水管理条例》等法规修订或制定的前期准备。继续做好行政执法监督工作，落实建设系统的行政执法责任制，加强对地方建设行政主管部门行政执法工作的指导，配合有关部门进行执法检查。做好建设行业行政执法人员的法律法规培训。

改进资质、资格管理。严格准入条件，加强企业资质和专业技术人员的资质、资格管理。改进资质审批授予方式，继续坚持并完善集中受理、专家评审和审批前公示、审批后公告等制度，推进资质、资格管理的“公平、公正、公开”。适应我国加入WTO的要求，认真研究探索单位资质管理与个人执业资格管理有效结合的方式。

完善工程建设标准体系。重点推进国家突发公共卫生事件应急反应体系及急需的建设标准规范的制订、修订工作。加强政府投资项目相关建设标准和公共文化体育设施用地指标的制定工作。加大对地方标准化工作的管理和指导力度，坚决查处不执行强制性条文的行为。大力推行工程量清单计价，加强政府对工程造价的指导和监控。

积极探索建设行政管理的新机制。按照决策、执行、监督相协调的原则，根据建设系统的特点，进一步强化省级建设行政主管部门的职能，充分发挥城市政府中与建设部职能相对应的委办局和县级建设行政主管部门的作用，建立和完善上下协调、运行有效的工作机制。各级建设行政主管部门，特别是建设部、省（区）建设厅和城市建委，要学会抓综合，抓协调，协助政府统筹抓好规划建设中的综合性问题。要注意总结湖北省市一级建设行政主管部门由讪市建委协调的做法。要善于将党中央、国务院和上级的指示与本部门的日常工作结合起来，做好自身的工作。

（八）着力解决社会热点难点问题，保持社会稳定

进一步做好房屋拆迁工作。贯彻落实《城市房屋拆迁管理条例》和《国务院办公厅关于认真做好城镇房屋拆迁工作维护社会稳定的紧急通知》，认真执行《城市房屋拆迁估价指导意见》和《城市房屋拆迁行政裁决规程》，建立和完善拆迁公示、信访接待、拆迁举报、拆迁承诺、拆迁监管以及拆迁责任追究等制度，加强拆迁案安置房的建设，及时化解拆迁纠纷。

切实做好信访工作。各级建设行政主管部门要进一步加强对信访工作的组织领导，严格落实信访责任制。要充分认识做好信访工作的重要性和紧迫性，切实把解决群众上访问题摆在重要议事日程，专题研究、专门部署。要认真研究和落实涉及群众利益的有关政策，防止因政策不当、落实不力而引发群众上访。要根据“谁主管、谁负责”和“属地管理”原则，分清责任，明确任务，一级抓一级，层层抓落实。要严格责任追究制度，对漠视群众疾苦、工作敷衍塞责造成严重后果的，要依照党纪政纪和法律法规追究责任。要牢固树立全局观念，加强部门间、上下级间的协调配合，共同做好工作。要加强对重点问题的专项治理，努力把问题解决在基层。

（九）加强思想作风和组织建设，提高建设系统的凝聚力和战斗力

加强制度建设。按照《国务院工作规则》和《建设部工作规则》的要求，继续坚持和完善协调制度、督办制度、公文处理制度、会议制度、外事制度等工作制度，切实做到党中央、国务院要求办理的事情、领导批示或交办的事项在规定时限内保证质量办理完毕。

进一步加强人才培养和队伍建设。全面贯彻落实全国人才工作会议精神，抓好人才培养和干部队伍建设。紧紧抓住培养、吸引、用好人才三个环节，努力建设一支政治坚定、业务精湛、作风过硬的公务员队伍。坚持公开、平等、竞争、择优的原则，不拘一格选拔和任用干部，特别是年轻干部。加强对地方领导干部城乡规划建设管理知识的培训，做好专业技术管理人员的业务培训工作。制定全国建设系统农民工培训规划，抓好农民工的职业技能培训，切实提高农民工的素质和就业能力。抓紧内地与港澳专业人士的资格互认工作。

加强机关党的工作和党风廉政建设。以保持党员先进性教育为重点，全面推进党的建设，进一步提高基层党组织的凝聚力和战斗力，充分发挥党组织的战斗堡垒作用和党员的先锋模范作用。推进机关作风建设，继续开展以保持"两个务必"、贯彻"八个坚持、八个反对"、树立正确的政绩观、反对形式主义和官僚主义为主要内容的专题教育活动，增强党员干部执政为民的自觉性。认真落实中纪委及部党组关于加强党风廉政建设的部署，加强对党风廉政建设和反腐败工作的领导，进一步落实党风廉政责任制，坚持党风廉政建设和业务工作"两同时"，严肃查处违纪案件。进一步加强纠风工作和行风建设，大力开展创建文明行业活动。

同时，做好建设事业"十一五"规划编制的前期研究工作。加强与联合国人居署等国际组织的国际合作交流，积极开展与有关国家的合作，进一步做好建设领域利用外资工作。组织做好 WTO 服务贸易新一轮谈判和双边谈判工作，完成 WTO 建设领域过渡性审议工作。继续做好内地与香港、澳门更紧密经贸关系安排的有关工作。

同志们，我们正处于可以大有作为的重要战略机遇期，加快建设事业发展，任务艰巨，责任重大。让我们在以胡锦涛同志为总书记的党中央领导下，坚持以邓小平理论和"三个代表"重要思想为指导，全面贯彻中央确定的各项方针政策和工作部署，以更加旺盛的斗志，更加扎实的工作，为全面完成 2004 年的各项任务，促进经济持续快速协调健康发展和社会全面进步，做出新的贡献。

(2003 年 1 月)

走中国特色的城市发展道路

——汪光焘部长在城市发展国际论坛上的主题发言

一、中国城市发展取得很大成就

城市是现代文明的标志，是经济、政治、科技、文化、教育的中心，集中体现了国家的综合实力、政府管理能力和国际竞争力。中国政府高度重视城市发展问题，颁布了一系列有关城市发展的政策措施，有力地促进了中国城市的发展。尤其是改革开放以来，随着有中国特色的社会主义市场经济体制的建立和不断完善，中国城市的建设和发展取得了举世瞩目的成就。主要表现在：

1. 城市在国家经济建设中的地位越来越重要，在国民经济社会发展中发挥着主导作用。

目前，中国工业产值和国内生产总值的 70%、税收的 80% 都来自城市，城镇居民收入稳步增长。

2. 城市的居住条件、居住环境得到很大改善。

2002 年年底，城镇居民人均住宅建筑面积达到 22.8 平方米。截至目前，超过 80% 的城镇家庭拥有了自有住房；有 4 个城市获得了联合国人居奖；8 个城市获得了中国人居环境奖，62 个城市、单位获得中国人居环境范例奖；39 个城市被授予全国园林城市；51 个城市被授予全国卫生城市，104 个镇被授予全国卫生镇；人口寿命期望值达到世界先进水平。

3. 城市市政基础设施投资力度不断加大，城市基础设施日臻完善。

1998～2001 年，全国城市建设完成固定资产投资 7311 亿元，占全社会固定资产投资的 5.7%，其中，国债资金安排城市基础设施建设项目 1354.7 亿元。2002 年，全国完成城市建设固定资产投资 3119 亿元，比上年增长 32.6%。全国城市用水普及率达到 77.85%，污水处理率达到 39.97%，垃圾无害化处理率达到 54.24%，环境卫生设施得到显著改善。城市建成区绿化覆盖率达到 29.75%，人均拥有公共绿地 5.33 平方米。

4. 城市规划的地位和作用日益重要，历史文化遗产和风景名胜资源得到了较好的保护。

目前全国有 86 个城市规划和 151 个国家级风景名胜区规划由国务院批准；我国被列入世界自然文化遗产的风景名胜区和历史文化名城、名镇（村）达到 28 个。

5. 城市的辐射能力和集聚功能不断增强，推动了区域经济的发展。

长江三角洲、珠江三角洲、环渤海等城镇密集地区显示出强大的发展活力和发展后劲，对于推动全国的经济发展、提高综合国力具有重要的意义。区域性中心城市和省会城市在带动周边经济的协同发展方面日益发挥着重要的作用。

6. 城镇化水平不断提高。

城镇化水平从 1949 年的 10.6% 提高到 1978 年的 17.92%，再后来又迅速提高到 2002 年的 39.1%；城市、镇的数量分别为 662 个、20358 个；城镇人口近 5 亿。

与此同时，城市的科学、教育、文化、体育、卫生等各项社会事业也有很大的发展，城市人口素质不断提高。

我们还注意到，中国的城市发展中还存在一些问题，经济结构不尽合理，经济实力和竞争力不强，城市就业矛盾比较突出，资源环境压力加大，城乡收入有比较大的差距，农民收入增长缓慢等，这些都需要我们在改革和发展的过程中逐步加以解决。

二、中国城市发展要适应全面建设小康社会的要求

（一）城市发展要抓住重要的战略机遇期

21 世纪的头 20 年，是中国全面建设小康社会的新的发展阶段，是一个必须紧紧抓住并且可以大有作为的重要战略机遇期。目前我国达到的小康还是低水平的、不全面的、发展很不平衡的小康，社会主义市场经济体制还不完善，人民日益增长的物质文化需要同落后的社会生产之间的矛盾仍然很突出。随着世界多极化、经济全球化的不断发展和科技进步的不断加快，综合国力竞争日益激烈。按照到 2020 年的奋斗目标，我国国内生产总值要力争比 2000 年翻两番，综合国力和国际竞争力明显增强，继续保持健康持续发展的趋

势。因此，我们要坚持以经济建设为中心，用发展的办法解决前进中的问题；坚持改革开放，不断完善社会主义市场经济体制。城市作为各行各业发展的载体，集中体现了综合国力和竞争力，必须适应这一重要的战略机遇期的要求，加快发展，充分发挥作用。

（二）坚持以人为本，走可持续发展的路子

城市发展要遵循客观规律，坚持以人为本，树立全面、协调、可持续的发展观。要与经济发展水平和市场发展程度相适应，实事求是，因地制宜，量力而行。要合理开发和节约使用各种自然资源，切实保护人文资源。要与新型工业化协调推进，加快经济结构调整，不断增强城市发展的活力。要有利于缩小城乡差别和地区差别，促进城乡一体和区域协调发展。要维护广大人民的根本利益，加强生态建设，提高人居环境质量，促进人与自然的和谐，推动社会走上生产发展、生活富裕、生态良好的发展道路。

（三）科学布局，形成大中小城市和小城镇协调发展

全面建设小康社会，必须走中国特色的城镇化道路，要坚持大中小城市和小城镇协调发展，有重点地发展小城镇，积极发展中小城市，完善区域性中心城市功能，发挥大城市的辐射带动作用，引导城镇密集地区有序发展的城镇化发展方针。

根据国家区域经济布局要求，要制定和实施全国城镇体系规划纲要，提出重点地区城市发展、重要基础设施布局和建设的要求，加强对东、中、西部地区城镇发展的分类指导，协调跨省级行政区域、城镇密集地区的发展。要充分发挥大城市的辐射带动作用，促进城市空间布局和用地结构的优化，完善综合功能，提高现代化水平；统筹考虑区域性中心城市和中小城市，充分发挥传递大城市辐射功能和带动小城镇发展的作用，增强吸纳人口的能力；要积极探索小城镇发展和建设规律，采取低成本和可持续发展模式。发展小城镇要因地制宜，分类指导，以现有的县城和有条件的建制镇为基础，同发展乡镇企业和农村服务业结合起来，发挥农村地域性经济、文化中心的作用，有序转移农村富余劳动力。

（四）城乡统筹，城市繁荣带动农村发展

全面建设惠及十几亿人口的更高水平的小康社会，使经济更加发展、民主更加健全、科教更加进步、文化更加繁荣、社会更加和谐、人民生活更加殷实，关键是解决好农业、农村、农民问题。实践证明，解决三农问题的出路在于城镇化。农村富余的劳动力向非农产业和城镇转移是工业化和现代化发展的必然趋势。富余农民到城镇里生活，可以促进提高农村劳动生产率。富余农民通过在城镇就业，提高了收入，掌握了一定的技能，可以在资金和技术上“反哺”农村，从而提高农业水平和发展质量。

城镇化的核心是经济发展，要以经济发展带动社会的全面发展。产业发展是促进经济发展的基本因素。扩大就业是推进城镇化的关键，既要适应自身经济发展的就业问题，又要为农村劳力进城创造就业条件。产业发展了，就能扩大就业，有了就业岗位就会有人来，产业旺，人气足，税收增长能力就能增强，城市也就有更大的发展。

城市发展要高度重视“三农”问题，要把城乡统筹发展作为制订城乡规划、确定分配格局和研究重大政策的重要指导思想。城市繁荣带动农村繁荣是一个总的概念，具体是每一个城市对其周边农村的带动能力，也就是城市的辐射力和吸引力，这种能力是由政治地位、经济、科技实力、文化影响所决定。城市具有增长极核效应。大城市的发展，在产业结构上需要与周边中小城市和小城镇互补，必须以广阔的农村为腹地，才能满足其正常的生产和生活需求。要把大、中、小城市与小城镇发展同解决农村富余劳动力问题相结合，才能积极有效地推进城镇化，实现城市繁荣带动农村发展，城乡共同富裕的目标。

三、中国城市发展要重点研究解决好的几个问题

（一）科学制定城乡规划，严格规划监督管理

城乡规划是政府指导、调控城乡建设和发展的基本手段。新时期城市发展特别要强调规划的调控作用，坚持规划指导建设的原则。要提高规划的科学性。城乡规划的编制既要重视合理的开发建设，又要重视资源环境保护。在确定城市性质、规模、指标时，要注意确定合理的环境容量和科学的建设标准。要按照城市实际居住人口并根据城市产业发展需要，合理确定城市规划用地指标。涉及历史文化遗产保护、风景名胜和生态资源保护、环境保护、公共利益和公共安全的规划内容要作为城乡规划的强制性内容。要严格依据近期建设规划安排项目建设。要加强规划的监督管理。建立健全城乡规划建设决策的规则和程序，完善专家咨询制度、社会公示制度和听证制度。借鉴一些国家的经验，我们正在研究建立国家城乡规划监督检查制度，配备和聘请监督人员，督促地方落实规划，及时纠正和查处违反规划的行为。

（二）加强设施建设，改善人居环境

加强基础设施建设，提升城市功能，改善人居环境，是新时期城市建设的重要目标。主要抓好四个方面：一是进一步改善城镇居民住房条件。以改善中低收入家庭住房条件为重点，加强经济适用住房的建设和管理，增加普通商品住房供应，建立和完善廉租住房制度，研究解决外来务工居住问题。同时，提高住宅设计水平，改善住宅功能。二是加强公共设施建设。合理确定城市基础设施的布局和标准，规划建设教育、科技、文化、卫生、体育、社区服务和社会福利保障等公共服务设施，提高使用效率。三是完善市政基础设施。要着重解决好交通拥堵特别是大城市的交通拥堵问题。坚持公交优先的政策，以方便、畅通、高效、节能为目标，加强城市交通运输道路网和公共交通系统的规划建设，同时加强交通的组织管理。特大城市和大城市要加强快速道路交通和大运量公共交通客运系统的规划建设，健全城市交通体系。大力发展污水处理及其再生利用，提高污水处理能力和设施运行效率，推进污水处理产业化。全面实行生活垃圾处理收费制度，推进垃圾处理产业化。严格“绿线”管制，加强城市建成区特别是城市中心区的绿化建设，推进城乡结合部的绿化建设。大力发展节水型绿化、立体绿化。四是要建立健全安全可靠的城市防灾减灾和应急救援体系。把城市防震、防洪、防空等防灾减灾设施和公共卫生防预的各项设施纳入城市总体规划，统一安排部署。

这里，我想谈谈统筹城市基础设施建设的问题。主要突出三个方面。一是科学规划城市路网结构和道路建设，进一步加强城市公共交通系统的统筹建设和综合管理。二是加强城市地下管网（线）布设和地下空间开发利用的统筹管理，改变城市供水、排水、污水处理、电力、电信等各类管网各自建设、反复开挖的状况。三是加强城市供水、节水、排水、污水处理和污水再生利用设施建设、运营的统一管理和综合协调，提高水资源利用效率，保证城市供水安全。城市发展中，一定要依据经过法定程序认定的规划，统筹城市基础设施和各种公用设施的建设、运营和管理，提高城市建设投资效益，增强城市运行的协调性和安全性。

（三）深化改革，加强城市运行管理

根据十六届三中全会的精神，结合城市建设的特点，着

重抓好三个方面。一是深化城市市政公用事业改革，加快市政公用事业的市场化进程。充分发挥公共财政对市政公用设施建设的资金导向作用，鼓励社会资金、外资等各种所有制企业参与城市供水、供气、供热、污水处理、垃圾处理、公共交通等经营性市政公用设施投资和运营。推行特许经营制度，通过招投标确定特许经营的主体。改革城市公共产品和服务价格形成机制，建立健全企业服务质量和价格的监督机制，加强监管。二是高度重视城市运行成本。城市建设和运行都有相应的成本。不论是总体上，还是具体到每一个城市甚至每一个小城镇和乡镇，都要讲投资成本、投资效益。特别是由公共财政支出和公众使用付费方式来支撑的城市基础设施和市政公用事业，更应当注意成本效益问题。端正城市建设的指导思想，很重要的是要有市场经济的观念，要衡量政府建设项目的投资效益。这个效益既包括经济效益，也包括社会效益和生态效益。因此，必须加强对城市建设和运行的综合研究。三是改革政府投资工程建设的组织实施方式。公益性的政府投资工程，实行政府集中采购，统一组织建设或者通过招标，择优选择专业的项目管理企业组织实施；经营性的政府投资工程，应当实行市场化的运作方式。

（四）推进信息化建设，提高城市管理水平

信息化是当今时代的主要特征。城市管理要充分依托和利用现代化的信息技术手段和设备，以信息化促进管理水平的提高。大力推进电子政务建设，加快城市各部门局域网的互联互通，建立高效的城市决策、信息反馈和动态调整机制，提高管理效率和服务水平。加强集成化管理信息系统建设，加快建立健全全国城市规划监管系统、全国风景名胜区监管系统、房地产预警预报系统、建筑市场监管系统等，提高管理效率和服务水平。加强信息基础设施建设，构建良好的城市管理信息化网络环境。

（五）切实保护历史文化遗产和风景名胜资源

历史文化遗产是中华民族悠久历史和灿烂文明的具体见证，它和风景名胜资源都是人类社会共同的财富，是不可复生的资源。继承好、保护好历史文化遗产和风景名胜资源，是各级政府义不容辞的历史责任。切实保护好历史文化遗产和风景名胜资源，前提是规划，核心是保护，关键是管理。历史文化名城要合理确定保护范围、内容、重点和方法，特别要做好对历史文化名城整体格局、历史文化街区、文物古迹与历史性建筑及其周边环境三个层次的保护，认真落实各项保护措施。要加强对具有重要历史文化价值的名镇、名村规划建设的指导和管理。风景名胜资源要按照“严格保护、统一管理、合理开发、永续利用”的原则，处理好开发利用与保护之间的关系，切实纠正重开发、轻保护的问题。要划定核心景区，明确限定核心景区内的游人容量、游览活动类型和方式，限制各种开发建设活动。风景名胜资源丰富的地区，要依托景区之外现有的小城镇，集中建设旅游服务设施；对景区内特别是核心景区内分散居住的居民，可实行资源保护性移民。各级政府要增加保护资金的投入。要加强监管，严厉查处破坏历史文化遗产和风景名胜资源的行为。

（六）转变政府城市规划建设管理职能

发挥城市综合功能，必须加强城市规划建设管理问题的研究，研究如何更好地为各行各业发展创造条件，而不是一个简单的城市形象。城市规划建设管理要贯彻中央关于政府职能转变的要求，即经济调节、市场监管、社会管理、公共服务。城市规划建设管理要充分体现政府职能转变要求。城市发展必然会有调控问题、监管问题、社会管理问题以及公共服务问题等。城市市长最关心的应是公共利益、公共设施、公共产品、公共安全。公共设施是城市的基础设施和公共服务设施，如管网、道路等；公共产品是为社会公众提供服务的产品，如水、煤气等；公共安全是影响公众安全事故的防范；公共利益体现要为老百姓的利益所做的事情。城市政府最主要的职责是通过抓好城市的规划建设管理，来达到发展的目的。要特别注意处理好建设与管理的关系。政府需要加强对城市的规划管理，而建设则要考虑市场化运行问题。许多通过市场能做的事情，应该放手让市场发挥作用。政府更多的是制定市场规则，规范市场行为，加强服务监管，更多地从规划、管理、监督、服务上研究解决问题。

（七）群众参与，提高城市精神文明水平

城市精神文明水平，体现城市文化和城市内涵，是城市现代化水平的重要标志。城市工作事关城镇居民的切身利益，应当及时了解和听取群众的想法和意见，并积极鼓励群众参与相关工作。群众参与城市工作，既是民主决策的需要，也是群众提高认识和增强责任感的需要，有利于树立居民的主人翁意识，实现居民的自我教育和自身素质的不断提高，从而推进城市的精神文明建设。

继往开来，与时俱进，深化改革，促进住宅建设与房地产业持续健康发展

——刘志峰副部长在2003年全国住宅与房地产工作会议上的讲话

刚才，家瑾同志通报了去年工作，对今年房改与房地产工作做了全面部署，我完全赞成。下面，我就五年来房改和住宅建设的基本情况，以及当前的形势和任务讲几点意见。

一、关于成就和经验

刚刚过去的五年，在党中央、国务院的正确领导下，由于各级党委、政府高度重视，财政、税务、计划、国土、金融等各相关部门大力支持，各级房改和房地产工作者辛勤工作，城镇住房制度改革取得了历史性突破，住宅与房地产业实现了持续快速发展，为国民经济和社会发展作出了重大贡献，为今后的工作积累了宝贵经验。

（一）住房新体制基本建立

1998年初，党中央、国务院决定在全国范围内停止住房实物分配，逐步实行住房分配货币化。几年来，随着住房分配制度改革的逐步实施，住房市场体系、住房供应体系和住房金融体系等方面都有了重要进展，推动了住房新体制的建立。

1. 旧的住房体制已经打破，居民住房观念发生根本转变。

通过稳步推进公有住房改革，当前80%以上的城镇可售公房出售给了职工，回收了长期沉淀的住房资金，明晰了住房产权，私有住房占城镇住房的比例超过了82%。从根本上改变了公房低租金、福利性使用制度。城镇居民在传统体制下形成的住房是政治待遇的等级制观念，住房福利制是社会主义优越性的观念，把住房排斥在居民家庭消费支出之外的观念已经发生根本转变，“自住其力”的商品化观念基本形成。

2. 停止了住房实物分配，逐步推进住房分配货币化。

1998年下半年以来，住房实物分配已经在全国范围内停止，绝大多数城市已经完善了住房分配货币化方案，开始发放住房补贴。住房分配制度改革，切断了单位建房、分房的旧渠道，提高了职工住房支付能力，调动了居民住房消费的积极性。去年1－11月份，个人购买商品住宅的比例达94.3%，居民已经成为住房投资和消费的主体，市场需求主体发生了根本转变。

3. 基本建立了以经济适用住房为重点的住房供应体系。

各地通过土地划拨、减半征收行政事业性收费等措施，降低开发建设成本，同时对销售价格和开发利润进行限制，加快了经济适用住房建设。集资建房、合作建房在许多中小城市、独立工矿企业继续发展。通过旧城改造、危改加房改，加快了危旧住房改造。廉租住房制度进行了积极探索，初步形成了以货币补贴为主、实物配租为辅、多种方式并举的廉租住房制度。

4. 二级市场全面开放，市场体系不断完善。

国家逐步完善了鼓励存量住房进入市场交易的相关政策。存量住房交易日趋活跃，房屋租赁市场逐步规范，初步形成了存量与增量联动、买卖与租赁并举的局面，基本建立了统一的房地产市场体系。35个大中城市存量住房交易套数已经达到新建商品房交易套数的75%以上；部分城市房屋租赁登记备案面积已经与新建住房交易量持平。

5. 市场中介服务加速发展，政府管理行为逐步规范。

建立健全了房地产估价、经纪人员职（执）业资格制度，制订了技术规范和管理办法，推广了“上房置换模式”和“贵州房屋银行”等中介服务方式。中介服务业务逐步规范，服务品种不断增加，覆盖了信息、法律、担保、保险等许多方面。政府相关部门简化了交易办证的环节和手续、大幅度减少了管理收费项目、降低了管理收费标准，管理行为逐步规范。

6. 基本形成与市场发展相适应的税收、金融政策。

国家对房地产交易的相关税收政策进行了较大调整，对涉及居民购买、出售普通自用住房的契税、营业税、个人所得税、土地增值税实行了免征、减征政策，降低了住房租赁税负。规范发展个人住房信贷业务，房地产信贷结构有了重大调整。1997年，商业银行个人住房贷款余额190亿元，占全部贷款余额的0.39%；到2002年11月底，个贷余额达到7339亿元，占全部贷款余额的比例提高到7.6%。在有的城市达到20%以上。

7. 以住房公积金制度为主要内容的政策性住房金融体系初步形成。

国务院分别于1999年和2001年印发和修订了《住房公积金管理条例》，把住房公积金制度纳入了法制化轨道。各地按照国家统一部署，从决策、管理运作、监督等环节加强了住房公积金管理。截止2002年11月，全国已有6700万职工建立了住房公积金帐户；住房公积金累计归集总额达到4011亿元，归集余额2840亿元，职工买房、建房、退休累计提取1171亿元；累计发放住房公积金个人住房委托贷款1519亿元，贷款余额1125亿元，解决了240万户家庭的住房问题。

8. 社会化、专业化、市场化的物业管理体制初步建立。

目前，物业管理企业总数超过2万家，从业人员超过200万人，全国物业管理的覆盖面已占物业总量的30%，经济发达城市达到50%以上。物业管理范围从住宅区推广到工业区、学校、医院、商场、办公楼宇等各类物业，推动了城市房地产管理体制和机关、企事业单位以及军队后勤服务体制改革。

（二）房改和房地产工作取得重大成就

温家宝同志在1998年国务院召开的全国房改与住宅建设工作会议上指出，实施住房分配制度改革，“尽管有很多困难，但这一步非迈出去不可，也许十几年、几十年以后回头看，更能体会到这一步的重大意义”。5年来，我们紧紧围绕住房分配制度改革和启动居民住房消费，通过不断的体制创新，使住宅与房地产业保持了持续快速增长，为国民经济和社会发展做出了重要贡献。

1. 加快了城镇住宅建设。

过去5年，全国城镇住宅竣工面积约34亿平方米（2002年按竣工面积7亿平方米估算），约5亿平方米的危旧住房得到改造，近5000万个城镇家庭改善了住房条件。年均住宅竣工面积达到6.8亿平方米，是改革开放以来年均住宅竣工面积的2倍以上。城镇人均住宅建筑面积由1997年的17.6平方米，提高到2002年的22平方米左右，户均住宅建筑面积可达到70平方米，可满足居民基本居住需要。住宅功能、配套设施水平也有明显提高。

2. 拉动了国民经济增长。

1998年以来，城镇住宅与房地产投资占GDP的比重由1997年的不到6%，增加到7%－7.8%之间，并保持了较高的增长速度，每年拉动GDP增长1个百分点以上，带动了几十个相关产业的产出增加。个人住房支出大幅上升，对扩大居民消费发挥了重要作用。2001年，个人购买新建商品住宅交易额达3675亿元，是1997年的4.54倍；35个大中城市居民购买存量住房交易额786亿元。再加上其他形式建房中的个人投入，当年全国城镇个人住房支出总额达7500亿元以上，可带动相关消费近万亿元。

3. 加速了住宅市场化进程。

深化城镇住房制度改革，特别是停止住房实物分配，逐步实行住房分配货币化，加速了住宅市场化进程，市场配置资源为主的住房体制基本形成。2001年，城镇居民个人购买商品住宅的比例，比1997年提高了28.2个百分点，比1990年提高了66.5个百分点。住宅市场化全面提高了住宅与房地产业的运行质量，形成了从投资、交易、中介服务到物业管理协同发展的完整的产业链，市场规模迅速扩大，产业地位极大提升。

4. 改善了居民家庭财产结构。

住房私有率的大幅度提高，有力地改善了城镇家庭的财产结构和城镇社会的财富分配结构。据国家城调队调查，截止2001年6月底，城市居民家庭户均财产22.83万元，其中房产价值10.94万元，占47.9%，是城镇居民家庭最大的资产；超出居第二位的金融资产13个百分点。按照全国城镇约1.31亿个家庭计算，城镇居民房产价值总额约14万亿元左右。

5. 促进了城乡居民就业。

“九五”期间我国房地产业年均就业人员增长4.46%，仅次于社会服务业（5.55%）。房地产开发、评估、经纪、咨询类中介服务和物业管理等各类企业从业人员超过500万人，为相当部分下岗、转岗人员提供了再就业岗位。另外，还通过带动建筑业的持续增长，间接地为农村剩余劳动力向非农产业的转移作出了重要贡献。

6. 推动了经济体制改革。

住房实物分配严重扭曲了单位和职工的收入分配关系，影响了分配关系对提高效率、促进公平的作用，房改的深化对理顺分配体制起到了积极作用。房改把职工的住房问题从单位分离出来，减轻了企事业单位的社会负担，为改革单位办社会体制、深化国有企业改革创造了条件，同时，发展了房地产市场和劳动力市场，有利于完善社会主义要素市场、健全社会主义市场体系。

7. 带动了城镇基础设施发展。

由于实行房地产与城镇基础设施的综合开发和配套建设，在城市建设资金投入能力有限的情况下，房地产业的高速增长带动了城市基础设施的发展，完善了城市功能。五年来，城市道路总长度年均增长 4.6%，城市人均绿地面积年均增长 7.2%，轨道交通、地铁等得到迅速发展，涌现出了一批人居环境改善的优秀典范。

8. 刺激了房地产交易税收增长。

1998 年以来，契税、房产税、营业税、土地增值税等都有较大幅度的增长。2000 年和 2001 年，全国地方财政收入中，契税收入由 1999 年的 96 亿元，分别提高到 131 亿元和157 亿元，分别比上年增长 36.6% 和 19.8%；2002 年 1～11月份，入库契税收入达 195 亿元。

（三）五年来的基本经验

五年的改革和发展历程，加深了我们对住宅与房地产业发展规律的认识，为今后的工作积累了丰富的经验。

1. 党中央、国务院的正确决策和相关部门的支持是搞好房改和房地产工作的根本保证。

朱镕基同志早在 1996 年就指出，要把住宅培育成为国民经济新的增长点。1998 年，面对亚洲金融危机和世界经济增速趋缓的形势，党中央、国务院及时作出了扩大内需的战略决策，并把深化房改、启动居民住房消费、加快住宅建设作为扩大内需的重要内容。各级人民政府坚决贯彻党中央、国务院的统一部署，各级财政、金融、税务、计划、土地、统计、法制等相关部门，为深化房改、扩大居民消费、培育房地产市场出台了一系列相关的政策措施，有力地推动了房改和住宅建设工作。房改与住宅建设所取得的一切成就，都与中央的正确决策和各部门的大力支持密不可分。

2. 坚持面向百姓、面向市场、面向未来的指导思想。

面向百姓，就是面向广大中低收入的普通城镇居民，面向最广大的需求群体。既要充分发挥市场机制的基础性作用，也要加快建立住房保障体系，让低收入家庭共享住宅发展的成果。只有面向百姓，产业发展才有坚实的基础，才能真正代表最广大人民群众的最根本利益。面向市场，就是坚持市场取向的改革方向，坚持需求导向，不断完善市场机制，培育市场需求，挖掘市场潜力，转变政府职能，充分依靠市场力量发展住宅建设，根据市场需求变化及时调控产业发展。面向未来，就是面向居民住宅需求的转型升级，不断满足居民不断增长的住房需要，推动住宅产业的科技进步，提升住宅品质，走可持续发展道路。这是几年来实践探索的结晶。

3. 坚持解放思想、与时俱进，不断推进体制创新。

解放思想、与时俱进既是精神状态，又是思想品质，更是理论创新和体制创新的源泉。小平同志提出走住房商品化道路，是房改最重要的理论创新。江泽民同志指出，房改首先要更新观念。5 年来，停止住房实物分配，开放住房二级市场的政策调整、廉租住房制度的多种探索、公积金制度的完善、金融产品的创新等，都是解放思想、与时俱进的结果，是体制创新的结果。在住房体制急剧变迁、住宅建设快速发展过程中，只有从产业发展变化的实际出发，更新思想观念，创新房改理论，不断深化改革，才能保证产业的健康发展。变革是永无止境的，思想必须与时俱进。要面对新情况、解决新问题、明确新思路、实现新突破、求得新发展。

4. 坚持把住宅与房地产工作放到国家社会经济发展全局中去把握。

住宅与房地产业和国民经济发展全局的关系十分密切。产业的持续健康发展，将对国民经济产生重要推动作用；产业的停滞或过热，也将对国民经济造成重大不良影响。5 年来，广大房改和房地产工作者，正是站在国民经济和社会发展全局的高度，始终围绕扩大内需战略安排房改和房地产工作，推进了产业发展。经过 20 多年的持续增长，住宅与房地产业对国民经济有了更大的影响力，一切工作更应该胸怀全局、服务全局，在全局工作中找准位置，在推动全局发展中发展自己。

5. 正确处理改革发展稳定的关系。

房改是城镇职工住房利益的重大调整，震动大，政策十分敏感，必须做到“中央放心、人民安心、有利稳定、促进发展”。既要有强烈的改革意识、坚定的改革信念，更要精心设计改革方案，把握好改革的力度和步骤，确保各项工作积极稳妥地向前推进。当前成就的取得，关键是我们在公房出售价格和租金水平、购房补贴水平等重要政策界限的确定中，充分考虑了职工的经济和心理承受能力；关键是促进了住房发展、改善了居民居住条件，让居民真正得到了实惠；关键是通过住房保障制度建设，维护了低收入家庭的基本住房权益。

6. 坚持统一政策与因地制宜、分别决策相结合。

建立适应社会主义市场经济体制要求的住房新体制，必须坚持市场化的改革方向，地方具体措施要符合国家统一政策，保证全国一盘棋。但各地的具体政策措施和改革的力度，必须充分考虑当地经济发展阶段、职工承受能力、居民住房水平及产业发展实际。统一政策应当兼顾各地差异，为地方决策留下足够的空间；在政策的制订过程中，应当坚持进行深入的调查研究，尊重地方实践，把地方成熟的经验进行规范和综合，提升为国家的政策法规。比如住房分配货币化改革的基本思路，就是我们在认真总结江苏、湖北等地实践探索基础上确定的。全面建设小康社会的进程是不平衡的，建立住房新体制的进程和房地产业的发展也将是不平衡的，必须始终坚持统一政策与因地制宜、分别决策相结合，充分发挥中央和地方两个积极性。这是建立中国特色的住房政策体系必须坚持的正确方法。

二、关于形势和问题

党的十六大提出了全面建设小康社会的宏伟目标，明确了我国经济、政治和文化建设和改革的主要任务。住宅与房地产业应当站在服务、推动和实现全面建设小康社会目标的高度，正确判断产业发展阶段，客观分析存在的问题，努力保持产业持续健康发展，为全面建设小康社会作出贡献。

（一）深刻认识行业在全面建设小康社会中的地位和作用

胡锦涛总书记在中央经济工作会议指出：“住房、汽车、电信、旅游、环保等行业发展很快，与提高人民生活水平和质量密切相关。这些领域市场潜力大、产生关联度大，对促进结构调整、拉动经济增长有重要作用。要完善政策，促进其健康发展。”在全面建设小康社会过程中，住宅建设具有重要作用。

1. 提高居住质量是全面建设小康社会的重要任务。

邓小平同志提出的“三步走”的战略目标，第一和第二步战略目标是解决温饱问题。随着前两步战略目标的胜利实现，我国人均国民生产总值已经接近1000美元，基本实现小康生活。温饱之后的需求重点，必然转向住、行、教育等方面。这是全面建设小康社会时期提高人民群众物质生活水平的重要内容。2001年，我国城镇居民消费的恩格尔系数已经下降到37.9%，农村居民消费的恩格尔系数也下降到47.7%，住房消费已经启动。与此同时，在把住房看作基本消费品的同时，还要充分认识住房对居民家庭财富积累的重要性，努力推动全面建设小康社会时期“家庭财产普遍增加，人民过上更加富足的生活”。

全面建设小康社会，要求住房从满足生存需要，实现向舒适型的转变，基本做到“户均一套房、人均一间房、功能配套、设备齐全”。20多年来，我国居民住房水平有了很大提高，但还是与“基本小康”的发展阶段相适应的低水平的发展。据2000年全国人口普查统计，我国城乡人均住房0.78间（其中城市0.75间、镇和乡村0.79间），仅有45%的家庭有3间或3间以上住房（接近人均1间房，其中城市31%、镇41%、乡村48%）；城乡住房成套率约67%（其中城市71%、镇62%）。人均住房建筑面积8平方米以下的家庭仍占9.1%，约3091万户，其中城市和镇约1520万户、涉及城镇人口近5千万。家庭洗澡等卫生设施较差，使用燃气、电等清洁能源作燃料的家庭仅27.5%（其中城市72%、镇44%），其他为柴草和煤炭。全面提高城乡居民居住质量，任务十分艰巨。

2. 住宅建设是全面建设小康社会的持续推动力。

全面建设小康社会阶段就是我国国民经济的全面起飞阶段。在这个阶段，由于工业化还没有完成，城镇化和城市建设加速，居民消费结构升级，无论是投资还是消费都有较大的增长空间，国民经济处于快速发展时期。过去20多年，中国经济发展的推动力，是与解决居民温饱问题相适应的轻工、纺织业的高速增长。近几年启动的新的经济增长点，是与解决居民住和行问题相适应的住宅、汽车、教育、旅游业，以及相关的城市基础设施建设。

住宅建设是贯穿全面建设小康社会始终的持续推动力。今后几十年，城镇人口的持续增长将不断创造新的住房需求。住宅建设质量的不断提高，也将日益成为推动总需求增长的重要因素。国际经验表明，住宅建设在进入总量稳定发展阶段之后，由于单位面积住宅投资的增加，仍将保持相当长一段时期的住宅投资增长，继续发挥对国民经济的推动作用。由于我国地区间发展不平衡，城乡发展不平衡，在相当长一段时期内，住宅建设量的增长与质的提高将长期并存，共同为实现2020年国内生产总值翻两番的目标做出贡献。

3. 妥善解决城镇化进程中的住宅问题是维护社会政治安定的长期而又艰巨的历史任务。

城镇化是住宅与房地产业发展的重大历史机遇，同时又是严峻挑战。世界各国发展历史表明，城镇化过程中的住宅问题是影响社会安定和政治稳定的重要问题。曾经创造了持续数十年经济高速增长奇迹的拉丁美洲和东南亚中相当一部分国家，也是世界贫民窟集中的国家，至今仍然是这些国家动荡不安的根源之一。目前，这些国家许多政党已经把解决贫民窟问题作为巩固或取得执政地位的政治口号付诸实施。

全面建设小康社会需要一个长期和谐稳定的政治局面和社会环境，以保证我们国家能够聚精会神搞建设，一心一意谋发展。城市住宅问题主要是低收入家庭的住房问题。其根源是收入分配和城市贫困问题，但与国家住房政策也有密切关系。中国的城镇化是世界历史上规模最大的城镇化，解决好城镇化过程中低收入人口的住房问题，防止贫民窟的大规模出现，是摆在广大房改工作者面前的一项十分艰巨的历史任务。我们不能重复其它发展中国家走过的弯路，而应当未雨绸缪，及时完善住房政策，妥善解决城镇住宅问题。

（二）正确把握住宅与房地产业的发展阶段

1. 商品住宅处于总量增长时期。

（1）城镇化加速将带动住宅需求持续增加。2001年，我国城镇化水平达到37.7%，进入了加速发展时期。预计到2010年，城镇化水平将达到45%，城镇人口达到6.3亿；到2020年，城镇化水平将超过50%，城镇人口超过7.5亿。

（2）城镇居民改善居住条件的需求将持续增长。根据住宅发展的一般规律，在人均住房面积达到30～35平方米之前，居民将保持旺盛的住房需求，我国城镇人均住房面积仍有较大的增长空间。

（3）住宅市场化进程仍在进一步发展。2001年，含建制镇在内的城镇住宅竣工面积7.25亿平方米，而商品住宅竣工面积仅2.5亿平方米。随着住宅市场化进一步发展，商品住宅在住宅建设总量中的比例将逐步增长。

（4）住房存量市场发展，逐步形成城镇居民卖旧房、买新房的梯度消费，也将较大幅度地推动商品住宅的增长。

2. 住宅需求处于转型时期。

随着住房短缺问题基本解决，居民住房需求开始从生存型向舒适型转变。舒适型的居住需求集中体现在5个方面：

（1）住宅的功能空间要更加合理。要在较小的空间内创造较大的舒适度，提高单位住宅面积使用率和功能空间的合理性。

（2）住宅的物理性能要有较大改善。住宅保温、隔热、隔声、通风、采光、日照等物理性能，越来越成为衡量住宅质量的重要因素。

（3）住宅设施设备的装备水平要进一步提高。厨房、卫生间设施，采暖与制冷系统，智能化技术系统的高效性、实用性已成为体现住宅舒适性的重要内容。

（4）居住区的环境和配套水平要更加完善。要创造自然和谐、朴实优美、安全环保、舒适便捷的住区环境。五是住宅的耐久性要延长。住宅具有价值量大、位置固定的特点，对耐用性有很强要求，应当在目前砖混结构50年的基础上，延长住宅使用寿命。推动住宅建设质的飞跃和住宅的更新换代，是市场发展的必然要求。

3. 住宅生产方式处于变革时期。

没有住宅生产的集约化和现代化，就不可能有住宅舒适度的提高，住宅需求转型必将推动住宅生产方式的变革。党的十六大提出走新型工业化道路，促进国民经济可持续发展，是推动我国住宅产业现代化进程的重要机遇，同时也增加了住宅生产方式变革的紧迫性。当前我国住宅建设仍然处于粗放型发展阶段，必须加快技术创新和技术进步，积极开发和大力推广先进的住宅建筑体系、住宅部品体系，用信息化、工业化和集约化改造住宅产业，提高住宅建设的工业化水平和信息化水平，实现住宅建设由粗放型向集约型的转变，使住宅生产走上科技含量高、经济效益好、资源消耗低、环境污染少、人力资源优势得到充分发挥的新型发展道路。这既是国家经济发展战略的要求，也是不断满足城镇居民住宅需求、保持住宅与房地产业健康发展的需要。

4. 住房政策体系处于完善时期。

5年来，围绕启动居民住房消费和市场发展的需要，国家有关部门和各地人民政府出台了一系列政策措施，这些政策措施就是住房市场化条件下的住房政策。当前与完善住房市场机制相关的政策、与保障居民住房需求相关的政策、与强化市场调控和监管有关的政府职能转变，等等，都在进一步发展完善，这是逐步形成我国住房政策体系的必然过程。今后一段时期，改革处于深化过程中，市场处于发展过程中，产业处于成熟过程中，住房政策也将处于不断完善过程中。

（三）高度重视房地产市场存在的问题

在以增量为主的发展阶段，金融支持集中在房地产开发与销售环节，房地产开发对金融和经济增长都有较大影响。去年以来，房地产是否过热问题成为行业的焦点问题之一，对此应当给出客观准确的判断。1998～2001年，我国商品房年均完成投资、竣工面积、销售面积分别增长20.6%、19.35%和22.5%，实现了同步增长。商品房销售价格年增长速度分别为3.27%、－0.48%、2.88%和2.76%，低于1997年之前的增幅，也低于同期城镇居民可支配收入和GDP增幅。房地产开发中，商品住宅占商品房的比例逐年上升，从1997年的78%升至2001年的84%，市场结构有了积极调整。从全国看，房地产开发投资在高速增长过程中，保持了供求两旺，供求总量基本平衡，供应结构渐趋合理，住房品质有较大提高，商品房销售价格走势与整体经济状况基本吻合，没有出现大起大落，总体上呈现理性、健康的发展态势。

但是，房地产市场区域性强，不同地区的市场情况差异较大。目前部分地区投资增幅过大、土地供应过量、价格上涨过快，出现了不同程度的“过热”、“虚热”和结构性问题，存在较严重的市场风险。归纳起来，主要是六类问题：

1.部分城市指导思想上的偏差，导致房地产开发规模过大。

表现为不顾当地经济发展水平和实际需要，盲目攀比，搞劳民伤财的所谓“形象工程”、“政绩工程”，许多工程通过过量供应土地和扩大房地产开发规模平衡资金。如有的贫困县建设了6万平方米的大广场；有的城市不顾市场需求，热衷于建设商业步行街，造成大量商业用房空置。还有少数城市，追求不切实际的经济增长指标，制订过高的房地产投资计划，导致市场供过于求，空置房增加。

2.部分地区规划和土地供应失控，导致投资增幅过大、土地供应过量，摊子铺得太大，存在潜在的市场风险。

据统计，去年1～11月，有7个省市房地产开发投资增幅超过40%；有8个省市新开工面积增幅超过40%；个别省市房地产开发新购土地投资同比增长150%。主要原因是有的城市将规划、土地管理权限下放到开发区、大学城、科技园区和旅游渡假区等，导致多头供地。在县（市）改区过程中，也普遍存在原土地出让管理权限3年不变的做法，县（市）政府受利益驱动超规模供应建设用地。另一个重要原因，是政府对存量土地缺乏有效管理和调控，大量已批出的土地、开发企业通过收购兼并企业获得的土地集中投放市场，导致房地产开发无序扩张。

3.有些地区不能有效调控市场，房地产价格上涨过快。

近几年，我国城市土地价格保持持续高增长，去年个别城市一些区位的地价上涨了1倍以上。有的城市商品房平均销售价格连续几年大幅上涨，远远高于同期人均可支配收入增幅。有的住宅项目一、两年时间内价格成倍增长，吸引了大量投资性购房，引发“炒楼花”、“炒认购号”等投机行为，抬高了4.部分地区住房供求结构失衡，空置量增加。

有的城市片面强调以地生财，减少甚至取消经济适用住房建设，房价上涨过快，中低收入家庭难以入市买房，引发了社会矛盾。有的开发企业为追求高额利润，盲目上大户型、高层、高档项目，超越居民支付能力，造成大户型、高档公寓严重积压。

5.个别地区背离国情建设“豪宅”。

一些房地产项目的单栋住宅占地几十亩、几百亩；单栋住宅标价上千万元，甚至近亿元。尽管是市场行为，但严重背离中国国情，浪费土地资源，影响可持续发展战略的实施，造成社会心理失衡，影响社会稳定，对此必须严格禁止。

6.少数地区经济存在对房地产开发的依赖性风险。

目前，相当一部分城市的房地产开发投资占固定资产投资的比重达到30%左右，个别城市甚至接近60%，造成城市经济对房地产开发投资增长过分依赖。一旦房地产开发投资增幅下降，将对城市经济增长造成较大影响。

对以上问题，必须给予高度重视并作出客观准确的判断。既要看到总体形势好的一面，更要看到部分地区市场发展存在的严重问题。既要看到停止住房实物分配后商品住宅投资高速增长的必然性，更要看到当前房地产开发变动对经济和金融稳定潜在的重大影响。要坚持从保持国民经济持续健康发展的全局、从金融稳定的大局出发考虑本地区、本行业的发展，增强忧患意识，宁肯把问题想的更复杂、形势考虑得更困难一些，做到未雨绸缪。这是对待当前房地产市场形势问题的正确态度。

三、关于建立产业发展新秩序

当前，住宅与房地产业处于进一步发展成熟的关键时期。能否抓住机遇，实现新突破、新发展，为国民经济作出新贡献，关键是要适应形势要求，切实转变政府职能，提高驾驭产业发展的能力。为此，必须进一步深化改革，推进体制创新，强化宏观调控，加强市场监管，规范市场秩序，完善市场机制，发展住房保障事业，建立住宅与房地产业发展新秩序。

（一）提高认识，增强对房地产市场的宏观调控能力

当前房地产开发中存在的问题，个别地方是由于政府的指导思想不端正造成的，“用子孙的资源，换任内的政绩”；多数是对市场调控不力和调控手段不健全造成的。党中央、国务院领导同志对房地产市场的健康发展十分重视，多次指示建设部会同有关部门加强房地产市场调控，防止出现过热。2001年7月温家宝同志就批示，“要采取有效措施控制一些城市过高的房价，防止房地产业的泡沫”。去年9月温家宝同志又批示，“要高度重视房地产市场出现的过热现象，及早采取措施进行调控”。在部里准备城市工作会议期间，家宝同志又要求把分析房地产形势，防止过热作为调研的重要内容。去年10月份，家宝同志又指出，“要提醒商业银行高度重视假按揭问题，并及时采取防范措施”。在中央经济工作会议上，胡锦涛同志强调指出，要“继续遏制低水平重复建设，尤其要防止房地产等行业出现过热，避免经济出现大的起伏”。镕基同志在会议上指出：“全国房地产连续几年大幅度增长，特别是有一些地方高档房增长过快，拉动钢铁、水泥等行业过快增长。房地产投资过多，不仅妨碍产业结构调整的顺利进行，而且会留下很大隐患。一旦矛盾爆发，势必造成企业倒闭、银行坏帐大量增加，失业人员增多。这方面我们有过教训，殷鉴不远，必须高度警惕”。要求“严格贷款条件和土地供应，从严控制房地产，特别是高档房地产建设规模，避免盲目开发带来的风险和损失”。最近，针对一些地区房价上涨过快问题，家宝同志又批示“要重视一些地区出现的房地产市场过热和结构性泡沫问题，建设、土地、金融部门要及时引导和调控，特别要加强对土地和贷款的管理，防止楼市动荡造成金融风险”。

去年8月，建设部等5部门联合印发了《关于加强房地产宏观调控促进房地产市场健康发展的若干意见》，从九个方面提出了加强房地产市场宏观调控的措施。文件印发以来，各地根据国家统一部署，加强了宏观调控工作。但总体情况不够理想，效果不够明显。究其原因，关键是认识问题和调控能力问题。

1.要统一思想认识，增强做好调控工作的自觉性。

目前，由于存在一些错误认识，许多地方对宏观调控工作不重视、不研究，甚至排斥调控工作，任由市场盲目发展。

（1）正视当前市场存在的问题，片面强调房地产对经济增长的拉动作用，对过热的危害没有深刻理解。房地产是国民经济的先导性产业，对GDP增长具有较强的带动作用，但同时又依赖于经济发展所创造的市场需求，取决于经济增长所决定的居民住房支付能力，不能脱离经济发展。90年代初，海南、北海等地房地产非理性膨胀，严重影响了经济发展和金融秩序；上世纪90年代日本房地产“泡沫”的破灭，对日本经济的影响至今仍未消除；东南亚金融危机也与房地产“泡沫”直接相关，教训十分沉痛。历史经验证“水能载舟、亦能覆舟”，缺乏有效调控的市场极易引发“泡沫”，特别是在经济高速增长、房地产市场快速发展时期，房地产开发必须与社会经济协调发展。

（2）片面理解调控的含义，认为调控就是限制发展，担心和害怕调控，把调控与发展简单对立起来，不能辩证地看待调控和发展的关系。调控的根本目的，是保持市场的持续健康发展，是在对市场发展趋势进行正确分析判断基础上，通过有效措施，预防市场可能出现的问题，防止大起大落。调控并不是一刀切，而是要因地制宜地解决当地市场发展中潜在的问题，这些问题可能是过热、可能是“虚热”，也可能是结构失衡问题。

2.要强化调控职能，提高调控质量和效率。

市场化条件下，政府肩负着引导和保持市场健康发展的重要职责。由于不能再依靠传统的思路和做法，只能采取间接的宏观调控手段，需要更高的管理能力和高超的管理艺术，压力更大，任务更艰巨。如果说，在政府职能转变中“退”的是直接管理，“进”的就是宏观调控。各地必须从转变政府职能出发，切实增强调控意识，提高调控能力。要研究建立部门间的协调配合机制，强化对调控工作的统一领导。要根据当前市场发展情况，适时修订完善相关的法律法规，为实施宏观调控、提高调控能力创造条件。要提高调控质量和效率，善于针对市场的不同问题，灵活运用不同的调控措施，把握好调控的力度，努力提高调控效率。宏观调控切忌一刀切，既要切实克服在宏观调控中无所作为的错误认识，也要防止过度、不当调控。实施正确的调控，必须对市场认真分析、对市场趋势作出准确判断。各地要加快建立房地产市场预警和信息披露制度，及时采集反映市场动态情况的完整数据，提高对市场的分析判断能力，为政府宏观调控决策提供科学依据，并正确引导房地产投资和消费。要根据当前我国市场发展阶段的特点，研究完善与市场分析相关的住房空置等指标体系，为市场分析提供正确的依据。

3.要抓住主要环节，尽快完善调控体系。

（1）强化土地供应管理。土地供应是房地产开发的源头。要坚持城市政府对土地供应的统一管理，严格执行土地利用总体规划和年度土地利用计划。对商品房空置总量较大，空置比例增长过快的城市，要严格控制新批项目用地；对房价居高不下的地区，要增加经济适用住房建设用地的供应。

（2）强化金融的间接调控作用。去年，中国人民银行下发了《关于规范住房金融业务的通知》，要求商业银行对未取得土地使用权证书、建设用地规划许可证、建设工程规划许可证和施工许可证（开工报告）的项目，不得发放任何形式贷款；对个人住房贷款，要求多层主体结构封顶、高层完成主体结构的2/3，个人首付款不低于20%，对于防范房地产金融风险起到了积极作用，要严格执行。

（3）强化销售环节的管理。去年4月，建设部出台了《商品房销售管理办法》，对返本销售、售后包租等行为予以严格禁止。广东、上海等省市将商品房预售条件提高到多层主体结构封顶、高层完成主体结构的2/3。今年要在总结各地经验基础上，对销售管理办法进一步完善。

（4）强化规划引导作用。要建立和完善城乡规划的监督管理制度，形成完善的行政检查、行政纠正和行政责任追究机制，严格执行经批准的城乡规划，增强规划的严肃性，通过规划的长期性和法制化，切实克服城市政府的短期行为，克服“形象工程”、“政绩工程”问题，防止房地产开发的盲目增长。在编制和审批城市总体规划方案时，对人均居住面积低于全国平均水平的城市，应适当增加住宅建设用地供应的比例，特别是中低收入家庭住房建设用地的供应比例。

（5）加快经济适用住房建设。经济适用住房是解决中低收入家庭住房问题的重要举措，也是平抑房价的有效途径。要切实落实配套费用和各项行政事业性收费的减免政策，大力发展经济适用住房，增加经济适用住房供应，使住房供应结构能够适应居民需求结构，切实解决供求结构失衡问题。

（二）标本兼治，把整顿规范市场秩序工作引向深入

市场秩序问题是对政府市场监管能力的又一考验，是政府职能是否到位的重要标志。去年下半年以来，各地通过全面检查、查处典型案件等，使整顿规范房地产市场秩序工作取得了初步成果。但是，房地产市场存在的违法违规问题没有得到有效遏制，市场秩序还没有实现根本好转。据中消协统计，去年1～12月份商品房消费投诉增幅居各类投诉之首，是消费者投诉的焦点和热点。各地要从促进市场持续健康发展、进一步扩大住房消费、切实维护消费者合法权益等方面，提高对这项工作重要性的认识，增强搞好这项工作的信心，和有关部门密切配合，下大力气把这项工作引向深入。

1.要紧紧抓住关系群众切身利益、群众反映强烈、对社会危害严重的突出问题，组织大规模的专项整顿，加大查处力度，始终保持高压态势。

今年整顿规范工作的重点包括十一个方面：

（1）整顿房地产开发建设中违法违规行为；

（2）整顿商品房销售中的不规范行为；

（3）整顿土地利用中的不规范行为，如擅自改变土地利用性质、利用集体土地搞房地产开发等；（4）整顿面积“缺斤短两”行为；

（5）整顿不履行合同和合同欺诈行为；

（6）整顿物业管理企业的不规范行为；

（7）整顿房地产广告不规范行为；

（8）整顿中介服务中的不规范行为；

（9）整顿房屋拆迁中的违规行为；

（10）整顿拖欠工程款行为；

（11）整顿政府审批中的不规范行为，如规划审批、立项审批、竣工验收、预销售许可等。通过整顿，力求使市场秩序有较大好转。

2.要在整顿规范中完善政府对市场的监管方式，提高监管能力。

整顿是治标，制度建设是治本。要坚持标本兼治，以治本为主。

（1）要加快立法。尽快完善各种行政和技术规范，比如《物业管理条例》、《住宅小区竣工交付使用办法》、《房地产经纪人管理办法》等，构建比较完善的法律制度环境；

（2）要严格执法，推进依法行政，进行严格的市场监管，建立良好的市场环境。市场秩序问题，既有企业行为不规范问题，也与政府部门管理行为不规范密切相关。要通过深化政府管理体制改革和行政审批制度改革，规范政府行为，促进依法行政。要明确审批责任，按照“谁审批，谁负责”的原则，建立行政责任追究制度，对违反审批程序进行审批的，要追究直接责任人和主管领导的行政责任；对监管中的失职和渎职行为，要依法查处。

（3）完善房地产信用体系。市场经济的一个显著特征就是以契约为基础的信用经济。要建立诚实守信的市场环境，加快建立房地产开发、中介和物业管理企业及相关人员的信用档案，建立公开、平等、自主、互利的契约制度，让市场主体自发地建立起相互制约的关系。

（三）深化改革，进一步调动居民住房消费积极性

调控与整顿都是手段，发展才是目的，搞活市场始终是住宅与房地产工作的主题，也是缓解当前市场风险的有效措施。要始终坚持两手抓，一手抓调控和整顿，一手抓市场搞活。要紧紧围绕影响居民消费的各个环节，从提高住房支付能力、改善消费环境、增加有效供给等方面，采取综合手段，扩大居民消费，努力搞活市场。

1．加快落实住房补贴，提高居民住房支付能力。

充分调动广大职工家庭特别是中低收入家庭住房消费的积极性，是保持市场持续增长的关键环节，也是当前搞活市场的重点。因此，必须尽快落实住房分配货币化改革的各项政策，重点提高中低收入家庭的住房支付能力。目前，机关和企事业单位的住房补贴资金来源都已经明确，住房货币分配的配套政策也逐步完善，职工住房普查建档工作基本完成。今年的工作重点是狠抓政策落实。要按照有关规定，切实落实住房补贴资金来源，尽快发放住房补贴，使最广大的普通居民有能力进入市场解决住房问题。今年适当时候，建设部将会同有关部门进行售房款清理检查工作，推动补贴资金的落实。企业住房货币分配是货币化改革的重点，要按照“因企制宜、方式多样、方案自选、民主决策、稳步实施”的原则，加强分类指导，切实推动企业住房分配货币化工作，使占职工绝大多数的企事业单位职工尽快进入市场。

2．切实改善服务，为居民住房消费创造良好的环境。

要认真贯彻落实中央关于鼓励住房消费的财税政策、继续清理住房消费环节的不合理收费，切实减轻居民购房负担。要进一步消除影响存量住房进入市场的政策性障碍，搞活二级市场、促进梯度消费。行政管理部门要进一步简化办事程序、提高办事效率、降低服务收费标准，为居民住房消费创造一个良好的环境。要加快推进房地产经纪人（执）职业资格制度的实施，规范房地产中介行为，树立优秀中介品牌，为房屋买卖、房屋租赁提供方便快捷的服务。

3．规范发展物业管理，促进居民住房消费。

要抓住《物业管理条例》颁布实施的机遇，认真抓好贯彻落实工作，全面推动物业管理的规范发展。积极开展优质服务活动，进一步方便居民生活，树立行业良好形象。坚持“质价相符”原则，按照不同的服务内容和服务质量，确定合理的收费指导价格。加强房地产开发与物业管理的衔接，逐步实行分业经营，维护居民物业管理消费的合法权益。优化市场环境，大力推行物业管理项目的招投标活动，提高物业管理行业的整体水平。

4．实现住宅产品的优化供给。

优质的住宅产品，可以调动潜在的住房需求。实现住宅产品优化供给的关键，是推进住宅产业现代化化，提高住宅建设的集约化程度，提高住宅小区的规划、设计、功能、环境水平，全面提高住宅建设质量。

（四）加快建立和完善住房保障制度

建立住房保障制度，多渠道解决中低收入和最低收入家庭的住房问题，是贯彻落实16大报告提出的以共同富裕为目标，扩大中等收入者比重，提高低收入者收入水平，全面建设惠及十几亿人口的更高水平的小康社会的重要举措。经过多年探索，我们已经初步建立了面向中低收入家庭和最低收入家庭的住房保障制度的基本框架。针对当前存在的问题，建立和完善住房保障制度的工作重点是：

1．完善经济适用住房管理办法，规范发展集资建房和合作建房，解决中低收入家庭住房问题。

目前，许多地方对经济适用住房和集资建房的购房对象、面积标准、建设标准把关不严，造成购买对象失控、面积失控、标准过高，一些高收入家庭和住房已经达标的职工也继续购买经济适用住房、参加集资建房或合作建房，引起了不良的社会反映；有的地方利用集资建房变相进行实物分配，利用合作建房搞房地产开发等等。因此，各地必须结合当地实际情况明确经济适用住房、集资建房和合作建房的建设标准、完善供应办法、加强供应对象的准入管理，确保政策的针对性和住房的保障性。集资建房必须符合城市规划和单位发展规划，严禁借机进行实物分配。对合作建房，要在规范基础上加快发展，充分利用职工互助合作的优势，使合作建房在解决既买不起经济适用住房、又不符合廉租住房条件的职工家庭（即“夹心层”）住房问题中切实发挥作用。

2．加大廉租住房制度建设的工作力度。

廉租住房制度是社会保障制度的重要组成部分，是政府的重要职能。胡锦涛总书记在中央经济工作会议上指出：“要建立和完善对最低收入者的救助制度，妥善解决城市特殊困难家庭在住房、子女入学、医疗等方面遇到的实际问题”。温家宝副总理也指出：“建立和完善廉租住房制度，解决最低收入居民家庭的住房问题，是住房制度改革和住房建设的一项重要内容”。目前廉租住房制度建设已较为完善，面临的主要问题是资金来源不稳定，制度覆盖面小。我想着重强调的是，满足最低收入家庭住房需要，是住房保障的核心问题，与社会稳定关系最为密切。要提高认识，在当地政府统一领导下，积极主动地同相关部门协调解决资金来源等有关问题，建立以财政预算为主渠道的稳定的资金来源，完善申请、审批、补贴发放及退出机制，加强廉租住房管理机构建设。与此同时，要坚持量力而行。充分考虑我国城镇化快速发展情况，以及最低收入人口可能的变动趋势，不能仅限于对当前低保人口的测算，起步阶段重在建立机制，以保障基本需求为原则，不能把保障标准搞得过高。

3．完善住房公积金管理体制和监督机制，切实提高职工住房支付能力，维护职工合法权益。

公积金制度是政府保障与职工自我保障相结合的一种保障方式，同时也是我们发展政策性住房金融的重要组成部分。各地要按照国务院统一部署，紧紧围绕温家宝同志在全国住房公积金工作会议上提出的“健全决策机制、调整管理机构、强化监督工作、规范发展业务”四个环节，切实加强组织领导，努力把住房公积金管理工作提高到一个新水平。

（1）抓紧组建管委会，建立完善的会议制度，切实发挥住房公积金决策职能，实现依法决策、民主决策和自主决策。

(2) 加快机构调整。设区城市要按照经省（区）政府批准的机构调整方案，抓紧组织实施。要对分中心的设立严格把关，不得突破国务院有关规定。

(3) 加强监督指导。各省（区）建设厅要，积极会同有关部门，切实履行监督职能。要抓紧建立和落实监管机构，完善监管手段，提高监管水平，并配合部里组织好住房公积金监管信息系统的建设工作。

(4) 规范发展业务。要以建立健全行政执法为重点，采取多种措施，依法扩大住房公积金制度的覆盖面，维护职工合法权益。要降低贷款条件，扩大贷款范围，简化贷款程序，提高办事效率，方便职工贷款。要建立健全贷款风险防范机制，加强担保机构管理，发挥政策性住房金融的作用。

（五）抓住重点，努力维护行业稳定

维护行业稳定，是搞好全社会稳定工作的有机组成部分，也是保证行业健康发展的前提条件。从当前存在的问题看，维护行业稳定要重点抓好以下3项工作：

1. 拆迁安置问题。

2002年，建设部共受理群众来信4949件（次），涉及拆迁问题的25%以上；接待上访2438批，反映拆迁问题的占70%以上，在集体上访的275批中，拆迁问题占80%以上，是影响稳定的重要因素。投诉、上访的主要问题是压低拆迁安置费用，损害群众利益；或者主管部门不能公正执法，简单粗暴，激化矛盾。希望拆迁管理部门认真落实修订后的《城市房屋拆迁管理条件》（国务院第305号令）确定的各项制度，坚持依法行政，切实改进作风，解决拆迁纠纷。

2. 拖欠工程款问题。

当前建设单位拖欠建筑单位工程款问题十分严重，造成连锁反应和恶性循环。由于拖欠工程款，不少建筑企业滞发职工工资，特别是农民工工资和离退休职工退休金，不能按时报销医疗费，不能支付职工养老保险金、待业保险金等现象相当普遍，集体上访甚至堵路、封桥、静坐事件时有发生，影响了整个社会稳定。据调查，在拖欠的2475亿元工程款中，房地产开发项目拖欠占39.6%。今年，各地要把解决拖欠工程款问题作为整顿市场的重点工作之一来抓，从严格实施项目资本金制度、项目工程款支付担保制度、竣工验收备案制度等方面，加大工作力度，努力解决拖欠工程款问题。

3. 房屋安全问题。

据2001年统计，目前我国城镇尚有各类危旧房屋1.5亿平方米，尚有300多万户家庭居住在危旧房中，随时危及人民群众的生命财产安全。各地要建立健全房屋安全管理制度，加强房屋安全管理工作；要深入开展房屋安全教育，提高全社会安全意识；要进一步加快危旧房改造，从根本上解决危旧房安全问题。

（六）加强队伍建设，提高行政管理能力

随着行政管理体制改革的深化，以及市场化进程的加快，提高行政管理能力问题日益突出。

1. 要按照“市场监管、宏观调控、公共服务、社会管理”的要求，围绕“越位”和“缺位”问题进行认真检查，进一步推进职能转变，真正把工作重点转移到宏观调控、市场监管和住房保障方面。目前，一些房地产管理部门下属的企事业单位至今没有完成脱钩改制工作，必须抓紧完成；一些应该行使的职能还有不到位问题，应当依法充实管理职能。

2. 要把培养高素质的干部队伍作为一项重要工作来抓，加强队伍建设，提高行政管理能力。要深入开展以“三个代表”重要思想为主要内容的政治理论学习，加强法律法规和专业知识学习，提高理论素养、提高依法行政水平。要以党风廉政建设推动行风建设，进一步从制度上、从源头上抓好反腐败工作，全面落实党风廉政建设责任制，严格责任考核。要继续深入开展“树行业新风、让人民满意”主题活动，进一步提高服务意识，加强职业道德建设。要推广电子政务，实行政务公开。

3. 要加强理论研究，增加理论储备。如村镇住宅建设管理、集体土地上房屋流转与权属管理工作，至今没有有效的管理办法，不能适应城乡一体化管理和城镇化快速发展的要求，应当加强研究。再如，如何解决城镇化过程中的流动人口住房问题，也应在整个住宅建设工作中统筹考虑。

4. 要围绕诚信守法、自律、自立、自强，加强社团建设，提高行业的自我管理和自我服务能力，建立行业自律机制。要防止社团的行政化倾向，推动社团的规范化发展，真正把社团办成行业自律组织，为政府职能转变创造良好的条件。

同志们，让我们高举邓小平理论的伟大旗帜、全面贯彻落实“三个代表”重要思想，坚持面向百姓、面向市场、面向未来，坚持实事求是、解放思想、与时俱进，不断完善和创新住房政策体系，努力开创房改与住宅建设工作新局面，为全面建设小康社会做出应有的贡献。

（2003年1月 武汉）

谢家瑾在全国住宅与房地产工作会议上的总结讲话

同志们：

全国住宅与房地产工作会议在湖北省、武汉市政府的大力支持下，在湖北省建设厅和武汉市房地局的精心组织和全体与会代表的共同努力下，圆满地完成了预定的议程。

昨天上午，刘部长做了重要讲话，全面总结了98年以来住宅与房地产业取得的成就和经验，分析了在全面建设小康社会中住宅与房地产业面临的形势和问题，并根据十六大和中央经济工作会议、建设工作会议精神，提出了建立产业发展新秩序应当重点抓好的六个方面工作，特别是对房地产过热的危害性进行了深刻剖析，并对加强市场宏观调控提出了工作要求。我向大会报告了去年的工作情况和今年的工作安排。在下午的分组讨论中，大家结合当地实际对刘部长的讲话和工作报告展开了热烈讨论，发言积极踊跃。与会代表一致赞同刘部长对当前房地产市场形势的判断和住宅建设要面向百姓、面向市场、面向未来的工作指导思想，表示回去后要认真贯彻落实会议精神，加大工作力度，全面开创住宅与房地产工作的新局面。大家在讨论中进一步交流了经验，对做好今年的工作提出了很多好的意见和建议。这次会议开得非常及时，统一了思想，交流了经验，明确了任务，对做好今年工作将起到重要的推动作用。

刚才，有9个省市交流了他们的经验，还有不少城市提供了非常好的书面经验交流材料。这些经验都是大家从实际出发，创造性工作和探索实践的总结，值得认真学习和借鉴。

下面，我就大家讨论中关心的几个问题和如何贯彻会议精神，再讲几点意见，作为会议的小结。

一、关于搞活市场，进一步启动住房消费工作

关于搞活市场的重要性及今年的工作重点，在刘部长讲话和工作报告中已经做了阐述，在近年来各种会议上也讲了不少。大多数地方采取了积极有效措施，取得了明显成效。但也有一些地方对搞活市场的重要性认识不足，政策突破不力。如有的地方到现在对房改房上市还要求必须经主管部门审批、原产权单位同意；有的地方对房改房上市征收过高的收益，还有的地方对降低产权、交易费有抵触情绪，这些问题已经影响到当地房地产市场的进一步搞活。

十六大报告明确提出，一切妨碍发展的思想观念都要坚决冲破，一切束缚发展的做法和规定都要坚决改变，一切影响发展的体制弊端都要坚决革除。这些精神对于转变观念、开拓思路，进一步搞活房地产市场、启动住房消费具有十分重要的意义。各地房地产管理部门一定要提高认识，增强大局意识，把搞活房地产市场、启动住房消费作为落实十六大和中央经济工作会议精神，进一步扩大内需、拉动经济增长的重要举措，切实抓紧、抓好。同时，要抓住全面建设小康社会，国家高度重视住宅建设的大好机遇，争取当地政府或协调有关部门出台进一步搞活市场的政策措施，通过搞活市场，增强住宅与房地产业持续、健康、快速发展的动力。

在讨论中，有的代表反映，大力发展经济适用住房是增加有效供给、搞活房地产市场的重要举措，但在土地使用制度改革后，经济适用住房的推进越来越难，优惠政策很难落实到位，建议部里尽快下发规范经济适用住房和集资合作建房文件。经过几年的发展，经济适用住房对于解决中低收入家庭住房问题，平抑过高的商品房价格、启动住房消费的作用，各部门、各地区认识比较一致。关键的问题是有的地方对经济适用住房的优惠政策落实不到位，使经济适用住房的优势得不到充分发挥；有的地方对经济适用住房购买对象、购买面积标准、销售价格不加限制，使经济适用住房的优惠政策不能真正落实到中低收入家庭。因此，当前一方面要大力发展经济适用住房，满足中低收入家庭的购房需求；另一方面要落实国家规定的各项政策，同时要切实规范运作，才能使经济适用住房的作用充分体现。部里今年拟会同有关部门下发经济适用住房管理办法，对集资合作建房政策也要加快研究，出台相应管理办法。

二、关于房地产市场宏观调控工作

关于房地产过热的危害和如何加强房地产市场宏观调控工作，刘部长已做了详细阐述。在讨论发言中，不少代表都表示部里警钟敲得很及时。面对房地产高速增长，行业主管部门要保持清醒头脑，作出客观分析。当前，我国住宅与房地产业正处在体制转换、产业快速发展时期。中央把住宅作为新的经济增长点，应该是有需求的增长。地方政府希望通过住宅与房地产业发展来拉动经济增长，这是好事。作为主管部门，一定要将好事办好，关键是要在认真分析市场的基础上，切实落实六部门《关于加强房地产宏观调控促进房地产市场健康发展的若干意见》提出的各项措施。一是要充分认识房地产过热的危害性，端正指导思想，增强防止过热的自觉性。二是要充分利用政府重视住宅建设的有利时机，进一步出台搞活市场的扶持政策，通过搞活市场提高市场的吸纳能力，增强产业持续增长的动力。在市场不活的情况下，人为地加快住宅与房地产业的增长速度，其结果只能是增加不合理空置，导致房地产的“虚热”。三是要高度重视市场分析，摸清情况、找准问题，有针对性地采取措施。已经有过热苗头的地区要尽快采取措施，加大调控力度，严格控制新开工面积，调整商品房供应结构；有潜在市场风险的地区，要未雨绸缪，防范可能出现的问题；房价涨幅过快的地区，要会同土地、规划等部门，调整供应结构，增加经济适用住房等适应中低收入家庭的住房比例，平抑商品房价格的不合理上涨；投机性购房比例较高的地区，要会同金融部门从严审核个人住房抵押贷款。省建设厅要加强对各地市调控工作的分类指导。

在讨论中有的代表反映，房地产市场宏观调控主要应加强土地资源和银行信贷管理，房地产管理部门没有手段。我觉得，调控好市场是我们的重要职责，虽然有些工作不归我们直接管理，但作为行业管理部门首先是要利用掌握信息的优势，认真分析好市场，及时发现问题，为政府当好参谋，为各部门决策提供依据；其次，要做好协调，建立调控机制，使调控工作形成合力。

三、关于整顿和规范房地产市场工作

近年来，在各项政策的鼓励下，居民住房消费得到有效启动，个人购房积极性空前高涨。但是，房地产市场不规范问题仍然十分突出，已经成为制约住房消费的重要因素。去年开展了整顿和规范房地产市场秩序工作，依法查处了违法违规行为，取得了一定成效，很得民心。但有些地方对整顿和规范房地产市场不够重视，查处不力，特别是对有关政府主管部门在审批项目和一些大企业在开发、交易环节违法违规行为的查处有畏难情绪，不敢处理。温家宝副总理在中央经济工作会议中强调，要坚持两手抓，一手抓专项整治，继续严厉打击各种破坏市场经济秩序的违法犯罪行为；一手抓制度和法制建设，规范市场秩序，加强市场管理。要把这项工作纳入法制化、规范化的轨道，作为经常性工作长期坚持下去。通过整顿和治理，建立公平竞争的市场秩序和诚信守法的市场环境。国务院领导已经批示，要求把整顿和规范房地产市场秩序作为今年国务院专项整治的重点，各地一定要高度重视，要把这项工作作为落实“三个代表”重要思想、促进住房消费的重要举措，切实抓紧、抓好。一是要充分利用投诉、信访等渠道，及时发现违法违规行为，采取果断措施，依法严厉打击，并对典型案例进行曝光，起到威慑和警示作用。二是要加强法制建设，规范经营行为。近年来，国务院及国务院各部委陆续出台了一系列规范房地产市场的法规和规范性文件，各地要结合当地实际和整顿规范房地产市场中发现的突出问题，加快完善当地的配套法规，部里也要抓紧这方面的工作。三是要加强制度建设，从源头上杜绝违法违规行为的产生。广东、重庆等地实施的按套内面积计价，深圳、成都等地推行的预售网上即时备案等制度，对于预防房地产市场不规范行为起到了重要的作用，各地可以借鉴。四是加快建立信用体系。去年9月26日部里开通了一级企业及相关人员的网上公示系统，引起了较大的反响，点击率很高，投诉量也不少。被投诉的企业十分重视，都能认真处理。但由于上网企业过少、许多想在网上查询和投诉的，找不到要投诉的企业。为了充分发挥信用体系的作用，部里要求6月底全面开通房地产网上公示系统，司里发文作

出了专项部署，这项工作时间紧、任务重，希望各地高度重视，认真落实。

四、关于住房公积金管理工作

去年，各地围绕贯彻落实新修订的《住房公积金管理条例》、《国务院关于进一步加强住房公积金管理的通知》以及全国住房公积金工作会议精神，做了大量工作，但进展情况不理想。还有70多个城市没有组建管委会，80多个城市未上报管理机构调整方案，大部分城市没有完成资产移交，挤占、挪用住房公积金和项目贷款尚未全部收回。刘部长在昨天的讲话中，对下阶段的工作作了部署，再次明确了完成期限。今年的任务仍然十分繁重，大家要有充分的思想准备，希望回去后，切实加强对这项工作的组织领导，尽快完成机构调整任务，争取主动，不拖后腿。省（区）建设厅要加强监督和指导，重点抓好以下几项工作：

1. 还没有成立管委会的设区城市，要按照“三个三分之一”原则，尽快把管委会组建起来；已经组建的，要建立完善的会议制度，切实发挥决策职能。

2. 确保机构调整尽快到位。设区城市要抓紧制定和上报机构调整方案，各省（区）要抓紧审批。审批时，要对分中心的设立严格把关，不得擅自突破国务院有关规定。方案批准后，要尽快组织实施。要在对原有管理机构的资产进行清理和审计后，尽快移交资产。

3. 下大力气回收挤占、挪用的住房公积金和用公积金违规发放的项目贷款，防范金融风险。近两年，各地采取了一些措施，但进展情况不理想。希望尚未完成回收任务的地方，要高度重视，采取行政、经济、法律等措施，加快回收。要坚决贯彻“谁审批，谁负责回收”的原则，落实责任人和责任单位，确保回收。

4. 组织好住房公积金监管信息系统的建设工作。建立监管系统是强化监督工作的重要手段，部领导非常重视，要求抓紧建立和完善，尽快实现全面开通。希望各地高度重视，按照部里的统一安排，精心组织，积极协调有关部门落实资金和设备，为实现省（区）与部里和设区城市之间的网络连通创造条件。

五、关于房地产管理信息化工作

十六大报告提出，“要进一步转变政府职能，改进管理方式，推行电子政务，提高行政效率”。住宅与房地产业属于传统产业，信息化的发展相对滞后。近几年，随着住宅与房地产业的发展，房地产信息化工作也取得了一定成效。信息技术、网络技术的应用，推动了房地产业的技术进步和产业优化升级，提高了政府对房地产市场的监控和预测能力，改进了行政管理，提高了工作效率，方便了群众。如湖南省岳阳市利用网络信息系统，及时向社会公众提供网上交易、网上办证、网上查询、电子信访等远程服务，公开披露有关信息，极大地方便了群众办理交易、登记等手续。重庆、沈阳、成都等城市采用现代化管理手段，提高了工作效率，促进了市场的活跃，受到了广大市民的欢迎。但有的地方由于重视不够，房地产管理信息化工作推进缓慢；有的城市各有关主管部门各搞各的网站，难以形成整体合力。2000年部里开通了“中国住宅与房地产信息网”，并选择了50个城市作为首批试点，去年又开通了一级房地产企业和相关人员信用档案系统，并要求各地也要加快这方面工作。由于认识问题加上机构、经费、人员少等客观原因，总体上看进展情况不理想。今年还要建立房地产预警系统，并选择一些城市试点；为了适应预警体系的要求，还将开发房地产信息管理系统，任务相当艰巨。在讨论中，有的地方特别是省级主管部门反映，房地产管理工作量大、任务重、人员少，信息化工作推进困难；有的地方反映6月底全面开通房地产信用档案难度大。这些意见都有道理，部里人员也很少，在信息化推进中，充分发挥行业协会，信息中心等单位的力量，效果比较好。省里主要做好督促和监督工作。各城市主管部门要加强合作，统一采集数据、统一对外公示，协调推进信息化工作，引导产业健康发展。

六、正确处理改革、发展、稳定关系

十六大报告明确提出，稳定是改革和发展的前提。要把改革的力度、发展的速度和社会可承受的程度统一起来，把不断改善人民生活作为处理改革发展稳定关系的重要结合点，在社会稳定中推进改革发展，通过改革发展促进社会稳定。住宅与房地产业这几年能取得一定成效，关键是正确处理改革、发展和稳定的关系。通过房改充分调动了居民购房积极性，促进了住宅与房地产业的持续快速发展，在改革发展中又十分注重维护社会稳定，如在房改中十分注重处理新职工与老职工，有房职工和无房职工、已达标职工和未达标职工的权益关系，对不同收入家庭供应不同类型住房。当前，改革的重点是进一步落实分配货币化，加快开放、搞活住房二级市场，继续完善相关政策；发展的重点是发展与居民承受能力相适应的经济适用住房等中低价位住房、发展个人住房贷款、发展物业管理、建立廉租住房制度等。稳定的重点是解决拆迁纠纷、落实私房政策、房屋安全管理、解决拖欠工程款等。具体工作刘部长在讲话中已提出了要求，各地要认真贯彻落实。

七、加强行风建设，规范政府行为

房地产管理工作与老百姓的住房利益密切相关，房地产行业的行风建设是群众关注的重点。近几年，一些城市进行的行风评比中，房地产管理部门排名相对靠后。这里有行业与老百姓利益密切相关的原因，也有个别地方房地产管理部门工作不到位、管理不规范的原因。如关于加强房地产交易产权一体化的问题，部里99年已经发了指导性意见，也多次在各种会议上强调，但至今仍有一些城市尚未解决，产权、交易仍然各收各的件，各提各的要求。这次会议我们特别选择了杭州、南京两个曾经在行风评议中排名靠后的单位，一个大会发言，一个书面交流，就是希望引起大家重视，也希望两城市的整改经验能对大家的工作有所借鉴。

八、振奋精神、开拓创新，全面开创住宅与房地产业发展的新局面

过去的五年，住宅建设与房地产业取得了巨大成效，对于改善居民居住环境、扩大内需、带动相关产业发展、拉动经济增长、增加财税收入、解决社会就业发挥了重要作用，也得到了各级政府和社会各界的肯定。但住宅与房地产业在连续保持多年高速增长的情况下能否继续持续快速健康发展，已经成为社会各界的关注焦点。胡锦涛总书记在中央经济工作会议讲话中也提出住房、汽车等行业发展很快，与提高人民生活水平和质量密切相关。这些领域市场潜力大，产业关联度大，对促进结构调整、拉动经济增长有重要作用，并将住房确定为培育和发展新的经济增长点的首位。上海市近几年房地产业持续快速增长，关键在于不断创新。各地要按照十六大报告提出的发展要有新思路、改革要有新突破、开放要有新局面，各项工作要有新举措的要求，振奋精神、开拓创新，紧密结合本地区、本部门的实际情况，充分发挥

工作中的主动性和积极性，力争在体制创新、机制创新和管理创新上取得突破，努力开拓住宅与房地产工作的新局面。

在讨论中有的代表反映，取消企业房改方案审批后，对企业房改工作缺乏监管手段，这里有一个观念调整的问题，不一定事前审批才是管理。简化行政审批是国家行政审批制度改革的重要举措，要按照国家转变政府职能的要求，加强情况调查和政策研究，加强对企业房改的分类指导，变事前审批为事后监督，发现问题及时通报。此外，有些代表还反映，江苏、浙江、广东等地企业房改工作搞得好是因为地方经济条件好。我们不否认有这方面的原因，但是辽宁、四川、重庆等地的工作进展情况也不错，主要原因是他们的认识到位、工作到位、政策到位。甘肃省白银市国有企业中困难企业占68%，多数企业在短时间内无法建立补贴制度。白银市市委、市政府高度重视职工住房问题，在全面停止住房实物分配的情况下，加快经济适用住房建设，并积极鼓励困难企业组织无房和住房困难的职工进行集资合作建房，较好地解决了企业职工的住房问题。

在讨论中大家希望明确行政审批改革中取消的房地产开发项目竣工验收到底是指工程验收还是综合验收。这一点是很明确的，取消的是项目工程验收，住宅小区等群体房地产开发项目的综合验收属于保留项目，部里今年拟制定《住宅小区交付使用办法》，希望各地加强这方面的工作。

同志们，2003年是贯彻十六大精神的第一年，做好今年的工作，关键在落实。同志们回去以后，要及时传达好会议精神，抓紧向政府和部门领导汇报，在工作推进中要积极争取有关部门的支持和配合。让我们共同努力，为住宅与房地产业的健康、持续、快速发展作出更大的贡献。最后，祝大家春节愉快，工作顺利。

(2003年1月　北京)

规范物业管理活动，促进物业管理健康发展

——刘志峰副部长在全国物业管理工作会议上的讲话

同志们：

《物业管理条例》将于9月1日起施行。《条例》对规范物业管理活动，促进物业管理健康发展具有重要意义。这次会议的主题，就是全面贯彻落实《条例》，充分发挥物业管理在促进经济增长、提高人民群众居住水平中的作用，为实现全面建设小康社会的宏伟目标做出贡献。光焘同志明天将到会作重要讲话，家瑾同志对《条例》作了全面说明。下面，我讲几点意见。

一、肯定成绩，正视问题

1998年，国务院《关于进一步深化城镇住房制度改革加快住房建设的通知》明确指出，要加快改革现行的住房维修、管理体制，建立业主自治与物业管理企业专业管理相结合的社会化、专业化、市场化的物业管理体制。2001年，九届全国人大四次会议通过的《国民经济和社会发展第十个五年计划纲要》，提出“规范发展物业管理业”。中央领导同志对物业管理十分关心，多次指示要提高服务质量，扩大物业管理覆盖面，要求整顿和规范物业管理市场，落实招投标办法，建立和完善监管机制，集中解决群众不满意的问题，促进物业管理健康发展。

物业管理是住房商品化、社会化的产物，与人民群众生活水平的提高密切相关。随着城镇住房制度改革的逐步推进，房屋所有权结构发生了重大变化，80%以上的公有住房出售给了职工个人，新建住宅基本上是个人购买，居民由公房承租人转变为房屋所有权人，公房管理者与住户之间的管理与被管理关系，已经不能适应房屋所有权转移的新形势。随着个人拥有住房的比重越来越高，住房成为大多数居民家庭的最主要财产以及财富积累的主要形式，居民对住房财产的使用、维护、保值提出了较强的服务需求，同时也产生了协调房屋所有权人公共空间、共用设施设备等共同利益的需要。随着人民生活水平和住房条件不断改善，居民对居住环境、社区秩序的要求越来越高，与居住相关的各种消费需求越来越多，群众要求新形式的消费服务。物业管理适应了改革和人民生活提高的要求，并在改革和人民生活提高的进程中逐步发展起来。经过多年探索，我国物业管理取得了重要进展。

管理领域逐步扩大。1981年深圳市东湖丽苑小区率先实行了物业管理，此后在各地陆续推广。1994年建设部要求在城市新建小区全面推行物业管理；1997年，辽宁、江苏、北京、天津、重庆、广州等一批省市在旧小区推行物业管理方面取得突破。22年来，物业管理服务的领域，从住宅区逐步扩展到工业区、学校、医院、商场、办公楼等各类物业，为城市公房管理体制改革，以及机关、企事业单位后勤服务社会化创造了条件。目前，全国城市物业管理的覆盖面已占物业总量的38%，经济发达的城市已达50%以上，深圳市已超过95%。

行业发展初具规模。物业管理服务以房地产业发展、房地产市场发育为依托，涉及社会服务业务的多个领域，包括了房屋及相关设施设备维修养护、环境保洁、绿化养护、保安、家政等众多服务内容，成为与广大人民群众生活、工作息息相关的新兴行业。截至2002年底，物业管理企业总数超过2万家，从业人员超过230万人，相当于我国社会服务业从业人员的23%。

竞争机制基本形成。近几年，全国有50多个城市开展了物业管理项目招投标活动，深圳市已有100多个项目采用了招投标方式确定物业管理企业。以招投标方式选择物业管理企业，促进了公开、公平、公正的市场竞争机制的形成，一方面突出了业主的主导地位，保障了业主权益，降低了物业管理费用；另一方面也促进了物业管理服务质量的提高。

法制环境不断改善。国务院有关部门制定了一系列有关物业管理的规章和规范性文件，如《城市新建住宅小区管理办法》、《城市住宅小区物业管理服务收费暂行办法》、《住宅共用部位共用设施设备维修基金管理办法》、《物业管理企业财务管理规定》、《物业管理企业资质管理试行办法》等。上海、天津、重庆、广东、广西、海南、湖南、江西、河南等20多个省市制定了物业管理条例，其它省市也颁发了物业管理办法。这些法规、规章和规范性文件，有效地改善了物业管理的法制环境。

但是，在我国物业管理取得重要进展的同时，在物业管理的发展过程中，各种社会矛盾也逐渐显现出来。主要表现在：

相关主体的法律关系不明确。物业管理涉及业主之间的关系，涉及业主、物业管理企业、建设单位相互间的关系，也涉及业主组织与其他组织的关系。在物业管理实践中，单个业主的利益与业主共同利益的平衡，房屋质量的责任，共用部位、共用设施设备的利用与收益的归属，物业管理服务的质量，专项维修资金的使用等等，都是容易出现纠纷的热点问题。根源就在于相关主体的法律关系不明确，责权利界定不清晰。

物业管理企业服务意识不强。相当一部分物业管理企业从原房管部门或单位后勤管理部门转制而来，与业主之间的服务与被服务关系没有确立，物业管理的服务特征被淡化。部分物业管理企业，过度追求利润，不按照合同约定提供相应服务，收费与服务不相符。一些物业管理企业擅自处分应由业主处分的事项，侵犯业主权益现象时有发生。一些物业管理企业员工素质低，甚至发生损坏业主财产、殴打业主的恶性事件。

业主委员会缺少制约。由于缺乏对业主委员会的有效制约和监督机制，民主协商和少数服从多数的原则没有得到充分体现。有的业主委员会不能真正代表大多数业主的利益，个别成员甚至把个人利益置于业主共同利益之上，任意决定业主共同事务，损害其他业主利益或业主的共同利益。

业主自律机制不完善。房屋公共空间、共用设施设备以及土地的共同使用权，决定了业主财产的关联性和业主共同利益，也构成业主共同决定实施物业管理的财产权基础。协调业主共同利益，需要建立业主自律机制。业主公约是业主共同的行为准则，但一些业主没有严格遵守。由于住房福利制的长期影响，相当多的业主没有完全确立有偿服务的观念，没有完全确立履行合同约定义务的观念。

前期物业管理矛盾突出。有的开发企业侵占配套建筑和设施；有的开发企业为促进物业销售，对物业管理作不切实际的承诺；有的开发企业制定的业主公约侵犯业主的合法权益。由于缺乏严格的物业承接验收手续，物业使用过程中暴露出来的质量问题责任不清，损害了业主权益。有的建设单位自办物业管理，建管不分，虽然在一定时期内推动了物业管理和住宅销售，但不利于保护业主在物业管理活动中的合法权益。

专项维修资金管理不规范。一些地方没有按照规定从房改售房款中提取专项维修资金，或者提取了但被挪用；一些地方商品房专项维修资金由建设单位或者物业管理企业掌握，不能按业主意愿使用，住房共用部位、共用设施设备的大、中修及更新改造不能及时进行，侵害了购房人的合法权益。也有一些地方住房专项维修资金由政府行政部门管理，没有按规定计入购房人的账户，使用时既要申请还手续繁琐。

上述问题充分反映了依法规范物业管理的紧迫性。《条例》为规范物业管理活动提供了基本的法律依据。全面贯彻落实《条例》，是解决当前存在的问题，规范发展物业管理的根本出路。

二、提高认识，加快发展

党的十六大确立了全面建设小康社会的宏伟目标，明确了本世纪头二十年我国经济、政治和文化建设与改革的主要任务。各级房地产行政主管部门及其工作人员应当站在实现全面建设小康社会目标的高度，充分认识规范发展物业管理的重要意义。

（一）规范发展物业管理有利于促进经济增长

住房消费是今后相当长一段时期居民消费的热点，以住宅为主的房地产业是全面建设小康社会时期国民经济增长的持续推动力。1998年以来，随着城镇住房制度改革的重大突破，居民住房消费的积极性得到充分调动，促进了居民消费结构转型，也促进了房地产业的持续快速增长，对国民经济增长起到了重要的推动作用。但是目前我们所认识到的居民住房消费，仅仅是居民购买住房这一个方面的消费。实际上，居住消费本身包含众多的消费环节，可归纳为四类基本消费支出：一是购房消费支出；二是家庭装饰装修、家具家电等消费支出；三是使用过程中的水、电、气、暖等方面的长期消费支出；四是房屋大、中修及设施设备改造以及物业管理消费支出。后三类消费支出要大大超过购房支出。

据测算，在50年的住房使用期内，包括房屋大、中修及设施设备改造和其他服务消费的累计支出贴现后，与购房当年住房价格的比例为1:1，砖混结构住房为1.5:1。因此物业管理不但有利于刺激居民购房积极性，其本身也对扩大消费、拉动经济增长有重要作用。2002年，北京物业管理产生的国内生产总值70亿元，上海78.5亿元，深圳50亿元，分别占城市国内生产总值的2.23%、1.45%和2.23%，随着经济社会的发展，物业管理所创造的国内生产总值将会越来越多。

（二）规范发展物业管理有利于提高人民群众居住质量

经济发展的根本目的是提高人民生活水平。提高居住质量是全面建设小康社会的重要任务。随着第一步和第二步战略目标的顺利实现，人民生活实现了解决温饱和从温饱到小康的两大历史性跨越。2002年，我国城镇居民恩格尔系数下降到37.7%，农村居民恩格尔系数下降到46.2%。居民消费需求由追求基本生活资料的满足，逐步向注重生活质量提高转变。向更高生活水平迈进，重点是“改善居住、卫生、交通、通信条件，扩大服务性消费。逐步增加公共设施和社会福利设施。”在基本消费序列中，温饱解决之后，“住”和“行”的问题将日益突出。

国际经验表明，人均GDP跨过800美元之后，住房面积将持续增长、居住质量将快速提高。在人均住房建筑面积达到35平方米、人均GDP达到3000美元之前的相当长的一段时期，都是住房面积提高和居住质量改善阶段。目前，我国城镇居民人均住房建筑面积超过22平方米，住房严重短缺问题基本解决，居民住房需求进入面积增加与质量提高并重，从单纯的生存型需求向舒适型需求转变的新阶段。提高居住质量，既要靠住宅建设的科技进步，大力推进住宅产业现代化，提高住宅规划、设计和建设水平，也要有良好的物业管理，提供房屋及其设施设备的维修养护、绿化、保洁等专业性服务，创造安全舒适的居住环境。

（三）规范发展物业管理有利于增加就业

就业是民生之本。扩大就业是我国当前和今后长时期重大而艰巨的任务。当前我国正处于城镇化高速发展时期，农村劳动力向非农产业的转移、农村人口向城镇的转移是世界历史上最大规模的就业和人口转移；加之我国正处于经济结构调整时期，与之相适应的就业结构也处于调整之中，大量的下岗、失业问题与农村劳动力转移问题交织在一起，就业需求十分强烈，就业形势极为严峻和复杂。党的十六大把增加就业与促进经济增长、稳定物价、保持国际收支平衡作为我国宏观调控的四大主要目标，要求千方百计地扩大就业。

因此，能否正确处理资金密集型产业与劳动密集型产业的关系，把提高企业竞争力与扩大就业妥善结合起来，是关系到走新兴工业化道路的重大问题。物业管理就业容量大，对扩大就业具有重要作用。目前，物业管理吸纳的劳动力中大部分来自企事业单位下岗分流人员、农村剩余劳动力及部队复转军人等，对于缓解农村剩余劳动力向非农产业的转移和产业结构调整中的就业矛盾作出了重要贡献。今后相当长一段时期，随着住宅建设的持续快速发展以及旧住宅区物业管理范围的不断扩大，物业管理将保持快速发展，对增加就业仍将起到积极的推动作用。

（四）规范发展物业管理有利于维护社区稳定

维护社会安定是全面建设小康社会的重要保障。大力发展社会主义文化，建设社会主义精神文明是全面建设小康社会的重要任务。维护社区稳定、加强社区精神文明建设是整个社会安定和全社会精神文明建设的基础。随着社会经济体制的转型，社区建设越来越受到社会各界的关注，成为城市建设与管理的基础性工作。物业管理是社区服务的重要组成部分。社区居委会是居民自我管理、自我教育、自我服务的基层群众性自治组织；业主、业主大会的活动与社区建设和管理密切相关；物业管理企业对于维护社区环境和秩序具有积极作用。通过规范社区建设与物业管理各主体之间的关系，整合资源，可以推进物业管理与社区建设的协调发展，形成推进社区建设的整体合力，既有利于为居民创造良好的居住环境，也有利于促进社区安定和社区精神文明建设。

从多年的实践看，物业管理在维护社区秩序，协助公安等有关部门防范刑事犯罪，防止可能发生的火灾、燃气泄漏、爆炸等恶性事故中起到了重要作用。物业管理企业在努力提高管理服务水平的同时，配合有关部门和社区各类组织，积极开展社区文化活动，丰富了居民的业余生活，促进了居民的身心健康，推动形成了邻里之间更加和谐的关系和良好的社会风尚，促进了社区精神文明建设。

三、学习《条例》，把握内涵

《条例》就业主的权利和义务，业主大会的组成、职责和行为规则，前期物业管理，业主与物业管理企业的法律关系，业主处理财产共同利益的方式等，创设了各项法律制度。贯彻《条例》，首先要准确把握《条例》所创设的法律制度的内涵。

（一）尊重和维护业主的财产权利

物业管理的基础是业主的财产权。对物业进行管理是业主行使财产权的行为。选聘物业管理企业实施管理只是业主管理自身物业的方式之一，业主还可以根据实际情况决定采用其他方式，比如自我管理，或者将保洁、绿化等各项事务直接委托专业公司。《条例》本着尊重业主财产权利的原则，并不强制业主必须实行物业管理，而只是规范实行物业管理时各方的行为。当然，随着社会对物业管理认同感逐步提高，越来越多的业主会选聘物业管理企业来管理物业。

《条例》充分尊重和维护业主的财产权利。凡是依附于财产所产生的法律关系，均遵循了民事法律关系的基本原则，强调物业管理企业与业主是平等的民事主体，是服务与被服务的关系，保证业主充分行使财产权。对于业主的共同利益，也由业主在民主协商的基础上自行平衡。《条例》对业主财产权利的尊重和保护，还体现在对侵害业主财产权的救济上。建设单位和物业管理企业的行为给业主造成损失的，应该依法承担民事损害赔偿责任；物业管理企业擅自改变物业管理用房的用途，或利用物业共用部位、共用设施设备进行经营的，所得收益用于物业管理区域内物业共用部位、共用设施设备的维修养护，剩余部分由业主大会决定使用。这充分体现了保护业主权益的立法精神。行政机关在实施对物业管理活动的行政管理中，必须牢牢把握这一精神。

（二）建立业主民主协商、自我管理、平衡利益机制

共同财产和共同利益是构成业主之间联系的基础。业主共同财产的管理和共同利益的平衡，需要有民主协商的机制来实现。业主一旦共同决定委托物业管理企业实施物业管理，就将共同财产的管理置于整体的共同契约中。共同契约就必然要在单个业主利益的分散性与众多业主利益的协调性之间实现均衡；业主加入共同契约就意味着要遵守少数服从多数的原则。

业主大会制度和业主公约制度，目的就是建立业主民主协商、自我管理、平衡利益的机制。业主大会是表达业主意愿、实现业主利益均衡的组织形式，其基本的议事准则就是民主协商。业主公约是依据国家相关法律、法规制定的，是业主应当共同遵守的行为准则，对全体业主具有普遍约束力。业主公约是规定业主在物业管理区域内涉及业主共同利益的权利与义务的自律性规范，是业主对物业管理区域内一些重大事务的共同性约定，是调整业主之间权利与义务关系的基础性文件。通过业主公约，建立物业共同关系人的行为准则，可以形成良好的共同财产管理、共同利益均衡秩序。建立业主民主协商、自我管理、平衡利益的机制，是政府行政部门应当牢牢把握的原则。

（三）《条例》和有关法律法规共同规范物业管理活动

物业管理活动中的问题，有的是由《条例》所规范的，有的是由其他法律法规所规范的。物业管理活动各方主体也应当遵守其他法律、法规确定的行为规范。《民法通则》、《合同法》、《公司法》、《房地产开发经营管理条例》、《建设工程质量管理条例》等法律、法规规定的相关制度，都是规范物业管理活动的法律依据。所以，在贯彻实施《条例》中，不仅要学习领会《条例》的内涵，还要学习和贯彻好其他有关的法律、法规。

比如物业的质量问题。业主购买物业，形成与建设单位之间物业买卖的民事法律关系，有关法律规定由建设单位承担物业建造过程中的质量责任。尽管业主在物业交接后才发现物业质量问题，但原来的法律关系在物业管理阶段仍然存在，业主应当依据有关法律法规追究建设单位的质量责任。

（四）妥善处理政府和市场的关系

物业管理活动中大量的是民事关系，应当通过设定规则，由当事人自行调节和通过司法程序调节。对这些民事关系，不宜采取政府行政措施进行调节。《条例》对不产生外部影响、不涉及公共利益的纯私人事务，不设置政府行政管理权；对不属于政府行政职责的事务，不设定行政规制；对应当由业主自行处理的事务，不设定行政强制措施。同时《条例》明确界定了违反行政管理秩序行为与民事违约、民事侵权行为的界限，对凡是能够通过民事责任解决的，不再设定行政处罚；对违反行政管理规定，又同时构成民事违约或侵权的行为，则坚持损害赔偿优先的原则。

市场规则的完善是市场主体行为规范的基础。物业管理的发展从根本上取决于市场规则的完善和市场机制的良性运行。《条例》按照社会主义市场经济的原则，对物业管理活动的竞争机制、物业服务的定价、物业服务合同等作出了规定。这些规定的目的，就是培育市场，充分发挥市场优化资源配置的作用。《条例》是一部体现政府转变职能的行政法规。各级房地产行政主管部门，必须按照《条例》的精神，把完善市场机制放在重要位置，切实转变职能，做到不越位、不缺位、不错位、不扰民，管好政府该管的事，并简化手续，方便群众。

四、突出重点，扎实工作

全面贯彻落实《条例》、推动物业管理健康发展是今后一段时期各级房地产行政主管部门的重要任务。要以“三个代表”重要思想统揽各项工作，以改善人民群众生活和工作环境为出发点，全面贯彻落实《条例》，加大监督管理力度，规范市场主体行为，保护消费者权益，努力开创物业管理发展新局面。

近期，应着重抓好以下几个方面的工作：

（一）加强对《条例》的宣传

物业管理与人民群众的工作、生活息息相关，涉及人民群众的切身利益。在广泛听取群众意见基础上制定的《物业管理条例》，汇集了民智，体现了党的十六大关于党领导和支持人民当家作主，最广泛地动员和组织人民群众依法管理国家和社会事务的要求。《条例》的贯彻实施，同样需要动员和依靠广大人民群众。同时，《条例》涉及众多行政机关如公安、财政、民政、价格、市政公用事业等行政主管部门的监督管理职责，涉及各类社会组织、物业管理活动其他各类主体行为的规范，必须加强对《条例》的宣传工作，使大家深刻领会《条例》的精神和各项规定，自觉地贯彻执行《条例》。

《条例》宣传工作主要应达到四个目的：一是让广大业主了解《条例》所设定的法律制度，运用法律武器保护自己的利益，更充分地行使业主权力，规范业主大会、业主委员会行为，协调共同利益关系。二是使物业管理企业认真执行法律制度，切实履行好服务职能，以优质服务、诚信服务取信业主。三是促进行政部门依法行政，既要保证行政行为不超越权限，不任意干预民事关系；又要认真履行职责，强化执法监督，提高执法水平，保护物业管理活动当事人各方的合法权益。四是使各方面形成合力，共同执行《条例》，促进物业管理，维护社区良好秩序。

（二）完善有关的配套法规和规章

《条例》发布之后，建设部根据《条例》确定的制度，已经印发了《前期物业管理招标投标管理暂行办法》、《业主大会规程》。目前正会同或配合有关部门制定《住房专项维修资金管理办法》，修订《物业管理服务收费管理办法》，并抓紧《物业服务合同》、《业主公约》示范文本、《物业管理企业资质管理办法》等的修订工作，研究建立物业管理专业人员职业资格制度。各省、自治区、直辖市要根据《条例》的规定，结合实际情况，抓紧清理和修订现有的物业管理法规与规范性文件，加快制定配套的法规。对《条例》中授权地方制定的具体办法，如物业管理区域划分、业主在首次业主大会上的投票权的确定等，应当尽快作出规定。同时应当根据实际情况，确定应当通过招投标方式选聘物业管理企业的住宅物业的最小规模。

（三）加强对业主大会工作的指导监督

各地房地产行政主管部门要正确处理行政监督管理和业主自我管理的关系，按照《条例》规定，切实履行对组建业主大会和业主委员会的指导责任，促进业主自我管理、自我约束机制的形成。对业主成立业主大会的，物业所在地的房地产行政主管部门要深入实际，耐心细致地做好指导监督工作，引导业主大会在充分尊重全体业主意愿的基础上，按照合法程序，选举热心公益事业、责任心强、具有一定组织能力的业主担任业主委员会委员。要通过规范业主大会、业主委员会的行为，促进业主自律和民主决策，依法维护自身合法权益。同时，要监督业主大会和业主委员会不得作出与物业管理无关的决定，不得从事与物业管理无关的活动。

（四）规范前期物业管理

要逐步推进建设单位和物业管理分业经营，使物业管理企业真正成为独立承担民事责任的企业法人，实施专业化管理。要加强建设与物业管理的衔接，加强对建设单位履行法定义务情况的监督。《条例》规定，建设单位要在物业管理区域内配置必要的物业管理用房；不得擅自处分业主依法享有的物业共用部位、共用设施设备的所有权或者使用权；要与物业管理企业做好物业承接验收工作并及时移交有关资料；建设单位制定的业主临时公约不得侵犯物业买受人合法权益等。对违反有关规定的，要及时予以纠正。

要规范前期物业管理招投标活动。对达到一定规模的住宅物业，建设单位应当通过招投标方式选聘具有相应资质的物业管理企业实施前期物业管理；对规模较小的住宅物业可以采用协议方式选聘物业管理企业；其他类型的物业鼓励建设单位通过招投标方式选聘物业管理企业。要按照《条例》等有关规定，加强监督，依法维护招标投标当事人的合法权益。要根据物业管理活动的特点，降低招标投标成本，减轻业主负担。

（五）建立“质价相符”的服务收费机制

要从满足不同类型的服务需求出发，完善物业管理服务标准，引导物业管理企业不断提高服务质量。要明确物业管理服务收费的定价原则、定价方式和价格构成；根据物业管理服务内容、服务质量，制定普通住宅的收费指导标准，方便消费者根据自己的消费水平选择确定相应的物业管理服务。同时要通过深入细致的宣传，使广大居民树立物业管理服务的消费意识。

（六）完善住房专项维修资金制度

要全面建立住房专项维修资金制度，未建立、或未按标准建立专项维修资金的地区，必须按有关规定予以建立或补充。商品住宅和已售公房专项维修资金均应按照业主所有、专户存储、专款专用、业主决策、政府监督的原则实施管理。各地在完善住房专项维修资金的归集、管理、使用和监管等各项制度同时，要抓好住房专项维修资金的清理，坚决查处挪用行为，追缴挪用资金。对挪用住房专项维修资金的，要依法予以处罚；有关责任人，要追究责任。

（七）整顿和规范物业管理市场秩序

整顿和规范物业管理市场秩序，是整顿和规范房地产市场秩序的重要内容。要坚持标本兼治、重在治本的原则，采取有力措施，继续做好物业管理市场的整顿和规范工作。要严格市场准入与清出制度，加强企业资质管理，加大对管理水平低、收费不规范、社会形象差的企业的清理整顿工作力度。要大力开展诚信和职业道德教育，加快建立物业管理企业信用档案，接受社会监督。要完善投诉举报制度，对群众的投诉和举报，应限时查处和答复，不得推诿扯皮。要注意尊重企业的经营自主权，纠正对物业管理企业的乱摊派、乱收费行为。

（八）大力提高物业管理从业人员素质

要开展物业管理技术进步方向和重点的研究，推动物业管理技术进步，提高技术含量和管理服务水平。要加强物业管理专业人员管理，从注册物业管理师执业资格管理和物业管理员从业资格管理两个层次，建立职业资格制度，造就一支懂经营、善管理、精业务、守道德的专业人员队伍。要继续抓好多层次的人才培训，加强企业关键岗位和一线职工的技能培训，提高从业人员素质。

（九）推进旧住宅区物业管理

要按照政府、单位、居民合理负担的原则，调动各方面的积极性，多渠道筹措资金，完善小区配套设施，美化小区环境，加强对旧小区的整治改造。要进一步深化直管公房和机关、企事业单位住房的维修管理体制改革，结合机构改革和国有企业转制，将房管所和机关、企事业单位的后勤房管部门改制成具有独立法人资格的物业管理企业，彻底改变“政企不分，政事不分，主辅混合”及“以租养人，管理落后”的状况。推进旧小区的物业管理有相当的难度，务必抓好组织协调，注重引导，尊重业主意愿。

（十）处理好物业管理与社区建设的关系

物业管理在社区建设，尤其在社区服务业的发展中具有重要作用。要努力创建物业管理与社区建设良性互动的新机制，以物业管理服务推动社区服务发展，拓展社区服务范围，建设管理有序、服务完善、环境优美、治安良好、生活便利、人际关系和谐的现代化社区。业主大会、业主委员会应当积极配合居民委员会依法履行自治管理职责，接受居民委员会的指导和监督；并配合公安机关，与居民委员会相互协作，共同做好维护社会治安等相关工作。

同志们，全面贯彻落实《条例》，意义深远、责任重大、任务艰巨。我们要在以胡锦涛同志为总书记的党中央领导下，忠实实践“三个代表”重要思想，坚持立党为公、执政为民，坚持把最广大人民群众的根本利益放在第一位，与时俱进，开拓创新，创造性地开展工作，努力开创物业管理发展的新局面！

（本文摘自　建设部网站　2003 年 7 月）

第二十章　专家观点

吴敬琏认为“投资过热”会加速累积中长期风险

近期关于中国经济是否将要出现通货膨胀，经济学者纷纷阐释自己的观点，本报上期评论版发文：《通货膨胀依据不足货币政策不宜紧缩》，对当前宏观经济做了细解，而著名学者吴敬琏在最近一次的论述则跳出了对当前经济的预测，从更长远的角度提出：宏观经济应该开始注重化解长期风险。与此同时，美国经济开始走向乐观，诺贝尔经济学奖得主萨缪尔森于近期亦撰文对当前美国宏观经济形势做出了评述。

随着人们对于粮油以及部分原材料（如钢、煤）价格上涨的讨论以及深入反思，人们对于中国宏观经济的关注也更深入到对经济增长背后因素的挖掘以及长期影响的探索上。

基于十六届三中全会的有关政策，“汲取东亚金融危机教训，改善投资主体和投资效率，化解宏观经济长期风险”是吴敬琏教授对于当前经济发展态势的观点。11月5日，吴敬琏在苏州的“中欧苏南民营企业座谈会”和“中欧校友会”上，就十六届三中全会后的中国经济发展态势阐述了他的观点。

一、宏观形势基本判断：增长为主，过热迹象显现

针对众说纷纭的宏观经济态势，吴敬琏认为自亚洲金融危机后，我国宏观经济的主要困难在于“需求不足，通货紧缩”。

吴敬琏认为，当前经济已经出现了过热的苗头。他不同意“局部过热”的论断，指出在讨论宏观经济总量的前提下，看的是总体经济形势。

吴敬琏认为货币大量超发导致经济过热迹象的出现。根据“货币供应量增长＝GDP增长率＋通货膨胀率”，目前通胀率略高于零的情况下，货币量增长20%多。吴敬琏认为，亚洲金融危机后，政府就采取扩张性的财政政策，同时采取了适度扩张的货币政策，因此货币供应从1998年以后一直是过量的。这样就形成了很大的货币压力，有相当一部分货币没有实现，积累起大量的购买力，在购买力寻求实现过程中就会造成宏观经济的震荡。此外，商业银行以加速放贷来降低不良资产比重的做法也加重了货币发放量。

二、通货膨胀出现未定资产泡沫已经形成

虽认为经济出现过热，但吴敬琏表示他不能肯定是否一定出现通货膨胀，尽管一段时间以来生产资料和农产品价格上涨。但因为社会消费品的零售总额增长很慢，今年三个季度，消费物价指数是零上面一点。中国经济增长主要的推动力量仍然是投资。根据统计，今年上半年固定资产增长34%（去年24.4%），其中钢铁业投资150%，机械74%，煤炭52%，纺织626%，都达到了空前水平。消费对于过热和增长加速贡献不大，没有形成消费品的价格上涨，即表现为“没有温度的高烧”。

相反，资产市场主要是房地产、股票和期货，吴敬琏说这个市场上的价格是可以自我支撑的，只要有充分的货币供应，价格就可以上涨——形成资产泡沫。现在房地产正是因为它由投资需求支持，而非最终消费支持，所以泡沫最为严重。

需要注意的是，这些产业的投资需求是由贷款支撑的。去年全年的贷款18000亿，今年前三个季度就已增长了27000亿了，今年贷款可能增加3万多亿，而贷款当中，中长期贷款增长特别快。

三、必须警惕的中长期风险

基于上述宏观经济的分析，吴敬琏认为中国经济现在真正应该注意的是通胀及经济过热引发的长期风险，而长期风险的根本原因还在于“投资效率太低”。这令人想起东亚金融危机的教训。

吴敬琏用一个指标，即“增量资本产出率（Incremental Capital－Output Ratio，ICOR）＝投资增加量/国民生产总值增加量”来比较中国当前风险。当时，东亚地区的ICOR是5，而西方国家是1或者2。对比中国，1991～1996年是2的水平，而1996年后就是5～8的水平，也就是说去年新增的国民收入中太多用来投资了。消费增长相对很慢，用资金维持增长，克鲁格曼说这正是东亚金融危机最深刻的根源。

中国之所以还可以维持这样的增长，一个重要的前提是中国有大量的年轻的劳动力，在低工资的前提下创造了大量的产出，相对应的是他们目前的低消费，这导致了大量的储蓄，银行以此放贷给企业。

但这些条件在5～10年内肯定发生变化，因为，首先，2010年前后，中国就会进入老龄化的转折点，这意味着储蓄下降和取款上升，再由于我国社会保障体系中资金积累严重不足和“空账户”大量存在，银行资产质量就会成为更加严重的问题；第二，到2007年外资银行开始经营人民币业务而不受限制，优质客户转向外资银行，国有商业银行失去了维持运转和“稀释”不良资产的资金来源；第三，全面开放的中国不可能长期对资本项目下的外汇进行严格监管。这些都会加重中国经济的中长期风险。

关于长期风险，复旦大学中国经济研究中心张军教授也提醒，目前中国经济需要引起大家警惕的是这一轮的投资过热问题会导致生产力过剩，在真正的有效供给不足的情况下，这轮经济过热将带来下一轮的经济通货膨胀更为严重，所以我们现在对于宏观经济的调控更应该着眼于下一轮经济发展结构。

（本文摘自《21世纪经济报》2003年1月）

杨慎认为房地产持续发展态势不变，三大问题有待解决

中国房地产协会会长杨慎认为，当前房地产业的形势是"需求拉动强劲，市场供需两旺，前景继续看好"。主要表现在三方面：

1. 完成的投资，创历史新高。

1～6月份，全国房地产开发投资3917亿元，同比增长34%。其中增长超过50%以上，有3个市超过了一倍。北京市今年四五月份受到非典疫情的影响虽然比较大，但是房地产依然保持上升的趋势。上半年，北京市房地产的开工面积达到了6131万平方米，同比增长20.5%，项目销售面积4491万平方米，同比增长80.7%。去年全国房地产投资完成的总额是7736亿元，今年增长比较快。如果不受房地产信贷政策调整影响，今年全国房地产投资总额有可能超过8500亿元。房地产对全国GDP增长的贡献，包括直接贡献率和所拉动的关联的贡献率，去年是2.5个百分点，今年能达到3个百分点。也就是说，在全国GDP平均增长8%这样一个宏观数字内，房地产的贡献率占30%。房地产业是拉动国民经济增长最稳定的一个行业。

2. 房价稳中有升。

根据国家统计局对全国35个大中城市的统计，上半年，房屋销售价格同比增长4.9%，土地交易价格增长7.8%，房屋租赁价格上升1.8%。杨慎认为，房地产作为在市场经济条件下，受价值规律和供求关系的影响，房地产价格有升有降是正常的，房价在保持总体平稳的前提下，适度上升，说明需求旺盛，是经济兴旺的写照。关键是合理适度，不要影响消费者的心理预期。房价上升，对居住者来说，得到了利益。目前个人拥有房子并居住的占82%以上，租房者是少数，无条件的一味要求降低房价，不符合大的市场的利益。杨慎认为，应理性地看待房价升降，现在职工每年都要增加工资，每年都要提高收入，仅收入增长一项转化为建设成本的人工费用每年上升4%，这样情况下，要求房价逐年下降很难办到。中国现在的房价不是泡沫经济支撑下的虚拟价格。房价处于上升的状态，是拉动国家经济增长的一个因素。

3. 结构合理。

经过政策引导和市场优化，开发商更加理性，企业面对项目的区位、质量、环境、价格、产品各要素的整体考虑更加重视，这使得住房的供求结构日趋合理。目前已形成以中等收入为主，适应不同层次消费需求，多价位、高品质的住房供应结构，成为全国最活跃的市场，每年新建房子成交量300多万套。今年上半年，上海市商品房达到637万平方米，销售746万平方米，供需差109万平方米；天津房地产经过市场整合，初步形成了一个以多层次建筑为主，一、二、三相协调的供应格局。所谓一，就是单套的户型100多平方米左右，二是房屋的平均价格在2000多块钱，三就是户型以三室为主，房地产所谓一度出现的不太正常的格局正在改变。

但杨慎同时提醒人们，在发展前进过程当中要注意三个问题。

1. 34%的增长速度过快了。

1998年平均增长13.7%，1999年增长13.5%，2000年增长21.5%，2001年增长27.3%，2002年增长21.9%，逐年递增。1993年投资的基数是3197亿，去年的基数是6000多亿，增长了34%。最近一个时期，水泥、钢材、玻璃和各种建材，价格幅度上升。杨慎认为，中国的住房已经达到了人均22平方米，户均达到70平方米，这样的供应，已使住房严峻短缺的情况成为过去了，政府应该将总量减少，使增速放慢。否则，可能现在没有问题，以后则会有问题。

2. 质量不精不细。

杨慎说，自己最近跑了几个省市，从南方跑到北方，从大城市跑到小城市，看到存在的普遍问题是不精不细。杨慎认为，房地产作为一个永恒的建筑产品，应该让每一个平方米、每一个房屋都是精品，不仅有实用价值，而且有历史保存价值。我们自称为大国，但是房子的质量不行，不管是什么原因，客观上我们要把房子的质量搞上去。

3. 管理体制不适。

主要是三个方面：

(1) 行业管理体制不顺；

(2) 产业体制不伦不类；

(3) 统计数据不真实。杨慎认为，最近央行出台的调控信贷的政策，就显露了在大的政策出台时，同行业有关部门没有进行充分协商的问题，这实际上是管理体制不顺的问题。

（本文摘自《工商时报》2003年7月）

谢家瑾对《物业管理条例》有关情况的说明

今年6月8日，国务院颁布了《物业管理条例》（国务院令第379号，以下简称《条例》），标志着我国物业管理进入了法制化、规范化发展的新时期。这次会议的主要任务是，学习、宣传、贯彻《条例》，总结过去工作，分析存在问题，研究部署当前的工作任务，进一步推动物业管理的健康发展。会上，汪光焘部长、刘志峰副部长将作重要讲话，务请大家深刻领会，认真贯彻。

下面，我就《条例》的起草过程、立法原则和确立的主要制度作一简要说明。

一、《条例》的立法过程

1999年4月，建设部成立《条例》起草小组，开始

《条例》的起草工作。在《条例》起草阶段，起草小组主要做了下列工作：

（一）收集有关资料，了解国内外物业管理的立法情况

《条例》起草的前期阶段，起草小组通过各种渠道开展资料收集和分析工作。先就各地出台的地方性法规、地方政府规章以及影响较大的规范性文件进行收集并逐一分析，对各地物业管理立法的主要内容、存在的问题有了基本了解；通过总结各地物业管理立法中的经验和不足，初步了解了《条例》起草中的重点和难点问题。与此同时，通过各种渠道，收集国外物业管理立法资料。鉴于我国法律体系倾向于大陆法系，起草小组通过考察、交流等形式，重点了解了德国、法国、新加坡、日本、韩国等国的物业管理立法情况，考察了日本、韩国、澳大利亚、新西兰的物业管理制度以及法国、德国的建筑物区分所有权制度。

我国内地的物业管理在深圳起步，由于地缘关系，香港地区的物业管理立法对内地物业管理立法影响较大。为借鉴香港成熟的立法经验，起草小组多次与香港同行交流，认真解读了香港的《建筑物管理条例》及相关法规，对香港和内地的法律体系、法制环境、居民物业管理观念、立法背景等作了比较研究。

（二）开展立法调研，掌握第一手材料

为深入了解物业管理发展现状和存在的问题，起草小组多次组织了立法调研活动。2000 年 6 月至 2001 年 3 月，起草小组赴青岛、宁波、长春、武汉等地，就业主委员会的性质及监督管理、物业管理合同与物业买卖合同的关系、物业管理企业应当承担的法律责任界限、建设单位的义务、物业管理项目招投标、物业使用中的禁止行为、利用物业进行经营的收益分配、业主委员会与居委会、物业管理与社区建设、物业管理企业与公用事业单位之间的关系等问题作了调研。并在大连召开了有东、中、西部有关城市代表参加的关于业主大会、前期物业管理及专项维修资金等问题的专题研讨会，广泛听取各方面的意见。这些调研活动，有助于在起草《条例》时从实际出发，有的放矢，从而增加《条例》规定的可操作性。

（三）进行专家论证，研讨立法中的难点问题

物业管理在我国发展仅有 20 多年，各地物业管理发展很不均衡。同时，我国物业管理理论研究尚处于起步状态，对物业管理法律关系、各方主体的权利义务、物业管理的基本制度等没有形成统一认识，这给《条例》的起草带来了难度。有鉴于此，起草小组通过召开专家论证会、书面征求专家意见等方式，邀请法学家、律师、资深从业人员、行政管理人员、业主代表等，对立法过程中的难点问题进行专题研讨。目前《条例》中业主大会、业主公约制度等，是在充分吸收专家意见的基础之上建立的。

（四）广泛征求意见，以求彰显民意

按照立法程序要求，起草小组在起草出《条例》征求意见稿后，于 2000 年 5 月征求各地、国务院有关部门、有关单位及专家意见。各地根据本地物业管理实践情况提出了很多建议和意见，国务院有关部门、专家、相关单位、业主、从业人员等也提出了具体意见。起草小组在对所提意见作详细分析后，进行了认真修改。2001 年 3 月经建设部部常务会议讨论通过，形成《条例》（送审稿），提请国务院审议。

国务院领导和国务院法制办对物业管理立法工作一直非常关注，国务院领导多次批示要加强物业管理立法工作，国务院法制办对起草小组的工作给予了大力支持。

在收到建设部上报的《条例》（送审稿）后，国务院法制办随即将《条例》（送审稿）送地方、国务院有关部门、有关单位征求意见。此后，国务院法制办农业资源环保法制司多次组织专题研讨，从各方面意见中梳理出需要进一步研究的问题。例如，物业管理的性质、物业管理企业提供的管理与行政部门管理的关系、《条例》调整的社会关系、物业管理实践中存在的主要问题及其原因、哪些是因由当事人自行处理的民事关系、哪些需要由政府出面进行行政管理、如何推进房地产开发与物业管理分业经营等。

针对这些问题，国务院法制办会同建设部于 2002 年 3 月在北京召开《条例》（送审稿）专家论证会。与会专家从不同角度阐明了各自的观点。通过专家论证，在一些问题上统一了认识，为《条例》（送审稿）的修改完善打下了基础。

2002 年 6 月 5 日至 11 日，就《条例》（送审稿）的有关问题，国务院法制办农业资源环保法制司与建设部政策法规司、住宅与房地产业司的有关同志，赴上海、深圳进行了专题调研。调研期间，分别召开了两地物业管理主管部门及有关部门、业主代表、开发企业、物业管理企业以及街道办事处、居委会、派出所有关同志参加的座谈会，实地考察了多种类型的物业管理项目。通过调研，基本摸清了物业管理实践中存在的主要问题，确立了《条例》（送审稿）修改的基本思路和原则。

在专家论证会和专题调研的基础上，结合各方面意见，国务院法制办会同建设部对《条例》（送审稿）作了相应修改，并再次送国务院有关部门和地方征求意见。针对反馈的意见，国务院法制办会同建设部又多次讨论、修改，并与提出意见的单位进行充分沟通，最终形成《条例》（草案）。

物业管理立法涉及广大人民群众的切身利益，如何更广泛地了解反映社会各方面的意见，一直是国务院领导所关心的问题。2002 年 10 月 16 日，经国务院领导同意，国务院法制办将《条例》（草案）登报公开向社会征求意见。这一彰显民意，推动民主立法，切实提高立法工作质量的举措，在社会上引起了积极反响。在近一个月的意见征求期间，国务院法制办共收到近 4000 条意见。从征求意见的情况看，社会各界对制定《条例》的必要性和《条例》（草案）的基本内容给予了充分肯定，一致呼吁尽快出台，同时也提出了很多具体的修改意见。从返回意见的内容上看，主要涉及《条例》的名称和调整范围、业主与业主大会、前期物业管理、物业管理企业和人员的管理、物业服务费用、法律责任等方面。

在逐条研究分析并吸收有益意见的基础上，国务院法制办会同建设部对《条例》（草案）逐条进行了认真修改，有近半数的意见被吸收，如科学界定物业管理的内涵、进一步细化业主的权利、明确物业管理企业的义务和责任、法律责任中体现优先保护业主共同利益等。未采纳的，主要是那些不应当由本《条例》调整的，或者立法时机不成熟、理论上尚存在较大争议，需要进一步研究的意见。《条例》没有吸纳的另外一部分意见，主要是从本地方情况出发提出来的，鉴于我国地域辽阔，地区差异比较大，这些意见由各地制定地方法规或者规章时考虑比较合适。

2003 年 5 月 28 日，国务院常务会第九次会议审议并原则通过了《条例》（草案）。可以说，《条例》反映了社会法制意识的日益增强，凝聚了人民群众的智慧和热情。

二、《条例》的立法原则

《条例》在坚持民法基本原则和立法法规定的立法原则的前提下，主要遵循了以下基本原则。

（一）物业管理权利和财产权利相对应的原则

在我国《物权法》尚未出台的情况下，《条例》吸收了发达国家成熟的建筑物区分所有权理论，对业主权利义务的规定，其实就是明确了业主作为建筑物区分所有权人的权利义务。对业主在首次业主大会会议上的投票权的规定，是基于业主拥有的财产权份额，将业主的物业管理权利相应建立在对自有房屋拥有的财产权基础之上。

（二）维护全体业主合法权益的原则

为维护全体业主的合法利益，《条例》既对物业管理企业的行为、业主大会的职责及其对涉及业主共同利益事项的表决、个别业主不按合同约定交纳物业服务费用损害全体业主利益的行为、有关政府部门的行政监督管理责任等作了明确规定，也对建设单位、公用事业单位等物业管理相关主体依法应当履行的义务作了详尽规定。在处理行政处罚和承担民事责任关系方面，《条例》设定的法律责任充分体现了优先保护全体业主利益的原则。

（三）现实性与前瞻性有机结合的原则

《条例》注重保持法规、政策的连续性和稳定性，对被实践证明是行之有效的制度，如业主自律、物业管理企业资质管理等制度，予以保留。《条例》注重肯定实践成果，将在实践中积累的良好经验，如主管部门加强对业主大会的指导和监督、物业管理企业做好物业接管验收等，确立为法律规范。对于如何解决现实中存在的问题，如开发企业不交纳未售出物业的物业服务费用、任意扩大物业管理企业的治安责任、公用事业单位向物业管理企业转嫁责任等，《条例》作出了明确规定。《条例》贯穿发展的指导思想，设立的业主大会、强制性维修养护等制度，符合市场经济的基本规律，符合未来立法趋势。

（四）从实际出发，实事求是的原则

我国各地区的物业管理发展很不平衡，沿海地区与中西部地区、大城市与中小城市，在物业管理市场发育程度、市场环境、管理服务水平等方面差异较大。《条例》在坚持法律制度统一性的前提下，充分考虑各地区的实际情况，对房地产开发与物业管理分业经营、物业管理区域划分等问题仅作出原则性规定，有的规定的具体执行办法，授权省、自治区、直辖市制定。

三、《条例》确立的基本制度

为了规范物业管理活动，维护物业管理当事人的合法权益，《条例》突出建章立制的重要作用，确立了以下七项物业管理的基本制度。

（一）业主大会制度

各地在物业管理实践中，大多采用业主委员会制度，即由业主召开会议，选举产生业主委员会，代表全体业主行使有关物业管理的权利。从实践效果来看，业主委员会制度对物业管理行业的发展起到过一定的促进作用。但由于该制度集决策和执行于一体，缺乏有效的监督机制，难以体现全体业主的意愿，有违权责一致的原则。在实践中，有少数业主委员会成员侵害大多数业主的利益，也有的住宅小区发生业主委员会作出换聘物业管理企业或同意利用公共设施经营的决定，但遭到大多数业主反对，导致矛盾产生。鉴于以上认识，《条例》确立了业主大会和业主委员会并存，业主大会决策、业主委员会执行的制度。规定物业管理区域内全体业主组成业主大会，业主大会代表和维护物业管理区域内全体业主的合法权益。同时，明确了业主大会的成立方式、职责、会议形式、表决原则以及议事规则的主要事项，规定了业主委员会的产生方式、委员条件、职责、备案等。业主委员会作为业主大会的执行机构，可以在业主大会的授权范围内就某些物业管理事项作出决定，但重大的物业管理事项的决定只能由业主大会作出。这一制度有利于维护大多数业主的合法权益，保障物业管理活动的顺利进行。

为了规范业主大会、业主委员会的运作，加强监督管理，《条例》规定业主大会和业主委员会应当依法履行职责，不得作出与物业管理无关的决定，不得从事与物业管理无关的活动。

（二）业主公约制度

物业管理往往涉及到多个业主，业主之间既有个体利益，也有共同利益。在单个业主的个体利益与业主之间的共同利益发生冲突时，个体利益应当服从整体利益，单个业主应当遵守物业管理区域内涉及到公共秩序和公共利益的有关规定。鉴于业主之间在物业管理过程中发生的关系属于民事关系，不宜采取行政手段进行管理，《条例》对各地实施物业管理中已具有一定实践基础的业主公约制度进行了确认，规定业主公约对全体业主具有约束力。规定建设单位应当在销售物业之前，制定业主临时公约，对有关物业的使用、维护、管理，业主的公共利益，业主应当履行的义务，违反公约应当承担的责任等依法作出约定。建设单位制定的业主临时公约，不得侵害物业买受人的合法权益。业主大会有权起草、讨论和修订业主公约，业主大会制定的业主公约生效时临时公约终止。业主公约是多个业主之间形成的共同意志，是业主共同订立并遵守的行为准则。实行业主公约制度，有利于提高业主的自律意识，预防和减少物业管理纠纷。

（三）物业管理招投标制度

物业管理是市场经济的产物，竞争是市场经济的基本特征。为了扭转房地产开发企业自建自管、因建管不分而引发物业管理纠纷增多的被动局面，保障业主自主选择物业管理企业的权利，同时也为物业管理企业参与平等竞争创造机会，《条例》突出了推行招投标对于促进物业管理健康发展的重要作用，提倡业主通过公平、公开、公正的市场竞争机制选择物业管理企业。鼓励建设单位按照房地产开发与物业管理相分离的原则，通过招投标的方式选聘具有相应资质的物业管理企业。并对住宅物业的建设单位，应当通过招投标的方式选聘具有相应资质的物业管理企业作了明确规定。

（四）物业承接验收制度

物业承接验收是物业管理的基础工作。目前，在物业管理过程中，老百姓反映强烈的质量缺陷、配套设施不完善等热点问题，多数是在开发建设阶段遗留下来的。由于建管不分，依附于房地产开发企业的物业管理企业往往无法进行严格的物业承接验收。还有一些物业管理企业一味偏重市场份额的扩大，在物业承接验收时敷衍了事。对业主的投诉，房地产开发企业和物业管理企业相互推诿。为了明确开发建设单位、业主、物业管理企业的责、权、利，减少物业管理矛盾和纠纷，并促使开发建设单位提高建设质量，加强物业建设与管理的衔接，《条例》规定物业管理企业承接物业时，应当对物业共用部位、共用设施设备进行查验，应当与建设单位或业主委员会办理物业承接验收手续，同时规定建设单位、业主委员会应当向物业管理企业移交有关资料。

（五）物业管理企业资质管理制度

物业管理具有一定的特殊性。物业管理服务实质上是对业主共同事务进行管理的一种活动，带有公共产品的性质。在物业管理区域内，物业管理企业要依照全体业主的授权，约束个别业主的不当行为，如制止违章搭建及违章装修、制止扰乱公共秩序及危害环境卫生等，以维护全体业主的利益和社会公共利益。物业管理企业还有与业主长时间保持密切联系的特点，企业的素质及其管理水平的高低，直接影响到业主的生活环境和工作质量。物业管理具有一定的专业性，随着经济的发展和科技的进步，新技术、新产品在房地产开发建设中被广泛采用，物业的智能化程度越来越高，这也要求物业管理企业具有一定数量的高素质管理和技术人员，具有先进的工具及设备，建立科学、规范的工作程序，对价值量巨大的物业资产实施良好的管理与维护。基于以上认识，并为了有利于整顿和规范物业管理市场，《条例》规定：国家对从事物业管理活动的企业实行资质管理制度。在现阶段对物业管理行业实行市场准入制度，严格审查物业管理企业的资质，是加强行政监管、规范企业行为、有效解决群众投诉、改善物业管理市场环境的必要手段。

（六）物业管理专业人员职业资格制度

物业管理活动的特殊性、经营管理的专业性以及涉及学科多、管理复杂等特点，决定了应对物业管理专业人员实行职业资格制度。物业管理专业人员如物业管理处主任（项目经理）等，作为物业管理活动的直接组织者，其业务能力和素质高低，直接关系物业的承接验收、维修养护以及物业管理服务水平，直接影响物业的保值增值，关系到业主共同利益和社会公共利益。物业管理专业人员只有在掌握和了解法律、经济、工程、环保、消防以及公共关系、心理等多方面学科和知识，并经过相关专业岗位实践锻炼的基础上，才能有效地做好管理服务工作。不少发达国家以及香港、台湾地区等都通过对物业管理专业人员进行职业资格的认证以及继续教育制度，来实现对物业管理行业的规范和管理。现阶段，我国已建立的物业管理专业人员队伍、高等院校及科研机构提供的教育支撑和人才储备以及日臻完善的法规体系等，为建立物业管理专业人员职业资格制度创造了有利条件。因此，《条例》规定：从事物业管理的人员应当按照国家有关规定，取得职业资格证书。我部将配合人事部抓紧将这一制度纳入国家专业人员职业资格制度系列。

（七）住房专项维修资金制度

随着我国城镇住房制度改革的不断深化，居民个人拥有住房产权的比例越来越高，旧住房体制下由国家或单位单一承担住房维修的状况相应发生了根本性改变。为了解决在住房产权结构多元化情形下，住房共用部位、共用设施设备发生大修、中修及更新、改造时，如何在多个业主之间及时筹集所需费用的问题，《国务院关于进一步深化城镇住房制度改革加快住房建设的通知》（国发［1998］23号）规定：“加强住房售后的维修管理，建立住房共用部位、设备和小区公共设施专项维修资金，并健全业主对专项维修资金管理和使用的监督制度”。依据《通知》精神，我部与财政部制定了《住宅共用部位共用设施设备维修基金管理办法》，对维修基金的交纳、存储、使用、监督等作了具体规定。4年多的实践证明，建立专项维修资金，对保证物业共用部位、共用设施设备的维修养护，保证物业的正常使用，保障全体业主共同利益，是十分必要的。针对目前存在的专项维修资金交纳范围不明确以及挪用专项维修资金等问题，《条例》规定：住宅物业、住宅小区内的非住宅物业或者与单幢住宅楼结构相连的非住宅物业的业主，应当按照国家有关规定交纳专项维修资金。同时规定：专项维修资金属业主所有，专项用于物业保修期满后物业共用部位、共用设施设备的维修和更新、改造，不得挪作他用。

同志们，规范发展物业管理工作任重道远。当前，宣传、贯彻、落实好《条例》，既是贯彻落实十六大精神的具体体现，又是实践“三个代表”重要思想的具体行动。让我们共同努力，切实把《条例》的各项规定落到实处，为改善人民群众的生活和工作环境，促进社会经济发展做出新的贡献。

（本文摘自　建设部网站　2003年7月）

汪光焘阐述房地产发展政策

建设部部长汪光焘2003年9月1日在全国房地产工作会议上阐述了我国房地产业发展政策。

控制高档住房增加普通商品房汪光焘说，供求结构性矛盾是我国房地产市场发展中比较突出的问题，各地要完善住房供应政策，调整住房供应结构，控制高档商品房建设，增加普通商品房供应，逐步实现多数家庭购买或承租普通商品房。

随着住房实物分配的停止、居民收入水平的不断提高和住房消费观念的逐步改变，个人已成为房地产市场的主体，但一些地方与广大居民承受能力相适应的中低价位普通商品住房供不应求，高档、大户型住房及高档写字楼、商业性用房积压严重。

不允许高收入者购买经济适用房有的城市对经济适用住房购买对象审查把关不严，部分高收入者购买了经济适用房，个别人甚至以投资获利为目的购买经济适用住房。汪光焘强调，经济适用住房是具有保障性质的政策性商品住房，不允许高收入者购买。

廉租住房建设将以国家投资为主 在廉租住房建设中，各地要以财政预算资金为主，多渠道筹措资金，形成稳定资金来源。

不得限制已购公房上市交易针对住房二级市场发展不平衡，相当多城市开而不活的现状，国家将采取相关措施，进一步开放搞活住房二级市场。

规范发展住房信贷在加强房地产贷款管理，防范金融风险的同时，鼓励继续规范发展住房信贷，特别是要加大住房公积金归集和贷款发放力度，完善个人住房贷款担保机制。

（本文摘自《经济参考报》2003年9月）

汪光焘关于《国务院关于促进房地产市场持续健康发展的通知》有关问题的说明

刚才，培炎副总理作了重要讲话，深入分析了当前房地产市场形势，深刻论述了促进房地产市场持续健康发展的重要意义，明确了促进房地产市场持续健康发展的主要任务，对贯彻落实《国务院关于促进房地产市场持续健康发展的通知》（以下简称《通知》）作出了部署。我们一定要认真学习领会培炎副总理的讲话精神，统一思想，提高认识，切实做好《通知》的贯彻落实工作。为便于大家了解《通知》精神，下面我就《通知》的有关问题作一简要说明。

一、关于《通知》的形成过程

党中央、国务院领导同志十分关心和重视房地产市场健康发展问题，多次批示要求从经济社会发展的战略高度，深化住房制度改革，培育住房有效需求，加强宏观调控，防范金融风险，发挥房地产业在扩大内需、拉动经济增长等方面的积极作用。今年4月，国务院领导同志要求研究制定促进房地产市场健康发展的有关政策。5月7日温家宝总理主持召开国务院常务会议，提出进一步扩大普通商品住房和经济适用住房供应。5月14日，曾培炎副总理主持会议，听取了建设部、国家发改委、财政部、国土资源部、人民银行等有关部门关于《通知（代拟稿）》有关情况的汇报，进一步研究了促进房地产市场持续健康发展的有关问题。根据国务院领导的一系列指示精神，建设部会同有关部门就《通知》内容进行了反复研究、协商，并广泛听取了省、市政府及其主管部门、有关专家学者，以及行业协会、研究会和若干房地产企业的意见。在此基础上，国务院第16次常务会议原则通过了该文件，并强调了国家统一政策，各地因地制宜、分别决策的基本原则，明确《通知》是指导性的，主要提出原则性意见。根据这一总的原则和要求，国务院办公厅、国务院研究室又对《通知（代拟稿）》又作了进一步修改、完善，最终形成了《通知》。

《通知》的形成过程是科学决策、民主决策的过程。《通知》是指导当前和今后一个时期我国房地产市场发展的纲领性文件，对促进房地产市场持续健康发展必将产生深远影响。

二、关于起草《通知》的指导思想

1998年《国务院关于进一步深化城镇住房制度改革加快住房建设的通知》（国发［1998］23号文件，以下简称“国务院23号文件”）印发以来，随着城镇住房制度改革的不断推进，以及与居民住房消费相关的财税、金融等政策的积极调整，居民消费观念明显转变，住房消费得到了有效启动，以住宅为主的房地产业总体上保持了快速健康发展的势头，对改善居民居住条件、拉动经济增长发挥了积极作用，已成为国民经济的支柱产业。从我国经济社会发展所处的历史阶段看，住宅建设与房地产业仍有较大发展潜力，只要引导得好，将对促进国民经济持续健康发展发挥更加积极的作用，为实现全面建设小康社会的奋斗目标作出更大的贡献。但是房地产市场区域性差异大，从多次调研情况看，发展很不平衡，部分地区出现了一些值得关注的问题，有的地方还比较严重，影响了房地产市场的持续健康发展。

根据当前形势，结合五年来房地产业改革与发展的基本经验，《通知》起草中贯穿了以下指导思想：一是坚持市场化取向，通过深化改革，不断消除影响居民住房消费的体制性和政策性障碍，培育住房消费，完善房地产市场体系，进一步发挥市场机制在资源配置中的基础性作用；二是以有效需求为导向，立足于调整商品房供应结构，提高住房质量，满足不同收入家庭，重点是中低收入家庭的住房需求；三是针对发展中出现的问题，切实加强宏观调控和市场监管；四是强化政府的住房保障功能，保证城镇居民基本住房需要；五是坚持在国家统一政策指导下，各地区因地制宜，分别决策，使房地产业的发展与当地经济和社会发展相适应。

《通知》二十条内容突出了三个重点：一是在国务院23号文件基础上，进一步深化城镇住房制度改革，增加普通商品住房供应，搞活住房二级市场，规范发展市场服务，扩大市场机制的作用范围。二是明确界定政府在房地产市场发展中的职责，包括政府在经济适用住房和廉租住房供应中的住房保障责任，对房地产市场的宏观调控责任，规范房地产市场主体行为的监管责任。三是针对当前房地产市场的突出问题，从规划、土地、金融等方面提出了有关措施，要求加强部门间的协调与配合，建立对房地产市场宏观调控的协调机制。

三、几个主要问题的说明

（一）关于增加普通商品住房供应

市场供应结构与需求结构相适应，是保持房地产市场持续健康发展的重点。当前，供求结构性矛盾是房地产市场发展中比较突出的一个问题。随着住房实物分配的停止、居民收入水平的不断提高和住房消费观念的逐步转变，个人已成为房地产市场的主体，但一些地方与广大居民承受能力相适应的中低价位普通商品住房供不应求，而高档、大户型住房以及高档写字楼、商业性用房积压较严重。增加普通商品住房供应，是解决当前房地产市场供求结构矛盾的客观需要，同时也有利于进一步推进住房市场化，扩大市场机制作用范围。为此，《通知》要求各地根据市场需求，采取有效措施，完善住房供应政策，调整住房供应结构，提高普通商品住房在市场供应中的比例，逐步实现多数家庭购买或承租普通商品住房。同时，要求控制高档商品房建设，各地要根据实际情况，合理确定高档商品住房和普通商品住房的划分标准；高档商品房积压较多的地区，控制土地供应、暂停项目审批，适当提高项目资本金比例和预售条件。

为增加普通商品住房供应，使住房价格与大多数居民家庭的支付能力相适应，《通知》提出普通商品住房和经济适用住房供不应求、房价涨幅过大的城市，可以按规定适当调剂增加土地供应量；要求清理并逐步减少对普通商品住房建设和消费的行政事业性收费项目。

（二）关于加强经济适用住房建设和管理

国务院23号文件要求建立和完善以经济适用住房为主的住房供应体系。实践表明，经济适用住房政策对于保证住房分配制度改革的顺利实施，培育居民住房消费，解决中低收入家庭的住房困难，对平抑房价过快上涨、促进危旧房改造和实现城市规划布局调整等，都发挥了积极的作用。不少城市在保证经济适用住房供应的同时，根据本地实际，严格控制供应对象和标准，严格上市交易管理，创造了好的经验。

但经济适用住房建设和管理中也存在着一些突出问题：有的城市重建设、轻管理，对购买对象审查把关不严，部分高收入者购买了经济适用住房，个别人甚至以投资获利为目的购买经济适用住房；有的城市对建设标准缺乏有效控制，致使户型面积偏大，甚至出现大户型、超大户型经济适用住房，严重背离了经济适用住房政策的初衷；有的城市优惠政策不落实，经济适用住房价格优势未能充分发挥。这些问题的出现，既有政策执行不力的原因，也与经济适用住房供应中政府职能和市场作用的界限模糊有很大关系。在新形势下，有必要进一步完善政策，加强经济适用住房的建设和管理，既统一政策目标，又使具体措施更加符合各地实际。

为此，《通知》把经济适用住房定性为具有保障性质的政策性商品住房，建设标准控制在中小套型；经济适用住房供应对象的具体收入线标准和范围，由各地根据实际情况合理确定；就落实经济适用住房优惠政策，规范经济适用住房建设和管理提出了明确要求。同时，要求建设部会同有关部门抓紧制定经济适用住房管理办法。这些规定，突出了经济适用住房的政策性和保障性，总的精神是要控制供应范围和标准，具体操作措施则要按照“因地制宜，分散决策”的原则，由市（县）人民政府根据当地房改进程、房价水平、居民住房状况和收入水平变化等实际情况，合理确定。这样做，既有利于保证经济适用住房建设各项优惠政策的落实，也有利于使经济适用住房政策真正惠及弱势群体。

集资合作建房是经济适用住房建设的组成部分，对于解决住房困难户较多的工矿区和困难企业职工住房问题起到了积极作用。但也有一些地方机关事业单位利用集资合作建房变相搞房地产开发或变相搞实物分配，或者为职工搞第二套政策性住宅，社会反响较大。为明确政策界限，严肃房改纪律，《通知》明确集资合作建房的建设标准、参加对象和优惠政策按照经济适用住房的相应规定执行；明确任何单位不得以集资、合作建房名义，变相搞实物分房或房地产开发经营。

（三）关于建立和完善廉租住房制度

建立最低收入家庭住房保障制度，是住房新体制的重要组成部分，也是政府的重要职责。党中央、国务院高度重视最低收入家庭的住房问题。去年底，胡锦涛总书记在中央经济工作会议上指出：“要建立和完善对最低收入者的救助制度，妥善解决城市特殊困难家庭在住房、子女入学、医疗等方面遇到的实际问题。”温家宝总理也指出：“建立和完善廉租住房制度，解决最低收入居民家庭的住房问题，是住房制度改革和住房建设的一项重要内容。”目前，全国35个大中城市中，已有一半以上的城市开展了最低收入家庭住房保障工作；部分城市落实了资金来源，建立了最低收入居民家庭档案和申请、审批制度；不少城市结合本地实际进行了多种方式的探索，如租赁住房补贴方式、住房租金减免方式、廉租住房置换方式等，效果良好。

但是，与住房市场化进程相比，与最低收入家庭的需求相比，与其他社会保障制度的进展相比，最低收入家庭住房保障制度建设明显滞后，突出表现为：部分地方仅仅把建一批廉租住房作为短期的形象工程，不重视制度建设；缺乏规范稳定的资金来源渠道，多数地方仅从住房公积金增值收益中提取部分资金，或者由政府主管部门自筹解决，不足以支持廉租住房制度建设；现行的管理办法也还仅仅局限于实物配租住房方式，已不适应实践发展需要。

针对这些问题，《通知》明确要求各地要以财政预算资金为主，多渠道筹措资金，形成规范稳定的住房保障资金来源；结合当地财政承受能力和居民住房的实际情况，合理确定保障水平；最低收入家庭住房保障原则上以发放租赁住房补贴为主，实物配租和租金核减为辅。

（四）关于搞活住房二级市场

国务院23号文件要求稳步开放已购公有住房交易市场，并规定了准开、准入制度。据此，建设部制定了具体办法，国务院有关部门也相继出台了收益分配等政策措施。实践表明，开放搞活住房二级市场，鼓励已有自有住房的家庭通过换购改善居住条件，实现增量市场与存量市场的联动，对于扩大住房需求（特别是增量市场的需求），增加中低价位住房供应，有着十分积极的现实意义。

但总体上讲，住房二级市场发展很不平衡，相当多城市仍然开而不活，住房二级市场的作用和潜力尚未充分发挥。其主要原因：一是入市限制过多，审核程序和手续较为复杂；二是收益调节标准过高，税费负担较重；三是由于建房时手续不全等历史遗留问题，部分住房无法确权登记发证，加上有的原产权单位为防止人员流动，不积极申办已购公有住房权属登记手续，或故意扣押职工的房屋权属证书，使其无法进入市场。

为此，《通知》就搞活住房二级市场提出了明确要求。一是除法律、法规另有规定和原公房出售合同另有约定外，任何单位不得擅自对已购公有住房上市交易设置限制条件。二是调整了已购公有住房上市出售收益调节政策，各地可以适当降低土地收益缴纳标准；以房改成本价购买的公有住房上市出售时，原产权单位原则上不再参与所得收益分配。三是要求各地对因手续不全等历史遗留问题影响公有住房出售和权属登记发证的，制定政策，明确界限，妥善处理。

（五）关于规范发展住房信贷

国务院23号文件下发以来，个人住房贷款业务快速发展，有力地支持了居民住房消费。《通知》在强调加强房地产贷款管理，防范金融风险的同时，鼓励继续规范发展住房信贷；特别是针对中低收入家庭住房消费需求，要求加大住房公积金归集和贷款发放力度，完善个人住房贷款担保机制。

去年，国务院修订了《住房公积金管理条例》，下发了《国务院关于进一步加强住房公积金管理的通知》，进一步健全了决策制度，理顺了管理体制，完善了监督机制，使住房公积金制度逐步走上规范发展的轨道。当前的主要矛盾是：覆盖面还不广，在岗职工中还有近40%的职工没有建立公积金；个人住房贷款发放余额仅占归集余额的39%，还有大量资金没有用出去。建立住房公积金制度的根本目的，是要充分发挥住房公积金低存低贷的政策优势和互助功能，加快解决城镇中低收入居民家庭的住房问题。目前我们已有了一个良好的制度环境，按照《通知》的要求，下一步各地要逐步将重点转移到加强住房公积金归集和贷款发放上来。要依据《住房公积金管理条例》，加大执法力度，加强对非国有经济单位等薄弱环节的催缴工作，尽快实现住房公积金应建尽建，使更多的职工享受应有的权利。要加快发展个人住房贷款业务，支持职工购建住房，使住房公积金贷款的优势真正得以体现。

从各地的实践看，规范发展个人住房贷款业务，关键之一是解决好担保问题。针对个人住房贷款期限长、不确定因素多的特点，为解决中低收入家庭自我担保能力弱，出现不良贷款后抵押物处置难，银行资金回收难以保证等问题，

2000年建设部、中国人民银行联合下发了《住房置业担保管理试行办法》，建立了个人住房贷款担保的新机制。住房置业担保机制的引入，不仅活跃了个人住房贷款市场，促进了住房消费，也降低了银行贷款风险。但在发展中也出现了部分担保机构担保能力弱、风险意识差和运作不规范等问题，直接影响了住房置业担保业务的健康发展；同时，现行以城市为单位设立担保机构的方式也难以防范区域性风险。

针对上述问题，《通知》要求完善个人住房贷款担保机制。一是加强对担保机构的监管，建立健全风险准备金制度；二是清理无担保能力和担保行为不规范的现有机构；三是完善住房置业担保管理办法，研究建立全国个人住房贷款担保体系，从制度上防范和化解区域性信贷风险。按照《通知》要求，建设部将会同有关部门抓紧完善相关制度，及时向国务院上报建立全国个人住房贷款担保体系的实施办法。当前，各地的工作重点是要对照《住房置业担保管理试行办法》，尽快对现有的住房置业担保机构进行一次全面清理，对无担保能力和担保行为不规范的，要限期整改，防范和化解现实的和潜在的担保风险。

（六）关于加强对房地产市场的宏观调控

经国务院原则同意，建设部等6部门于去年8月印发了《关于加强房地产市场宏观调控，促进房地产市场健康发展的若干意见》。文件下发后，不少地方采取了相应措施，房地产市场存在的突出问题有了一定程度的缓解。但也有一些地方政府调控意识不强，措施不力，有的因担心调控会影响发展，仍然存在不顾市场需求，盲目扩大建设规模，搞劳民伤财的"形象工程"、"政绩工程"，致使市场供求矛盾加剧；有的房价持续过快上涨，政府调控乏力，引发"炒楼花"、"炒认购号"等投机行为，影响了居民正常的住房消费。要保持房地产市场持续健康发展，必须加强宏观调控，特别是要发挥好城乡规划、土地、金融政策的调控、引导作用。家宝总理在审议《通知》时，也特别强调"银行贷款要管好，土地要管好"。为此，《通知》把"供求总量基本平衡、结构基本合理、价格基本稳定"作为房地产市场宏观调控的基本目标，要求各地编制并及时修订房地产业和住房建设发展中长期规划，以加强对房地产业发展的指导；充分发挥城乡规划的调控作用，加强对土地市场的宏观调控，加强对房地产贷款的监管；并针对房地产市场区域性强的特点，强化了地方各级人民政府的直接责任和省级人民政府的监管责任。

加强对房地产市场运行状况的监控，及时发现和解决市场运行中存在的主要问题，是政府的重要职责，也是新时期对各级政府能否驾驭市场经济发展能力的一次考验。作为宏观调控的基础，《通知》要求各地完善房地产市场信息系统建设，建立健全房地产市场预警预报体系，并要求建设部会同有关部门抓紧制定实施办法。房地产市场信息系统和预警预报体系的建设，将有利于各级政府对市场供求、价格和空置等情况进行适时的动态监测并做出分析判断，定期向社会公布，引导理性投资和消费。此项工作，建设部已布置14个城市开展了试运行，并要求年底前后，在35个大中城市全面建立房地产市场预警预报信息系统。需由政府承担的费用，《通知》明确由各地财政结合当地信息系统和电子政务建设一并落实。

（七）关于住宅产业现代化

国务院23号文件以及1999年《国务院办公厅转发关于推进住宅产业现代化提高住宅质量若干意见》（国办发［1999］72号）发布以来，住宅产业现代化程度有了一定提高，但总体上尚不能适应住宅建设快速发展和住宅需求转型的需要，突出表现在：一是住宅建设仍然处在粗放型生产方式阶段，集约化程度低、科技贡献率低、劳动生产率低；二是住宅建设技术落后、成本高、效益低、质量差，与人民群众的需要有明显的差距；三是住宅小区规划设计水平低，住宅产品能耗大，建筑材料污染严重，小区整体环境差。当前，我国住宅建设已由总量扩张为主逐步向质量提高为主转变，从全局层面和战略高度来看，解决住宅建设质量、提高住宅建设效益的根本出路是实现住宅产业现代化，这也是促进房地产市场持续健康发展的重要方面。《通知》要求完善相关的经济政策、技术政策和推进机制，发挥企业在推进住宅产业现代化中的主体作用，通过对新技术的研发和新材料的应用推广给予必要的扶持，并完善住宅性能和部品认证、淘汰制度，努力提高住宅建设的科技含量和住房质量。同时，要求从规划、设计等环节加强管理，注重小区生态环境建设和住宅内部功能设计。

（八）关于整顿和规范房地产市场秩序

保持良好的房地产投资和消费环境，是发挥房地产业对国民经济和社会发展重要作用、促进和扩大居民住房消费的重要条件。去年，经国务院同意，建设部会同有关部门下发了《关于整顿和规范房地产市场秩序的通知》。各地根据该通知精神，依法查处了一批违法违规典型案例，取得了一定成效。但房地产市场不规范状况还没有得到根本扭转，违规开发、广告虚假、面积"短斤缺两"、合同欺诈、中介市场混乱、房屋拆迁和物业管理服务不规范等问题还很突出，损害了消费者的合法权益，甚至引发群体投诉上访现象，扰乱了市场秩序。为此，按照国务院部署，整顿和规范房地产市场秩序工作已经列入今年专项整治的内容。《通知》强调了完善市场监管制度，并对整顿和规范房地产市场秩序的工作重点提出了原则要求。近期，国务院办公厅还将就此专门发文，加大工作力度，推进整顿和规范房地产市场工作。

贯彻落实《通知》精神，促进房地产市场持续健康发展，事关经济社会发展全局，任务很重。各级地方人民政府要按照《通知》要求和培炎副总理讲话精神，就贯彻落实《通知》精神作出统一部署，明确部门分工，落实工作责任。各级建设（房地产）行政主管部门要在当地政府领导下，主动协调相关部门，落实《通知》规定的各项政策措施。按照国务院的部署，在适当的时候，建设部将会同有关部门就各地贯彻落实《通知》的情况进行监督检查。

同志们，我们一定要认真学习《通知》，积极贯彻《通知》扎实工作，狠抓落实，为促进房地产市场持续健康发展，为居民住房条件的进一步改善和社会经济的持续快速发展，作出应有的贡献。

（本文摘自　建设部网站　2003年9月）

仇保兴论规划应该调控城市建设

2002 年 10 月 14 日，建设部副部长仇保兴在北京召开的城市规划国际研讨会上强调，要充分关注并尽快解决我国在城市化进程中出现的规划失效、历史文化遗址遭破坏及污染等问题。

仇保兴指出，我国每年大约有 2000 多万人从农村移居到城市，城市化的速度非常快。目前在一些省份，规划的失效现象正在发生，这意味着有些地方的城市规划没能调控城市建设，反滞后于城市建设，这也说明我们的城市规划还不能完全适应城市和国家发展的需要，规划的刚性与灵活性还不够。这个问题必须引起足够的重视，认真加以解决。

仇保兴说，现在有些城市中的历史文化古迹遗址被破坏甚至被拆除，正在失去其独特的风貌和传统的形象。这个现象是由很多原因造成的。

比如城市中心土地的价格非常高，谁获得了城市中心的土地，就意味着享有非常高的利润。还有一些市长让设计师按照国外建筑风格进行城市设计，这些都是造成这一现象的原因。此外，还有许多居住者不关心保护古建筑的问题，只是希望自己的居住条件改善得越快越好，这也对我们保护历史文化遗迹产生了一定影响。所以在城市化进程中，怎样保护古建筑的遗存对我们来说非常重要。

谢家瑾谈五大因素制约二级市场发展

对二级市场的研究非常必要，它是住房市场一个重要组成部分，也是住房市场持续发展、搞活二级市场的关键所在。我对二级市场有三个观点：

1. 二级市场开放以后，到现在为止应该说取得了非常明显的成效，也说明了二级市场对整个房地产市场的刺激和拉动作用。

2. 二级市场的潜力巨大，现在只是刚刚起步，真正要发展起来前景还非常大。

3. 强调进一步发展要解决几个方面的问题，从今年情况来看，二级市场发展比前两年更明显，上海市今年上半年二手房交易超过 7 万套，比去年 1～6 月份增长了 85.9%，二手房的成交面积已经达到了 619 万平方米，和去年同比成交面积增长了 97%，上海估计今年二手房的买卖会突破 1000 万平方米，二手房买卖成交金额已经达到 129 亿元，和去年同比也增长了 107.8%。从二级市场开入的效果来说，其他的一些城市也不错，应该说还有很大潜力。最近我看了不少机构对于房市场的前景做的一些调研，现在城镇居民对于现住房的满意率还不到 20%，五分之四人对现住房并不满意，不满意当中就蕴育着要发生变化，有 48% 的居民提出来在这两三年愿意换购房，愿意不见得下周就进来，只是这种愿望。调查以后公房家庭这部分家庭当中有 67% 希望通过换住房来改善住房的条件，这个潜力确实非常大。

从上海来说，开放到现在三年时间，整个已购公房上市还不到它出售公房的 10%；南通的二级市场开发进度比较快，卖的公房是 1 万套，到 6 月底已购公房上市已经达到了它出售公房的 16%。这几个城市在全国开放比较早，效果比较好。与其他城市形成了一个对比，从这些数据看，二级市场还有很大潜力。在国家“十五”计划发展纲要中，把加快开放二级市场作为国家“十五”计划纲要中的一部分，足以说明二级市场在国民经济中的重要地位。

当前主要有五个方面和问题急待解决：

1. 有些城市程序比较繁琐，有的要找 11～12 个部门要去批，正常程序要 100 多天，要是卖旧房买新房，等审批完了新房也被人家买了，程序繁琐是二级市场的重要制约因素。

2. 收费分配不尽合理，税费收得过多可能就很难调动其他家换住房的积极性。

3. 市场渠道不畅通，关键是中介跟不上，二级市场要卖掉旧房买新房，一卖一买同时进行，所以一定要有中介帮它把旧房卖掉以后帮它买到合适新房，上海的二级市场，包括南通二级市场发展这么快，中介起着非常重要的作用，我认为二级市场在有些城市开放程度、效果不好，中介跟不上是很重要原因。

4. 是产品创新跟不上。必须要有新的产品，才能调起大家换购住房的积极性和胃口，为什么换住房呢？为了这个小区的规划比原来的要好，平面布局比原来的好，环境比原来的好，绿化比原来的好，物业管理比原来的好，这些因素都是调动换购的主要因素，有的城市住宅产品创新抓的非常好。我去年去了一些城市，现在建的住宅和 80 年代的差不了多少，这种情况对二级市场开发有重要影响。

5. 是我新增加的一个，二级市场开放背靠金融服务，现在是一级市场个人住房贷款发展得非常迅猛，但是按揭在换购住房过程中，怎么样把金融的进度跟上去，也是制约二级市场进一步开放的因素。

我觉得把这些问题解决好，二级市场才还会有更大的发展。这里做一个分析，全国城市有 3.8 亿人口，人均住房增长 10 平方米就需要 40 亿平方米的住房。另外，如果买下公房的家庭中调动 10% 的家庭进入二级市场，将创造近万亿的住房消费和投资，对改善住房条件特别是拉动经济增长，会做出非常积极的贡献。

（本文摘自《中国房地产报》2003 年 10 月）

顾云昌论房地产的持续健康发展

中国房地产业协会秘书长顾云昌近日指出，目前中国房地产行业最关心的问题就是“健康”，国务院18号文件，即《关于促进房地产市场健康发展的通知》是本届政府指导发展房地产市场的纲领性文件，是国务院23号文件的后续，必将引导我国房地产市场持续健康发展。

一、一个支柱、五个坚持、五大任务

18号文件中明确指出，房地产业已经成为国民经济的支柱产业。顾云昌说，肩负发展房地产业重任，各级政府主管部门必须做到五个坚持：坚持住房市场化的基本方向，不断完善房地产市场体系，更大程度地发挥市场在资源配置中的基础性作用；坚持以需求为导向，调整供应结构，满足不同收入家庭的住房需要；坚持深化改革，不断消除影响居民住房消费的体制性和政策性障碍，加快建立和完善适合我国国情的住房保障制度；坚持加强宏观调控，努力实现房地产市场总量基本平衡，结构基本合理，价格基本稳定；坚持在国家统一政策指导下，各地区因地制宜，分别决策，使房地产业的发展与当地经济和社会发展相适应，与相关产业相协调，促进经济社会可持续发展。

各级政府和有关部门，面临着完善住房供应，调整供应结构；改革住房制度，不断健全市场体系；发展住房信贷，强化管理服务；解决好规划土地的问题，保证市场良性发展；加强市场监管，维护市场秩序等五大任务。

二、房地产市场发展合适

顾云昌说，18号文件是对房地产市场存在“冬天论”、“过热论”、“泡沫论”的总结发言，根据国际以及国内衡量房地产市场警戒线的双重指标来看，国内房价年平均增长率为3%，低于国民生产总值的增长水平，是较好的增长速度。我国房地产市场总体空置率不高，发展合适。随着房地产市场的进一步发展，空置房可以逐步消化。

三、发展二手房和小城镇建设是新的重点

顾云昌在发言中强调，中国房地产市场持续健康发展的重要因素就是二手房市场的全面搞活。目前二手房市场的发育在我国尚不成熟，必须全面开发市场，建立完善的市场体系，实现市场消费梯度化。他还指出，随着房地产市场化进程的速度日益加快，北京乃至全国的二手房市场的发展高潮即将到来。

针对18号文件中明确要高度重视“小城镇住房建设”问题，顾云昌指出，小城镇建设应坚持高起点规划，高标准设计，制定和完善住宅产业的经济、技术政策，以促进住宅产业现代化的实现。

“楼市旺不旺，健康是保障，住得好不好，健康最重要”。在朝着“小康”迈进的今天，人们已将住宅功能和环境作为安家置业的重要标准。顾云昌最后说，健康住宅的标准是渐进的，此次中国房地产成功经营模式推介活动就是推进健康住区发展的一次实践行动。我国房地产业发展的目标是在2020年达到人均住房面积30平方米以上。健康的楼市、健康的楼盘需要健康的企业来营造，达到三个“健康”，我国房地产市场就一定会持续健康发展。

（本文摘自《中国房地产报》）2003年9月）

邱晓华提出我国城镇化要提速

城镇化是完成落后农业国向发达工业国跨越的必由之路，也是实现经济结构优化和产业结构提升的重要途径。目前发达国家早已完成了这个历史性过程。

由于特定的社会经济条件和历史原因，我国城镇化进程相对比较缓慢。从现阶段我国经济发展实际看，较低的城镇化水平已经越来越成为制约我国经济和社会持续发展的主要因素。积极稳妥地推进城镇化进程势在必行。本文分析提出了未来推进我国城镇化进程的思路和建议。

一、城镇化进程发展缓慢对现代化的影响

1．城乡失衡。

突出地表现在农村人口比重过大，大量的劳动力滞留在劳动生产率相对较低的农村和农业。虽然经过20多年的改革开放，农村经济得到较快发展，农业大量劳动力转移到其他产业，但城乡二元经济结构仍然没有得到明显改善。城乡居民收入水平、消费水平、生活质量等各方面差距都还比较大，城乡之间发展不平衡还很严重。

2．产业失衡。

长期以来，我国第三产业一直比较落后，目前第三产业增加值占GDP的比重为33%左右，低于国际上同收入组别国家近20个百分点。造成这种现象的原因之一就是我国城镇化发展缓慢。发展经济学指出，随着资本密集化程度的提高和科学技术的进步，现代工业部门创造的就业机会已越来越少，大量的农村劳动力将转移到城镇商业、服务业等第三产业领域。美国、日本等国经济发展实践也得出这样的结论，即城市化水平与第三产业发展的相关性高于与第二产业发展的相关性，第三产业是城市化的最大推动力，城市化发展是第三产业发展的必要条件。

3．地区失衡。

我国东中西地区经济发展渐次落后，也与城镇化东中西呈阶梯分布有关。在一定程度上说，经济发展和城镇化水平二者是相辅相成的，凡是城镇化落后的地区，经济发展水平就比较落后；城镇化落后地区，由于区域经济缺乏带动经济增长的增长极，致使整个地区经济活力不足。

4. 市场失衡。

由于我国城镇化整体发展缓慢，东中西部地区差异比较大，国内市场发展严重扭曲。表现在两个方面：

(1) 三大地带市场发展严重不均衡。2000 年，东部地区的人口占全国的 42.6%，消费品市场比重高达 60%；广大的中西部地区却以全国 57.4% 的人口，只占有 40% 的国内消费市场。

(2) 城乡市场发展严重不均衡。目前，8 亿多农村居民在全国消费品市场所占份额仅为 38.9%，而不到全国人口 40% 的城镇人口却占据全国 60% 以上的消费品市场。

5. 经济和社会发展的失衡。

建国以来，特别是改革开放以来，我国国民经济快速发展，取得了举世瞩目的成就。但由于城镇化水平低，承载着全国 64% 人口的广大农村地区，社会发展水平还比较低，8 亿多农民还不能普遍享受良好的教育、文化、影视、医疗等方面的服务，经济文明和社会文明不甚协调。

二、加快我国城镇化发展的基本思路

加快我国城镇化发展，应当既借鉴他国的经验，又坚持从我国实际出发，积极稳妥多途径地推进。

1. 国际城镇化发展过程及特点。

城镇化的国际经验证明：城市化是一个国家经济、社会发展客观形态的综合体现，它决不仅仅是人口的城市化，而是整个社会基本形态由农业型社会向更高一级城市型社会的转型，是以经济增长和社会发展为基础和前提的，城镇化水平必须与工业化和经济发展相适应。综合考察美国、日本、韩国、墨西哥、巴西等国的城市化发展进程，可以找出以下几个共同点：从发展过程看，城市化水平较高的国家总体上都经历一个起步——快速发展——高位趋缓历程；在空间结构上，城市化水平高的国家大都经历了从小城市、中等城市、大城市到都市区、大都市区的发展过程；在区域结构上，呈现出某一个或几个地区优先发展、逐步推进的态势；在发展动力上，城市化是经济发展到一定阶段的必然现象，数据表明，发达国家的城市化进程大体与工业化进程相一致，两者有着很强的相关性。在发展进程上，发展中国家具有在较短时间内加速推进城市化的后发优势。

2. 我国城镇化发展目标。

根据国际资料，1998 年世界平均城市（镇）化水平为 47%，1995 年发达国家和地区为 75%。考虑到我国人口多、农村人口基数大、土地资源尤其是耕地资源短缺以及人均经济实力、人均资源总量都远不及发达国家的实际情况，确定我国城镇化发展的长期目标应从我国国情出发，应略低于发达国家水平，大致界定在 70% 左右。

在城镇化发展速度上，根据国际经验，城镇化发展是一个缓慢、加速、再减慢的过程。在城镇化水平达到 30% 左右后，城镇化发展进入加速阶段。当前我国的城镇化水平为 36.2%，正处在加速发展的过程中。1978～2000 年年均提高 0.83 个百分点，在今后一段时期，我国城镇化发展仍将以比较快的速度发展。如果前 10 年城镇化水平年均提高 0.8 个百分点，再下一个 10 年年均提高 0.6 个百分点，最后 30 年，年均提高 0.7 个百分点左右，那么，在 2010 年前后，我国城镇化水平将接近 45%，2020 年前后将超过 50%，2050 年前后将达到 70% 左右，初步完成我国城镇化过程。

3. 推进步骤及各步骤重点。

争取用 50 年左右的时间，基本完成城镇化进程。在战略步骤上大体可分两步走：第一步在 2020 年前后，城镇化取得明显进展，使我国的城镇化水平达到 50% 左右。这一时期的关键：

(1) 加速农村小城镇建设，开放县城或县域首位城镇的"城门"，允许农村劳动力在县域范围内流动起来；

(2) 完善大中小城市的城市功能，大力发展第三产业，增强吸纳就业人口的能力。第二步在 2050 年前后，基本完成城镇化，使我国的城镇化水平达到 70% 左右。这一时期的关键是扩大中小城市规模，完善县城或县域首位城镇的城市功能，进一步强化小城镇建设。

4. 推进城镇化进程的相关措施。

(1) 更新思想观念。克服以往重工轻农、优先发展城市经济的指导思想。摒弃小富即安的小农意识和等、靠、要的错误思想，为加快小城镇发展步伐创造条件。

(2) 大力发展劳动密集型产业。

根据我国资源禀赋，按照比较优势原则，应当调整工业发展战略，适时适度发展劳动密集型产业，扩大就业机会。国家应当出台一些相应的配套政策，为劳动密集的中小企业发展创造良好的外部环境。三是创新制度。包括户籍制度、用工制度和土地使用制度改革等。关于户籍制度，可根据当地经济社会发展需要及综合承受能力，以具有合法固定住所、稳定职业或生活来源为基本落户条件，调整城镇户口迁移政策；关于用工制度，应取消各种针对农民和外地人口制定的限制性就业政策，坚持城乡统筹就业的改革方向，建立统一开放、竞争有序、城乡一体的劳动力市场；关于土地使用制度，要加强土地利用规划管理，通过完善供给制约和需求引导相结合的供地机制，优化区域土地利用结构，逐步健全土地市场机制，提高耕地占用成本，保护耕地。四是实行科学化的决策和分类指导。加强对城镇化发展的组织领导，针对不同地区、不同阶段，确定发展重点，制定相应的配套措施，努力减少城镇化发展过程中的盲目性。城镇化发展要根据建设资金的可能、经济发展的需要，按照城市化发展内在规律进行，切不可贪大求快，造成资金和土地的浪费。五是拓宽资金筹措渠道。城镇化不但需要新建和改建大量城镇基础设施，而且还需要考虑城镇新居民基本生活和生产就业成本，这需要大量建设资金。城镇化建设资金的筹集，应当按照国家、集体、个人共同承担原则，努力拓宽筹资渠道。国家应承担最基本的市政设施建设，对于一般性市政建设项目和基本生活、生产设施建设，如房屋、工厂、商场等，国家应当鼓励集体、个人投资，或利用资本市场筹措，凡是可能盈利的项目，都可以让企业按市场化原则经营。

（本文摘自《经济日报》2003 年 9 月）

第七篇

理论研究

第二十一章　专题研究

述评刘晓光抢滩国际资本市场

首创置业是全球今年发出的第6只股票，是香港联交所今年发出的第二只股票，是中国突破SARS阴影，首只在国际资本市场挂牌的大盘国企地产股，也是中国第一例以股权入资形式改组发起的中外合资上市公司。

1994年，当时还任北京市计划委员会副主任的刘晓光，受北京市政府委派，主持了第一只在香港挂牌上市的“ING北京投资基金”，为北京市利用国际资本市场融资做了大胆的历史性探索。

谈起往事，刘晓光依然憾慨万千，他说：“那时我们对国际资本市场几乎一无所知，也不了解国际财务标准，评估、法律……根本无法用国际通用的规则对话交流，只能边干边学。当时上市资金即将用完，而融资计划到最后一天尚有1000万元未募集到。晚上，我独自在香港酒店23层楼上，望着灯火辉煌的香江维多利亚港，想着回去怎么交代？如果失败意味将损失2400多万元各种费用，那时跳楼的心都有。但最后成功了，为北京融到5.4亿港币产业发展资金，走在其它省市前面。”1995年初，他到中央党校学习，当人们都在高喊实现四个现代化时，他以在香港基金融资的体会为背景，写了一篇“要现代化更要国际化”的论文，突出强调发展经济要重视利用国际资本市场，这在当时还是很微弱的呐喊。1995年，他与同事们开始重组北京首都创业集团。1997年他成功地在中国资本市场借壳收购“广西虎威”变更为“阳光股份”，收购重组了“首创科技股份”、“成都前锋电子股份”，首次公开发行“北京首创股份”；控股拥有首创证券、第一创业证券、银华基金管理公司，参股南方证券……他担任首创集团总裁，ING基金董事局主席，首创股份、首创置业董事长等职。首创集团运用资本市场杠杆放大企业实力，逐渐从小到大，从弱到强。由于他驾轻就熟的房地产与资本运作的能力，2002年被评为“中国地产金融家”。记得一天晚上，刘晓光正在北京同仁医院住院。某客户约他晚九点谈业务，刘晓光借着夜色掩护，穿着病号服悄悄溜出了医院。这时恰逢暴雨，满地雨水，刘晓光与客户挤在医院对面的新侨饭店屋檐下站着交谈。笔者提出到饭店里坐下来谈，刘晓光讲：“饭店里有外国旅游团，我穿着病号服进去不礼貌。”笔者到饭店找到已下班的商品部负责人，匆匆买了一件衬衣，并与饭店门卫协商获准。只见他迅速脱去病号服，光着膀子，背着心脏监护仪，全身贴着心脏监测极片。客户惊呆了！他也顾不得衬衣大小和颜色，匆匆换上，边系扣子边与客人走入酒店熟悉刘晓光的人都知道，他是一个工作狂，只要有大生意他的眼睛就亮起来，热情而有冲劲，总能够给予别人活力。他深知对不起家人和孩子，由于工作，他每周仅有一两天能在家中陪家人就餐。他有时也会因工作急躁骂人，但他事后讲：“为了工作，我经常睡不好觉，有时恨铁不成钢。”当笔者问他这次成功海外上市与10年前比有什么体会时，他讲：“大约每3年我们就要来一次大的资本动作。这次首创置业H股上市，比较10年前，我对在国际资本市场融资真的懂了。”他率先冲破SARS影响，逆市抢滩国际资本市场是其10年磨一剑的又一力作。

一、危难之时

人们不会忘记香港、北京SARS肆虐时期。当看不见的病毒突然袭来，北京、香港恐惧笼罩，商店关门、学校停课、人人自危，北京城一下变得空空荡荡。街上只见急驰而过的救护车与戴着口罩行色匆匆的路人。消毒水、食品被抢购，电视、广播每日播报被感染的人数直线上升，人们在恐慌中生活。与此同时，100多个国家对中国人的旅行实行限制，中国人不再受欢迎，甚至不要见中国人。北京、香港愁云惨雾造成的经济萧条令人忧心。

从4月20日至6月20日期间，由于受SARS影响，北京、香港的许多重大经济活动停止。从房地产开发企业资本融资来看，全国3万多家开发企业中，用公开发行股票融资的企业约130多家，仅占0.4%（境内外上市、买壳及变更业务方向）。由于国内证券市场的持续低迷，房地产企业通过借壳上市获得再融资的规模和时机都受到限制，短期内从A股市场融资的愿望难以实现，这些都引起地产开发商的担忧。

此时此刻的刘晓光，凭借敏锐的洞察力，感触到非常时期的非常商机，他要逆市启动首创置业H股上市。作为领导者，时常会面临决策失误的风险与压力，他清楚地知道，在此之前，已有几家中国房地产公司赴港上市折戟；他知道，首创置业若不能如期上市将带来的经济损失和一系列问题；他也清楚在寒冷市场中启动上市将面临的困难和风险；但他更清楚的是一个企业家的责任，他选择了挑战。

二、“风萧萧兮易水寒”

每当灾难降临，我们总能看到一类真英雄。企业家的本质是一种才能，一种智慧、技巧，一种眼光和精神。刘晓光常讲要唱好两首歌：《国歌》和《国际歌》。有两句歌词不断激励着他：“冒着敌人的炮火前进……”和“从来就没有什么救世主……”。有很多时候，我们都会遇到无路可退的时候，如果退让也许我们就会放弃一个很好的机遇，为什么不开辟一条属于自己的路呢？当他将提前启动上市的想法告之主承销汇丰银行时，汇丰认为现在市场疲软，人们根本没心思和你谈投资，最好7月上市，此时最好不要来香港。他的助手们也建议将上市工作推迟。但他决心已下，对助手们讲："从来就没有什么救世主，全靠我们自己，我们自己要先动起来。"2003年5月22日，他带着首创置业总裁唐军，副总何光，轻装简从直飞香港，真有点儿"风萧萧兮易水寒，壮士一去兮不复还"的感觉。

当时飞机场冷冷清清，他们测体温后登机。飞机上仅有7名乘客，每人戴两层口罩，大家紧张得连水都不敢喝，生怕一摘口罩感染SARS，又渴又饿到了香港。他们到港后打电话与人联系约谈，别人避之唯恐不及，有的说："你别来，来也不见你，你就是戴着口罩也不见你。"一些好心的人则劝刘晓光返回，因为所有的地产商都已打道回府了。

刘晓光是一个办事雷厉风行的人，箭已在弦上，他只好利用原有的海外人脉关系自己工作。他四处找投资者，提着包主动上门去谈，与一些驻港中资机构、外资驻港机构一个个地交换意见。犹如一条混江龙，将香港沉寂的资本市场搅起微澜。"天助自助之人"，一些投资机构开始蠢蠢欲动，认可北京市场，认可首创置业。刘晓光讲："尽管我们当时有些做法有点儿强加于人，但这样做的好处，是我们率先把冷清的市场搅合起来，也促使中介机构、投资者关注我们，重视我们。"死水微澜后，2003年5月29日刘晓光从港返京。刚一天时间，5月31日，汇丰银行来电，让他们即刻返港，市场发生变化，开始复苏。刘晓光即刻回身再赴香港，正式踏上征途。

三、"红飞鱼"

春江水暖鸭先知。刘晓光讲："那时我们已看到一丝曙光，我们对自己充满信心。"

刘晓光平时爱讲"快鱼吃慢鱼"抢占商机。他知道，只有速度足够的企业才能继续生存下去，必须先发制人来适应环境的变化。他希望首创置业H股上市，能抢在"上海联华"、"台湾味丹"的前面。2003年6月1日至6日，首创置业还未获香港联交所正式批准，不能公开运作。只能做非正式的招股说明书，封面是红色的，起名叫"红飞鱼"。(正式招股书6月10日才印出来)。刘晓光说："别小看这本招股书，从设计编写到印刷，我们要花100多万美金。"刘晓光的决心和市场的变化，也影响了主承销商，这时，汇丰银行高层及时做出决定：首创置业上市运作提前。刘晓光再次在香港搅起风浪，他频频亮相，不断向媒体和投资者介绍首创置业。但当有些人问他何时上市以及发行价格多少时，他只能回答"不知道"，因还未获香港联交所正式批准。刘晓光将这段时间称为路演之前的形象预演。

四、路演征程

2003年6月6日，刘晓光率领上市小组开始了真正的全球路演。第一站，伦敦；第二站，苏格兰爱丁堡；第三站，波士顿；第四站，纽约、旧金山；第五站又回到香港。本来还要去新加坡，但新加坡因怕SARS根本不让他们去，他们去了就要被隔离，如果新加坡投资人接见他们，也要被隔离10天。刘晓光一行只能对新加坡进行电视路演，就在电视路演时，过度疲劳的刘晓光竟然在会场睡着了……

8天的路演，他们飞了5个城市，绕地球一圈。飞行46小时，航程一万多公里，基本上是在飞机上睡觉，下飞机洗漱换衣服，接着开会、又上飞机。每天连轴转，共开了49个会，最多一天开了11场会，见了98个大的基金、机构投资者。刘晓光讲，行程虽然辛苦，但也开阔眼界。印象最深的是苏格兰。苏格兰，由于缺少政治地位，拼命发展经济，金融玩的一流，且英国许多钱都在苏格兰沉积。许多大基金设在爱丁堡，金融资本家云集这里，这个有2000亿美金，那个有3000亿英镑。美国，是犹太人控制着金融命脉，大基金集中在波士顿，像肖特基金，美国养老基金……大的有8000亿美元。他们每见一个投资者都讲一遍首创置业是什么，一路不断介绍中国、北京，宣传首创，共讲了49遍，真是历尽千辛万苦，什么人都见到了，什么话也听到了。唐军开玩笑地说："我认为在主承销商名字后面应加上'刘晓光'，上市我们遇到了前所未有的困难，他做了大量促销工作。每在关键重大问题上，他总能胜人一筹。"

谈到路演面对的各种提问，刘晓光用"尖锐、刁钻、苛刻、突然"来概括。他见了华尔街日报、CNN等全球主要财经媒体，见每一个人回答不同的问题。提问最多的就是中国房地产"泡沫"论。有的说："你怎么说北京房地产没有泡沫，连朱总理都说有泡沫，你能说朱总理说的不对?"有的问："你在首创置业任董事长，你个人占多少股?"刘晓光说："没有。""那你怎么可能好好干呢? 当你个人没有利益时，怎么会给股东带来利益?"有的人将他称为濒临灭绝的"稀有保护动物"。有的说："我们买中国股票老跌，你是国企，如果政府让你干没有利润的事怎么办?"还有的说："你一次交齐70%土地出让金不是商业行为……""首创置业负债比率高，招股是为了减债……"刘晓光讲："公司的资本负债比率原本为60%，应上市后在50%，这对于地产公司来说是健康的，中国内地规定，房地产发展商取得土地，必须交土地出让金。若按商业要求，我们本可以在开工前交土地出让金，但香港联交所要求我们全交，我们调动资金交齐了土地出让金，这等于是我们将5年的土地使用金一并交了，因为联交所觉得这样做是对投资者多了一层保障。"

天有不测风云，虽然路演中的一些问题他们提前做了准备，但周正毅事件是谁也没有料到的。"上海地产"周正毅的泄底，令香港证监会大为光火，也令不少投资者对内地地产股起了戒心，认为内地企业在骗香港人的钱，同时也对首创置业提出更多的质疑。

刘晓光说："所谓的大地产公司，其实他拿的全是银行的钱，基本上没什么净资产，干了一些违法的事。虽然我们也是做地产，但情况与他完全不同。首先，在背景上，首创置业的母公司北京首都创业集团，是北京市政府直属总资产排名第一的综合企业集团。我们有中国人民银行、中国证监会、北京市政府、香港联交所、首创集团及监事会的严格监管。第二，我们有长期的历史信誉和品牌，我们没有动机去做偷漏税等违法行为。第三，首创置业结构简单，下面有27个项目，17个项目公司独立运作，每个项目公司开发、还款、盈利、承担风险。第四，我们是专业房地产公司，资金只能用于地产发展。"

地产企业上市成为今年的一大看点，但资本市场对地产企业的"苛刻"显然已让地产商大大降低了上市融资的预期。内地个别民企在港上市出了问题，有些在港上市的中国地产公司发展不理想，使首创置业未上市前，要先替别人还债，打折，显得不够公平。但刘晓光他们通过努力重塑了国企新形象，周正毅事件反而使国企信誉提升，许多投资者更相信有严格监管的国企了。

谈到首创置业发展前景，刘晓光讲："我们有340万平方米楼面面积的土地储备，数量超过了香港一些大公司。我们的项目可供5年发展，5年可赢得300多亿销售额，毛利率在20%以上。首创置业旗下的'金网络'和参与经营的'首创金丰易居'，分别是北京地区最大的一手房和二手房销售公司。首创置业的销售组合多元化，其中以中高档住宅为主，约占组合 63%，写字楼 15%，商用项目 17%，酒店 5% "。有人提出疑问：" 既然你认为有广阔发展前景，为什么首创置业要以有形资产净值折让 40% 发售？ "刘说：" 地产资产折让上市是香港资本市场的基本规律，首创置业并非仅仅是为融资，而是期望通过规范的国际资本市场运作，给企业带来良性的价值取向。"

对北京房地产是否健康的判断，每个人看问题角度不一样。刘晓光说："我们有四个因素看好北京房地产市场，第一，北京每年新增人口约 23 万人，住房需求约 200 多万平方米；第二，每年北京约有 7 万户拆迁户，按每户 80～100 平方米计，约需 700 万平方米；第三，北京的外资企业及国企已有一万多家，员工对商品房有一定需求；第四，在北京置业的富户不少，有市场需求。另外，现在北京的住宅总面积有 2.7 亿平方米，其中一半以上是 1990 年以前建的，人们有改善居住条件的需求，未来 20 年，平均每年约需 750 万平方米。"

据唐军介绍：" 路演时境外许多媒体对刘晓光给予积极评价，认为他充满激情和魅力，透明度很高，敢于正面回答问题。"刘晓光则说：" 我们在路演中遇到的 500 多个问题，有些并没有完全回答透，我们要将这些资料整理，有机会请香港分析人士来，再作进一步讲解和沟通。将来我们还会不断面对问题，回答问题。我们要建立一个系统，不断与全球基金经理沟通，不管是好的、坏的信息都及时和他们沟通，让他们随时了解我们。" 有些香港人士讲，你们内地企业就这样，只要一上市就再也找不到你们的人了，而且我们提出什么问题他们也不回答。刘晓光知道，上市实际是一把双刃剑，企业上市就要利益与人分享，就要承担更多的报告与信用责任。更严格的监管和法律责任是对企业的考验。他要按国际规范标准来运作首创置业，强化守法意识。

五、惊险——历险

首创置业的募股发售历尽艰辛，经历了从无人购买到超额认购的过程。当时香港分析人士认为，首创置业能按 8 倍市盈率发出目前看就相当不错了，但首创置业发出近 12 倍的市盈率，全球发售 5.64 亿股，发售股份约占首创已扩大股本的 35%。按招股书所言，此次募集所得中约 4 亿元人民币将用作 5 个项目的开发资金，约 3 亿元人民币将用作偿还土地出让金，以及偿还母公司首创集团的股东贷款，余额将作一般营运资金。预定募股价为每股 1.33 港元～1.68 港元，最终定价 1.66 港元。公开发售部分和国际发售部分，分别获 4.5 倍和 10 倍的超额认购。原计划定于 6 月 13 日（星期五）封门，由于积极的市场反映，汇丰银行提出要提前封门，不再收钱了，要给投资者一个气势。于是，首创置业决定 6 月 12 日（星期四）提前一天封门。"幸亏我们提前封门，因为 6 月 13 日（星期五），中国人民银行发布《关于进一步加强房地产信贷业务管理的通知》（简称 121 号文件），这一文件涵盖了诸多业界敏感的问题。香港各大报纸刊出，对资本市场地产股颇多影响，如果我们不提前封门，一些投资者可能会因此而撤单、功亏一篑。" 刘晓光谈到这惊险一幕，仍有几分虎口脱险、历险重生的感觉。

期盼的日子终于到来。6 月 19 日（星期四），股票代号（2868HK）的首创置业以每股 1.66 元正式挂牌交易，北京市政府官员及首创集团领导专程来到现场祝贺。原来分析预测，鉴于上市前发售形势非常好，预计首日开盘首创置业有可能预涨 10%～15%。"万没想到上市的当天，香港 7 大报全刊登出中国地产不好，违规贷款资金 4500 亿……媒体全是利空消息，市场阴霾。央行收紧房贷，股市体验冷暖。" 刘晓光在回忆当时情景时仍充满了不平。

刚开盘，首创置业表现平稳，忽然市场发生变化，股价开始往下掉，股价在 1.66 元到 1.63 元间反复拉锯。有香港分析人士称："午市前见到保荐人汇丰在独立支撑，否则首创置业当天或会以倒跌收场。（2868HK）首日收市报 1.66 元，与招股价相同。"谈到这里，刘晓光讲：" 后来我们知道这里有资本大鳄。上市当天，某外资银行对冲基金就在沽空首创置业。第一天他就出手 4500 万股，这些国际大炒家一天能在市场转四圈，低买高卖，高买低卖，锁定价格程序后反复炒作。"汇丰讲：" 像这样在刚上市一两天就大量沽空的现象十分少见，而且这样做他也赚不到什么钱。如果没人提前给他透露消息，他根本没有条件和机会沽空。"（2868HK）首日成交 9500 万股，成交金额 1.6 亿港元，占当日香港股市总成交额的 1.8%，为当日十大成交股票之一。6 月 20 日，形势更差，已跌破招股价，一度跌至 1.53 元，并引发部分散户斩仓止蚀，经数度拉锯，收盘艰难回到 1.66 元附近。刘晓光用"惊心动魄"来形容当时的心情，在不见硝烟的战场，首创置业领略了国际资本市场瞬息的万变风云，也接受了一次与狼共舞的洗礼。

六、感谢他们

谈起 1 年半的艰难重组审批，刘晓光仍记忆犹新。2002 年 3 月，首创置业开始正式审报重组，2002 年 12 月，市场突然发生变化，香港证券市场股指从 10000 多点降到 8000 多点，中国地产泡沫论使地产业经历严冬，没人敢碰地产股。面对冷峻的市场，刘晓光提出"别人不干我们干，我们要干外界认为不可能的事，我们就要做人无我有！" 从去年冬季开始发力的首创置业，经历保荐人的严查厉访和香港联交所上市前 500 多个问题的聆讯，仅复印机就换了三次硒鼓。首创花重金 2000 多万人民币，聘请国际一流的会计师事务所、评估师事务所、律师事务所。刘晓光称这段时期为好事多磨。他讲："首创置业重组上市要经过 8 个部委审批，要一关关地过。公平地说，也错过了当时市场的最好时机，但我们谁都不怨，我们充分理解国家严格的审批机制，在这期间有多少官员为此付出了艰辛劳动，我们衷心感谢他们。" 当笔者问他上市成功主要靠什么？他毫不迟疑地讲："实力！" 首创置业拥有的 340 万平方米土地储备，30% 的净资产收益率，无疑是其所说"实力"的最大砝码。这些土地大部分分布在北京燕莎商圈、亚奥商圈、CBD、中关村、金融街等黄金地段。资源不可再生，投资者更清楚这一点。难怪有分析人士评论首创置业海外上市模式时说："首创模式不可复制。"

七、H 股潜力

在首创置业上市仪式上，香港交易及结算行政总裁周文耀表示："香港仍为大中华区首要集资中心，未来数月将与港交所主席李业广等高层人士到内地推广，希望吸引更多内地大型企业来港上市。下半年将有 60 至 70 家公司在港上市，其中大部分以国内企业为主。" 媒体评论，首创置业是非典之后在港推荐的最有影响的筹资活动之一，周文耀及港交所看重国企信号明显，港交所最近重新看重国企，其实也是出于他们自身利益的考虑。

著名投资银行美林证券在最新发布的"中国策略"报告中大胆预测："香港国企 H 股指数将在 3 年之内翻一番"。今年四月以来，巴菲特不断增持"中石油"流通股，已持有"中石油"全部流通股本的 13%，总投资 5 亿美元。据不完全统计，外资机构目前已持有 30 多只 H 股，约占 55 只 H

股的近六成，外资机构对H股的增持规模为历史罕见。市场专业分析人士指出：中国宏观经济向好，H股公司收益与管理水平不断提高，以及H股与A股的比价效应等因素，决定了H股正在经历一个价值发现过程。

随着首创置业H股挂牌鼓舞和SARS危机逐渐平息，6月27日，“上海联华超市”也在香港挂牌上市，其H股发行价格为每股3.875港元。香港公开发售认购倍数达82.6倍，发行股份总数15000万股，募集资金5.81亿港元。市场人士认为，这两只H股的成功发行，一方面反映市场对H股新鲜血液的认可和接受，另一方面也与近期H股走俏香港市场的大背景有关。

首创置业上市，重新启动了因非典而停顿的香港IPO市场，新H股市场效应渐起。首创置业（2868HK）终于在国际资本市场与狼共舞了，也标志着首创集团通过国际资本市场，建起了坚实的成长舞台。刘晓光讲：“英雄不问出身，今后全靠我们的实力业绩竞争较量，我们要用资本市场的血液充足我们的产业，用产业的利润烘托资本市场。不进则退，不进则败，只要我们做强了，再过5年，我们将……”

八、路在延伸

人们欣赏困境中的“破茧而出”，也不苛求“突破”一定要十全十美，首创置业H股上市金钱有价，而人的精神力量是无价的；所有伟大成就，都是由于战胜了看来是不可能的事情而取得的；英雄是那些将思想付诸于行动的人。

路漫漫其修远兮。一个企业发展的道路虽然漫长，但决定企业命运的关键之处往往只有几步。冲向国际资本市场无疑是首创地产发展战略脱胎换骨的关键一步，但无论快乐或者失意，一天之后都已成为往事。刘晓光是个生活在明天的人，他知道必须经常不断超越自己，摆脱过去，面向挑战。他现在眼中所看到的则是“首创”脚下正在不断延伸的路，时间的有限性正是这个世界为什么存在“价值”概念的根源。

唐军论首创置业要做地产“运营商”

首创置业面向海外投资者发行5.6亿股的新股，成为非典以来第一家成功在香港挂牌的内地房地产公司。上市之后，首创置业开发产品的定位会有什么变化？近日，刚刚从香港返京的首创置业股份有限公司总裁唐军接受了本报记者的专访。

一、首创置业何以能在海外成功上市

自去年以来，在首创置业积极筹备奔赴香港资本市场之际，许多内地房地产公司也制定了同样“野心勃勃”的海外上市计划，但都没有成功。4月份后遭遇了突如其来的非典，首创何以能成功登陆香港资本市场？

唐军认为，从大环境看，目前中国经济已经成为世界经济的亮点。其次，海外基金看好发展速度超过中国经济增长速度的公司也是重要原因———首创集团自组建之初就把房地产作为包括金融、基础设施之外的首要产业来发展，因此，首创房地产起步就比较市场化，由“一个策划平台+四家专业房地产公司”构成，其中，“策划平台”是目前较有名气的集投资顾问、策划、包装、营销等为一体的北京金网络房地产投资咨询顾问公司。四大房地产公司是首创阳光房地产、北京经济发展投资公司、首创航宇公司和阳光股份，其中由阳光公司控股的“阳光股份”目前已经成为中国房地产上市公司中的一只绩优股。另外，首创房地产从创业初便有了自己独特的经营概念：多种类、规模化开发。五年时间内，首创开发的写字楼、住宅区、别墅、酒店和花园小区，大大小小共50多个项目。

二、首创置业上市，不只为募集资金

作为资金密集型的行业，房地产公司上市多是为了使资金募集渠道更畅通，唐军坦言，首创置业上市，更看重与国际接轨，在资本支持下转为“地产运营商”。

通过上市，首创置业完成首创集团房地产板块的重组，初步实现房地产业务规模化经营。此外，还可通过引入国际机构投资者使首创置业实现资本结构国际化，带来国外先进的经营管理理念，为公司管理国际化，乃至业务国际化，奠定一个良好基础。

唐军强调，成熟的开发商绝不是“只盖房卖房的房产商，而是运营商”，一方面有很好的房屋可以进行销售，另一方面有很好的物业可以进行长期经营。这样，才可以保证股东收益的稳定性，才不会出现目前有的上市房地产出现现金流不稳定的情况。

三、上市后开发的产品和上市前相比会又什么不同

首创与国际资本市场结合后，开发的产品在类型和品质上会有什么变化？国际资源的引进，会不会加大房地产开发成本，从而使首创开发的房地产产品价格上扬？

唐军介绍说，上市后的首创置业总资产将达72亿元，净资产达20亿元以上，上市后的首创置业定位与以前相比，基本不变：主要在北京的黄金地段开发房地产项目，包括中高档住宅、甲级写字楼与商用物业，做到销售类物业和经营性物业相结合。但在产品的开发理念、设备设施、管理以及营销等方面，首创置业将秉承以往的经验，在设计、营销、工程管理、物业管理、合作伙伴上，更加注重与国际接轨，但绝不会因此而提高成本。因为第一，首创置业走的是规模化经营的思路，规模化经营本身就会在工程管理、材料选购等方面降低成本；第二，对房地产开发而言，最重要的是把地块的价值充分发挥出来，如果国际化的运作能增加项目的附加值，对买房人而言，是物有所值。

四、央行金融政策的变化，对首创置业有何影响

对央行新近出台的金融政策，唐军首先认为是必然的。唐军认为，房地产作为中国经济的支柱行业，应该进行规范，首创置业之所以要走国际资本市场的路，也是因为早就预见了这一政策趋势。中国乃至北京的房地产市场要发展，必须透明，必须规范，必须提高门槛。从这个角度看，首创

置业的海外资本市场上市成功，也可以说是“机会都是留给有准备的开发商”的。

大盘圈地经典案例之“中国住宅用地标王”

——访北京富力城房地产开发有限公司总经理吕劲

一、首次进京拿出32亿拍下土地

2002年2月28日，广州富力在竞标中一举战胜京城地产群雄，用32亿元人民币把“广渠门地王”收入囊中。

第二天，一直把“京城地产圈”称为“群狼争食”的京城主流媒体在头版宣布：京城地产，老虎来了。就是到今天，有些业内人士提起这件事时，还把它当作惊魂一刻。

对此事的影响与意义，北京富力城房地产开发有限公司总经理吕劲总结了三点：

其一，标志着房地产竞争新秩序悄然形成。土地是房地产开发企业的经济血脉、立命之本。中国土地市场在经历了忽视其存在、不重视、挥霍的弯路后，土地市场开始通过改革土地出让方式来走向规范。这必将加速竞争新秩序的形成。那些资金实力强、有品牌、有信誉的地产品牌将越来越主导市场。吕劲说：资金代表着实力，我们富力之所以成为中国这次“土地革命”的旗舰，是我们具有资金实力，我们的口号是“富力地产，信心首选”；

意义之二，标志着房地产开发市场向着正规化、合法化进一步发展。房地产土地供应协议出让最大的问题就是获取土地的渠道、价格都是暗箱操作，开发商之间的竞争太不公平。而作为粤军的富力能否成功北伐，与北京御林军能否站在同一起跑线，其决定性因素就是土地的公开交易能否是阳光下的竞争。富力取得“广渠门地王”的整个过程透明程度很高，打响了中国“土地革命”最响亮的一枪；

意义之三，高瞻远瞩、推动“土地革命”。要想把握自己的命运，就需要预测未来，这种远见应该基于对“使当今房地产市场发生变化力量”的理解。广州富力敏感地抓住了国家土地政策的变革，推倒围墙，挥师北上，毅然投得中国住宅用地标王，推动了中国“土地革命”的快速发展。

二、低调入市站稳北京市场

2003年1月7日，北京晨报“地产茶馆”与新浪网房产频道联合主办的论坛上，富力城与建外SOHO联合抛出80亿元的天价招标大单，被业内认为是带来了房地产经营上的很多启示。

在摘取土地投标标王后，富力地产又让招标标王成为囊中物，怎能不让地产界为之惊诧。而在接下来的新盘发售中，富力地产又一次让京城地产开了眼界。2003年3月19日，富力城正式开盘发售，抛出精装修每平方米7000元均价，这几乎令整个CBD地区地产市场都震动了，无人不惊诧：富力城将高档住宅重新定价。

不过，低调入市让富力城首次开盘当天，推出的二百多套房子被抢购一空。就算在非典最肆虐的时候，富力城平均每天也售50多套房子。今年虽然有种种不利于富力城销售的因素出现，但富力城在10个月左右的时间里，实现销售额18.5亿元，这个成绩在2003年北京所有的地产公司里，名列第三。

三、高性价比创造销售佳绩

现在消费者成熟了，开始追求品牌地产、品质项目。房地产项目开盘价的高低就是一门学问或艺术了。富力城低开高走，此学问与艺术会带来更多的客户，带来项目销售的成功。就其区域优势来说，朝阳区是北京市传统的商业繁盛区域，集中了大量收入水平高的人士。CBD规划直接带动本区域的经济总量发展和经济环境品质，使本区域周边成为北京市生活品质最高的区域，也吸引了大量追求较高生活品质人群的进入。另外，使馆区的国际影响力，以及大量境外大型跨国公司等涉外机构和国内大型公司入住CBD，使区域内高收入的白领人群和外籍长住人士也相应增长。而以7000元均价开盘，与区域其他楼盘相比，性价比显然高出一筹，卖得火爆也就顺理成章了。

北京富力城房地产开发有限公司总经理吕劲先生表示：富力地产以“地产标王”的身份出现在京城地产界，给了我动力，也给了我压力。我们的操盘手法必须大思路、大手笔，运筹帷幄、纵深推进、锻造精品、塑造品牌，于是有了邀请地产大腕、文化名人开展富力新论坛、地产界联合品牌推广、80亿联合天价招标。

富力地产就是这样给京城地产带来一个又一个惊诧，一个接一个悬念，一个接一个奇迹，而这些惊诧、悬念与奇迹都来自富力地产的实力与自信。

房地产企业的可持续发展

上海中凯置业有限公司总经理　边华才

如今谈起零售业，大家的目光会不约而同地聚焦“沃尔马”；论及IT，“微软”、“IBM”的触角无远弗界；提到汽车，“奔弛”、“宝马”的牌子历经百年仍如日中天；再说饮料，不知道“可口可乐”的人恐怕已经难找……

房地产（或称不动产）是20世纪全球最大的产业，占全球财富的比例近50%，而身处最大产业的房地产开发企业，却鲜有“全球性”之“百年”品牌。

这其中的反差，在一定程度上反映了房地产业的特殊性，使得房地产企业要实现基业常青年必须更深刻地认识产业的特性，并从产业的特性出发，来规划企业的可持续发展。

那么，我就结合产业的特殊性，来探讨房地产企业的可持续发展问题。

一、房地产业的特殊性

最突出的当属房地产的物理物征，“不可移动性”和“位址唯一性”。

房地产中，无论是作为主要生产资料的上地资产，还是经过设计、开发、建造后的房产品都是不可移动的，同时也有着唯一的不可能复制的地理位址，明显区别于其他产业——生产资料与产品可以全球流动。同时，不灭性也是房地产重要的物理特征，土地无论是繁荣还是荒芜，都会在地球表面特定的位址永存。

其次看房地产的经济特征，“非独立性”、“非标准化”、“具有较长经济寿命”和“可以改造”。

所谓“非独立性”是批房地产的经济价值与周边土地用途、环境密不可分，会因周边环境（包括市政设施、商业服务、人口素质与密度、产业等等）分布的改变而波动；所谓“非标准化”也可理解为独特性，房地产位置、房地产与周边特定关系的唯一性，决定了每个房产项目都是惟一的、不同的；所谓“具有较长的经济寿命”和“可以改造”是指房地产通常都有有很长的使用期限，虽然地面建筑物并不具有土地的不灭性，但经过改造仍旧可以产生新的价值以及聚合效应。这些，与其他产业通常的经济特性都有显著的区别。

再看房地产市场的特殊性：

房地产的“不可移动”使房地产市场具有鲜明的“地域性”特征，也就是说不存在类似科技或工业产品那样的全国乃至全球性的统一市场；“位址惟一性”、“非独立性”、“非标准化”特征决定了房地产市场不是一个能够使资源获得有效配置的完全竞争市场，即房地产市场是缺乏效率的，其中存在着大量的信息不对称现象，这既为一些企业或投资人创造了在市场中获取超额利润的机会，也同样蕴含着不可忽视的风险因素。

最后，综合来看：

其一，房地产涉及领域广泛，社会、经济、文化等方面的变化都会不同程度地在行业中体现出来，房地产在经济总量中的地位举足轻重，因经通过税收政策、投资政策、金融政策等形式实现的政府对于房地产市场的干预比其他绝大多数产业都要多。其二，房地产兼具使用和投资功率，这使得房地产市场的波动不仅与区域市场实际的供需相关，同时也与人们对于经济运行的预期相关。住宅产权意味着居住、社会地位和一项投资，其投资因素是因为私人房产是具有抗通货膨胀的效用，在通胀居高不下时，房价会上升很快。其三，对于房地产开发企业来说，房地产较长的建设周期决定了供给始终滞后于需求，在膨胀期，供给滞后会导致需求得不到满足，将表现出价格与租金上涨；在衰退期，滞后的供给会导致供给过度，空置率上升。

正是上述种种特性，令房地产业既充满了机遇，引得无数英雄竞折腰，又遍布着风险，社会、经济中的风吹草动都可能波及产业的格局，因此，我们不得不更加理性地思考企业的可持续发展问题。

二、房地产企业的可持续发展问题

结合产业的特殊性及中凯的实践，我想从四个方面来探讨房地产企业的可持续发展问题。

第一企业可持续发展的空间战略

空间战略是指在一定条件下的跨地域发展战略。

房地产业的特殊性决定了房地产企业固守在一个地方发展的空间是有限的，企业要突破单一区域项目资源匮乏以及获取后续项目资源成本过高的局限，就需要要借助空间战略来寻求可持续发展。另外，各地区经济发展并不均衡，各地房地产业的波动周期存着一定的时差，这也是企业系统筹划、推进空间战略的有利因素。

由于房地产“位址惟一性”、“非独立性”的特征，房地产市场具有“地域性”特点，要获得某一特定位址上房地产项目投资的成功，就必须综合考虑包括地区支收水平、人口密度、人口素质、文化、就业机会、交通、公共服务、娱乐、教育、医疗、周边产业布局、环境、气候等等因素对该位址项目发开的动态影响，前瞻性把握该区域市场的发展趋势，其实质就是要求企业选择恰当的视角对项目所在区域经济、城市经济以及窨经济进行深入系统的研究、分析，帮助我们分辨出关键的变化因素以及其可能的变化结果，以此来指导我们的空间发展战略，指导我们选择不同的时机进入不同的区域市场，并有的放矢的进行土地、项目资源的获取与储备。

中凯的“中国战略”正是在这样的指导思想下展开的，其空间指向全中国最有增值潜力的地域，同时也包含了对项目启动时间梯度的预测与安排。

第二企业可持续发展的品牌战略

房地产开发企业因产业的种种特殊性而鲜有全球性品牌，这并不意味着不需要品牌，相反，对于产品受地域局限的房地产企业而言，良好的品牌能够支持企业增强其市场的辐射力，帮助、促进企业在更广阔的区域获得可持续发展的必要资源。在当今时代，信息技术飞速进步，多媒体、Internet、宽带传输大大丰富了品牌的传播途径，房地产“具有较长的经济寿命”的特性也有助于长久地传播企业创造的房地产项目品牌以及企业品牌。

那么如何打造房地产企业的品牌呢？这是许多企业正在思考与摸索的问题。我们的对策是从构筑企业的核心竞争力入手，通过企业形象的战略管理，持续、系统地建设企业的品牌价值。

所谓核心竞争力，就是建立在企业核疏资源基础上的超越同行竞争对手的独特能力。按最初提出这个概念的美国管理专家普拉·哈拉德的说法，有三个基本特征：一是用户价值，能够为用户提供根本性的好处；二是独特性，必须能在同业中独树一帜，难以复制；三是延伸性，能为企业延伸出一系列相关的领先产品或服务。

对于中凯来说，人力资源是中凯的核心资源，是建立核心竞争力的基础。在飞速变革的时代，能否迅速、有效地把外部信息、知识和内部业务、专业技能融合起来，持续培育并创造新的、超越同行的独特能力，关键在于人力资源的能动性与创造性的发挥，因此中凯把人力资源管理提到战略的高度来进行，为了高效率地激发人力资源潜在的创造力，中凯致力于营造以“创新、变革、尊重、顾客、速度”为核心的企业文化精神、文化氛围，为企业形成、聚集、提升核心竞争力打好基础。

所谓企业形象的战略管理就是将企业形象识别系统(CIS)与顾客满意(CS)经营战略进行有机整合，建立企业形象战略管理体系，以此来持续、系统地建设、传播企业的品牌。

中凯的企业形象战略管理体系由3个部分构成，包括全程成本控制系统、产品与服务品质控制系统、综合创新系统(从开发建设到物业管理全过程)，三大系统的运行都紧紧围绕着“顾客满意”这一根本目标，这一目标同时也贯穿在中凯的企业形象识别系统中。该体系建立的目的，说到底就是确保企业有能力持续为顾客创造出值得信任的、独特的产品以及产品附加值，因而该体系既依赖同时又综合体现了中凯的核心竞争能力。

企业所有的内功，最终都会“外化”于产品和服务之上，最终将集中体现为品牌价值。地产品牌的核心，其实是一种透彻的人文关怀，人们对居住空间、环境、配套服务的要求常常是感生的，中凯的追求，就是在不同的阶段都努力将顾客这种感性的需求具体化，同时创造性地体现在优质的产品与服务中，并赋予其更加完备、丰富的功能，增加其科技与文化附加值，这就是中凯“品牌置业”的内涵。

中凯所有项目的开发，都基于同一个简单而又深远的哲学底蕴：以人为本。我们首创性地将“全空气冰蓄冷储能式中央空调系统”引进社区，并自主研发了以生物链原理为基础的自净化人工生态湖，切实地降低了住户的长期居住成本，同时又创造了健康、自然、舒适、优美的人居环境。

第三企业可持续发展的产业链延伸战略

不可否认，产业的特殊性在一定程度上制约着单纯的房地产开发企业的可持续发展。相比较其他产业，我们无讼在主要生产资料（土地）的获取上，还是在产品的销售上都有天然的地理局限性，并且房地产开发本身投资巨大、生产周期较长，也为可持续发展增加了不确定性。

即便是非常成功的项目，市场辐射半径仍然是有限的，而通过空间战略并不能复制成功的项目（空间战略主要解决持续发展必要的资源问题），因为房产品的综合价值中包含了周边环境的因素，成功项目的建筑体可以复制，但成功项目所处的综合环境却难以复制。这可能就是鲜见全球性统一的“房产品品牌”的原因之一。

因此，房地产开发企业要超越自身的局性，更有力地把握未来，产业链修延伸是重要的战略选择，即有的放矢地融合或进入主业的上、下游产业。

例如万科把物业管理与地产开发紧密地融合为一体，通过“精心打造物业管理品牌”，借助“物业管理标准经服务”的可流动性、“可复制性”传播着万科的开发理念以及“万科”品牌，对万科成长为中国最知名房地产开发企业，起到了重要的作用，试想，万科如果抽掉了的业管理，就春开发的项目本身，是否一样可能被淹没于众多的社会区与楼盘中？

“不可移动”是房地产最突出的特点，“可流动”又恰好是发展与品牌传播的要素，因此，中凯产业链延伸战略的目的之一就是让我们积蓄的核心竞争力、我们的品牌力能够超越“不可移动”的局限，在更加广阔的发展空间中“流动起来”，既培育新的持久的利润增长点，又促进主业的可持续发展。在这方面，万科的实践非常有益，虽然万科的物业管理目前并不一定具有很强的盈利能力，但并不意味着没有前途，从全球知名的酒店管理集团的生命力即可见一斑。其实，真正做到为社会“服务”，不断提供社会所“需”，是永恒的可持续发展的动力，中凯的产业链延伸的方向就是不断提供与业主相关的社会所“需”，为人民服务。

产业链延伸战略的另一个目的是强化专业运做能力、降低综合运行的成本、适当分散主业的风险。房地产开发企业发展到相当的规模，会存在多项目同时运行的情史，其中一部分共有的环节可能具备独立、专业化发展的条件，如原料采购、营销策划……在恰当的时机将这些环节分离出来，成立独立的专业化服务的公司，不仅为本企业提供专业服务，同时也面向社会提供专业化服务，使房地产开发企业逐渐成长为以房产开发为主业、延伸至相关产业的企业集团。

集团化经营，使得中凯的规模优势得以体现，亦增强了中凯抗风险的能力。当然，要做的还很多，产业链延伸、规模化扩张，必须对管理能力提出了更高的要求。

第四企业可持续发展的风险控制战略管理

经济周期的波动、产业内部的竞争、政府的调控与干预都会引发地业的周期性波动，对房地产企业可持续发展造成冲击。

要有效抵卸行业周期性波动引发的风险，需要建立、健全风险控制战略管理体系。

风险控制战略管理体系的基础是“企业运行环境监控系统”，核心是“战略导向型财务管理系统”，另外，企业可以根据自身的情况建立其他的管理辅助系统，如“企业信息资源管理系统”等。

企业运行环境监控系统，用于追踪与公司战略发展相关的——全国以及项目所在地区经济运行各项指标统计数据变化、行业运行各项指标统计数据变化，国家经济、金融政策变化，政治、经济、社会发展重大事件，并阶段性对相关变化和事件进行分析与预测，为公司战略管理提供重要的参考。

战略导向型财务管理系统是综合的财务管理系统，能够监控日常经营使之符合公司总体战略目标的分解要求；通过相关分类财务指标统计和比较的结果指导企业改善经营流程；实时汇总、分析主要财务指标，为公司决策提供财务建议；系统规划、不断优化公司投融资运作体系，提高资金的使用效率；并根据环境的变化进行企业运行风险财务评价，及时调整控制企业资产负债比。

政策的变更，经济的波动……种种不测中，企业犹如大海行舟，面对着呼啸而来的浪潮，面对风云变幻，企业要健全自己的导航系统，稳健、勇敢地把握方向，才不会迷失、倾覆。

21世纪的百年中，我们是否可以预期，伴随科技的飞跃、文化的融合，全球物流、人流、资金流、信息流的汇聚、交融，在世界灿烂的商业文明中也将会闪耀着属于房地产企业的“全球性”之“百年”品牌。

国有房地产企业探索职业经理人制度浅析

北京城建投资发展股份有限公司总经理　赵广义

中国出现职业经理人的历史不过10年左右，除了一些很成熟的外企和为数极少的民营企业外，大多数公司管理层的职业化程度都不高。在加入WTO之后，职业经理人短缺已经成为制约企业持续发展的瓶颈。但是，职业经理人制度在企业的确立不可能一蹴而就，它需要较长时间的探索过程。而北京城建投资发展股份有限公司，则在职业经理制度建设方面迈出了可喜的一步，并取得了初步成效。

一、职业经理人的概念及发展

根据通俗的解释，职业经理人是以经营管理企业（或实行企业化运作的其它组织）为职业的社会阶层。它一般具有如下的特性：其一为良好的职业操守，能达到职业道德和专业规范的要求；其二为成熟的职业心态，能较好地把工作热情和务实作风结合；其三为明确的专业分工，能够拥有专业优势；其四为受薪阶层，通过自己的管理经验与技能参与社会交换，获得报酬；其五为可变动性或可替代性，即能够进入人力资源市场并合理流动；其六为良好的职业能力，能够把经受的教育培训和职业经验恰如其分地发挥在职业过程中。

目前在我国国有企业中，常常存在着岗位固化、管理人员固化的问题，从而使企业缺失应有的活力。而另一方面，因为制度本身等原因，国有企业往往缺少引进外部人才的动力。因此，我国国有企业管理者的非职业化普遍存在，并严重制约企业自身竞争力提高。随着市场经济的不断发展，这种制约作用更加凸显。

一流制度催生一流总裁，市场化的进程将催生中国新一代职业经理人的诞生。2001 年，上海市首先制定了《职业经理人职业标准》，并把职业人划分为“职业经理人”与“高级职业经理人”两个层次。前者一般指企业中层骨干，而后者一般指企业高级管理人员。2002 年 11 月初，《职业经理国家标准》的编写工作拉开帷幕，并初步把职业经理人分为高级职业经理人、中级职业经理人和初级职业经理人三类。

社会对职业经理人的需求，政府对职业经理人发展的重视，都将会极大程度上促进职业经理人阶层的产生。

二、国有控股房地产上市公司发展中面临的困惑

房地产作为资本密集，高风险的行业，客观上需要具有战略眼光、决策协调能力强的职业经理人，尤其是随着房地产业的高速发展和市场竞争的不断加剧，房地产职业经理人的呼声不断提高。尽管房地产职业经理人群体客观上也存在着，但尚未形成一个完整的职业经理人阶层，发展中的国有控股房地产上市公司面临不少困惑。

作为国有企业，客观上受产权体制等方面的约束，普遍存在着激励机制和约束机制不健全的问题。到目前为止我们仍有不少企业还在实行吃大锅饭的做法，致使各种职位之间档次拉不开，很多企业把职业经理人等同于一般人力资源，在薪酬上只有劳动报酬，即工资部分，从而使激励机制不能充分发挥对职业经理人应有的激励作用。有调查显示，我国国有企业人力资本流失最为严重，为 60％多，其中主要是管理人员和技术人员。而造成这种现状的原因是薪酬体系中的平均主义，从而对管理人员和技术人员的激励作用不充分。

同时，职业经理人阶层的形成还是需要依赖于企业制度、薪资制度以及信用体系等相关企业环境的发展和完善。目前我国的房地产业正处于调整发展期。从北京的房地产企业来说，从上世纪 90 年代中期开始到现在，在不到十年的时间里，房地产企业增长了 10 倍，达到 4000 多家。处于调整发展期的房地产业，各类大中小型企业并存，良莠不齐，市场竞争也十分不规范。

此外，作为上市公司，追求的是企业的成长性和企业价值的最大化。而企业的可持续发展靠什么？靠的就是竞争力，而企业的竞争力关键又在于制度和人才的竞争。如何建立和发挥企业的竞争力，保持和提升企业在行业中的地位，是所有房地产上市公司必须面临的课题。

北京城建投资发展股份有限公司（以下简称“北京城建”）作为一家国有控股上市公司，在某种程度上也存在着上述类似问题。因此，如何解决激励不足的的问题，切实地建立职业经理人制度，是公司高层管理人员一直考虑的重大问题之一。

三、“北京城建”建立职业经理人制度的探索

“北京城建”充分认识到中国加入世贸组织给中国企业带来的机遇和挑战，并认为，中国加入世贸组织后，企业的竞争力关键在于制度和人才的竞争。从 2001 年起，公司就着手开始人力资源改革的突破，在已取得改革成就的基础上，进一步解放思想，争取早日实行市场化程度较高的人力资源制度，为企业保持健康持续发展的活力而保驾护航。

我们认为，推进职业经理人制度，首先要更新观念，承认人与人之间能力的差别，人与人之间对企业贡献的差别，打破原来的薪酬制度。在过去的岗位工资评定中，过多地强调了资格和资历，而较少地强调了人与人之间能力的差别。年底业绩奖励又过多地与岗位工资挂钩而非与对企业的贡献结合。这种方式保证了形式上的公平，却造成了另一种形式的不公平，即员工的薪酬没有更好地与对企业贡献的价值结合起来。这种做法某种程度上挫伤了部分员工的工作积极性，因此，企业采用了“老人老办法、新人新办法”的作法，大胆改革企业薪酬制度，更倾向于按员工对企业所做贡献进行收入分配。对于企业骨干力量，予以大胆提拔重用；对于社会招聘的员工，实行谈判工资制，不受工作资历等各方面的影响，根据对企业的贡献支付报酬。

其次要完善有关制度，保证职业经理人制度的推行。我们专门制定了“开发项目项目经理资格管理办法”，其中规定，开发项目职业经理人，是指具备相应的知识、能力和良好的职业操守，以开发项目为基本职业取向的复合性管理人员；取得职业经理人资格注册是担任项目经理职务的必备条件；公司对职业经理人分三级实行动态管理，包括年度培训和年度审核等。通过以上激励措施，促进员工的自我学习。职业经理人制度的推行，使公司人力资源管理制度上了一个新台阶。

最后，我们还加大了人才的培养和引进力度。为了建立一支优秀的职业经理人队伍，公司专门制定了“股份公司开发、培养项目职业经理人计划”。在具体工作中，通过培养企业优秀员工，使他们尽快成长为企业的经理人才。2002 年 3 月，公司出资 80 余万元与中国人民大学合作开办在职研究生班，为 44 名优秀员工继续深造积极创造条件。结合公司实际，对每位员工每年至少安排七天的脱产培训。企业的关怀，增强了员工的归属感和认同感，使企业保持着一定的稳定性。另一方面是通过筑巢引凤，不拘一格地吸引社会优秀人才。在 2003 年的前半年里，公司通过社会招聘和校园招聘等各种渠道，先后从北京大学、清华大学等学校吸引了数名具有丰富实践经验和深厚理论功底的 MBA 充实到公司投资、房地产策划等岗位中来；吸引了一批在房地产业的优秀员工加盟公司，采取措施保证使他们的经验带到公司中来。目前他们在各自的岗位上均发挥着重要作用。

四、“北京城建”职业经理人制度建设中需解决的问题

北京城建的职业经理人培养制度虽然取得了一定的成

效，但目前为止，仍存在一定的困难：

一是激励机制与约束机制不对称。在具体考核中，如何避免职业经理人的短期行为问题还没有得到很好的解决，这与我国的实际情况也是相同的。如在美国高管的薪酬结构中，其中工资占36%，奖金占15%，股票期权占38%，其他收入占11%。以股票期权为主体的薪酬制度可以较好的把职业经理人的长期和短期利益较好的结合起来。而在我国，目前还不允许在国有控股的上市公司中实行期权制，从而在某种程度上影响了约束机制的建立和完善。

二是对职业经理人的考核机制还有待完善。如何切实地保护、约束、激励、评价职业经理人，目前还没有成熟的规章制度和行为规范，从而在客观上为科学地考核职业经理人业绩产生了某些困难。

总之，在培养公司内部的职业经理人道路上，“北京城建”迈出了可喜的一步，并且取得了一定的成效。我们相信，随着社会大环境的进一步完善，公司必将取得更大的成绩，从而更好地促进公司的健康发展。

旗舰·凯旋项目以创新领先市场

北京昊宇房地产开发有限公司总经理　沈忠斌

中国有句古语：“宅者，人之本。人，因宅而立；宅，因人得存。人宅相扶，感通天地。”按照中国的传统风水理论，一处完善的宅邸是人生事业不可多得的帮衬与扶持。

可见住宅建设对人类的重要性。因此，开发商除了谋求企业利润和发展之外，也要负起对历史和社会发展的责任，担负起改善自然、美化环境的责任。在首都北京这样历史性的城市大规模开发房地产建设，作为开发商更是责任重大，我们也必然要用较高的目标约束自己的开发地为，才能敲开成功的大门。房地产开发是个系统的工程，我们进入北京市场后，首先分析了北京市住宅产业政策、北京城市发展规划、通州区城市发展规划；对北京房地产市场状况进行了有针对性的调研分析，对奥运商机、CBD概念延伸、八通轻轨启动、通州区南部卫星城建设做了客观评论；最后对成本和风险做了预测后，在较短的时间内确定了旗舰·凯旋项目和其发展方向。

我们调查发现，越来越多的北京人厌倦了都市的拥挤与喧闹，把家搬到了交通发达的郊区，住宅郊区化必将成为今后住宅发展的又一提升，我们提升通州是看好它的文化、居住环境、整体区域规划和通州未来的发展前景。

房地产项目操作的周期较长，经受考验的时间也较长，说大点具有时代意义；因此，能够把一个项目作的非常有特点、有创意、有前瞻性、能适应和占领市场是开发商绞尽脑汁考虑首要解决的问题。从国内的开发商看，在不同的历史时代都涌现出一批杰出代表，他们共同的特点是用自己的不同理念成功的塑造产品的品牌，以赢得市场的认可。我们旗舰·凯旋项目从一开始就从创普通百姓住宅精品的价值观出发，将独树一旗，引领代表中国房地产发展水平的普通住宅走向升华；因此，我们从规划设计标准、风格设计、户型及面积设计、装修标准设计，以及工程管理、市政环境、销售价格体系、售后服务等所有方面都形成了自己独特的开发风格。总结起来都很简单，就是创新和超越，让自己满意、让同行称赞、让消费者满意、使环境生辉，促进住宅产业发展。我自己观点是：普通住宅概念要实际、炒作要适度、设计高水平、建造要精细、材料要达标、价格要合理、承诺要兑现、服务要到位，总而言之，让普通百姓住上低价位、高品质的住宅。

低价位不等于低品质，高品质的住宅是地域的标志，民族素质和文化水准的表现；房产不是一般的消费品，谁者不可能像换衣服一样换来换去。因此，高品质的住宅是老百姓永恒的追求，是房产增值保值的保障，是开发商真正彻底制胜的法宝。低价位高品质的住宅是有其合理的地价、科学的规划、严格的工程质量管理、便利的交通、完善的配套设施和优秀的物业管理等因素。所以我们把眼光放到整个北京乃至全国的楼市范围借鉴最先进的开发设计和营销经验，在整个总建筑面积高达30万平方米旗舰·凯旋大社会区的规划及户型设计中，我们融入了健康住宅的主题；以超低密度、高绿化率；明厨、明卫、明卧、明厅户型的创新设计打入市场，就受到广大购房者的好评与青睐，使我们项目一期近10万平方米销售在通州诸多房地产项目中遥遥领先。事实证明：我们的决策是科学果断的、也是正确的。作为一个开发商来说，我们认为象中国这样人口众多的国家、有处在经济高度增长期，不同定位水准的项目都能有市场、但份额随时是变化的；现在谁最缺住房？普通工薪阶层最缺住房，但其购买能力有限。决定商品房价格高低主要是由成本来控制，想要降低单位建筑面积土地成本，一是造价，二是容积率。因为老城区拆迁费用大，地价昂贵，容积率提高也有限度，因此住宅郊区化是个必须趋势，万科集团早就在这方面领先一步，但这方面市场的潜力太大了，现阶段人们的认识也大大提高了，对开发商来说优势是客户群有了，不利是竞争激烈了；在这种情况下，开发商更应该注重的是在准确定位和塑造产品上下功夫，要创新。在二期规划中，让我们同样秉承前瞻性和创新的市场战略，为能够给业主提供一个无忧的生活环境，小区专设一公里长的法国风情咖啡文化商业街及超大功能会所，融汇超市、健身房、游泳池、棋牌休闲等服务项目，还为方便业主孩子的教育问题，小区专设幼儿乐园；在我们精心的打造下，旗舰·凯旋必将成为领先通州区地产界的一艘健康航母。

根据对其他发展速度较快区域的房地产市场的纵向分析，我们看到在项目开发和营销过程中，创新是摆脱产品竞争战胜对手的制胜法宝；因此在项目规划和营销上，我们提出了多方面的创新举措；在项目规划方面，从整体布局在楼体设计、园林景观、再细到户型设计等都融入了创新的理念，这就是我们能够领先房地产市场同类产品的原因。

一、超低密度花园洋房

当时板式小高层及塔板结合的建筑形式正风靡房地产市场，通州区一些房产项目出于跟风和以增加利润为目的，也设计成部分的小高层和塔楼，对目前居住者的需求不是很明确；但旗舰·凯旋从规划到设计都具人性化，更好的作到了居住的舒适性，坚持整体规划为3至6层的低密度的花园式洋房社区，在周边诸多项目中旗舰·凯旋创造了超低容积率、低密度的记录。

二、营造别墅质感

楼宇之间采用前后错位式和高低错落相结合的完美空间组合，不同于其他项目普遍采用兵营式排列布局，再加上低容积率的规划，营造TOWNHOUSE的居住环境。

三、建筑外观的个性化

在楼宇的外立面的设计上，采用法国哥特式建筑风络，在产品过于同质的形式下，最大限度的作出同类产品的特色，同时又能经得起时间的考验，注重产品的品质，增强其抗衰性。

四、园林景观的独特性

因为建筑不同于美术，旗舰·凯旋以给客户营造健康舒适生活的环境出发，把园林景观设计分为四层体系，即凯旋式大门景观雕塑、中心花园（圣米歇尔广场）、水景大道、楼间花园，法式风格园林异国风情，大面积起伏植被、绿地及四季常青的他乡苗木是给业主最好的氧吧。

五、"薄板式"楼体、"全明式"户型

8～12.5米的大面宽，11～12.5米短进深，通透性更好的薄板式设计，采光和通风效果俱佳的全明式设计，这些创新设计理念，在目前房地产市场上也是不多见的。

在经历SARS之后，住宅的建康性能倍受广大购房者的关注，我们经过研究分析表明，几个房地产市场已经争论很久的问题在SARS面前有了比较好的答案：

1.高密度与低密度——低密度住宅的优势在于容积率和建筑密度比较低，所以人口密度低，人均绿化面积也较多，相应的产品的形式也多为TOWNHOUSE，多层住宅或其组合；在户型方面，其朝向、通透性、窗地比等都较容积率高的项目有很大的优势；

2.高层与多层住宅——高层住宅与多层住宅相比较，带来的主要是垂直交通的问题和通风，采光等问题。目前有的高层住宅一层8～12户，甚至更多。一栋楼20多层，两三百居民共用2～3部电梯，天窗的"黑"楼梯以及天井等都对居民的健康性造成不利影响。

3.板楼和塔楼——塔楼和板楼相比，通风和采风的弊端便突出的暴露出来。很多塔楼实现不了空气的对流，卫生间和个别房间也实现不了自然采光，而板楼在这些问题占上有一定的优势；

4.城市复兴与郊区化——因为城市内高昂的土地价格，使大多数购买房者不可能承受市内低密度住宅的价格。而在北京郊区，特别周边有大批绿化且交通较为方便的地区，郊区化低密度住宅成为人们偏好的产品；

5.关注健康住宅——SARS过后，人们更加关注健康住宅。西方一些发达的国家早就在推行健康住宅；那么，健康住宅的标准是什么？我们经过分析认为：

①尽可能不使用有毒的建筑装饰材料；

②室内二氧化碳浓度低于1000PPM，粉尘浓度低于0.15mg/m2；

③噪音级小于50dB；一天的日照确保在3个小时或以上；

④有足够高度的照明设备，有良好的换气设备；

⑤有足够的抗自然灾害能力。

旗舰·凯旋的产品能得到诸多购房者及市场的普通认可，是我们已经达到了SARS给我们提出要求。

销售的实践证明了旗舰·凯旋产品的前瞻性策略是适应事物的发展规律的，在产品进入竞争时代的今天，我们产品的超前创新设计，使得项目本身在今后依然能确保在市场的领先地位，能够得到购房者的认可和满意，便已经说明一切。通州区以中低价位住宅来打造低密度的花园城市，已经在房地产市场上牢牢站稳了脚，由于其距离CBD较低，交通方便，今后此区域的吸引力还会不断增强。

经过近20年的快速发展，我国住宅的严重短缺时代已经结束，住宅建设的品牌与创新在中国的发展还是初期；但其发展速度也很快，在这种高风险高回报的地业中，不同背景、实力和阅历的投资商将根据其企业的预期目标在向前发展，但只有遵循客观规律办事，采取果断、科学、稳健、诚实、创新的态度去描绘自己的企业蓝图，打造品牌，提升服务，才能立于不败之地，求得长远发展。我国的房地产业在国家宏观调控及相关政策的扶持下，越来越显现其地位，对促进行业科技进步，繁荣市场经济起到巨大的推动作用。由此可见，住宅建设开始进入品牌竞争时代。所以，房地产开发企业必须走出品牌住宅认识上的误区，全面把握住宅品牌竞争时代的特征，使之在不断发展中完善，缩短与发达国家中的差距。

追求卓越，创造品牌

北京太合房地（集团）有限公司总经理 李长山

太合地产伴随着中国房地产发展的道路，历时十年，初具规模，已形成了一个以现代化制度为基础，以开发中高端产品为方向，拥有专业化平台，高品质项目，优秀专业团队，大规模土地资源储备以及科学管理机制的产业集团，开发能力与或销水平位居北京市同行业前列。目前，正在开发的项目总建筑面积达200多万平方米，总市值超过百亿元。

太合地产成功的开发经验主要在理念先进、管理创新求实。在房地产开发理念上，公司创建初期就以适应房地产市场经济为导向，以开发中高端产品为目标，以打造品牌产品为已任。由于有正确的经营理念为指导，在产品的生产中，追求的不同利润的最大化，而是产品的优良品质和产品的个性化。例如，在开发欧陆经典的过程中，市政府规划部门批准的第一个方案建筑规模为60万平方米。公司决策层认为，住宅建设百年大计，未来居住区的环境是确保小区生活品质的重要条件，不应追求建筑面积的最大化而影响社区品质。最终公司重新调整规划方案，在原方案基础上舍弃10万平方米的建设规模，扩大社区绿化用地和活动空间，提高产品品质。当时北京市规划局的领导同志赞扬说："我们北京市开发商都有像你们这样的开发思想，北京市居住社区的品质就有保证了。"

在注重产品品质的同时，太合地产又将居住区的建筑艺术、建筑文化和产品个性融于一体，体现到产品不去。在时代庄园开发过程中，公司根据绿化带区域的情况，为胡保绿化带地区的自然环境，决定以低层、高密度、低价位为产品定位，使更好的人享有较好的居住生活环境。在产品个性上，公司以世界发达国家优秀居住社区为标准，引进 Townhouses 的建筑理念和生活方式，集合高层高密度集合式住宅的优点，同时又吸纳了低层低密度别墅的风格，创造了低层中密度的适合中国国情的低层住宅典范，受到国内外专家好评和广大消费者的青睐。

公司在每一个项目产品定位上都根据项目区域环境和社区环境，认真研究产品个性，精心研究每一个细节，使之更适应不同社会状态下人类居住的需要。

在房地产开发运作上，太合地产一直坚持两个一致，一个基础。坚持与政府政策一致，坚持与市场需求一致，坚持从基础做起。近几年，公司响应政府关于加快小城镇建设和加快绿化带建设的号召，积极参加相关方面的研究活动和为相关乡镇区域规划提供技术资料和技术支持。同时，公司还将政府政策导向和市场需求紧密结合，也有力地促进了开发项目的健康发展。

在专业化队伍建设上，太合地产始终坚持在实践中造就队伍，把专业化队伍建设放在公司发展的重要位置来抓。公司内部设立了市场营销中心、规划设计中心、产品开发中心、经营管理中心、资金运营中心、不动产研究所等专业部门。同时，还设立了规划设计顾问委员会和工程技术顾问委员会。通过这些专业化部门竖向管理，不断提高队伍的专业化水平。

进入 2003 年，太合地产的指导思想是继续以打造产品品牌为目标，以市场需求为导向，以抓产品品质、抓专业化管理、抓队伍建设为重点，与时俱进，追求卓越。2003 年，太合地产各项经营指标均比去年翻一番，并将六个项目以其系统化阵容奉献社会。

欧陆经典二期工程总规模 26 万平方米，将在亚北打造高端产品，为亚北地区欧式百年建筑，为崇尚居住亚北新生活的客户群增添尊贵家园。

位于奥运村东侧的“时代庄园”东区将于今年 9 月全面竣工，并以北美风格 Townhouses 的居住方式向社会全面展现自己的现代与时尚。

位于国贸商圈的“世纪星”将全面竣工，为工作在国贸商圈的白领阶层提供新世纪的新生活。全面周到的酒店式服务将确保居住在小区内的人士享受到舒适生活。

2003 年，太合地产即将面世的太合嘉园、五环空间、山水逸境三个项目均属区位优越、个性突出、品位高尚的精品住宅。从项目文化内涵，建筑艺术，产品价值都是京城居住建筑中的精品。

太合地产在新的一年里，将在社会各方的支持下，尽职尽责，与时俱进，追求卓越，奉献社会。

企业文化是房地产业竞争核心竞争力

——访当代集团董事长张雷

房地产企业的老总不少，背景更杂，但很少有主修法律的人，估计这大概与房地产企业的粗放式经营和项目制发展有关。但是，当代集团的总裁张雷是个特例，他对企业文化的重视已经远远超出了一个企业的范畴。

产品的真正价值就是体现一个企业的文化内涵。张雷说，在 1999～2000 年这一年多的时间内，因当代集团规划过飞速发展的空间，所以，早早地完成了一套企业长期发展战略规划白皮书，制定了“1－2－3 发展战略”，在其中，又细分为了文化大纲、管理大纲、财经大纲、管理手册等。《职位说明书》中记载了上至集团总经理和各分公司老总，下至一线项目组的经理、组长甚至新员工的职位说明，工作计划及责权利都白纸黑字写得相当详细、十分清楚，而且在时间上列出了年度、季度、月甚至天的计划，如同工笔画一般将当代集团的每一细部都勾画出来了。

张雷称，正是凭借此举，当代集团才成为一个真正的有现代管理体制的现代化企业，这样的管理体系能够将“明天的经济融入今天的经济中”，有这样管理体系支持的企业就不怕飞速发展的扩张所带来的问题，因为所有的问题都能够通过详细的管理章程来约束。

一、房地产已进入品牌竞争的时代

起步的当代集团面临的是一个不容乐观的市常张雷说，现在中国房地产又进入一个新的发展周期，但是不完全决定于财富，而取决于综合实力，体现在理念，创意和市场分析，而且是品牌竞争，谁能够为市场提供细分的产品，提供多样化和个性化的产品，谁就能够胜利。所以张雷认为，如今的房地产竞争并不完全依赖于资金。

张雷说：当代集团今天开发的规模比较大，项目比较高档，可是我一天也没有考虑资金的问题，而是在深入思考怎么样把产品量体裁衣，为消费者提供个性化的产品。通过细分市场，找准市场定位，并且使当代集团的产品更加具有品质、品位，把企业多年来对文化的理解附加在上面，为消费者提供服务全方位、超值的商品房，其中文化含量要占很大比重。

张雷说，全国房地产都经过了几个阶段，找感觉，找卖点，找概念，找文化，找服务，找品质，当代集团也经历了这样一个历程，1998 年的时候，主要是盖楼，不需要定位、包装，策划，只要有地，地理位置比较好，一个项目就成了。时代发展到今天，房地产市场需要卖楼，需要行销、营销，也就是说盖楼的过程就是塑造产品的过程，我们在其中附加了企业文化，最大程度地传达给客户。未来是一个买楼的过程，人们对品质开始更加注重。今后我相信，消费者对企业的品牌认同了，对企业的产品认同了，消费者就需要这个产品，企业的产品也不怕销不出去。我们和客户一定会形成互动的音律和节拍。当代集团也一定能够与消费者共同奏响一曲美丽的居住乐章。

二、具有核心竞争力才是企业胜出之道

2002 年，是当代集团迅速成长的一年。上半年，位于上地信息产业基地的当代城市家园一期完工并入住，二期建

设如火如荼；8月，位于中关村核心区的当代青云大厦竣工，并实现了提前入住，为当代集团在写字楼投资方面积累了宝贵经验；12月，位于东直门交通商务区的当代万国城第一批业主入住，标志着当代集团为客户倾心打造的万国城精品生活成为可触可感的真实。

面对如此飞速的发展，张雷深感一个企业核心竞争力的重要性。为此，他为鲜明地提出的企业核心竞争力模式是：人才+模式+战略+制度+职业化+规模化+产业化+国际化+高速度+企业文化。张雷认为，一个企业一个点的优势、一个面的优势已经不再是"优势"，只有一个系统，一个体系的优势，才是企业的胜出之道，并且无人能够复制与模仿。

2002年，在张雷所认为的第二次创业中，成绩依然骄然，2002年，当代集团的营业收入达到26个亿，按照权益法统计，集团全年实现营业收入比上年增长100%以上，实现利润比上年增长100%以上。

三、一个野心企业家的野心想法

尽管成绩骄人，尽管发展飞速，张雷仍然时刻告诫自己要"以谦虚对待成绩，以包容铸大业"。

2003年，当代集团为自己提出的市场目标是要提供超值商品，强化发展房地产服务业，培育新的经济增长点，在土地开发和储备方面做深做透北京市场，进军北京以外的市场以形成梯进发展格局，而进军的重点已经定在上海和东部沿海地区。

对于这些目标，当代集团并非泛泛而提，而是经过缜密的深思熟虑，每一个目标都制定了具体的衡量方法和指标。比如，所谓超值产品就是提供的产品的性价比在同行业中达到前5名；而在土地开发和储备上，则将目标锁定在北京和外埠各新开发若干个地产项目，而与此同时，当代集团的土地储备已经达到3000亩：在东直门附近，在分钟寺附近，在温渝河，当代万国城南、北两区全面开工……万事具备，蓄势待发。

2003年5月中旬，当代集团二十余名战略决策委员会成员在张雷总裁的带领下远赴澳大利亚参加了大洋彼岸由当代集团投资的房地产项目的启动仪式，开始了当代集团向海外进军的步伐。

张雷认为，一个品牌的生命力来自于塑造这个品牌的过程。这个建立品牌的过程往往需要10年甚至是上百年。但是毁灭一个品牌只需要几分钟时间。张雷表示，现在越来越感受到品牌在市场经济中的无形价值。虽然当代集团在近几年的发展中比较顺利，品牌也在逐渐树立起来了。但是当代集团仍然处于学步期，比起在国际市场上激烈竞争的企业，所经历的坎坷和磨难是微不足道的。虽然现在规模比较大，发展比较快，但这是在和平和温暖的环境中成长起来的，没有经历风霜雨雪，所以还是比较脆弱的。从学步期到青春期，当代集团形成自己抗御风险、抗御竞争的能力，还需要很长一段时间。

张雷介绍说，尽管他对当代集团的发展充满忧患意识，但对北京房地产市场的发展前景则相当乐观。他称，尽管未来几年因为市场竞争激烈，三外进军北京地产业的势头加大，市场的怪圈与恶战会持续发生并有所升级，但整体而言，市场是让人乐观的。所以，他认为，北京房地产至少还有20年的发展期，而这个过程中一定是20%的企业掌握了市场，其中80%的企业因为没有核心竞争力，特别是没有危机意识，会被市场拒绝，提前进入衰败期甚至死亡期。而张雷称，当代集团一定要成为20%企业中的佼佼者。

当代集团提出，到5周岁生日的时候，将实现总资产100个亿的宏伟目标。为了实现这些市场目标，当代集团2003年在金融资本运作方面，将并购一家以上的企业，培育两家上市企业。目前，后者正在紧锣密鼓的进行之中。

在张雷的办公桌上，几乎每一样器皿上都印着毛泽东的头像。他对我们的伟大领袖用了"顶礼膜拜"这个词。这一小小的细节，除了让我们感受到张雷一种怀旧情绪外，也印照了一个企业家的野心和谋略。最后，我们得出一个结论，当代集团是有野心的，张雷也是有野心的一个人，他的野心在于把企业文化附加在产品身上产生更多更大的价值，从而真正实现文化地产，文化管理。

四、别墅用地供应叫停　牵动京城楼市神经

为切实保护土地资源，维护土地利用总体规划和城市规划的严肃性，规范土地市场秩序，防止楼市动荡造成风险，2月中旬国土资源部就清理各类园区用地、加强土地供应调控有关问题发出紧急通知：严格控制土地供应总量，特别是住宅和写字楼用地的供应量，优化土地供应布局和结构，防止楼市动荡带来风险，停止别墅类用地的土地供应。过量供应的地方，要认真进行清理。这一政策的出台可谓是"一石激起千层浪"，引起了业界的极大关注。特别是停止别墅类用地的土地供应，将影响房地产市场的产品供应结构和企业战略决策以及投资方向。为此记者采访了京城业内部分人士，请他们谈了对此项政策出台的一些看法。

这个紧急通知的出台主要是想加强城市土地使用的规范性，提高土地的利用率，避免土地浪费。保护有限的土地资源一向是我国的基本国策，也是关系到国计民生的大事，目前，土地的集约化和有效利用是解决我国土地资源有限问题的重要、也是有效的方法。这一点，国土资源部和建设部有关土地和房地产开发的"三法一条例"中早有规定，《紧急通知》不过是更加突出强调，并重点指出对一些容易出问题的方面要加强管理和控制。

《紧急通知》的出台，对于北京房地产市场会产生影响，但是影响不会太大，因为北京市的土地规划在市区主要以危改为主，大型的规划都在郊区和远郊区进行，相对还是较为规范的。而且，北京房地产开发的重点也是在住宅项目上，别墅项目所占比例不是特别大，一些存在问题的地区，比如香山的别墅开发也早已停止。所以"停止别墅类用地的土地供应"影响的也只是一小部分房地产开发企业。

总的说来，当代集团开发主要集中在住宅项目上。毕竟，别墅项目针对的只是少数的高端客户，市场经济的供需规律决定了这类项目在房地产市场只可能占有极小的部分，最多数的客户需要的是适合生活的安身之所。

2003年，当代集团为自己提出的市场目标是要提供超值商品，强化发展房地产服务业，培育新的经济增长点，在土地开发和储备方面做深做透北京市场，进军北京以外的市场以形成梯级发展格局。因此，《紧急通知》不会对当代集团的战略决策和投资方向产生影响，当代集团将按照既定目标稳步前行。

东方太阳城个性化延伸与社会化思考

北京东方太阳城房地产开发有限责任公司总经理　余刚

建筑的"同质化"在建筑材料的选用、功能的设计、室内外的环境，从厅堂灯光布置到居室房间分隔，千篇一律。建设变成公式，整个城市规整而又单调，小区内的建筑越来越雷同，小区之间也越来越相像，个性被共性所湮灭。然而建筑的个性并非是几种颜色或者是几种线条即可实现或完成的，它不是来自其外表，而是要在满足居住者生活需要的基础上，符合居住者的个性和审美要求；通过把人的情感方式和生活方式客观化，使建筑以及和建筑有关的一切都带上人文的力量。东方太阳城由北京东方太阳城房地产开发有限责任公司开发建设。投资商是中国希格玛有限公司，专为开发东方太阳城组建的有限责任公司。投资总额预计为 25 亿，占地面积为 243 万平米，建筑面积为 70 万平米。东方太阳城定位为"全新退休生活的领跑者"，为了在全新的领域形成鲜明的"个性"，并将个性延伸深化到社会效应，让自身的空间价值与社会大环境同步，东方太阳城在诸多方面实现创新，用建筑符号彰显时代特性，让人们感受来自建筑的关爱。

一、理念创新

改变中国传统养老模式，立健康宅邸之标准，开退休社区之先河，树社区养老典范。

全球人口老龄化的程度非常迅速，我国 60 岁以上的老年人口达到 1．3 亿，而北京市 60 岁以上的老年已占全市总人数的 13%，按照联合国世界卫生组织的相关指标，我国现在已经进入老年型的国家，正处于人口老龄化的快速发展阶段。在中国，政府兴办的福利性社会养老机构囿于财政力量有限，其数量、设施和服务水准都难尽如人意。而成为目前我国的主流养老模式的家庭养老，无法满足老年人口的多样性精神生活需求。

因此，采取社会化、市场化的运作方式为我国日益增长的老年人口提供合适的住宅产品，不仅成为当前房地产市场细分的必然要求，更为探索、开辟出一条社会养老的商业化解决之道。基于社会发展和市场需求，中国希格玛有限公司参镜西方一些大型、成熟的老年生活社区，如佛罗里达坦帕市的太阳城中心、洛杉矶的棕榈泉社区及亚历桑那洲凤凰城的老年社区。2002 年 6 月，中国首个大型综合性退休社区——东方太阳城在顺义潮白河畔诞生。

老年社区作为企业兴办的商业化养老设施，不仅可以大大提高老年人的养老生活品质，也是集中企业和个人资源解决老龄问题的有益尝试，是老龄问题的市场化解决办法。东方太阳城作为企业差别化战略的尝试，也是对房地产行业市场的进一步细分。企业兴办退休社区，小而言之，是企业谋求长期稳定发展的战略步骤，是对房地产行业产品和市场细分的探索和尝试；大而言之，这种尝试可以有力地推动房地产行业的发展，对国家和百姓而言有多方面的有益之处。

二、产品创新

总体规划、配套设施和建筑设计、建筑技术含量的创新，创造可持续发展的人居环境，符合生命发展需求，着眼于一生的方便使用。

东方太阳城实行规划设计，建筑设计，环境景观规划一体化。北京奥林匹克公园全球设计招标中一举夺魁的美国著名 SASAKI 景观设计公司担纲东方太阳城的整体景观规划和建筑设计。东方太阳城，选址京郊顺义潮白河西岸的双青林场内，坐享两千亩江南水美、七千亩林海瑰秀。而社区内绿化覆盖率愈 80%：300 亩纵横相连的湖面、贯穿社区南北的 18 洞高尔夫球场、区域间独特树木、植被形成的天然视觉屏障，强调自然、建筑、人文景观的和谐统一；同时在植物选配上、有意地选用大量适宜当地生长的杀菌、防风、防沙的品种，起到净化小环境、有益健康的作用。

作为一个大型的退休社区，东方太阳城不仅要具备一般楼盘应有的各类元素，更要有贴近老年人需求的产品设计。在产品的细节设计上，除符合《老年住宅建筑设计规范》中的地面无障碍通过，扶手把手适当降低、门洞口适当加宽等基本规范要求以外，还为贴近老年人的生理特点和生活重点实现创新：

首先建筑规划专为老年人考虑，小区内实现真正意义的无障碍设计，如无障碍步行道、无障碍防滑坡道，低按键、高插座设置，社区住宅以二到四层低层建筑为主，每层公寓都带电梯；其次社区内加强了空间的导向性，对方位感、交通的安全性、道路的可达性均做了全面的安排，实施严格的人车分流；第三东方太阳城在考虑的水系时，也添加了老年人的因素，充分利用先进的科技手段实现社区水系的多种功能：为节约大面积绿地，林地以及苗圃的灌溉用水，东方太阳城采用最先进的雨水收集再利用技术，用来进行社区内绿化。而引用的中水处理系统则在社区内实现了生活污水的生态无污染循环，生态水质净化系统可实现对社区内大面积的湖水、溪流等水系的处理。同时遍布退休生活社区的各形态水系还为老年人提供了丰富的水上活动，游泳、泛舟、钓鱼、野炊……第四，为了建立了针对老年人生活特点的智能化社区，由有线电视网、电话通讯网、社区安全网、联动服务网，以及家庭自动化网、社区管理自动化网组成。社区的医疗、门禁电子巡更等安防系统，电子购物、信息增值服务等，都可以实现与社区外部的社会化的服务系统挂接。另外东方太阳城还实行"一卡通"式管理，一张电子感应磁卡锁不仅可开启防盗户门、单元门，只要持有消费卡，就可以真正实现社区内一卡通服务，完成消费，转帐，交费等功能。

三、服务创新

物业管理、服务的创新及社区文化建设的创新。

物业管理的最大的创新之处是让退休的业主重新"上岗"实行社区自我管理，自我管理包括两层内容，一是物业管理人员大部分来自社区的居民，二是全员参与物业管理，并将不断征求全体居民的意见，根据大多数意见决定怎么做更好，同时全体居民又是管理质量和管理效果的监督者。业主购房后将不断得到社区招聘启示，物业公司有业主特长及意愿登记表，社区就业中心会不断促成社区居民参与自我管理和自我服务。物业服务最大的创新之处是实行健康劳务互助储蓄，即业主们在社区内做的劳务进行量化登记、储蓄，在自已需要服务的时候，可以根据储蓄的内容进行劳务互换。增加退休老人间互爱互助、老有所为的业主荣誉感。

社区内设立商业服务网点，包括银行，邮局，超市，百货，菜市，饮食一条街。这些商业服务将根据社区居民特点，体现其人性化服务的延伸，如上门服务，送餐送货服务，老年人优待服务等。社区配套实施包括社区医疗服务中心，老年大学、绿色农庄、康体中心，图书馆，幼儿园，宾馆等，集娱乐、商业、文化于一体，其中社区医疗服务中心将提供社区内所有居民的就医保障，常见病的治疗、康复、保健预防服务，必要的护理人员还将逐步开展入户服务；同时医疗服务中心将设立老年常见病专家门诊，为门诊就医的病人建立与合作医院总部共通的医疗档案，保障社区内的病人在合作医院享有优先治疗和住院的安排。

另一方面，社区文化建设方面也实现创新，形成社区“文化个性”，营造社区归属感，提高老年人的生活质量和生存价值。社区内形成各类兴趣俱乐部，棋牌俱乐部，秧歌及舞蹈俱乐部，太极拳俱乐部，书画俱乐部，合唱团，时装队等等，其中乒乓球俱乐部已经组织多次活动，获得广大社区居民的好评；东方太阳城还不定期组织大型社区活动，如社区运动会，社区节日活动，社区书画展，社区歌咏比赛等，太阳城－维也纳新年交响乐晚会，太阳城拓展比赛，太阳城采摘节，太阳城植树节，太阳城老年大学插花课，太阳城老年大学风筝制作课，太阳城－维坊风筝节等等已相继组织，受到广大业主的普遍认可，形成东方太阳城特有的社区文化氛围。

东方太阳城在总经理余刚先生的领导下，不仅具有了牵引物理居所向精神居所过渡的创新理念，同时更具备将理念不折不扣付诸实践的磅礴实现力。东方太阳城一期从开发到入住，仅用了不到一年的时间，且产品一经问世，即引发银发攒动的壮观场面，目前已顺利进入二期开发建设。余刚先生推崇的全新退休生活方式，和率领团队创建的“退休社区”，以住宅产品的创新，改变了中国传统养老模式，重新定义了退休者的幸福标准。东方太阳城，开创了“退休社区”的先河，树立了社区养老的典范。因此，东方太阳城的创新所形成的个性，不仅是房地产行业住宅产品的创新，在人类活动进程中也将具有深远的社会意义和历史意义。

第二十二章　调研报告

认真贯彻党的十六大精神，努力开创建设事业新局

——建设部部长汪光焘在全国建设工作会议上的报告

同志们：

这次全国建设工作会议的主要任务是，学习贯彻党的十六大精神，落实中央经济工作会议部署，总结五年来的工作，按照全面建设小康社会战略目标，研究建设部门的任务，安排2003年工作。下面，我讲几点意见。

一、求真务实，开拓进取，建设事业取得突出进展

1998年以来的五年，是建设事业历史上发展最好的时期，为促进国民经济持续快速发展和社会全面进步作出了贡献。

加强和改进城乡规划编制，规划的监督调控作用进一步发挥。党中央、国务院高度重视城乡规划工作，城乡规划工作进入了新阶段。1999年底全国城乡规划工作会议，下发了《国务院办公厅关于加强和改进城乡规划工作的通知》；会前，国务院领导还专门召开了部分大中城市市长座谈会，听取地方规划、建设问题的建议和意见。中国市长协会第三次代表大会，江泽民同志作了重要指示，国务院领导作了重要讲话。2002年初中央政治局常委会和国务院总理办公会议，先后听取关于城乡规划建设问题的汇报。国务院下发了《关于加强城乡规划监督管理的通知》，并决定筹备召开第四次城市工作会议。各级党委和政府进一步统一了思想，提高了认识，强化了对城乡规划管理工作的领导。国务院审定公布了第4批32处国家重点风景名胜区。在有关部门的共同努力下，我国被评定列入世界自然、文化遗产的风景名胜区和历史文化名城、名镇（村）等大幅增加，总数已达28个。

各地按照国务院的要求，加快了规划的编制工作。编制城镇体系规划，强调统筹城乡建设；明确规划的强制性内容，提高详细规划的覆盖面。全国城镇体系规划纲要编制开始起步。有12个省、自治区的城镇体系规划已上报国务院；9个已完成编制。全国662个设市城市的总体规划编制审查工作基本完成。确立了以控制性详规规范建设活动的制度。86%的乡镇编制了总体规划，70%的村庄编制了村镇建设规划。101个国家级历史文化名城和82个省级历史文化名城中，大多数完成了保护规划的编制。风景名胜区规划审批和管理工作得到加强。前三批设立的119个国家重点风景名胜区中，78个完成了总体规划的编制，并经国务院批准。

进一步发挥规划监督和调控作用，城乡规划的权威性和严肃性得到了增强。近期建设规划是建设项目安排的基本依据。各地按照国务院通知要求和建设部等九部委具体部署，抓紧修改和调整近期建设规划，防止和纠正盲目建设。有些地方出现的随意变更规划、擅自扩大建设规模、脱离实际、盲目攀比、急功近利、忽视资源保护的现象开始得到遏制。各地以强制性内容为核心，加强规划实施的管理，认真执行项目选址意见书核发程序。纠正随意下放规划管理权限、肢解规划管理职能的行为。

城镇基础设施和环境建设加强。扩大内需的方针促进了城市基础设施和环境建设。1998年至2001年，全社会固定资产投资年均增长10.5%，重大工程建设项目进展顺利，成效显著；全国城市建设完成固定资产投资7311亿元，占全社会固定资产投资的5.7%，其中，国债资金安排城市基础设施建设项目（包括新增和续建项目）3948个，安排国债资金1354.7亿元；预计2002年完成城市建设固定资产投资2900亿元，比上年增长23%左右。新增城市供水能力2421.4万立方米/日，污水处理能力1654.88万立方米/日，污水处理率达到40.3%；新增生活垃圾处理能力4.5万吨/日，生活垃圾无害化处理率达到58.02%；新增城市道路1.5万公里，集中供热面积6.6亿平方米。

城镇化进入快速增长期。2001年底城镇化率达到37.70%，四年提高了7个百分点。城镇人口数量增加到4.81亿。设市城市数量662个，建制镇20358个。东部地区初步形成京津环渤海地区、长江三角洲、珠江三角洲城镇密集地区格局，中西部省会的中心城市作用日益呈现。各级建设部门认真贯彻《中共中央国务院关于加强小城镇建设的决定》，按照建设部的布置，通过抓重点镇、示范镇，加强小城镇规划、建设的指导。

环境综合整治推动了城市面貌的改善。创建“园林城市”、交通畅通工程等活动全面展开，创建“无障碍示范城”的工作起步。2001年，颁发了5个“中国人居环境奖”、28个“中国人居环境范例奖”；包头市荣获2002年联合国人居奖，广州市获得迪拜国际改善居住环境最佳范例奖（全球十佳），5个城市获得全球百佳称号，8个城市获得良好范例。城市建成区绿化覆盖率达到29.5%，30多个城市（区）步入国家“园林城市”行列。

住宅建设成为新的经济增长点。党中央、国务院决定在全国范围内停止住房实物分配，实现了住房制度改革重大突破。几年来，货币化改革的措施逐步到位，初步建立了满足不同收入家庭要求的住房供应体系。各地认真贯彻重新修订颁布的《住房公积金管理条例》和《国务院关于进一步加强住房公积金管理的通知》，有效地加强了住房公积金监管，健全了工作机制，制止和纠正挪用公积金和违规发放贷款。

城乡住宅建设从投资和消费两个方面促进了经济增长。城镇商品住宅建设完成投资保持了30%左右的增长速度，预计2002年底，城镇居民人均住宅建筑面积超过21.5平方米。80%的城镇家庭拥有了自有住房。住房成套率达到70%。专业化、规范化的物业管理服务覆盖面继续扩大。国

家康居示范工程启动，住宅建设的科技含量有所提高。农村住房水平提高，到2001年底，农村人均住宅建筑面积达到25平方米。五年来，城乡住宅投资年增长额保持在固定资产投资增长额的30%左右，拉动GDP增长1个百分点以上。城镇居民的人均居住消费占消费支出的比重从1997年的7.7%提高2001年的10.3%。农村居民的人均居住消费占消费支出的比重，从12.26%提高到18.32%。

整顿规范市场秩序取得阶段性成果，质量安全监督机制逐步建立。建筑市场秩序好转。各地认真贯彻《建筑法》、《招标投标法》等法律法规和国务院办公厅《关于进一步整顿和规范建筑市场秩序的通知》等有关文件，严格执行基本建设程序，按照"标本兼治，重在治本"的原则，注重加强制度建设和机制创新，加快完善市场规则。严肃查处了綦江大桥跨塌、武隆滑坡等案件。市场各方主体依法从事建设活动和执行强制性技术标准的自觉性增强。据监察部的统计，违法违纪案件由1995年的4700多件下降为2001年的1423件。国务院办公厅批转了建设部、国家计委、监察部研究提出的《关于健全和规范有形建筑市场的若干意见》。全国96.7%的地级以上城市设立了有形建筑市场。到2002年底，76%的有形建筑市场与政府管理部门实现了机构分设、职能分离、监督与服务分开，服务功能进一步健全，管理运作进一步规范。

房地产市场秩序整顿工作力度加大。与有关部门制定了治理整顿措施，重点查处一些地方房地产开发和销售中违反规划圈占地、虚假广告、合同欺诈、违法中介等行为，着力解决物业管理中的突出问题，严肃查处了深圳"山水居"等一批典型案例，保护了消费者的合法权益。

重视分析房地产市场形势，及时提出应对措施。建设部去年多次向国务院上报《关于对当前房地产市场的形势判断及前景分析》报告，受到高度重视。经国务院批准，建设部会同国家计委等六部委下发了《关于加强房地产市场宏观调控促进房地产市场健康发展的若干意见》，针对部分地区房地产市场出现的"过热"苗头，会同有关部门加强了对房地产市场的监控。

《关于城市建设资金及负债情况的调研报告》、《关于国债工程发挥效益情况的调查报告》等专项报告，进一步分析了城市基础设施建设中存在的问题，提出了针对性措施。加油站整顿治理工作取得进展，发布了《汽车加油站设计与施工规范》。继续加强规范出租汽车为重点的城市公共交通客运秩序。

按照集中、统一、效能的原则，初步形成了建设系统质量安全监督管理新的工作机制。施工图设计文件审查、竣工验收备案等制度建立，工程质量监督制度逐步完善，工程监理覆盖面达到80%以上。工程质量和建筑施工安全生产形势继续好转，重大质量事故有所减少，工程建设质量整体水平有所提高。

国有企业改革逐步深化。积极推进国有企业改革和结构调整，认真贯彻《中共中央关于国有企业改革和发展若干重大问题的决定》。已有近15000家建筑业企业、8000多家房地产企业改制为股份有限公司、有限责任公司或股份合作企业。建筑企业总数中国有独资公司的比重下降为15%左右。针对建筑施工企业队伍规模过大，大企业不强，中小企业不专，劳务层素质参差不齐的问题，引导建筑企业实行作业层和管理层的分离，注重培育大型骨干企业，促进中、小企业向专业化承包企业发展。

勘察设计单位由事业单位向科技型企业转变。国务院办公厅转发的建设部、国家计委等部门《关于工程勘察设计单位体制改革若干意见》的实施，推进了全国勘察设计单位的改革，90%的勘察设计院已经实施企业化改制。

推进市政公用事业市场化进程的改革思路进一步明确，指导意见已经形成。城市公交、供水、燃气、环卫、园林等开始引入竞争机制，政府实行专营权监管，突破了单一政府投资和国有独资经营的模式。

技术创新和标准制定工作加强。加速科技成果转化。建设系统认真贯彻中央关于加强技术创新的各项战略决策，围绕"节能、节水、节地、治污"四个制约城乡建设可持续发展能力的关键环节，加大科技投入，扶持重点攻关项目、重大技术开发和成熟技术成果的推广应用。住宅产业现代化科技促进工程，城市规划、建设、管理与服务数字化工程，小城镇建设科技促进工程等科技攻关项目取得阶段性成果。

加快标准修订和完善。加快编制新标准的同时，着重对涉及提高防灾减灾能力和提高节能、节水水平的标准作局部修订。建立了新的技术标准体系，确立了以强制性标准为基本脉络的技术路线，保持了标准的先进性。

推进建设领域信息化。全国住房公积金监督管理、全国建筑市场监督管理、全国城市规划监督管理、国家重点风景名胜区监督管理四个信息系统，已开始启动建设。建设企业及专业技术人员征信工作开始实施。各地以办公自动化、政务公开、便民服务为重点，积极推进城市管理信息化，建设系统信息网络技术的普及应用程度有了提高。

依法行政全面推进。加强法治建设。"三五"普法成效显著，"四五"普法正顺利推进，法制教育的制度建设逐步完善。由国务院发布实施的建设行政法规有5项（其中1项修订），制定部门规章50项。《物业管理条例》、《商品房销售管理办法》等事关人民群众切身利益和涉及对外开放的法律法规草案，通过新闻媒体公开向社会征求意见，增强了透明度。各地也相继制定颁布了一批相关的地方法规。根据加入世贸组织的要求，对建设领域的法规、规范性文件全面进行了清理、修订。

推进行政审批制度改革。根据国务院的统一部署，对行政审批项目进行了全面清理，第一批取消了135项，第二批拟取消的21项待国务院批准。各地建设行政主管部门按照当地政府的部署，取消了大量行政审批项目，废止或修订地方性法规和规范性文件近300项。

行政行为日趋规范。各级建设行政主管部门认真落实中央关于推进行政管理体制改革的决策，通过集中办公、网上审批、一个窗口对外等形式，初步建立了公开办事程序、公开办事条件、限定办事时限的行政管理新机制，办事效率提高。

党风廉政建设和精神文明建设成果丰硕。全面落实党风廉政建设责任制，积极开展预防职务犯罪工作。各级建设部门认真学习贯彻《中共中央关于加强和改进党的作风建设的决定》，贯彻落实中纪委历次全会和国务院廉政工作会议的有关部署要求，深入开展"三审、两交易、一服务"源头治理工作，先后制定和实施了职业道德建设第二个和第三个三年规划，并通过南京市公众评议行政机关等典型事例，及时总结经验、汲取教训，促进了职工队伍整体素质进一步提高，行风建设取得新的成效。深入开展"树行业新风，让人民满意"主题活动，开展了"三下乡、五服务"活动，抓好重点行业、联系点、示范点，创建文明行业活动取得了较好的效果，涌现了一批文明服务示范窗口单位。建设部会同中宣部和有关省区市，五年中又先后推出了范玉恕、朱崇跃、中建八局921－520工程项目经理部等先进人物和先进集体，在全国建设系统广大干部职工中形成了崇尚先进、学习先进、赶超先进的良好氛围。

各级建设行政主管部门更加重视群众关心的热点问题，维护社会稳定。对拆迁中的纠纷问题、拖欠工程款问题、出租汽车问题、设计单位改制后离退休人员的待遇问题等进行了专项调研和治理，取得了积极的效果。全国建设系统协调劳动关系三方会议制度开始实施。

回顾过去，全国建设系统广大职工，高举邓小平理论伟大旗帜，认真贯彻“三个代表”重要思想，认真贯彻党中央、国务院的各项部署，在各级党委、政府的领导和支持下，较好地完成了各项任务。我们深切感到，推动各项工作，必须坚持以发展为主题，以经济建设为中心，用发展的办法解决前进中遇到的各种问题；坚持以改革为动力，发挥市场机制的作用，为城乡建设与发展注入新的活力；坚持从维护和发展人民群众的利益出发，努力改善人民生活，满足人民群众不断增长的物质和文化需要；坚持统筹城乡建设，统一规划，综合部署，节约资源，保护环境，促进可持续发展；坚持依法行政，加快政府职能转变，依法管理各项建设活动；坚持“两手抓”，推进物质文明、精神文明和政治文明建设。

在肯定成绩的同时，必须清醒地看到，当前工作中面临许多亟待解决的问题。一些地方不讲科学，不严格执行国务院批准的规划，不遵守规划审批的法定程序，脱离实际，盲目建设的情况依然存在，部分地区在发展中存在不顾财力的倾向；一些地方规划编制滞后，规划质量不高，不能适应经济社会发展和市场经济体制的需要；适应中低收入家庭需求的住房供应仍然不足，房地产开发、交易中侵害消费者权益的问题尚未有效解决；城镇基础设施建设不配套，投资效益不能发挥，垃圾污水产业化程度低；拖欠工程款现象仍很严重，建筑工程质量和安全生产形势不容乐观；国有企业改革滞后；建设领域整体素质和技术水平还不适应发展的要求，人才短缺状况亟待解决；行政管理部门职能转变尚不到位，工作作风和工作效率有待进一步改进和提高。对于这些问题，我们必须采取有效措施，切实加以解决。

二、认清形势，提高认识，更好地适应全面建设小康社会的要求

全面建设小康社会的奋斗目标，内涵极为丰富，意义十分重大，我们必须明确历史责任。

全面建设小康社会，建设部门任务艰巨、责任重大。发展是党执政兴国的第一要务，我们必须紧紧抓住本世纪头二十年的重大战略机遇期，加快发展，实现到2020年国内生产总值比2000年翻两番的目标。建设事业的很多工作，直接为经济和社会发展创造基础条件，直接为人民群众服务。住房和基础设施建设，市政公用事业提供的产品和服务，既是生产和其他各项消费的基础条件，也是扩大内需的重要方面，对于拉动经济增长具有重要作用。村镇水、电、路、气等基础设施和公共服务设施的统一配置，是现代农村服务业发展，生活消费品进入农民家庭，扩展农村消费市场必不可少的条件。城乡住宅建设是具有持续增长潜力的消费热点。在实施西部大开发战略中，生态环境建设、基础设施建设、各类工程的建设与管理，建设部门也承担着重要的责任。我们应当充分估计面临的任务和挑战。一方面，今后相当长的时期内，城乡建设发展潜力巨大，前景广阔。另一方面，我们的思想观念、法制建设、管理体制、管理手段和管理方式，还远远不能适应高速发展中履行政府机关职责的要求，理论储备、政策储备、人才储备都远远不足。必须积极主动地适应新形势新任务的要求，以深化改革为动力，注意不同地区经济社会发展的差异，注意不同人群需求，尤其是贫困地区群众和还不富裕人群的利益保护，注意保护文化和自然资源、保护环境，注意速度和结构、质量和效益的统一，进一步消除不利于发展的体制和政策障碍，坚持以发展的办法解决建设事业前进中出现的各种矛盾和问题，努力加快建设事业发展。

全面建设小康社会，统筹城乡发展，走中国特色的城镇化道路。城镇化的推进，不仅仅是城镇数量增加和城镇人口比重提高的简单过程。城镇化是一次重大的社会、经济结构转型，走新型工业化道路，实现现代化，促进农村富余劳动力向非农产业和城镇转移，实现城乡共同富裕。中国特色的城镇化道路，至少包含了四个方面的基本要求：一是推进城镇化必须与新型工业化协调发展，有利于经济结构调整，有利于缩小城乡差别和地区差别，促进区域协调发展和城乡共同富裕。二是推进城镇化必须贯彻可持续发展战略。要合理开发和节约使用各种自然资源，切实保护人文资源，努力实现城市建设与经济发展和人口、资源、环境相协调。三是推进城镇化必须统筹城乡建设，充分发挥城乡规划综合调控作用，形成完善的城镇体系，使大中小城市和小城镇协调发展，有利于促进农业人口向非农产业转移，有利于创造更多的就业岗位、扩大就业。四是推进城镇化必须以人为本。要从最广大人民的根本利益出发，加强基础设施和环境建设，改善人居环境，方便群众生活。当前我国农村经济进入了一个新的发展阶段。调整农业产业结构、转移农村富余劳动力、提高农民收入的任务日益紧迫。发展适应农村劳动力就业的非农产业，走中国特色的城镇化道路，是解决“三农”问题，实现共同富裕目标的有效途径。农村富余劳动力进城经商务工致富，反哺农村和农业发展，更新了观念，增长了知识，提高了文化水平，培育了新一代。建设部门要从发展经济、创造就业条件出发，促进城镇化健康有序推进。必须适应社会主义市场经济体制下城镇化发展的客观需要，树立城乡一体的全局观念，加快体制创新，健全城乡规划、建设和管理的工作机制。

全面建设小康社会，应当遵循客观规律，量力而行，稳步发展。发展是硬道理，加快发展是人民群众的根本利益所在。同时我们必须清醒地认识到，发展是一个循序渐进的过程，决不能主观臆断，揠苗助长。城市现代化建设是一项长期的任务，城镇化水平的提高也是一个过程，必须实事求是，着眼全局，立足长远，决不能毕其功于一役。有些同志想把十年、几十年的建设任务在几年里完成；有些地方城镇建设一哄而起，一味追求高标准，热衷于“大广场、宽马路”，耗费财力物力，损害群众利益，影响党群关系，必须坚决防止和纠正。我们必须把国家的整体利益放在第一位，把人民的长远利益放在第一位，绝不能片面追求个人政绩。脱离现实可能的建设，短期里也许能起到“面上抹光”的效果，但危及经济持续稳定发展。

三、突出重点，扎实工作，努力开创建设事业改革与发展的新局面

2003年，是全面贯彻落实党的十六大精神的第一年，做好工作，意义重大。建设工作的基本思路是：以邓小平理论和“三个代表”重要思想为指导，认真贯彻十六大精神，落实中央经济工作会议部署，积极探索中国特色的城镇化道路，发挥城乡规划对资源保护和防止重复建设的综合调控作用，提高投资质量和效益；坚持扩大内需的方针，进一步推进住房制度改革，促进住房消费，加快市政公用事业市场化进程，保持城市基础设施建设规模适度增长；深入整顿和规

范房地产市场和建筑市场秩序，深化国有企业改革；开展城乡环境综合整治，改善城乡人居环境；加快政府职能转变，依靠科技进步，加强法制建设，不断提高建设行政效率和管理水平，实现建设事业持续稳定健康发展。

着重抓好以下几方面工作：

（一）继续贯彻《国务院关于加强城乡规划监督管理的通知》，强化城乡规划综合调控作用

进一步提高城乡规划的科学性和前瞻性。编制规划应明确强制性内容。要把规划的视野从单独的城市扩展到区域。城乡规划既要能够解决政府有效监管的问题，又要把握社会主义市场经济的客观规律。要把规划编制重点，从开发建设布局转向重视资源保护利用和空间管制；从确定城市规模、指标转向重视控制合理的环境容量和科学的建设标准；从确定发展项目转向主要确定保护内容。要以有效引导城市发展为目标，区分强制性和指导性内容。提高近期建设规划针对性和可操作性，切实指导各项建设活动。西部地区的城乡规划，要适应西部大开发战略的实施，把生态环境建设放在重要位置。

如期完成城乡规划编制工作。充分重视城镇体系规划编制，促进城市与区域发展协调，实现城乡可持续发展。要明确城镇发展和布局的原则，生态建设和资源保护要求，统筹重要基础设施建设，划定需要严格保护和控制开发的生态敏感地区，协调跨省级行政区域城镇密集地区的发展。

做好规划编制的分类指导。要依据党的十六大报告对东、中、西部和东北地区发展的要求，编制省级城镇体系规划，确定重点发展的城市和重点建设的小城镇，重点发展县城、大城市郊区卫星城镇以及部分基础条件好、发展潜力大的中心镇。合理解决区位条件优越的中心城市及其周边地区的发展格局。不同地区、不同规模的城市，应当分别根据城市所在区域经济、社会、文化发展条件，城市和周边城镇发展的格局，研究确定城市规划编制的具体内容和要求。

如期完成近期建设规划。各地要按照规定的要求，结合当地国民经济和社会发展五年计划，编制和审定相应起止年限的近期建设规划，并严格执行。凡未编制“十五”期间近期建设规划的，今年七月要停止新申请建设项目的选址；不符合近期建设规划的建设项目，不得核发选址意见书，不得批准建设项目建议书，不得批准用地。今后，制定近期建设规划要作为制度长期坚持。

正确处理历史文化名城保护与有机更新的关系，切实保护好历史文化资源。建设现代文明，也应当保护古代文明。要认真实施历史文化名城保护规划，促进文化资源有效保护，改善旧城居民的居住生活条件。要做好对历史文化名城整体格局、历史文化街区、文物古迹和历史性建筑及其周边环境三个层次的保护，构成从点到面的保护体系。确定的保护范围及保护的内容、重点，应当有具体方法和措施，正确保护历史文化名城的整体风貌。实施旧城改造、改善旧城居民居住条件的同时，必须特别注意保护真实的历史文化遗存，要适当疏散旧城居住人口。在历史文化保护区范围内，严禁大规模拆迁改建。

正确处理风景名胜资源保护与旅游业发展的关系，完善风景名胜区管理体制。开发利用风景名胜资源，发展旅游业，要立足于资源保护、永续利用，带动地方经济持续发展和群众致富。依照风景名胜资源的价值划分不同等级的景区，明确保护要求。要划定景区、核心景区范围，限定核心景区内的游人容量、游览活动的类型和方式，严格限制核心景区内的开发建设活动，认真清理核心景区内的已有建筑。要划定可供开发建设的游览服务基地。分别编制风景游览、游览设施、经济发展等专项规划，作为风景名胜区总体规划的组成部分。风景名胜资源丰富、保护任务繁重的地区，要重视在核心景区之外，按照总体规划，结合小城镇原有基础，集中建设旅游服务设施。有条件的地方，可实行资源保护性移民。国家重点风景名胜区规划在1990年底前编制的，要按要求组织重新修编，国务院公布的第四批国家重点风景名胜区，必须在2003年6月底前编制完成总体规划。

加强风景名胜资源管理的制度和机构建设。风景名胜区必须按照有关规定设立行政管理机构。管理机构的主要职责是保护资源，监督规划的实施。不能以委托经营、租赁经营、经营权转让等方式，将风景名胜区规划管理和资源保护监管的职责交给企业承担。风景名胜区内的设施维护保养、绿化、环境卫生、保安等项目，可以通过竞争方式签订合同，由专业公司承担。

强化城乡规划实施管理。要强化省级城镇体系规划的调控力度。各省、自治区、直辖市都要依据批准的城镇体系规划，加强区域整体协调，切实做好对本行政区域城镇发展和建设的实施管理。要严格依据城镇体系规划，水源保护地区、生态保护地区开发和建设的监督管理，严格区域空间开发管制，保护资源和生态环境。省、自治区建设厅是省级城乡规划行政主管部门，要掌握本行政区域内批准的城乡规划实施情况，对强制性内容实施监督。要强化设区城市城乡规划管理的集中统一。城市规划区内的各区、中心城市相邻的县和各类开发区、高新区、大学区等，必须纳入城市的统一规划和管理。各地要主动调整与国务院文件相抵触的规定内容。设区城市的规划编制审查、专项规划的协调等必须集中在市一级。规划审批的重点是，国家规定的强制性标准在规划编制中是否执行，强制性内容在规划方案中是否明确，控制性详细规划的各项指标是否抵触。

健全规划管理监督制约机制。切实加强对城乡规划工作的监督。对去年城乡规划检查中发现的问题应当及时纠正。各级城乡规划管理应当受同级人大、上级城乡规划部门的监督，以及公众和新闻舆论的监督。省级城乡规划部门和城市的城乡规划、园林部门，应当定期向建设部报告国务院批准的城市总体规划、国家重点风景名胜区规划及国家级历史文化名城保护规划的实施情况。要逐步建立完善小城镇规划实施的管理和监督机制；重点小城镇，要实行规划审批的省级备案核准制度。全面推行规划政务公开，建立广泛的公众参与机制，接受社会的监督。通过调研论证，积极探索对国家审批的规划，实行派驻专职人员监督制度的试点。2003年底前，形成城乡规划决策与管理信息反馈和动态调适的全国城市规划与风景名胜区监管信息系统。

（二）深化城镇住房制度改革，促进住房建设，全面提高城乡居民居住水平

培育和鼓励住房消费。要完善适应不同人群住房支付能力的住房供应体系。进一步放开和搞活住房二级市场，全面清理影响已购公房和经济适用住房上市交易的不合理限制，合理调整上市交易的收益分配办法。积极引导商品房开发进一步向普通商品住宅建设倾斜，完善配套设施。改进住宅供应，完善住宅功能，提高住宅质量。落实住房分配货币化政策。要加强检查督促，坚决制止住房实物分配或变相实物分配。严格执行国务院和地方政府的有关政策规定，建立住房补贴制度，落实住房补贴发放工作。补贴资金的来源包括，原住房建设资金；财政全额拨款机关事业单位售房收入和直管公房出售收入，按规定提取的公共部位维修资金和房管所转制资金后的资金；住房补贴资金不足的地区，要调整财政支出结构，在预算中安排资金用于住房补贴，支持职工购房。要按照“因企制宜、方式多样、方案自选、民主决策、稳步实施、坚持与建立现代企业制度相结合；兼顾国家、单位、个人三者利益，坚持三者合理负担”的原则，推进企业住房制度的改革。加强住房公积金管理。贯彻落实《住房公积金管理条例》和《国务院关于进一步加强住房公积金管理的通知》精神，切实完成住房公积金机构撤并、调整工作，制定住房公积金行政监督办法。简化手续，方便群众，扩大公积金个贷发放量，加强信贷管理，有效规避贷款风险。

多渠道保障中低收入居民住房。各级政府解决住房问题的注意力一定要放在中低收入家庭和困难群众的住房上。要根据市场需求，调整供应结构，大力发展面向中低收入家庭的经济适用住房建设。要合理确定经济适用住房的供应对象和建设、供应标准，认真落实土地供应政策和其他优惠政策。进一步完善廉租住房制度。规范发展集资建房和合作建房，困难企业、独立工矿区等单位可在符合城乡规划和本单位发展规划的前提下，利用自用土地组织职工进行集资建房，禁止利用集资合作建房进行变相实物分配和房地产开发。积极扶持危旧住房改造，改善居民居住环境。

加快推进住宅产业现代化。要完善住宅产业政策。建立住宅建筑体系、部品体系，推动基础技术研究、关键技术创新和系统集成。推广应用节能、节地、节水、节材、治污新技术、新材料，实现住宅建设的可持续发展。进一步发挥住宅产业基地和康居示范工程的辐射带动作用。努力提高住宅产业的工业化、集约化、信息化水平，大力改善住宅质量。

规范物业管理和社区服务。加快建立业主自治与物业管理企业专业化管理相结合的物业管理新体制。认真贯彻国务院即将颁发的《物业管理条例》，推行“分等定级、质价相符”的物业管理服务收费指导标准，规范物业管理收费。大力推行物业管理项目的招投标，要加大旧住宅小区整治、改造力度，扩大物业管理的覆盖面。

（三）推进基础设施建设，改善城市环境，提高发展质量

积极稳妥地加快市政公用事业市场化进程。市政公用事业关系群众利益和经济发展的基础。要打破垄断，进一步开放市政公用市场，推行委托管理、特许经营，形成竞争。要建立健全供水、供气、供热、污水处理、垃圾处理企业的成本监督制约机制，使产品和服务的价格具备补偿生产成本、偿还建设贷款能力，吸引社会资本投入建设和经营。加快市政公用企事业单位改革。市政公用事业单位逐步由企业化管理向企业过渡。国有独资的市政公用企业，要进行规范化的公司制改造，形成合理的股权结构和科学、效能的经营管理体制，真正成为自主经营、自负盈亏、自我发展、自我约束的经济实体和市场主体。

积极推进垃圾、污水产业化进程。要贯彻落实国务院同意的建设部和国家计委等部门颁发的《关于推进城市污水、垃圾处理产业化发展的意见》。全面推行污水和垃圾处理收费制度，建立符合市场经济规律的价格形成机制，培育污水和垃圾处理产业。新建垃圾处理设施、必须严格执行国家和有关部门颁布的技术标准，防止对环境二次污染。2003 年底前，要对已建垃圾处理设施进行普查和评估，凡达不到无害化水平的必须限期改造。

继续贯彻《国务院关于加强城市供水节水和水污染防治工作的通知》，贯彻落实国务院同意的建设部和国家计委等部门颁发的《关于进一步推进城市供水价格改革工作的通知》，深化供水价格改革，促进城市节约用水，加强供水水质管理，降低管网漏失率，确保供水安全。完善污水和垃圾处理设施布局，提高运行效率。各级财政性建设资金要首先安排现有污水处理设施管网建设。

加强小城镇建设。要有重点地制定完善支持发展小城镇的政策措施，严格执行规划建设标准，积极支持与小城镇发展密切相关的区域基础设施建设。加快供水、污水处理和收集设施、垃圾处理设施的建设，保护生态环境，提高公共服务水平。要适应农业人口向小城镇转移的需要，按照统一规划、合理布局、配套建设的方针，加快小城镇适用住房的建设。建设部和各地建设部门都要选择几个小城镇作为示范，降低小城镇发展成本，讲究发展质量和效益，研究农村富余劳动力就业，引导合理流动，促进周围地区农村经济发展。加强对村庄集镇建设的指导，重点解决村镇建设布局混乱、公共设施不配套、卫生状况差以及农民建房质量存在安全隐患等问题。

深入推进环境综合整治。创建良好的人居环境。要从改善城市环境、提高运行效率入手，进一步加大环境综合整治力度，大力治脏、治乱、治差，坚决清理拆除违法违章建筑。严肃查处挤压各类管道、挤占道路的行为。充分发挥现有设施能力，解决设施失修失养问题，近期要重点完善设施配套建设，弥补设施能力不足，保证设施安全运行。坚持公共交通优先的发展原则。解决大城市交通问题，重点要方便群众换乘衔接，优化线网，科学合理制订公共交通规划。推广应用先进的公共交通管理技术，提高运行效率，降低运行成本。有条件的特大城市要发展轨道交通。要保证公交场站等设施建设用地。

大力提倡使用清洁能源。以“西气东输”工程建设为契机，做好指导沿线城市利用天然气工作。积极发展城市燃气和集中供热，推行煤的清洁燃烧，降低能源消耗，提高利用效率，改善大气质量。

深入贯彻落实《国务院关于加强城市绿化建设的通知》精神。尚未编制《城市绿地系统规划》的城市要限期完成。各地要按照《城市绿线管理办法》，抓紧落实实施城市绿线管制制度的具体措施。要建立城市绿化目标责任制，落实措施和责任人。继续做好园林城市创建工作，建设部将对已命名的国家园林城市进行复审，对现有情况已不符合园林城市标准的城市予以摘牌。

（四）深入整顿规范建设市场，加强宏观调控

全面整顿规范房地产市场秩序。房地产市场秩序整顿和规范是国务院确定的今年重点工作。主要查处房地产开发建设和交易活动各个环节的违法违规行为。积极会同有关部门认真贯彻《关于加强房地产市场宏观调控促进房地产市场健康发展的若干意见》，研究制定防范房地产抵押贷款风险的措施，形成有效的协作机制。严格控制自有资金不足、行为不规范的房地产开发企业新开项目。强化房地产开发项目资本金制度和项目手册制度，实行对房地产开发建设全过程的监控。对资本金达不到规定标准、违反合同约定拖欠工程款的房地产开发企业，有关部门不得审批或同意其新开工项目。切实加强土地供应的规划管理，严格执行建设部《关于加强国有土地使用权出让规划管理工作的通知》，加大监管力度，严肃查处假借各种名义变相搞房地产开发，以及房地产开发企业与农村集体经济组织私下协议圈占土地等违法违规行为。

切实防止房地产市场过热。要加强市场形势分析，加快建立房地产预警体系和信息披露制度，引导房地产开发企业理性投资、住房消费者理性消费，切实防止出现过热。加强房地产项目的审批管理，防止“半拉子”工程。加大空置商品房的处置力度，严格控制新建高级公寓、别墅、高档娱乐设施等项目。

深入整顿和规范建筑市场秩序。坚持标本兼治，重在治本。要专项治理与综合整治相结合。规范市场各方主体的行为，要把规范房地产开发企业和政府投资工程业主作为重点。对于不执行法定建设程序和在招投标中弄虚作假等违法行为，要在依法追究违法当事人责任的同时，还要依法追究政府主管部门的责任。要采取有效措施加强对勘察、设计、施工企业行为的监管，严禁转包、违法分包和挂靠等不正当经营行为。推行工程量清单计价办法，加强对工程建设各方主体计价行为的监督。要高度重视解决拖欠工程款和农民工工资问题，凡是资金不落实的项目，建设行政主管部门一律不予发放施工许可证；已完工程项目未按合同约定支付工程款的，不准新开工项目。要在推行施工投标担保、履约担保的同时，推行业主工程款支付担保。要鼓励企业运用法律手段解决拖欠问题，维护企业、尤其是农民工的合法权益，维护社会稳定。

各地要严格执行《招标投标法》，进一步打破地区封锁、行业封锁，开放建筑市场。各级建设行政主管部门要按照《国务院办公厅关于进一步整顿和规范建筑市场秩序的通知》规定，会同交通、水利、铁道、信息产业、民航等部门，加强市场执法检查，建立企业信用档案。对于发生工程质量安全事故或在建设活动中有违法违规行为的责任单位和责任人，要依法严肃处理。要贯彻建设部、对外贸易经济合作部《关于对外承包工程质量安全问题处理的有关规定》，加强对外承包工程的管理。中国企业在国外承包工程应当具有相应的资质，并将其在境外的质量安全行为作为其资质管理的重要内容。

推进建筑企业和勘察设计单位改革。进一步研究完善中央施工企业改革方案，争取尽快颁布指导意见。积极推行工程总承包和项目管理制，继续优化建筑企业组织结构。深化勘察设计单位改革，抓好专业设计事务所的试点工作，改革现行的企业资质与个人执业资格双重管理的做法，逐步向以个人执业资格管理为主的方式过渡。

加快政府投资工程建设组织实施方式改革。落实政府投资工程的具体责任主体，实现项目建管分离、建用分离的社会化、市场化运作，逐步建立权责明确、制约有效、科学规范和专业化管理、社会化运作的建设管理体制及运行机制。对于公益性（非经营性）的政府投资工程，可以按照《政府采购法》的有关规定，设立集中机构，或委托专业化的项目管理公司，代表政府统一组织建设项目的实施；对于经营性的关系公众利益的工程，应当实行市场化和专业化运作，推行项目法人责任制。

加强对工程质量安全生产的监督与管理。要加强基础工作，建立企业质量、安全综合评价体系。进一步改革和完善政府对工程质量安全的监督管理方式，规范监督行为。政府监督的重点是涉及工程结构、使用安全等实体工程质量以及工程建设各方主体的质量、安全行为。要按照政企、政事分开的原则，将附设在质量安全监督机构内的工程质量安全技术检测机构剥离出来，使其成为依法独立承担法律责任的专业化的中介服务组织。强化市场观念，积极推进工程保险和建筑施工意外伤害保险制度。各地要研究制定加强小城镇建设工程和农民住房质量安全监督的措施。尽快改变改建工程、拆除工程的安全生产管理薄弱的状况。

（五）进一步转变政府职能，提高行政管理效率

加快立法进度。建立健全建设法规系统框架。要把社会经济发展中亟需解决的问题，以及改革中遇到难点问题，作为法律法规制度研究的重要对象。要在保证立法质量的前提下加快立法进度。要抓紧完成《城乡规划法》、《建设工程安全生产管理条例》、《风景名胜区管理条例》、《历史文化名城和历史文化街区、村镇管理条例》以及《城市绿化管理条例》等一批法律法规的修改、起草、上报和协调颁发。要进一步增强立法的公开性，凡是涉及人民群众利益、涉及企业经营活动管理的法规，均应当在起草过程中公开征求意见。法律和行政法规不仅要规范管理相对人的行为，还应强调规范行政行为，明确行政责任、行政管理程序和办理时限。

深入推进行政管理体制改革。继续推进政府机构改革。按照“市场监管、宏观调控、公共服务、社会管理”的要求，要形成行为规范、运转协调、公正透明、廉洁高效的行政管理体制，坚定地推进行政执法责任制。实行相对集中行政处罚权是推进政治体制改革的内在要求，是深化行政体制改革的重要内容。各地建设行政主管部门要从大局出发，认真贯彻国务院《关于进一步推进相对集中行政处罚权工作的决定》，做好这项涉及人民群众切身利益的工作。要界定相对集中行政处罚权的范围。依照国务院规定，实行相对集中行政处罚权的领域，是多头执法、职责交叉、重复处罚、执法扰民等问题比较突出，严重影响执法效率和政府形象的领域。相对集中行政处罚权工作涉及地方建设行政主管部门的行政处罚职权调整，不是行政管理职责调整，各地要按照当地政府的部署，科学合理地提出关于相对集中的具体处罚事项的建议。各级建设行政主管部门应当按照法律法规的规定履行行政管理职责，与实施集中行使行政处罚权的行政机关经常沟通工作，促进决策、执行、监督职能相协调，完善协调配合机制。

推进行政审批制度改革工作的深入开展。要认真贯彻执行国务院关于行政审批制度改革工作的部署。要摒弃倚重行政审批管理经济社会事务的陈旧观念，行政管理决不是简单的行政审批，要加强涉及公共利益活动的过程和结果监管。各地不得保留或变相保留已明令取消的行政审批项目。对取消的项目，要及时清理和修订相应的法规或规范性文件。要抓紧抓好已取消的行政审批项目的后续监管。对部分行政审批项目取消后，可能造成市场管理漏洞的，要早研究制定适当的替代措施，避免可能出现的管理真空。要按照“谁审批、谁负责”的原则，对保留的行政审批项目建立健全外部监督和内部制约机制，落实审批责任追究制。对保留的过渡性行政审批项目，抓紧研究改革的思路和实施方案。

发挥建设社团和中介组织的作用。各类建设社团组织要以诚信守法、自律、自立、自强为重点，加强自身建设。社团发展是社会主义市场经济的必有内涵，要通过倡导订立行业公约、企业自律规则和开展企业文化建设等多种形式，努力营造诚实守法、讲信修睦的市场公平竞争氛围。同时，要适应经济全球化和加入世界贸易组织的新形势，积极引导并促进企业尽快熟悉和掌握 WTO 规则及各种国际惯例，在实施“走出去”战略中切实发挥规避风险、维护自身权益的作用。积极进行建设社团改革试点，克服社团行政化倾向，推动社团规范化发展，承担应有的工作。

（六）推进科技进步，加快信息化步伐

加快建设领域科技进步。注重依靠技术创新、科技进步和提高劳动者素质，发挥科学技术作为第一生产力的重要作用。加强建筑节能、污水及垃圾资源化、绿色生态建筑技术试点示范和成熟技术推广应用和国际科技合作。围绕全面建设小康社会、走中国特色城镇化道路，加强战略性、前瞻性软科学研究，特别要注意小城镇发展的有关研究。

全面推进建设领域信息化。推进信息化是当今社会的必然要求。科技咨询型企业要率先实现信息化，要依靠技术进步和信息化，促进技术改造和升级，走出一条适合国情的发展道路。要全面实施建设领域政务信息化，重点要放在政府对资源和环境监管上，建立高效的信息反馈和动态调适机制，以及企业诚信制度。加快相关部门局域网络的互联互通，打破内部管理的分割，引导企业信息化工作稳步开展。建立和健全电子政务，推动政务公开，接受公众监督。

完善技术标准体系。树立宏观管理、市场经济和动态发展的观念，建立和完善工程建设标准体系。运用市场经济的原则，公众参与标准编制和修订，为市场服务、为科技进步服务。尽快形成政府宏观管理、专家技术把关、层次清楚、运转灵活、快速高效的标准编制、修订和监督管理体制。以推行工程量清单计价为重点，改进工程造价管理机制。

四、围绕主题，与时俱进，保障全年工作任务顺利完成

实践"三个代表"重要思想，转变观念、转变职能、转变作风，顺利完成全年各项任务。

要以十六大精神统揽全局。学习十六大精神是当前和今后一段时期的首要政治任务。要认真贯彻实践"三个代表"重要思想，结合实际，"围绕主题，把握灵魂，狠抓落实"。各级建设行政主管部门必须结合部门特点，联系地方实际，抓住本世纪头二十年战略机遇期，认真研究思考建设事业今后一段时期改革、发展的任务。要认真思考我们在工作中应该树立什么样的工作指导思想，具有什么样的精神状态和作风，进一步认识建设事业改革、发展的规律，增强工作的预见性、主动性，以新思路、新突破、新格局和新措施保证各项任务的完成，促进社会主义物质文明、精神文明和政治文明协调发展。

加强调查研究，切实转变工作作风。深入调查研究，探索新举措、新办法。要围绕全面建设小康社会提出的各项任务和建设领域亟待研究解决的重点、难点问题，要有总体方案，确定具体进度，落实部门，充分动员领导干部、机关干部，开展广泛深入的调查研究，增强理论和政策储备。建设部要不断总结并推广各地成功经验，要切实转变工作作风，牢固树立公仆意识和服务意识，站在维护国家和人民利益立场上研究问题，制定政策，讲究效率，让群众满意。领导干部要虚怀若谷，集思广益，善于听取各方面意见，要敢于面对不同意见，反向思考，汲取有益的意见。

正确处理改革、发展和稳定的关系，确保社会稳定。要尽职尽责，认真做好社会稳定工作。坚持工作在先，预防为主，未雨绸缪，及时排查纠纷，有效化解矛盾，妥善处理各种棘手和突发事件。从当前城市拆迁纠纷出现的诸多群体性事件来看，多数与政府"形象工程"随意降低补偿标准、工作方法简单粗暴有关，我们必须高度重视，通过细致有效的工作，规范房屋拆迁行为，维护被拆迁人的正当权益，确保稳定。要集中力量解决拖欠农民工工资问题。出租汽车行业出现的问题是发展中的问题，也包括地方政府盲目实行经营权出让和管理不认真、不到位问题。各地要转变观念，改进工作，切实担负起监管责任；要建立有效的调控手段，监督企业完善企业经营机制，明确企业法人责任，保护司机合法利益，继续做好出租汽车行业的整顿和稳定工作。要做好建设系统下岗职工、生活困难职工及其家属的排忧解难工作。充分发挥建设系统协调劳动关系三方会议制度的作用，维护职工的合法权益。

加强党建和党风廉政建设，树立良好的职业道德和行业新风。认真学习执行新的党章。深入开展党员先进性教育，加强基层党组织建设，提高基层党组织的凝聚力、吸引力和战斗力。进一步抓好源头治理腐败和深化预防工作，继续深入开展源头治理工作。全面落实党风廉政建设责任制，细化责任分解，严格责任考核，强化责任追究。各级建设行政主管部门都要坚持"一把手负总责，党组（委）成员分工负责，一级抓一级，层层抓落实"的工作机制，把党风廉政建设的要求贯穿到各项业务工作的全过程。以职业道德建设为基础，以诚信建设为重点，以创建文明行业、文明企业为目标，按照巩固、提高、深化、延伸的工作思路，继续深入开展"树行业新风，让人民满意"主题活动。继续推进建设系统"三下乡、五服务"活动。积极参与中央精神文明委《文明城市测评体系》制定和创建文明城市活动，务求取得新成效和新突破。

培养高素质的干部队伍。高素质的干部队伍是事业发展的重要保证。认真贯彻关于加强执政能力建设和建设一支高素质的干部队伍的部署，继续深入开展以"三个代表"重要思想为主要内容的学习教育，充分发挥全国市长培训中心和干部管理学院以及有关高校的作用，提高建设系统广大党员干部的政治理论水平、科技知识水平和执政能力水平。加强西部地区的建设人才的培训。落实建设系统领导干部、经营管理人员、专业技术人员、生产操作人员四支队伍培训规划，重点做好领导干部和一线操作人员的职业技能岗位培训与鉴定工作。

同志们，今年建设事业发展、改革、稳定的任务更加繁重。第四次城市工作会议正在抓紧筹备，重点是研究制定新时期城市发展的目标和政策框架。我们要在以胡锦涛同志为总书记的党中央领导下，高举邓小平理论伟大旗帜，全面贯彻"三个代表"重要思想，振奋精神，与时俱进，聚精会神搞建设，一心一意谋发展，努力开创建设事业新局面，为全面建设小康社会不断作出新的更大贡献。

（2003年1月6日）

培育住房消费，加强宏观调控，整顿市场秩序 努力开创住宅与房地产工作新局面

——谢家瑾在2003年全国住宅与房地产工作会议上的报告

同志们：

全国住宅与房地产工作会议今天在美丽的江城武汉市召开了。这次会议的中心任务是：贯彻落实党的十六大以及中央经济工作会议、全国建设工作会议精神，总结2002年工作，研究部署2003年工作，并表彰全国房地产业管理暨房改工作先进单位。会上，刘志峰副部长要作重要讲话，希望

大家认真学习贯彻。下面我先就2002年工作情况和2003年工作安排谈几点意见，供大家参考。

一、2002年住宅与房地产工作的回顾

2002年是我国住宅与房地产业发展中不平凡的一年，全国房改与房地产行业的广大干部职工紧紧围绕促进住房消费、加强宏观调控、规范市场行为、改善住房公积金管理等工作重点，努力拼搏，开拓进取，使房地产市场自98年以来连续五年保持了持续快速健康发展，为改善居民住房条件、拉动经济增长继续发挥着重要作用。一年来，我们主要抓了以下工作：

（一）完善住房公积金管理制度，加强住房公积金管理

在2001年全国住房公积金管理工作执法检查的基础上，针对公积金管理工作中存在的问题，国务院于去年初修订了《住房公积金管理条例》、下发了《国务院关于进一步加强住房公积金管理的通知》，5月，召开了全国住房公积金工作会议，温家宝副总理到会并作了重要讲话，对调整公积金管理机构、完善决策和管理体制、健全监督机制等工作作出重要部署。为贯彻落实《条例》和《通知》，我部会同国务院有关部门筹备建立了全国住房公积金工作联席会议制度；经国务院同意，会同有关部门就完善决策制度、调整管理机构、严肃纪律先后联合下发了三个配套文件；8月，在大连召开了经验交流会，进一步部署了机构调整工作；11月，建设部下发通知，要求各地做好贯彻落实《条例》和《通知》情况的检查验收工作。全国住房公积金工作会议后，各省（区、市）政府或房委会相应召开了工作会议，下发了贯彻意见，部署了实施工作。

一年来，我们在完善决策机制、调整管理机构、健全监督体系、回收项目贷款、规范发展业务等方面取得了明显进展。主要表现为：

一是依法组建了管委会。截至去年底，全国345个设区城市中，已有267个城市成立了管委会，其余城市也已拟订了组建方案，正抓紧筹建。其中黑龙江、福建、湖北、江西、吉林、安徽、云南省所辖各地市及天津、重庆均已设立了管委会，制定了章程，明确了议事规则和决策程序，基本建立了住房公积金的依法、自主和民主决策机制。

二是稳步推进了机构调整工作。绝大多数城市的机构调整方案已经市政府讨论通过，其中201个城市的方案经省政府批准实施。各地原有住房公积金管理机构的资产清理、审计工作已基本完成，资产移交、数据对接、人员安置等工作基本准备就绪，163个城市已按《条例》要求设立新的住房公积金管理中心。北京地区机构调整方案已经北京市政府、国务院机关事务管理局、中直管理局、铁道部会签下发。北京住房公积金管理中心隶属于市政府，下设中央国家机关、中央直属机关、铁路3个分中心和31个管理部，目前正在抓紧进行资产移交工作。广东、山东、贵州省直机关的公积金全部移交给省会城市中心管理，不设分中心。

三是抓紧健全监管体系。经中编办批准，在建设部住宅与房地产业司加挂了住房公积金监督管理司的牌子，各省（区）政府都明确了建设厅的监管职能，有19个省（区）在建设厅设立了相应的监管机构；各设区城市财政、人行、审计、监察等部门加强了对机构调整和公积金管理的监督工作。全国住房公积金监管系统经过试运行，目前正在进行专网建设、系统完善及安装调试工作。在试运行中，河南、河北、湖南、湖北省建设厅以及郑州、石家庄、平顶山、邯郸等市有关部门给予了大力支持，在此向他们表示衷心感谢。

四是加快清理回收挤占挪用资金和项目贷款。去年，全国共收回挤占挪用资金和项目贷款66亿元，占应收回总额的46%。其中，浙江全省及南京等100多个城市挤占挪用和项目贷款占用的公积金已全部收回。

五是加强内部管理，加大住房公积金归集和个人委托贷款发放力度。截至去年11月底，全国住房公积金归集余额2840亿元，发放个人住房委托贷款余额1125亿元，占归集余额的40%。其中，当年新增公积金归集额941亿元，个人住房委托贷款462亿元，分别比上年同期增长29%、25%。

（二）整顿和规范房地产市场秩序，打击违法违规行为

整顿和规范房地产市场秩序是整顿和规范市场经济秩序的重要组成部分，也是保障消费者合法权益，促进住房消费的重要方面。一年来，我们主要做了以下几个方面工作：

一是2002年初，根据温家宝副总理关于“商品房市场存在的这些问题应当重视并采取措施加以解决”的批示精神，及时向国务院上报了《商品房市场中存在的主要问题与对策》的专题报告，对当前房地产市场存在的主要问题及原因进行了分析，提出了规范房地产市场的政策措施。

二是根据政府工作报告提出的继续整顿和规范房地产市场秩序要求，经国务院同意，会同国家计委等6部门联合下发了《关于整顿和规范房地产市场秩序的通知》，明确了整顿的原则、指导思想、查处重点及工作安排，并联合召开了电视电话会议，对整顿和规范房地产市场秩序工作进行了全面部署。各地普遍成立了由政府分管领导挂帅的工作机构。浙江、甘肃、黑龙江的各市、县均成立了整顿和规范房地产市场秩序领导小组；乌鲁木齐等城市还建立了整顿和规范房地产市场秩序领导小组例会制度。

三是加大查处各种违法违规行为的力度，公开曝光了一批典型案例。在全国整顿和规范房地产市场秩序电视电话会上，我们对深圳山水居等4个典型案例及其查处结果向全国作了通报。湖北、浙江、新疆、甘肃、湖南、青海等省在各市县政府主管部门对所有从事房地产开发、中介、物业管理的企业和在建项目进行拉网式检查、处理的基础上，由省政府有关主管部门联合进行重点抽查。浙江、宁夏分别对5起和11起典型案例在全省、区进行了通报；黑龙江省通过报纸和电视等新闻媒体曝光了67家企业、75个开发项目；甘肃省吊销了53家房地产开发企业资质，取缔无照经营的24家房地产中介机构，注销违规经营的8家房地产中介机构的资质。

四是针对房地产市场中存在的突出问题，下发了相关文件。由部里下发了《关于规范房地产开发企业开发建设行为的通知》、《关于房屋建筑面积计算与房屋权属登记有关问题的通知》、《关于坚决制止各种乱评比活动的通知》；会同国家工商总局下发了《关于进一步加强房地产广告管理的通知》；与新闻出版总署、工商总局、公安部联合下发了《房屋权属证书印制管理办法》。

五是抓制度建设。完成了房地产经纪人执业资格认定考试工作，举行了第一次全国房地产经纪人执业资格考试，在全国启动了房地产经纪人员职业资格制度；全面部署房地产企业信用档案系统建设，部里在9月底开通了一级资质房地产企业和房地产估价师信用档案系统，四川、山东、重庆、深圳、青岛等省市的房地产企业信用信息也已实现公众网上查询；会同最高人民法院，就房地产管理涉及的司法协助、司法执行以及房地产案件审判中有关司法解释等问题进行了联合调研、论证，将于近期陆续出台。

各地结合本地实际，也加强了制度建设。如重庆、广东、海南等地通过地方立法或发布规范性文件，推行按套内

建筑面积计价销售商品房；福州市政府办公厅印发了《关于进一步加强房地产项目信访工作的通知》、《福州市建立房地产开发企业经营业绩和不良经营行为公示制度暂行办法》等。

（三）全面把握发展态势，加强对房地产市场的宏观调控

2002年，根据国务院领导的一系列指示精神，我部会同有关部门认真分析房地产市场形势，及时采取措施，加强对房地产市场的引导和调控，取得了一定成效。

1. 去年初，对北京、上海、重庆、广州四个城市房地产市场情况进行了调研，并对其他直辖市、省会城市和计划单列城市进行了书面调查。根据调研情况，1月21日向国务院报送了《关于规范房地产市场政策措施的请示》。

2.6月底，分南北两片召开了房地产市场形势分析会，并向国务院报送了《关于上半年经济形势分析和相应措施的报告》。

3.8月27日经国务院同意，会同国土资源部等五部门下发了《关于加强房地产宏观调控促进房地产市场健康发展的若干意见》，提出了九方面的宏观调控措施。之后，会同有关部门对部分地区贯彻落实六部门文件的情况进行了监督检查。

4. 为深入了解各地房地产市场运行情况，下半年先后赴杭州、沈阳、大连、银川等地进行调研，分别召开了由北京、上海、广东、广州、深圳以及部分中西部地区和国务院有关部门参加的房地产市场形势分析会。在深入调研分析的基础上，作出了“全国房地产市场总体上保持健康、快速发展态势，但部分地区存在投资增幅过大、土地供应过量、价格上涨过快和结构不合理等问题，个别地区问题还较严重”的基本判断，并向国务院上报了《当前我国房地产市场运行情况分析报告》。根据党中央、国务院领导指示精神，该报告在中央经济工作会议前以参阅文件的形式印发各地。

各地房地产管理部门也加强了市场分析，针对当地存在的问题，采取了调控措施。安徽、辽宁等省根据本地经济发展及房地产市场供求状况，着手编制本地区房地产开发中长期规划和年度开发计划，以此来控制新开工总量和开发规模。山东省积极推行房地产开发项目库制度。厦门市建委、房地局建立了房地产市场信息披露制度，及时将出让土地、商品房供销情况以及在建商品房信息向社会公示，引导房地产开发企业理性投资、消费者理性消费。广东省江门市建设、计划、规划、国土等部门联合对房地产市场实施总量控制、规模控制、项目布点控制，对空置房量大的开发企业，下达消化空置商品房指标，未能完成任务的，不得参加土地竞拍，规划、计划、建设部门不予审批新项目。这些措施和制度的实施，对于引导房地产市场健康发展起到了十分重要的作用。

（四）完善政策措施，进一步培育和鼓励住房消费

1. 为降低住房交易成本，我部配合国家计委、财政部分别下发了规范住房交易手续费和房屋所有权登记费的文件，降低了收费标准。两项收费合计降幅在60%以上，大大减轻了购房者的负担，受到了社会各界普遍欢迎。

2. 各地采取积极措施，进一步开放、搞活住房二级市场，鼓励居民换购新房，使存量市场与增量市场联动效应日益显现。目前35个大中城市住房二级市场已全部放开，上海、天津、重庆、沈阳、成都等27个城市取消了已购公房上市前需经原产权单位同意的限制。山西省政府去年出台了《关于加快住宅与房地业发展若干问题的决定》，从改善投资环境、推进经济适用住房建设、进一步搞活住房二级市场、降低税费鼓励住房消费等方面提出了27条措施，有效地推动了市场的培育和发展。南昌市通过简化办事程序、引进品牌企业、大幅度降低税费以及举办“周末房展”等一系列措施，大大调动了居民换购住房的积极性。去年全市存量住房交易面积77万平方米，较上年同比增长84.33%，商品房销售面积大于同期竣工面积，商品房空置面积同比下降36%。南京市政府下发《关于进一步搞活房地产市场的若干意见》后，在放开房改房上市交易各项限制、放开非成套住房出售限制、放开外地人员购买存量房限制以及房改房上市免收土地出让金、降低有关税费等政策措施的作用下，去年全市存量房交易面积205万平方米，同比增长72.8%，与商品房交易量基本持平。上海市存量市场与增量市场联动已持续5年多，到去年底，全市已购公房上市已累计22.42万套，占已出售公房总量的14.7%；存量房地产交易面积由1998年的315万平方米增加到1790万平方米，商品房销售面积达1960万平方米，存量房交易与商品房交易面积的比例由1:3.65变化为1:1.09。

3. 积极探索建立房屋租赁协管机制，促进房屋租赁市场规范有序发展。沈阳市房产局积极与公安部门协调，通过清理整顿出租房屋专项行动，加大对住房租赁市场的管理力度，仅去年5～10月共办理住房租赁登记备案16000多件，改变了长期以来对住房租赁市场管理不到位的局面。南京市通过协管，去年共办理房屋租赁登记备案240万平方米，同比增长20%，代征租赁税费1.5亿元，同比增长36%。福建省、上海、深圳、昆明、吉林等市也从自身的实际出发建立协管机制，改善房屋租赁市场秩序。

（五）采取多种措施，积极推进住房分配货币化

去年，建设部会同财政部、人民银行、监察部对部分省市住房分配货币化工作进行了督促检查。各地房改部门积极落实住房补贴资金，采取多种措施推进货币化工作，取得了积极成果。浙江省房改办会同财政等部门先后下发了《关于加快住房分配货币化改革有关问题的通知》、《关于地方和军队房改政策衔接中有关问题的通知》等5个文件，推动了住房补贴发放工作。到2002年底，全省累计发放住房补贴22.83亿元，其中老职工18.75万人、22.51亿元，新职工住房公积金补贴1.14万人、0.32亿元。重庆市在《重庆市人民政府关于促进住房消费扩大内需的意见》中，要求各级政府制定本地区财政拨款单位住房货币化分配的实施计划，将住房补贴资金纳入财政预算安排，并要求符合住房补贴发放条件的地区，2002年均应启动住房补贴工作，力争于2003年底以前全部解决财政拨款单位离退休职工的住房补贴。截止2002年11月底，全市548个单位累计向2.5万职工发放补贴资金5.23亿元。安徽省将住房货币化工作列为对各省辖市2002年房改工作目标考核的重要内容，有力地推动了住房补贴发放工作。截至去年3季度末，全省已累计向12万名职工发放住房补贴7.33亿元。天津、辽宁、江苏、福建、湖南、广东、四川、西藏等省（区、市）货币化工作也取得了新的进展。住房补贴的发放对带动职工购房和换购住房产生了积极的作用。

（六）规范经济适用住房管理，推动廉租住房制度建设

一年来，各地在大力推进经济适用住房建设的同时，狠抓制度的建设和完善。我部配合国家计委下发了《经济适用住房价格管理办法》，明确了经济适用住房价格构成，规范了经济适用住房价格审批程序。北京市开发办设立专门机构，对购买对象进行严格审核。仅去年就受理了近6万户家庭的申请，通过资格审核的近4.5万户家庭，其中50%来自重点工程及危改拆迁户。福建、大连、哈尔滨、郑州等省市也分别制定或完善了经济适用住房管理的政策性文件，对经济适用住房建设标准、销售对象、购买程序等作出了明确规定。

廉租住房制度建设在试点探索的基础上进一步发展。

1．部分省（区）在城市试点的基础上出台了全省推进廉租住房制度建设的政策措施。

广东省政府办公厅转发了《省建设厅关于解决城镇住房特困户问题的实施意见》，要求各市力争用3年时间，基本解决城镇住房特困户问题。安徽省政府颁布了《安徽省城镇廉租住房管理办法》，在全省范围内推动廉租住房工作。

2．廉租住房工作在中小城市进一步得到启动。

如河北承德、沧州、邯郸市，山西长治市，江西上饶市，内蒙古包头市，河南洛阳、漯河市，四川自贡、乐山市等已经通过实物配租或租金补贴等方式开展廉租住房工作。

3．落实资金，推进工作。

重庆市已确定5年内市财政包干补助1亿元，区财政安排1.65亿元，公积金增值收益安排2500万元，用于建立廉租住房制度，力争解决主城区最低收入家庭的住房问题。目前，35个大中城市中，近一半的城市已制定了廉租住房工作实施意见，北京、上海、青岛等城市明确了管理机构、落实了资金来源，建立了廉租住房供应对象档案和申请、审批制度。截止去年底，上海、北京、成都、南京已分别向3366户、998户、1927户、948户家庭发放了租金补贴；广州、福州已分别新建廉租住房660套、444套向廉租对象出租；长春、南京分别为1608户、7500户租住公房的廉租对象减免了租金。

（七）加快物业管理立法进程，加强房屋使用安全管理

各地积极贯彻“十五”计划纲要关于“规范发展物业管理业”的要求，加强法制建设和制度建设。天津、重庆、湖南、杭州等省市颁布了地方性法规，以规范物业管理各方主体行为为重点，改善物业管理市场环境；上海、江苏、广东、成都等省市制定物业管理服务标准，促进了物业管理企业管理行为的规范和服务水平的提高；安徽省以及武汉、郑州、苏州等城市制定了普通住宅物业管理收费分等定级指导价格，方便业主依据自身的消费能力选择相应等级的物业管理服务，监督物业管理企业提供质价相符的服务；福州、石家庄、温州等城市制定物业管理招投标管理办法，推动了物业管理优胜劣汰的市场化进程。此外，北京、广州、南通、吉林等城市整治改造旧小区并实施物业管理取得新的进展，改善了城市整体居住环境。

我部在推进物业管理规范发展方面，主要做了四方面工作：

1．全力配合国务院法制办修改、论证《物业管理条例》，《条例》（草案）报经国务院领导同意后，于去年10月公开向全社会广泛征求了意见，可望在近期颁布；

2．起草了《住房专项维修资金管理办法》、《物业管理招标投标管理暂行办法》、《物业管理业主会规则》等与《条例》配套的部门规章和规范性文件；

3．与有关部门协调行动，针对少数城市发生的物业管理企业保安人员殴打侮辱住户的恶性事件，部署了依法查处的专项整治工作；

4．制定了《住宅室内装饰装修管理办法》，明确了物业管理单位在住宅室内装饰装修管理活动中的职责。

去年4月，根据国务院第58次常务扩大会议和全国安全生产电视电话会议精神，我们组织力量，对上海、辽宁、湖南、河南等10省市开展了房屋安全专项检查。受检省市普遍对房屋安全工作高度重视，有重点、有计划地部署并落实房屋安全隐患的监控和整改工作，没有发生房屋倒塌、人员伤亡等重大安全事故。6月中旬，部分地区暴雨成灾后，我们及时了解房屋受灾情况，要求各地加强部门配合，及时转移灾民，加大对受损房屋的查险力度，排除隐患。

（八）加强城市房屋拆迁管理，维护社会稳定

1．在新条例实施一周年前夕，对部分地区实施新拆迁条例的情况进行了专题调研，并及时召开了全国城市房屋拆迁工作座谈会，交流了各地贯彻新条例的经验，分析了存在的问题，提出了防范和化解拆迁纠纷、维护社会稳定的具体要求。

2．各地积极出台配套政策，保证了新老条例的平稳过渡。四个直辖市和江苏、福建、甘肃、江西、新疆等14个省（区）出台了关于城市房屋拆迁管理的地方性法规、政府规章及各种配套措施。湖南省针对一些城市不顾当地经济实力，盲目大拆大建，拆迁补偿资金不到位，引发大量拆迁纠纷的情况，由省建设厅与省信访局、省政府法制办联合下发了《湖南省人民政府办公厅关于切实加强城市房屋拆迁管理工作的通知》。沈阳、长春等城市严格拆迁审批程序，对安置资金全程跟踪监管，严格核定拆迁补偿安置资金需求量并加强监管，确保安置资金及时到位。

3．加强对弱势群体和困难群体的保护。成都市对符合“双困”条件的被拆迁人，选择产权调换的房屋不得小于45平方米，拆迁面积与45平方米之间的差额部分的房价款只需支付市场价的30%。贵阳市对符合“双困”条件的被拆迁人，被拆迁房屋按市场评估价补偿，拆迁调换房屋与45平方米之间的差额部分的房价款只付成本价；仍买不起的，经本人申请且符合廉租住房租住条件的，优先解决廉租住房。

（九）积极协调政策，进一步推动处置海南积压房地产工作

一是为加快海南省积压房地产的处置工作，经过反复沟通协调，由国务院办公厅下发了《关于印发<处置海南省积压房地产补充方案>的通知》。二是在联合调研、讨论的基础上，就处置海南省积压房地产中涉及的查封期限等问题，与最高人民法院形成了《会议纪要》。三是会同有关部门在联合调研的基础上，报经国务院同意，由财政部、国家税务总局下发了《关于处置海南省和广西北海市积压房地产有关税收优惠政策问题的通知》，明确：处置海南省积压房地产税收优惠政策延长到2004年底，并扩大到广西北海市。

（十）完善住宅产业化体系，促进住宅产业科技成果的转化

1．加快建立和完善住宅产业化体系。

组织编制了住宅产业技术标准、规程及指导性导则；在住宅建设中积极推广ALC墙板、混凝土墙板和混凝土砌块等新型住宅材料；完成了《住宅产品技术体系的研究》课题，制定了《国家康居示范工程选用部品与产品管理办法》；与中国人民保险公司合作，对通过性能认定的住宅项目中国人民保险公司将提供质量保险；出版了《住宅设计与施工质量通病提示》。

2．住宅产业科技成果转化率逐步提高。

以康居示范小区为载体，带动新技术全面推广。中水回用、雨水收集、垃圾生化处理、饮用水质保障、环境绿化、箱式变压器等先进技术在住宅建设中得到广泛应用。组织制定了《商品住宅装修一次到位实施导则》，并在康居示范工程中率先推行。

3．探索和完善住宅产业化推进机制，住宅产业化的企业群体逐步形成。

上海、重庆、江苏、陕西、内蒙等12个省（区、市）相继建立了住宅产业化工作机构，制定了工作目标和具体措施，并开展了卓有成效的工作。通过积极引导和扶持，今年已批准天津二建公司以钢筋混凝土组合结构体系为核心和北京北新集团以轻钢结构体系为核心的国家住宅产业基地。

回首2002年，在看到成绩的同时，也应看到发展中还存在一些亟待解决的问题：

1. 部分地区存在房地产开发投资增幅过大、土地供应过量、价格上涨过快和结构不合理等问题，有过热苗头。一些城市对当地存在问题认识不足，宏观调控不力；

2. 一些地方对房地产开发和交易环节中的违法违规行为查处不力，市场不规范的问题尚未得到有效遏制；

3. 住房公积金管理机构的调整工作没有完全到位，少数城市组建管委会的工作尚未完成，相当部分城市新的住房公积金中心还没有设立，监督与管理制度有待进一步落实，违规发放资金的回收工作也不理想；

4. 部分地方对住房分配货币化工作认识不到位、政策不落实，住房补贴发放率明显偏低，制约了个人买房的支付能力。有的地方至今仍然还在搞变相实物分房，既违反房改纪律，又影响住房市场的发展；

5. 住房二级市场发展仍不平衡，租赁市场仍需进一步培育；

6. 物业管理制度尚不健全，矛盾和纠纷日益增多；

7. 由于物权制度不完善而引起的深层次的问题日益显现，成为影响行业发展的制约因素。

二、2003年住宅与房地产工作重点

党的十六大确立了我国全面建设小康社会的奋斗目标，既为我们的工作指明了前进的方向，也对我们的工作提出了更高的要求。今年是全面贯彻落实十六大精神的第一年，中央经济工作会议明确提出：要培育和发展新的经济增长点，促进住宅业快速健康发展；要防止房地产过热，避免经济出现大的起伏；要整顿和规范市场经济秩序，创造良好市场环境；要加快社会保障体系建设，妥善解决城市特殊困难家庭在住房等方面遇到的实际问题；要大力发展社区服务业。全国建设工作会议也对进一步培育和鼓励住房消费、落实住房分配货币化、多渠道保障中低收入居民住房、规范物业管理以及积极实施宏观调控，切实防止房地产市场过热等工作提出了具体要求。

扩大内需是中央确定的我国经济发展的基本立足点和长期战略方针。我国城镇住房市场潜力大，产业关联度高，对促进结构调整、拉动经济增长具有重要作用，中央对此寄予厚望。因此，培育住房消费、发展住宅建设，仍然是当前乃至今后相当一段时期我国住宅与房地产业的中心工作。同时，我们也必须清醒地认识到，房地产市场运行健康与否，不仅关系房地产业自身的持续发展，而且关系整个国民经济运行质量，关系国家的金融安全。这也是党中央、国务院十分关注房地产市场运行状况的关键所在。当前尽管从全国看，房地产市场保持了健康、快速发展态势，但局部地区存在的问题不容忽视，如果不及时采取措施，极有可能导致房地产市场的进一步“过热”，进而危及社会经济健康发展。为此，我们必须增强大局意识，切实加强房地产市场宏观调控。经过近几年的改革与发展，我国住宅与房地产业的发展机制发生了根本性转变，个人已成为市场消费主体，规范市场行为、改善住房消费环境已成为广大居民的迫切要求，为了从根本上有效遏制的违法违规行为，我们必须进一步加大整顿和规范房地产市场秩序工作力度。此外，在全面落实住房公积金管理的各项制度、推进住房分配货币化、完善最低收入家庭住房保障制度、规范发展物业管理业等方面，任务还很重，需要进一步加大工作力度。

根据当前形势，2003年住宅与房地产工作的基本思路是：以邓小平理论和“三个代表”重要思想为指导，认真贯彻党的十六大精神，落实中央经济工作会议和全国建设工作会议部署，深化改革，立足发展，加强房地产市场的宏观调控，整顿和规范市场秩序，促进房地产业健康、协调发展；开放搞活住房二级市场，推进住房分配货币化，全面落实住房公积金制度，改进物业管理，进一步培育住房消费；发展经济适用住房，健全廉租住房制度，加大面向中低收入家庭的住房供应，妥善解决最低收入家庭住房问题。努力实现住宅与房地产业改革和发展的新突破，为社会经济发展作出新的贡献。

重点抓好以下几方面工作：

（一）加强宏观调控，促进房地产市场健康、协调发展

要加大力度，进一步贯彻落实六部门《关于加强房地产宏观调控促进房地产市场健康发展的若干意见》。

1. 加强市场分析，加快建立房地产市场预警预报和信息披露制度。

各地要按照六部门文件要求，对本地区房地产市场供求、结构、价格涨幅和空置状况进行认真分析，有过热苗头的地区，要采取切实有效措施，控制规模、调整结构、稳定房价和消化空置。2003年上半年部里将完成房地产市场预警体系研究，并选择已开展预警体系研究的5-6个城市试运行；年底前，在35个大中城市和部分有代表性的城市推广使用，以便政府及时发现市场运行中的问题，并采取相应措施加强宏观调控。各地要以预警体系建设为契机，建立健全房地产市场信息披露制度，将当地房地产市场信息及时向社会公示，引导房地产开发企业理性投资、住房消费者理性消费。

2. 建立有关部门参加的部际联席会议制度。

经国务院同意，我部已会同国土资源部、财政部、中国人民银行、国家经贸委、国家税务总局、国家统计局建立了全国房地产市场宏观调控部际联席会议制度，定期分析全国房地产市场形势，加强对重点地区市场运行状况的监测和调控工作的指导。各地可参照这一做法，建立相应制度，增强正确分析判断市场态势和有效实施宏观调控的能力。

3. 提高商品房预售条件。

近年来，广东、上海、浙江等地陆续提高商品房预售条件，对于限制资金实力不强的房地产开发企业新开项目，防止投机、炒作和楼盘“烂尾”等产生了积极的作用，值得各地借鉴。今年部里也将抓紧研究在全国范围内提高预售条件的可行性，相应修订《商品房预售管理办法》。

4. 加强房地产开发项目管理。

各地要在认真分析市场需求的基础上，合理控制新开工项目。空置量较大和上升过快的地区，要从严控制增量土地供应和存量土地开发，控制新建高级公寓、别墅、高档娱乐设施等项目。有条件的地方，房地产开发主管部门应组织计划、土地、规划等部门将近期拟开发建设的项目列入房地产开发项目库，每年根据市场需求，从项目库中选择条件合适的项目进行开发建设，防止新开工项目的失控。

5. 会同国家统计局修订空置统计指标，完善空置统计制度，以更好地反映市场态势，为各级政府宏观决策提供科学依据。

（二）加大整顿和规范房地产市场秩序力度，切实改善住房消费环境

根据国务院领导指示，房地产市场整顿和规范工作将列入2003年全国整顿和规范市场经济秩序专项整治。专项整治要坚持标本兼治、重在治本，把集中整治与制度建设相结合。重点：

1. 按国务院要求，全面部署，深入开展房地产市场专项整治工作。

以房地产开发和交易环节为重点，突出查处投诉集中、老百姓反映强烈、社会影响较大的违法违规开发、合同欺诈、面积短斤缺两、虚假广告、违法中介等方面的典型案例，使不法开发商和中介机构付出代价，名誉扫地，直至绳之以法。

2. 加快房地产市场信用体系建设。

在去年建设部开通全国一级房地产企业和房地产估价师信用档案系统的基础上，今年各省（区）建设厅、直辖市房地局要按照部里的统一部署，组织所辖各地市认真做好二级以下房地产企业及执（从）业人员信用档案建设，在6月底前全面开通部、省、市三级联通的房地产企业和执（从）业人员信用档案管理系统，便于消费者投诉和查询。

3. 出台《新建商品住宅小区交付使用办法》和《房地产经纪管理规定》等部门规章，规范住宅小区竣工综合验收和交付使用行为，完善房地产经纪管理制度，保护消费者合法权益。

4. 积极推行按套或套内建筑面积计价销售商品房。

广东、重庆、海南等地的实践表明，按套或套内建筑面积计价销售商品房是减少和化解商品房面积纠纷的有效方式。今年部里将会同有关部门研究制定相关办法，并完善配套措施。

5. 加强行政与司法的协同配合。

最高人民法院、建设部关于规范法院执行和房管部门协助执行的文件下发后，各地要认真贯彻执行，并以此规范行政行为，争取有利的执法环境。同时，部里还将积极争取最高人民法院出台有利于打击商品房欺诈行为的司法解释。

6. 切实防范房地产抵押登记风险。

从调研结果和各地反映的情况看，随着房地产金融业务的迅速发展，房地产抵押活动中也暴露出一些突出问题，不仅扰乱了正常的房地产市场秩序，也给金融部门和房地产管理部门带来潜在的风险。各地必须严格按照法定程序，加强抵押登记管理。部里也将会同有关部门研究制定相关措施，重点防范和打击“假按揭”、重复抵押、超值抵押等不法行为。

此外，按照城乡一体化管理的要求，部里还将抓紧研究规范集体土地上房屋所有权登记发证问题。

（三）进一步搞活市场，培育住房消费

1. 进一步搞活住房二级市场。

上海、沈阳、南昌、南京等地的实践充分证明，搞活住房二级市场既是当前启动住房消费的重点工作，也是房地产市场持续发展的主动力。各地要借鉴上述城市的经验，结合本地实际，进一步解放思想，采取切实、有效措施，加快搞活住房二级市场，重点是全面清理对已购公房和经济适用住房上市交易的种种限制，合理调节上市交易收益分配，充分调动居民换购住房的积极性。

2. 完善住房贷款担保机制。

近几年，各地开展了住房贷款担保工作的试点，对促进个人住房贷款业务发展产生了积极作用。但目前存在住房置业担保机构数量多、规模小、注册资本金额低、资本金来源不规范，且存在着运作不规范、业务操作规程不统一、风险意识不强、缺乏防范和化解风险的有效措施等问题。为加强对担保业务的监管，建设部将会同人民银行、财政部等有关部门，研究采取相应措施，规范担保机构的经营行为，落实风险准备金制度，防范和化解担保风险。同时，加快研究建立全国住房贷款担保体制的思路和政策框架。

3. 进一步改善房地产交易与权属登记管理。

各地要认真贯彻建设部关于房地产交易与权属登记规范化管理考核的要求，对照标准，就管理流程、办件时限、收取要件、内部管理制度、费用收取等进行一次全面检查，尽快实现房地产交易与权属登记管理规范化、现代化，创造良好的住房消费与交易环境。

（四）规范和发展以经济适用住房为重点的住房供应，多渠道解决中低收入家庭的住房问题

1. 继续大力发展经济适用住房。

六部委文件已经明确要求各市、县政府尽快制订和完善中低收入家庭的收入标准，经济适用住房购房对象的条件、购房面积标准以及超面积的处理办法。人均住房面积低于全国平均水平的城市，在审批城市总体规划时要增加居住用地的比例，确保中低收入家庭住房用地的供应；对房价收入比较高的城市，要控制高档商品房开发，增加经济适用住房和低价位商品房供应；对未制订经济适用住房监督管理办法或未按规定进行审核的城市，不得以划拨方式提供建设用地。各地要结合六部委文件的贯彻，尽快明确经济适用住房购买对象标准、面积控制标准以及购买对象的审核部门、审核程序，确保经济实用住房的优惠政策真正落实到中低收入家庭。今年，建设部将会同有关部门出台《经济适用住房管理办法》，进一步明确经济适用住房相关政策。

2. 进一步加快危旧房屋改造。

《住宅与房地产业“十五”计划》提出，“十五”末期消灭危房，旧房基本得到更新和改造。按照目前的进展情况，这一目标很难完成。究其原因，主要是缺乏必要的扶持政策。各地要高度重视危旧房改造工作，要把危旧房改造作为全面建设小康社会的重要内容。危旧房屋较多的城市，争取建立危旧房屋改造基金；对列入政府计划的危旧房改造项目要在土地供应、税费等方面给予优惠；鼓励通过房改带危改、成立住宅合作社等方式推进危旧房屋的改造。

3. 加强城镇最低收入家庭廉租住房制度建设。

胡锦涛总书记在中央经济工作会议上指出：“要建立和完善对最低收入者的救助制度，妥善解决城市特困家庭在住房、子女入学、医疗等方面遇到的实际问题。”温家宝副总理也指出：“建立和完善廉租住房制度，解决最低收入居民家庭的住房问题，是住房制度改革和住房建设的一项重要内容。”但是，廉租住房工作还面临一些问题。如，资金渠道不落实，保障方式较单一，相关机制不健全等。各地要借鉴北京、上海、成都等地的做法，结合本地实际，积极推广租金补贴的方式。同时，各地要不断完善申请、审批、公示、轮侯、退出等机制，使有关政策真正落到最低收入者身上。至于资金来源渠道，部里正在和财政部门研究，争取将廉租住房资金列入各地政府公共预算支出。

（五）统一认识，加大力度，进一步推动住房分配货币化

国务院23号文件下发以来，各地在停止了住房实物分配、推进住房分配货币化方面取得了积极进展。但是，各地落实情况差异很大，总体情况不够理想。部分城市货币化方案至今没有启动，个别城市仍在进行变相的住房实物分配。这些问题产生的原因主要是认识不到位、政策不到位、工作不到位。今年部里主要抓35个大中城市货币化工作的落实，各地要继续按照财综字［2001］18号文的要求，加大原有住房建设资金的转化力度，及时将补贴发放到职工个人手中，支持无房职工和住房未达标职工购房。同时要加大公有住房出售收入的清理力度，在摸清底数的基础上，尽快将其转化为住房补贴。上述资金不足的城市，要向政府争取，与财政部门协商，调整财政支出结构，将补贴资金列入公共预算，保证补贴资金的来源。

企业住房分配货币化是整个货币化工作的重点和难点。各地要按照“因企制宜、方式多样、方案自选、民主决策、稳步实施、坚持与建立现代企业制度相结合；兼顾国家、单位、个人三者利益，坚持三者合理负担”的原则，加强分类指导，推进企业住房分配货币化。对于房价收入比在4倍以下的企业，工资中已包含了足够的住房消费含量，连同住房公积金、住房贷款，职工已有能力解决住房问题，不再发放住房补贴；对于房价收入比在4倍以上，且原有住房建设资金可以转化为住房补贴的单位，可以对无房和住房未达标的职工发放住房补贴；对于效益好的企业，应当按照财政部的要求，将住房补贴列入企业成本，落实补贴资金来源；对于效益差、没有能力发放住房补贴的困难企业和独立工矿区，在符合城市总体规划和本单位发展规划的前提下，在一定时期内，仍可利用自用土地，组织无房和住房困难的职工进行集资合作建房；对于没有自用土地的困难企业或中小企业，房地产管理部门要会同工会、经贸等部门组织职工成立住房合作社，解决职工的住房问题。但是集资合作建房一定要规范。目前个别地方的一些有权有钱单位也在搞集资建房，有的单位以集资建房的名义搞变相的实物分房或房地产开发。这些行为既违反了房改政策，又冲击了房地产市场，造成了很坏的社会影响，各地必须采取有效措施，坚决予以制止。今年部里也将会同有关部门研究制定集资合作建房管理的具体办法，明确相关政策，完善管理制度。

（六）全面落实住房公积金监督和管理制度

1．尽快落实机构调整工作。

公积金管理机构调整工作有了一定进展，但总体上距离国务院的要求仍有相当的差距。各地要抓紧落实编制，在今年2月底前全面完成资产移交和人员安置工作，确保机构调整工作尽快到位。各省（区）建设厅要加强督促检查，按照建设部［2002］527号文件抓紧落实验收工作。建设部将于3月会同有关部门对各省、自治区、直辖市的机构调整工作进行全面检查，向国务院提交报告，并通报全国。

2．进一步加大清欠工作力度。

各地应学习南京等城市的经验，落实还款计划和责任，确保各项违规资金及时回收。对资金回收不力、还款责任不清的、还款计划不落实的，要依据有关规定予以严肃查处。

3．改进和强化监督手段，加大监督力度。

各省（区）建设厅要尽快落实人员，明确监管机构责任，加快建立公积金监督管理信息系统，加强对公积金管理和使用情况的检查和考核。建设部将会同有关部门制定有关住房公积金行政监督及住房公积金规范化管理等制度，全面开通住房公积金监管信息系统，建立有效的住房公积金监管机制。

4．努力做好公积金归集和使用工作。

各地管理中心要加强内部管理，完善制度，规范操作，扩大公积金覆盖面，积极发展个人住房委托贷款业务，防范贷款风险，充分发挥住房公积金的作用。

（七）积极推进物业管理规范发展

《物业管理条例》即将出台，出台后重点做好四方面的工作：

1．大力宣传、贯彻《条例》。

2．制定配套办法，建立并落实相关制度。

抓紧制定《住房专项维修资金管理办法》，严肃查处挤占、挪用住房专项维修资金等违法违规行为；抓紧制定《物业管理招标投标管理暂行办法》，大力推行竞争机制，促进优胜劣汰市场格局的形成；抓紧制定《物业管理业主会规则》，规范业主会的组建和运作，发挥业主会在物业管理活动中的积极作用。

3．制定《物业管理服务标准》，指导更多的大中城市建立“分等定级、质价相符”的物业管理收费机制，规范物业管理企业的服务与收费行为。

4．制定《业主公约》、《物业管理合同》等示范文本，提高业主自律意识，规范合同行为。

此外，要继续加强房屋安全管理和白蚁防治管理工作，研究制定《房屋安全管理规定》和《新建房屋白蚁预防施工技术规程》，推动房屋安全管理与白蚁防治管理的法制化、制度化。

（八）加快住宅产业政策的研究和突破，优化住宅产业结构

继续完善住宅产业化技术标准和法规，对住宅建筑节能、节水节地、居住环境保障、智能化、住宅一次性装修等进行重点研究，制定有利于先进成套技术在住宅建设中推广应用的政策，从体制和税费等方面，为新技术的大量推广消除障碍，发挥政策导向作用。加快住宅成套技术的集成和整合。重点是节能和新能源利用、管线技术、厨卫技术、智能化技术、建筑和建造技术、环境及其保障技术体系。围绕住宅建筑体系急需解决的主体结构体系及维护结构体系的标准技术和配套技术问题，逐步形成与标准化、工业化相适应的生产体系。

同志们，2003年，我们承担的责任将更加重大。让我们进一步振奋精神，按照党的十六大提出的全面建设小康社会的总体要求，与时俱进、开拓创新，共同创造住宅与房地产业改革与发展的新局面，为满足广大人民群众的住房需求、促进国民经济增长作出新的贡献。

（2003年1月13日　武汉）

2003年北京“经济适用房”研究报告

为了把握北京市经济适用房市场的发展趋势及需求动态，九力营销顾问公司在2003年夏季房展会期间，对参加房展会有意向购买经济适用房的群体进行了访问，同时对北京市经济适用房的供给情况进行了深入的调查，本报告分为供给、需求、未来发展趋势及预测几个大的组成部分。

一、谁在购买经济适用房

（一）经济适用房购房群体在年龄上呈“U”型分布

经济适用房购房群体和普通商品房的购房群体之间存在一定的差异性，总体而言呈“U”型分布：35岁以下（49.73%）的群体和40岁以上（41.53%）的群体比较密集，36～40岁之间的群体比较少。

（二）外来群体对经济适用房有一定需求

和普通住宅市场类似，外来群体对经济适用房的需求比较大，在总体需求群体中，外来群体的需求比重占1成略强。

（三）经济适用房需求群体中低学历群体比重较大

和普通住宅需求群体的学历比较而言，经济适用房需求群体之中中低学历（高中及以下学历）群体比重比较大，占50%左右。

（四）经济适用房需求群体主要在“国有性质”及“私营企业”工作

普通商品房，尤其是中高档普通住宅，往往面对的群体是白领群体，而其中相当一部分群体在外企工作，而经济适用房的需求群体绝大多数在“国有、集体、事业单位”工作，另外“私营企业员工”的比重也比较大，约占1/5略强。

（五）经济适用房需求群体的家庭年收入超过6万元

根据北京市相关规定：购买经济适用房的家庭年收入水平不能超过6万元，但从目前有购买经济适用房需求的群体而言，家庭年收入水平在6万元以上的占了1/4，那么这部分群体的需求如何满足呢？似乎目前金融系统和相关部门很难界定某个家庭的年收入水平属于什么层次，另外“强制性一刀切”也存在一定的不合理性和不公平性，我们注意到，越是比较贫困的家庭相对而言家庭成员越多（当然部分比较富有的家庭也存在这样的趋势，但原因却完全不同），相对而言个人的人均年收入水平相差比较大，所以从总量上进行比较有失偏颇。

二、居住现状分析

（一）5成以上的潜在购房群体没有自己的住房

从有购买经济适用住房意向的潜在购房群体而言，5成以上没有自己的住房，其中约有3成属于“租房大军”的一分子，约有1/6“和父母亲戚挤在一起”，另有1成住在“单位宿舍”。

（二）约有15%的潜在购房群体已购公房或者商品房

有购买经济适用房需求的潜在用户8成以上属于“首次购房”，但同时也有1成以上的群体已经购买过“公房”或者“商品房”，对比上面的数据，我们会发现还有另外3成潜在需求用户也拥有自己的住房，这部分可能属于自己的私家房产（比如从父母处继承、以前自己盖的房子并拥有合法身份），甚至可能包括一些所谓的违章建筑等，有自有住房群体还希望购买经济适用房的原因主要在于：

1.拆迁因素。

有4成以上的潜在用户属于此列。

2.希望改变居住环境。

无论是公房，还是以前早期的商品房在设计、采光、通风、户型、配套等方面已经不能适应目前的“生活起居”的要求，必须进行“升级换代”，而经济适用房，尤其是位置优越、性价比合适的经济适用房成为了这部分群体的首选；

3.另外，存在出于投资考虑的可能性，对于已经拥有住房的群体，完全可以在“目前的住房”和“未来购买的经济适用房”中选择一套回报比较好的房子出租。

（三）拆迁户成为经济适用房市场的需求主力

调查发现，4成以上的潜在购房群体是因为拆迁的原因选择经济适用房，相当一部分拆迁户经济上并不富裕，有相当一部分拆迁户没有经济能力回迁（虽然政策上允许回迁），拆迁补偿款只能购买经济适用房。

（四）购买经济适用房基本上为了“自己居住”

和普通住宅市场以及公寓市场存在很大不同的是，购买经济适用房的群体基本上是为了“自己居住”，投资群体在经济适用房市场所占比重非常小。

（五）经济适用房潜在购买群体工作地点分布

从经济适用房潜在购房群体的工作地点位置分布来看，朝阳区分布比较集中，约占4成，其次是海淀、东城、西城，以上4个区域的潜在购房群体约占总体8成。

三、需求分析

（一）经济适用房区域需求

从目前经济适用房大的区域需求来看，东部的需求最旺盛，占60%，其次是北部，占26.6%，再其次是南部，占23.8%，对西部的需求仅占11.1%。

（二）经济适用房价格需求

对经济适用房价格的需求主要集中在2500～4000元/平方米之间，占68.85%，这和目前经济适用房的价格分布基本类似，另外对单价在2500元/平方米的项目也存在较大的需求，而这样的项目目前市场供给比较少。

从经济适用房的总价需求来看，40万元是经济适用房的价格门槛，总价需求在40万元以下的约占9成，另外约有1成的潜在用户可以承受40～50万元的总价。

（三）经济适用房面积及户型需求

从经济适用房的面积需求来看，80～100平方米的需求最为强烈，基本上标准型或紧凑型2居室的面积要求，另外60～80平方米的需求也比较强烈，占3成；100～140平方米存在一定需求，60平方米以下的需求约占1成。

从户型来看，2居是需求的主体，约占8成略弱，对3居也有一定的需求比例，占1/6，对1居和4居及以上的需求比较小，对比面积需求和户型需求，基本一致。

对户型的需求归根结底是由未来入住家庭的“家庭结构及入住人数”决定的，比如说同样是3个人的家庭，一个家庭的结构是：夫妇2人+小孩；另一个是一个老人+婚姻前期的夫妇2人（还没有小孩），这两个家庭对于户型及功能布局的需求完全不一样，前者两居在一定时间可以满足要求，而后者可能需要考虑3居。对比入住人数和户型需求，我们可以发现基本上符合以上的分析思路。

（四）经济适用房内部空间布局及建筑形式需求

随着京城经济适用房项目不断增加，供给量爆发性增长，经济适用房不可避免也面临着一定的竞争压力，从而迫使开发商在产品设计、户型设计、内部空间布局等方面花费心思，同时消费者对于经济适用房的要求也在不断提高。

首先，从户型的空间布局来看，平层仍是需求的主体，占8成，另外错层和复式也有一定的需求空间，这也在一定程度上表现出了未来的发展趋势。

另外，从建筑形式来看，塔楼将很难满足潜在用户的需求，最受欢迎的是“板式小高层”，其次是“多层”。

（五）经济适用房装修需求

潜在用户对于装修问题，意见比较分散，4成用户不希望提供装修，另有3成用户希望提供初装修，另有少量潜在用户希望提供“菜单式装修”或者“精装修”。

（六）经济适用房配套需求

目前北京经济适用房项目都比较大，动辄上百万甚至几百万平方米，整个社区基本上属于一个小社会，加上目前在建或新建的经济适用房项目以前所处的地理位置比较偏远，周边配套比较差，甚至没有配套设施，为了保证入住居民生活的正常进行，配套设施显得尤其重要。

从本次调研的结果来看，潜在用户对于基本生活设施的要求比较强烈：比如像“超市”、“菜市场”、“银行”、“药房”等；另外对“餐饮”、“运动场馆”、“健身中心”的需求程度也比较高；对于“书店”、“24小时便利店”、“美容美发”、“洗衣店”均存在一定需求。

（七）经济适用房需求群体购买周期

从潜在购房群体的购买周期来看，约有3成的潜在用户准备在半年内购买，有4成潜在用户准备在1年内购买。

四、供给分析

（一）2003年北京经济适用房供给数量

2003年北京市经济适用房供给数量达到22个，其中朝阳区4个，占18%；丰台区11个，占50%；宣武区1个，占5%；石景山区2个，占9%；大兴1个，占5%；昌平3个，占14%。

（二）2003年北京经济适用房供给面积

2003年北京市经济适用房的总体供给量为1133.7万平方米，从各个区域经济适用房总体的供给面积来看，朝阳区以348万平方米排在第一位，占总体供给量的30.7%；其次是丰台区，供给量为290万平方米，占总体供给量的25.6%；昌平以250万平方米的供给量排在第三位，占总体供给量的22.1%；大兴区的总供给量达到216万平方米，占总体供给量的19.1%；石景山区供给量为26.7万平方米，占总体供给量的2.4%，宣武区供给量为3万平方米，占总体供给量的0.3%。

（三）2003年北京经济适用房价格

2003年北京市经济适用房总体均价为3511元/平方米，其中宣武区均价为4500元/平方米；其次是石景山区，均价为3855元/平方米；丰台区紧随其后，达到3764元/平方米；朝阳区、昌平区、大兴区的均价为3375元/平方米、2617元/平方米和2280元/平方米。

另外对比不同区域经济适用房最高价格和最低价格的差异，我们发现：价格差异最大的是朝阳区，达到620元/平方米，价格差异最小的是石景山区，仅为10元/平方米。

（四）2003年北京经济适用房容积率

2003年北京市经济适用房总体的平均容积率为2.3，其中宣武区容积率最高，达到3；大兴最低为1.3，总体的趋势是离城区越近的项目，容积率越高，反之越低。

（五）2003年北京经济适用房户型

总体来讲，户型呈现多样化发展的趋势，户型跨度非常大，从40平方米的一居，

到300平方米的跃层4居可谓应有尽有。

比如回龙观文化居住区的户型从1居到4居，共有100余种户型可供选择；

天通苑的户型与回龙观的户型基本类似，但变化略少一些；

但2003年新开盘的项目，从户型设计上明显朝着标准户型回归：

一居基本在60～70平方米及以下；

两居基本上在80～100平方米之间；三居在110～140平方米之间。

（本文摘自 新华网 2003年9月）

第八篇

房地产市场政策法规

第二十三章 国家法律法规

国家投资土地开发整理项目竣工验收暂行办法

第一条 为规范国家投资土地开发整理项目竣工验收工作，根据《国家投资土地开发整理项目管理暂行办法》国土资发［2000］316号、《土地开发整理项目资金管理暂行办法》国土资发［2000］282号等有关规定，制定本办法。

第二条 本办法适用于使用新增建设用地土地有偿使用费的国家投资土地开发整理项目竣工验收以下简称“竣工验收”。

国家投资土地开发整理项目是指国家投资土地开发整理重点项目、示范项目。

第三条 竣工验收依据确定的项目计划与预算、规划设计以及有关规定要求进行。

第四条 竣工验收内容主要包括：项目计划任务完成情况，项目规划设计与预算执行情况，工程建设质量、资金使用与管理情况，土地权属管理、档案资料管理情况以及工程管护措施等。

第五条 竣工验收技术标准参照国土资源部制定的《土地开发整理项目验收规程》TD/T1013－2000和其他相关规范执行。

第六条 国土资源部统一组织竣工验收。地方各级国土资源管理部门协助做好竣工验收工作。

第七条 县级国土资源管理部门根据项目承担单位提出的项目竣工申请，组织开展项目竣工自查；自查合格的项目，向省级国土资源管理部门提出竣工初验申请。

第八条 省级国土资源管理部门受理竣工初验申请后，及时组织竣工初验；竣工初验合格的项目，每年一次集中向国土资源部提出竣工验收申请。

第九条 申请竣工验收应提交以下材料：

一、竣工验收申请；

二、项目竣工报告。内容主要包括：项目建设任务完成情况、工程建设质量情况、资金使用与管理情况、土地权属调整情况、工程管护措施、投资预期效益分析、项目组织管理的主要措施与经验、存在问题与改进措施以及文档管理情况等；

三、项目建设情况表、项目经费收支情况表、项目投资预期效益表、土地开发整理前后土地利用结构变化情况表表样式附后；

四、竣工验收图、土地开发整理后的土地利用现状图或地籍图；

五、项目财务决算与审计报告；

六、项目工程监理总结报告。

第十条 国土资源部受理竣工验收申请后，组织工程技术、财务、管理等有关专家，组成竣工验收组，开展竣工验收。竣工验收组对验收报告内容负责。

第十一条 竣工验收时，项目承担单位应向竣工验收组提供以下备查材料：

一、项目竣工申请；

二、项目竣工报告与有关表、图；

三、项目财务决算与审计报告；

四、项目工程监理总结报告；

五、项目可行性研究报告；

六、立项申请及有关批准文件；

七、项目规划设计和预算书；

八、项目实施方案；

九、有关合同书、协议书和任务委托书；

十、项目招投标有关材料；

十一、项目工程质量监理、检验有关资料；

十二、项目投资预期效益情况报告；

十三、土地权属调整情况报告；

十四、有关影像资料；

十五、其他有关材料。

第十二条 竣工验收组应按下列步骤进行验收：

一、听取项目建设情况报告。由项目承担单位、监理单位等分别向验收组报告，并接受对项目建设情况的质询；

二、实地查验工程建设、新增耕地和土地权属调整等情况，听取项目区农民群众等方面的意见；

三、查阅项目有关资料；

四、反馈项目竣工验收情况。

第十三条 竣工验收组在验收中如发现截留、挪用、坐支项目资金等重大问题，应中止验收。

第十四条 竣工验收组在验收工作结束后，向国土资源部提交竣工验收报告。竣工验收报告主要内容包括：

一、竣工验收工作概况；

二、本办法规定的竣工验收内容的认定意见；

三、项目实施存在问题和建议；

四、竣工验收结论。

第十五条 国土资源部审定竣工验收合格的项目，由部批复有关省自治区、直辖市国土资源管理部门。

国土资源部审定竣工验收不合格的项目，由部提出整改意见，项目承担单位负责整改。地方各级国土资源管理部门负责项目整改的监督管理工作。整改结束后，按照本办法规定，就整改内容重新进行竣工验收。

第十六条 项目竣工验收费按财政部、国土资源部《新增建设用地土地有偿使用费财务管理暂行办法》财建［2001］330号有关规定执行。

第十七条　竣工验收有关人员应严格遵守本办法和廉政要求，客观公正地开展竣工验收工作。在竣工验收中，出现弄虚作假、徇私舞弊行为，按有关规定严肃查处；构成犯罪的，依法追究刑事责任。

第十八条　国家投资土地开发整理补助项目的竣工验收由省级国土资源管理部门组织进行。竣工验收的有关要求参照本办法执行。竣工验收结果报国土资源部备案。

第十九条　使用耕地开垦费、土地复垦费等完成的土地开发整理项目的竣工验收参照本办法规定执行。

第二十条　本办法自颁布之日起施行。

（2003年1月21日）

土地权属争议调查处理办法

第一条　为依法、公正、及时地做好土地权属争议的调查处理工作，保护当事人的合法权益，维护土地的社会主义公有制，根据《中华人民共和国土地管理法》，制定本办法。

第二条　本办法所称土地权属争议，是指土地所有权或者使用权归属争议。

第三条　调查处理土地权属争议，应当以法律、法规和土地管理规章为依据。从实际出发，尊重历史，面对现实。

第四条　县级以上国土资源行政主管部门负责土地权属争议案件以下简称争议案件的调查和调解工作；对需要依法作出处理决定的，拟定处理意见，报同级人民政府作出处理决定。

县级以上国土资源行政主管部门可以指定专门机构或者人员负责办理争议案件有关事宜。

第五条　个人之间、个人与单位之间、单位与单位之间发生的争议案件，由争议土地所在地的县级国土资源行政主管部门调查处理。

前款规定的个人之间、个人与单位之间发生的争议案件，可以根据当事人的申请，由乡级人民政府受理和处理。

第六条　设区的市、自治州国土资源行政主管部门调查处理下列争议案件：

一、跨县级行政区域的；

二、同级人民政府、上级国土资源行政主管部门交办或者有关部门转送的。

第七条　省、自治区、直辖市国土资源行政主管部门调查处理下列争议案件：

一、跨设区的市、自治州行政区域的；

二、争议一方为中央国家机关或者其直属单位，且涉及土地面积较大的；

三、争议一方为军队，且涉及土地面积较大的；

四、在本行政区域内有较大影响的；

五、同级人民政府、国土资源部交办或者有关部门转送的。

第八条　国土资源部调查处理下列争议案件：

一、国务院交办的；

二、在全国范围内有重大影响的。

第九条　当事人发生土地权属争议，经协商不能解决的，可以依法向县级以上人民政府或者乡级人民政府提出处理申请，也可以依照本办法第五、六、七、八条的规定，向有关的国土资源行政主管部门提出调查处理申请。

第十条　申请调查处理土地权属争议的，应当符合下列条件：

一、申请人与争议的土地有直接利害关系；

二、有明确的请求处理对象、具体的处理请求和事实根据。

第十一条　当事人申请调查处理土地权属争议，应当提交书面申请书和有关证据材料，并按照被申请人数提交副本。

申请书应当载明以下事项：

一、申请人和被申请人的姓名或者名称、地址、邮政编码、法定代表人姓名和职务；

二、请求的事项、事实和理由；

三、证人的姓名、工作单位、住址、邮政编码。

第十二条　当事人可以委托代理人代为申请土地权属争议的调查处理。委托代理人申请的，应当提交授权委托书。授权委托书应当写明委托事项和权限。

第十三条　对申请人提出的土地权属争议调查处理的申请，国土资源行政主管部门应当依照本办法第十条的规定进行审查，并在收到申请书之日起7个工作日内提出是否受理的意见。

认为应当受理的，在决定受理之日起5个工作日内将申请书副本发送被申请人。被申请人应当在接到申请书副本之日起30日内提交答辩书和有关证据材料。逾期不提交答辩书的，不影响案件的处理。

认为不应当受理的，应当及时拟定不予受理建议书，报同级人民政府作出不予受理决定。

当事人对不予受理决定不服的，可以依法申请行政复议或者提起行政诉讼。

同级人民政府、上级国土资源行政主管部门交办或者有关部门转办的争议案件，按照本条有关规定审查处理。

第十四条　下列案件不作为争议案件受理：

一、土地侵权案件；

二、行政区域边界争议案件；

三、土地违法案件；

四、农村土地承包经营权争议案件；

五、其他不作为土地权属争议的案件。

第十五条　国土资源行政主管部门决定受理后，应当及时指定承办人，对当事人争议的事实情况进行调查。

第十六条　承办人与争议案件有利害关系的，应当申请回避；当事人认为承办人与争议案件有利害关系的，有权请求该承办人回避。承办人是否回避，由受理案件的国土资源行政主管部门决定。

第十七条　承办人在调查处理土地权属争议过程中，可以向有关单位或者个人调查取证。被调查的单位或者个人应当协助，并如实提供有关证明材料。

第十八条　在调查处理土地权属争议过程中，国土资源行政主管部门认为有必要对争议的土地进行实地调查的，应当通知当事人及有关人员到现场。必要时，可以邀请有关部门派人协助调查。

第十九条 土地权属争议双方当事人对各自提出的事实和理由负有举证责任，应当及时向负责调查处理的国土资源行政主管部门提供有关证据材料。

第二十条 国土资源行政主管部门在调查处理争议案件时，应当审查双方当事人提供的下列证据材料：

一、人民政府颁发的确定土地权属的凭证；

二、人民政府或者主管部门批准征用、划拨、出让土地或者以其他方式批准使用土地的文件；

三、争议双方当事人依法达成的书面协议；

四、人民政府或者司法机关处理争议的文件或者附图；

五、其他有关证明文件。

第二十一条 对当事人提供的证据材料，国土资源行政主管部门应当查证属实，方可作为认定事实的根据。

第二十二条 在土地所有权和使用权争议解决之前，任何一方不得改变土地利用的现状。

第二十三条 国土资源行政主管部门对受理的争议案件，应当在查清事实、分清权属关系的基础上先行调解，促使当事人以协商方式达成协议。调解应当坚持自愿、合法的原则。

第二十四条 调解达成协议的，应当制作调解书。调解书应当载明以下内容：

一、当事人的姓名或者名称、法定代表人姓名、职务；

二、争议的主要事实；

三、协议内容及其他有关事项。

第二十五条 调解书经双方当事人签名或者盖章，由承办人署名并加盖国土资源行政主管部门的印章后生效。

生效的调解书具有法律效力，是土地登记的依据。

第二十六条 国土资源行政主管部门应当在调解书生效之日起15日内，依照民事诉讼法的有关规定，将调解书送达当事人，并同时抄报上一级国土资源行政主管部门。

第二十七条 调解未达成协议的，国土资源行政主管理部门应当及时提出调查处理意见，报同级人民政府作出处理决定。

第二十八条 国土资源行政主管部门应当自受理土地权属争议之日起6个月内提出调查处理意见。因情况复杂，在规定时间内不能提出调查处理意见的，经该国土资源行政主管部门的主要负责人批准，可以适当延长。

第二十九条 调查处理意见应当包括以下内容：

一、当事人的姓名或者名称、地址、法定代表人的姓名、职务；

二、争议的事实、理由和要求；

三、认定的事实和适用的法律、法规等依据；

四、拟定的处理结论。

第三十条 国土资源行政主管部门提出调查处理意见后，应当在5个工作日内报送同级人民政府，由人民政府下达处理决定。

国土资源行政主管部门的调查处理意见在报同级人民政府的同时，抄报上一级国土资源行政主管部门。

第三十一条 当事人对人民政府作出的处理决定不服的，可以依法申请行政复议或者提起行政诉讼。

在规定的时间内，当事人既不申请行政复议，也不提起行政诉讼，处理决定即发生法律效力。

生效的处理决定是土地登记的依据。

第三十二条 在土地权属争议调查处理过程中，国土资源行政主管部门的工作人员玩忽职守、滥用职权、徇私舞弊，构成犯罪的，依法追究刑事责任；不构成犯罪的，由其所在单位或者其上级机关依法给予行政处分。

第三十三条 乡级人民政府处理土地权属争议，参照本办法执行。

第三十四条 调查处理争议案件的文书格式，由国土资源部统一制定。

第三十五条 调查处理争议案件的费用，依照国家有关规定执行。

第三十六条 本办法自2003年3月1日起施行。1995年12月18日原国家土地管理局发布的《土地权属争议处理暂行办法》同时废止。

房地产开发经营企业交费登记卡试行办法

第一条 为加强房地产价格管理，规范对房地产开发经营企业的收费行为，维护房地产开发经营企业的合法权益，促进房地产业的健康发展，制定本办法。

第二条 凡是国家行政机关及其事业单位向房地产开发经营企业收费的，适用本办法。

第三条 建立房地产开发经营企业交费登记卡制度。房地产开发经营企业交费登记卡（以下简称交费登记卡）由房地产开发经营企业持有，收费单位实施收费时填写。

第四条 县级以上人民政府价格主管部门是房地产开发经营企业交费登记卡制度的主管部门，会同监察、建设（房地产）、国土资源、企业治乱减负等部门依法对本地区房地产开发经营企业交费登记卡制度实施情况进行管理和监督。

第五条 交费登记卡由各省、自治区、直辖市人民政府价格主管部门统一制定，由市、县人民政府价格主管部门印制并免费发放给房地产开发经营企业。

第六条 交费登记卡须列明收费单位名称、收费依据、收费项目、收费标准、收费时间、收费金额、收费员姓名等有关内容。

第七条 房地产开发经营企业凭《营业执照》、《资质证书》和项目立项等相关文件，到房地产开发经营项目所在地人民政府价格主管部门申领交费登记卡。

第八条 收费单位在向房地产开发经营企业收费时，须出示政府价格主管部门颁发的《收费许可证》，并按《收费许可证》所列项目及标准收费，如实填写交费登记卡，并开具规定的票据。

收费单位拒不填写或者不如实填写交费登记卡的，房地产开发经营企业有权拒缴。

第九条 房地产开发经营企业应建立健全内部成本管理制度，建立与财务账目、票据相对应的收费台账。

第十条 房地产开发经营企业在向政府价格主管部门申报经济适用住房销售价格时，应提供与经济适用住房建设项目一致的交费登记卡，作为政府价格主管部门审核成本和销售价格的依据。

第十一条 政府价格主管部门应当建立交费登记卡发

放、查验制度，定期和不定期检查房地产开发经营企业交费登记卡制度执行情况。

第十二条　收费单位违反规定乱收费的，房地产开发经营企业可以向当地政府价格主管部门举报，价格主管部门依据《中华人民共和国价格法》、《价格违法行为行政处罚规定》等法律法规和国家有关收费管理规定予以处罚，监察部门和企业治乱减负领导机构要依法追究有关直接责任人和负责人的责任。

第十三条　各省、自治区、直辖市人民政府价格主管部门可依据本办法规定，会同监察、建设（房地产）、国土资源和企业治乱减负等部门制定具体实施办法。

（2003年5月30日）

最高人民法院关于审理商品房买卖合同纠纷案件适用法律若干问题的解释

为正确、及时审理商品房买卖合同纠纷案件，根据《中华人民共和国民法通则》、《中华人民共和国合同法》、《中华人民共和国城市房地产管理法》、《中华人民共和国担保法》等相关法律，结合民事审判实践，制定本解释。

第一条　本解释所称的商品房买卖合同，是指房地产开发企业（以下统称为出卖人）将尚未建成或者已竣工的房屋向社会销售并转移房屋所有权于买受人，买受人支付价款的合同。

第二条　出卖人未取得商品房预售许可证明，与买受人订立的商品房预售合同，应当认定无效，但是在起诉前取得商品房预售许可证明的，可以认定有效。

第三条　商品房的销售广告和宣传资料为要约邀请，但是出卖人就商品房开发规划范围内的房屋及相关设施所作的说明和允诺具体确定，并对商品房买卖合同的订立以及房屋价格的确定有重大影响的，应当视为要约。该说明和允诺即使未载入商品房买卖合同，亦应当视为合同内容，当事人违反的，应当承担违约责任。

第四条　出卖人通过认购、订购、预订等方式向买受人收受定金作为订立商品房买卖合同担保的，如果因当事人一方原因未能订立商品房买卖合同，应当按照法律关于定金的规定处理；因不可归责于当事人双方的事由，导致商品房买卖合同未能订立的，出卖人应当将定金返还买受人。

第五条　商品房的认购、订购、预订等协议具备《商品房销售管理办法》**第十六条**　规定的商品房买卖合同的主要内容，并且出卖人已经按照约定收受购房款的，该协议应当认定为商品房买卖合同。

第六条　当事人以商品房预售合同未按照法律、行政法规规定办理登记备案手续为由，请求确认合同无效的，不予支持。

当事人约定以办理登记备案手续为商品房预售合同生效条件的，从其约定，但当事人一方已经履行主要义务，对方接受的除外。

第七条　拆迁人与被拆迁人按照所有权调换形式订立拆迁补偿安置协议，明确约定拆迁人以位置、用途特定的房屋对被拆迁人予以补偿安置，如果拆迁人将该补偿安置房屋另行出卖给第三人，被拆迁人请求优先取得补偿安置房屋的，应予支持。

被拆迁人请求解除拆迁补偿安置协议的，按照本解释第八条的规定处理。

第八条　具有下列情形之一，导致商品房买卖合同目的不能实现的，无法取得房屋的买受人可以请求解除合同、返还已付购房款及利息、赔偿损失，并可以请求出卖人承担不超过已付购房款一倍的赔偿责任：

（一）商品房买卖合同订立后，出卖人未告知买受人又将该房屋抵押给第三人；

（二）商品房买卖合同订立后，出卖人又将该房屋出卖给第三人。

第九条　出卖人订立商品房买卖合同时，具有下列情形之一，导致合同无效或者被撤销、解除的，买受人可以请求返还已付购房款及利息、赔偿损失，并可以请求出卖人承担不超过已付购房款一倍的赔偿责任：

（一）故意隐瞒没有取得商品房预售许可证明的事实或者提供虚假商品房预售许可证明；

（二）故意隐瞒所售房屋已经抵押的事实；

（三）故意隐瞒所售房屋已经出卖给第三人或者为拆迁补偿安置房屋的事实。

第十条　买受人以出卖人与第三人恶意串通，另行订立商品房买卖合同并将房屋交付使用，导致其无法取得房屋为由，请求确认出卖人与第三人订立的商品房买卖合同无效的，应予支持。

第十一条　对房屋的转移占有，视为房屋的交付使用，但当事人另有约定的除外。

房屋毁损、灭失的风险，在交付使用前由出卖人承担，交付使用后由买受人承担；买受人接到出卖人的书面交房通知，无正当理由拒绝接收的，房屋毁损、灭失的风险自书面交房通知确定的交付使用之日起由买受人承担，但法律另有规定或者当事人另有约定的除外。

第十二条　因房屋主体结构质量不合格不能交付使用，或者房屋交付使用后，房屋主体结构质量经核验确属不合格，买受人请求解除合同和赔偿损失的，应予支持。

第十三条　因房屋质量问题严重影响正常居住使用，买受人请求解除合同和赔偿损失的，应予支持。

交付使用的房屋存在质量问题，在保修期内，出卖人应当承担修复责任；出卖人拒绝修复或者在合理期限内拖延修复的，买受人可以自行或者委托他人修复。修复费用及修复期间造成的其他损失由出卖人承担。

第十四条　出卖人交付使用的房屋套内建筑面积或者建筑面积与商品房买卖合同约定面积不符，合同有约定的，按照约定处理；合同没有约定或者约定不明确的，按照以下原则处理：

（一）面积误差比绝对值在3%以内（含3%），按照合同约定的价格据实结算，买受人请求解除合同的，不予支持；

（二）面积误差比绝对值超出3%，买受人请求解除合同、返还已付购房款及利息的，应予支持。买受人同意继续履行合同，房屋实际面积大于合同约定面积的，面积误差比在3%以内（含3%）部分的房价款由买受人按照约定的价格补足，面积误差比超出3%部分的房价款由出卖人承担，所有权归买受人；房屋实际面积小于合同约定面积的，面积误差比在3%以内（含3%）部分的房价款及利息由出卖人返还买受人，面积误差比超过3%部分的房价款由出卖人双倍返还买受人。

第十五条 根据《合同法》第九十四条的规定，出卖人迟延交付房屋或者买受人迟延支付购房款，经催告后在三个月的合理期限内仍未履行，当事人一方请求解除合同的，应予支持，但当事人另有约定的除外。

法律没有规定或者当事人没有约定，经对方当事人催告后，解除权行使的合理期限为三个月。对方当事人没有催告的，解除权应当在解除权发生之日起一年内行使；逾期不行使的，解除权消灭。

第十六条 当事人以约定的违约金过高为由请求减少的，应当以违约金超过造成的损失30%为标准适当减少；当事人以约定的违约金低于造成的损失为由请求增加的，应当以违约造成的损失确定违约金数额。

第十七条 商品房买卖合同没有约定违约金数额或者损失赔偿额计算方法，违约金数额或者损失赔偿额可以参照以下标准确定：

逾期付款的，按照未付购房款总额，参照中国人民银行规定的金融机构计收逾期贷款利息的标准计算。

逾期交付使用房屋的，按照逾期交付使用房屋期间有关主管部门公布或者有资格的房地产评估机构评定的同地段同类房屋租金标准确定。

第十八条 由于出卖人的原因，买受人在下列期限届满未能取得房屋权属证书的，除当事人有特殊约定外，出卖人应当承担违约责任：

（一）商品房买卖合同约定的办理房屋所有权登记的期限；

（二）商品房买卖合同的标的物为尚未建成房屋的，自房屋交付使用之日起90日；

（三）商品房买卖合同的标的物为已竣工房屋的，自合同订立之日起90日。

合同没有约定违约金或者损失数额难以确定的，可以按照已付购房款总额，参照中国人民银行规定的金融机构计收逾期贷款利息的标准计算。

第十九条 商品房买卖合同约定或者《城市房地产开发经营管理条例》第三十三条规定的办理房屋所有权登记的期限届满后超过一年，由于出卖人的原因，导致买受人无法办理房屋所有权登记，买受人请求解除合同和赔偿损失的，应予支持。

第二十条 出卖人与包销人订立商品房包销合同，约定出卖人将其开发建设的房屋交由包销人以出卖人的名义销售的，包销期满未销售的房屋，由包销人按照合同约定的包销价格购买，但当事人另有约定的除外。

第二十一条 出卖人自行销售已经约定由包销人包销的房屋，包销人请求出卖人赔偿损失的，应予支持，但当事人另有约定的除外。

第二十二条 对于买受人因商品房买卖合同与出卖人发生的纠纷，人民法院应当通知包销人参加诉讼；出卖人、包销人和买受人对各自的权利义务有明确约定的，按照约定的内容确定各方的诉讼地位。

第二十三条 商品房买卖合同约定，买受人以担保贷款方式付款、因当事人一方原因未能订立商品房担保贷款合同并导致商品房买卖合同不能继续履行的，对方当事人可以请求解除合同和赔偿损失。因不可归责于当事人双方的事由未能订立商品房担保贷款合同并导致商品房买卖合同不能继续履行的，当事人可以请求解除合同，出卖人应当将收受的购房款本金及其利息或者定金返还买受人。

第二十四条 因商品房买卖合同被确认无效或者被撤销、解除，致使商品房担保贷款合同的目的无法实现，当事人请求解除商品房担保贷款合同的，应予支持。

第二十五条 以担保贷款为付款方式的商品房买卖合同的当事人一方请求确认商品房买卖合同无效或者撤销、解除合同的，如果担保权人作为有独立请求权第三人提出诉讼请求，应当与商品房担保贷款合同纠纷合并审理；未提出诉讼请求的，仅处理商品房买卖合同纠纷。担保权人就商品房担保贷款合同纠纷另行起诉的，可以与商品房买卖合同纠纷合并审理。

商品房买卖合同被确认无效或者被撤销、解除后，商品房担保贷款合同也被解除的、出卖人应当将收受的购房贷款和购房款的本金及利息分别返还担保权人和买受人。

第二十六条 买受人未按照商品房担保贷款合同的约定偿还贷款，亦未与担保权人办理商品房抵押登记手续，担保权人起诉买受人，请求处分商品房买卖合同项下买受人合同权利的，应当通知出卖人参加诉讼；担保权人同时起诉出卖人时，如果出卖人为商品房担保贷款合同提供保证的，应当列为共同被告。

第二十七条 买受人未按照商品房担保贷款合同的约定偿还贷款，但是已经取得房屋权属证书并与担保权人办理了商品房抵押登记手续，抵押权人请求买受人偿还贷款或者就抵押的房屋优先受偿的，不应当追加出卖人为当事人，但出卖人提供保证的除外。

第二十八条 本解释自2003年6月1日起施行。

《中华人民共和国城市房地产管理法》施行后订立的商品房买卖合同发生的纠纷案件，本解释公布施行后尚在一审、二审阶段的，适用本解释。

《中华人民共和国城市房地产管理法》施行后订立的商品房买卖合同发生的纠纷案件，在本解释公布施行前已经终审，当事人申请再审或者按照审判监督程序决定再审的，不适用本解释。

《中华人民共和国城市房地产管理法》施行前发生的商品房买卖行为，适用当时的法律、法规和《最高人民法院〈关于审理房地产管理法施行前房地产开发经营案件若干问题的解答〉》。

（2003年6月1日）

协议出让国有土地使用权规定

第一条　为加强国有土地资产管理，优化土地资源配置，规范协议出让国有土地使用权行为，根据《中华人民共和国城市房地产管理法》、《中华人民共和国土地管理法》和《中华人民共和国土地管理法实施条例》，制定本规定。

第二条　在中华人民共和国境内以协议方式出让国有土地使用权的，适用本规定。

本规定所称协议出让国有土地使用权，是指国家以协议方式将国有土地使用权在一定年限内出让给土地使用者，由土地使用者向国家支付土地使用权出让金的行为。

第三条　出让国有土地使用权，除依照法律、法规和规章的规定应当采用招标、拍卖或者挂牌方式外，方可采取协议方式。

第四条　协议出让国有土地使用权，应当遵循公开、公平、公正和诚实信用的原则。

以协议方式出让国有土地使用权的出让金不得低于按国家规定所确定的最低价。

第五条　协议出让最低价不得低于新增建设用地的土地有偿使用费、征地（拆迁）补偿费用以及按照国家规定应当缴纳的有关税费之和有基准地价的地区，协议出让最低价不得低于出让地块所在级别基准地价的70%。

低于最低价时国有土地使用权不得出让。

第六条　省、自治区、直辖市人民政府国土资源行政主管部门应当依据本规定第五条的规定拟定协议出让最低价，报同级人民政府批准后公布，由市、县人民政府国土资源行政主管部门实施。

第七条　市、县人民政府国土资源行政主管部门应当根据经济社会发展计划、国家产业政策、土地利用总体规划、土地利用年度计划、城市规划和土地市场状况，编制国有土地使用权出让计划，报同级人民政府批准后组织实施。

国有土地使用权出让计划经批准后，市、县人民政府国土资源行政主管部门应当在土地有形市场等指定场所，或者通过报纸、互联网等媒介向社会公布。

因特殊原因，需要对国有土地使用权出让计划进行调整的，应当报原批准机关批准，并按照前款规定及时向社会公布。

国有土地使用权出让计划应当包括年度土地供应总量、不同用途土地供应面积、地段以及供地时间等内容。

第八条　国有土地使用权出让计划公布后，需要使用土地的单位和个人可以根据国有土地使用权出让计划，在市、县人民政府国土资源行政主管部门公布的时限内，向市、县人民政府国土资源行政主管部门提出意向用地申请。

市、县人民政府国土资源行政主管部门公布计划接受申请的时间不得少于30日。

第九条　在公布的地段上，同一地块只有一个意向用地者的，市、县人民政府国土资源行政主管部门方可按照本规定采取协议方式出让；但商业、旅游、娱乐和商品住宅等经营性用地除外。

同一地块有两个或者两个以上意向用地者的，市、县人民政府国土资源行政主管部门应当按照《招标拍卖挂牌出让国有土地使用权规定》，采取招标、拍卖或者挂牌方式出让。

第十条　对符合协议出让条件的，市、县人民政府国土资源行政主管部门会同城市规划等有关部门，依据国有土地使用权出让计划、城市规划和意向用地者申请的用地项目类型、规模等，制定协议出让土地方案。

协议出让土地方案应当包括拟出让地块的具体位置、界址、用途、面积、年限、土地使用条件、规划设计条件、供地时间等。

第十一条　市、县人民政府国土资源行政主管部门应当根据国家产业政策和拟出让地块的情况，按照《城镇土地估价规程》的规定，对拟出让地块的土地价格进行评估，经市、县人民政府国土资源行政主管部门集体决策合理确定协议出让底价。

协议出让底价不得低于协议出让最低价。

协议出让底价确定后应当保密，任何单位和个人不得泄露。

第十二条　协议出让土地方案和底价经有批准权的人民政府批准后，市、县人民政府国土资源行政主管部门应当与意向用地者就土地出让价格等进行充分协商，协商一致且议定的出让价格不低于出让底价的，方可达成协议。

第十三条　市、县人民政府国土资源行政主管部门应当根据协议结果，与意向用地者签订《国有土地使用权出让合同》。

第十四条　《国有土地使用权出让合同》签订后7日内，市、县人民政府国土资源行政主管部门应当将协议出让结果在土地有形市场等指定场所，或者通过报纸、互联网等媒介向社会公布，接受社会监督。

公布协议出让结果的时间不得少于15日。

第十五条　土地使用者按照《国有土地使用权出让合同》的约定，付清土地使用权出让金、依法办理土地登记手续后，取得国有土地使用权。

第十六条　以协议出让方式取得国有土地使用权的土地使用者，需要将土地使用权出让合同约定的土地用途改变为商业、旅游、娱乐和商品住宅等经营性用途的，应当取得出让方和市、县人民政府城市规划部门的同意，签订土地使用权出让合同变更协议或者重新签订土地使用权出让合同，按变更后的土地用途，以变更时的土地市场价格补交相应的土地使用权出让金，并依法办理土地使用权变更登记手续。

第十七条　违反本规定，有下列行为之一的，对直接负责的主管人员和其他直接责任人员依法给予行政处分：

（一）不按照规定公布国有土地使用权出让计划或者协议出让结果的；

（二）确定出让底价时未经集体决策的；

（三）泄露出让底价的；

（四）低于协议出让最低价出让国有土地使用权的；

（五）减免国有土地使用权出让金的。

违反前款有关规定，情节严重构成犯罪的，依法追究刑事责任。

第十八条　国土资源行政主管部门工作人员在协议出让国有土地使用权活动中玩忽职守、滥用职权、徇私舞弊的，依法给予行政处分；构成犯罪的，依法追究刑事责任。

第十九条　采用协议方式租赁国有土地使用权的，参照本规定执行。

第二十条 本规定自2003年8月1日起施行。原国家土地管理局1995年6月28日发布的《协议出让国有土地使用权最低价确定办法》同时废止。

国务院关于促进房地产市场持续健康发展的通知

各省、自治区、直辖市人民政府，国务院各部委、各直属机构：

《国务院关于进一步深化城镇住房制度改革加快住房建设的通知》(国发〔1998〕23号）发布五年来，城镇住房制度改革深入推进，住房建设步伐加快，住房消费有效启动，居民住房条件有了较大改善。以住宅为主的房地产市场不断发展，对拉动经济增长和提高人民生活水平发挥了重要作用。同时应当看到，当前我国房地产市场发展还不平衡，一些地区住房供求的结构性矛盾较为突出，房地产价格和投资增长过快；房地产市场服务体系尚不健全，住房消费还需拓展；房地产开发和交易行为不够规范，对房地产市场的监管和调控有待完善。为促进房地产市场持续健康发展，现就有关问题通知如下：

一、提高认识，明确指导思想

（一）充分认识房地产市场持续健康发展的重要意义。房地产业关联度高，带动力强，已经成为国民经济的支柱产业。促进房地产市场持续健康发展，是提高居民住房水平，改善居住质量，满足人民群众物质文化生活需要的基本要求；是促进消费，扩大内需，拉动投资增长，保持国民经济持续快速健康发展的有力措施；是充分发挥人力资源优势，扩大社会就业的有效途径。实现房地产市场持续健康发展，对于全面建设小康社会，加快推进社会主义现代化具有十分重要的意义。

（二）进一步明确房地产市场发展的指导思想。要坚持住房市场化的基本方向，不断完善房地产市场体系，更大程度地发挥市场在资源配置中的基础性作用；坚持以需求为导向，调整供应结构，满足不同收入家庭的住房需要；坚持深化改革，不断消除影响居民住房消费的体制性和政策性障碍，加快建立和完善适合我国国情的住房保障制度；坚持加强宏观调控，努力实现房地产市场总量基本平衡，结构基本合理，价格基本稳定；坚持在国家统一政策指导下，各地区因地制宜，分别决策，使房地产业的发展与当地经济和社会发展相适应，与相关产业相协调，促进经济社会可持续发展。

二、完善供应政策，调整供应结构

（三）完善住房供应政策。各地要根据城镇住房制度改革进程、居民住房状况和收入水平的变化，完善住房供应政策，调整住房供应结构，逐步实现多数家庭购买或承租普通商品住房；同时，根据当地情况，合理确定经济适用住房和廉租住房供应对象的具体收入线标准和范围，并做好其住房供应保障工作。

（四）加强经济适用住房的建设和管理。经济适用住房是具有保障性质的政策性商品住房。要通过土地划拨、减免行政事业性收费、政府承担小区外基础设施建设、控制开发贷款利率、落实税收优惠政策等措施，切实降低经济适用住房建设成本。对经济适用住房，要严格控制在中小套型，严格审定销售价格，依法实行建设项目招投标。经济适用住房实行申请、审批和公示制度，具体办法由市（县）人民政府制定。集资、合作建房是经济适用住房建设的组成部分，其建设标准、参加对象和优惠政策，按照经济适用住房的有关规定执行。任何单位不得以集资、合作建房名义，变相搞实物分房或房地产开发经营。

（五）增加普通商品住房供应。要根据市场需求，采取有效措施加快普通商品住房发展，提高其在市场供应中的比例。对普通商品住房建设，要调控土地供应，控制土地价格，清理并逐步减少建设和消费的行政事业性收费项目，多渠道降低建设成本，努力使住房价格与大多数居民家庭的住房支付能力相适应。

（六）建立和完善廉租住房制度。要强化政府住房保障职能，切实保障城镇最低收入家庭基本住房需求。以财政预算资金为主，多渠道筹措资金，形成稳定规范的住房保障资金来源。要结合当地财政承受能力和居民住房的实际情况，合理确定保障水平。最低收入家庭住房保障原则上以发放租赁补贴为主，实物配租和租金核减为辅。

（七）控制高档商品房建设。各地要根据实际情况，合理确定高档商品住房和普通商品住房的划分标准。对高档、大户型商品住房以及高档写字楼、商业性用房积压较多的地区，要控制此类项目的建设用地供应量，或暂停审批此类项目。也可以适当提高高档商品房等开发项目资本金比例和预售条件。

三、改革住房制度，健全市场体系

（八）继续推进现有公房出售。对能够保证居住安全的非成套住房，可根据当地实际情况向职工出售。对权属有争议的公有住房，由目前房屋管理单位出具书面具结保证后，向职工出售。对因手续不全等历史遗留问题影响公有住房出售和权属登记发证的，由各地制定政策，明确界限，妥善处理。

（九）完善住房补贴制度。要严格执行停止住房实物分配的有关规定，认真核定住房补贴标准，并根据补贴资金需求和财力可能，加大住房补贴资金筹集力度，切实推动住房补贴发放工作。对直管公房和财政负担单位公房出售的净收入，要按照收支两条线管理的有关规定，统筹用于发放住房补贴。

（十）搞活住房二级市场。要认真清理影响已购公有住房上市交易的政策性障碍，鼓励居民换购住房。除法律、法规另有规定和原公房出售合同另有约定外，任何单位不得擅自对已购公有住房上市交易设置限制条件。各地可以适当降低已购公有住房上市出售土地收益缴纳标准；以房改成本价购买的公有住房上市出售时，原产权单位原则上不再参与所得收益分配。要依法加强房屋租赁合同登记备案管理，规范发展房屋租赁市场。

（十一）规范发展市场服务。要健全房地产中介服务市场规则，严格执行房地产经纪人、房地产估价师执（职）业资格制度，为居民提供准确的信息和便捷的服务。规范发展住房装饰装修市场，保证工程质量。贯彻落实《物业管理条例》，切实改善住房消费环境。

四、发展住房信贷，强化管理服务

（十二）加大住房公积金归集和贷款发放力度。要加强住房公积金归集工作，大力发展住房公积金委托贷款，简化手续，取消不合理收费，改进服务，方便职工贷款。

（十三）完善个人住房贷款担保机制。要加强对住房置业担保机构的监管，规范担保行为，建立健全风险准备金制度，鼓励其为中低收入家庭住房贷款提供担保。对无担保能力和担保行为不规范的担保机构，要加快清理，限期整改。加快完善住房置业担保管理办法，研究建立全国个人住房贷款担保体系。

（十四）加强房地产贷款监管。对符合条件的房地产开发企业和房地产项目，要继续加大信贷支持力度。同时要加强房地产开发项目贷款审核管理，严禁违规发放房地产贷款；加强对预售款和信贷资金使用方向的监督管理，防止挪作他用。要加快建立个人征信系统，完善房地产抵押登记制度，严厉打击各种骗贷骗资行为。要妥善处理过去违规发放或取得贷款的项目，控制和化解房地产信贷风险，维护金融稳定。

五、改进规划管理，调控土地供应

（十五）制定住房建设规划和住宅产业政策。各地要编制并及时修订完善房地产业和住房建设发展中长期规划，加强对房地产业发展的指导。要充分考虑城镇化进程所产生的住房需求，高度重视小城镇住房建设问题。制定和完善住宅产业的经济、技术政策，健全推进机制，鼓励企业研发和推广先进适用的建筑成套技术、产品和材料，促进住宅产业现代化。完善住宅性能认定和住宅部品认证、淘汰的制度。坚持高起点规划、高水平设计，注重住宅小区的生态环境建设和住宅内部功能设计。

（十六）充分发挥城乡规划的调控作用。在城市总体规划和近期建设规划中，要合理确定各类房地产用地的布局和比例，优先落实经济适用住房、普通商品住房、危旧房改造和城市基础设施建设中的拆迁安置用房建设项目，并合理配置市政配套设施。各类开发区以及撤市（县）改区后的土地，都要纳入城市规划统一管理。严禁下放规划审批权限，对房地产开发中各种违反城市规划法律法规的行为，要依法追究有关责任人的责任。

（十七）加强对土地市场的宏观调控。各地要健全房地产开发用地计划供应制度，房地产开发用地必须符合土地利用总体规划和年度计划，严格控制占用耕地，不得下放土地规划和审批权限。利用原划拨土地进行房地产开发的，必须纳入政府统一供地渠道，严禁私下交易。土地供应过量、闲置建设用地过多的地区，必须限制新的土地供应。普通商品住房和经济适用住房供不应求、房价涨幅过大的城市，可以按规定适当调剂增加土地供应量。

六、加强市场监管，整顿市场秩序

（十八）完善市场监管制度。加强对房地产企业的资质管理和房地产开发项目审批管理，严格执行房地产开发项目资本金制度、项目手册制度，积极推行业主工程款支付担保制度。支持具有资信和品牌优势的房地产企业通过兼并、收购和重组，形成一批实力雄厚、竞争力强的大型企业和企业集团。严格规范房地产项目转让行为。已批准的房地产项目，确需变更用地性质和规划指标的，必须按规定程序重新报批。

（十九）建立健全房地产市场信息系统和预警预报体系。要加强房地产市场统计工作，完善全国房地产市场信息系统，建立健全房地产市场预警预报体系。各地房地产市场信息系统和预警预报体系建设中需要政府承担的费用，由各地财政结合当地信息化系统和电子政务建设一并落实。

（二十）整顿和规范房地产市场秩序。要加大房地产市场秩序专项整治力度，重点查处房地产开发、交易、中介服务和物业管理中的各种违法违规行为。坚决制止一些单位和部门强制消费者接受中介服务以及指定中介服务机构的行为。加快完善房地产信用体系，强化社会监督。采取积极措施，加快消化积压商品房。对空置量大的房地产开发企业，要限制其参加土地拍卖和新项目申报。进一步整顿土地市场秩序，严禁以科技、教育等产业名义取得享受优惠政策的土地后用于房地产开发，严禁任何单位和个人与乡村签订协议圈占土地，使用农村集体土地进行房地产开发。切实加强源头管理，有效遏制并预防住房制度改革和房地产交易中的各种腐败行为。

地方各级人民政府要认真贯彻国家宏观调控政策，从实际出发，完善房地产市场调控办法，建立有效的协调机制，并对本地房地产市场的健康发展负责。省级人民政府要加强对市、县房地产发展工作的指导和监督管理。国务院有关部门要各司其职，分工协作，加强对各地特别是问题突出地区的指导和督查。国家发展改革、财政、国土、银行、税务等部门要调整和完善相关的政策措施。建设部要会同有关部门抓紧制定经济适用住房管理、住房补贴制度监督、健全房地产市场信息系统和预警预报体系、建立全国个人住房贷款担保体系等方面的实施办法，指导各地具体实施并负责对本通知贯彻落实情况的监督检查。

（2003年8月12日）

关于认真做好城镇房屋拆迁工作维护社会稳定的紧急通知

各省、自治区、直辖市人民政府，国务院各部委、各直属机构：

近几年来，随着我国各地城镇建设的快速发展，城镇房屋拆迁工作量不断扩大，房屋拆迁中遇到的矛盾不断增加。由于各地有关部门做了大量艰苦细致的工作，促进拆迁合法在序进行，有力推动了城镇面貌的改善，创造了经济和社会发展的重要条件。但是今年以来，由于一些单位拆迁补偿不到位、拆迁安置不落实，工作方法不当，造成因城镇房屋拆迁引起的纠纷和集体上访有增加趋势，甚至引发恶性事件，影响正常的生产生活秩序和社会稳定。国务院领导同志对此高度重视，多次作出重要批示，要求有关地方和部门提高认识，关心群众利益，坚持依法行政，认真做好城镇房屋拆迁工作，维护社会稳定。为进一步做好城镇房屋拆迁工作，经国务院同意，现将有关事项紧急通知如下：

一、充分认识加强城镇房屋拆迁管理工作的重要性加强城镇房屋拆迁管理是加快城镇化进程，促进国民经济和社会发展，提高群众生活质量重要的基础性工作，体现了人民群众的根本利益和长远利益。城镇建设中的房屋拆迁工作政策性强，影响面大，做好这项工作，不仅关系到经济和社会的发展，也关系到社会稳定的大局。各级政府和部门要正确处理城市建设发展与保护群众具体利益之间的关系，克服重建设进度，轻拆迁管理的做法，把做好拆迁管理工作摆上重要议事日程，通过加强管理，依法行政，做到群众合法权益能够得到有效保护，拆迁工作能够有序进行；既保证发展的需要，又能够防止引发社会群体性事件，维护社会稳定。

二、加强房屋拆迁管理，切实保护群众合法权益各地要加强对拆迁单位和拆迁评估单位的管理，严格按照房地产市场评估价格确定拆迁补偿金额，并实行相应的监督管理制度。要严把审批关，对没有拆迁计划与拆迁安置方案，或违反城市规划的拆迁项目，不得发放拆迁许可证；拆迁资金以及被拆迁人安置不落实的坚决不准实施拆迁，确保被拆迁人的合法权益。在城镇房屋拆迁工作中要特别重视妥善处理好“双困”家庭的拆迁安置工作。要结合房地产市场专项整治，对违法违规拆迁、擅自降低补偿安置标准、不及时解决被拆迁人合理要求的拆迁单位，加大处罚力度，采取不批准新的拆迁项目、停业整顿、依法吊销拆迁单位资格证书等措施严肃处理；对不依法行政，不认真解决拆迁投诉的管理部门，要批评教育，责成整改，情节严重的要追究责任。

要认真贯彻《国务院关于促进房地产市场持续健康发展的通知》（国发〔2003〕18号），通过增加低价位普通商品住房供应、加强经济适用住房建设和管理、健全廉租住房制度等措施，完善住房供应体系，保证符合条件的拆迁居民能够进住到不同档次、不同类型的住房。

三、坚持依法行政原则，改进工作方法各地要认真贯彻《中华人民共和国城市规划法》和《城市房屋拆迁管理条例》，严格依法规范拆迁行为。对于依据规划、依据法定程序审批的建设项目，被拆迁人如有不同意见，要认真耐心地做好说服工作，对不能达成拆迁补偿安置协议的，要经依法裁决后才能实施强制拆迁。对不能达成协议且涉及面广的拆迁项目，要严格限制采取强制性拆迁措施，防止矛盾激化；确需强制执行的，必须严格执行法律程序，做好预案。对在合法拆迁工作中无理取闹的，要耐心细致地做好思想工作，努力化解矛盾；对极少数借拆迁之机，无理阻挠，甚至串联闹事，严重影响社会秩序的，要依法及时进行处理。

各地要充分发挥城市规划的调控和指导作用，严格依据经批准的城市规划审批建设工程项目。对涉及拆迁的，在规划审批前应以适当形式予以公示，充分听取被拆迁人等利害关系人的意见。建设工程规划方案一经批准，建设单位不得擅自变更；确需变更的，必须经过规划部门审批；城市规划行政部门在批准其变更前，应重新进行公示。

四、完善相关政策措施，妥善解决遗留问题各地要本着实事求是的原则，采取积极有效的措施，切实解决城市房屋拆迁中久拖不决的遗留问题。对拆迁范围内产权性质为住宅，但已依法取得营业执照经营性用房的补偿，各地可根据其经营情况、经营年限及纳税等实际情况给予适当补偿。对拆迁范围内由于历史原因造成的手续不全房屋，应依据现行有关法律法规补办手续。对政策不明确但确属合理要求的，要抓紧制订相应的政策，限期处理解决；一时难以解决的，要耐心细致地做好解释工作，并积极创造条件，争取早日解决。对因房地产开发企业没有能力完成建设项目导致拆迁补偿资金不落实、安置用房不到位的问题，地方政府要采取有效措施，督促开发企业抓紧落实；或先行解决拆迁补偿安置问题，再根据法律法规和拆迁合同约定，追究开发企业的责任。

五、加强组织领导和督促检查工作各级政府要切实加强组织领导，认真做好城镇房屋拆迁管理工作。近期各地政府要根据通知精神，针对当前拆迁工作中存在的问题进行专题研究。特别是拆迁问题上访较多的地区，要制定相关措施，切实维护社会稳定。由于工作原因造成大量群体性上访的，要追究有关领导和直接责任人的责任。

电视、广播、报刊、网络等媒体要从维护社会稳定的大局出发，坚持正确的舆论导向，向广大人民群众正百宣传我国城市建设的成果和城镇房屋拆迁工作情况，防止渲染、炒作拆迁工作中出现的一些失误和问题，激化矛盾。

国务院有关部门要按照职责分工，对各地城镇房屋拆迁管理工作予以指导和监督。建设部要会同有关部门派出督查组，对拆迁问题突出、影响社会稳定的地区进行监督检查，督促整改。

（2003年8月18日）

前期物业管理招标投标管理暂行办法

第一章　总　则

第一条　为了规范前期物业管理招标投标活动，保护招标投标当事人的合法权益，促进物业管理市场的公平竞争，制定本办法。

第二条　前期物业管理，是指在业主、业主大会选聘物业管理企业之前，由建设单位选聘物业管理企业实施的物业管理。

建设单位通过招投标的方式选聘具有相应资质的物业管理企业和行政主管部门对物业管理招投标活动实施监督管理，适用本办法。

第三条　住宅及同一物业管理区域内非住宅的建设单位，应当通过招投标的方式选聘具有相应资质的物业管理企业；投标人少于3个或者住宅规模较小的，经物业所在地的区、县人民政府房地产行政主管部门批准，可以采用协议方式选聘具有相应资质的物业管理企业。

国家提倡其他物业的建设单位通过招投标的方式，选聘具有相应资质的物业管理企业。

第四条　前期物业管理招标投标应当遵循公开、公平、公正和诚实信用的原则。

第五条　国务院建设行政主管部门负责全国物业管理招标投标活动的监督管理。

省、自治区人民政府建设行政主管部门负责本行政区域内物业管理招标投标活动的监督管理。

直辖市、市、县人民政府房地产行政主管部门负责本行政区域内物业管理招标投标活动的监督管理。

第六条　任何单位和个人不得违反法律、行政法规规定，限制或者排斥具备投标资格的物业管理企业参加投标，不得以任何方式非法干涉物业管理招标投标活动。

第二章　招　标

第七条　本办法所称招标人是指依法进行前期物业管理招标的物业建设单位。

前期物业管理招标由招标人依法组织实施。招标人不得以不合理条件限制或者排斥潜在投标人，不得对潜在投标人实行歧视待遇，不得对潜在投标人提出与招标物业管理项目实际要求不符的过高的资格等要求。

第八条　前期物业管理招标分为公开招标和邀请招标。

招标人采取公开招标方式的，应当在公共媒介上发布招标公告，并同时在中国住宅与房地产信息网和中国物业管理协会网上发布免费招标公告。

招标公告应当载明招标人的名称和地址，招标项目的基本情况以及获取招标文件的办法等事项。

招标人采取邀请招标方式的，应当向3个以上物业管理企业发出投标邀请书，投标邀请书应当包含前款规定的事项。

第九条　招标人可以委托招标代理机构办理招标事宜；有能力组织和实施招标活动的，也可以自行组织实施招标活动。

物业管理招标代理机构应当在招标人委托的范围内办理招标事宜，并遵守本办法对招标人的有关规定。

第十条　招标人应当根据物业管理项目的特点和需要，在招标前完成招标文件的编制。

招标文件应包括以下内容：

（一）招标人及招标项目简介，包括招标人名称、地址、联系方式、项目基本情况、物业管理用房的配备情况等；

（二）物业管理服务内容及要求，包括服务内容、服务标准等；

（三）对投标人及投标书的要求，包括投标人的资格、投标书的格式、主要内容等；

（四）评标标准和评标方法；

（五）招标活动方案，包括招标组织机构、开标时间及地点等；

（六）物业服务合同的签订说明；

（七）其他事项的说明及法律法规规定的其他内容。

第十一条　招标人应当在发布招标公告或者发出投标邀请书的10日前，提交以下材料报物业项目所在地的县级以上地方人民政府房地产行政主管部门备案：

（一）与物业管理有关的物业项目开发建设的政府批件；

（二）招标公告或者招标邀请书；

（三）招标文件；

（四）法律、法规规定的其他材料。

房地产行政主管部门发现招标有违反法律、法规规定的，应当及时责令招标人改正。

第十二条　公开招标的招标人可以根据招标文件的规定，对投标申请人进行资格预审。

实行投标资格预审的物业管理项目，招标人应当在招标公告或者投标邀请书中载明资格预审的条件和获取资格预审文件的办法。

资格预审文件一般应当包括资格预审申请书格式、申请人须知，以及需要投标申请人提供的企业资格文件、业绩、技术装备、财务状况和拟派出的项目负责人与主要管理人员的简历、业绩等证明材料。

第十三条　经资格预审后，公开招标的招标人应当向资格预审合格的投标申请人发出资格预审合格通知书，告知获取招标文件的时间、地点和方法，并同时向资格不合格的投标申请人告知资格预审结果。

在资格预审合格的投标申请人过多时，可以由招标人从中选择不少于5家资格预审合格的投标申请人。

第十四条　招标人应当确定投标人编制投标文件所需要的合理时间。公开招标的物业管理项目，自招标文件发出之日起至投标人提交投标文件截止之日止，最短不得少于20日。

第十五条　招标人对已发出的招标文件进行必要的澄清或者修改的，应当在招标文件要求提交投标文件截止时间至少15日前，以书面形式通知所有的招标文件收受人。该澄清或者修改的内容为招标文件的组成部分。

第十六条　招标人根据物业管理项目的具体情况，可以组织潜在的投标申请人踏勘物业项目现场，并提供隐蔽工程图纸等详细资料。对投标申请人提出的疑问应当予以澄清并以书面形式发送给所有的招标文件收受人。

第十七条　招标人不得向他人透露已获取招标文件的潜在投标人的名称、数量以及可能影响公平竞争的有关招标投标的其他情况。

招标人设有标底的，标底必须保密。

第十八条　在确定中标人前，招标人不得与投标人就投标价格、投标方案等实质内容进行谈判。

第十九条　通过招标投标方式选择物业管理企业的，招标人应当按照以下规定时限完成物业管理招标投标工作：

（一）新建现售商品房项目应当在现售前30日完成；

（二）预售商品房项目应当在取得《商品房预售许可证》之前完成；

（三）非出售的新建物业项目应当在交付使用前90日完成。

第三章　投　标

第二十条　本办法所称投标人是指响应前期物业管理招标、参与投标竞争的物业管理企业。

投标人应当具有相应的物业管理企业资质和招标文件要求的其他条件。

第二十一条　投标人对招标文件有疑问需要澄清的，应当以书面形式向招标人提出。

第二十二条　投标人应当按照招标文件的内容和要求编制投标文件，投标文件应当对招标文件提出的实质性要求和条件作出响应。

投标文件应当包括以下内容：

（一）投标函；

（二）投标报价；

（三）物业管理方案；

（四）招标文件要求提供的其他材料。

第二十三条　投标人应当在招标文件要求提交投标文件

的截止时间前，将投标文件密封送达投标地点。招标人收到投标文件后，应当向投标人出具标明签收人和签收时间的凭证，并妥善保存投标文件。在开标前，任何单位和个人均不得开启投标文件。在招标文件要求提交投标文件的截止时间后送达的投标文件，为无效的投标文件，招标人应当拒收。

第二十四条 投标人在招标文件要求提交投标文件的截止时间前，可以补充、修改或者撤回已提交的投标文件，并书面通知招标人。补充、修改的内容为投标文件的组成部分，并应当按照本办法第二十三条的规定送达、签收和保管。在招标文件要求提交投标文件的截止时间后送达的补充或者修改的内容无效。

第二十五条 投标人不得以他人名义投标或者以其他方式弄虚作假，骗取中标。

投标人不得相互串通投标，不得排挤其他投标人的公平竞争，不得损害招标人或者其他投标人的合法权益。

投标人不得与招标人串通投标，损害国家利益、社会公共利益或者他人的合法权益。

禁止投标人以向招标人或者评标委员会成员行贿等不正当手段谋取中标。

第四章 开标、评标和中标

第二十六条 开标应当在招标文件确定的提交投标文件截止时间的同一时间公开进行；开标地点应当为招标文件中预先确定的地点。

第二十七条 开标由招标人主持，邀请所有投标人参加。开标应当按照下列规定进行：

由投标人或者其推选的代表检查投标文件的密封情况，也可以由招标人委托的公证机构进行检查并公证。经确认无误后，由工作人员当众拆封，宣读投标人名称、投标价格和投标文件的其他主要内容。

招标人在招标文件要求提交投标文件的截止时间前收到的所有投标文件，开标时都应当当众予以拆封。

开标过程应当记录，并由招标人存档备查。

第二十八条 评标由招标人依法组建的评标委员会负责。

评标委员会由招标人代表和物业管理方面的专家组成，成员为 5 人以上单数，其中招标人代表以外的物业管理方面的专家不得少于成员总数的三分之二。

评标委员会的专家成员，应当由招标人从房地产行政主管部门建立的专家名册中采取随机抽取的方式确定。

与投标人有利害关系的人不得进入相关项目的评标委员会。

第二十九条 房地产行政主管部门应当建立评标的专家名册。省、自治区、直辖市人民政府房地产行政主管部门可以将专家数量少的城市的专家名册予以合并或者实行专家名册计算机联网。

房地产行政主管部门应当对进入专家名册的专家进行有关法律和业务培训，对其评标能力、廉洁公正等进行综合考评，及时取消不称职或者违法违规人员的评标专家资格。被取消评标专家资格的人员，不得再参加任何评标活动。

第三十条 评标委员会成员应当认真、公正、诚实、廉洁地履行职责。

评标委员会成员不得与任何投标人或者与招标结果有利害关系的人进行私下接触，不得收受投标人、中介人、其他利害关系人的财物或者其他好处。

评标委员会成员和与评标活动有关的工作人员不得透露对投标文件的评审和比较、中标候选人的推荐情况以及与评标有关的其他情况。

前款所称与评标活动有关的工作人员，是指评标委员会成员以外的因参与评标监督工作或者事务性工作而知悉有关评标情况的所有人员。

第三十一条 评标委员会可以用书面形式要求投标人对投标文件中含义不明确的内容作必要的澄清或者说明。投标人应当采用书面形式进行澄清或者说明，其澄清或者说明不得超出投标文件的范围或者改变投标文件的实质性内容。

第三十二条 在评标过程中召开现场答辩会的，应当事先在招标文件中说明，并注明所占的评分比重。

评标委员会应当按照招标文件的评标要求，根据标书评分、现场答辩等情况进行综合评标。

除了现场答辩部分外，评标应当在保密的情况下进行。

第三十三条 评标委员会应当按照招标文件确定的评标标准和方法，对投标文件进行评审和比较，并对评标结果签字确认。

第三十四条 评标委员会经评审，认为所有投标文件都不符合招标文件要求的，可以否决所有投标。

依法必须进行招标的物业管理项目的所有投标被否决的，招标人应当重新招标。

第三十五条 评标委员会完成评标后，应当向招标人提出书面评标报告，阐明评标委员会对各投标文件的评审和比较意见，并按照招标文件规定的评标标准和评标方法，推荐不超过 3 名有排序的合格的中标候选人。

招标人应当按照中标候选人的排序确定中标人。当确定中标的中标候选人放弃中标或者因不可抗力提出不能履行合同的，招标人可以依序确定其他中标候选人为中标人。

第三十六条 招标人应当在投标有效期截止时限 30 日前确定中标人。投标有效期应当在招标文件中载明。

第三十七条 招标人应当向中标人发出中标通知书，同时将中标结果通知所有未中标的投标人，并应当返还其投标书。

招标人应当自确定中标人之日起 15 日内，向物业项目所在地的县级以上地方人民政府房地产行政主管部门备案。备案资料应当包括开标评标过程、确定中标人的方式及理由、评标委员会的评标报告、中标人的投标文件等资料。委托代理招标的，还应当附招标代理委托合同。

第三十八条 招标人和中标人应当自中标通知书发出之日起 30 日内，按照招标文件和中标人的投标文件订立书面合同；招标人和中标人不得再行订立背离合同实质性内容的其他协议。

第三十九条 招标人无正当理由不与中标人签订合同，给中标人造成损失的，招标人应当给予赔偿。

第五章 附 则

第四十条 投标人和其他利害关系人认为招标投标活动不符合本办法有关规定的，有权向招标人提出异议，或者依法向有关部门投诉。

第四十一条 招标文件或者投标文件使用两种以上语言文字的，必须有一种是中文；如对不同文本的解释发生异议的，以中文文本为准。用文字表示的数额与数字表示的金额不一致的，以文字表示的金额为准。

第四十二条 本办法第三条规定住宅规模较小的，经物业所在地的区、县人民政府房地产行政主管部门批准，可以采用协议方式选聘物业管理企业的，其规模标准由省、自治区、直辖市人民政府房地产行政主管部门确定。

第四十三条　业主和业主大会通过招投标的方式选聘具有相应资质的物业管理企业的，参照本办法执行。

第四十四条　本办法自2003年9月1日起施行。

关于加强土地供应管理促进房地产市场持续健康发展的通知

国土资发〔2003〕356号

各省、自治区、直辖市国土资源厅（国土环境资源厅、国土资源和房屋管理局、房屋土地资源管理局、规划和国土资源局），计划单列市国土资源行政主管部门，解放军土地管理局，新疆生产建设兵团国土资源局：

为全面贯彻落实国务院《关于促进房地产市场持续健康发展的通知》（国发［2003］18号）精神，现就进一步加强土地供应管理的有关问题通知如下：

一、切实加强对房地产开发土地供应的调控

土地供应是调控房地产市场的基本手段，各地要充分发挥土地供应对房地产市场的调控作用，促进房地产市场持续健康发展。房地产开发土地供应宏观调控的总体目标是：努力实现土地供需总量基本平衡，结构基本合理，价格基本稳定。

必须严格实行土地供应的集中统一管理。同一城市范围内的各类房地产开发用地必须纳入当地政府的统一供应渠道。各类开发区以及撤市（县）改区后的土地、原国有划拨土地用于房地产开发的，都必须纳入所在市、县用地统一管理、统一供应。城市政府要积极实行土地收购储备制度，增强政府对土地市场宏观调控能力。

必须严格控制土地供应总量。房地产开发用地必须符合土地利用总体规划和土地利用年度计划，严格控制占用耕地。市、县国土资源管理部门要会同有关部门，根据土地利用总体规划、土地利用年度计划、城市规划和市场供求状况等，编制年度房地产开发土地供应计划。要合理确定房地产开发土地供应总量、各类房地产开发用地（普通商品住房、经济适用住房、高档商品房等）的布局和结构，报经市、县人民政府批准后，及时向社会公开发布，并严格执行。

必须充分发挥市场在土地资源配置中的基础性作用。各类房地产开发用地，除按规定可以划拨外，一律实行招标拍卖挂牌出让。

二、进一步完善房地产开发土地供应政策

优化房地产开发土地供应结构，优先满足普通商品住房建设合理发展的用地需求。要合理确定普通商品住房用地在年度房地产开发土地供应计划中的比例。对普通商品住房供不应求、房价涨幅过快的城市，可以适当调剂增加土地供应量。土地供应过量、闲置土地过多的地区，必须限制新的土地供应。

加强经济适用住房建设用地管理。经济适用住房用地，也应严格控制总量，审时度势，及时调控。市、县国土资源管理部门要积极参与经济适用住房发展计划的编制工作，在年度房地产开发土地供应计划中合理确定经济适用住房土地供应量。经济适用房建设用地，要按照土地利用总体规划和城市规划的要求，合理布局，并按照政策规定，可以划拨方式提供土地。符合经济适用住房有关规定和条件的集资、合作建房用地，应纳入经济适用住房用地统一管理。

严格控制高档商品房的土地供应。凡高档商品住房、写字楼等商业性用房积压较多的地区，要严格限制土地供应量，或暂停供应土地。停止别墅类用地的土地供应。

三、加大对房地产开发用地监管力度

严禁下放土地审批权。凡是违法下放农用地转用、土地征用、土地供应和规划管理权的，必须立即纠正，并废止有关文件。对依法批准农用地转用、土地征用的城市建设用地，要加强监督检查力度，按照批准的规划用途供地。用地单位不得擅自改变规划用途进行房地产开发。

严禁任何单位和个人在房地产开发中以先行立项、先行选址定点和先行确定地价的方式取得土地；严禁用行政手段，以打招呼、批条子等各种形式指定供地对象、位置、面积、用途、方式和价格等干预插手土地出让。对规避土地使用权招标拍卖挂牌，仍采取协议出让和划拨方式供应经营性用地的；对在土地使用权招标拍卖挂牌出让中弄虚作假、徇私舞弊的；对领导干部违纪违法干预和插手土地使用权招标拍卖挂牌出让的，要严厉追究主管部门及有关人员的责任。

严禁以科技、教育、观光农业和生态建设等名义取得享受产业优惠政策的土地后用于房地产开发；严禁以经济适用住房、集资合作建房名义取得土地用于商品房开发。违反上述规定的，要严肃查处，并应依法收回土地使用权，确需使用土地的，要按照同等地段土地的市场成交价，补交相应的地价款和政府已减免的有关费用。对此类单位和企业，以后不得再划拨使用土地，并要限制其参加土地使用权招标拍卖挂牌。

严禁任何单位、个人与乡、镇、村、组签订协议，圈占农民集体土地进行房地产开发。违反上述规定所签订的协议一律无效，国土资源管理部门不得办理用地手续。

严禁将国有划拨土地使用权以各种名义私下交易、非法入市用于房地产开发。违反规定的，要依法责令其补交相应的地价款，没收违法所得并处以罚款；情节严重的，责令退还非法取得的土地使用权。

严禁擅自改变土地出让合同约定的土地使用条件。以出让方式取得土地使用权的单位和个人，必须按土地出让合同约定进行开发，不得擅自更改；确需改变容积率等规划条件的，必须经原出让方和规划部门同意，并按照同等地段土地的市场成交价，补交相应的土地差价。

四、加强土地市场监测，完善市场服务

各地国土资源管理部门，特别是城市国土资源管理部门

要加强对土地市场的监测，加快建立和完善土地市场监测分析系统和城市地价动态监测系统，及时对土地市场变化情况进行动态监测、分析、预测、预警，为政府进行宏观决策提供科学的依据。要加强土地市场的信息发布工作，及时将土地供应计划、土地使用权招标拍卖挂牌出让公告、基准地价、协议出让最低价和交易结果等市场信息向社会公布，并为社会提供信息公开查询服务。

加强和规范土地登记工作，切实维护产权人的合法权益。各地国土资源管理部门要依法办理房地产开发、销售和转让涉及的土地登记发证工作，严把土地登记关口。加强土地使用权抵押登记管理，防范金融风险。建立健全土地登记资料可查询制度，提供市场服务。

加强对土地市场中介服务组织的监管，规范中介机构和从业人员的执业行为，促进诚信建设。对违反法律法规和有关技术规范从业的机构和个人，要及时向社会披露。

各级国土资源管理部门要加强与发展改革、建设、规划、金融、财政、税收等部门的密切协作，充分发挥土地供应的宏观调控作用，共同做好促进房地产市场持续健康发展工作。

（2003 年 9 月 24 日）

土地登记代理人职业资格制度暂行规定

第一章　总　　则

第一条　为提高土地登记代理人员的业务素质，规范土地登记代理行为，促进土地市场的发展和完善，根据《中华人民共和国土地管理法》、《中华人民共和国土地管理法实施条例》以及国家职业资格证书制度的有关规定，制定本规定。

第二条　本规定适用于土地登记代理机构中从事土地登记代理业务的专业技术人员。国家对从事土地登记代理业务的专业技术人员实行职业资格制度，纳入全国专业技术人员职业资格证书制度统一规划。

第三条　本规定所称土地登记代理人是指通过全国统一考试，取得《中华人民共和国土地登记代理人职业资格证书》并经登记备案的人员。

英文名称：land Registration Agent

第四条　取得土地登记代理人职业资格是从事土地登记代理业务和发起设立土地登记代理机构的必备条件。

第五条　人事部、国土资源部共同负责全国土地登记代理人职业资格制度的实施工作。

第二章　考　　试

第六条　土地登记代理人职业资格实行全国统命题、统一组织的老试制度，原则上每年举行一次。

第七条　国土资源部负责编制考试科目、考试大纲、组织命题工作，统一规划培训等有关工作。

培训工作按照与考试分开、自愿参加的原则进行。

第八条　人事部负责申定考试科目、考试六纲和考试试题。会同国土资源部对土地登记代理人职业资格考试进行检查、监督、指导和确定合华标准。

第九条　凡中华人民共和目公民。具备下列条件之一的，可申请参加土地登记代理人职业资格考试。

（一）取得理工、经济、法律类大学专科学历，工作满 6 年，其中从事土地代理相关工作满 4 年。

（二）取得逗工、经济、法律类大学本科学历，工作满 4 年，其中从事土地登记代理相关工作满 2 年。

（三）取得理工、经济、法律类双学士学位或研究主班毕业，工作满 3 年，其中从事土地登记代理相关工作满 1 年。

（四）取得理工、经济、法律类硕上学位，工作满 2 年，其中从事土地登圮代理相关工作满 1 年。

（五）取得理工、经济、法律类博士学位，从事土地登记代理相关工作满一年。

第十条　土地登记代理人职业资格考试合格、由各省、自治区、直辖市人事部门颁发人事部统一印制，人事部和国土资源部用印的《中华人民共和国土地登记代理人职业资格证书》。该证书全国范围有效。

第三章　登　　记

第十一条　土地登记代理人实行定期登记制度。取得《中华人民共和国土地登记代理人职业资格证书》的人员，经登记后方可以土地登记代理人名义，按规定从事土地登记代理业务。

第十二条　国土资源部或其授权机构为土地登记代理人职业资格的登记管理机构。各省、自治区、直辖市国土资源管理部门或其授权机构为土地登记代理人职业资格登记的初审机构。

人事部和各级人事部门对土地登记代理人职业资格的登记和使用情况有检查、监督的责任。

第十三条　取得土地登记代理人职业资格证书，需要办理登记备案的人员，应由本人提出申请，经聘用单位同意后，送所在地省级土地代理登记初审机构，初审合格后，统一报国土资源部或其授权机构办理登记。准予登记的申请人，由国土资源部或其授权机构核发《中华人民共和国土地登记代理人登记证》

第十四条　办理登记的人员必须同时具备下列条件：

（一）取得《中华人民共和国土地登记代理人职业资格证书》。

（二）恪守职业道德。

（三）身体健康，能坚持在土地登记代理人岗位上工作。

（四）经所在单位考核合格。

第十五条　土地登记代理人职业资格登记有效期为 3 年，效期满前，持证者应按规定到指定的机构办理再次登记手续。变更职业机构者，应当及时办理变更登记手续。

再次登记，除符合本规定第十四条规定外，还需提供接受继续教育和业务培训的证明。

第十六条 土地登记代理人有下列行为之一的，注销登记：

（一）不具有完全民事行为能力。

（二）脱离土地登记代理工作岗位连续2年以上（含2年）。

（三）同时在两个以上土地登记代理机构执行代理业务。

（四）允许他人以本人名义执行业务。

（五）严重违反职业道德和土地登记代理行业管理规定。

（六）违反法律、法规的其他行为。

第十七条 登记管理机构及登记初审机构应定期向社会公布土地登记代理人职业资格登记、使用及有关情况。

第四章 职 责

第十八条 土地登记代理人在土地登记代理活动中，必须严格遵守法律、法规和行业管理的各项规定，坚持公开、公平、公正的原则，恪守职业道德。

第十九条 在土地登记代理活动中，土地登记代理人应以委托人自愿委托和自愿选择为前提，独立、公正地执行业务，维护委托人合法权益。

第二十条 土地登记代理人的业务范围包括：

（一）办理土地登记申请、指界、地籍调查、领取土地证书等

（二）收集、整理上地权属泉源证明材料等与土地登记有关的资料

（三）帮助土地权利人办理解决土地权属纠纷的相关手续。

（四）查询土地登让膏料。

（五）查证上地产权。

（六）提供上地登记及地藉管理相关法律咨询。

（七）与土地登记业务相关的其它事项。

第二十一条 土地登记代理人在承担土地登记代理业务时，应获得合理佣金。

第二十二条 土地登记代理人在执行土地登记代理业务时，有权要求委托人提供与土地登记代理有关的资料，拒绝执行旁托人的违法指令。

第二十三条 土地登记代理人经登记备案后，只能受聘于一个上地登记代理机构，并以机构的名义从事土地登记代理活动，不得以土地登记代理人的身份从事土地登记代理活动或车其他土地登记代理机构兼职。

第二十四条 土地登记代理人必须向委托人提供相关信息，并为委托人保守商业秘密，充分保障委托人的权益。

第二十五条 上地登记代理人应对代理业务中所出具的各类文书负责，并签字盖章，承担相应的法律责任。

第二十六条 土地登记代理八必须接受职业继续教育提高业务水平：

第二十七条 本规定发布前长期从事土地登记代理工作，具有较高理论水平和丰富实际经验，并按国家规定评聘高理论的专业技术职务的人员，可通过考核认定取得土地登记代理人职业资格，考试认定办法由国土资源部、人事部另行规定。

第二十八条 通过全国统一考试，取得土地登记代理人职业资格证书的人员，用人单位可根据工作需要聘任经济师职务。

第二十九条 经国家有关部门同意，获准在中华人民共和国境内就业的外藉人员及港、澳、台地区的专业人员．符合本规定要求的，也可报名参加土地登记代理人职业资格考试以及申请登记。

第三十条 本规定由人事部和国土资源部按职责分工负责解释。

第三十一条 本规定自颁布三十日后施行。

土地登记代理人职业资格考试实施办法

第一条 根据《土地登记代理人职业资格制度暂行规定》（以下简称《暂行规定》），制定本办法。

第二条 土地登记代理人职业资格考试在人事部、国土资源部的统一领导下进行。两部门共同成立土地登记代理人职业资格考试专家委员会和土地登记代理人职业资格考试办公室，办公室设在国土资源部，负责日常土地记代理八职业资格考试的日常管理工作。具体考试考务工作委托人事部人事考试中心组织实施。

各地考试工作由各省、自治区、直辖市国土资源管理部门和人事（职改）部门共同负责。具体分工由各地协商确定。

第三条 土地登记代理人职业资格考试原则上每年举行一次．考试时间定于每年6月。

第四条 土地登记代理人职业资格考试设土地登记相关法律知识、土地权利理论与方法、地籍调查和土地登记代理实务等4个科目。考试分4个半天进行，每个科目的考试时间为2.5小时。

第五条 考试成绩实行两年为一个周期的滚动管理。参加全部4个科目考试的人员必须在连续两个考试年度内通过应试科目。

第六条 参加考试的人员必须符合《暂行规定》第九条规定的报名条件。

第七条 在《暂行规定》下发前，按国泉统一规定已受聘担任高级专业技术职务的人员，可免试土地权利理论与方法和地籍调查2个科目，只参加上地登记相关法律知识和土地登记代理实务2个科目的考试，并在一个考试年度内通过应试科目，即可取得上地登记代理人职业资格证书。

第八条 参加考试须由本人提出申请，所在单位审核同意，按规定携带有关证明材料到当地考试管理机构报名。经考试管理机构审核合格后，领取堆考证。应考人员凭准考证、身份证在指定的时间、地点参加考试。

国务院各部门及其直属单位的报考人员，柱属地原则报名参加考试。

第九条 考场原则上设在省辖市以上中心域市的大、中专院校或高考定点学校：

第十条 为侏证培训和继续教育工作健康有序地进行，国土资源部委托有关机构组织土地登记代理人职业资格的师资培训工作。各地要认真做好培训和继续教育工作，有计划

的组织。实施培训和继续教育必须具备场地、师资、教材等条件，由当地国土资源管理部门去同人事部门审核批准，报国土资源部备案。

第十一条 国土资源部授权组织编写培训、继续教育教材和有关学习资料，监督。管理培训工作，严禁任何单位和个人盗用国土资源部名义编写、发行考试教材和举办各种与土地登记代理人职业资格有关的考前培训．损害考生利益，

第十二条 坚持培训与考试分开的原则。参加考试组织工作（包括命题、审题和组织管理）的人员，不得参与考试有关的培训和参加考试。

应考人员参加与考试有关的培训坚持自愿的原则。

第十三条 土地登记代理人职业资格考试和培训等项目的收费标准，须经当地价格主管部门核准，并公布于众，接受社会监督。

第十四条 考试考务管理工作要严格执行考务工作的有关规章和纪律，切实做好试卷的命制、印刷、发送和保管工程中的保密工作，严格遵守保密制度，严防泄密。

第十五条 考试工作人员要认真执行考试回避制度，严肃考场圮律，严禁弄虚作假。对违反考试纪律和有关规定者，要严肃处理，并追究领导责任。

（2003 年 9 月 30 日）

中央在京单位已购公房上市出售管理办法（全文）

第一条 为规范中央在京单位已购公有住房（以下简称已购公房）上市出售工作，适应职工改善住房条件的需要，根据有关规定及中央在京单位实际情况，制定本办法。

第二条 本办法适用于中央在京单位已购公房首次进入市场出售的管理。

本办法所称已购公房，是指职工按房改成本价或标准价（含标准价优惠办法，下同）购买的原产权属于中央在京单位的公有住房。职工根据国家政策，按照房改成本价或者标准价购买的由中央在京单位建设的安居工程住房和集资合作建设的住房，也视为已购公房。

第三条 中央在京单位已购公房上市出售遵循统一市场、定点代理、方便职工、系统监管原则。

第四条 国务院机关事务管理局（以下简称国管局）和中共中央直属机关事务管理局（以下简称中直管理局）是中央在京单位已购公房上市出售的主管部门，负责本办法的组织实施和监督检查。

国管局和中直管理局成立在京中央和国家机关住房交易办公室（以下简称交易办公室），负责为中央在京单位已购公房上市出售提供住房档案等信息服务和政策咨询，监管交易活动，收集、记录交易结果并向原产权单位及职工所在单位反馈。

第五条 交易办公室选择三家以上符合条件的房地产中介机构，作为中央在京单位已购公房上市出售的定点交易代理服务机构（以下简称定点交易机构），承担中央在京单位已购公房上市交易的代理服务工作。

第六条 出售人应填写《中央在京单位已购公房上市出售登记表》，交易办公室根据职工住房档案进行核对。核对无误的，出售人可到房屋所在区、县国土房管局交易管理、权属登记部门办理过户手续，也可委托定点交易机构代为办理房屋买卖以及交易过户手续。并提供以下材料：

（一）房屋所有权证书；

（二）房屋共有权人同意出售的书面意见；

（三）身份证或者其它有效身份证明；

（四）与原产权单位签订的公有住房买卖合同；

（五）与买受人签订的已购公房买卖合同；

（六）物业费、供暖费结清证明。

出售人没有建立住房档案的，应当补建住房档案。出售人无法提交与原产权单位签订的公有住房买卖合同的，可以房改售房的档案材料或原产权单位出具的证明作为依据。

第七条 已购公房上市出售后，定点交易机构应将交易情况及时反馈交易办公室备案。

第八条 凡属超标而未经处理的住房，须经原产权单位按规定超标处理后方可上市出售；按房改政策规定属不可售住房但已向职工出售的，不得上市出售。涉及国家安全、保密的特殊部门的住房，党政机关、科研部门及大专院校等单位在机关办公、教学、科研区内的住房，原产权单位认为不宜公开上市出售的，应报交易办公室备案，并在职工住房档案中注记。该类住房可按规定向原产权单位腾退，也可在原产权单位职工范围内进行交易。

法律、法规规定的其它不得上市出售的已购公房或与原产权单位有特殊约定的已购公房（规定住满五年内容的除外），应按法律、法规规定或与原产权单位的约定执行。

第九条 上市出售的已购公房，由买受人在办理房屋权属登记手续时按当年房改成本价的 1% 补交土地出让金或相当于土地出让金的价款。

第十条 已购公房的土地使用权是以划拨方式取得的，土地出让金划转北京市财政。

已购公房的土地使用权是以出让方式取得的，相当于土地出让金的价款按已购公房原产权单位的财务隶属关系和财政体制，分别划转中央财政或者返还原产权单位，专项用于住房补贴。其中，已购公房原产权属于中央行政机关的，全额划转中央财政；属于中央事业单位的，50% 划转中央财政，50% 返还原产权单位；属于中央企业单位（包括实行企业化管理的事业单位）的，全额返还原产权单位。

第十一条 凡以房改成本价购买的住房上市出售的，在按规定缴纳税费后，收入全部归产权人个人所有，不再与原产权单位进行收益分成。

凡以标准价购买的住房，出售人可按购房当年房改成本价向原产权单位补交房价款，取得全部产权后上市出售；也可在交易过程中按购房当年房改成本价的 6% 计算应扣除的价款，划转到原产权单位售房款专户，在按规定缴纳税费后，收入全部归产权人个人所有。远郊区县另有规定的按其规定办理。

第十二条 已购公房上市出售后，买受人应与该房屋的供暖、物业部门签订新的协议，新发生的供暖、物业管理等费用由买受人承担，原产权单位及出售人所在单位不再承担

该房屋的上述费用。房屋的公共维修基金按有关规定执行。

第十三条 出售人提供的各项材料应真实、准确，出售人提供虚假信息的，按有关法律、法规和房改纪律的规定处理。

第十四条 交易办公室定期公布定点交易机构名单。

定点交易机构应依据本办法及相关规定，按照提高效率、方便交易的原则，为出售人代理交易并办理相关手续。定点交易机构应按法律及相关政策规定合理收费。

定点交易机构违反本办法及相关规定，不能向交易人提供有效服务的，将取消其定点交易资格。

第十五条 本办法不含部级干部住房上市出售。

第十六条 凡涉及交易过户、权属登记以及税费缴纳等事宜，按“北京市人民政府关于印发《北京市已购公有住房上市出售实施办法的通知》(京政发【2003】3号)及相关规定执行。”

第十七条 本办法所指“中央在京单位”包括党中央各部门，全国人大机关，全国政协机关，最高人民法院，最高人民检察院，国务院各部委、各直属机构，各人民团体，及其所属单位。住房制度改革归口国管局，中直管理局管理的中央在京企业及其所属单位已购公房上市出售，按本办法的规定执行。

第十八条 本办法由国管局、中直管理局负责解释。

第十九条 本办法自2003年10月1日起施行。

转发建设部业主大会规程及有关问题的通知

京国土房管物［2003］949号

各区县国土房管局、各业主大会及业主委员会、各物业管理企业、各开发建设单位：

现将建设部《业主大会规程》转发给你们，并就执行中的有关问题一并通知如下：

一、筹备成立业主大会及组建业主委员会

（一）新建居住物业筹备成立业主大会的，应在物业所在地的街道办事处（包括乡镇人民政府，下同）、区县国土房管局指导监督下，由社区居委会、开发建设单位（公有住房出售单位）、业主代表组成业主大会筹备组（以下简称筹备组）。

未建立社区居委会的新建居住物业，由物业所在地的街道办事处、区县国土房管局按照物业管理纳入社区建设的工作原则，指导监督该居住物业筹备成立业主大会。

筹备组中，可以邀请公安派出所代表参加。

（二）非住宅物业筹备成立业主大会的，筹备组由建设单位、业主代表组成。

（三）筹备组成员单位应在充分听取业主意见基础上确定筹备组中的业主代表成员，并在物业管理区域内公告筹备组全体成员名单。筹备组自公告之日起成立。

（四）《物业管理条例》施行前已组建的物业管理委员会，应按《物业管理条例》、《业主大会规程》和我市物业管理纳入社区建设工作的要求，在物业所在地的街道办事处、区县国土房管局指导监督下，由原物业管理委员会、社区居委会组成筹备组，及时组织召开业主大会，将物业管理委员会名称变更为“业主委员会”，将《物业管理委员会章程》修订为《业主大会议事规则》，并制定业主公约。

（五）本通知发布之日起，组建、换届改选业主委员会的，其组成人数一般为5至9人的单数。

首次业主大会业主的投票权，暂按其拥有的房屋建筑面积计算。住宅物业管理区域内的人防、停车库等地下空间不计算投票权。

二、业主委员会备案

业主委员会应当自选举产生之日起30日内，到物业所在地区、县国土房管局备案。备案时，须提交《业主委员会备案单》及以下材料：

1. 业主大会议事规则
2. 业主公约
3. 业主大会决议（附业主及投票权数清册）
4. 法律法规规定的其它材料

（2003年11月4日）

关于进一步规范土地登记工作的通知

省、自治区、直辖市国土资源厅（国土环境资源厅、国土资源和房屋管理局、房屋土地资源管理局、规划和国土资源局），新疆生产建设兵团国土资源局：

土地登记作为一项重要的法律制度，对明确土地产权关系，保护土地权利人的利益，保障土地交易安全，维护土地市场秩序具有重要的作用。十多年来，我国土地登记制度取得了长足进展，在国民经济和社会发展以及国土资源管理中发挥了重要作用。但也一定程度上存在着违规登记、不规范登记的问题，影响了土地登记的公信力、土地登记的效力，甚至在一定程度上影响了土地市场健康发展，给土地权利人造成损失。规范土地登记行为，是规范土地市场、加强土地管理的一项重要措施，是把“三个代表”重要思想落到实处，真正保障土地权利人合法权益的具体体现。为进一步规范土地登记行为，保证土地登记的合法性、有效性，现将有

关事项通知如下：

一、土地登记的权属必须清楚。土地权属是土地管理的重要内容，是土地登记的核心环节，要把土地权属放在土地登记的首要位置，确保登记的土地权属准确、合法、有效。土地权属的认定，必须严格把握有关法律和政策界限，依据国家有关法律、法规和规章进行，做到依法行政。没有权属来源或权属来源不合法的用地，一律不予登记；权属不清的用地，在权属问题解决前，不得登记。严禁通过登记，使违法用地合法化。经过登记的土地，必须达到“权属合法、界址清楚、面积准确”的要求。登记中遇到的具体权属问题，可根据实际情况，按照原国家土地管理局《确定土地所有权和使用权的若干规定》进行确权；土地权属争议，要在地籍调查和登记过程中及时解决，一时难以解决的，要依照《土地权属争议调查处理办法》依法处理，并以处理结果作为登记的依据；复杂疑难的权属问题，要研究解决办法，妥善处理。

二、土地登记的程序必须合法。土地登记发证要严格依照《土地登记规则》的规定和要求进行，要建立和完善土地登记的工作制度，严格履行土地登记的申请、地籍调查、权属审核、注册登记、核发土地证书的程序，要防止出现在为当事人提供便利时，减少必经的法律程序的作法，确保土地登记的合法性。对不符合登记程序要求的，不能予以登记，不能颁发土地证书；对因指界中相邻一方不签字无法登记发证的，要按照原国家土地管理局《城镇地籍调查规程》有关指界的规定，及时定界，明确相邻方土地权属界线，进行登记发证。不能因一方原因造成土地登记发证久拖不决，影响当事人的合法权益。注册登记的土地所有权、使用权和土地他项权利，在土地权源审批材料中要有事实和法律依据的正确表述，准确记载，以备查验。

三、土地登记的主体必须统一。依照我国有关土地管理的法律规定，土地登记的主体是县级以上人民政府，只有县级以上人民政府才具有土地登记造册，核发证书的权力。人民政府派出性机构，特别是各类开发区，一律不得办理土地登记手续，不得颁发土地证书。已经以开发区名义登记发证的，要坚决予以纠正、换发。土地他项权利如土地抵押权的登记机关，必须与该土地所有权和使用权登记机关一致，不得在另一登记机关分别进行登记。

四、取消“土地权属证明”。土地证书是证明当事人享有土地权属有效的法律凭证。从本文件下发之日起，各类土地权属审核，必须以土地证书作为土地权利的唯一证明材料。取消以前在国企改革等工作中，以出具“土地权属证明”，代替土地证书进行权属审查的作法。今后，凡土地征用、土地开发整理项目立项和国企改革等涉及土地权属认定，必须以土地证书为依据，对以其他材料作为土地权属证明的，一律不予承认。

五、不符合规定不得登记。要严把登记关口，对于出让土地没有支付全部土地使用权出让金的，不得登记；对于经营性土地没有按招、拍、挂方式出让的，不得登记；对协议出让地价明显低于出让底价的，不得登记；对违反规划改变土地用途的，不得登记；未办理土地使用权登记而设定抵押的，不得登记。

六、实行登记人员持证上岗，建立责任追究制度。从事土地登记的人员，要取得全国统一的《土地登记上岗资格证》，方可从事土地登记工作。没有取得该资格证书的人员，不得直接从事土地登记工作，不得在有关登记文件中签字。要建立登记人员责任追究制度，对违规操作造成错登、漏登的，要承担相应责任；因违规登记造成权利人重大损失的，要追究有关人员的行政责任。

七、开展土地登记规范化建设。各地要结合土地市场秩序治理整顿，对现有土地登记进行一次清理，纠正不规范行为，进一步规范和完善该项工作，切实加强规范化制度建设。清理结果请于2004年6月底前报部。

（2003年11月14日）

附　录

全国主要房地产业协会、研究会名录

单位名称	地址	邮政编码	负责人
中国房地产业协会	北京市复兴路乙 59 号七楼	100036	杨 慎
中国沿海城市房协会	上海市延安东路 2 号	200002	周干峙
北京房地产业协会	北京东城区新开胡同 78 号	100005	王文英
上海市房地产业协会	上海市长乐路 613 弄 18 号	200031	李 涛
天津市房地产业协会	天津市和平区湖南路 8 号	300050	夏荣茂
内蒙古房地产业协会	呼和浩特市新华大街 1 号院 3 号楼	010055	张和平
呼和浩特市房地产业协会	呼和浩特市文化宫街 24 号	014030	王春福
太原市房地产业协会	太原市新建北路 254 号	030002	王少林
大同市房地产业协会	大同市大南街 15 号	037004	张志良
长治市房地产业协会	长治市大北街 127 号	046000	李双芹
石家庄市房地产业协会	石家庄市正东路 17 号	050011	董峰勃
邢台市房地产业协会	邢台市桥西中兴路乙 19 号	054000	李彦军
邯郸市房地产业协会	邯郸市向阳路 36 号	056002	郭金峰
沧州市房地产业协会	沧州市解放中路 338 号	061001	金立贵
承德市房地产业协会	承德市石洞沟路北 3 号	067000	郭增玉
保定市房地产业协会	保定市环城北路 9 号	071000	于文芳
辽宁省房地产业协会	沈阳市和平区东伟路 17 号	110003	吕克翰
抚顺市房地产业协会	抚顺市新抚区浑河北路 1 号	113006	杨志全
鞍山市房地产业协会	鞍山市铁东区站前街 29 号	114001	王铁传
营口山市房地产业协会	营口市站前区富强里 13 号	115000	耿修奇
大连市房地产业协会	大连市中山区昆明街 22 号	160001	张永林
本溪市房地产业协会	本溪市平山区东明二路 15 号	117000	姜坚本
丹东市房地产业协会	丹东市振兴区二纬路 56 号	118000	李兆国
锦州市房地产业协会	锦州市古塔区广西街	121001	尚德沛
阜新市房地产业协会	抚新市海州区经纬路 2 号	123000	林世学
长春市房地产业协会	长春市大经路 120 号	130061	徐明亮
吉林市房地产业协会	吉林市北京路 103 号	132001	禹重九
四平市房地产业协会	本平市公园北街	136000	张文辉
辽源市房地产业协会	辽源市富康街 5 号	136200	于家起
黑龙江省房地产业协会	哈尔滨市南岗区 6 门 1 层 4 号	150080	周淑萍
哈尔滨市房地产业协会	哈尔滨市道里区端街 11 号	150010	李延德
伊春市房地产业协会	伊春市房地局内	153000	杨熙伟
佳木斯市房地产业协会	佳木斯市广复路中段	154000	孙东黎
齐齐哈尔市房地产业协会	齐齐哈尔市青云街 119 号	161005	孙国才
江苏省房地产业协会	南京市上海路 87 号 203 室	210024	秦延栋
南京市房地产业协会	南京市华侨路 52 号	210029	茅祖裕
镇江市房地产业协会	镇江市永安路 10 号	212001	高秀倩
无锡市房地产业协会	无锡市复兴路 122 号	214001	梅仁春
南通市房地产业协会	南通市建设路 33 号	226001	包志成
安徽省房地产业协会	合肥市环城南路 28 号	230001	许中秀
合肥地区房地产业协会	合肥市宿州路 252 号	230001	历德才
蚌埠市房地产业协会	蚌埠市胜利路 100 号	233000	常德智
山东省房地产业协会	济南市经五小纬四路	250001	赵克志
济南市房地产业协会	济南市纬二路 70 号	250001	安茂恒
淄博市房地产业协会	淄博市张店中心路东二街	255003	李仲明
青岛市房地产业协会	青岛市南区浙江路 13 号	266001	林民庆
浙江省房地产业协会	杭州市环城西路 67 号	310006	唐世定
杭州市房地产业协会	杭州市纱路 59 号	310006	周守瑶
宁波市房地产业协会	宁波市解放南路 76 号	315000	俞 晓

衢州市房地产业协会	衢州市新桥街 188 号	324000	徐文荣
江西市房地产业协会	南昌省府院内建设厅 3 楼	330046	陈钟熹
九江市房地产业协会	九江市浔阳路孔家巷 11 号	332000	陈建国
福建省房地产业协会	福州市北大路 242 号省建委大院	350001	严拱钦
福州市房地产业协会	福州市杨桥路杨桥大厦 10 楼	350001	林松生
厦门市房地产业协会	厦门市斗西路电视大学内	361004	夏继刚
泉州市房地产业协会	泉州市玉犀巷 17 号	362000	谢镇岳
漳州市房地产业协会	漳州市延安南路 55 号	363000	陈成南
武汉市房地产业协会	武汉市武昌中南路 14 号	460030	徐绪沐
孝感市房地产业协会	孝感市长征一街 17 号市房地局内	432100	黄理春
湖南省房地产业协会	长沙市文艺路 42 号省建委内	410011	柳志九
长沙地区房地产业协会	长沙市蔡锷中路 178 号	410005	陈治秋
株州市房地产业协会	株州市市府路 3 号	412000	龙志喜
怀化地区房地产业协会	怀化市迎丰中路 329 号	418000	肖陵鼓
河南省房地产业协会	郑州市金水路 102 号 407 室	450003	邬学德
广东省房地产研究协会	广州市童心路 5 号 7 楼 701 房	510091	陈之泉
广州市房地产业协会	广州德政北路雅荷唐 35 号 4 楼	510055	黄开文
汕头市房地产业协会	汕头长平东路丹霞庄西区 36 幢 6 楼	515041	罗仰鹏
深圳市房地产业协会	深圳红岭南路 1 号城建大厦 601 室	518010	王　炬
珠海市房地产业协会	珠海市香州海城路 88 号 6 楼	519000	冼　文
湛江市房地产业协会	湛江市赤坎大德路 1 号	524036	傅定强
广西房地产业协会	南宁关东路 1 号银兴楼 4 栋 2 单元	530012	姚鸿业
北海市房地产业协会	北海市广场东路中房北海公司转	536000	吴爱强
贵州省房地产业协会	贵阳市延安西路 1 号	550003	王才庚
海南省房地产业协会	海口市海府路 59 号建设厅新楼	570204	陈有炎
四川省房地产业协会	成都市西御街 31 号	610012	杨　燕
成都市房地产业协会	成都市人民中路一段东二巷 18 号	610015	杨　渊
乐山市房地产业协会	乐山市市中区黄家山口	614000	陈光文
重庆市房地产业协会	重庆市渝中区学田湾正街 37 号	630015	李英儒
内江市房地产业协会	内江市市中区中央路 10 号	641000	敖学东
昆明市房地产业协会	昆明市护国路 78 号	650021	臣政宁
陕西省房地产业协会	西安市新城省府大楼 9－014 室	710004	张宝昌
西安市房地产业协会	西安市西一路 262 号	710004	王光生
兰州市房地产业协会	兰州市滨河东路 501 号	730030	高纪勋
宁夏房地产业协会	银川市文化西街 7 号	750001	黄超群
青海省房地产业协会	西宁市教场街 18 号	810000	王道理
新疆房地产业协会	乌鲁木齐市中山路 45 号建设厅内	830002	艾山·尼札木丁
中国房地产及住宅研究会	北京百万庄建设部	100835	周干峙
国家机关房地产研究会	北京西安门大街 22 号国管局内	100017	董述伟
北京市房地产研究会	北京东城区东单新开路 78 号	100005	王文英
天津市房地产经济学会	天津河西区体院北宾水南道 7 号	300060	赵广仁
天津城建综合开发研究会	天津和平区重庆道 217 号 4 号	300050	张淑琴
上海市房地产经济学会	上海四川中路 126 弄 24 号	200002	桑荣林
包头房地产经济研究会	包头市青山区科学路	14030	王春福
沈阳市房地产经济研究会	沈阳市和平区东纬路 17 号	110003	吕克翰
大连市房地产经济学会	大连市中山区昆明街 2－2 号	116001	沈海生
锦州市房地产经济学会	锦州市古塔区广西街四号	121001	尚德沛
丹东市房地产经济研究会	丹东市振兴区二纬路 56 号	118000	曹振俭
本溪房地产及住宅研究会	本溪平山区房建街东明 3 路 15 号	117000	孟广贺
长春市房地产经济研究会	长春市大经路 120 号	130041	姚凤城
四平市城市住宅研究会	四平市铁西区南新华大街 5 号	136000	张文辉
通化市住宅研究会	通化市光明路 49 号 1	340006	梁和利
延吉市住宅研究会	延吉市光明街海兰路 113 号－2 号	133000	金东春
哈尔滨房地产经济研究会	哈尔滨市道里区端街 11 号	150010	邢逢春
齐齐哈尔房地产及住宅研究会	齐齐哈尔青云街 119 号房地局内	161005	孙国才
伊春市住宅问题研究会	伊春市房地局内	153000	杨熙伟

南京市房地产经济研究会	南京市华侨路52号	210029	茅祖裕
苏州市房地产经济学会	苏州市人民路130号	215002	彭望月
无锡市房地产研究会	无锡市复兴路122号	214001	梅仁春
杭州市房地产学会	杭州市沙路59号	310006	刘仁邦
济南城市住宅问题研究会	济南市大纬二路70号901室	250001	程焕明
武汉市房地产学会	武汉市汉口青岛路15号	430014	蓝宾亮
襄樊房地产及住宅研究会	襄樊新华路13号市房地局内	441003	高德忠
广州市房地产学会	广州德政北路雅荷塘35号4楼	510051	黄开文
成都房地产及住宅研究会	成都人民中路东二巷18号6楼	610015	翁大伟
昆明城市住宅问题研究会	昆明市护国路78号	650021	穆宣德
兰州房地产经济研究会	兰州市滨河东路501号	730030	徐光斌
西宁房地产及住宅研究会	西宁市教场街18号	810000	张旭初

2002年“中国人居环境奖”获奖名单

“中国人居环境奖”获奖城市

山东省青岛市
福建省厦门市
海南省三亚市

“中国人居环境范例奖”获奖项目

北京市菖蒲河改造——皇城保护
北京市北潞春小区环境建设
上海市多层住宅“平改坡”项目
天津市河道改造项目
重庆市大足县历史文化遗产保护及环境治理
重庆市渝北区改善居民住房
河北省唐山市南部采煤下沉区生态建设项目
河北省邢台市栾卸村改善农村住房
内蒙古赤峰市元宝山区小城镇规划建设管理
辽宁省大连市泡涯住宅区开发建设
吉林省辽源市城市绿化建设
江苏省张家港市城市环境建设与管理
江苏省常熟市城市绿化及生态环境建设
浙江省宁波市城市绿化及生态环境建设
浙江省杭州金都住宅科技成果应用
浙江省安吉县村镇环境改善
安徽省芜湖市城市绿化及生态环境建设
安徽省铜陵市大通镇移民建镇
福建省漳州市城市垃圾综合治理与资源化利用
江西省三清山风景名胜资源保护与管理
山东省荣成市城市绿化及生态环境建设
山东省济南市城市节水及供水保障
河南省漯河市城市绿化及生态环境建设
河南省南阳市官庄镇小城镇建设与管理
湖北省秭归县小城镇建设
湖南省常德市诗墙及沅江江岸环境改造
广东省惠州市城市绿化及生态环境建设
广东省梅州市梅江“一江两岸”改造项目
广东省深圳市推行物业管理
广西省北海市城市绿化及生态环境建设
四川省崇州市滨河路环境综合治理
陕西省西安市紫薇住宅科技示范小区
新疆库尔勒市城市绿化及生态环境建设
新疆克拉玛依市独山子区城市绿化建设

“中国人居环境特别奖”获奖单位

云南省昆明市世界园艺博览园

2003年“中国人居环境范例奖”获奖名单

1. 北京市海淀区元代土城遗址保护
2. 上海市实施廉租住房制度工程
3. 上海市松江区老城保护与新城生态环境建设
4. 上海市浦东新区张家浜景观河道综合整治
5. 天津市经济技术开发区生态保护及污水资源化
6. 重庆市北碚区中心城区生态环境工程
7. 河北省廊坊市双环绿带和生态环境建设项目
8. 河北省沧州市改水降氟工程
9. 吉林省吉林市“清水绿带”生态工程
10. 吉林省四平市社区管理及环境综合治理
11. 江苏省常州市水环境治理工程
12. 浙江省嘉兴市南湖区域环境综合整治

13. 浙江省绍兴市环城河综合整治
14. 福建省泉州市名城保护与建设
15. 河南省偃师市环城绿化及城市绿网建设工程
16. 河南省洛阳市城市绿化建设工程
17. 福建省漳州市华元住宅科技研究及成果转化
18. 山东省淄博市"还绿于民"工程
19. 山东省烟台市旧居民区环境综合整治
20. 湖北省武汉市汉口沿江地区环境综合整治
21. 湖北省兴山县古夫镇移民城镇规划建设管理
22. 广东省江门市蓬江河综合整治
23. 四川省广元市南河生态环境工程
24. 海南省三亚市南山风景名胜资源保护与管理
25. 云南省昆明市文明街历史街区保护
26. 新疆区克拉玛依市生态建设及城市绿化工程
27. 新疆区奎屯市城市绿化工程

房地产行业最具发展潜力的前50名房地产公司名单

裕汇集团有限公司
北京金源鸿大房地产有限公司
首创置业房地产开发有限公司
通州区房地产开发总公司
北京天鸿房地产开发有限责任公司
北京富力城房地产开发有限公司
北京金泰房地产开发有限责任公司
北京东兴联房地产开发有限责任公司
东方银座广场有限公司
北京碧水庄园房地产开发有限公司
北京中冶世纪房地产开发有限责任公司
北京金隅嘉业房地产开发公司
北京科技园置业股份有限公司
北京崇裕房地产开发有限公司
北京庄胜房地产开发有限公司
上海国亭置业有限公司
北京佳隆房地产开发公司
北京太合房地产（集团）有限责任公司
北京京都房地产开发有限公司
上海瀚阳房地产城市建设发展有限公司
北京市玉龙吉胜房地产开发有限公司
北京珠江房地产开发有限公司
北京合生愉景房地产开发公司
东华广场置业房地产公司
北京归谷园有限责任公司
北京中关村开发建设房地产公司
北京翰宏基业房地产开发有限公司
北京昊远隆基房地产开发总公司
北京市宣武区城市建设综合开发总公司
北京富华永利实业有限公司
北京先锋置业股份有限公司
太原市青龙房地产开发有限公司
北京龙泰房地产评估有限责任公司
太原市华龙泰房地产开发有限公司
北京丰泰新房地产开发公司
山西省三晋建设开发有限责任公司
北京新建房地产开发有限公司
北京石景山区城市建设开发公司
北京实地房地产开发有限责任公司
北京广华轩房地产开发有限责任公司
北京城建兴华房地产有限公司
北京宝晟住房股份有限公司
北京建华时代房地产有限公司
北京金地世纪缘房地产开发有限公司
北京东方太阳城房地产开发有限责任公司
北京市密云县房地产开发总公司
中远房地产开发有限公司
北京城建投资发展股份有限公司
北京武夷房地产开发有限公司
新华房地产开发公司

房地产优质楼盘表彰

裕汇集团有限公司
北京天鸿房地产开发有限责任公司
首创置业股份有限公司
北京庄胜房地产开发有限公司
北京京都房地产开发有限公司
上海国亭房地产开发有限公司
北京佳隆房地产开发公司
北京市玉龙吉胜房地产开发有限公司
北京富力城房地产开发有限公司
北京归谷园有限责任公司
北京中关村开发建设房地产公司
北京翰宏基业房地产开发有限公司
北京昊远隆基房地产开发总公司
北京市宣武区城市建设综合开发总公司
北京富华永利实业有限公司
北京先锋置业股份有限公司
太原市华龙泰房地产开发有限公司
北京丰泰新房地产开发公司
北京广华轩房地产开发有限责任公司
北京市兴昊房地产开发有责任限公司
北京建华时代房地产有限公司
北京东方太阳城房地产开发有限责任公司
北京城建兴华房地产有限公司
北京金地世纪缘房地产开发有限公司
北京市密云县房地产开发总公司
北京城建投资发展股份有限公司
中国武夷实业股份有限公司
新华房地产开发公司
北京京隆房地产开发公司
北京千秋基业房地产开发有限公司
北京市华远地产股份有限公司
北京国电房地产开发有限公司
北京万置房地产开发有限公司
北京北辰实业股份有限公司北辰置地分公司
北京京达房地产开发有限公司
北京融科智房地产开发有限公司
北京京师大房地产开发有限责任公司
北京华森房地产开发公司
北京隆盛房地产开发有限公司
北京中洋创业投资有限公司
北京艺苑房地产开发有限公司
左岸工社
北京同马房地产开发有限公司
东华广场置业房地产公司
北京合生愉景房地产开发公司
北京银信房地产开发有限公司

裕汇集团有限公司

区域优势

优越的地理位置

棕榈泉国际公寓位于农展南路，介于东三、四环之间，连接平安大街与工体北路，贯穿京城东西。恰与以国贸商圈为中心的CBD（中央商务区）和燕莎为中心的燕莎商圈、使馆区形成金三角之势，构筑起商务区与居住区的最佳组合，使现代与传统、国内与国际、稳重与热情一脉相联，联接贯通。

三里屯、酒吧等、滚石DISCO，工人体育场、工人体育馆热力四射，动感十足，风景秀丽的朝阳公园、红领巾公园、团结湖公园让您尽享被都市珍藏的自然，北海公园、什刹海，明清古建筑将中国几千年文化的古朴、稳重、深厚的内涵展现得一览无余。

便利的交通

本案西距东三环路1500米，东距四环路1000米，农展南路联通工体北路、平安大街，贯穿北京城东西。距首都机场20分钟车程，距东直门交通枢纽10分钟车程，距国贸车程8分钟，距燕莎车程5分钟，距太平洋百货仅3分钟。

周边环境

购物设施：太平洋百货，京客隆购物中心、团结湖商场、华农商场
医院：水碓子医院、武警医院、朝阳妇幼保健院、朝阳医院
休闲娱乐：滚石、朝阳公园酒吧街、三里屯酒吧街、朝阳公园、团结湖公园、红领巾公园、朝阳体育馆、工人体育场、郡王府

项目占地：

棕榈泉国际公寓占地面积约7万平方米，总建筑面积约30万平方米，公寓面积23万平方米，由11幢28-33层板式塔楼组成。

外立面：

DP建筑设计事务所，来自被誉为“世界花园城市典范”的新加坡，将建筑与自然环境完美融合，一改京城传统楼市外立面呆板、雷同无特色的面貌，将新古典的优美建筑设计、大型落地玻璃，通过不同建材与线条的巧妙组合，在朝阳公园南岸形成了一道靓丽的风景。

公园景观：

与棕榈泉国际公寓一路之隔的朝阳公园是亚洲第一大市内公园，有“北京的绿肺”之称，占地面积达4800亩，其中湖面面积达100亩。

朝阳区政府已确定投入数十亿资金将朝阳公园扩建改造成亚洲最大的城市公园，扩建后的公园水系直接通达颐和园，开发商将共同投资在朝阳公园湖面下面开发6万平方米的水下商城。

区内景观设计规划：

设计主旨：楼从绿中拔起，人在树中流动

棕榈泉国际公寓绿化面积达38000平方米，园林面积达占地的50%，有十几米高的人工小山配局部9米下沉广场，高低落差能够达到20多米的立体园林。园林内有大面积静态水面、动态水幕，错落有致。园林绿化考虑到四季有花，春

桃、夏荷、秋枫、冬梅，园林内有亭台楼榭和二个90度7、8米深的长廊，并将绿化引入楼座下面，形成建筑与园林的关系，营造一种建筑和绿化融入一体的感觉。区内景观规划设计的意念在于提供各有特色的邻里花园和中心焦点花园为业主在此玩乐、休闲及欣赏。因北京气候干燥、多尘、寒冷时期多，其规划设计的重点在于空间内外的联系，硬景和特色雕塑景观的设计上。

小区主入口的古典式特色水景在宽阔的开放空间衬托下更显堂皇华贵。

设在会所顶部既时髦又古典的花园与倒景池开阔了会所入口大堂的视觉联系，使其可以伸展到外。业主也可以在此高瞻在下的“棕榈”庭园。

为了配合建筑群整体时髦又古典的风格，总体园林和其景观的安排是按基地和建筑的轴线而分派，并是对称的。但随之引入的弧形走道，弯弯曲曲的“小溪”与蜿蜒的小径，整体正规的编排被打破了，变得比较自然、随意、更人性化。古典风格中的特色也被抽取并广泛应用在园林设计上，使其豪华、高贵的形象更为突出。

此规划共有四个邻里花园，它们各有不同的特色与气氛，在这大型的发展项目中各有各自的身份与个性。这些花园并被弧形主要走道串成一体。园林两旁的地势逐渐倾斜与下降，形成“幽谷”和“小溪”穿插其中，既成为小孩们玩乐的好去处，也为居民提供了一个大水边的松驰静修所。在总平面中心上的“棕榈”庭院形成了全小区的焦点，并和会所室内游泳池连成内外空间的联系，将室内外连接在一起。空间可在这两处自由流动，这也是居民观赏的场地。“棕榈泉”的气氛在此特别浓厚，内外都种满了棕榈树。

除以上的观赏园景外，此园林也提供了各样功能性与互动性的设施，适合不同年龄的业主，例如有儿童游乐场，缓跑径连健身站、休闲坐区、太极院、露天广场等等。这园林既满足了业主的视觉美感，也满足了他们的活动要求。

概括而言，此园林将会是豪华、高雅与时髦的代表，并和它原来取得灵感的古典花园相映成趣。由贝尔高林公司设计，该公司正在竞标朝阳公园的改造方案。

会所：

会所由著名室内设计公司“G.I.L.”，设计，13000平方米五星级豪华会所。“GIL”是北京国际俱乐部饭店的设计公司，前所未有的在私人小区公寓内大胆创造出一年多功能超五星的豪华会所。

物业管理：香港地铁物业公司

香港地铁物业是香港最大的物业管理公司之一，自1979年成立，迄今管理共超过60万平方米的物业，香港地铁物业以“为客户提供最佳服务及为物业增值”作为公司发展理念，具备健全的服务制度、规范的服务程序，齐全的服务项目和快速的服务效率等优势；超过20年的物管经验积累，确立了其在行业内的领先地位，并深受社会各界及同业赞赏。并荣获包括香港生产力促进局颁发的香港服务业大奖、壹周刊2001年“服务第一大奖”（自1992年起已7次获奖）、国际财经杂志《远东经济评论》颁发的2001年度亚洲“管理最佳公司”及“与投资者关系最佳公司”在内的多项殊荣。

地址：香港湾仔港湾道25号海港中心1901
北京市朝阳区农展南路甲1号
邮编：100026
电话：010-65302300

项目概况

常营居住区位于北京市朝阳区常营乡，其所处的定福庄地区，是北京市总体规划确定的十个边缘集团之一。

场地西邻常营路，路西为居住用地；北邻幺家店路，路北为大型绿化公园；东邻朝阳北路和草房西路，路东为规划常营工业区用地；南部为常营南路，路南基本为城市单位和部队用地。

定福庄集团规划建设区总用地29.05平方公里，规划总人口约30万人，以居住、办公和科研为主，是具有适度均衡吸引力的综合性组团。常营居住区位于北京市东部，占地2.464平方公里。包括居住区和公建区两大部分，其中居住区占地157.55公顷，公建区占地88.83公顷，预计可开发建筑面积约310万平方米，计划居住人口约4.6万人。

总体规划设计概念

我们将常营居住区称为"城中之城"。富有创意的规划、缜密的设计以及独特的革新将使本项目成为北京住宅建筑的典范之作。那些渴望在北京东城工作和生活的中青年白领阶层会被它独有的气质和品质所吸引，从而产生到此居住并体验全新而充满激情的生活的愿望。此项目中住宅建筑所占份额较重，配套公建包括商业/零售、写字楼和市政建筑。通过对道路、步行通道及开放空间走廊的细致入微的设计和周密的使用功能整合，创造了北京市东部的一处颇具震撼力的都市社区。

北京天鸿房地产开发有限责任公司

社区园林出自加拿大PW国际环境设计事物所之手，为典型的北美式风格：散淡、爽朗、简约。大理石瀑布，汉白玉柱金属顶的凉亭，花栏式长木椅，整块打磨的长石凳与花、草、泥土、建筑相和谐。也许她还算不上经典园林，却是可识别的园林。社区生活配套完善，东润枫景已与日坛中学签约合办社区九年义务制中小学，学校占地22000平方米，建筑面积约13500平方米。业主子女将在这里接受重点学校的素质教育。社区设有5000平方米豪华会所和五星级地下车库，“东润数字社区”将为数字化生存提供可能。发现居住的真意，东润枫景的生活理想。这里，将是一个有美，有艺术，有生活，独独没有压力的居住地。在倾力建设房子的同时，东润枫景更着力营造人文气息十足的社区生活氛围。在业主入住之前，东润枫景“认邻居”活动让业主们相互认识，“暖冬”室内生活艺术沙龙，“凉夏”生活艺术沙龙之电影月，“爱鸟”行动，“东润枫景首届民间艺术节”，一种优雅、和谐社区氛围正逐渐形成。

东润枫景希望，每个人都可以成为生活的艺术家。

东润枫景获“2000年度北京十大明星楼盘”和“长城结构杯”、“2001年度优秀楼盘”等荣誉。

地址：北京市朝阳区建国门外大街24号京泰大厦10层
电话：010–65156688

小区商业街

景观通道

多层建筑

在澳州大师的笔下，雪梨澳乡是简单的、鲜亮的。透过私家庭院、落地玻璃、露天阳台，满目蓝天、艳阳、绿草，漫步澳式街区，只疑身在澳乡。

项目介绍

雪梨澳乡是位于京昌路西三旗环岛的大型近郊别墅项目，占地面积约25万平方米、总建筑面积约17万平方米。2001年5月开工，预计2004年12月竣工。

该项目交通便利、重现澳洲别墅风情，使用户轻松实现七天澳洲别墅生活。

本案位于京昌路西三旗环岛东南角、京昌高速路西三旗出口处，东接亚运村，西邻中关村，沿高速公路直抵北三环马甸桥，进城不过7分钟车程，天天都可过别墅生活。

位置

本案位于京昌路西三旗环岛东南角、京昌高速路西三旗出口处，东接亚运村，西邻中关村。

交通

紧邻京昌高速路，沿高速公路直抵北三环马甸桥，进城不过7分钟车程，轻松实现7天别墅生活。

规划设计

* 色泽亮丽、造型简约，再现原汁原味的澳洲别墅风情。
* 由北至南拥有3个街区.每个街区的道路以环岛相连，近端回车的方式避免车辆的频繁干扰。
* 道路设计成曲线型，增加道路、单体别墅和景观的视觉变化，减少汽车前灯的影响。
* 别墅单体的变化、18种外墙颜色的搭配、种类各异的植被，营造个性化的居住环境。
* 多数家庭拥有前庭后院、地库、私家泊位、露台和天空，尽享阳光和空气。
* 南侧落地窗最大限度满足观景视觉享受，东西高窗设置在满足保温节能的前提下提升空气流通。
* 起居厅、餐厅及卧房开敞式平面布局，更利于采光和通风。
* 园林植被不仅仅满足美感，也关注房屋的私密性、识别性和采光。
* 每个街区都有自己的公共绿地和变化的景观，非常适合街区内的住户到户外就餐与娱乐。

社区配套

近3000平米的澳式阳光会所为住户提供全面的休闲配方：游泳、健身、保龄、桌球、网球、篮球、餐厅、酒吧……

首创置业股份有限公司

项目介绍

盛世嘉园位于国贸以东500米，紧临长安街，是中央商务区内的精致社区。社区内共有4栋18－22层高级公寓，1栋业主专有会馆。拥有南北两组以"城市"与"自然"为主题的休闲地带，以及颇具前卫意识的高纯度色彩建筑外观。占地面积约1.4万平方米，建筑面积约8万平方米，于2003年4月已售出98%单位。

项目特色

盛世嘉园置身"先导商业"区，距国贸仅五百米，西邻航华科贸、摩托罗拉大厦、惠普大厦；东靠京通高速路、东四环路；地铁复八线国贸站，八王坟站簇拥左右；多路公交线路直通。虽地处北京市CBD国贸商圈，但独处一隅，小径通幽，远离喧嚣，享受宁静。

社区由四栋后缩式蝶型塔楼组成，每层仅6户家庭，私密而自由。全套精装修，业主可斟选6款室内设计，皆出自学院派设计师之手，并荣获"百龙杯"全国户型评比综合大奖。物业管理采用酒店式管理，管家式服务，24小时保安巡视，并配有高科技智能安全防范系统。

北京庄胜房地产开发有限公司

北京庄胜房地产开发有限公司作为香港庄胜集团的全资子公司，成立于1992年9月。经过十多年的发展，公司在北京已形成以房地产业为龙头，涉足大型百货零售、酒店、餐饮娱乐、广告、网络等行业的产业群，资产规模超过76亿元。

公司创业初期主要负责开发建设北京市宣武门外大街东侧逾100万平方米建筑面积的庄胜广场项目。作为一个有远大目标的开发商，北京庄胜房地产开发有限公司用一种全新的思路来看待宣武区的城区改造计划，定下了通过彻底改造宣武门形象来做活整个"庄胜城"项目的总体发展思路。

1997年6月，庄胜广场一期工程的第一写字楼及广场全部地下建筑竣工交付使用。1998年6月，庄胜广场8万多平方米的商业裙楼全部竣工交付使用。2001年12月庄胜广场中央写字楼竣工。一个40万平方米的巨型商务楼群出现在宣武门，成为北京南城的一道亮点。

正在建设中的庄胜二期作为一个总容量突破70万平方米的高档商住社区，将彻底改变宣武门地区的居住环境和整体面貌。

北京庄胜崇光百货商场是庄胜（集团）有限公司全资下属公司。开业五年多以来，营业额不断攀升，曾创造全国零售业商场单店日销售最高记录。正在筹备中的北京庄胜丽晶购物中心将作为超豪华购物中心与庄胜崇光百货商场相呼映，构建北京市新的商业中心。

今日的宣武门，已经在北京庄胜房地产开发有限公司的开发过程中彻底改变了面貌。宣武门将成为北京市中心统一规划的集零售商业、商务办公、旅游文化、居住为一体的现代高尚社区。

面对未来，公司制定了"诚信经营、持续发展"的发展战略，在完成宣武门旧城改造工作后，庄胜集团将以更加开阔的视野和更雄厚的实力，面向全国拓展事业。

北京庄胜房地产开发有限公司
工程获奖情况

1998年11月，北京庄胜房地产开发有限公司投资建设、中建一局（集团）有限公司北京分公司承建的北京庄胜广场工程被中华人民共和国建设部授予全国建筑业新技术应用金牌示范工程荣誉称号。

1999年6月，北京庄胜房地产开发有限公司投资建设、北京市第一城市建设工程公司承建的庄胜商住楼工程被北京市城乡建设委员会、北京市人事局共同评为1998年度优质结构工程。

1999年12月，北京庄胜房地产开发有限公司投资建设、中建一局（集团）华江建设有限公司与中建一局集团安装公司共同承建的庄胜广场项目综合施工技术被北京市人民政府评为 北京市科学技术进步二等奖。

2002年11月，北京庄胜房地产开发有限公司投资建设、中建一局（集团）有限公司北京分公司承建的庄胜城项目被中房指数系统办公室评为2002～2003年度北京典型住宅指数即城市中心区样本项目。

北京庄胜崇光百货商场

引进日本崇光百货集团先进管理模式，由庄胜集团投资并经营的北京庄胜崇光百货商场位于宣武门外大街庄胜广场内，营业面积达8万多平方米，是北京市目前单店面积最大的集购物、饮食、休闲娱乐于一体，以青春、时尚、精品为风格的百货商场。

地址：北京市宣武门外大街6号
邮编：100052
电话：010－63102288

北京庄胜房地产开发有限公司项目介绍

北京庄胜房地产开发有限公司开发建设的庄胜城项目由一期庄胜广场、二期公寓住宅构成。工程位于首都北京的中心--天安门广场西南。北临中国银行总行和西单商业中心，东临前门商业圈，南接著名的琉璃厂文化街，西面紧连规划实施中的北京国际金融中心。

庄胜城占地约23公顷，总建筑面积逾100万平方米。通过一期庄胜广场、二期纯居住高档公寓住宅共同构筑一个京城超大型综合生活社区。

庄胜城二期工程——纯居住高级公寓生活区

庄胜城二期工程位于前门西大街以南，琉璃厂西街以北，南新华街至香炉营东巷。西区紧邻庄胜广场，东区南侧连接着著名的琉璃厂文化街及和平门。整个区域环抱于文化气息浓郁的琉璃厂，紧邻繁华的前门大街及环线地铁，地理位置极其优越。庄胜二期为纯居住高级公寓住宅，由东西两区共同组成。

庄胜二期工程规划建设用地8.35公顷，总建筑面积67万多平方米，其中住宅19.88万平方米，由67幢外形靓丽、设计风格独特、机电设备齐全、装修豪华的板式与塔式高层住宅建筑物组成。

庄胜城一期工程——庄胜广场

设计单位：巴马丹拿国际公司
北京航空工业规划设计研究院
监理单位：北京航空工业规划设计研究院
施工单位：日本国大成建设株式会社
中国建筑工程公司一局
物业单位：北京庄胜物业管理有限公司

庄胜城二期工程——纯居住高级公寓生活区

设计单位：香港贝斯建筑设计（国际）有限公司
纽约MG设计国际有限公司
日本Anetos Corporation环境设计公司
建设部建筑设计研究院
北京三磊建筑设计有限公司（甲级）
监理单位：北京开普工程建设监理有限责任公司
（房屋建筑工程监理甲级）
施工单位：北京城建一建设工程有限公司
（房屋建筑工程施工总承包壹级）
江苏南通三建集团公司
（工业与民用建筑工程施工壹级）
物业单位：北京庄胜物业管理有限公司

庄胜城一期工程——庄胜广场

庄胜广场位于北京市中轴线旁，北临西单购物中心、东临前门商业中心区域，南接北京著名的琉璃厂街，连贯计划中的“京城地下街”及东西南北贯通的地铁网络，面对规划中的北京国际金融中心，占据宣武门到南二环路国际传媒大道的龙头位置。

庄胜广场总建筑面积37万平方米，主体由两幢共11.5万平方米的甲级智慧型写字楼、一座7万平方米的超五星级庄胜丽晶酒店和包括大型庄胜崇光百货商场和庄胜丽晶购物中心在内的商业裙楼构成。

北京京都房地产开发有限公司

地址：北京市崇文区广渠门内大街天龙东里5号
邮编：100062
电话：010-67193618

北京京都房地产开发有限公司成立于1999年8月，是一家由北京崇文区房屋管理局与广东汕头花园集团有限公司共同合资组建的股份制开发企业，公司注册资本3000万元，目前有员工120余人；大专以上学历的占80%以上，具有专业技术职称的占50%以上；随着公司业务规模的扩大和内部管理机制的不断优化，公司将不断地广纳贤才，充实自己的人力资源队伍。我们拥有专业的开发经验、高端的技术力量、雄厚的运作资金、全新的管理埋念，是崇文区的30强企业之一。

公司目前开发建设的项目有：48万平米的富贵园项目，园区占地14.4公顷，总投资额达15亿人民币。倾力打造了48万平来短板式健康生态社区，其中住宅面积32万平来，商业配套16万平米，目前一期已经全部入住，现推出升级版二期。85万平米的东花市三期项目，占地20公顷，建造一个50万平方米的高尚住宅区和一个35万平方米的甲级商业中心。总投资达32亿元人民币。东花市三期项目的开发建设将是北京南城区域的新亮点，是我区经济新的增长点。

本公司将在未来的3年内完成150万平方米的建筑规模。在不断创造自身经济效益的同时，也不断完善公司内部经营管理体制，以适应现代化建设的需要。北京京部房地产开发有限公司将借着改革的春风、迈着稳健的步伐，不断开拓进取，向着自己预定的目标勇往直前。

上海国亭房地产开发有限公司

上海国亭置业有限公司（原名上海国亭房地产开发有限公司），公司注册地址上海市松江区九亭镇大街368号，注册资本2000万元人民币，法人代表：陈一元。2003年4月，公司通过了ISO9001质量体系论证。目前公司所属企业及所投资的企业有：

1.上海国申房地产开发有限公司；

2.上海国顺物业管理有限公司；

3.上海国俊建筑工程有限公司；

4.上海国亭宾馆。

5年来，公司在九亭开发的以“国亭花苑”命名住宅小区有二个近10万建筑平方米，销售情况良好，住户反映满意，企业经济效益……

1998年4月~2000年10月，完成了“国亭花苑”南区54000建筑平方米的小区建设，被评为上海市2000年度完整街坊和2001年度上海市精神文明小区。

2000年11月~2002年10月，开发建设了“国亭花苑”北区近40000平方米的欧式住宅，销售告罄，经济效益取得较大收获。小区又被评为上海市2002年度“四高小区”。

2002年10月，又一个近50000平方米的小区行将启动，二年后的今天，九亭镇上又将出现一个崭新的、充满惬意的住宅小区……

回顾过去，国亭公司走过了一段艰苦和辉煌的历程，展望未来，立足市场，挑战未来，发展科技，提升管理，凝炼文化，以更优的服务，提供高质量的“商品”，愿与各界的朋友密切的合作，携手共进，风雨兼程，与业内人士共同探讨房地产开发、管理。树立良好的企业形象和品牌形象，为我国的房地产事业作出点贡献。

“国亭花苑”由上海国亭房地产开发有限公司投资建设，占地面积66600平方米，坐落于九亭街北侧，99900平方米的大型音乐喷泉广场和具有欧陆风情的街心花园近在咫尺；超市、医院、学校、集市、休闲体育场所等设施齐全；公交92路B等多条公交车直达小区。泛光庭园照明，私家车位，人车分离，8层电梯房，板式小高层一梯两户，预留宽带络管，楼宇对讲，电视监控系统，使小区尽显高贵典雅；小区绿化率高达51%，近日又被选中成为第二届“上海市优秀住宅”评选入围项目。“国亭花苑”以其成熟的社区氛围，多彩的景观大道，大气的豪华商场，与周边优雅的步行街、九亭文化广场等交相辉映，构成大面积绿色生态环境，是极适宜人类居住的理想社区。

九亭，作为上海近郊新型城镇，凭借优越的地理位置，交通便利的条件，清丽宁静的田园风光，正吸引众多开发商投资建设，纷纷将延续千年的历史文化与欧洲古典主义的浪漫色彩融入整体布局设计，创造了一座座极具主题化、个性化的精典楼宇。坐落于镇政府东侧的“国亭花苑”，正以浑宏之势成为众多楼宇中的一枝诱人的奇葩，为古镇带来一阵罗巴的风情。

上海国亭房地产开发有限公司
市区售楼处：漕宝路36号和诚商务楼301室
电话：021—64368822　64759501
现场售楼处：松江区九亭新区九亭大街405号
电话：021—67630963

北京佳隆房地产开发有限公司

北京佳隆房地产开发有限公司是从事房地产开发和销售的专业企业，它所开发的“名佳花园”项目，在人杰地灵的京北地区不是最大的，装修不是最豪华的，价格不是最高的，但是我们要造老百姓最需要的。正是在这一宗旨下，我们的商品在低价位水平上在向业主提供大起居室、大厨房、大卫生间、低密度的现代家居环境。在一期、二期销售火爆的同时，将国际上最先进的家居理念引入到三期的开发建设中，为此我们特地邀请德国维思平建筑设计公司进行方案设计，最大限度的扩大居室的采光通风面积，是名副其实的健康住宅。为满足消费者的人文需求，我们在小区内建设了水系园林，重金聘请艺术大师为小区量身定做雕塑小品，使小区的业主感觉到名佳花园的环境“不仅是品位，更是回味”。市场的需要就是我们佳隆人努力的方向。

在注重细节的同时，“名佳花园”的整体设计把都市的生活情调和人的情感因素以及德国的建筑风格和北京的特点尽量结合在一起，既充满了活力，又流淌着一种独特的睿智与文化气息，淡淡地散发着优雅的味道。这种空间环境的塑造使人感觉到生活在一个非常亲切、怡人的氛围中，能带给都市人难得的安详、舒缓的幽雅……您来到这里，走在鲜花绿草簇拥的小路上，与闲散恬淡的邻居含笑擦肩而过，看着在绿色掩映下家园……　在这样诗情画意的环境里，您立刻就可以忘掉城市中的烦躁，使紧绷的神经放松下来。家在“名佳花园”，您漂泊在心会得到无可替代的满足。

A关于企业：

北京佳隆房地产开发有限公司是从事房地产开发和销售的专业企业。现有员工近200人，拥有高级技术职称人员占10%，中级技术职称人员占75%，是一个团结向上，勇于创新，进取拼搏的工作团队，我公司尊重知识尊重人材是理个充满朝气和活力蓬勃发展的公司。我公司开发建设的名佳花园创优质服务——京城零投诉房地产企业及楼盘”的光荣称号。公司全体员工将一如继往坚持“诚信为本”的原则，以高质量、高品质低价格，使更多的消费者拥有自己理想住房为宗旨，服务于社会各界人士，集思广益，使公司向集团化高速发展。

北京佳隆地产开发有限公司根据人们的心理需求，在天蓝水绿的京北，为每一位寻找都市乡村的人，搭建一处富有神奇魅力，无限诱惑的名佳花园，在这里您的奢望与梦想都将变成现实。

B：关于企业文化及其核心理念

公司的核心理念：团结一心，知难而上。诚信为本，追求卓越。市场、公司本身等一系列客观条件，及其内外部因素，都是处在不断发展、变化的过程中。我们每个人，每个企业在这个过程中都会遇到这样或那样的新问题，新困难，这是发展的结果，是社会、企业进步的标志。佳隆公司全体同仁都必须正确认识这一点。团结一心，知难而上。哪样，就没有解决不了的困难。正如毛主席在“愚公移山”这篇千古佳作中所说的——我们要用我们坚定不移的革命精神感动人民这个上帝，我们就可以搬掉“三座大山”建立新中国。对于我们企业来说，市场就是我们的考场，广大的顾客、消费者就是我们的考官、我们的上帝。我们的产品就是我们的答卷。我们的产品是否被市场所认可、是否顾客所接受，是我们企业成败的唯要符合被市场接受这个标准，我们必须以诚信为本，追求卓越。你一标准。我们企业的员工就是要用我们的敬业精神感动顾客这个上帝，去实现我们“世纪卓越、百年辉煌”的伟大理想。

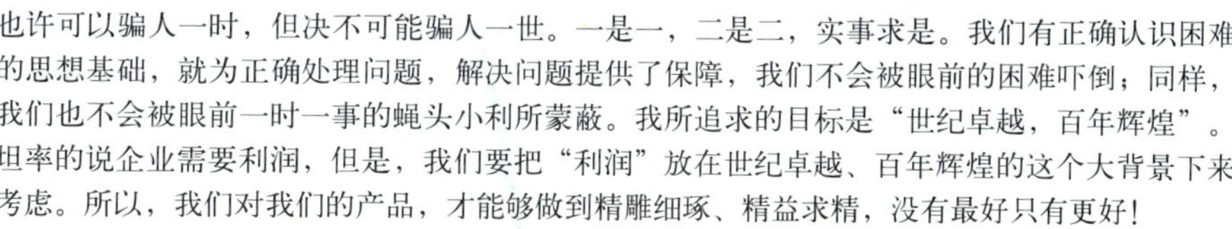

也许可以骗人一时，但决不可能骗人一世。一是一，二是二，实事求是。我们有正确认识困难的思想基础，就为正确处理问题，解决问题提供了保障，我们不会被眼前的困难吓倒；同样，我们也不会被眼前一时一事的蝇头小利所蒙蔽。我所追求的目标是“世纪卓越，百年辉煌”。坦率的说企业需要利润，但是，我们要把“利润”放在世纪卓越、百年辉煌的这个大背景下来考虑。所以，我们对我们的产品，才能够做到精雕细琢、精益求精，没有最好只有更好！

C：关于我们的项目名佳花园：

1.上风上水 龙脉宝地

名佳花园位于亚运村北约12km，立汤路平西府路口东200米处，地处京城上风上水，生态环境极佳，交通非常便利快捷。多条公交线路直达小区，有358支线、417支线、912、949、850、727、758、小7路、22、48路803汽车绕小区南40米宽主路运行。小区门口车站距立水桥城铁仅5km，距地铁5号线3km，规划中的地铁5号线途经西侧入口，一旦开通将极大加强与市中心交通的连接。与周边的王府公寓、王府家庭农场、名流花园、望都家园、美树假日、威尼斯花园等小区相映成辉，共同组建京北地区浓重的生活气息，规划中的立汤路单向3车道，路两侧50米宽绿化带，以用名佳花园西则的医院，使得家在名佳花园可以尽情受城市的便利与大自然的和谐。

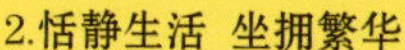

2.恬静生活 坐拥繁华

距离京北亚运商圈仅4km，出感受现代都市生活的多彩节奏，入则体味一份平静从容的生活滋味，动静之间游刃有余。小区内均为低密度纯板式住宅，户户朝阳，户户通风，使用率高，公摊面积少，拥有理想的家居环境。

3.名佳花园总体环境

地处京北上风上水，明媚的阳光，青翠的草地，清新的空气，与自然的全面接触，安谧宁静、怡情养性，让您在源头优先享受纯净恬美的生活。

园林设计为中美合作北京世纪景观园林工程有限公司，设计上充分体现了回归自然的现代园林设计理念。无论林间小坐或漫步在鹅卵石铺就的小径，都会带给你一段舒适放松的闲暇时光，享受到幽雅惬意的家居生活。

随着奥运会日益临近，与北京奥运相关的交通、环境项目多已启动，京北建设速度正在快马加鞭，2004年奥运主体项目将全面开工，道路、绿化等各种市政配套设施建设已日臻完善。“名佳花园”位于“奥运公园”北面，得益于整个地区的发展，“名佳花园”的发展潜力已清晰可见。其投资回报不言而喻。在可以预测的将来，必将成为人们居住、投资的首选。

霍总寄语2004

亲爱的朋友们：

大家好！在这我仅代表名佳花园的开发商——北京佳隆房地产开发有限公司先给建设部中房协的领导、房协各兄弟单位的同仁及关心和支持我们工作和发展的各方面朋友拜年！并衷心祝愿大家在新的一年里身体健康，事业兴旺，家庭幸福。佳隆房地产公司以及我们所开发的名佳期花园项目自始至终将遵循“实事求是，以人为本，为民服务”的原则，致力于为我们的客户在同等价格水平上，开发高品质、高水准、创新概念的商品住宅。如果把市场比作广阔的大海，那么，企业就是航行在大海中的船。2004年从宏观经济上讲是充满希望的一年。我们佳隆公司全体同仁希望在新的一年里，我们的企业和大家一道顺风顺水，扬帆远航。

北京佳隆房地产开发有限公司总经理
2003年12月31日于北京

拥有一个充满阳光与温馨的家，回归传统与自然，享受轻松、无拘无束的田园韵味，是每一位都市人对生活的渴望。然而对于绝大多数都市人来说，却又不会仅仅为了寻找这份安宁而放弃城市生活，人们最希望的是在城市的喧嚣中寻找到返朴归真的感觉。而这也正是目前众多房地产开发商追求的境界。

北京佳隆房地产开发有限公司就根据人们的这种心理需求，在天蓝水绿的京北，为每一位寻找都市乡村的人搭建了一处富有神奇魅力的无限诱惑的“名佳花园”，在这里您的一切奢望与梦想都将变成现实。

北京玉龙吉胜房地产开发有限公司

总经理 刘志玉

北京市玉龙吉胜房地产开发有限公司成立于2001年2月，是一家专业从事房地产开发建设的股份制公司。公司自成立以来，一直致力于北京市低密度房地产项目的开发与销售，并在经营过程中创造了知名品牌“宽house”。公司由一批北京地产界从事开发、销售多年的中高级管理和技术精英组成，对地产项目的开发、策划、施工、销售有着丰富的经验的能力。是一个年轻、富有朝气、充满活力的集体。

公司成立两年来，经全体员工的共同努力，形成了“建设一流品牌”的坚实企业文化，本着“把自己作为第一位业主”的原则开发建设项目，精益求精、锐意进取；公司把“客户满意”作为决策的第一标准，勇于突破，大胆创新，赢得了客户的高度信赖。通过两年的发展，公司具备了较强的资本运作能力，逐渐形成了高效的决策体系，拥有全新的经营管理理念和健全完善的管理制度，具有超强的组织凝聚力，为公司进一步发展奠定了坚实的基础，

公司目前开发的宽house项目，地处中关村高科技产业园区，产品以“大面宽、短进深”的创新理念和极高的性能价格比，填补了京城地产市场的空白，创造了超乎寻常的销售业绩。

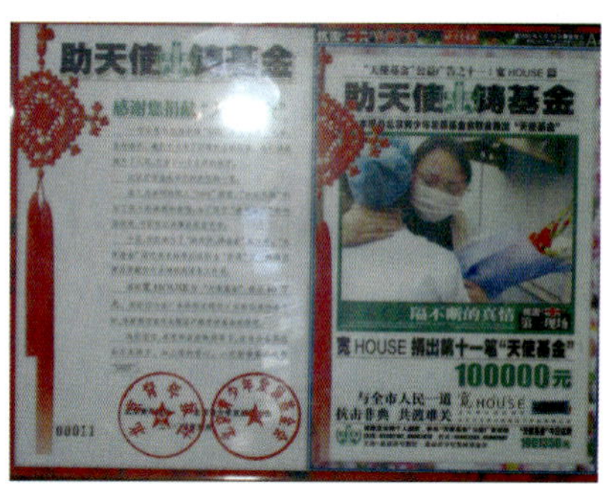

地址：北京市东城区安定门外大街2号
安贞大厦1901
邮编：100013
电话：010-64482505

宽house地处中关村高科技园区，总占地面积22万平方米，容积率0.69，产品形式为联排和双拼两种，是纯TOWNHOUSE社区。

宽house是在传统TOWNHOUSE基础上进行大胆创新的产物。通过取消传统TOWNHOUSE中的“暗房”，实现建筑内部所有空间，包括厨房、卫生间、楼梯间、地下室等辅助房间全部享受自然采光与自然通风，“全明”设计满足了北方居家对彩光和通风的需求，产品一经推出，就获得市场的认同与媒体的追捧。

宽house把建设美好生活的权利还给业主自己。宽house采用大跨度的钢筋混凝土剪力墙结构，实现了大面积空间内少梁无柱，使室内居家空间方正好用，同时,取消隔断墙，真正实现了客户按需分隔的产品自由定制理念。

宽house以高性价比赢得市场。通过压缩进深，增大面宽，从而控制了单套房屋的总面积，同时将房屋单价向理性回归，真正实现了控制总价，使得更多的人群可以享受到有天有地有景观的别墅生活，扩大了目标人群，做到了“把house还给冷静的中产阶级”。

宽house地处交通便利的西三旗，城铁和多路公交车组成了四通八达的公共交通网络，而八达岭高速公路以及周边三横四纵的公路网也为客户的私车出行提供了便捷与轻松。单套240余平米110万元左右的总价，辅以社区完善的配套设施和周边成熟的环境，使得宽house真正成为具有极高性价比和极强竞争力的地产项目。

宽house还有一个集中绿地与带状绿地有机结合的有创意的超大面积风车型集中绿地，使住户在有自己“天地”的同时，拥有一个可以聊天交往的、空间开敞的、有足够空间供孩子们奔跑游戏的城市广场和一片视觉开放、空气清新的场所。

广义的“宽”将是公司一如既往的追求，力争将每个项目做和更加完美,使更多的热爱生活的人充分体验生活的美。

富力城销售中心

富力城项目简介

2002年2月28日，富力地产集团斥巨资32亿取得了北京有史以来最大一块公开招标的商业地块，总占地面积48.78公顷。该地块位于东三环双井桥西北侧，紧邻CBD中央商务区核心区，地段位置优越，被业内人士称为北京住宅用地标王。

富力城，是北京富力城房地产开发有限公司秉承“富力”一贯打造优质住宅、优质生活的品牌内涵，依托富力集团的雄厚实力和丰富经验，震撼京城地产界的倾情奉献！富力城项目整体定位为低密度园林生活城，仅绿化面积就多达17万平米，是东三环内罕有的超大规模精装修低密度居住社区。

童趣园

[品质]

东三环内一百多万平米特大低密度生活社区。实力开发商，倾心打造城中的香格里拉。
完善的大型生活配套设施、品牌超市，感受畅快便捷的生活情趣。
高尚品牌精装修，彰显国际化居住潮流。
每一处细节的精雕细啄构造品质生活。

[交通]

小区距离国贸地铁站仅有一站之地，将繁华与静谧自由切换。
西接东二环路和东便门地区，东临东三环路，交通线路云集。
南面的广渠门外大街未来将扩展为双向八车道，将两广大街延长。
建设中地铁10号线直达本社区。

[园林]

国际知名设计机构，大师手笔，打造17万平米社区园林美景。
贯穿东西连续水景公园，童趣园、樱花半岛、叠水流云等景观使任流连忘返。
私家苗圃，精心引进、培植世界各地名贵植物，专供富力城。

[会所]

一期六星级运动主题会所达18000平米，室内大型游泳池、篮球场、网球场、羽毛球场、健身房等健身设施齐备，让人们在运动中洗去一天的疲劳，焕发生命的活力。

[教育]

北京工业大学附属中学（北京市高中示范校）
36班芳草地小学
国际双语幼稚园

西班牙广场

水景广场

在过去的2003年里，富力城获得了以下荣誉：

2003年北京健康楼盘50强（北京晚报读者推荐）
2003年北京新锐品牌地产完善概念组织力品牌（环球时报房产周刊主办）
非常时期北京十大热销楼盘（安家杂志主办）
2003北京青年最喜爱的社区（户型）评选最佳楼盘奖（北京青年周刊主办）
2003创建健康住区推介展示活动健康住区（中国房地产业协会、中国房地产报社联合主办）
2003年健康楼盘（北京青年报评选）
2003年北京二十大健康楼盘第一名（北京晚报读者推荐）
中国住区景观范例项目（中国房地产及住宅研究会研究会人居环境委员会、中华环境保护基金会、中国生态经济学会理论与发展委员会评选）
2003年中国房地产品牌战略创新十强（建设部科学技术委员会、中国房地产及住宅研究会、中国房地产业协会城开委、《中国建设报.中国楼市》评选）

项目名称：富力城
地理位置：北京市朝阳区双井桥西北侧，二、三环之间
建筑面积：130多万平方米
用地面积：48.78公顷
建筑形式：住宅、公寓、商住楼、写字楼、酒店
健康宣言：开发一个社区，建设一座公园
设计单位：（香港）凯达柏涛设计公司
项目网址：www.rfbeijing.com
销售中心：东三环南路双井桥西北侧（国贸桥向南约700米）
销售热线：67767777

首创置业与科技园建设强强打造

领秀硅谷

B.C区实景图

领秀硅谷是由首创置业与北京科技园建设股份有限公司等联合投资打造，由北京归谷园有限责任公司开发的奥地利风格高尚住宅社区。而作为领秀硅谷开发商的北京归谷园有限责任公司成立于2000年9月，是由首创置业和北京科技园建设有限公司等七家公司共同出资组建而成的大型房地产开发公司。注册资金1亿元。公司坚持"以人为本"的指导思想，使企业在创建品牌项目的基础上，成功步入国际化规范发展轨道。系出名门，领秀硅谷自然天生卓绝气质，已成为京城高档住宅中的传世经典！

中关村创业精英们的理想家园，就是让最唯美的居住环境得以传承，而这正是领秀硅谷纯奥地利式建筑风格之精髓。此项目誓为中国硅谷的高知创业者们建造最符合他们身份与个性的理想人居！这一誓言已被深深印证，从此，中关村全面进入理想居住化时代！

领秀硅谷作为中关村科技园区四大项目（中关村生命科学园、软件园、中关村西区、创业者家园）中唯一的居住项目，是2000年北京50项重点工程之一。项目地处京城西北上风上水之地，坐镇中关村几大科技园区核心位置，紧依城铁与京昌高速路，在其西北侧4000米处将会于2004年建成占地70万平米，亚洲最大的SHOPPING MALL，为在其居住的知识精英们提供现代化、国际化的生活环境。项目总占地120万平米，建筑面积70多万平米，是北京规划中最大的TOWNHOUSE社区。项目一期建筑面积20万平米，分为A、B、C区。其中A区为小高层景观公寓，分别为6、8、10层；B区为4～5层的叠拼HOUSE；C区为TOWNHOUSE——联排别墅。

如今，领秀硅谷A、B、C 3个区已全部建成。一排排以黑、白、灰三色为外立面主色的风格建筑依社区内的景观大道两侧散开，其间片片绿地加以点缀，整体感觉现代、时尚，颇显高贵气质。

中西方设计精粹交融而成的典藏之作

A区效果图

领秀硅谷的建筑设计由奥地利法赛尔——陈设计师事务所与中国建筑设计院共同倾情奉献。坐北朝南偏东15度的科学设计，得已让室内的每个角落都最大限度地接受阳光的沐浴；黑、白、灰为主色的外立面，使房屋整体感觉现代简洁时尚且欧洲色彩浓郁；还有风格各异的灵创外置阳光旋转阶梯，感受移步换景的乐趣。

整个社区的舒朗布局，则是依社区内的景观大道两侧散开，超宽的楼距让心胸也变的开阔许多，让你尽情享受天地纵横，唯我独秀的完美生活……

A区效果图

奥风建筑 秀逸本色

领秀硅谷296社区沿承领秀硅谷B、C区之建筑风格，欧洲色彩浓郁。我们试图让建筑本身领悟居住者的思想，并赋予其优雅的音乐艺术气质。106—166平米五种时尚新颖的户型供您选择，超宽的楼间距，让您的心胸随之变的更加开阔。宽大的外飘窗设计，让您在板式住宅中享受别墅般的阳光和上品生活的尊崇感觉！

296并不是一个简单的数字，其深层含义把领秀硅谷A区建筑非凡气质之所在一语囊括！独立的约4700平米的中心花园、水景规划设计，在296社区，居住环境的自然生态化，被诠释得更加透彻。平和、简洁、纯粹、活力、经典，五种别具风格的户型构造，让中关村的知识精英们选择属于自己的阳光空间，演绎各自的精彩人生！

2 首创置业和北京科技园建设股份有限公司两大实力组合强强联手打造传世经典。

9 ●中关村科技园区四大重点项目之一●中关村稀缺的低密度别墅社区 ●紧邻城铁的便捷交通 ●阳光纯板式景观公寓 ●4700平米中心园林设计 ●原汁原味的奥地利风格美学建筑 ●40万平米绿氧公园 ●高学历高素质的高知友邻 ●医疗教育购物休闲等配套设施完善。九大优势，强力支撑。

6 IT精英、高校教师、科研专家、社会学者、海归人才、财经名士。六类高知人群构筑知性家园。

体会叠拼HOUSE、阳光平层的美

领秀硅谷B区为中关村绝对罕有的高品质、高绿化率、低层、低密度的叠拼HOUSE、阳光平层住宅，共有产品324套。只因其花语飘香的私家小院；湛蓝诗意的星光露台；如乐符般飘逸的外置旋梯，抑或宽敞且动静分明的格局理念，称其为罕有绝不为过。每一处细节，无不体现出高品质建筑之设计灵魂——让居住者的精神与居住空间都得到绝对的舒展。

风云淡定的宁静港湾

领秀硅谷C区，纯奥地利风格TOWNHOUSE社区知识新贵的尊容领地。在此换一种心情，换一种角度，于这个大庭院里闲庭信步，欣赏建筑的设计之美。简洁高贵的外立面，完美体现了欧洲现代建筑的风格和品味。浓缩了奥地利精华风格的TOWNHOUSE，在暮霭中尤其显得沉静，一如这里众多业主的内敛心态。只有177栋的TOWNHOUSE共有8种风格，让你认真品味建筑的美……

C区

C区实景图

现代化的会所 现代化的生活

领秀硅谷拥有建筑面积6千多平米的超大会所，内有超市、健身房、餐厅、球类室等多种运动娱乐项目，为业主们提供丰富精彩的休闲生活。同时它也是业主俱乐部的活动场所，并会经常组织开放式的活动，吸引广大的业主朋友们前来参加，共同来享受这生活的愉悦空间。

会所效果图

北外附校主教学楼效果图

幼儿园实景照片

茁壮的幼苗更需细心呵护

领秀硅谷，拥有自己独立配套的社区幼儿园，场地宽阔、内部完善、硬件齐全，并特聘了高素质的专业师资，让我们的幼苗更茁壮的成长！　更有北京外国语大学加盟建成的双语国际学校位于社区东侧，先进的教育模式，正规化国际教育理念，让孩子的优势更为得天独厚、过人一筹。

现房垂询热线：62935566

登陆网站：www.lxgg.com.cn

投资组合： 首创置业 BEIJING CAPITAL LAND  北京科技园建设股份有限公司 等

发 展 商：北京归谷园有限责任公司

建 筑 设 计：奥地利法赛尔——陈建筑师事务所、中国建筑设计研究院

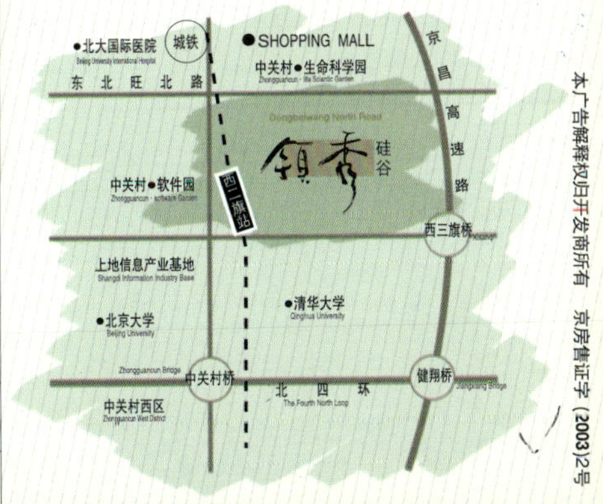

董事长、总经理：王云龙

质量体系认证证书
北京中关村开发建设股份有限公司

Certificate of Registration
Beijing Centergate Development & Construction Co., Ltd.

国际标准认证证书
北京中关村开发建设股份有限公司

万寿华庭大厦
地理位置：重庆市
结构：框剪
层高：31层
建筑面积：51460平方米
综合智能大厦

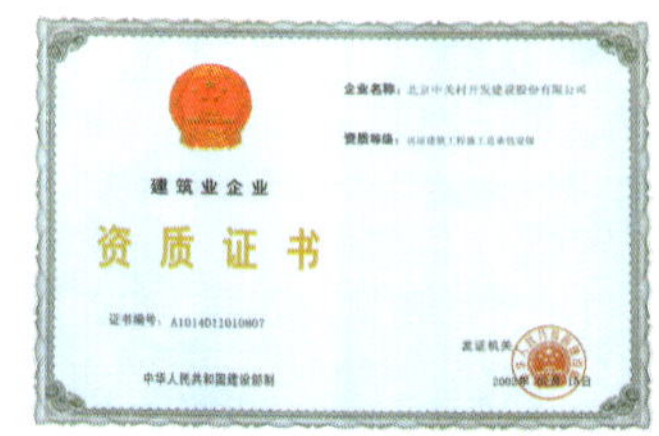
建筑业企业
资质证书

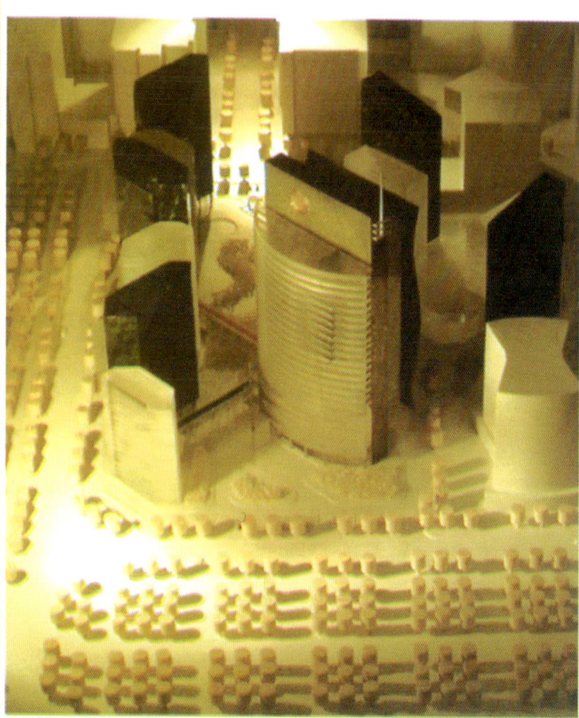

亚洲花园
地理位置：北京市朝阳区
结构：框剪
建筑面积：200000平方米
公寓、酒店、写字楼

中关村科技贸易中心
地理位置：北京市中关村
结构：框剪
层高：22层
建筑面积：195800平方米
综合智能建筑

地址：北京市朝阳区霄云里3号中关村建设大厦
邮编：100016
电话：010－84484900　84484814/57/58/59/60/61/62/63/64/65

北京中关村开发建设股份有限公司

1、企业发展历程

北京中关村开发建设股份有限公司（简称中关村建设）成立于2000年7月，注册资本为4亿元人民币。具有房屋建筑工程施工总承包一级资质及对外经营资格，商品房开发二级资质及对外经营资格。

中关村建设成立以来，发展较快，企业成立至今已累计房屋开发面积突破100万平方米，建施工程开复工面积突破1000万平方米，经营额突破百亿元大关。其中，2002年经营额完成40亿元，开复工面积400万平方米，房地产开发面积50万平方米；2003年预计完成45亿元，开复工面积420万平方米，房地产开发面积50万平方米。

2、企业开发业绩

公司成立至今，先后开发了中关村科技贸易中心、中关村科技发展大厦、蓝筹名座、蓝筹铭居、上海中关村公寓、重庆万寿华庭、杭州青龙山渡假村以及北京亚洲花园等项目。工程总承包先后承建了翠微综合楼、东四商业楼、国汇大厦、光彩大厦、信远大厦、友谊大厦、清华科技大厦、燕庆明珠大厦、万寿华庭大厦、中关村科技贸易中心、中盛苑、工体泛海花园、都市经典家园、怡佳家园等项目。

3、企业品牌战略

中关村建设以智力密集型为发展方向，拥有一批具有丰富工作经验的高级管理人员。房地产开发、建筑工程施工总承包和市政工程总承包为公司的主营业务，是集科研、设计、开发、施工总承包、市政工程、装饰装潢及机电安装等承包、设备物资销售、物业管理、海外经营于一体的跨国、跨地区、跨行业的大型集团化企业。

中关村建设作为一个机制新，经营管理模式新，体制新的股份制企业，年综合经营额、人均产值、利润均取得飞速的发展。同时公司立足基础管理工作，注重内塑品质，外塑形象，打造中关村建设品牌，培育企业核心竞争力。

4、企业发展规划

中关村建设将以“不求最大、但求最强”的经营理念，“技术精湛、管理卓越、奉献精品”的企业宗旨及崭新的精神风貌迎接新的挑战，创造21世纪开发建设事业的辉煌。入世和申奥的成功为企业发展提供了广阔的空间，中关村建设将与国内、国际著名企业及各界同仁携手共进，把中关建设的事业推向前进。

5、企业开发项目

中关村科技贸易中心、中关村科技发展大厦、蓝筹名座、蓝筹铭居、上海中关村公寓、重庆万寿华庭、杭州青龙山渡假村以及北京亚洲花园等项目。

中盛苑

都市经典家园

信远大厦

纳帕溪谷

纳帕溪谷项目介绍

区位——上风上水

纳帕溪谷地处亚北小汤山温榆河上游流域，小汤山的温泉度假区驰名京城，这里既处于北京中轴线的北端，具有上风上水的先天地理优势；又有便利的交通网络，使欲从喧嚣的都市中得到解脱的人们能够快捷地远离闹市、回归自然。

社区距亚运村仅18公里，紧邻六环路和立汤路，京承高速、京昌高速、顺沙路、规划中的地铁和轻轨等交通干线在四周组成了完善的道路交通网，大大地方便了人们的出行，也缩短了这个区域与城市之间的距离。另外，社区周边的配套设施十分完善，龙脉温泉度假村、九华山庄、北鸿高尔夫球场等著名休闲娱乐设施，以及汇佳私立学校、景山分校、亚运村幼儿园等知名教育机构，能满足业主生活的所有需求。

规划——以人为本

纳帕溪谷一期总占地面积60万平方米，总建筑面积20万平方米，容积率仅0.33 ，绿化率超过60%，以500余座风格各异的花园别墅为主，是京城少有的低密度、低容积率、高绿化率的高档亲水社区。

项目总体规划由美国著名的F+A设计公司规划设计，综合采用美国2002年最新低密度高档住宅设计方案，把美国正统的庄园概念引入京城，真正体现了高档、舒适、私密性强、景观别致的特点，及以人为本的设计理念。高档铝木门窗、中央空调、家庭燃气炉供暖、供热水和温泉入院等高性能的材料和先进的建筑形态，确保了项目的整体品质。

社区内还建有1.2万平方米、与别墅建筑风格相近的超大型会所，小区中央有一个面积约8000平方米的人工湖及休闲公园、水上公园、儿童乐园等三个主题公园，为业主的休闲、娱乐提供了完善的配套设施。

环境——得天独厚

作为消费群体中大多数人的第二、第三居所，别墅获得买家青睐的首要因素为其周边环境，毕竟人们选择第二居所就是为了拥有更接近自然的生活环境，改善日常的都市生活方式。

纳帕溪谷被沙沟河和葫芦河紧紧环抱，终年流淌着的两条河水水质清冽，储量丰富的优质水源形成了湿润宜人的小流域气候环境，十余种水鸟在此栖息繁衍；由于蕴藏着丰富的地热，河水四季长流，永无冰封；项目地块紧邻4000亩优质苗圃，小区里面保留了3800棵30米高的多年原生大树。人在其中，可远眺燕山山脉、近赏自然美景，身心均可得到极大的放松。

“这里有永不冰封的河流、保留完整的原生林带、优质的温泉和环抱的苗圃，在同一个项目中拥有如此优质的自然条件，真是很罕见！”来自美国的景观设计师Robert如是说。

地址：北京市北四环中路8号亚运村汇欣大厦A座602室
邮编：100101
电话：010-84990575

纳帕溪谷中国十佳别墅项目之首

风格——纯正北美

纳帕溪谷的别墅设计采用完全成熟的美国加州别墅风格，其室内空间追求充分、合理、奢侈，但又有节制张扬的设计理念。庭院设计具有多重围合的特点：前后左右4个私家花园被高度为1.8米的围墙所围合；而高低错落的三面建筑又被4个私家花园所围合；在三面建筑中，同时又围合了一个小小的中央庭院。令人称奇的是，这种设计中竟然带着浓重的老北京四合院痕迹，但又克服了传统中式四合院“坐井观天”的缺点,这种多重庭院设计融合了2002年才开始在北美成熟起来的“酷雅生活”建筑理念，这也是纳帕溪谷在设计方面与国际同步的点睛之笔。它摒弃了传统的“前后式大园”、“敞开式庭院”的思维惯性，多出口、多功能、多灵性地制造出多重私密领地，无一不是室内空间向室外多个方向的延展。这种设计不仅使私家庭院的利用率达到了最大效果，实现了开发商追求产品均衡性的目标；无疑也能满足别墅业主对环境和私家花园的高标准要求。

北京昊远隆基房地产开发总公司是一家成立于1984年8月，拥有房地产开发一级资质的大型房地产综合开发企业，公司注册资金1.2亿元，全资及控股子公司9个。公司自成立以来共开发住宅小区9个，累计开发200多万平方米，其中包括全国城市物业管理优秀住宅小区西潞园，建设部城市住宅建设试点、全国首家绿色生态居住小区——北潞园。19年风雨历程，北京昊远隆基房地产开发总公司历经创业的艰辛，厚积博发，造就了今日的辉煌，以北潞园绿色生态住区为代表，树立了一座跨世纪的历史丰碑。

以联合国第二界人居大会提出的"四新技术"为依托，北潞园真正实现了污水处理与再利用、垃圾减量无害化、噪声与大气污染的治理，以北潞园为中心建立起一个适宜居住的良性微循环系统，成为绿色生态住宅在我国试点的成功典范。北潞园绿色生态居住区自北潞春家园开发建设以来在国内外地产界和环保科学领域引起了很大震动，国务院总理温家宝、全国政协主席贾庆林、建设部部长汪光焘、北京市市委书记刘淇等国家和建设部、北京市各级领导曾多次亲临现场视察、指导工作，关心和支持北潞园的建设。此外，东北、华北、山东等全国各地的政府官员和开发商也都纷纷来北潞园考察、参观，就连广东和上海一些"南派"著名地产商也都慕名而来学习取经。同时，一些规划设计专家、学者，国际环保组织的国际友人在参观完之后，也不禁赞叹北潞园环保、节能措施的先进，均认为北潞园代表了21世纪健康、节能住宅的发展方向，创造了人居环境的新形式。北潞园在住宅建设方面的创新理念变成现实之后，也引起了房地产学术界的一片惊叹，并开始对绿色生态住宅进行深入研究。2001年，以北潞园绿色生态居住区为蓝本的《中国生态住宅技术评估手册》正式出版，对绿色生态住宅进行了全面界定，标志着绿色生态住宅成为我国未来住宅建设的基本形式，这同时也是对北潞园绿色生态理念的最大肯定。

作为建材之乡，新型建材业已经被确定为今后北京市房山区发展的重点产业之一。为此，北京昊远隆基房地产开发总公司制定了大力发展大建材产业的战略方针，并将其作为公司发展的支柱产业，逐步实现房地产、建材双轮驱动。全资子公司北京奥运建材有限责任公司下设一个页岩煤矸石制品生产基地、一个门窗生产厂和一个矿山开采加工基地。页岩煤矸石制品生产基地是全国规模最大、科技含量最高、设备最先进的煤矸石页岩制品生产基地，是北京市和房山区两级重点项目。门窗生产厂是与日本YKK集团合作，引进其先进型材、技术和5S管理手段，加工生产塑钢门窗、铝合金门窗等优质产品的企业。矿山开采加工基地则是引进意大利四条先进的矿山开采加工设备，生产优质黄山玉、彩玉、汉白玉、大理石，并以国际市场为导向，2002年开始向东欧出口优质彩玉，实现了出口创汇。

逆水行舟，不进则退，作为一个拥有现代化经营理念和意识的企业，北京昊远隆基房地产开发总公司远虑于前，确立了"以房地产开发为主业，以建材为支柱产业，以北京为重点，逐步向外埠延伸，打入国际市场，发展成为跨行业、跨所有帛的具有综合实力的特大型投资企业"的远景战略规划，在制度创新的前提下，广泛吸纳社会有效资源，融入并创立先进的管理和经营模式，使以房地产为主业的核心竞争力得到加强和巩固。在房地产主业的开发上继续以住宅郊区化、生态型、大社区、中低价为开发思路，兼顾中高档项目，振兴西南城房地产市场，力争成为北京西南城房地产开发的领军企业。在开发现有项目的基础上，以旅游房地产作业今后主要的开发模式，通过资源的有效组合,走泛房地产开发之路，最大限度的发挥资源优势，创造更大的效益。

一个企业，要发展就要有内涵，有凝聚力，靠的就是企业文化。因此，北京昊远隆基房地产开发总公司以"务实争先，锐意进取"为企业精神，以"追求卓越，创造财富"为企业价值理念，开创了科学开明的现代企业管理模式和企业文化，实现了人力资本与现实资源的有效融合，打造了一支高学历、高素质、有奉献精神和创新能力的优秀团队。公司提倡"用事业留人、用感情留人、用待遇留人"的三留原则，使员工与企业同呼吸、共命运，不仅对现有员工进行恰当的培训，而且敢于大胆启用年轻人，让他们将独特的才智在工作中展现出来，实现个人与企业的同步发展。同时，公司还制定了严格的工作绩效考核制度，以激励员工的积极性和创造性，并实行优胜劣汰，让所有员工时刻保持积极向上的心态，更新自己的知识结构和水平，使自己永远走在企业和行业的前列。

总结过去，展望未来，北京昊远隆基房地产开发总公司必将创造更加美好的明天。

北京市宣武区城市建设综合开发总公司

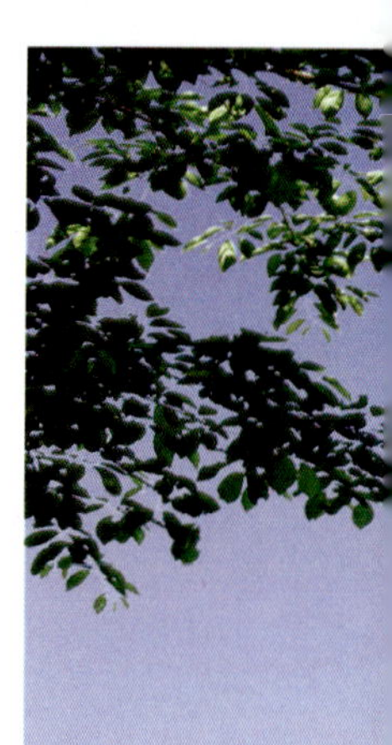

北京裕昌置业股份有限公司成立于2001年9月，由北京市宣武区城市建设综合开发总公司、长江京阳居屋有限公司、北京楚昊房地产开发有限公司、中消消防救助产业有限公司等七家大型公司和北京裕昌置业股份有限公司职工持股会共同发起设立，是一家致力于以房地产开发、经营、销售底料和建筑设备的经营、高新技术及其产品的项目投资、研究开发和销售、综合性商业、进出口贸易、餐饮娱乐、旅游、出租汽车营运、交通运输等业务的新型、综合性、多元化的企业。

北京裕昌置业股份有限公司成立以来，顺应市场经济发展的要求，秉承“高效、务实、诚信、团结、进取”的经营理念，兢兢业业致力于优质房地产的开发建设。2001年以来，公司重点投入了“旭日嘉园”、“明日嘉园”和“明月嘉园”住宅区的开发建设，现已成为北京市居民住宅市场中备受瞩目的一颗闪亮新星。今后，公司将以更加严谨规范的态度，以更优质的建筑规划、住宅小区景观设计、生活功能配套、物业管理服务，致力于“明日嘉园”住宅区的开发建设，力求为北京市奉献出最优质的住宅小区。

公司成立以来，在股东单位的大力支持下和全体员工的共同努力下，已实现销售收入7亿元，全年实现纳税额2300万元，是北京市宣武区的纳税先进企业。

北京裕昌置业股份有限公司在突出发展主营业务房地产开发的同时，充分调动各方面的积极因素，利用企业自身的地域、人才、资金等优势，开展多种经营，努力培育新的经济增长点，开发新的经营项目，不断壮大规模，并通过资本经营、资产托管等形式，实行跨行业、跨地区发展，使公司规模和实力实现了增长，力争在长远发展中创造最佳经济、社会效益。

以人为本、团队第一、节奏明快、创造无限、共铸未来，北京裕昌置业股份有限公司作为房地产界的一支新生力量，将不断为北京市房地产注入新的活力，向市民提供日臻完善、品质超凡的住宅物业。在今后的业务发展中，我们将继续坚持以诚为本，恪守信誉，紧紧把握商机，竭诚与社会各界新朋故友齐心协力，共谋发展。

旭日嘉园

“旭日嘉园”系南城大型居住区——“嘉园”之第六期，销售面积八万平方米，由4栋24层塔楼组成。“嘉园”由北京市宣武区城市建设综合开发总公司开发，位于南三环洋桥与玉泉营之间，距南三环仅500米。“嘉园”总建筑面积120万平米，其中北区、中区共80万平米已建成入住，南区总面积40万平米，共分3期，总称“旭日明珠”。其中“旭日嘉园”已进入施工收尾阶段，“明日嘉园”将于近期正式销售。

“旭日嘉园”位置优越，交通方便。规划中的菜市口大街与马家堡西路直达四环，北与北太平桥南北贯通。66、707、603等多条交通线途径小区门口，14、40、300、324、368等公交线紧邻小区。“旭日嘉园”南面是规划占地8公顷的市级体育公园，绿化率达50%，环境优美。

“旭日嘉园”秉承超前的人性化设计理念，精心诠释“21世纪普通住宅新概念”，布局合理，实用性强；观景外飘窗，落地式封闭阳台，铁艺护栏，外立面新颖别致。小区独立组团，延请北京世纪华腾物业公司进行全封闭式管理，居家安全、舒适。

“旭日嘉园”起价3580元/m2，超前设计，超前享受，让您提前拥有未来！

明日嘉园

“明日嘉园”是由宣武区城市建设综合开发总公司开发，裕昌置业股份有限公司投资的项目。

“明日嘉园”是南城160万平米的大规模居住区嘉园社区的第七期，计划2003年全面完成。小区生活极为便利，附近有大型超市“万客隆”、“美廉美”、“小白羊”，还有鑫星西单商场、社区医院、幼儿园、小学、中学、银行、邮局等。

“明日嘉园”座落于马家堡西路嘉园大社区，距南三环500米。规划中的菜市口大街与马家堡西路相连，直达南四环，社区内多条公交车四通八达，西去香山、航天桥、公主坟；东去燕沙、国贸；北去西单、天安门、阜成门、中关村等。

“明日嘉园”6栋高层组成：户型设计新颖、独特，小区内配套完善，约1万平方米的绿地，楼宇大厅等公共部分精装，每栋楼安装3部合资电梯，观景外飘窗，人车分流，地下车库，24小时保安。所有设计以人为本，秉承一贯的“21世纪普通住宅新概念”的建设理念。

“明日嘉园”——超前的住宅设计，超值的生活享受。

地址：北京市宣武区骡马市大街272号
邮编：100052
电话：010-68582142

北京富华永利实业有限公司

金宝街规划介

本项目位于王府井商业中心东侧，其四至范围：东至朝内南小街；西至东单北大街、东四南大街；南至东堂子胡同；北至干面胡同。总占地223,330平方米，规划建筑面积为35.5万平方米，总投资约35亿元人民币。项目建设周期5年。

● **项目位置**

金宝街项目地处北京东城区，王府井商业中心黄金地段之一，西临东单北大街是著名的商业银街，市政条件好，交通便利，地理位置极其优越，是理想的商业、办公之地和温馨的家园。

项目内容

占地：建设用地总面积223,300平方米

规划建设用地面积123,500平方米

规划方案：主体建筑包括：写字楼7.5万平方米；

高档住宅公寓6.78万平方米；

五星级酒店及商务酒店、写字楼高档住宅公寓

高档四合院住宅1.1万平方米；

商业用房(含酒店服务式公寓)20.12万平方米；

总建筑面积：35.5万平方米；

规划方案容积率：2.74，规划方案绿化率30%；

设计汽车泊位：1550辆，地上600辆，地下950辆；

规划方案建筑高度层数：住宅及公寓：12～18米，4～6层；

商业写字楼：40～60米，10～15层；

土地使用期限：住宅70年，商业40年，其他50年。

开发建设新亮点、打造精晶金宝街

今天，我们向大家推介的开发建设项目是金宝街项目。金宝街项目是市区的重点工程之一，是我公司今年启动的龙头项目。该项目位于北京市东城区建国门地区，东至朝阳南小街(东方大街)，西至东单北大街，南至东堂子胡同，北至干面胡同，总占地22.33公顷，已批准的规划建筑面积约50万平方米，总投资50多亿元人民币，是一项区域性市政带危改的较大工程项目。

2001年动迁开工，先打通一条40米宽的马路直通东二环，而后引进大市政七条管线。2002年10月市政道路和七条管线完成通车达到“七通一平”之后，对金宝街两侧地块进行开发，南北两侧各4块开发建设用地，整体为8块开发建设用地。2002年10月开始进行项目运作，我们的经营战略是：“启动两端，带动中间。”所谓两端，就是西端紧临东单北大街的1、5号地和东端紧临东方大街的4、8号地。已经开工启动的1、5号地，其功能为星级酒店、快捷酒店、高档写字楼、高档住宅公寓和精品商店等，总建筑面积为30多万平方米。4、8号地其功能为办公区主要是全国海关大厦、税务大厦、华嘉大厦和即将竣工交用的华丽大厦，华丽大厦是一栋5A智能型的写字楼。目前销售手续均已齐备，富华金宝租售中心正面向市场进行租售工作，与会各位有意者欢迎垂询。总之金宝街是我公司今年开发建设的重点，金宝街前景广阔，人们形象地说：“打通金宝街发展‘王府井’”；还有的说：“打通金宝街再造‘王府井’”；更有的说：“王府井是金街，东单北大街是银街，新打通的金宝街是一条‘串金带银’的国际商贸一条街”。

上述评价更加坚定我们投资金宝街的信心，我们借助诸家之长，结合金宝街项目的实际，尽心尽力，决心“开发建设新亮点，打造精品金宝街”，以此来迎接2008年奥运会的成功举办。

投资商：香港富华国际集团
　　　　北京富华永利实业有限公司
开发商：北京富华金宝房地产开发有限公司
建筑设计：中国建筑研究院建筑设计院

●局部规划介绍

金宝街1号地

面向东四南大街，紧邻金鱼大街和地铁5号线，交通十分方便。沿街建设国际商业中心、精品店、酒店。金宝街上部建筑为商业、五星级酒店、写字楼。本地块规划占地2.0公顷，建筑面积11.61万平方米，容积率5.77，建设高度68米，绿地面积0.43公顷，绿地率21.5%。

金宝街7号地

为完整的传统风貌的四合院建设。本地块占地约1.55公顷，建设面积0.97万平方米，容积率0.63，绿地面积0.50公顷，绿地率30%。

金宝街5号地

商业、多厅影城、写字楼、高档服务式公寓。地块面向东单北大街，与1号地块共同组成金宝街的西大门，成为吸引王府井、金鱼大街方向人流的重要门户，底层商业设置同1号地块；上部为高档商务写字楼、高档酒店服务式公寓和五星级酒店，成为金鱼大街酒店服务的延续与提高。本地块规划占地约1.13公顷，建筑面积约9万平方米，容积率4.11，建设高度15层50米高，绿地面积0.30公顷，绿地率26.5%。

地址：北京市东城区东长安街10号
邮编：100066
电话：010-65226948

亚运新新家园

北京先锋置业股份有限公司

北京先锋置业股份有限公司是在上海证券交易所挂牌交易的A股上市公司（公司简称：先锋股份，股票代码：600246，上市时间为2000年9月），总股本为9200万股（其中法人股6200万股，流通股3000万股）。截止2002年12月31日，公司总资产162943万元，净资产31858万元。

先锋股份于2001年9月，将主营方向从粮食深加工调整为房地产开发，收购了北京万通实业股份有限公司持有的北京万置房地产开发有限公司60%股权。万置公司是从事高档住宅和公寓开发的专业性房地产开发公司，外方股东为香港置地集团。

万置公司目前正在开发的"新城国际"项目位于北京市朝阳区朝外大街，地处CBD商务中心区西北角，占地面积10.8公顷，总建筑面积32万平方米，紧邻京广中心、国贸中心、嘉里中心、汉威大厦，是CBD总体规划出台后，被第一个正式推出的北京商务中心区内的大型纯居住项目。项目分为四期，一期于2001年底开工，从一期销售情况看，该项目具有较好的市场前景。

2002年9月，先锋股份与北京京伯房地产有限公司签署了资产收购合同，协议收购北京京伯房地产有限公司正在开发建设的亚运新新家园项目一期的全部资产与负债，并承接相关权利和义务，同时，项目人员并入先锋股份，继续负责项目开发建设。

“亚运新新家园”项目位于北京市朝阳区大屯乡辛店村东侧，总占地面积48.86公顷，项目一期总建筑面积195913平方米，周边环绕三大高尔夫球场，方圆两平方公里内无高层建筑；区内有20～50年的天然大树4000多棵，竹子万余株，水系总面积60000平方米，飞鸟上万只，集中绿化面积20公顷。为亚运成熟大社区内罕有的高绿化率、低容积率的住宅项目。一期的联排别墅、多层配电梯公寓销售状况良好。

先锋股份主营方向为：在北京地区从事高档住宅物业开发与经营。公司按照专业化房地产开发公司经营管理模式，建立了完善的组织机构。

公司将秉承“创造最具价值生活空间”的公司使命，充分发挥“新新家园”品牌优势、团队高度专业化的优势及上市公司融资优势，不断提升公司核心竞争力，全面提高公司经营管理科学化、规范化及高效化水平，以良好的经营业绩回报广大投资者对公司的厚爱。

[项目总体介绍]

当一切都可以被复制，当到处都是人造的景观，这块不曾被惊扰过的土地，保持着天地之初的纯粹自然。这，就是亚运新新家园。

亚运新新家园，位于亚运村辛店路162号，与紫玉山庄毗邻，坐享亚运村便利交通和成熟配套，前身为一片50年历史48万平方米原生林地。入主亚运新新家园，意味您将拥有30-50年4000余株天然成木林，上万米天然水系，与18种群的野生飞鸟为邻。在这钢筋水泥筑就的国际大都市中，这种置身于“都市森林”的家园，其价值不言而喻。

亚运新新家园由德国考夫曼·泰里格等众家一流的国际设计事务所参与设计，秉承“人与自然共生”的设计理念，合理利用现有景观，将先天自然环境与后天设计手法有机结合，规划出生态、运动、乡野三大主题区。规划总建筑面积30万平方米，集中绿地20万平方米，产品由Townhouse与6层带电梯森林GOLF公寓组成，是亚运村地区唯一的纯低层、低密度、高绿化率的换代豪宅。在这里，内庭外院浑然天成，人们可以在家中体会四季的变迁、岁月的更迭。

亚运新新家园，在硬件选择上，都是以名牌为首选。如美国及奥地利多彩玻璃瓦、“美驰”门窗、法国“爱迪士”中央吸尘系统、意大利“德龙”散热器、西班牙可视对讲、ABB智能安防系统等，一切都为了给业主缔造安全、舒适、方便、豪华的纯国际标准住宅。在物业管理上，亚运新新家园与国际领先专业机构-国贸物业管理公司合作，引进强势品牌加盟，选用香港、新加坡物业管理专家，根据业主生活需要，定制贴心服务计划，提供全方位、高品质、面面俱到的五星级酒店式管理，为业主创造全新、舒适的人文家园。

经营理念：缔造北京第一居所至高标准，创造最有价值的生活空间。

2002年度主要业绩：

2002年，荣获“第二届全国优秀绿色生态社区”称号及“第十届中华建筑奖[住宅整体绿化]金石奖”；并被评为"2002年北京10大热销楼盘排行榜"热销楼盘；朝阳区优秀园林绿化示范单位。

2003年工作展望：

2002年，亚运新新家园取得了项目持续热销及一期甲区顺利入住的辉煌业绩，为2003年工作打下了坚实的基础。本年度的主要工作是完成一期乙区的销售及竣工交付工作，并以持续有效的客户服务工作来提高业主满意度和美誉度，为项目一期整体划上圆满句号，同时也为开展项目二期的工作创造良好条件。

地址：北京市朝阳区辛店路162号

电话：010-51737569

51737500

山西华龙泰集团

金华广场

董事长：马有根

金华广场位于汾河之滨，总建筑面积为八万多平方米，投资约三个亿，集酒店、写字间、商务会议、娱乐为一体，从规划设计、建筑艺术风格、外观形象、材料设备等均按五星级标准设计。

金华广场集智能化信息技术、经典的设计风格、新的建筑工艺、建筑材料和配套设施于一体，将为太原市房地产业注入新的生机与活力。

山西华龙泰集团创建于1996年，经过几年的发展，现已发展成为集房地产公司、装璜公司、建筑公司、经贸公司、工业企业、物业管理公司等为一体的集团公司，注册资金一亿元，现拥有八个分公司，总部设在太原市平阳路水龙盛大厦。

华龙泰集团以房地产开发为龙头，多元化发展，实行以销定建系统工程，实施从规划设计到工程施工，从房屋销售到物业管理等一条龙的运行机制，几年来共开发建设高层写字楼、各类住宅小区以及商业场所等总建筑面积超五十万平方米，取得了骄人的经营业绩，赢得了社会的赞誉和客户的信赖。

华龙泰集团以高起点、低利润为先导，弘扬“精诚团结、开拓创新、追求卓越、争创一流”的企业精神，不断探求赢得竞争优势，超常规、跨越式的发展之路，在房地产开发中做到同步协调发展，使企业的综合实力得到迅猛发展。目前，华龙泰集团现有员工一千余人，大专以上学历占30%，聚集国家注册造价师、国家级监理师、结构师、工程师、经济师、律师、会计师等各类专业技术和专业管理人员二百余人，已形成了一个年轻化、知识化、专业化的精英队伍。

华龙泰集团从小到大，由弱到强，始终坚持“诚信为本、用户至上、夯实基础、质量第一”的经营理念，兢兢业业，立志为广大业主建造精品屋宇、绿色家园，把铸立“百年华龙泰”作为自己的追求和目标，现已发展成为人才济济、队伍精干、机制完善、经营成果卓越、运作经验丰富及业务流程科学的集团公司。

集团本着为政府解忧，为一方造福的宗旨，先后接受、合并了汾西汽配厂、太原石棉厂、太原矿棉厂三个国有企业，解决了大量下岗职工的安置和再就业问题，为社会稳定，造福人民做出了贡献；此外公司还致力于各项社会公益事业，先后为各类社会团体、学校、修路等捐款、捐物共计六百余万元，2003年在抗击“非典”、太原市建城2500周年庆典等公益活动中向社会捐款三十余万元，这些善举为公司树立了良好的社会形象。

2002年12月，集团公司通过ISO9000质量管理体系认证。华龙泰集团创业以来，累计向国家依法纳税二千余万元，与省内五十多家企业发展投资合作业务往来，为太原市的经济建设做出了突出的贡献。

水龙盛大厦位于太原市平阳路中段，是集商住、大型商务会议、写字间于一体的多功能建筑。

水龙盛大厦造型简洁，气势恢弘，设计独特，将私密性、舒适性、健康性和智能化有机结合为一体。

水龙盛大厦是由集团下属华龙泰集团投资兴建的综合性大厦，高度为十二层，面积为一万八千平方米。地处繁华地段，交通便利，专业物业管理为您提供完美人性化的服务，是您理想的办公、居住场所。

地址：山西省太原市平阳路130号

邮编：030006

电话：0351-7329589

E-mail：hltzhb@163.com

华宜大厦

经典豪宅——天伦锦城

总经理　张玉玺

天伦锦城位于南四环与京开高速公路的黄金十字交通网络中心，是由北京丰泰新房地产开发公司开发建设。项目东临首都最大农副产品批发市场，北接丰南路，南依绿化带，西观国家万亩森林公园。

小区内配套有幼儿园、学校、会所等，引入市政自来水、天然气入户。周边的银行、医院、超市、海鲜果蔬市场皆环待左右，举步可达，确保家居生活泰然无忧。项目总建筑面积约43万平方米，一期总建筑面积15万平方米，其中2#、3#、5#楼已于12月开始入住。

天伦锦城基本采用板式小高层德式建筑风格，楼体围合有致，最大间距可达50米，楼前芳草如茵，每位住户都能最大化地享受到阳光、水景、园林。简洁、明快的线条勾勒出建筑的层次感。大面积的玻璃外飘窗强调尊贵与不凡的品质与小资阶层特有的品位。

天伦锦城，南城幸福生活的标准。

Wonderful Town
天伦锦城

北京丰泰新房地产开发有限责任公司

北京丰泰新房地产开发有限责任公司，是一家从事房地产开发建设的专业公司，公司成立于1999年6月，注册资金为1500万元。公司实行董事会领导下的总经理负责制，张玉玺总经理率领全体员工克服困难，阔步前进．现公司拥有一支技术全面，高素质、经验丰富的员工队伍。实行科学化、规范化管理。

公司是经北京市、丰台区政府研究决定，专门成立的从事于房地产开发、房地产销售的股份制有限公司。1997年，贾庆林同志主持召开市长办公会，会议决定经丰台区成立丰泰新房地产开发公司，总建筑面积约80万平方米。公司一直本着精益求精、业主至上的宗旨，进行规范化施工，受到了广大业主的好评和信赖。

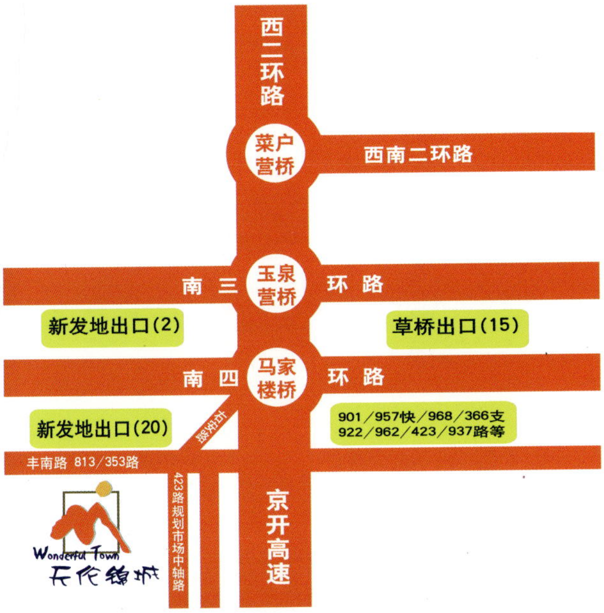

垂询热线：010−83725558
83726668
83723338

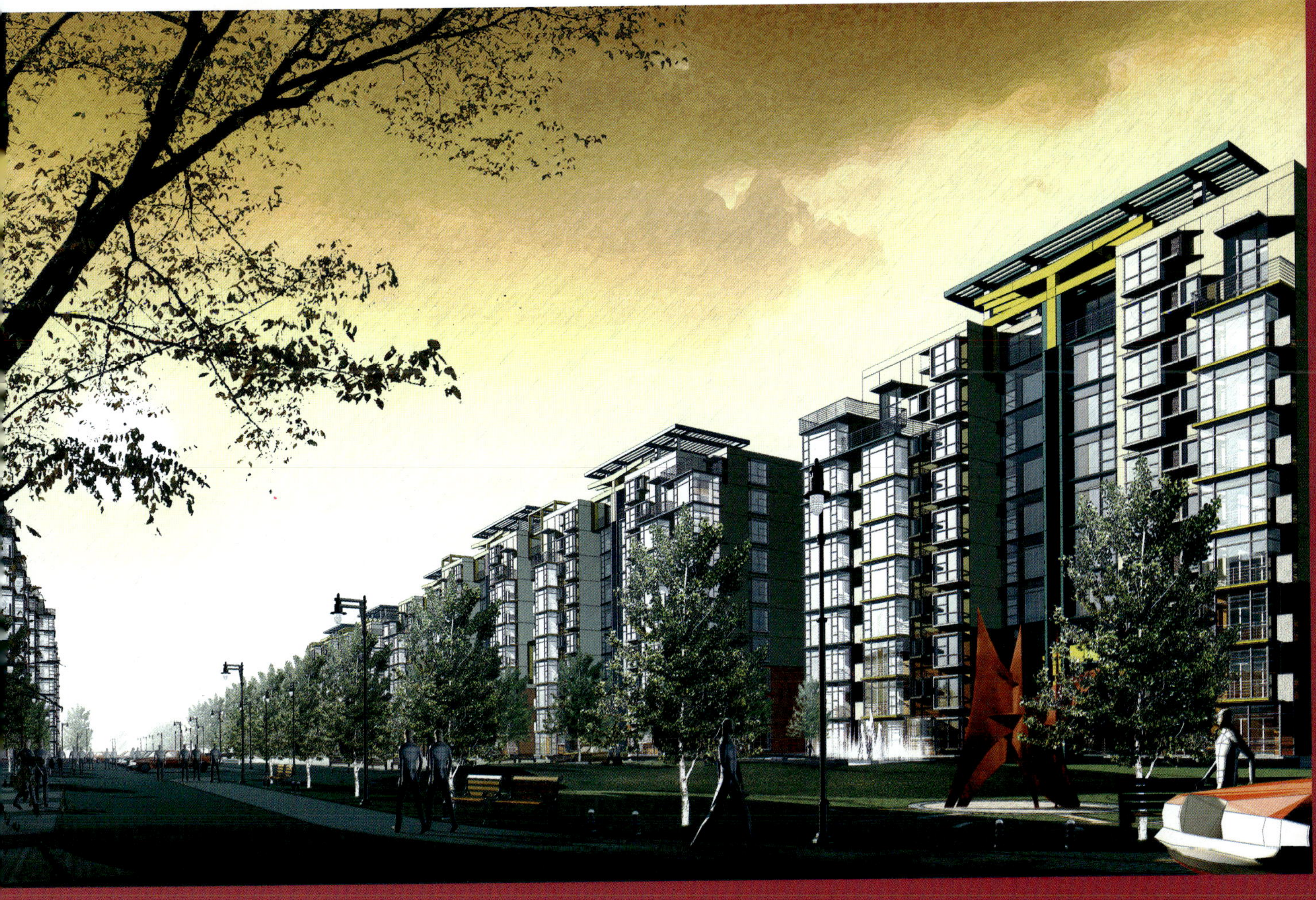

北京广华轩房地产开发有限责任公司

UHN国际村项目简介

UHN国际村由北京广华轩房地产开发有限责任公司倾力开发，项目总占地面积近11公顷，总建筑面积30万平方米，其中住宅建筑面积22万平方米，配套建筑面积包括一个以运动为主题的大型会所、六个功能各异的情调派私会所、国际幼儿园、商业超市和临街商业、地下车库等，小区总户数约1700户。

UHN国际村地处朝阳区东北三环国展桥北300米，项目北邻坝河，东邻由三元西桥向北的曙光路和麦子店西路延伸的太阳宫大街，西侧及南侧为成熟的西坝河东里居住区，周边环境成熟，生活设施完善，尽享国展区域的繁华及燕莎商圈的国际氛围。UHN国际村往南直抵CBD核心：向北迅即可达亚、奥区域；西行即讲入中关村腹地；其东北向即为北京最集中的温榆河别墅区和首都机场，优越的地理位置和规模化开发的发展前景，使之具备了成为北京国际化高档公寓社区的独特优势，是北京东北三环沿线罕有的规模开发建设项目。

在开放、活力、国际化的大区域背景下，UHN国际村定位于适合具有国际视野、追求前沿时尚、注重生活品质的年轻城市专业人士的"现代国际型精品公禹生活社区"。UHN国际村将现代居住理念与国际时尚追求到极致，其极具城市建设责任感的创新意识和富有震撼力的城市景观雕塑感的建筑设计，将成为东区乃至北京的一道亮丽风景，并成为住宅开发中铸造城市美学建筑的经典。

UHN国际村的住宅建筑沿三条由东向西的折线布置，曲折有序，彼此呼应，构成，一个延展、开放、丰富的社区空间。其规划秉承全要素三维空间设计理念，把地面环境、建筑、人的活动、天空以及阳光和阴影等各种景观要素进行合理组织，创造和谐有序、格调优雅的全新城市园林化住区景观。社区园林与建筑相互折射，绿化与立面相连续，铺地与桥体相呼应，巧妙构成三维的园林意境；动静相宜的水景、不规则起伏的微地形、层次丰富的植被均以人为参考尺度进行设计，营造一个高价值和归属感的精神空间；园林中悉心保留的古树林，实现都市中自然的珍藏与专享；单元入口两侧，下沉园林以日式枯山水为主题，自然、平和而境界悠然。建筑与建筑之间具有很强的群体关联性，看似极简主义的设计风格，蕴藏着丰富的内外空间变化，使之成为超大型的城市雕塑，具有超强的标示性和震撼力。

建筑主体以28层的短高板式为主，连接短高板的桥楼，或凌空飞驾，或置于半空，或平地相连，勾勒出极富造型感的"U型、"H型、和"N型，创造了大气磅礴又不失空灵的空间效果；反围合的折线布局和独特的建筑形体打破了一般板楼单调的兵营式排列，创造了大面积的开发空间和极富变化的时空秩序；建筑立面追求简洁完整的风格，南北立面的通透玻璃与东西立面的实面墙体形成强烈的虚实对比，立面上的金属构件增加了楼体的立体效果和卓然不凡的高尚品质。　只有那些理性创新、富有远见的建筑，才能拥有对抗时间的资本。

UHN国际村充满时尚感的主会所以运动功能为主，与户外运动设施一道带来现代生活必不可少的朝气与活力。在主会所，独特的设计令新奇感无处不在。外墙的攀岩处理新颖生动；二层扭转形成特殊的建筑形体，叠水从其挑出部分倏然跌落于水池之中，置身于一层健身馆，水瀑景致与运动相伴，闲逸从容之感油然而生。主会所之外，UHN国际村还拥有六个风格各异的情调派私会所，均依其周围的特殊景观而设计，既满足了社区功能，又极富个性，形成了UHN的别样风景和独特品味。

UHN国际村紧紧把握科技发展的脉搏，在小区中提供安全、方便、时尚、资讯的智能化系统，诸如监控系统、可视对讲系统、车库管理系统、广播及背景音乐系统、电子巡更系统、紧急报警系统、卫星电视系统等，充分满足年轻城市专业人士的智能化生活需求。

UHN国际村的室内空间设计，以人为本，重视对近人尺度的细节塑造，在采光、通风、观景及功能布置、空间设计等方面既充分满足生活的需要，同时又大胆创新，以满足更高层次的居住需求。奉送全套精装修和空调的举措，更是解了客户的后顾之忧，楼内单元入口两层挑空的宽敞的观景大堂和每层均直接采光观景的电梯厅，全部高档装修到位，也保证了项目国际化高档公寓的品质和形象。

UHN国际村的户型面积以60平方米的一居、100～110平方米两居、1 3()～160平方米三居为主，辅之以适当数量的四居和空中别墅，项目从空间设计的角度进行户型设计，打破平面关系的传统思路，采用大板结构，减少户内承重墙和梁的数量，创造灵活、个性的室内空间。

UHN国际村以国际化的视野、创新的理念、超前的设计、先进的科技以及开发商高度的社会责任感和真正以人为本的服务意识、面向未来的执着追求，倾心铸造城市美学建筑。

地址：北京市宣武区广安门内大街338号中经信国际大厦901-902

邮编：100053

电话：010-63574862

北京市兴昊房地产开发有限责任公司

北京市兴昊房地产开发有限责任公司始建于2000年10月27日，注册资本2000万元。办公地点位于北京市大兴区黄村镇。公司现有42名职工，公司在职人员中党员23名，副科级以上干部9名。按学历划分，中专以上学历34人，其中：研究生2人、本科学历14人。具有中级技术职称的12人，助理工程师14人。公司机构设置为项目部、经营部、财务部、工程部、销售部、办公室、直属工程队、住宅合作社。共计五部一队一社，负责公司各开发项目的勘察设计、立项审批、工程建设、销售、财务核算、工程预决算及日常管理工作。

公司发扬“团结、敬业、求实、创新”的企业精神，“上下一条心、工作一股劲、业务一盘棋、服务一条龙”。到2003年底，先后开发建设了滨河东里、滨河西里、兴政西里、车站中里、三合南里、黄村中里、林校北里等住宅小区，共建楼84栋，总建筑面积40万平方米。公司自筹资金3亿元建成了具有47栋住宅楼，建筑面积26.5万平方米的滨河住宅小区，解决了2864户住房困难及低收入居民的住房问题，赢得了联合国人居组织的高度评价。

公司在发展前进中不断自我完善，向着“加强内部科学管理，开发建设优质工程，再创企业辉煌成就，搞好两个文明建设”的目标，迎接新世纪的挑战。

地址：北京市大兴区黄村镇滨河西里17号楼
邮编：102600
电话：010–69257864

总经理 白忠启

林校北里改造区

林校北里改造区位于黄村镇兴政南巷，占地2.5公顷，改造新区工程建设自2001年2月28日开始至2002年6月30日，历时一年半时间，先后完成林校北里的2#、3#、4#住宅楼、环保局办公楼及配套设施的工程建设任务，总建筑面积22769.34平方米，其中住宅19330.42平方米，返还办公楼3000平方米，配套设施438.92平方米，该小区已被我区评为2002年度先进危改示范小区。

黄村中里利民西巷改造区

黄村中里利民西巷改造工程，位于黄村利民西巷，毗邻兴丰大街，总占地2.186公顷，改造新区工程建设已于2002年10月10日开始至2003年12月结束，规划总建筑面积61300平方米，其中住宅面积9800平方米，配套公建面积2.365，绿化率先41%。改造后的利民西巷，规划设计力争体现现代生活气息，安全系统拟采取远红外线及电子探头控制，为适应物业管理要求，采取水、电、天然气、暖气四卡式；设计了全方位立体车位；小区绿化采取街头绿化与小区绿化共享原则，与改造后的兴丰大街融为一体。

随着卫星城交通、环境进一步改善，外界大气候影响，未来两年，卫星城房地产趋势被看好，本改造区所辖区域必将有美好的前景。

蓝堡国际公寓
BLUE CASTLE INTERNATIONAL APARTMENT

2003成熟品质缤纷呈现 2004魅力社区封疆落成

百年红色建筑 CBD荣耀之城

拒绝商住先锋，倾力于纯居文明与CBD发展的和谐共进
蓝堡国际公寓，2003火热6月，北区公寓率先入住
十七大国际知名品牌定制CBD精装标板

成熟品质由此缤纷呈现
2003岁末，南区西部豪华组团全面入住
蓝调会所竞相投付使用
现房租务，火热态势持高不下

更多精彩，抢镜未来
CBD国际化纯居社区，2004全面封疆落成
尊贵气质承袭蓝堡生活之一贯真髓
内敛无华，流露荣耀智慧

蓝堡国际公寓与汇丰银行合作提供，7成30年按揭业务现已开通

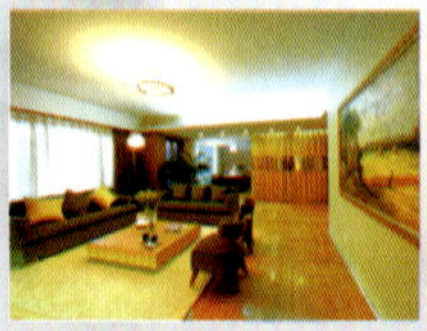
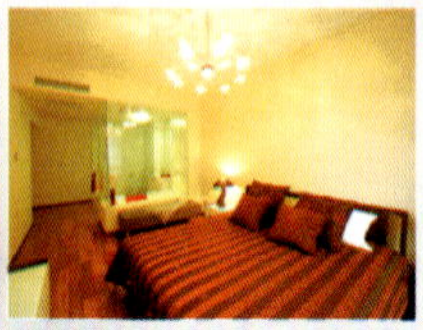
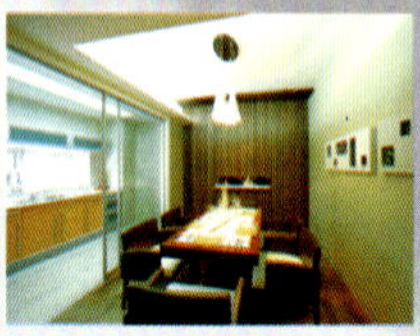

敬请亲临南区现楼最新实景样板间 · 亲触CBD荣耀之城

拒绝商住" 销售热线 65836188 租务热线 65831905 65811903

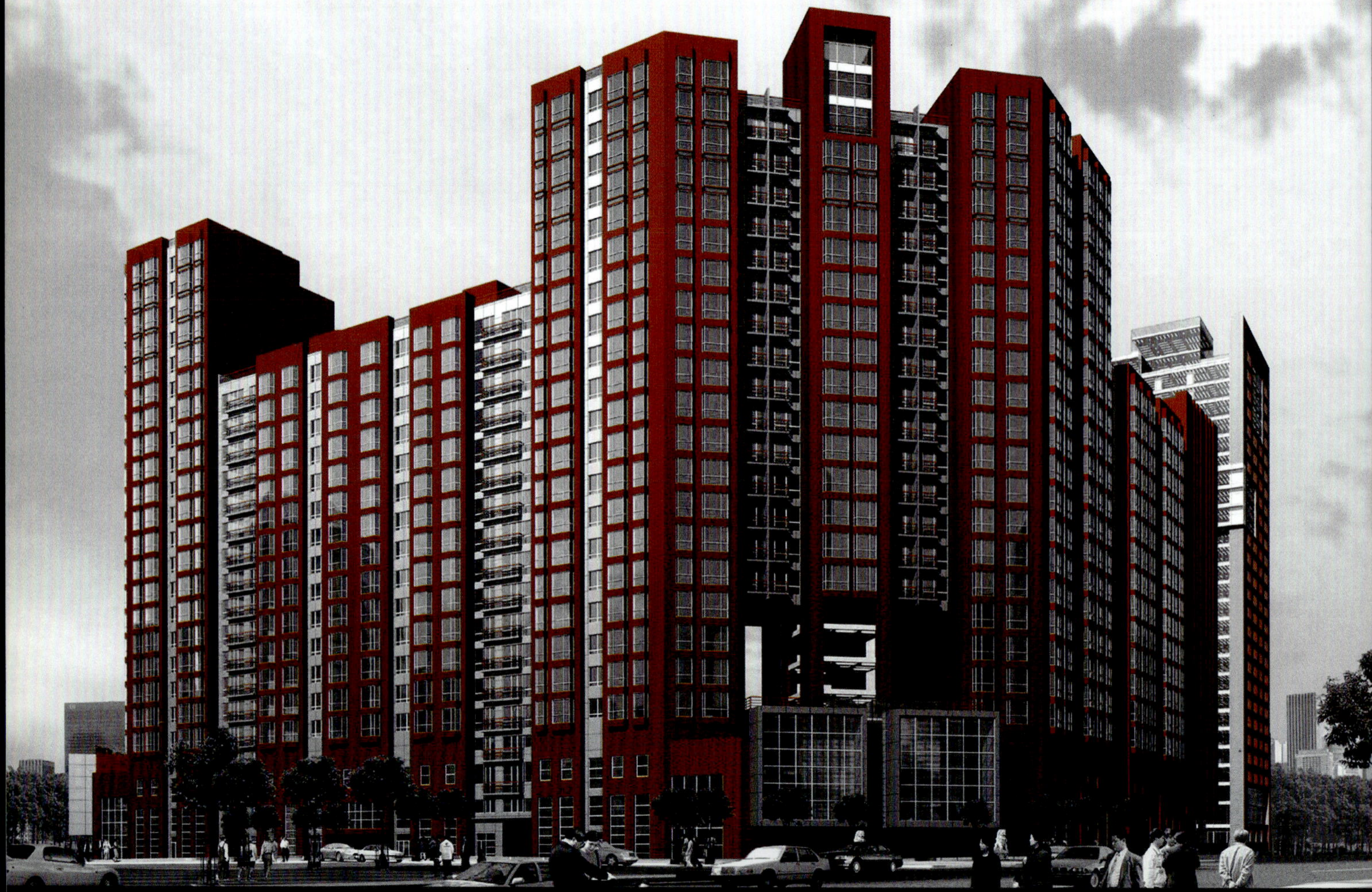

京房售证字(井)396号

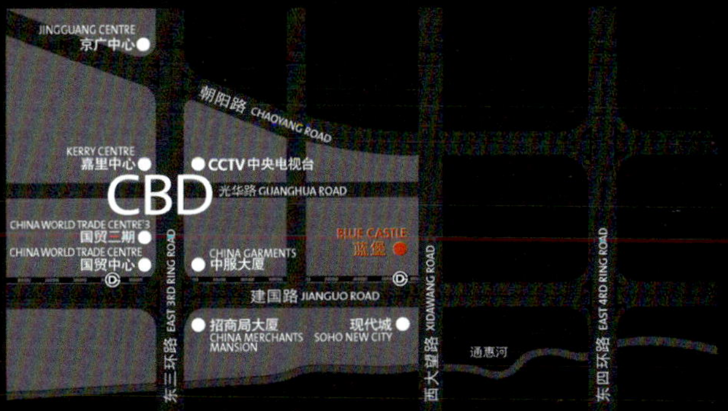

东方太阳城
ORIENTAL SUN CITY
全新退休生活的领跑者
的
234万平米土地上
现场接待 89431266/77/88
市内垂询 88096618 / 28
www.sunhome.com.cn

项目介绍

东方太阳城是中国首家大型退休社区。本着"开退休社区之先河，立健康宅邸之标准"的理念，为老年人营造舒适健康的生活环境，倡导积极乐观的生活方式。巨资聘请美国著名SASAKI景观设计公司担纲整体景观规划及建筑设计，遵循有天有地的自然生存法则，将自然、建筑、文化和谐统一，诠释"世外桃源"的儒家养生之道。

社区总体规划面积为234万平方米，周围环绕近万亩国家级森林保护区。18洞国际高尔夫球场贯穿社区南北，300亩碧波穿梭于错落有秩的楼宇之间，形成开放式、团组式、花园式建筑群。社区内绿化覆盖率高于80%，2000个/CM^3的负氧离子含量形成疗养级的居住环境。

东方太阳城采用无障碍设计，四层公寓即带电梯，安全监控系统和触摸式紧急呼叫系统，为健康提供保障。在公共建设方面，东方太阳城强调营造社区独特的文化氛围，商业零售中心、短期度假公寓、旅馆、康体中心、医院、社区活动中心等多种配套设施，为日常生活提供便利。

位于中心会所内的老年大学，环境优美，教学设施先进，是老人学习、交流和增长知识的场所，为老年人营造积极向上的生活氛围，丰富老年人的文化生活。

社区即将建成温泉疗养浴、有氧锻炼室、室内游泳馆、多功能体育场、室内跑道、体操房、保龄球馆以及康复中心等。东方太阳城已成立了乒乓球、太极拳、棋牌、钓鱼等多种兴趣俱乐部，整个社区沐浴在和谐欢愉的氛围中。

楼盘档案：

发展商：北京东方太阳城房地产开发有限责任公司
销售代理：北京东方太阳城房地产开发有限责任公司
物业代理：北京顺欣阳光物业管理有限公司
建筑设计：北京维拓时代设计院
环境设计：美国SASAKI设计公司
总图设计：美国SASAKI设计公司
主打户型：点式公寓、板式公寓、联体别墅、独栋别墅
地段指标：北京顺义区潮白河西岸

技术指标：

占地面积：234万平方米
建筑面积：70万平方米
绿化覆盖率：80%
容积率：0.29

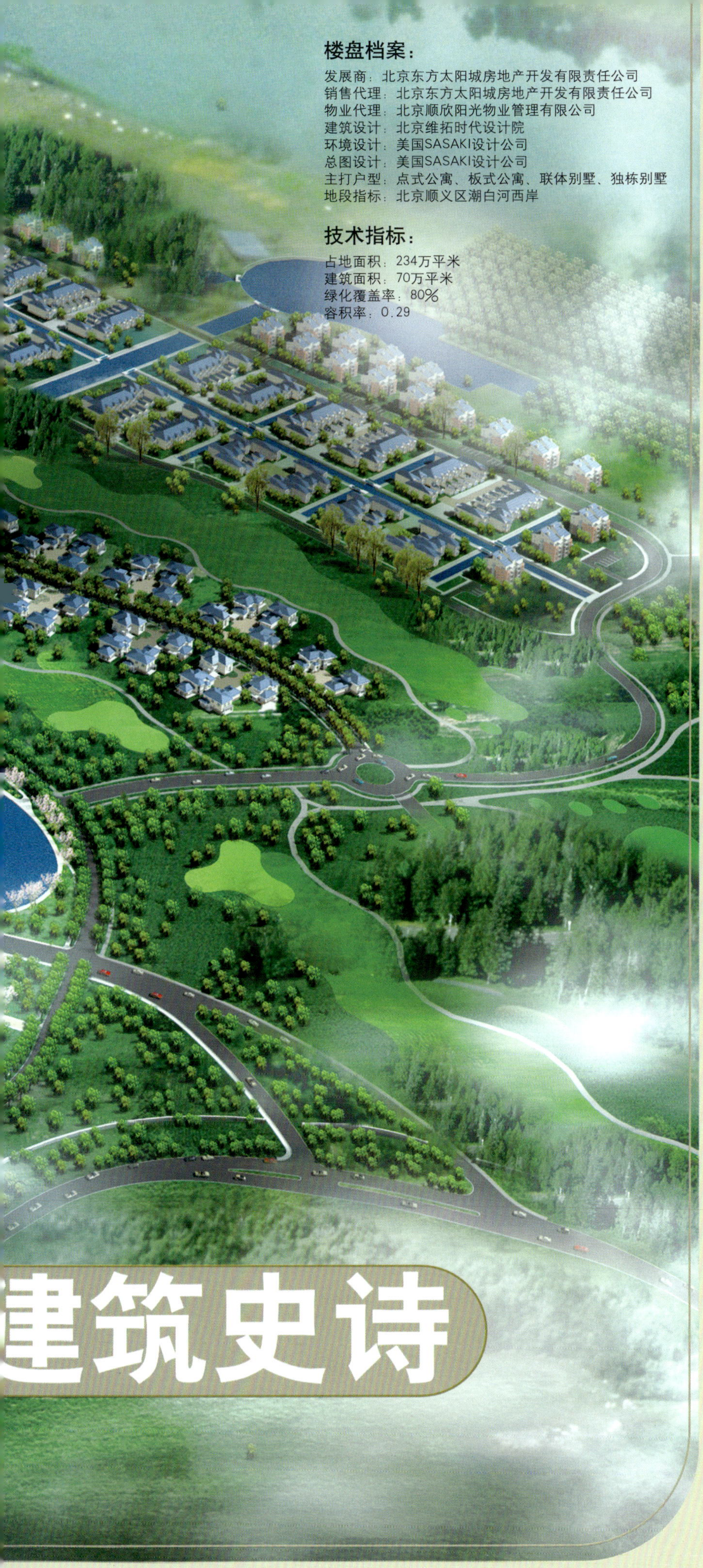

建筑史诗

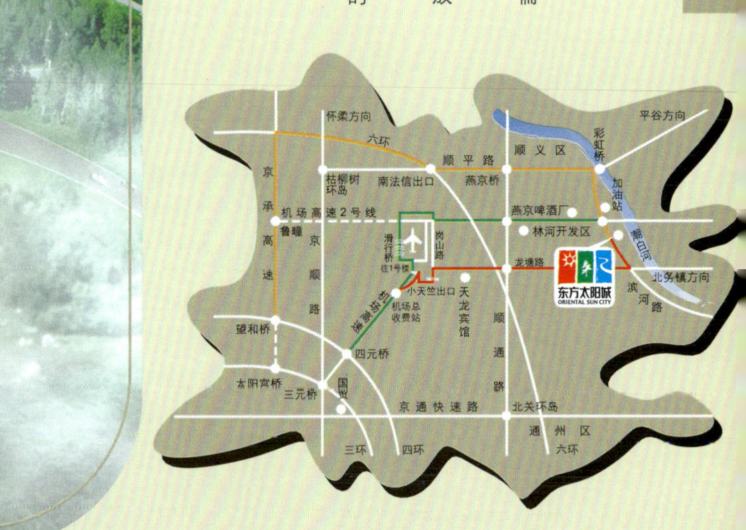

北苑家园

北京城建兴华地产有限公司

北京城建兴华地产有限公司是北京城建投资发展有限公司的控股子公司，主营房地产开发。具有房地产开发一级资质并通过ISO9001；2000版质量管理体系认证。公司注册资金2亿元，具有从房地产前期策划，规划设计、征地拆迁、施工管理、房屋销售、物业管理等房地产开发全过程的管理能力，可独立承担大中型公建及住宅区开发建设。

公司先后完成了北京市南三环及成寿路综合市政工程、北太平庄立交桥、阜石路、华能热力、水源九厂三期、陕京天然气输气管（北京段）、双榆树供热厂以及牡丹园小区、罗庄西里小区的房地产开发建设。目前，投资在建的240万平方米的北苑家园是北京屈指可数的功能齐全的花园式大型社区，连续三年在北京市新闻媒体举办的各类开发项目评比中荣获多项荣誉。

公司遵循“重信兴利，服务社会”的企业宗旨，奉行“创建精美工程，提供满意服务”的质量方针，在顾客中赢得良好的声誉。公司自成立以来，重视工程建设质量，先后取得市优“长城杯”三项、市级优质工程奖多项，公司所开发建设的项目一直受到社会的广泛关注，优良的工程质量谦逊的工作作风得到市政府及其他业主的信任与赞誉，被市工商局长期评为“重合同、守信誉”单位，财务资信度达到“AAA”级。

北苑家园位于亚运村正北4公里，总建筑面积为240万平方米，80余栋建筑错落有致，座拥北京最具发展潜力的商圈，完全谢绝都市喧嚣侵扰。

13000亩国家森林公园，450万平方米绿化隔离带,27000平方米大型中央花园环视在侧。举步可及的城市轻轨13号线，地铁五号线，公路一环，立体交通网络随时以最便捷的方式回归最本质的颜色。

104公顷，240万平方米纯粹居住空间，尽情演绎生命的华彩，让每一点生活创意得以无拘无束地发挥。

地址：北京市海淀区牡丹园西里18号楼
邮编：100083
电话：62357286

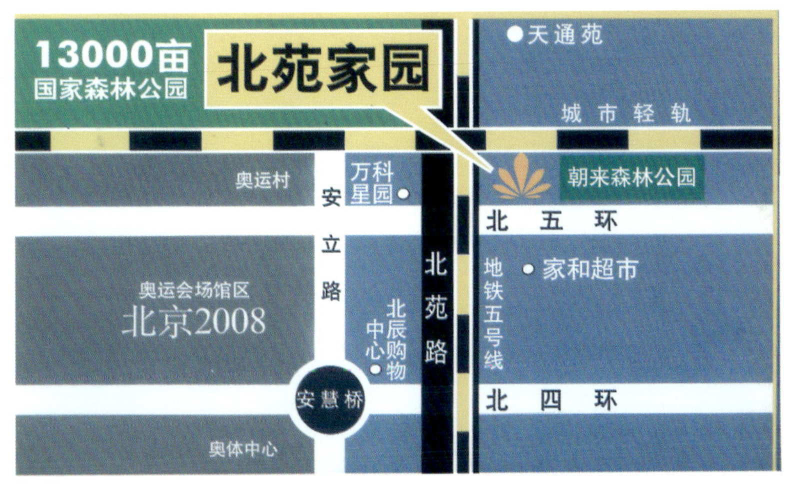

北京金地世纪缘房地产开发有限公司

北京金地世纪缘房地产开发有限公司，是由北京金地停车场建设管理有限责任公司、中国房地产业协会信息咨询中心、北京城建集团有限责任公司、郑州铁路经济技术开发公司（集团）等单位发起组建的房地产业的专业企业。在北京工商行政管理局登记注册，注册资金1100万元。

主要股东简介

北京城建集团有限责任公司

北京城建集团有限责任公司是国有大型企业500强之一，全国优秀施工企业，被国务院批准为全国120家大型企业集团试点单位之一。具有工程总承包一级资质、国外工程承包资质和外经外贸权，具有承担各类高档建筑、地下铁道和市政工程规划、勘测、设计、施工和设备安装的综合配套能力，具有从事房地产开发、工业生产、商贸、旅游餐馆、物业经营等综合功能和整体实力。集团现拥有总资产62亿元，年产值达80亿元。业经证监会批准，股票在上海证交厅交易。

郑州铁路经济技术开发公司（集团）

郑州铁路经济技术开发公司（集团）是郑州铁路局所属的一个集科技、工业、贸易为一体的跨地区、跨行为综合性大型企业集团，经营业务遍及全国，幅射境外。在煤炭、外贸、钢材、石化产品、运输代理等经营方面有着得天独厚的优势。1997年末，公司（集团）资产总额达14亿元人民币，实现营业收8亿元人民币，利润2亿元人民币。

北京金地停车场建设管理有限公司

北京金地停车场建设管理有限公司，是由中国房地产业协会信息咨询中心、中国城市规划设计研究院、北京城建集团有限责任公司、郑州铁路经济技术开发公司（集团）、北京京易建设联营公司等单位发起组建的我国第一家停车产业专业企业。公司业务有：停车场规划设计、技术咨询；停车场设备销售；房地产开发。

中国房地产业协会信息咨询中心

中国房地产业协会信息咨询中心（以下简称“中心”），隶属于建设部中国房地产业协会。主要从事房地产信息咨询、房地产投资顾问、项目策划以及建设行业的展览等业务，与行为主管部门和房地产开发企业具有良好合作关系。“中心”还致力于境外相关机构的交流与合作，已与香港房屋协会、香港房屋署、澳门地产商联合会、韩国住宅协会、美国房地产协会、英国特许屋经理学会、日中住宅产业协会等机构建立了良好的合作关系。

北京市密云县房地产开发总公司

总经理 王小明

北京市密云县房地产开发总公司是密云县惟一具有国家二级资质的房地产开发专营公司，并取得了SO9001质量管理体系证书和“用户满意的企业”、“质量管理规范单位”等殊荣。

公司组建于1987年1月，隶属于密云县人民政府，是北京市最早成立的国营房地产开发企业之一。总公司现有员工2300人，各类专业技术人员115人。总公司下设7个下属公司。公司自组建以来，先后在县城周边地区开发建设商品住宅楼120万平方米，完成总投资额15亿元人民币。

目前，公司已形成了包括开发建设、售后服务、配套建设等在内的现代化科学管理体系，为密云人民创造了良好的居住生活环境，为建设密云县精品生态卫星城增添了新的光彩。

精心打造 桂冠名宅

密云县奥林公寓位于县奥林匹克健身园西侧，京密公路北侧，与县郊野公园毗邻，总建筑面积27071平方米。交通便利，道路畅通，环境优雅，景色怡人，是安家置业的首选之地。

地址：北京市密云县环新路32号
邮编：101500
电话：010-69042943

傲视远山 极目云天

在密云的中心区，一个气势恢宏，精雕细刻的山水景楼盘正在崛起。这是密云房地产开发公司大手笔挥写的一幅新鸿图——密东广场。它将成为密云的第一例豪华精品名宅，是密云房地产开发公司走入大型城市的阅兵仪式。

公园右岸 观景社区

沿湖小区，潮白河畔低密度阳光名宅。南接郊野公园，西邻密西公路，远山近水，人杰地灵，周边环境碧翠怡人。

健康自然 生活本位

果园西里小区地处京密路边，交通便利，毗邻密云奥林匹克健身园，环境清新幽静。因其适中的价格，使小区自建成以来，成了工薪阶层的首选之地。

城中丽景 怡然之居

花园小区地处县城的中心地带，交通便利，4路、2路、京密大巴、京溪中巴都在小区周边设有站牌，出行非常方便，四周商业网点、大型超市众多，滨阳医院、幼儿园、小学校等设施齐全。

北京城建投资发展股份有限公司

北京城建投资发展股份有限公司(股票代码600266)是由北京城建集团有限责任公司1998年独家发起，向社会公开发行A股股票募集的、以房地产为主业的大型专业品牌地产商。公司注册资本6亿元，总股本60000万股，其中，流通股15000万股。公司主营房地产开发，拥有北京城建房地产开发有限公司（国家一级资质）、北京城建兴华地产有限公司（国家一级资质）、北京城建东华房地产开发有限责任公司、北京城和房地产开发有限责任公司、北京汇和房地产开发有限责任公司等6个控股子公司；北京市东湖房地产公司、重庆燕城房地产开发有限责任公司2个股权托管公司；富海中心和四道口两个直属项目运营部；北京国奥投资发展有限公司、北京五棵松文化体育中心有限公司、北京科技园建设股份有限公司等9个参股公司。

"北京城建"成立以来，净资产收益率每年达9%以上。在2000年上海证券交易所《上市公司》杂志评比中,"北京城建"以沪市第31名，沪、深两市第43名的业绩，跻身上市公司50强行列。被美国全球经济信息统计组织、国际会计管理协会、国际质量体系管理认证中心认定批准列入2001年世界房地产行业500强；2003年被国务院发展研究中心、清华大学和搜房研究院评为"中国房地产上市公司综合实力10强企业"，位列第5名；由安家杂志、北京晚报和搜狐焦点网共同主办的"2004年北京地产峰会"中，"北京城建"获"北京地产品牌企业"奖。

公司年房地产开复工面积达200万平方米左右。公司目前运作的项目达30余项，主要有富海中心、北苑家园、花市枣苑、电子城小区、田村路北小区、上城（畅茜园）、世纪城市、汇和大厦、东湖湾等。开发项目良好的前景和丰富的土地储备为公司的发展提供了保证。

北苑家园地处北京奥林匹克公园东侧和北苑自然生态居住区，总占地103公顷，规划总建筑面积230万平方米，将建成具有现代居住理念、配套齐全的大型现代化居住社区。花市枣苑临近北京市东二环路，两广大街北侧，占地约8.2公顷，将建成规划建筑面积近30万平方米住宅小区。富海中心项目位于北京市海淀区大柳树路17号，中关村大街东侧，总建筑面积约26万平方米，将建成一个集写字楼、高级公寓、精品商业街及商务配套为一体的综合性物业。上城（畅茜园）位于北京市西北四环之畔、与颐和园、西山为邻的上风上水之地，占地面积60万平方米，规划建筑面积81万平方米，将建成时尚、高品质的生活社区。世纪城市项目位于北京市中央商务区（CBD）西北侧，占地约7.77公顷，总建筑面积43万平方米，将建成集写字楼、酒店、公寓于一体的多功能现代化大型综合物业。

公司坚持集团化、专业化、品牌化运作，倾心打造"北京城建地产"品牌。公司于2001年12月31日至2002年1月2日独家协办中国房地产协会主办的"2002年北京新年（品牌）房地产展示交易会"，在国贸中心租用46个展位，整体推出了建筑面积达576万平方米的11个楼盘，规模空前。 2002年5月15日，公司在北苑家园小区召"北京城建地产"整体企业形象识别系统大会，全面导入和推行企业形象识别系统，走在了同行业企业的前列。在中国房地产业协会、中国房地产报社和北京市国土资源和房屋管理局等单位2001年组织的"中国（北京）房地产成功经营模式推介"活动中，公司被评为"著名品牌成功经营模式"单位。 为打造"北京城建地产"品牌，拓展公司未来发展更大空间，"北京城建"积极参与了北京2008年奥运场馆项目法人投标，牵头组建了北京城建投标联合体，并一举中标奥林匹克公园（B区）国家体育馆和奥运村项目；"北京城建"参加的以北京中关村开发建设股份有限公司为代表的投标联合体中标北京五棵松文化体育中心项目。同时，"北京城建"控股股东北京城建集团参加的中国中信集团投标联合体中标北京奥林匹克公园（B区）国家体育场。搭上奥运经济的快车，必将为"北京城建"的发展注入新的推动力。

公司秉承"尊崇诚信，共创理想空间"的经营理念和"倡导现实生活主义，打造大众精品品牌"的开发理念，以诚待人，恪守承诺，注重合作，开拓创新，为公司赢得广阔的发展空间，为员工搭建施展才华的价值实现空间，为购房者提供人性化的生活空间，为投资者创造丰厚的利润回报空间。

花市枣苑

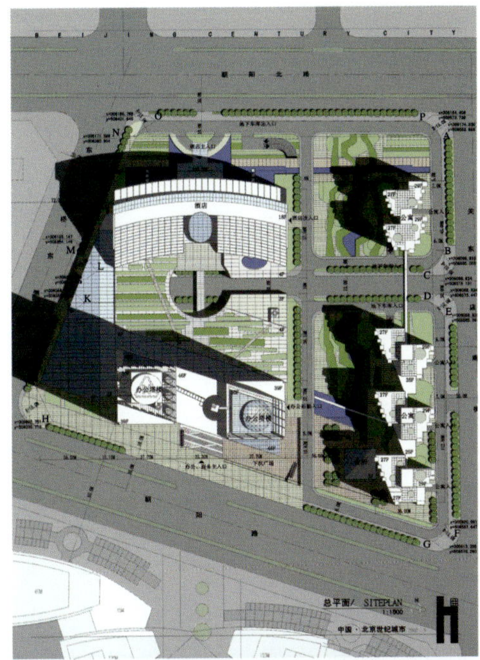

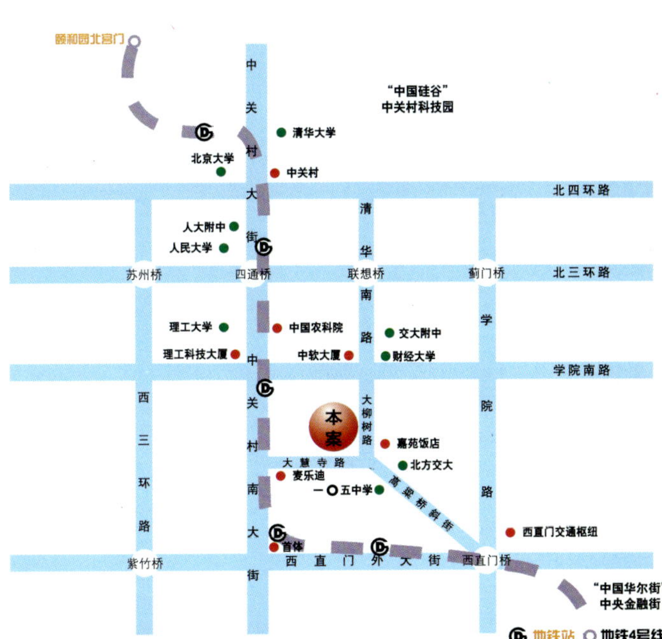

地址：北京市朝阳区北土城西路11号北京城建大厦　邮编：100029　电话：010–82275666

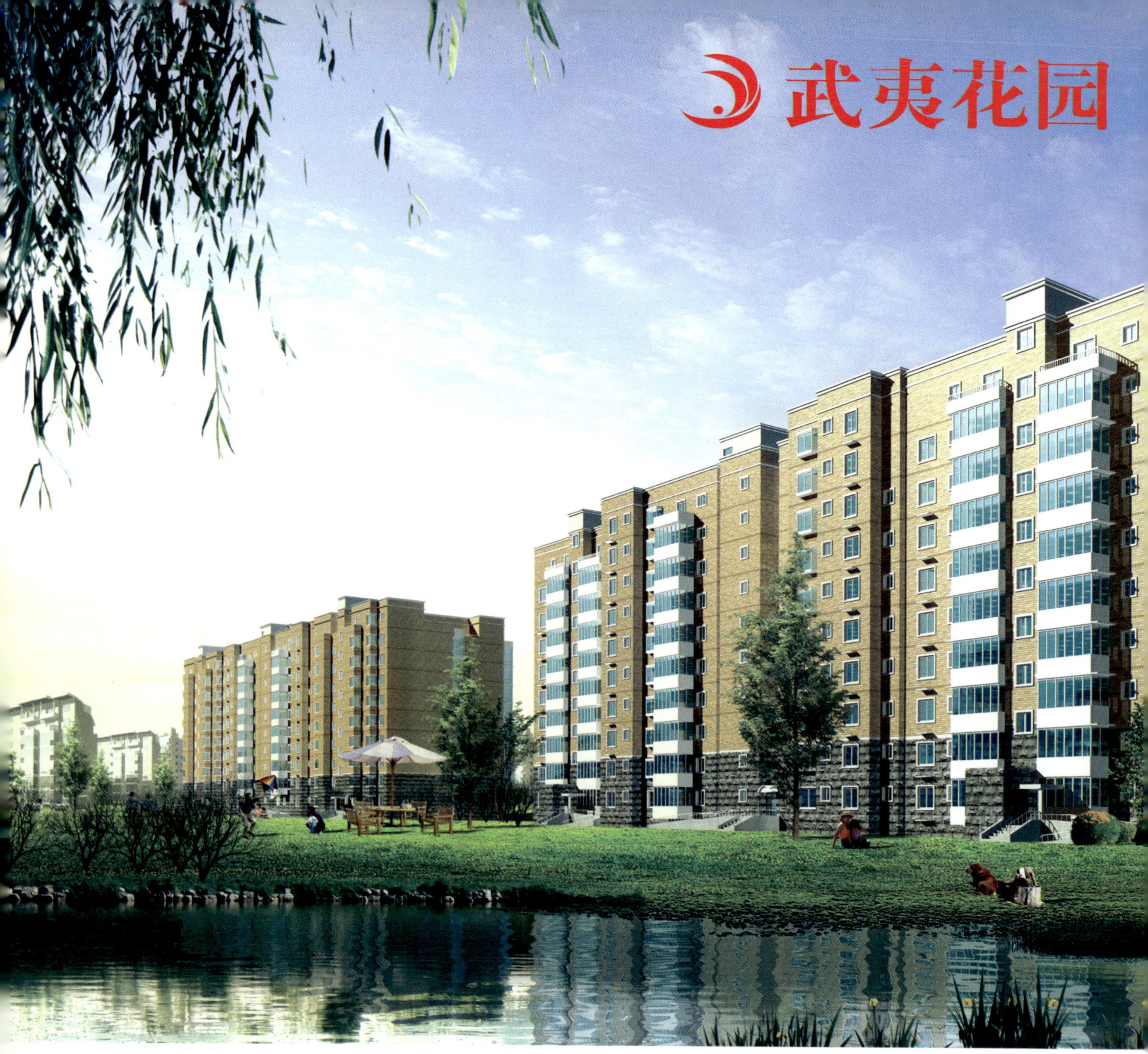

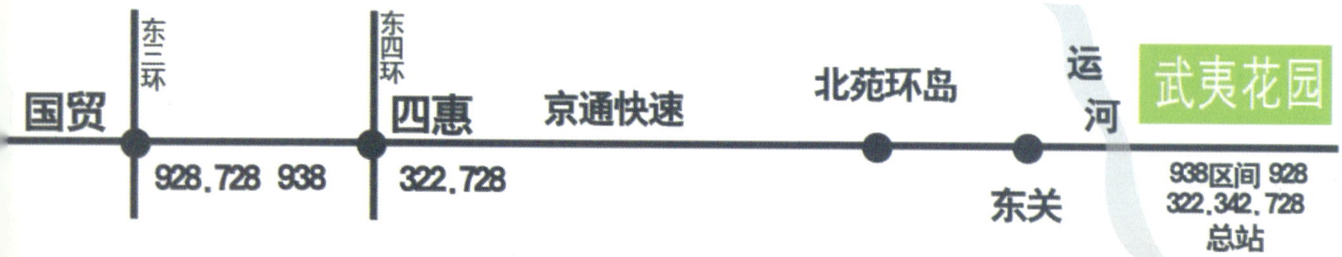

北京武夷房地产开发有限公司　傅荣健

中国武夷实业股份有限公司

北京武夷房地产开发有限公司为香港地产巨擘——香港武夷集团有限公司的在京企业，是国有上市企业——中国武夷实业股份有限公司（以下简称“中国武夷”）的骨干成员。

中国武夷是以房地产业为基础，投资开发为重点，外向型经济为主导的企业集团。1997年，“中国武夷”经中国证监会批准，在深圳证券交易所成功上市，上市公司代码为000797。中国武夷分支机构遍布全球，在香港、澳门、菲律宾、马来西亚、澳大利亚、美国、加拿大、肯尼亚、贝宁等国家和地区都有房地产投资和工程承建，并在一些国家和地区设有子公司。在国内各地，包括北京、上海、南京、重庆、深圳、武汉、长春、福州、厦门、泉州、漳州、南平等地投资房地产业。2002年中国武夷被国家建设部批准并授予一级房地产开发企业的资质。

武夷花园是通州“河东新城”的先驱，位于长安街东延线的两侧，距离国际贸易中心18公里。

武夷花园占地1500亩，总建筑面积达到100万平方米，可容纳3.5万人居住，是京东现代化的近水环绿的理想家园。加上规划中的武夷城3050亩土地，总建筑面积将达450万平方米，入住人口将达到12万人，占通州“河东新城”规划总人口的1/3。目前，武夷花园已完工30万平方米，99%已售出万人已入住武夷花园，在建面积约25万平方米，武夷花园已发展为规模宏大，人气鼎盛的现代化居住区。武夷物业管理公司为通州首家通过ISO9002国际认证的物管企业，管理标准与国际接轨，多次荣获行业嘉奖。

◎武夷花园Ⅱ区“筑在清流”：是“武夷品牌”2003年度新推广的精品住宅，共由54栋板楼住宅、1栋商务综合楼及1所幼儿园组成，总建筑面积达47万平方米。

◎紧邻3000米减河水景：武夷花园Ⅱ区北部景致绮丽的运潮减河河岸，新推出的5栋板式小高层住宅，全部傍水而建，楼高9～12层，装配高级电梯，建筑面积达8.9万平方米。

◎直面500000平米绿意：推开窗，放眼望去便是满目水景。住宅楼北靠近约100米宽的河岸绿化带，南向面对近750米长的“贯穿式”社区中央园林绿化带，总绿地面积超过500000平方米，社区容积率仅为1.3。户型整体采用大面宽、短进深设计，南北通透、“四明”设计，是武夷花园近两年来最为经典之作。

新世华苑——京城极致品质完美社区典范

新世华苑项目是新华房地产开发公司开发的精品，是京城房地产业不可多得的项目。该项目以其得天独厚的地理位置,高品质建筑设计，自从开盘之日起就使业主和项目本身同时享受着成功与尊贵。

坐落于北京西城区三里河一区的新世华苑是一个集高尚生活住宅、5A写字楼、商业配套于一体的现代化高档综合性项目，距长安街仅500米，距西二环全国闻名的中国金融业的管理中心金融街仅800米，距著名的钓鱼台国宾馆仅一路之隔。项目周边国家各大部委遍布，如国家发展和改革委员会、国家内贸总局、中国科学院、国家工商总局、财政部、国家开发银行、国务院侨办、轻工总局等17个中央部委机构及多处文化科研部门。

京西特大绿色生态园玉渊潭公园坐落于新世华苑西侧。该区域作为国家经济核心机关聚集地，附近居民区多为各大部委宿舍，流动人口少，居民素质高，治安良好。周边各项市政设施及生活服务配套设施齐备，数十家金融机构、银行等遍布周边；大型商场云集，如长安商场、百盛购物中心、万通商品市场、华联商厦；儿童医院、阜外心血管医院、人民医院、复兴医院、武警二院等为业主就医提供保证；实验中学、第八中学、铁路中学、44中学、35中学等知名学校确保完成业主望子成龙的心愿。

新世华苑的现房主体为六栋带电梯6层板式豪华住宅，一梯两户共有8种户型；顶层采用复式挑空设计层高约8米，每户均送单独地下储藏间及空中花园——30、50平方米天台。都市人追求的时尚健康的生活在新世华苑的绿色广场中能够得到充分的诠释，社区内建有网球场、门球场，待建的豪华会所面积约3000平方米，包括室内游泳池等配套设施。新世华苑整个社区的绿化率高达35%以上，在这样的黄金地段采用如此低密度建筑设计，正体现了开发商的雄厚实力和以人为本的风格。

为了确保业主得到贵族般的尊贵，开发商将社区的物业管理委托给了安恒泰物业管理公司，该公司管理的小区曾被评为国家优秀小区。该公司引进国内最先进的管理模式，为业主提供诸如社区医疗保健跟踪服务等超一流的星级物业服务。

选择新世华苑将体会到有极致保证的生活滋味，新华房地产公司以实力、信誉倾情为每一位业主缔造新世纪的高品质社区生活。

C、D座南侧效果图

实景拍摄

繁华落定，留存的只有吐纳百年的精神

朝内大街 红楼

海淀 清华大学主楼

前门外大栅栏 瑞蚨祥绸布庄

海淀 清华园

西什库大街 天主教堂

海淀 清华学

海淀 圆明园遗址公园

天安门广场西侧路 中国银行

天安门广场西 钱币博物馆

前门 正阳门东车

北京千秋基业房地开发有限公司

董事长张乾永在开工典礼上的讲话

北京千秋基业房地开发有限公司，成立于1999年，注册资金1800万元，于2003年正式组建“千秋集团”，至今总资产达几亿元，并拥有一批实力雄厚的精英团队，其中中级职称以上人员占50%，高级职称占35%。千秋集团始终坚持以德为本，以信润志，凭借“团结、拼搏、执着”的企业精神。超前的管理思想、务实的创业精神和诚实的商业信誉。在多年的奋斗中，公司走多元化战略，成功的实现了规模的扩张。先后组建了千秋物业管理有限公司、中科联房地产开发有限公司，千秋家润建设工程有限公司、千秋投资融资有限公司、千秋昌盛餐饮有限公司、千秋建筑装饰有限责任公司。

在北京北部一片遍布绿草与平房的预留地正孕育着一个奥运史上最美丽的居住村落。2008年，北京不仅要用它来履行一份对世界的庄严承诺，并且要在这上面建筑一座“新北京”万千风情的城市“主卧”。2001年8月，为开发此项目，千秋基业房地产开发有限公司注册成立北京中科联房地产有限公司，为千秋集团子公司。于是，在申奥成功的背景下，千秋基业人倾心打造的注重格调生活品质的城市美学建筑经典——懿品阁初具雏形。千秋基业人正以独到的眼光演绎一个新生公司高速发展的奇迹。

懿品阁，继千秋花园、千秋大厦之后又一力作。它与奥运会运动公寓比邻而居，南有马甸商圈、健翔科技园；西为中关村商圈、上地信息产业基地；东北侧为13000亩国家森林公园，空气质量良好，温度适宜。项目周边有北辰购物中心、飘亮购物广场、解放军306医院、胜利饭店、星巴克咖啡。各大高等学府云集周边，从购物到休闲，从就医到求学，从漫步于林中小径到品味于浓香咖啡，便捷生活随意彰显。

懿品阁为板塔结合精装小户型项目，总建筑面积为4万多平方米，主力户型33～70建筑平米。它以自然和谐融为建筑理念，并将其融入到建筑当中，从而使建筑有了生命和灵性。楼体的外立面采用断桥隔热铝合金、大幅面中空安全玻璃，让每个住户最大程度地与大自然接触，把更多的空间交给阳光去管理，大幅面中空玻璃在阳光的照耀下，使得建筑晶莹通透，现代且有质感。匠心独具的局部造型，鲜明的国际化风格，融注生活情趣，无处不体现建筑对居住者的关怀。懿品阁项目自为200多平米中央大堂，采用星级酒店式贴身服务，地下一层设有近300平米的阳光餐厅，让业主足不出户尽享休闲购物、健身娱乐。150平米阳光玻璃屋顶，让阳光自由穿梭。奥运村地段已成为日益成熟的商务中心和居住大社区，上风上水。令京城百姓翘首企盼，心怡正久。

奥运规划政府投资1800亿元人民币改造基础设施。奥运会后，场馆区对社会开放。北京最高的建筑国际商品展览中心也在奥运会后建设。规划中的奥运，至少具有庞大无可比拟的优势。环保和可持续发展；高科技和数字化；绿色清晰；交通方便；业余生活丰富多彩。未来的奥运村是北京理想的休闲居住地。是21世纪居住社区的完善典范。懿品阁项目亦将成为奥运村一颗璀璨的明珠。

打通资本市场，完善战略布局的千秋基业人，将在2004年全面发展。

“绿水烟楼里，坐卧中关村，一品天下事”，懿品阁——现代人居住理念与国际时尚追求的结晶，其极具城市建设责任感的年轻与激情和富有震憾力的格调品质，无不彰显着它不可替代的魅力。

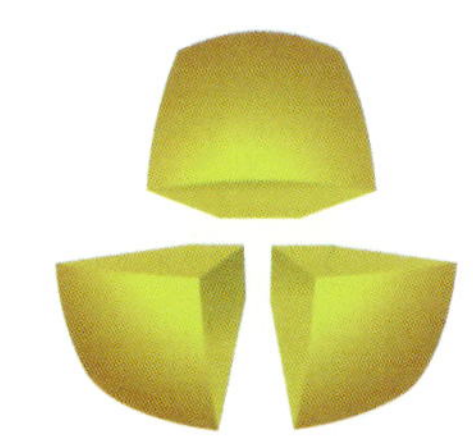

懿品阁

YIPIN HOUSE

时间与空间开始交错

本性的渴求开始逆流

在喧嚣与沉静之间来回穿梭

公寓还是亭台楼阁

从木到砼

从柔软到坚硬

现代建筑有着太过坚硬的表皮

疲惫的身躯不容易安逸

建筑。至少需要柔软的灵魂

懿品阁

想起柔软的木。想起亭台楼阁

于繁华之中想起宁静

懿品阁效果图背面全景

地址　北京市清河南镇千秋大厦

邮编　100085

电话　(010) 62945251　62945215

懿品阁效果图正面全景

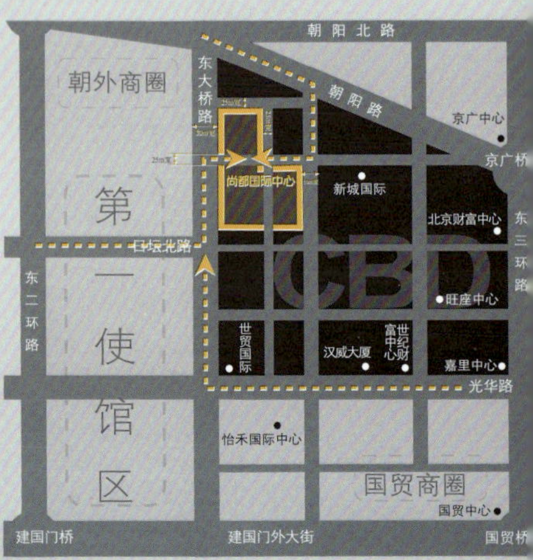

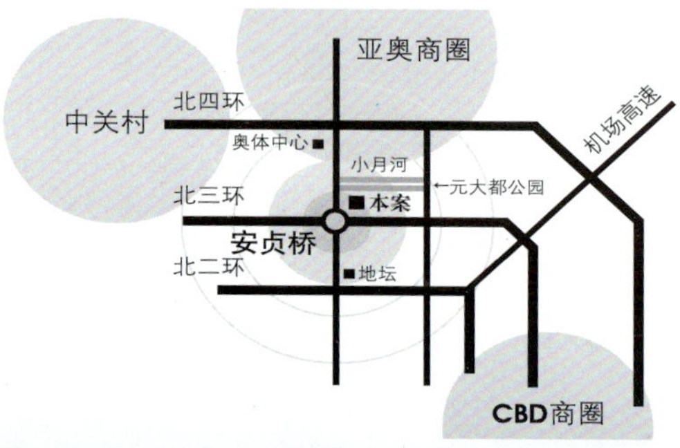

北京京达房地产开发有限公司

北京京达房地产开发有限公司成立于1993年，是由天鸿能源投资有限公司与香港达君发展有限公司共同组建的中外合资企业，地址位于北京市朝阳区朝阳公园西路11号，注册资金2780万美元。经营范围是：从事房屋及其附属设施的开发、建设，包括公寓写字楼的出售、商业设施的出租。

京达公司实力雄厚，资金充盈。公司设有总经理办公室、财务部、销售部、公关部、工程部、预算合同部、材料采购部及京达物业管理公司等专业管理的机构和部门，并拥有一支涵盖各类中、高级职称的专业管理人员队伍，是一家专业性较强，综合素质较高的中外合资企业。近年来，我公司对国内的房地产开发市场进行了充分地可行性研究，并先后在陕西、天津、北京等地进行了房地产项目的开发建设，使我公司在房地产领域积累了丰富的经验，在京城高档次房地产开发市场占有一席之地。

我公司确立的开发战略重点是北京京达国际公寓项目的开发建设。该项目地处国贸、燕莎商圈，近邻北京CBD（中央商务区），属高档外销公寓，总占地面积3.3公顷，总建筑面积为16万平方米。京达国际公寓的东侧紧临北京乃至亚洲最大的城市公园——朝阳公园，具有2100亩地水面和3000多亩绿地，被誉为"城市绿肺"。该公寓的西侧仅一墙之隔是市区内惟一的高尔夫球场——朝阳广济堂高尔夫俱乐部。公寓周边人文环境一流，居住环境舒适，交通方便。通过几年的建设，该地区已经形成北京市区内最为理想的高尚居住区。而京达国际公寓在2001年获得了媒体评为"北京十大水景住宅之首"的美称。

北京京达房地产开发建设项目实施滚动分期开发。其中：

京达国际公寓一期项目由4栋8层板式小高层组成，已于1997年建成并入住。

京达国际公寓的二期项目由4栋塔楼（2栋18层＋2栋24层塔楼）和2万平方米的地下车库和6000平方米豪华会所及5000平方米的绿地组成。该建筑为欧式风格，采用钢筋凝土全现浇剪力墙结构，标准层层高为2.9米，顶层复式层高3.8米。外立面1～2层采用花岗岩蘑菇石，3层以上为浅灰色高级外墙砖，淡绿色玻璃幕墙，整体色彩典雅大方，给人以高贵、稳重的感觉。在建筑规划设计上，公寓项目充分考虑到了居住窨使用的合理性和顾及到景观效果的需要。户型设计兼顾满足不同层次的客户需求，投资、居住两相宜。所有户型设计功能分区明确，使用率高。所有永恒全部提供菜单式精装修，保证客户入住一步到位。

地址：北京市朝阳区朝阳公园西路11号
邮编：100026
电话：010-65957777

高度决定视野 信念成就未来

办公以人为本

融科智地公司

北京融科智地房地产开发有限公司（融科智地）是联想控股旗下从事房地产开发和房地产投资的专业公司。

联想控股有限公司是一间投资于多个行业的控股公司，目前，联想控股有限公司下属的子公司包括：联想集团有限公司、神州数码控股有限公司、联想投资有限公司、北京融科智地房地产开发有限公司等。未来，联想控股有限公司仍将以产业报国为己任，致力于成为一家值得信赖并受人尊重，在多个行业内拥有领先企业，在世界范围内具有影响力的国际化控股公司。

融科智地正是控股公司希望在中国房地产行业成长为行业领先的专业房地产公司。融科智地立志在房地产行业中长期健康发展，做行业、做品牌，以设计精湛、品质高尚、服务一流的精品为股东创造丰厚和长久的回报，对客户和员工负责，为社会和城市发展作贡献。

Raycom INFOTECH PARK

融科资讯中心

目前公司正致力于开发位于北京中关村核心区的融科资讯中心，是中关村唯一统一规划、统一开发、统一管理的多功能国际商务园区。总投资超过20亿元人民币，定位于面向世界一流IT、通讯企业的开放型、国际化的高科技生态园区。

园区总建筑面积达32.8万平方米，由4栋写字楼与2栋酒店式公寓构成主体建筑群落，齐备国际甲级写字楼、涉外酒店式公寓、专属会所、会议会展等多种现代商务功能，致力于成为高科技龙头企业的聚集地。

园林中的建筑艺术

将建筑营建于优美的绿色园林，实现建筑与园林的和谐共舞。融科资讯中心总绿化超过3.3万平方米，堪称北京唯一低密度高科技商务园区。

看得见风景的房间

■ 绿色宜人景观，通透的视觉享受，自由空间分割、开放式交流空间，才是新时代办公的人性化商务空间。

■ 大幅落地窗配以双面采光的全透明玻璃幕墙，使自然光线与室外绿景自由流入办公空间。

■ 以大净高、大柱间距，强化室内空间的开敞通透，并采用简洁的直线条进行空间分割，实现使用率最大化，方便布局。

沟通世界的信息高速路

提供最完美的电信基础设施及个性化通讯服务，满足大量内部、外部的信息交流，支持信息化时代的技术及运作要求。

专业团队强强联手

园区规划邀来世界一流专业公司，包括享誉国际的建筑事务所SOM，景观事务所SWA Group、物业顾问第一太平戴维斯以及中国电信等，组成智慧团队共同携手，为IT企业量身订造这座开放型、国际化的生态园区。

融科资讯中心一期（A座）

融科资讯中心一期5万平米的写字楼于2001年底竣工，以卓越的建筑设计、人性化办公空间、一流通信基础条件以及优秀的物业管理质量赢得了国内外高科技龙头企业的青睐，囊括IT、通讯、教育、风险投资、咨询等多个行业。目前，出租率已经超过90%。

中关村顶级科技物业旗舰

■ 4000平方米V字大开间平面造型，每层净高2.85米，另设高达8米开敞通透的双层中庭，呈现人与阳光、自然的沟通共享空间；

■ 直接与中国电信骨干节点相联，多家运营商运作支持，一站式“电信超市”服务；

■ 专设数据机房层，提供完善的信息管理平台；

■ 统一业权、只租不售，尽显发展商实力，为客户提供无限增值保障；

■ 世界知名企业在中国的新战略基地。

主要客户:

Cadence	美国益华电脑科技
CEIBS	中欧国际工商学院
Daheng	大恒科技
Hitachi	日立华胜
Legend Holdings	联想控股
Nomura	野村综合研究院
NTT DoCoMo	日本电信研究院
PCCW	电讯盈科
Synopsys	美国新思科技公司
TravelSky	中国航信
Thomson Prometric	美国汤姆森公司
Seagate	希捷硬盘

融科资讯中心二期

继一期成功运作之后，融科资讯中心二期工程正处于紧张的建设过程中，将于明年下半年正式投入使用。

二期总建筑面积95000平方米，整个建筑由两栋南北朝向板楼组成，通过65m长的全玻璃悬索式结构大堂和园林景观嵌合为一体，气势恢弘雄伟。以现代先进的建筑空间营造艺术，加之最符合IT企业使用需求的简洁实用的平面布局，现代高效的系统配置，实现办公空间的高使用效率与绝对享受主义。

基本数据资料

总建筑面积：9.5万平方米

高 度：70米

层 数：地上17层，地下2层

标准层面积：2200平方米

标准层净高：2.7米

车 位：580个

功 能：国际甲级写字楼

竣工时间：2004年8月

高效办公新境界

■ 极具匠心的双塔联体板式造型，立面以透明玻璃为主，轻盈通透，配以高档石材和金属，空间通透亮堂，尽显尊雅气质;

■南北两侧双层挑空，整个建筑烘托在绿色之上，水景、雕塑、顶层空中花园，点睛之处，尽显品质，创造良好的生态办公环境;

■ 板式平面，核心筒置于一侧，2200平方米/层，纯无柱设计，方正实用，造就最具效率的平面布局；大型透明落地窗，空间通透，多面采光，创造出人性化办公空间;

■ 革命性楼层网络机房设计，一次性地解决公司内部网络建设的承重、空调、供电问题，为高科技公司内部办公网络建设奠定首要基础条件;

■ 外墙呼吸式玻璃幕墙，保温隔热，节约能源；分区精确，空气调节更加灵敏；更设有机房专用24小时空调冷却系统。

住宅开发业务

在物业开发方面，融科智地以住宅开发为主，形成公司另外一个支柱性业务。公司将立足于北京，同时进军全国其它主要城市，逐步将融科智地缔造成全国性的住宅品牌。

目前公司在北京、天津两地合作开发近100万平方米住宅项目；正在选择国内其它几个主要二线城市，扎根当地长期发展。

天津瑞景园

由天津顺驰集团和融科智地合资组建天津顺驰融科智地有限公司。居住区占地66公顷，是天津市继华苑、梅江、丽苑之后的大规模政府安居工程之一。先期开发瑞景区1、2号地，其占地面积约32公顷，建筑面积近30万平方米 。项目于2003年4月开工，6月进入市场。

同时，公司还积极探索房地产金融业务，通过现代金融手段推动物业投资和物业开发业务，实现公司的快速发展。

展望未来，融科智地充满了希望和力量。融科智地将以更坚实和更快速的步伐，向着创办中国一流房地产企业的目标前进，并最终实现联想人"产业兴国"的宏伟目标。

营销中心：融科资讯中心A座3层
电 话：8610-62509898
传 真：8610-62509899
http://www.raycompark.com.cn
E-mail:raycom@legendholdings.com.cn

北京京师大房地产开发有限责任公司

北京京师大房地产开发有限责任公司是由北京师范大学投资成立的集产、学、研为一体的专业房地产开发项目管理公司和社区营造商。公司成立于2001年9月，注册资金人民币3000万元，现有员工85人（其中具有中高级职称以上的55人）。

公司理念

荟纳英才、强化管理、整合资源，充分发挥百年师大的优势，为客户营造可持续发展的社区和服务，把公司做实、做大、做强。

服务理念

业主的利益高于一切。我们将把自己当作业主的一员，了解业主的文化背景、组织机制、运作模式和发展目标，通过自身成熟的管理体系来处理各项建设过程中可能出现的问题并使最终产品以预期的进度、成本和质量标准达到并满足业主的要求和期望

主营业务

项目开发管理服务业务主要包括以下方面：

项目开发管理和开发咨询	咨询顾问
物业管理	财务管理
销售服务	物业评估
客户服务	土地出让转让顾问

主要的管理资源来自于国内多个著名楼盘项目规划、设计和施工管理背景，房地产评估、财务管理、物业管理、资本运作等专业力量，我们能够满足业主开发管理的要求，并在规定的时间和成本计划内完成任务，为业主节省的资金将大大超过我们的管理服务费用。我们将以设计标准方面的特别建议来提高设计质量、降低投资风险，使产品保值增值；以严格、高效的招投标、合同管理、成本监控等经验和机制，使选择承包协作单位工作及时、合理的落实，并使工作和合约充分体现业主要求和公平、公正、公开的时代精神。

管理项目

京师园住宅小区
京师园为教师住宅小区，占地面积7.15公顷，规划为住宅及配套公建，总建筑面积260000平方米，其中住宅约20万平方米，配套公建6万平方米，部分竣工。

沙河校区
沙河校区为北京师范大学新建现代化校区，占地1300亩，总建筑面积40万平方米，规划为教室、实验室、办公楼、公建、学生宿舍，前期设计中。

北京物资学院电教馆
校内新建电教馆及学生食堂，总建筑面积12000平方米，在施。

地　址：北京市海淀区新街口外大街19号
电　话：010-62057095
传　真：010-62057702
邮　编：100875

京师园项目简介

京师园住宅小区是北京京师大房地产开发有限责任公司为北京师范大学教职工量身订制的高品质教师住宅。京师园小区位于朝阳区洼里乡，比邻奥林匹克森林公园，西距京昌高速路800米，南向新建辛店村路400米，北离五环500米，是最适宜居住的城市中央区域。

比邻奥运　价值实现

举世瞩目的2008年奥运会70%的金牌将在京师园东侧的奥运主中心区产生。拥有13个比赛场馆的主中心区赛后将成为一个集体育、文化、展览、休闲、观光旅游为一体，并有配套商业、酒店、会议中心等服务设施的多功能区域，具有奥运标志性、时代性、民族性特点，空间开阔、环境优美。奥运会给周边地区带来的物质价值和精神价值全面提升，奥运村及其周边区域将成为中国最具影响力的国际商务、会展、文化中心和城市的精神领地。

以人为本　合理布局

结合小区自然条件和规划要求，建筑布局沿东西向分为三组，中心由绿地、会所、幼儿园组成，东西组团通过架空层实现相互渗透的院落空间，向东延伸至奥运森林公园，绿化空间与外部环境相互渗透、浑然一体。外环安排机动车交通，人行、车行入口分设，实现人车分流。

森林家园　舒适自然

占地680公顷的“奥林匹克森林公园”，山峦叠嶂、芳草萋萋，更有近3000亩相当于昆明湖的碧波湖面，波光荡漾，绿树成荫，湿度适宜，空气常年二级，夏季凉爽，视野开阔，令人心旷神怡。生活在城市中央绿肺，呼吸舒适、自然、清新的空气，享受森林、碧波、阳光、绿茵的质朴生活。

健康户型　阳光生活

板塔结合的建筑型式体现了均好性，公司秉着“以人为本、健康舒适”的原则，强调了环境价值和住宅价值的统一，在满足使用功能的前提下，户型间隔方正合理，每个房间都有自然采光和通风，室内通透敞亮，每户均有向阳的房间，充分满足入住教师亲近自然、返朴归真的心理需求，在森林家园中感受鸟语花香，共述天伦之乐。

艺术园林　诗意生活

在寸土寸金的黄金地域，仍使2号楼首层架空，进行园林绿化，视线通透，视野开阔，绿化空间互相渗透。结合中国传统文化的精髓和百年师大的文化内涵，小区的园林设计充分考虑教师生活特质，整个绿化空间划分为“松、竹、梅”三个分区和中央广场区，动静分明，适宜环境的银杏、杜仲、丹桂等名贵树种，辅以灌木花草，使小区春夏秋三季有花，四季常青。踏着绿茵相间的青石板路，轻吟杨柳春风、花间词章，惬意健康生活。

配套完善　老少无忧

北京师范大学在小区内将设立幼儿园，并计划将周边建设中的小学、中学纳入自己的附属学校管理，北京师范大学在基础教育领域的强大科研、师资实力，将大幅提升奥运中心区的教育水平；中国人民解放军306医院专为小区设立的全科门诊，解决了老教授们及其家属的后顾之忧。

精选材料　货真价实

绿色环保聚苯板的外墙外保温，不仅达到了欧洲节能标准，还增加了每户的使用面积；先进耐久的PPS金属防水系统成为奥运主场馆项目的示范工程，

精确管理　品质保障

在项目的现场管理过程中，公司组建了优秀的质量保障队伍，长期坚持在生产第一线，并通过先进的视频技术、数码技术以及合理标识，使住宅建造的全过程动态监控，责任明确，具有可追溯性，实现了精确化管理。克服了众多房地产开发项目中，容易出现的施工队伍欺骗总承包方、施工队伍及总承包方合伙欺骗监理单位、以上三方共同欺骗甲方的管理通病。

项目简介：

朝阳无限项目坐落于朝阳路主干道，地铁八通线和10余条公交线路方便连接城区各处；华堂商场、民航总医院、邮局、银行等完备的周边配套提供优质生活保证。项目总规模达22万平方米，社区内有完善的配套设施。3000平米多功能健康会所，集泳池、健身、潜水、Hi-Fi视听、咖啡馆等游憩场所于一体。社区内7000平方米的中心水景园林以及小区北侧60米宽的绿化带共同构成2万平米独特的“双景生态屏障”。物超所值的三水（市政供水、24小时热水、直接饮用水）入户，智能化等配套更让您轻松拥有繁华都市中的完美生活。

项目名称：朝阳无限——芳菁苑
销售证：　一期　京房售证字 885号
　　　　　二期　京房售证字（2003）109号
销售价格：一期现房均价：5380元/平方米；
　　　　　二期期房1#楼均价：5280元/平方米；
3#楼精装小户型：每套23万元起；
入住时间：一期　　2003年4月
　　　　　二期　　2004年年底
销售热线：85768866
开发商：北京华森房地产开发有限公司

朝阳无限——芳菁苑

北京华森房地产开发有限公司是由北京神华房地产开发公司和北京市万森房地产开发公司共同投资成立的股份制房地产开发企业，总经理陈玉如。公司注册资金3000万元，员工40余人。公司自创立以来，坚持“以人为本，服务社会”的宗旨，本着科学化的市场决策和人性化的企业管理，依靠优良的品质保证，优质的配套服务和合理的价格去开拓市场，赢得用户，在短短的几年便取得了骄人的业绩和众多的赞誉。公司在企业管理和经营运作中，十分重视运用现代化管理方法和手段，建立健全“质量保证体系”、“成本保证体系”和“售后服务体系”，使公司赢得了良好的声誉，树立了良好的品牌形象

由华森房地产公司开发的“朝阳·无限”项目坐落于朝阳路主干道，地铁和10余条公交线路方便连接城区各处;华堂商场、民航总医院、邮局、银行等完备的周边配套提供优质生活保证。曾荣获2002年“最佳性价比楼盘”、“用户满意建筑工程”等多个奖项。该项目总规模达22万平方米，社区有商业完善的配套设施，满足您日常生活购物的需要。3000平米多功能健康会所，集泳池、健身、潜水、Hi-Fi视听、咖啡馆等游憩场所于一体，让您体验休闲之外的全方位健康呵护。还有7000平方米的内部园林，小区北侧60米宽的绿化带，蜿蜒河道，与中心园林形成独特的"双景生态屏障"。物超所值的三水（市政供水、24小时热水、直接饮用水）入户，智能化等配套更让您轻松拥有繁华都市中的完美生活。截止到目前为止，一期现房已经顺利入住，销售率达到95%以上。朝阳无限二期的户型亮点颇多，主打户型为107平方米至117平方米的两居室，户户均有大飘窗，居室面宽在7米以上，通风与采光效果俱佳。体现了人性化设计手法。另有全楼精装修的小户型“锐钻”，都是面积从35平方米到67平方米的一居室，更符合时尚青年的要求。

无论是过去、现在、还是将来，华森人都竭力做到用心建造好人家。

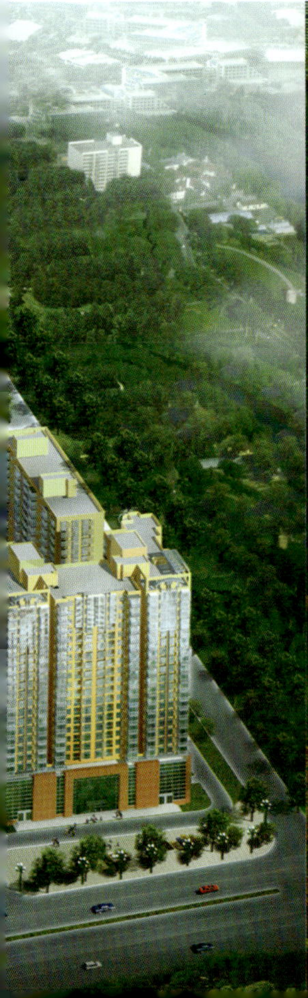

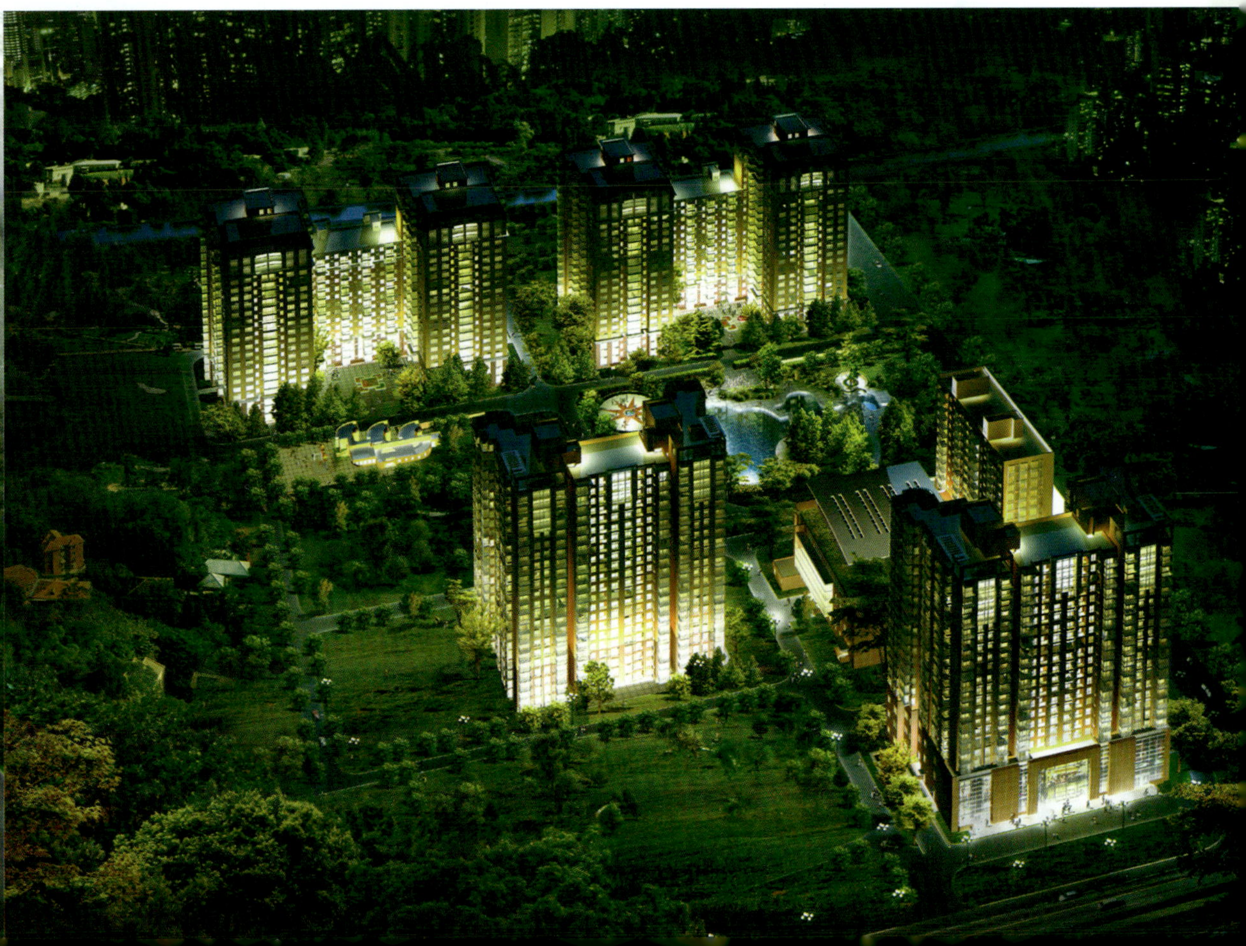

北京中洋创业投资有限公司

北京中洋创业投资有限公司于1993年12月经北京工商局核准设立，注册资本为7100万元人民币，总资产约8亿元，年利润约2000万元。

北京中洋创业投资有限公司以房地产业为主，主要投资集中于北京，在进行房地产开发的同时，在市场分析和推广、建筑规划设计、工程预算监理、物业管理和商贸服务等方面都积累了一定的经验。公司坚持多元化发展战略，除房地产业以外，还涉及商贸、文化娱乐、高新技术等领域。

下属公司主要有：北京王府花园开发公司、北京温碧源住宅有限公司、北京正恒隆和房地产开发有限公司、广水市王府花园旅游开发有限责任公司、湖南橘郡城镇置业有限公司、北京宝地嘉物业管理有限公司、北京世纪尊豪建材有限公司、北京宽带中国俱乐部有限公司、北京中洋学侨咨询顾问有限公司。

公司追求专业化、高水准、注重技术创新，始终以超前的眼光和理念开展业务，在同行为中一直处于领先地位。公司经营管理层作风稳健，在以往投资项目中均取得了良好的经济效益和社会效益，现已成功开发王府花园和橘郡两个房地产项目。

北京王府花园由北京中洋创业投资有限公司于1993年投资兴建，位于昌平县平西镇政府西侧，总占地面积约438亩，总建筑面积约16.5万平方米，高档别墅住宅约800个单位。是京北地区首屈一指的大型高档物业小区。王府花园在周边房地产项目中占有龙头地位，在京城房地产业内和市民中有相当高的知名度，始终是媒体关注的焦点，小区已全部完工，配套服务设施齐全，截止2000年已实现销售收约7亿元人民币，利润1亿多元。

北京王府花园带动了昌平区平西镇的经济发展，提高了土地利用价值，促进了住宅商品化的进程，为首都的房地产事业和繁荣做出了积极的贡献，也给当地经济发展带来了良好的社会效益。

橘郡，北京高档美式别墅社区，位于亚运村北方16公里，南临温榆河、西临立汤路，北接4000亩苗圃。项目开发于1999年，由中洋创业北京温碧源住宅有限公司投资兴建，总投资约5亿元，分橘郡和水印长滩两期开发，在300多亩地域上辟划9万平方米纯居住空间，涵纳别墅的所有精髓元素。

投资商中洋创业投资有限公司曾成功开发了北京著名的"王府花园"别墅，此次以美国90年代中产阶级主流房型为蓝本，规划和设计橘郡别墅社区，倡导自然、自由、高品质、高品位的美式生活方式，为置业者提供与国际同步的高尚生活。

橘郡特别聘请美国纯本土三大设计事务所——加州最大的专业住宅设计公司BASSENIAN、世界三大权威景观设计公司之一SWA以及成功打造洛杉机、拉斯维加斯无数豪宅的AMBROSIA——联手建造原汁原味的美式社区。项目一期包括Family Townhomes中庭花园组合别墅、新英格兰乡村独栋别墅两种美国西部14州及环太平洋地区99′Gold Nugget Name大奖最新房型；二期水印长滩更是将领先于美国推出2001年全美建筑金奖Watermark及大地环境别墅两种经典房型。

橘郡这个被媒体称为固偶然灵感而打造的，有着豪宅必然理想的橘郡，因此取得了令人难以忘怀的销售业绩表现，开盘之日

即为封盘之时，橘郡因此被认为北京别墅的经典案例，低密度住宅的先导者，其开发理念甚至被称为专业化的生存标准。北京娱乐信报称：橘郡——新别墅朝代的弄潮儿；北京晨报定义橘郡——京城翘盼的条八代住宅；瑞利杂志妙言橘郡——佳屋女人变迷……

北京香山温泉项目

位于北京市西山北香山植物园北山坡占地1140亩，是海淀区温泉镇镇中心，温泉镇是北京总体规划的29个中心镇中三个重点试点镇之一，北京市政府将其规划为“中关村后花园”的中关村生活配套区，使得该地地极具价值。

湖北广水市徐家河风景区项目

本项目位于湖北广水市南部徐家河风景区的无名岛，无名岛座落于徐家河水库中心，四面环水，总面积130亩约86600平方米，地貌属丘陵岗地，低山低貌，水质清澈，为风景区中心最具特色的岛屿。

项目风景区，汉渝铁路、汉十高速、316国道穿境而过，东北距京珠高速45公里。南距湖北省会城市武汉150公里。徐家河水库有水面8万多亩，承水面积749平方公里，总库容7.7亿立方米。天然镶嵌着108岛屿境观，景区已载入《世界风景名胜大全》，素有中原明珠之称。

项目将建成一座以徽派建筑与现代风格结合的集休闲、健身、娱乐为一体的综合性旅游度假中心。项目分三期开发，目前一期工程的规划设计及前期准备工作就绪，开工即在。

售楼处地址：北京朝阳区亚运村汇园公园Q座首层
销售热线：010-64910352　64933181／82

湖南长沙暮云项目

该项目位于湖南长沙市“长沙大道”边，东紧邻直达城运会的“星火大道”、是长、株、谭城市群中心位置，距韶山路约2公里，距省政府约7公里，距长沙市中心“五一广场”不到15公里，西距湘江约2公里，南临规划建设中的长沙野生动物园和开发区。占地约2000亩，即134万平方米，规划为别墅、Townhouse和最低层花园公寓。地价约为10万元／亩，比周围比价低10万元／亩，容积率约为0.7。目前立项已批，正办理有关征地手续和控制规划手续。

北京艺苑房地产开发有限责任公司

艺苑房地产公司是以房地产开发为主业，多元产业同步发展的民营企业。1999年从北京市大兴城建公司分离出来，正式挂牌注册为北京艺苑房地产开发有限责任公司。四年来，公司不断拓宽经营领域，迅速扩大企业规模。公司从始创初期时单一从事房地产开发，现已发展到集设计、建筑、保险、旅游、广告、咨询于一体的综合性经济实体，2003年企业注册资本金达到2000万元，是目前北京市大兴区最具实力和最具影响的民营企业之一。

艺苑房地产公司一贯追求“诚信为本，服务第一，精雕细琢，打造精品”的企业经营宗旨，不断为广大消费者提供高品质、全方位、专业化的服务，赢得了所有签约客户的青睐。北京市工商局已连续两年授予艺苑房地产公司和艺苑神州国际旅行社“重合同守信誉”单位荣誉。

艺苑房地产公司自1999年成立以来，包括其控股的子公司在内，现已拥有各类专业人员189人，累计实现产值5.3亿元，开发各类住宅、公寓、学校、商业、写字楼总面积为35万m2。公司于2001年开发的菊园南里住宅小区以其独特的欧式建筑风格和一流的质量在首都南城众多的住宅小区中独领风骚；2002年公司在京城旧宫地区开发建设的10万m2上林苑住宅小区，更是创下了当年开工、当年入住，销售率达100%的佳绩，同时该小区被北京市评为市优小区和金牌小区。

面对入世后首都北京的新形势、新机遇、新挑战，艺苑房地产公司将加快管理和创新的步伐。坚持“建设精品工程，提供优质服务”的质量方针，认真实施“开发为主，多元经营，立足北京，开拓市场”的经营战略。注重加强企业自身素质和企业文化建设，完善企业内部管理机制，培养和造就一批知识广、技术强、业务精的专业人才，用我们的智慧和双手建造人类理想的家园，为首都经济发展和城市建设发挥重要作用。

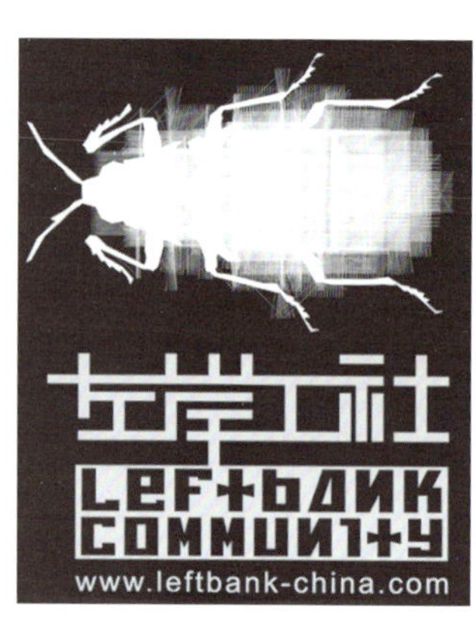

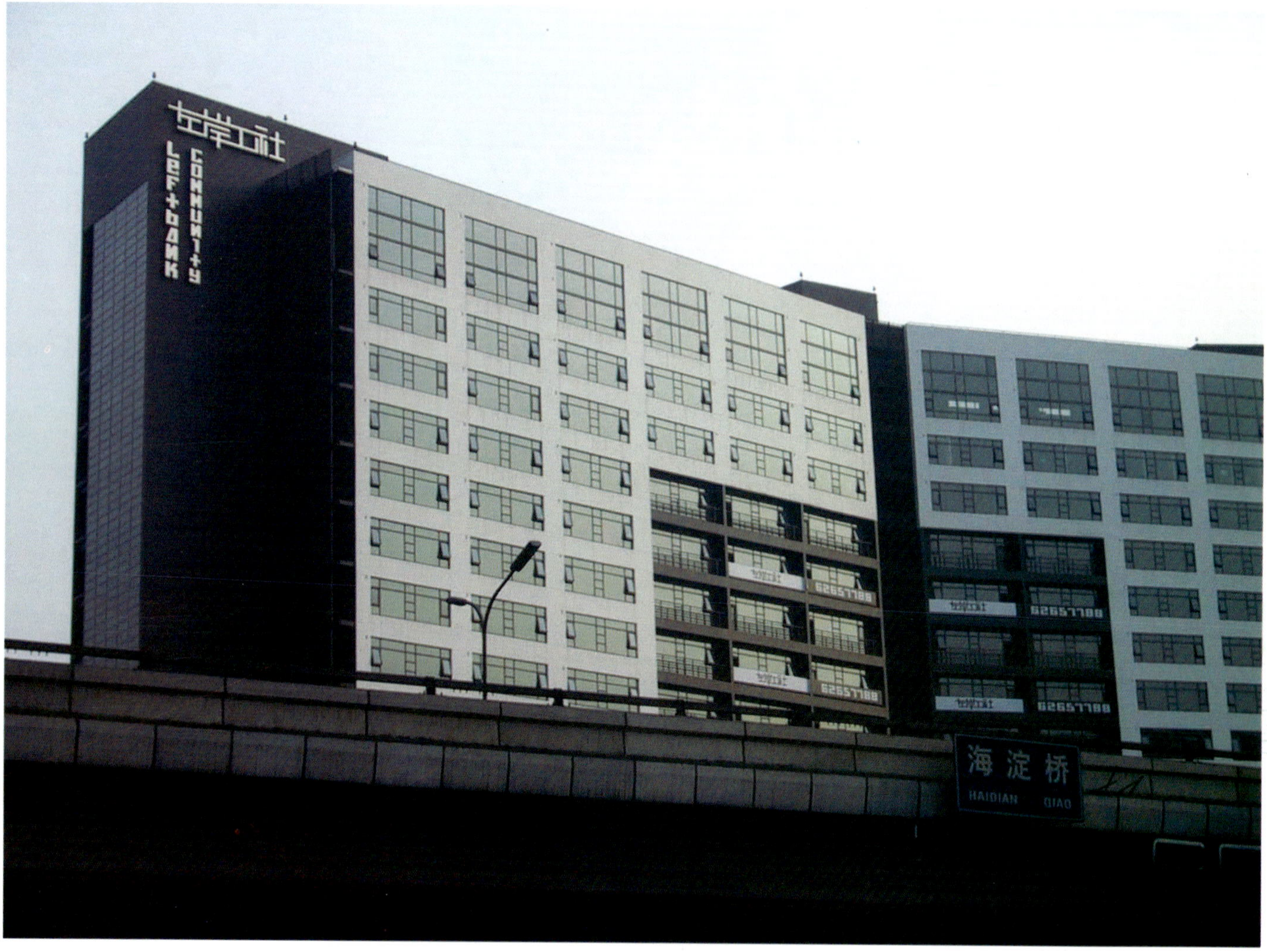

左岸工社（备案名称暂为“双桥大厦”）以其高尚品质、独特风格和清晰的产品定位，成为当前北京市最具名度的甲级综合写字楼之一，并已步入全国最具影响力的房地产项目行列。广受媒体和同行的关注、认可，在全球搜索引擎“Google”中“左岸工社”一词的查询结果达39000余条，超越过许多同行业的知名项目。

左岸工社董事总经理林涧是北京房地产界具有专业背景的总经理。他拥有清华大学建筑学学士、城市规划硕士学位和业界10年的开发经验。2003年4月，获选房地产界权威媒体《新地产》的封面人物。同年6月，获选成为北京电视台5套《财智人物》的主题人物，该栏目对其进行了专题报道。

非典过后的2003年6月15日，左岸工社获得《安家》和SOHU网共同举办、由北京排名前10位的代理行及京城10余家媒体的20位资深地产记者共同评出的“非常时期北京五大热销写字楼”称号。

获2003年华夏媒体奖。左岸工社位于北四环路与苏州街交叉口的西南角，地处中关村核心区，是一座集写字楼、酒店式公寓、特色商铺、顶级会所为一体的综合楼项目，总建筑面积为72309平方米，其中地上建筑面积为53840平方米，地下建筑面积为18469平方米。本项目地下3层，地上写字楼部分为15层，酒店式公寓部分为20层。

左岸工社设计运用“包豪斯”理念，整体风格简约，线条规整，以满足功能需求为第一目的，为用户提供卓越的性能和创意的空间。左岸工社黑、白、灰系列的“素派风格”外立面，清新、醒目，已成为中关村及西北四环的新地标。

左岸工社项目优势

1.地段优势

* 交通顺畅：紧靠北四环"海淀"立交桥，具备独立出入口；大厦四周环路，形成岛式交通，不易堵车；
* 得天独厚的自然生态环境：距27洞万柳高尔夫灯光球场仅500米，是北京距离高尔夫球场最近的写字楼。登楼可以无遮挡远眺万寿山、香山及西山群峰；
* 人文气息浓厚：距离北京大学200米，人民大学500米，清华大学1500米，方圆1000米内分布着众多的科研院所。

2、产品优势

1）高标准建筑结构：最高采用C60混凝土浇筑，首层梁扳采用预应力钢筋。结构强度超越常规标准，获结构长城杯。

2）板式楼体设计：最佳的板式结构和个性化的立面设计，通风效果好；

3）高配置电梯：4万平米写字楼 9 部电梯，高效运送，直接采光的电梯厅为用户带来愉快的心情；

4）高配置车位：430多个车位，通常甲级标准65辆/万平米，本项目标准为80辆/万平米。

5）3.7米层高：不做吊顶净高3.5米，比标准甲级写字楼高1米

6）高绿化率：5000平米景观绿化广场；

7）单元式中央空调：避免中央空调空气交叉感染，营造全新健康的办公环境；

8）节能：5cm厚的挤塑板外保温、双层中空LOW—E玻璃并采用断桥隔热窗、双层架空屋面，比常规甲级办公楼节能60%；

9）"素派"交楼标准：业主入住后只做加法工作，避免二次装修的浪费，为追求个性，将办公环境塑造为"企业名片"的企业提供最大限度的创造空间；

3、风格特色

现代主义建筑风格设计：强调功能、朴素、简约，在充分考虑装修的同时，更注重装饰的表达。"少就是多"的简约风格，代表硅谷风尚，彰显企业个性和创造力；底层商铺浓郁的文化品味：雕刻时光咖啡屋等一站式24小时服务，休闲娱乐同时完成。

北京同马房地产开发有限公司

团结的集体

北京同马房地产开发有限公司成立于2001年2月，注册资金1000万元，公司现有员工50人，其中研究生学历1人，本科学历8人，高级专业人员8人，中级技术人员10人，员工中80%以上具有高中以上学历。

公司是一个技术力量雄厚，各种专业人才齐全的年轻的企业。本公司自成立之日起重点对通州区永顺镇北马庄进行了旧村改造，及翠福园小区的建设，该小区规划面积25万平方米，目前已完成5万平方米，成为全区的优质工程。

随着公司的不断发壮大，本公司将立足于永顺，并且不断拓展发展空间，为本市的城市建设添砖加瓦。

翠福园小区设计方案

翠福园小区简介

一、天然气：自建燃气站，采用罐装加压式，储气量为4600立方米，管道输送至每户使用，可保障2800户生活用气，收费按行业标准执行。

二、集中供暖：自建6台10吨热水锅炉房，管道输送到户，可供30万平方米建筑面积取暖，负责整个小区及工业区的集中供暖，取暖费按北京市有关规定执行。

三、集中供水站：本小区采集地下水，自建800立方米的生活用水处理站，达到北京市饮用水标准，每小时可供水120吨，提供整个小区及工业区的生活及生产用水，水费按北京市有关标准执行。

四、污水处理：自建集中污水处理站，每日可处理污水3000立方米，整个小区生活污水确保达到排放标准，保证小区环境卫生。

五、交通方便：本小区设置846公交车总站，直达北京市区，另有924、728、小1路、小3路公交车在本小区设站，本小区距首都机场15公里，距北京站19公里，20分钟可直达市区。

六、科学管理：本小区单独物业公司，服务周到，收费合理，24小时保安巡逻，小区内有超市、卫生院、托幼、有人防工程，地上及地下车库。

七、环境优美：小区入口建一公园，占地8500平方米，内设有各种健身器材，小区内设有公园一处，占地10000平方米，整个小区内绿地面积超过40%。小区西邻温榆河畔，河两岸为高尔夫球场，小区与温榆河之间是200米的绿化带，小区北邻北京市政规划路，路北是城市绿化用地，东邻通顺快速路，整个小区位于绿化带内。

今日翠福园

昔日北马庄

东华广场商务区，

项目概况

东直门综合交通枢纽暨东华广场商务区项目（以下简称“东直门项目”），位于北京市东城区东直门立交桥东北角，南起东直门外大街以北、北至项目北侧规划路，西起东直门北大街以东、东至察慈小区西侧规划路，总占地面积15.44万平方米，建设用地约为9.79万平方米。规划建设总规模为79.08万平方米，其中地上部分47.5万平方米，主要建筑为综合商务设施，包括两栋高达150米的智能化“双塔”——写字楼（二环路沿线最高）、高尚商住公寓、六星级酒店、国际会展中心、大型商业设施等；地下部分31.58万平方米，主要建设8.2万平方米综合交通枢纽及商务区配套车库、商业设施及设备、管理用房等。东直门综合交通枢纽暨东华广场商务区项目是北京市重点工程，计划建成后将成为北京市21世纪的十大标志性建筑之一。该项目融交通与商住功能为一体，将多种交通形式纳入其中，人们可轻松完成市内公交、郊区公交、地铁、城市轻轨、机场高速铁路、出租车、水上交通游艇等七种交通形式的转换，作为通往首都机场高速铁路的起始点，枢纽建成后将成为由“空中码头”进入京城的“第一落点”，也将是国内第一例及亚洲最大的现代化立体综合交通枢纽工程；商务设施的建成，也会在京城东部形成一个超越东城区、朝阳区的“国门第一商务区”，未来东直门地区作为代表北京新经济、新财富的发源地--CBD的北大门，将成为北京市经济发展的一个新的增长点。

东直门项目拆迁规模大，总面积达12余万平方米，拆迁居民2640户，单位213家，大型超市3家，麦当劳快餐厅1家，公交及长途汽车总站各1家，并以在城市中心区一次成功爆破最高建筑而轰动全国。东直门项目拆迁时间短，市政府督促有力，大规模集中拆迁工作在2001年4月16日至5月16日的一月内即基本完成。

东直门项目总体规划和初步方案由英国设计集团（国际）有限公司、英国奥雅纳工程顾问公司和北京城建设计研究院联合设计，在建筑设计上考虑到北京文明古都的规整与稳重，运用简洁有力的直线，勾勒出便捷、高效的现代化商务区形象，平直的线条构成了极具个性的空间形式，表现出对城市空间和环境的理解与融合，体现了新北京的城市面貌，必将成为一个能够反映首都城市未来发展的焦点建筑群。

项目投资商简介

项目投资商是康实投资有限公司，该公司是在香港进行商务登记的专业投资公司，致力于在中国开展房地产投资业务。康实公司目前主要经营业务是在北京投资开发东直门综合交通枢纽暨东华广场商务区项目，并与中方合作伙伴北京城建投资发展股份有限公司合作，投资注册成立了东直门项目开发公司——北京东华广场置业有限公司，目的是引进国外资金，利用外方投资者丰富的房地产开发经验、独特的营销策略、先进规范的管理方法和管理理念及庞大的商业网络和影响力，将东直门项目建设成为全国最大的综合交通枢纽，以及集公寓、写字楼、酒店、展览中心、商业设施等为一体的高档商务中心，促进北京现代化大都市建设，提升其作为国际大都市的地位。

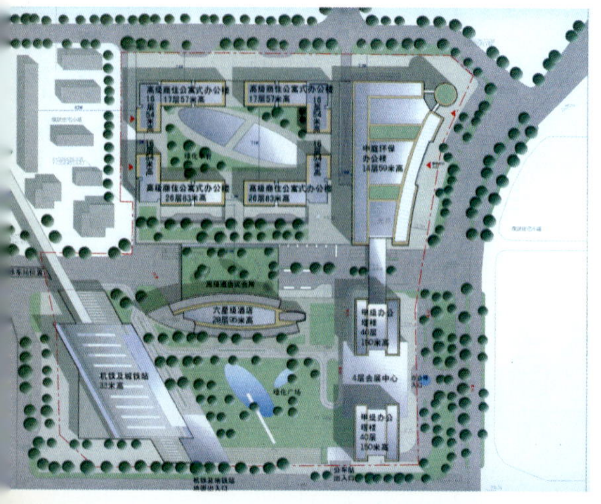

项目公司：北京东华广场置业有限公司
地址：北京东直门外察慈2号金健饭店1610-1613室
邮编：100027
电话：64603909
传真：64661089
电邮：dhplaza@263.net

京城投资置业新亮点

合生名盘　珠江绿洲家园　通惠河畔　CBD水岸公园社区　2003合生诚信服务

生活/就应该有要求

对生活的要求就是欲望，谁也没有权利阻止人性对美好生活的占有。通惠河畔70米绿化带环绕的15万平方米岭南风格园林，在烦躁的北方唤醒另外一种生活传奇。**CBD水岸公园社区——珠江绿洲，对生活的要求一个都不能少。**

珠江绿洲家园 FRESH LIFE

生活就应该有要求

交通/应该有要求

变换回家方式　感觉不同快感

03年9月，城铁全面开通，CBD与珠江绿洲之间，5站地畅通无阻。京通快速从国贸到绿洲仅7公里，瞬间直达；公交928支、728、312等交织于此；带来更多远离拥挤的轻松心情。

○发达交通，促生成熟地块。城铁连接CBD与珠江绿洲家园，高效交通顺畅无碍，有效的保证了该区域的独立性和与外界的关联性，促生居住生活氛围。

○发达交通，财富升值引擎。交通提升住宅价值，城铁开通，不仅带来了珠江绿洲交通上的便利与快捷，更使其经济价值不断得以提升。将珠江绿洲与CBD紧紧连接，迅速切换繁华与宁静，为增值提供无限可能。

环境/应该有要求

眷顾一生　把握市政脉搏的珠江绿洲生活

北京市政热点扶植区域之一，数项大型市政建设工程焦点，加之准现房落成，涨势不言而喻。

○绿洲认养240000平方米市政绿化带，业主受益。

○9亿改造通惠河，绿洲得意。2000米长的柳岸河堤无垠绵展，20公顷碧波湖水清澈荡漾，惬意、悠然。

○年底开通城铁八通线，北京广播学院站近在眼前，绿洲获益。紧密连接珠江绿洲与CBD，使工作与生活在转瞬之间完成了切换。

○与北京广播学院、北京第二外国语学院名校为邻，濡染浓郁书香，绿洲闲逸。

教育/应该有要求

青春点亮激情　校园边的燃烧岁月

○可引为友的高知善邻。北广、二外一街之隔，与高知学者为邻，保障社区素质，又为沟通结交提供了天然的平台。

○可再生的激情岁月。拥有国家建设的无可比拟的完善运动配套和其他休闲场所。找回都市久违的激情，让生命重新燃烧一次。

○可预见的孩子未来。著名的刘诗昆音乐艺术学校进驻，结合小太阳俱乐部和北广、二外两所高等学院的熏陶，让孩子在启蒙期得到全面素质培养。

建筑/应该有要求

再美的建筑都是为生活服务的

SARS之后，建设部明令颁布了健康住宅新标准，通透，采光，窗景……都成为选择必不可少的条件，

蝶型设计，采光方面尤为显著，每天的采光时间要比传统塔楼多2–3小时；通风方面更为通透；在空间规划上，蝶型设计使动静分区更为灵活，从而让空间的利用率实现最大化。

新鲜热线：**65738081/2/3**

国贸　大望路　四惠　四惠东　高碑店　广播学院

京通高速路

售楼地址：朝阳区建国路(城铁八通线广播学院站路南)　投资组合：合生创展集团有限公司　北京珠江房地产开发有限公司　开发商：北京合生绿洲房地产开发有限公司

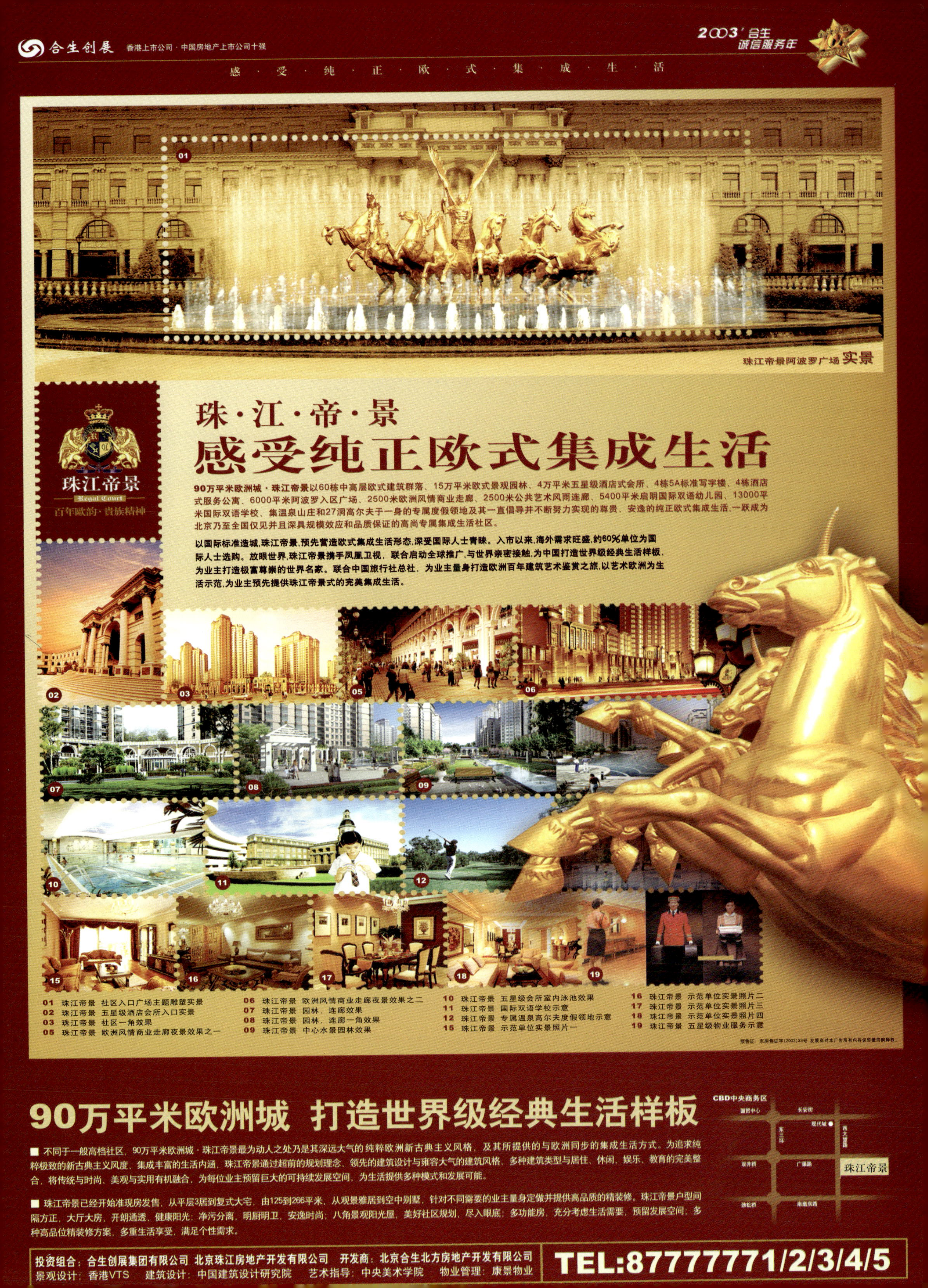
合生创展
香港上市公司 · 中国房地产上市公司十强
2003'合生 诚信服务年
感 · 受 · 纯 · 正 · 欧 · 式 · 集 · 成 · 生 · 活
珠江帝景阿波罗广场 实景
珠江帝景
Regal Court
百年欧韵 · 贵族精神
珠·江·帝·景
感受纯正欧式集成生活
90万平米欧洲城 · 珠江帝景以60栋中高层欧式建筑群落、15万平米欧式景观园林、4万平米五星级酒店式会所、4栋5A标准写字楼、4栋酒店式服务公寓、6000平米阿波罗入区广场、2500米欧洲风情商业走廊、2500米公共艺术风雨连廊、5400平米启明国际双语幼儿园、13000平米国际双语学校、集温泉山庄和27洞高尔夫于一身的专属度假领地及其一直倡导并不断努力实现的尊贵、安逸的纯正欧式集成生活,一跃成为北京乃至全国仅见并且深具规模效应和品质保证的高尚专属集成生活社区。
以国际标准造城,珠江帝景,预先营造欧式集成生活形态,深受国际人士青睐。入市以来,海外需求旺盛,约60%单位为国际人士选购。放眼世界,珠江帝景携手凤凰卫视,联合启动全球推广,与世界亲密接触,为中国打造世界级经典生活样板,为业主打造极富尊崇的世界名家。联合中国旅行社总社,为业主量身打造欧洲百年建筑艺术鉴赏之旅,以艺术欧洲为生活示范,为业主预先提供珠江帝景式的完美集成生活。
01 珠江帝景 社区入口广场主题雕塑实景
02 珠江帝景 五星级酒店会所入口实景
03 珠江帝景 社区一角效果
05 珠江帝景 欧洲风情商业走廊夜景效果之一
06 珠江帝景 欧洲风情商业走廊夜景效果之二
07 珠江帝景 园林、连廊效果
08 珠江帝景 园林、连廊一角效果
09 珠江帝景 中心水景园林效果
10 珠江帝景 五星级会所室内泳池效果
11 珠江帝景 国际双语学校示意
12 珠江帝景 专属温泉高尔夫度假领地示意
15 珠江帝景 示范单位实景照片一
16 珠江帝景 示范单位实景照片二
17 珠江帝景 示范单位实景照片三
18 珠江帝景 示范单位实景照片四
19 珠江帝景 五星级物业服务示意
预售证: 京房售证字(2003)33号 发展商对本广告所有内容保留最终解释权。
90万平米欧洲城 打造世界级经典生活样板
■ 不同于一般高档社区,90万平米欧洲城 · 珠江帝景最为动人之处乃是其深远大气的纯粹欧洲新古典主义风格,及其所提供的与欧洲同步的集成生活方式。为追求纯粹极致的新古典主义风度、集成丰富的生活内涵,珠江帝景通过超前的规划理念、领先的建筑设计与雍容大气的建筑风格、多种建筑类型与居住、休闲、娱乐、教育的完美整合,将传统与时尚、美观与实用有机融合,为每位业主预留巨大的可持续发展空间,为生活提供多种模式和发展可能。
■ 珠江帝景已经开始准现房发售,从平层3居到复式大宅,由125到266平米,从观景雅居到空中别墅,针对不同需要的业主量身定做并提供高品质的精装修。珠江帝景户型间隔方正,大厅大房,开朗通透,健康阳光;净污分离,明厨明卫,安逸时尚;八角景观阳光屋,美好社区规划,尽入眼底;多功能房,充分考虑生活需要,预留发展空间;多种高品位精装修方案,多重生活享受,满足个性需求。
CBD中央商务区
国贸中心
长安街
现代城
东三环
西大望路
双井桥
广渠路
珠江帝景
劲松桥
南磨房路
投资组合:合生创展集团有限公司 北京珠江房地产开发有限公司 开发商:北京合生北方房地产开发有限公司
景观设计:香港VTS 建筑设计:中国建筑设计研究院 艺术指导:中央美术学院 物业管理:康景物业
TEL:87777771/2/3/4/5

康城 cannes
Golf Garden House &Natural park
高尔夫郊野公园别墅

别 让 父 母 在 楼 梯 上 花 费 太 多 时 间

ELEVATOR

京城推出亲情电梯别墅

送 给 你 的 安 心　送 给 父 母 的 孝 心

仅10套，赠送别墅专用电梯

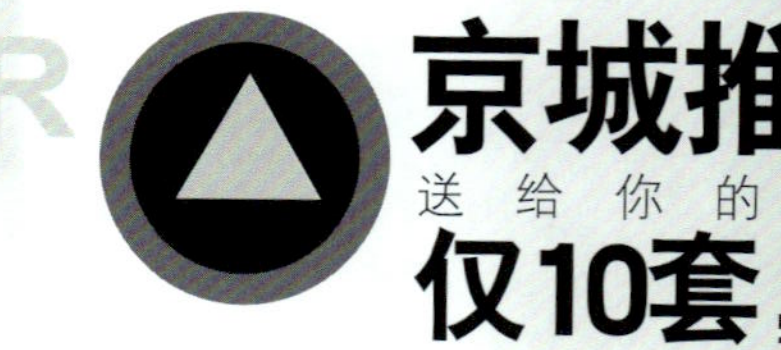

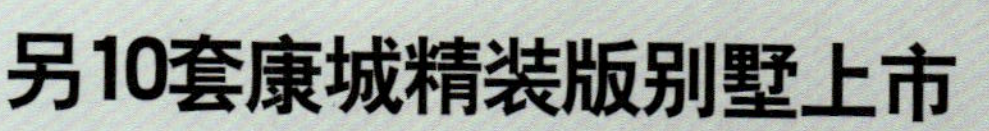

另10套康城精装版别墅上市

Hotline:85789580/81/82

现场：朝阳区京通快速路会村出口向南

◎100万平方米国际化TOWNHOUSE生态居住区╲CBD后花园——CBD正东，无出其右
◎50%以上绿化率╲近万平米湖面╲6000亩天然绿化带╲25平方公里稻田——纯正自然之城
◎300亩专属GOLF郊野公园╲42打位╲两个果岭练习场——都市新贵族全新领地
◎科技艺术会馆╲国标灯光网球场╲篮球场╲儿童乐园╲宠物乐园╲攀岩区╲乒乓球╲棋牌室
家禽放养区……还原真实生活

■投资商 北京银信投资有限公司 ■发展商 北京银信兴业房地产开发有限公司 ■物业管理 北京南洋物业管理有限公司 ■建筑设计 澳洲五合国际
■代理商 创典全程　■广告全程 東方博文廣告 TEL/64412318 ■京房售证字第980号

一切事项之最终解释权归开发商所有

房地产成功经营模式推介

裕汇集团有限公司
北京宝晟住房股份有限公司
北京金源鸿大房地产有限公司
北京市通州区房地产开发总公司
上海中凯置业有限公司
东方银座广场有限公司
上海瀚阳房地产城市建设发展有限公司
北京首佳兴房地产开发有限公司
北京崇裕集团有限公司
北京太合房地产（集团）有限责任公司
北京石景山区城市建设开发公司
太原市青龙房地产开发有限公司
北京龙泰房地产评估有限责任公司
山西省三晋建设开发有限责任公司
中远房地产开发有限公司
北京楠溪房地产开发有限公司
解放军总后机建营房部
北京天恒置业集团
北京恒居房地产开发公司
重庆房地产交易所
北京泰跃房地产开发有限责任公司
北京市金枫房地产经纪有限公司
北京北方华宸房地产开发有限责任公司
北京实地房地产开发有限责任公司
太原迎西房地产开发有限公司
北京合生愉景房地产开发公司

热烈庆贺裕汇集团2003年
北京棕榈泉国际公寓成功售罄

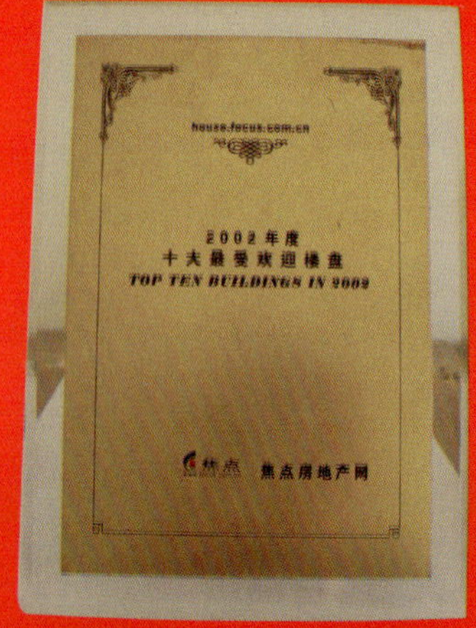

北京宝晟住房股份有限公司

宝盛里小区：

宝盛里社区位于京昌高速公路清河桥东侧，是北京市首批经世界银行组织考核批准的世界银行贷款建设项目，由北京天鸿集团北京宝晟住房股份有限公司开发兴建，总建筑面积30多万平方米是超大规模的住宅社区。小区建设分四期，现在，一期建设的13万平方米已竣工并交付使用，设计的特点全部为坡屋顶。小区内设有三条线路的公交总站及京昌高速公路沿线惟一的市重点中学——北京师大二附中分校，三千平米的社区服务医院，二层商业中心，中心花园，幼儿园，社区娱乐中心，会所，清河派出所等生活配套设施一应俱全。小区南侧与清河间为100米宽的绿化带，周围无大型工矿企业，无环境污染之忧，空气清新宜人，实为绿色怀抱中清新优雅的田园式家园。

宝盛里住宅设计是由京城甲级的设计院，严格按照"九五"住宅标准精心设计；多层、高层错落有致，一室至四室及复式，建筑面积从52平米至202平米，户型多达二十余种可供选择；充分考虑住户使用方便。

三亚天鸿渡假村

三亚天鸿度假村是由北京天鸿集团公司和北京宝晟住房股份有限公司共同投资兴建的五星级环保型全豪华海景精品度假酒店，她座落于天下第一湾——亚龙湾国家旅游度假区内，前距海边百米，后靠亚龙湖水，左距海底世界游览200米，右距亚龙湾中心广场500米，距离亚龙湾高尔夫球场10分钟车程，绿化面积超过50%。距离机场30多公里。

得天独厚的地理位置，造就了海南首家提供个性化服务的豪华环保型精品酒店，建筑新颖别致，呈现浓郁的巴厘岛风格，拥有各类宽敞静谧的豪华海景客房，每间房都是正面朝海，带有全海景式落地窗和独立的宽阔阳台，躺在床上也可以欣赏开阔海景和亲近自然；精致舒适的淋浴和盆浴分设、冲浪按摩、中央空调、INTERNET专线上网、太阳能供应热水系统……

无幅射装饰涂料，无氟绿色空调系统，无压缩机之环保冰箱，可降解环保客用品，热情温馨家庭式的周到服务，处处为您精心设计并紧随环保度假潮流，使您无忧无虑尽情放松身心，融入大自然，令您在天鸿圆一个度假之梦。

开业后成功接待了党和国家领导人朱镕基、李瑞环、第十一世班禅等，世界跳水皇后伏明霞、法国友好代表团法兰西小姐一行等知名人士也曾下榻度假村。

地 址：北京市海淀区知春路29号12号楼

电 话：82355166

国泰大厦

世纪嘉园

世纪城

香山饭店

华侨大厦

世纪金源大饭店

北京金源鸿大房地产有限公司

金源集团是著名实业家、旅菲爱国华侨黄如论先生创办，于1991年在中国大陆注册成立，以“房地产开发、星级大饭店、大型购物中心、资本运营”为四大支柱产业，属下公司33家，投资领域涉及工程建筑、装饰装潢、商品混凝土生产、物业管理、石材出口、文化传播、食品饮料、生物技术工程、商品贸易、制冷设备等行业，投资遍及福建福州、北京、上海、重庆、吉林等。现阶段根据区域划分，金源集团在中国大陆集团组成，即南为福建金源集团，西为福州；北为世纪金源集团，中心地为北京，接着，我们将投入数百亿资金扩大发展将建成西为重庆金源集团，中心地为重庆；东为上海金源集团，中心为上海，最终组建成“东、西、南、北”四足鼎立的大企业格局。金源集团以其务实、拼博的精神，赢得了福建省福州市政府、江西省南昌市政府和社会各界的普遍称赞，屡获各种荣誉：

1993年，福州金源房地产公司被福建省政府授予引进外资“[illegible]企业称号。

1994年，福州金源房地产公司被评为“利润超千万资产超亿元”的外商企业。

1995年，福州金源房地产公司被授予“福建省三十佳房地产企业”、“福州市十佳房地产企业”。

1996年，福州金源房地产公司被评为“福州房地产开发十佳企业”的第二名；所开发的金源花园荣获“福州十大建筑景观”称号。

1997年，福州金源房地产公司被评为“福建省纳税大户”。

1998年，福州金源房地产公司被授予“福建100家最大施工企业”。

1998年，南昌金源房地产公司投资建成的南昌金源国际商贸中心荣获国家建设部门颁发的“新技术运用科技成果奖”，并获得南昌市建设工程质量监督部门颁发的“工程质量优良”证书。

1998年，南昌金源房地产公司荣获中国工商银行南昌市分行颁发的“优级(AA)信用企业”证书。

1998年，南昌金源房地产公司被评为江西省“南昌市纳税大户”。

1999年，福州金源集团被评为“福建集团企业一百大”、福建省纳税百嘉奖。

1999年，金源集团开发的世纪嘉园项目进入京城“十大热销楼盘”、获得亚运村地区楼盘销售额第一的殊荣。

1999年，由专业媒体支持，由500名房地产企业职业经理投票评选中，北京金源鸿大房地产公司名列北京房地产企业最有实力第四名。

2000年，福州金源集团荣获“福建集团企业一百大”

2001年，福州金源集团获“福建福州纳税大户”。

2002年，福州金源房地产公司荣获“福建省十大房地产企业”称号。

2002年，福州金源房地产公司被评为“全国一百大房地产企业”；总裁黄如论先生也同时被评为“全国一百大房地产企业家”。

由黄如论先生倡导的“准现房发售”让习惯于买楼盘和期房的北京房地产市场经历了一场大变革。黄如论先生在北京开发的世纪城项目，作为准现房发售的典范，正被媒体和政府有关部门大量推介。北京房地产业也因此步入准现房销售时代，并迅速推广至全国。

金源集团用实力、创新和效率，在京城大地奏响了凯歌。

西上园居住区项目介绍

西上园居住区是位于首都百里长街东端，京杭古运河畔，北至长安街延长线，东至城关路，南至玉带河大街，西至故城东路，规划总占地63公顷，规划总建筑面积67.87万平方米，其中住宅面积57万平方米，规划居住人口26010人，是通州卫星城内目前规划面积最大的住宅区之一。于1999年投入开发建设，南区已入住近20万平方米，北区已有12万平方米投入建设。2002年，居住区被北京市评为北京房地产成功经营模式综合社区。

西上园地理位置优越，交通便捷，工程设计、建设质量优良，各种设施齐全，环境优美，生活方便，是不同阶层人士安家置业的理想选择。

居住区规划设计融绿色环保、新世界小康住宅于一体，体现时代新理念。整体规划充分考虑环境、地域特点，匠心独具；各组团自成一体，既提供广阔公共活动空间，又增添了邻里交往氛围；单体造型高贵典雅，富于时代感；室内设计注重使用功能，有效划分空间，居住舒适、合谐，户型丰富，满足不同层次需要。

居住区建筑采用框架剪刀墙结构，做先进保温、防水处理、同传统结构相比，墙体厚度降低，坚固性、保温性能、防水性能提高，更大大增加了使用面积系数。外墙使用高级磁砖装饰，色调典雅、温馨。单元门入口设可视电子对讲门锁系统，安全、方便。采用落地大窗，采光充足，窗体为铝合金新型建材，推拉平开随意转换，窗体可旋转180度，便于擦拭，通风性能好，任意方向来风皆可导入室内。水、电、热系统充分考虑环保及今后发展需要。居住区是京东首家引入宽带的住宅小区，高速Internet、电话线等五类光纤及有线电视信号线入户，在这里，您可以体会到极速上网、网上购物、远程教育、医疗的便捷与乐趣。

西上园居住区地处通州卫星城商业繁华区内，近10条公交线路连接市区，经京通快速路驱车15分钟即可直达国贸。居住区规划商业设施2万平方米、与周边近10座大型商场、超市提供方便的购物环境。区内规划中学、小学、托儿所、幼儿园等教育设施齐全，规划活动中心等文化、体育、娱乐设施配置有序，机动车车位充足。居住区紧邻北京市甲级医院——潞河医院等5所大中型医院，提供完善的医疗保健服务。

居住区紧邻京杭大运河70米绿化带，区内花园、绿地布置体现时尚理念，绿草荫荫、花团锦簇，环境优雅，空气清新，风景怡人。

居住区物业由北京兴华物业管理公司全程管理。该公司是北京市首家通过GB/T9001:2000标准认证的物业管理企业，并曾多次荣获北京市优秀管理小区、花园式小区、首都文明居住区荣誉。秉承“用户至上、服务第一”的宗旨，以普通的管理费用提供高品位、高质量、智能化、亲情式的服务。

北京•通州

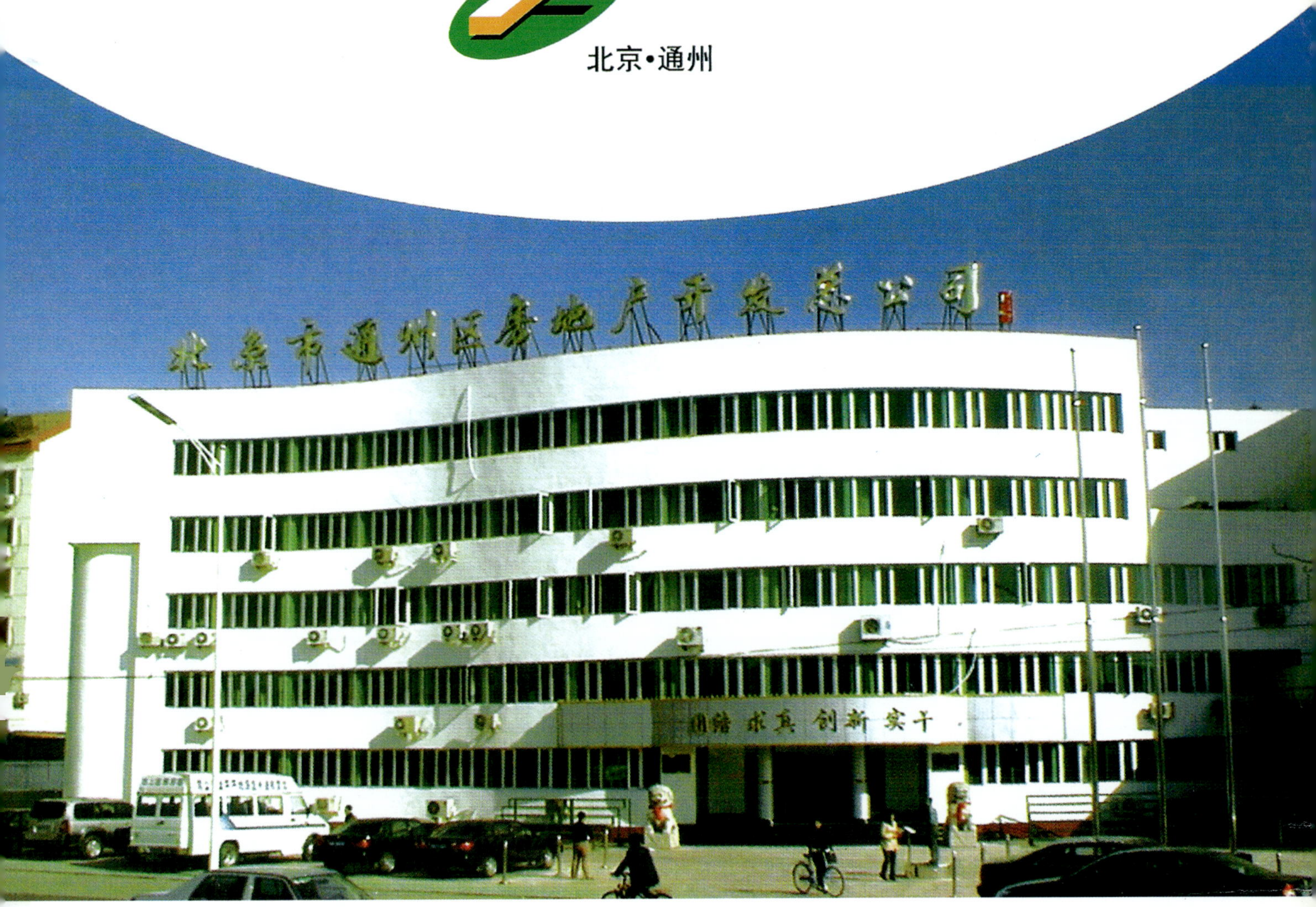

北京市通州区房地产开发总公司

北京市通州区房地产开发总公司成立于1984年，隶属于北京市通州区人民政府，是资质一级房地产开发企业、首届中国房地产开发综合效益百强企业之一和ISO9001：2000标准正式颁布后北京市第一家通过认证的房地产开发企业。

公司注册资金5000万元，目前主要经营商品房开发建设及销售等房地产业务。下属有北京市兴华物业管理公司、北京市通州华翔建筑工程公司、北京通州美装饰工程公司、北京市通州区鑫华建材供应公司、北京金鹏商贸中心、北京鹏华拆迁服务所、销售中心7个二级公司，分别经营居民住宅小区物业管理、建筑工程、房屋装饰装修、建筑材料供应、商贸、房屋销售咨询、拆迁等业。成立以来，先后建设了中仓、帅府、玉桥、翠屏里、西上园等13个住宅小区、建筑组团，竣工面积80多万平方米，投资额近8亿元。

公司坚持“业主至上，诚信守法，质量一流，持续改进，追求卓越”为质量方针，牢固树立质量意识和品牌意识，以优质的品牌产品和品牌形象参与市场竞争，在业界享有良好的信誉，建设管理的中仓、玉桥、西小园小区先后进入市优秀管理小区、首都文明居住区、市花园式小区、北京房地产开发综合社区成功经营模式行列。

公司是北京市“放心房”承诺单位，公司全体员工秉承“团结、求真、创新、实干”的企业精神，愿为广大住户提供优质的产品和亲情式的服务。

公司总经理：贾宝才

地址：北京市通州区玉带河大街152号

邮编：101100

电话：010-69545503　传真：010-69545503

网址：通房http:\\www.tfk.com.cn

销售热线：69545516/17　69556353

电子信箱：tfk@tfk.com.cn

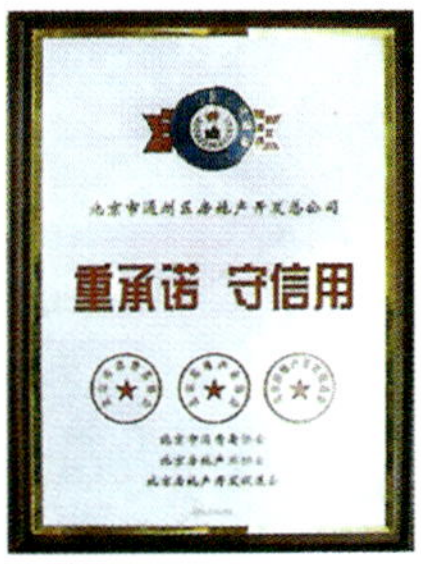

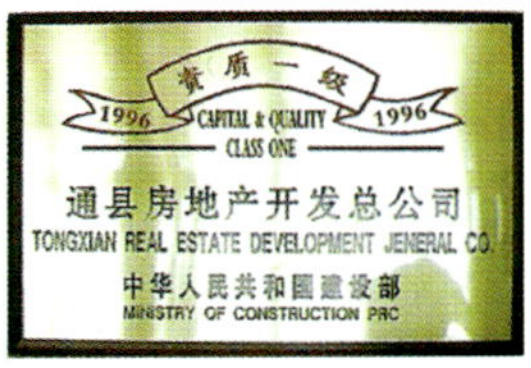

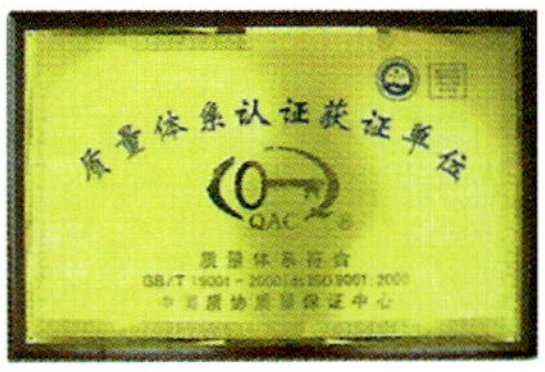

上海中凯置业有限公司

上海中凯置业有限公司秉承“中国战略·品牌置业”的空间投资战略，在立足上海的同时，把眼光投向全中国最具发展潜力的地域，不断开拓新的事业空间，探索可持续发展的成长之路。

公司坚持以房地产为主业，稳步延伸相关产业链。在房产开发领域，先后拓展至上海、郑州、杭州、海南、南昌、重庆等地，成功开发上海中凯城市之光，杭州中江都市花园、郑州东西大街商业文化街、郑州海上·香颂及海南香榭丽花园等项目。快速推进主业的同时，围绕主业，公司先后涉足了销售代理、贸易物流、高新科技、管理咨询、等相关领域。目前，公司拥有总资产15亿元，累计开发和正待开发的房地产建筑面积达80万平方米，其中建设规模15万平方米以上的大型项目2个，总投资超过20亿的超大型项目1个。

中凯始终高度重视“科技兴业”，秉承“科技提升生活品质·科技降低居住成本”的科技应用理念，联手知名院校，组建国家级专家组参与项目开发，在科技创新领域不断率业界之先，知行合一，在全国先研发应用全社区冰蓄冷储能式全空气中央空调、生态景观湖等多项高科技术，同时致力于创新房地产开发理论的探索与研究。公司及开发的中凯城市之光项目先后被政府有关部门评为“上海十大知名企业”、“上海十大精品楼盘”、“四新技术聚焦小区”、“国家建设部智能化示范小区”等荣誉称号。

2003年公司继续坚持倡导“顾客、信誉、速度、变革、尊重“的企业精神，持续完善、提升企业的核心竞争力，结合高新科技的应用，不断探索房地产开发的新模式，在控制风险的前提下，寻求超常规、跨越式的发展途径，通过收购、兼并、重组等一系列资本运营的手法，实现资源整合与价值再造。

中凯人相信——品牌中巨大的财富，是开创明天的原动力。中凯推行“企业形象战略管理”、“营运流程控制与再造”、“创新科技应用”，来打造中凯品牌，坚持“以人为本”，为客户提供高品质的建筑空间、尊贵的服务和精神的满足，以此赢得顾客的信任、社会的赞誉和政府的支持。

中国战略　品牌置业

中凯集团旗舰项目——中凯城市之光花园开工典礼在基地现场隆重举行。400余位政府嘉宾、及客户参加了开工典礼。图为中凯国家组专家组组长、全国房地产协会副会长顾云昌致辞。

（2001年7月）

中凯集团举行“中凯城市之光国家级专家授聘仪式“暨中央空调、生态湖工程实施方案专家研讨会”。边华才总经理为11名国家级专家颁发了聘书。

（2001年9月）

由中凯集团与复旦大学房地产研究中心联合研发的“人居空间系统——软住宅理论探索”课题研究评审会在上海证券大厦隆重召开。近20名全国知名专家参与了本次会议，并最终通过该课题评审。2002年上半年，《软住宅》理论入选《2001年上海房地产年览》。

（2002年1月）

中凯集团在江西南昌举行“金秋之夜——上海电视台中凯艺术团献演文艺晚会”。朱文虎、朱逢博等演艺明星参加。

（2002年9月）

中凯集团主办了“中凯之光迎新焰火晚会”静安区人大主任陈振鸿、静安区副书记丁志坚、静安区区长姜亚新、市政协主席王玉兰、静安区常务副区长张国鸿等领导出席了会议。

（2002年12月）

在中凯城市之光花园开工典礼上，静安区区委书记、副区长在听取“中凯城市之光花园”项目情况。

地址：上海市静安区成都北路333号招商局广场南楼21层

邮编：200041

电话：021-52981295

东方银座广场有限公司

北京京港物业发展有限公司系中港合资的大型房地产开发公司，注册资金2500万美元，开发资质等级一级，经营范围包括房地产项目投资、开发、管理及销售。其1993年全资开发的北京“城市广场”是北京市1992年第一批赴港招商引资项目，公司的业务发展得到了北京市政府各部门、国内外金融机构及其它各方的大力支持。其以当年投资、当年销售、当年售罄在京城中创造了房地产界的销售神话。因此，我们有机会为一个充满机遇的未来作出贡献。

“城市广场”的二期工程“都会华庭”，由于地理位置好，楼盘品质高，定位合理，宣传得当，14个月销售率即达到99%，每平方米均价达到6500元，取得了骄人的销售业绩创造了房地产界又一个奇迹。都会华庭曾荣获北京青年报及北京晚报推荐的“十大明星楼盘”和建设部推荐的“智能化小区”称号。同年又推出了京城全新概念的“5A级酒店式商务公寓”——“都会国际”，总销售面积约为53000平方米，每平方米均价为8800元，在京城房地产界再一次掀起了波澜。

新的世纪，将蕴涵着更大、更新、更多的商机，京港公司在京城东部最为繁华的地段——未来的亚洲最大的交通枢纽东直门地区，推出了21世纪的高品质物业精品——“东方银座”。

东方银座坐落于东直门，它的北面是正在建设中的亚洲第一交通枢纽，东直门交通枢纽，南面紧邻东环广场，西面是二环路，东面是东中街。良好的地理位置使东方银座成为这一地区的标志建筑。

“东方银座”项目总占地面积31747平方米，集超5A写字楼和4座高档外销公寓楼和大型购物中心组成的C字型大型建筑群体。外立面由玻璃幕墙及高级铝板组成，配以鲜明的线条，充分体现了现代建筑风格。建筑高度88.8米。

“东方银座”的设计公司为香港关善明建筑师事务所，为国际招投标中标事务所。关善明博士是继贝聿铭之后华人圈的又一世界著名建筑设计师。1989年获香港艺术家联盟《建筑师年奖》，1995年获日本《世界之建筑家581人》之一，1999年被推举为香港大学院士。由他主持设计的北京恒基中心，获得90年代北京十大建筑奖，由他主持设计的上海招商局大厦，获得“新中国50年上海优秀建筑”的殊荣。“东方银座”是体现关博士现代风格的另一力作，既融汇了智能、环保等国外先进的理念，又体现了“以人为本”的居住、办公理念。

东直门历来就是北京交通的主干。它不仅连接着北京与外地的交通，还承载着北京每天近百万人次的交通流量。即将落成的东直门交通枢纽将使这里的交通更为便利。这里将有十几条公交线路和数十条长途线路,60%～70%的交通流量放在地下解决。这不仅使地下交通井然有序，更为地上交通缓解了巨大压力。作为到首都机场的磁悬浮列车的始发站，只须7分钟，就会让你轻松到机场——这是最简便与最经济的交通方式。东直门还作为城市轻轨交通的最大中转站，使得到中关村只有15分钟的车程，到奥运村也只有12分钟的车程，那无疑将为知识与财富、梦想与现实构架起一座生动的彩桥。公交、地铁、磁悬浮、轻轨、长途、出租、水上交通游艇等交通方式构成了东直门七维立体交通网络,由此，入住东方银座的人们将不会为交通发愁,从而赢得更多宝贵时间。

卓越的设计理念、优秀的开发团队、专业的施工队伍，使东方银座无论在外在品质还是在内在品质上都可见一斑。东方银座不仅被广大海内外人士所认同，更是受到了众多当红港台艺人的追捧，15个月的时间达到90%的销售率，又一次被业内人士所惊羡。在东方银座短暂的销售过程中，还曾获得了2001年《北京晚报》组织的“十大明星楼盘”评选活动中获得“特色楼盘”奖；2002年《精品购物指南》组织的“十大投资楼盘”评选活动中获得“最佳投资楼盘”奖。

京港物业并没有因已取得的成绩而沾沾自喜，而是兢兢业业的继续奋斗着，向着自己的目标不断前进。京港公司目前在京开发总面积已达50余万平米。京港公司的目标是要成为京城三大开发商之一，建立多元化的物业投资组合，在中心城市的有潜力地段拥有、开发和管理不同类型、档次的高质量物业。依照现在的速度，我们深信在未来的几年内，京港公司完全有能力、有势力成为京城中成功的开发商之一。

京港公司对未来充满了美好的憧憬。因为敢于承担并忠实履行自己责任的企业，一定会拥有大好前程。

总经理 刘瑾

策划销售总监 李世濠

地址：北京市东城区东直门外中街21号
邮编：100027
电话：010-64160934

瀚阳(上海)城市建设发展有限公司

绿洲比华利花园介绍

上海绿洲比华利花园是香港上市公司——上海置业有限公司(HKI207)实力打造、鼎力奉献的一个大型高档独立式别墅社区。总体规划约1500亩(约100万平方米)，共600余幢，是目前上海前十佳独立式别墅社区之一。

投资商简介

上海置业创立于1992年，是一家专注于房地产物业发展及住宅科技综合性公司。其所拥有之“绿洲花园”(Oasis Garden)物业品牌，在境内外享有良好的市场声誉，先后推出“绿洲城市花园”、“绿洲紫荆花园”、“绿洲长岛花园”、“绿洲比华利花园”、“绿洲江南园”、“绿洲千岛花园”等品牌系列公寓和别墅小区，目前拓展的项目有“绿洲仕格维花园”、“绿洲美非尔花园”，“绿洲湖畔商务港”等商务办公楼和高级公寓，以及上海“一城九镇”之一的宝山罗店中心镇建设项目。

上海置业于1999年在香港成功上市，其发展之房地产物业，秉承“以人为本”的开发理念，以创建优质时尚的生活环境、配置高科技的设备、提高物业管理品质，独树一帜，无处不凸现个性、人性和品位性。

营销模式与市场定位:

公司开发绿洲比华利的初衷是“与世界豪宅同步”。为此，针对别墅购房市场的特点，明确销售目标，将市场定位于五大类消费群体：一、在上海西南、上海松江投资置业的境外人士(以港、澳、台同胞居多)；二、海外归国留学生(如高级专业人士)：三、跨国集团总裁和其他高管人员(多为外籍人士)；四、本地各类成功人士；五、外省市民营企业家。

公司自1998年销售至今，销售量一直稳中有升，除依靠于房地产市场良好的发展环境外，同时也是对公司营销策略的一种验证。公司坚信：“勇于创新，作房产开发的探路人”才能在市场上占得先机，立于主动。为此，公司在当初创造性地推行了“以销定产”、“一房一地一价”的营销方式，形成了稳定、且锁定一定层次的客户群体。公司允许购房者自主选择适宜的地块、房型及地理位置，根据业主的要求夺身定做，同时对每个地块上的不同房屋均制定了唯一售价，避免了房屋售价不公平的问题。

通过5年的积淀与实力打造，绿洲比华利花园已建成500余幢，入住率为70%，以其成熟经典、规模宏大、豪宅品质蜚声海外，在上海的别墅市场上牢牢确立了品牌地位，先后荣获国内多项大奖。相信：在未来的三期——精品豪宅的开发进程中，还将迎来更多的成功人士、品位人士的认可与关注。

小区环境规划：

绿洲比华利花园位于松江新桥镇新闵别墅开发区内，归属于“上海一城九镇”的范围之内，距地铁一号线仅8分钟车程。占地1500亩的超大规模楼盘以沪杭高速公路和三条与黄浦江相连的自然河为界，呈现出多边形，并与周边别墅小区共同构建上海西南地区崭新的别墅群落规模效应。

整个小区以圆形环岛为中心，通过三条发散式主干道将小区划分为不规则的三大块，东西向的自然河道贯穿小区分割成南北两块。小区内建造欧美风格形态各异的独立别墅600余幢，容积率低于0.2，私家花园面积平均1.5～2.0亩，局部豪宅花园面积达3亩。

高达75%的绿化率：小区立意回归自然，1500亩气势磅礴的绿野、28米宽的林荫大道、景观河道、中心广场等等汇聚小区，已经形成了点、线、面的全方位的绿化格局，实现了绿色、环保、生态、健康的高档别墅豪宅级生活品质。

户户临水、家家见景：小区内拥有15万平米的天然河道，又特意规划了2万平米的人工湖和占地1.2平米的两座半岛，通过弯曲的小溪将自然河道与人工湖连为一体，河道、湖泊、水岸、小溪、绿化与住宅完美地结合在一体。推窗望去：泛舟浓浓晨雾间，漫步垂柳小河畔，体会完美人生——都是不同的美丽画卷。

错落起伏的坡地：为了赋予别墅灵秀的神韵，绿洲比华利花园在整体规划方面将每一幢别墅都建在了各有其异的人工坡地上，使得整个小区有一种波浪起伏的韵律之美，这也是区别与其他别墅的重要特征。

小区内配有两个功能齐全的中心会所，内设室内游泳池、餐厅、超市、客房、桑拿、美容院、棋牌室等服务、娱乐设施，为业主提供一个及餐饮、购物、休闲、娱乐为一体的星级服务。

投资商：上海置业有限公司
开发商：瀚阳（上海）城市建设发展有限公司
设计单位：美国JY建筑规划设计事务所
营销中心：上海中衡网络营销有限公司
楼盘地址：上海松江明华路366弄
贵宾热线：021—57682828；021—57682701

亚运村
四环路
五环路
北苑路
新街坊
西坝子路

人文都市·邻里家

NEW 新街坊 NEIGHBOR

亚奥核心中央居住区

北京首佳兴房地产开发有限公司

北京首佳兴房地产开发有限公司所属于北京国土资源和房屋管理局。在多年的房地产开发建设中，他们“以人为本，诚信打造”，一切从消费者的利益出发，从规划设计到建筑施工，坚持以质量求生存，以精品求发展；坚持注重生活质量的提高，注重环境保护，倡导田园绿化；坚持人性化开发，为客户的多种需求提供健康、舒适的居所。北京首佳兴房地产开发有限公司以他们的不懈追求，踏实运作，在京城房地产业享有了良好声誉，在强手如林的京城房地产市场奋力拼搏成为了佼佼者。

位于北苑南区的新街坊项目是该公司开发的新项目。新街坊朴素得几乎没有抢眼的亮点，但仔细品位却发现它处处都那么体贴；新街坊不具有华丽雍容，而深层次的观察却会得知它拥有珍贵的精细；新街坊更谈不上前卫张扬绚烂时尚，究其本质才会知晓它的平和实在。

新等坊社区由6栋高板式建筑和约占地2万平方米大型中心花园组成，其中有近4000平方米的水高。16000平方米庭园景观和20余个功能景区，这样的规划方式就象浓缩的北京四合院，赋予了社区完整的形象。而业主在使用中心庭院的同时，邻里间也增加了沟通，增加了亲切感。新街坊的楼间距提高到了83.9米，比标准高出13.7米，带给业主室内更长时间的光照，更大面积的阳光，更好的通风效果，更佳的视野和观景效果。新街坊的户型设计不考虑如何气派，不考虑如何时髦，考虑最多的是如何实用。产品的户型每一个都格局方正，功能区分割明显且尽量减少面积浪费。户型为南北通造式，开间较大，采光面积8–10米。新街坊实现了人车分流，不仅保证了社区内行人的安全，也维护园林景观完整优美。新街坊的体贴入微还表现在它实现了“无障碍社区”，项目还特意设计了无障碍户型，以方便有特殊需要的购房者。新街坊为业主聘请了具有一级物业管理资质的公司，制定了极其细致而且量化的新街坊物业管理服务方案，并且提出了“首内负责制”和“全程影子式服务”。此处，新街坊具有优势明显的综合性价比。新街坊以它“实在产品和诚信”得到了广大客户的充分肯定，销售业绩显著 。

北京首佳兴房地产开发有限公司在过去的运作中取得了骄人业绩， 但他们并没有沾沾自喜，固步自封。总经理刘永革表示，在北京国土资源的房屋管理局的正确领导下，再接再励，奋发向上，以房地产开发的更大成就为北京增添风采！

香港新世界集团

香港新世界集团（以下简称新世界）成立于1970年，是驰名香港的十大华资财团和四大地产商之一。北京是新世界内地投资重点之一，自1993年起新世界与崇文区政府合作，把投资重点放在崇文区旧城改造，十年风雨兼程，相继投入100亿元人民币，在崇外大街沿线1.3平方公里土地，北京新世界中心、新世界太华公寓、新世界家园、新景家园、新裕家园、正仁大厦、新成文化中心一系列新世界房产经典拔地而起，“新世界商圈”以其充盈活力悄然浮出水面，成为北京最繁华，人流量最多的著名商业区之一。数十载精心打造使新世界成为崛起于京华大地至尊品牌。

香港新世界集团创建于1970年，1972年在香港上市，资产总值超过港币1300亿元。经过30多载商海搏浪，已成功打造成一艘集房地产开发、基础设施建设、电讯服务和高科技产品生产为一体跨国“航母”，成为香港十大财团和四大地产商之一，作品包括香港回归大典举办地香港会议展览中心，北京新世界中心等，均已成为极具里程碑意义经典之作。

上世纪80年代初以来，新世界集团以瞄准时代焦点战略眼光，与祖国风雨同行赤子情怀，不懈致力于加强香港与内地经济合作与互动，积极投身国内物业市场历史激流中，以1999年集团在香港上市新世界中国地产有限公司作为进军内地物业市场旗舰企业，数载搏浪，在国内遍布二十多个高增长城市，总面积达1900万平方米开发土地上，以超过40亿美元投资力度，签定合同总值超过1000亿元人民币投资魄力，成为目前国内最大境外直接投资者之一，以其“以人为本、诚信天下、精益求精、追求完美”的不懈耕耘与一系列经典房地产宏篇巨作，在国内房产市场成功树立起"新世界中国地产"卓越品牌。

新世界外观

新世界集团历来喜欢把投资重点瞄准时代焦点，投资北京旧城改造就是一个鲜明的例子，要投资旧城改造是需要很大的胆识的，因为它仿佛是泥土中的黄金和钻石，需要倍加耐心去挖掘。自1993年新世界投入北京崇文区旧城改造以来，弹指一挥间，新世界在崇文已征战十余年光阴，崇文门商圈已被激活，不仅道路交通状况得到改善，其他基础设施建设和配套工程也迅速发展起来，令这一地区房产市场出现升温。自1993年新世界已累计投入100亿元人民币，在崇外大街沿线1.3平方公里范围内采取拓宽道路交通、完善市政基础设施、建设规模化住宅小区、成区域开发投资发展模式。首先是崇外大街大市政改扩建工程。崇外大街道路原有宽度22~25米，改造后拓宽到70米。铺设地下管线达23公里，配套建齐后大街两侧建设项目对市政需求基本满足。这项工程共投入资金达12亿元人民币；2000年新世界又承担广安大街崇文段磁器口至幸福大街北口大市政拆迁工程，全长800米。投入资金6.4亿元人民币；

从2001年开始，新世界在进行项目拆迁过程中，还积极配合路网加密工程。按照北京市规划，除70米主干道外，还在周围地区配备30米到40米市政交通次干道。投入资金大约6亿元先后参与崇文大街，南北花市大街，幸福大街等三条大街路网加密工程和拆迁工作。到目前为止，新世界旧城改造和市政建设上已投入资金达24亿元，大大改善了地区市政基础设施状况和交通状况，为后期大规模旧城改造，拉动南城经济奠定雄厚基础。

伴随崇外大街沿线的改造，北京新世界中心、新世界太华公寓、新世界家园、新裕家园、新景家园等一系列经典房产作品问世。新世界中心是集商场、酒店、写字楼等设施为一体综合性建筑，商业部分8万平方米，以其独特建筑形式被评为北京90年代十大建筑之一；中心四星级酒店，迎来欧美众多商务和旅游客人；两座甲级写字楼，引来很多大型公司在此安家落户，使崇外大街烘托起浓郁商业氛围；中心南侧新世界太华公寓，商业部分4万平方米，和新世界中心一期商场相连通构成巨大商业圈。太华公寓被评为北京90年代十大楼盘之一。由此往南新世界正仁大厦已建成高品位娱乐中心；再往南则有新世界正建项目高档标准写字楼新成文化大厦。在提升区域商业氛围同时，以极大热情与资金投入这一地区良好人居环境的塑造。将规划定位为中高档住宅小区。已开发新世界家园、新景家园、新裕家园三大社区住宅，总量达170万平方米，为地区经济发展创造了长久支撑点。一个汇集大量金融、商贸、文化、服务设施，具有最便捷交通、通信基础设施和高品位生活环境，代表都市时尚新品位与生活新境界崇外大街“新世界商圈”悄然浮出水面，成为北京最繁华，人流量最多的著名商业区之一。

漫步今日崇外大街，人们在转瞬十年间欣喜发现，宛如纽约的曼哈顿、巴黎拉德方斯、东京的新宿、新加坡的中心区、香港的中环一样，新世界商圈正日益成为这个繁华都市时尚会聚焦点，引领都市商业潮流的重镇！

新世界家园

地址：北京市崇文区崇外大街9号正仁大厦10层
邮编：100062　　电话：010-67087788

打造一生

欧陆经典
Euro-Classic 万兴苑

地址：北京市东三环北路
8号亮马河大厦2座
邮编：100004
电话：010-65900161/62
传真：010-65906597

面对全球经济一体化，中国加入世贸组织，市场开放程度进一步加大，中国房地产业将出现新的市场秩序和完全竞争局面。可以说，专业化、集团化、品牌化是现代房地产企业发展的必然趋势与决胜未来市场的竞争利器。太合集团则是京城房地产业中较早认识到这一点并做出不俗表现的一家。

在京城首推欧陆风格

太合地产集团在上世纪90年代初房地产市场极度不景气的情况下，经过深入的市场研究后做了介入房地产开发的决心，并在较长时间里进行了人员及土地的储备工作。在1995年依托总公司雄厚的实力开始欧陆经典，万兴苑的前期准备工作，在2年后即1997年底厚积薄发，推出了欧陆经典，万兴苑这一亚运村核心区最大的房地产项目。将原规划的60万平方米的总建筑面积降到了48万平方米。并率先把欧陆风格引入北京房地产市场，也因此为北京带来了一股欧陆风。

时至今日，48万平方米的国际风采社区——“欧陆经典.万兴苑”，已成为亚运商圈的第一品牌，而太合地产不断发展，立足北京市场，在经历了项目公司发展阶段后，步入集团化发展阶段，形成了以“土地、资金、人才”三大要素为核心的竞争优势，拥有专业化平台、高品质项目、高素质专业团队、大规模土地储备资源以及现代企业的科学管理机制，并凭着“真诚合作，共同成功”的精神，走出了一条具有太合特色的成功道路。

时代庄园

合地产

EAL ESTATE

的理想家园

欧陆经典

纪纪星

聚拢近300地产精英

目前，太合地产集团由北京太合龙脉房地产开发公司、北京太合日盛房地产开发公司、北京太合万兴房地产开发公司、北京太合嘉园房地产开发公司，北京太合五寰房地产开发公司、北京兴业万发房地产开发公司组成。在设立集团董事会机构的同时，成立了太合地产规划设计顾问委员会、工程技术委员会/不动产研究所三大专业平台，形成从市场研究到产品创新以及营销策划等方面的核心竞争 力。而由近300名地产精英组建成的优秀专业化与现代化的管理构架则成炎太合地产集团立于不败之地的法宝。

一个优秀的企业不仅应在所从事行业的竞争中取胜，更应成炎社会进步的动力，太合正是抱着这一目的，十多年来取得了惊人的成就。至今仍有许多人记得太合地产集团在2001年春展会的首次亮相，集团联合展示了欧陆经典.万兴苑、时代庄园、世纪星等新老项目，并一举鲸吞了展会主入口位置的10个展位及二号展馆的8个展位共计18个展位，人们惊呼又一艘“地产航母”起航了。

在售项目均为明星楼盘

经过了数年时间的品牌建设，太合地产已经在地产界创造了自己的品牌。而这一切更得益于售前，售中与售后的品牌意识。从准确及专业的市场定位开始，直至物业管理的全方位服务结束，这一全程是专业化操作与以品牌为核心相结合的产物。

现在，太合地产集团在售的欧陆经典.万兴苑、时代庄园、纪纪星等新老项目均已成为相应区域的“金领标志”的高尚别 墅以及国门路上的时尚社区“五环空间”，西山脚下的“山水逸境”将民族风格与现代设计手法融合于上风上水的美景之中，太合地产为首都北京奉献的又一道亮丽的风景线。

在太合地产的发展过程中，每一步都离不开社会各界的大力支持。“来自社会，回馈社会”。是太合人的共同信念。展望未来，太合地产将继续致力于传承世界建筑中物质与精神的文明，不断打造住宅建筑精品的宏伟基业。

北京市石景山区城市建设开发公司

北京市石景山区城市建设开发公司是全民所有制企业，注册资金5215万元，建于1981年5月3日，是集房地产开发、经营租赁、银行资信一级企业。现有固定资产8.7亿元人民币。

公司目前正在改制中，其中房地产公司现有员工50多人。公司下属企业有：芳星园物业中心，万商大厦、石景山机动车检测场等多种经营实体。

公司在1994年被评为中国首届房地产综合效益百强企业，1995年被评为石景山区百强企业。目前已通过ISO9002质量体系认证。

二十几年来，公司在石景山区委、区政府的领导下，累计投资22亿元人民币。相继开发了石景山区古城、八角、鲁谷等15个居住小区及石景山游乐园、星座商厦、庆燕饭店、新岚大厦等一大批体现石景山特征的建筑。累计总建筑面积近300万平方米，成为本区的重要支柱型企业之一。

石景山开发公司，在开发建设中由于注重人文理念的发挥，不断探索人居环境的协调统一，得到了越来越多的社会各界人士的肯定。2000年9月北京市市委书记贾庆林、秘书长杜德印视察了鲁谷小区。2000年9月30日国务院总理朱镕基在北京市委书记贾庆林、市长刘淇的陪同下视察了鲁谷小区和小区内的半月园公园，并肯定了小区规划和建设的方向，为公司日后发展奠定了坚实的基础。

总经理　陈瑞琴

荣誉证书

你公司被评为首届中国房地产综合效益百强企业。

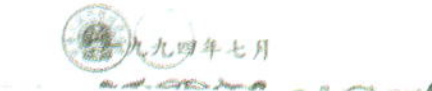

一九九四年七月

信用等级证书

经评估，你单位为信用 一 级。

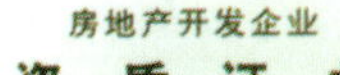

房地产开发企业

资质证书

公司名称 北京市石景山区城市建设开发公司
公司类别 专营
资质等级 壹级
证书编号 建房字
发证机关

为原国务院总理朱镕基到石景山半月园公园视察

为原国务院总理朱镕基在市长、市委书记、区委书记陪同下视察半月园公园这是一个美丽的神话，勇敢善良的青龙斗败残暴的苍龙，行云布雨，普救众生……在现实的龙城，一个因青龙而得名的企业应运而生，一个由神话而升华的公司不径而走。

太原青龙房地产开发有限公司

太原青龙房地产开发有限公司是一家集房地产开发与经营为一体的民营股份制企业。公司创建于1998年，国家二级资质，注册资金2446万元。

公司现有5名股东，61名员工。董事长姬五女，省人大代表，一个有着传奇般经历和钢铁般意志的人。总经理王志强，高级工程师，一个对事业如痴如醉，对专业精益求精，对工作心细如发，对部属柔情似水的人。员工中，具有大专以上文化达到50%以上，具有高中级专业技术职称的占到30%以上，以精干、高效、快速、权变为原则设置了工程、开发、经营、财务、销售、办公室等工作部门。一些学有专长、资历深厚的技术管理人员被聘请安排在各个重要岗位上，成为公司的智囊与脊梁。

企业作为市场主体，人是最关键、最具活动的要素。在公司发展的道路上，不论是创业伊始的艰苦跋涉，还是快速发展的顺风扬帆，公司始终把诚信作为根本，以诚相见，取信于人，以人性化的理念融合人心，凝聚人力。团结、合作、文明、礼貌是精心培育有企业文化；勤奋、务实、创新、进取是着意打造的企业精神；以严格管理为基础，以技术进步为平台，以提高质量为主体，以创造名牌为先导，是公司发展的思路与方略；扮靓城市，优化环境，改善人居，造福苍生是青龙人不懈追求的理想和目标。

坐落于省城南内环街上的青龙大酒店营业大楼是公司前期开发建设的处女工程。该工程地下一层，地上九层，总建筑面积2万余平米，总投资6000余万元，历经两年的奋战，一座气势恢弘、功能齐全的集餐饮、商贸、会议、休闲为一体的现代建筑巍然几立于省城街头，一时成为人们驻足观望的焦点，也成为省城南部的一个亮点。

公司还承建了太原飞机场综合办公楼、停机坪、航食楼及其家属住宅楼等一批工程，总建筑面积达5万余平米，该批工程建设质量优良标准达到85%以上，其中综合办公楼被评为山西省优良工程，为省城人民的出行、为山西与国内外的效提供了一个可行的港口。

1998年，为配合市政府实施的民心工程暨省会的城市改造，公司克服困难，自筹资金完成了太原市晋阳街、长治路的拓宽与延伸工程，并在较短的时间实现了通车，受到了市政府的好评，为省城的交通建设书写了浓重的一笔。

从2002年起，公司的决策者们运筹帷幄，以商业家的慧眼和战略家的魄力，注入巨额资金开始进行滨东花园住宅小区的开发建设。

滨东花园坐落于省会太原南北主干线的黄金地段，北靠世纪大道——长风大街，南接学府大街，东临城市规划大道，西连滨河东路。与受到联合国迪拜人居环境奖的汾河景观隔岸为邻，又同新规划的市委.市政府新址举手相望。这里风光旖旎，空气清新；这里阳光明媚，波光鳞鳞；这里交通便捷，通讯便利；这里设施完善，功能齐全；这里是最适宜人们休闲、家居的生态园林和人间仙境。

小区净占地五公顷，由太原市建筑设计院、王孝雄设计所等著名院所进行规划设计。规划建筑面积15万平米，可供1300余住户得以休养生息、安居乐业。高达27层的幢幢高楼均呈南北朝向，错落有致，保证户户享受到阳光的沐浴；以框架剪力墙为结构的现代造型巍峨挺拔，使之在遭到自然灾害的侵袭时，能够稳坐其间，处之泰然。低容积率，65～70米的楼间距，加上与之接壤的宽达50米的园林绿化带，使小区的绿化面积达到50%以上。到时，绿树掩映，百花争艳，石径环绕，流水潺潺，鸟语蝉鸣，儿戏人鼾，使人尽情感觉回归自然，溶入自然的诗情画意。更有幼儿园、健身中心，商业超市、地下车库，以及完善的系列化智能化配套设施所带来的方便、快捷，又使人尽情感受现代的文明和高科技的呵护。

小区由中国建筑技术开发总公司，太原市建筑总公司等单位承建，由山西省监理中心，恒泰监理公司等监理。建筑精英的匠心独运，能工巧匠的精湛技艺，把现代风格与古典造型融为一体；艺术装饰与使用功能巧妙统一；自然景观与人工打造和谐匹配；城市热烈与乡村静谧自然接壤。滨东花园是镶嵌在省城房地产业的一颗明珠，是青龙人精雕细刻的一件艺术奇葩。

踏着滨东花园开发建设的脚步，青龙公司亦将迅速步向辉煌，今天的青龙，已是名盘热销，腾跃在即。明天的青龙必将指点房地，叱咤风云。

地址：山西省太原市滨河东路（长风桥南）滨东花园　邮编：030012

电话：0351-7346081/7346182　传真：7346081

北京龙泰房地产评估有限责任公司简介

北京龙泰房地产评估有限责任公司原为北京市国土资源和房屋管理局下属北京市房地产交易所（北京市房地产交易市场）评估部。根据《国务院办公厅转发国务院清理整顿经济鉴证类社会中介机构领导小组关于经济鉴证类社会中介机构与政府部门实行脱钩改制意见的通知》（国办发[2000]51号）和建设部《关于房地产价格评估机构脱钩改制的通知》（建住房[2000]96号）等文件的规定，变更为北京龙泰房地产评估有限责任公司，并取得了国土资源部批准认证的国家级土地评估资质、建设部批准认证的一级房地产评估资质、北京市国土资源和房屋管理局批准认证的拆迁评估资质及房地产评估资质、房地产经纪资质等相应的资质。

公司自开展评估业务以来接受委托项目共1598起，涉及房地产面积1879万平方米，估价总价值约811亿，公司脱钩后在业务结构方面也进行了较大辐度的改革，从成立之初的以评估业务为主的专业公司，逐渐过渡到以评估业务为基础，同时从事房地产经纪代理、房地产拍卖、房地产担保等业务的综合性的房地产中介服务公司。

现公司下设八部一室一中心（房地产评估一部、房地产评估二部、资产评估部、拆迁评估一部、拆迁评估二部、经纪代理部、技术研究部、财务部、办公室、房地产资讯中心），公司现有专职员工38人，其中房地产估价师18人，土地估价师15人，公司另有资产评估师3人，房地产经纪人8人，律师2人、注册会计师2人、拍卖师2人、土地拍卖官2人。

我公司将继续承接以往良好的传统，充分利用自身在房地产行业的优势，在为客户提供项目策划、政策咨询、评估支持的同时，还希望运用良好的公关能力和丰富的销售客源，为项目后期提供物业代理、销售策划、产权登记及发证等各项服务，在保证项目合法性的前提下，为客户带来最大的收益。

董事长：邓锋

地址：北京市朝阳区东土城路13号金孔雀艺术世界A座708室
邮编：100013
电话：010-64481115

山西省三晋建设开发有限责任公司

董事长 王爱唐

山西省三晋建设开发有限责任公司的前身是山西省三晋建设开发公司，是从事房地产开发经营的二级企业，于1988年4月经山西省经委批准成立，2001年1月依据《中华人民共和国公司法》，按照现代企业制度要求进行了产权制度改革，更名为山西省三晋建设开发有限责任公司。公司现有职工65人（全员持股），工程、经济、财务等各类专业技术人员39人，占总数的60%。其中：中、高级技术职称人员34人。公司设有四部一室：计划财务部、营销物管部、工程技术部、前期开发部、经理办公室。公司资本金5000万元，具有承担30万平方米以上区域性综合开发及高层建筑组团的经验和能力。

公司主要建成项目为太原市柳南商业中心，包括工贸大厦、立达国际商场、东民大厦、贵都百货、华宇超市、文瀛公寓等建筑，其中文瀛公寓被评为部优工程。在几年的开发建设中，公司贯彻了统一规划、合理布局、综合开发、配套建设的方针，克服城市中心区拆迁难、密度大的弊端，精心规划设计，在保证回迁安置的前提下，发挥地域优势，开发建成了繁荣的柳南商业中心，被群众誉为太原的"王府井"和"南京路"，强化了城市中心黄金地段的功能。工程的合格率达100%，达到了经济效益、社会效益、环境效益的统一，为我市旧城改造做出了贡献。

公司目前正在完成前小区的商品房建设，该区域地处市中心，地理位置优越，交通便利，占地300亩规划建筑面积40万平方米。将建成多功能、一体化、高标准、高质量、管理完善、配套齐全的综合性商住小区，现已初具规模。省国税大楼、省地税大楼、长江大酒店、丽阳城等已建成并投入使用，太原市水西门街商务中心群体建筑亦在筹备之中。

截止2002年底，累计组织实施建成各类房屋60余幢，其中高层建筑27幢，完成总建筑面积70多万平方米，完成投资额7亿多元。所建小区的水、暖、电、气全部到位，小学校、幼儿园、垃圾站、开闭所等已投入使用，拓宽了21条马路。柳南、庙前两小区共拆迁安置居民5100余户。改善了城市居民的生存环境，为我市的城市建设做出了贡献。

本公司思路超前，追求卓越和规模综合效益。我们真诚的欢迎各界社会同仁，海内外有识之士前来投资合作。我们的目标是：开拓奋进，追求卓越，实现超越发展。

配套齐全并投入使用的三晋幼儿园

配套齐全并投入使用的三晋小学

地址：山西省太原市柳巷南路
　　　文瀛大厦金座
邮编：030001
电话：0315－2026281
传真：0315－4047497

公司董事会及领导班子成员合影

正在建设中的柳南商贸中心

CBD核心区

北京商务中心区开发建设有限责任公司由中远房地产与朝阳区CBD管委会共同成立，为中远房地产的控股公司，全面负责北京CBD核心区的一、二级土地开发。

项目介绍：

南三环罕有的商住两用公寓，地处中轴路与南三环交汇处，交通十分便利。南曦大厦外观大气，由两栋塔楼与两栋板楼连体组成，分设四个星级大堂并可悬挂公司水牌，利于您树立良好的公司形象。两栋塔楼和中心板楼分别为21层和16层，面积从50～700平方米，空间自由组合。南曦大厦在地下1～3层设有充足的车库，并引入智能监控报警系统和人工管理、对讲系统、综合布线宽带网络系统等一应俱全。星级物管的启用将最大程度的实现“业主权”。另外南曦大厦所处南中轴路地区正在改造，地铁五号线，八号线的完工，以及亚洲最大商贸城的拔地而起，这一切都为南曦大厦的升值奠定了强大的基础。南曦大厦将是您正确的置业选择。

北京楠溪房地产开发有限公司

北京楠溪房地产开发有限公司是由北京第一建筑工程公司与众多温州企业家共同参股组建的股份制有限责任公司，于2002年2月成立，注册资金为2860万元人民币，经营主业房地产开发、销售。公司有职员30余名，其中土建专业高中级技术人员5名，经济管理专业人员5人。

公司成立后一直致力于在北京开发一项适合于江浙地区在京投资商居住发展的房地产项目，时值北京市第一建筑工程公司建筑机械厂需外迁，而且该厂位于南三环木樨园环岛东南角，该地区被称为木樨园商圈，商业氛围浓厚，是江浙商人在京的聚集地。因此经过多次协商后，公司与北京市第一建筑工程公司达成了关于其机械厂原厂址转让的意向，并开始了该项目的前期运作。

公司组合中有经济实力很强的温州民营企业家，在温州具有很强的感召力和综合经济实力，同时北京一建公司是有50年光荣历史和辉煌业绩的大型施工企业，在施工管理和工程质量上多次获奖，长期领冠，楠溪房地产公司是建立在南北双方各自优势的基础上，实行强强联手，并将这一优势转化为优异的业绩和收益，在北京的房地产市场上不断进取，拓展空间，为成为一家实力强，口碑好，信誉高的房地产企业而不断努力。

全军开展创建“绿色营区”活动

为深入贯彻落实党中央、国务院关于坚持环境保护的基本国策、实施可持续发展战略的总要求和江泽民主席关于加强生态环境建设重要批示精神，推动军队环境保护和生态建设工程健康持久地发展，全军环保绿化委员会决定，从2001年开始，在全军开展创建“绿色营区”活动，把营区环境保护和绿化美化工作的目标、任务有机结合起来，全面提高营区环境质量，为提高部队凝聚力和战斗力服务。

“绿色营区”评选考核内容分7个方面。一是单位领导重视环保绿化工作，官兵具有较强的环境意识，熟悉有关政策、法规和要求，工作指导思想明确、措施有力，保质保量完成法定的义务植物任务。

二是营区环保绿化规划科学合理，已纳入营区建设总体规划，并严格按规划实施和管理，规划指标先进。

三是驻城市市区单位营区绿地率不低于30%，院校、医院、疗养院、科研单位以及驻郊区、乡镇单位营区绿地率不低于35%。营区无裸露土地。

四是以植物造景为主，乔灌花草配置合理，营区周边、道路两旁有大乔木，建有供休息、观赏的小花园和成片绿地，林木、花草长势旺盛，景观效果好。

五是营区水池、水塘、水渠等全面整治改造，形成园林景观，地表水达到国家规定要求；营区生活污水、医疗污水、工业废水以及其他污水；生活垃圾和放射源得到有效处置和管护。

六是管理制度健全，无侵占绿地、破坏绿化成果现象，环保设施设备技术先进、完好，保持正常运转。

七是营区房地产正规划建设和管理达到先进水平。

北京恒居房地产办公楼

北京恒居房地产开发公司

北京恒居房地产开发公司成立于1997年3月，注册资金7580万元，是密云县一家新兴的全民所有制房地产开发企业，二级开发资质。公司现有干部员工280人，其中经营管理人员37人，大专以上学历人员30人，占管理人员的81%；初级以上职称人员17人，中级以上职称人员8人，企业拥有一支充满活力、技术过硬的技术队伍。

公司成立来，积极投身密云县城改造和精品卫星城建设，先后开发建设了密云县康居小区、东菜园小区、密西花园小区、文化花园小区等精品住宅小区，累计投入资金5亿元，实现住宅开发面积55万平方米，经过几年的发展和努力，公司综合实力有了迅速增长，现公司拥有总资产2.2亿元，其中净资产8500万元，是密云县集住宅开发、建筑安装、建材生产供应、物业管理于一体的综合性房地产开发企业。2001年公司被评为密云县房地产开发龙头企业之一，2002年跻身中国房地产行业领先行业。

在项目的开发建设中，公司始终坚持“以人为本，环境优先”的开发理念和“追求人、住宅与环境的和谐统一，达到居住外部环境的人文化、生态化，居室内部环境的人性化、科学化”的设计思路，并由此取得了很大的成功。

东菜园小区是密云县唯一的一家市级优秀住宅示范小区。小区建筑面积11万平方米，外形醒目独特，色彩明快，配合区内大面积的绿化、新颖的喷泉、多彩的灯光、宽阔的休闲广场和齐全的健身设施，处处体现出了“以人为本”的开发理念，通过营造社区大环境，为小区居民创造了一个健康向上、舒适的居住氛围，设计上摆脱了传统的板楼设计，大胆采用橱窗商业门脸和跃层结构，以更加清新的风格体现了功能性的实用性的有机统一，展示给人们一种与众不同现代观念和文化情趣。同时东菜园小区率先实现宽带入户，以独特的前瞻性满足了居民的文化发展需求。营造人与自然的和谐统一是东菜园小区的成功之处。

随后，恒居公司开发建设的密西花园小区，更是把住宅建设的人文、环境营造发挥到了极至，小区一期建筑面积13万平方米，共有住宅楼24栋，在设计上更加注重户型的多样性，最大限度满足购房者的个性需求，同时在小区内建设了大面积的绿地，整个小区绿意盎然，门口200多米回廊和大型喷泉显得气势恢弘，极具艺术性和观赏性。开盘后以高绿化率、低容积率、户型多样和较低的价格吸引了大批购房者的目光，目前小区入住率达到80%。2003年小区二期工程如期开工，紧邻密西一期项目，整体环境比一期更为优越，交通更加便利，对面是新建的滨河园别墅区和美丽的白河，预计2004年6月份开盘销售，目前预售情况非常火爆。

文化花园小区建筑面积3万平方米，整体设计层次错落，外形独特，而且利用了原有的山水风光，设计了新颖的观景外阳台，使人足不出户即可欣赏到白河美丽的风光，从外观到户型充分体现了人类与现代文明的和谐共存，在白河沿岸构画出一幅经典建筑图，极具现代艺术风格，居住在此，能给人一种凭水临风，钟灵毓秀的感觉，使人真正体验到回归自然，置身田园的满足和享受。

2003年公司及时高速发展战略，把开发重心适时转移到密云城郊水库附近，准备开发建设密云县第一家水景别墅区——丽水庄园别墅，项目占地面积300多亩，建筑面积15万平方米，投资额1.9亿元，预计2004年年底开盘销售，项目策划阶段就吸引了大批购房者的关注。

几年来的开发经验证明，注重自然环境和人文环境的和谐统一，努力挖掘和提升城市文化底蕴，是房地产开发得以成功的不二法则。公司先后建成的几个住宅项目，得到了市场的强烈反响和业界同仁的广泛赞誉，也正是得益于这一点。

“以人为本，追求卓越”，2003年恒居公司组织实施了ISO9001和ISO14001的体系认证工作，与国际质量环境管理体系接轨，不断超越自我，恒居公司对自身发展提出了更高的标准和要求。在未来的发展中，恒居公司将以更加积极的态度，科学严谨的管理，努力提高，不断完善，为密云县精品卫星城建设做出更大的贡献。

新世纪，新机遇。北京恒居房地产开发公司全体干部员工在总经理崔茂荣的带领下，竭诚欢迎各界新老朋友的垂询和合作！

挖掘城市文化底蕴，构建人文精品住宅

总经理 崔茂荣

东菜园小区

密西花园

文化花园

地址：北京市东城区古楼东大街17号
邮编：101500
电话：010－69065955
传真：010－69024114
销售热线：010－69044020

重庆市房地产交易所 重庆市房屋产权产籍监理所

重庆市房地产交易所法人代表、所长张庭义（高级政工师、经济师）

重庆市领导及市局领导参观房交会现场

重庆市房地产交易所与重庆市房屋产权产籍监理所系两块牌子一套班子，是隶属于重庆市国土资源和房屋管理局的全民所有制事业单位。我所是市国土房管局授权的房地产交易、产权管理部门，也是进行房地产交易、产权登记的合法机构。

交易所现有10个科室，即：行政办公室、计划财务科、人力资源科、受理发证科、产权交易一科、产权交易二科、租赁管理科、综合档案室、信息技术科和质检监督查科。现有在册职工116名，平均年龄35岁，具有较雄厚的专业技术力量和管理经验，已成功承办了重庆市12次大型房地产展示交易会（含重庆首届二手房交易会）。交易所还组建了重庆市房地产交易市场，地处重庆市政治、经济、文化、商贸中心和交通枢纽的渝中区，进入交易所即可进行房屋产权、交易登记的“收、审、缮、发”一条龙服务。

近10年来，我所服务质量不断提高，长期秉承“热情、周到、高效、便民”的服务宗旨，公开办事程序，简化办事手续，缩短办件时限，积极地服务于经济建设，服务于广大群众，服务于社会单位和开发企业。交易所自成立以来荣获了一系列荣誉，1999年被中央精神文明建设指导委员会授予“全国创建文明行业工作先进单位”，获得了建设部“1999年年度房地产市场管理、产权户籍管理创全国先进水平标兵单位”，2000年被重庆市委、市府授予“文明单位”，2001年获得了市国土房管局“九五”国土资源和房屋管理科技工作先进单位,2003年荣获重庆市“最佳文明单位”等称号。

繁忙的受理窗口部门

宽敞明亮的办公大厅

法人代表：张庭义
地址：重庆市渝中区中山三路161号
电话：023-63618426（咨询）
023-63618433（投诉）
023-63875555（语音查询）
传真：023-63618464
邮编：400015

地址：北京市海淀区太月园1号楼
邮编：100088
电话：010—82058791

北京泰跃房地产开发有限责任公司（以下简称“泰跃房地产公司”）成立于1995年7月，公司成立之初，即秉持“严谨、敬业、务实、规范”的经营理念，兢兢业业致力于京城普通住宅的精品开发建设，努力响应政府对房地产业的宏观指导，为广大北京市民提供品质优秀的住宅产品和满意到位的物业服务。

1995年开发海淀区“怡秀园”公寓

1997年3月完成了该项目的开发与销售，总建筑面积为16800平方米，并同时荣获“北京市优质工程”称号。“怡秀园”的成功，为公司积累了宝贵的经验和对市场更直观、更深入的认识。

1996年启动“太月园”住宅小区项目

太月园住宅小区位于海淀区知春路附近，占地约为5.1万平方米，总建筑面积22万平方米，1999年完成销售。该项目以优质的住宅配套设施、过硬的施工质量、守时的工程进度、专业的物业管理，成为京城住宅市场中备受瞩目的成功范例。

1999年启动“太阳园”住宅区项目

“太阳园”是公司继成功开发建设了“太月园”小区后推出的又一个精品项目。

“太阳园”位于大钟寺东面，南侧紧邻北京市交通主动脉之一的北三环路。国家在大钟寺地区建设的交通设施、市政配套、公共设施，使“太阳园”具备了得天独厚的地理条件，而“中关村科技园区”的开发，给背靠中关村科技园核心区、面向广阔的北京城区的太阳园带来了巨大的潜在价值。

“太阳园”项目占地13.28万平方米，总建筑面积43.7万平方米建筑。

小区在环境、户型、配套和系统的设计中都把人性化需求摆在了首位，环境设计注重实用、舒适、健康、共融和安全。

2000年太阳园获得建设部“创新风暴”住宅设计特别金奖，是北京市惟一获此奖项的房地产项目，“泰跃”已成为首都房地产业一个响亮的品牌，得到了社会广泛的认可。

2002年公司在海淀区八家地区推出又一大型精品住宅小区——八家社区项目。

该项目西临中关村高科技园区，总占地面积52.84公顷，规划总建筑面积超过100万平方米，预计3～4年完成建设。

通过几个优质房地产项目的成功开发，短短几年时间，公司的规模和实力上了几个台阶，成为北京地产行业的明星。公司辛勤的努力也得到了社会充分的认可与好评，同时也取得了非常瞩目的经济效益。

目前公司正在开发的还有树村地区等改造项目，总建筑面积达200万平方米，公司还有近200万平米的资源储备，保证公司今后的稳步发展。

北京市金枫房地产经纪有限公司

北京市金枫房地产经纪有限公司成立于2002年2月，注册资金50万元，具有独立法人资格的大型以经营销售为主的经纪公司。

1、高资质、高素质

公司实行总经理负责的运营机制，目前从领导到基层，92%以上从业人员，95年开始从事地产行业，均为地产界骨干。96%以上员工具有大专以上学历、扎实的房地产职业素质和丰富的专业经验。随着公司业务规模的扩大和内部管理机制的不断完善，公司将广纳贤才，充实自己的人力资源队伍。

2、科学优质的组织机构是有效完成销任务的有利保障。目前公司有五大部门，分别为广告部、市场策划部、客服部、销售部、前期部等等。

广告部：精湛的设计队伍，奇妙的策划创意，有效地传达项目利益点。

市场策划部：准确的市场定位，精心的项目包装，成功的推广整合，为快速占领市场提供了保证。

客服部：架起客户与公司的服务桥梁，跟踪并完善客户服务体系。

销售部：先进的销售理念，合理的销售流程，保证了销售体系的井然有序。

3、良好的经营理念、精湛的服务理念， 公司本着“一切为了销售”的经营理念，根据不同项目进行有效的市场细分，经过从“前台接待－合同鉴定－合同备案－产权办理－交付使用－移交物业管理部门”一套合理的作业流程，完善的配套服务，把项目最大利益点有效地传达给消费者。

总经理聂宝玲女士，毕业于北京知名大学，具有大型项目全程驾御能力，善于深挖项目卖点，曾全程服务过包括枫桦豪景、华龙大厦、首座绿洲、长安家园、嘉和园、日新家园、和景园等在内的共80余万平方米大型项目。

公司本着“以德为本，德行天下”的企业精神；“以诚为本，信誉第一”的销售原则，乘着改革的春风，不断开拓进取。我们有理由相信：一个将激情与智慧全力对接的精英队伍，一个让质量与信誉双管而行的未来舰队，必将抓住一切契机，越走越壮观！

原竭诚为社会各界提供优质的房地产专业服务。

枫桦豪景

日新家园

长安家园

总经理　聂宝玲

嘉和园

地址：北京市宣武区广内大街6号
8单元1702室
邮编：100053
电话：010-63517208

效果图

放飞理想的境界

北京北方华宸房地产公司总经理 张利江

很多时候我都在想，做房地产开发，我们究竟能为人们带来什么？我想是房子更是一种生活方式。年轻时的执教生涯对我影响至今，也许正是这段经历，让我始终认为房地产开发的根本是要为人们创造一种最佳的人居环境。何为最佳？不是最贵就最好，理想其实是一种适度与适合。在开发之初，我们曾多次对国内外知名的房地产项目进行考察，发现最佳的居住环境其实就是社区对人的尊重和关怀，主要表现在规划的合理布局及细节的人性化考虑。我们意识到：要使境界真正成为最佳的人居环境，仅仅靠项目所具备的先天地理优势是远远不够的，还得靠设计师对产品的独特创造。境界，位于北京经济技术开发区（亦庄），是我们在北京的第一个项目，境界的开发也正好为我提供了一个实现愿望的机会。

我一直相信任何一个项目的成功都是一个团队努力的结果。在境界开发的一年间，让我感受最深的也是团队协作的重要性。众所周知，房地产开发是联系着上下游产业的行业，从规划、设计、施工……到最后的销售推广工作，只有环环相扣，相互间紧密配合，才能确保项目运作的质量和进度，才能保证营销推广工作的顺利进行和资金的回笼速度。境界的开发过程其实也是团队紧密合作的过程！从2002年9月，我们正式取得对境界的开发权，同时进入团队的组建时期。伟业顾问是最早介入境界的合作伙伴，利用其在房地产市场的丰富经验，在详尽的市场调研与分析的基础上，我们开始了设计公司的选择。为了能够充分发挥地块的先天优势，确保项目用地与产品设计的紧密结合，在设计公司的选择上我十分谨慎。我曾对香港、加拿大、美国等地10余家国外知名建筑公司进行多方调查和比较，加拿大BDCL建筑设计有限公司对于低密度住宅的设计理念与我们不谋而合，经过多次接触双方最终确定了合作关系。随后，北京墨策广告的加入，为境界项目形象的建立带入了全新的思路，同时市场推广工作由此正式展开。2002年10月下旬至2003年4月，在短短6个月的时间里，通过建筑设计、销售、广告等多方的努力，境界项目从建筑设计团队的成立，到项目最终取得建设工程施工许可证，完成了整个前期的开发工作，为后期销售提供了必备的条件；接下来的工作中，境界的形象确立、销售的初战告捷，让我们感到团队协作的力量！也是整个团队共同的努力最终确立了境界的市场形象：一个能为人们带来舒适、放松感受的人文生活社区，一个人们在这里能够发现居家生活乐趣的地方。

境界目前工程进展顺利，经过一年多的合作，境界的合作团队已达成相当程度的默契，在以后的项目推进中我仍然相信要靠大家共同的努力。境界作为一个房产项目，产品最终还是要回到市场中，让消费者去评定，是否成功市场会给出答案。

◂ 北京北方华宸房地产公司总经理 张利江

宏鑫花园社区

新华经典●悦园公寓

Enterprise

我们的企业

我们的理念

坚持诚信为本，实干兴业，成功共享，贡献社会，立志为广大业主建设精品楼宇。

我们的目标

以地产为龙头形成多元化经营理念，打造集团化发展态势。以立足北京，面向全国，走向世界为发展战略。

我们的使命

以“信用地产，诚信服务，开拓进取，追求卓越”的宗旨，推进科学严谨的管理体制，积极热忱地服务于客户。

公司简介

北京实地房地产开发有限责任公司

成立于一九九五年。下属企业有房地产销售公司、建筑装饰公司、物业管理公司、广告设计公司等企业。本公司以房地产开发经营为主，实施从规划设计、工程施工、房屋销售到物业管理一条龙的运作机制。年综合开发能力10万平方米以上。

公司下设总经办、总工办、计财部、开发部、工程部、销售部和项目部。公司拥有一支高素质的员工队伍和一个经验丰富、团结协作、开拓进取、勇创佳绩的领导班子。

公司现开发项目《宏鑫花园》住宅小区位于北京市通州区中心地带，北邻新华大街，南至中山大街，东至佟麟阁路，西至新仓路，面对通州区区委及区政府所在地，距北京中央商务区只有10分钟的车程，是CBD的后花园和供应基地，各阶层人士入住的首选社区。

实地公司从小到大，由弱到强，始终坚持诚信为本，实干兴业的经营理念，兢兢业业，立志为广大业主建设精品屋宇、绿色家园，把铸造“金牌实地”作为自己的目标，现已成为人才济济、队伍精干、机制完善、经营成果卓越的通州纳税骨干企业。

随着中国加入WTO和世界经济的一体化，机遇和挑战并存。实地公司在继续稳步发展的同时，正努力树立自身良好的企业形象，积极打造现代化的企业品牌，寻求更新更好的经济增长点。新世纪的阳光普照大地，实地公司全体员工将继续努力奋斗，不断开拓创新、与时俱进，创造更加美好的未来。

董事长：（签名）

新华经典 • 丽园

项目介绍

《宏鑫花园》住宅小区位于通州区中心地带，东起佟麟阁大街，西至新仓路，南起中山街，北邻新华大街，面对通州区区委及区政府所在地。沿新华大街向西，距天安门有18公里。

通州区是北京市的东大门，居全国经济百强县第十位，位于京、津、塘经济中心地带，受该经济区的辐射和影响，通州区具有良好的发展机遇。按“首都规划总体方案”，国贸中心周围将构建中央商务区，其规模和气势如巴黎的拉德纺斯、东京的新宿，是北京乃至中国推进国际化进程的重要组成部分。

该项目所处地段距国贸项目只有10几分钟的路程，必将成为中央商务区居住、娱乐、购物、医院、银行、邮政、饭店的热点地段。到2010年，通州区将成为首都最大的卫星城，人口将达到100万，房地产业的前景是十分喜人的。

该项目采用一次规划，分期实施的办法，整体规划总体占地面积73310平方米，规划总建筑面积为47.7万平方米，住宅建筑面积33.5万平方米，商业面积7.5万平方米。该项目一期工程6.4万平方米，已于2001年4月开工兴建，年内完工。二期工程10万平方米和三期工程12万平方米，分别于2003年9月份和12月份开工。2004年12月31日前竣工。四期工程12万平方米正在设计中。

地址：山西省太原市和平南路158号
邮编：030024
电话：0351－6584436　　6520198

太原迎西房地产开发有限公司

太原迎西房地产开发有限公司是太原市最早成立的房地产综合开发企业之一。它的前身系太原市北郊区综合开发公司小井峪营业处，始创于1985年；1994年组建为太原迎西房地产开发公司；2000年企业整体改制，正式更名为太原西迎房地产开发有限公司。公司现有注册资本820万元。公司人力资源雄厚，具有大专以上学历和专长技术职称的人员占总员的85%。

太原迎西房地产开发有限公司与时俱进18年，紧跟时代步伐，求实创新，勇于开拓，艰苦奋斗，奋勇向前。始终坚持以普通居民住宅区为主进行开发建设，适应用户需求，以大众消费群体为服务对象，以微利服务社会，先后开发了后五住宅小区、大五居住小区、引黄工程管理局综合楼以及道路、物流货运市场等典型项目，累计开发建设用地280亩，建设商品房30多万平方米，共计上交利税1000多万元。

太原迎西房地产开发有限公司当年的创始人、而今的董事长李贵春在创业之初，凭借5万元自筹资金，依照“销货目标，以销定产，合理投资，滚动发展”的经营理念，以超前的意识，创新的精神，扎实的作风，坚持以“诚信为本、质量为上”的服务宗旨，先后从零星开发到规模建设、从乡镇企业到股份制公司、从借债经营到纳税大户，走出了一条在竞争中求生存、在生存中求发展的经营之路，为社会做出了很大贡献。党和政府也给予了李贵春和他的公司以先进个人、优秀党员、乡镇企业家和先进企业、十强企业、纳税先进企业等殊荣。

迎西人凭着一颗颗强烈的事业心和坚定务实的信念，不但已经谱了骄人业绩的篇章，而且正在以“三个代表”重要思想为指导，以前瞻的目光图发展，靠强化管理、靠高素质队伍的团队精神、靠以人为本、以诚为本的企业文化，正热火朝天地建设再就业综合市场，其建筑面积约5000平方米，可安排下岗再就业人员500多人，受到政府和百姓的高度评价和称赞。

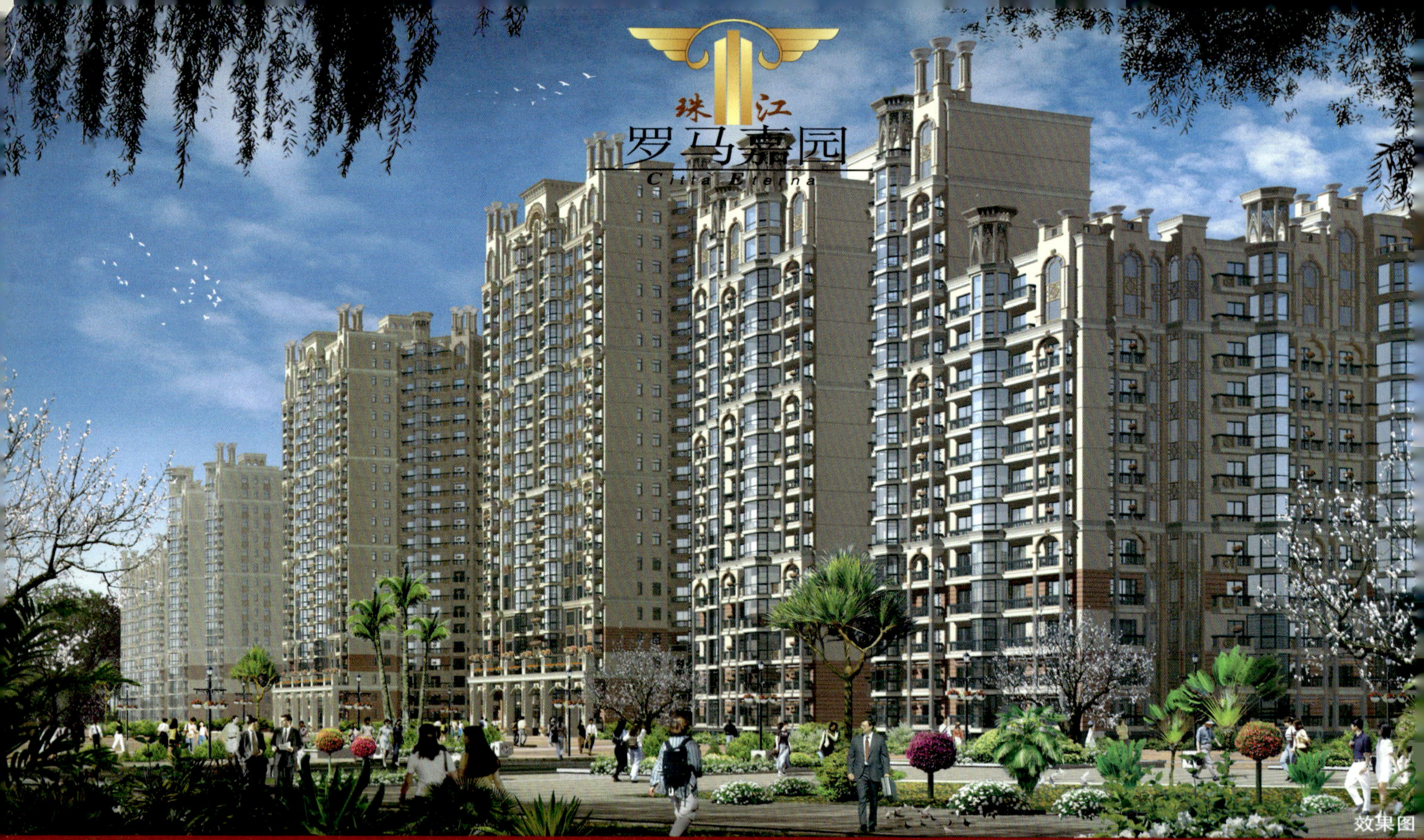

珠江罗马嘉园概况

◆46 万平米珠江罗马嘉园由响誉地产界的珠江－合生地产倾情打造，项目紧邻朝阳北路，距 CBD 仅 3883 米，毗邻京广中心、国贸、燕莎、华堂商场。

◆社区拥有 6 万平米欧式水景园林，由国际园林大师檀馨主笔，其间分布多个主题园林，与恢弘气势的罗马广场完美呼应，叠水、雕塑、喷泉，构成中庭最富特色的大型水景。更有 700 米长 60 米宽的中心景观走廊贯穿社区，让园林美景丰富集中，意式生活尽情感受。此外社区内还设有充满异国情趣的意式风情商业街以及 7000 平米集运动、休闲于一体的 SPA 高档主题会所，可为业主提供周到满意的服务

◆户型设计采用板楼、塔楼相结合的建筑形式，全部精装修。同时每户引进欧洲“智能隔音通风槽”技术，确保业主不必开窗，即可通风顺畅，可达到高效阻隔外界噪音，保温节能的作用。

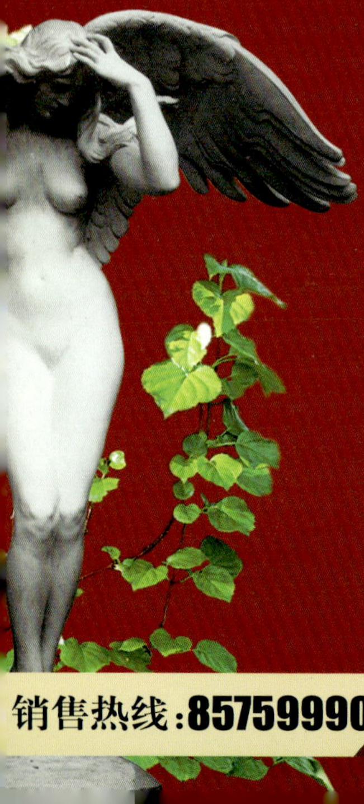

「楼盘现场：朝阳区青年路甘露园北里甲 1 号」

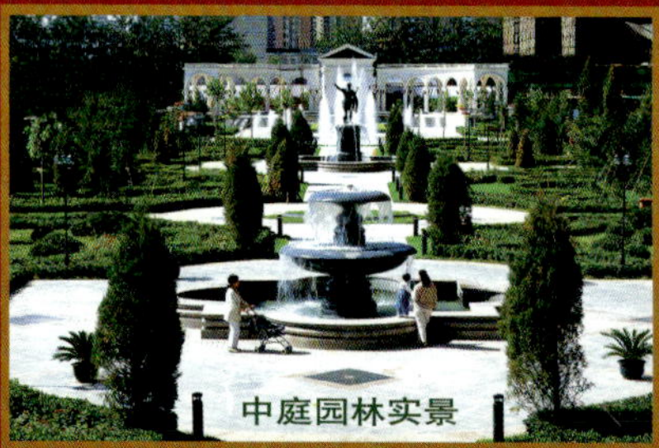

中庭园林实景

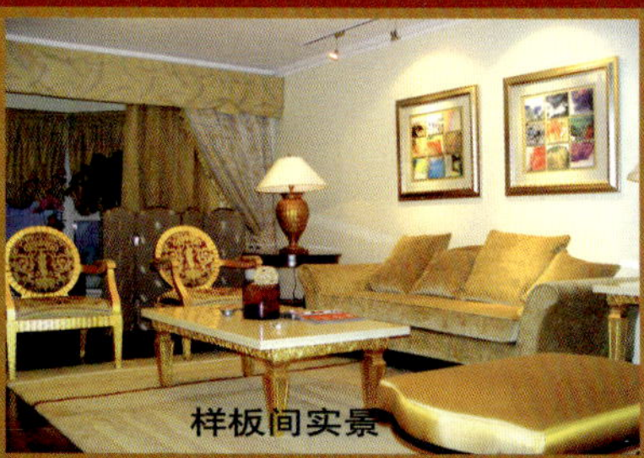

样板间实景

人文罗马·假日生活
Città Eterna

全精装 6688 元/建筑平米（均价）

奉送全套精装修

销售热线：85759990

投资组合：合生创展集团有限公司　北京珠江房地产开发有限公司　开发商：北京合生愉景房地产开发有限